国家社会科学基金项目

张吉明 / 刘 焱 等·著

兴国之魂

社会主义核心价值体系建设研究

[上卷]

时事出版社
北京

本书为国家社会科学基金项目《坚持以社会主义核心价值体系引领社会思潮》(08BKS046) 成果

项目负责人：张吉明
项目主研人：刘　焱　张秀贤　黄长春　李兰英

本书系河北省高等学校人文社会科学重点研究基地——河北大学大学文化传承创新研究中心重点课题研究成果

序 一

张全景[*]

东方巨人，横空出世，神龙腾飞，世界震撼！

天佑中华，党必中兴，乾坤旋至，得天应人。

大气磅礴，富有哲理，纵横捭阖，激情澎湃，这就是《坚持以社会主义核心价值体系引领社会思潮》国家社会科学基金项目课题专著，给我的第一印象。

任何一个民族、任何一个国家，要想巍然屹立于世界民族之林，就要有强大的精神正能量，即有先进价值体系的引导、凝聚、支撑。一个国家、社会和民族的核心价值体系，是其凝心聚力的强大磁场，是其成就梦想的巨大动力，也是其战胜一切艰难险阻、勇往直前的力量源泉。社会主义核心价值体系，就是我们坚持中国特色社会主义发展方向、凝聚强大力量，做到万众一心、众志成城，实现中华民族伟大复兴的"兴国之魂"和力量源泉。张吉明同志执笔担纲的国家社会科学基金项目成果"坚持以社会主义核心价值体系引领社会思潮"，就是研究这一重大课题的扛鼎之作，为我们在新形势下坚持以社会主义核心价值体系引领社会思潮、筑牢"兴国之魂"提供思想引领、理论指导作出重要贡献，很有价值，令人欣慰，值得点赞。

党的十六届六中全会《决定》明确提出"坚持以社会主义核心价值体系引领社会思潮"，党的十八大再次强调了，这是党中央站在时代高度作出的战略部署，党的十九大把"坚持社会主义核心价值体系"列为新时代坚持和发展中国特色社会主义基本方略的重要组成部分，这是对全党提出的重要任务，关系党和国家的前途命运，极其重要，是全党必须认真研究的重大课题。

---

[*] 张全景，中共中央组织部原部长、全国党建研究会顾问、中国延安精神研究会顾问。

该课题成果目前以《兴国之魂——社会主义核心价值体系建设研究》出版，通览全书，突出特点如下。

——**主题重大，立意高远**。社会主义核心价值体系是兴国之魂，决定着中国特色社会主义发展方向，研究如何坚持以社会主义核心体系引领社会思潮，就是关系党和国家前途命运的重大主题。通览全书，深切感受到，张吉明同志虽身在基层、"处江湖之远"，但"位卑未敢忘忧国"，忧党之心，萦绕心怀；报国之志，溢于言表。面对经济体制深刻变革，社会结构深刻变动，利益格局深刻调整，思想观念深刻变化，如何应对西方敌对势力西化、分化、和平演变中国的战略图谋，是共产党人必须思考和回答的关系党和国家前途命运的重大理论和实践问题。这一专著从巩固党的执政地位、巩固社会主义制度的高度，思考和研究关系党和国家前途命运重大问题，就是让人们坚持马克思主义指导思想，高举中国特色社会主义伟大旗帜，坚定中国特色社会主义共同理想，大力弘扬以爱国主义为核心的民族精神和以改革创新为核心的时代精神，高度自觉树立和践行社会主义荣辱观，以此筑牢社会主义核心价值体系这个"兴国之魂"，并用这个"兴国之魂"高度自觉地引领社会主义和谐文化建设，引领世界观、人生观、价值观建设，引领舆论导向，统领发展社会主义市场经济、民主政治、先进文化，统领社会建设、生态文明建设和党的建设，为实现中华民族的伟大复兴凝魂聚力，弘扬主旋律，传播正能量，意义深远。

——**扶正祛邪，旗帜鲜明**。全书通篇讴歌真善美，鞭挞假恶丑，批判邪恶，高扬正气。理直气壮地拿起马克思主义批判的武器，揭露批判西方敌对势力西化、分化、和平演变中国的罪恶阴谋；批判西方反动腐朽意识形态对中国的腐蚀、渗透；批判资产阶级个人主义、拜金主义、享乐主义腐朽价值观；批判有人主张的思想自由化、经济私有化、政治多元化等不良图谋；批判所谓"普世价值"、"宪政民主"、西方"议会制度"；批判"新自由主义""历史虚无主义""民族虚无主义""军队非党化"；等等，大力弘扬社会主义、爱国主义、集体主义主旋律，传播正能量。集中表现出共产党人对党、对国家、对人民无限忠诚的应有品格。

——**紧跟时代，与时俱进**。本专著完成于党的十八大、十九大之后，作者着意将党的十八大以来一系列最新理论成果融进课题研究之中，赋予社会主义核心价值体系课题研究全新的思想理论观点，具有鲜活的时代气息、新颖的理论观点，集中地体现了马克思主义与时俱进的理论品质。本专著是社会主义核心价值体系提出以来，党的十八大、十九大之后，一部全面系统地论述坚持以社会主义核心价值体系引领社会思潮的著作,是作者倾力打造"兴国之魂"的一部精品力作。不仅涵盖了我们党以往有关社会主义核心价值体系主要研究成果的精神营养,同时,充分重视吸收了党的十八大、十九大精神、习近平新时代中国特色社会主义思想,以及党的十八大以来一些学习贯彻落实党的十八大、十九大精神和学习贯彻习近平新时代中国特色社会主义思想的理论成果,字里行间充溢、渗透着新时代的思想精华。因此,使社会主义核心价值体系的论述上升到一个全新的境界,更具有丰富的时代内容、浓郁的时代精神,是党的十八大以来全面、系统、完整地体现党的十八大、十九大精神的坚持以社会主义核心价值体系引领社会思潮的研究成果。走在时代前面,站在时代高度,勇立时代潮头,担当起引领社会思潮的神圣职责和历史使命,使这一项目课题成果生命力更持久、价值更高、意义更深远。

——结构科学,逻辑严谨。该专著以严谨的逻辑力量和科学的框架结构全面、系统、深刻地论述了建设社会主义核心价值体系的时代背景和深远意义,科学、准确地把握了社会主义核心价值体系的基本内容,以全新的视角和新颖鲜活的思想诠释了社会主义核心价值体系的丰富内涵。首先回答了为什么建设社会主义核心价值体系及其基本内容是什么的问题;在此基础上,深刻论述了社会主义核心价值体系与社会主义和谐文化的关系,与正确树立世界观、人生观、价值观的关系问题,进一步深入回答了社会主义核心价值体系如何引导舆论的重大问题,深刻地阐释了社会主义核心价值体系如何统领发展社会主义市场经济、民主政治、先进文化,统领社会建设、生态文明建设和党的建设的问题,回答了社会主义核心价值体系引领什么、如何引领和统领什么、如何统领的问题;随后,深入探讨了坚持以社会主义核心价值体系引领社会思潮的实现途径和必须坚持的几个原则问题,并以我国抗击新冠疫情彰显出的显著体制制度优势和美国"人权天堂"神话的破产,印证了"兴国之魂"当之无愧是战胜一切艰难险阻的无敌力量!全书结构科学,逻辑严谨,层层递进,层次分明,首尾相接,前后照应,形成完善的框架体系,并以极其丰富的思想内涵为深入学习和研究"坚持以社会主义核心价值体系引领社会思潮"提供了参考范本。

本课题专著弘扬主旋律,传播正能量,充满着共产党人蓬勃朝气、昂扬锐气、浩然正气的高尚精神。书中阐述的坚持以社会主义核心价值体系引领社会思潮的诸多道理,都是党的基本理论、基本原则的体现,是引领人民走正路、做好人，为国家多做贡献、确保守节康宁的至理名言，是关系党和国家前途命运的根本性问题，我们要理直气壮地坚持学习和运用。

由此，我想到一段时间以来，有的人把讲马克思主义理论看作讲空道理，是说教，是过时的理论，这是误导。千万不能把讲马克思主义、共产主义理想、党的基本理论这些共产党治国理政、修齐治平的大道理，看作说教，不愿学、不真学，这是危害很大的。改革开放以来，有些领导干部、甚至高级干部腐败犯罪，就是把党的基本理论当作耳旁风、不接受、置若罔闻的后果。

学懂弄通马克思列宁主义、毛泽东思想、中国特色社会主义理论体系的大道理，深入学习贯彻落实习近平新时代中国特色社会主义思想的大道理，学习践行社会主义核心价值体系这些大道理，对任何人来说都至关重要，受益无穷，一定要灌输，把这些大道理讲好。本书娓娓道来，不厌其烦，良苦用心，就在于此。把传播马克思主义的大道理诬称为说教，拒不接受，是反对人们学习马克思主义、别有用心地毒害人们的精神鸦片，我们要提高警惕，决不上当。

当前，在西方敌对势力加紧实施西化、分化、和平演变中国战略图谋，加紧文化侵略，以腐朽的资产阶级意识形态腐蚀中国人民的严峻形势下，我们必须高度自觉地坚持以社会主义核心价值体系引领社会思潮，用这个"兴国之魂"把 14 亿多中国人民凝聚起来，紧密团结在以习近平同志为核心的党中央周围，万众一心，众志成城，形成排山倒海、战胜一切困难的巨大力量，以实现中华民族的伟大复兴。

我多年参加中国延安精神研究会的工作活动，张吉明同志是该会的理事，多次见面，请我为他作为项目负责人的国家社会科学基金项目专著作序，这是好事，我欣然应允，写下以上的话，是为序。

2022 年 6 月 6 日

序 二

程恩富*

张吉明教授是我们中国社会科学院原中国社会科学网的理论研究室主任、首席评论员。按照中国社会科学院院党组的部署，在院领导的直接领导、指挥下，他参加了中国社会科学网紧张而艰苦的创建工作，并负责中国社会科学网《贡院论坛》栏目的文章写作、编审任务和《重要言论》《重要文章》栏目选编、上传工作。在社科院工作期间，笔者和他有过工作联系，对他的情况有所了解。

张吉明教授在部队工作 20 年，学军事、学政治、上南京大学哲学专业，从一名普通战士成长为部队优秀团级指挥员。长期从事宣传、理论学习、教育和思想政治工作，在《解放军报》《人民日报》《新华社通讯》等报刊和中央人民广播电台发表过不少反映部队工作生活的通讯文章。转业地方工作至退休后 30 多年来，长期从事马克思主义理论学习、宣传、研究工作，曾出版一部国家社科基金项目专著、三部理论评论著作，发表大量小说、诗歌、散文、报告文学、新闻、通讯、理论、评论等各类文体的作品，有较好的文字功夫和较厚实的马克思主义理论功底，是一位有思想、善思考、勤奋而忠诚的马克思主义社科理论工作者。

党的十八大前后，张吉明教授在中国社会科学院中国社会科学网工作的三年间，认真学习和研读了马克思列宁主义、毛泽东思想、邓小平理论、"三个代表"重要思想、科学发展观以及习近平新时代中国特色社会主义思想，学习研读了当今学界灿若繁星的社科理论研究成果。在中国社会科学院这一"马克思主义的坚强阵地、党中央国务院重要的思想库智囊团、中国哲学社会科学研究的最高学术殿堂"的环境中，在浓厚的学术研

---

* 中国社会科学院学部委员、马克思主义研究学部主任、著名马克思主义理论家、中国社会科学院马克思主义研究院原院长、国家马克思主义理论研究和建设工程首席专家、博士生导师。

究氛围的熏陶下，他的思想理论水平进入新的境界，达到新的高度。其间他勤奋笔耕，哲思泉涌，硕果累累，撰写了100多篇理论评论文章。他的该项目阶段性成果《共产党人如何保持健康心态》一文，代表中国社会科学院参加中央国家机关工委组织的"我与十八大"主题征文，获得品位甚高的一等奖殊荣，后发表在《党建》杂志上，充分展示出他的社科理论研究实力。

在紧张的工作中，他把理论研究当作自己神圣的责任，光荣的使命，终生的事业，人生的第一需要，殚精竭虑，孜孜以求，痴迷执着，乐而忘忧。他勤于思考，笔耕不辍，拼搏奋斗，紧跟时代步伐，撰写了不少的理论、评论文章，发表在《人民日报》《光明日报》《党建研究》《党建》《科学社会主义》《瞭望》《中华魂》等报刊杂志上。

这一切，尤其是他在中国社会科学院紧张工作、超常积累的三年，为高质量地完成国家课题成果准备了比较充分的思想理论认知条件。在一定意义上说，这部国家社科基金项目课题专著，就是他大量理论研究成果基础上的珍品结晶、思想精粹。

坚持以社会主义核心价值体系引领社会思潮，是一个宏大的系统工程，内涵极其丰富，外延十分广阔。作者进行了艰苦的努力和有益的探索，提出了一系列有价值的思想理论观点。他和其课题组的同仁戮力同心，形成了80余万言的鸿篇巨制，极其不易，难能可贵。

该专著立意高远，思想深邃，内涵丰富，结构严谨，站在了时代高度，把握了时代脉搏，引领了时代潮流，站到了理论研究的制高点，展示出理论研究的大家风范和恢宏气魄。

这是一部在论述"加强社会主义核心价值体系建设"中，紧密结合、全面贯彻落实党的十八大、十九大精神和习近平新时代中国特色社会主义思想的精品力作，集中体现了党的十八大、十九大以来最新思想理论成果，以对社会主义核心价值体系全新的阐述呈现在读者面前。走在时代前面，勇立时代潮头。使社会主义核心价值体系的主题更加深化，内涵更加丰富，外延更加广阔。当今，像这样以党的十八大、十九大之后的最新思想理论成果，阐释坚持以社会主义核心价值体系引领社会思潮的国家项目课题专著尚不多见。

该专著思想深邃，语言犀利，如文中指出："如果一个共产党员尤其是领导干部堕落到只有让人监督自己用权，被关在制度的笼子里用权，因为不能腐败、不敢腐败、不易腐败，才不得不不腐败，那简直是共产党的悲哀，更是共产党员的耻辱。"读了这段深刻而尖锐的话，如果自己是共产党员，却心存私念，忘记初心宗旨，身多瑕疵，面对共产党员的光荣称号，定会如芒刺在背，心灵震撼，顿觉汗颜，无地自容，懊悔不已，深愧自己境界之低。知耻而后勇，就会幡然改进，告别低俗，走向崇高。该专著还提出了一系列像这样闪烁着真理元素的思想理论观点，可谓高扬正气歌，唱响主旋律，传播正能量，是一部坚持以社会主义核心价值体系引领社会思潮的精品佳作。这是共产党人高度使命意识的集中体现，也是社科理论工作者的应尽之责。

该书逻辑严密、结构合理，文通理顺，值得称道。全书除绪论总体介绍成书内容外，共十七章，分六个部分：第一部分为第一、二章，第一章介绍社会主义核心价值体系的时代背景和重要意义，第二章论述社会主义核心价值体系在社会主义意识形态中的重要地位，是社会主义意识形态本质的体现；第二部分为第三、四、五、六章，准确科学地把握社会主义核心价值体系的基本内容和丰富内涵，对马克思主义指导思想、中国特色社会主义共同理想、以爱国主义为核心的民族精神和以改革创新为核心的时代精神、社会主义荣辱观四个方面进行详细地论述；第三部分为第七、八、九章，分析论述社会主义核心价值体系与社会主义和谐文化、正确的世界观、人生观、价值观的关系及回答如何坚持以社会主义核心价值体系引领舆论导向等问题；第四部分为第十、十一、十二、十三、十四章，深入系统地对社会主义核心价值体系如何统领社会主义市场经济、社会主义民主政治、社会主义先进文化、社会建设、生态文明建设和党的建设等重大问题进行分析论述；第五部分为第十五、十六章，分别论述了坚持以社会主义核心价值体系引领社会思潮的实现途径及注意把握的几个原则；第六部分为第十七章，以我国抗击新冠疫情彰显出的突出制度优势及美国"人权天堂"神话破产的铁的事实，阐释了在世界面对新冠疫情束手无策、一片混乱之际，我国一枝独秀，风景独好，雄辩地印证了"兴国之魂"的超强威力。以清晰的思路，精辟的分析，深刻的论理，鲜活的时代气息，独到的理论视角，全面系统地论述了本课题相关的诸多问题。尽管内容不可能面面俱到，也尚有修改加工以期实现尽善尽美的空间，但却为我们深入研究如何以社会主义核心价值体系引领社会思潮，探索了新路，提供了可资借鉴的参照范本。

总之，这是一部引领中国人民紧密团结在以习近平同志为核心的党中央周围、奋力实现中华民族伟大复兴的铸魂之作、固本之作、凝神之作、聚力之作，是一部旗帜鲜明地捍卫马克思主义意识形态、巩固党的执政地位、巩固社会主义制度的扛鼎之作，做到了以科学的理论武装人、以正确的舆论引导人、以高尚的精神塑造人、以优秀的作品鼓舞人，不论高层、基层，群体、个人，都能从中汲取治国理政、修齐治平、追求崇高、走向崇高的精神营养。

只要我们广大党员、干部按照书中的论述，自觉做践行社会主义核心价值体系的模范，就一定能够成为共产主义远大理想和中国特色社会主义共同理想的坚定信仰者、科学发展观的忠实执行者、社会主义荣辱观的自觉实践者、和谐社会的积极促进者，实现中华民族伟大复兴中国梦的领跑者，就能为国家的繁荣富强、社会的文明进步、人民的幸福安康作出更大的贡献。14亿多人民都能这样传承弘扬，落到实处，就能实现我国的长治久安，社会主义红色江山就会坚如磐石、千秋万代永不变色。

2022年6月8日

目 录

（上 卷）

绪论 ………………………………………………………………… （1）
 一、"坚持以社会主义核心价值体系引领社会思潮"课题的
  由来 ……………………………………………………… （3）
 二、本课题研究的思路和总体构架 …………………………… （9）
 三、本课题研究成果的创新亮点 ……………………………… （11）

**第一章 建设社会主义核心价值体系的深刻时代背景和重要
   意义** ……………………………………………………… （14）
 一、建设社会主义核心价值体系的深刻时代背景 …………… （14）
 二、深刻认识建设社会主义核心价值体系的重要意义 ……… （33）

**第二章 社会主义核心价值体系是社会主义意识形态的本质
   体现** ……………………………………………………… （38）
 一、意识形态、社会主义意识形态 …………………………… （39）
 二、社会主义核心价值体系集中、深刻地体现着社会主义意识
  形态的本质 ……………………………………………… （42）
 三、清醒认识我国意识形态领域里激烈斗争的严峻形势，
  坚定不移地用社会主义核心价值体系领社会主义
  意识形态阵地 …………………………………………… （49）
 四、有效抵制西方反动意识形态的腐蚀，就要坚持和巩固马克思
  主义在意识形态领域的指导地位 ……………………… （63）

五、坚持马克思主义意识形态，抵制西方反动意识形态的腐蚀，
　　就要自觉追求崇高精神境界 ……………………………………（67）

第三章　马克思主义指导思想是立党立国之本 ……………（74）
一、坚定马克思主义信仰，巩固马克思主义指导地位 …………（75）
二、两个不同结论，同放真理光芒——坚持马克思主义指导思想，
　　兼驳"过时"论 …………………………………………………（90）
三、永远高举毛泽东思想的旗帜前进——坚持不懈地用马克思主
　　义中国化的第一个成果武装全党、教育人民 ………………（101）
四、坚持不懈地用马克思主义中国化的最新成果——中国特色社
　　会主义理论体系武装全党、教育人民 ………………………（122）

第四章　高举中国特色社会主义伟大旗帜，坚定中国特色社会主义
　　　　　共同理想 ……………………………………………（165）
一、高举中国特色社会主义伟大旗帜具有深远的战略意义 ……（166）
二、坚持和发展中国特色社会主义是中国社会发展历史进程和中国
　　优秀传统文化丰厚滋养的逻辑必然 …………………………（174）
三、坚定不移走中国特色社会主义道路 …………………………（194）

第五章　大力弘扬以爱国主义为核心的民族精神和以改革创新为
　　　　　核心的时代精神 ……………………………………（207）
一、大力弘扬以爱国主义为核心的民族精神，凝聚中华民族所向无
　　敌的强大精神力量 ……………………………………………（209）
二、大力弘扬以改革创新为核心的时代精神，积极为实现中华民族
　　伟大复兴创造条件 ……………………………………………（236）

第六章　高度自觉树立和践行社会主义荣辱观 ………………（259）
一、充分认识树立和践行社会主义荣辱观的重大意义 …………（262）
二、为全面有效提高全民道德素质，不断探索构建更加细化、具
　　体化、可操作的道德规范 ……………………………………（271）

目　录

　　三、树立和践行社会主义荣辱观，就要切实把诚信建设摆在突出
　　　　位置 ………………………………………………………………（279）

**第七章　建设社会主义核心价值体系与建设社会主义和谐文化的
　　　　关系** ……………………………………………………………（293）
　　一、建设和谐文化，是构建社会主义和谐社会的重要任务 ………（293）
　　二、社会主义核心价值体系是和谐文化的灵魂，保证了和谐文化
　　　　建设的社会主义性质和发展的正确方向 ……………………（299）
　　三、构建社会主义和谐文化，必须围绕巩固社会和谐的思想道德
　　　　建设，树立科学理念 …………………………………………（309）

**第八章　建设社会主义核心价值体系与确立正确的世界观、人生观和
　　　　价值观的关系** …………………………………………………（324）
　　一、马克思主义指导思想是确立正确的世界观、人生观和价值观的
　　　　理论基础 ………………………………………………………（325）
　　二、中国特色社会主义共同理想是确立正确的世界观、人生观和
　　　　价值观的奋斗目标 ……………………………………………（333）
　　三、以爱国主义为核心的民族精神和以改革创新为核心的时代精
　　　　神是确立正确的世界观、人生观和价值观的价值选择 ………（340）
　　四、社会主义荣辱观是树立正确的世界观、人生观和价值观的道
　　　　德规范 …………………………………………………………（345）

（下　卷）

第九章　坚持以社会主义核心价值体系引领舆论导向……（351）
　　一、舆论导向及其重要性……………………………………（351）
　　二、坚持以社会主义核心价值体系引领舆论………………（368）
　　三、新闻媒体在建设社会主义核心价值体系中承载的舆论导向
　　　　责任………………………………………………………（385）

第十章　社会主义核心价值体系如何统领发展社会主义市场经济
　　　　——坚持公有制为主体、多种所有制经济共同发展的基本
　　　　经济制度……………………………………………………（396）
　　一、坚持以社会主义核心价值体系统领社会主义市场经济，就要
　　　　坚持发展社会主义市场经济的正确方向…………………（397）
　　二、坚持以社会主义核心价值体系统领社会主义市场经济，就要
　　　　从哲学的高度，深刻认识坚持公有制主体地位在社会主义市场
　　　　经济中的重要作用…………………………………………（415）
　　三、坚持以社会主义核心价值体系统领社会主义市场经济，就要
　　　　引导社会主义民营企业家坚持发展进步的正确方向……（436）
　　四、坚持以社会主义核心价值体系统领社会主义市场经济，就要
　　　　引导、规范民营经济之外其他非公有制企业诚实守信，合法
　　　　经营…………………………………………………………（446）

第十一章　社会主义核心价值体系如何统领发展社会主义民主政治
　　　　——划清中国特色社会主义民主与资本主义民主的
　　　　界限…………………………………………………………（448）
　　一、坚定不移坚持中国特色社会主义民主政治制度…………（448）
　　二、自觉划清中国特色社会主义民主同西方资本主义民主的
　　　　界限…………………………………………………………（457）
　　三、充分认识统一战线是实现党的三大历史任务的重要法宝……（469）

目 录

第十二章 社会主义核心价值体系如何统领发展社会主义先进文化
　　　　——坚持集体主义价值观反对个人主义价值观……………(486)
　一、社会主义核心价值体系领发展社会主义先进文化就要打造
　　　中华民族文化高地………………………………………………(487)
　二、坚持社会主义核心价值体系领社会主义先进文化，就必须牢固
　　　树立集体主义价值观……………………………………………(497)
　三、坚持以社会主义核心价值体系领发展社会主义先进文化，就
　　　要让"人不为公、天诛地灭"响彻神州………………………(501)

第十三章 坚持以社会主义核心价值体系统领社会建设和生态文明
　　　　建设…………………………………………………………(516)
　一、坚持以社会主义核心价值体系统领社会建设………………(516)
　二、坚持以社会主义核心价值体系统领生态文明建设…………(534)

第十四章 坚持以社会主义核心价值体系统领党的建设………(552)
　一、坚持以社会主义核心价值体系统领党的建设，是加强党的建设
　　　的铸魂之举………………………………………………………(552)
　二、坚持以社会主义核心价值体系统领党的建设，就要从严治党，
　　　铁腕反腐，清除最大威胁………………………………………(589)
　三、坚持以社会主义核心价值体系统领党的建设，就要以党章为
　　　镜，保持高尚精神追求，树立共产党人的光辉形象…………(603)
　四、坚持以社会主义核心价值体系统领党的建设，就要坚守党内
　　　政治生活基本规范………………………………………………(610)
　五、坚持以社会主义核心价值体系统领党的建设，就要扎实推进
　　　党的全面建设……………………………………………………(634)

第十五章 坚持以社会主义核心价值体系引领社会思潮的实现
　　　　途径…………………………………………………………(650)
　一、居高望远，在宏观层面牢牢把握坚持以社会主义核心价值体系
　　　引领社会思潮的主动权…………………………………………(651)
　二、以人为本，充分发挥几个关键群体在坚持以社会主义核心价值
　　　体系引领社会思潮中的带动、引领和骨干作用………………(661)

三、着眼未来，抓好对青年学生的社会主义核心价值体系的灌输、教育工作 ……………………………………………… (667)

第十六章　坚持以社会主义核心价值体系引领社会思潮应注意把握好几个原则 …………………………………… (679)

一、坚持以社会主义核心价值体系引领社会思潮，必须坚持一元统领的原则 ……………………………………… (679)

二、坚持以社会主义核心价值体系引领社会思潮，必须坚持尊重差异、包容多样的原则 ……………………………… (684)

三、坚持以社会主义核心价值体系引领社会思潮，必须坚持先进性、广泛性原则 ……………………………… (689)

第十七章　我国抗击新冠疫情彰显出的制度优势
——兼评美国"人权天堂"神话的破产 ……………… (695)

一、中国共产党坚强领导是战胜新冠疫情的政治保证 ……… (695)

二、社会主义制度优越性是战胜新冠疫情的制度保证 ……… (698)

三、社会主义公有制是战胜新冠疫情的强大物质基础 ……… (702)

四、人民群众是战胜新冠疫情的不竭力量源泉 ……………… (705)

五、"人权天堂"神话的破产——评美国政客在抗击新冠疫情中的表演 ………………………………………… (707)

结语 ………………………………………………………… (712)

主要参考文献 …………………………………………… (715)

跋 …………………………………………………………… (721)

后记 ………………………………………………………… (730)

绪 论

东方巨人，横空出世，神龙腾飞，世界震撼！

伟大的中华人民共和国的成立，是 20 世纪震惊世界的伟大历史事件，决定性地改变了东西方世界力量对比格局，对于波澜壮阔的共产主义运动的健康发展具有里程碑意义，对于推进人类社会发展进步的历史进程和前进方向具有不可估量的深远影响。

正如习近平同志在庆祝中华人民共和国成立 65 周年招待会上的讲话中所指出的："回首往事，我们更加清晰地感到，中华人民共和国的成立，不仅是中华民族发展史上的一个伟大事件，也是人类发展史上的一个伟大事件。"[①] 我们有幸生活在这样伟大的国度里，倍感荣幸、骄傲和自豪。

社会主义新中国在伟大、光荣、正确的中国共产党的英明领导下，经过勤劳智慧勇敢的中国人民 70 多年的艰苦奋斗，尤其是经过 40 多年的改革开放，历经风雨，以光彩照人的巨人形象巍然屹立在世界东方。在苏联解体、东欧剧变，世界社会主义处于低潮的险恶情势下，中国共产党人坚持马克思主义普遍真理与中国社会主义建设实际相结合的原则，审时度势，做出建设中国特色社会主义的伟大抉择，开辟了中国特色社会主义道路，形成中国特色社会主义理论体系，确立了中国特色社会主义制度。这是党和人民 100 年探索、奋斗、创造、积累的根本成就，是中国共产党和中国人民团结的旗帜、奋进的旗帜、胜利的旗帜，是富国之路、强军之路，是创造人民美好生活的必由之路，是全面建成小康社会、加快推进社会主义现代化、实现中华民族伟大复兴的必由之路。

在西方敌对势力鼓吹"失败论""终结论""崩溃论"，极力"唱衰"中国的喧嚣中，中国的社会主义事业不仅没有像西方资产阶级政治家期望的"大失败"，反而兴旺发达，欣欣向荣，蒸蒸日上，日益走向繁荣富强，

---

① 习近平：《在庆祝中华人民共和国成立 65 周年招待会上的讲话》，《人民日报》2014 年 10 月 1 日，第 2 版。

尤其是在由美国金融危机引起的西方资本主义国家发生大规模的全面、深刻、持久的经济危机且束手无策的情况下，竟企望经济一枝独秀的中国救世。这正说明中国的社会主义制度具有强大的生命力，中国特色社会主义符合社会发展的客观规律，代表了人类社会前进的正确方向，具有无与伦比的旺盛生机和蓬勃活力。

70多年的历史已经说明，任何敌对势力企图以武力推翻中国的社会主义制度已经是痴心妄想，亡我之心不死的西方敌对势力，根据苏联和平演变和原苏联地区国家"颜色革命"成功的经验，始终没有放弃对我国实施西化、分化、和平演变的战略图谋，并且已经成为颠覆我国社会主义制度的现实危险。不论是过去、现在，还是未来，只要14亿多中国人民在中国共产党的领导下，紧密地团结起来，万众一心，众志成城，就会形成中华民族强大的凝聚力，激励每个人奋发图强，把我国建设成为伟大的社会主义强国，就会风雨不动，坚如磐石，那么任何敌人都不能压倒我们，而只能被我们所压倒。不论世界局势发生什么变化，我们伟大的社会主义祖国都能战胜一切艰难险阻，永远巍然屹立在世界东方。正如习近平同志满怀信心地指出的："现在，我们比历史上任何时期都更接近中华民族伟大复兴的目标，比历史上任何时期都更有信心、有能力实现这个目标。"[①]

然而，在当今世界经济一体化的信息时代，各种思想相互交织、相互渗透、相互碰撞、相互交锋、相互激荡，人们利益多元、思想多元、价值多元呈现出极其复杂的态势，面对我国经济体制深刻变革、社会结构深刻变动、利益格局深刻调整、思想观念深刻变化，在各种思想文化相互交织、相互激荡的复杂背景下，用什么样的兴国之魂为我们的民族凝魂聚气，为我们的时代凝心聚力，做到万众一心，众志成城，实现我们中华民族伟大复兴的目标，那就要用一种科学的世界观、方法论，用一种符合社会发展规律的思想、理论、价值体系武装人们的头脑。在当代中国，社会主义核心价值体系就是科学的世界观、方法论，就是符合社会发展规律的思想、理论、价值体系，就是我们的"兴国之魂"。为了我们国家坚如磐石、繁荣富强，就要按照党中央提出的要求，坚持以社会主义核心价值体系引领社会思潮。

---

① 习近平：《中国梦，复兴梦》《十八大以来重要文献选编》上，中央文献出版社2014年版，第83页。

绪 论

一、"坚持以社会主义核心价值体系引领社会思潮"课题的由来

"坚持以社会主义核心价值体系引领社会思潮"课题的提出，缘由主要有以下两点。

（一）"坚持以社会主义核心价值体系引领社会思潮"是党中央站在时代高度作出的战略部署

任何一个民族、任何一个国家，没有强大的精神正能量，没有先进价值体系的引导、凝聚、支撑，就不可能屹立于世界民族之林。一个国家、社会和民族的核心价值体系，是其凝心聚力的强大磁场，是其成就梦想的巨大动力，也是其战胜一切艰难险阻、勇往直前的不竭力量源泉。"社会主义核心价值体系是兴国之魂，是社会主义先进文化的精髓，决定着中国特色社会主义发展方向。"[①] 对当代中国而言，坚持以社会主义核心价值体系引领社会思潮，关系人的全面发展、社会的进步、国家的强盛、民族的复兴，决定着中国特色社会主义发展方向，十分必要、极其重要，也是本项目课题的价值所在。

党的十六届六中全会通过的《中共中央关于构建社会主义和谐社会若干重大问题的决定》（以下简称党的十六届六中全会《决定》）提出："建设社会主义核心价值体系，形成全民族奋发向上的精神力量和团结和睦的精神纽带。马克思主义指导思想，中国特色社会主义共同理想，以爱国主义为核心的民族精神和以改革创新为核心的时代精神，社会主义荣辱观，构成社会主义核心价值体系的基本内容。坚持把社会主义核心价值体系融入国民教育和精神文明建设全过程、贯穿现代化建设各方面。坚持用马克思主义中国化的最新成果武装全党、教育人民，用民族精神和时代精神凝聚力量、激发活力，倡导爱国主义、集体主义、社会主义思想，加强理想信念教育，加强国情和形势政策教育，不断增强对中国共产党领导、社会主义制度、改革开放事业、全面建设小康社会目标的信念和信心。加强马克思主义理论研究和建设，增强党的思想理论工作的创造力、说服力、感

[①]《中共中央关于深化文化体制改革　推动社会主义文化大发展大繁荣若干重大问题的决定》，《人民日报》2011年10月26日，第1版。

召力。坚持以社会主义核心价值体系引领社会思潮，尊重差异，包容多样，最大限度地形成社会思想共识。""坚持以社会主义核心价值体系引领社会思潮"，① 这是党中央站在时代高度作出的战略部署，是党的十六届六中全会《决定》对全党提出的明确要求。

社会主义核心价值体系是我们党基于对中国特色社会主义事业新的文化自觉而作出的一个重大判断，内容极其丰富，立意极其高远，思想极其深邃，意义极其重大。它包括四个方面的基本内容，并相互联系、相互贯通、相互促进，共同构成辩证统一的有机整体。马克思主义指导思想，是我们立党立国的根本指针，坚持马克思主义的指导地位，就抓住了社会主义核心价值体系的灵魂；中国特色社会主义共同理想，是全国各族人民团结奋斗的强大动力，树立共同理想，就突出了社会主义核心价值体系的主题；以爱国主义为核心的民族精神和以改革创新为核心的时代精神，是中华民族生生不息薪火相传的精神支撑，培育和弘扬民族精神和时代精神，就把握了社会主义核心价值体系的精髓；社会主义荣辱观，是中华民族传统美德、优秀革命道德与时代精神的有机结合，树立和践行社会主义荣辱观，就打牢了社会主义核心价值体系的基础。坚持用社会主义核心价值体系教育和引导群众，才能充分发挥和谐文化在推进经济社会发展中的巨大作用，② 也就能在全党全社会形成统一指导思想、共同理想信念、强大精神力量、基本道德规范。

建设社会主义核心价值体系，是一项艰巨而复杂的任务，是一项凝神聚力的系统工程。在马克思主义指导下，在中国共产党的领导下，只要我们坚持以社会主义核心价值体系引领社会思潮，将14亿多中国人民紧密团结起来，就能无敌于天下，创造社会主义更加辉煌的明天，实现中华民族的伟大复兴。因此，承担"坚持以社会主义核心价值体系引领社会思潮"的项目课题，责任重大，使命光荣，是我们必须完成的历史任务。

（二）坚持以社会主义核心价值体系引领社会思潮是党中央一脉相承、一以贯之的明确要求

坚持以社会主义核心价值体系引领社会思潮，是党的十六届六中全会

---

① 《中共中央关于构建社会主义和谐社会若干重大问题的决定》，《人民日报》2006年10月19日，第1版。

② 人民日报评论员：《坚持和谐文化建设的正确方向——论全面准确理解社会主义核心价值体系》，《人民日报》2006年12月20日，第1版。

之后历届党中央一脉相承、一以贯之的明确要求，是必须长期坚持、贯彻始终的战略部署，从社会主义核心价值体系的发展脉络，我们会更清楚地看到这一点。

党的十六大以来，党中央一直高度重视加强社会主义核心价值体系建设，党的十六届六中全会《决定》提出"建设社会主义核心价值体系，形成全民族奋发向上的精神力量和团结和睦的精神纽带。马克思主义指导思想，中国特色社会主义共同理想，以爱国主义为核心的民族精神和以改革创新为核心的时代精神，社会主义荣辱观，构成社会主义核心价值体系的基本内容"。① 这是第一次系统地提出建设社会主义核心价值体系的基本内容。党的十七大报告强调，"建设社会主义核心价值体系，增强社会主义意识形态的吸引力和凝聚力。社会主义核心价值体系是社会主义意识形态的本质体现。要巩固马克思主义指导地位，坚持不懈地用马克思主义中国化最新成果武装全党、教育人民，用中国特色社会主义共同理想凝聚力量，用以爱国主义为核心的民族精神和以改革创新为核心的时代精神鼓舞斗志，用社会主义荣辱观引领风尚，巩固全党全国各族人民团结奋斗的共同思想基础"。② 党的十七届四中全会通过的《中共中央关于加强和改进新形势下党的建设若干重大问题的决定》再次强调"开展社会主义核心价值体系学习教育。党员、干部模范学习践行社会主义核心价值体系，是建设马克思主义学习型政党的重要任务"。③ 胡锦涛在《在庆祝中国共产党成立90周年大会上的讲话》中强调，"发展社会主义先进文化，必须把社会主义核心价值体系建设融入国民教育、精神文明建设和党的建设全过程。要坚持用马克思主义中国化最新成果武装全党、教育人民，引导广大干部群众深刻领会党的理论创新成果，坚定理想信念。要在全体人民中大力弘扬以爱国主义为核心的民族精神和以改革创新为核心的时代精神，增强民族自尊心、自信心、自豪感，激励全党全国各族人民为实现中华民族伟大复兴而团结奋斗。要坚持用社会主义荣辱观引领社会风尚，深入推进社会公德、职业道德、家庭美德、个人品德建设，加强对青少年的德育培养，在

---

① 《中共中央关于构建社会主义和谐社会若干重大问题的决定》，《人民日报》2006年10月19日，第1版。

② 胡锦涛：《高举中国特色社会主义伟大旗帜，为夺取全面建设小康社会新胜利而奋斗》，《十七大以来重要文献选编》上，中央文献出版社2009年版，第26页。

③ 《中共中央关于加强和改进新形势下党的建设若干重大问题的决定》，《人民日报》2009年9月28日，第1版。

全社会形成积极向上的精神追求和健康文明的生活方式"。①

　　加强社会主义核心价值体系建设，巩固全党全国各族人民团结奋斗的共同思想道德基础，是党的十七届六中全会通过的《中共中央关于深化文化体制改革推动社会主义文化大发展大繁荣若干重大问题的决定》（以下简称党的十七届六中全会《决定》）的重要内容和组成部分。历史和现实反复证明，没有核心价值体系，一种文化就立不起来、强不起来，一个民族就没有赖以维系的精神纽带，一个国家就没有统一意志和共同行动。基于这样的认识，党的十七届六中全会《决定》作了完整系统的论述，对推进社会主义核心价值体系建设进行阐述和部署，《决定》在第一个问题中第三段就强调提出"坚持推进社会主义核心价值体系建设，用马克思主义中国化最新成果武装全党、教育人民，用中国特色社会主义共同理想凝聚力量，用以爱国主义为核心的民族精神和以改革创新为核心的时代精神鼓舞斗志，用社会主义荣辱观引领风尚，巩固了全党全国各族人民团结奋斗的共同思想道德基础"。② 在第二个问题的第一段再次提出"坚持中国特色社会主义文化发展道路，深化文化体制改革，推动社会主义文化大发展大繁荣"，③ 必须"以建设社会主义核心价值体系为根本任务"。④ 第三个问题"推进社会主义核心价值体系建设，巩固全党全国各族人民团结奋斗的共同思想道德基础"作为专题做了全面系统的论述，深刻指出："社会主义核心价值体系是兴国之魂，是社会主义先进文化的精髓，决定着中国特色社会主义发展方向。必须强化教育引导，增进社会共识，创新方式方法，健全制度保障，把社会主义核心价值体系融入国民教育、精神文明建设和党的建设全过程，贯穿改革开放和社会主义现代化建设各领域，体现到精神文化产品创作生产传播各方面，坚持用社会主义核心价值体系引领社会思潮，在全党全社会形成统一指导思想、共同理想信念、强大精神力

---

① 胡锦涛：《在庆祝中国共产党成立90周年大会上的讲话》，《人民日报》2011年7月2日，第2版。
② 《中共中央关于深化文化体制改革推动社会主义文化大发展大繁荣若干重大问题的决定》，《人民日报》2011年10月26日，第1版。
③ 《中共中央关于深化文化体制改革推动社会主义文化大发展大繁荣若干重大问题的决定》，《人民日报》2011年10月26日，第1版。
④ 《中共中央关于深化文化体制改革推动社会主义文化大发展大繁荣若干重大问题的决定》，《人民日报》2011年10月26日，第1版。

量、基本道德规范。"①《决定》将推进社会主义核心价值体系建设的总体要求作为一条红线贯穿全篇,再次强调,"坚持用社会主义核心价值体系引领社会思潮",集中体现了党的十六大以来,党中央对文化建设规律认识的进一步深化,充分说明了加强社会主义核心价值体系建设、"坚持用社会主义核心价值体系引领社会思潮"意义重大,影响深远。

党的十八大报告强调指出:"加强社会主义核心价值体系建设。社会主义核心价值体系是兴国之魂,决定着中国特色社会主义发展方向。要深入开展社会主义核心价值体系学习教育,用社会主义核心价值体系引领社会思潮、凝聚社会共识。"②

在党的十九大报告中,习近平总书记把"坚持社会主义核心价值体系"列为新时代坚持和发展中国特色社会主义基本方略的重要组成部分,深刻指出:"(七)坚持社会主义核心价值体系。文化自信是一个国家、一个民族发展中更基本、更深沉、更持久的力量。必须坚持马克思主义,牢固树立共产主义远大理想和中国特色社会主义共同理想,培育和践行社会主义核心价值观,不断增强意识形态领域主导权和话语权,推动中华优秀传统文化创造性转化、创新性发展,继承革命文化,发展社会主义先进文化,不忘本来、吸收外来、面向未来,更好构筑中国精神、中国价值、中国力量,为人民提供精神指引。"③

自党的十六届六中全会提出"坚持以社会主义核心价值体系引领社会思潮"之后,党的十七大报告,党的十七届四中全会、六中全会《决定》都强调推进社会主义核心价值体系建设的极端重要性,多次强调要深入开展社会主义核心价值体系学习教育,坚持以社会主义核心价值体系引领社会思潮、凝聚共识。充分体现了高度重视建设社会主义核心价值体系、强调坚持以社会主义核心价值体系引领社会思潮,是党中央一脉相承、一以贯之的明确要求。

---

① 《中共中央关于深化文化体制改革推动社会主义文化大发展大繁荣若干重大问题的决定》,《人民日报》2011年10月26日,第1版。

② 胡锦涛:《坚定不移沿着中国特色社会主义道路前进 为全面建成小康社会而奋斗——在中国共产党第十八次全国代表大会上的报告》,《人民日报》2012年11月18日,第1版。

③ 习近平:《决胜全面建成小康社会夺取新时代中国特色社会主义伟大胜利——在中国共产党第十九次全国代表大会上的报告》,《人民日报》2017年10月28日,第1版。

习近平讲话强调："要大力培育和弘扬社会主义核心价值体系和核心价值观，加快构建充分反映中国特色、民族特色、时代特征的价值体系，努力抢占价值体系的制高点。"①"要加强社会主义核心价值体系建设，倡导富强、民主、文明、和谐，倡导自由、平等、公正、法制，倡导爱国、敬业、诚信、友善，积极培育和践行社会主义核心价值观，使之成为全体人民的共同价值追求。"② 这为我们在新时期继续大力培育和弘扬社会主义核心价值体系和核心价值观，加强社会主义核心价值体系建设指明了前进方向，提出新的更高要求。

马克思和恩格斯在《共产党宣言》中指出："任何一个时代的统治思想始终都不过是统治阶级的思想。"③ 坚持以社会主义核心价值体系引领社会思潮，是马克思主义的重要内容，是苏联解体、东欧剧变、国际共产主义运动遭受严重挫折和共产党人付出血的代价告诉我们的一个颠扑不破的真理，是中国社会主义改革开放和现代化建设经验教训的科学总结，是捍卫社会主义意识形态领域指导地位的思想理论上的钢铁长城，是社会主义建设时期巩固共产党的执政地位、巩固社会主义制度的不可须臾离开的精神法宝，是当前打牢全党全国各族人民团结奋斗的共同思想基础、实现中华民族伟大复兴的紧迫战略任务。

党的十七大报告指出："社会主义核心价值体系是社会主义意识形态的本质体现。要巩固马克思主义指导地位，坚持不懈地用马克思主义中国化最新成果武装全党、教育人民，用中国特色社会主义共同理想凝聚力量，用以爱国主义为核心的民族精神和以改革创新为核心的时代精神鼓舞斗志，用社会主义荣辱观引领风尚，巩固全党全国各族人民团结奋斗的共同思想基础。"④ 坚持以社会主义核心价值体系引领社会思潮，是一个在当前国际、国内复杂情况下，关系党和国家前途命运的有很强针对性、紧迫性的重大课题。社会主义核心价值体系是我国人民共同的理想和追求、共同的文化观念和价值取向，是化解社会矛盾，维护社会和谐的重要精神纽

---

① 中共中央文献研究室编：《习近平关于全面深化改革论述摘编》，中央文献出版社2014年版，第88页。
② 中共中央文献研究室编：《习近平关于全面深化改革论述摘编》，中央文献出版社2014年版，第83页。
③ 《马克思恩格斯选集》第1卷，人民出版社1995年版，第292页。
④ 胡锦涛：《高举中国特色社会主义伟大旗帜，为夺取全面建设小康社会新胜利而奋斗》《十七大以来重要文献选编》上，中央文献出版社2009年版，第26页。

带,是我们国家和民族团结奋斗走向振兴的精神源泉,是巩固中国共产党的领导、坚持社会主义制度的上层建筑。

社会主义核心价值体系是社会主义意识形态的本质体现,是一个政党的行动指南,是一个民族的灵魂。社会主义核心价值体系,是社会主义制度的内在精神和生命之魂,是引领人们思想行为、社会的精神风尚和发展方向的伟大旗帜,是关系社会稳定与国家兴旺发达的决定性因素,是全面建设小康社会、构建和谐社会进程中的根本思想基础,是中华民族伟大复兴的共同精神力量。坚持以社会主义核心价值体系引领社会思潮,在社会主义核心价值体系旗帜的引领下就会形成强大的凝聚力、感召力、影响力,把我国各族人民紧紧凝聚在一起,充分激发起最广大人民群众的无限创造力,形成万众一心、众志成城、排山倒海、无坚不摧、无往不胜、所向披靡的巨大力量,从而实现中华民族的伟大复兴。"坚持以社会主义核心价值体系引领社会思潮"课题研究项目的完成及成果转化的实现,就会为党的执政地位的巩固、社会主义制度的兴旺发达、中华民族的伟大复兴作出应有的贡献。

二、本课题研究的思路和总体构架

根据"坚持以社会主义核心价值体系引领社会思潮"的设计要求和项目课题的内在逻辑,经过深入思考和研究,提出本课题研究的思路、总体构架。

(一) 本课题研究的思路

在研究过程中,课题组遵循理论与实际、历史与逻辑、抽象与具体相结合的方法。坚持以马克思列宁主义、毛泽东思想、中国特色社会主义理论体系为指导,全面深入贯彻习近平新时代中国特色社会主义思想,按照党的十八大、十九大和十九届三中、四中、五中全会精神,努力做到坚持马克思主义的立场观点方法,力求全面、辩证、客观、科学地阐述"坚持以社会主义核心价值体系引领社会思潮"的各部分内容,分析力求客观、全面,概括力求严谨、准确,论述力求深刻、鲜明,结构力求系统、完整。力求以充分的说服力,使广大人民群众从党和人民的事业出发,自觉地把社会主义核心价值体系作为自己毕生追求的精神目标和行为准则,从而实现引领社会思潮的研究目标。其方法是:总体设计,共同确定,分工合作,既发挥项目负责人的主体、核心、领军作用,又集中各位项目主研人的集体智慧,使项目最大限度地达到设计要求和社会生活实际需要。

(二) 本课题的总体架构

本课题按照实现项目目标任务总要求,设计总体架构包括绪论和十七章论述、阐释内容,其中十七章按逻辑结构分为六大部分:

第一部分,包括第一、二章。阐述建设社会主义核心价值体系的深刻时代背景和重要意义、社会主义核心价值体系是社会主义意识形态的本质体现,回答在什么背景下建设社会主义核心价值体系、有什么意义和揭示其意识形态本质属性问题。

第二部分,包括第三、四、五、六章。全面阐述社会主义核心价值体系四个方面的基本内容,即马克思主义指导思想、中国特色社会主义共同理想、以爱国主义为核心的民族精神和以改革创新为核心的时代精神、树立和践行社会主义荣辱观。这四章的基本内容是:马克思主义指导思想是立党立国之本;高举中国特色社会主义伟大旗帜,坚定中国特色社会主义共同理想;大力弘扬以爱国主义为核心的民族精神和以改革创新为核心的时代精神;高度自觉树立和践行社会主义荣辱观。意在准确科学地把握社会主义核心价值体系的基本内容和丰富内涵,回答社会主义核心价值体系"是什么"的问题。

第三部分,包括第七、八、九章。具体阐述建设社会主义核心价值体系与建设社会主义和谐文化的关系,与确立正确的世界观、人生观和价值观的关系以及坚持以社会主义核心价值体系引领舆论导向问题。回答如何以社会主义核心价值体系引领建设和谐文化,树立正确的世界观、人生观、价值观,引领舆论导向问题,初步体现"怎么做"、如何引领的问题。

第四部分,包括第十、十一、十二、十三、十四章。建设社会主义市场经济、社会主义民主政治、社会主义先进文化、社会主义和谐社会、社会主义生态文明和党的建设,是中国特色社会主义建设的主要内容,为了更好地坚持和发展中国特色社会主义,就需要坚持以社会主义核心价值体系统领发展社会主义市场经济、社会主义民主政治、社会主义先进文化、社会主义和谐社会、社会主义生态文明和党的建设。这五章主要论述社会主义核心价值体系如何统领发展社会主义市场经济、如何统领发展社会主义民主政治、如何统领发展社会主义先进文化、如何统领社会建设、生态文明建设、如何统领党的建设,继续深入解决"怎么做"、如何引领的问题。

第五部分，包括第十五、十六章。主要论述坚持以社会主义核心价值体系引领社会思潮的实现途径、需要注意把握的几个原则。

第六部分，包括第十七章。以"我国抗击新冠疫情彰显出的制度优势"为题，用新冠疫情这个肆虐全世界的灾害事件，中国在中国共产党英明领导之下战胜疫情的辉煌成就，雄辩地证明了"兴国之魂"无往不胜的强大威力。

整个项目课题，逻辑严密、流畅，架构系统、完整，较好地体现、反映了"坚持以社会主义核心价值体系引领社会思潮"项目课题专著需要回答和阐释的问题。

三、本课题研究成果的创新亮点

综合本项目课题全部内容，该项目课题不论是系统性、逻辑性、时代性、还是理论批判性都十分重视创新，可以说亮点纷呈，集中概括起来，有如下四个创新亮点。

一是系统完整性。坚持以社会主义核心价值体系引领社会思潮项目课题的整体架构，按照该项目课题的固有思维逻辑分为六大部分：第一部分两章，回答在什么背景下建设社会主义核心价值体系、有什么意义，揭示其意识形态本质属性，回答"为什么"的问题；第二部分四章，全面阐述、准确科学地把握社会主义核心价值体系的基本内容和丰富内涵，回答社会主义核心价值体系"是什么"的问题；第三部分三章，具体阐述如何以社会主义核心价值体系引领建设和谐文化，树立正确的世界观、人生观、价值观，舆论导向，初步回答在这三个领域里"做什么""怎么做"的问题；第四部分五章，集中论述社会主义核心价值体系如何统领发展社会主义市场经济、社会主义民主政治、社会主义先进文化，如何统领社会建设、生态文明建设、党的建设，进一步回答在社会主义经济、政治、文化、社会、生态和党的建设领域里"做什么""怎么做"的问题；第五部分两章，解决坚持以社会主义核心价值体系引领社会思潮的实现途径和需注意把握的几个原则问题；第六部分一章，用中国在抗击新冠疫情这个全世界的重大灾害事件中取得伟大胜利彰显出的制度优势，印证了"社会主义核心价值体系"这个"兴国之魂"所向披靡，战胜一切艰难险阻的强大威力。每一部分相对独立，又与其他部分不可分割，紧密相连，论述前后照应，阐释上下呼应，内容自然延伸，水到渠成，顺理成章。整个项目课题，逻辑严密、行文流畅，构成比较全面、系统、科学、完整的架构系统，较好地体现和反映了"坚持以社会主义核心价值体系引领社会思潮"项目课题专著需要回答的问题。

二是逻辑严密性。本课题形成"建设社会主义核心价值体系的时代背景→重大意义→社会主义核心价值体系是社会主义意识形态的本质体现→社会主义核心价值体系的基本内容→与建设社会主义和谐文化的关系→与确立正确的世界观、人生观和价值观的关系→如何引领舆论导向→如何统领发展社会主义市场经济、民主政治、先进文化，如何统领社会建设、生态文明建设、党的建设→如何实现以社会主义核心价值体系引领社会思潮的途径→注意把握好几个原则→彰显出的优势"的总体框架和逻辑结构，形成全面完整系统地论述"坚持以社会主义核心价值体系引领社会思潮"的理论体系，集科学性、完整性、系统性为一体，逻辑思路和理论观点具有创新价值。

三是理论斗争性。本课题通篇闪烁着社会主义核心价值体系"兴国之魂"的真理光辉，在正面阐释马克思列宁主义、毛泽东思想、中国特色社会主义理论体系、党的十八大、十九大和二十大精神、全面贯彻落实习近平新时代中国特色社会主义思想，宣传党的路线方针政策的同时，讴歌真善美，鞭挞假恶丑，立场坚定，旗帜鲜明，知荣明耻，辨明是非，无私无畏，秉公直言，批判邪恶，高扬正声，疾恶如仇，敢于亮剑。理直气壮地拿起马克思主义批判的武器，揭露批判西方敌对势力西化、分化、和平演变中国的罪恶阴谋，批判西方反动腐朽意识形态对中国的腐蚀、渗透，批判资本主义腐朽个人主义、拜金主义、享乐主义价值观，批判资产阶级思想自由化、经济私有化、政治多元化，批判所谓"普世价值"、"宪政民主"、西方"议会制度"，批判"新自由主义""历史虚无主义""民族虚无主义""军队非党化"，等等，大力弘扬社会主义、爱国主义、集体主义主旋律，传播正能量，集中表现出共产党人对党、对国家、对人民无限忠诚的应有品格。

四是体现时代性。本项目课题设计于党的十八大召开之前，完成于党的十八大、十九大、二十大之后，将党的十八大以来一系列最新理论成果融进课题研究之中，赋予社会主义核心价值体系课题研究全新的思想理论观点，集中地体现了马克思主义与时俱进的理论品质。是党的十八大以来最系统、最全面、最完整地体现党的十八大、十九大、二十大精神的社主义核心价值体系引领社会思潮的研究成果。因此，就会使社会主义核心价值体系的论述上升到一个全新的境界，更具有丰富的时代内容，更富有鲜活的时代气息，就会使这一项目课题成果生命力更持久、价值更高，意义更深远。本课题是社会主义核心价值体系提出以来，党的十八大、十九大、二十大之后，一部系统全面地论述坚持以社会主义核心价值体系引领社会思潮的著作，不仅吸收了我们党以往有关社会主义核心价值体系主要研究成果的精神营养，同时，高度重视借鉴了党的十八大、十九大、二十大精神及习近平新时代中国特色社会主义思想以及党的十八大以来，一些学习贯彻落实党的十八大、十九大、二十大精神和学习贯彻习近平新时代中国特色社会主义思想的理论成果，字里行间充溢、渗透着新时代的思想精华，站在时代高度，担当起引领社会思潮的神圣职责和历史使命。这一点是该项目课题十分重要的创新亮点。

社会主义核心价值体系是兴国之魂，决定着中国特色社会主义发展方向。只要我们坚持以社会主义核心价值体系引领社会思潮，始终做到坚持马克思主义指导思想、坚定中国特色社会主义共同理想、大力弘扬以爱国主义为核心的民族精神和以改革创新为核心的时代精神、自觉树立和践行以"八荣八耻"为主要内容的社会主义荣辱观，勇敢、勤劳、智慧的14亿多中国人民就能高举中国特色社会主义伟大旗帜，众志成城，万众一心，紧密地团结在以习近平同志为核心的党中央周围，坚持道路自信、理论自信、制度自信、文化自信、领袖自信，建设伟大祖国美好的今天和创造更加辉煌的未来。和平崛起的伟大中国就一定能形成排山倒海的巨大力量，战无不胜，攻无不克，所向无敌，任何狂风恶浪、严峻挑战都不能阻止中国人民前进的步伐，中华民族就能自立于世界民族之林，巍然屹立在世界的东方！

第一章

建设社会主义核心价值体系的深刻时代背景和重要意义

建设以"马克思主义指导思想，中国特色社会主义共同理想，以爱国主义为核心的民族精神和以改革创新为核心的时代精神，社会主义荣辱观"为基本内容的社会主义核心价值体系，有着国际国内的深刻时代背景和思想战线严峻的现实问题客观基础，是有效防止西方敌对势力西化、分化、和平演变中国的迫切需要，对于巩固党的执政地位、巩固社会主义制度具有极其重要的现实意义和深远的历史意义。

一、建设社会主义核心价值体系的深刻时代背景

2016年5月17日，习近平同志在《在哲学社会科学工作座谈会上的讲话》中指出："坚持问题导向是马克思主义的鲜明特点。问题是创新的起点，也是创新的动力源。只有聆听时代的声音，回应时代的呼唤，认真研究解决重大而紧迫的问题，才能真正把握住历史脉络、找到发展规律，推动理论创新。坚持以马克思主义为指导，必须落到研究我国发展和我们党执政面临的重大理论和实践问题上来，落到提出解决问题的正确思路和有效办法上来。"[①]

建设社会主义核心价值体系，不是无本之木，无源之水，而是世情、国情、党情提出的客观要求，是有效应对国际国内复杂斗争做出的必然选择。国际因素表现在，西方敌对势力的军事威胁，经济、科技优势的压力，分化、西化、和平演变的战略图谋的实施，某西方大国策动下的周边国家的围堵，西方敌对势力在意识形态领域里分化、西化中国的"软战争"，没有硝烟的战争——和平演变，思想文化渗透的网络战争早已开始，并愈演愈烈，散布"中国威胁论""中国崩溃论""中国责任论"等遏制中国和平崛起的倒行逆施；国内因素表现在，思想理论战线的混乱状况、

[①] 习近平：《在哲学社会科学工作座谈会上的讲话》，《人民日报》2016年5月19日，第2版。

第一章 建设社会主义核心价值体系的深刻时代背景和重要意义

道德滑坡、党的建设存在的问题，以及社会层面存在的诸多问题等，都强烈地要求必须以社会主义核心价值体系引领社会思潮。本项目课题的研究，就是为解决当代中国所面临的需要用社会主义核心价值体系引领、统领的问题，给予科学的理论阐释，提出正确思路和有效办法。

（一）建设社会主义核心价值体系是有效应对国际环境提出的客观要求

建设社会主义核心价值体系是有效应对国际上军事围堵和战争威胁的需要，是粉碎西方敌对势力对中国实施分化、西化、和平演变战略图谋的必然选择。

1. 在国际上，以美国为首的西方敌对势力亡我之心不死，形成由北到南、从东到西的对我国的军事包围圈，建设社会主义核心价值体系是有效应对这一国际环境的客观要求

推行霸权主义的美国在东面与韩国、日本、菲律宾阿基诺三世前政府等反华国家沆瀣一气，试图组成亚洲版的小北约；在中东地区，以反恐为名大举侵略伊拉克、利比亚、叙利亚，在西部入侵阿富汗，并在伊拉克、阿富汗两个国家大量驻军，西方敌对势力的军队驻在了我们国家的西门口；并以反恐的名义渗透到吉尔吉斯斯坦等中亚国家，建立大量的军事基地，美国的战斗机、战略轰炸机随时都可以起飞，直接威胁我国的安全；北约东扩，已经到达格鲁吉亚，并欲渗透到蒙古国；在西南怂恿印度侵占、蚕食我国领土，并售给印度大量先进武器装备，妄图挑起中印边界战争；南面拉拢越南，与之联合开采我国西沙群岛的海上石油，并怂恿新加坡、马来西亚、菲律宾等东南亚小国侵占我南沙群岛的领海，挑唆离间我国与东南亚邻国的关系，制造摩擦。尽管菲律宾新总统杜特尔特改善了对华关系，为协商解决岛屿争端创造了条件，也打了美国一记响亮耳光，然而，美日当局不会轻易放弃对菲律宾的拉拢，对此，我们在保持对菲律宾政府友好的同时，更要保持应有警惕。这几年，美国不断与日韩在东海联合举行针对我国的军事演习，同时与菲律宾、越南等南海周边国家频繁举行针对我国的军事演习，时任总统奥巴马、国务卿克里分头到日本、澳大利亚和菲律宾组织围堵中国的军事联盟。以四面包围、制造事端、炫耀武力、武力威胁，欲对中国进行牵制，为我国的发展设置障碍，遏制中国的和平崛起。美国打造"亚洲版的小北约"，组织围堵中国和平崛起的战略意图人所共知，是关心国防、关注国家安全的中国人民尽人皆知的基本

常识。

近年来，美国霸权主义更加露骨。2015年10月27日，美国海军驱逐舰"拉森号"未经中国政府允许，非法进入中国南沙群岛渚碧礁12海里。中国外交部迅速做出回应：中方有关部门依法对美方舰艇实施了监视、跟踪和警告。美方军舰有关行为威胁中国主权和安全利益，危及岛礁人员及设施安全，损害地区和平稳定。中方对此表示强烈不满和坚决反对。然而，美国不仅不收敛，奥巴马还扬言美将日常巡航南海，美国海军表示将派更多的舰艇前往南海进行类似的巡逻，对此中方坚决反对。9月25日，习近平主席同美国总统奥巴马举行会谈，当面表达了"中方愿同美方一道，坚持不冲突不对抗、相互尊重、合作共赢"的良好愿望，时刚过一个月，言犹在耳，美国就派遣军舰驶入距离这些岛礁12海里以内的水域，进行挑衅，制造事端，表现了美国惯于桌上握手，桌下使绊子的本质。2016年7月13日，美国和韩国不顾中俄等国明确反对，宣布将在韩国星州郡部署"萨德"反导系统，目的就是围堵中国，恐吓中国，对中国的国家安全造成极大威胁。习近平在《在庆祝中国共产党成立95周年大会上的讲话》中明确指出："到处炫耀武力不是有力量的表现，也吓唬不了谁。"[1] 表明了伟大的中国人民决不惧怕美国霸权主义挑衅、恐吓的钢铁意志，当然，有备无患，我们必须保持应有的高度警惕，切实做好各种应对的充分准备，争取战略主动，确保战无不胜。

中华民族从来就不是好战的民族，但战争来了也从不畏惧。美方妄想通过武力恫吓，让中国放弃自己正当的权利，只会更加激起中国维护自身正当权益的坚强决心。任何国家都不要指望我们会拿自己的核心利益做交易，不要指望我们会吞下损害我国主权、安全、发展利益的苦果。同样，《在庆祝中国共产党成立95周年大会上的讲话》中，习近平同志向全世界宣告："中国不觊觎他国权益，不嫉妒他国发展，但决不放弃我们的正当权益。中国人民不信邪也不怕邪，不惹事也不怕事，任何外国不要指望我们会拿自己的核心利益做交易，不要指望我们会吞下损害我国主权、安全、发展利益的苦果。"[2] 亮出捍卫国家利益的底线。

---

[1] 习近平：《在庆祝中国共产党成立95周年大会上的讲话》，《人民日报》2016年7月2日，第2版。

[2] 习近平：《在庆祝中国共产党成立95周年大会上的讲话》，《人民日报》2016年7月2日，第2版。

第一章 建设社会主义核心价值体系的深刻时代背景和重要意义

古人云:"昔者先王知兵之不可去也,是故天下虽平,不敢忘战。"① 当今时代决非天下太平,霸权主义、强权政治和新干涉主义仍在大行其道。我们必须居安思危,富国强兵,不惹事,但决不怕事。在涉及我国核心利益的问题上,必须敢于划出红线,亮出底线,我们热爱和平,但决不惧怕战争,保国卫疆,敢于亮剑。战争与和平的辩证法告诉我们:敢战方能言和,能战方能止战,准备打才可能不必打,越怕打、越不能打,越可能挨打。因为,帝国主义是战争的策源地,受霸权主义侵略和垄断资产阶级贪婪本性的驱使,战争是难免的。正如苏轼在《教战守策》一文中所说:"战者,必然之势也,不先于我则先于彼,不出于西则出于北;所不可知者,有迟速远近,而要以不能免也。"② 其深刻地指出,战争是必然的,所不可知的只是发生战争的时间的快慢、距离的远近,最关键的是不能避免。因此,全国军民必须居安思危,做好一切应对战争的准备。

不必讳言,当前我国周边的环境还很复杂,可以说险象环生,但并不可怕,辩证地看外敌对我国安全的现实威胁,反而会激励我国人民的高度警觉,激发积极进取的战斗精神,卧薪尝胆,励精图治,拼搏奋斗。中国古人深悟其道,唐代柳宗元就曾在《敌戒》一文中深刻指出:"皆知敌之仇,而不知为益之尤;皆知敌之害,而不知为利之大。秦有六国,兢兢以强;六国既除,訑訑乃亡。""敌存灭祸,敌去召过。有能知此,道大名播。"③ 风受阻而生松涛,水遇障方起浪波,环境凶险,更逼人谨慎前行,奋力拼搏。有道是"生于忧患而死于安乐"④,"居安思危,思则有备,有备无患"。⑤ 历史证明,外部危机是建立内部共识和国家认同的催化剂。只要我们常怀忧患意识,披肝沥胆,众志成城,同仇敌忾,在中国共产党的英明领导下,充分发挥社会主义的独特优势,就能永远立于不败之地。

当今世界,外部安全的隐忧在增大,我们家门口生乱生战的可能性在

---

① (宋)苏轼:《教战守策》,《古代汉语》(中册),北京出版社1982年版,第462页。

② (宋)苏轼:《教战守策》,《古代汉语》(中册),北京出版社1982年版,第465页。

③ 王力:《古代汉语》(下册),北京出版社1983年版,第822页。

④ 吴树平、赖长阳:《全译本白话四书五经》第1卷《告子章句下》,国际文化出版公司1992年版,第330页。

⑤ 吴树平、赖长阳:《全译本白话四书五经》第4卷《左转·襄公十一》,国际文化出版公司1992年版,第377页。

增大。我们必须牢记，须臾不可放松警惕。当然，我们也明白，要做到这一点，就必须拥有强大的实力。大国不等于强国，财富不等于实力，这是甲午战争留下的深刻启示，因此，富国强军是实现中华民族伟大复兴的必然选择。然而，国民的凝聚力也是综合国力的重要组成部分，战胜强大敌人，不仅要富国强军，还需要万众一心、众志成城、同仇敌忾、一往无前、不怕牺牲的民族精神。正如《人民日报》发表的《牢记战争与和平的辩证法——写在中日甲午战争爆发120周年》一文所指出的："伟大的梦想，需要伟大的精神作支撑。没有振奋的精神、没有高尚的品格、没有坚定的志向，一个民族不可能自立于世界民族之林。实现中国梦，要求我们不仅在物质上强大起来，也要在精神上强大起来。"① 中国今后最可能发生的战争是抵抗外敌入侵的民族之战，而民族之战的最高层次是灵魂之战、信仰之战，精神之战，人民之战，不是单纯的国力之战、军队之战，需要伟大的民族精神和中国共产党以马克思列宁主义为指导培育起来的，战胜了国内外敌人的优良传统和革命精神，并以此武装全党、全军、全国人民。

有纪念中日甲午战争120周年之际，我们要吸取甲午战争惨败的沉痛教训，高度重视大力铸造伟大的民族精神、民族魂。正如鲁迅先生所说："惟有民魂是值得宝贵的，惟有他发扬起来，中国才有真进步。"这个民魂，就是能把中国人民凝聚在一起的精神支柱，就是作为"兴国之魂"的社会主义核心价值体系。用社会主义核心价值体系、以爱国主义为核心的民族精神凝聚起来的14亿多中国人民是不可战胜的，是不好惹的。在抗美援朝战争胜利时毛泽东非常自信地警告说："帝国主义侵略者应当懂得：现在中国人民已经组织起来了，是惹不得的。如果惹翻了，是不好办的。"

2. 西方敌对势力对加紧对中国实施西化、分化、和平演变战略图谋，建设社会主义核心价值体系是有效应对这一挑战的客观要求

国际上，围绕发展模式和价值观的竞争日益凸显，各种思想文化交流、交融、交锋日趋频繁，意识形态领域渗透与反渗透的斗争尖锐复杂。伴随着中国举世瞩目的发展进步，中国发展模式的影响也日益扩大。西方一些势力必然把中国社会主义制度和马克思主义的意识形态视为对西方制度模式和价值观的威胁。中国作为共产党领导的社会主义国家，将长期面

---

① 吕岩松、吴绮敏、赵成、胡泽曦：《牢记战争与和平的辩证法——写在中日甲午战争爆发120周年》，《人民日报》2014年7月25日，第3版。

第一章 建设社会主义核心价值体系的深刻时代背景和重要意义

对西方遏制、促变的压力,而意识形态渗透是西方敌对势力对我国推行西化、分化、和平演变战略的主要手段。

苏东剧变以后,中国成为世界上最大的社会主义国家,以美国为首的西方垄断资产阶级把和平演变的矛头主要指向中国。邓小平同志看到这种形势,指出:"西方世界确实希望中国动乱。不但希望中国动乱,也希望苏联、东欧都动乱。美国,还有西方其他一些国家,对社会主义国家搞和平演变。美国现在有一种提法:打一场无硝烟的世界大战。我们要警惕。资本主义是想最终战胜社会主义,过去拿武器,用原子弹、氢弹,遭到世界人民的反对,现在搞和平演变。"[①] "可能是一个冷战结束了,另外两个冷战又已经开始。一个是针对南方、第三世界的,另一个是针对社会主义的,西方国家正在打一场没有硝烟的第三次世界大战。所谓没有硝烟,就是要社会主义国家和平演变。"[②] 美国敌视中国的社会主义制度,千方百计要把它搞掉。美国总统奥巴马在就职宣誓时再次强调他反对共产主义的决心。他们是绝不会放弃消灭社会主义制度这项战略任务的,只要有机会就会把这一决心付诸实施。

美国中央情报局针对中国的情报活动,"自中华人民共和国成立之日起,一天也没有停止过,不过是'古已有之,于今尤烈'。最近被揭密的《十条诫令》,便很清楚地说明了美国中央情报局是怎样对待中国的。在中央情报局极其机密的'行事手册'中,关于对付中国的部分最初撰写于中美严重对立的1951年,以后随着中美关系的变化不断修改,至今共成十项,内部代号称为《十条诫令》。

全文转述如下:

一、尽量用物质来引诱和败坏他们的青年,鼓励他们藐视、鄙视、进一步公开反对他们原来所受的思想教育,特别是共产主义教条。替他们制造对色情奔放的兴趣和机会,进而鼓励他们进行性的滥交。让他们不以肤浅、虚荣为羞耻。一定要毁掉他们强调过的刻苦耐劳精神。

二、一定要尽一切可能,做好传播工作,包括电影、书籍、电视、无线电波……和新式的宗教传播。只要他们向往我们的衣、食、住、行、娱乐和教育的方式,就是成功的一半。

三、一定要把他们青年的注意力,从以政府为中心的传统引开来。让

[①] 《邓小平文选》第3卷,人民出版社1993年版,第325—326页。
[②] 《邓小平文选》第3卷,人民出版社1993年版,第344页。

他们的头脑集中于：体育表演、色情书籍、享乐、游戏、犯罪性的电影，以及宗教迷信。

四、时常制造一些无事之事，让他们的人民公开讨论。这样就在他们的潜意识中种下了分裂的种子。特别要在他们的少数民族里找好机会，分裂他们地区，分裂他们的民族，分裂他们的感情，在他们之间制造新仇旧恨，这是完全不能忽视的策略。

五、要不断制造消息，丑化他们的领导。我们的记者应该找机会采访他们，然后组织他们自己的言辞来攻击他们自己。

六、在任何情况下都要宣扬民主。一有机会，不管是大型小型，有形无形，都要抓紧发动民主运动。无论在什么场合，什么情况下，我们都要不断对他们（政府）要求民主和人权。只要我们每一个人都不断地说同样的话，他们的人民就一定会相信我们说的是真理。我们抓住一个人是一个人，我们占住一个地盘是一个地盘。

七、要尽量鼓励他们（政府）花费，鼓励他们向我们借贷。这样我们就有十足的把握来摧毁他们的信用，使他们的货币贬值，通货膨胀。只要他们对物价失去了控制，他们在人民心目中就会完全垮台。

八、要以我们的经济和技术优势，有形无形地打击他们的工业。只要他们的工业在不知不觉中瘫痪下去，我们就可以鼓励社会动乱。不过我们必须表面上非常慈爱地去帮助和援助他们，这样他们（政府）就显得疲软。一个疲软的政府，就会带来更大的动乱。

九、要利用所有的资源，甚至举手投足，一言一笑，都足以破坏他们的传统价值。我们要利用一切来毁灭他们的道德人心。摧毁他们的自尊自信的钥匙，就是尽量打击他们刻苦耐劳的精神。

十、暗地运送各种武器，装备他们的一切敌人，以及可能成为他们敌人的人们。

中央情报局西化、分化中国的险恶用心，在《十条诫令》中暴露无遗。

在美苏争斗得你死我活、对苏情报活动牵涉了中情局主要精力时，尚且出台这样的对中国秘密情报活动纲领，那么，在现在美国已日益明显地把中国当作了'竞争对手'的情况下，中情局又会有什么样的对中国行动纲领呢？

根据对美国政府决策有着强大影响的智囊库兰德公司于1999年6月向美国政府提出的建议报告：美国的对华战略应该分三步走：第一步是西

化、分化中国，使中国的意识形态西方化，从而失去与美国对抗的可能性；第二步是在第一步失效或成效不大时，对中国进行全面的遏制，并形成对中国战略上的合围；第三步就是在前两招都不能得逞时，不惜与中国一战，当然作战的最好形式不是美国的直接参战，而是支持中国内部谋求独立的地区或与中国有重大利益冲突的周边国家。

树欲静而风不止。美国中央情报局对中国的种种秘密情报活动，过去没有停止过，现在也没有停止，将来还会继续下去。只要中国按照自己的道路走下去，变得越来越强大，就将是美国挥之不去的一个'心病'，就仍将是中央情报局秘密情报活动的重点对象之一。"[1]

从《十条诫令》中我们可看到，美帝国主义为了和平演变中国，腐蚀青年的思想，卑鄙无耻到了无以复加的地步，事实上，他们的阴谋在某些地方已经在实现，比如：尽量用物质来引诱和败坏他们的青年，鼓励他们藐视、鄙视、进一步公开反对他们原来所受的思想教育，特别是共产主义教育。替他们制造对色情奔放的兴趣和机会，进而鼓励他们进行性的滥交。让他们不以肤浅、虚荣为羞耻；不断对他们政府要求民主和人权；特别要在他们的少数民族里找机会，分裂他们的地区，分裂他们的民族，分裂他们的感情，在他们之间制造新仇旧恨；千方百计搞垮我国的国有企业，破坏我国的金融秩序；支持"藏独""疆独"，制造反革命暴力事件，制造民族仇恨，破坏中国的稳定发展，挑动周边国家给我们国家制造麻烦。

为了分化、西化、和平演变中国，西方敌对势力会动员一切研究力量和媒体，对中国进行思想渗透，舆论诱导。正如中央党校韩庆祥教授指出的："强权政治和霸权国家试图对我国打一场'没有硝烟的战争'。它们以'自由、民主、人权'等为招牌，大力对我国进行意识形态渗透，目的就是动摇我们的思想根基，摧毁中国人的自信心和凝聚力。当前意识形态领域的斗争复杂而尖锐，一些错误思潮暗流涌动，此起彼伏，竞相发声，大肆攻击中国特色社会主义、中国共产党的领导、社会主义核心价值观等。"[2] 美国斯坦福大学教授弗朗西斯·福山就是其中之一。这个宣布马克

---

[1] 《分化中国用心险恶　美中情局〈十条诫令〉大揭秘》，《北京青年报》2001年7月25日。

[2] 韩庆祥：《深刻理解和把握"新的伟大斗争"》，《人民日报》2014年7月23日，第7版。

思主义已经死亡、共产主义已经死亡的著名《历史的终结及最后之人》一书的作者,很有兴趣研究中国道路,并在中国到处讲演。他认为马克思为人类进程指出的共产主义方向,是很少有人相信的"乌托邦",这种道路中国不能再走了,只能选择"民主和市场经济"方向,即向西方资本主义靠拢,除此别无选择。正如陈学明先生在《中国社会科学报》发表的《对福山的政治误导要保持清醒认识》一文所指出的:"福山之所以要着力研究中国道路,之所以要论证中国道路是不值得效仿和不可持续的,之所以要对中国道路提出激烈的批评,就是为了在中国真正强大起来之前更主动地把中国'接纳'进'西方资本主义的大家庭',让中国沦为西方资本主义的附庸。"[①] 对此,我们必须高度警惕,保持清醒,决不上当。

苏联亡党亡国、和平演变的惨痛教训,告诉我们社会主义同资本主义"谁胜谁负"的斗争远未结束,资本主义复辟的危险远没有过去。殷鉴不远,必须认真总结苏联兴亡的教训,决不能重蹈覆辙。党的十六大、十七大报告都强调全党同志一定要增强忧患意识,居安思危,党的十七届四中全会提出全党必须居安思危,增强忧患意识,党的十八大同样提出居安思危、增强忧患意识,可谓振聋发聩、意义深远。

西方敌对势力的军事威胁、和平演变并不可怕,新中国就是在敌人的围堵中成长壮大、繁荣发展起来的。当年在抗美援朝时期,面对强大的联合国军,在我军与敌军武器装备对比极端悬殊的情况下,中国人民志愿军以压倒一切敌人的英雄气概,英勇作战,以弱胜强,取得胜利。今天,站起来的中国人民,已经有了强大的国防和雄厚的经济实力,如果有一天敌人像发动朝鲜战争那样把战争强加给中国人民,我们就要发扬抗美援朝精神,像抗美援朝那样,万众一心,同仇敌忾,众志成城,坚决彻底地把敌人消灭干净!而凝聚人心的旗帜,就是社会主义核心价值体系,坚持用社会主义核心价值体系引领社会思潮,在全党全社会形成所向披靡、坚不可摧的强大精神力量。

(二)建设社会主义核心价值体系是有效应对国内背景提出的客观要求

随着我国社会深刻变革和对外开放不断扩大,各种思想文化交流、交

[①] 陈学明:《对福山的政治误导要保持清醒认识》,《中国社会科学报》2013年8月28日,第494期。

第一章 建设社会主义核心价值体系的深刻时代背景和重要意义

融、交锋日益频繁,一些错误思潮暗流涌动、此起彼伏,党和人民团结奋斗的共同思想基础面临种种挑战。改革开放40多年来,我国取得举世瞩目的伟大成就,跻身于世界第二大经济体,国家的综合实力不断增强,改革发展的成果惠及全国人民,中国人民的道路自信、理论自信、制度自信、文化自信更加坚定,广大人民群众对中国特色社会主义道路的认同度不断提高,各民族自信心和凝聚力大大增强,现在,我们比历史上任何时期都更接近中华民族伟大复兴的目标,比历史上任何时期都更有信心、有能力实现这个目标。但是,由于西方敌对势力对我国实施分化、西化、和平演变的战略图谋,在社会深刻变革和对外开放不断扩大的条件下,我国思想道德领域里出现了一些不容忽视的现象,诚信缺失,道德滑坡等,自由化思潮肆意泛滥,反腐败斗争更加激烈复杂,一些腐朽落后的思想文化沉渣泛起,迫切需要用全党全国人民团结奋斗的共同思想基础凝聚起来,这个共同的思想基础就是社会主义核心价值体系,这是有效应对国内思想战线各种新情况提出的客观要求。

在中国近代史上,因为没有强有力的共同思想把中国人民凝聚起来,以致国人惨遭外敌入侵,饱受欺凌,教训极深。

1894年7月25日爆发的中日甲午战争,腐败无能的清政府惨遭失败之后,中华民族到了最危险的时候,一盘散沙的中国人民没有了凝聚力,只能任外敌欺凌,生灵涂炭,哀鸿遍地,中国人民对此深恶痛绝,有识之士更是痛心疾首。一百多年前的鸦片战争之后,中国社会更是危机四伏,民族精神堕落到极点,官方贪污腐败成风,软弱无能,军备凋敝,军无斗志,百姓目光短浅,没有理想,没有信仰,四分五裂,一盘散沙,整个社会整体堕落,民不聊生,积贫积弱。正如晚清大思想家大诗人龚自珍痛心疾首指出的:"官无廉官,吏无能吏,兵无勇士,军无良将,商无诚商,民无良民,甚至盗无侠盗。亡国灭种的大祸就要临头了!"

事实正是这样,中国很快沦为列强任意宰割的羔羊,连国土人口经济总量甚至武器装备都落后于中国的日本都在甲午海战中大胜中国,获得巨额赔偿。为了民族救亡,无数志士仁人进行了认真的思考和不懈的努力,但均以失败告终。毛泽东同志及中国共产党老一辈革命家为了拯救中华民族出水火,进行了长期的艰苦卓绝的探索,总结前人经验教训,寻找民族解放的道路。1917年俄国十月革命一声炮响,给我们送来了马克思列宁主义,五四运动前后,中国共产党人的先驱,就开始在中国人民中传播马克思列宁主义。中国共产党成立之后,以毛泽东同志为代表的中国共产党人清醒地意识到，轰动全国的太平天国运动、义和团运动之所以失败，就是因为没有先进的思想理论指导，没有先进的阶级领导，没有先进的政党组织，没有正确的路线方针政策，没有把最广大的人民群众凝聚起来。

毛泽东同志及老一辈共产党人建立先进的中国共产党组织，用共产主义理想信念、马克思列宁主义理论武装中国人民的头脑，以为人民服务为党的根本宗旨，以国家独立、民族解放、国家富强、人民幸福为目标，以大公无私、公而忘私，毫不利己、专门利人、毫无自私自利之心的崇高品格为价值观，大力弘扬集体主义、爱国主义、社会主义的主旋律。坚持不懈地运用马克思主义辩证唯物主义和历史唯物主义的科学世界观和方法论武装中国人民，在世界资本主义的汪洋大海中筑起一道共产主义思想的坚固堤坝，彻底改变了旧中国人民群众一盘散沙的状况。做到了用马克思列宁主义把中国人民武装起来，用新民主主义、社会主义、共产主义的理想信念将亿万中国人民凝聚起来、团结起来，形成无坚不摧、无往不胜、涤荡一切污泥浊水的强大力量。战胜了国内外武装到牙齿的强大敌人，建立了新中国，确立了社会主义基本制度，开辟了中华民族历史的新纪元，走上了民族解放、人民富裕、国家富强的中华民族伟大复兴之路。改革开放40多年来，中国的面貌发生了翻天覆地的巨大变化，取得举世瞩目的巨大成就，跻身于仅次于美国的世界第二大经济体，国家的综合实力得到极大提高。

然而，毋庸讳言，改革开放进来了新鲜空气，也进来了苍蝇蚊子，西方资产阶级的污泥浊水汹涌澎湃涌进中国，敌对势力极力推行分化、西化、和平演变中国的战略图谋，加之我们教育上也存在失误，正如邓小平同志所指出的"十年最大失误是教育，这里我主要讲思想政治教育，不单纯是对学校、青年学生，是泛指对人民的教育。"① 对此，邓小平同志早就提醒全党："开放、搞活，必然带来一些不好的东西，不对付他，就会走到邪路上去。"② 正像苏轼感叹的："天下之民知安而不知危，能逸而不能劳，此臣所谓大患也。"③

邓小平同志不无忧虑地说："这股风来得很猛。如果我们党不严重注意，不坚决刹住这股风，那么，我们的党和国家确实要发生会不会'改变

---

① 《邓小平文选》第3卷，人民出版社1993年版，第306页。
② 《邓小平文选》第3卷，人民出版社1993年版，第164页。
③ （宋）苏轼：《教战守策》，《古代汉语》（中册），北京出版社1982年版，第465页。

第一章　建设社会主义核心价值体系的深刻时代背景和重要意义

面貌'的问题。这不是危言耸听。"① 在以毛泽东为代表的第一代领导集体时期，党政军民，风清气正，道德高尚，"六亿神州尽舜尧"，我国是七亿人民七亿兵，万里江山万里营。而现在西方敌对势力对中国实施西化、分化、和平演变战略，资产阶级意识形态渗透，个人主义、拜金主义、享乐主义的泛滥，价值观的严重扭曲，对人们思想的侵袭和腐蚀，对中国共产党人长期形成的正确的革命人生价值观的挑战、冲击，给我国党和人民事业带来全局性、宽领域、多侧面的危害。造成人们普遍存在只为自己发财，自私自利，道德沦丧、人心不古，信仰迷失，良知泯灭、精神堕落。全民的精神腐败，造成了人民群众与共产党离心离德，与社会主义渐行渐远，大有亡国亡党之虞。反腐败不仅要抓贪官，最重要的是教育人民学习马克思列宁主义、毛泽东思想，中国特色社会主义理论体系、习近平新时代中国特色社会主义思想，牢固树立共产主义理想信念，坚定中国特色社会主义共同理想，真正用社会主义核心价值体系引领社会思潮，从根本上追求崇高的精神境界，在思想上筑牢拒腐防变的钢铁长城，自觉地反腐倡廉，以慎独的精神境界保持共产党人清正廉洁的政治本色，带动风清气正的政风、民风。因此，建设社会主义核心价值体系是有效应对国内背景提出的客观要求。

一是抵制自由化思潮、应对思想理论战线复杂斗争形势的需要。伴随着改革开放，资产阶级自由化思潮一直十分猖狂。为了紧密配合国际敌对势力西化、分化、和平演变中国的战略图谋，国内资产阶级自由化分子向党、向社会主义发动了全面的猖狂进攻，思想理论战线极其复杂，斗争相当激烈。

改革开放40多年来，资产阶级自由化思潮泛滥成灾，甚嚣尘上，一大批对党、对人民、对社会主义制度充满仇恨的资产阶级自由化分子，尤其是一批以"公共知识分子"自居的文化"精英"，与西方敌对势力互相勾结，遥相呼应，挖空心思地用鼓吹、渲染西方的"自由、民主、人权"的所谓"普世价值"，把改革开放定义为往西方"普世价值"、西方政治制度的方向改，否则就是不改革开放。这是曲解我们的改革开放，实际上是否定四项基本原则，主张改旗易帜走西方资本主义的邪路。他们在经济上鼓吹新自由主义，散布人都是自私的"经济人假设"，集中攻击国有企业，把国企说得一无是处，称"国有企业与市场经济无法相容"，极力主张国

---

① 《邓小平文选》第2卷，人民出版社1983年版，第403页。

企私有化、国有资产私有化,妄图从破坏社会主义经济基础入手,动摇中国共产党领导的社会主义制度的上层建筑。他们在政治体制改革中,鼓吹"宪政民主是中国的唯一出路",正如秋石的文章所指出的:"就是西方那一套制度模式。他们攻击我国'有宪法,无宪政''共产党一党执政不具合法性''党大于法',等等,这哪里是要履行宪法、实施宪法,分明是要否定、反对我国的现行宪法,是要压我们进行他们所期望的'政治改革',根本目的是要取消共产党的领导,改变我国的社会主义制度。"① 他们在历史研究领域大搞历史虚无主义,"把党史国史描绘成一部罪恶史、权斗史、阴谋史,否定已有定论的历史事件和历史人物,贬损革命前辈,诋毁党的领袖,甚至不惜编造事实,竭尽攻击、丑化、污蔑之能事。古人说:'灭人之国,必先去其史。'搞历史虚无主义的目的,是要搞乱人们的历史认知,进而从根本上否定党的历史和新中国历史,否定宪法确立的中国特色社会主义道路、理论和制度的发展成果"。②

这些意在推翻共产党的领导、颠覆社会主义制度的倒行逆施,是国内外敌对势力相互勾结、紧密配合、精心策划的,有时明火执仗,但大多时候却是以文明、学术外衣伪装,巧妙掩饰,因此极具诱惑性和欺骗性。正如中央党校韩庆祥教授在《人民日报》发表的《深刻理解和把握"新的伟大斗争"》一文中所指出的:"国内外敌对势力采取的斗争方式隐蔽巧妙,极具诱惑性和欺骗性。许多斗争是用文明、学术外衣设置政治陷阱,以文明、学术思想掩盖政治意图,让一些人甘愿上钩,不知不觉掉入陷阱。这主要体现在:一是以文化、文明诱惑掩盖政治图谋。西方敌对势力从未放弃西化、分化中国的政治图谋,但感到用赤裸裸的军事和政治手段扼杀、围剿中国不合时宜,转而想打一场'没有硝烟的战争'。当今时代,世界范围各种思想文化交流交融交锋日趋频繁,西方敌对势力抓住此机会,往往通过各种名目的基金会、社会组织,以考察访问和培训为旗号,培植代理人,进行文化渗透;利用其在经济、政治、文化、科技、军事上的'话语权优势',诱惑一些中国人尤其是专家学者、领导干部和企业家,使他们对中国的历史、传统、文化、文明、理论、思想失去自信,成为西方文

---

① 秋石:《巩固党和人民团结奋斗的共同思想基础》,《人民日报》2013年10月17日,第11版。

② 秋石:《巩固党和人民团结奋斗的共同思想基础》,《人民日报》2013年10月17日,第11版。

第一章　建设社会主义核心价值体系的深刻时代背景和重要意义

化、思想的俘虏。二是用学术思想遮蔽政治图谋，以学术创新诱惑我国专家学者，使他们掉进西方所设计的政治陷阱。一些西方社会思潮确实提出了具有一定创新性和学术性的思想，但它们常常打着学术创新的旗号，以学术研究、学术交流、学术访问的面具来掩饰其政治意图，容易迷惑我们的一些专家学者，使他们丧失判断力和鉴别力。因此，我们要提高政治敏锐性和政治判断力，彻底揭露和拒斥西方以文化、文明、学术外衣设置的政治陷阱。"①

西方敌对势力这样做的目的就是通过处心积虑的精心策划，以传播西方社会思潮且以文化渗透的方式，把"自由、民主、人权"作为突破口，对某些人洗脑，让他们崇拜、认同西方"标准"，并用西方"标准"裁判中国现实，使其对中国党和政府领导下的现实社会看不惯；进而使一些人对社会主义制度、中国共产党领导和马克思主义产生不满，从而达到动摇中国人理想信念、摧毁中国人自信和分化人心的目的。事实充分证明，和平演变的危险确实存在，邓小平向全党敲起的防止和平演变的警钟具有极强的现实针对性。

根据我国面临的形势，党中央曾多次强调，渗透与反渗透斗争仍然十分尖锐，各种敌对势力正加紧对我国进行渗透破坏活动，而且组织越来越周密，方式越来越多样。他们大肆炒作自由、民主、人权、民族、宗教等议题，利用一些群体性事件、社会热点、重大活动、重大事件煽风点火，大造反华舆论，对我们党和国家进行造谣攻击，始终把矛头对准我们党的领导和我国社会主义制度。在这种情况下，党面临国外社会思潮对我国意识形态的挑战，"西方'宪政民主''新自由主义''历史虚无主义''普世价值'等思潮，通过不同途径不断向我国渗透"。② 对此，我们决不能掉以轻心。

在这种情况下，为了向反动思潮发起有效的反击，首先就是要以壮士断腕的决心和气魄惩治那些卖国求荣、厚颜无耻，给西方敌对势力做内应、当鹰犬的知识"精英"，坚持不懈地持续铲除腐败毒瘤。同时，用科学的理论武装人民群众的头脑，彻底粉碎国内外敌对势力的猖狂进攻，廓清人们思想上的迷雾，统一思想，形成高举中国特色社会主义伟大旗帜，

---

① 韩庆祥：《深刻理解和把握"新的伟大斗争"》，《人民日报》2014年7月23日，第7版。
② 韩庆祥：《深刻理解和把握"新的伟大斗争"》，《人民日报》2014年7月23日，第7版。

振兴中华的强大凝聚力量。巩固党的执政地位，巩固社会主义制度，坚守社会主义意识形态阵地，就要加强社会主义核心价值体系建设，强调坚持以社会主义核心价值体系引领社会思潮，高举民族精神的光辉旗帜，认真学习马克思列宁主义、毛泽东思想、中国特色社会主义理论体系、习近平新时代中国特色社会主义思想，把14亿多中国人民凝聚起来，紧密团结在以习近平同志为核心的党中央周围。具有钢铁意志、紧密团结、空前强大的中华民族，在以习近平同志为核心的党中央的坚强领导下，决不会让任人欺凌的历史悲剧重演。我们有这种道路自信、理论自信、制度自信、文化自信、领袖自信！

二是有效应对党情变化的客观需要。中国共产党是中国现代化事业的领导核心，办好中国的事情，关键在党，加强党的建设是党领导的伟大事业不断取得胜利的重要法宝。新中国成立特别是改革开放以来，我们党根据自身历史方位和中心任务的变化，不断提高领导水平和执政水平，提高拒腐防变和抵御风险能力，取得巨大成就。新形势下，党所处历史方位和执政条件、党员队伍结构都发生了重大变化。当前，党的领导水平和执政水平、党的建设状况、党员队伍素质总体上同党肩负的历史使命是相适应的，党员干部队伍的主流始终是好的。但与此同时，党内也存在不少不适应新形势新任务要求、不符合党的性质和宗旨的问题，消极腐败现象、违纪违法案件依然时有发生，考验和危险尖锐地摆在面前。正如《中共中央关于加强和改进新形势下党的建设若干重大问题的决定》（下文简称《决定》）所指出的："主要是：一些党员、干部忽视理论学习、学用脱节，理想信念动摇，对马克思主义信仰不坚定，对中国特色社会主义缺乏信心；一些党组织贯彻民主集中制不力，有的对中央决策部署执行不认真，有的对党员民主权利保障落实不到位，一些党员干部法治意识、纪律观念淡薄；一些领导班子整体作用发挥不够，推动科学发展、处理复杂问题能力不够，一些地方和部门选人用人公信度不高，跑官要官、买官卖官等问题屡禁不止；一些基层党组织战斗堡垒作用不强，有的软弱涣散，有的领域党组织覆盖面不广，部分党员党员意识淡化、先锋模范作用不明显；有些领导干部宗旨意识淡薄，脱离群众、脱离实际，不讲原则、不负责任，言行不一、弄虚作假，铺张浪费、奢靡享乐，个人主义突出，形式主义、官僚主义严重；一些领导干部特别是高级干部中发生的腐败案件影响恶劣，一些领域腐败现象易发多发。这些问题严重削弱党的创造力、凝聚力、战斗力，严重损害党同人民群众的血肉联系，严重影响党的执政地位巩固和

第一章 建设社会主义核心价值体系的深刻时代背景和重要意义

执政使命实现，必须引起全党警醒，抓紧加以解决。"①

《决定》警示全党："全党必须牢记，党的先进性和党的执政地位都不是一劳永逸、一成不变的，过去先进不等于现在先进，现在先进不等于永远先进；过去拥有不等于现在拥有，现在拥有不等于永远拥有。世情、国情、党情的深刻变化对党的建设提出了新的要求，党面临的执政考验、改革开放考验、市场经济考验、外部环境考验是长期的、复杂的、严峻的，落实党要管党、从严治党的任务比过去任何时候都更为繁重和紧迫。"② 明确地警告全党，如果不加强党的建设，不有效解决党员、干部队伍中存在的不正之风，不坚决惩治腐败，党的先进性和执政地位就可能失去，我们党过去和现在拥有的政权就可能失去，这是有关党的生死存亡的大问题。这就要求"全党必须居安思危，增强忧患意识，常怀忧党之心，恪尽兴党之责，勇于变革、勇于创新，永不僵化、永不停滞，继续推进党的建设新的伟大工程，确保党在世界形势深刻变化的历史进程中始终走在时代前列，在应对国内外各种风险和考验的历史进程中始终成为全国人民的主心骨，在发展中国特色社会主义的历史进程中始终成为坚强的领导核心"。③

党的十八大报告指出："一些领域存在道德失范、诚信缺失现象；一些干部领导科学发展能力不强，一些基层党组织软弱涣散，少数党员干部理想信念动摇、宗旨意识淡薄，形式主义、官僚主义问题突出，奢侈浪费现象严重；一些领域消极腐败现象易发多发，反腐败斗争形势依然严峻。"④ "坚定不移反对腐败，永葆共产党人清正廉洁的政治本色。反对腐败、建设廉洁政治，是党一贯坚持的鲜明政治立场，是人民关注的重大政治问题。这个问题解决不好，就会对党造成致命伤害，甚至亡党亡国。反

---

① 《中共中央关于加强和改进新形势下党的建设若干重大问题的决定》，《人民日报》2009年9月28日，第1版。
② 《中共中央关于加强和改进新形势下党的建设若干重大问题的决定》，《人民日报》2009年9月28日，第1版。
③ 《中共中央关于加强和改进新形势下党的建设若干重大问题的决定》，《人民日报》2009年9月28日，第1版。
④ 胡锦涛：《坚定不移沿着中国特色社会主义道路前进 为全面建成小康社会而奋斗——在中国共产党第十八次全国代表大会上的报告》，《人民日报》2012年11月18日，第1版。

腐倡廉必须常抓不懈，拒腐防变必须警钟长鸣。"①

习近平同志指出："面对世情、国情、党情的深刻变化，精神懈怠危险、能力不足危险、脱离群众危险、消极腐败危险更加尖锐地摆在全党面前，党内脱离群众的现象大量存在，集中表现在形式主义、官僚主义、享乐主义和奢靡之风这'四风'上。"②

党情的深刻变化和面临的国际国内各种威胁和挑战，深刻说明，在我们这个十几亿人口的发展中大国，党在推进改革开放和社会主义现代化建设中肩负任务的艰巨性、复杂性、繁重性世所罕见。当前，腐败现象在一些领域易发多发，我们党在不断加大反腐败的力度。以习近平同志为核心的党中央领导集体以对党的生死存亡高度负责的历史使命感、责任感，以踏石留印、抓铁有痕的认真精神，狠刹"四风"，坚决惩处违反八项规定的问题，深受广大群众欢迎；同时，以壮士断腕的钢铁意志，坚定不移地组织开展了使腐败分子陷入灭顶之灾的"零容忍"反腐败斗争，力度大、措施得当，方式多、效果好，对腐败分子起到极大的震慑作用，人民拍手称颂。党要适应这样的新形势，统筹国内国际两个大局，更好带领全国各族人民聚精会神搞建设、一心一意谋发展，实现中华民族的伟大复兴，必须进一步加强和改进自身建设，必须用一种科学的思想理论武装全党的头脑，用一种核心价值体系引领社会思潮。这就需要用社会主义核心价值体系这个"兴国之魂"武装全党，把社会主义核心价值体系融入国民教育、精神文明建设和党的建设全过程，贯穿改革开放和社会主义现代化建设各领域，体现到精神文化产品创作生产传播各方面，在全党全社会形成统一指导思想、共同理想信念、强大精神力量、基本道德规范，使党员、干部成为学习践行社会主义核心价值体系的模范，引导带领广大人民群众自觉践行社会主义核心价值体系。

尽管世情、国情、党情发生了深刻的变化，我们党面临许多前所未有的新情况、新问题、新挑战，但是中国是一个具有 5000 年文明历史的伟大国家，是文化发达、富有智慧的国家。同时，经过长期的实践，中国共产党积累了革命、建设和改革开放的丰富经验。在以习近平同志为核心的党

---

① 胡锦涛：《坚定不移沿着中国特色社会主义道路前进　为全面建成小康社会而奋斗——在中国共产党第十八次全国代表大会上的报告》，《人民日报》2012 年 11 月 18 日，第 1 版。

② 习近平：《为实现党的十八大目标任务提供坚强保证》，《人民日报》2013 年 6 月 19 日，第 1 版。

第一章　建设社会主义核心价值体系的深刻时代背景和重要意义

中央英明领导下,我们有足够的智慧和创造力,能够妥善解决面临的任何问题和困难。来自人民、植根人民、服务人民,是我们党永远立于不败之地的根本。只要我们中国共产党人始终把人民群众放在心中最高位置,始终把实现好、维护好、发展好最广大人民根本利益作为一切工作的出发点和落脚点,做到权为民所用、情为民所系、利为民所谋,相信人民,依靠人民,为了人民,始终坚持党的群众路线,与人民血肉相连,休戚与共,就能得到最广大人民群众的拥戴,就能勇往直前,无往不胜。

三是遏制国内有些人道德滑坡的迫切需要。改革开放以来,我国的精神文明建设有了长足的发展,在极其复杂的情况下,道德建设也有了显著进步。但也勿庸讳言,由于市场经济个人主义价值观的腐蚀影响,在某些领域不道德的现象时有发生,有时情况还很严重。

《中共中央关于深化文化体制改革推动社会主义文化大发展大繁荣若干重大问题的决定》中就指出,"一些领域道德失范、诚信缺失,一些社会成员人生观、价值观扭曲,用社会主义核心价值体系引领社会思潮更为紧迫,巩固全党全国各族人民团结奋斗的共同思想道德基础任务繁重"[①]。面对国内外极其复杂的情况,用什么明确方向,指点迷津,导引领航,激发斗志,振奋精神,鼓舞士气,凝聚力量,就是要按照党的十八大报告的要求,加强社会主义核心价值体系建设,大力弘扬和践行社会主义核心价值体系,"深入开展社会主义核心价值体系学习教育,用社会主义核心价值体系引领社会思潮、凝聚社会共识"[②]。"把社会主义核心价值体系融入国民教育、精神文明建设和党的建设全过程,贯穿改革开放和社会主义现代化建设各领域,体现到精神文化产品创作生产传播各方面,坚持用社会主义核心价值体系引领社会思潮,在全党全社会形成统一指导思想、共同理想信念、强大精神力量、基本道德规范。"[③] 巩固全党全国各族人民团结奋斗的共同思想道德基础,就能形成排山倒海、无坚不摧、无往不胜的巨大力量。

[①] 《中共中央关于深化文化体制改革推动社会主义文化大发展大繁荣若干重大问题的决定》,人民出版社2011年版,第6页。

[②] 胡锦涛:《坚定不移沿着中国特色社会主义道路前进为全面建成小康社会而奋斗——在中国共产党第十八次全国代表大会上的报告》,《人民日报》2012年11月18日,第1版。

[③] 《中共中央关于深化文化体制改革推动社会主义文化大发展大繁荣若干重大问题的决定》,人民出版社2011年版,第12页。

党的十八大报告也指出："加强社会主义核心价值体系建设。社会主义核心价值体系是兴国之魂，决定着中国特色社会主义发展方向。要深入开展社会主义核心价值体系学习教育，用社会主义核心价值体系引领社会思潮、凝聚社会共识。推进马克思主义中国化时代化大众化，坚持不懈用中国特色社会主义理论体系武装全党、教育人民，深入实施马克思主义理论研究和建设工程，建设哲学社会科学创新体系，推动中国特色社会主义理论体系进教材进课堂进头脑。广泛开展理想信念教育，把广大人民团结凝聚在中国特色社会主义伟大旗帜之下。大力弘扬民族精神和时代精神，深入开展爱国主义、集体主义、社会主义教育，丰富人民精神世界，增强人民精神力量。倡导富强、民主、文明、和谐，倡导自由、平等、公正、法治，倡导爱国、敬业、诚信、友善，积极培育和践行社会主义核心价值观。牢牢掌握意识形态工作领导权和主导权，坚持正确导向，提高引导能力，壮大主流思想舆论。"① 社会主义核心价值体系中的马克思主义指导、中国特色社会主义共同理想、以爱国主义为核心的民族精神和以改革创新为核心的时代精神、社会主义荣辱观，就是解决我国现实社会出现的各类问题、拯救人们灵魂的仙丹妙药、济世良方。

正是在这种国际国内背景下，党的十六届六中全会通过了《中共中央关于构建社会主义和谐社会若干重大问题的决定》，提出建设社会主义核心价值体系，形成全民族奋发向上的精神力量和团结和睦的精神纽带。其指出："马克思主义指导思想，中国特色社会主义共同理想，以爱国主义为核心的民族精神和以改革创新为核心的时代精神，社会主义荣辱观，构成社会主义核心价值体系的基本内容。坚持把社会主义核心价值体系融入国民教育和精神文明建设全过程、贯穿现代化建设各方面。坚持用马克思主义中国化的最新成果武装全党、教育人民，用民族精神和时代精神凝聚力量、激发活力，倡导爱国主义、集体主义、社会主义思想，加强理想信念教育，加强国情和形势政策教育，不断增强对中国共产党领导、社会主义制度、改革开放事业、全面建设小康社会目标的信念和信心。加强马克思主义理论研究和建设，增强党的思想理论工作的创造力、说服力、感召力。坚持以社会主义核心价值体系引领社会思潮，尊重差异，包容多样，

---

① 胡锦涛：《坚定不移沿着中国特色社会主义道路前进为全面建成小康社会而奋斗——在中国共产党第十八次全国代表大会上的报告》，《人民日报》2012年11月18日，第1版。

第一章 建设社会主义核心价值体系的深刻时代背景和重要意义

最大限度地形成社会思想共识。"① 并且要持之以恒，不断发展、完善，始终坚持，践行落实，发扬光大。

二、深刻认识建设社会主义核心价值体系的重要意义

社会主义核心价值体系是兴国之魂，立国之本，决定着中国特色社会主义发展方向，在所有社会主义价值目标中处于统领和支配的地位，是全面建成小康社会、努力构建和谐社会进程中的根本思想基础，是中华民族团结奋斗的共同精神力量，是实现中华民族伟大复兴中国梦的精神支撑。社会主义核心价值体系中"马克思主义指导思想，中国特色社会主义共同理想，以爱国主义为核心的民族精神和以改革创新为核心的时代精神，社会主义荣辱观"四个方面的基本内容极其丰富，内涵极其深刻，外延极其广大，意义极其深远。我们要认真学习、深刻领会社会主义核心价值体系的基本内涵，牢牢把握社会主义先进文化的前进方向，进一步形成全社会共同的理想信念和道德规范，形成全民族奋发向上的精神力量和团结和睦的精神纽带。因此，加强社会主义核心价值体系建设，对于巩固党的执政地位和社会主义制度，不仅具有紧迫的理论意义和实践意义，而且具有关系党的生死存亡和社会主义前途命运的重要现实意义和深远历史意义。

（一）建设社会主义核心价值体系能够积极引导全社会在思想、政治、精神、道德上共同进步、端正社会风气

改革开放40多年来，我国的政治、经济、文化等方面取得了举世瞩目的进步和成就。在当前，健康、积极、向上的思想道德和价值观还是社会的主流，但是一些错误的思潮也在消解、冲击、动摇着人们的社会主义价值取向，这就需要建设社会主义核心价值体系。社会主义核心价值体系集中回答了用什么样的思想做指导，坚持什么共同理想、发扬什么精神、用什么样的道德来引领人们在思想道德上不断提升和进步的问题。让人明白在思想上必须坚持马克思主义、毛泽东思想、邓小平理论、"三个代表"重要思想、科学发展观和习近平新时代中国特色社会主义思想指导；让人

---

① 《中共中央关于构建社会主义和谐社会若干重大问题的决定》，《人民日报》2006年10月19日，第1版。

明白在政治上必须坚持中国特色社会主义共同理想，最终实现共产主义；让人明白在民族精神和时代精神上必须弘扬以爱国主义为核心的民族精神和以改革创新精神为核心的时代精神；让人明白在道德领域就是要坚持以"八荣八耻"为主要内容的社会主义荣辱观，从而让正气得到弘扬，歪风受到批判，推动社会风气的好转和健康发展。比如：河北省石家庄三鹿集团的三聚氰胺奶粉造成婴幼儿病、死的问题，就是奶农为了交上蛋白含量合格的奶而加上去的。明明知道对人有害，但为了赚钱，就良知泯灭，道德沦丧，谋财害命。社会上的黑窑奴事件，不顾安全条件恶劣非法生产造成重大伤人事故，以及五花八门的假冒伪劣产品，都是背离了马克思列宁主义、毛泽东思想，抛弃了全心全意为人民服务宗旨，丧失了起码的社会主义道德的结果。这种危害是极其惨重的，影响了全国的奶制品业，砸了三鹿的全国知名品牌，导致了一个品牌企业的破产，众多职工下岗失业，企业负责人被判刑法办，影响了经济的发展，损害了党和政府的形象，最后把市长、市委书记都撤了职，由此可见，不自觉地用社会主义核心价值体系引领我们的思想，教训是十分深刻的。当前，通过群众路线教育实践活动正在解决的"形式主义、官僚主义、享乐主义和奢靡之风"的四风问题、消极腐败问题，以及由此而影响的政风、民风不正的种种问题，都是违背社会主义核心价值体系的结果。因此，建设社会主义核心价值体系，能够有效地积极引导全社会的思想道德进步，使社会风气得到根本好转，形成一种积极向上、健康和谐的良好文化氛围。

（二）建设社会主义核心价值体系是巩固全党全国人民团结奋斗的共同思想基础的必由之路

中国共产党是维护民族团结的典范，为了中华民族的繁荣昌盛，在新时期，更应建立一个以中华民族传统美德相传承的中国特色、中国风格的社会主义思想道德体系，去聚和引领，这就需要建设社会主义核心价值体系，使之成为促进民族团结和国家安定必不可少的推动力量。中华民族在长期的发展中团结融合，共同维护着中华民族的繁荣发展，形成自强不息、永不屈服的伟大民族精神，推动着社会的不断发展进步。在此基础上，建设社会主义核心价值体系，进一步把民族精神和社会主义价值观念相融合，将为全民族团结一致、和睦相处提供更为牢固的精神纽带。当前，我国社会主义改革和发展进入关键时期，各种文化互相交流、互相激荡、交锋。在这个发展机遇期和矛盾凸显期相互交织的关键阶段，难免会

第一章　建设社会主义核心价值体系的深刻时代背景和重要意义

有人产生疑惑、误解，甚至迷失方向，误入歧途，这种现实凸显出构建和谐文化的重要性、必要性和紧迫性。

人们不会忘记，有段时间，有人散布社会主义搞早了，搞糟了，要补资本主义的课，鼓吹资本主义是最完美的社会，美国更是完美无缺，要中国把美国的三权鼎立的政治制度照抄照搬到中国来。这些歪理邪说的本质，就是否定四项基本原则，不要共产党的领导，不要社会主义制度，不要人民民主专政，不要马克思列宁主义、毛泽东思想的指导。

如果不明确地提出社会主义核心价值体系，给人感觉似乎中国真的不坚持四项基本原则了，那就会产生灾难性后果。要解决这些问题，就必须坚持以社会主义核心价值体系引领社会思潮，统一人们的思想，坚持中国社会发展的正确前进方向。就像一艘巨轮在大海上航行，不论船上的人有什么想法，不论在干什么，只要不妨碍别人，就可以想、可以说、可以干，有自由活动的空间，但必须在不干扰船长舵手沿着正确航向航行的范围内，绝不能按每个人的个人意愿随意改变航向，也就是必须保证正确的航向，才能够把全船的人顺利安全地运往目的地。

我们党历来重视共同思想基础建设。在革命战争年代，毛泽东同志强调："掌握思想教育，是团结全党进行伟大政治斗争的中心环节。如果这个任务不解决，党的一切政治任务是不能完成的。"[①] 讲的正是共同思想基础建设。习近平同志指出："理想信念是共产党人精神上的'钙'，理想信念坚定，骨头就硬，没有理想信念，或者理想信念不坚定，精神上就会'缺钙'，就会得'软骨病'。理想信念动摇了，防线就崩溃了。我们共产党人必须讲理想信念，要有'革命理想高于天'的精神，始终把思想防线筑得牢牢的，始终保持共产党人的蓬勃朝气、昂扬锐气、浩然正气。"并且明确提出要求："要大力培育和弘扬社会主义核心价值体系和核心价值观，加快构建充分反映中国特色、民族特色、时代特征的价值体系，努力抢占价值体系的制高点。"[②] 强调的同样是共同思想基础建设；提出社会主义核心价值体系，凝聚了中国人民的共同精神指向、价值选择和道德要求，占据了价值体系的制高点，必将推动全党全社会更加自觉地维护我国人民共同的思想基础，形成一种勇往直前的强大凝聚力量。

---

① 《毛泽东选集》第3卷，人民出版社1991年版，第1094页。
② 中共中央文献研究室编：《习近平关于全面深化改革论述摘编》，中央文献出版社2014年版，第88页。

（三）建设社会主义核心价值体系有利于加强党风廉政建设全面推进党的建设新的伟大工程

办好中国的事情，关键在党。高举中国特色社会主义伟大旗帜，坚持道路自信、理论自信、制度自信、文化自信，夺取全面建成小康社会新胜利，实现中华民族伟大复兴的中国梦，关键同样在党，在于充分发挥党的领导核心作用。这就需要进一步加强党风廉政建设，提高党员干部的思想政治素质和道德修养，提高各级领导班子和领导干部领导中国特色社会主义建设的本领，为全面建成小康社会提供坚强有力的组织保证。当务之急就是要加强党风廉政建设全面推进党的建设新的伟大工程，从严治党，严刹"四风"，严惩贪污腐败分子，树立党的良好形象。

目前，反腐倡廉任重道远，有识之士忧心忡忡，李松峰先生在《中国社会科学报》发文指出："从目前查处的腐败案件来看，当前中国的贪腐行为触目惊心，腐败官员的腐化程度匪夷所思，权钱交易、权色交易现象严重。这些腐败行为不仅严重影响了中国日常的政治运行，还破坏了新生的市场环境，导致社会资源配置不公，投资环境恶化，企业发展扭曲，法律遭到践踏，腐败不除，必将亡党亡国。"[①]

习近平同志语重心长地指出："新形势下，党面临的执政考验、改革开放考验、市场经济考验、外部环境考验是长期的、复杂的、严峻的，精神懈怠危险、能力不足危险、脱离群众危险、消极腐败危险更加尖锐地摆在全党面前。怎么办？关键看我们能不能坚持党要管党、从严治党，能不能增强自我净化、自我完善、自我革新、自我提高能力。我们党自己没有能力解决，久而久之，拖延下去，就积重难返了。"[②] 中国共产党人决不容许腐败分子败坏党的整体形象，绝不能让无数革命先烈用鲜血和生命换来的社会主义江山付之东流。为此，"党的十八大以来，强调'以零容忍态度惩治腐败'，坚持'老虎''苍蝇'一起打，以习近平同志为核心的党中央，以猛药去疴、重典治乱的决心，以刮骨疗毒、壮士断腕的勇气，打出一系列反腐'组合拳'，一批重大案件得以查处，一批腐败分子纷纷落马。前所未有的反腐力度，彰显了言出必行的政治品格，营造着风清气正

[①] 李松锋：《重拳反腐绝非"文革遗风"》，《中国社会科学报》2014年7月18日。

[②] 习近平：《在参加河北省委常委班子专题民主生活会时的讲话》，2013年9月23—25日。

第一章　建设社会主义核心价值体系的深刻时代背景和重要意义

的政治生态，赢得了全党全社会的衷心赞誉和拥护"。①"不管涉及什么人，不论权力大小、职位高低，只要触犯党纪国法，都要严惩不贷。"② 这些年来，中央不断查处一批又一批腐败案件，有力表明了这一点，大快人心，深得民心，人民群众从中看到了我们党有腐必反、有贪必肃的决心，也进一步增强了对党风廉政建设和反腐败斗争的信心。"党执政后的最大危险是脱离群众，脱离群众的最大危险则来自腐败。腐败问题对我们党的伤害最大，严惩腐败分子是党心民心所向，党内决不允许有腐败分子藏身之地。这是保持党同人民群众血肉联系的必然要求，也是巩固党的执政基础和执政地位的必然要求。"③

在严惩腐败分子的同时，提出建设社会主义核心价值体系，向世人展现我们党思想上精神上的旗帜，从根本上加强党的思想理论道德建设，牢固树立正确的世界观、人生观、价值观，养成良好的道德品质，做到自省、自重、自警、自励，亦是反腐倡廉的治本之策。鲜明地亮出这面旗帜，就是向人们昭示，不论在社会思想观念如何多样多变、人们价值取向发生了怎样变化的情况下，我国社会主义意识形态的核心部位是不能动摇的，共产党人的价值观是不能变的。一定要坚持马克思主义的指导思想，坚持中国特色社会主义共同理想，坚持爱国主义的民族精神和坚持改革创新的时代精神，坚持"八荣八耻"的社会主义荣辱观。党的十八大报告明确提出，教育党员、干部认真学习马克思列宁主义、毛泽东思想、中国特色社会主义理论体系，矢志不渝地为中国特色社会主义共同理想而奋斗，模范践行社会主义荣辱观，讲党性、重品行、作表率，做社会主义道德的示范者，正是践行社会主义核心价值体系的基本内容。只要共产党人真正认真地按照社会主义核心价值体系所包含的内容和要求去做，做践行社会主义核心价值体系的模范，就一定能永葆共产党人清正廉洁的政治本色，中国共产党就能永远立于不败之地，带领14亿多中国人民实现中华民族伟大复兴的中国梦，向着美好的共产主义社会奋勇前进。

---

① 人民日报评论员：《惩治腐败深得人心》，《人民日报》2014年7月31日，第1版。
② 人民日报评论员：《惩治腐败深得人心》，《人民日报》2014年7月31日，第1版。
③ 人民日报评论员：《惩治腐败深得人心》，《人民日报》2014年7月31日，第1版。

第二章

社会主义核心价值体系是社会主义意识形态的本质体现

党的十七大报告强调:"社会主义核心价值体系是社会主义意识形态的本质体现。要巩固马克思主义指导地位,坚持不懈地用马克思主义中国化最新成果武装全党、教育人民,用中国特色社会主义共同理想凝聚力量,用以爱国主义为核心的民族精神和以改革创新为核心的时代精神鼓舞斗志,用社会主义荣辱观引领风尚,巩固全党全国各族人民团结奋斗的共同思想基础。"① "社会主义核心价值体系是社会主义意识形态的本质体现"这一科学论断,深刻阐述了社会主义核心价值体系在社会主义意识形态中的重要地位和作用。习近平同志在党的十八届三中全会第一次全体会议上的讲话中强调:"经济建设是党的中心工作,意识形态工作是党的一项极端重要的工作。面对改革发展稳定复杂局面和社会思想意识多元性、媒体格局深刻变化,在集中精力进行经济建设的同时,一刻也不能放松和削弱意识形态工作,必须把意识形态工作的领导权、管理权、话语权牢牢掌握在手中,任何时候都不能旁落,否则就可能犯无可挽回的历史性错误。要按照高举旗帜、围绕大局、服务人民、改革创新的总要求,做好宣传思想工作,加强社会主义文化建设,壮大主流思想舆论,重点推动统一思想、凝聚力量。"② 这些论述,为我们深刻认识意识形态工作的极端重要性,深刻理解社会主义核心价值体系是社会主义意识形态的本质体现,深入研究加强社会主义核心价值体系建设、做好意识形态工作、增强社会主义意识形态的吸引力和凝聚力、全面推进中国特色社会主义伟大事业,实现中华民族伟大复兴的中国梦指明了方向,具有重大而深远的意义。

---

① 胡锦涛:《高举中国特色社会主义伟大旗帜,为夺取全面建设小康社会新胜利而奋斗》《十七大以来重要文献选编》上,中央文献出版社2009年版,第26页。
② 《习近平关于全面深化改革论述摘编》,中央文献出版社2014年版,第86页。

第二章　社会主义核心价值体系是社会主义意识形态的本质体现

一、意识形态、社会主义意识形态

为了更深刻地理解社会主义核心价值体系是社会主义意识形态的本质体现，自觉地从强化社会主义意识形态出发，更好地践行社会主义核心价值体系，巩固马克思主义在意识形态领域的指导地位，巩固全党全国人民团结奋斗的共同思想基础，就要准确理解意识形态、社会主义意识形态的概念和内涵。

（一）意识形态

《辞海》解释：意识形态，亦称社会意识形态，指政治、法律、道德、哲学、艺术、宗教等社会意识的各种形式。一定的社会意识形态是一定的社会存在的反映，并随着社会存在的变化，必然或迟或早地发生变化。但它又具有相对的独立性，对社会的发展起着巨大的能动作用（促进的或阻碍的作用），在特定的社会经济基础改变后，反映该基础的意识形态在相当长的时间内还会存在，并发生一定的影响。自从阶级产生以来，社会意识就具有阶级性，并为一定的阶级服务。代表先进阶级利益的社会意识对社会的发展起着积极的促进作用，代表反动阶级利益的社会意识则对社会发展起着阻碍的作用，而先进的社会意识是在同旧的社会意识作斗争中产生和发展的。社会意识的各种形式之间是互相影响、互相作用的。政治是经济的集中体现，政治思想和法律思想是阶级性最强烈最鲜明的部分，比其他社会意识形态起着更直接的作用。哲学是一定阶级的世界观，它对其他意识形态具有指导作用。[①] 概括起来说，一方面，意识形态就是指反映和代表一定的社会或阶级利益、愿望的思想观念体系，包括政治、经济、法律、哲学、宗教、艺术等。它是建立在社会存在之上，又受到社会的政治法律制度影响和决定的社会意识。另一方面，它又能够对社会存在，对社会的政治法律制度产生巨大的能动作用。社会意识形态有落后、反动的，也有先进、革命的。代表先进阶级利益的先进、革命的意识形态对社会的发展、人类的文明进步和社会的政治法律制度起着积极的促进、推动作用，代表反动阶级利益的落后、反动的意识形态则起着阻碍、破坏的作用，这是马克思主义唯物史观的一条基本原理。

---

① 《辞海》，上海辞书出版社1980年版，第1579页。

社会意识形态，作为社会的观念（或思想）上层建筑，是对一定社会经济形态以及由经济形态所决定的政治制度的自觉反映。在阶级社会里，社会意识形态是直接或间接反映社会的经济及政治特点，体现一定阶级的利益和要求，力图保持或改变现存社会制度的思想观点体系。一定的社会意识形态是一定的社会存在的反映，并随着社会存在的变化而发生变化。先进的意识形态，在革命时期起着巨大的动员、鼓舞和组织的作用，指导人们在短时期内完成在和平时期需要很长时间才能完成的事业，能够使经济上比较落后的国家建立起先进的社会制度。同时，由于意识形态的相对独立性，反映旧的过时了的社会存在的反动、落后的意识形态，在其反映的社会存在已经消失的情况下，这种社会意识形态仍会在一个相当长的时期内存在，并顽强地为其所代表的社会存在服务，对新的先进的适合时代发展的社会存在起着极力破坏和阻挠的作用，企图恢复被历史淘汰的过了时的社会存在。各种意识形态之间的矛盾和斗争，始终是不同社会、不同阶级之间斗争的重要表现，对此，反映新的适合时代发展的社会存在的先进、革命的社会意识必须有清醒的认识，保持高度警惕，并向这种旧的反动的意识形态作坚决的斗争，彻底清除这种落后、反动意识形态的影响，以有效保护新的先进的适合时代发展的社会存在顺利前进，健康发展。

（二）社会主义意识形态

社会主义意识形态，是建立在社会主义的生产关系和经济基础之上，代表无产阶级和最广大人民群众的利益和要求的思想意识观念体系，它不但在无产阶级和广大人民夺取政权时期起到过动员和组织群众、指导革命、夺取胜利的巨大作用，在无产阶级和人民群众取得胜利之后，仍然是促进社会主义建设和发展的重要精神支柱。① 社会主义意识形态对社会主义的政治法律制度，对于社会主义经济基础的存在和发展，具有重要的能动作用，关系到党和国家的前途命运，关系着整个社会主义事业的发展进步。社会主义意识形态是有效抵制西方反动意识形态侵袭、渗透的锐利思想武器，是巩固社会主义经济基础、保护人民根本利益的思想统领，是指引人民沿着中国特色社会主义道路胜利前进的伟大旗帜和灵魂，是巩固党的执政地位的护法神盾，是社会主义事业须臾不可离开的理性保障和精神

---

① 陈瑛：《社会主义意识形态的本质体现》，《中国社会科学院院报》2008年1月14日。

第二章 社会主义核心价值体系是社会主义意识形态的本质体现

长城。

在由人所从事的各个社会领域里，社会意识的反作用无处不在，这种反作用有时是非常强大的。特别是在社会主义制度下，无产阶级的意识形态——马克思主义，对于社会的发展是一种起着根本指导作用和推动作用的巨大精神力量，同时，更是维护、捍卫社会主义制度，保护人民根本利益的锐利思想武器。反动的意识形态能够在一定时期内延缓旧制度的灭亡和新制度的产生，甚至在新的先进社会制度产生后能够导致暂时的复辟，把社会拉向倒退。尤其是在经济社会大变革的时代更是如此。我国已进入改革发展的关键时期，经济体制深刻变革，社会结构深刻变动，利益格局深刻调整，思想观念深刻变化。这种空前的社会变革给我国发展进步带来了巨大活力，但也带来了这样那样的矛盾和问题，加之经济全球化的信息时代，各种思想交流、交融、交织、交锋，意识形态领域里的斗争异常激烈，尤其是中国和平崛起，高速发展，使国际上亡我之心不死的西方敌对势力极为恐惧和害怕，他们在我国周边地区大量部署军事力量对我国围堵、遏制的同时，加快对我国实施西化、分化、和平演变战略图谋，长期进行文化侵略、思想渗透，目前，意识形态领域里的斗争从来没有这样激烈。他们企图乘我国实行改革开放之机，用资产阶级意识形态、资本主义社会的价值观以及所谓的"普世价值"腐蚀中国人民的思想，影响中国政府决策，妄图改变中国特色社会主义方向，走改旗易帜的资本主义邪路。我们必须深刻认识反动意识形态的破坏作用，并坚持毫不妥协的斗争。

尽管我们知道，资产阶级的意识形态已经日薄西山，临近黄昏，日趋没落，而代表人类未来的共产主义意识形态则日益繁荣昌盛，欣欣向荣，统领天下。然而，先进的意识形态不是在人民群众中自发产生的，腐朽的社会意识也不会自动退出思想阵地。不经过宣传新思想、批判旧意识的长期艰苦的斗争，先进的思想就不能够被大多数群众了解和接受。保守的落后的意识形态，越是善于利用历史上已经形成的传统习惯势力和群众的落后保守心理，它对群众的欺骗蒙蔽作用也就越大。一定的思想体系，不论它是先进的还是落后的，只要它能影响和掌握一定量的群众，就能影响社会的发展。掌握得越多，影响力的作用也就越大。

马克思高度重视意识形态的工作，强调意识形态不可替代的巨大作用，强调理论的力量，他指出："批判的武器当然不能代替武器的批判，物质力量只能用物质的力量来摧毁；但是理论一经掌握群众，也会变成物质力量。理论只要说服人，就能掌握群众；而理论只要彻底，就能说服人。所谓彻底,就是抓住事物的根本。但是,人的根本就是人本身。"① 这说明,社会意识这种精神力量,能够在一定的条件下变成物质力量,只要理论掌握了群众,被群众认同并按照理论指引的方向前进,就能变成推动社会发展进步的巨大物质力量。意识形态是推动还是阻碍社会的发展进步,关键就要看是否抓住人心,是否能用自己的理论观点,武装人、控制人,这就抓住了事物的根本。革命的进步的意识形态,就是用革命的理论武装人、启迪人、感召人、影响人、凝聚人,万众一心推动社会的发展前进;反动的落后的意识形态则是用自己虚假的诡辩,蒙蔽人、欺骗人、蛊惑人、毒害人,裹挟人上当受骗,成为其复辟旧制度的应声虫和拉拉队,阻碍社会的发展进步。

社会主义意识形态确立后,在维护社会主义制度、推进社会主义建设方面发挥着十分重要的作用。我们建设和发展中国特色社会主义,必须坚持和发展社会主义意识形态。"社会主义核心价值体系是社会主义意识形态的本质体现"的科学论断,充分肯定了社会主义核心价值体系在社会主义意识形态中的地位和作用。社会主义核心价值体系,代表无产阶级和广大劳动人民的根本利益和共同意志,是符合社会发展客观规律的先进意识形态,是思想的火车头,精神的推进器,能够对中国特色社会主义事业起巨大的促进和推动作用,推动人类社会健康发展。做好社会主义意识形态工作,首先就要紧紧抓住社会主义核心价值体系这个根本,坚决把它贯彻到社会主义意识形态的各个领域、各个部分当中去。哲学、道德、宗教、艺术,以及经济、政治思想、法律思想等,都要在它的指导下建设和发展。

二、社会主义核心价值体系集中、深刻地体现着社会主义意识形态的本质

一种意识形态的本质,是指那种渗透在意识形态所有部分之中起着决定性作用的灵魂和核心,包括它究竟代表的是什么阶级、群体的利益,它的基本指导思想,以及它所昭示的方向道路是什么等等。社会主义核心价值体系包括马克思主义的指导思想、社会主义的共同理想、以爱国主义为核心的民族精神、以改革创新为核心的时代精神及社会主义荣辱观。这是

---

① 《马克思恩格斯选集》第1卷,人民出版社1995年版,第9页。

第二章　社会主义核心价值体系是社会主义意识形态的本质体现

一个包含着灵魂、主题、精髓和基础的完整系统的思想理论体系。它是我国人民建设中国特色社会主义的旗帜，科学回答了发展中国特色社会主义的指导思想、共同理想、精神动力和道德标准等一系列社会主义意识形态所必须回答和解决的根本问题，是中国共产党人在世界观和价值观上的根本要求，指引着中国特色社会主义的道路和前进方向。从这个意义上说，它当然是社会主义意识形态的本质体现。

党的十七届六中全会《决定》指出："坚持推进社会主义核心价值体系建设，用马克思主义中国化最新成果武装全党、教育人民，用中国特色社会主义共同理想凝聚力量，用以爱国主义为核心的民族精神和以改革创新为核心的时代精神鼓舞斗志，用社会主义荣辱观引领风尚，巩固了全党全国各族人民团结奋斗的共同思想道德基础。"[①] 任何社会意识形态都有自己的核心价值体系，核心价值体系集中体现意识形态的本质。社会主义核心价值体系是兴国之魂，决定着中国特色社会主义发展方向，自然也是社会主义意识形态的灵魂和旗帜，决定着社会主义意识形态的方向，集中体现着社会主义意识形态的本质。

（一）马克思主义指导思想是社会主义核心价值体系的灵魂，集中体现了社会主义意识形态的本质

社会主义核心价值体系是社会主义意识形态的主体内容，马克思主义指导思想是社会主义核心价值体系的灵魂，自然是社会主义意识形态的旗帜和灵魂。马克思主义自中国共产党成立之日起，就一直是中国共产党人的指导思想，是中国共产党人一切路线方针政策的理论基础，是指导中国革命战胜艰难险阻、取得胜利须臾不可离开的法宝。新中国成立后，随着社会主义意识形态的确立，马克思主义成为社会主义意识形态的旗帜和灵魂，集中反映着社会主义意识形态的本质特征。确保社会主义意识形态的性质不变，就必须始终坚持马克思主义在意识形态领域的指导地位。

马克思主义集中代表无产阶级及广大人民群众的根本利益，是无产阶级的意识形态。在社会主义制度下，无产阶级即工人阶级上升为领导阶级，成为社会上占统治地位的物质力量，无产阶级的意识形态——马克思主义也必然上升为社会主义意识形态占统治地位的指导思想。正如马克思

[①]《中共中央关于深化文化体制改革　推动社会主义文化大发展大繁荣若干重大问题的决定》，《人民日报》2011年10月26日，第1版。

和恩格斯在《德意志意识形态》一书中所指出的："统治阶级的思想在每一个时代都是占统治地位的思想。"① 马克思和恩格斯认为，"一个阶级是社会上占统治地位的物质力量，同时也是社会上占统治地位的精神力量。支配着物质生产资料的阶级，同时也支配着精神生产资料"。② 因此，作为人民当家作主的社会主义社会的统治阶级的思想——马克思主义，一定是占统治地位的思想。马克思主义作为我国社会主义经济基础的上层建筑的灵魂和旗帜，理所当然是社会主义意识形态的灵魂，是社会主义意识形态的根本标志，更是社会主义意识形态本质的集中体现。

毛泽东思想、邓小平理论、三个代表重要思想、科学发展观、习近平新时代中国特色社会主义思想，是马克思主义中国化一脉相承的思想理论成果，是当代中国的马克思主义，是我们各项工作的思想指导和行为准则。马克思列宁主义、毛泽东思想一定不能丢，丢了就丧失了根本。在当代中国，坚持毛泽东思想，坚持中国特色社会主义理论体系，深入贯彻习近平新时代中国特色社会主义思想，就是真正坚持马克思主义。坚持马克思主义的指导地位，是全国各族人民价值追求的核心，是全国各族人民团结奋斗的共同思想基础，是社会主义核心价值体系的灵魂。

（二）中国特色社会主义共同理想是社会主义核心价值体系的主题，是社会主义意识形态的主题

中国特色社会主义共同理想是社会主义核心价值体系的主题，是社会主义意识形态的主题。中国特色社会主义，是中国共产党和中国人民团结的旗帜、奋进的旗帜、胜利的旗帜。集中反映了当今中国各族人民、各社会阶层共同的价值取向、共同的愿望、共同的理想。是我们建设社会主义的正确之路、成功之路、胜利之路。党和国家的长期实践充分证明，只有社会主义能够救中国，只有中国特色社会主义能够发展中国。中国特色社会主义，承载着几代中国共产党人的理想和探索，寄托着无数志士仁人的意愿和期盼，凝聚着千千万万革命先烈的奋斗和牺牲，凝聚着全国各族人民的奋斗和实践，是近代以来中国社会发展的必然选择，是历史和人民的选择。是实现我国社会主义现代化的必由之路，是创造人民美好生活的必由之路，是当代中国的强国之路、强军之路、富民之路。我们要全面建成

---

① 《马克思恩格斯选集》第1卷，人民出版社1995年版，第98页。
② 《马克思恩格斯选集》第1卷，人民出版社1995年版，第98页。

第二章　社会主义核心价值体系是社会主义意识形态的本质体现

小康社会、加快推进社会主义现代化、实现中华民族伟大复兴，必须始终高举中国特色社会主义伟大旗帜，坚定不移坚持和发展中国特色社会主义。

中国特色社会主义之所以成为全国各族人民的共同理想，关键在于我们坚持了科学社会主义的基本原则，走的是人类社会文明进步的必由之路，同时根据我国实际和时代特征赋予其鲜明的中国特色。既坚持以经济建设为中心，又全面推进经济建设、政治建设、文化建设、社会建设、生态文明建设、党的建设以及其他各方面建设；既坚持四项基本原则，又坚持改革开放；既不断解放和发展社会生产力，又逐步实现全体人民共同富裕、促进人的全面发展。在当代中国，坚持中国特色社会主义道路，就是真正坚持了社会主义。

这是一条实现共同富裕、促进社会和谐的道路，是通过科学发展实现富强民主文明和谐美丽的社会主义现代化国家伟大目标的道路，是实现中华民族伟大复兴的道路，也是实现各民族、各社会阶层共同、长远利益的道路。只有坚持中国特色社会主义共同理想，才能在当代中国价值多元的状况下互相包容，求同存异，增强中国特色社会主义的凝聚力，团结一切可以团结的力量，调动一切可以调动的积极因素，汇聚一切精神、物质财富，实现国家富强、人民富裕、中华民族伟大复兴的中国梦。坚定不移高举中国特色社会主义伟大旗帜，既不走封闭僵化的老路，也不走改旗易帜的邪路，体现着鲜明的维护社会主义经济基础、政治制度、法律制度、人民利益的社会主义意识形态功能，理所当然是社会主义意识形态本质的集中体现。

（三）以爱国主义为核心的民族精神和以改革创新为核心的时代精神是社会主义核心价值体系的精髓，也是社会主义意识形态的精髓

以爱国主义为核心的民族精神和以改革创新为核心的时代精神，是保证中国共产党领导的新中国建设富强民主文明和谐美丽社会主义现代化国家的力量源泉和精神支撑，是发展社会主义事业的巨大动力，是凝聚14亿多中国人民团结起来，保卫祖国社会主义制度不变颜色的持久的、永恒的、无坚不摧、不可战胜的巨大精神力量和雄厚物质力量。以深厚的情感热爱中国共产党领导的中国特色社会主义制度、以改革创新精神促进中国特色社会主义社会经济发展，坚持和发展中国特色社会主义，高举中国特

色社会主义伟大旗帜毫不动摇；坚决与各种损害中国特色社会主义的歪理邪说、反动思潮作斗争，坚决与西方敌对势力西化、分化、和平演变中国社会主义的图谋作不妥协的斗争。这些，坚持的是马克思主义科学社会主义，决不走改旗易帜的资本主义邪路，维护的是保证党领导人民当家作主的社会主义红色江山永不变色，这本身就是社会主义意识形态应具有的功能和应尽的职能，具有鲜明的意识形态性质。从这个意义上讲，以爱国主义为核心的民族精神和以改革创新为核心的时代精神是社会主义核心价值体系的精髓，也是社会主义意识形态的精髓。

没有共产党就没有新中国，以爱国主义为核心的民族精神，与爱国、爱党和爱社会主义是统一的，这本身就是社会主义的意识形态，维护、保护的是社会主义的经济基础、政治制度、法律制度。

爱国主义精神，是我们民族精神的核心，是中华民族最珍贵的精神财富。正是在爱国主义的旗帜下，自近代以来，为了实现民族的伟大复兴，多少仁人志士苦苦求索，披荆斩棘，浴血奋战，不懈地寻求救国救民的道路。十月革命一声炮响，给我们送来了马克思主义，也正是在中国共产党的领导、在马克思主义的指导下，走俄国人的路——社会主义道路。人民、历史选择了中国共产党、选择了马克思主义、选择了社会主义，取得了中国革命的彻底胜利。实现了民族独立、人民解放，走上了国家富强、人民富裕的社会主义康庄大道。历史证明，封建主义不能救中国，资本主义不能救中国，只有社会主义才能救中国。中国近代革命历史证明，民族精神是一个民族赖以生存和发展的精神支撑。一个民族，没有振奋的精神和高尚的品格，就不可能自立于世界民族之林。没有爱国主义的民族精神的支撑，就没有中国共产党领导中国人民取得革命的胜利和成功，就没有中国的民族独立和人民的翻身解放，就没有社会主义道路在中国的开辟。新中国成立后，在帝国主义包围中，如果没有爱国主义的精神，就不可能粉粹帝国主义和一切反动派的破坏和捣乱，在西方敌对势力西化、分化、和平演变中国的情势下，也不可能有效地抵制和粉粹敌对势力的各种阴谋，顺利进行中国特色社会主义的建设，只有大力弘扬爱国主义精神，才能实现中国社会主义现代化建设"两个一百年"的目标，才能实现中华民族伟大复兴的中国梦。由此，爱国主义精神集中体现了社会主义意识形的本质。

改革开放是党在新的历史条件下领导人民进行的新的伟大革命，是决定当代中国命运的关键抉择，是当代中国发展进步的活力之源，是我们党

第二章 社会主义核心价值体系是社会主义意识形态的本质体现

和人民大踏步赶上时代前进步伐的重要法宝,是坚持和发展中国特色社会主义的必由之路。改革开放是决定当代中国命运的关键一招,也是决定实现"两个一百年"奋斗目标、实现中华民族伟大复兴的关键一招。只有社会主义能够救中国,只有改革开放才能发展中国、发展社会主义、发展马克思主义。创新是一个民族进步的灵魂,是一个国家兴旺发达的不竭动力,也是一个政党永葆生机的源泉。通过理论创新推动制度创新、科技创新、文化创新以及其他各方面的创新,不断把中国特色社会主义事业推向前进。改革创新的目的都是实现社会主义自我完善和发展,使中国特色社会主义具有更强大的生存发展活力。其本质,就是作为上层建筑的社会主义意识形态,为巩固共产党的执政地位、巩固社会主义经济基础、政治制度、法律制度服务。

由此可见,以爱国主义为核心的民族精神和以改革创新精神为核心的时代精神体现了中国特色社会主义发展的规律和根本要求,是中国共产党凝心聚力的兴国之魂、强国之魂;是激发全民族创造力、提高国家综合实力,促进中国特色社会主义发展的动力之源,直接服务于中国共产党领导的中国特色社会主义建设事业,是社会主义核心价值体系的精髓,是社会主义意识形态的本质的集中体现。

(四)社会主义荣辱观是社会主义核心价值体系的基础,是社会主义道德,体现了社会主义意识形态的基础

道德是社会意识形态的重要内容,社会主义道德是社会主义意识形态的重要组成部分,而社会主义荣辱观则是社会主义道德的核心理念和根本规范,涵盖爱国主义,集体主义、社会主义思想,体现了中华民族传统道德和时代要求,是人们社会主义世界观、人生观、价值观在荣辱范畴的集中体现,是马克思主义道德观的精辟概括和当代中国社会道德实践最基本的价值取向、行为准则,是社会主义核心价值体系的基础,也是社会主义意识形态的基础。

党的十七届六中全会《决定》指出:"一些领域道德失范、诚信缺失,一些社会成员人生观、价值观扭曲,用社会主义核心价值体系引领社会思潮更为紧迫,巩固全党全国各族人民团结奋斗的共同思想道德基础任务繁

重。"① 这充分说明意识形态中存在的问题，比如一些领域道德失范、诚信缺失，一些社会成员人生观、价值观扭曲，亟需用社会主义核心价值体系来引领。

"社会主义荣辱观体现了社会主义道德的根本要求。要深入开展社会主义荣辱观宣传教育，弘扬中华传统美德，推进公民道德建设工程，加强社会公德、职业道德、家庭美德、个人品德教育，评选表彰道德模范，学习宣传先进典型，引导人民增强道德判断力和道德荣誉感，自觉履行法定义务、社会责任、家庭责任，在全社会形成知荣辱、讲正气、作奉献、促和谐的良好风尚。"②

道德是通过社会舆论、风俗习惯、内心信念等特有形式，使人们按照一定的善恶标准抉择行为，来为一定的社会经济基础服务的。共产主义道德的所有要求一旦成为人们普遍具有的品质，就会成为一种积极的巨大的物质力量。思想支配行动。当人们知道什么是善，什么是恶，什么光荣，什么耻辱，应提倡什么和反对什么，就能在信念上形成一种健康的无时无刻不在起作用的无形的巨大力量。那么，对人类的文明、社会的进步就能起到不可估量的推动作用，达到其他途径所不能实现的最佳效果。道德与法律是相互补充的，道德可以成为法律的助手，起到法律不能起到的作用。法律规定不准触犯的违法底线，是道德要求的最低标准，而道德倡导追求的崇高道德品格和思想境界，则是理解法律意义、维护法律尊严、自觉遵守法律、依法行事的最高精神境界。道德是社会意识的重要组成部分，它受社会政治法律制度的影响，又能够对社会政治法律制度产生巨大的能动作用。只有进行社会主义道德教育，践行社会主义荣辱观，提高人们的道德素质，人们才会自觉、积极、热情地维护法律、支持法律、遵守法律、执行法律。由此可知，作为社会主义核心价值体系基本内容的社会主义荣辱观是社会主义意识形态的本质体现。

马克思、恩格斯在《共产党宣言》中指出："任何一个时代的统治思想始终都不过是统治阶级的思想。"③ 马克思主义认为，在存在着阶级的社会中，政治思想始终是社会意识形态的灵魂。以马克思主义指导思想、中

---

① 《中共中央关于深化文化体制改革推动社会主义文化大发展大繁荣若干重大问题的决定》，《人民日报》2011年10月26日，第1版。
② 《中共中央关于深化文化体制改革推动社会主义文化大发展大繁荣若干重大问题的决定》，《人民日报》2011年10月26日，第1版。
③ 《马克思恩格斯选集》第1卷，人民出版社1995年版，第292页。

第二章 社会主义核心价值体系是社会主义意识形态的本质体现

国特色社会主义共同理想、以爱国主义为核心的民族精神和以改革创新精神为核心的时代精神、社会主义荣辱观为基本内容的社会主义核心价值体系，集中代表中国特色社会主义政治制度的政治思想，就是社会主义意识形态的旗帜和灵魂，因此，"社会主义核心价值体系是社会主义意识形态的本质体现"，就是顺理成章、毫无疑义的。

三、清醒认识我国意识形态领域里激烈斗争的严峻形势，坚定不移地用社会主义核心价值体系统领社会主义意识形态阵地

我国意识形态领域存在激烈的斗争是一个客观现实，不管是否承认，它都存在，对此应始终保持清醒认识，充分认识我国意识形态领域里激烈斗争的严峻形势，为捍卫社会主义意识形态的主体地位，为巩固党的执政地位、巩固社会主义制度提供良好的舆论环境和意识形态保障。同时，要以对党和人民事业高度负责的大无畏精神，敢于担当、敢于亮剑，坚决地对西方反动意识形态进行反击，绝不允许其肆虐猖獗、为虎作伥，坚定不移地用社会主义核心价值体系统领社会主义意识形态阵地。

（一）充分认识意识形态领域里激烈斗争的必然性、严峻性

习近平同志在全国宣传思想工作会议上强调："经济建设是党的中心工作，意识形态工作是党的一项极端重要的工作。"[①] 历史和现实反复证明，能否做好意识形态工作，事关党的前途命运，事关国家长治久安，事关民族凝聚力和向心力。巩固党的群众基础和执政基础，不能说只要群众物质生活好就可以了，这个认识是不全面的。习近平同志提醒全党，党的群众基础和执政基础包括物质和精神两个方面，精神上丧失群众基础，最后也要出问题。

我们党对意识形态领域里的斗争始终保持着清醒的认识和高度的警惕。新中国成立前，在党的七届二中全会上毛泽东同志就深刻警示全党：

---

① 习近平在全国宣传思想工作会议上强调：《胸怀大局把握大势着眼大事努力把宣传思想工作做得更好》，《人民日报》2013年8月21日，第1版。

"在拿枪的敌人被消灭以后,不拿枪的敌人依然存在,他们必然地要和我们作拼死的斗争,我们决不可以轻视这些敌人。如果我们现在不是这样地提出问题和认识问题,我们就要犯极大的错误。"① 新中国成立前夕,毛泽东同志高瞻远瞩地指出:"帝国主义者和国内反动派决不甘心于他们的失败,他们还要作最后的挣扎。在全国平定以后,他们也还会以各种方式从事破坏和捣乱,他们将每日每时企图在中国复辟。这是必然的,毫无疑义的,我们务必不要松懈自己的警惕性。"② 新中国成立初期,毛泽东同志在《关于正确处理人民内部矛盾的问题》一书中深刻指出:"革命时期的大规模的急风暴雨式的群众阶级斗争已经基本结束,但是,……阶级斗争并没有结束。无产阶级和资产阶级之间的阶级斗争,各派政治力量之间的阶级斗争,无产阶级和资产阶级之间在意识形态方面的阶级斗争,还是长时期的、曲折的,有时甚至是很激烈的。"③ 毛泽东同志在《在中国共产党全国宣传工作会议上的讲话》中再次强调指出:"社会主义制度在我国已经基本建立。我们已经在生产资料所有制的改造方面,取得了基本胜利,但是在政治战线和思想战线方面,我们还没有完全取得胜利。无产阶级和资产阶级之间在意识形态方面的谁胜谁负问题,还没有真正解决。"④ 时至今日,毛泽东同志对全党的这些警示和提醒仍然具有很强的现实针对性。

1. 改革开放40多年来,西方敌对势力加紧对我国进行意识形态渗透、侵蚀

改革开放40多年来,西方敌对势力加紧对我国实施西化、分化、和平演变战略,是不能否认的客观现实。正如江泽民同志所指出的:"一个时期以来,资产阶级自由化思潮的泛滥,资产阶级的'民主、自由、人权'口号的蛊惑,利己主义、拜金主义、民族虚无主义和历史虚无主义的滋长,严重侵蚀党的肌体,把党内一些人的思想搞得相当混乱。"⑤ 中国社会科学院原院长、学部主席团主席王伟光教授指出:"人民民主专政作为政治手段、阶级工具的……第二个任务就是防御国家外部敌人的颠覆、'和平演变'、西化、分化活动和可能的侵略,对企图颠覆和推翻社会主义制

---

① 《毛泽东选集》第4卷,人民出版社1991年版,第1427页。
② 《毛泽东文集》第5卷,人民出版社1996年版,第344页。
③ 《毛泽东文集》第7卷,人民出版社1999年版,第230页。
④ 《毛泽东文集》第7卷,人民出版社1999年版,第281页。
⑤ 《江泽民文选》第1卷,人民出版社2006年版,第94页。

第二章　社会主义核心价值体系是社会主义意识形态的本质体现

度的外部敌对势力实行专政。"① 这就充分说明这个客观存在的现实。当今时代，意识形态领域里的斗争比任何时候都激烈。

江泽民同志指出："从十月革命以来，西方国家就一直不遗余力地对社会主义国家发动各种攻势，其中很重要的就是进行意识形态渗透。东欧剧变，苏联解体，就与西方国家长期进行的意识形态渗透有密切关系。现在，中国是世界上最大的社会主义国家，正在不断发展、日益富强。西方敌对势力加紧以各种手段和方式对我国施行西化、分化的政治战略，企图颠覆中国共产党的领导和中国的社会主义制度。他们的这种政治图谋是绝不会改变的。这些年来，他们不断利用所谓人权、民主、自由、民族、宗教问题和达赖、台湾问题等向我们发难。他们还与流亡在外的所谓"民运分子"和我国境内的敌对分子相勾结，企图联手行动。我们与国内外各种敌对势力在渗透与反渗透、颠覆与反颠覆上的斗争将是长期的复杂的。这是阶级斗争在我国一定范围内仍然并将长期存在的主要表现。"② 江泽民同志强调，要从思想上认识意识形态的重要性，指出："意识形态领域里是和平演变斗争的重要领域。资产阶级自由化同四项基本原则的对立和斗争，实质是要不要坚持共产党领导、坚持社会主义制度的政治斗争，但这种政治斗争大量地经常地表现为意识形态领域里的思想理论斗争。"③

国内外敌对势力出于遏制中国的目的，处心积虑企图推翻共产党的领导，颠覆社会主义制度，改变中国特色社会主义方向，走西方资本主义道路。"当前，我们正处在全面深化改革的重要历史关头，'西方宪政民主''普世价值''公民社会''新自由主义'等理论主张'你方唱罢我登场'，都在试图影响中国未来的发展走向。"④《环球时报》载罗援文章指出："一段时间以来，一些人对我党我军的历史采取虚无主义态度，甚至恶意抹黑，试图在军队建设中'去毛化''非毛化'和'妖毛化'。""极力鼓吹'军队非党化'和'军队国家化'。"并指出他们的阴谋决不会得逞，"全军政治工作会议破解了近期困扰军队建设的'五非'迷思，即'非毛化''非红化''非党化''非战化'和'非政治化'，起到了正本清源、拨乱反正的作用"。⑤ 这种谬论绝不是孤立的，与复杂的国际背景密切相

---

① 王伟光：《坚持人民民主专政，并不输理》，《红旗文稿》2014年第18期。
② 江泽民：《论"三个代表"》，中央文献出版社2001年版，第61页。
③ 《江泽民文选》第1卷，人民出版社2006年版，第160页。
④ 王燕文：《理直气壮开展积极健康的理论斗争》，《红旗文稿》2014年第18期。
⑤ 罗援：《破解军队建设的五大迷思》，《环球时报》2014年11月3日，第14版。

关。江泽民同志早就指出:"从国际来看,国际敌对势力加紧推行和平演变战略,支持、收买、培植社会主义国家内的反共反社会主义势力。情况已经表明,这是世界范围内两种制度、两种思想体系长期对立、斗争的继续,是在国际形势缓和过程中重新出现的尖锐化表现。这场斗争,关系到我国人民的前途和命运,关系到社会主义和全世界人民的前途和命运。"①《环球时报》社评文章指出:"这些年一直有一些力量向中国社会灌输'军队国家化'的主张,十八大之后的这两年,党建和军队建设的方向已令这些力量沮丧,'新古田会议'对他们来说应当是一个结束。""散布'军队国家化'的可谓是一批'心很黑'的力量","'新古田会议'彻底熄灭了他们的希望。……中国和中国人民是全面深化改革的真正赢家,那些总想引导中国'去中共化'的力量都是失败者"。②

2014年11月2日,中央文献研究室原主任逄先知同志在中国红色文化研究会、中国政治学学会科学发展与政治和谐专业委员会在京举办的掌握意识形态斗争主动权理论座谈会上发言指出:"当前意识形态领域的情况非常复杂,相当严峻。多少年来,邓小平同志批评的一手硬一手软的问题没有解决。马克思主义、反马克思主义之间的斗争从来没有停止。有这样一种趋势,资产阶级自由化的势头不但没有减弱,反而在增强……对一些严重错误的言论,你越容忍,它就越放肆。"

改革开放40多年来,西方敌对势力对中国的和平演变一刻也没有停止,它们一直在攻击中国的社会制度,在中国成立许多咨询机构并提供资金,扶植代理人。雇佣国内的所谓精英们为其价值观服务,为了颠覆中国的社会主义制度,西方资产阶级政治家已经把和平策反的目标瞄准了中国的第三代和第四代。他们声称,要着眼于在中国第三代和第四代"培养一批有实力的中间阶层""社会精英",并力图以西方价值观、政治观、民主观乃至思维方式、生活方式影响、征服和控制中国的第三代、第四代。

西方世界对中国这种没有硝烟的思想文化教育渗透确实产生令人震惊的效果。改革开放40多年来,"国际敌对势力加紧推行和平演变战略,支持、收买、培植社会主义国家内的反共反社会主义势力"已经形成一定的规模,在有些地方和领域已经形成一定的小气候。

---

① 《江泽民文选》第1卷,人民出版社2006年版,第88页。
② 《想搞垮中国者最恨"党指挥枪"》,《环球时报》2014年11月3日,第14版。

第二章　社会主义核心价值体系是社会主义意识形态的本质体现

2. 西方意识形态的渗透、侵蚀已经造成严重后果

长期以来，西方敌对势力的意识形态渗透、侵蚀已经造成严重后果，更为严重的是制造了人们思想上的普遍混乱，动摇了人们对共产党世界观、人生观、价值观的认同。

江泽民同志指出：“党的十一届三中全会以后，宣传思想工作在批评'两个凡是'、促进思想解放方面，在探讨社会主义现代化建设和改革开放规律方面，作出了很大贡献，但是，后来几年中，各种错误思潮特别是西方资产阶级腐朽思想纷至沓来，暴露出来的问题相当严重。"江泽民同志尖锐地指出："知识分子中出现了极少数以骂共产党、骂社会主义出名的所谓'精英'。他们已经自己撕去'爱国''民主'的外衣。几年来，他们被捧得很高，不仅进行反共反社会主义的政治宣传，而且形成一种哗言惑众的很坏的学风。他们不能代表中国的知识分子，恰恰是中国知识分子中的败类。"[1] 这些年来，由于西方反动意识形态的腐蚀、毒化，人们"物质生活水平提高了，但是'一切向钱看'，追求高消费，追求眼前实惠而放弃远大理想，计较个人私利而不顾国家、民族整体利益，鄙薄自己的祖国和人民而崇洋媚外等思想倾向滋长了，甚至腐化、堕落的不良风气发生了，建国初期就早已绝迹的种种丑恶现象再度出现了"[2]。

某些西方意识形态向社会主义意识形态猖狂进攻、激烈斗争的恶果，充分证明了意识形态领域里斗争的尖锐性、激烈性和反动意识形态的极端危害性，强化反击西方意识形态的迫切性、必要性和巩固马克思主义意识形态的极端重要性。因此，对意识形态领域里的斗争绝不可等闲视之，这种斗争是新时期阶级斗争，还将在一定范围内长期存在，在某种条件下还有可能激化。

西方意识形态的渗透、侵蚀，已经给我们党内——党员领导干部、包括高级领导干部的思想造成极大混乱，一些人动摇了马克思主义的指导地位，动摇了共产主义理想信念，动摇了他们对党的思想理论、路线方针政策的认同和信任，在不同程度上产生了对马克思主义的信仰危机、对共产主义、社会主义的信念危机、对党和政府的信任危机，严重威胁着党的执政地位的巩固，威胁着社会主义制度的巩固。对此，我们必须增强忧患意识，居安思危，采取强有力的有效措施，全力反击，抓好意识形态领域里

---

[1] 《江泽民文选》第1卷，人民出版社2006年版，第61页。
[2] 《江泽民文选》第1卷，人民出版社2006年版，第60页。

的斗争。

（二）充分认识牢牢掌握舆论阵地，做好意识形态工作的极端重要性

对于一个马列主义执政党来说，强有力的思想意识形态工作就是它凝聚党心、凝聚民心、率领自己的党和人民统一步伐、迈步前行的理想、意志和号角。管控好舆论，牢牢掌握舆论阵地，用社会主义意识形态促进经济、政治、文化、社会建设健康发展，坚定不移地用社会主义核心价值体系领社会主义意识形态阵地，对于巩固共产党的执政地位、巩固社会主义制度具有重要现实意义和深远战略意义。

社会主义意识形态作为社会主义的上层建筑，必然要积极地为促进社会主义经济基础的巩固发展服务，并且采取一切办法帮助社会主义制度去根除、去消灭旧的腐朽的资本主义经济基础和阶级基础，并为消灭已过时的旧基础及其上的上层建筑、意识形态而积极斗争。正如斯大林同志所指出的："不这样是不可能的。基础创立上层建筑，就是要上层建筑为它服务，要上层建筑积极地帮助它的形成和巩固，要上层建筑为消灭已过时的旧基础及其上的上层建筑而积极斗争。"①

江泽民同志指出："思想宣传阵地，社会主义思想不去占领，资本主义思想就必然会去占领。各级党委要重视意识形态工作，加强对意识形态工作的领导，牢牢掌握意识形态各部门的领导权。"② 做好意识形态工作，就要牢牢掌握舆论阵地，始终保持巩固党的执政地位、巩固社会主义制度的正确舆论导向，失去对舆论工具的控制权，危害无穷，教训极深。《求是》杂志2010年第21期刊登赵强《舆论失控：苏联解体的催化剂》的文章，深刻分析了苏共解体的原因，正是因为戈尔巴乔夫推行"民主化""公开性"，为反对派政党团体"自由办报"大开绿灯，致使党失去了对舆论工具的控制权，各类媒体逐步脱离党的领导。这些反对派的报刊几乎都以丑化苏共、责骂社会主义为宗旨。各类负面舆论借"公开性"之名充斥媒体，为西方意识形态的大举进攻开放门户。整个苏共和苏联的历史除了罪恶还是罪恶，十月革命和社会主义带来的只是灾难，而资本主义社会则成了人们心目中自由和富足的理想天堂。当主流舆论千百次地重复苏共和

---

① 《斯大林选集》下卷，人民出版社1979年版，第502页。
② 《江泽民文选》第1卷，人民出版社2006年版，第160页。

第二章　社会主义核心价值体系是社会主义意识形态的本质体现

苏联社会主义实践是失败的,当各种媒体把党的领袖的形象抹得漆黑一团时,执政党的威信也降到了零点。人们对共产党的领导是否正确、对社会主义制度产生了怀疑,民族自豪感受到沉重打击。媒体失控导致反共反社会主义的舆论一步步瓦解、摧毁了苏联意识形态大厦的根基,掏空了苏联制度的核心价值体系,最终导致苏联共产党垮台、政权丧失、国家解体。[1] 前车之鉴,我们要引以为戒,决不能重蹈覆辙。

"舆论导向正确是党和人民之福,舆论导向错误是党和人民之祸。"[2] 占领舆论阵地极其重要。当今社会虽然大规模急风暴雨式的群众性阶级斗争结束了,但阶级斗争还在思想意识形态领域里大量存在,有时在意识形态领域表现得异常激烈。经验告诉我们,意识形态阵地,马克思主义不去占领,反马克思主义思想一定会去占领。一旦反马克思主义的思想占领意识形态阵地,泛滥成灾,国家就要遭殃,人民就要受难。

为了巩固党的执政地位,巩固社会主义制度,在经济全球化、利益群体多元、思想多元、各种思想激烈震荡、交流、交融、交织、交锋的严峻形势下,就需要千千万万忠于马克思主义、忠于共产党、忠于共产主义事业的马克思主义者艰苦努力,用马克思主义的科学理论,坚定不移、理直气壮、旗帜鲜明地捍卫党的正确路线方针政策的理论家,报刊媒体的宣传家,提升国家的传播力,掌握中国共产党和中国人民的话语权,高扬中华魂,高唱正义歌,牢牢掌握意识形态领域里的主动权,全力巩固党的意识形态阵地。在国际帝国主义、霸权主义的包围之中,没有巩固马克思主义思想理论和社会主义意识形态阵地的战略思维和行之有效的策略办法,就很难保证社会主义事业的顺利发展,就有亡党亡国的现实危险。

值得注意的是,敌对势力利用互联网对马克思主义意识形态工作提出新的挑战,应该高度警觉。中国社会科学院原院长王伟光同志指出:"互联网的快速发展对意识形态工作提出了新的挑战。互联网一方面为我们党和政府开展工作提供了新的途径,为广大人民群众参与社会经济政治生活提供了新的舞台,另一方面它极易被敌对势力利用,给各种谣言、反动言

---

[1] 赵强:《舆论失控:苏联解体的催化剂》,《求是》杂志2010年第21期。
[2] 《中共中央关于深化文化体制改革推动社会主义文化大发展大繁荣若干重大问题的决定》,人民出版社2011年版,第19页。

论提供传播渠道。"① 习近平同志对此早有洞察，他在全国宣传思想工作会议上就明确指出："根据形势发展需要，我看要把网上舆论工作作为宣传思想工作的重中之重来抓。宣传工作是做人的工作的，人在哪儿重点就应该在哪儿。我国网民近六亿人，手机网民有四亿六千多万人，其中微博用户达到三亿多人。很多人特别是年轻人基本不看主流媒体，大部分信息都从网上获取。必须正视这个事实，加大力量投入，尽快掌握这个舆论战场上的主动权，不能被边缘化了。要解决好'本领恐慌'的问题，真正成为运用现代传媒新手段新方法的行家里手。要深入开展网上舆论斗争，严密防范和抑制网上攻击渗透行为，组织力量对错误思想观点进行批驳。要依法加强网络社会管理，加强网络新技术新应用的管理，确保互联网可管可控，使我们的网络空间清朗起来。做这项工作不容易，但再难也要做。"②

历史经验告诉我们，党的群众基础和执政基础包括物质和精神两方面。在物质方面不能赢得群众，会失去群众基础，在精神方面不能赢得群众，同样会失去群众基础。在进行大规模的社会主义建设时期，尽管人民群众的物质生活一时比较贫困，但精神上有坚定的共产主义理想信念和积极向上的精神力量，鼓舞人民，激励人民，给人民希望，给人民展现出一个美好愿景，也会凝聚人心，使党的执政基础坚如磐石，牢不可破；然而，如果理论上抛弃了马克思列宁主义、毛泽东思想和中国特色社会主义理论体系，精神上迷失了共产主义理想信念，背弃了人民，严重脱离了人民，民怨沸腾，或者敌对势力散布严重损害党的形象的歪理邪说，无人制止，这样，久而久之，就会蛊惑人民群众，成为人们的思维定式，从根本上颠覆共产党的意识形态的支配地位，使共产党在人民心目中失去影响力，失去人民的信任，即使物质生活富裕了，也必然会丧失群众基础，最后同样要出问题。因此，在搞好物质基础的前提下，要高度重视意识形态工作，牢牢掌握意识形态的主动权、话语权，就成为当务之急。尤其是当前，在各种思想互相交流、交融、交织、交错、交锋的严重情势下，抓好意识形态工作更是不可掉以轻心，否则就要犯重大的错误，或者是不可挽回的错误。

---

① 王伟光：《牢牢掌握意识形态工作领导权管理权话语权——深入学习贯彻习近平同志在全国宣传思想工作会议上的重要讲话精神》，《人民日报》2013年10月8日，第7版。

② 中共中央文献研究室编：《习近平关于全面深化改革论述摘编》，中央文献出版社2014年版，第83—84页。

第二章　社会主义核心价值体系是社会主义意识形态的本质体现

苏共亡党、苏联解体的一个重要原因就是放松了意识形态工作，丧失了马克思主义在意识形态领域里的指导地位。无原则的公开化、民主化鼓励了各种错误思潮的泛滥，使公开反共反社会主义的势力更加肆无忌惮，反动气焰甚嚣尘上。由对斯大林的否定，到对列宁的否定，对共产党的否定，对过去几十年社会主义建设的否定，在群众的思想中造成了一系列思想混乱。从宣传上看，肆意往苏联共产党脸上抹黑，就从理论上否定了苏联共产党的政治合法性，这就从精神上解除了人们的武装，使党的威信全无，党员思想严重混乱，人民茫然不知所措，最后导致党灭亡，国解体，人民权利的最终丧失，令人扼腕叹惜！

戴旭同志在《中国政治安全主要敌人是美国及其"第五纵队"》一文中指出："美国现在借助互联网的优势，正在对中国展开全面战略进攻，'第五纵队'在党的十八大后近乎以总攻的姿态，一边展开宪政攻击，一边疯狂制造网络谣言，绞杀着中国共产党和政府的保卫者。""美国在互联网方面对于中国的优势，远远超过核武器和信息化军事体系的优势。在这样的新型战争面前，中国的核武库、中国庞大的常备军毫无用处，这已经被苏联的解体所证明。""打开中国互联网，即使在严厉打击谣言的大环境下，各种反共、反毛、反华的言论仍然比比皆是，渲染暴力和道德沦丧的网站多如牛毛，一些在文化和思想毒害方面堪称罪大恶极的人仍然盘踞在某些高校，日复一日地毒害着中国青年。"[①]

习近平同志深刻指出："古人说'灭人之国，必先去其史。'国内外敌对势力往往就是拿中国革命史、新中国历史来做文章，竭尽攻击、丑化、污蔑之能事，根本目的就是要搞乱人心，煽动推翻中国共产党的领导和我国的社会主义制度。苏联为什么解体？苏共为什么垮台？一个重要原因就是意识形态领域里斗争十分激烈，全面否定苏联历史、苏共历史，否定列宁，否定斯大林，搞历史虚无主义，思想搞乱了，各级党组织几乎没任何作用了，军队都不在党的领导之下了。最后，苏联共产党诺大一个党就作鸟兽散了，苏联诺大一个社会主义国家就分崩离析了。这是前车之鉴啊！"[②] 此警示，语重心长，我们必须深思之、牢记之、反制之。

[①] 戴旭：《中国政治安全主要敌人是美国及其"第五纵队"》，《马克思主义文摘》2014年第7期，第48—49页。

[②] 习近平：《关于坚持和发展中国特色社会主义的几个问题》，《十八大以来重要文献选编》，中央文献出版社2014年版，第113页。

国家兴亡，匹夫有责。全国人民要提高警惕，擦亮眼睛，识破他们的罪恶阴谋，坚决拥护共产党，拥护社会主义，拥护以习近平同志为核心的党中央，坚决捍卫中国共产党领导中国人民通过浴血奋战、无数革命先烈流血牺牲、用鲜血和生命换来的人民当家作主的社会主义红色江山！谁要敢冒天下之大不韪，逆潮流而动，反党反社会主义，损害中国特色社会主义事业，我们全国人民就要和他们斗争到底。这样，中国人民才能和谐、安宁，才能有好日子！

（三）对意识形态领域里的斗争，要敢于亮剑，敢抓敢管，牢牢掌握意识形态工作的领导权、管理权、话语权，坚定不移地用社会主义核心价值体系这个兴国之魂统领社会主义意识形态阵地

党的十九大、二十大通过的《中国共产党章程》指出："由于国内的因素和国际的影响，阶级斗争还在一定范围内长期存在，在某种条件下还有可能激化。"[①] "在社会主义现代化建设的整个过程中，必须坚持四项基本原则，反对资产阶级自由化。"[②] 这就清楚地告诉全党，在当今由于国内国际环境的影响，阶级斗争虽然不是我国社会的主要矛盾，但还在一定的范围内长期存在，在社会主义现代化建设的整个过程中，必须坚持四项基本原则，反对资产阶级自由化。这种情况下，意识形态领域里的斗争，不可能消失。尤其是在西方敌对势力加快对我国实施西化、分化、和平演变战略图谋、军事围堵、思想渗透多管齐下的形势下，我国意识形态领域里的斗争形势更加严峻。

令人忧虑的是，某些党员领导干部对意识形态领域里疯狂向党进攻的歪理邪说置身事外，无动于衷，忘记使命，放弃责任，不敢担当，不敢斗争，丧失了一个共产党员应有的政治立场。有的担心说错话，遇到这样的负面舆论，不能马上发声，也不愿主动发声。对此，习近平同志明确指出，坦率地说，谁都不是神仙，主动做工作，说错一两句话，是可以原谅的。如果遇到重大问题默默失语，不主动做工作，不敢担当，造成更严重的舆论误导，那才是不可原谅的。

---

① 《中国共产党第十九次全国代表大会文件汇编》，人民出版社2017年版，第69页。

② 《中国共产党章程》，人民出版社2022年版，第11页。

第二章　社会主义核心价值体系是社会主义意识形态的本质体现

当前，我国意识形态领域里激烈斗争的严峻形势并不可怕，可怕的是对这种斗争严重性的视而不见、麻木不仁、不敢斗争。有的人胆小怕事，明哲保身，面对反党反社会主义言行，首先考虑个人得失，抱着多一事不如少一事的消极态度，宁可得罪党，绝不得罪人。在他们看来，党是抽象的，得罪了一时半会儿也没有人追究，而人是具体的，如果得罪了，立马就会受到报复。这样的人为了自保，对损害党和人民利益的人和事听之任之，睁一只眼闭一只眼，当"太平官"，做"老好人"，畏畏缩缩，退避三舍。对此，习近平同志指出，在宣传思想领域，我们不搞无谓争论，但牵涉到大是大非问题，牵涉到政治原则问题，也绝不能含糊其辞，更不能退避三舍。"千呼万唤始出来，犹抱琵琶半遮面"是不行的！作为党的干部，不能用"不争论""不炒热""让说话"为自己的不作为开脱，决不能东西摇摆，左右迎合！在事关党和国家命运的斗争中，所有领导干部都不能做旁观者。

习近平同志还指出：我们在集中精力进行经济建设的同时，一刻也不能放松和削弱意识形态工作。在这方面，我们有过深刻教训。必须把意识形态工作的领导权、管理权、话语权牢牢掌握在手中，任何时候都不能旁落，否则就要犯无可挽回的历史性错误。[①] 要敢抓敢管，敢于亮剑，着眼于团结和争取大多数，有理有利有节地开展舆论斗争，帮助干部群众划清是非界限，澄清模糊认识。对那些恶意攻击党的领导，攻击社会主义制度、歪曲党史国史、造谣生事的言论，一切报刊图书、讲台论坛、会议会场、电影电视、广播电台、舞台剧场等都不能为之提供空间，一切数字报刊、移动电视、手机媒体、手机短信、微信、博客、播客、微博客、论坛等新兴媒体都不能为之提供方便。对这些言论，不仅要在网络上加强控制，而且要落地做人的工作。对违反四项基本原则的，必须教育引导，要建立责任制，所在的地方和单位要切实管起来。[②]

江泽民同志指出："大量事实证明，思想文化阵地，马克思主义、无产阶级的思想不去占领，各种非马克思主义、非无产阶级的思想甚至反马克思主义的思想就会去占领。从上到下的一切思想文化阵地，包括理论、

[①] 习近平：《在全国宣传思想工作会议上的讲话》，中共河北省委办公厅：《习近平总书记重要讲话专题摘编》2013年9月，第94—95页。

[②] 习近平：《在全国宣传思想工作会议上的讲话》，中共河北省委办公厅：《习近平总书记重要讲话专题摘编》2013年9月，第86—87页。

新闻、出版、报刊、小说、诗歌、音乐、绘画、舞蹈、戏剧、电影、电视、广播、网络等,都应成为我们宣传科学理论、传播先进文化、塑造美好心灵的阵地,决不能给违反四项基本原则、违反改革开放政策、违反党的方针政策的错误观点,以及危害人民特别是青少年身心健康的东西提供传播渠道。一切社会基层,包括农村、社区、企业、学校、军队和各类人民团体、社会组织等的群众教育、文化、娱乐场所,直接面对群众,其作用和影响不可低估,一定要切切实实地管理好建设好。"①

毛泽东同志指出:"在我国,资产阶级和小资产阶级的思想,反马克思主义的思想,还会长期存在。社会主义制度在我国已经基本建立。我们已经在生产资料所有制的改造方面,取得了基本胜利,但是在政治战线和思想战线方面,我们还没有完全取得胜利。无产阶级和资产阶级之间在意识形态方面的谁胜谁负问题,还没有真正解决。我们同资产阶级和小资产阶级的思想还要进行长期的斗争。不了解这种情况,放弃思想斗争,那就是错误的。凡是错误的思想,凡是毒草,凡是牛鬼蛇神,都应该进行批判,决不能让他们自由泛滥。但是,这种批判,应该是充分说理的、有分析的、有说服力的,而不应该是粗暴的、官僚主义的,或者是形而上学的、教条主义的。"②

党的十八届五中全会通过的《中共中央关于制定国民经济和社会发展第十三个五年规划的建议》高度重视意识形态安全,明确指出:"高度重视做好意识形态领域工作,切实维护意识形态安全。"③ 为新时期我们做好意识形态工作指明了方向,提出了要求。对敌人的宽容,就是对人民的残忍,对西方意识形态的猖狂进攻无动于衷,麻木不仁,不采取断然措施坚决打击,必然养痈遗患,酿成大祸,带来灾难,这是阶级斗争的必然规律。因此,对那些顽固地与人民为敌、热衷于鼓吹西方反动意识形态,企图推翻共产党的领导、颠覆社会主义制度的自由化分子,必须像反腐败斗争那样"零容忍",依法依纪坚决打击,彻底取缔,绝不手软。不许他们染指各类传播媒体,不给他们提供任何舆论阵地,不给他们这种歪理邪说任何话语权,清除其在意识形态领域里的影响。《中国共产党纪律处分条

---

① 江泽民:《论党的建设》,中央文献出版社2011年版,第439页。
② 《毛泽东文集》第7卷,人民出版社1999年版,第281页。
③ 《中共中央关于制定国民经济和社会发展第十三个五年规划的建议》,《人民日报》2015年11月4日,第1版。

第二章　社会主义核心价值体系是社会主义意识形态的本质体现

例》规定：

"第四十五条通过信息网络、广播、电视、报刊、书籍、讲座、论坛、报告会、座谈会等方式，公开发表坚持资产阶级自由化立场、反对四项基本原则，反对党的改革开放决策的文章、演说、宣言、声明等的，给予开除党籍处分。

发布、播出、刊登、出版前款所列文章、演说、宣言、声明等或者为上述行为提供方便条件的，对直接责任者和领导责任者，给予严重警告或者撤销党内职务处分；情节严重的，给予留党察看或者开除党籍处分。

第四十六条通过信息网络、广播、电视、报刊、书籍、讲座、论坛、报告会、座谈会等方式，有下列行为之一，情节较轻的，给予警告或者严重警告处分；情节较重的，给予撤销党内职务或者留党察看处分；情节严重的，给予开除党籍处分：

（一）公开发表违背四项基本原则，违背、歪曲党的改革开放决策，或者其他有严重政治问题的文章、演说、宣言、声明等的；

（二）妄议中央大政方针，破坏党的集中统一的；

（三）丑化党和国家形象，或者诋毁、诬蔑党和国家领导人，或者歪曲党史、军史的。

发布、播出、刊登、出版前款所列内容或者为上述行为提供方便条件的，对直接责任者和领导责任者，给予严重警告或者撤销党内职务处分；情节严重的，给予留党察看或者开除党籍处分。"[1]

党的十八届六中全会通过的《关于新形势下党内政治生活的若干准则》明确指出："全党必须坚决捍卫党的基本路线，对否定党的领导、否定我国社会主义制度、否定改革开放的言行，对歪曲、丑化、否定中国特色社会主义的言行，对歪曲、丑化、否定党的历史、中华人民共和国历史、人民军队历史的言行，对歪曲、丑化、否定党的领袖和英雄模范的言行，对一切违背、歪曲、否定党的基本路线的言行，必须旗帜鲜明反对和抵制。

考察识别干部特别是高级干部必须首先看是否坚定不移贯彻党的基本路线。党员、干部特别是高级干部在大是大非面前不能态度暧昧，不能动摇基本政治立场，不能被错误言论所左右。当人民利益受到损害、党和国

---

[1]《中共中央印发〈中国共产党纪律处分条例〉》，《人民日报》2015年10月22日，第3版。

家形象受到破坏、党的执政地位受到威胁时，要挺身而出、亮明态度，主动坚决开展斗争。对在大是大非问题上没有立场、没有态度、无动于衷、置身事外，在错误言行面前不抵制、不斗争，明哲保身、当老好人等政治不合格的坚决不用，已在领导岗位的要坚决调整，情节严重的要严肃处理。"①

这就从党法、党规的高度，对惩处公开发表坚持资产阶级自由化立场、反对党的基本路线、反对四项基本原则，丑化党和国家形象，或者诋毁、诬蔑党和国家领导人，或者歪曲党史、军史的以及为上述行为提供方便条件的有些党员，制定了规范，对党员干部在大是大非问题上应持的正确立场、态度提出了明确的要求。这就为我们在政治上、组织上惩处这些歪理邪说、有效遏制西方反动意识形态传播泛滥，提供了有力武器和制度保证。

做好意识形态工作，宣传思想部门承担着十分重要的职责，必须守土有责、守土负责、守土尽责，做到有守有为、敢于担当、改革创新、虚功实做。同时，要树立大宣传的工作理念，动员各条战线各个部门一起来做，把宣传思想工作同各个领域的行政管理、行业管理、社会管理更加紧密地结合起来。要让一切舆论阵地牢牢地掌握在忠诚于马克思主义、毛泽东思想、中国特色社会主义理论体系、习近平新时代中国特色社会主义思想的真正马克思主义者手中，坚定不移地用社会主义核心价值体系统领社会主义意识形态阵地。

社会主义核心价值体系是兴国之魂，是社会主义先进文化的精髓，是党和国家的生命之根，力量之源，决定着中国特色社会主义发展方向和社会主义事业的前途命运。社会主义核心价值体系进入人民的头脑，就是党的基本理论、基本路线、基本经验，一句话就是，党的理论路线方针政策进入人民的头脑，这是一项神圣而艰巨的历史任务。在当前思想战线斗争异常激烈的情况下，既有刻不容缓的紧迫性，又必须持之以恒地长期坚持下去。以便更好地发挥社会主义先进的意识形态对于巩固党的执政地位、巩固社会主义制度的能动作用，让人民当家作主的社会主义江山千秋万代永不变色。

---

① 《关于新形势下党内政治生活的若干准则》，《人民日报》2016年11月3日，第5版。

四、有效抵制西方反动意识形态的腐蚀，就要坚持和巩固马克思主义在意识形态领域的指导地位

坚持马克思主义在意识形态领域里的指导地位是党的一贯思想，习近平同志在全国宣传思想工作会议上强调："宣传思想工作就是要巩固马克思主义在意识形态领域的指导地位，巩固全党全国人民团结奋斗的共同思想基础。"[1] 坚持马克思主义在意识形态领域的指导地位，不断增强党的思想理论工作的创造力、说服力、感召力，着力回答重大理论和实际问题。为我们广大社会科学工作者在新时期坚持和巩固马克思主义在意识形态领域的指导地位指明了方向，提出了要求，确定了任务。

马克思主义是科学理论，是我们认识世界、改造世界的锐利武器，它科学地揭示了人类社会发展的客观规律，提出了一系列极为丰富的、按客观规律办事并取得成功的思想行为准则，是被中国革命、建设和改革实践证明了的真理，是我们立党立国的根本指导思想，是社会主义意识形态的旗帜和灵魂。坚持和巩固马克思主义在意识形态领域的指导地位，是党和人民团结一致，始终沿着正确方向前进的根本思想保证。以马克思主义为指导，是共产党区别于其他政党的根本标志，是由党的性质决定的。中国革命、社会主义建设和改革开放的历史和现实充分证明，我们的党由小到大，我们的国家由弱到强，人民群众由穷到富，都是坚持马克思主义指导的结果。坚持和巩固马克思主义在意识形态领域的指导地位，是当前国际、国内环境中坚持中国特色社会主义正确方向的需要，是坚持中国先进文化前进方向的需要，是增强全国人民的凝聚力、提高综合国力的需要，是巩固党的执政地位的需要，是坚持科学发展观、保证社会主义物质文明、政治文明、精神文明、生态文明协调发展的需要，是广大哲学社会科学工作者义不容辞的神圣职责和庄严使命。

能不能坚持和巩固马克思主义在意识形态领域的指导地位，关系党和社会主义的前途命运，关系社会主义现代化的成败，关系社会的安定、人

---

[1] 习近平在全国宣传思想工作会议上强调：《胸怀大局把握大势着眼大事努力把宣传思想工作做得更好》，《人民日报》2013年8月21日，第1版。

民的幸福。巩固马克思主义在意识形态领域的指导地位，在当前国际国内客观环境下比任何时候都更加重要、更加紧迫。

（一）坚持和巩固马克思主义在意识形态领域的指导地位是国际斗争形势的客观需要

当今世界是一个开放的世界，我国实行改革开放后，面对世界政治多极化、经济全球化的国际环境，我们必须清醒地认识到，树欲静而风不止。按照马克思主义阶级斗争的观点，世界范围内社会主义与资本主义作为根本对立的两种制度，在意识形态领域的斗争和较量是长期的、复杂的，有时甚至是非常尖锐的。尤其是苏联解体、东欧剧变之后，西方敌对势力就把在地球上消灭共产主义的战略目标集中在世界上唯一的社会主义大国——中国身上，加紧对我国实施西化、分化、和平演变的战略图谋。为此，江泽民同志深刻指出："坚持马克思主义的指导地位，不断用马列主义、毛泽东思想、邓小平理论武装全党和教育全国人民，这是保证全党紧密团结和带领人民共同奋斗的根本思想基础，也是保持我国社会政治稳定的根本思想基础。……苏联解体，东欧剧变，以及最近南斯拉夫政局的演变等事件，除了政治经济等方面原因，执政党内和群众中，发生思想变化、思想混乱也是一个很重要的原因。历史和现实都表明，一个社会，没有共同的精神支柱及其以此为基础的思想上的稳定，是很难保持社会政治稳定的。我们是社会主义国家，如果动摇了马列主义、毛泽东思想、邓小平理论这个精神支柱，动摇了建设有中国特色社会主义的共同理想，就会导致思想混乱、社会动乱，那将是国家和民族的灾难。因此，坚持马克思主义的指导地位，坚持有中国特色社会主义的共同理想，关系着党和国家的命运。"[1] 西方敌对势力极力动摇马克思主义在意识形态领域的指导地位，其根本目的就是以此为突破口，进而动摇人们对马克思主义的信仰，对社会主义的信念，造成信仰危机、信任危机，从而动摇共产党的执政地位，最终颠覆和破坏社会主义制度，实现资本主义的一统天下。对此，我们必须充分认识西方敌对势力西化、分化、和平演变中国政治图谋的极端危害性，保持高度的警惕，并坚决予以反击，彻底粉碎国内外一切敌人的罪恶阴谋。

---

[1] 江泽民：《论"三个代表"》，中央文献出版社2011年版，第125页。

第二章　社会主义核心价值体系是社会主义意识形态的本质体现

（二）坚持和巩固马克思主义在意识形态领域的指导地位是我国当前思想战线的现实情况提出的客观要求

改革开放40多年来，西方敌对势力一天也没有放松对我国的思想渗透。西方敌对势力极力推行西化、分化、和平演变的战略图谋，给我国思想战线造成相当大的混乱。对此，江泽民同志强调指出："必须坚定不移地巩固和加强马克思主义的指导地位，绝不允许搞指导思想的多元化。"[①]然而，就有那么一部分人，不赞成以马克思主义为指导，主张指导思想多元化。他们鼓吹马克思主义"过时论""学派论""僵化论"，一时间歪曲、攻击、丑化、诋毁、污蔑马克思主义成了观念更新的时髦，坚持马克思主义则成为僵化、保守、观念落后的代名词，是非混淆，黑白颠倒，美丑不分，灵魂扭曲。凡是要夺取一个政权，总是先制造舆论，做意识形态的工作，革命的阶级是这样，反革命的阶级也是这样。思想意识形态阵地，一旦让反马克思主义的思想占领了，其散布丑化共产党，丑化社会主义，丑化马克思主义、毛泽东思想的歪理邪说，就必然造成人们的思想混乱。如果社会上形成了共产党不好、社会主义不好，应该搞资本主义的舆论氛围，共产党当然就会在人民心目中失去执政的合法性，自然也就没有了凝聚力、号召力、战斗力，就失去了执政的基础和依据。而思想上如果彻底解除了武装，一旦敌对势力向党和社会主义猖狂进攻时，就只能束手就擒。苏联共产党作为执政70多年的大党，当被修正主义分子、社会主义事业的叛徒戈尔巴乔夫宣布解散时竟然没有遇到任何有效的抵制，教训是极其惨痛的。这就是容忍反革命意识形态长期占领思想意识形态阵地的必然恶果。因此，当前意识形态领域里的这场斗争，实质上就是要不要维护共产党领导的社会主义制度、维护人民根本利益的尖锐的阶级斗争，是要不要坚持马克思主义指导地位的关系党和国家前途命运的你死我活的极其复杂激烈的殊死搏斗。在这场严峻的斗争中，中国共产党人要时刻保持清醒头脑，决不能掉以轻心。对国内外敌对势力在意识形态领域向党的猖狂进攻决不能听之任之。必须旗帜鲜明地，坚决持久地予以反击，深刻地揭露其反动本质，彻底肃清其恶劣影响，决不给反动的意识形态提供任何阵地，决不允许反党反社会主义的歪理邪说泛滥成灾，苏联的悲剧决不能在中国重演！只有坚持和巩固马克思主义在意识形态领域的指导地位，才能

---

① 江泽民：《论"三个代表"》，中央文献出版社2011年版，第125页。

坚定我国人民的马克思主义信仰，粉碎国内外敌对势力企图以西方资产阶级的理论替代马克思主义或把马克思主义边缘化的罪恶阴谋。

（三）坚持和巩固马克思主义在意识形态领域的指导地位是我国社会主义市场经济提出的客观要求

随着我国社会主义市场经济体制的进一步确立和改革开放的进一步扩大，随着经济成分、社会组织形式、社会生活方式、就业方式及利益关系和分配方式的多样化，人们的思想观念也出现了许多新变化。加之改革开放后与西方思想文化的交流、交融、交锋，意识形态领域里的情况相当复杂，是否坚持和巩固马克思主义指导地位的问题就尖锐地摆在我们面前。社会生活的实践告诉我们，思想意识形态领域没有真空，思想意识形态阵地马克思主义不去占领，各种非马克思主义思想甚至反马克思主义思想必然去占领。人们的思想、心灵、意识和精神，总是要被某种意识形态统率的，在当前经济全球化、社会主义市场经济条件下各种文化相互激荡的国际国内环境中，非马克思主义的意识形态必然乘机泛滥，小生产意识、封建残余思想观念、愚昧落后的思想观念、资产阶级腐朽思想观念都不会自动退出历史舞台，必然顽强地表现出来，其与马克思主义意识形态争夺人们思想空间的斗争更加激烈，已经产生了极其严重的后果。

因此，我们必须坚持和巩固马克思主义在意识形态领域的指导地位，充分认识马克思主义的基本原理，任何时候都不能丢，丢了就失去了灵魂，迷失了方向。正如邓小平所指出的："反对资产阶级自由化还是要讲。我们搞改革开放，把工作重心放在经济建设上，没有丢马克思，没有丢列宁，也没有丢毛泽东。老祖宗不能丢啊！"[①] 要毫不动摇、坚定不移、旗帜鲜明地坚持马克思主义基本原理，不论在任何情况下，都能始终如一坚持做到相信马列主义，学习马列主义，宣传马列主义，实践马列主义，捍卫马列主义。要深刻认识意识形态领域斗争的长期性、复杂性和艰巨性，增强忧患意识，居安思危，时刻保持高度的政治警觉，用马克思主义牢牢占领意识形态领域阵地，坚持马克思主义与时俱进的理论品质，以发展着的马克思主义为指导，不断地巩固全党全国人民团结奋斗的共同思想基础，使我们党永葆生机和活力，全面开创中国特色社会主义事业的新局面，为实现全面建成小康社会的宏伟目标、实现中华民族伟大复兴的中国梦努力

[①] 《邓小平文选》第3卷，人民出版社1993年版，第369页。

奋斗。

五、坚持马克思主义意识形态，抵制西方反动意识形态的腐蚀，就要自觉追求崇高精神境界

改革开放40多年来，西方敌对势力以"接触＋遏制"的险恶用心，利用我国对外开放之机，加紧对我国实施西化、分化、和平演变战略图谋，用西方反动意识形态毒害我国人民，尤其是集中腐蚀党员领导干部腐化变质。不少领导干部、甚至是高级领导干部，在西方敌对势力反动意识形态的进攻面前，很多人在思想上解除了武装，败下阵来。成为西方敌对势力的精神俘虏，堕落成为腐败分子，给党和国家造成极其严重的后果。

（一）深刻认识西方反动意识形态腐蚀领导干部、破坏党与人民群众血肉联系的极端危害性

党的十七届四中全会《决定》指出："一些领导干部特别是高级干部中发生的腐败案件影响恶劣，一些领域腐败现象易发多发。这些问题严重削弱党的创造力、凝聚力、战斗力，严重损害党同人民群众的血肉联系，严重影响党的执政地位巩固和执政使命实现，必须引起全党警醒，抓紧加以解决。"

党的十八大报告指出："反对腐败、建设廉洁政治，是党一贯坚持的鲜明政治立场，是人民关注的重大政治问题。这个问题解决不好，就会对党造成致命伤害，甚至亡党亡国。"[1] 习近平同志《在党的群众路线教育实践活动总结大会上的讲话》中再次提出告诫，指出："全党同志必须在思想上真正明确，党的执政地位和领导地位并不是自然而然就能长期保持下去的，不管党、不抓党就有可能出问题甚至出大问题，结果不只是党的事业不能成功，还有亡党亡国的危险。"[2]

---

[1] 胡锦涛：《坚定不移沿着中国特色社会主义道路前进为全面建成小康社会而奋斗——在中国共产党第十八次全国代表大会上的报告》，《人民日报》2012年11月18日，第1版。

[2] 习近平：《在党的群众路线教育实践活动总结大会上的讲话》，《人民日报》2014年10月9日，第2版。

长期以来，我们党对腐败的危害性十分清醒，对反腐倡廉高度重视，清醒地认识到党政机关党员干部的腐败问题严重脱离群众，威胁到党的执政地位，关系到党的生死存亡。当前，脱离群众最大的问题是腐败问题，群众最不满意的是腐败问题，损害党的形象最严重的是腐败问题，使党执政地位面临丧失的危险、党有可能走向自我毁灭最严重的威胁，还是腐败问题。

西方敌对势力设陷阱，用反动意识形态、极端个人主义腐蚀党员干部的灵魂，诱导党员干部自私自利，以权谋私，成为腐败分子，脱离群众，脱离人民。腐蚀了一批党的领导干部的灵魂，断送了他们的美好前程，尤其是贪腐窝案、串案屡有发生，更是毁灭了党的干部队伍中一些人才骨干，令人痛惜，危害极大。腐败问题损害了党和人民的事业，败坏了党的形象，离间了党同人民群众的血肉联系，制造了党与人民的对立。使共产党人脱离群众，失去人心，失去执政合法性，企图迫使共产党人退出历史舞台。一举多害，极其恶毒。我们党早就识破了西方敌对势力的阴谋，清醒地认识到，腐败问题人民群众最痛恨，对党和人民群众的血肉联系最具杀伤力。及时提醒、警示全党，"党最大的优势是密切联系人民群众，党执政后最大的危险就是脱离人民群众"。为此，习近平同志明确指出："一个政党，一个政权，其前途命运取决于人心向背。人民群众反对什么、痛恨什么，我们就要坚决防范和打击。人民群众最痛恨腐败现象，我们就必须坚定不移反对腐败。……要坚持'老虎''苍蝇'一起打，坚持有腐必反、有贪必肃，下最大气力解决腐败问题，努力营造风清气正的党风政风和社会风气，不断以反腐倡廉的新成效取信于民。"① 我们一定要坚持不懈地做到，凡是影响党的创造力、凝聚力、战斗力的问题都要全力克服，凡是损害党的先进性和纯洁性的病症都要彻底医治，凡是滋生在党的健康肌体上的毒瘤都要坚决祛除，使中国共产党始终同人民心连心、同呼吸、共命运。

《人民日报》评论员文章深刻指出："将是否反腐，上升到改变党和国家面貌的高度，这样严峻的判断，源于对腐败问题的深切思考：如果手握权力的国家公仆，堕落为以权谋私的人民公敌；如果'保护社会共同利益'的权力机关，异化为'追求自己特殊利益'的特权集团，不仅与马克

---

① 习近平：《在庆祝全国人民代表大会成立60周年大会上的讲话》，《人民日报》2014年9月6日，第2版。

第二章　社会主义核心价值体系是社会主义意识形态的本质体现

思主义政党的宗旨背道而驰,更与社会主义制度的本质水火不容。"① 不论是"手握权力的国家公仆,堕落为以权谋私的人民公敌",还是"'保护社会共同利益'的权力机关,异化为'追求自己特殊利益'的特权集团",都是与党的全心全意为人民服务宗旨背道而驰,更与社会主义制度的本质水火不容,都是个人主义、享乐主义、拜金主义价值观的俘虏,都是西方反动意识形态腐蚀的恶果。

为此,习近平同志语重心长地指出:"我们党把党风廉政建设和反腐败斗争提到关系党和国家生死存亡的高度来认识,是深刻总结了古今中外的历史教训的。核心的问题是党要始终紧紧依靠人民,始终保持同人民群众的血肉联系,一刻也不脱离群众。要做到这一点,就必须下最大气力解决好消极腐败问题,确保党始终同人民心连心、同呼吸、共命运……全党同志一定要从这样的政治高度来认识这个问题,从思想上警醒起来,牢记'两个务必',坚定不移转变作风,坚定不移反对腐败,切实做到踏石留印、抓铁有痕,不断以反腐倡廉的新进展新成效取信于民。"②

(二) 共产党人自觉追求崇高的精神境界,是抵制西方意识形态腐蚀的根本保证

抵制西方意识形态对党员领导干部的腐蚀,关键在反腐倡廉,抓好党员领导干部作风建设,提高政治素养和道德素养,才能使我们的党员干部始终保持清正廉洁的政治本色,牢记党的宗旨,始终做到廉洁奉公,不谋私利,全心全意为人民服务,坚持自觉用党章、共产党员的标准要求自己,时刻自重自省自警自励,努力做到"心不动于微利之诱,目不眩于五色之惑",老老实实做人,踏踏实实干事,清清白白为官。这样,就抓住了反击西方意识形态腐蚀我国人民思想的牛鼻子,就抓住了关键,抓住了根本。官风正,民风淳。通过正官风,就能端正党风、政风,以此带动民风和社会风气的好转,树立共产党的良好形象;就能极大地增强党的影响力、凝聚力、感召力、战斗力,有效地带领广大人民群众创造中国特色社会主义事业的辉煌业绩。

改革开放以来,一些领导干部犯错误,甚至成为贪污受贿的腐败分

---

① 人民日报评论部:《对腐败要下得了手(人民观点)——写在邓小平同志诞辰110周年之三》,《人民日报》2014年8月21日,第5版。
② 习近平在中共中央政治局第五次集体学习时强调:《积极借鉴我国历史上优秀廉政文化不断提高拒腐防变和抵御风险能力》,《人民日报》2013年4月21日,第1版。

子，由人民公仆堕落为以权谋私的人民公敌，除了他们本身不注意或者忽视了世界观改造之外，一个很重要的原因，就是腐朽反动的资产阶级意识形态腐蚀、毒害的结果。从一定意义上讲，这些堕落成人民公敌的腐败分子也是资产阶级意识形态的受害者、牺牲品。对此，习近平同志《在党的群众路线教育实践活动总结大会上的讲话》中，满怀惋惜地说："党培养一个干部特别是高级干部是很不容易的。这些年，一些干部包括一些相当高层次的领导干部因违犯党纪国法落马，我们很痛心。我们中央的同志说起这些事都很痛心，都有一种恨铁不成钢的感觉。"①

改革开放打开了国门，进来了新鲜空气，也进来苍蝇蚊子。西方敌对势力加紧实施西化、分化、和平演变中国的战略图谋，对我国进行资产阶级意识形态的渗透，致使资产阶级自由化思潮泛滥成灾。为了粉粹西方敌对势力反动意识形态对党的干部渗透、腐蚀的罪恶阴谋，除了按照习近平同志的要求，"加强对权力运行的制约和监督，把权力关进制度的笼子里，形成不敢腐的惩戒机制、不能腐的防范机制、不易腐的保障机制"，② 用以保护干部避免坠入犯罪的灾难深渊外，还要从爱护干部出发，教育干部坚定理想信念，提高道德素养，防微杜渐，拒腐蚀，永不沾，筑牢领导干部主观上"不想腐"的思想防线和道德自觉。这是拒腐防变决定性作用的内在因素，是拒腐防变的治本之策。

习近平同志深刻指出："道德高尚是领导干部做到清正廉洁的基础。"③为了确保党在世界形势深刻变化的历史进程中始终走在时代前列，在应对国内外各种风险和考验的历史进程中始终成为全国人民的主心骨，在发展中国特色社会主义的历史进程中始终成为坚强的领导核心。共产党人就必须坚持马克思主义意识形态，自觉践行社会主义核心价值体系和社会主义核心价值观，自觉坚持马克思主义指导思想，自觉树立中国特色社会主义共同理想，大力弘扬以爱国主义为核心的民族精神和以改革创新精神为核心的时代精神，自觉践行社会主义荣辱观。广大党员、干部，尤其是各级领导干部不断增强为党和人民事业不懈奋斗的使命感和责任感，牢固树立

---

① 习近平：《在党的群众路线教育实践活动总结大会上的讲话》，《人民日报》2014年10月9日，第2版。

② 习近平在十八届中央纪委二次全会上发表重要讲话强调：《更加科学有效地防治腐败坚定不移把反腐倡廉建设引向深入》，《人民日报》2013年1月23日，第1版。

③ 习近平在中共中央政治局第五次集体学习时强调：《积极借鉴我国历史上优秀廉政文化不断提高拒腐防变和抵御风险能力》，《人民日报》2013年4月21日，第1版。

第二章 社会主义核心价值体系是社会主义意识形态的本质体现

"以廉为荣、以贪为耻"的道德思想,打牢清正廉洁的道德基础,做到廉洁奉公、无私奉献,自觉追求崇高的精神境界,自觉追求崇高。

追求崇高,首先要坚定理想信念,炼就"金刚不坏之身"。革命理想高于天,党员干部特别是党员领导干部要始终坚持共产主义远大理想,做共产主义远大理想和中国特色社会主义共同理想的坚定信仰者和忠实实行者。对马克思主义的信仰,对社会主义和共产主义的信念,是共产党人的政治灵魂,是共产党人经受住任何考验的精神支柱。习近平同志明确指出:"我常说,理想信念是共产党人精神上的'钙',理想信念坚定,骨头就硬;没有理想信念,或者理想信念不坚定,精神上就缺'钙',就会得'软骨病'。"[①]"理想指引人生方向,信念决定事业成败。没有理想信念,就会导致精神上'缺钙'。"[②]理论决定思想,思想支配行动。思想理论上的坚定清醒是政治上坚定的前提和根本保证,理论科学正确,思想才能明确清醒,行动才能正确坚实。崇高信仰、坚定信念不会自发产生,炼就"金刚不坏之身",就必须用科学理论武装头脑,就要认真学习和实践马克思列宁主义、毛泽东思想、中国特色社会主义理论体系,学习贯彻好习近平新时代中国特色社会主义思想,忠于党、忠于祖国、忠于人民,始终保持共产党人的蓬勃朝气、昂扬锐气、浩然正气,始终保持共产党人的高尚品格和廉洁操守,成为带领人民群众开拓前进的光辉旗帜和典范。

追求崇高,就要牢记宗旨,心系人民。坚持立党为公、执政为民,全心全意为人民服务,保持同人民群众的血肉联系,是党在长期执政实践中探索形成的一条基本经验。共产党人追求崇高,就要坚持全心全意为人民服务的根本宗旨,坚持以人民为中心,贯彻马克思主义群众观点和党的群众路线,实现好、维护好、发展好最广大人民的根本利益;就要做到权为民所用、情为民所系、利为民所谋,为人民群众诚心诚意办实事、尽心竭力解难事、坚持不懈做好事,让改革发展成果惠及更多群众;就要把实现中国特色社会主义共同理想、维护国家和人民的利益看得高于一切、重于一切,为了中国特色社会主义共同理想、国家和人民的利益不惜牺牲自己的一切。

---

① 习近平:《在全国组织工作会议上的讲话》,《十八大以来重要文献选编》上,中央文献出版社2014年版,第339页。

② 习近平:《在同各界优秀青年代表座谈时的讲话》,《人民日报》2013年5月5日,第2版。

追求崇高，就要廉洁自律，艰苦奋斗。艰苦奋斗是党的光荣传统和共产党人的立身之本，是我们党创造美好生活、推动社会发展进步的重要法宝。有了艰苦奋斗的品质，才能拒腐蚀、永不沾，保持共产党人的本色。当前，一些领导干部身上存在的铺张浪费、奢靡享乐之风甚至贪污腐化现象，就是忘记艰苦奋斗、贪图安逸的结果。共产党人追求崇高，就要居安思危，增强忧患意识，常怀忧党之心，恪尽兴党之责，自觉践行社会主义荣辱观；就要培养高尚道德情操和健康生活情趣，不为豪华奢侈所动，不为灯红酒绿所迷，勤以敬业、俭以养德，自觉讲党性、重品行、作表率，努力实现共产党人高尚的人生追求。

追求崇高，就要加强学习，见贤思齐。学习是提高素质、提升境界的重要途径。学习不仅包括向书本学、向实践学、向群众学，也包括向先进典型学。共产党人追求崇高，不仅要自觉用马克思列宁主义、毛泽东思想、中国特色社会主义理论体系、习近平新时代中国特色社会主义思想武装头脑，努力掌握和运用新思想、新知识、新经验，还要见贤思齐，自觉向具有崇高精神境界的人学习，学习焦裕禄，学习孔繁森，学习杨善洲，学习新时期涌现出来的先进典型模范人物，在实践锻炼中达到人格的完善、境界的提升，努力使自己做一个高尚的人。

世情、国情、党情的深刻变化对党的建设提出了新的要求，党面临的执政考验、改革开放考验、市场经济考验、外部环境考验是长期的、复杂的、严峻的。每个共产党人都应振奋精神，以高度的历史使命感和强烈的政治责任感，弘扬党的优良作风，保持共产党员先进性，全心全意为人民谋福祉，为党旗增光辉，为国家作贡献，这样就能得到人民的拥护和支持。人民的拥护和支持是党执政的最牢固根基，只要我们共产党人始终与人民心连心、同呼吸、共命运，始终密切联系群众，依靠人民推动历史前进，就能任凭风浪起，稳坐钓鱼台，坚如磐石，安如泰山。只有这样，才能有效地抵制、彻底粉粹西方敌对势力用反动意识形态腐蚀、毒害我国人民思想、促我和平演变的战略图谋。

习近平同志《在庆祝中国人民政治协商会议成立 65 周年大会上的讲话》中指出："'政之所兴在顺民心，政之所废在逆民心。'一个政党，一个政权，其前途命运最终取决于人心向背。中国共产党、中华人民共和国的全部发展历程都告诉我们，中国共产党、中华人民共和国之所以能够取得事业的成功，靠的是始终保持同人民群众的血肉联系、代表最广大人民

第二章 社会主义核心价值体系是社会主义意识形态的本质体现

根本利益。如果脱离群众、失去人民拥护和支持，最终也会走向失败。"① 金玉之言，全党应铭记在心、见之于行，始终保持同人民群众的血肉联系、代表最广大人民根本利益，永远不脱离群众。这样，才能有效地抵御西方反动意识形态在党群关系上给我们造成的危害，获得广大人民群众的拥护和爱戴，保证党领导的社会主义事业永远立于不败之地。

---

① 习近平：《在庆祝中国人民政治协商会议成立65周年大会上的讲话》，《人民日报》2014年9月22日，第2版。

第三章

马克思主义指导思想是立党立国之本

马克思主义指导思想是社会主义核心价值体系的灵魂。马克思主义深刻揭示了人类社会发展规律，是指导工人阶级及其政党进行社会主义革命和建设以及过渡到共产主义社会的科学思想体系，是人们认识世界、改造世界的强大思想武器，是指引人民推动社会进步、创造美好生活的科学理论，是指引中国革命、建设、改革从胜利走向胜利的光辉旗帜，是全党全国各族人民的共同精神支柱，"是我们立党立国的根本指导思想"。[①]

马克思列宁主义、毛泽东思想、中国特色社会主义理论体系、习近平新时代中国特色社会主义思想，作为人类历史上最科学、最先进、最严密的思想体系，集中揭示了人类社会发展规律、正确认识世界的思维规律，为人类认识、改造客观世界和主观世界，提供了科学的世界观和方法论，是指导革命、建设和改革无往而不胜的锐利武器。中国革命、建设、改革的历史雄辩地证明，凡是真正坚持马克思主义指导的，革命、建设、改革事业就发展、前进、胜利，凡是违背了马克思主义指导的，革命、建设、改革事业就挫折、倒退、失败，对马克思主义的理解、掌握、执行、忠诚程度与社会主义事业所取得的成就成正比，国际共产主义运动历史无数次证明了这一点。

坚持马克思主义指导思想，就要学习马克思主义经典著作，坚定马克思主义信仰，巩固马克思主义指导地位，坚持不懈地用马克思主义中国化的第一个成果——毛泽东思想武装全党、教育人民，永远高举毛泽东思想的旗帜前进，同时，要坚持不懈地用马克思主义中国化的最新成果——中国特色社会主义理论体系武装全党、教育人民，认真学习邓小平理论、"三个代表"重要思想、科学发展观，深入学习贯彻习近平新时代中国特色社会主义思想，引导党员、干部深入学习贯彻党的基本理论、基本路线、基本纲领、基本经验，系统掌握马克思主义立场、观点、方法，真正掌握共产党人的看家本领。习近平同志《在庆祝中国共产党成立95周年

[①] 本书编写组：《中共中央关于加强党的执政能力建设的决定》辅导读本，人民出版社2004年版，第5页。

大会上的讲话》中指出："马克思主义是我们立党立国的根本指导思想。背离或放弃马克思主义，我们党就会失去灵魂、迷失方向。在坚持马克思主义指导地位这一根本问题上，我们必须坚定不移，任何时候任何情况下都不能有丝毫动摇。"①

一、坚定马克思主义信仰，巩固马克思主义指导地位

习近平同志在会见第四届全国文明城市、文明村镇、文明单位和未成年人思想道德建设工作先进代表时强调："人民有信仰，民族有希望，国家有力量。实现中华民族伟大复兴的中国梦，物质财富要极大丰富，精神财富也要极大丰富。"② 一个民族不可以没有灵魂、不可以没有信仰、不可以没有脊梁、不可以没有旗帜、不可以没有方向、不可以没有精神，马克思主义就是中华民族的灵魂、信仰、脊梁、旗帜、方向、精神。牢固地掌握了马克思主义理论，就有了为全世界最广大的人民群众服务、使人类走向美好幸福光明未来的崇高思想境界，就有了为实现这一宏伟目标百折不挠的拼搏奋斗精神，就有了为实现这一伟大理想而刻苦努力学习实践、锐意进取、不断探索的不竭力量源泉，在总结丰富实践基础上，就会积累具备实现这一伟大理想的聪明智慧，就有了战胜一切艰难困苦勇往直前的永恒动力。因此，一定要坚定马克思主义信仰，巩固马克思主义指导地位。

（一）马克思主义是指引中国革命取得伟大胜利的光辉旗帜

毛泽东同志指出："指导我们思想的理论基础是马克思列宁主义。"③ 马克思主义是中国共产党的思想灵魂，精神支柱，是指引中国共产党胜利前进的伟大旗帜和指路明灯，是拯救中华民族走出危难、脱离苦海的法宝。中国共产党从诞生之日起就坚定地以马克思列宁主义为指导思想，马克思主义作为我们党的指导思想是历史的选择、人民的选择、时代的选择。

---

① 习近平：《在庆祝中国共产党成立95周年大会上的讲话》，《人民日报》2016年7月2日，第2版。

② 习近平：《人民有信仰民族有希望国家有力量　锲而不舍抓好社会主义精神文明建设》，《人民日报》2015年3月1日，第1版。

③ 《毛泽东文集》第6卷，人民出版社1999年版，第350页。

近代中国，中华民族遭受太多太多的灾难，帝国主义列强以坚船利炮打开中国大门，鸦片战争、甲午战争、八国联军入侵北京……帝国主义的铁蹄肆意践踏中国，烧杀抢掠，无恶不作，神州大地，民不聊生，哀鸿遍地，生灵涂炭，饿殍盈野，灾难深重的中华民族陷入亡国灭种的危险境地。面对空前深重的民族危机和社会危机，无数仁人志士前仆后继，进行了各种形式的艰苦卓绝、极其惨烈严酷的殊死斗争，先后发动了太平天国起义、义和团运动、戊戌变法、辛亥革命，进行了不屈不挠的斗争，苦苦探索民族独立，人民解放，国家富强的道路，坚持不懈地寻求救国救民的真理，付出了无数鲜血和生命。这期间，各种主义、各种理论和主张先后登场，有的还轰轰烈烈，比如太平天国运动、义和团运动，都声势浩大，朝野震动，但均以失败告终。孙中山领导的辛亥革命推翻了2000多年的封建统治，但也没有改变中国社会半殖民地半封建的性质。只是在十月革命一声炮响，马克思列宁主义传到中国，中国共产党的先驱找到了马克思主义这一使人民翻身解放的科学真理，才从根本上解决了中国的前途和命运问题。中国正是有了马克思主义的指导，才有了中国共产党的诞生，才导演出波澜壮阔、气势磅礴的中国革命历史活剧来。也正是因此，才取得了中国革命的胜利，推翻了"三座大山"，实现了民族的独立、人民的解放、国家的富强，建立了人民当家作主的新中国，开辟了社会主义的光辉前景。假如没有马克思主义的指导，这一切都是不可能的，也是不可想象的。正是在马克思主义指引下，中国共产党领导中国人民从胜利走向胜利，先后取得中国革命、社会主义建设、改革开放的一个又一个胜利，而且还要继续指引中国人民走向幸福美好的未来，开创更加辉煌灿烂的明天。实践充分证明，马克思主义是我们的立党立国、治国理政之本，毫不动摇地坚持马克思主义的指导地位，是中国革命、建设、改革的唯一正确选择。正如习近平同志所指出的："在中华民族积贫积弱、任人宰割的时期，各种主义和思潮都进行过尝试，资本主义道路没有走通，改良主义、自由主义、社会达尔文主义、无政府主义、实用主义、民粹主义、工团主义等也都'你方唱罢我登场'，但都未能解决中国的前途和命运问题。是马克思列宁主义、毛泽东思想引导中国人民走出了漫漫长夜、建立了新中国，是中国特色社会主义使中国快速发展起来。"[①] 正是马克思列宁主义、

[①] 习近平：《关于坚持和发展中国特色社会主义的几个问题》，《十八大以来重要文献选编》，中央文献出版社2014年版，第109页。

毛泽东思想使中国人民摆脱了黑暗，走向光明，中国特色社会主义使中国快速发展起来，我们永远不能动摇马克思主义的指导思想。

毛泽东同志在中国共产党第八届中央委员会第二次全体会议上的讲话中，针对苏共二十大反对斯大林问题指出：我看有两把"刀子"，一把是列宁，一把是斯大林。现在斯大林这把刀子俄国人丢了。列宁这把刀子现在是不是也被苏联一些领导人丢掉一些呢？我看也丢得相当多了。苏共二十大以后，列宁主义就基本上丢掉了。苏联国家和党逐步走向衰亡的过程，就是他们逐步丢失、背叛马克思列宁主义的过程。当他们把马克思列宁主义都丢光了的时候，亡党亡国的悲剧就必然地发生了。活生生的事实告诉中国共产党人，丢了马克思列宁主义，背叛马克思列宁主义，后果很可怕，下场很惨。那么强大的苏联，一夜之间轰然倒塌，党亡国破，人民遭殃，万劫不复，欲哭无泪。沉痛的教训从反面说明，马克思列宁主义、毛泽东思想是中国共产党人的主心骨，是空气，是阳光，是中国革命和建设的胜利之源，是我们治国理政的生命之魂、定海神针、须臾不可离开的法宝，永远不能丢。中国共产党人一定要牢记：马克思主义的指导地位，任何时候都不能动摇，马克思主义永远不能丢！

（二）马克思主义是共产党人治国理政必须学好的看家本领

习近平同志指出："领导干部特别是高级领导干部要把系统掌握马克思主义基本理论作为看家本领。老老实实、原原本本学习马克思列宁主义、毛泽东思想特别是邓小平理论、'三个代表'重要思想、科学发展观。"[①] "首先要认真学习马克思主义理论，这是我们做好一切工作的看家本领，也是领导干部必须普遍掌握的工作制胜的看家本领。毛泽东同志曾经提出，'如果我们党有一百个至二百个系统地而不是零碎地、实际地而不是空洞地学会了马克思列宁主义的同志，就会大大提高我们党的战斗力量。'这个任务，今天依然很现实地摆在我们党面前。只有学懂了马克思列宁主义、毛泽东思想、邓小平理论、'三个代表'重要思想、科学发展观，特别是领会了贯穿其中的马克思主义立场、观点、方法，才能心明眼亮，才能深刻认识和准确把握共产党执政规律、社会主义建设规律、人类社会发展规律，才能始终坚定理想信念，才能在纷繁复杂的形势下坚持科

---

① 《习近平谈治国理政》，中央文献出版社2014年版，第153—154页。

学指导思想和正确前进方向,才能带领人民走对路,才能把中国特色社会主义不断推向前进。"①

马克思主义是对社会历史发展客观规律的科学阐述和理性概括,是时代思想成果的精华,是我们认识世界、改造世界的锐利武器和思想上政治上的望远镜、显微镜。马克思主义为无产阶级和人类解放指明了道路,为我们党带领人民进行革命、建设提供了强大的理论武器,是指导我们进行伟大的社会主义事业取之不尽、用之不竭的思想源泉和理论宝库,是放之四海而皆准的真理。马克思主义又是科学的世界观、方法论,是我们党的指导思想的理论基础,行动指南和社会主义制度的精神支柱,是不断把我国的改革和建设事业引向胜利的强大思想武器。邓小平同志说:"我们搞改革开放,把工作重心放在经济建设上,没有丢马克思,没有丢列宁,也没有丢毛泽东。老祖宗不能丢啊!"② 这当是至理名言。离开了马克思主义的理论指导,就没有社会主义,就没有人民的利益,就没有社会的稳定,就没有改革开放的成功,就会葬送我们党、葬送社会主义、葬送人民的一切。因此,共产党人必须高举马克思主义的伟大旗帜,不论任何艰难曲折的情况,不论国际风云如何变幻,都要坚定不移地坚持马克思主义的理论指导,坚定不移地做到:相信马列、学习马列、宣传马列、实践马列、捍卫马列。

在革命战争年代,毛泽东同志曾明确指出:"指导一个伟大的革命运动的政党,如果没有革命理论,没有历史知识,没有对于实际运动的深刻的了解,要取得胜利是不可能的。"③ 中国革命和社会主义建设的经验雄辩地证明了这一真理。纵观新中国成立以来,我们事业的每个成功无不是马克思主义理论指导的结果,而所遭受的种种磨难和挫折又无不是违背或脱离了马克思主义理论指导的结果。理论是行动的指南,是思想路线的灵魂,是制定路线方针政策的前提和基础。没有革命的理论,就没有革命的运动。江泽民同志指出:"学习,首先是学习理论。理论建设是党的建设的根本,理论素质是领导干部思想政治素质的灵魂。加强马克思主义理论学习,仍然是摆在全党面前的一项紧迫而重大的任务,必须持之以恒地加

---

① 习近平:《在中央党校建校80周年庆祝大会暨2013年春季学期开学典礼上的讲话》,《人民日报》2013年3月3日,第2版。
② 《邓小平文选》第3卷,人民出版社1993年版,第369页。
③ 《毛泽东选集》第2卷,人民出版社1991年版,第533页。

第三章　马克思主义指导思想是立党立国之本

以推进。"① 理论学习，首先是必须坚持学习马克思列宁主义、毛泽东思想、中国特色社会主义理论体系和习近平新时代中国特色社会主义思想。领导干部的马克思主义理论基础扎实了，才能用马克思主义的立场观点方法武装自己的头脑，懂得社会发展的基本规律，坚定共产主义理想信念，认清共产党人肩负的伟大历史使命，牢固树立科学正确的世界观、人生观、价值观。只有马克思主义理论功底厚实，各种知识丰富了，才能全面地把握和认识各种复杂的矛盾和问题，敏锐地识别各种错误的观点和思想，科学地制定各项政策，恰当地采取各种措施，也才能在各种复杂的局势中坚持正确的政治方向。

我们党的干部队伍建设的经验证明，"坚定理想信念，必须加强学习。思想理论上的坚定清醒是政治上坚定的前提。全党必须毫不动摇坚持马克思主义指导思想，党的各级组织必须坚持不懈抓好理论武装，广大党员、干部特别是高级干部必须自觉抓好学习、增强党性修养"。② 这充分说明了马克思主义理论学习对于干部队伍建设的极端重要性。为什么有的人在改革开放、社会主义市场经济条件下，尤其是在西方敌对势力西化、分化、和平演变面前，动摇了共产主义理想信念，成了资产阶级腐朽世界观、人生观、价值观的俘虏，有的甚至堕落成腐败分子、人民公敌？为什么有的人对西方意识形态腐蚀、渗透，缺乏应有的免疫力？为什么有的人认不清帝国主义者的侵略本性，在以美国为首的北约轰炸我驻南斯拉夫大使馆时困惑迷茫？为什么在世界霸权主义疯狂围堵中国、制造事端、遏制中国和平崛起，并给世界多个国家带来人道主义灾难的情况下，有的人还宣扬他们的所谓"普世价值""宪政民主"？为什么有些人在明显违背马克思主义基本理论的"法轮功"的歪理邪说面前丧失了应有的鉴别力而盲目相信？以上种种，除了对社会心怀仇恨的阶级敌人外，普通干部群众都是因为放弃了马克思主义理论学习，没有理论上的坚定、缺乏鉴别能力造成的。

任何革命运动和改革的成功，总要有科学的理论作先导。当前改革已经进入深水区，我们面临的挑战和风险前所未有。国家间的竞争更加激烈，斗争更尖锐、更严酷；国内长期以来，尤其是改革开放40多年以来，西方敌对势力西化、分化、和平演变中国产生的严重后果更加凸现，中国

---

① 《江泽民文选》第2卷，人民出版社2006年版，第366—367页。
② 《关于新形势下党内政治生活的若干准则》，《人民日报》2016年11月3日，第5版。

社会主义事业面临的形势更加严峻。国际国内的这种客观环境，更不容许我们的工作出现任何失误。而要创造世界历史上社会发展的奇迹，实现中华民族的伟大复兴，展现社会主义辉煌前景，就更需要科学的理论指导。恩格斯指出："一个民族想要登上科学的最高峰，究竟是不能离开理论思维的。"① 在当代，这个理论思维就是马克思列宁主义、毛泽东思想、中国特色社会主义理论体系和习近平新时代中国特色社会主义思想。因此，学习、研究、运用这个理论，就是我们十分紧迫和艰巨的任务。只有用马克思主义的理论武装了头脑，从根本上提高了马克思主义理论水平、政治素养，才能自觉地遵循事物的客观规律，恰当正确地认识解决各种问题，科学决策，创造性地开展工作，才能卓有成效地推进社会主义现代化建设，顺利实现中华民族伟大复兴的中国梦，并为最终实现壮丽的共产主义崇高理想准备条件。

习近平同志指出："只有真正弄懂了马克思主义，才能在揭示共产党执政规律、社会主义建设规律、人类社会发展规律上不断有所发现、有所创造，才能更好识别各种唯心主义观点、更好抵御各种历史虚无主义谬论。"②

牢固地掌握了马克思主义理论，就有了为全世界最广大的人民群众服务、使人类走向美好幸福光明未来的崇高思想境界，就有了为实现这一宏伟目标百折不挠的拼搏奋斗精神，就有了为实现这一伟大理想而刻苦努力、学习实践、锐意进取、不断探索的不竭力量源泉，在总结丰富实践基础上就会积累具备实现这一伟大理想的聪明智慧，就有了战胜一切艰难困苦勇往直前的永恒动力。作为党员干部，尤其是领导干部，我们认为那种对马克思主义不信不学、学而不信、信而不用、用而不思、思而不进的错误倾向也是非常危险的。如果这样，那么在实行社会主义市场经济、改革开放、世界经济一体化、各种文化相互交融、相互激荡的复杂环境里，在党面临执政考验、改革开放考验、市场经济考验、外部环境考验和精神懈怠危险、能力不足危险、脱离群众危险、消极腐败危险的新形势下，就难免经不住考验，丢了根本、失去方向、乱了方寸，就可能摔跟头、走弯路，坠深渊，就无法将中国特色社会主义事业进行到底。纵观国际共产主

---

① 《马克思恩格斯选集》第4卷，人民出版社1995年版，第285页。
② 习近平：《在哲学社会科学工作座谈会上的讲话》，《人民日报》2016年5月19日，第2版。

义运动的经验教训，凡是符合马克思主义时就顺利和成功，凡是违背马克思主义时就遭受挫折和失败，改革开放以来，我们工作中出现的问题和失误，无不是违反马克思主义的结果，这是后人应引以为鉴的弥足珍贵的历史经验。因此，我们要认真学习马克思主义经典著作，系统掌握马克思主义立场、观点、方法。引导党员、干部深入学习贯彻党的基本理论、基本路线、基本纲领、基本经验。不断把党带领人民创造的成功经验上升为理论，不断赋予当代中国马克思主义鲜明的实践特色、民族特色、时代特色。科学分析世情、国情、党情新变化，深入研究解决改革开放和社会主义现代化建设新课题，不断深化对共产党执政规律、社会主义建设规律、人类社会发展规律的认识，全面提高素质，为中华民族的伟大复兴作出无愧于时代的积极贡献。

（三）马克思主义是揭示人类社会发展、运动规律的科学，永远不会过时

习近平同志《在哲学社会科学工作座谈会上的讲话》中指出："马克思主义深刻揭示了自然界、人类社会、人类思维发展的普遍规律，为人类社会发展进步指明了方向；马克思主义坚持实现人民解放、维护人民利益的立场，以实现人的自由而全面的发展和全人类解放为己任，反映了人类对理想社会的美好憧憬；马克思主义揭示了事物的本质、内在联系及发展规律，是'伟大的认识工具'，是人们观察世界、分析问题的有力思想武器；马克思主义具有鲜明的实践品格，不仅致力于科学'解释世界'，而且致力于积极'改变世界'。在人类思想史上，还没有一种理论像马克思主义那样对人类文明进步产生了如此广泛而巨大的影响。"[1]

"实践也证明，无论时代如何变迁、科学如何进步，马克思主义依然显示出科学思想的伟力，依然占据着真理和道义的制高点。"[2] 这就明确地告诉我们，马克思主义永远不会过时。

鼓吹马克思主义"过时论"观点，其实质就是从根本上取消马克思主义的指导地位，进而像颠覆苏联一样颠覆中国共产党的领导和中国的社会主义制度。中国社会科学院荣誉学部委员、原马克思主义研究所所长靳辉

---

[1] 习近平：《在哲学社会科学工作座谈会上的讲话》，《人民日报》2016年5月19日，第2版。

[2] 习近平：《在哲学社会科学工作座谈会上的讲话》，《人民日报》2016年5月19日，第2版。

明教授指出:"多年来,一直有人鼓吹马克思主义'过时论'观点。……其目的是从根本上取消马克思主义的指导地位,'消解'和'疏离'社会主义的'正统意识形态'或'主流意识形态'。……在社会主义社会,如果削弱马克思主义的指导地位,将会危及社会主义的存在。苏联东欧演变的沉痛教训,我们永远都不应该忘记。"①

马克思主义真的像一些人说的"过时"了吗?不是的。改革开放后,我国曾产生一种否定马克思主义的反动思潮,针对这一思潮,邓小平同志鲜明地指出:"我坚信,世界上赞成马克思主义的人会多起来的,因为马克思主义是科学。它运用历史唯物主义揭示了人类社会发展的规律。封建社会代替奴隶社会,资本主义代替封建主义,社会主义经历一个长过程发展后必然代替资本主义。这是社会历史发展不可逆转的总趋势,但道路是曲折的。……因此,不要惊慌失措,不要认为马克思主义就消失了,没用了,失败了。哪有这回事!"② 马克思主义科学理论是放之四海而皆准的真理,只有用马克思主义的立场、观点、方法来认识人类社会发展的规律,认识经济社会发展的大势,认识社会思想的主流和支流,用发展着的马克思主义指导实践,才能在错综复杂的社会现象中看清本质、明确方向,才能在认识和改造世界的实践活动中不断提高预见性、增强主动性,克服片面性、减少盲目性。在指导中国革命的时期是这样,社会主义建设时期、改革开放时期是这样,没有过时,也不会过时,永远不会过时。

《环球时报》曾报道,美国华尔街引发的金融危机让欧洲人患上了"资本主义恐慌症",许多人重新捧起马克思的《资本论》,急切地从马克思《资本论》中寻找救世良方,以至于欧洲金融中心法兰克福的"卡尔·马克思书店"成为马克思著作卖得最火的地方。作为欧洲金融中心,法兰克福有20万银行高管和经理,他们不少人开始到书店购买马克思的书,银行家诺曼选了9本,他对记者说,以前他们总是认为马克思已经过时,甚至是"洪水猛兽",但这次金融危机让他们也崇拜起马克思来。这太有说服力了!所以,我们不能轻易说马克思过时了,那就显得太无知了。马克思主义不仅过去是,现在是,将来也必将是我们一切工作的指导思想,这个根本的原则什么时候也不能动摇。

---

① 人民日报理论部主编:《划清"四个重大界限"学习参考》,人民日报出版社2010年版,第34页。

② 《邓小平文选》第3卷,人民出版社1993年版,第382—383页。

第三章　马克思主义指导思想是立党立国之本

英国伦敦大学客座教授戴维·麦克莱伦曾说："马克思的学说对当今世界的重要性在于他对资本主义剖析。目前西方发生的经济危机，更证明了马克思在其著作中对资本主义制度的解析，尤其是关于信用及虚拟资本产生的阐述，比以往任何时候都切合实际。他对西方政治经济演变过程中的经济基础论述尤为重要。"[1] 德国哲学家汉斯·海因茨·霍尔茨2008年5月7日在德国《青年世界报》发表文章说："马克思还活着，因为他的理论今天依旧适用，其思想对我们的鼓舞并未停顿。马克思是我们当中的一员，为我们照亮了当代社会，指明了未来的道路。"[2] 近年来，世界上兴起一波又一波的"马克思热"，在全球"千年思想家""最伟大哲学家"等评选活动中，马克思以高票位居榜首。[3]

马克思主义没有过时！中国社会科学院院长王伟光同志做出精彩的结论，他在"中国社会科学论坛——苏联解体20周年"国际学术研讨会上的致辞中指出："存在主义哲学大师萨特曾经说过一句名言：马克思主义是当代唯一不可超越的哲学，任何超越它的企图，不是重复马克思主义早已说过的东西，就是回到马克思主义以前的陈旧观点上去。苏联解体后20年的历史进程再次向我们证明马克思主义并没有过时，马克思主义的科学社会主义仍然是解决资本主义现存问题的切实可行的方案。"

中国社会科学院学部委员、马克思主义研究学部主任程恩富教授指出：西方金融和经济"危机的形成和演变证明：马克思主义的基本原理从来没有过时，恰恰相反，只有坚持马克思主义的立场、观点和方法，才能正确观察、分析和应对这次西方金融和经济危机，破解由此引起的各种经济社会难题，并找到标本兼治的解救和替代方案。正如英国伦敦大学'马克思纪念图书馆'馆长约翰·卡洛所言，马克思主义理论在帮助人们理解和解决金融危机上有重要的现实指导意义，'马克思主义是行为的指南'"。[4] 人们从西方金融和经济危机的演变中看到了马克思主义的科学性、真理性和强大生命力，它清楚地告诉世人：马克思主义没有过时。

---

[1] 吴易风：《马克思思想"照亮了当代社会"》，《马克思主义文摘》2014年第7期，第28页。

[2] 吴易风：《马克思思想"照亮了当代社会"》，《马克思主义文摘》2014年第7期，第28页。

[3] 中共中央宣传部理论局：《六个"为什么"》，学习出版社2013年版，第3页。

[4] 蔡庆悦：《程恩富：马克思主义是中国共产党的旗帜——访中国社会科学院马克思主义研究院院长》，《前线》2011年第3期。

马克思主义是系统完整的科学体系，是无产阶级和广大劳动人民认识世界改造世界的锐利思想武器，是中国共产党人指导思想的理论基础，是前进的旗帜，须臾不可离开。作为党员、干部，尤其是领导干部，必须坚信老祖宗的理论，坚定对马克思主义的信仰。当然，这种坚信、信仰不能仅仅停留在朴素的感情层面，而要成为理性的自觉，这就要认真系统地学习马克思主义经典作家的著作，学习毛泽东著作，学习中国特色社会主义理论体系，学习习近平新时代中国特色社会主义思想。这时，你就会发现，这些闪烁着真理光芒的著作，是人类社会发展规律的科学总结，是指导人们实现人类最美好的社会制度——共产主义的思想精华，是言深意远、博大精深、内涵丰富的精神智慧宝库。

对马克思主义的继承发展，首先是继承，而只有学习马克思，懂得马克思，才能继承马克思。只有继承，才能发展，没有继承的发展是无本之木、无源之水，是空中楼阁，是不可能的。当然，马克思主义之所以是科学，是因为它具有革命的与时俱进的理论品质，具有海纳百川的气度，随着社会的发展，不断汲取人类社会创造的一切文明成果来丰富自己的体系，从而使马克思主义的理论不断地在认识真理的道路上阔步前进。

我们要走近马克思，去认真地研读马克思主义经典作家的著作，就会不知不觉地走进一个全新的神奇的精神境地，就会像在沙漠里遇到绿洲，在寒冬里沐浴春风，在挥汗如雨的酷暑盛夏痛饮甘冽清甜的凉蜜茶那样心旷神怡，就会被马克思主义思想宝库的博大精深激奋不已，就会有"会当凌绝顶，一览众山小"的惊喜，就会真正地高山仰止般地崇敬这些伟大睿智的思想家。你就像站在高山之巅鸟瞰社会历史奔腾向前的长河，来龙去脉尽收眼底，决不会为一时的曲折而迷茫、彷徨，而是心明如镜、勇敢地搏击风浪，向着光辉灿烂的未来奋勇前进。紧密结合当今时代世情、国情、党情和自己所从事的社会主义现代化工作实际，持之以恒、努力学习马克思主义的科学理论，毫不动摇地坚持马克思主义基本原理，紧密结合中国实际、时代特征、人民愿望，刻苦钻研，深入分析，学以致用，学用结合，善于总结，不断提高，坚持用发展着的马克思主义指导新的实践，就能把握历史发展的客观规律，得心应手做好工作，就能真正做主宰人类命运的主人。

马克思、恩格斯是从人民利益出发，为人类解放、实现美好的共产主义社会提供科学理论指导的智慧大师，马克思主义就是维护人民利益，指导人类解放、实现美好的共产主义社会的系统、完整的思想理论体系，只

第三章　马克思主义指导思想是立党立国之本

要站在人民的立场上，马克思主义就永远不会过时。只要羞羞答答、拐弯抹角散布马克思主义"过时"了的言论，那就是脱离人民、背叛人民的开始，如果公开反对、攻击、诬蔑、丑化、彻底抛弃马克思主义，那就是彻底背叛人民而站在人民的敌人一边了。对马克思主义的态度，是检验和辨别真假马克思主义和是否站在人民立场上的晴雨表、分水岭、试金石。只要中国共产党全心全意为人民服务的宗旨不变，只要不背叛人民，马克思主义就永远不会过时，永远是我们的指导思想，是我们的立党立国之本。习近平同志《在哲学社会科学工作座谈会上的讲话》指出："实际工作中，在有的领域中马克思主义被边缘化、空泛化、标签化，在一些学科中'失语'、教材中'失踪'、论坛上'失声'。这种状况必须引起我们高度重视。"① 这种状况，确实到了全党各级领导必须高度重视和着重解决的时候了。

哲学是系统化、理论化的世界观和方法论，是自然科学、社会科学、人文科学、思维科学这些知识结晶的综合性、概括性的总结，是使人聪明的学问。

（四）努力学习马克思主义哲学思想，全面提高认知能力

坚持马克思主义指导思想，一个重要的任务就是学习马克思主义哲学，从根本上提高干部群众的马克思主义认识水平和处理经济社会生活中复杂矛盾的能力。习近平同志指出："马克思主义哲学深刻揭示了客观世界特别是人类社会发展一般规律，在当今时代依然有着强大生命力，依然是指导我们共产党人前进的强大思想武器。我们党自成立起就高度重视在思想上建党，其中十分重要的一条就是坚持用马克思主义哲学教育和武装全党。学哲学、用哲学，是我们党的一个好传统。"② "党的各级领导干部特别是高级干部，要原原本本学习和研读经典著作，努力把马克思主义哲学作为自己的看家本领，坚定理想信念，坚持正确政治方向，提高战略思维能力、综合决策能力、驾驭全局能力，团结带领人民不断书写改革开放

---

① 习近平：《在哲学社会科学工作座谈会上的讲话》，《人民日报》2016年5月19日，第2版。

② 习近平：《推动全党学习和掌握历史唯物主义　更好认识规律更加能动地推进工作》，《人民日报》2013年12月5日，第1版。

历史新篇章。"① "只有真正弄懂了马克思主义,才能在揭示共产党执政规律、社会主义建设规律、人类社会发展规律上不断有所发现、有所创造,才能更好识别各种唯心主义观点、更好抵御各种历史虚无主义谬论。"②

马克思主义哲学是关于外部世界和人类思维的运动的一般规律的科学,是唯物主义和辩证法高度统一、唯物辩证的自然观和历史观高度统一的完整严密的世界观和方法论体系。马克思主义的哲学深刻地揭示了世界的本质和人的本质,揭示了客观世界和人类思维的一般规律,是无产阶级和广大劳动人民、革命知识分子认识世界、改造世界的锐利武器,是我们思想上政治上的显微镜、望远镜,为我们认识世界、改造世界提供了科学的理论和方法论前提。学习马克思主义哲学,掌握科学的辩证唯物主义历史唯物主义的世界观、方法论,就能帮助人们确立先进的人生观、价值观。这种先进的人生观、价值观,能够引导和激励人们的理想追求,并形成对理想追求的科学信念。马克思主义哲学是指导无产阶级实现自己的历史使命,完成社会主义和共产主义伟大事业的精神武器。尤其是在当前社会主义市场经济条件下,在西方敌对势力西化、分化、和平演变中国的战略图谋并没有改变的情况下,更要通过认真学习马克思主义的哲学来确立我们先进的人生观和价值观,以坚定我们社会主义和共产主义的伟大理想和科学信念。

马克思主义的哲学原理,是我们党制定路线方针政策的理论依据。我们党的一系列重大理论的提出,一系列重大政策的出台,都是以马克思主义的辩证唯物主义和历史唯物主义为依据的。如果我们真正掌握了马克思主义的哲学原理,就能更好地理解党的路线方针政策,同时,在执行中也能更好地自觉地运用这些方针政策,创造性落实好这些方针政策,卓有成效地开展各项工作。

学习马克思主义哲学,要掌握以下主要观点:

第一,充分了解认识规律。马克思主义哲学告诉我们,世界是物质的,物质是运动的,运动是有规律的,规律是可以认识的,认识不是一次完成的。要通过实践——认识——再实践——再认识,循环往复以至无

---

① 习近平:《推动全党学习和掌握历史唯物主义 更好认识规律更加能动地推进工作》,《人民日报》2013年12月5日,第1版。

② 习近平:《在哲学社会科学工作座谈会上的讲话》,《人民日报》2016年5月19日,第2版。

第三章　马克思主义指导思想是立党立国之本

穷，由量的积累达到一定的关节点——到质的升华，由渐变发生突变。使人们对事物的认识从必然王国进入自由王国，把握事物发展的客观规律，从而做好工作，取得预想的成就。

第二，充分认识世界上的事物是普遍联系的，而联系是多种多样的。大体上有：内部和外部，本质和非本质，必然和偶然，主要和次要，直接和间接联系等，不同的联系，对事物的存在和发展有着不同的作用。联系中是有矛盾的，矛盾存在于一切事物之中，贯穿于每一事物发展过程的始终，要坚持全面分析矛盾，全面看问题，坚持两分法、两点论，反对片面性。例如，实际生活中，看茶杯有把和没有把，在不同的角度就会得出不同的结论。要全面、辩证、客观地看问题，加强调查研究，把事物的联系搞清楚，做到具体情况具体分析，认识矛盾的普遍性和特殊性的关系，掌握主要矛盾和次要矛盾、矛盾的主要方面和次要方面的关系，坚持两点论与重点论的统一，认识规律，利用规律，坚持实事求是，才能准确认识问题，正确解决问题。

第三，坚持事物是运动变化的观点。事物总是处于从低级向高级、从简单到复杂的运动变化过程。事物发展是由内因和外因共同起作用的，内因是事物发展变化的根据，外因是条件，外因通过内因起作用。不过有时外因也会起决定性的重大作用，如鸡蛋和石头，内因不同，内因是依据。而鸡蛋要变成小鸡，没有适当的温度是不可能的，在这个意义上讲，在内因具备了的情况下，要实现内因的变化，外因就成了决定的作用，这就是外因重大作用的体现。承认内因的决定作用，并不要求人们任何时候、任何条件下都把内因看作主要方面来研究，而是应视具体情况而定，也就是具体情况具体分析。如果两个事物的内因大致相同，那就应该注重对外因的考察。内因可以影响、改善外因条件，外因则会促进改变内因作用，二者相互影响，缺一不可，因此要全面认识。

第四，物质和精神的关系是相互作用的辩证统一。世界是物质的，物质是第一性的，物质决定精神，精神反作用于物质，精神具有能动作用。精神可以变物质，物质也可以变精神，既要充分认识物质的决定作用，但也不能忽视精神的巨大能动作用，有时精神会产生极大的甚至超过物质的作用。比如，抗美援朝战争中，我军飞行员是由陆军战士改行的，只飞行了20多个小时，只知道起飞降落、瞄准射击能打敌机目标，就上天作战，根本不知道空战的战术，当然也不讲战术，把陆战中拼刺刀的精神运用到空中拼刺刀。美国被捕的飞行员说，志愿军的飞行员不讲战术乱打，我军的飞行员说,我们没有战术,就是敢打敢拼,以打下敌机为目的。打下了敌人许多架飞机,有的甚至是飞行两万小时的美国王牌飞行员,也被我军飞行员击落,这就是爱国主义精神的作用。一次,中国当时的空军司令王海到美国访问,美国的空军司令说,当年在朝鲜战场上,就是你把我的飞机击落的;王海说,如果你再侵入我国领空,我还要把你打下来。这充分说明,精神的力量有时是不可估量的,可以克服物质力量的不足,以劣势装备战胜优势装备,战胜比自己强大的敌人。这就是崇高的爱国主义不怕死的精神,可见精神力量的重要。

第五,事物是全面综合的,要学会全面看问题,避免片面性。要掌握主要矛盾和次要矛盾、主流和支流,矛盾的主要方面和次要方面。既看到矛盾的主要方面,又看到矛盾的次要方面,既看到事物的主流,又要看到事物的支流,就是学会全面看问题。比如,看待党内的腐败现象问题,就要全面地看,就有一个如何评价我们党的科学态度和方法问题。我们不否定党内存在着腐败问题,但绝大多数党员干部是好的,像孔繁森、郑培民、牛玉儒、杨善洲式的好干部到处都有,我们的各级领导干部都在自己的工作岗位上,为实现好、维护好、发展好最广大人民的根本利益拼搏奋斗,勤奋工作,创造出令世人瞩目的伟大成就。这些年来,我们国家取得巨大的成就,就是党的各级领导干部带领全国人民努力工作的结果。如果缺乏辩证法,只看一点,不看整体,就不能正确评价党的形象。我们既不能因为有腐败问题而否定党的主流,但也不能因党的主流是好的,而看不到或者忽视对非主流如腐败问题的解决。次要矛盾如果发展,也会由量的积累到质的飞跃,由量变到质变,就会改变事物的性质。党内的腐败问题也是如此,尽管它是支流,是次要矛盾,但如果不采取强有力的措施坚决制止,也会由量的积累到质的改变,就会使党的健康肌体受损害。

第六,发展地看问题。发展地看问题,是马克思主义哲学中的重要观点。有些人孤立地静止地看问题,比如过去有段时期,感到中国当前不如美国或日本、英国、法国、德国,就轻易下结论中国社会主义制度不如资本主义好,这就是没有发展地看问题的结果,就是缺乏辩证法的表现。经过40多年的改革开放,中国特色社会主义蓬勃发展,社会主义优越性得到充分发挥,我国经济总量已经跃居世界第二位,取得举世瞩目的伟大成就,如果再这样发展20年、30年、40年、50年,我们的经济总量会更大,社会主义制度的优越性会更加突出地体现出来。社会主义的发展速度就像是骑摩托车,而资本主义的发展速度就像骑自行车,它已经先走了多

第三章 马克思主义指导思想是立党立国之本

少年，看起来在前边，但我们没有理由怀疑摩托车的速度，我们相信社会主义一定会赶上和超过资本主义。对此，我们充满自信，今天我国成为世界第二大经济体，已经远远超过英、法、德、日，就充分说明了这一点。尽管目前世界霸权美国还是实际经济发展的龙头老大，但中国人民坚持和发展中国特色社会主义，就一定能够全面赶超美国，而且，时间不会遥远，对此，我们同样充满信心，这就是全面地发展地看问题应得出的正确结论。

我们要牢记马克思主义哲学的一些基本观点，如物质是第一性的，精神是第二性的，物质决定精神，精神反作用于物质。世界是运动的、发展的，事物充满了矛盾，有主要矛盾和次要矛盾，矛盾本身有主要方面、次要方面，矛盾的性质由矛盾的主要方面决定。要全面地、发展地看问题，坚持两分法、重点论，质变量变规律，对立统一规律，否定之否定规律，内因外因关系，学会透过现象看本质等。在历史唯物主义原理中，要牢记社会存在决定社会意识，社会意识反作用于社会存在，生产力决定生产关系，生产关系反作用于生产力，经济基础决定上层建筑，上层建筑反作用于经济基础，人民群众是社会发展的根本动力，人民，只有人民才是创造世界的动力等。掌握和运用这些原理，就可以更好地理解党的路线方针政策，尤其是当前就能更好地理解科学发展观，更好地理解全面建成小康社会，全面深化改革，全面依法治国，全面从严治党的战略布局，从而在工作中更加自觉地把各项方针政策落到实处。

学习马克思主义哲学对于个人来说也是极为重要的，它可以开阔我们的眼界，提高我们的科学思维能力。科学思维能力是干好各项工作的前提，一个民族要想站在科学最高峰，就一刻也不能没有理论思维。这种理论思维能力的提高，需要从各方面进行学习，其中包括学习社会科学和管理科学、自然科学和技术科学以及各有关重要问题的历史经验和国际经验，而具有更为直接意义的则是学习马克思主义哲学这一科学的世界观和方法论。正如恩格斯指出的："理论思维仅仅是一种天赋的能力，这种能力必须加以发展和锻炼，而为了进行这种锻炼，除了学习以往的哲学，直到现在还没有别的办法。"[①] 科学思维能力是人的智力和水平的重要标志，是从事其他一切活动的基本功。从这个意义上讲，可以说，学习马克思主义哲学是开发智力的一条有效途径。

---

① 恩格斯：《自然辩证法》，人民出版社1979年版，第27页。

在我们的现实生活中，处处有哲学，都能体现哲学的原理，学会运用哲学原理指导自己的工作和学习，就能使自己掌握事物发展规律，从而自觉地按照规律办事，收到事半功倍的效果，就能使自己成为某项工作的行家里手，成为卓有成就的专家。比如，许多知名作家、理论家、歌唱家、书法家、画家等，都是在专一领域里刻苦奋斗若干年后，对专一门类学科和艺术规律长期探索、实践、总结提高的结果，是量变到质变的规律使然。熟能生巧，巧能升华，实践——认识——再实践——再认识，循环往复以至无穷，就会使我们的认识水平从对某一事物的必然王国进入自由王国，就能科学地认识世界、改造世界。这就告诉我们一个道理，世界是可知的，规律是可以认识的，但世界是无限的，人只能认识一部分，而只要刻苦努力实践、思考，由量变到质变，久而久之，就能掌握客观事物的规律。付出的实践越多，收获越丰，涉猎的领域越广，得到的知识就越多，能力越大，创造性的工作成就越突出。不论做任何方面的工作，首先，要真心热爱，把它作为毕生追求的事业，一门心思将其做好。其次，要博学，博学是真爱的必然结果，即热爱并想做好，做好就要博学。知识就是力量，知识就是智慧，知识多了，就能为做好工作打下良好基础。再次，要多思考，善思考，将知识和实践结合起来。理论指导实践，实践检验理论，创新性的理论成果在实践中产生。最后，要苦干、要实践。理论再好，不干、不实践也不行，实践出真知，任何事情都是干出来的。有了知识，有了智慧，有了科学的头脑和工作方法，再加上肯干，不怕吃苦，就一定能创造出辉煌业绩。

二、两个不同结论，同放真理光芒
——坚持马克思主义指导思想，兼驳"过时"论

马克思主义指导思想，是社会主义核心价值体系的灵魂。坚持以社会主义核心价值体系引领社会思潮，首先就要坚持马克思主义指导，这就必须坚定对马克思主义的信仰。为此，就必须批驳、抵制"过时"论的鼓噪和干扰，消除其消极影响，坚定对马克思主义的信仰，这是马克思主义理论工作者的首要任务。

我们党历来要求自觉地把思想认识从那些不合时宜的观念、做法和体制中解放出来，从对马克思主义错误的和教条式的理解中解放出来，从主

观主义和形而上学的桎梏中解放出来。党的十七大报告再次强调:"坚持解放思想、实事求是、与时俱进。"解放思想,实事求是,是马克思列宁主义的精髓,是毛泽东思想的精髓,也是邓小平理论的精髓。马克思主义具有与时俱进的品质,是不断发展的科学。坚持马克思主义基本原理,并随着实践的发展不断地丰富和发展马克思主义,是我们庄严的历史使命。如何确定哪些是对马克思主义原理的错误理解是一个极为严肃和慎重的问题。如果把本来正确的原理界定为"过时"了,并当作是过去错误的理解而抛弃,社会主义核心价值体系中马克思主义指导这一灵魂就会受到损害,就会大打折扣,那就会给党和人民的事业造成不可挽回的灾难性后果。

改革开放以来,马克思主义"过时"论时有抬头,有时更是有泛滥之势,其根源主要有三种情况:一是反马克思主义敌对势力、资产阶级自由化分子的蓄意鼓噪。他们对马克思主义的真理怕得要死,恨得要命,巴不得马克思主义全错了,彻底抛弃马克思主义。在共产党领导的坚持马克思主义指导思想的社会主义中国,敌对分子慑于《宪法》坚持四项基本原则的威严,不敢肆意妄为,又不甘心放弃反动立场,就会在所谓的"与时俱进""反对教条主义""反对僵化"等名义下,蓄意制造混乱,把马克思主义的正确原理诬称"过时"了,动摇人们对马克思主义的崇高信仰和坚定信念,进而动摇党的理论基础,搞垮社会主义的根本制度。二是一些图虚荣、谋私利,投机钻营的不良"理论家"。他们争名于朝,争利于市,本身没有坚定的马克思主义信念,有的只是自己的利益。他们是转轴脖子弹簧腰,头上插着试风标,顺风摆,随风摇。有时他们也知道马克思主义真理的现实性,但只要有什么风吹草动,只要自己的利益需要,就会一反常态,不顾事实,昧着良心附炎趋势,睁着眼睛说瞎话,嚷嚷马克思主义"过时"了。他们"左"起来比谁都"左",右起来又比谁都右,完全没有理论家的良知,甚至丧失了做人的起码人格。三是缺乏实际经验的死啃书本的书呆子。他们缺乏社会生活的实际知识和经验,缺乏对事物客观规律的准确把握,长期脱离社会生活实践、脱离群众,只是形而上学地啃书本。他们不会辩证、全面、科学地分析问题,只会用非此即彼的形而上学的简单的思维方法想问题。当看到马克思主义经典作家不同时期对一些问题的结论有变化时,就认为一个是绝对错误,一个是绝对正确,一个是与时俱进的,一个则是"过时"的。实际上,两个不同结论是在不同历史时期、不同客观情况下,符合当时客观实际、符合社会发展规律和思维规律的正确概括，都是真理，都不能否定，都不能抛弃。

以上三种情况，不论各自的出发点有何不同，都产生了对马克思主义信仰的损害，尤其是动摇了广大信仰马克思主义但不可能专门研究马克思主义的各条战线、各个岗位上的实际工作者对马克思主义的信念，动摇了马克思主义的指导地位。因此，要想做到坚持马克思主义指导思想，坚定对马克思主义的信念，那么，对马克思主义那些极为重要的基本原理，决不能妄言所谓"过时"了。本书就从马克思主义的两个著名的不同结论说起。

在19世纪40年代，马克思、恩格斯得出结论：社会主义革命在单独某一个国家内不可能胜利，它只有在所有的或大多数文明国家里进行共同的斗争攻击才能胜利。这个结论后来便成了马克思主义者的指导原理。可是在20世纪初期，列宁根据马克思主义的理论得出结论：在新的发展条件下，社会主义革命在单独一个国家内完全可能胜利。由此可见，关于社会主义胜利问题，有两个不同的结论，初看起来，它们不仅是互相矛盾的，而且是互相排斥的，但它们都放射着真理的光芒。在论及马克思主义具有与时俱进的理论品质时，有的论者就以这两个结论为依据来论证马克思的结论"过时"了，列宁的结论是与时俱进的。如果用马克思主义辩证唯物主义和历史唯物主义的科学方法论认真分析，这显然是有失偏颇的、不严谨的、错误的，是会引起混乱的。在这里就有一个科学地运用马克思主义的方法论，正确地分析、对待马克思主义经典作家在不同历史条件下提出的不同结论的问题，其实，这两个结论都符合当时的客观实际，都闪烁着真理光芒、都没有过时。对此，绝不能以机械的、直线的、形而上学的思维，得出非此即彼简单化的错误结论，而应坚持具体情况具体分析的原则，得出符合客观实际的正确结论。

列宁指出："马克思主义的全部精神，它的整个体系，要求人们对每一个原理都要（α）历史地，（β）都要同其他原理联系起来，（γ）都要同具体的历史经验联系起来加以考察。"[①] 这就为研究马克思主义提供了科学的方法，为正确地对待马克思主义指明了方向。

---

① 《列宁选集》第2卷，人民出版社1995年版，第785页。

第三章　马克思主义指导思想是立党立国之本

（一）两个不同结论同是坚持从实际情况出发的唯物辨证的有机统一

具体情况具体分析，是马克思主义活的灵魂，一切从实际出发，是马克思主义辨证唯物论的生动体现。马克思、恩格斯关于社会主义革命在单独某一个国家内不可能胜利，它只有在所有的或大多数文明国家里进行共同的攻击才能胜利的结论，是在19世纪40年代得出，当时是资本主义平稳地向上发展，向还未被占领的新的地域扩张，还没有垄断资本主义，发展不平衡的规律还不能充分有力地发生作用的时期。正如马克思、恩格斯所指出的："资产阶级，由于开拓了世界市场，使一切国家的生产和消费都成为世界性的了。"① 当时世界市场已经形成，各国的资产阶级已经联合起来，资本的压迫也成为世界性的了，因此，无产阶级的革命斗争也必然是世界性的。马克思、恩格斯在《共产党宣言》中就已经指出，各国的工人阶级首先要实现联合，才能战胜资产阶级取得社会主义的胜利。强调"联合的行动，至少是各文明国家的联合的行动，是无产阶级获得解放的首要条件之一"。② 并且发出最伟大的号召："全世界无产者，联合起来！"③ 在当时的条件下，如果只有一个国家的无产阶级的胜利，必然受到其他资产阶级统治的国家、必然受到多个资产阶级统治的国家联合起来的强大的反革命武装的围剿，因此只凭一个国家的无产阶级的斗争是不能巩固胜利成果的，巴黎公社的失败就与普鲁士和梯也尔的联合进攻有直接关系。马克思主义认为，世界是一个普遍联系的整体，历史的前进是沿着社会事物各种因素作用的合力方向发展的。一个国家无产阶级的胜利，当然会受到其他国家资产阶政权的"围剿"，当时还十分弱小的无产阶级即使在一国一时取得胜利，也是很难巩固胜利成果的。因此，马克思十分重视国际工人阶级的大联合，恩格斯在《卡尔·马克思》一文中指出：马克思的夙愿就是"创立一个把欧美最先进国家都包括进来的工人协会，这个协会无论在工人自己面前或是在资产者及各国政府面前，都会成为社会主义运动的国际性质的可以说是活生生的体现，会使无产阶级受到鼓舞，变得坚强，使无产阶级的敌人感到恐惧"。④ 1864年秋，马克思领导创立了国

---

① 《马克思恩格斯选集》第1卷，人民出版社1995年版，第276页。
② 《马克思恩格斯选集》第1卷，人民出版社1995年版，第291页。
③ 《马克思恩格斯选集》第1卷，人民出版社1995年版，第307页。
④ 《马克思恩格斯选集》第3卷，人民出版社1995年版，第333页。

际工人协会（后称"第一国际"）第一个国际性的无产阶级革命组织，与恩格斯共同领导了各国工人的经济斗争和政治斗争，并同各种反马克思主义的流派进行激烈的斗争，巩固了各国工人的国际团结。列宁曾经指出："社会主义不能在所有国家内同时获得胜利。它将首先在一个或者几个国家内获得胜利，而其余的国家在一段时间内将仍然是资产阶级的或资产阶级以前的国家。这就不仅必然引起摩擦，而且必然引起其他各国资产阶级力图打垮社会主义国家中胜利的无产阶级的直接行动。"① 在当时，面对大多数文明国家里强大的资产阶级国家机器，单独某一个国家内取得胜利的无产阶级力量与其对比极其悬殊的情况下，取得胜利也是不可能巩固的。因此，马克思、恩格斯得出社会主义革命在单独某一个国家内不可能胜利，它只有在所有的或大多数文明国家里进行共同的攻击才能胜利的结论。

可是在20世纪初期，特别是在第一次世界大战时期，垄断前的资本主义显然变成了垄断资本主义，上升的资本主义变成了垂死的资本主义，战争揭示了世界帝国主义阵线不可挽救的弱点，而发展不平衡的规律预先就决定了不同国家的无产阶级革命成熟的时间不同，革命会在帝国主义统治薄弱的环节首先爆发，取得成功。因此，在帝国主义忙于争夺殖民地的战争、无暇东顾之时，在当时俄国新的特殊历史条件下，列宁根据马克思主义的理论得出结论：社会主义革命在一切国家内革命的成熟是不平衡的，在新的发展条件下，社会主义革命在单独一个国家内完全可能胜利。对此，斯大林曾对俄国一些形而上学理解这两个结论的人进行了批评，指出："某些书呆子和死啃书本的人不深入问题的本质，脱离历史条件而作形式上的引证，他们会说：这两个结论中有一个是绝对不正确的，应当抛弃，而另一个结论是绝对正确的，应当推广到一切发展时期。但是马克思主义者不能不知道，书呆子和死啃书本的人是错误的。马克思主义者不能不知道，这两个结论都是正确的。"②

（二）两个不同结论是革命的普遍性和特殊性的辩证统一

事物矛盾的普遍性和特殊性，是马克思主义辩证唯物主义的基本原

---

① 《列宁选集》第2卷，人民出版社1995年版，第722页。
② 《斯大林选集》下卷，人民出版社1979年版，第534页。

第三章　马克思主义指导思想是立党立国之本

理，是我们克服形而上学思维的智慧钥匙，同样是我们正确理解马克思主义两个不同结论的科学方法论。分析当时欧洲大部分文明国家社会矛盾的普遍情况与后来俄国的特殊情况，我们会发现两个不同结论是革命的普遍性和特殊性的辩证统一，都是正确的。

马克思在分析资本主义生产的起源时指出，它实质上是"生产者和生产资料彻底分离"，"全部过程的基础是对农民的剥夺"，是把一种私有制的形式变为另一种私有制的形式，"即个人的分散的生产资料转化为社会的积聚的生产资料，多数人的小财产转化为少数人的大财产——这种对劳动人民的痛苦的、残酷的剥夺，就是资本的起源……以自己的劳动为基础的私有制……被以剥削他人劳动即以雇佣劳动为基础的资本主义私有制所排挤"。① 在英国彻底完成对农民的这种剥夺时，西欧其他国家也都在经历着同样的运动，资本主义积累阶段剥夺农民比较彻底，这是当时欧洲各国资本主义社会的普遍情况，属于一个类型，在这些国度里，无产阶级与资产阶级的斗争具有相对的普遍性。这些国家的无产阶级要想取得本国共产主义革命的胜利，就必须在一切文明国家里，至少在英国、美国、法国、德国同时发生革命才能取得最终的胜利。在这些国家，资本主义比较发达，资产阶级的统治比较巩固，国家机器十分强大，加之国土面积小，国家与国家之间相邻较近，一个国家的无产阶级革命易于受到本国及相邻资产阶级国家军队的镇压和"围剿"，因此很难坚持下去。所以马克思主义提出共产主义革命的胜利，就必须在一切文明国家里，至少在英国、美国、法国、德国同时发生的结论。

而俄国的实际情况却大不相同，在欧洲，唯有俄国保留着从古代一直延续下来的具有古代类型公有制性质的"农业公社"。这种"农业公社"，"一方面，公有制以及公有制所造成的各种社会联系，使公社的基础稳固，同时，房屋的私有、耕地的小块耕种和产品的私人占有又使那种与之较原始的公社条件下不相容的个性获得发展"。② 马克思指出："'农村公社'这种发展是符合我们时代历史发展的方向的，对于这一点的最好证明，是资本主义生产在它最发达的欧美各国中所遭到的致命危机，而这种危机将随着资本主义的消灭，随着现代社会回复到古代类型的高级形式，回复到

---

① 《马克思恩格斯选集》第3卷，人民出版社1995年版，第761页。
② 《马克思恩格斯选集》第3卷，人民出版社1995年版，第764页。

集体生产和集体占有而告终"。① 马克思认为,"俄国是在全国范围内把'农业公社'保存到今天的欧洲唯一的国家"。② 他指出:"俄国'农村公社'的历史环境是独一无二的! 在欧洲,只有俄国'农村公社'不是像稀有的残存的怪物那样零星地保存下来,不是以不久前在西方还可见到的那种古代形式保存下来的,而几乎是作为巨大帝国疆土上人民生活的统治形式保存下来的。如果说土地公有制是俄国'农村公社'的集体占有制的基础,那么,它的历史环境,即它和资本主义生产的同时存在,则为它提供了大规模地进行共同劳动的现成的物质条件。因此,它能够不通过资本主义制度的卡夫丁峡谷,而占有资本主义制度所创造的一切积极的成果。它能够以应用机器的大农业来逐步代替小地块耕作,而俄国土地的天然地势又非常适于这种大农业。因此,它能够成为现代社会所趋向的那种经济制度的直接出发点,不必自杀就能开始获得新的生命。"③

在进行了大量的分析之后,马克思也已经看到俄国社会主义革命成功的得天独厚的深厚基础,预言:"如果革命在适当的时候发生,如果他能把自己的一切力量集中起来以保证农村公社的自由发展,那么,农村公社就会很快地变为俄国社会新生的因素,变为优于其他还处在资本主义奴役下的国家的因素。"④ 1882年1月,马克思和恩格斯在《共产党宣言》(1882年俄文版《序言》)中明确指出:"《共产党宣言》的任务,是宣告现代资产阶级所有制必然灭亡。""消灭私有制""废除资产阶级所有制"。在回答俄国公社原始土地公共占有形式,"是能够直接过渡到高级的共产主义的公共占有形式"的问题时指出:"对于这个问题,目前唯一可能的答复是:假如俄国革命将成为西方无产阶级革命的信号而双方互相补充的话,那么现今的俄国公有制便能成为共产主义发展的起点。"⑤ 所以,俄国广大农村存在的在土地公有制基础上集体占有和集体生产的"农村公社",就成了俄国十月社会主义革命首先胜利的得天独厚的条件和基础。伟大的马克思主义者列宁审时度势,根据俄国的特殊国情,提出资本主义的发展在各个国家是极不平衡的,而且在商品生产条件下也只能是这样。由此得出一个经典的结论:社会主义不能在所有国家内同时获得胜利,它将首先

---

① 《马克思恩格斯选集》第3卷,人民出版社1995年版,第769页。
② 《马克思恩格斯选集》第3卷,人民出版社1995年版,第765页。
③ 《马克思恩格斯选集》第3卷,人民出版社1995年版,第770页。
④ 《马克思恩格斯选集》第3卷,人民出版社1995年版,第773页。
⑤ 《马克思恩格斯选集》第2卷,人民出版社1995年版,第261页。

第三章 马克思主义指导思想是立党立国之本

在一个或者几个国家内获得胜利。俄国共产党首先组织工人和士兵在中心城市发动革命，一举取得成功，在已经具备"俄国社会新生的因素"广大农村公社的基础上，破天荒地在人类历史上取得了社会主义革命的成功。可见，俄国农村公社集体占有土地集体耕种的天然的公有制，与马克思提出的建立社会主义公有制的社会理想不谋而合，成为得天独厚的良好基础。因此，在俄国苏联共产党的领导下，经过共产党人艰苦卓绝的革命斗争，印证马克思、恩格斯的科学预见，使俄国优于其他资本主义国家率先取得社会主义革命胜利，就是自然而然、顺理成章的了。

（三）两个不同结论是无产阶级革命的最终目标和阶段性目标的内在统一

在《共产主义原理》一文中，恩格斯提出首先无产阶级革命将建立民主的国家制度，从而直接或间接地建立无产阶级的政治统治，并提出12个方面的主要措施后，指出："自然，所有这一切措施不能一下子都实行起来，但是它们将一个跟着一个实行，只要向私有制一发起猛烈的进攻，无产阶级就要被迫继续向前迈进，把全部资本、全部农业、全部运输业和全部交换都越来越多地集中在国家手里。上述一切措施都是为了这个目的。无产阶级的劳动将使国家的生产力大大增长，随着这种增长，这种措施实现的可能性和由此而来的集中化程度也将相应地增长。最后，当全部资本、全部生产和全部交换都集中在国家手里的时候，私有制将自行消亡，金钱将变成无用之物，生产将大大增加，人将大大改变，以致连旧社会最后的各种交往形式也能够消失。"[①] 显然，恩格斯在这里将无产阶级革命的目标定在了共产主义社会的实现阶段。在这种情况下，回答革命能不能单独在一个国家发生的问题时，恩格斯明确指出："共产主义革命将不是仅仅一个国家的革命，而是将在一切文明国家里，至少在英国、美国、法国、德国同时发生的革命，……共产主义革命也会大大影响世界上其他国家，会完全改变并大大加速它们原来的发展进程。它是世界性的革命，所以将有世界性的活动场所。"[②] 很明显，恩格斯是从革命的最终目标来思考共产主义革命不仅是一个国家的革命，而是将在一切文明国家里，至少在英国、美国、法国、德国同时发生的革命。

---

① 《马克思恩格斯选集》第1卷，人民出版社1995年版，第240页。
② 《马克思恩格斯选集》第1卷，人民出版社1995年版，第241页。

马克思主义告诉我们，无产阶级只有解放全人类，才能最后解放自己，马克思、恩格斯设想的共产主义的实现，就是世界大同的共产主义，这样的共产主义，理所当然地是一切国家里的革命，并取得成功，绝不仅仅是一个国家的革命，从这个意义上讲，马克思、恩格斯的结论当然是正确的科学的。20世纪末，苏联解体、东欧剧变，苏联建立社会主义政权74年，并且东欧建立了以苏联为首的比较强大的社会主义阵营，最后还是被四面包围的帝国主义资产阶级敌对势力，利用军事讹诈、和平演变、经济制裁等种种手段，将其全部摧垮，更证明了马克思、恩格斯"共产主义革命将不是仅仅一个国家的革命，而是将在一切文明国家里，至少在英国、美国、法国、德国同时发生的革命"①的结论是放之四海而皆准的真理。如果不将共产主义革命推进到"一切文明国家里，至少在英国、美国、法国、德国同时发生的革命"并取得成功，要想巩固已经取得的革命成果是很不容易的，苏联解体、东欧剧变的惨痛教训已经对此结论作出了无可置疑的诠释。

而苏联伟大的马克思主义者列宁，根据对当时世界形势的研究，得出了结论：社会主义将首先在一个或者几个国家内获得胜利。在资本主义存在的条件下，在社会主义革命只在一个国家内取得胜利，而所有其他国家仍被资本主义所统治的时候，革命胜利的国家要想不被资本主义的包围击溃，就不应当削弱而应当大力加强自己的国家机关、侦察机关和军队，毫不懈怠地展开和资产阶级的殊死斗争，巩固社会主义胜利成果。正如斯大林同志所指出的那样："没有其他国家革命的胜利，社会主义就不可能在一个国家内获得完全的最终胜利，这是什么意思呢？这就是说，没有至少几个国家革命的胜利，就不可能有免除武装干涉因而不可能有免除资产阶级制度复辟的完全保障。"②"社会主义在个别国家内陆续的胜利导致社会主义在大多数国家内的胜利。"③ 这就告诉社会主义革命取得胜利的社会主义国家不要刀枪入库，马放南山，认为建立了政权就一劳永逸，一定要居安思危，毫不松懈，不断地将革命推广到更多的被资产阶级统治的国家，使社会主义在世界上大多数国家内胜利了，进而在英国、美国、法国、德国等主要资本主义国家胜利了，由量变到质变，只有在这个时候，才可能

---

① 《马克思恩格斯选集》第1卷，人民出版社1995年版，第241页。
② 《斯大林选集》上卷，人民出版社1979年版，第438页。
③ 《斯大林选集》下卷，人民出版社1979年版，第535页。

第三章　马克思主义指导思想是立党立国之本

"造成实行恩格斯公式的必要条件"①，实现共产主义的真正胜利。

社会主义首先在一个或者几个国家内获得胜利，而其余国家在一段时间内仍然是资产阶级的或资产阶级以前的国家，这就不仅必然引起摩擦，而且必然引起其他各国资产阶级力图打垮社会主义国家中胜利的无产阶级的直接行动。在这种情况下，如果发生世界帝国主义对新生的社会主义的战争，对于新生的社会主义国家来说应该反击，用正当的和正义的战争展开反击。这是争取社会主义、争取把其他各国人民从资产阶级压迫下解放出来的战争。正如列宁所指出的"只有在我们推翻、彻底战胜并剥夺了全世界的而不是一国的资产阶级之后，战争才会成为不可能的"。②"经济和政治发展的不平衡是资本主义的绝对规律。由此就应得出结论：社会主义可能首先在少数甚至在单独一个资本主义国家内获得胜利。这个国家的获得胜利的无产阶级既然剥夺了资本家并在本国组织了社会主义生产，就会奋起同其余的资本主义世界抗衡，把其他国家的被压迫阶级吸引到自己方面来，在这些国家中发动反对资本家的起义，必要时甚至用武力去反对各剥削阶级及其国家。无产阶级推翻资产阶级而获得胜利的社会所采取的政治形式将是民主共和国，它将日益集中该民族或各该民族的无产阶级的力量同还没有转向社会主义的国家作斗争。没有无产阶级这一被压迫阶级的专政，便不可能消灭阶级。没有各社会主义共和国对各落后国家的比较长期而顽强的斗争，便不可能有各民族在社会主义下的自由联合。"③ 只有这样，恩格斯提出的公式才能具备真正实现的必要条件，才会迈上建设共产主义的康庄大道！

在这里，两个不同结论是相辅相成、良性互动的关系，只有在共产主义革命最终目标的指引下，才能更自觉地为实现共产主义革命的阶段性目标拼搏奋斗；只有不断地、持续地实现了共产主义革命的一个个阶段性目标，才能由量的积累到质的升华，最终真正实现共产主义革命的最终目标。我们应该清醒地认识到：在一切文明国家共产主义革命同时发生并取得胜利，是首先在一个或者几个国家内获得社会主义革命胜利的无产阶级巩固已有政权并继续努力奋斗的前进方向和最终目标；而首先在一个或者几个国家内获得社会主义革命胜利的无产阶级政权，则是逐步实现在一切

---

① 《斯大林选集》下卷，人民出版社1979年版，第535页。
② 《列宁选集》第2卷，人民出版社1995年版，第722页。
③ 《列宁选集》第2卷，人民出版社1995年版，第554页。

文明国家里，至少在英国、美国、法国、德国同时发生革命并取得胜利的示范、基础、前提和必要条件。一个或者几个国家共产主义革命的胜利也会大大影响世界上其他国家，由一个或者几个国家共产主义革命成功的无产阶级，不断扩展、积累的革命成果，最终达到在一切文明国家里取得共产主义革命的最终胜利，舍此无他，这就是两个不同结论的革命辩证法。

两个结论不同，但都放射出真理的光芒，使我们更加深刻正确准确全面地理解了马克思主义在不同时期、不同国度下得出的不同结论的真理性，因而对马克思主义真理性信仰更加坚定。马克思主义是关于自然、社会和认识发展规律的科学，是关于被压迫和被剥削的人民群众争取翻身解放的革命的科学，是关于社会主义在一切国家胜利的科学，是关于建设共产主义社会的科学，绝不能妄下"过时"的结论。如果不去认真研究马克思主义经典作家的著作，掌握其思想真谛，自己不懂，还自以为是，无知妄说，去误导别人，不仅可悲，更是犯罪；如果别有用心，有意诋毁马克思主义真理，挖掉中国共产党的理论基础，动摇中国共产党的执政地位，颠覆社会主义人民政权，就是党和人民不共戴天的死敌。

马克思、恩格斯作为马克思主义的创始人，是伟大的天才的思想家，科学巨匠，他们研究的每一个领域都有非凡的独到的发现，都对社会发展规律作出了极其深刻的真理性的揭示，他们阐释的基本原理永远闪烁着真理的光芒。今天，在深入研究这两个原理的不同历史背景和苏联解体、东欧剧变的情况下，再看这两个原理，我们便可得出这样的结论：两个不同结论，同放真理光芒！马克思主义告诉我们，社会主义和资本主义是两个水火不容、根本对立的社会制度，共产主义运动的蓬勃发展，社会主义事业的兴旺发达，都是资本主义社会挥之不去的心病。因此，为了维护资本主义的统治，资本主义势力必然勾结起来，对社会主义进行疯狂的"围剿"，必欲置之死地而后快。这是不以人的意志为转移的客观规律，只要资本主义、帝国主义存在，必然如此。

正是因为没有在"英国、美国、法国、德国同时发生"革命，世界上资本主义势力还十分强大，因此他们就用军事的、政治的、经济的以及意识形态的各种手段，采取腐蚀拉拢、收买欺诈、分化瓦解等卑劣的手段，尤其是通过和平演变战略，彻底摧毁了以苏联为首的曾经强大的社会主义阵营。当前，北约不断东扩，美国战略东移，美国推行亚太再平衡战略，拼凑亚洲版的"小北约"，挑动中国周边国家寻衅滋事，试图让中国这个社会主义国家不得安宁，同样是因为围堵中国的西方霸权主义国家没有实现社会主义革命的原故,如果霸权国家实现了社会主义革命,无产阶级掌握政权,那么按照马克思主义"全世界无产者联合起来"的号召,就不会出现这种帝国主义与社会主义根本意识形态不同国家之间的对立。

由此,我们更加懂得马克思主义经典作家对社会发展问题观察之深邃,预见之高远,分析之深刻,判断之准确,智慧之高妙,理论之科学,贡献之伟大。更加坚定马克思主义信仰,提高学习马克思主义的自觉性,毫不动摇地坚持马克思主义的指导地位,在马克思主义真理的伟大旗帜下,建设中国特色社会主义,开创社会主义事业的辉煌前景,为实现马克思提出的全人类的最后解放目标,向着共产主义社会的伟大理想奋勇前进!

马克思主义没有过时,我们必须坚定马克思主义信仰,坚持马克思主义指导思想,这就是结论。

三、永远高举毛泽东思想的旗帜前进
——坚持不懈地用马克思主义中国化的
第一个成果武装全党、教育人民

毛泽东思想是党的指导思想,是马克思主义中国化的第一个成果,坚持不懈地用这一成果武装全党、教育人民,是坚持马克思主义指导思想的有机组成部分,同样是社会主义核心价值体系的灵魂。在任何时候任何情况下,我们都要始终高举毛泽东思想的伟大旗帜胜利前进,毫不犹豫,决不动摇。

在纪念毛泽东同志诞辰120周年座谈会上,习近平总书记发表重要讲话,指出:"毛泽东同志是伟大的马克思主义者,伟大的无产阶级革命家、战略家、理论家,是马克思主义中国化的伟大开拓者,是近代以来中国伟大的爱国者和民族英雄,是党的第一代中央领导集体的核心,是领导中国人民彻底改变自己命运和国家面貌的一代伟人。……在革命和建设长期实践中,以毛泽东同志为主要代表的中国共产党人,根据马克思列宁主义基本原理,形成了适合中国情况的科学指导思想,这就是毛泽东思想。毛泽东思想以独创性理论丰富和发展了马克思列宁主义。毛泽东思想教育了几代中国共产党人,它培养的大批骨干,不仅在新民主主义革命、社会主义革命、社会主义建设时期发挥了重要作用,也为新的历史时期开创和建设中国特色社会主义发挥了重要作用。邓小平同志说,毛泽东思想这个旗帜丢不得,丢掉了实际上就否定了我们党的光辉历史;任何时候都不能动摇高举毛泽东思想旗帜的原则,我们将永远高举毛泽东思想的旗帜前进。"①

习近平总书记的这篇讲话,堪称是纯熟地运用马克思主义基本原理与中国实际、时代特征完美结合的、当代最高马克思主义理论水平的杰作。文章充满了马克思主义的辩证法和科学精神,是运用毛泽东思想精辟、科学分析事物的典范,合天理、得人心、顺民意,高远深邃、痛快淋漓地道出了14亿多人民的心里话。讲话旗帜鲜明、不可置疑地明确告诉全党并向全世界宣告:"我们将永远高举毛泽东思想的旗帜前进。"在对待高举毛泽东思想旗帜态度上,我们党历代中央领导集体始终是旗帜鲜明、一以贯之、一脉相承的,没有任何犹豫、怀疑和动摇,为我们在新形势下坚持马克思主义指导思想,充分认识毛泽东同志的历史地位,坚持不懈地用马克思主义中国化的第一个成果武装全党、教育人民指明了方向,作出了典范。

(一)充分认识毛泽东同志的历史地位

毛泽东同志是伟大的马克思列宁主义者,是中国共产党、中国人民解放军、中华人民共和国的主要缔造者,中国各族人民的伟大领袖。他为中国共产党和中国人民解放军的创立和发展、为中国各族人民解放事业的胜利、为中华人民共和国的缔造和我国社会主义事业的发展建立了永远不可磨灭的卓越功勋,同时为世界被压迫民族的解放和人类进步事业作出了不可替代的重要贡献。

毛泽东同志毕生最突出最伟大的贡献,就是领导我们党和人民找到新民主主义革命的正确道路,完成了反帝反封建的任务,建立了中华人民共和国,确立了社会主义基本制度,并从中国实际出发探索社会主义建设的道路,建立了完整的工业体系和独立的国民经济体系,成功地制造出"两弹一星"、核潜艇,巩固了国防,实现了中日邦交正常化,推动"乒乓外交",小球推动大球,打破中美关系坚冰,为古老的中国赶上时代发展潮流、阔步走向繁荣昌盛创造了根本前提,为中国特色社会主义事业的顺利

---

① 习近平:《在纪念毛泽东同志诞辰120周年座谈会上的讲话》,《人民日报》2013年12月27日,第2版。

发展奠定了坚实的理论和实践基础,提供了物质、文化、思想、理论和外交条件,用他那在世界上享有崇高声誉的人格魅力创造、赢得了中国继续发展的良好国际环境,为中华民族的伟大复兴建树了永载史册的的丰功伟绩。

邓小平同志指出:"毛泽东同志在长期革命斗争中立下的伟大功勋是永远不可磨灭的。回想在一九二七年革命失败以后,如果没有毛泽东同志的卓越领导,中国革命有极大的可能到现在还处在帝国主义、封建主义、官僚资本主义的统治之下,我们党就还在黑暗中苦斗。所以说没有毛主席就没有新中国,这丝毫不是什么夸张。毛泽东思想培育了我们整整一代人。我们在座的同志,可以说都是毛泽东思想教导出来的。没有毛泽东思想,就没有今天的中国共产党,这也丝毫不是什么夸张。毛泽东思想永远是我们全党、全军、全国各族人民的最宝贵的精神财富。……我们要领导和教育全体党员、全军指战员、全国各族人民科学地历史地认识毛泽东同志的伟大功绩。"[1] 还说:"我们在任何时候都不能损害毛泽东同志在整个中国革命史上的光辉形象,不能动摇高举毛泽东思想旗帜的原则。我们要有这个觉悟,要有这个认识。这不但是中国共产党的利益所在,中华民族的利益所在,而且是国际共产主义运动的利益所在。"[2]

江泽民同志说:"毛泽东同志是伟大的马克思主义者,无产阶级革命家、战略家和理论家,是近代以来中国伟大的爱国者和民族英雄。毛泽东同志在艰苦漫长的革命岁月中,表现出一个革命领袖高瞻远瞩的政治远见,坚定不移的革命信念,得心应手的斗争艺术和驾驭全局的领导才能。他是从人民群众中成长起来的伟大领袖,永远属于人民。毛泽东同志的革命精神具有强大的凝聚力,他的伟大品格具有动人的感染力,他的科学思想具有非凡的号召力。他和他的战友们所创造的彪炳史册的丰功伟业为世界一切正直的人们所尊重。他的革命实践和光辉业绩已经载入史册。他的名字、他的思想和精神永远鼓舞着中国共产党人和各族人民,继续推动着中国历史的前进。毛泽东同志作为一个伟大的历史人物,属于中国,也属于世界。毛泽东同志永远生活在我们中间,我们要认真学习他的科学著作,从中汲取智慧和力量。中国出了个毛泽东,是我们党的骄傲,是我们国家的骄傲,是中华民族的骄傲。我们对毛泽东同志永远怀着深深的尊敬

---

[1] 《邓小平文选》第2卷,人民出版社1983年版,第149页。
[2] 《邓小平文选》第2卷,人民出版社1983年版,第149页。

和爱戴之情！……正确地评价毛泽东同志的历史功过、确立毛泽东思想的历史地位，关系到怎样看待党和国家过去几十年奋斗的成就，关系到党的团结、国家的安定，也关系到党和国家未来的发展道路。"①

胡锦涛同志指出："中国出了个毛泽东，这是中国共产党的骄傲，是中国人民的骄傲，是中华民族的骄傲。在为中国人民不懈奋斗的光辉一生中，毛泽东同志表现出了一个伟大革命领袖高瞻远瞩的政治远见、坚定不移的革命信念、炉火纯青的斗争艺术和杰出高超的领导才能。在中国革命和建设的壮丽历史画卷中，在祖国九百六十万平方公里的锦绣大地上，都留下了他作为一代伟人的风采。他不仅赢得了全党和全国各族人民的爱戴和敬仰，而且也赢得了世界上一切向往进步的人们的敬佩。毛泽东同志作为一个伟大的历史人物，属于中国，也属于世界。邓小平同志曾深情地说道：'如果没有毛泽东同志的卓越领导，中国革命有极大的可能到现在还没有胜利，那样，中国各族人民就还处在帝国主义、封建主义、官僚资本主义的反动统治之下，我们党就还在黑暗中苦斗。'……毛泽东同志的革命实践和光辉业绩已经载入中华民族的史册。他的名字、他的思想、他的精神，将永远鼓舞着我们继续推动中国社会向前发展。中国共产党和中国各族人民永远敬仰和怀念毛泽东同志！毛泽东同志永远活在我们心中！"②

习近平同志指出："毛泽东同志为中国新民主主义革命的胜利、社会主义革命的成功、社会主义建设的全面展开，为实现中华民族独立和振兴、中国人民解放和幸福，作出了彪炳史册的贡献。毛泽东同志毕生最突出最伟大的贡献，就是领导我们党和人民找到了新民主主义革命的正确道路，完成了反帝反封建的任务，建立了中华人民共和国，确立了社会主义基本制度，取得了社会主义建设的基础性成就，并为我们探索建设中国特色社会主义的道路积累了经验和提供了条件，为我们党和人民事业胜利发展、为中华民族阔步赶上时代发展潮流创造了根本前提，奠定了坚实的理论和实践基础。"③

谁都知道，没有共产党就没有新中国，共产党是由毛主席领导的，实际上是没有毛泽东领导的共产党就没有新中国，也可以说没有毛泽东的领

---

① 《江泽民文选》第 1 卷，人民出版社 2006 年版，第 346—347 页。
② 胡锦涛：《纪念毛泽东同志诞辰一百一十周年座谈会上的讲话》，《十六大以来重要文献选编》上，中央文献出版社 2005 年版，第 643 页。
③ 习近平：《在纪念毛泽东同志诞辰 120 周年座谈会上的讲话》，《人民日报》2013 年 12 月 27 日，第 2 版。

导就没有共产党的胜利,中国共产党的胜利本质上是毛泽东思想的胜利,是毛泽东道路的胜利。国民党"四·一二"大屠杀共产党人之后,我党损失惨重,是在八七会议上,毛泽东提出"枪杆子里面出政权",才有了南昌起义,秋收起义,才上井冈山,建立革命武装根据地,才有了革命高潮;在长征中如果没有毛泽东,可能就会像太平天国的石达开那样被消灭在长征路上的大渡河畔了。中国革命的历史经验已经证明,当时那么多主义、那么多思想都没能救中国,只有马克思列宁主义、中国化了的马克思主义——毛泽东思想才能救中国,过去如此,现在如此,将来同样如此。如果没有毛泽东,正如邓小平同志深刻指出的:"没有毛主席,至少我们中国人民还要在黑暗中摸索很长的时间。"[①] 正因为毛泽东领导全党和全国各族人民完成了新民主主义革命的胜利,进行了社会主义改造,确立了社会主义基本制度,成功实现了中国历史上最深刻最伟大的社会变革,才为当代中国一切发展进步奠定了根本政治前提和制度基础。

笔者曾在纪念毛泽东诞辰100周年时写过一首《走近毛泽东》的长诗。诗云:当有人对毛泽东颇多微词,/令您困惑不解时,/请您不要轻易相信,/要用您的脑子思考,/要用您的眼睛辨认。/在这盛产骗子的时代,/政治骗子理论骗子/也作为时髦应运而生。/揭穿骗子的伎俩十分简单,/那就请您走近毛泽东,/请您认真读一读毛选五卷,/读一读毛泽东文集八卷本,/读一读毛泽东的故事,/读一读毛泽东为中国革命,/所进行的波澜壮阔的斗争,/和他为革命献出生命的六位亲人!/那您就会知道,/什么是伟大光荣,/什么是正确英明。/什么是无私奉献,/什么是信念坚定。/什么是无与伦比,/什么是博大精深。/什么是志存高远,/什么是盖世英雄。/……/自从盘古开天地,/三皇五帝到如今,/是谁让中华民族,/告别屈辱,/扬眉吐气,/驱散黑暗,/走向光明,/人民幸福,/富国强兵?/是千古伟人毛泽东!毛泽东!

中国革命和社会主义建设的经验证明,毛泽东的道路是正确的道路,是光明之路、成功之路、胜利之路,是中华民族走向辉煌的道路。

(二) 在任何时候任何情况下,我们都要始终高举毛泽东思想的伟大旗帜

毛泽东思想集中反映了人类社会发展规律、正确认识世界的思维规

---

① 《邓小平文选》第2卷,人民出版社1983年版,第345页。

律，为人类认识、改造客观世界和主观世界提供了科学的世界观和方法论，是指导革命和建设无往而不胜的锐利武器。凡是真正按照毛泽东思想办事，革命、建设、改革就胜利、就成功、就顺利、就前进、就发展，凡是违背了毛泽东思想，革命、建设、改革就会走弯路、就倒退、受挫折，遭失败。对毛泽东思想的理解、掌握、执行、忠诚程度与社会主义事业所取得的成就成正比，中国革命和社会主义建设事业发展充分证明了这一点。过去如此，现在如此，今后仍然如此。毛泽东同志的伟大思想犹如浩瀚的海洋极其丰富、无限广阔，包括思想政治、经济文化、军事外交、人类社会发展、世界文明进步等，是我们取之不尽、用之不竭的理论宝库和思想源泉。他思想的光辉将永远照耀着中国人民前进的道路、指引着世界人民翻身解放的斗争。毛泽东思想闪烁着光耀千秋的智慧光芒，是我们的立党之本、建国之本、发展之本、做人之本。

邓小平同志说："确立毛泽东思想的历史地位，坚持和发展毛泽东思想。这是最核心的一条。不仅今天，而且今后，我们都要高举毛泽东思想的旗帜。"[①]"毛泽东思想过去是中国革命的旗帜，今后将永远是中国社会主义事业和反霸权主义事业的旗帜，我们将永远高举毛泽东思想的旗帜前进。"[②]

胡锦涛同志在纪念毛泽东同志诞辰110周年座谈会上的讲话中指出："毛泽东思想是马克思列宁主义在中国的创造性运用和发展，是被实践证明了的关于中国革命和建设的正确的理论原则和经验总结，是中国共产党集体智慧的结晶。在任何时候任何情况下，我们都要始终高举毛泽东思想的伟大旗帜。"[③] 胡锦涛同志当时作为总书记，明确告诉全党：毛泽东思想的伟大旗帜，不是过去举，现在不举，也不是过去举、现在举，将来不举，更不是在这种情况下举、在另一种情况下不举，而是"在任何时候任何情况下，我们都要始终高举毛泽东思想的伟大旗帜，"说明党中央对高举毛泽东思想的伟大旗帜有着清醒的明确的科学认识。

党的十八大报告对毛泽东同志给予高度评价，深刻指出："以毛泽东同志为核心的党的第一代中央领导集体带领全党全国各族人民完成了新民

[①]《邓小平文选》第2卷，人民出版社1983年版，第291页。
[②]《邓小平文选》第2卷，人民出版社1983年版，第172页。
[③] 胡锦涛：《纪念毛泽东同志诞辰一百一十周年座谈会上的讲话》，《十六的以来重要文献选编》上，中央文献出版社2005年版，第641—642页。

第三章　马克思主义指导思想是立党立国之本

主主义革命,进行了社会主义改造,确立了社会主义基本制度,成功实现了中国历史上最深刻最伟大的社会变革,为当代中国一切发展进步奠定了根本政治前提和制度基础。在探索过程中,虽然经历了严重曲折,但党在社会主义建设中取得了独创性理论成果和巨大成就,为新的历史时期开创中国特色社会主义提供了宝贵经验、理论准备、物质基础。"[1] 正因为在毛泽东同志的领导和毛泽东思想的指引下,党在社会主义建设中取得的独创性理论成果和巨大成就,实现了中日关系正常化,开展"乒乓外交",以小球推动大球,打破中美关系的坚冰,营造了较好的国际环境,为新的历史时期开创中国特色社会主义提供了宝贵经验、理论准备、物质基础。没有这个基础,中国特色社会主义就是无源之水,无本之木,是根本不可能的。

张全景同志指出:"毛泽东思想是把马克思列宁主义与中国革命和建设实际相结合的典范。毛泽东同志领导全党和全国各族人民前仆后继,顽强奋斗,取得了新民主主义革命、社会主义革命和建设的伟大胜利。毛泽东思想汲取了中国和世界上不同历史时期、不同方面的先进文化,内容博大精深,包括思想、理论、军事、政治、经济、文化、科技、体育等社会领域的各个方面,是全党全国各族人民的智慧结晶。在中国历史上出现过许多伟大的思想家,从孔子到孙中山,都值得我们学习和研究,但就思想理论的内容来说,都不及毛泽东思想丰富和全面、完整和系统。毛泽东等老一辈革命家共同创立的新民主主义革命理论,社会主义革命和建设理论,巩固社会主义制度、防止'和平演变'的理论,都是前无古人的。"[2]

毛泽东同志是中国共产党、中华人民共和国、社会主义制度、中国人民解放军的缔造者、领导者、统率者、指挥者,是中国共产党和社会主义制度的集中代表和旗帜。毛泽东思想是中国共产党人集体智慧的结晶,是我们战胜国内外一切敌人的科学理论指导和无往而不胜的思想武器,创造了所向披靡,令所有敌人闻之胆寒的人类历史奇迹,是被中国革命长期实践证明了的真理。因此,在任何时候任何情况下,我们都要始终高举毛泽东思想的伟大旗帜,绝不能动摇。

---

[1]　胡锦涛:《坚定不移沿着中国特色社会主义道路前进为全面建成小康社会而奋斗——在中国共产党第十八次全国代表大会上的报告》,《人民日报》2012年11月18日,第1版。

[2]　张全景:《学习研究毛泽东思想是长期任务》,《红旗文稿》2010年第2期。

（三）充分认识当代中国用毛泽东思想武装全党、教育人民的迫切性、重要性

改革开放40多年来，高举毛泽东思想的旗帜，是党中央历代领导集体一以贯之的明确思想，可在实际上落实得并不好，总是犹抱琵琶半遮面。现在是全国人民学习毛泽东思想的最好时期，我们要充分认识当代中国用毛泽东思想武装全党、教育人民的迫切性、重要性，抓住机遇，大张旗鼓地开展学习毛泽东思想教育提高活动。

1. 用毛泽东思想武装全党、教育人民，是当前传承毛泽东思想的迫切需要

理论上的清醒，是政治上坚定的前提，理论上的成熟，是政党成熟的重要标志。理论是行动的指南，是思想路线的灵魂，是制定路线方针政策的前提和基础。一个时代国民的理论素养有多高，这个时代主体的精神境界就有多高，毛泽东思想的学养，决定治国理政、修齐治平的成效。作为一个在毛泽东旗帜下取得革命、建设、改革伟大成就的国度，就一定要坚持毛泽东思想指导，就要大力学习毛泽东思想，营造全民学习毛泽东思想的良好氛围，不断地持久地形成一个全民学习、传承毛泽东思想的热潮。

然而，当前对毛泽东思想的传承形势不容乐观，面临着断代的危险性。现在55岁以下的党员干部系统地学习过毛主席著作的寥若晨星，怎么期望让这些人高举毛泽东思想的伟大旗帜呢？即使他们想举，也不知道该举什么，举哪些，因为他们没学过毛主席著作，心中无数。在这一点上，以其昏昏，使人昭昭是不行的。如果我们不进行抢救式的强化对毛泽东思想的学习、传承，就会断代，就难以为继，毛泽东思想就有失传的危险。国内外一切敌人最怕的是中国人民用毛泽东思想武装起来，如果不抓紧强化国民对毛泽东思想的学习传承，丢了这一战无不胜的思想武器，就等于缴械投降，束手就擒。无数先烈流血牺牲换来的胜利成果就会付之东流，人民当家作主的社会主义江山就会得而复失，翻身解放了的广大劳动人民就会再次坠入受剥削、压迫的苦难深渊。这绝不是杞人忧天，更不是空穴来风，苏共亡党，苏联解体，前车之辙，殷鉴不远。因此，毛泽东思想被淡化、边缘化40多年之后的今天，高度重视毛泽东思想的学习极其重要，刻不容缓，关系到社会主义的前进方向，关系到党和国家的前途命运，关系到中华民族的前途命运，关系到14亿多中国人民的祸福苦乐、生死存亡。

第三章　马克思主义指导思想是立党立国之本

现在学习毛泽东思想不仅必要，而且具备良好条件。党中央高度评价毛泽东同志的历史功绩和毛泽东思想的崇高地位，习近平总书记发出了"我们将永远高举毛泽东思想的旗帜前进"的伟大号召，习近平总书记《在纪念毛泽东同志诞辰 130 周年座谈会上的讲话》中高度评价"在几十年艰难而辉煌的战斗生涯中，毛泽东同志为中华民族、中国人民建立了不可磨灭的历史功勋，作出了光耀千秋的历史贡献。……毛泽东思想是我们党的宝贵精神财富，将长期指导我们的行动"。① 我们要在思想上、政治上与党中央保持高度一致，积极行动起来，坚决落实。同时，从毛泽东时代过来的老同志，是使毛泽东思想传承下来继往开来的最好桥梁，尤其是经过文化大革命的这一代人正当年富力强，有很多是在党和国家最高领导层和重要领导岗位，还有很多离退休的老同志健在，他们可以充分发挥酵母作用。邓小平同志就曾说过："关于文化大革命，也应该科学地历史地来看。毛泽东同志发动这样一次大革命，主要是从反修防修的要求出发的。"② 随着时代的发展，人们会更加体味到，正如邓小平同志所指出的那样，如果没有"文化大革命"反修防修的预防针，提高了免疫力，就顶不住改革开放后汹涌而来的西化、分化、和平演变冲击势头，就不可能抵制住资产阶级意识形态的侵袭和腐蚀。恐怕在苏共亡党、苏联解体之际，中国共产党和中国的社会主义人民政权，也难免像东欧社会主义诸国那样顷刻瓦解、发生剧变。如果现在理论家还左顾右盼从个人名利得失出发，再不提学习毛泽东思想的这个问题，那就是失职，就会给中国的未来发展造成不可挽回的巨大损失，就是对党、国家和人民的犯罪。毛泽东思想是经过中国革命胜利证明了的伟大真理，如果不正确，就不可能取得中国革命的彻底胜利。

因此，响应习近平总书记"永远高举毛泽东思想的旗帜前进"的伟大号召，首先就要学习毛泽东著作，做到"在任何时候任何情况下，我们都要始终高举毛泽东思想的伟大旗帜"。③ 在全国掀起学习高潮，并见之于行动，这是"高举"的基础和前提，更是解决当代中国社会存在的各种问题的治本之策，高明之见。当前，对毛主席的著作不是学习的多了，而是太

---

① 习近平：《在纪念毛泽东同志诞辰 130 周年座谈会上的讲话》，《人民日报》2023 年 12 月 27 日，第 2 版。

② 《邓小平文选》第 2 卷，人民出版社 1983 年版，第 149 页。

③ 胡锦涛：《纪念毛泽东同志诞辰一百一十周年座谈会上的讲话》，《十六大以来重要文献选编》上，中央文献出版社 2005 年版，第 642 页。

少了。许多干部作风浮躁，不读马列主义，不学毛泽东著作，习近平在同中央党校县委书记研修班学员座谈时强调"要把学习掌握马克思主义理论作为看家本领"，① 很有针对性，很有深意。此其时，大力提倡并采取切实措施强化学习毛泽东著作，乃是当务之急、执政之要、救国之本！

沐浴着毛泽东思想阳光雨露成长起来的习近平总书记，青年时期就以惊人毅力背诵过《毛泽东选集》，在加强党的建设实现"两个一百年"的极其重要的节点上，他以新时期人民领袖的博大襟怀、宏伟气魄高度重视学习运用毛泽东思想。2016年年初，习近平总书记就学习毛泽东同志《党委会的工作方法》专门作出重要批示，对各级党委（党组）领导班子成员特别是主要负责同志重温这篇著作提出明确要求，要求党的各级领导核心——各级党委（党组）成员学习毛泽东同志《党委会的工作方法》，用心良苦，意义深远。习近平总书记率先垂范，带头学习，对毛泽东著作的内容了如指掌，对其丰富思想烂熟于心，如数家珍，运用自如，不论在任何情况下，都能对毛泽东同志的经典名句，信手拈来，恰到好处，到了出神入化的至高境界，为全党全国人民学习毛泽东思想树立了楷模，做出了表率。在任何情况下，我们必须牢固树立强烈的政治意识、大局意识、核心意识、看齐意识，在学习运用毛泽东思想方面更应如此——向党中央看齐，向习近平总书记看齐。

2. 用毛泽东思想武装全党、教育人民，是反腐倡廉永葆党的先进性的迫切需要

张全景同志指出："毛泽东特别注重从思想上建党，把思想建设放在党的建设的首位……我们要认真学习领会毛泽东从思想上建党的理论，树立正确的世界观、人生观，坚定共产主义理想，牢记全心全意为人民服务的宗旨，密切联系群众，清正廉洁，艰苦奋斗，反对贪污腐败，保持党的先进性、纯洁性，使党永远立于不败之地，永不变质。"② 从腐败给党造成的严重威胁，更感到学习毛泽东思想有效抵制腐败的极端紧迫性。

改革开放以来，我们党的建设是抓得很紧的，党员干部队伍的主流是好的，然而，我们要清醒地认识到，西方敌对势力西化、分化、和平演变中国，首先是用腐朽的资产阶级个人主义价值观腐蚀中国共产党人，促其

---

① 习近平同中央党校县委书记研修班学员座谈强调：《做焦裕禄式的县委书记心中有党心中有民心中有责心中有戒》，《人民日报》2015年1月13日，第1版。

② 张全景：《学习研究毛泽东思想是长期任务》，《红旗文稿》2010年第2期。

第三章　马克思主义指导思想是立党立国之本

退化变质，用心极其险恶，破坏作用巨大。一是毁了党的干部。常言道："十年树木，百年树人"，培养一名党的优秀领导干部不容易，如果我们党好不容易培养起来的一个领导干部，由于放松了学习和党性修养，经不住市场经济情况下的种种诱惑和考验，道德滑坡，堕落成腐败分子，首先是损害了党的宝贵的人力资源，于党、于国、于家、于人、于己，都是悲剧，都是无可挽回的损失。二是损害了党的形象。一名党员干部不能代表党，但却是党整体形象具体化的载体，人民群众正是从一个个具体党员的身上认识我们党的，俗话说"一块臭肉能坏一锅汤"，一个干部腐败变质必然损害党的形象，引起群众反感。一个群众反感的形象不可能很好地引领群众践行社会主义荣辱观、不可能带领群众为实现社会主义现代化作出贡献。三是离间了党与人民群众的血肉关系。西方敌对势力腐蚀党员领导干部退化变质，同时抓住这一点攻击共产党，进一步离间党与人民群众的血肉联系。正如江泽民同志所指出的：反和平演变，必须坚持不懈地开展反腐败斗争。我们党从总体上来说是好的，腐败现象只是在少数党员身上存在，但也决不可轻视。它同敌对势力的和平演变和资产阶级自由化的泛滥有密切关系，反过来又成为国内外敌对势力进攻我们的口实。如果腐败问题长期得不到解决，久而久之就会失去人民群众的拥护。我们党的力量就在于人民的拥护和爱戴，失去了人民的拥护和爱戴，就难免失去执政地位。

为此，党中央高度重视解决这一问题，时时为全党敲响警钟。党的十八大报告明确指出："反对腐败、建设廉洁政治，是党一贯坚持的鲜明立场，是人民关注的重大政治问题。这个问题解决不好，就会对党造成致命伤害，甚至亡党亡国。"[1] 习近平总书记曾语重心长地告诫全党："大量事实告诉我们，腐败问题愈演愈烈，最终必然会亡党亡国！我们要警醒啊！"[2] 可以说，腐败问题是我们党脱离群众、党的执政地位面临动摇的心腹之患，已经严重地损害了党的良好形象，引起群众的强烈不满。腐败不除，国无宁日，久而久之，就难免在中国重演苏联亡党亡国的悲剧。党的十八大报告指出："全党必须牢记，只有植根人民、造福人民，党才能始

---

[1] 胡锦涛：《坚定不移沿着中国特色社会主义道路前进为全面建成小康社会而奋斗——在中国共产党第十八次全国代表大会上的报告》，人民出版社2012年版，第54页。

[2] 习近平：《紧紧围绕坚持和发展中国特色社会主义学习宣传贯彻党的十八大精神》，《人民日报》2012年11月19日，第2版。

终立于不败之地；只有居安思危、勇于进取，党才能始终走在时代前列。新形势下，党面临的执政考验、改革开放考验、市场经济考验、外部环境考验是长期的、复杂的、严峻的，精神懈怠危险、能力不足危险、脱离群众危险、消极腐败危险更加尖锐地摆在全党面前。不断提高党的领导水平和执政水平、提高拒腐防变和抵御风险能力，是党巩固执政地位、实现执政使命必须解决好的重大课题。"① 党的十七届四中全会提出"全党必须居安思危，增强忧患意识，常怀忧党之心，恪尽兴党之责"。② 居安思危，增强忧患意识，常怀忧党之心，恪尽兴党之责，其中一个很重要的方面，就是如何彻底清除腐败的问题，有效规避我们党面临的风险问题。这就需要认真学习毛泽东思想，解决好共产党人的人生价值观问题。只要按照毛泽东同志的要求，解决好党员领导干部的人生价值观问题，牢固树立了全心全意为人民服务的思想，腐败问题及其他一切不正之风问题就会迎刃而解。

毛泽东思想是当今世界最高境界的道德思想，是道德高尚者健康成长的思想引领、精神营养。毛泽东思想倡导人们追求崇高精神境界，培育爱国爱民、廉洁奉公、思想品格高尚、全心全意为人民服务的有益于人民的人。思想支配行动，这个道理谁都明白。是一心为公、廉洁奉公，还是自私自利、个人主义，这是为公还是谋私、是清正廉洁还是贪污腐败的根本前提。学习毛泽东思想，践行毛泽东思想的真正共产党人，光明磊落，正气浩然，不为私心所扰，不为名利所累，不为物欲所惑，能做到拒腐蚀、永不沾。

具有这样高尚思想品格的人，是绝不会去做损公肥私、徇私枉法、祸国殃民的腐败劣行的。因此，当代中国，学习毛泽东思想、按照毛泽东思想办事，是防微杜渐，拒绝腐败的治本之策。加大打击力度，依法严惩，把权力关在制度的笼子里，都是非常必要的举措，但只是起到震慑作用警告那些想贪腐的人，不敢贪腐、不能贪腐的治标之策，虽然能震慑贪腐主体暂时收敛，并不能从根本上解决行为主体从思想上就不想贪腐的问题。唯物辩证法告诉我们，内因是根据，外因是条件，外

---

① 胡锦涛：《坚定不移沿着中国特色社会主义道路前进为全面建成小康社会而奋斗——在中国共产党第十八次全国代表大会上的报告》，人民出版社2012年版，第54页。

② 《中共中央关于加强和改进新形势下党的建设若干重大问题的决定》，《人民日报》2009年9月28日，第1版。

第三章 马克思主义指导思想是立党立国之本

因通过内因起作用,因此,依法严惩、制度约束与从根本上提高人的思想觉悟结合起来才能从根本上杜绝腐败问题的发生和蔓延。这就要认真学习毛泽东思想,提高人的道德境界和思想觉悟,如此才是从根本上解决问题的反腐倡廉治本之策。

3. 用毛泽东思想武装全党、教育人民,是提高国民道德境界的迫切需要

毛泽东思想早就科学地、系统地、全面地谆谆教导共产党人应该怎样做人、如何做人的道理,要求共产党人自觉追求崇高的精神境界,和密切与人民群众的血肉联系。因此,牢固地掌握了毛泽东思想,就有了全心全意为人民服务、使人类走向共产主义美好幸福、光明未来的崇高思想境界。这样,就能成为一个"完全""彻底"、全心全意为人民服务的人;一个对同志对人民极端热忱、对工作极端负责任的人;成为一个德智体全面发展"又红又专"德才兼备的人;成为"一个高尚的人,一个纯粹的人,一个有道德的人,一个脱离了低级趣味的人,一个有益于人民的人"。[①] 坚持学习毛泽东思想,对任何一个人都会大有益处,终身受益,一定能成为出类拔萃的佼佼者,大家不妨试试。

然而,忽视了学习毛泽东思想,党员领导干部做人就失去了标准,道德没有了底线,全民族的素质普遍下降、道德沦丧就自然而然、毫不奇怪了。改革开放以来,我们最大的失误,就是淡化、弱化、边缘化毛泽东思想。改革开放以来,在金钱世界、市场经济、个人主义、拜金主义、享乐主义盛行的环境里,许多人迷失了方向,遗忘了信仰,导致损害国家和人民利益的恒大爆雷等种种劣行、恶性事件层出不穷,屡禁不止,防不胜防,堵不胜堵,险象环生,祸患无穷,其深层次原因,根本原因,都是淡化、弱化、边缘化毛泽东思想,都是不学习毛泽东思想,丢失了毛泽东思想,背离了毛泽东思想,背叛了毛泽东思想。因此,我们要站在关心党和国家前途命运的高度,充分认识学习毛泽东思想的极端重要性、迫切性。

毛主席是让共产党人做全心全意为人民服务的人,做像白求恩那样"毫不利己、专门利人"的"五个人",这是从根本上杜绝腐败的治本之策,有的人鼓吹"人人都是自私的",误导人们以个人利益为中心、全心全意为"人民币"服务,这是社会成员道德滑坡,良知泯灭、违法乱纪,党员领导干部产生腐败并屡禁不止的内在根源!

[①] 《毛泽东选集》第 2 卷,人民出版社 1991 年版,第 660 页。

（四）深刻揭露攻击、诬蔑、丑化毛泽东同志的险恶用心，永远高举毛泽东思想旗帜奋勇前进

毛泽东同志是中国共产党、中华人民共和国、社会主义制度、中国人民解放军的缔造者、领导者、统率者、指挥者，是中国共产党和社会主义制度的集中代表和旗帜。毛泽东思想是中国共产党人集体智慧的结晶，是我们战胜国内外一切敌人的科学理论指导和无往而不胜的思想武器，创造了所向披靡，令所有敌人闻之胆寒的人类历史奇迹，是被中国革命长期实践证明了的真理。

1. 毛泽东是国内外一切敌对势力极其恐惧的盖世英雄

马克思主义敲响了资本主义必然灭亡的丧钟，指明了无产阶级和广大的劳动人民走向解放的道路，把马克思主义普遍真理与中国革命具体实践相结合形成的马克思主义中国化的第一个成果——毛泽东思想，为被压迫阶级、被压迫民族人民指明了把世界上帝国主义和一切反动派彻底埋葬的成功之路，提供了战胜一切敌人、把敌人送进坟墓的锐利思想武器。他全心全意为人民服务的光辉思想，将祖祖辈辈被剥削、被压迫的广大劳动人民群众凝聚成涤荡旧社会、旧制度一切污泥浊水的排山倒海、所向披靡、无坚不摧的巨大力量。他提出枪杆子里面出政权，组织动员最广大的劳动人民用革命暴力推翻反动政权，实现人民当家作主的彻底革命思想，使西方敌对势力胆战心惊，既虎视眈眈，觊觎中国，又望而生畏，束手无策，寝食不安，惶惶然不可终日，只能如惊弓之鸟般地拼死抵抗，以苟延残喘。抗美援朝，援越抗美，打得敌人灵魂出窍，闻风丧胆，成为霸权主义永远走不出去的噩梦。在与毛泽东的较量中彻底败下阵来的西方敌对势力在敬服毛泽东之余，更多的是害怕。最怕用毛泽东思想武装起来的中国人民，尤其是怕用毛泽东思想武装起来的中国人民解放军。毛泽东是人世间使一切他的敌人闻风丧胆，无比惧怕又无可奈何的盖世英雄。毛泽东思想是所向无敌、无坚不摧、战无不胜的思想武器，是指引人民克敌制胜、翻身解放、实现共同富裕的惊世法宝。敌人怕、人民亲，好人爱、坏人恨，是他身上体现出来的突出特征。

亲不亲，阶级分。毛主席是人民的大救星，是敌人的克星；是高尚人的良师益友，是卑劣之徒的照妖镜。在毛泽东思想面前，一切卑劣之人必然会原形毕露，无处隐身，不管其披着什么画皮，穿着什么样漂亮的外衣，都会露出原形。毛泽东思想是一切敌人、剥削人民的反动派不可逾越

第三章　马克思主义指导思想是立党立国之本

的"五指山",是坏人不可逃脱的神明。站在人民的立场上,就一定热爱毛主席,站在敌人的立场上,必然反对毛主席,就会攻击毛主席、诬蔑毛主席。毛泽东是人民的领袖,人民爱,敌人恨;毛泽东是正义的代表,好人爱,坏人恨;毛泽东是新世界的开创者,是旧世界的埋葬者,新生的进步阶级爱,没落的反动阶级恨;毛泽东是世界人民的领袖,世界广大的劳动人民爱,世界上反动的统治阶级恨。世界上的一切敌人对毛泽东都是又怕又恨,就是因为毛泽东的一生都是在同帝国主义做斗争,是把帝国主义侵略者打得一败涂地的一生,是帝国主义又恨又怕的克星,是至今令帝国主义胆战心惊,心有余悸的根源。

为此,他们和被他们收买的共产党内部变节分子一起,内外勾结组成反毛、非毛的反华大合唱,以极其卑劣、无耻、下流的手段,无所不用其极地丑化毛泽东形象,攻击、诋毁、污蔑毛泽东思想,误导、阻止、反对人们学习毛泽东思想。一些意志薄弱、政治上糊涂的共产党人也迎合西方敌对势力的鼓噪,借机淡化、弱化、边缘化毛泽东思想,妄图让人们忘记毛泽东,在心中抹去毛泽东的光辉形象。

在阶级社会中,总是物以类聚,人以群分,对毛泽东同样有人拥护,有人仇恨。有人仇恨并不能丝毫损害毛泽东同志的伟大和光荣。对于有人反对自己,毛泽东并不感到奇怪,且有言在先,他说:"在一些人看来,我是坏人是定了的。帝国主义、修正主义、各国反动派不赞成我,包括蒋介石不赞成我。他不赞成我,我也不赞成他。"[①] "共产党不晓得挨了多少骂。国民党骂我们是'共匪',别人跟我们通,就叫'通匪'。结果,还是'匪'比他们不'匪'好。自古以来,没有先进的东西一开始就受欢迎,它总是要挨骂。一万年以后,先进的东西开始也还是要挨骂的。"[②] 对反对毛泽东的种种劣行,中国大多数人民群众绝不答应,因此,必然被历史无情地淘汰。用阶级分析的观点分析这种现象,我们可以得出结论,被这些人反对,是毛泽东同志的无尚光荣,是中华民族的正气所在,中国人民引以自豪。

2. 攻击、诬蔑、丑化毛泽东同志的根本目的,就是推翻共产党、颠覆社会主义制度

欲灭其国,必先去其史。国际共产主义运动的历史经验反复证明,要搞垮一个社会主义国家,首先就要攻击这个国家执政的共产党;要搞垮这

---

① 《毛泽东文集》第8卷,人民出版社1999年版,第407页。
② 《毛泽东文集》第7卷,人民出版社1999年版,第198页。

115

个国家执政的共产党,最卑劣的手段就是丑化这个执政党的主要领袖。苏共亡党、苏联解体的根本教训之一,就是苏联国内外的敌对势力投入大量金钱,创办和引导各种媒体恶毒攻击、抹黑进而从根本上否定斯大林乃至列宁。①

西方敌对势力和平演变苏联是这样,和平演变中国也是这样。国内外一切敌对势力实施西化、分化、和平演变中国的战略图谋一个重要的突破口,就是攻击、污蔑、贬损、丑化毛泽东,这是意识形态战线尖锐斗争的集中体现。习近平在全国宣传思想工作会议上强调:"经济建设是党的中心工作,意识形态工作是党的一项极端重要的工作。"② 党的意识形态工作之所以极端重要,是因为它关系到人们的思想统一、价值取向,关系到人心的向背,关系到党的路线方针政策的贯彻落实,关系到党的执政地位的合法性认知,关系到中国特色社会主义的前途命运。

习近平同志深刻指出:"古人说'灭人之国,必先去其史。'国内外敌对势力往往就是拿中国革命史、新中国历史来做文章,竭尽攻击、丑化、污蔑之能事,根本目的就是要搞乱人心,煽动推翻中国共产党的领导和我国的社会主义制度。苏联为什么解体?苏共为什么垮台?一个重要原因就是意识形态领域里斗争十分激烈,全面否定苏联历史、苏共历史,否定列宁,否定斯大林,搞历史虚无主义,思想搞乱了,各级党组织几乎没任何作用了,军队都不在党的领导之下了。最后,苏联共产党诺大一个党就做鸟兽散了,苏联诺大一个社会主义国家就分崩离析了。这是前车之鉴啊!邓小平同志指出:'毛泽东思想这个旗帜丢不得。丢掉这个旗帜,实际上就否定了我们党的光辉历史。'……他还强调:'对毛泽东同志的评价,对毛泽东思想的阐述,不仅仅涉及毛泽东同志个人的问题,这同我们党、我们国家的整个历史是分不开的。要看到这个全局。''这不只是个理论问题,尤其是个政治问题,是国际国内的很大的政治问题。'这就是一个伟大马克思主义政治家的眼界和胸怀。试想一下,如果当时全盘否定了毛泽东同志,那我们党还能站得住吗?我们国家的社会主义制度还能站得住吗?那就站不住了,站不住就会天下大乱。所以,正确处理改革开放前

---

① 李慎明:《正确认识和评价改革开放前后两个历史时期》,《中国社会科学报》2013年2月7日。

② 习近平在全国宣传思想工作会议上强调:《胸怀大局把握大势着眼大事努力把宣传思想工作做得更好》,《人民日报》2013年8月21日,第1版。

第三章 马克思主义指导思想是立党立国之本

后的社会主义实践探索的关系，不只是一个历史问题，更主要的是一个政治问题。"① 因此，对毛泽东的态度，是真假马克思主义、真假共产党的试金石，是高尚和卑劣、有德和缺德的分水岭。否定毛泽东同志，就是否定党的历史，就是搞历史虚无主义，就会像苏联那样因为全面否定斯大林、否定列宁、否定苏共的历史，把人们的思想搞乱了，最后导致苏联解体、苏共亡党，教训极其惨痛。这是意识形态领域里激烈斗争的集中体现，我们必须引以为戒，保持高度警觉。

毛泽东及其光辉思想集中代表着中国共产党和广大人民群众的根本利益，捍卫毛泽东的旗帜，就是捍卫党的执政地位、捍卫社会主义制度、捍卫国家安全、捍卫最广大的中国人民的福祉，其本质上就是捍卫人民的根本利益。砍了毛泽东这面旗帜，否定了毛泽东的丰功伟绩，否定了毛泽东思想，就否定了中国共产党的合法性，否定了中华人民共和国的正确性，否定了社会主义制度的科学性，否定了人民军队的人民性，就抽掉了人民赖以生存的思想武器和精神支柱，就会给中华民族、中国人民带来灾难性的严重后果。正如邓小平同志指出的："给毛泽东同志抹黑，也就是给我们党、我们国家抹黑。"② "毛泽东思想这个旗帜丢不得，丢掉了这个旗帜，实际上就否定了我们党的光辉历史。"③ 否定了中国共产党的历史，就会给共产党造成毁灭性打击，就会给中国人民造成毁灭性灾难，谁要这样做，他就是中华民族的千古罪人，就会被永远钉在历史的耻辱柱上。

否定毛泽东的人如果不是别有用心的话，就往往无知而固执，偏见而自信，愚蠢而顽劣。毛主席光明正大，光彩照人，有的人自己丑陋不堪，在毛主席的光辉下更显卑微猥琐，难以见人，因此，就会拼命地往毛主席身上泼污水，给毛主席脸上抹黑，给自己脸上贴金。随着岁月流水的冲刷洗涤，毛主席的形象历久弥新，反而更加高大伟岸、亮丽辉煌，而这些人就更显丑陋猥琐、龌龊肮脏。用卑劣的恶名亵渎毛泽东同志的伟大精神，通过泼污水，玷污毛主席的崇高形象，正暴露泼污水者灵魂的肮脏、渺小、低劣。针对赫鲁晓夫在苏共20大上全盘否定斯大林的问题，毛泽东分析说：把斯大林丑化，除了其他原因外，一个重要原因是，斯大林坚决同

---

① 习近平：《关于坚持和发展中国特色社会主义的几个问题》，《十八大以来重要文献选编》上，中央文献出版社2014年版，第113页。
② 《邓小平文选》第2卷，人民出版社1983年版，第302页。
③ 《邓小平文选》第2卷，人民出版社1983年版，第298页。

帝国主义斗争。他们把自己和斯大林区别开来,是要得到帝国主义的赏识。情同此理,国内有些人恶毒地攻击、诬蔑毛泽东,正是为了讨其帝国主义主子的欢心,想得到帝国主义主子的赏识,这就是这些人反毛泽东的内在本质。

李慎明同志指出:"反对毛泽东同志的人只是极少数,是中国人中渣滓败类,尽管他们有一定的能量,甚至嚣张一时,但他们的倒行逆施逆天理、违民意、不得人心,占人口绝对少数。国内外别有用心的人肆意夸大毛泽东晚年的错误,甚至不惜伪造事实,极尽造谣、诽谤、污蔑之能事,恶毒攻击毛泽东,这绝不是仅仅涉及毛泽东个人的问题,而是他们企图进而否定邓小平、周恩来、刘少奇、朱德、陈云等我们党的其他领袖人物和一大批老一辈无产阶级革命家,全盘否定我们党和人民艰辛奋斗的光荣历史、否定马克思主义、否定人民民主专政的社会主义制度,其实质是为把社会主义的新中国重新拉向殖民地半殖民地制造思想政治舆论。"①

毛主席教导我们:"凡是敌人拥护的我们就反对,凡是敌人反对的我们就拥护。"② 我们的党员领导干部一定要牢记习近平同志在全国宣传思想工作会议上的要求:在事关大是大非和政治原则问题上,必须增强主动性、掌握主动权、打好主动仗,帮助干部群众划清是非界限、澄清模糊认识。我们要按照党的十八届六中全会通过的《关于新形势下党内政治生活的若干准则》的要求,对于那些恶意丑化、否定、攻击共产党、社会主义、党的领袖和英雄模范的言行,必须旗帜鲜明地予以批驳斗争。

忘记过去就意味着背叛。毛主席是中国人民的大救星,中国人民的翻身解放和幸福生活是毛主席给我们带来的,我们一定要讲良心,讲正气。对那些企图通过否定毛泽东和毛泽东思想进而否定中国革命历史、否定中国共产党、否定社会主义制度的任何胡言乱语、歪理邪说,必须旗帜鲜明地坚决抵制,彻底批判,使其如老鼠过街,没有市场。这是中国人民讲良知的集中体现,是捍卫毛泽东同志的尊严,捍卫民族尊严,捍卫共产党的尊严,捍卫真理的正义壮举,是我们思想战线每位同志义不容辞的神圣职责,更是共产党人捍卫党和人民根本利益的理论自觉、思想清醒、政治睿智、战略远见。

---

① 李慎明:《说毛泽东时期一无是处不是糊涂就是别有用心》,《世界社会主义研究动态》2013年第9期,第21页。

② 《毛泽东选集》第2卷,人民出版社1991年版,第590页。

第三章 马克思主义指导思想是立党立国之本

（五）以马克思主义历史唯物主义的科学态度评价历史的功过是非

马克思主义历史唯物主义认为，评价历史的功过是非必须坚持科学态度，对毛泽东也应如此。只有以科学的态度评价毛泽东的功过是非，才能真正懂得毛泽东的英明伟大和远见卓识。

比如，对评价"大跃进"期间的是非问题，张全景同志讲了一段很具权威性的话，他指出："当然，毛主席在领导新中国建设过程中，也曾发生过某些偏差和错误，使经济建设和人民生活受到很大影响。对这些错误，他不仅通过自我批评承担了责任，而且又领导全党纠正了错误，更好地前进了。不可否认，也有些错误还没有来得及纠正。客观地说，有些错误是我们全党的责任，有些人把错误全部归咎于毛主席，这是不对的。比如三年困难时期的问题，我们把毛主席当年的讲话、文章、批示拿出来看一看，就会知道是他最早纠正'一平、二调、三收款'，最早批判'五风'等'左'的错误。1958年，徐水搞共产主义试点，毛主席得知后严厉批评说，徐水搞独立王国，急急忙忙往前闯，今后不要宣传徐水。又在一份材料上批示：分配上不能搞平均主义，工作上不能搞强迫命令，家庭阴阳五行还是要有的。他看到报纸上为了夸大水稻长势，登了一幅小孩坐在上面的照片，就说：娃娃，你快下来吧，上的越高，摔得越重。1959年4月，毛主席又写了发给六级干部的'党内通信'。这些全是纠'左'。"①

对"大跃进"时期出现的问题，邓小平同志就说过一段感人肺腑的话，他说："讲错误，不应该只讲毛泽东同志，中央许多同志都有错误。'大跃进'毛泽东同志头脑发热，我们不发热？刘少奇同志、周恩来同志和我都没有反对，陈云同志没有说话。在这些问题上要公正。"② 这是一个真正的马克思主义者所持的正确态度，是我们正确认识这段历史的楷模。

江泽民同志在《在毛泽东同志诞辰一百周年纪念大会上的讲话》中指出："邓小平同志坚决地批评了借口毛泽东同志晚年的错误从根本上否定毛泽东同志、否定毛泽东思想的错误倾向。他说，正是因为我们遵循毛泽东思想，才取得了中国革命的伟大胜利；毛泽东思想这个旗帜丢不得，不坚持毛泽东思想，我们要犯历史性的大错误。"③ 偏见而执拗、无知

---

① 张全景：《学习研究毛泽东思想是长期任务》，《红旗文稿》2010年第2期。
② 《邓小平文选》第2卷，人民出版社1983年版，第296页。
③ 《江泽民文选》第1卷，人民出版社2006年版，第348页。

而自信的人信口开河，指责毛泽东这儿错、那儿错，只能证明他们是井底之蛙的认知水平，无知而肤浅，悲哀而愚蠢。如果是怀有不可告人的卑劣目的，罔顾事实，恶意污蔑毛泽东的英明伟大，那就更为中国人民所不齿。

习近平同志指出："对历史人物的评价，应该放在其所处时代和社会的历史条件下去分析，不能离开对历史条件、历史过程的全面认识和对历史规律的科学把握，不能忽略历史必然性和历史偶然性的关系。不能把历史顺境中的成功简单归功于个人，也不能把历史逆境中的挫折简单归咎于个人。不能用今天的时代条件、发展水平、认识水平去衡量和要求前人，不能苛求前人干出只有后人才能干出的业绩来。"①

要正确地看待人们怀念毛泽东时代，人们都知道改革开放绝不能走封闭僵化的老路，更不能走改旗易帜的邪路。改革开放与怀念毛泽东并不矛盾，就像邓小平理论与毛泽东思想是继承与发展的关系一样，是一脉相承，相辅相成、相得益彰的。毛泽东时代是一个物质虽然贫穷而精神富有的年代，是一个充满激情，富于创造的年代，是一个创造奇迹的年代。怀念毛泽东时代决不是想恢复到物质短缺、商品贫乏的贫穷时代，那是脑残者的臆想，是不符合社会实际的根本不存在的伪命题。改革开放富裕起来的广大人民群众之所以怀念毛泽东时代，是因为对现实官僚主义、形式主义、贫富不均、社会不公、两极分化、奢侈腐败极端愤怒和强烈不满，因而怀念毛泽东时代那种人人平等、公平公正的社会氛围，怀念那种全心全意为人民服务，一切从人民的利益出发的宗旨思想，怀念那种干部清正、政府清廉、政治清明的社会风尚，怀念人与人之间亲如兄弟的深厚阶级感情，怀念一方有难八方支援的集体主义协作精神，怀念那时为了党和人民的利益全国人民无私奉献的共产主义崇高品质。

比如20世纪60年代修水库、大兴水利设施，是人民群众不要任何报酬无偿地夜以继日拼搏奋斗在工地上，忘我地真诚地投入到社会主义建设的热潮中创造的奇迹。正是毛泽东英明领导的那个激情燃烧的时代，人们以忘我奉献精神大兴水利设施，修了86000多座大中型水库，新安江水库、现在的千岛湖。北满水电站，北京的密云水库，十三陵水库，河北的岗南水库、王快水库、西大洋水库，等等，才使几十年后中国人民尤其是占全

---

① 习近平：《在纪念毛泽东同志诞辰120周年座谈会上的讲话》，《人民日报》2013年12月27日，第2版。

第三章　马克思主义指导思想是立党立国之本

国人口百分之七十的大中小城市广大人民群众有了充足的水源供应。如果没有这些水库，城市飞速发展，人口急剧增多，我们现在很可能就会面临无水可用、无水可喝的悲惨命运。

那是一个什么样的时代啊，那是一个激情燃烧的时代，那是一个"六亿神州尽舜尧"的时代，是一个思想大解放、敢说前人不敢说的话，敢做前人不敢做的事，与时俱进，开拓创新，拼搏进取，奋发有为的时代；那是一个人人追求崇高，一心为公，忘我忘家，无怨无悔，朝气蓬勃，不计报酬，无私奉献的时代；那是一个为了人民利益改天换地，移山填海，让高山低头，河水让路，高喊着"我来了！"而充满无限豪情的气壮山河的时代；那是一个群众中蕴藏着极大的社会主义积极性、创造性的时代；是一个自觉地把自己的全部潜能和聪明才智发挥到极致而无偿地奉献给社会的时代；那是一个翻身解放后真正当家作主的最广大劳动人民在党的领导下创造出世间一切奇迹的时代。虽然新中国刚刚建立不久，物质贫乏，国家很穷，人民生活很苦，但那时的农民工建设者们却像鲁迅先生所说的吃的是草，挤出来的是奶和血。他们吃的是玉米面、红薯面窝窝头，喝的是白菜汤，春夏秋冬，白天黑夜，不怕疲劳，不怕苦累，顽强奋战在工地上，像大禹治水三过家门而不入那样，三年不回家的人比比皆是，更说明那代人的高尚和可敬。那是一种民族精神，那是一种攻无不克，战无不胜，无坚不摧的巨大力量。没有那种鼓足干劲，力争上游，多快好省地建设社会主义，没有那种无偿地从各农村生产队调集大量的农民工、粮食、物资的机制，能建成耗工费时规模浩大惠及当代、福荫子孙的水库吗？那种忘我精神，无私奉献精神，那种改天换地的社会主义建设热情，无与伦比，可歌可颂。

除了修建86000多座大中型水库之外，北京火车站、人民大会堂、中国革命历史博物国、军事博物馆、民族文化宫等十大建筑，也是"大跃进"的辉煌成果，更重要的是全国156项大型工业设施，也都是在"大跃进"期间起步建设和逐步完成的，由此，形成了我国独立完整的工业经济体系，奠定了我国的坚实的工业基础。"大跃进"确实产生了诸如"浮夸风""共产风""大炼钢铁"等一些错误和偏差，给人民的生活带来了相当的困难。但也不能一概否认，更不能因此而否定毛泽东，那不是科学的态度，不是历史唯物主义态度，是缺乏辩证法的。我们要用自己的头脑思考，要用自己的眼睛辨认，不要听风就是雨，不能人云亦云，更不应跟着起哄。

吃水不忘挖井人。如果没有"大跃进"时修的星罗棋布在中国大地上的大中小型水库，今天在水资源奇缺的情况下，我们很多城市连水都没得吃，正因为"大跃进"时兴修的水库，才使今天我们能够尽享甘霖。今天，我们尽情享受甘霖的后人们，更要感恩毛泽东同志的英明伟大，足见时时不忘为人民造福、先知先觉的毛泽东同志，走在前面，未雨绸缪，是多么的英明远见，料事如神。

美国作家史沫特莱说：中国共产党的其他领袖人物每一个都可以同古今中外社会历史上的人物相提并论，但无人能够比得上毛泽东。德国政治家、经济学家赫尔穆特·施密特说：陈毅曾经这样说项英"你不信润之只能说明你没水平"。毛泽东作为革命领袖，对于中国的前途如同列宁对于苏联所具有的类似历史意义。

"政声人去后，民意闲谈中。"公道自在人心，人民心中自有一杆公平秤。毛泽东主席已经逝世40余年，他的丰功伟绩已经永远深深地铭刻在人民心中，而且历久弥新，日显其辉，想否定他那是痴心妄想。因此，说话要站在人民的立场上，说公道话，讲正义经，做良心事。歪着嘴说话，昧着良心做事，没人信、没人听、没人跟。这些年持续升温的毛泽东热、每年12月26日毛泽东同志诞辰日，全国各地广大人民群众不约而同地自发地在全国各地隆重举办纪念毛泽东同志的各种活动，就足以证明毛泽东同志永远活在人民心中，那是不可漠视的天理民意的诠释。

四、坚持不懈地用马克思主义中国化的最新成果
——中国特色社会主义理论体系武装全党、教育人民

党的十八的报告指出："中国特色社会主义理论体系，就是包括邓小平理论、'三个代表'重要思想、科学发展观在内的科学理论体系，是对马克思列宁主义、毛泽东思想的坚持和发展。"[①] 中国特色社会主义理论体系，是指导党和人民沿着中国特色社会主义道路实现中华民族伟大复兴的正确理论，是我们党坚持把马克思主义基本原理同中国具体实际结合起

---

① 胡锦涛：《坚定不移沿着中国特色社会主义道路前进为全面建成小康社会而奋斗——在中国共产党第十八次全国代表大会上的报告》，《人民日报》2012年11月18日，第1版。

第三章　马克思主义指导思想是立党立国之本

来，在推进马克思主义中国化的历史进程中产生的马克思主义中国化的最新成果，是包括邓小平理论、"三个代表"重要思想以及科学发展观、习近平新时代中国特色社会主义思想等在内的科学理论体系，系统回答了在中国这样一个十几亿人口的发展中大国建设什么样的社会主义、怎样建设社会主义，建设什么样的党、怎样建设党，实现什么样的发展、怎样发展，新时代坚持和发展什么样的中国特色社会主义、怎样坚持和发展中国特色社会主义等一系列重大问题，是对毛泽东思想的继承和发展。

中国社会科学院院长王伟光同志在《邓小平是中国特色社会主义的创建者》一文中概括了邓小平理论关于社会主义本质论、社会主义发展阶段论、社会主义改革开放论、社会主义市场经济论、社会主义精神文明论、社会主义领导核心论六个方面的重要内容，同时指出："除了上述六个方面外，邓小平理论体系中还包括党的思想路线、社会主义建设科学方法论、社会主义民主政治建设、统一战线、军队和国防建设、祖国统一、外交战略等理论。邓小平理论贯通马克思主义哲学、政治经济学、科学社会主义等领域，涵盖治党治国治军、内政外交国防、改革稳定发展等方面，形成了一个新的比较完备的建设中国特色社会主义的科学体系，又是一个需要从各方面进一步丰富发展的科学体系。

十三届四中全会以来，以江泽民为核心的党的第三代中央领导集体创造性地提出'三个代表'重要思想，把中国特色社会主义事业成功地推向21世纪。十六大以来，以胡锦涛为总书记的党中央在全面建设小康社会新的伟大实践中，树立和落实科学发展观，成功地坚持和发展了中国特色社会主义。十八大以来，习近平总书记发表一系列重要讲话，提出许多富有创见的新思想新观点新论断新要求，进一步升华了我们党对中国特色社会主义规律和马克思主义执政党建设规律的认识，是坚持和发展中国特色社会主义的最新理论成果，为我们在新的历史起点上实现国家富强、民族振兴、人民幸福的中国梦提供了科学指南和基本遵循。正因为我们坚持和发展了邓小平理论，以中国特色社会主义理论体系武装全党、教育人民，才经受住了各种风险考验，实现经济发展、政治昌明、文化繁荣、民族团结，社会全面进步，国际地位空前提高。"①

中国特色社会主义理论体系，是一个比较完备的建设中国特色社会主

---

① 王伟光：《邓小平是中国特色社会主义的创建者》，《中国社会科学报》2014年8月20日。

义的科学体系，又是一个需要从各方面进一步丰富发展的科学体系，是一个随着经济社会的发展不断发展、随着时代的进步不断丰富和开放的理论体系。邓小平理论是中国特色社会主义理论体系的奠基之作，"三个代表"重要思想、科学发展观、习近平新时代中国特色社会主义思想，都是中国特色社会主义理论体系的组成部分和重要内容。因此，坚持不懈地运用中国特色社会主义理论体系武装全党、教育人民，就是要认真学习邓小平理论、"三个代表"重要思想、科学发展观和习近平新时代中国特色社会主义思想。

（一）认真学习邓小平理论、学习邓小平防止和平演变的战略思想

坚持不懈地用中国特色社会主义理论体系武装全党、教育人民，就要认真学习邓小平理论、学习邓小平防止和平演变的战略思想。

邓小平理论对新的时代特征和总体国际形势做出新的判断，是马克思列宁主义、毛泽东思想与中国改革开放具体实践相结合的产物，是党和人民集体智慧的结晶，是对中国改革开放的经验和国际共产主义运动深刻教训的科学总结，是当代中国的马克思主义，是马克思主义在中国发展的新阶段，开拓了马克思主义的新境界，把马克思主义对社会主义的认识提高到新的科学水平，是党和各族人民进行社会主义现代化建设和实现民族振兴的强大精神支柱。邓小平理论，把马克思主义普遍真理与当代中国实践和时代特征结合起来，第一次比较系统地初步回答了中国这样经济落后的国家如何建设社会主义、如何巩固和发展社会主义的一系列基本问题，是一个贯通哲学、政治经济学、科学社会主义等领域，涵盖经济、政治、科技、教育、文化、民族、军事、外交、统一战线、党的建设等方面的比较完备的科学体系。实践证明，邓小平理论是指导中国人民在改革开放中胜利实现社会主义现代化的正确理论。在当代中国，马克思列宁主义、毛泽东思想、邓小平理论，是一脉相承的统一的科学体系，坚持邓小平理论就是真正坚持马克思列宁主义、毛泽东思想，高举邓小平理论旗帜，就是真正高举马克思列宁主义毛泽东思想的旗帜。无论遇到什么困难和风险，都要自觉地坚定不移地高举邓小平理论的伟大旗帜。当前，高举邓小平理论伟大旗帜的一个极其重要的任务，就是认真学习邓小平防止和平演变的战略思想。

防止和平演变思想，是邓小平理论的重要组成部分，是邓小平作为老

第三章 马克思主义指导思想是立党立国之本

一辈无产阶级革命家对自己所参与开创的党和人民事业无限忠诚的集中体现，是巩固党的执政地位和社会主义制度的战略思考，是留给中国人民的宝贵精神遗产，是新形势下我们党领导人民防止和平演变的锐利思想武器。我们要认真学习、深入研究、全面继承邓小平防止和平演变思想，坚决粉碎西方敌对势力西化、分化、和平演变中国的罪恶图谋，坚持和发展中国特色社会主义，有效避免苏联解体、东欧剧变悲剧的发生，确保无数革命先烈用鲜血和生命换来的社会主义事业永不变色，最终实现共产主义理想社会。

作为老一辈无产阶级革命家的邓小平同志，深知中国社会主义制度的来之不易，他决不允许帝国主义对中国和平演变的政治图谋在中国实现，决不允许东欧剧变、苏联解体的悲剧在中国重演。他对西方敌对势力处心积虑和平演变中国社会主义的政治图谋早有警惕，并作为党中央第二代领导集体的核心，针对防止和平演变问题发表了一系列的重要讲话。翻开《邓小平文选》，尤其是第三卷，邓小平同志从坚持四项基本原则、反对错误倾向、反对精神污染到反对资产阶级自由化的文章占了文选中的大量篇幅，是邓小平理论极其重要的组成部分。几乎在每篇文章中都渗透着防止和平演变的思想主旨。在东欧剧变、苏联解体之后，西方敌对势力和平演变中国已成为我国社会主义事业面临的极为紧迫、极其严峻的现实危险。我们在研究邓小平理论时，不要回避和讳言邓小平的这一重要思想。其实，和平演变的危险是客观存在的，承认不承认都是客观事实，苏共亡党、苏联解体就是被西方和平演变的结果。只有清醒地认识和平演变的现实危险，居安思危，危而有备，采取对策有效地抵制、应对，方能有备无患。今天，在党面临执政考验、改革开放考验、市场经济考验、外部环境考验的新形势下，按照党的十八大关于"不断提高党的领导水平和执政水平，提高拒腐防变和抵御风险的能力，是党巩固执政地位、实现执政使命必须解决好的重大课题"的要求，防止和平演变，就是提高执政水平、拒腐防变的重要内容、首要内容。我们着重研究邓小平防止和平演变的光辉思想，学习他那振聋发聩的警示，会从中得到极其宝贵的启迪，并对防止和平演变问题保持应有的警觉，对提高我党的执政水平和拒腐防变的能力、巩固党的执政地位、巩固社会主义制度、高举中国特色社会主义伟大旗帜不动摇大有裨益。

在《坚持社会主义，防止和平演变》一文中，邓小平同志高瞻远瞩地指出："美苏双方会谈、裁军的势头不错，我表示欢迎。我希望冷战结束，但现在我感到失望。"① 为什么失望？作为一位经验丰富的政治家，他敏锐地意识到，"可能一个冷战结束了，另外两个冷战已经开始。一个是针对整个南方、第三世界的，另一个是针对社会主义的。西方国家正在打一场没有硝烟的第三次世界大战。所谓没有硝烟，就是要社会主义国家和平演变"。② "如果中国搞资产阶级自由化，那么肯定会有动乱，使我们什么事情也干不成，我们制定的方针、政策、路线、三个阶段发展战略的目标统统告吹。"③ "中国坚持社会主义，不会改变。"④ 邓小平同志在《我们有信心把中国的事情做得更好》一文中指出："西方世界确实希望中国动乱。不但希望中国动乱，也希望苏联东欧动乱。美国还有西方其他一些国家对社会主义国家搞和平演变。美国现在有一提法：打一场无硝烟的世界大战。我们要警惕。资本主义是想最终战胜社会主义，过去拿武器用原子弹、氢弹，遭到世界人民反对，现在搞和平演变。"⑤ "什么威胁也吓不倒我们。我们这个党就是在威胁中诞生的，在威胁中奋斗出来的，奋斗了二十八年才真正建立起人民共和国。现在我们比过去好得多。只要中国社会主义不倒，社会主义在世界将始终站得住。"⑥ 在这两篇著名的谈话中，邓小平同志提出"坚持社会主义、防止和平演变"的著名论断。

1. 理直气壮地坚持四项基本原则，为防止和平演变筑起思想理论上的钢铁长城

在我们党粉碎"四人帮"进行拨乱反正，建设社会主义现代化的进程中，社会上出现了一股怀疑社会主义，怀疑无产阶级专政，怀疑党的领导，怀疑马克思列宁主义、毛泽东思想的思潮。实际上，这是西方敌对势力和平演变中国的一个集中体现。

自从社会主义作为资本主义的对立物、替代物在世界上出现后，社会主义制度的诞生和发展打破了资产阶级的一统天下，从根本上否定了资本主义的社会制度，动摇了资产阶级统治的合理性，敲响了资本主义制度的丧钟，使资本主义世界对其生存与发展感受到了严重的威胁。自从世界上第一个社会主义国家诞生那天起，作为两种根本对立的社会制度的殊死斗

---

① 《邓小平文选》第3卷，人民出版社1993年版，第344页。
② 《邓小平文选》第3卷，人民出版社1993年版，第344页。
③ 《邓小平文选》第3卷，人民出版社1993年版，第344页。
④ 《邓小平文选》第3卷，人民出版社1993年版，第345页。
⑤ 《邓小平文选》第3卷，人民出版社1993年版，第326页。
⑥ 《邓小平文选》第3卷，人民出版社1993年版，第346页。

第三章　马克思主义指导思想是立党立国之本

争就从来没有停止过。帝国主义一直采用武力扼杀与和平演变两种手段，首先是试图用武力将社会主义国家扼杀在摇篮里，而当帝国主义感到用武装干涉不能达到其目的时，就在继续保持其军事威慑力量的同时，把重点放在推行和平演变战略上，以达到其不战而胜的目的。在实施和平演变的战略中，推翻共产党的领导，消灭社会主义制度，取消无产阶级专政，铲除马克思主义意识形态，始终就是西方敌对势力的既定方针和主要目标。针对当时情势，邓小平指出："社会上有极少数人正在散布怀疑或反对四项基本原则的思潮，而党内也有个别同志不但不承认这种思潮的危险，甚至直接间接地加以某种程度的支持。"① 为此，邓小平同志于1979年3月30日在党的理论工作务虚会上，受党中央委托，作了著名的《坚持四项基本原则》即"我们必须坚持社会主义道路，坚持无产阶级专政，坚持共产党的领导，坚持马列主义、毛泽东思想"的重要讲话。② 邓小平同志提出的四项基本原则是我们的立国之本，建国根基，是全国各族人民团结前进的共同政治基础，是中国共产党奋斗半个多世纪的经验总结，是中华民族在长期的革命斗争中作出的正确选择，是防止和反对西方敌对势力和平演变中国的锐利武器，是巩固中国特色社会主义大厦的四根擎天大柱。它代表了最广大人民的根本利益，反映了不以人们意志为转移的历史发展规律，是探索共产党执政规律的必然选择，是一切反对社会主义中国的敌对势力不可逾越的钢铁壁垒，也是一切敌对势力气急败坏、处心积虑、集中反对的核心目标。在1989年的春夏之交发生在北京的政治风波中，坚持资产阶级自由化的顽固分子一再叫嚷的就是"去除宪法中为人民所深恶痛绝的'原则'和'坚持'"，并叫嚣"要解除四项基本原则"，"打倒共产党"，"旗帜鲜明地反对共产党和它的政府"，对一贯坚持四项基本原则、坚持反对资产阶级自由化的邓小平同志进行恶毒的诽谤和谩骂。这就进一步说明了，坚持四项基本原则，是抵制和防止敌对势力和平演变的有效武器和法宝。

第一，坚定了人们的社会主义信念。邓小平同志指出："我们必须坚持社会主义道路。现在有一些人散布所谓社会主义不如资本主义的言论。一定要驳倒这种言论。首先只有社会主义才能救中国，这是中国人民从五四运动到现在六十年来的切身体验中得出的不可动摇的历史结论。中国离

---

① 《邓小平文选》第2卷，人民出版社1994年版，第166页。
② 《邓小平文选》第2卷，人民出版社1994年版，第173页。

开社会主义必然退回到半封建、半殖民地。中国绝大多数人决不允许历史倒退。"① 在分析社会主义中国在经济、技术、文化等方面现在还不如发达的资本主义国家的事实后指出："这不是社会主义制度造成的，从根本上说，是解放以前的历史造成的，是帝国主义和封建主义造成的。社会主义革命已经使我国大大缩短了同发达资本主义国家在经济发展方面的差距。"② 在我们总结了经验、纠正了错误后，经济建设的发展速度"毫无疑问将来会比任何资本主义国家发展都快，并且比较稳定而持久"。③ 邓小平同志这个预见性的科学结论，已经为他讲话以后多年中国持续保持7.5%—8%以上的发展速度所证明。在有些人为资本主义制度好还是社会主义制度好而迷茫时，邓小平同志毫不含糊地回答："当然是社会主义制度好。"④ "它将吸收我们可以从世界各国吸收的进步因素，成为世界上最好的制度。这是资本主义所绝对不可能做到的。"⑤ 资本主义制度已经有了几百年历史，有值得我们借鉴和学习的先进技术和其他有益的东西，"但是，我们决不学习和引进资本主义制度，决不学习和引进各种丑恶颓废的东西"，"我们要向人民特别是青年介绍资本主义国家中进步和有益的东西，批判资本主义国家中反动和腐朽的东西"。⑥ "中国不搞社会主义不行，不坚持社会主义不行，如果没有共产党的领导，不搞社会主义，不搞改革开放，就呜呼哀哉了，哪里能有现在的中国？"⑦ "我们搞的四个现代化，是社会主义的四个现代化。只有社会主义，才能有凝聚力，才能解决大家的困难，才能避免两极分化，逐步实现共同富裕。"⑧ 邓小平同志一系列坚持社会主义的科学论述，澄清了人们关于坚持社会主义问题上的模糊认识，坚定了人们的社会主义信念，给了国内外企图动摇我国人民社会主义信念的敌对分子当头一棒，为巩固社会主义制度，建树了不可磨灭的历史功勋。

第二，强调了坚持无产阶级专政的极端重要性。邓小平同志指出，

---

① 《邓小平文选》第2卷，人民出版社1994年版，第166页。
② 《邓小平文选》第2卷，人民出版社1994年版，第167页。
③ 《邓小平文选》第2卷，人民出版社1994年版，第167页。
④ 《邓小平文选》第2卷，人民出版社1994年版，第167页。
⑤ 《邓小平文选》第2卷，人民出版社1994年版，第337页。
⑥ 《邓小平文选》第2卷，人民出版社1994年版，第168页。
⑦ 《邓小平文选》第3卷，人民出版社1993年版，第326页。
⑧ 《邓小平文选》第3卷，人民出版社1993年版，第357页。

第三章　马克思主义指导思想是立党立国之本

"我们必须坚持无产阶级专政",①"无产阶级专政对于人民来说,就是社会主义民主,我们积极采取各种措施努力扩大党内民主和人民民主。没有民主就没有社会主义,就没有社会主义现代化"。"但是发展社会主义民主,决不是可以不要对敌视社会主义的势力实行无产阶级专政。"②"对于一切反社会主义分子仍然必须实行专政。不对他们专政,就不可能有社会主义民主。""事实上,没有无产阶级专政,我们就不可能保卫从而也不可能建设社会主义。"③邓小平同志坚持无产阶级专政的英明远见为1989年春夏之交发生在北京的政治风波所证明,证明了无产阶级专政对于保卫社会主义制度的极端重要性。在我们党以无产阶级专政的巨大威慑力制止了动乱,平息了风波,捍卫了四项基本原则,捍卫了社会主义的中华人民共和国,捍卫了中国人民的利益时,邓小平同志深刻地指出:"人民民主专政不能丢。你闹资产阶级自由化,用资产阶级的人权、民主那一套来搞动乱,我就坚决制止。马克思说,阶级斗争不是他的发现,他的理论最实质的一条就是无产阶级专政。无产阶级作为新兴阶级夺取政权,建立社会主义,本身的力量在一个相当长时期内肯定弱于资本主义,不靠专政就抵制不住资本主义的进攻。坚持社会主义就必须坚持无产阶级专政,我们叫人民民主专政。在四个坚持中,坚持人民民主专政这一条不低于其他三条。理论上讲清楚这个道理是必要的。"④

第三,强调共产党是社会主义的领导核心。邓小平提出:"我们必须坚持共产党的领导。自有国际共产主义运动以来,就证明没有无产阶级政党就不可能有国际共产主义运动。自从十月革命以来,更证明了没有共产党的领导,就不可能有社会主义革命,不可能有无产阶级专政,不可能有社会主义建设。"⑤中国共产党是中国工人阶级先进分子组成的,是中国各族人民利益的忠实代表。在长期的革命战争年代,是中国共产党人率领中国人民前仆后继、浴血奋战,冲破千难万险,克服重重困难,经过28年的英勇斗争,终于推翻了"三座大山",建立了新中国,进而领导中国人民进行社会主义建设、改革开放。历史和现实都证明了一个颠扑不破的真

---

① 《邓小平文选》第2卷,人民出版社1994年版,第168页。
② 《邓小平文选》第2卷,人民出版社1994年版,第168页。
③ 《邓小平文选》第2卷,人民出版社1994年版,第169页。
④ 《邓小平文选》第3卷,人民出版社1993年版,第364—365页。
⑤ 《邓小平文选》第2卷,人民出版社1994年版,第169页。

理:"没有中国共产党,就没有社会主义的新中国。"① 中国共产党作为社会主义事业的领导核心,是中国革命斗争历史的必然选择,是共产党人长期为了人民的利益浴血奋战的必然结果。正如邓小平同志所指出的,削弱甚至取消党的领导,是广大群众所不能容许的,"只能导致无政府主义、导致社会主义事业的瓦解和覆灭"。② "现在中国经济正在党中央和国务院的领导下重新走上健康发展的道路,如果再让有些人到处踢开党委去闹,那就只能把四个现代化吹得精光。这不是危言耸听,而是大量实践所证明了的客观真理。"③ 联系1989年春夏之交发生在北京的政治风波,一些在资产阶级自由化分子操纵下的坏人,公开叫嚣"打倒共产党"、"杀尽四千七百万共产党党徒"、"取消共产党,实行多党制"、"旗帜鲜明地反对共产党和它的政府",更说明了邓小平同志英明远见。

第四,捍卫马列主义、毛泽东思想的指导地位。邓小平同志指出:"我们必须坚持马列主义、毛泽东思想。"④ 毛泽东同志于1954年在中华人民共和国第一届全国人民代表大会第一次会议开幕词中指出:"领导我们事业的核心力量是中国共产党。指导我们思想的理论基础是马克思列宁主义。"⑤ 马克思主义是科学的世界观、方法论,它科学地揭示了人类社会发展的客观规律,提出了一系列极为丰富的按照客观规律办事并取得成功的思想行为准则,是我们认识世界、改造世界的锐利武器,是被中国革命、建设和改革实践证明了的真理,是我们立党立国的根本指导思想,是社会主义意识形态的灵魂。坚持马列主义、毛泽东思想的指导地位,是党和人民团结一致,始终沿着正确方向前进的根本思想保证。以马克思主义为指导,是共产党区别于其他政党的根本标志,是由党的性质决定的。中国革命、社会主义建设和改革开放的历史和现实充分证明,我们党由小到大,我们国家由弱到强,人民群众由穷到富,都是坚持马列主义、毛泽东思想指导的结果。坚持马列主义、毛泽东思想的指导地位,是当前国际国内环境中坚持中国特色社会主义正确方向的需要,是增强全国人民凝聚力,提高综合国力的需要,是巩固党的执政地位,巩固社会主义制度的需要。能不能坚持马列主义、毛泽东思想的指导思想地位,关系到党和社会主义的

---

① 《邓小平文选》第2卷,人民出版社1994年版,第170页。
② 《邓小平文选》第2卷,人民出版社1994年版,第170页。
③ 《邓小平文选》第2卷,人民出版社1994年版,第171页。
④ 《邓小平文选》第2卷,人民出版社1994年版,第171页。
⑤ 《毛泽东文集》第6卷,人民出版社1999年版,第350页。

前途命运，关系到社会主义现代化的成败，关系到社会的安定，人民的幸福。邓小平同志深刻地批驳了公然反对马列主义的基本原理，或者口头上拥护马列主义，但是反对马列主义普遍真理与中国革命实践相结合而产生的毛泽东思想的错误思潮，强调坚持马列主义、毛泽东思想基本原理，着重指出："我们能在今天的国际环境中着手进行四个现代化建设，不能不铭记毛泽东同志的功绩。""毛泽东思想过去是中国革命的旗帜，今后将永远是中国社会主义事业和反霸权主义事业的旗帜，我们将永远高举毛泽东思想的旗帜前进。"① 邓小平同志在对待毛泽东同志及毛泽东思想的态度上，表现了一个伟大的无产阶级政治家的宽阔胸怀和战略远见，粉碎了敌对势力通过反对毛泽东同志及其思想进而否定中国共产党领导的中国革命和社会主义制度的罪恶阴谋。因为毛泽东同志是中国共产党、中华人民共和国的缔造者，否定了他就不可能不否定他缔造的中国共产党和他领导中国人民所创建的社会主义制度，这就从根本上避免出现像苏联那样，因为否定斯大林进而否定列宁、否定社会主义而导致和平演变的悲剧发生。

在充分论述了坚持四项基本原则后，邓小平同志指出："中央认为，今天必须反复强调坚持这四项基本原则，因为某些人（哪怕只是极少数人）企图动摇这些基本原则，这是决不许可的。每个共产党员，更不必说每个党的思想理论工作者，决不允许在这个根本立场上有丝毫动摇，如果动摇了这四项基本原则中的任何一项，那就动摇了整个社会主义事业，整个现代化建设事业。"② 正是邓小平同志坚持四项基本原则的重要论述，统一了全党全国人民的思想，成为全国人民巩固党的执政地位，巩固社会主义制度的强大武器，在人们的思想上筑起坚不可摧的钢铁长城，从根本上奠定了中国人民反对西方敌对势力和平演变胜利基础，是邓小平同志为反对和平演变建树的永载史册的伟大功勋。

2. 旗帜鲜明地反对资产阶级自由化，在意识形态战线全面反击敌对势力的和平演变图谋

西方敌对势力明确提出要打好一场"无硝烟的'新的世界战争'"，"最重要的是要搞攻心战"，要"将70%的力气用于攻心战"。通过报纸、电台、文化系统等渠道大做意识形态方面的渗透工作，企图使中国人民接受西方资产阶级的世界观、政治观、历史观、价值观，削弱、抵制社会主

---

① 《邓小平文选》第2卷，人民出版社1994年版，第172页。
② 《邓小平文选》第2卷，人民出版社1994年版，第173页。

义意识形态的指导地位。当西方敌对势力看到通过武力使社会主义国家屈服不大可能，搞武装颠覆难以奏效时，就越来越注重对社会主义国家实施和平演变战略，其中主要手段就是进行意识形态渗透。

邓小平同志作为无产阶级革命家、中国社会主义制度的缔造者之一，对西方敌对势力和平演变中国的政治图谋高度警觉，在意识形态领域的斗争中，从反对错误倾向、清除精神污染、反对资产阶级自由化到打击经济犯罪、反对腐败等方面，提出了一系列的方针、原则，闪烁着马克思主义战斗风格的思想光芒。

第一，反对错误倾向，打击经济犯罪。邓小平同志为了防止和平演变，首先从反对错误倾向入手，打击经济犯罪，遏制西方敌对势力和平演变我们的不良势头。针对西方价值观、生活方式对我国的渗透产生的恶劣影响，邓小平1984年在《党和国家领导制度改革》的讲话中就深刻指出，"由于近年国际交流增多，受到外国资产阶级腐朽思想作风、生活方式影响而产生的崇洋媚外的现象，现在已经出现，今后还会增多。这是必须认真解决的一个重大问题。……现在有些青年，有些干部子女，甚至有些干部本人，为了出国，为了搞钱，违法乱纪，走私受贿，投机倒把，不惜丧失人格，丧失国格，丧失民族自尊心，这是非常可耻的。近一两年内，通过不同渠道运进了一些黄色、下流、淫秽、丑恶的照片、影片、书刊等，败坏我们的社会风气，腐蚀我们的一些青年和干部。如果听任这种瘟疫传布，将诱使许多意志不坚定的人道德败坏，精神堕落。各级组织都要严肃地注意这个问题，采取有效的措施，予以查禁、销毁，坚决不允许继续流入。"① 这表明了中央对错误倾向坚决斗争的明确态度，解决了当时对错误倾向不敢批评的涣散软弱的问题。以上科学的论述，旗帜鲜明地批驳了各种反对社会主义、削弱中国共产党领导的错误思想言论，从思想上消除了困惑人们的不敢与错误思想斗争的迷雾，从根本上肃清了和平演变造成的思想混乱，捍卫了党的领导原则和社会主义制度。邓小平同志历来重视"两手抓，两手都要硬"。他指出："我们要有两手，一手就是坚持对外开放和对内搞活经济的政策，一手就是打击经济犯罪活动，没有打击经济犯罪这一手，不但对外开放政策肯定要失败，对内搞活经济的政策也肯定要失败。"② 因为经济犯罪尤其是领导干部以权谋私、贪污受贿的腐败行为容

---

① 《邓小平文选》第2卷，人民出版社1994年版，第337—338页。
② 《邓小平文选》第2卷，人民出版社1994年版，第404页。

第三章 马克思主义指导思想是立党立国之本

易脱离群众，丧失人心，损害党的事业。他深刻指出："这股风来得很猛。如果我们党不严重注意，不坚决刹住这股风，那么，我们的党和国家确实要发生会不会'改变面貌'的问题。这不是危言耸听。"①

第二，清除精神污染，坚决抵制外来腐朽思想的侵蚀。邓小平同志在《中国共产党第十二次全国代表大会开幕词》中提出"走自己的道路，建设有中国特色的社会主义"的伟大方针后，在实行对外开放、扩大交流的历史背景下，以维护我国的独立主权、尊严和捍卫社会主义制度的高度政治责任感，语重心长地对全党同志说："我们保持清醒的头脑，坚决抵制外来腐朽思想的侵蚀，决不允许资产阶级生活方式在我国泛滥。中国人民有自己的民族自尊心和自豪感，以热爱祖国、贡献全部力量建设社会主义祖国为最大光荣，以损害社会主义祖国利益、尊严和荣誉为最大耻辱。"② 邓小平同志把危害社会主义事业的一切资产阶级的思想糟粕、精神垃圾形象深刻地称之为精神污染，并且对清除精神污染的问题高度重视，专门在中国共产党第十二届中央委员会第二次全体会议上《党在组织战线和思想战线上的迫切任务》的讲话中，强调不能搞精神污染的问题。他深刻指出："精神污染的实质是散布对于社会主义、共产主义事业和对于共产党领导的不信任情绪。"③ 揭露了精神污染的和平演变实质。"现在有些同志对于西方各种哲学的、经济学的、社会政治的和文学艺术的思潮，不分析，不鉴别，不批判，而是一窝蜂地盲目推崇。对于西方学术文化的介绍如此混乱，以至连一些西方国家也认为低级庸俗或者有害的书籍、电影、音乐、舞蹈以及录像、录音，这几年也输入不少。这种用西方资产阶级没落文化来腐蚀青年的状况，再也不能容忍了。"④ 在这里，邓小平同志批判了理论界、学术界一些人盲目推崇西方各种思潮，不加分析，不去鉴别，不加选择地将一些低级庸俗的精神文化产品输入国内，用这种资产阶级没落文化腐蚀我国青年的状况的严重问题，到了"再也不能容忍的地步"，各级党组织必须坚决制止，决不允许这种和平演变我国青年、制造思想混乱的状况持续下去。为了让人们引起对精神污染的高度重视，邓小平同志深刻地指出了精神污染的极端危害性，他说："精神污染的危害很大，足

---

① 《邓小平文选》第2卷，人民出版社1994年版，第403页。
② 《邓小平文选》第3卷，人民出版社1993年版，第3页。
③ 《邓小平文选》第3卷，人民出版社1993年版，第40页。
④ 《邓小平文选》第3卷，人民出版社1993年版，第44页。

以祸国殃民。它在人民中混淆是非界限，造成消极涣散、离心离德的情绪，腐蚀人们的灵魂和意志，助长形形色色的个人主义思想泛滥，助长一部分人当中怀疑以至否定社会主义和党的领导的思潮。四项基本原则的核心，就是社会主义制度和党的领导，这是我们的立国之本和团结全国人民奋斗的根本。……不要以为有一点精神污染不算什么，值不得大惊小怪。……如果我们不及时注意和采取坚定的措施加以制止，而任其自由泛滥，就会影响更多的人走上邪路，后果就可能非常严重。从长远来看，这个问题关系到我们的事业将由什么样的一代人来接班，关系到党和国家的命运和前途。"① 邓小平同志作为无产阶级政治家，对共产党的领导和社会主义事业无限忠诚，他以敏锐的政治家的远见，英明地预见到精神污染对于社会上种种消极现象、歪风邪气、犯罪行为，以及一些人反社会主义的敌对活动造成的严重影响。"只有社会主义才能救中国，只有社会主义才能发展中国。"毛泽东、邓小平、江泽民中国共产党的三代领导人都讲过的这句话，决不是一句平常的口号，而是中国近代自1840年以来，经过太平天国运动、义和团运动、戊戌变法、辛亥革命和中国共产党领导人民浴血奋战，付出了数千万人民生命和鲜血的代价证明了的客观真理。一部中国近代史，就是其他主义不能救中国，而只有在马列主义指导下，通过中国共产党领导的新民主义革命胜利、走社会主义道路才能救中国的历史。也正如邓小平同志指出的："搞强权政治的国家根本没有资格讲人权，他们伤害了世界上多少人的人权！从鸦片战争侵略中国开始，他们伤害了中国多少人的人权！"②

　　从人们的思想混乱可以看到精神污染的长远危害，这也从一个方面证明杜勒斯所说的，如果我们教会苏联青年唱我们的歌曲，并随之舞蹈，那我们迟早会教导他们用我们所需要他们的方法来思考问题。也印证了美国中央情报局西化、分化、和平演变中国的《十条诫令》中第二条所说的"只要他们向往我们的衣、食、住、行、娱乐和教育方式，就是成功的一半"。如果我们的青年及社会成员在精神污染的环境中生活，久而久之，受潜移默化的熏染，对西方精神污染的危害视而不见，听而不闻，甚至感情上认同并在行动上效仿，那么，邓小平同志关于"关系到党和国家的命运和前途"的忧虑就是很现实的。因此，我们一定要按照他的要求："一

---

① 《邓小平文选》第3卷，人民出版社1993年版，第45页。
② 《邓小平文选》第3卷，人民出版社1993年版，第348页。

第三章 马克思主义指导思想是立党立国之本

定要彻底扭转这种不正常的局面，使马克思主义的和社会主义、共产主义的宣传，特别是在一切重大理论性、原则性问题上的正确观点，在思想界真正发挥主导作用。现在有些错误观点自称是马克思主义的，有的则公然向马克思主义挑战，对此，马克思主义者应该站出来讲话。思想战线的共产党员，必须站在斗争的前列。"[1] 当前，以习近平同志为核心的党中央十分重视党的思想战线工作，习近平总书记在全国宣传思想工作会议上强调指出："经济建设是党的中心工作，意识形态工作是党的一项极端重要的工作。""宣传思想工作就是要巩固马克思主义在意识形态领域的指导地位，巩固全党全国人民团结奋斗的共同思想基础。党员、干部要坚定马克思主义、共产主义信仰，脚踏实地为实现党在现阶段的基本纲领而不懈努力，扎扎实实做好每一项工作，取得'接力赛'中我们这一棒的优异成绩。领导干部特别是高级干部要把系统掌握马克思主义基本理论作为看家本领，老老实实、原原本本学习马克思列宁主义、毛泽东思想、特别是邓小平理论、'三个代表'重要思想、科学发展观。"强调"党校、干部学院、社会科学院、高校、理论学习中心组等都要把马克思主义作为必修课，成为马克思主义学习、研究、宣传的重要阵地"。要求，"在事关大是大非和政治原则问题上，必须增强主动性、掌握主动权、打好主动仗，帮助干部群众划清是非界限、澄清模糊认识"。强调"宣传思想部门承担着十分重要的职责，必须守土有责、守土负责、守土尽责"。[2] 用马克思列宁主义、毛泽东思想、邓小平理论、"三个代表"重要思想和科学发展观统领哲学社会科学工作，巩固马克思主义在我国意识形态领域的指导地位，决不搞指导思想多元化。这就从根本上为我们巩固马克思主义在意识形态领域的指导地位，提供了明确的政治原则和强大的思想武器，使我们在意识形态领域反对和平演变更处于主动有利地位。

第三，旗帜鲜明反对资产阶级自由化，从根本上巩固共产党的领导和社会主义制度。邓小平同志是反对资产阶级自由化的最坚定、最果断的共产主义战士。翻开《邓小平文选》第3卷，几乎大部分文章都渗透着邓小平同志坚持四项基本原则、反对资产阶级自由化的思想。反对资产阶级自由化的思想，是邓小平理论的极其重要的组成部分，是邓小平反对和平演

---

[1] 《邓小平文选》第3卷，人民出版社1993年版，第46页。
[2] 习近平在全国宣传思想工作会议上强调：《胸怀大局把握大势着眼大事　努力把宣传思想工作做得更好》，《人民日报》2013年8月21日，第1版。

变的极其宝贵的理论贡献,是我们党和国家保持长治久安的极其宝贵的精神财富,我们一定要给予足够的重视,认真研究,并作为我们思想的指导、行为的准则。在反对资产阶级自由化的斗争中,邓小平同志的功绩表现在以下四方面。

一是指出搞资产阶级自由化就是走资本主义道路的实质。邓小平同志在《搞资产阶级自由化就是走资本主义道路》的谈话中明确指出:"我们大陆坚持社会主义,不走资本主义邪路。""中国粉碎'四人帮'以后出现一种思潮,叫资产阶级自由化,崇拜西方资本主义国家的'民主''自由',否定社会主义,这不行。中国要搞现代化,绝不搞自由化,绝不能走西方资本主义道路。"①"在我们国家,搞资产阶级自由化,就是走资本主义道路,就统一不起来。""搞资产阶级自由化,我们内部就成了一个乱的社会,不是一个安定的社会,什么建设都搞不成了。对我们来说,这是一个非常关键的原则的问题。"②

二是理直气壮、旗帜鲜明地反对资产阶级自由化。在1986年12月30日,邓小平同志关于学生闹事问题同几位中央负责同志的谈话,针对有的地方对资产阶级自由化思潮斗争不利的问题,指出:"应该说,从中央到地方,在思想路线上是软弱的,丧失了阵地,对于资产阶级自由化是个放任的态度,好人得不到支持,坏人猖狂得很。好人没有勇气讲话,好像自己输了理似的,没有什么输理的。四项基本原则必须讲,人民民主专政必须讲。要争取一个安定团结的局面,没有人民民主专政不行,不能让那些颠倒是非、混淆黑白、造谣诬蔑的人畅行无阻,煽动群众。"③"搞资产阶级自由化,否定党的领导,十亿人民没有凝聚的中心,党也就丧失了战斗力,那样党连个群众团体也不如了,怎么领导人民搞建设?"④"中国没有共产党的领导,不搞社会主义是没有前途的。这个道理已经得到证明,将来还会得到证明。""反对资产阶级自由化是不可缺少的","处理学生闹事是一件大事,领导要旗帜鲜明,群众才能擦亮眼睛"。"领导坚决,就闹不起来了。"⑤

三是反对资产阶级自由化,要有长期作战的思想。资产阶级自由化思

---

① 《邓小平文选》第3卷,人民出版社1993年版,第123页。
② 《邓小平文选》第3卷,人民出版社1993年版,第124—125页。
③ 《邓小平文选》第3卷,人民出版社1993年版,第195页。
④ 《邓小平文选》第3卷,人民出版社1993年版,第197页。
⑤ 《邓小平文选》第3卷,人民出版社1993年版,第197页。

第三章 马克思主义指导思想是立党立国之本

潮是西方敌对势力长期和平演变中国战略的一个组成部分，是相当长的一段时间形成的。要想从思想上清除这种错误思想，必须有长期作战的思想。这是邓小平反对资产阶级自由化思潮的一个重要原则。邓小平同志在《旗帜鲜明地反对资产阶级自由化》一文中指出："对于那些明显反对社会主义，反对共产党领导的，这次就要处理。可能会引起波浪。那也不怕。"① 1992年，邓小平同志在武昌、深圳、上海等地的谈话要点中再次重申："在整个改革开放的过程中，必须始终注意坚持四项基本原则。十二届六中全会我提出反对资产阶级自由化还要搞二十年，现在看起来还不止二十年。资产阶级自由化泛滥，后果极其严重。"② 在这里，邓小平同志预见到反对资产阶级自由化的斗争是一个长期的斗争，强调一定要树立长期作战的思想，否则任其泛滥，将产生极其严重的不良后果。这给全党同志反资产阶级自由化的思潮提供了长期作战的科学指导，对有效地防止西化、分化、和平演变产生了极其深远的影响。从党的十六大到党的十九大、二十大通过的中国共产党党章的总纲部分，都明确规定："坚持社会主义道路，坚持人民民主专政，坚持中国共产党的领导，坚持马克思列宁主义、毛泽东思想这四项基本原则，是我们的立国之本。在社会主义现代化建设的整个过程中，必须坚持四项基本原则，反对资产阶级自由化。"③ 这就为全党长期反对资产阶级自由化、巩固党的执政地位、巩固社会主义制度提供了强大的思想武器，使我党在反和平演变的斗争中始终处于主动地位。

四是反对资产阶级自由化要从组织上解决问题，并动用专政工具。反对资产阶级自由化要从组织上解决问题，并动用无产阶级专政工具，这是邓小平同志对巩固社会主义制度、捍卫党的执政地位作出的杰出贡献。在反对资产阶级自由化的长期斗争中，邓小平同志敏锐地觉察到"凡是闹事的地方，都是因为那里的领导旗帜不鲜明，态度不坚决。这也不是一年两年的问题，是几年来反对资产阶级自由化思潮的旗帜不鲜明、态度不坚决的结果"。"这几年来，一直存在着资产阶级自由化思潮，但反对不力"，"在六中全会上我本来不准备讲话，后来我不得不讲了必须写上反对资产

---

① 《邓小平文选》第3卷，人民出版社1993年版，第196—197页。
② 《邓小平文选》第3卷，人民出版社1993年版，第379页。
③ 《中国共产党章程》，人民出版社2012年版，第9页。

阶级自由化那一段话，看来也没有起什么作用，听说没有传达。"① 谁有胆量不传达邓小平同志的讲话精神，决不是一般人物所为。邓小平以党和人民利益为重，从巩固党的执政地位，捍卫社会主义制度的根本立场出发，领导全党果断地作了人事调整。邓小平同志指出："搞社会主义，搞四个现代化，有'左'的干扰。……但也有右的干扰。所谓右的干扰，就是要全盘西化，不是坚持社会主义，而是把中国引导到资本主义。我们已经解决了最近发生的资产阶级自由化思潮泛滥的问题，而且作了人事调整。"② 果断地从组织上调整对反资产阶级自由化不力的中央领导人，充分体现了邓小平的惊人气魄。

3. 坚定不移地以经济建设为中心，为防止和平演变打牢经济基础

坚定不移地以经济建设为中心，是邓小平同志防止和平演变战略思想的重要组成部分。国际共产主义运动的经验教训告诉我们，反和平演变的关键是把国内的事情办好，特别是要集中精力，下大决心发展生产力，把经济建设搞上去，提高人民的生活水平，增强社会主义国家人民的凝聚力、向心力，这是充分发挥社会主义优越性、坚定人民群众社会主义信念的根本问题，是保证国家长治久安的根本途径，也是反对和防止和平演变的物质基础。如果我们搞了几十年社会主义还不能消灭贫穷，就不能体现社会主义的优越性，在面临西方敌对势力和平演变的世界，在对外开放的环境下，既会给敌对势力攻击社会主义以口实，又会使人民群众从与发达资本主义对比中，对社会主义的优越性产生怀疑和动摇，就真有被"从地球上开除你的球籍"③ 的危险。

西方敌对势力和平演变社会主义是以强大的经济、科技及国防实力为后盾的，往往使用精神文化渗透促变和在此基础上以压促变的手法。社会主义国家随着经济实力的提高而增强国防实力和综合国力，也是防止和平演变的重要保证。同时，在对外开放的信息时代，社会主义与资本主义的竞争表现在各个方面，也体现在人民生活水平的比较上。当人们的价值取向更加注重自身生活水平、生活质量提高的追求上时，如果社会主义长期不能明显地提高人民的生活水平，人民就会由对社会主义初期贫穷的理解，到长期不能摆脱贫穷而产生对社会主义优越性的怀疑。从而也更容易

---

① 《邓小平文选》第3卷，人民出版社1993年版，第196页。
② 《邓小平文选》第3卷，人民出版社1993年版，第225页。
③ 《毛泽东文集》第7卷，人民出版社1999年版，第89页。

接受资产阶级自由化攻击社会主义、攻击共产党的反动宣传，不利于社会主义事业发展。因此，邓小平同志在改革开放初期就明确指出："搞社会主义，一定要使生产力发达，贫穷不是社会主义。我们要坚持社会主义，要建设对资本主义具有优越性的社会主义，首先必须摆脱贫穷。""只有到了下世纪中叶，达到中等发达国家的水平，才能说真的搞了社会主义，才能理直气壮地说社会主义优于资本主义。"① "世界上一些国家发生问题，从根本上说，都是因为经济上不去，没有饭吃，没有衣穿，工资增长被通货膨胀抵消，生活水平下降，长期过紧日子。如果经济发展老是停留在低速度，生活水平就很难提高。人民现在为什么拥护我们？就是这十年有发展，发展很明显。"② 邓小平同志告诉我们，不发展生产力，经济不发展，就很容易失去人心，就容易受敌对势力和平演变的蛊惑，因此，经济发展速度问题"不只是经济问题，实际上是个政治问题。"③ "要一心一意搞建设。国家这么大，这么穷，不努力发展生产，日子怎么过？""我们人民的生活如此困难怎么体现社会主义的优越性？""所以，社会主义必须大力发展生产力，逐步消灭贫穷，不断提高人民的生活水平。否则，社会主义怎么能战胜资本主义？"④ "坚持社会主义，首先要摆脱贫穷落后的状态，大大发展生产力，体现社会主义优于资本主义的特点。"⑤ 邓小平在会见加拿大前总理特鲁多时说："中国要实现自己的发展目标，必不可少的条件是安定的国内环境与和平的国际环境。我们不在乎别人说什么，真正在乎的是有一个好的环境来发展自己。只要历史证明中国社会主义制度的优越性就够了，别国的社会制度如何我们管不了。"⑥ "社会主义要赢得与资本主义相比较的优势，就必须大胆吸收和借鉴人类社会创造的一切文明成果，吸收和借鉴当今世界各国包括资本主义发达国家的一切反映现代社会化大生产规律的先进经营方式、管理方法。"⑦ 不论遇到什么情况，"经济不能滑坡"，要一心一意谋发展，聚精会神搞建设。"看准了的，积极方面的，有利于发展事业的，抓着就可以干。要在今后十一年半中争取一个比较满

---

① 《邓小平文选》第3卷，人民出版社1993年版，第225页。
② 《邓小平文选》第3卷，人民出版社1993年版，第354页。
③ 《邓小平文选》第3卷，人民出版社1993年版，第354页。
④ 《邓小平文选》第3卷，人民出版社1993年版，第10页。
⑤ 《邓小平文选》第3卷，人民出版社1993年版，第224页。
⑥ 《邓小平文选》第3卷，人民出版社1993年版，第360页。
⑦ 《邓小平文选》第3卷，人民出版社1993年版，第373页。

意的经济发展速度。如果再翻一番，没有水分的翻一番。那时候人民就会看到我们的国家、我们的社会主义事业是兴旺发达的。"① 邓小平同志强调在社会主义现代化建设过程中，要以经济建设为中心，以实现经济发展的战略目标，打牢防止和平演变的物质基础，是很有政治远见的科学决策。江泽民同志对实现"三步走"的目标深有感触地说："我们一定要把这个雄心壮志在全党全社会牢固地树立起来，扭住不放，毫不动摇。经济发展了，综合国力提高了，人民生活不断改善了，国家更强大了，社会主义制度的巨大优越性就会更加充分地显示出来，我们抵御和平演变的斗争就会有更加坚实深厚的物质文化基础，我们的社会主义制度就会更加立于不败之地。"②

今天，经过改革开放40多年的发展，当代中国已经跻身世界第二大经济体，具有强大的经济实力。西方世界迫不及待地期望得到中国的支持和援助，以促进自己的发展。2014年3月22日，习近平主席离开北京，开启欧洲之旅，并访问荷兰、法国、德国、比利时和联合国教科文组织总部、欧盟总部，发表了5篇演讲和讲话，并在造访国重要报纸上发表了4篇署名文章，从不同层面和角度对中国道路、中国梦、中华文明、中国外交理念和政策、中国同世界的关系进行了深刻阐释，充分展示了对中国特色社会主义的道路自信、理论自信、制度自信、文化自信，充分展示了中国自信、友善、包容、负责任的大国形象。当习近平主席站在西方的讲坛上，满怀信心、娓娓动听地阐释中华民族一脉相承的"以和为贵""和而不同""化干戈为玉帛""国泰民安""睦邻友邦""天下太平""天下大同"等"和合"优秀传统文化与中国和平发展理念，倡导与欧洲共同"建造和平、增长、改革、文明四座桥梁"，宽容而慷慨地向欧洲伸出援助之手，促进欧洲经济发展，展示出一个东方大国领袖的高度自信气度形象时，试想一个被经济危机搞得千疮百孔、衰微破败的西方，再想用其已经证明日暮途穷的西方价值观和平演变中国，是多么地滑稽和苍白无力。而中国却因"聚精会神搞建设、一心一意谋发展"，经济持续发展，实力雄厚而充满了中国特色社会主义的道路自信、理论自信、制度自信、文化自信，这更加证明邓小平同志发展经济，打牢防止和平演变经济基础的英明远见。

---

① 《邓小平文选》第3卷，人民出版社1993年版，第312页。
② 《江泽民文选》第1卷，人民出版社2006年版，第161页。

第三章　马克思主义指导思想是立党立国之本

像马克思主义始终严格地以客观事实为根据一样,邓小平理论是对我国改革开放和现代化建设实践的科学总结和概括,是随着实践的发展而不断地发展进步的鲜活的充满时代气息和理论活力的理论,具有鲜明的实践的品格。邓小平理论是一个比较完备的科学体系,又是需要从各个方面进一步丰富发展的科学体系。实际生活在不停的变动中,因此邓小平理论也需要在新的改革开放和建立社会主义市场经济体系的实践中不断充实、丰富、发展。高举邓小平理论伟大旗帜,就要像邓小平对待马克思主义的科学态度那样,运用马克思主义的立场观点方法研究解决中国的现实问题,着眼于马克思主义的运用,着眼于对实际问题的理论思考,着眼于新的实践和新的发展。江泽民同志在党的十五大报告中指出:"坚持邓小平理论,在实践中继续丰富和创造性地发展这个理论,这是党中央领导集体和全党同志的庄严历史责任。"江泽民同志创造性地提出"三个代表"重要思想,解决和回答了新形势下"建设一个什么样的党和怎样建设党"的重大理论和实践问题,为邓小平理论宝库的丰富和发展作出了宝贵的贡献。在改革开放的实践进程中,胡锦涛同志审时度势提出科学发展观,解决了在新形势下,坚持什么样的发展、怎样发展的问题,不断地丰富了中国特色社会主义理论体系的内容。党的十八大以来,习近平新时代中国特色社会主义思想,解决了在新时代坚持和发展什么样的中国特色社会主义和怎样坚持和发展中国特色社会主义的问题。极大地丰富了马克思主义理论宝库,把中国特色社会主义理论体系推进到一个新的更高的水平。

实践永无止境,理论创新也永远没有止境。只要我们党沿着这条路前进,一代一代人不断地随着实践的发展,丰富、充实马克思主义理论宝库,用鲜活的具有强大生命力的科学理论指导实践,这种理论就会不断地转化为强大的改造社会的物质力量,就能创造社会主义事业的辉煌业绩,就能实现中华民族伟大复兴的中国梦,就能逐步实现马克思主义创始人为我们设想的壮丽的共产主义伟大理想!

（二）认真学习"三个代表"重要思想,无愧共产党人的光荣称号

党的十六大报告指出:"开创中国特色社会主义事业新局面,必须高举邓小平理论伟大旗帜,坚持贯彻'三个代表'重要思想。'三个代表'重要思想是对马克思列宁主义、毛泽东思想和邓小平理论的继承和发展,反映了当代世界和中国的发展变化对党和国家工作的新要求,是加强和改

进党的建设、推进我国社会主义自我完善和发展的强大理论武器，是全党集体智慧的结晶，是党必须长期坚持的指导思想。始终做到'三个代表'，是我们党的立党之本、执政之基、力量之源。……贯彻'三个代表'重要思想，关键在坚持与时俱进，核心在坚持党的先进性，本质在坚持执政为民。全党同志要牢牢把握这个根本要求，不断增强贯彻'三个代表'重要思想的自觉性和坚定性。"① 并把"三个代表"重要思想作为党的指导思想写入党的章程，我们一定要认真学习"三个代表"重要思想，按照党中央《关于学习〈江泽民文选〉的决定》的要求，学习江泽民著作，学习《江泽民文选》，以便更好地用"三个代表"重要思想武装头脑、指导实践、推动工作，继续推进中国特色社会主义伟大事业和党的建设新的伟大工程。

学习"三个代表"重要思想，如何无愧于共产党员的光荣称号，是每个共产党员应该思考和解决的重要课题。针对党员队伍中的一部分意志薄弱者过不了权力关、金钱关，极少数甚至已经堕落成为腐败分子，严重地败坏党风，损害党的威信的问题，江泽民同志作了《真正无愧于共产党员的光荣称号》的讲话。

江泽民同志指出："改革开放，是我们党在新的历史条件下实现中华民族伟大复兴的开创性事业。争取改革开放和现代化建设的成功，实现中华民族的全面振兴，使世界五分之一的人口根本改变贫困落后的状态，是我们中国共产党人义不容辞的历史责任。"②"同时，我们也应该清醒地看到改革开放的艰巨性、复杂性、深刻性。……历史已经向我们每个共产党员提出了这样一个严肃的问题：在改革开放和发展社会主义商品经济的新形势下，怎样才能真正无愧于共产党员的光荣称号。"③ 对此，江泽民同志指出：

1. 必须始终坚持共产主义的理想信念

他说："要无愧于共产党员的光荣称号，就必须始终坚持共产主义的最高理想。我们的最高理想是建立共产主义社会。这个最高理想，无论过去、现在还是将来，都是我们共产党人的精神支柱和力量源泉。"④ 坚定共产主义理想和建设中国特色社会主义信念，作为一个共产党员来说是极为重要的政治灵魂。

---

① 江泽民：《全面建设小康社会，开创中国特色社会主义事业新局面》，《十六大以来重要文献选编》上，中央文献出版社2006年版，第8—9页。
② 《江泽民文选》第1卷，人民出版社2006年版，第37—38页。
③ 《江泽民文选》第1卷，人民出版社2006年版，第38页。
④ 《江泽民文选》第1卷，人民出版社2006年版，第38—39页。

第三章 马克思主义指导思想是立党立国之本

共产主义理想信念是共产党人追求的最高精神境界,反映了自古以来最广大人民群众的共同心愿,是人心所向、众望所归的伟大信仰。共产党人为了实现共产主义理想,在党的章程中制定了一系列与之相符合的思想道德原则,要求每个共产党员誓为共产主义奋斗终身,以解放全人类为己任,全心全意为人民服务,廉洁奉公,无私奉献,并在革命的长期实践中形成了一种从宏观到微观、从理论到实际的深得民心的思想体系和行为规范,成为每个共产党人自觉遵循的光荣传统。正是这种革命的风格,才使中国革命从小到大,由弱到强,战胜了一个又一个强大的敌人,取得了一个又一个伟大的胜利。正如邓小平同志所说:"为什么我们过去能在非常困难的情况下奋斗出来,战胜千难万险使革命胜利呢?就是因为我们有理想,有马克思主义信念,有共产主义信念。我们干的是社会主义事业,最终目的是实现共产主义。"[1]

然而改革开放以来,西方敌对势力实施和平演变战略,加紧文化侵略和精神渗透,用西方腐朽的人生价值观、生活方式腐蚀中国人的灵魂。国内一些资产阶级自由化分子,积极响应,恶毒攻击毛泽东领导我国人民走社会主义道路,为实现共产主义的崇高理想而奋斗是"乌托邦",大肆散布资本主义"补课论""共产主义渺茫"论,主张全盘西化,改变社会主义方向,走资本主义道路。鼓吹"改革实际上是向社会主义说再见"。作为党的领导干部,动摇了共产主义理想信念,就必然像腐败分子李真那样,利用权力在握之时拼命索贿、受贿,疯狂地捞钱积累资本,及早做经济准备,将来做资本家的美梦。这就是中国当前腐败问题产生的首要政治根源,这就是动摇了共产主义理想信念的直接恶果。只有牢记共产主义的理想信念,牢记党的最高纲领,并自觉地作为自己终身奋斗目标,才能在错综复杂的情况下永远立于不败之地。

2. 必须坚持改革开放的富国之路

"要无愧于共产党员的光荣称号,就必须坚持改革开放。当前,改革已经到了攻坚战斗的紧要关头,我们共产党员一定要同党中央保持高度一致,以坚如磐石的决心、百折不回的斗志,迎着风浪前进,为建立和完善社会主义商品经济的新秩序作出积极贡献。"[2] 大家都知道,四项基本原则是我们的立国之本,改革开放是我们的强国之路。改革开放中尽管出现这样

---

[1] 《邓小平文选》第3卷,人民出版社1993年版,第110页。
[2] 《江泽民文选》第1卷,人民出版社2006年版,第39页。

那样的偏差和不足,但我们坚持改革开放的基本国策不能动摇,只能在改革开放的工作中,检查问题,修正错误,不断前进。正如江泽民同志在文中所指出的:"要理直气壮地宣传十年来改革的成就。理论研究、文学艺术、新闻宣传都要向前看,要激发人们内在的精神力量,激发广大群众的积极性。那种好像我们的政府腐败得不得了、好像共产党没有给人民做什么好事的论调,是根本违背事实的。对形势必须有正确的认识,对十年改革的成就要有足够的估计,对存在的问题要作具体的分析。宣传要实事求是,恰如其分,也不能只讲成绩不讲缺点,要避免另外一种片面性。"① 但这种改革必须坚持社会主义方向。

3. 必须坚持党全心全意为人民服务的根本宗旨

"要无愧于共产党员的光荣称号,就必须坚持把党和人民的利益放在第一位,为了党和人民的利益甘愿自觉牺牲个人的利益。全心全意为人民服务,是党的根本宗旨,是我们共产党人一切言行的出发点。在新的历史时期,共产党员要坚持把党和人民的利益摆在高于一切的地位。"②

为什么人的问题,是一个根本的问题,原则的问题,是反映人生价值观正确与否的根本标志。毛泽东同志指出:"全心全意地为人民服务,一刻也不脱离群众;一切从人民的利益出发,而不是从个人或小集团的利益出发;向人民负责和向党的领导机关负责的一致性;这些就是我们的出发点。"③ 中国共产党人全心全意、完全彻底为人民服务的根本宗旨,毫不利己、专门利人无私奉献的人生态度,正是崇高人生价值观的集中体现,也是崇高人生价值观的核心内容。党的事业和人民的利益完全一致,党的各级领导干部是人民的公仆,除了人民的利益,党没有任何特殊利益;共产党人的一切言论行动,必须符合最广大人民群众的最大利益,以最广大人民群众所拥护为最高标准。中国革命之所以由小到大,由弱到强,其原因就是中国共产党人立党为公,执政为民,坚持全心全意为人民服务的根本宗旨,得到最广大人民的衷心拥护和支持的结果。

全心全意为人民服务,就是在思想追求、理论认识上坚持立党为公,执政为民,正像胡锦涛同志所说的:"我们必须始终把人民的利益放在第一位,把实现好、维护好、发展好最广的人民根本利益作为一切工作的出

---

① 《江泽民文选》第1卷,人民出版社2006年版,第41页。
② 《江泽民文选》第1卷,人民出版社2006年版,第39页。
③ 《毛泽东选集》第3卷,人民出版社1995年版,第1094—1095页。

第三章　马克思主义指导思想是立党立国之本

发点和落脚点，做到权为民所用，情为民所系，利为民所谋，使我们的工作获得最广泛最可靠最牢固的群众基础和力量源泉。"① 在行动上自觉坚持为人民群众谋利益、干实事，表现在工作上，就是在自己的工作岗位上，发挥自己所有的才能，以最大的努力、最大的干劲、兢兢业业、勤勤恳恳、尽职尽责，取得最优异的工作成果，以国家付出的最小的成本，为国家作出自己最大的贡献；表现在服务群众上，就是对工作极端负责任，对人民群众极端热忱，用自己最大的努力、最优质的服务，做群众感到最满意的工作；表现在与国家、集体、他人的关系上，就要像老一辈革命家徐特立那样，坚持革命第一、工作第一、他人第一，做到关心革命为重，关心工作为重，关心他人为重。在这里，这个他人包括自己的领导、同事、朋友、家人，也就是对国家、对工作、对他人充满爱心。总之，只有为国家为社会为民族为集体为人民群众的利益勤勤恳恳地工作着，毫无保留地贡献出自己的聪明才智，像伟大的共产主义战士雷锋那样，"自己活着，就是为了使别人过得更美好"，这样的人生才有真正的意义，才是光荣的人生、闪光的人生。

党的十六届四中全会《决定》在总结五十五年党执政的重要经验时指出："要牢记全心全意为人民服务的根本宗旨。"② "人民群众的拥护和支持是我们党的力量源泉和胜利之本。党只有一心为公，立党才能立得牢；只有一心为民，执政才能执得好。"③ 我们伟大的中国共产党高举全心全意为人民服务的旗帜，经历了100年的风风雨雨，胜利地走到了今天，已经积累了认识、改造自然、社会的丰富的理论知识和成功的实践经验，只要我们始终坚持党全心全意为人民服务的宗旨，就能凝聚起亿万人民建设富强、民主、文明、和谐、美丽的伟大国家，创造中国特色社会主义事业辉煌明天。

4. 必须坚持刻苦学习马克思主义，学习科学文化，具备共产党员应有的政治觉悟和服务人民的工作能力

江泽民同志指出："要无愧于共产党员的光荣称号，就必须坚持刻苦

---

① 胡锦涛：《在庆祝中国共产党成立90周年大会上的讲话》，人民出版社2011年版，第14—15页。

② 本书编写组：《〈中共中央关于加强党的执政能力建设的决定〉辅导读本》，人民出版社2004年版，第6页。

③ 本书编写组：《〈中共中央关于加强党的执政能力建设的决定〉辅导读本》，人民出版社2004年版，第6页。

学习马克思主义，学习科学文化，努力提高觉悟，精通本行业务。共产党员既要有为人民服务的愿望和决心，又要不断提高为人民服务的本领；既要在思想上、政治上、作风上为群众作出表率，又要成为现代化建设'三百六十行'中的佼佼者。……一名共产党员不认真学习马克思主义，不好好学习专业知识，在本职工作方面长期当外行，不能对现代化建设作出真正的贡献，那么，他的所谓政治觉悟和先进性就成为空话。"①

任何革命运动和改革的成功总要有科学的理论作先导。在社会主义市场经济条件下我们的事业面临的情况更复杂，经受的风险更大，受到的挑战更多，国际间的竞争更加激烈，斗争更尖锐、更严酷，社会主义面临的形势更严峻，因此更需要科学的理论指导。在当代中国，要无愧于共产党员的光荣称号，就要学习马克思列宁主义、毛泽东思想、邓小平理论、"三个代表"重要思想、科学发展观和习近平新时代中国特色社会主义思想，这是我们长期艰巨而紧迫的任务。

党员、领导干部应具备高深的理论功底，具有敏锐的眼光，能见微知著，洞察一切，站得高，看得远，以科学理论分析问题、认识问题，回顾过去，思考现在，预见未来，科学地决策，指导工作，以取得事半功倍的预期效果。在市场经济情况下，尤其是在国际国内重大历史转折关头，新矛盾、新问题、新情况、新知识、新经验层出不穷，我们更要加强学习，借助马克思主义的锐利武器，分析新矛盾，解决新问题，研究新情况，掌握新知识，摸索新经验，创造新成就，这既是个新的实践过程，也是个新的学习过程。不加强学习，没有理论的眼光，单凭自己的个人经验，就会处于盲目、被动和落后状态，就不可能取得领导的主动权，更谈不上科学的预见，要卓有成效地开展工作也是不可能的。列宁指出："没有革命的理论，就不会有革命的运动。"② 斯大林也指出："离开革命实践的理论是空洞的理论，而不以革命理论为指南的实践是盲目的实践。"③ 理论，尤其是马列主义、毛泽东思想、邓小平理论、"三个代表"重要思想、科学发展观和习近平新时代中国特色社会主义思想的理论体系，是这些无产阶级革命领袖、党的领导人对历史上无数哲人把千百年来人类在认识、改造世界的实践中所经历的经验、教训整理、思考、记录下来的成果，是进行高

---

① 《江泽民文选》第1卷，人民出版社2006年版，第39—40页。
② 《列宁选集》第1卷，人民出版社1995年版，第311页。
③ 《斯大林选集》上卷，人民出版社1979年版，第199—200页。

第三章　马克思主义指导思想是立党立国之本

度概括上升到理性的客观真理，是科学的世界观和方法论，是认识世界、改造世界的锐利武器，也是正确认识人生价值的理论指南，是共产党人自觉追求崇高人生价值观的思想先导和理论前提，等于为我们后人设起百仞高坛。学习、运用这些理论，就等于我们登高而望自远。

我国古代的荀子在《劝学》篇中就表述过这种境界："吾尝终日而思矣，不如须臾之所学也；吾尝跂而望矣，不如登高之博见也。"而著名物理学家牛顿则说："倘若说我能比别人看得略为远些，那是因为我是站在巨人们的肩上的缘故。"无数上升到理性的科学理论家，特别是马克思主义经典理论家，就是认识世界、改造世界的思想巨人。我们掌握了这些理论家的理论，并能精通它、运用它指导我们的工作，就等于站在巨人的肩上，就能"善假于物"而达到"不畏浮云遮望眼，只缘身在最高层"的境界。作为领导干部，党和人民信任给了我们一定的领导职位，我们就要勤奋努力，恪尽职守，兢兢业业，拼搏创新，以自己优异的工作实绩报效国家，不负人民厚望。既要牢固树立科学的世界观、人生观、价值观，具有为人民服务的愿望和决心，又要不断提高为人民服务的本领；既要在思想上、政治上、作风上为群众作出表率，又要成为现代化建设三百六十行中的佼佼者。要做到懂政治、精业务、思想敏锐、目光远大、虚怀若谷、豁达大度、勇于开拓，这就要在坚持马克思主义科学世界观、方法论、执行党的路线方针政策的前提下，首先向凝聚着一切现代科学结晶的书本学习。因为书籍是人类进步的阶梯，是在有限的时间里获得最大信息量的最佳途径。学与不学，对于领导能力来说有天壤之别。比如三国时期的吕蒙，起初不注意读书，只是一位"果敢有胆"的鲁莽武夫。后来，他听了孙权劝学的教诲，勤奋读书，手不释卷，文韬武略，颇为精通，足智多谋，"筹略奇至"，以至过五关斩六将，威名远扬的关云长也被他活捉生擒。伟大导师列宁曾指出："只有了解人类创造的一切财富以丰富自己的头脑，才能成为共产主义者。"[①] 我们现在所从事的改革开放、建设社会主义市场经济是前无古人的伟大事业，因此更需要加强学习。在学习马克思主义理论的同时，还要学习社会、学习人民群众的实践、学习社会主义市场经济知识、世贸知识和有关的方针、政策、法律、法规，学习现代科学技术、信息技术知识，还要学习中国历史、特别是近代史和现代史。这样才能通古达今，才能"究天人之际，通古今之变，成一家之言"。有了理

[①] 《列宁选集》第4卷，人民出版社1995年版，第285页。

性的思考，就具有了远见卓识的眼光，就能由此及彼，由表及里，由近到远，去伪存真，就有了对客观事物的深刻了解，就能通过现象看到本质，从而遵循事物的客观规律办事，举一反三，触类旁通，预见未来，科学决策，创造性地开展工作。

学习掌握了马克思主义基本原理，就会具备政治远见，就真正懂得了马克思主义是思想上政治上的望远镜和显微镜的真谛。有了政治水平，不仅自己不犯认识上的错误，也能正确指导群众不犯错误，说话就有人听，办事就有人跟。如果自己就分不清大是大非，老错误引导别人，谁还老跟着你犯错误呢？不论是领导也好，老师也好，要想让部属、学生佩服，就必须有突出的才华，要是佼佼者，要有真才实学，有知识，有真本事。这种知识和本事就是要努力读书学习。有知识的工人有力量，就是这样。作为领导，就要处处带头，处处高人一筹，否则什么也不如别人，怎么领导别人向更高的水平前进呢？

5. 必须坚持随时随地维护群众利益，勇于同一切不正之风和违法犯罪活动作坚决斗争，维护党的良好形象，捍卫党的原则和人民利益

"要无愧于共产党员的光荣称号，就必须坚持随时随地维护群众利益，勇于同一切不正之风和违法犯罪活动作坚决斗争。在改革开放和发展社会主义商品经济中，共产党员要自觉抵制资本主义腐朽思想的侵蚀，模范遵守党纪国法，在搞活经济的过程中坚持严以律己、廉洁奉公，坚决反对和抵制各种不正之风，做一名一身正气、捍卫党的原则和人民利益的忠诚战士。"①

第一，要无愧于共产党员的光荣称号，就必须坚持随时随地维护群众利益，勇于同一切不正之风和违法犯罪活动作坚决斗争。首先，作为党组织的领导人和党员，要像江泽民同志所说的："对党内那些贪污受贿，敲诈勒索，腐化堕落，依仗手中的权力为非作歹，严重侵害国家和群众利益，破坏党的改革开放政策，对党的事业危害极大的极少数腐败分子，必须采取坚决清除的方针，发现一个清除一个。"② 其次，作为党员，对那些损害党和人民利益的不正之风和违法犯罪，对那些损害党和政府良好形象的不良行为，对那些攻击、诬蔑、损害共产党的言论、行为，都要坚决斗争。

---

① 《江泽民文选》第 1 卷，人民出版社 2006 年版，第 40 页。
② 《江泽民文选》第 1 卷，人民出版社 2006 年版，第 41 页。

第三章　马克思主义指导思想是立党立国之本

第二，要无愧于共产党员的光荣称号，在改革开放和发展社会主义商品经济中，要自觉抵制资本主义腐朽思想的侵蚀，模范遵守党纪国法。在搞活经济的过程中要坚持严以律己、廉洁奉公，常修为政之德，常思贪欲之害，常怀律己之心，不义之财，分文不取。防微杜渐，做到常在河边走，就是不湿鞋。群众看我们的党风如何，就是从自己身边的党员验证的。因此，一名党员反映着党的整体形象，我们每个党员从自己做起，从点滴做起，廉洁奉公，勤勉工作，始终保持清正廉洁的政治本色，就能维护党的良好形象。

以上五个方面都做好了，我们就会成为无愧于共产党员的光荣称号的合格的共产党员。

（三）认真学习、全面贯彻落实科学发展观

党的十八大报告指出："科学发展观同马克思列宁主义、毛泽东思想、邓小平理论、'三个代表'重要思想一道，是党必须长期坚持的指导思想。"[1] 我们要认真学习，全面贯彻落实胡锦涛同志提出的科学发展观，同时，还要学习胡锦涛同志的建党90周年重要讲话精神，按照"常怀忧党之心，恪尽兴党之责"的要求，增强忧患意识和责任意识，为党的事业作出应有的贡献。

1. 深入学习、全面贯彻落实科学发展观

科学发展观是以胡锦涛同志为总书记的党中央，立足社会主义初级阶段的基本国情，总结我国发展的实践，借鉴国外发展的经验，适应新的发展要求，按照发展的客观规律提出来的，是对党的三代中央领导集体关于发展的重要思想的继承和发展，是马克思主义关于发展的世界观和方法论的集中体现，是中国特色社会主义理论体系的重要组成部分，是我国经济社会发展的重要指导方针，是发展中国特色社会主义必须坚持和贯彻的重大战略思想。

第一，深刻认识科学发展观的丰富内涵。

中国共产党第十七次全国代表大会高举中国特色社会主义伟大旗帜，坚持中国特色社会主义道路和中国特色社会主义理论体系，全面深刻地阐

---

[1] 胡锦涛：《坚定不移沿着中国特色社会主义道路前进为全面建成小康社会而奋斗——在中国共产党第十八次全国代表大会上的报告》，《人民日报》2012年11月18日，第1版。

明了科学发展观的历史地位、时代背景、科学内涵、精神实质、根本要求,强调在新的发展阶段继续全面建设小康社会、发展中国特色社会主义,必须坚持以邓小平理论和"三个代表"重要思想为指导,深入贯彻落实科学发展观。

科学发展观,是对党的三代中央领导集体关于发展的重要思想的继承和发展,是马克思主义关于发展的世界观和方法论的集中体现,是同马克思列宁主义、毛泽东思想、邓小平理论和"三个代表"重要思想既一脉相承又与时俱进的科学理论,是我国经济社会发展的重要指导方针,是发展中国特色社会主义必须坚持和贯彻的重大战略思想。

科学发展观,第一要义是发展,核心是以人为本,基本要求是全面协调可持续,根本方法是统筹兼顾。这四句话是对科学发展观的科学内涵、精神实质、根本要求的集中概括。

科学发展观深刻体现了新的发展阶段和新的时代条件对党和国家工作的新要求。全面贯彻党的十七大精神,继续解放思想,坚持改革开放,推动科学发展,促进社会和谐,为夺取全面建设小康社会新胜利而奋斗,必须深入贯彻落实科学发展观。胡锦涛同志在党的十七大报告中指出:"全党同志要全面把握科学发展观的科学内涵和精神实质,增强贯彻落实科学发展观的自觉性和坚定性,着力转变不适应不符合科学发展观的思想观念,着力解决影响和制约科学发展的突出问题,把全社会的发展积极性引导到科学发展上来,把科学发展观贯彻落实到经济社会发展各个方面。"[1] 这是对全党发出的庄严号召,也是对党员干部特别是各级领导干部提出的重大要求。科学发展观自提出以来,得到全党全社会广泛认同,在实践中起到了重要指导作用。

第二,坚持科学发展观是适应国内外客观形势的必然要求。

科学发展观是立足我国基本国情、深入分析我国发展的阶段性特征、认真总结我国发展实践、适应新的发展要求提出来的,是深刻分析国际形势、顺应世界发展趋势、借鉴国外发展经验提出来的。当今世界正处在大变革大调整之中,我国发展既面临着前所未有的机遇,也面临着前所未有的挑战。中国同世界的关系发生了历史性变化,中国发展对世界发展的作用和影响不断提高,国际环境发展变化对我国发展的作用和影

---

[1] 胡锦涛:《高举中国特色社会主义伟大旗帜,为夺取全面建设小康社会新胜利而奋斗》,《十七大以来重要文献选编》上,中央文献出版社2009年版,第14页。

第三章　马克思主义指导思想是立党立国之本

响也不断增大。经过这些年的发展，我国经济实力和综合国力大大增强，国际地位和国际影响力不断提升，国际社会普遍看好我国的发展前景，战略上对我国更加重视，同我国合作的意愿不断增强，国际环境中对我国发展有利的因素不断增加。这有利于我国加强同世界各国的合作、加快自身的发展，但也要清醒看到，我国面临着发达国家经济科技占优势的巨大压力，西方敌对势力一刻也没有放弃对我国实施西化、分化的战略图谋，贸易摩擦不断，资源竞争加剧，环境问题突出，文化交流、交融、交锋频繁，维护国家安全的任务更加繁重。我们面临的仍将是一个总体上有利于我国发展，但不利因素也可能增多的环境，必须把中国的发展放到世界的大局中来思考，不断提高统筹国内国际两个大局的能力，不断提高把握机遇、应对风险挑战的能力，始终掌握发展的主动权。科学发展观正是在深刻把握中国与世界关系新变化基础上提出来的，它反映了当代世界的发展理念，顺应了时代发展的潮流，是对人类社会发展经验的深刻总结和高度概括。第二次世界大战结束后，加快经济增长成为世界各国的共识，人类创造了前所未有的经济增长成就，但是，由于单纯追求经济增长，不重视社会发展和社会公平，忽视能源资源节约和生态环境保护，一些国家的发展遇到了这样那样的问题。有的国家走了一条先发展、后治理的路子，为解决生态环境严重恶化问题付出了高昂的代价；有的国家由于经济结构失衡、社会发展滞后，导致发展质量不高、后劲不足；有的国家进入工业化中期阶段和中等收入国家行列后，没有处理好财富增多与收入分配、经济增长与社会公平的关系，导致贫富悬殊、失业增加、社会矛盾激化；有的国家盲目照搬西方模式，实行多党制、私有化，经济上依附于西方跨国公司，政党争斗不断、政局长期动荡，经济社会发展严重倒退。世界各国的发展实践表明，发展绝不仅仅是经济增长，而应该是经济、政治、文化、社会全面协调发展，应该是社会公平随着社会财富增加得到更好实现的发展，应该是统筹国内国际两个大局的发展，应该是人与自然相和谐的可持续发展。作为发展中的社会主义大国，我国要完成工业化和信息化的双重任务，担负着增加社会财富和使人民共享发展成果、实现社会公平的双重使命，面临着促进经济发展和节约资源、保护环境的双重压力，这就决定了我们不能重复其他国家走过的老路，而必须走出一条中国特色的发展道路。科学发展观就是在借鉴世界各国发展经验、汲取国外发展理论有益成果的基础上提出来的。

建设中国特色社会主义，必须立足我们正处于并将长期处于社会主义初级阶段的基本国情。只有深入贯彻落实科学发展观,才能在这一阶段走得又好又快。科学发展观的第一要义是发展,在社会主义初级阶段,我们决不能以减缓发展甚至停止发展的方式保护环境,但社会主义初级阶段也决不宽容污染。

改革开放40多年来,快速发展取得的巨大成就有目共睹,但谁也不能否认我们在快速发展中付出了较大的环境资源代价。长江、黄河沿岸,几个大型湖泊周边存在相当数量的化工及冶炼企业,污染形势不容乐观。除污染之外还有过度开发的问题。一些北方河流水资源开发利用率超过生态警戒线30%—40%,黄河、淮河、辽河开发利用率超过60%,海河超过90%,流域生态功能严重失调。淮河污染非常严重,淮河上游的小工厂排污,污染了淮河水,蚌埠市民吃水就中毒,治理淮河污染所付出的代价远远大于生产的收益。看起来上游生产发展了,但下游遭了殃,国家遭受了巨大损失,得不偿失,因此科学发展观强调统筹协调发展,强调和生态良好的文明发展道路结合起来,使经济发展与人口资源环境相协调。

科学发展观的核心是以人为本,以人为本最基本的要求是关爱生命。如果经济发展了,衣食住行都上了档次,老百姓却深受环境污染和生态退化之害,发展还有什么意义?

科学发展观是继回答了"什么是社会主义、怎样建设社会主义","建设什么样的党、怎样建设党"的问题之后,创造性地回答了"实现什么样的发展、怎样发展"的问题,使我们党对中国特色社会主义的认识达到了新高度。科学发展观涵盖自然科学、人文科学、社会科学广泛领域,涉及改革发展稳定、内政外交国防、治党治国治军各个方面,贯通中国特色社会主义伟大事业和党的建设新的伟大工程,以丰富的思想内涵和严密的内在逻辑构成了一个系统的科学理论,也是在实践中不断发展的开放的科学理论。科学发展观坚持和发展党的基本理论、基本路线、基本纲领、基本经验,进一步深化了对共产党执政规律、社会主义建设规律、人类社会发展规律的认识,是我国经济社会发展的重要指导方针,是发展中国特色社会主义必须坚持和贯彻的重大战略思想。

2. 深刻领悟胡锦涛同志"常怀忧党之心,恪尽兴党之责"的要求

胡锦涛同志《在庆祝中国共产党成立90周年大会上的讲话》中,再度强调忧患意识与责任意识,他指出:"只要全党同志常怀忧党之心、恪尽兴党之责,以更加奋发有为的精神状态推进党的建设,我们党就一定能

第三章　马克思主义指导思想是立党立国之本

够更好把握历史大势、勇立时代潮头、引领社会进步。"① 在世情、国情、党情发生深刻变化的条件下，忧党之心"忧"什么，兴党之责"兴"哪些、怎么做？是每个共产党员需要认真思考和必须做好的极其重要的课题。

就全党当前情况来看，能否经得住"四个考验"实为一忧。胡锦涛告诫全党"必须清醒地看到，新形势下我们党面临执政考验、改革开放考验、市场经济考验、外部环境考验是长期的、复杂的、严峻的"。② 执政的考验，解决权力是谁给的，为谁掌权，是立党为公，执政为民，还是为自己，为小集团的利益；是为广大人民群众，还是为所谓的大款、老板服务的问题。改革开放的考验，首要的是解决坚持改革的社会主义方向的问题，决不能改旗易帜，走上邪路。市场经济的考验，主要是不能把市场经济等价交换的原则搬到政治生活中来。外部环境的考验，主要是要解决好遏制与反遏制、渗透与反渗透、分化与反分化、腐蚀与反腐蚀、演变与反演变的斗争问题。

能否战胜"四个危险"也是一忧。胡锦涛同志在讲话中指出："精神懈怠的危险，能力不足的危险，脱离群众的危险，消极腐败的危险，更加尖锐地摆在全党面前，落实党要管党、从严治党的任务比以往任何时候都更为繁重、更为紧迫。"③ 战胜四个危险，当前最重要的是惩治和有效预防腐败的问题，这是直接关系到党的生死存亡的头等重要的大问题。脱离群众的危险，某种程度上也是腐败问题造成的恶果。过去我们党密切联系人民群众，从而取得革命和建设的伟大胜利，现在如果不能有效地解决腐败问题，脱离了人民群众，离开了人民的支持和拥护，就像鱼儿离开了水，大树断了根，那是极其危险的。精神懈怠和能力不足危险的产生和存在，也都与消极腐败问题有着直接和间接的关系。消极腐败盛行的地方，一些人灯红酒绿，醉生梦死，意志消沉，精神懈怠，思想堕落；不学习，不努力，没能力，混日子，自私自利，鼠目寸光。对工作漠不关心，对人民麻木不仁，事不关己高高挂起，本职工作推诿扯皮，处理问题无能为力。

---

① 胡锦涛：《在庆祝中国共产党成立90周年大会上的讲话》，人民出版社2011年版，第17—18页。

② 胡锦涛：《在庆祝中国共产党成立90周年大会上的讲话》，人民出版社2011年版，第10页。

③ 胡锦涛：《在庆祝中国共产党成立90周年大会上的讲话》，人民出版社2011年版，第10页。

十七届四中全会的《决定》早已给全党敲起警钟："全党必须牢记，党的先进性和党的执政地位都不是一劳永逸、一成不变的，过去先进不等于现在先进，现在先进不等于永远先进；过去拥有不等于现在拥有，现在拥有不等于永远拥有。"① 胡锦涛同志讲话又强调"四个考验""四个危险"。这绝不是危言耸听，殷鉴不远，决不可掉以轻心。

国家兴亡，匹夫有责，兴党之责，应从每个党员做起，尤其是领导干部都要率先垂范。兴党之责，至少要做到以下几点：

牢固树立马克思主义世界观、人生观、价值观。坚定了理想信念，就有了远大目标，就能产生为了实现人类解放、人民幸福伟大目标激发起来的持久永恒的巨大动力，就能处处明辨美丑，知晓荣耻，事事抑恶扬善，就能加强思想道德修养，保持共产党人的崇高品格。

坚持党全心全意为人民服务的宗旨。胡锦涛指出："以人为本、执政为民是我们党的性质和全心全意为人民服务根本宗旨的集中体现，是指引、评价、检验我们党一切执政活动的最高标准。"② 是为广大的人民群众服务，还是为自己的私利和小集团利益服务，是区别真假共产党员、真假马克思主义者的分水岭和试金石。

加强学习，提高思想政治水平，增强执政能力。坚持马克思列宁主义、毛泽东思想、中国特色社会主义理论体系、中国特色社会主义思想，用以武装全党、教育干部和人民，坚持正确的权力观、地位观、利益观。同时，要认真学习与自己本职工作相关连的各种业务知识，积累知识，增长智慧，提高执政能力。

敬业爱岗，做好本职工作。国家的繁荣昌盛是建立在全体国民创造性劳动基础之上的，共产党员理所当然要走在前面，成为各行各业的先锋和模范。要以身作则，率先垂范，忠于职守，爱岗敬业，以对国家和民族的兴旺发达的高度责任感，勤勤恳恳，尽心竭力，锐意进取，开拓创新，奋发有为，做好本职工作，为群众做出好样子，为党树立光辉形象、赢得民心、为巩固党的执政地位作出积极贡献。

坚持群众路线，密切联系群众。要把人民放在心中最高位置，尊重人

---

① 《中共中央关于加强和改进新形势下党的建设若干重大问题的决定》，《人民日报》2009年9月28日，第1版。

② 胡锦涛：《在庆祝中国共产党成立90周年大会上的讲话》，人民出版社2011年版，第14页。

民主体地位，尊重人民首创精神，把政治智慧的增长、执政本领的增强深深扎根于人民的创造性实践之中，给人民带来看得见、摸得着的实实在在的利益，使人民共享改革发展成果。这样与人民同呼吸共命运，我们党就有强大的凝聚力、感召力、战斗力，得到各族人民衷心拥护。

只要我们每个领导干部像胡锦涛同志的要求"常怀忧党之心，恪尽兴党之责"，拒腐蚀，永不沾，廉洁奉公，"当好人民公仆，诚心诚意为人民造福"，牢记全心全意为人民服务的宗旨，立党为公，执政为民，坚持权为民所用，情为民所系，利为民所谋，实现好、维护好、发展好最广大人民的根本利益；乐民之乐，忧民之忧，与人民群众心连心，同呼吸，共命运；常修为民之德，常思贪欲之害，常怀律己之心；牢固树立马克思主义的世界观、人生观、价值观和正确的权力观、地位观、利益观，就一定能得人心、顺民意，增强党和政府的凝聚力、感召力、战斗力，就能充分发挥中华民族各个阶层、各条战线每一位勤劳智慧的中国人民的积极性、创造性，就能创造任何人间奇迹，就能顺利地实现我们党的伟大历史使命，创造社会主义的辉煌前景。

（四）认真学习贯彻习近平新时代中国特色社会主义思想

中国共产党第十九次全国代表大会通过的《中国共产党章程》指出："十八大以来，以习近平同志为主要代表的中国共产党人，顺应时代发展，从理论和实践结合上系统回答了新时代坚持和发展什么样的中国特色社会主义、怎样坚持和发展中国特色社会主义这个重大时代课题，创立了习近平新时代中国特色社会主义思想。习近平新时代中国特色社会主义思想是对马克思列宁主义、毛泽东思想、邓小平理论、"三个代表"重要思想、科学发展观的继承和发展，是马克思主义中国化最新成果，是党和人民实践经验和集体智慧的结晶，是中国特色社会主义理论体系的重要组成部分，是全党全国人民为实现中华民族伟大复兴而奋斗的行动指南，必须长期坚持并不断发展。"[①] 中共中央发出关于印发《习近平新时代中国特色社会主义思想学习纲要》的通知要求："各级党委（党组）要坚持不懈用习近平新时代中国特色社会主义思想武装头脑、指导实践、推动工作。要

---

① 《中国共产党章程》（中国共产党第十九次全国代表大会部分修改，2017年10月24日通过），《人民日报》2017年10月29日，第1版。

组织全体党员认真读原著、学原文、悟原理，并紧密结合'不忘初心、牢记使命'主题教育，把《纲要》纳入学习计划，作出周密安排，开展多形式、分层次、全覆盖的学习培训。要在多思多想、学深悟透上下功夫，深入学习领会这一思想的时代意义、理论意义、实践意义、世界意义，深刻理解其核心要义、精神实质、丰富内涵、实践要求；在系统全面、融会贯通上下功夫，深刻把握这一思想贯穿的马克思主义立场观点方法，知其然又知其所以然，不断提高马克思主义理论水平；在知行合一、学以致用上下功夫，大力弘扬理论联系实际的优良学风，更加自觉用这一思想指导解决实际问题，切实把学习成效转化为做好本职工作、推动事业发展的生动实践。"[1]

1. 习近平新时代中国特色社会主义思想是当代中国最高境界的马克思主义

习近平新时代中国特色社会主义思想，是中国特色社会主义理论体系的最新成果和重要组成部分，是对马克思主义理论宝库的丰富和发展，是闪烁着马克思列宁主义、毛泽东思想真理光芒和中华民族智慧光芒的当代中国最高境界的马克思主义，是习近平同志经过密切联系当今世界世情、国情、党情、民情实际，经过长期磨炼、丰富阅历、博览群书、通古达今、深入思考凝炼出来的智慧结晶，是代表当代中国先进文化最高境界的思想航标、理论灯塔，是武装全党、全军和全国各族人民的正确的世界观和科学的方法论，是思想的海洋，理论的海洋，知识的海洋，是治国理政、修齐治平取之不尽、用之不尽的智慧宝库。总之，习近平新时代中国特色社会主义思想，是正确的世界观和科学的方法论，是我们生活、学习、工作须臾不可离开的思想灵魂、精神支撑、工作遵循、行为准则。

习近平新时代中国特色社会主义思想是新的历史条件下我们党治国理政的行动纲领，是我们凝聚力量、攻坚克难的强大思想武器，是全面建成小康社会、实现中华民族伟大复兴中国梦的行动指南。习近平新时代中国特色社会主义思想涵盖十分广泛、内容十分丰富、思想十分深刻。我们要认认真真地学、原原本本地学、全面系统地学、融会贯通地学，带着问题学，学以致用，开阔理论视野，提升精神境界，增强认知能力、决策能力，提高思想素质、领导水平和工作能力，要自觉把我们的思想和行动统

---

[1] 中共中央发出关于印发《习近平新时代中国特色社会主义思想学习纲要》，《人民日报》2019年6月10日，第1版。

第三章　马克思主义指导思想是立党立国之本

一到习近平新时代中国特色社会主义思想上来，体现在推动各项工作的落实中去。

习近平新时代中国特色社会主义思想，涉及经济、政治、文化、社会、生态、党建等各个领域和内政、外交、军事等各个方面，内容丰富，内涵深刻，意义重大、博大精深。全面建成小康社会、全面深化改革、全面依法治国、全面从严治党的重大战略布局，集中体现了习近平新时代中国特色社会主义思想的重要内容。这"四个全面"，是以习近平同志为核心的党中央治国理政的新方略，是马克思主义基本原理与中国实际相结合的新成果，是推动中国发展，实现"两个一百年"奋斗目标和实现中华民族伟大复兴中国梦的根本指针。党的十八大以来，以习近平同志为核心的党中央，依据国际形势和国内发展阶段性特征的重大变化，总结国内外发展经验，提出"创新、协调、绿色、开放、共享"的新发展理念，极大地丰富了马克思主义发展观，对于破解发展难题、增强发展动力、厚植发展优势具有重大指导意义，为我国当前和今后相当长一个时期经济社会发展提供了行动指南。对习近平新时代中国特色社会主义思想要全面系统地认真学习、深入研究、深刻思考、全面落实，为贯彻落实全面建成小康社会、全面深化改革、全面依法治国、全面从严治党的重大战略布局，落实"创新、协调、绿色、开放、共享"发展理念，进一步坚定高举中国特色社会主义伟大旗帜，坚定中国特色社会主义的道路自信、理论自信、制度自信、文化自信、领袖自信，实现中华民族伟大复兴的中国梦，创造中国特色社会主义更加美好的明天提供思想指导、智力支持、理论支撑。

2. 学习习近平同志的崇高品格

孟子曰："天将降大任于斯人也，必先苦其心志，劳其筋骨，饿其体肤，空乏其身，行拂乱其所为，所以动心忍性，曾益其所不能。"[1] 习近平同志年纪很小就上山下乡，到陕北最偏僻贫困的农村从事极其艰苦繁重的生产劳动，在农村经过艰苦的锻炼，真正经历了脱胎换骨的磨砺，实现了知识分子向劳动人民的转变，与劳动人民结下深厚友谊，成为与人民血肉相连，休戚与共的至爱亲朋，成为全心全意为人民服务、深受全国人民尊敬拥戴的人民领袖，深受世界人民景仰的大国领导人。

习近平同志是革命的后代，是从下乡知识青年成长起来的杰出的人民

---

[1] 吴树平、赖长扬：《全译本白话四书五经》第 1 卷，国际文化出版公司 1992 年版，第 330 页。

领袖。作为知识分子,他具有劳动人民艰苦朴实、坚韧不拔的优秀品德;作为劳动人民,他具有知识分子的渊博知识和聪明智慧,是知识分子劳动化的典范,是劳动人民知识化的楷模;作为军人,他是一位居高望远、远见卓识、全局在胸、高瞻远瞩的战略家,是以高超的政治智慧和出神入化的领导艺术打造我军正义之师、文明之师、钢铁之师、胜利之师的伟大领袖,是指挥中国人民解放军全体官兵从实战出发搞好训练,真正成为能打仗、会打仗、能打胜仗的谋略家,是指挥全军战无不胜、攻无不克,勇往直前、所向披靡的伟大统帅。老子曰:"天下大事,必作于细。"[1] 作于细,是习近平同志的突出特征。习近平同志是一位从最纯朴、最基层、最贫困、最富有革命传统的陕北农村成长起来的人民领袖,吃过很多苦,经受过很多磨难,什么委屈都受过,什么小事都亲自做,微观、中观、宏观情况都知晓,都会处理,从最基层职务到最高层领导,他什么责任都担当过。是一位当代中国每一级领导职务都经历过的、经受过全面锻炼的实际工作经验极其丰富的杰出领袖,人民最可信赖的知心、知己、知音。

一个人年轻时期经受的磨难是人生的宝贵财富,对人的一生影响极其深远,以至终生。对于有志之人,经受多少磨难,就会积累承受多少磨难的能力,就会获得战胜多少磨难的智慧和经验,就会锻造战胜各种磨难的思想品格和顽强精神,就会培养出百折不挠的钢铁意志和勇往直前的拼搏精神。知识青年上山下乡,对于当时弱不禁风的小青年来说,确实是痛苦的,我们不否认大浪淘沙,肯定有一些经不住考验的人,消沉、退缩,成为历史的弃儿,不过这只是支流。真正的主流是,绝大部分知识青年面对现实,经受洗礼,不怕吃苦,战胜困难,如饥似渴地学习马克思列宁主义、毛泽东思想,学习各种文化知识、社会知识、劳动知识、生产知识,健康成长。他们经风雨、见世面、受磨难、强心智,锻炼了坚强的体魄,培养了不向困难低头,坚韧不拔,勇往直前的钢铁意志和优秀品质。上山下乡培养出一大批不怕吃苦,乐于奉献,热爱人民、报效祖国,无限忠诚于党和人民的社会主义事业的可靠接班人,锻造出像习近平同志这样一大批忠诚于马克思主义的思想家、理论家、军事家、文学家、实业家和战斗在祖国军地各条战线上的骨干,成为改革开放40多年来我国社会主义事业的中流砥柱,中华民族的脊梁。在西方敌对势力实施西化、分化、和平演变中国极其嚣张,资产阶级自由化泛滥成灾,极端个人主义、拜金主义、

---

[1] 林文力:《道德经(智慧全解)》,华中科技大学出版社2013年版,第214页。

第三章　马克思主义指导思想是立党立国之本

享乐主义等各种歪理邪说肆意污染的情势下，正是这一大批练就"金刚不坏之身"的中华民族栋梁，成为中国特色社会主义时代巨轮的"压舱石"，惊涛骇浪不动摇，狂风恶浪无所惧，保障了社会主义航船排除干扰，沿着正确航向，驶向光明美好的未来，这批人是共和国极其宝贵的财富。

毛泽东同志在延安时期就说过："看一个青年是不是革命的，拿什么做标准呢？拿什么去辨别他呢？只有一个标准，这就是看他愿意不愿意、并且实行不实行和广大的工农群众结合在一块。"① 并说："延安的青年运动是全国青年运动的模范。延安的青年运动的方向，就是全国的青年运动的方向。"② 习近平同志常说"我是延安人"。习近平同志就是从延安走出来的当代最优秀青年的杰出代表。毛泽东同志指出："无产阶级革命事业的接班人，是在群众斗争中产生的，是在革命大风大浪的锻炼中成长的。应当在长期的群众斗争中，考察和识别干部，挑选和培养接班人。"③ 习近平同志就是在群众斗争中产生、在革命大风大浪的锻炼中成长起来、具有崇高品格的无产阶级革命事业可靠接班人。华侨网友评价："毛主席是苦难华人的救星，习总书记是毛泽东思想划时代的继承人！光彩照人的人民领袖，新时代的毛泽东！"

习近平总书记就是千千万万优秀知识青年中的杰出代表，是毛泽东时代走与工农相结合的上山下乡培养起来，在毛泽东思想阳光雨露的滋润下成长起来的杰出的无产阶级革命事业接班人，是当代中国人民的伟大领袖。

3. 有习近平同志这样的英明领袖，是中国人民之大幸、世界人民之大幸

中国人民有习近平同志这样的英明领袖，是中华民族的幸运，为此，在全党坚定中国特色社会主义道路自信、理论自信、制度自信、文化自信的同时，更要坚定中国特色社会主义的领袖自信。

中国革命和改革开放的实践证明，全党高度理性、自觉地认可、拥戴自己的领袖，坚定领袖自信，对于坚定不移高举中国特色社会主义伟大旗帜不动摇，领导中国人民实现中华民族的伟大复兴，乃至将来顺利实现世界大同的共产主义伟大理想，都具有极其重要、极其深远的里程碑意义。

---

① 《毛泽东选集》第2卷，人民出版社1991年版，第566页。
② 《毛泽东选集》第2卷，人民出版社1991年版，第568页。
③ 《关于赫鲁晓夫的假共产主义及其在世界历史上的教训》，《人民日报》1964年7月14日。

在今天，要想把道路自信、理论自信、制度自信、文化自信"四个自信"，卓有成效地坚持下去，也就是必须有中国特色社会主义的领袖自信。领袖自信，是"四个自信"的统领和灵魂，是把"四个自信"从观念形态转化为巨大的现实物质力量的精神主体和物质前提。

过去，中国共产党人坚持领袖自信，跟着领袖毛泽东，取得了中国革命和社会主义建设事业的伟大胜利，那是历史的选择，人民的选择，时代的需要；今天，坚定中国特色社会主义的领袖自信，紧密地团结在以习近平同志为核心的党中央周围，在思想上、政治上、行动上和以习近平同志为核心的党中央保持高度一致，同样是历史的选择，人民的选择，时代的需要。

习近平是与毛泽东一样众望所归的伟大领袖，百年不遇，千载难逢。告别屈辱，使中国人民站起来，扬眉吐气，创建新中国，建设社会主义，出了个毛泽东，那是历史的选择，人民的选择，时代的需要；猛药去疴、处乱不惊，匡正祛邪，力挽危局，实现中华民族伟大复兴的中国梦，中国出了个习近平，同样是历史的选择，人民的选择，时代的需要。在西方敌对势力西化、分化、和平演变中国的极其复杂、极其危险的历史时期，是习近平同志壁立千仞，勇立潮头，不负使命，竭诚尽责，大道担当，反腐惩恶，拯救国家，挽救党，避免亡党亡国之虞，堪称新时代党、国家和人民的大救星。

习近平同志治国理政，成竹在胸，内政外交，游刃有余，反腐倡廉、从严治党，从严治军，大得党心，大得军心，大得民心；知识渊博，满腹经纶，远见卓识，高屋建瓴，纵横捭阖，博古通今，中华文化，如数家珍，引经据典，信手拈来，恰到好处，天文地理，自然生态，无所不通；讲话沉稳厚重，朴实深刻，言近旨远，妙语连珠，妙趣横生，具有统摄人心的巨大魅力，令世人折服；大国外交，亲诚惠容，广结善缘，星拱北斗，天下归心。

习近平同志始终保持共产党人的蓬勃朝气，昂扬锐气、浩然正气，并将其发挥到极致。党的十八大以来，习近平内外双修，兼善天下，频繁出访，风尘仆仆，外交足迹踏遍五大洲，让世界看到了一个和蔼可亲、亲诚惠容的中国，开创了改革开放40多年来外交工作最辉煌的崭新局面。"一带一路"，亚投行成，气势恢宏，精彩之至；战略思维，远见卓识，技冠古今，艺绝寰宇。外交格局，妙策迭出，成就辉煌，功勋卓著，打造人类命运共同体，引领世界发展方向。

第三章　马克思主义指导思想是立党立国之本

在第七十届联合国大会一般性辩论时的讲话中,习近平同志指出:"大国之间相处,要不冲突、不对抗、相互尊重、合作共赢。大国与小国相处,要平等相待,践行正确义利观,义利相兼,义重于利。"① 这一站在世界的高度,为地球村的和平、人类的健康发展提出的战略思考,指明了全世界"大国之间""大国与小国"和睦相处的正确原则,成为深受各国政要和人民拥护的主导性意见。二十国集团领导人峰会上为促进全球经济增长和就业开出良方,引领国际经济合作发展方向。在气候变化巴黎大会开幕式上的讲话,以中国方案、中国行动、中国智慧聚拢八方意愿,凝聚政治共识,推动最终达成了一个全面、均衡,有力度、有约束力,惠泽当下、引领未来的气候变化协议——《巴黎协定》,为推动全球更好实现可持续发展注入新的动力。访问新加坡、越南、津巴布韦、南非、朝鲜,给世界发展献上睿智,增添动力,给世界人民送去温馨、带去福祉,充分展示了具有雄才大略的领袖风范,成为广受世界人民拥戴的大国领导人。

习近平同志"亲诚惠容"的外交思想理论,是毛泽东同志"全心全意为世界人民服务"外交思想理论的继承和发展,并赋予"合作共赢"的丰富时代内涵,极大地丰富了马克思主义外交思想理论宝库,是站在时代潮头开创了新时期世界外交史上最高境界外交活动的科学理论,取得了新时期外交活动的丰硕成果,谱写了人类历史上外交活动最辉煌的时代篇章,是创造我国良好国际环境光焰无际的思想灯塔,是我们必须认真学习、坚决贯彻落实的行动指南和智慧宝典。

习近平总书记理想坚定、坚持真理,高瞻远瞩、远见卓识,顶天立地、威武不屈,文韬武略、魔怵神惊,不畏强暴、果敢神勇,福荫天下,亲民爱民。他超乎寻常的充沛精力,忘我敬业的崇高精神,胸阔天下的博大襟怀,协和万方的情商睿智,德风泽雨的人格魅力,是中华民族的骄傲,是中国人民的运气,是世界人民的福气。他走到哪里,就把恩露慈雨播撒到哪里,就把琼浆甘霖馈送到哪里。不论在繁华都市,还是在穷乡僻壤,不论是学者官员,还是乡野村夫,所到之处人们无不由衷赞佩,交口称颂、欢欣鼓舞,实乃党之大幸,国之大幸,民之大幸,世之大幸。为此,我们要高度自觉地把习近平新时代中国特色社会主义思想学习好,贯彻好,落实好。

---

① 习近平:《携手构建合作共赢新伙伴同心打造人类命运共同体——在第七十届联合国大会一般性辩论时的讲话》,《人民日报》2015年9月29日,第2版。

维护党中央的权威，是坚定领袖自信的必然要求。党中央权威是由一个有权威的众望所归的领导集体体现出来的，而集中体现党中央权威的是党的中央政治局常务委员会，其核心是党代表选举出来的代表党的形象的领袖——总书记，总书记是党的形象人格化的主体，因此，维护党中央的权威就是维护习近平总书记的领导权威，离开了这一点，就不是维护中央的权威。栗战书同志在《坚决维护党中央权威（学习贯彻党的十八届六中全会精神）》一文中指出："维护党中央权威和维护习近平同志的核心地位是统一的。党中央权威是具体的而不是抽象的。维护习近平总书记的核心地位，就是维护党中央权威；维护党中央权威，首先要维护习近平总书记的核心地位。"[①] 习近平同志受全党委托行使权力，是党的人格化，他代表党和国家、人民的最根本利益作出的一系列重要讲话精神和重要指示，集中地代表党中央的声音，是全党意志的集中体现，同党中央保持高度一致，就是在思想上、政治上、行动上与习近平同志的系列重要讲话精神保持一致，与习近平同志的系列重要指示精神、习近平同志治国理政的系列决策保持高度一致。全党全军全国人民要把习近平新时代中国特色社会主义思想铭记在脑海中，融化在血液里，作为思想指导，行为准则，不打折扣，不走样地落实到行动中。

一个国家、一个政党，领导核心至关重要。党的十八届六中全会明确习近平总书记的核心地位，正式提出"以习近平同志为核心的党中央"，这是全党的高度共识，反映了全党全军全国各族人民的共同心愿，是加强党的领导、推进全面从严治党、提高党的创造力凝聚力战斗力的迫切要求，是保持党和国家事业发展正确方向的根本保证。对于维护党中央权威、维护党的团结和集中统一领导，对全党全军全国各族人民更好凝聚力量抓住机遇、战胜挑战、进行具有许多新的历史特点的伟大斗争，对全党团结一心、不忘初心、继续前进，坚持和发展中国特色社会主义伟大事业，对保证党和国家兴旺发达、长治久安具有十分重大而深远的意义。各级党组织、全体党员干部要进一步增强"四个意识"特别是核心意识、看齐意识，自觉地在思想上政治上行动上同以习近平同志为核心的党中央保持高度一致，坚定维护以习近平同志为核心的党中央的权威。

2016年12月26日至27日，中共中央政治局召开民主生活会，会议

---

① 栗战书：《坚决维护党中央权威（学习贯彻党的十八届六中全会精神）》，《人民日报》2016年11月15日，第6版。

第三章　马克思主义指导思想是立党立国之本

认为，"党的十八届六中全会正式确立习近平同志为党中央的核心、全党的核心，是关系党和人民根本利益的大事，是关系党中央权威、关系全党团结和集中统一的大事，是关系党和国家事业长远发展的大事。习近平同志成为党中央的核心、全党的核心，是在新的伟大斗争实践中形成的，赢得了全党全军全国各族人民衷心拥护"。① 栗战书同志在《坚决维护党中央权威（学习贯彻党的十八届六中全会精神）》一文中指出："党的十八大以来，习近平总书记带领全党全军全国各族人民开创了中国特色社会主义伟大事业和党的建设新的伟大工程新局面，在改革发展稳定、内政外交国防、治党治国治军等方面取得了一系列具有重大现实意义和深远历史意义的成就，实现了党和国家事业的继往开来，赢得了全党全军全国各族人民衷心拥护，受到了国际社会高度赞誉。党的十八大以来，习近平总书记事实上已经成为党中央的核心、全党的核心。确立习近平总书记为党中央的核心、全党的核心，是我们党的郑重选择，是众望所归、名副其实，当之无愧。"②

我们坚信，在以习近平同志为核心的党中央的英明领导下，中华民族伟大复兴的中国梦一定能够实现。习近平同志无限忠诚于党、忠诚于祖国、忠诚于人民的崇高品德，以及治国理政的高超领导艺术、外交思想和理念及其践行成果，给中国人民带来福祉，给全世界人民带来福祉，是中国人民之大幸，是中华民族之大幸，是中国社会主义之大幸，是世界人民之大幸，是世界共产主义运动之大幸。中国共产党的希望在他身上，中国人民的希望在他身上，世界人民的希望在他身上，世界共产主义的前途命运寄托在他身上。他一定能够带领中国人民把坚持和发展中国特色社会主义事业不断前进，一定能够把中国改革开放发展的成果让中国人民共享，让世界人民共享，给中国人民造福，给世界人民造福，并积极创造条件，以期最终实现人类最美好的崇高理想——共产主义。我们对此满怀信心，因为我们有道路自信、理论自信、制度自信、文化自信、历史自信，有了这五个自信，中国人民就更加幸运，中华民族的未来更加辉煌，世界人民必将沐浴更多中国人民给他们播洒的恩露泽雨！

---

① 中共中央政治局召开民主生活会：《对照贯彻落实党的十八届六中全会精神研究加强党内政治生活和党内监督措施　中共中央总书记习近平主持会议并发表重要讲话》，《人民日报》2016年12月28日，第1版。

② 栗战书：《坚决维护党中央权威（学习贯彻党的十八届六中全会精神）》，《人民日报》2016年11月15日，第6版。

在面临世界动荡挑战的极其严峻复杂的情势下,我们为有习近平同志这样从人民中成长起来、和人民"心在一起、苦在一起、干在一起"、与人民休戚与共、血肉相连、真诚地代表人民、忠诚于党和人民事业的领袖而庆幸、而自豪、而骄傲。当今时代,中国有习近平同志这样一个对内政外交、治国理政都能刚柔有度、应对裕如的领袖,极其宝贵,全党和全国人民要倍加珍视,天下归心,众志成城,紧密团结在以习近平同志为核心的党中央周围,实现中华民族伟大复兴的中国梦。我们要有这个认识,要有这个觉悟,要有这个关乎中国人民福祉的大局。在习近平新时代中国特色社会主义思想领导下,在习近平系列重要讲话精神的指引下,中华民族走向辉煌是不可阻挡的、必然的!让我们充满信心地紧跟英明领袖习近平同志为着我们美好的未来努力奋斗吧!

第四章

高举中国特色社会主义伟大旗帜，坚定中国特色社会主义共同理想

理想，体现人们对美好生活的向往和追求，是一个国家和民族奋力前进的向导。没有共同的思想基础，没有共同的奋斗目标，民族就没有凝聚力，国家就没有前进的动力。共同理想是一个国家、一个民族核心价值体系的主题，是一个国家和民族发展进步的精神动力。随着我国社会主义市场经济的深入发展，经济成分、组织形式、就业方式、利益关系和分配方式日益多样化，不可避免地出现了价值观念多样化现象，这就更加迫切需要在全体人民中树立指引人们向着人类美好未来前进的共同理想。

有了共同理想，就有了共同奋斗的强大凝聚力、感召力、战斗力，就有了为实现理想而开拓进取、拼搏奋斗的不竭动力源泉。特别是在我们这样一个拥有14亿多人口、56个民族的发展中大国，必须有一个代表最广大人民根本利益、凝聚和激励全党全国各族人民的共同理想。这个共同理想，就是在中国共产党领导下，走中国特色社会主义道路，实现中华民族的伟大复兴。中国特色社会主义共同理想，把党在社会主义初级阶段的目标、国家的发展、民族的振兴与个人的幸福紧密联系在一起，把各阶层、各群体的共同愿望有机结合在一起，集中体现了工人、农民、知识分子和其他劳动者、建设者、爱国者的利益和愿望，能够得到广泛的社会认同，有着很强的包容性，具有强大的感召力、亲和力、凝聚力。有一句话是"只有社会主义才能救中国"，而美国共产党的一个代表团在访问中国社科院时含着泪说：你们中国的同志常说："只有社会主义才能救中国，我们说只有中国才能救社会主义。"说明中国的社会主义寄托着全世界向往社会主义人民的希望。

中国特色社会主义共同理想，是社会主义核心价值体系的主题。中国特色社会主义代表了当代中国发展进步的根本方向，集中体现了最广大人民的根本利益和共同愿望，是根植于中国大地、符合中国国情、反映中国人民意愿、适应中国和时代发展进步要求的科学社会主义，是全面建成小康社会、加快推进社会主义现代化、实现中华民族伟大复兴、国家富强、

民族振兴、人民幸福的必由之路。中国特色社会主义,是中国共产党团结带领中国人民经过90多年的奋斗、探索、创造、积累取得的突出成就,是人民的选择,历史的选择,时代的选择,是对世界共产主义运动的杰出贡献。党的十八大报告指出:"在中国这样一个经济文化十分落后的国家探索民族复兴道路,是极为艰巨的任务。九十多年来,我们党紧紧依靠人民,把马克思主义基本原理同中国实际和时代特征结合起来,独立自主走自己的路,历经千辛万苦,付出各种代价,取得革命建设改革伟大胜利,开创和发展了中国特色社会主义,从根本上改变了中国人民和中华民族的前途命运。"中国特色社会主义,是实现社会主义现代化的必由之路,是创造人民美好生活的必由之路,全党和全国人民都必须倍加珍惜爱护、长期坚持坚守、不断丰富和发展。

在我国经济体制深刻变革、社会结构深刻变动、利益格局深刻调整、思想观念深刻变化的新形势下,在全党、全社会树立中国特色社会主义共同理想,对于高举中国特色社会主义伟大旗帜,坚定不移走中国特色社会主义道路,实现中华民族的伟大复兴,具有重大的理论和实践意义,同时,对于国际共产主义运动的前途命运和人类的文明进步也具有重要的现实意义和深远的战略意义。

一、高举中国特色社会主义伟大旗帜具有深远的战略意义

高举中国特色社会主义伟大旗帜,坚定不移沿着中国特色社会主义道路前进,是党的十七大、十八大、十九大、二十大主题的首要内容,强调"中国特色社会主义伟大旗帜,是当代中国发展进步的旗帜,是全党全国各族人民团结奋斗的旗帜"。回首近代以来中国波澜壮阔的历史,展望中华民族充满希望的未来,我们得出一个坚定的结论:"全面建成小康社会,加快推进社会主义现代化,实现中华民族伟大复兴,必须坚定不移走中国特色社会主义道路。""道路关乎党的命脉,关乎国家前途、民族命运、人民幸福。"[1]

---

[1] 胡锦涛:《坚定不移沿着中国特色社会主义道路前进为全面建成小康社会而奋斗——在中国共产党第十八次全国代表大会上的报告》,人民出版社2012年版,第10页。

第四章　高举中国特色社会主义伟大旗帜，坚定中国特色社会主义共同理想

习近平同志明确指出："实现中国梦必须走中国道路。这就是中国特色社会主义道路。这条道路来之不易，它是在改革开放 30 多年的伟大实践中走出来的，是在中华人民共和国成立 60 多年的持续探索中走出来的，是在对近代以来 170 多年中华民族发展历程的深刻总结中走出来的，是在对中华民族 5000 多年悠久文明的传承中走出来的，具有深厚的历史渊源和广泛的现实基础。中华民族是具有非凡创造力的民族，我们创造了伟大的中华文明，我们也能够继续拓展和走好适合中国国情的发展道路。全国各族人民一定要增强对中国特色社会主义的理论自信、道路自信、制度自信，坚定不移沿着正确的中国道路奋勇前进。"[①]

高举中国特色社会主义伟大旗帜，坚定不移沿着中国特色社会主义道路奋勇前进，是全党同志的思想共识，对于在当代中国坚持社会主义事业和推动国际共产主义运动健康发展都具有极其重要的现实意义和深远的历史意义。

（一）高举中国特色社会主义伟大旗帜向世界传递一个坚定不移走中国特色社会主义道路的坚定信念

习近平同志在新进中央委员会的委员、候补委员学习贯彻党的十八大精神研讨班开班式上发表重要讲话时强调指出："党的十八大精神，说一千道一万，归结为一点，就是坚持和发展中国特色社会主义。""中国特色社会主义是社会主义而不是其他什么主义，科学社会主义基本原则不能丢，丢了就不是社会主义。"[②]

习近平同志指出："中国特色社会主义，承载着几代中国共产党人的理想和探索，寄托着无数仁人志士的夙愿和期盼，凝聚着亿万人民的奋斗和牺牲，是近代以来中国社会发展的必然选择，是发展中国、稳定中国的必由之路。

实践充分证明，中国特色社会主义是中国共产党和中国人民团结的旗帜、奋进的旗帜、胜利的旗帜。我们要全面建成小康社会、加快推进社会主义现代化、实现中华民族伟大复兴，必须始终高举中国特色社会主义伟

---

① 习近平：《在第十二届全国人民代表大会第一次会议上的讲话》，《人民日报》2013 年 3 月 18 日，第 1 版。

② 习近平：《在新进中央委员会的委员、候补委员学习贯彻党的十八大精神研讨班开班式上发表重要讲话强调》，《人民日报》2013 年 1 月 6 日，第 1 版。

大旗帜，坚定不移坚持和发展中国特色社会主义。"[1]

中国特色社会主义，是科学社会主义理论逻辑和中国社会发展历史逻辑的辩证统一，是根植于中国大地、反映中国人民意愿、适应中国和时代发展进步要求的科学社会主义。中国特色社会主义道路之所以完全正确、之所以能够引领中国发展进步，关键在于我们既坚持了科学社会主义的基本原则，又根据我国实际和时代特征赋予其鲜明的中国特色。这就向世界传达了一个明确的信息，即中国特色社会主义是社会主义而不是其他什么主义，不是资本主义，不是新资本主义，不是民主社会主义、公平社会主义、福利社会主义，而是坚持了马克思主义科学社会主义的基本原则，根据我国实际和时代特征赋予其鲜明的中国特色的真正的社会主义。在当代中国，坚持中国特色社会主义道路，就是真正坚持社会主义。党的十八大报告强调："在改革开放三十多年一以贯之的接力探索中，我们坚定不移高举中国特色社会主义伟大旗帜，既不走封闭僵化的老路、也不走改旗易帜的邪路。中国特色社会主义道路，中国特色社会主义理论体系，中国特色社会主义制度，是党和人民九十多年奋斗、创造、积累的根本成就，必须倍加珍惜、始终坚持、不断发展。"[2] 表达了全党全国各族人民坚定不移走中国特色社会主义道路的决心和真正做到"千磨万击还坚劲，任尔东西南北风"决不动摇的坚定信念。

（二）中国特色社会主义道路、理论体系、制度定义的科学概括，指引着中国特色社会主义事业蓬勃发展的正确方向

党的十八大报告对中国特色社会主义道路、中国特色社会主义理论体系和中国特色社会主义制度的定义第一次进行了集中的表述，深刻指出："中国特色社会主义道路，就是在中国共产党领导下，立足基本国情，以经济建设为中心，坚持四项基本原则，坚持改革开放，解放和发展社会生产力，建设社会主义市场经济、社会主义民主政治、社会主义先进文化、社会主义和谐社会、社会主义生态文明，促进人的全面发展，逐步实现全

---

[1] 习近平：《在第十二届全国人民代表大会第一次会议上的讲话》，《人民日报》2013年3月18日，第1版。

[2] 胡锦涛：《坚定不移沿着中国特色社会主义道路前进为全面建成小康社会而奋斗——在中国共产党第十八次全国代表大会上的报告》，人民出版社2012年版，第12页。

第四章　高举中国特色社会主义伟大旗帜，坚定中国特色社会主义共同理想

体人民共同富裕，建设富强民主文明和谐的社会主义现代化国家。中国特色社会主义理论体系，就是包括邓小平理论、'三个代表'重要思想、科学发展观在内的科学理论体系，是对马克思列宁主义、毛泽东思想的坚持和发展。中国特色社会主义制度，就是人民代表大会制度的根本政治制度，中国共产党领导的多党合作和政治协商制度、民族区域自治制度以及基层群众自治制度等基本政治制度，中国特色社会主义法律体系，公有制为主体、多种所有制经济共同发展的基本经济制度，以及建立在这些制度基础上的经济体制、政治体制、文化体制、社会体制等各项具体制度。"①并进一步明确："中国特色社会主义道路是实现途径，中国特色社会主义理论体系是行动指南，中国特色社会主义制度是根本保障，三者统一于中国特色社会主义伟大实践，这是党领导人民在建设社会主义长期实践中形成的最鲜明特色。"②

这一理论概括内涵丰富，具体、科学、全面、完整、系统、准确、鲜明地对中国特色社会主义道路、中国特色社会主义理论体系和中国特色社会主义制度的定义进行了权威概括，并指明了三者各自的地位、作用、功能和相辅相成、相互依存、密不可分的有机联系，三者统一于中国特色社会主义伟大实践。这一理论概括，使中国特色社会主义道路、理论体系、制度三者成为完美成熟的思想理论体系，闪烁着马克思主义理论光芒，是对马克思主义科学社会主义理论的继承和发展，是对马克思主义关于科学社会主义理论宝库的杰出贡献，是全党全国人民正确认识理解中国特色社会主义道路、中国特色社会主义理论体系和中国特色社会主义制度的指路明灯，是保证中华民族在中国特色社会主义理论体系的指导下，沿着中国特色社会主义道路奋勇前进的思想统领，是指导中国人民发展社会主义事业的宝贵精神财富，是全党全国人民的理论指导、思想遵循、行为准则。

时代在前进，历史在发展。我们必须清醒地认识到，发展中国特色社会主义是一项长期的艰巨的历史任务，必须准备进行具有许多新的历史特点的伟大斗争。我们一定要毫不动摇坚持和与时俱进地发展中国特色社会

---

① 胡锦涛：《坚定不移沿着中国特色社会主义道路前进为全面建成小康社会而奋斗——在中国共产党第十八次全国代表大会上的报告》，人民出版社2012年版，第12页。

② 胡锦涛：《坚定不移沿着中国特色社会主义道路前进为全面建成小康社会而奋斗——在中国共产党第十八次全国代表大会上的报告》，人民出版社2012年版，第13页。

主义，不断丰富中国特色社会主义的实践特色、理论特色、民族特色、时代特色。在新的历史条件下夺取中国特色社会主义新胜利，必须牢牢把握以下基本要求：必须坚持人民主体地位，必须坚持解放和发展社会生产力，必须坚持推进改革开放，必须坚持维护社会公平正义，必须坚持走共同富裕道路，必须坚持促进社会和谐，必须坚持和平发展，必须坚持党的领导，并使之成为全党全国各族人民的共同信念。

社会主义中国在伟大的中国共产党的英明领导下，经过勤劳智慧勇敢的中国人民70年来的艰苦奋斗，尤其是经过40多年的改革开放，历经风雨，巍然屹立在世界东方，欣欣向荣、蒸蒸日上，繁荣富强。而且中国的经济发展欣欣向荣、蓬蓬勃勃、一枝独秀，世界有识之士都认可"中国模式"、赞美"中国道路"。中国特色社会主义道路既是实现社会主义现代化和中华民族伟大复兴的必由之路，也是创造人民美好生活的必由之路。中国共产党领导和中国特色社会主义制度是历史和人民的选择，具有资本主义无可比拟的优越性。我们要自觉把个人理想融入中国特色社会主义共同理想之中，最大限度把广大人民团结和凝聚在中国特色社会主义伟大旗帜之下，将社会主义事业进行到底。

正如党的十八大报告所指出的："只要我们胸怀理想、坚定信念，不动摇、不懈怠、不折腾，顽强奋斗、艰苦奋斗、不懈奋斗，就一定能在中国共产党成立一百年时全面建成小康社会，就一定能在新中国成立一百年时建成富强民主文明和谐的社会主义现代化国家。全党要坚定这样的道路自信、理论自信、制度自信！"[①]

（三）永远铭记历代中央领导的历史功勋，反映了亿万人民的共同心愿，是凝聚中华民族无坚不摧、所向披靡的强大力量

共产主义社会制度是前无古人的人类崇高理想社会，不可能一蹴而就，需要一代代人坚持不懈的奋斗才能实现。中国共产党人的成功经验和宝贵品质，就是为了实现共产主义崇高理想，就是在充分肯定前人成就、功勋基础上一代代人的自觉总结经验，继承发展，与时俱进，开拓创新。

[①] 胡锦涛：《坚定不移沿着中国特色社会主义道路前进为全面建成小康社会而奋斗——在中国共产党第十八次全国代表大会上的报告》，人民出版社2012年版，第16页。

第四章　高举中国特色社会主义伟大旗帜，坚定中国特色社会主义共同理想

一代做给一代看，一任接着一任干，这是中国共产党之所以能够避免苏联因为全面否定苏联社会主义前领导人斯大林，导致亡党亡国历史悲剧发生的英明睿智。

立足前人经验基础上的坚持、继承、发展，是共产党人不断前进、顺利发展的宝贵经验。我们党之所以能够确定坚持和发展中国特色社会主义道路，正是在历代之中央领导集体艰苦探索的基础上作出的英明抉择。习近平同志在纪念毛泽东诞辰120周年座谈会上的讲话中指出："道路决定命运，找到一条正确道路是多么不容易。中国特色社会主义不是从天上掉下来的，是党和人民历尽千辛万苦、付出各种代价取得的根本成就。改革开放前的社会主义实践探索，是党和人民在历史新时期把握现实、创造未来的出发阵地，没有它提供的正反两方面的历史经验，没有它积累的思想成果、物质成果、制度成果，改革开放也难以顺利推进。一切向前走，都不能忘记走过的路；走得再远、走到再光辉的未来，也不能忘记走过的过去。"[①] 集中表达了中国共产党人充满哲理、符合人类社会发展规律和中国共产党自身发展实际的科学历史观。

党的十八大报告明确指出："以毛泽东同志为核心的党的第一代中央领导集体带领全党全国各族人民完成了新民主主义革命，进行了社会主义改造，确立了社会主义基本制度，成功实现了中国历史上最深刻最伟大的社会变革，为当代中国一切发展进步奠定了根本政治前提和制度基础。在探索过程中，虽然经历了严重曲折，但党在社会主义建设中取得的独创性理论成果和巨大成就，为新的历史时期开创中国特色社会主义提供了宝贵经验、理论准备、物质基础。

"以邓小平同志为核心的党的第二代中央领导集体带领全党全国各族人民深刻总结我国社会主义建设正反两方面经验，借鉴世界社会主义历史经验，作出把党和国家工作中心转移到经济建设上来、实行改革开放的历史性决策，深刻揭示社会主义本质，确立社会主义初级阶段基本路线，明确提出走自己的路、建设中国特色社会主义，科学回答了建设中国特色社会主义的一系列基本问题，成功开创了中国特色社会主义。

"以江泽民同志为核心的党的第三代中央领导集体带领全党全国各族人民坚持党的基本理论、基本路线，在国内外形势十分复杂、世界社会主

[①] 习近平：《在纪念毛泽东同志诞辰120周年座谈会上的讲话》，《人民日报》2013年12月27日，第2版。

义出现严重曲折的严峻考验面前捍卫了中国特色社会主义,依据新的实践确立了党的基本纲领、基本经验,确立了社会主义市场经济体制的改革目标和基本框架,确立了社会主义初级阶段的基本经济制度和分配制度,开创全面改革开放新局面,推进党的建设新的伟大工程,成功把中国特色社会主义推向21世纪。

"新世纪新阶段,党中央抓住重要战略机遇期,在全面建设小康社会进程中推进实践创新、理论创新、制度创新,强调坚持以人为本、全面协调可持续发展,提出构建社会主义和谐社会、加快生态文明建设,形成中国特色社会主义事业总体布局,着力保障和改善民生,促进社会公平正义,推动建设和谐世界,推进党的执政能力建设和先进性建设,成功在新的历史起点上坚持和发展了中国特色社会主义。"① 不忘我们党一脉相承的光辉历史、牢记前人为社会主义事业建树的丰功伟绩,在继承前人创造的革命、建设、改革业绩基础上,与时俱进,不断发展创新,是党中央领导集体的英明所在,智慧选择。

习近平同志《在纪念毛泽东同志诞辰120周年座谈会上的讲话》中明确表示:"党的十八大以来,我们所做的一切工作,就是要团结带领全党全国各族人民坚持党的十一届三中全会以来的理论和路线方针政策,把以毛泽东同志为核心的党的第一代中央领导集体、以邓小平同志为核心的党的第二代中央领导集体、以江泽民同志为核心的党的第三代中央领导集体、以胡锦涛同志为总书记的党中央开创和发展的伟大事业坚持好、发展好。""道路决定命运,找到一条正确道路是多么不容易。中国特色社会主义不是从天上掉下来的,是党和人民历尽千辛万苦、付出各种代价取得的根本成就。改革开放前的社会主义实践探索,是党和人民在历史新时期把握现实、创造未来的出发阵地,没有它提供的正反两方面的历史经验,没有它积累的思想成果、物质成果、制度成果,改革开放也难以顺利推进。一切向前走,都不能忘记走过的路;走得再远、走到再光辉的未来,也不能忘记走过的过去。"② "正确认识改革开放以来的历史与党全部奋斗史的关系,是习近平同志阐述的一个重要问题。他强调,我们党领导的革命、建

---

① 胡锦涛:《坚定不移沿着中国特色社会主义道路前进为全面建成小康社会而奋斗——在中国共产党第十八次全国代表大会上的报告》,人民出版社2012年版,第10—12页。

② 习近平:《在纪念毛泽东同志诞辰120周年座谈会上的讲话》,《人民日报》2013年12月27日,第2版。

第四章　高举中国特色社会主义伟大旗帜，坚定中国特色社会主义共同理想

设、改革伟大实践，是一个接续奋斗的历史过程，是一项救国、兴国、强国，进而实现中华民族伟大复兴的完整事业。改革开放以来的成功实践，是这一伟大事业的重要组成部分。我们决不能忘记过去的历史。"[1] 习近平同志这种"坚持全面正确的历史观，科学评价毛泽东和党的历史"的崇高品质和超凡睿智，为我们党正确评价毛泽东、评价毛泽东思想、评价毛泽东同志的历史地位和评价党的历史树立了光辉的典范。这种坚持、继承、发展、创新一脉相承、一以贯之的清醒认识、鲜明态度、坚定立场和神圣责任感，为我们坚持和发展中国特色社会主义指明了方向，提供了科学方法论。

从党的十七大报告中提出的三个"要永远铭记"、党的十八大报告肯定的几代领导集体为创立、坚持和发展中国特色社会主义事业、实现中华民族伟大复兴所建树的历史功勋，到习近平同志在《在纪念毛泽东同志诞辰120周年座谈会上的讲话》，集中地体现了我们党中央领导集体的崇高品质和政治智慧，展现了中国共产党人尊重历史、崇敬前贤、一脉相承的精神品格，反映了亿万人民的共同心愿。不论是在中国革命还是建设、改革各时期，作过贡献的那个时代的人们的感情都得到关注和尊重，合天理、得人心、顺民意，受到广大人民群众的衷心拥戴，从而调动了方方面面建设中国特色社会主义事业的积极性、主动性、创造性，使大家都凝聚在以习近平同志为核心的党中央周围，心情舒畅、斗志昂扬地为建设中国特色社会主义而努力奋斗。习近平同志指出："实现中国梦必须凝聚中国力量。这就是中国各族人民大团结的力量。"[2] 只要一代一代的中国共产党人弘扬我们党一脉相承的优良传统，坚持和发展中国特色社会主义的正确方向不动摇，就能凝聚中国力量，就能带领全国各族人民心往一处想，劲往一处使，就能用14亿多人的智慧和力量汇聚起中华民族无坚不摧、所向披靡、不可战胜的巨大力量。

党的十八大报告强调高举中国特色社会主义伟大旗帜，习近平总书记在新进中央委员会的委员、候补委员学习贯彻党的十八大精神研讨班开班式上发表重要讲话强调，坚持和发展中国特色社会主义是一篇大文章，我们这一代共产党人的任务，就是继续把这篇大文章写下去。在纪念毛泽东

---

[1] 冷溶：《坚持全面正确的历史观科学评价毛泽东和党的历史——学习习近平同志在纪念毛泽东同志诞辰120周年座谈会上的重要讲话》，《人民日报》2014年1月7日，第7版。

[2] 习近平：《在第十二届全国人民代表大会第一次会议上的讲话》，《人民日报》2013年3月18日，第1版。

同志诞辰 120 周年座谈会上的讲话再次强调指出："坚持独立自主，就要坚定不移走中国特色社会主义道路，既不走封闭僵化的老路，也不走改旗易帜的邪路。我们要增强政治定力，增强道路自信、理论自信、制度自信。"① 这就在当前中国走什么道路上给了世人一个明确的回答。这表明既定的大政方针会延续下去，这种政策的延续性和确定性对中国非常重要，是我们实现既定目标的重要保证。

二、坚持和发展中国特色社会主义是中国社会发展历史进程和中国优秀传统文化丰厚滋养的逻辑必然

习近平同志指出："中国特色社会主义，是科学社会主义理论逻辑和中国社会发展历史逻辑的辩证统一，是根植于中国大地、反映中国人民意愿、适应中国和时代发展进步要求的科学社会主义。"②"中国特色社会主义植根于中华文化沃土、反映中国人民意愿、适应中国和时代发展进步要求，有着深厚历史渊源和广泛现实基础。"③ 科学地揭示出中国特色社会主义是科学社会主义理论逻辑和中国社会发展历史逻辑的辩证统一；同时，从中国的国情和文化传统出发，指出中国特色社会主义是根植于中国大地、反映中国人民意愿、适应中国和时代发展进步要求的科学社会主义，有着深厚历史渊源和广泛现实基础。这一点从根本上揭示出中国特色社会主义与中国的优秀传统文化精髓紧密联系的本质特征。

（一）中国走社会主义道路是中国社会发展历史进程的逻辑必然

伟大的无产阶级革命导师马克思、恩格斯创立的指导无产阶级获得人类解放的革命理论——马克思主义，第一次揭示出人类社会必然走向共产

---

① 习近平：《在纪念毛泽东同志诞辰 120 周年座谈会上的讲话》，《人民日报》2013 年 12 月 27 日，第 2 版。

② 习近平：《在新进中央委员会的委员、候补委员学习贯彻党的十八大精神研讨班开班式上发表重要讲话强调》，《人民日报》2013 年 1 月 6 日，第 1 版。

③ 习近平在全国宣传思想工作会议上强调：《胸怀大局把握大势着眼大事，努力把宣传思想工作做得更好》，《人民日报》2013 年 8 月 21 日。

第四章　高举中国特色社会主义伟大旗帜，坚定中国特色社会主义共同理想

主义社会的不可抗拒的客观规律。在《共产党宣言》最后，革命导师马克思和恩格斯充满激情地向全世界无产阶级发出号召："共产党人不屑于隐瞒自己的观点和意图。他们的目的只有用暴力推翻全部现存的制度才能达到。让统治阶级在共产主义革命面前发抖吧。无产阶级在这个革命中失去的只是锁链，他们获得的将是整个世界。全世界无产者，联合起来！"[1]《共产党宣言》的发布，有力地推进了世界人民用暴力推翻资产阶级社会制度走向社会主义社会并向共产主义过渡的历史进程。从1848年《共产党宣言》发布，到1872年仅相隔24年，就发生了无产阶级夺取政权的第一个无产阶级专政的国家形态——巴黎公社，虽然失败了，但却为共产党人推翻资产阶级政权走向社会主义积累了极为宝贵的经验。1917年列宁领导俄国苏维埃共产党取得了社会主义革命的胜利，随后，在这种社会主义高潮中，东欧系列国家相继建立了社会主义制度。

在这种世界大环境下，中国向社会主义方向前进就成为近代以来中国社会发展的必然选择。自1840年鸦片战争之后，中国屡遭西方列强的侵略和蹂躏，祖国的大好河山遭到侵略者毫无人性的践踏、劫掠，中国逐渐沦为半殖民地半封建社会，山河破碎、战乱不已、民不聊生，备受奴役、饥寒交迫的人民在生死线上痛苦地挣扎。救亡图存，改变中华民族的命运，争取民族独立、人民解放，实现国家富强、人民富裕，已经成为不同阶级、不同社会阶层、不同政治力量的中国人民必须完成的历史任务。为了改变中华民族的命运，不甘屈服的中国人民和无数志士仁人进行了不屈不挠的探索和艰苦卓绝的斗争。孙中山先生领导的资产阶级革命，结束了统治中国几千年的封建君主专制制度，对推动中国社会的进步具有重大意义，但未能改变中国半殖民地半封建的社会性质和中国人民的悲惨命运。为了寻求救国真理，自从1840年鸦片战争失败时起，先进的中国人历经千辛万苦，向西方国家寻找真理。洪秀全、康有为、严复和孙中山，代表了在中国共产党出世以前向西方寻找真理的先进分子。那时，求进步的中国人，只要是西方的新道理，什么书都看。向日本、英国、美国、法国、德国派遣留学生之多，达到了惊人的数量。他们认为这些西方资产阶级民主主义的文化可以救中国。要救国，只有维新，要维新，只有学外国。那时的外国只有西方资本主义国家是进步的，它们成功地建设了资产阶级的现代国家。看到日本人向西方学习有成效，中国人也想向日本人学。然而，

---

[1]《马克思恩格斯选集》第1卷，人民出版社1995年版，第307页。

帝国主义的侵略打破了中国人学西学的迷梦。中国人向西方学得不少，但就是行不通，理想总是不能实现。多次奋斗，包括辛亥革命那样全国规模的运动，都失败了。国家的情况一天一天变坏，环境迫使人们活不下去。对资本主义能救中国的怀疑产生了，增长了，发展了。一切别的东西都试过了，都失败了。①

究竟选择什么道路才能完成民族独立、人民解放和国家富强、人民富裕的历史使命？正当救亡图存的中国人民艰苦探索尚无答案、处于困惑、苦闷、彷徨之际，"十月革命一声炮响，给我们送来了马克思列宁主义。十月革命帮助了全世界的也帮助了中国的先进分子，用无产阶级的宇宙观作为观察国家命运的工具，重新考虑自己的问题。走俄国人的路——这就是结论"。② 俄国十月革命的胜利给处在苦闷和彷徨中的中国人民作出了榜样，指明了方向。走俄国人的路，向俄国人学习，坚持马克思主义指导，走社会主义道路，成为近代中国社会历史发展的必然结论和中国人民的不二选择。

中国为什么不走资本主义道路，必须走俄国人已经走的社会主义道路？对此，领导中国人民进行艰苦卓绝的浴血奋战取得民族独立、人民解放伟大胜利、确立社会主义制度的开国元勋、中国人民的伟大领袖毛泽东同志在《新民主主义论》《论人民民主专政》等一系列著作中有着充分的论述。他指出："民族资产阶级之所以不能充当革命的领导者和所以不应当在国家政权中占主要地位，是因为民族资产阶级的社会经济地位规定了他们的软弱性，他们缺乏远见，缺乏足够的勇气，并且有不少人害怕民众。"③ "在帝国主义时代，任何国家的任何别的阶级，都不能领导任何真正的革命达到胜利。中国的小资产阶级和民族资产阶级曾经多次领导过革命，都失败了，就是明证。"④ 科学地分析了中国的小资产阶级和民族资产阶级不可能领导任何真正的革命取得胜利的原因，深刻揭示出决定中国不能走资本主义而必须选择社会主义道路的内在根据。

1. 国际资本主义即帝国主义不容许

毛泽东同志在《新民主主义论》中指出：走建立资产阶级专政的资本

---

① 《毛泽东选集》第4卷，人民出版社1991年版，第1469—1471页。
② 《毛泽东选集》第4卷，人民出版社1991年版，第1471页。
③ 《毛泽东选集》第4卷，人民出版社1991年版，第1479页。
④ 《毛泽东选集》第4卷，人民出版社1991年版，第1479页。

第四章　高举中国特色社会主义伟大旗帜，坚定中国特色社会主义共同理想

主义社会之路吗？诚然，这是欧美资产阶级走过的老路，但无论国际国内的环境都不容许中国这样做。依国际环境说，这条路是走不通的。现在的国际环境，从基本上说来，是资本主义和社会主义斗争的环境，是资本主义向下没落、社会主义向上生长的环境。要在中国建立资产阶级专政的资本主义社会，首先是国际资本主义即帝国主义不容许。帝国主义侵略中国，反对中国独立，反对中国发展资本主义的历史，就是中国的近代史。历来中国革命的失败都是被帝国主义绞杀的，无数革命先烈为此而抱终天之恨。现在是一个强大的日本帝国主义打了进来，它是要把中国变成殖民地的；现在是日本在中国发展它的资本主义，却不是什么中国发展资本主义；现在是日本资产阶级在中国专政，却不是什么中国资产阶级专政。不错，现在是帝国主义最后挣扎的时期，它快要死了，"帝国主义是垂死的资本主义"。但是正因为它快要死了，它就更加依赖殖民地半殖民地过活，决不容许任何殖民地半殖民地建立什么资产阶级专政的资本主义社会。正因为日本帝国主义陷在严重的经济危机和政治危机的深坑之中，就是说，它快要死了，它就一定要打中国，一定要把中国变为殖民地，它就断绝了中国建立资产阶级专政和发展民族资本主义的路。①

新中国成立之前国际资本主义即帝国主义不容许，所以孙中山领导的资产阶级革命不可能成功。当今世界更是如此。国际资本主义即帝国主义国家是极其自私的，这是其资本的本性和个人主义价值观使然，永远不会改变。它不容许任何国家比自己发展得快，它也决不会把自己真正的发展理论、经验和先进的科学技术传授给他国。它不容许其他国家真正发展起来去争夺自己的市场，使自己任意掠夺世界资源和财富的霸权地位受到挑战，因此，帝国主义不可能让中国真正发展成强大的资本主义国家，而只能成为受其控制、压迫、剥削的附庸。

西方资本主义即帝国主义过去不容许、现在不容许、将来永远不会容许中国走资本主义道路；具有5000多年中华文明历史传承、历经170多年近代波澜壮阔的革命斗争深刻总结、经过中华人民共和国70多年的持续探索和40多年改革开放的伟大实践，中国人民过去不走、今天不走、将来也永远不会走资本主义道路，而是坚定不移地按照习近平总书记指出的：

---

① 《毛泽东选集》第2卷，人民出版社1991年版，第679页。

"实现中国梦必须走中国道路。这就是中国特色社会主义道路。"①

2. 当时的国际格局不容许

毛泽东同志在《新民主主义论》一文中指出：这个世界上，所有帝国主义都是我们的敌人，中国要独立，决不能离开社会主义国家和国际无产阶级的援助。尤其是苏联的援助，是抗战最后胜利决不可少的条件。拒绝苏联的援助，革命就要失败。现在的世界，是处在革命和战争的新时代，是资本主义决然死灭和社会主义决然兴盛的时代。在这种情形下，要在中国反帝反封建胜利之后，再建立资产阶级专政的资本主义社会，岂非是完全的梦呓?②

毛泽东同志在《论人民民主专政》一文中再次强调：一边倒，走苏联的社会主义道路，是孙中山的四十年经验和共产党的二十八年经验教给我们的，深知欲达到胜利和巩固胜利，必须一边倒。积四十年和二十八年的经验，中国人不是倒向帝国主义一边，就是倒向社会主义一边，绝无例外。骑墙是不行的，第三条道路是没有的。我们反对倒向帝国主义一边的蒋介石反动派，我们也反对第三条道路的幻想。③ 毛泽东同志指出："在帝国主义存在的时代，任何国家的真正的人民革命，如果没有国际革命力量在各种不同方式上的援助，要取得自己的胜利是不可能的。胜利了，要巩固，也是不可能的。伟大的十月革命的胜利和巩固，就是这样的，列宁和斯大林早已告诉我们了。"中国革命如果没有苏联的援助，要想取得胜利"显然是不能的。胜利了，要巩固，也不可能"。④ 在这种情况下，马克思列宁主义指导的中国共产党领导的新民主主义革命一边倒，倒向社会主义一边，就是当时历史条件下中国人民的必然选择，是正确的选择，是中国社会历史发展的逻辑必然。

3. 共产主义旗帜的强大感召力使然

俄国十月革命的伟大胜利，共产主义光辉旗帜的强大感召力、凝聚力震撼世界，推动人民向着社会主义方向奋勇前进。毛泽东同志满怀激情地指出："共产主义是无产阶级的整个思想体系，同时又是一种新的社会制度。这种思想体系和社会制度，是区别于任何别的思想体系和任何别的社

---

① 习近平：《在第十二届全国人民代表大会第一次会议上的讲话》，《人民日报》2013年3月18日，第1版。
② 《毛泽东选集》第2卷，人民出版社1991年版，第680页。
③ 《毛泽东选集》第2卷，人民出版社1991年版，第1472—1473页。
④ 《毛泽东选集》第2卷，人民出版社1991年版，第1473—1474页。

第四章　高举中国特色社会主义伟大旗帜，坚定中国特色社会主义共同理想

会制度的，是自有人类历史以来，最完全最进步最革命最合理的。封建主义的思想体系和社会制度，是进了历史博物馆的东西了。资本主义的思想体系和社会制度，已有一部分进了博物馆（在苏联）；其余部分，也已'日薄西山，气息奄奄，人命危浅，朝不虑夕'，快进博物馆了。唯独共产主义的思想体系和社会制度，正以排山倒海之势，雷霆万钧之力，磅礴于全世界，而葆其美妙之青春。中国自有科学的共产主义以来，人们的眼界是提高了，中国革命也改变了面目。中国的民主革命，没有共产主义去指导是决不能成功的，更不必说革命的后一阶段了。这也就是资产阶级顽固派为什么要那样叫嚣和要求'收起'它的原因。其实，这是'收起'不得的，一收起，中国就会亡国。现在的世界，依靠共产主义做救星；现在的中国，也正是这样。"① 在那个年代，世界依靠共产主义做救星，中国同样依靠共产主义做救星。中国社会发展历史表明，农民阶级革命、资产阶级改良和革命都不能救中国。只有在中国共产党领导下，学俄国人的榜样，坚持马克思主义指导，走社会主义道路，才能实现民族独立、人民解放、国家富强、人民富裕的希望。为此，中国人民自觉选择了社会主义道路，最终取得革命的彻底胜利。正是从中国革命成功的实践中，中国人民得出一个颠扑不破的真理："只有社会主义才能救中国！"这就是历史作出的中国之所以选择社会主义制度、选择中国特色社会主义的必然逻辑。

在回顾中国为什么选择社会主义道路时，邓小平同志指出："中国从鸦片战争起沦为半殖民地半封建社会，中国人民成了世界著名的'东亚病夫'。从那时起的近一个世纪，我国有识之士包括孙中山都在寻求中国的出路。孙中山开始就想学西方，所谓西方即资本主义。后来孙中山觉得西方不行了，提出'以俄为师'，学习十月革命后的俄国，开始了国共合作，导致北伐战争的胜利。孙中山逝世以后，国民党的统治使中国继续处在半殖民地半封建社会的悲惨地位，在日本侵华期间大片国土沦为殖民地。在帝国主义、封建主义和后来发展起来的官僚资本主义压迫下，中国继续贫穷下去。这个历史告诉我们，中国走资本主义道路不行，中国除了走社会主义道路没有别的道路可走。"②

胡锦涛指出："事实充分证明，在近代以来中国社会发展进步的壮阔进程中，历史和人民选择了中国共产党，选择了马克思主义，选择了社会

---

① 《毛泽东选集》第2卷，人民出版社1991年版，第686页。
② 《邓小平文选》第3卷，人民出版社1993年版，第205—206页。

主义道路，选择了改革开放。"①

习近平同志指出："1911年，孙中山先生领导的辛亥革命，推翻了统治中国几千年的君主专制制度。旧的制度推翻了，中国向何处去？中国人苦苦寻找适合中国国情的道路。君主立宪制、复辟帝制、议会制、多党制、总统制都想过了、试过了，结果都行不通。最后，中国选择了社会主义道路。"②

历史和现实都告诉我们，只有社会主义才能救中国，只有中国特色社会主义才能发展中国，这是历史的结论，人民的选择。只有在坚持和发展中国特色社会主义基础上，向着实现共产主义崇高理想伟大目标努力奋斗，才是中华民族乃至世界人民的光明之路，幸福之路，辉煌之路。

4. 要高度自觉抵制企图将中国特色社会主义引向改旗易帜邪路的歪理邪说

在新的形势下，国内外敌对势力相互勾结，亡我之心不死。欲乱我者，必先乱我心智，黑我历史，诬我政党，否我制度。我们要清醒地认识到，为了实现中华民族的伟大复兴，绝对不能听信西方敌对势力的欺骗宣传，决不能跳进心怀叵测的敌人为我国社会发展和进步挖设的陷阱，尤其要警惕公共知识分子对人民群众的误导。

早在新中国成立前夕，毛泽东同志就提醒人们注意，他语重心长地指出："在这里，我认为有必要唤起人们的注意，这即是：帝国主义者及其走狗中国反动派对于他们在中国这块土地上的失败，是不会甘心的。他们还会要互相勾结在一起，用各种可能的方法，反对中国人民。例如，派遣他们的走狗钻进中国的内部来进行分化工作和捣乱工作。这是必然的，他们决不会忘记这项工作。……所有这些，我们必须充分地估计到。我们决不可因为胜利，而放松对于帝国主义分子及其走狗们的疯狂的报复阴谋的警惕，谁要是放松这一项警惕性，谁就将在政治上解除武装，而使自己处于被动的地位。"③ 在经济全球化的网络时代，西方敌对势力加紧实施西化、分化、和平演变中国的战略图谋，渗透、破坏、颠覆中国共产党的执政地位和社会主义制度极其严峻的形势下，在企图极力把中国特色社会主

---

① 胡锦涛：《在庆祝中国共产党成立90周年大会在上的讲话》，《人民日报》2011年7月2日，第2版。

② 习近平：《在布鲁日欧洲学院的演讲》，《人民日报》2014年4月2日，第2版。

③ 《毛泽东选集》第4卷，人民出版社1991年版，第1465页。

第四章　高举中国特色社会主义伟大旗帜，坚定中国特色社会主义共同理想

义拉向改旗易帜资本主义邪路大有人在的情况下，我们必须始终保持这样的警惕。

2013年8月19日习近平同志在全国宣传工作会议上的讲话中强调，全党在坚持以经济建设为中心的同时，更要高度重视意识形态工作问题，其深远意义就在这里。而且，习近平在中共中央政治局第一次集体学习时就强调指出："党在社会主义初级阶段的基本路线是党和国家的生命线。我们在实践中要始终坚持'一个中心、两个基本点'不动摇，既不偏离'一个中心'，也不偏废'两个基本点'，把践行中国特色社会主义共同理想和坚定共产主义远大理想统一起来，坚决抵制抛弃社会主义的各种错误主张，自觉纠正超越阶段的错误观念和政策措施。只有这样，才能真正做到既不妄自菲薄、也不妄自尊大，扎扎实实夺取中国特色社会主义新胜利。"① 明确指出"坚决抵制抛弃社会主义的各种错误主张"，点明了社会上确实存在"抛弃社会主义的各种错误主张"的问题，也表明了我党的态度就是"坚决抵制抛弃社会主义的各种错误主张，自觉纠正超越阶段的错误观念和政策措施"。为中国特色社会主义坚定不移坚持社会主义道路吃了定心丸，为反对"抛弃社会主义的各种错误主张"的斗争提供了尚方宝剑。

（二）选择中国特色社会主义道路是中国优秀传统文化丰厚滋养的逻辑必然

为什么中国能够选择社会主义道路，为什么中国人民的共同愿望和马克思主义的主张高度一致，就是因为马克思主义和中国的传统文化有着异曲同工之妙。一个社会为何发展、选择什么道路，文化影响是极其深远、极其广泛、极其关键的，具有不可抗拒、不可割裂、不可动摇的巨大力量，决定着这个社会发展的走势和方向。中国在极其艰苦、极其复杂、各种主义、各种道路纷繁复杂的情势下，最终能够选择社会主义道路，坚持和发展中国特色社会主义，绝不是偶然的，是中国传统文化源远流长的逻辑必然。

习近平同志在全国宣传工作会议上的讲话中明确指出："宣传阐释中国特色，要讲清楚每个国家和民族的历史传统、文化积淀、基本国情不

---

① 习近平：《紧紧围绕坚持和发展中国特色社会主义学习宣传贯彻党的十八大精神》，《人民日报》2012年11月19日，第2版。

同，其发展道路必然有着自己的特色；讲清楚中华文化积淀着中华民族最深沉的精神追求，是中华民族生生不息、发展壮大的丰厚滋养；讲清楚中华优秀传统文化是中华民族的突出优势，是我们最深厚的文化软实力；讲清楚中国特色社会主义植根于中华文化沃土、反映中国人民意愿、适应中国和时代发展进步要求，有着深厚历史渊源和广泛现实基础。中华民族创造了源远流长的中华文化，中华民族也一定能够创造出中华文化新的辉煌。独特的文化传统，独特的历史命运，独特的基本国情，注定了我们必然要走适合自己特点的发展道路。"① 之后，习近平同志更加明确地指出："我们开辟了中国特色社会主义道路不是偶然的，是我国历史传承和文化传统决定的。"②

这就说明，中国特色社会主义植根于中华文化沃土、反映中国人民意愿、适应中国和时代发展进步要求，有着深厚历史渊源和广泛现实基础。社会主义制度之所以能在中国取得胜利、牢固确立并长期巩固，一个极其重要的文化渊源就是"天下为公"这一中华民族生生不息、发展壮大的丰厚文化滋养。可以说，中国特色社会主义在中国蓬勃发展，是合天理、得人心、顺民意的必然，是中国历史进程的必然、社会发展的必然、时代进步的必然，反映了人类进步、社会发展的客观规律，因此是不可抗拒、不可阻挡的历史发展大趋势。

1. 中华民族"天下为公"的"崇公"文化传统思想符合马克思主义基本原理

"天下为公"的"崇公"思想理念，是中华民族一脉相承的思想精华。古代的女娲、燧人氏、神农氏以及《史记》记载的三皇五帝都是为公的典范。从孔子提出"天下为公"的大同社会，康有为的《大同书》设想的实现天下大同，一直到孙中山的"天下为公"，都是"崇公"思想。"公"的理念已经成为中华民族的文化精华，融入中华民族的血脉之中。在中华民族发展史上，"天下为公"的思想源远流长，从"天下为公"出发，表现为大公无私高尚品格的典型人物层出不穷。远古时代，我们中华民族的始祖推举选拔一些人为官，目的就是让这些人更好地为实现好群体的共同

---

① 习近平在全国宣传思想工作会议上强调：《胸怀大局把握大势着眼大事，努力把宣传思想工作做得更好》，《人民日报》2013年8月21日。
② 习近平在中共中央政治局第十八次集体学习时强调：《牢记历史经验历史教训历史警示　为国家治理能力现代化提供有益借鉴》，《人民日报》2014年10月14日，第1版。

第四章　高举中国特色社会主义伟大旗帜，坚定中国特色社会主义共同理想

利益即公益事业服务。《史记》载："尧立七十年得舜，二十年而老，令舜摄行天子之政，荐之于天。尧辟位凡二十八年而崩。百姓悲哀，如丧父母。三年，四方莫举乐，以思尧。尧知子丹朱之不肖，不足授天下，于是乃权授舜。授舜，则天下得其利而丹朱病；授丹朱，则天下病而丹朱得其利。尧曰：'终不以天下之病而利一人，'而卒授舜以天下。"① 本来"父子继立，常道也。求贤而禅，权道也。权者，反常而合道"。② 本来，父子继立是常规，求贤而禅让是反常的，但却符合治国泽民规律。尧帝深知自己的儿子丹朱不如自己（难以胜任治国之重托），难以把天下传予他。考虑到如果把继承权禅让给舜，天下得利而自己的儿子丹朱受损害；如果把继承权授予自己的儿子丹朱，则天下受损害而丹朱得其利，尧帝说："终不能以天下人整体利益的损害而利丹朱一人。"为此，便求贤而禅，毫不犹豫地坚定地把天下禅让给舜。史记载："五帝官天下，老则禅贤，故权试舜也。"③ 我们的祖先这种为了天下黎民百姓受益，出于公心而不计个人得失的高尚品格万古传颂。《吕氏春秋·孟春纪第一·贵公》篇，曰："昔先圣王之治天下也，必先公。公则天下平矣。平得于公。尝试观于上志，有得天下者众矣，其得之以公，其失之必以偏。"又曰："天下非一人之天下也，天下之天下也。阴阳之和，不长一类；甘露时雨，不私一物；万民之主，不阿一人。……此三皇五帝之德也。"④ 意即：从前，先代圣王治理天下，一定先要公正无私。公正无私，天下就安定太平，安定太平则是出于公正无私。试看古书的记载，曾经取得天下的人很多，他们取得天下靠的是公正，失掉天下一定是因为有偏私。天下不是一个人的天下，而是天下人的天下。阴阳调和，不仅仅使一类生物得以生长；合时令节气的雨水甘露，不仅仅滋润一物；万民的君主，不仅仅偏爱一人。这种至公无私，正是三皇五帝的功德。由此看来，为公是"官"的原始基因，是众望所归的中华民族之魂。古往今来，从脍炙人口的成语和深受推崇的政治、经济、社会生活常用词语中就可见一斑，如：大公无私，至公无私，公而忘私，公私分明，先公后私；立党为公，一心为公，克己奉公，廉洁奉公；公行天下，公者千古，出于公心，公道自在人心，公开、公平、公正、公

---

① 司马迁：《史记》第一卷，中华书局出版1959年版，第30页。
② 司马迁：《史记》第一卷，中华书局出版1959年版，第31页。
③ 司马迁：《史记》第一卷，中华书局出版1959年版，第31页。
④ 吕不韦：《吕氏春秋》，中州古籍出版社2010年版，第18—19页。

义、公道、公理、公益；等等不胜枚举。崇公、为公，经过百世传扬，习俗成规，已经成为社会一般成员共同追求的价值目标，成为人们评价是非优劣标准、思想遵循和行为准则，成为评判为人处世正误、美丑、功过、有德无德的价值尺度，成为中国人民世代相传的文化渊源。"老吾老，以及人之老；幼吾幼，以及人之幼"，① 推己及人、恩加四海的崇公理念，已经成为中华民族影响广泛、深入人心、妇孺皆知并身体力行的社会思想。"天无私覆也，地无私载也，日月无私烛也，四时无私行也，行其德而万物得遂长焉。……尧有十子，不与其子而授舜；舜有子九人，不与其子而授禹：至公也。"② 孔子对《去私篇》中出于公心"外举不避仇，内举不避子"的祁黄羊赞扬说："祁黄羊可称得上公正无私了！"——《吕氏春秋·去私》中弘扬的至公无私、公行天下精神，更是千秋传扬。这种"崇公"思想与马克思主义经典著作中有关无产阶级获得彻底解放的"公有"思想，有着异曲同工之妙。

马克思、恩格斯在《共产党宣言》中说："共产主义的特征并不是废除一般的所有制，而是要废除资产阶级的所有制。""共产党人可以把自己的理论概括为一句话：消灭私有制。"③ 指的就是消灭私有制，建立公有制。"共产主义革命就是同传统的所有制关系实行最彻底的决裂；毫不奇怪，他在自己的发展进程中要同传统的观念实行最彻底的决裂。"④ 在这里进一步指出，进行共产主义革命，建设人类最美好的共产主义社会，不仅要同传统的资产阶级私有制实行最彻底的决裂，更要同传统的私有观念资产阶级的利己主义、个人主义实行最彻底的决裂，就是要牢固树立与公有制相适应的公有观念，树立为人类"绝大多数人谋利益"、实现"大同世界"的"天下为公"集体主义价值观。马克思、恩格斯指出："过去的一切运动都是少数人的或者为少数人谋利益的运动。无产阶级的运动是绝大多数人的、为绝大多数人谋利益的独立的运动。"⑤ 恩格斯在《共产主义原理》一文中则明确提出："无产者只有废除一切私有制才能解放自己。"⑥

---

① 吴树平、赖长扬：《全译本白话四书五经》第 1 卷，国际文化出版公司 1992 年版，第 176 页。
② 吕不韦：《吕氏春秋》，中州古籍出版社 2010 年版，第 22 页。
③ 《马克思恩格斯选集》第 1 卷，人民出版社 1995 年版，第 286 页。
④ 《马克思恩格斯选集》第 1 卷，人民出版社 1995 年版，第 293 页。
⑤ 《马克思恩格斯选集》第 1 卷，人民出版社 1995 年版，第 283 页。
⑥ 《马克思恩格斯选集》第 1 卷，人民出版社 1995 年版，第 233 页。

第四章　高举中国特色社会主义伟大旗帜，坚定中国特色社会主义共同理想

实行两个"彻底决裂"，包括两个"绝大多数人"，其要旨都是与私有制和私有观念实行彻底决裂，建立公有制，树立公有观念，实现人类的自由全面发展，确立为"公"的思想。马克思、恩格斯还说："每个人的自由发展是一切人的自由发展的条件。"①　"被剥削被压迫的阶级（无产阶级），如果不同时使整个社会永远摆脱剥削、压迫和阶级斗争，就不再能使自己从剥削它、压迫它的那个阶级（资产阶级）下解放出来。"②　"全世界无产者，联合起来！"③　马克思主义关于共产主义社会理想，共有观念、公有制、无产阶级只有解放全人类才能最后解放自己的为"公"的集体主义价值观等理论与中国"天下为公"的传统文化完美统一，浑然天成，因此传承中国文化传统的中国人民以马克思主义为指导，选择坚持和发展中国特色社会主义就是顺理成章、自然而然的了。

2. 立党为公、全心全意为人民服务，是中国共产党人的思想旗帜

立党为公、全心全意为人民服务是中国共产党的根本宗旨，是指引共产党人所向披靡、无往而不胜的光辉旗帜。中国共产党艰苦奋斗、浴血奋战，领导革命成功，就是为劳苦大众翻身解放，就是为公、为大家、为人民，为了实现"国家富强、民族振兴、人民幸福"的中国梦。在中国波澜壮阔的革命斗争和社会主义革命建设中，中国共产党把中华民族的"天下为公"思想精华与马克思主义的共产主义理想完美结合，提出"全心全意为人民服务"、"全心全意为中国人民和世界人民服务"、立党为公、执政为民的集体主义价值观，把人类"崇公"的思想提升到最高境界，发挥到极致。习近平同志指出："作为党的干部，就是要讲大公无私、公私分明、先公后私、公而忘私，只有一心为公、事事出于公心，才能坦荡做人、谨慎用权，才能光明正大、堂堂正正。作风问题都与公私问题有联系，都与公款、公权有关系。公款姓公，一分一厘都不能乱花；公权为民，一丝一毫都不能私用。领导干部必须时刻清楚这一点，做到公私分明、克己奉公、严格自律。"④　所以，中华民族传统文化中的"崇公"的历史渊源可以与马克思主义基本原理有机地结合在一起，可以与我们党立党为公、执

---

① 《马克思恩格斯选集》第1卷，人民出版社1995年版，第294页。
② 《马克思恩格斯选集》第1卷，人民出版社1995年版，第252页。
③ 《马克思恩格斯选集》第1卷，人民出版社1995年版，第307页。
④ 习近平在十八届中央纪委三次全会上发表重要讲话：《强化反腐败体制机制创新和制度保障　深入推进党风廉政建设和反腐败斗争》，《人民日报》2014年1月15日，第1版。

政为民、大公无私、一心为公的执政理念结合在一起,可以与"以人为本"为核心的科学发展观、以人民为中心的发展观结合到一起,形成中华民族一脉相承的思想精华。这是中国共产党人对世界共产主义运动作出的杰出贡献,是对世界的社会发展和人类的文明进步作出的杰出贡献。

一个人光为自己着想,那就不是为公;只要遇事能为别人着想,那就有点为公;想得越多、越好、越周到,这个"公"的内涵就越丰富,精神境界就越高;做得越好、越彻底、越经常、越全面、越系统,这个"公"的成分就越纯粹;达到毛泽东同志赞扬白求恩同志的"毫不利己,专门利人"的高度,成为一个高尚的人、纯粹的人、有道德的人、脱离了低级趣味的人、有益于人民的人,就达到了共产党人"崇公"的最高境界。同时,这个"公"的概念有丰富的层面,有很丰富的内容:有世界层面的全心全意为世界人民服务,有国家层面的全心全意中国为人民服务,有社会层面的为大家服务,我为人人,人人为我,还有人与人之间互相爱护、互相关心、互相帮助的为他人服务,包括人与公共环境的和谐相处、职业道德、社会公德以及家庭中的家庭美德,敬老爱幼、亲情、关爱、照顾等。

3. 马克思主义的科学社会主义原则与中国传统文化中的民本思想相一致

马克思主义的科学社会主义原理,高度评价广大劳动人民在人类历史中的地位和作用,认为他们是推动历史发展的决定力量,尤其是强调生活在社会最底层的工人阶级(无产者)是旧社会的掘墓人,是新社会的创造者。

马克思、恩格斯在《共产党宣言》中指出:"资产阶级不仅锻造了置自身于死地的武器,他还产生了将要运用这种武器的人——现代的工人,即无产者。"[1] "资产阶级无意中造成而又无力抵抗的工业进步,使工人通过结社而达到的革命联合代替了他们由于竞争而造成的分散状态。于是,随着大工业的发展,资产阶级赖以生产和占有产品的基础本身也就从它的脚下被挖掉了。它首先生产的是它自身的掘墓人。资产阶级的灭亡和无产阶级的胜利是同样不可避免的。"[2] "无产者在这个革命中失去的只是锁链,他们获得的将是整个世界。"[3] 马克思《在〈人民报〉创刊纪念会上的演

---

[1] 《马克思恩格斯选集》第1卷,人民出版社1995年版,第278页。
[2] 《马克思恩格斯选集》第1卷,人民出版社1995年版,第284页。
[3] 《马克思恩格斯选集》第1卷,人民出版社1995年版,第307页。

第四章　高举中国特色社会主义伟大旗帜，坚定中国特色社会主义共同理想

说》中充满着对无产阶级的信赖和赞颂，他深信无产阶级是资产阶级社会中唯一能够改造旧世界的彻底革命的阶级，并对这一阶级的创造性的革命力量充满信心，他说道："要使社会的新生力量很好地发挥作用，就只能由新生的人掌握他们，而这些新生的人就是工人。"他们所从事的社会革命"意味着他们的本阶级在全世界的解放"。[1] 马克思怀着坚定的信念宣告："历史本身就是审判官，而无产阶级就是执刑者。"[2] 无产阶级是资产阶级统治的旧世界的掘墓人，是人民当家作主新世界的开拓者、创造者、建设者、管理者，充分说明人民，只有人民才是创造世界历史的动力。

马克思主义开创的社会主义道路是为了实现广大劳动人民的利益，依靠人民，相信人民，集中体现了人民性，能够最大限度地调动广大人民群众的积极性、主动性和创造性，与中国传统文化中民本思想是非常一致的。中国传统文化中蕴含着深厚丰富的具有人民性的民本思想，凡是圣贤先哲、有识之士都懂得"得人心者得天下"的古训，都不会忽视黎民百姓的作用。在《史记》中的帝王本纪中就有黄帝"修德""抚万民，度四方"的记载；周人提出了"敬德保民"的思想；孟子提出了"民为重，社稷次之，君为轻"的思想；荀子提出了"君者，舟也；庶人者，水也。水能载舟，也可覆舟"的思想。及至汉唐，直到明清，这种民本思想一以贯之。虽然中国传统文化中的民本思想有一定的历史局限性，但在一定程度上，与马克思主义中关于人民群众是历史的创造者等唯物史观有着天然的相同之处。尽管在中国共产党之前从未真正全面实现过，但却是中华民族历代志士仁人前仆后继、孜孜追求的目标，是中国自古以来广大人民群众心向往之的价值追求。

总之，正是因为中国传统文化的许多思想与马克思主义科学社会主义原理和关于人民群众是历史的创造者等唯物史观观点有着许多天然的相通之处，有异曲同工之妙、不谋而合之义，这为中国人民接受马克思主义坚持走社会主义道路积淀了深厚的思想文化和历史渊源，奠定了牢固的社会群众基础，所以，马克思主义和社会主义才顺理成章、理所当然、合乎逻辑地被中国人民所接受。在中国共产党的领导下，中国走上社会主义康庄大道，合天理、顺民意，成为历史必然，坚定不移，不可动摇。任何人想改变，企图开倒车、拉历史倒退，改旗易帜，都是不可能的，必然被历史

---

[1]《马克思恩格斯选集》第 1 卷，人民出版社 1995 年版，第 775 页。
[2]《马克思恩格斯选集》第 1 卷，人民出版社 1995 年版，第 776 页。

的车轮碾得粉碎。

4. 马克思主义共产主义社会理想与中国传统社会理想的自然契合

马克思主义设计的共产主义社会就是没有剥削,没有压迫,人人劳动,自由平等的新社会。马克思、恩格斯在《共产主义者同盟中央委员会告同盟书》中指出:"对我们说来,问题不在于改变私有制,而只在于消灭私有制,不在于掩盖阶级对立,而在于消灭阶级,不在于改良现存社会,而在于建立新社会。"① 恩格斯在为《马克思雇佣劳动和资本》1891年单行本撰写的导言中提出建立能够消灭阶级、消灭剥削和贫困的新社会的蓝图时,指出:"在这个制度之下,当代的阶级差别将消失;而且在这个制度之下——也许在经过一个短暂的,有些艰苦的,但无论如何在道义上很有益的过渡时期以后,——通过有计划地利用和进一步发展一切社会成员的现有的巨大生产力,在人人都必须劳动的条件下,人人也都将同等地、愈益丰富地得到生活资料、享受资料、发展和表现一切体力和智力所需的资料。"② 意即建立一个没有阶级压迫,没有剥削,人人平等,人人劳动,人人都能充分享受到大家共同劳动成果的美好社会。马克思、恩格斯在《共产党宣言》中明确指出:共产主义革命就是"要消灭那种以社会上的绝大多数人没有财产为必要条件的所有制"。③ "共产主义并不剥夺任何人占有社会产品的权力,它只剥夺利用这种占有去奴役他人劳动的权力。"④ "代替那存在着阶级和阶级对立的资产阶级旧社会的,将是这样一个联合体,在那里,每个人的自由发展是一切人的自由发展的条件。"⑤ 在这样的理想社会里,人与人的新型关系,是"人人为我,我为人人"的和谐共荣的良好关系。这正与中国传统优秀文化中的大同社会理想无缝对接,不谋而合。

理想性是中国传统文化的重要特征。先秦时期,诸子百家就对理想社会进行了描述,中国古代著名思想家孔子在《礼记·礼运》中提出:"大道之行也,天下为公,选贤与能,讲信修睦。故人不独亲其亲,不独子其子,使老有所终,壮有所用,幼有所长,矜、寡、孤、独、废疾者,皆有所养。男有分,女有归。货恶其弃于地也,不必藏于己;力恶其不出于身

---

① 《马克思恩格斯选集》第1卷,人民出版社1995年版,第368页。
② 《马克思恩格斯选集》第1卷,人民出版社1995年版,第330页。
③ 《马克思恩格斯选集》第1卷,人民出版社1995年版,第288页。
④ 《马克思恩格斯选集》第1卷,人民出版社1995年版,第288页。
⑤ 《马克思恩格斯选集》第1卷,人民出版社1995年版,第294页。

第四章　高举中国特色社会主义伟大旗帜，坚定中国特色社会主义共同理想

也，不必为己。是故谋闭而不兴，盗窃乱贼而不作，故外户而不闭，是谓大同。"① 集中地描绘了一个美好的天下为公、不谋己利、天下"大同"的理想社会，成为历代中国人民孜孜追求的理想社会范本，这一美好的社会成为中国人民千百年来无数志士仁人孜孜追求的崇高社会理想。包括陶渊明在《桃花源记》中描述的既无剥削、又无压迫、人人劳动、生活安宁、环境优美的理想社会生活情景，都反映了中国人民对大同社会的追求和向往。中国历代农民起义的领袖们都是以大同社会中的平等社会为旗帜，激励人们为反抗压迫而斗争。清末太平天国农民起义更是提出了建立一个"有田同耕、有饭同吃、有衣同穿、有钱同使、无处不均匀，无处不饱暖"的理想社会。康有为所作的《大同书》也描绘了一个理想大同世界。他的弟子梁启超曾多次言及此书：1920年在所著《清代学术概论》中，概括出十余条《大同书》的主要内容，谓其书"理想与今世所谓世界主义、社会主义者多合符契，而陈义之高且过之"。孙中山提出的民生主义就是要实现"天下为公"的"大同社会"的理想。文学作品和民间文学中也渗透着"天下为公"的思想精华。在《镜花缘》一书中的君子国里，人人都是为他人着想的君子，都是集体主义思想，那是劳动人民心灵栖居的理想社会。王冕、马良的民间故事讲的也都是为劳苦的人民群众服务，受到尊重和推崇。这就是中华民族的优秀文化传统、思想精华，成为历代广大人民群众众望所归的目标追求、精神归依，源远流长，深入人心。习近平同志在参加河北省委常委班子专题民主生活会时的讲话中指出，"我一直讲，共产党人的最高理想是共产主义，但这是一个远期目标。实现共产主义需要一个相当漫长的历史时期，但我们党员、干部心中要有这盏灯。世界大同，我们古人都有这个理想"。

总之，马克思主义提出和描绘的人类社会的最终目标——共产主义社会与中国传统的以"天下为公"为出发点设计的"大同"社会理想可谓一脉相承，异曲同工，天然吻合，根本一致，都符合人类社会健康发展的本质属性。

5. 有识之士也看到中国传统文化与马克思主义社会理想之间的内在联系

马克思主义的社会理想、价值观与中国文化相契合，已经成为有识之

---

① 吴树平、赖长扬：《全译本白话四书五经》第3卷，国际文化出版公司1992年版，第529页。

士的共识。章玉均在《文化先觉的榜样——郭沫若》一文中分析道:"在1923年、1924年前后,郭沫若发表了一批早期文化论著,集中阐述了他对东西文化争论和中国文化发展的见解,具有以下几个特点。"其中一个特点是:"以唯物史观为指导。接受马克思主义,把唯物史观的见解看作'解决世局的唯一的出路'。首倡用唯物史观研究中国古代社会,在翻译河上肇《社会组织与社会革命》后兴奋地宣称:'马克思主义在我们所处的这个时代是唯一的宝筏。'积极向儒家文化中寻找同马克思主义的契合点,比照孔子大同思想与共产主义的共同点。后来的事实说明,马克思主义较容易为中国人接受,确有它与中国传统文化相契之处。"①

习近平同志在十二届全国人大一次会议闭幕会上说:"实现全面建成小康社会、建成富强民主文明和谐的社会主义现代化国家的奋斗目标,实现中华民族伟大复兴的中国梦,就是要实现国家富强、民族振兴、人民幸福。"② 明确指出奋斗目标是"建成富强民主文明和谐的社会主义现代化国家",目的是实现"国家富强、民族振兴、人民幸福"。

由此,新加坡国立大学终身教职石毓智在其《中国梦区别于美国梦的七大特征》中,从中国梦与美国梦不同的历史文化地域渊源的对比中,分析了中美价值观方面五个区别:中国梦是国家的富强,美国梦是个人的富裕;中国梦的目的是民族振兴,美国梦的目的是个人成功;中国梦是群体的和谐幸福,美国梦是个人的自由和快乐;中国梦依赖群策群力,美国梦靠的是个性张扬;中国梦是为了民族光荣,美国梦是为了个人荣耀。他认为,中国人是把"国家富强"放在第一位的群体意识,靠的是集体的意识,集体的力量,集体的智慧。一句话,中国梦要靠全民族强大的合力来实现。③ 由此我们可以看出,他揭示出中美两国价值文化不同的渊源,那么,美国走以个人主义为价值观的资本主义道路,中国走以集体主义为社会整体价值观的社会主义道路就是必然的了。

正是由于中国传统文化的许多思想与马克思主义有着很多共性和契合之处,马克思主义才符合逻辑地被中国人民所接受,而且紧紧结合、牢不可破。这就是在中国这块古老的土地上,之所以选择社会主义制度的中华

---

① 章玉均:《文化先觉的榜样》,《人民日报》2012年12月20日。
② 习近平:《在第十二届全国人民代表大会第一次会议上的讲话》,《人民日报》2013年3月18日,第2版。
③ 石毓智:《中国梦区别于美国梦的七大特征》,《人民论坛》2013年第14期。

第四章 高举中国特色社会主义伟大旗帜，坚定中国特色社会主义共同理想

民族源远流长的文化之根，是天理，是民心，是存在于亿万群众血脉之中的深厚基础，是不可抗拒的历史发展惯性之必然。当十月革命一声炮响给我们送来了马克思主义时，马克思主义就必然在中国这块古老文化传统的大地上深深扎根、开花、结果。由于马克思主义与中国"天下为公"思想的高度一致，经过中国共产党人的不断消化，吸收和创新、超越，实现了马克思主义与中国实际相结合的两次历史性飞跃，形成具有中国特色和风格的中国化的马克思主义——毛泽东思想和中国特色社会主义理论体系。中国共产党带领中国人民，经过90多年艰苦卓绝的奋斗、创造、积累，"开辟了中国特色社会主义道路，形成了中国特色社会主义理论体系，确立了中国特色社会主义制度"。[①] 选择了科学社会主义理论逻辑和中国社会发展历史逻辑的辩证统一、根植于中国大地、反映中国人民意愿、适应中国和时代发展进步要求的科学社会主义——中国特色社会主义，找到了我国全面建成小康社会、加快推进社会主义现代化、实现中华民族伟大复兴的必由之路。建设中国特色社会主义是中国共产党人为实现中华民族伟大复兴作出的英明抉择，反映了人民愿望，体现了时代要求，顺应了社会发展的客观规律，是社会主义事业的自我完善和自我发展，是指引中国人民最终实现壮丽的共产主义社会理想的必由之路。

（三）中国特色社会主义根植于中华文化坚如磐石不可动摇

在中国，"天下为公"这一历代志士仁人孜孜追求的共同理想已经渗透到中华民族的血脉，化为世代相传的民族精髓，成为中华民族生生不息、繁衍发展的永恒动力，成为中国必然走社会主义道路历史文化渊源。中国共产党领导中国人民推翻了"三座大山"，建立了新中国，开创了集中体现"天下为公"精神本原的社会主义事业，提出"全心全意为中国人民和世界人民服务"，把"天下为公"的精神境界发挥到极致，真正站在时代发展前列，引领世界潮流，开创了中华民族5000多年文明历史新纪元。

经过70多年的发展，尤其是经过改革开放40多年的蓬勃发展，只有社会主义才能救中国，只有中国特色社会主义才能发展中国已经深入人

---

① 胡锦涛：《在庆祝中国共产党成立90周年大会上的讲话》，人民出版社2011年版，第7页。

心，形成不可动摇的坚定信念。社会主义制度符合人类历史发展方向，集中体现了人类社会发展的客观规律。在中国，社会主义众望所归，民心所向，大势所趋，其历史车轮滚滚向前，排山倒海，势不可挡，顺之者昌，逆之者亡。

帝国主义的时代，受资产阶级本质驱使，资产阶级绝不会甘心其逐步灭亡的颓势，对于社会主义的强劲发展势头，怕得要命，恨得要死，不会不做拼死反抗。在世界历史发展进程中，资产阶级随着自己的强大，欲望的极度膨胀，展示的是一个用政治、经济、军事、文化等手段征服世界，残暴地掠夺、侵吞、征讨、征服他国的历程。正如马克思、恩格斯指出的："他迫使一切民族——如果它们不想灭亡的话——采用资产阶级的生产方式；它迫使它们在自己那里推行所谓的文明，即变成资产者。一句话，它按照自己的面貌为自己创造一个世界。……使东方从属于西方。"① 资产阶级的这种本质属性直到今天丝毫未改，只不过是变化了手段和形式罢了。赤裸裸的武装侵略也好，西化、分化、和平演变也好，其最终目的就是创造一个"使东方从属于西方"的资本主义的一统天下。

然而，不论帝国主义、官僚资本主义、封建主义的残渣余孽如何鼓噪，不论有多少崇洋媚外的卖国贼、资产阶级自由化分子，美化西方敌对势力，尤其是美化美国帝国主义，肆意宣扬推销西方的所谓"普世价值"、"宪政"，试图改变中国社会主义前进方向，都是徒劳的。正像马克思、恩格斯在《共产党宣言》中指出的："为了拉拢人民，贵族们把无产阶级的乞食袋当作旗帜来挥舞。但是，每当人民跟着他们走的时候，都发现他们的臀部带有旧的封建纹章，于是便哈哈大笑，一哄而散。"② 当今世界，那些挥舞着资产阶级"民主、自由、平等、博爱"的所谓"普世价值""宪政"作为旗帜，欺骗中国人民，本质上还是企图让中国改旗易帜、在中国复辟资本主义，成为西方帝国主义的附庸。当那些一时被他们的甜言蜜语迷惑的人们看到这些人臀部带有资本主义旧的纹章时，同样会"哈哈大笑，一哄而散"。看看现在的伊拉克、阿富汗、利比亚、叙利亚，加沙地区，西方帝国主义给这些国家和地区人民带来的全民痛苦和无尽的人道主义灾难，早撕下了他们装扮成美女的画皮，暴露出魔鬼的狰狞面目。因此，用资产阶级的欺骗手段，妄图改变中国人民历经一百多年的艰苦探

---

① 《马克思恩格斯选集》第1卷，人民出版社1995年版，第276页。
② 《马克思恩格斯选集》第1卷，人民出版社1995年版，第295—296页。

第四章　高举中国特色社会主义伟大旗帜，坚定中国特色社会主义共同理想

索，用鲜血和生命换来的中国特色社会主义制度，必然不得人心，只能是白日做梦、痴心妄想。

但我们同样要清醒地认识到，在中国鼓吹资产阶级宣扬的所谓"普世价值"，实施"宪政"，不过是西方敌对势力利用意识形态工具颠覆中国人民世代相袭的文化理念，消解中国人民在中国共产党领导下形成的价值建构，用资产阶级腐朽的极端个人主义价值观替代中国共产党人集体主义价值观的理论体系，动摇中国人民的理想信念，从而用文化的力量代替武装的力量不战而胜，从意识形态上抹杀中国共产党的执政合法性，推翻中国共产党在中国的执政地位和颠覆社会主义根本制度。在世界上还存在帝国主义、国内在一定程度上还存在阶级斗争、有时甚至很激烈的时代，我们一定要清醒地看到：帝国主义对中国实施西化、分化与和平演变的战略图谋一刻也没有停止，国内那些对中国共产党和社会主义怀有刻骨仇恨的阶级敌人，资产阶级自由化分子，被西方策反、洗脑和收买的变节分子等一切妄想在中国复辟资本主义反对社会主义的人，总要千方百计使出浑身解数拼死反对中国共产党在中国的执政地位、反对社会主义制度，妄图把中国特色社会主义拉向资本主义邪路。他们无时无刻不在扰乱舆论，设置障碍，有时甚至很嚣张，在他们没有被彻底消灭之前，他们永远不会停止这种蠢动。然而，天下为公，立党为公，克己奉公，廉洁奉公，公而忘私，大公无私，一心为公，共产党人的集体主义价值观已经深入人心，化为中国人民的灵魂，试图鼓吹个人主义价值观，引诱人们走资本主义道路，就像庄稼地里的蝼蛄叫唤，很正常，但不影响农民种庄稼。"青山遮不住，毕竟东流去"，在当代中国，社会主义的胜利和资本主义的失败同样是不可避免的，任何改变这一历史发展总趋势，将中国社会拉向倒退，走资本主义道路的企图只能是螳臂当车，不自量力，必将被滚滚向前的历史车轮碾得粉碎。正如毛泽东同志所指出的："一百多年来无数先烈所怀抱的宏大志愿，一定要由我们这一代人去实现，谁要阻止，到底是阻止不了的。"[1]"我们有充分的信心，克服一切艰难困苦，将我国建设成为一个伟大的社会主义共和国。我们正在前进。我们正在做我们的前人从来没有做过的极其光荣伟大的事业。我们的目的一定要达到。我们的目的一定能够达到。"[2]

---

[1] 《毛泽东选集》第3卷，人民出版社1995年版，第1053页。
[2] 《毛泽东文集》第6卷，人民出版社1999年版，第350页。

"尔曹身与名俱裂，不废江河万古流。"正是因为坚持和发展中国特色社会主义是中国社会发展历史逻辑和中国优秀传统文化滋养的必然结果，中国人民在以习近平同志为核心的党中央的坚强领导下，一定能够万众一心，众志成城，排除一切干扰，战胜一切艰难险阻，坚定中国特色社会主义的道路自信、理论自信、制度自信、文化自信，坚定不移走中国特色社会主义道路不动摇。习近平同志在庆祝中华人民共和国成立65周年招待会上的讲话中深刻指出："面向未来，我们必须坚持走自己的路。方向决定道路，道路决定命运。我们自己的路，就是中国特色社会主义道路。这条道路，是中国共产党带领中国人民历经千辛万苦、付出巨大代价开辟出来的，是被实践证明了的符合中国国情、适合时代发展要求的正确道路。我们要不断增强中国特色社会主义道路自信、理论自信、制度自信，使中国特色社会主义这条康庄大道越走越宽广。"① 只要坚定不移走中国特色社会主义道路不动摇，就一定能够开创社会主义的辉煌前景，向着实现共产主义崇高理想的伟大目标奋勇前进！

三、坚定不移走中国特色社会主义道路

习近平同志在新进中央委员会的委员、候补委员学习贯彻党的十八大精神研讨班开班式上发表的重要讲话，从空想社会主义产生和发展，马克思、恩格斯创立科学社会主义理论体系，列宁领导十月革命胜利并实践社会主义，苏联模式逐步形成，新中国成立后我们党对社会主义的探索和实践，我们党作出进行改革开放的历史性决策、开创和发展中国特色社会主义6个时间段分析了社会主义思想从提出到当今的发展历程。② 以客观的历史进程和不可抗拒的理论、逻辑力量深刻论证了中国特色社会主义，是科学社会主义理论逻辑和中国社会发展历史逻辑的辩证统一，从理论上系统地阐释了坚持和发展中国特色社会主义，最终实现共产主义的宏伟蓝图和光辉前景。习近平同志的讲话高屋建瓴，振聋发聩，是正确认识、做好坚持和发展中国特色社会主义这一篇大文章的科学理论和实践指南，给人

---

① 习近平：《在庆祝中华人民共和国成立65周年招待会上的讲话》，《人民日报》2014年10月1日，第2版。

② 习近平：《在新进中央委员会的委员、候补委员学习贯彻党的十八大精神研讨班开班式上发表重要讲话强调》，《人民日报》2013年1月6日，第1版。

第四章　高举中国特色社会主义伟大旗帜，坚定中国特色社会主义共同理想

以迷茫顿消、豁然开朗之感，更加坚定走中国特色社会主义道路不动摇，更加坚定实现共产主义的理想信念。

（一）科学界定中国特色社会主义的本质属性和内涵，坚持中国特色社会主义道路不动摇

道路关乎党的命脉，关乎国家前途、民族命运、人民幸福。道路错了，就会把党和人民推进灾难深渊；道路正确，就会把事业带入光明未来。讲话中，习近平同志开宗明义强调："道路问题是关系党的事业兴衰成败第一位的问题，道路就是党的生命。"① "党的十八大精神，说一千道一万，归结为一点，就是坚持和发展中国特色社会主义。"② 实现中国梦，必须走中国道路，这就是中国特色社会主义道路。要想完成共产党人的光荣历史使命，就必须坚定不移走中国特色社会主义道路。

习近平同志的这篇讲话，是继回答"什么是社会主义、怎样建设社会主义""建设什么样的党、怎样建设党""实现什么样的发展、怎样发展"以来，在我们国家面临国际国内复杂局面的关键时刻，站在时代高度，以无产阶级思想家的战略远见、超人睿智、宏伟气魄和非凡胆略及一位伟大共产党人的远见卓识，精辟地阐述了在新时期中国这个世界上最大的发展中社会主义国家"走什么道路，怎样走的"即坚持和发展什么样的中国特色社会主义、怎样坚持和发展中国特色社会主义时代问题，明确地回答了"只有社会主义能够救中国，只有中国特色社会主义才能发展中国"，③ 实现中华民族的伟大复兴决不能走资本主义改旗易帜的邪路，要坚定不移坚持和发展中国特色社会主义——适应中国和时代发展进步要求的科学社会主义，经过几代、十几代甚至几十代人的艰苦努力，最终实现共产主义的光明而正确的唯一道路；勾画出在中国实现共产主义远大理想的宏伟蓝图，指明了13亿多人民沿着社会主义道路胜利前进的正确方向。这是对马克思主义的继承和发展，丰富了马克思主义科学社会主义理论宝库，是国际共产主义运动具有划时代意义的新的里程碑！

---

① 习近平：《在新进中央委员会的委员、候补委员学习贯彻党的十八大精神研讨班开班式上发表重要讲话强调》，《人民日报》2013年1月6日，第1版。

② 习近平：《在新进中央委员会的委员、候补委员学习贯彻党的十八大精神研讨班开班式上发表重要讲话强调》，《人民日报》2013年1月6日，第1版。

③ 习近平：《在新进中央委员会的委员、候补委员学习贯彻党的十八大精神研讨班开班式上发表重要讲话强调》，《人民日报》2013年1月6日，第1版。

1. 科学界定中国特色社会主义的本质属性和内涵，指明了中国特色社会主义胜利前进的正确方向

改革开放一开始，就存在着两种改革开放观，一种是坚持四项基本原则的改革开放，一种是以实现西方资本主义为目的、反对四项基本原则的"改革开放"。江泽民同志在党的十三届四中全会上讲话指出："邓小平同志提出的、我们坚持贯彻执行的改革开放，是坚持社会主义道路，坚持人民民主专政，坚持共产党领导，坚持马克思列宁主义、毛泽东思想的改革开放。作为鲜明的对照，那些顽固搞资产阶级自由化的人所主张的，却是以实现西方资本主义为目的，放弃人民民主专政，取消共产党的领导，背弃马克思列宁主义、毛泽东思想的'改革开放'。他们的'改革开放'，中心就是资本主义化。"① 这么多年来，改革开放沿着什么方向前进，到底走什么道路，始终存在着两种改革开放观的交锋。西方资本主义世界企图将中国引入资本主义道路，国内资产阶级自由化思潮极力鼓吹走资本主义道路，一些人也极力散布资本主义价值观，企图改变中国坚持的社会主义方向，拉中国倒退，走资本主义邪路。

以往对中国特色社会主义内涵的界定众说纷纭，寄托着不同人的期望，不同人站在不同的立场、以不同的出发点、从不同的角度作出带有自己视域浓郁色彩的不同解析。这些年来，我们党自始至终都明确改革开放是社会主义制度的自我完善和发展，而有的人却宣扬在中国建设社会主义"搞早了""搞糟了""先天不足"，主张"补资本主义的课"。有的人认为中国特色社会主义本质上是"民主社会主义"，主张走"民主社会主义"道路，并极力鼓吹"只有民主社会主义才能救中国"，其目的是主张彻底改旗易帜，走资本主义道路。西方认为中国特色社会主义是"国家资本主义"，是"新官僚资本主义"，是"资本社会主义"等，在人们的头脑中均引起一定的思想混乱。

在讲话中，习近平同志旗帜鲜明地强调："中国特色社会主义是社会主义而不是其他什么主义，科学社会主义基本原则不能丢，丢了就不是社会主义。"② "历史和现实都告诉我们，只有社会主义才能救中国，只有中

---

① 《江泽民文选》第1卷，人民出版社2006年版，第60页。
② 习近平：《在新进中央委员会的委员、候补委员学习贯彻党的十八大精神研讨班开班式上发表重要讲话强调》，《人民日报》2013年1月6日，第1版。

第四章　高举中国特色社会主义伟大旗帜，坚定中国特色社会主义共同理想

国特色社会主义才能发展中国，这是历史的结论、人民的选择。"① "中国特色社会主义，是科学社会主义理论逻辑和中国社会发展历史逻辑的辩证统一，是根植于中国大地、反映中国人民意愿、适应中国和时代发展进步要求的科学社会主义，是全面建成小康社会、加快推进社会主义现代化、实现中华民族伟大复兴的必由之路。"② 鲜明准确，对中国特色社会主义的本质属性和内涵给予了科学界定。这就清楚地向世人昭示，中国特色社会主义是社会主义，不是民主社会主义，不是社会民主主义，不是"宪政"社会主义，更不是资本主义，是适应中国和时代发展进步要求的科学社会主义。进一步廓清了改革开放以来一直存在的中国特色社会主义坚持什么方向、向何处去的理论混乱问题，解除了人们的思想疑虑，指明了中国特色社会主义胜利前进的正确方向。实现中国梦必须走中国道路，这就是中国特色社会主义道路。

讲话中，习近平同志从中国特色社会主义的本质属性、理论逻辑和中国社会发展历史逻辑、要有道路自信、理论自信、制度自信的层面深刻论述，指出随着中国特色社会主义不断发展，我国社会主义制度必将越来越成熟，其优越性必将进一步显现，我们的道路必将越走越宽广。坚定地表明我们将始终坚持和发展中国特色社会主义、高举科学社会主义伟大旗帜、决不改旗易帜，表达了"千磨万击还坚劲，任尔东西南北风"的钢铁意志和坚定信念。驱散了迷雾，捍卫了真理，揭示了社会发展规律，表达了人民的愿望，道出了人民的心声。

2. 科学界定中国特色社会主义的本质属性和内涵，对坚持中国特色社会主义道路毫不动摇意义深远

习近平同志的讲话科学界定了中国特色社会主义的本质属性和内涵，强调毫不动摇坚持和发展中国特色社会主义，是沿着社会主义道路向共产主义远大目标继续探索前进，绝不是倒退去"补资本主义的课"，更不是改旗易帜走资本主义道路其意义深远。

第一，击破了西方敌对势力西化、分化中国，妄图将中国纳入资本主义道路的迷梦，让那些企图把中国拉向资本主义道路的西方资产阶级政客

---

① 习近平：《在新进中央委员会的委员、候补委员学习贯彻党的十八大精神研讨班开班式上发表重要讲话强调》，《人民日报》2013 年 1 月 6 日，第 1 版。

② 习近平：《在新进中央委员会的委员、候补委员学习贯彻党的十八大精神研讨班开班式上发表重要讲话强调》，《人民日报》2013 年 1 月 6 日，第 1 版。

彻底失望。

第二，粉碎了国内资产阶级自由化分子鼓噪改变中国社会主义道路前进方向的不良图谋，堵了他们走资本主义的路，断了他们走资本主义的念，绝了他们走资本主义的望。

第三，解除了关注国际共产主义运动的国际志士仁人担心弱化社会主义意识的忧虑。中国是一个在世界上取得举世瞩目成就的有巨大影响的社会主义大国，只要中国坚定不移地走社会主义道路，国际共产主义运动就一定能够蓬蓬勃勃地发展起来，在第一个社会主义国家苏联解体、世界国际共产主义运动处于低潮的非常时期，中国的明确态度非常重要。由于中国在世界事务中举足轻重的地位，被压迫民族、被压迫人民，争取民族独立、民族解放的广大的人民群众和政党都在观望着中国，中国继续坚持社会主义道路对他们选择什么方向、走什么道路，具有强大的示范意义和感召力量。因此，只要中国坚持中国社会主义道路不动摇，社会主义阵营就会坚强无比。尽管我们尊重其他国家根据本国实际选择适合本国发展的道路，但我们坚持中国特色社会主义道路的成功实践已经成为不少国家学习的楷模和典范，在世界上产生了深远的影响。到中国访问的约旦国王阿卜杜拉二世就高度评价中国的发展指出："中国在寻求发展道路上的井然有序和坚定不移获得了国际社会的广泛尊重。"坦言"中国模式成为中东国家榜样"。习近平总同志在讲话中强调"毫不动摇坚持和发展中国特色社会主义"给世界向往社会主义的人们吃了定心丸，使他们坚定了信念，增强了信心。

第四，给了国内人民提供了坚持社会主义制度的强大思想武器。国内坚持社会主义道路的共产党人及广大人民群众都牢记只有社会主义能够救中国，只有中国特色社会主义才能发展中国。习近平同志的讲话强调"毫不动摇坚持和发展中国特色社会主义"，给我国各族人民坚定地走社会主义道路吃了定心丸，鼓舞了斗志，增强了信心，坚定了信念。同时，也给坚定社会主义信念的志士仁人提供了在中国坚持社会主义制度的强大思想武器。

第五，给处于观望状态的人们指明了勇敢前进的正确方向。当前，我国坚持公有制为主体、多种所有制经济共同发展的基本经济制度，《中共中央关于全面深化改革若干重大问题的决定》明确强调，"公有制经济和非公有制经济都是社会主义市场经济的重要组成部分，都是我国经济社会

第四章　高举中国特色社会主义伟大旗帜，坚定中国特色社会主义共同理想

发展的重要基础",① 这就大大促进了非公有制经济的发展。因而，非公有制经济人士作为一个新的社会群体，已经成为中国特色社会主义事业的重要力量。在改革开放的进程中，在党的富民政策指引下，通过诚实劳动和合法经营先富起来的个体劳动者和私营企业主，不仅是党和政府的政策允许的，也是光荣的。他们对建设中国特色社会主义事业贡献了力量，应该受到社会的尊重。他们是社会主义制度下在党的富民政策的指引下成长起来的富有者，他们的绝大多数人在本质上是热爱党和社会主义制度的。然而，在西方敌对势力和国内资产阶级自由化长期西化、分化、和平演变战略的舆论影响下，加之如列宁所指出的："小生产是经常地、每日每时地、自发地和大批地产生着资本主义和资产阶级的。"② 正如毛泽东同志在中国各阶级分析一文中所指出的，经济地位决定其对革命的态度，中国的中产阶级，由于其具有一定经济实力的经济地位，决定了他们"对于中国革命具有矛盾的态度"，"中国的中产阶级，以其本阶级为主体的'独立'革命思想，仅仅是一个幻想"。③ 今天中国所谓的中产阶级与90多年前的中国中产阶级已经有了本质的不同，但由于他们有了相当的经济实力和地位，对于今天走什么道路，还是不免受其内在规律制约的，这就决定了他们中的一些人对中国将来到底走什么道路持观望态度。党的十八大报告和习近平同志的讲话都明确地指出：高举中国特色社会主义伟大旗帜，坚持和发展中国特色社会主义。这就给这些观望者一个明确的回答，从而，坚定了他们走中国特色社会主义道路的信念，增强了坚持和发展中国特色社会主义的群众基础。

中国人民和世界人民坚信，只要强大的中国高举中国特色社会主义伟大旗帜，国际共产主义运动的伟大旗帜就会高高飘扬，永远飘扬！

（二）科学界定改革开放前后两个历史时期关系，是保证坚定不移走中国特色社会主义道路的重要理论贡献

在新进中央委员会的委员、候补委员学习贯彻党的十八大精神研讨班开班式上的讲话中，习近平同志洞悉当前思想领域里的实际，站在坚持社会主义制度、坚持社会主义道路的坚定立场上，纯熟地运用马克思主义辩

---

① 《中共中央关于全面深化改革若干重大问题的决定》，《人民日报》2013年11月16日，第1版。
② 《列宁选集》第4卷，人民出版社1995年版，第135页。
③ 《毛泽东选集》第1卷，人民出版社1991年版，第4—5页。

·199·

证唯物主义事物普遍联系和发展的方法论,在改革开放以来第一次科学地界定改革开放前和改革开放后两个历史时期,旗帜鲜明地充分肯定了两个不同时期同属我们党领导人民进行社会主义建设实践探索的本质属性,精辟地分析了两个历史时期前后统一、不可割裂、递进传承、探索发展的相互关系。其深刻指出:"我们党领导人民进行社会主义建设,有改革开放前和改革开放后两个历史时期,这是两个相互联系又有重大区别的时期,但本质上都是我们党领导人民进行社会主义建设的实践探索。中国特色社会主义是在改革开放历史新时期开创的,但也是在新中国已经建立起社会主义基本制度、并进行了20多年建设的基础上开创的。虽然这两个历史时期在进行社会主义建设的思想指导、方针政策、实际工作上有很大差别,但两者决不是彼此割裂的,更不是根本对立的。"[1] 明确告诫全党"不能用改革开放后的历史时期否定改革开放前的历史时期,也不能用改革开放前的历史时期否定改革开放后的历史时期"。[2] 这是坚持马克思主义的科学社会主义制度,保证我们党永远团结带领全国各族人民高举中国特色社会主义伟大旗帜、坚持中国特色社会主义道路毫不动摇,既不走封闭僵化的老路,也不走改旗易帜的邪路的理论基石和思想保证。

作为一个忠诚于党和社会主义事业的共产党员,必须把思想统一到习近平同志的讲话精神上来,正确认识改革开放前和改革开放后两个历史时期的相互关系,并且作为理论指导、思想遵循和行为准则,规范自己的言行。尤其是不能用改革开放后的历史时期否定改革开放前的历史时期,或者用改革开放前的历史时期否定改革开放后的历史时期。这是正确评价改革开放前和改革开放后两个社会主义历史时期的大是大非问题,是一个共产党员必须遵守的政治纪律和应有的政治品质,是检验党性纯不纯与和党中央是否在政治上思想上行动上保持高度一致的分水岭和试金石。

马克思主义认识论的原理告诉我们,在中国这样一个贫穷落后的大国建设社会主义,认识社会主义规律有一个由知之不多,通过积极探索和积累,到知之较多,由最初的缺乏经验到不断总结经验、走向成熟的过程。我们党领导人民进行社会主义建设,有改革开放前和改革开放后两个历史

---

[1] 习近平:《在新进中央委员会的委员、候补委员学习贯彻党的十八大精神研讨班开班式上发表重要讲话强调》,《人民日报》2013年1月6日,第1版。

[2] 习近平:《在新进中央委员会的委员、候补委员学习贯彻党的十八大精神研讨班开班式上发表重要讲话强调》,《人民日报》2013年1月6日,第1版。

第四章　高举中国特色社会主义伟大旗帜，坚定中国特色社会主义共同理想

时期，这两个是继承发展关系，是不断成熟、不断完善的过程。中国特色社会主义道路、中国特色社会主义理论体系、中国特色社会主义制度，是党和人民90多年奋斗、创造、积累的根本成就。改革开放后的历史时期是我们党对领导社会主义建设实践的总结、丰富、完善、提高和升华，是中国社会主义制度一脉相承合乎逻辑的必然发展。

习近平同志这一理论高瞻远瞩、振聋发聩，像一道裂空的闪电划破我国思想界有些人企图用改革开放后的历史时期否定改革开放前历史时期的阴霾，为我们全面科学正确评价毛泽东和以毛泽东同志为代表的老一辈无产阶级革命家领导的社会主义建设事业在实现中华民族伟大复兴中的应有地位，提供了科学的思想方法和理论武器，端正了思想理论界研究中国特色社会主义的正确方向，粉碎了国内外敌对势力企图通过改革开放后的历史时期否定改革开放前的历史时期的伎俩，粉碎了否定中国的社会主义制度，进而否定中国共产党领导的人民革命，否定毛泽东，改变中国特色社会主义性质为资本主义制度，把中国引向改旗易帜的邪路，把人民推向旧社会的受剥削、受压迫的苦难深渊的罪恶目的。

正确评价以毛泽东同志为代表的老一辈无产阶级革命家领导人民进行社会主义建设的实践探索，是保证我们党真正坚持中国特色社会主义道路不动摇，防止走改旗易帜邪路的根本理论前提和思想路线保证。新中国成立后以毛泽东为代表的老一辈共产党人选择和确定的社会主义制度，与以邓小平、江泽民、胡锦涛为代表的党中央领导集体不断探索、选择、丰富、发展的中国特色社会主义制度，是几代中国共产党人从党的最终目标出发，按照马克思主义的辩证唯物主义和历史唯物主义基本原理和当时的世情、国情、党情、民情和时代发展的历史阶段，作出的合乎逻辑的必然选择。前期的社会主义制度形式和中国特色社会主义模式，都是为了最终实现崇高的共产主义远大理想。前期确定了社会主义的基本制度和未来实现共产主义的基本框架和基本途径，新时期开辟的中国特色社会主义道路，是对前期社会主义形式的完善和补充，是社会主义制度的自我完善和自我发展，二者是相辅相成、辩证统一的，统一于国家安全、人民幸福、社会发展、时代进步，国家富强；统一于有效地推动社会主义现代化的发展进程，实现中华民族的伟大复兴；统一于崇高共产主义远大理想的实现进程。

真正坚持中国特色社会主义不动摇，就要正确评价毛泽东、充分肯定毛泽东同志在探索社会主义道路中的丰功伟绩，这是正确评价改革开放前

历史时期的题中应有之义，是保证不走改旗易帜邪路的政治本原。毛泽东同志是中国共产党、中华人民共和国、社会主义制度、中国人民解放军的缔造者、领导者、统率者、指挥者，是中国共产党和社会主义制度的集中代表和旗帜。毛泽东思想是中国共产党人集体智慧的结晶，是我们战胜国内外一切敌人的科学理论指导和无往而不胜的思想武器，创造了所向披靡，令所有敌人闻之胆寒的人类历史奇迹，是被中国革命长期实践证明了的真理。砍掉毛泽东这面旗帜，否定毛泽东的丰功伟绩，否定毛泽东思想，就否定了中国共产党的合法性，否定了中华人民共和国的正确性，否定了社会主义制度的科学性，否定了人民军队的人民性，就抽掉了人民赖以生存的思想武器和精神支柱。这完全是仇视共产党、仇视解放了的中国人民、仇视社会主义制度、仇视人民军队的国内外敌对势力的痴心妄想，翻身解放当家做了主人的中国人民决不答应。

由此看来，肯定还是否定毛泽东及其思想，是真假马克思主义、真假共产党、真假社会主义、真假改革开放、真假爱国主义、有德和缺德的分水岭和试金石。这就是人心、党心所向，是社会共同心理，是天下大势所趋，是不以人的意志为转移的客观规律。因此，正确评价毛泽东同志和毛泽东思想的历史地位，是做到改革开放前后两个历史时期互不否认的题中应有之义，是以科学的态度对待两个历史时期的集中体现。

回顾历史展望未来，全面建成小康社会，加快推进社会主义现代化，实现中华民族伟大复兴，必须坚定不移地走中国特色社会主义道路。科学界定改革开放前和改革开放后两个历史时期关系，是既不走封闭僵化的老路，也不走改旗易帜的邪路的根本保证。党的十八大充分肯定了改革开放前的历史时期为中国社会主义事业所建树的历史功勋，从理论高度为我们坚定不移走中国特色社会主义道路，扫清了思想障碍，开辟了广阔前景。党的十八大报告深刻指出："以毛泽东同志为核心的党的第一代中央领导集体带领全党全国各族人民完成了新民主主义革命，进行了社会主义改造，确立了社会主义基本制度，成功实现了中国历史上最深刻最伟大的社会变革，为当代中国一切发展进步奠定了根本政治前提和制度基础。在探索过程中，虽然经历了严重曲折，但党在社会主义建设中取得的独创性理论成果和巨大成就，为新的历史时期开创中国特色社会主义提供了宝贵经验、理论准备、物质基础。"

习近平同志科学界定改革开放前和改革开放后两个历史时期关系的讲话精神与党的十八大报告的论断完全一致，都科学、正确、准确地评价了

第四章　高举中国特色社会主义伟大旗帜，坚定中国特色社会主义共同理想

以毛泽东同志为核心的党的第一代中央领导集体的伟大功绩，符合历史真实，反映了人民愿望，道出了人民心声，深得党心、民心和军心，是保证我们党团结带领全国人民坚定不移走中国特色社会主义道路的重要理论贡献，对于统一全国各族人民的思想，万众一心、众志成城实现中华民族的伟大复兴具有极其重大的现实意义和深远的历史意义。

（三）坚持与发展中国特色社会主义，最终目的就是实现共产主义崇高理想

实现共产主义，是共产党人的崇高理想、坚定信仰、精神支柱、追求目标，奋斗源泉。为此，中国共产党人流血牺牲，浴血奋战，开展了波澜壮阔、气壮山河的革命斗争，创造了惊天地、泣鬼神的英雄业绩，进行了长达近一个世纪的艰苦卓绝的不懈努力，确立了社会主义基本制度，开创和发展了中国特色社会主义。

在社会主义初级阶段，坚定不移走中国特色社会主义道路，是不是因为离共产主义还很遥远，就动摇对共产主义的理想追求呢，这是很多人的疑惑。习近平同志在讲话中做出明确的回答，指出："革命理想高于天。""共产党员特别是党员领导干部要做共产主义远大理想和中国特色社会主义共同理想的坚定信仰者和忠实践行者。我们既要坚定走中国特色社会主义道路的信念，也要胸怀共产主义的崇高理想，矢志不移贯彻执行党在社会主义初级阶段的基本路线和基本纲领，做好当前每一项工作。"[1]

这就告诉全党，今天我们坚定走中国特色社会主义道路的信念，坚持与发展中国特色社会主义，矢志不移贯彻执行党在社会主义初级阶段的基本路线和基本纲领，做好当前每一项工作，其目的就是对社会主义的丰富、完善、自我发展，就是为实现共产主义远大理想探索途径，创造条件，打牢基础，最终是要发展到共产主义。决不是改旗易帜，决不是倒退，决不是像西方资本主义幻想家妄想的那样改变社会主义的性质，放弃实现共产主义，抛弃共产党人的理想信念，而是坚定不移地向着共产主义目标的继续阔步前进，最终实现共产主义的远大理想。习近平同志指出："一切迷惘迟疑的观点，一切及时行乐的思想，一切贪图私利的行为，一切无所作为的作风，都是与此格格不入的。一些人认为共产主义是可望不

---

[1] 习近平：《在新进中央委员会的委员、候补委员学习贯彻党的十八大精神研讨班开班式上发表重要讲话强调》，《人民日报》2013年1月6日，第1版。

可及的，甚至认为是望都望不到、看都看不见的，是虚无飘渺的。"① 这是非常错误的，是与共产党人的信仰格格不入的，是必须走出的误区。坚定理想信念，始终是共产党人安身立命的根本。

习近平同志在十八届中共中央政治局第一次集体学习时讲话就深刻指出："坚定理想信念，坚守共产党人精神追求，始终是共产党人安身立命的根本。对马克思主义的信仰，对社会主义和共产主义的信念，是共产党人的政治灵魂，是共产党人经受住任何考验的精神支柱。形象地说，理想信念就是共产党人精神上的'钙'，没有理想信念，理想信念不坚定，精神上就会'缺钙'，就会得'软骨病'。现实生活中，一些党员、干部出这样那样的问题，说到底是信仰迷茫、精神迷失。"② 明确地指出了一些党员、干部出这样那样的问题的根本原因。

习近平同志强调"革命理想高于天"，是对党员领导干部的最大人文关怀，是指引领导干部不入歧途、从根本上杜绝腐败的理论指导和思想保证。共产主义理想信念迷失是产生腐败的根本原因，许多腐败分子正是共产主义理想信念迷失后才走上腐败道路的。失去了共产主义信仰，就会消极、浮燥，只注重自己在经济上捞资本，走向贪污腐败的深渊。无数党员个人的成长史证明，凡是背弃或放弃了共产主义远大理想，就要摔跟头，吃苦头，受挫折。革命战争时期如此，改革开放后更是如此。腐败分子李真在剖析自己犯罪根源时写道："我对党的理想信念产生了动摇。认为与其一旦江山易手，自己万物皆空，不如权力在握之时及早作经济准备，如有不测也万无一失。"正是精神支柱的坍塌，理想信念的丧失，使李真对党心怀异志，在政治上投机钻营，经济上贪婪无度，为自己留"后路"做准备，最终坠入了腐败的深渊。成克杰、胡长清、阎健宏、胡建学、郑筱萸、许迈永、姜人杰等无一不是如此。这些反面的典型事例证明，作为共产党员，作为党的干部，任何人、任何时候，都不能忘记共产主义的理想信念，要牢记党的最高纲领，并自觉地作为自己终身奋斗的目标，这样才能在错综复杂的情况下永远立于不败之地。在国际形势错综复杂、世界社会主义处于低潮的情况下，一些人对社会主义、共产主义的前途产生了疑惑、甚至动摇。在这样的背景下，习近平总书记高扬共产主义理想旗帜，

---

① 《十八大以来重要文献选编》上，中央文献出版社2014年版，第116页。
② 习近平：《紧紧围绕坚持和发展中国特色社会主义学习宣传贯彻党的十八大精神》，《人民日报》2012年11月19日，第2版。

第四章　高举中国特色社会主义伟大旗帜，坚定中国特色社会主义共同理想

强调"革命理想高于天"，是对党员领导干部的最大人文关怀，是指引领导干部不入歧途、从根本上杜绝腐败的理论指导和思想保证。非常及时，极其重要。

习近平同志还指出："没有远大理想，不是合格的共产党员；离开现实工作而空谈远大理想，也不是合格的共产党员。"[①] 空谈误国，实干兴邦。实现共产主义，不仅要求党员领导干部首先做到胸怀大目标，还要干好现实工作，永远要有逢山开路、遇河架桥的精神，锐意进取，大胆探索，奋不顾身，拼搏奋斗，做出表率。有了共产主义理想，就有了远大目标，就有了向着既定目标艰苦奋斗的不竭动力，就有了团结带领最广大的人民群众众志成城，万众一心奔向社会主义的凝聚力、感召力。建立在高举中国特色社会主义伟大旗帜统一思想、统一意志牢固基础上的万众一心的凝聚力，是一种强大的战斗力，是综合国力的重要组成部分。在坚持和发展中国特色社会主义、最终实现共产主义远大理想目标的指引下，在以习近平同志为核心的党中央坚强领导下，坚定中国道路，弘扬中国精神，凝聚中国力量，14亿多中国人民凝聚在一起，有雄厚物质资源和足够的智慧应对一切挑战，克服一切困难，战胜一切敌人，就会汇聚成排山倒海、不可阻挡、无坚不摧、无往不胜的不可限量的巨大力量。不论遇到任何狂风暴雨都会风雨不动安如山、巍然屹立在世界东方。伟大的无产阶级革命导师马克思、恩格斯提出和设想的、中国共产党人几代人付出流血牺牲和智慧汗水孜孜追求的崇高的共产主义理想社会一定能够实现，对此我们充满信心，我们有这样的道路自信、理论自信、制度自信、文化自信、领袖自信！

空谈误国，实干兴邦。中国是一部大机器，我们每个人就是不可或缺的有机组成部分，只有我们每个人都在自己的工作岗位上出色地完成任务，国家这部大机器才能安全、平稳、高效运转。以习近平同志为核心的党中央已经为我们实现共产主义描绘出光辉前景，只要我们一代一代锲而不舍艰苦奋斗、不懈奋斗、顽强奋斗下去，像中国共产党的革命前辈为了新中国的解放那样，不惜牺牲，英勇奋斗，崇高的共产主义理想就一定会像新中国成立那样在中国的大地上建成，中国梦就一定能够变成现实。我们所作出的贡献就会永远铭刻在人类历史的丰碑上，让我们的后人为我们

---

① 习近平：《在新进中央委员会的委员、候补委员学习贯彻党的十八大精神研讨班开班式上发表重要讲话强调》，《人民日报》2013年1月6日，第1版。

付出的有意义的努力骄傲和自豪吧！

　　习近平同志在纪念中国人民抗日战争暨世界反法西斯战争胜利69周年座谈会上的讲话中指出："在前进的征程上，我们必须坚定不移走中国特色社会主义道路。中国近代以来的历史充分证明：方向决定道路，道路决定命运。中国特色社会主义道路是1840年以来特别是甲午战争以来，中国人民对其他救国途径的尝试全部碰壁之后作出的历史性选择，是中国共产党和人民历尽千辛万苦、付出巨大代价取得的根本成就。坚持中国特色社会主义道路，关乎国家前途、民族命运、人民福祉。我们一定要增强对中国特色社会主义的道路自信、理论自信、制度自信，在中国共产党坚强领导下，矢志不渝沿着中国特色社会主义道路奋勇前进。"[①] 这为我们高举中国特色社会主义伟大旗帜，坚定中国特色社会主义共同理想，指明了方向，增强了定力，坚定了信仰，开辟了创造美好未来的光辉前景。

[①] 习近平：《在纪念中国人民抗日战争暨世界反法西斯战争胜利69周年座谈会上的讲话》，《人民日报》2014年9月4日，第2版。

第五章

大力弘扬以爱国主义为核心的民族精神和以改革创新为核心的时代精神

一个国家、一个民族的崛起，离不开精神力量的支撑。以爱国主义为核心的民族精神和以改革创新精神为核心的时代精神，是社会主义核心价值体系的重要内容，是社会主义核心价值体系的精髓，是凝聚人心、确保中华民族战胜一切艰难险阻，始终保持国家统一繁荣发展的牢固精神纽带和促进中华民族发展壮大的强大精神力量。习近平同志《在第十二届全国人民代表大会第一次会议上的讲话》中深刻指出："实现中国梦必须弘扬中国精神。这就是以爱国主义为核心的民族精神，以改革创新为核心的时代精神。这种精神是凝心聚力的兴国之魂、强国之魂。爱国主义始终是把中华民族坚强团结在一起的精神力量，改革创新始终是鞭策我们在改革开放中与时俱进的精神力量。全国各族人民一定要弘扬伟大的民族精神和时代精神，不断增强团结一心的精神纽带、自强不息的精神动力，永远朝气蓬勃迈向未来。"①"实现中国梦，必须弘扬中国精神。用以爱国主义为核心的民族精神和以改革创新为核心的时代精神振奋全民族的'精气神'。"②

爱国主义是中华民族最深厚的思想传统，最能感召中华儿女团结奋斗；改革创新是当代中国最鲜明的时代特征，最能激励中华儿女锐意进取。一个民族的生存和发展，必须有强大的精神支撑和精神动力。在五千多年的发展历程中，中华民族形成了以爱国主义为核心的团结统一、爱好和平、勤劳勇敢、自强不息的伟大民族精神，成为中华民族生生不息、薪火相传的精神血脉，成为鼓舞各族人民奋发进取的精神支撑，成为中华民族生命机体中不可分割的重要组成部分。以"八荣八耻"为主要内容的社会主义荣辱观，第一位强调的就是"以热爱祖国为荣，以危害祖国为耻"。这是对中华民族爱国主义传统美德与民族精神的精确概括，对中华民族优

---

① 习近平：《在第十二届全国人民代表大会第一次会议上的讲话》，《人民日报》2013年3月18日，第1版。

② 《习近平接受拉美三国媒体联合书面采访》，《人民日报》2013年6月1日，第1版。

秀道德传统的继承和发展,是树立社会主义荣辱观的重要内容,是每一个社会主义公民必须坚持的根本立场。古往今来,在历史长河中,中华儿女都表现出对祖国无比忠诚、无限热爱的炽烈的爱国主义情感。无数志士仁人为了祖国的富强和民族尊严拼搏奋斗,进行过艰苦卓绝的斗争,创造了中华民族的灿烂历史,谱写出感天动地的爱国主义的光辉篇章。以热爱祖国为核心的爱国主义精神,是中华民族绵延5000年经久不衰、蓬勃发展的精神动力和传统美德,是推动我国社会主义事业不断前进的巨大力量,是激励全国人民团结奋斗的光辉旗帜。

是"热爱祖国",还是"危害祖国",是一个大是大非的问题,是检验一个人高尚还是卑劣,光荣还是耻辱的试金石、分水岭。在1840年以来的中国近代史上,正是爱我中华、爱我祖国的无数志士仁人,抛头颅,洒热血,无数革命先烈在中国共产党的领导下,浴血奋战、英勇牺牲,才使我们的祖国走上富强民主文明和谐的发展道路,取得了改革开放、建设中国特色社会主义的举世瞩目的辉煌成就。"以热爱祖国为荣,以危害祖国为耻",是一面无处不在的镜子,每个人均可以对照作出正确的抉择。每一个中国人都应该毫不犹豫地站在爱国主义的旗帜下,牢固树立"以热爱祖国为荣,以危害祖国为耻"的观念,坚决反对任何危害祖国、分裂祖国的言行。那些对祖国心怀异志,身在曹营心在汉,拿着美国的绿卡,在国内贪污受贿,把家属送到外国,美元存到外国,早早准备好,只要有什么风吹草动就跑到美国定居的人,是没有什么爱国可言的。

同时,我们要广泛开展时代精神教育,引导干部群众始终保持与时俱进、开拓创新的精神状态,永不自满、永不僵化、永不停滞,以思想不断解放推动事业持续发展。

中共中央政治局于2015年12月30日下午就中华民族爱国主义精神的历史形成和发展进行第二十九次集体学习。中共中央总书记习近平在主持学习时强调:"伟大的事业需要伟大的精神。实现中华民族伟大复兴的中国梦,是当代中国爱国主义的鲜明主题。要大力弘扬伟大爱国主义精神,大力弘扬以改革创新为核心的时代精神,为实现中华民族伟大复兴的中国梦提供共同精神支柱和强大精神动力。"[①] 我们的民族精神和时代精神,是中华民族5000年生生不息,繁衍发展,历经磨难,巍然屹立在世界东方的

[①] 习近平在中共中央政治局第二十九次集体学习时强调:《大力弘扬伟大爱国主义精神 为实现中国梦提供精神支柱》,《人民日报》2015年12月31日,第1版。

第五章 大力弘扬以爱国主义为核心的民族精神和以改革创新为核心的时代精神

法宝,这种精神不可摧毁,正是这种精神让中华民族一次次从危难中走出来,这种精神是中华民族战无不胜的最宝贵的武器。

大力培育和弘扬以爱国主义为核心的民族精神和以改革创新精神为核心的时代精神,就是我们坚持以社会主义核心价值体系引领社会思潮的重要任务,也是目前我们应对国际经济形势复杂变化、保持我国经济、社会平稳较快发展的重要前提。对于实现全面建成小康社会,建成富强民主文明和谐美丽的社会主义现代化国家的奋斗目标,实现中华民族伟大复兴的中国梦,实现国家富强、民族振兴、人民幸福,具有极其重要的现实意义和深远的历史意义。

一、大力弘扬以爱国主义为核心的民族精神,凝聚中华民族所向无敌的强大精神力量

爱国主义是中华民族的传统美德。爱国,就要爱社会主义祖国,就要牢固树立忧患意识,为国分忧,保卫祖国的领土完整、国家安全、为国雪耻,就要大力弘扬抗美援朝精神;弘扬爱国主义精神就要发扬紧密团结、不怕牺牲、勇敢战斗的革命精神;弘扬爱国主义精神就必须做好自己的本职工作,必须践行党的宗旨,坚决抵制、批判各种消解爱国主义精神的不良倾向,使之成为一种坚不可摧、无坚不摧、所向无敌的强大精神力量。

在全国范围深入开展群众性爱国主义教育活动,在全社会大力唱响共产党好、社会主义好、改革开放好、伟大祖国好、各族人民好的时代主旋律,对于激发爱国热情,振奋民族精神,巩固党的执政地位,增强战胜困难的信心,凝聚全体人民的力量,同心同德推动经济社会又好又快发展,奋力开拓改革开放和社会主义现代化建设新局面,维护国家尊严,实现国家完全统一,粉碎西方敌对势力西化、分化、和平演变中国的战略图谋,保持政局稳定、社会和谐,巩固党的执政地位和社会主义制度,极其重要、意义深远。

爱国主义,是伟大中华民族精神的核心,是中国人民的政治品质和道德面貌的重要特征及祖国意识、民族意识的灵魂,是中华民族自强不息、繁荣昌盛的永恒精神支柱。党的十六大报告指出:"民族精神是一个民族赖以生存和发展的精神支撑。一个民族,没有振奋的精神和高尚的品格,不可能自立于世界民族之林。在五千多年的发展中,中华民族形成了以爱

国主义为核心的团结统一、爱好和平、勤劳勇敢、自强不息的伟大民族精神。我们党领导人民在长期实践中不断结合时代和社会的发展要求，丰富着这个民族精神。"① 特别是中国共产党成立以来，在领导全国各族人民不断夺取革命、建设、改革新胜利的历史进程中，培育形成了井冈山精神、长征精神、延安精神、西柏坡精神、抗美援朝精神和大庆精神、雷锋精神、"两弹一星"精神、抗洪精神、抗震救灾精神、北京奥运精神、载人航天精神等，极大拓展了民族精神的内涵，使中华民族展现出崭新的精神风貌。党的十七大报告指出："用以爱国主义为核心的民族精神和以改革创新为核心的时代精神鼓舞斗志。"② 党的十八大报告指出："大力弘扬民族精神和时代精神，深入开展爱国主义、集体主义、社会主义教育，丰富人民精神世界，增强人民精神力量。"③ 历朝历代，许多仁人志士都具有强烈的忧国忧民思想，以国事为己任，前仆后继，临难不屈，保卫祖国，抗拒外敌，关怀民生，建设家园，这种可贵的精神使中华民族愈挫愈坚、历经劫难而不衰。

爱国主义是一个历史范畴。不同历史时期，不同的阶级，爱国主义有不同的政治内容。剥削阶级的爱国主义以维护本阶级的私利为目的，因而是动摇的不彻底的。无产阶级的爱国主义继承了历史上爱国主义的优良传统，并把它同无产阶级解放事业结合起来，认为只有使人民从国内外剥削阶级的压迫下解放出来，成为祖国的主人，才能实现祖国真正的独立、统一和富强。当代中国人民的爱国主义是同热爱社会主义祖国和拥护祖国统一完全一致的。恩格斯在《共产党宣言》1883年德文版序言中深刻指出："被剥削被压迫的阶级（无产阶级），如果不同时使整个社会摆脱剥削、压迫和阶级斗争，就不再能使自己从剥削它压迫他的那个阶级（资产阶级）下解放出来。"④ 这就清楚地告诉我们，无产阶级解放事业是"整个社会"的，是解放全人类的事业，是具有国际性的，为此，无产阶级要为世界各国各民族人民的共同利益而斗争，把爱国主义同国际主义结合起来。

爱国就是对祖国的忠诚和热爱。中国人民的爱国主义内容十分广泛，

---

① 《十六大以来重要文献选编》上，中央文献出版社2005年版，第30页。
② 《十七大以来重要文献选编》上，中央文献出版社2009年版，第26页。
③ 胡锦涛：《坚定不移沿着中国特色社会主义道路前进为全面建成小康社会而奋斗——在中国共产党第十八次全国代表大会上的报告》，人民出版社2012年版，第31页。
④ 《马克思恩格斯选集》第1卷，人民出版社1995年版，第252页。

第五章　大力弘扬以爱国主义为核心的民族精神和以改革创新为核心的时代精神

虽然在每个阶段都有不同的具体内容，但也有共同的基本内容。这就是：热爱祖国，热爱祖国的山河，热爱并继承祖国悠久的历史，发扬祖国灿烂的文化，建设祖国，开发祖国的自然资源，改造祖国的山山水水，使祖国变得富饶美丽；关心祖国的命运，在危难之时英勇战斗，保卫祖国，维护祖国的主权、独立和领土完整，反对外敌入侵；捍卫祖国的统一，搞好各民族之间的联合和团结，反对民族的分裂和国家的分裂。中华民族的爱国主义传统在社会主义条件下得到了发扬光大，并增添了新的内容。今天发扬爱国主义精神，对振兴中华，实现祖国统一，高举中国特色社会主义伟大旗帜不动摇，建设繁荣昌盛的社会主义强国，最终实现崇高的共产主义理想，更有十分重要的意义。

（一）爱国主义是中华民族的传统美德

列宁指出：爱国主义，是"千百年来巩固起来的对自己祖国的一种深厚的感情"，[①] 是对祖国和民族的忠诚、热爱和报效思想与行为的综合体系。中华民族具有源远流长的爱国主义传统，尤其是社会生活发生重大变化时期，例如，遇到自然灾害、外敌入侵时，总有那么一大批不顾自己安危，为了国家和人民利益挺身而出，勇敢斗争的英雄豪杰，用他们大智大勇、大仁大义、大德大爱谱写出惊天地、泣鬼神的壮丽诗篇。他们光辉的名字永远镌刻在中华民族文明历史的丰碑上，他们的爱国主义精神作为中华民族精神精华成为世代相袭、发展的宝贵精神财富。鸦片战争后，中国受到帝国主义列强的欺凌，人民遭受了巨大的灾难。面对强敌，中国人民从不屈从于任何外力，为了救亡图存，推翻"三座大山"，进行了不屈不挠、前仆后继的斗争，涌现出许许多多感天动地、永垂史册的志士仁人和英雄豪杰。一部中国近代史、现代史，就是一部中国人民爱国主义的斗争史、创业史。从太平天国到义和团运动，从邓世昌到谭嗣同，从孙中山到毛泽东，他们为中华民族的复兴，反对外国侵略，浴血奋战，流血牺牲，殚精竭虑，艰苦探索，终于在中国共产党的英明领导下，推翻了压在中国人民头上的"三座大山"，建立了新中国，开始中华民族的伟大复兴，这是中国人民爱国主义的一曲最壮丽的胜利凯歌。

我们的祖国是一个统一的多民族的伟大国家。五千多年来，中华民族在这块土地上劳动和生活，各族人民相互团结，相互学习，用自己的勤劳

[①]《列宁全集》第28卷，人民出版社1956年版，第168—169页。

和智慧共同开发了祖国的大好河山，创造了灿烂的中华文明，涌现出许多伟大的思想家、政治家、军事家、科学家、文学家和艺术家等英雄豪杰。中华文明不仅对东方产生了深远的影响，而且为整个人类文明作出了不可磨灭的贡献。中国人民从来不侵略别人，但也从来不在侵略者面前低头，有着酷爱自由、追求进步、维护民族尊严和国家主权的光荣传统。对外来侵略者无比痛恨，对卖国求荣的民族败类无比鄙视，对爱国志士无比崇敬，这已经成为中华民族宝贵的民族性格。

我们的祖国在近代曾经长期遭受外国列强的侵略和欺凌，许多爱国志士和全国各族人民为了救亡图存，进行了艰难的探索和前仆后继、不屈不挠的斗争。中国共产党的成立，成为这种斗争从失败转向胜利的历史性标志。我们党运用马克思主义观察国家和民族的命运，指出了民族复兴、国家富强的正确方向和道路，团结、吸引一切爱国者共同奋斗。我们党继承和发扬中华民族的优秀传统，在争取民族独立、维护国家主权的斗争中，尤其是在抗日战争中，付出了最大的牺牲，作出了最大的贡献，赢得了全国各族人民的衷心爱戴和拥护。中国共产党人是最坚定、最彻底的爱国者。中国共产党人的爱国主义是中华民族、中国人民爱国主义的最高典范。

我们的祖国进入社会主义社会以后，全国各族人民团结奋斗，在很短时间内建立起独立的现代工业和国民经济体系，创造了旧中国不可想象的人间奇迹。在新的历史时期，我们沿着建设中国特色社会主义道路胜利前进，国民经济和各项事业取得了举世瞩目的巨大成就，经济总量超过日本，跻身世界第二位，震惊世界。我国人民从切身体验中越来越认识到，只有社会主义才能救中国，只有中国特色社会主义才能发展中国，爱国主义与社会主义是统一的。在改革开放和现代化建设中，各条战线涌现出许多为国争光、创造了光辉业绩的英雄模范人物，如汶川、玉树抗震救灾、灾后重建，舟曲泥石流救灾，雅安芦山地震救灾、灾后重建，万众一心，众志成城，感天动地，使中华民族的爱国主义传统焕发出新的光彩。

习近平同志强调："要结合弘扬和践行社会主义核心价值观，在广大青少年中开展深入、持久、生动的爱国主义宣传教育，让爱国主义精神在广大青少年心中牢牢扎根，让广大青少年培养爱国之情、砥砺强国之志、实践报国之行，让爱国主义精神代代相传、发扬光大。"[①] 为了把我们的事

---

① 习近平在中共中央政治局第二十九次集体学习时强调：《大力弘扬伟大爱国主义精神 为实现中国梦提供精神支柱》，《人民日报》2015年12月31日，第1版。

第五章　大力弘扬以爱国主义为核心的民族精神和以改革创新为核心的时代精神

业继续推向前进,必须在全国人民特别是青少年中进一步加强爱国主义教育。我们坚持的爱国主义同狭隘的民族主义是有本质区别的。要使我们的人民懂得,坚持对外开放,认真学习世界各民族的长处,积极引进先进的科学技术和经营管理经验,增强我们自力更生的能力,加快祖国的发展,这本身就是爱国主义的重要内容。同时,在面临强权政治、霸权主义挑战的情况下,又要始终注意教育广大干部群众把国家主权与安全放在第一位,自觉地维护国家的统一、民族的团结和人民的利益。现在,有的人只看到我国与西方发达国家在物质生产和生活水平上的差距,就以为一切都是外国的好,对外国盲目崇拜,对祖国妄自菲薄,这是短视的。尤其是2008年美国次贷危机引起的金融危机,进而导致的经济危机,使西方资本主义国家惊恐万状,束手无策,竟企望经济一枝独秀的中国救世,截至2013年5月,最大的发达国家——美国,向最大的发展中国家——中国借债超过1.3万亿美元,更说明中国的社会主义制度具有突出的优越性和强大的生命力,符合社会发展的客观规律,代表了人类社会前进的正确方向。在这种态势下,那些为了一己的私利,不惜丧失国格、人格,不惜损害国家和民族的利益出卖国家利益以媚外、仍鼓噪美国所谓"普世价值"的劣行,更是为人所不齿。

总之,我们要通过各种生动活泼的形式,广泛、深入、持久地加强爱国主义教育和宣传弘扬中华民族爱国主义优良传统,提高全国人民的民族自尊心和自豪感,在全社会进一步发扬以热爱祖国、贡献全部力量建设祖国为最大光荣,以损害祖国利益和尊严为最大耻辱的良好风尚。要使我们的人民既珍惜同各国人民的友谊和合作,又珍惜几代人流血牺牲赢得的民族独立和国家主权。我们热爱和平,但不怕战争,守疆卫土,敢于亮剑。正如习近平同志强调的:"我们要坚持走和平发展道路,但决不能放弃我们的正当权益,决不能牺牲国家核心利益。任何外国不要指望我们会拿自己的核心利益做交易,不要指望我们会吞下损害我国主权、安全、发展利益的苦果。"[①] 要使我们的青年了解祖国的悠久历史和灿烂文化,了解我们党和人民的光辉业绩和优良传统,满怀信心地投身于祖国社会主义现代化建设的伟大洪流之中。我们的党员和干部要带头发扬浩然正气,保持民族气节,自觉地维护国家尊严和民族利益。一句话,要把全国各族人民的爱

---

① 习近平在中共中央政治局第三次集体学习时强调:《更好统筹国内国际两个大局夯实走和平发展道路的基础》,《人民日报》2013年1月30日,第1版。

国主义热忱,转化为推动改革开放和现代化建设、夺取全面建成小康社会新胜利、推进中国特色社会主义现代化伟大事业、实现中华民族伟大复兴的强大精神和物质力量。

(二) 爱国,就要爱社会主义祖国

爱国主义,是共产党人崇高人生价值观的集中体现,是共产党员同时也是中国人民必备的优秀品质。邓小平同志指出:"热爱祖国,热爱人民,热爱自己的党,是一个共产党员必须具备的优良品质。"[1] 爱国主义是个动态的历史范畴,在社会发展的不同历史时期,随着国家和民族面临的不同历史任务而具有不同的时代主题。习近平同志在中共中央政治局第二十九次集体学习时强调:"弘扬爱国主义精神,必须坚持爱国主义和社会主义相统一。我国爱国主义始终围绕着实现民族富强、人民幸福而发展,最终汇流于中国特色社会主义。祖国的命运和党的命运、社会主义的命运是密不可分的。只有坚持爱国和爱党、爱社会主义相统一,爱国主义才是鲜活的、真实的,这是当代中国爱国主义精神最重要的体现。今天我们讲爱国主义,这个道理要经常讲、反复讲。"[2]

改革开放后,由于受西方敌对势力意识形态渗透的影响,有些别有用心的人否定、歪曲、攻击马克思主义,否定中国革命,否定社会主义制度和所取得的辉煌成就,大搞历史虚无主义、民族虚无主义,散布背离社会主义的奇谈怪论。为此,邓小平深刻指出:"有人说不爱社会主义不等于不爱国。难道祖国是抽象的吗?不爱共产党领导的社会主义新中国,爱什么呢?"[3] 爱国与爱共产党和社会主义是统一的。中国共产党领导中国人民经过长期浴血奋战,实现了民族独立和人民解放,建立了新中国,结束了国家四分五裂、民族蒙受屈辱、人民灾难深重的局面。中国人民从此站起来,中国从此走上了独立、民主、统一的道路,中华民族从此开启了新的历史纪元。这场中国历史上最广泛最深刻的社会变革,奏响了爱国主义最为雄浑激荡的伟大乐章。建党 100 年、新中国成立 70 多年特别是改革开放 40 多年来,我们党团结带领人民开辟了中国特色社会主义道路,形成了中

---

[1] 《邓小平文选》第 1 卷,人民出版社 1994 年版,第 30 页。
[2] 习近平在中共中央政治局第二十九次集体学习时强调:《大力弘扬伟大爱国主义精神 为实现中国梦提供精神支柱》,《人民日报》2015 年 12 月 31 日,第 1 版。
[3] 《邓小平文选》第 2 卷,人民出版社 1994 年版,第 392 页。

第五章　大力弘扬以爱国主义为核心的民族精神和以改革创新为核心的时代精神

国特色理论体系，确立了中国特色社会主义制度，中国社会取得了巨大进步，综合国力大幅提升、人民生活不断改善、国际地位显著提高。中国人民的面貌、社会主义中国的面貌、中国共产党的面貌发生了历史性变化。今天我们弘扬爱国主义，就是要从历史的财富中寻找源头，从社会的进步中汲取力量，从一代又一代人的奋斗中获得启示。没有共产党就没有新中国，就没有国家的富强和民族的振兴；只有社会主义才能救中国，只有改革开放才能发展中国。"事实充分证明，在近代以来中国社会发展进步的壮阔进程中，历史和人民选择了中国共产党，选择了马克思主义，选择了社会主义道路，选择了改革开放。"[①] 这是我们理解爱国主义的历史基点，也是弘扬爱国主义的现实依据。爱国从来就不是抽象的，爱国主义，是爱国、爱党、爱社会主义的统一，是社会主义核心价值体系与中国特色社会主义道路的统一，是民族精神与时代精神的统一。这是当代爱国主义精神最本质、最重要的表现。

那种不看中国历史条件，借口中国暂时经济还不如世界上最发达的国家，而否定中国共产党在社会主义革命建设中的丰功伟绩，或直接反对热爱社会主义中国，或拐弯抹角否定、攻击、诬蔑社会主义制度，鼓吹全盘西化，主张中国充当西方国家的附庸之人，就是民族的败类。而那些不嫌母丑，不嫌家贫，在祖国贫穷落后需要建设时，与祖国同呼吸、共命运，患难相依，甘苦与共，为祖国的繁荣昌盛奋发图强、拼搏奋斗，把自己的聪明智慧无私地献给祖国社会主义建设事业的人，才是中华民族永载史册的瑰宝。荣获"国家杰出贡献科学家"荣誉称号的中国当代伟大科学家钱学森同志就是这样的光辉典范。江泽民同志指出："钱学森同志是一位具有高尚的爱国主义精神，坚定不移地为社会主义事业奋斗的战士。钱学森同志早年在美国学习和工作，成为国际知名学者，拥有优裕的工作和生活条件，但他在新中国成立不久，冲破重重阻力，毅然回国参加建设，表现了崇高的民族气节，表现了对新生的社会主义事业的向往和热爱。他几十年来坚持用马克思主义指导自己的研究工作和社会活动，无论在何种政治风浪下，始终忠于党、忠于人民、忠于祖国的科技事业和社会主义事业。完全可以说，钱学森同志是我国爱国知识分子的典范，他的经历体现

---

① 胡锦涛：《在庆祝中国共产党成立90周年大会上的讲话》，人民出版社2011年版，第5页。

了当代中国知识分子追求进步的正确道路。"[1]

"国家杰出贡献科学家""两弹一星功勋奖章"钱学森是一位伟大的爱国主义者，他把为国争光、报效祖国看得高于一切。在美国的20多年里，钱学森一直保留着中国国籍，也从不交养老保险金。他说："我是中国人，根本不打算在美国住一辈子。""中国才是我永远的家"。新中国刚刚诞生，钱学森同志就对夫人蒋英说："祖国已经解放，我们该回去了。"正是因为他热爱共产党领导的社会主义新中国，美国当局设置重重障碍，百般阻挠，使他回国的历程长达5年之久。这期间包括坐过牢，受监禁，还要经常接受美国政府的审讯。然而，他回国意笃，历尽磨难，忠贞不渝，报效祖国，矢志不移，爱国信念，坚如磐石。本来，他在美国已经成为国际知名学者，拥有优裕的工作和生活条件，但他为了祖国，冲破重重阻力，毅然回国参加社会主义建设，表现了崇高的民族气节。这种感天动地的爱国主义精神令人敬服。钱学森作为"国家杰出贡献科学家""中国航天之父"，功勋卓著，彪炳史册，光耀中华，然而他却深情地说："我本人只是沧海之一粟，渺小得很。真正伟大的是中国人民，中国共产党，中华人民共和国。"充分表现了钱学森对国家，对党和人民的无限忠诚。其精神之伟岸，品行之崇高，光耀古今。我们虽然不能人人都像钱学森那样成为伟大的科学家，作出那样的杰出贡献，但却应该学习钱学森无限忠于伟大社会主义祖国的爱国主义精神。

与钱学森一样，邓稼先、郭永怀、王淦昌、李四光、钱三强、钱伟长等一大批忠于党、忠于人民、忠于社会主义事业的爱国主义者，为我国的社会主义建设事业建树了丰功伟绩。他们的崇高品质，他们为振兴中华作出的杰出贡献，他们感天动地的不朽业绩和光辉名字，必将永远镌刻在中华民族辉煌灿烂的历史丰碑上。

历史和人民选择了马克思主义、选择了中国共产党、选择了社会主义道路、选择了改革开放，灾难深重的中国近代史、社会主义革命和建设、改革开放都雄辩地证明：没有共产党就没有新中国。只有共产党才能领导中国，只有社会主义才能救中国，只有改革开放才能发展中国、发展社会主义、发展马克思主义。我们要忠于党、忠于人民、忠于社会主义祖国，拼搏奋斗，无私奉献，锐意创新，用自己的智慧和心血，投身到建设中国特色社会主义的伟大事业中，在实现中华民族伟大复兴的中国梦中，创造

---

[1] 《江泽民论社会主义精神文明建设》，中央文献出版社1999年版，第131页。

第五章　大力弘扬以爱国主义为核心的民族精神和以改革创新为核心的时代精神

灿烂的人生！

（三）爱国，就要牢固树立忧患意识，为国分忧

强烈的忧患意识，崇高的民族气节，民族团结、国家统一的"大一统"情怀和自强不息的精神，是中华民族爱国主义传统的永恒主题。强烈的爱国主义情感，必然表现为"以天下为己任"的忧国忧民的忧患意识，表现为对国家、对民族前途命运的自觉关心。有了"位卑未敢忘忧国""天下兴亡，匹夫有责""居庙堂之高则忧其民，处江湖之远则忧其君""先天下之忧而忧，后天下之乐而乐"的忧患意识，就能鞭策激励中华儿女自力更生，艰苦奋斗，尽忠报国、百折不挠地为国家的振兴而立志变革，开拓创新，毕生拼搏，不懈探索。有了崇高的民族气节，就能具有"人生自古谁无死，留取丹心照汗青"的浩然正气，就能在事关国家民族利益的紧要关头，为维护祖国的荣誉、民族的尊严，临危不惧，大义凛然，英勇斗争。有了这种爱国主义精神，我们的国家就不怕鬼、不信邪、不怕压，维护国家的主权和安全，保护国家和人民的根本利益。有了这种爱国主义精神，就能自强不息，永远进取。尽管中华民族屡遭险阻，迭经挫折，天灾人祸，内忧外患，然而却能不屈不挠、自强不息，蓬勃发展，这种坚韧不拔的自强精神，正是来源于中国人民矢志不渝的爱国之心和报国之志。

爱国主义是中国共产党人坚定不移的政治原则，是为了国家民族的繁荣富强不懈奋斗的伟大旗帜，体现国家利益，代表民族意志，反映人民心愿，符合历史潮流，具有极大的影响力、凝聚力、感召力，受到各族人民的尊崇和敬仰。爱国主义能把全民族的潜能充分发挥出来，能把每个人的聪明才智发挥到极致，从而产生无坚不摧、所向披靡的巨大力量。中国共产党人鄙夷那种只图一己私利，不顾国家安危，有奶便是娘的卖国汉奸行为，旗帜鲜明地将那些毫无良知、毫无廉耻、认贼作父、卖国求荣、苟且偷生的民族败类永远钉在历史的耻辱柱上，任千夫所指、万世唾弃；把捍卫祖国利益、关心民族命运，不怕艰险，英勇奋斗，甚至流血牺牲而推动了社会历史发展、人类文明进步的言行，作为衡量一切阶级、政党、团体和个人功过是非的尺度。我们要高扬爱国主义伟大旗帜，在 21 世纪前 20 年，紧紧抓住极其宝贵的战略机遇期，为实现全面建成小康社会的宏伟目标，为中华民族的伟大复兴作出我们历史性的光耀千秋的贡献。

（四）爱国，就要保卫祖国的领土完整、国家安全、为国雪耻

习近平同志指出："弘扬爱国主义精神，必须维护祖国统一和民族团结。在新的时代条件下，弘扬爱国主义精神，必须把维护祖国统一和民族团结作为重要着力点和落脚点。要教育引导全国各族人民像爱护自己的眼睛一样珍惜民族团结，维护全国各族人民大团结的政治局面，不断增强对伟大祖国、中华民族、中华文化、中国共产党、中国特色社会主义的认同，坚决维护国家主权、安全、发展利益，旗帜鲜明反对分裂国家图谋、破坏民族团结的言行，筑牢国家统一、民族团结、社会稳定的铜墙铁壁。"[1]

爱国就要保卫祖国的领土完整、国家安全、为国雪耻。近代以来，中国人民走过了一条悲壮而又漫长的历史道路。这中间经历了多少屈辱和辛酸，多少渴望和追求，多少坎坷和曲折，多少奋斗和牺牲，才有了我们今日的独立、进步、发展、自豪。为了今天我国人民的好日子，在祖国需要的时候，我们千千万万有志气的优秀青年就要踊跃参军，当需要我们每个人拿起武器与敌人拼死搏斗的时候，我们要毫不犹豫地拿起武器，不惜血染疆场，用实际行动保卫我们的伟大的祖国，保卫我们国家的每一寸土地，没有什么比这更令人骄傲和自豪的。

中国近代史昭示我们，要改变贫弱受欺、落后挨打的历史命运，就必须奋起抗争，奋发图强。从列强侵略中国的那一天起，中国人民就举起了团结御侮、救亡图存的爱国主义旗帜。从太平天国起义到义和团运动，从戊戌变法到孙中山领导的辛亥革命，无数中华儿女和爱国志士，为了探索救国救民的道路，前仆后继，历尽艰辛。特别是五四运动和中国共产党成立以后，中国人民进一步团结起来，经过艰苦卓绝的斗争，终于推翻了压在自己头上的帝国主义、封建主义和官僚资本主义的"三座大山"，开创了独立自主、建设社会主义的历史新时代，中华民族再也不是任人欺凌和宰割的民族了。今天中国人民在现代化建设中又取得了举世瞩目的伟大成就，中国的国际地位日益提高，这是香港、澳门得以回归的根本原因和时代背景。不怕困难、顽强拼搏，体现了中国人民的革命英雄主义气概。坚

---

[1] 习近平在中共中央政治局第二十九次集体学习时强调：《大力弘扬伟大爱国主义精神　为实现中国梦提供精神支柱》，《人民日报》2015年12月31日，第1版。

第五章　大力弘扬以爱国主义为核心的民族精神和以改革创新为核心的时代精神

韧不拔、不屈不挠、敢于胜利，体现了中国人民的坚强意志和必胜信念。有了超人的勇气和惊人的毅力，还有什么艰难险阻不能克服！

（五）弘扬爱国主义，就要大力弘扬抗美援朝精神

抗美援朝是在新中国建立之初，中国人民以大无畏的英雄气概，同世界上最强大的帝国主义国家美国进行的一次较量，是在废墟上刚刚诞生的新中国与世界上最强大的美帝国主义及其联合国军的最为惨烈的战争。这一场战争，是帝国主义侵略者强加给中国人民的。朝鲜内战爆发后，美国杜鲁门政府悍然派兵进行武装干涉，发动对朝鲜的全面战争，并不顾中国政府多次警告，越过三八线，直逼中朝边境的鸭绿江和图们江，出动飞机轰炸我国东北边境城市和乡村，把战火烧到了新生的中华人民共和国国土之上。中国人民是热爱和平的，但也绝不惧怕战争。在此危急关头，应朝鲜党和政府的请求，中共中央和毛泽东同志高瞻远瞩，审时度势，毅然决然地作出了抗美援朝、保家卫国的历史性决策，以大无畏的英雄气概果敢承担起保卫和平的历史使命。毛泽东在作出这一决策时指出："我们采取上述积极政策，对中国，对朝鲜，对东方，对世界都极为有利；而我们不出兵，让敌人压至鸭绿江边，国内国际反动气焰增高，则对各方都不利……我们认为应当参战，必须参战，参战利益极大，不参战损害极大。"[①] 1950年10月19日，我英雄的中国人民志愿军将士在司令员兼政治委员彭德怀同志率领下，肩负民族的期望，高举保卫和平、反抗侵略的正义旗帜，雄赳赳，气昂昂，跨过鸭绿江，同朝鲜人民和军队一道，以战争史上绝无仅有的艰苦卓绝的战斗精神，历经两年零九个月舍生忘死的浴血奋战，使这场惊天地、泣鬼神的战争终于以中朝人民的胜利和美国及其帮凶的失败而告终，谱写了气壮山河的英雄赞歌、创造了人类战争史上以弱胜强的光辉典范。这是中朝两国人民和军队团结战斗的伟大胜利，是维护世界和平与人类进步事业的伟大胜利。抗美援朝战争的胜利，保卫了朝鲜民主主义人民共和国和刚刚诞生的中华人民共和国的安全，深刻影响和改变了第二次世界大战结束后亚洲乃至世界的政治格局，为世界和平与人类进步事业作出具有里程碑意义的巨大贡献。

伟大的抗美援朝战争，弘扬和光大了中国共产党和人民军队的革命精神。抗美援朝战争不仅奏响了一曲曲可歌可泣的凯歌，而且锻造出伟大的

[①] 《毛泽东文集》第6卷，人民出版社1999年版，第103—104页。

抗美援朝精神，这就是：祖国和人民利益高于一切、为了祖国和民族的尊严而奋不顾身的爱国主义精神，英勇顽强、舍生忘死的革命英雄主义精神，不畏艰难困苦、始终保持高昂士气的革命乐观主义精神，为完成祖国和人民赋予的使命、慷慨奉献自己一切的革命忠诚精神，以及为了人类和平与正义事业而奋斗的国际主义精神。伟大的抗美援朝精神，是中国共产党人和人民军队崇高风范的生动写照，是中华民族传统美德和民族品格的集中展示，是以爱国主义为核心的民族精神的具体体现。这种精神永远是中国人民的宝贵财富。[①] 在抗美援朝战争中涌现出来的黄继光、邱少云、杨根思等无数英雄忠于党、忠于人民、忠于祖国的崇高品质，感天动地的不朽业绩，党不会忘记，人民不会忘记，祖国不会忘记。他们的光辉名字必将永远镌刻在中华民族辉煌灿烂的历史丰碑上，与山河共存，与日月同辉。

伟大的抗美援朝战争的胜利，是在敌我力量极其悬殊的条件下取得的，创造了以弱胜强的范例，打出了新中国的国威和人民军队的军威。抗美援朝战争的胜利说明，保卫和平、反抗侵略的正义之战，合天道、顺民意，是战胜世界上一切最凶恶敌人的强大精神力量和不竭源泉，可以转换成攻无不克、战无不胜、无坚不摧、不可估量的巨大物质力量。同时向全世界证明了，一个觉醒了的、敢于为祖国光荣、独立和安全而奋起战斗的民族是不可战胜的，一个共产党领导的、人民翻身解放当家作主的新中国是不可战胜的！

今天，我们说弘扬爱国主义，就要发扬抗美援朝精神，就是在外敌侵略我国时，要有那种敢于战胜任何强大敌人的大无畏精神。那时，面对强大的联合国军，在我军与敌军武器装备对比极端悬殊的情况下，中国人民志愿军以压倒一切敌人的英雄气概，英勇作战，以弱胜强，取得胜利。今天，站起来的中国人民，已经有了强大的国防和雄厚的经济实力，如果有一天敌人像抗美援朝时期那样把战争强加给中国人民，我们就要发扬抗美援朝精神，像抗美援朝那样，万众一心，同仇敌忾，众志成城，坚决彻底地把敌人消灭干净！

毛泽东同志说："我们中华民族有同自己的敌人血战到底的气概，有

---

① 习近平：《在纪念中国人民志愿军抗美援朝出国作战60周年座谈会上的讲话》，《人民日报》2010年10月26日。

第五章　大力弘扬以爱国主义为核心的民族精神和以改革创新为核心的时代精神

在自力更生的基础上光复旧物的决心,有自立于世界民族之林的能力。"①大力弘扬抗美援朝精神,就是要建设巩固的国防和强大的军队,中国人民解放军是具有光荣传统的伟大的军队,有压倒一切敌人的顽强战斗精神。正如毛泽东同志所赞扬的:"这个军队具有一往无前的精神,它要压倒一切敌人,而决不被敌人所屈服。不论在任何艰难困苦的场合,只要还有一个人,这个人就要继续战斗下去。"②

中国革命的经验告诉人民,没有一个人民的军队,便没有人民的一切。因此,全国人民要增强国防意识,拥护我们的人民军队,积极支持我们的国防建设和军队建设。人民解放军要着眼全面履行新世纪新阶段军队历史使命,全面加强革命化、现代化、正规化建设,坚持党对军队绝对领导原则和人民军队的根本宗旨,培育当代革命军人核心价值观。按照中共中央总书记、中央军委主席习近平同志的要求,"全军要深入贯彻落实党的十八大精神,高举中国特色社会主义伟大旗帜,以邓小平理论、'三个代表'重要思想、科学发展观为指导,牢牢把握党在新形势下的强军目标,全面加强军队革命化现代化正规化建设,为建设一支听党指挥、能打胜仗、作风优良的人民军队而奋斗"③。"高举中国特色社会主义伟大旗帜,以邓小平理论、'三个代表'重要思想、科学发展观为指导,深入贯彻国防和军队建设主题主线,认真落实党的十八大关于国防和军队建设的战略部署,牢记坚决听党指挥是强军之魂,能打仗、打胜仗是强军之要,依法治军、从严治军是强军之基,全面加强革命化现代化正规化建设。确保部队召之即来、来之能战、战之必胜。"④ 我们的人民解放军要真正成为攻无不克,战无不胜的威武之师、文明之师、钢铁之师、胜利之师,成为国家主权、安全、领土完整的坚强后盾。古人云:"天下无战,兵不可去。"何况当今世界,战争烽烟四起,战争的威胁无时不在,某些域外努力不断挑战中国的核心利益,威胁中国的国家安全。春秋时期左丘明的《左传·襄

---

① 《毛泽东选集》第 1 卷,人民出版社 1991 年版,第 161 页。
② 《毛泽东选集》第 1 卷,人民出版社 1991 年版,第 1039 页。
③ 习近平在解放军代表团全体会议上强调:《牢牢把握党在新形势下的强军目标努力建设一支听党指挥能打胜仗作风优良的人民军队》,《人民日报》2013 年 3 月 12 日,第 1 版。
④ 习近平在广州战区考察时强调:《坚持富国和强军相统一努力建设巩固国防和强大军队》,《人民日报》2012 年 12 月 13 日,第 1 版。

公十一年》载:"《书》曰:'居安思危',思则有备,有备无患。"① 我们必须"居安思危",做好准备,抓紧备战,厉兵秣马,高度重视采取一系列行之有效的强军措施,举全国之力,加紧研究、制造各种现代化高科技武器装备,包括大量制造高精尖的原子武器在内的现代化尖端武器,真正掌握在任何情况下都能克敌制胜的撒手锏,富国强军,着力提高军事实力。正如军事科学院的《铭记历史走向复兴——纪念甲午战争120周年》文章指出:实现国家富强、民族振兴、人民幸福,必须有强大的实力。富裕不等于富强,财力不等于实力,人口众多、地域广阔不等于能够拥有大国的尊严和地位。这是近代历史留下的深刻启示。地位要靠实力来支撑,尊严要靠实力来赢得,富国和强军不仅是国家崛起的不二选择,也是民族复兴的题中之义。只有富国强军,民族复兴的伟业才会拥有坚固的基石,国家崛起的进程才会有坚实的保障,中国才能真正成为具有国际影响力的大国。② 只有富国强军,才能有效应对不测风云,有备无患,永远立于不败之地,保障国家的安全和人民的安居乐业。当今时代,虽说和平与发展是时代主题,但战争的危险随时都存在,从美国坚持对台军售就可看出,美帝国主义以中国为对手的冷战思维不变。军事科学院战争理论和战略研究部研究员王新俊指出,美国对台军售其实是美国对华战略倾向的体现,集中为五个不变:第一,美国把台湾作为其东亚战略布局的关节点,视其为维护东亚霸权战略稳定的"砝码"的企图没有变;第二,美国把台湾作为遏制中国发展的战略棋子的思路没有变;第三,美国把台湾作为阻挡中国海军进入太平洋的第一道障碍的目标没有变;第四,美国暗中纵容鼓励"台独",分裂中国的图谋没有变;第五,美国以台湾问题榨取经济利益的经济战略意图没有变。王新俊针对"美国议员伯曼说,军售与否是美国的主权,不容他国干预"的嚣张气焰,正告习惯霸权主义思维的美国人:"这里我们也要跟美国人指出,台湾是中国的内政、中国的核心利益,不容任何国家干预,不论你有多大霸权!"③ 正如习近平同志《在纪念全民族抗战爆发七十七周年仪式上的讲话》中所指出的:"纵观世界历史,依靠

---

① 吴树平、赖长扬主编:《全译本白话四书五经》第4卷,国际文化出版公司1992年版,第377页。
② 中国人民解放军军事科学院:《铭记历史走向复兴——纪念甲午战争120周年》,《人民日报》2014年7月24日,第7版。
③ 王新俊:《美国售台武器所为何来》,《人民日报(海外版)》2011年9月19日,第1版。

第五章　大力弘扬以爱国主义为核心的民族精神和以改革创新为核心的时代精神

武力对外侵略扩张最终都是要失败的。这是历史规律。"① 近来，美国在我国南海不断挑衅，制造事端，战争阴云密布，大有"山雨欲来风满楼"之势，我们必须做好一切应对准备预案，有备无患，以防不测。

毛泽东同志高瞻远瞩地指出："西方世界的太阳是傍晚的没落的太阳，……说西方是先进的，这也是一种迷信；恰恰相反，他们是落后的。自然他们有一点东西，无非是几斤钢铁和几个原子弹；其实这也没有什么了不起，因为他们在政治上是落后的，是腐败的，是低级趣味的，所以我们看不起他们。……他们一时耀武扬威，最后总是要垮下去的。"②

抗美援朝、援越抗美，我们和美国交过手，号称强大、嚣张一时的美国军队都是手下败将，被我们打得如惊弓之鸟，闻风丧胆，如果美帝国主义妄想对中国发动新的侵略战争，我们同样要把他彻底消灭，他一定会输得更惨。毛泽东同志说，美帝国主义是纸老虎。中国人民能够战胜美帝国主义，过去如此，今后如此，永远如此，中国人民、中国军队有这个自信！

习近平同志在《布鲁日欧洲学院的演讲》中明确向世界宣布："中国人民希望和平、反对战争，所以始终奉行独立自主的和平外交政策，坚持不干涉别国内政、也不允许别人干涉中国内政。我们过去一直是这样做的，今后也会这样做下去。"③

"己所不欲，勿施于人"，是中华民族的素有品质。习近平同志在主持中共中央政治局第三次集体学习时强调："中华民族是爱好和平的民族。消除战争，实现和平，是近代以后中国人民最迫切、最深厚的愿望。走和平发展道路，是中华民族优秀文化传统的传承和发展，也是中国人民从近代以后苦难遭遇中得出的必然结论。中国人民对战争带来的苦难有着刻骨铭心的记忆，对和平有着孜孜不倦的追求，十分珍惜和平安定的生活。中国人民怕的就是动荡，求的就是稳定，盼的就是天下太平。"④ 中国人热爱和平，反对战争，绝不把战争强加于人，但也绝不惧怕战争。中国坚定不

---

① 习近平：《在纪念全民族抗战爆发七十七周年仪式上的讲话》，《人民日报》2014年7月8日，第2版。
② 《毛泽东文集》第7卷，人民出版社1999年版，第404—405页。
③ 习近平：《在布鲁日欧洲学院的演讲》，《人民日报》2014年4月2日，第2版。
④ 习近平在中共中央政治局第三次集体学习时强调：《更好统筹国内国际两个大局夯实走和平发展道路的基础》，《人民日报》2013年1月30日，第1版。

移走和平发展道路,又要保持强大的国防力量,要有符合中国这样一个大国国防建设正当需要的国防预算,这是确保中国和平发展的坚实基础。正如习近平同志所指出的:"中国绝不走'国强必霸'的道路,但中国也再不能重复鸦片战争以后在列强坚船利炮下被奴役被殖民的历史悲剧。我们必须有足以自卫防御的国防力量。"① "在事关中国主权和领土完整的重大原则问题上,我们不惹事,但也不怕事,坚决捍卫中国的正当合法权益。"② "中国多次公开宣示,中国反对各种形式的霸权主义和强权政治,不干涉别国内政,永远不称霸,永远不搞扩张。我们在政策上是这样规定的、制度上是这样设计的,在实践中更是一直这样做的。当然,中国将坚定不移维护自己的主权、安全、发展利益,任何国家都不要指望我们会吞下损害中国主权、安全、发展利益的苦果。"③ 习近平同志在纪念中国人民抗日战争暨世界反法西斯战争胜利69周年座谈会上的讲话中庄严指出:"我们将以最大的决心和努力,同世界各国人民一道,坚决捍卫中国人民抗日战争和世界反法西斯战争胜利成果,坚决维护战后国际秩序,决不允许否认和歪曲侵略历史,决不允许军国主义卷土重来,决不允许历史悲剧重演!"④ 针对日本一些政治组织和政治人物矢口否认日军侵略的野蛮罪行,参拜双手沾满鲜血的战犯亡灵,发表美化侵略战争和殖民统治言论的倒行逆施,习近平同志义正词严地说:"历史不会因时代变迁而改变,事实也不会因巧舌抵赖而消失。南京大屠杀惨案铁证如山、不容篡改。""一切罔顾侵略战争历史的态度,一切美化侵略战争性质的言论,不论说了多少遍,不论说得多么冠冕堂皇,都是对人类和平和正义的危害。对这些错误言行,爱好和平与正义的人们必须高度警惕、坚决反对。"⑤ "事实就是事实,公理就是公理。在事实和公理面前,一切信口雌黄、指鹿为马的言行都是徒劳的。黑的就是黑的,说一万遍也不可能变成白的;白的就是白

---

① 习近平在德国发表重要演讲:《强调中国坚定不移走和平发展道路》,《人民日报》2014年3月30日,第1版。

② 习近平在德国发表重要演讲:《强调中国坚定不移走和平发展道路》,《人民日报》2014年3月30日,第1版。

③ 习近平:《在德国科尔伯基金会的演讲》,《人民日报》2014年3月30日,第2版。

④ 习近平:《在纪念中国人民抗日战争暨世界反法西斯战争胜利69周年座谈会上的讲话》,《人民日报》2014年9月4日,第2版。

⑤ 习近平:《在南京大屠杀死难者国家公祭仪式上的讲话》,《人民日报》2014年12月14日,第2版。

第五章　大力弘扬以爱国主义为核心的民族精神和以改革创新为核心的时代精神

的，说一万遍也不可能变成黑的。一切颠倒黑白的做法，最后都只能是自欺欺人。""中国人民有比海洋、天空更为宽广的胸怀，但我们的眼睛里也决容不下沙子。"①

习近平同志《在纪念中国人民抗日战争暨世界反法西斯战争胜利70周年大会上的讲话》中强调："绝不让历史悲剧重演，是我们对当年为维护人类自由、正义、和平而牺牲的英灵、对惨遭屠杀的无辜亡灵的最好纪念。"②习近平同志《在纪念中国人民抗日战争暨世界反法西斯战争胜利七十周年招待会上的讲话》中再次强调："只有正确认识历史，才能更好开创未来。历史是写在人民心中的，历史不容抹杀，也是抹杀不了的。那些惨无人道的侵略行径，那些血雨腥风的战争场面，那些令人发指的屠杀罪行，那些在战争中不幸死亡的几千万无辜生灵，都铭记在人类的史册上，都铭记在人类的心中。"③表达了中国人民牢记历史不忘国耻、决不允许当年一切侵略中国人民的历史悲剧重演的钢铁意志和坚定信念。针对美国要到中国的南海搅局的问题，习近平同志明确指出："南海诸岛自古以来就是中国领土，这是老祖宗留下的。任何人要侵犯中国的主权和相关权益，中国人民都不会答应。中国在南海采取的有关行动，是维护自身领土主权的正当反应。对本国领土范围外的土地提出主权要求，那是扩张主义。中国从未那么做过，不应当受到怀疑和指责。"④表明了南海诸岛自古以来就是中国领土，这是老祖宗留下的，一寸土地都不能丢。维护自身领土主权的决心，坚如磐石，决不动摇！

习近平在2017年新年贺词中向全世界庄严宣告："我们坚持和平发展，坚决捍卫领土主权和海洋权益。谁要在这个问题上做文章，中国人民决不答应！"⑤表达了中国人民"坚持和平发展，坚决捍卫领土主权和海洋权益"的钢铁意志，展现了中华民族能够战胜一切滋事挑衅敌人的英雄气

---

① 习近平：《在纪念中国人民抗日战争暨世界反法西斯战争胜利69周年座谈会上的讲话》，《人民日报》2014年9月4日，第2版。

② 习近平：《在纪念中国人民抗日战争暨世界反法西斯战争胜利70周年大会上的讲话》，《人民日报》2015年9月4日，第2版。

③ 习近平：《在纪念中国人民抗日战争暨世界反法西斯战争胜利七十周年招待会上的讲话》，《人民日报》2015年9月4日，第3版。

④ 习近平接受路透社采访时强调：《共同开启中英全面战略伙伴关系的"黄金时代"为中欧关系全面推进注入新动力》，《人民日报》2015年10月19日，第1版。

⑤ 《国家主席习近平发表二〇一七年新年贺词》，《人民日报》2017年1月1日，第1版。

概和壮志情怀,警告一切企图在"领土主权和海洋权益"问题上做文章的霸权主义者不要利令智昏,轻举妄动,"中国人民决不答应!"

2016年12月26日至27日,中共中央政治局召开民主生活会,习近平总书记在讲话中指出:"在维护国家核心利益上敢于针锋相对,不在困难面前低头,不在挑战面前退缩,不拿原则做交易,不在任何压力下吞下损害中华民族根本利益的苦果。"[①] 我们不侵略别人,也绝不容许别人侵略我们。中华民族有同侵略者血战到底的英雄气概,有敢于战胜一切敌人的决心和坚定信念,有在自力更生的基础上光复旧物的决心,有自立于世界民族之林的能力。如果敌人胆敢把战争强加在中国人民头上,对我国发动战争,我们就要将他们坚决、彻底、干净、全部歼灭之。如果敌人胆敢把炸弹扔到中国的任何一座城市,我们就以其人之道还治其人之身,毫不犹豫地将十倍、百倍的炸弹扔到他们的城市中去,像列宁所说的那样,打他个灵魂出窍,让敌国人民尝尝他们罪恶的政府发动战争的苦果。如果敌国人民希望自己和平安宁,就立即行动起来坚决反对、制止自己政府发动战争的罪恶行径,息兵罢战。如果敌国丧心病狂继续战争罪行,就按照毛泽东的战略原则将其干净彻底全部消灭之!只有这样,才能有效地制止敌对国冒险发动对我国的战争,才能从根本上保证我国人民的安全,维护世界和平。帝国主义就是战争,其本质是不可改变的,任何时候不能对霸权主义抱有幻想,决不能放松应有警惕。

(六)弘扬爱国主义,必须发扬紧密团结、不怕牺牲、勇敢战斗的革命精神

团结、勇敢、斗争,作为人类群体生存之道,平时能够制服凶残的杀人暴徒,危险关头更是这样。在社会生活中,面对穷凶极恶的杀人恶魔,只要有一人勇于站出来,敢担风险,不怕牺牲,拼死和暴徒斗争,就能保护更多的人免受暴徒伤害。南昌"夺刀少年"的见义勇为壮举,就是名扬华夏的时代典范。2014年5月31日,宜春至金瑞的中巴车上,一名男子突然持菜刀行凶,致5名乘客受伤。危急关头,被砍两刀的宜春三中高三(17)班学生柳艳兵,不顾自己危险,不顾自己身中三刀,毅然勇敢地冲

[①] 中共中央政治局召开民主生活会:《对照贯彻落实党的十八届六中全会精神研究加强党内政治生活和党内监督措施 中共中央总书记习近平主持会议并发表重要讲话》,《人民日报》2016年12月28日,第1版。

第五章　大力弘扬以爱国主义为核心的民族精神和以改革创新为核心的时代精神

了上去，将歹徒按倒在地，并最终拼命夺下歹徒手中的凶器，保护了更多的乘客。一个人冒着生命危险的壮举救了一车人。当他费了九牛二虎之力将歹徒制服时，却发现没人上来帮忙——所有人都一哄而散地只顾自己逃命。柳艳兵的血越流越多，以致歹徒最后挣脱逃走。柳艳兵接受采访，谈起逃跑的歹徒时不无遗憾地说："当时如有人站出来我觉得他跑不了。"如果身中三刀，被砍伤头部、肩部的柳艳兵也像其他人那样胆小怕事，畏缩退却，只顾自己逃命，那么，可以肯定，不知要有多少无辜的乘客被凶手砍死、砍伤。由此，我们更感柳艳兵见义勇为，品德高尚，精神可嘉，值的大力弘扬。一般群众胆小怕事、不敢担当，还需要教育、动员、提倡、引导、鼓励、激励，使整个社会做到危急关头，人人都能临危不惧，不怕牺牲自己，勇于保护他人，形成见义勇为的良好社会氛围。尽管任重而道远，但为了实现中华民族伟大复兴的中国梦，必须这样，别无他途。

生物界弱肉强食的丛林原则，处处存在，中央电视台的《动物世界》节目中，每天都演绎着动物间你死我活的残忍的生死搏斗，印象最深的是非洲的狮子群猎杀各种动物的血腥画面。非洲狮子是一种极其残忍的大型食肉猛兽，更可怕的是这种大型猛兽是群居动物，经常成群地一哄而上捕杀其他动物，因此，战斗力非常强，往往是战无不胜，所向无敌。那些弱小一点的动物，比如羚羊、斑马、疣猪、长颈鹿、鬣狗等都是它的口中之物，大型动物角马、野牛也是其袭击捕杀的对象，甚至犀牛、河马、大象这种特大型动物也成为它们的口中之餐。这些凶恶的狮群猎杀其他动物时，往往是前后左右，四面包围，齐心协力，一哄而上，上下撕咬，凶残至极，许多动物都惨死在它们的围攻之中，葬身其腹。

然而，比犀牛、河马、大象体型、力气小得多的野牛却常常有例外，不仅能狮口逃生，往往还把狮子追得落荒逃窜，因为野牛尚有一丝这种团结御敌的本能。一次两只狮子围猎一头野牛，另一头野牛见状，怒气冲冲，奋力相救，勇敢地向另一只狮子猛冲过来，被救的野牛勇气大增，勇猛地用牛角怒将咬它的一头狮子挑起几米高，狠狠摔到地上，这两只欺软怕硬的狮子看到发怒的野牛，心虚胆怯，吓得拼命逃窜，这两头野牛得以安全凯旋归队。这告诉我们，面对强敌，相对弱者只有紧密团结，齐心协力，不怕牺牲，勇敢斗争，才能避免死亡，求得生存，个体自保，群体身安。

还有一次，两只狮子围杀一头野牛，这头野牛面对两只凶恶狮子的疯狂攻击，处境十分危险，但它却毫无惧色，拼命反抗，尽管两只狮子已经将它咬得遍体鳞伤，但它忍着疼痛，毫不退缩，勇敢地坚持用它的两只尖尖的牛角与两只凶残的狮子奋力搏斗，绝不屈服，两只狮子一时对它奈何不得，心存胆怯，不敢恋战，只得败下阵来，这头野牛得以狮口脱险，幸免厄运，带伤返归牛群。这说明一个道理，狭路相逢，勇者胜。勇敢斗争求生存，则生，软弱退缩求生存，则亡，这是动物和人类生存状态的必然规律。正如马克思所说的"谁最勇敢、最坚定，谁就能取得胜利"。①

物事一理，从国内的制服歹徒、有效反恐，到国与国的战争，同样是这样的道理。当面临危险时，如果大家都能团结、勇敢，拼死与危险抗争，可能少数人会付出牺牲，但却能使大家减少牺牲，甚至往往是既能保护他人，也能保护自己。如果个个胆小害怕，畏缩不前，只求自保，常常是牺牲了群体，也保不住自己。这就告诉我们一个真理，为了全局利益，就要敢于牺牲自身的个人利益；为了保护大家，就要敢于自己冒险，要提倡在全社会发扬这种自觉维护整体利益的拼搏奉献和自我牺牲精神。很多历史经验告诉我们，团结勇敢，大家安全；只顾自保，自身难保。总之，在外敌入侵的生死关头，团结起来，不惧危险，不怕个人牺牲生命，勇敢斗争，是人类群体的生命之本，生存之道，繁荣之基，发展之宝。一个群体是这样，一个阶级是这样，一个民族是这样，一个国家更是这样。

为了人民利益，为了民族的整体利益，不怕牺牲自己的个人利益甚至是宝贵的生命，这样当国家和人民的利益受到威胁时，就能同仇敌忾，不畏强敌，奋不顾身，勇敢战斗，就一定能够消灭敌人，取得胜利。在中国革命战争中，毛泽东同志用崇高的集体主义思想武装全党，把全国各族人民紧紧地团结在一起，大家拧成一股绳，心往一处想，劲往一处使，万众一心，众志成城，攻无不克，战无不胜，无坚不摧，所向无敌，战胜一切国内外极其凶恶的敌人，取得了中华民族的彻底解放，建立了新中国，带领人民走向幸福之路。抗美援朝战争也是这样，中国共产党、中国人民志愿军和中国各族人民在毛泽东主席的英明领导下，在敌强我弱、敌我武器装备极其悬殊的情况下，发扬大无畏的革命精神，不惧强敌，紧密团结、不怕牺牲、勇敢战斗，最终取得胜利，迫使不可一世的美国不得不在失败的停战协议上签字。今天，我们同样面临着极为严峻的形势，但只要中国人民紧密团结、不怕牺牲、勇敢战斗，也一定能够战胜一切艰难险阻，打败一切敌人，实现中华民族的伟大复兴！

---

① 《马克思恩格斯选集》第1卷，人民出版社1995年版，第315页。

第五章　大力弘扬以爱国主义为核心的民族精神和以改革创新为核心的时代精神

习近平同志指出："历史告诉我们，每个人的前途命运都与国家和民族的前途命运紧密相连。国家好，民族好，大家才会好。"① 有家才有国，有国才有家，家是最小的国，国是千万家，国家好，民族好，我们每个中国人才能生活得好，才能幸福快乐，因此保家卫国是每个人义不容辞的神圣职责。我们要用情感、汗水、心血和智慧建设我们可爱的祖国，甚至在祖国需要的时候，像无数革命先烈那样，拿起武器，不惜血洒沙场，不怕牺牲生命，冲锋陷阵，勇敢战斗，保卫我们的人民江山不受任何敌人的侵略和践踏，保卫人民的生命财产安全。如果大家都能这样，那么每个人都能享受到被别人保卫获得安全的权利，国家、社会和个人就能避免任何不测之虞。中国 70 多年的和平生活，就是无数革命先烈，不怕牺牲，冒着枪林弹雨，出生入死，浴血奋战，战胜了国内外的一切凶恶的敌人，用鲜血和生命换来的。先辈做出了榜样，我们更应如此！

太平洋里不太平。目前在国际上，美国领着日本、菲律宾、越南等这样一群狮子、饿狼、鬣狗想围攻中国，不断在我国周边搅局，制造紧张局势，在这种严峻形势下，中国面临的战争现实威胁比任何时候都严重，中华民族更应该发扬紧密团结、不怕牺牲、勇敢战斗、万众一心、众志成城、同仇敌忾、保家卫国的战斗精神。我们不惹事，但绝不怕事。我们坚信，只要 14 亿多中国人民认清敌人凶残本性，不抱幻想，团结一致，勇敢斗争，紧密团结在以习近平同志为核心的党中央周围，就会形成所向披靡，无坚不摧，攻无不克，战无不胜的巨大力量，就一定能应对一切挑战，无敌于天下，把一切豺狼虎豹彻底消灭干净。正如习近平同志《在纪念全民族抗战爆发七十七周年仪式上的讲话》中所指出的："殷忧启圣，多难兴邦。中国人民抗日战争的胜利证明，中华民族是具有顽强生命力和非凡创造力的民族，只要我们紧密团结起来，就没有克服不了的困难。"② 对此，我们充满信心。

中国不是没有制裁美国的能力和办法，更重要的是要有勇气，不畏强敌，敢于斗争，不怕战争，发扬与敌人血战到底的斗争精神。没有战争的决心，不会有和平的永驻；没有断腕的意志，也不可能真正维护自己的利

---

① 习近平在参观《复兴之路》展览时强调：《承前启后继往开来继续朝着中华民族伟大复兴目标奋勇前进》，《人民日报》2012 年 11 月 30 日，第 1 版。

② 习近平：《在纪念全民族抗战爆发七十七周年仪式上的讲话》，《人民日报》2014 年 7 月 8 日，第 2 版。

益。在我国周边敌人格外嚣张、战争叫嚣不绝于耳的今天，我们必须叫响"人不犯我，我不犯人，人若犯我，我必犯人"的口号。我们需要和平，需要发展，需要财富，更需要尊严。一个有尊严的大国，一个敢于维护自己利益的大国，一个敢于主持正义的大国，为世界和平作出的贡献更大、更持久。新中国在毛泽东和老一辈革命家领导时期敢作敢为，为中华民族赢得世界尊重的经验，我们要继续发扬光大。

（七）弘扬爱国主义，就必须做好自己的本职工作，为实现"中国梦"作出积极贡献

爱国，是对国家一种崇高的深沉的爱的情感，是一种持久永恒而坚定的信念，既是一种意识层面的精神凝结，也是一种社会生活活动的实践体现。爱国理念与爱国行动二者相辅相成，完整统一，不可或缺。国家这部大机器是由一个个人和一个个职业岗位有机地组成的，每个人出色地完成职业岗位的工作任务，国家这部大机器就能高效运转，兴旺发达。社会主义核心价值观倡导的"爱国、敬业"，就生动地说明了"敬业"与"爱国"的密切关系。因此，忠于职守，爱岗敬业，以对国家和民族的兴旺发达的高度责任感，勤勤恳恳做好自己的本职工作，就是爱国主义最直接最生动的具体体现。对国家与民族有着天然深厚情感的爱国者，必然会把对国家的忠诚、对民族的热爱化为有益于国家民族的实际行动，必然会努力在自己所从事的工作中尽心竭力，锐意进取，开拓创新，奋发有为，积极贡献。各级领导干部更当心系国家兴亡、人民福祉，在其位、谋其政、履其职、尽其责，忠实履行职责。要像周总理、焦裕禄、孔繁森、杨善洲等那样，勤政为民，恪尽职守，鞠躬尽瘁，死而后已。

"天下兴亡，匹夫有责"，爱国是一种情感，一种价值观念，更意味着一种对国家和民族的责任。欲尽其责，必先履其职。一个人的能力有大小，职务有高低，但只要热爱本职工作，在自己的岗位上尽职尽责，就是抓住了爱国主义的着力点。战斗在各条战线的中国特色社会主义事业的普通劳动者，不论在什么岗位，只要勤勤恳恳，兢兢业业出色地做好自己的本职工作，就是爱国的具体行动。四川汶川、青海玉树抗震救灾，舟曲奋战泥石流，雅安芦山抗震救灾，北京奥运会、上海世博会，神十、神十一、神十二飞天，蛟龙潜海、嫦娥探月，神十、神十一、神十二与天宫一号、天宫二号天和核心舱顺利对接等，每一个利国利民的具体行动，每一个昭示着国家和时代进步的重大事件和成就，都离不开爱国主义和爱岗敬

第五章　大力弘扬以爱国主义为核心的民族精神和以改革创新为核心的时代精神

业精神的支撑。只有爱岗敬业，忠于职守，才能勤奋工作、刻苦钻研、精益求精、无私奉献，开拓创新，这是为人之道，也是强国之基、爱国之举。世界并不安宁，危机无处不在。在应对国际金融危机冲击、敌对势力干扰的复杂形势下，我们要用爱国主义来凝聚人心、凝聚力量，用爱岗敬业的精神做好工作、做出成绩，聚精会神搞建设，一心一意谋发展，促进我国经济平稳较快发展，不断夯实坚持和发展中国特色社会主义的物质基础。特别是在美国挑唆一些周边国家对我国制造麻烦，美、日、韩在东海搞军演，制造紧张形势，美、英、日、印、越、澳在南海制造事端，大搞扩军备战，挑战中国核心利益、威胁中国国家安全的形势下，我们更要居安思危，有备无患，奋发图强，拼搏奋斗，把我们的各项工作做好。历史经验告诉我们，"敢战方能言和"，中国必须加强军备，并且更明确地告知世人"人不犯我，我不犯人，人若犯我，我必犯人"。中国不惹事，但绝不怕事，决不允许他国在中国家门口生事，决不允许侵略者危害我国安全。习近平总书记《在纪念中国人民志愿军抗美援朝出国作战70周年大会上的讲话》中指出："中国人民不惹事也不怕事，在任何困难和风险面前，腿肚子不会抖，腰杆子不会弯，中华民族是吓不倒、压不垮的！""在抗美援朝战争中，中国人民在爱国主义旗帜感召下，同仇敌忾、同心协力，让世界见证了蕴含在中国人民之中的磅礴力量，让世界知道了'现在中国人民已经组织起来了，是惹不得的。如果惹翻了，是不好办的'！"[1] 习近平总书记《在庆祝中国共产党成立100周年大会上的讲话》中向全世界郑重宣告："中国人民是崇尚正义、不畏强暴的人民，中华民族是具有强烈民族自豪感和自信心的民族。中国人民从来没有欺负、压迫、奴役过其他国家人民，过去没有，现在没有，将来也不会有。同时，中国人民也绝不允许任何外来势力欺负、压迫、奴役我们，谁妄想这样干，必将在14亿多中国人民用血肉筑成的钢铁长城面前碰得头破血流！"[2] 这正是：黄钟大吕起惊雷，中华豪气冲云天，伟大统帅发号令，乘风破浪永向前，中国人民志气高，同仇敌忾斩凶顽，众志成城灭敌寇，试看谁敢把火玩！

作为中华儿女，我们每个人的切身利益与中华民族的兴旺发达紧密相

---

[1] 习近平：《在纪念中国人民志愿军抗美援朝出国作战70周年大会上的讲话》，《解放军报》2020年10月24日，第2版。

[2] 习近平：《在庆祝中国共产党成立100周年大会上的讲话》，《解放军报》2021年7月2日，第2版。

关，与中华民族的伟大复兴紧密相关，我们个人所做的本职工作，就是为实现中华民族伟大复兴所作的具体贡献。习近平同志在参观《复兴之路》展览时指出："现在，大家都在讨论中国梦，我以为，实现中华民族伟大复兴，就是中华民族近代以来最伟大的梦想。这个梦想，凝聚了几代中国人的夙愿，体现了中华民族和中国人民的整体利益，是每一个中华儿女的共同期盼。历史告诉我们，每个人的前途命运都与国家和民族的前途命运紧密相连。国家好，民族好，大家才会好。实现中华民族伟大复兴是一项光荣而艰巨的事业，需要一代又一代中国人共同为之努力。空谈误国，实干兴邦。我们这一代共产党人一定要承前启后、继往开来，把我们的党建设好，团结全体中华儿女把我们国家建设好，把我们民族发展好，继续朝着中华民族伟大复兴的目标奋勇前进。"① 我们一定要通过我们卓有成效的工作，积极为实现中华民族的伟大复兴的中国梦作出无愧于时代的积极贡献，这是我们这一代中国人的历史使命，也是我们的无尚光荣。

我们坚信，在党中央的英明领导下，经过全体人民的艰苦努力，中国共产党成立100年时，我们已经实现了全面建成小康社会的目标，到新中国成立100年时建成富强民主文明和谐美丽的社会主义现代化强国的目标一定能实现，中华民族伟大复兴的梦想一定能实现。

（八）弘扬爱国主义，必须践行党的宗旨，坚持集体主义价值观，坚决抵制、批判几种不良倾向

爱国主义是一种崇高的精神境界和品德，是科学的人生价值观，是一种对祖国无限忠诚的仁爱情怀，是一种为了祖国人民的利益可以牺牲自己一切包括宝贵生命的无私奉献精神。它与自私自利的个人主义、背叛人民的堕落行为、贪生怕死的汉奸情结、民族虚无主义、腐败劣行等水火不容。因此，坚持爱国主义必须坚决抵制、批判几种不良倾向。

一是弘扬爱国主义，就必须坚持集体主义价值观，批判个人主义价值观，批判自私自利的个人主义思想。个人主义者信奉"人不为己，天诛地灭"的价值观，一切以个人利益为中心，人生的目的就是追求个人利益，把自己的个人私利看得比民族国家利益、道德、良心、气节都宝贵。个人主义者的人生目的，就是追求个人享乐的享乐主义，而享乐需要大量的金

---

① 习近平在参观《复兴之路》展览时强调：《承前启后继往开来继续朝着中华民族伟大复兴目标奋勇前进》，《人民日报》2012年11月30日，第1版。

第五章　大力弘扬以爱国主义为核心的民族精神和以改革创新为核心的时代精神

钱,就必然成为拜金主义者。为了个人利益的实现,只要捞到更多的钱,他们可以出卖一切,他们的良心可以卖给出价最高的敌人。他们只有以个人利益得失为行为选择的唯一价值标准,没有忠于国家、忠于人民事业的概念,没有红黑善恶之分。当他们的利益在需要以出卖他人或国家利益为代价换取的时候,他们会毫不犹豫地出卖他人和国家利益,可以认贼作父、毫无廉耻。历代汉奸、卖国贼大都是这类人物。改革开放以来,许多背叛祖国、背叛人民、背叛中国共产党,背叛社会主义,出卖国家军事、经济等机密情报给敌对势力,严重地损害国家和人民根本利益的败类,就是这些信奉个人主义价值观的极端利己主义者。正如民族英雄岳飞所说:"文臣不爱钱,武臣不惜死。天下平矣。"在今天,"文臣"不爱钱,就能拒绝钱的诱惑,坚守民族气节,忠于党、忠于人民、忠于祖国,忠实地贯彻党的路线方针政策,立党为公,执政为民,全心全意为人民服务,为人民掌好权、用好权。"武臣"不惜死,就能为捍卫祖国的尊严,保卫国家的安全,平时不怕吃苦,不怕流汗,苦练保卫祖国的真正过硬本领;战时不怕流血,不怕牺牲,舍身忘死,英勇奋战,就能把自己的聪明智慧、战技术水平发挥到最高境界,就能有效保卫国家和人民安全,创造温馨祥和的和平生活环境。因此,坚持爱国主义,就必须坚决批判个人主义,彻底肃清个人主义价值观的不良影响。

二是弘扬爱国主义,就必须坚持党全心全意为人民服务的根本宗旨,批判背叛人民的堕落行为。全心全意为人民服务是中国共产党的根本宗旨,是中华民族传统美德之集大成的崇高品德,是与人民血肉相连,休戚与共,同甘苦、共患难,造福大众,济世泽人,富国利民的伟大情怀。中国共产党人把古代先哲圣贤"为民""利民""民为本"的传统美德推向极致,达到至诚、至真、至善、至美的全心全意的最高境界。一切为了人民的利益而奋斗,就可以在任何时候都能做到以人民的利益为第一生命,为了人民的利益可以把个人利益置之度外,甚至毫不犹豫地牺牲自己的一切,包括宝贵的生命,像文天祥那样做到"人生自古谁无死,留取丹心照汗青"。爱国和践行为人民服务党的宗旨是紧密相关的统一整体,爱国就要为人民服务,就要有为人民利益而舍生忘死的奉献精神,就要批判、抵制那种背叛人民、脱离人民的堕落行为。践行为人民服务,就要坚持做到在革命战争年代,像狼牙山五壮士那样,浴血奋战,宁死不屈,牺牲自己,保护人民群众,坚守民族气节,维护民族尊严;在和平建设时期,为了国家民族的根本利益、社稷的长治久安,就要不搞官僚主义,绝不脱离群众，不腐败、不堕落，不为甜言蜜语所惑，不为金钱美色所动，不为灯红酒绿所迷，不为恐吓要挟所惧，坚持做到牢记宗旨，浩然正气，公正无私，立党为公，执政为民，决不动摇爱国情结，始终保持共产党人的革命气节。

三是弘扬爱国主义，就必须批判资产阶级自由化。资产阶级自由化就是走资本主义道路，崇拜西方资本主义国家的"民主""自由"，否定社会主义，是西方敌对势力长期西化、分化、和平演变中国战略图谋的一个组成部分。资产阶级自由化的要害是反对四项基本原则，实质就是要颠覆我们的国家，颠覆我们的党，核心是打倒共产党，推翻社会主义制度，目的是要建立一个完全西方附庸化的资产阶级共和国。弘扬爱国主义精神，就必须旗帜鲜明地反对资产阶级自由化。党的十九大、二十大通过的《中国共产党党章》的总纲部分都强调指出："坚持社会主义道路，坚持人民民主专政，坚持中国共产党的领导，坚持马克思列宁主义毛泽东思想这四项基本原则，是我们的立国之本。在社会主义现代化建设的整个过程中，必须坚持四项基本原则，反对资产阶级自由化。"[①] 这就为全党长期反对资产阶级自由化、巩固党的执政地位、巩固社会主义制度提供了强大的思想武器。弘扬爱国主义精神，热爱中国共产党领导的社会主义新中国，就必须坚持不懈地批判资产阶级自由化。

四是弘扬爱国主义，就必须批判历史虚无主义、民族虚无主义反动思潮。历史虚无主义和民族虚无主义是西方敌对势力消解中华民族爱国主义的精神鸦片。历史虚无主义和民族虚无主义把中华民族的光辉历史丑化得一无是处，把中国共产党领导革命的光辉历史丑化得一无是处，把中国共产党的路线方针政策丑化得一无是处，把社会主义事业丑化得一无是处，把中国共产党的领袖丑化得一无是处，把中国共产党领导的多党合作政治协商制度污蔑为"专制"。相反，把以美国为首的帝国主义、资本主义描绘得完美无缺，无可挑剔，美妙绝伦，那么，还爱什么中华民族，爱什么社会主义，爱什么中国共产党，当然就谈不到爱社会主义新中国了。那就只会甘心情愿、服服帖帖给西方帝国主义当附庸、当孙子、当殖民地了，就会期盼着中国共产党领导的社会主义早点垮台，就盼着西方帝国主义"解放"在中国共产党"专制"统治下的中国人民了，就盼着用西方资本

[①] 《中国共产党第十九次全国代表大会文件汇编》，人民出版社2017年版，第71页。《中国共产党章程》，人民出版社2022年版，第10页。

第五章　大力弘扬以爱国主义为核心的民族精神和以改革创新为核心的时代精神

主义的维护资产阶级统治的所谓民主、自由、博爱的"普世价值"彻底改造中国了。因此，坚持爱国主义，就必须彻底批判历史虚无主义和民族虚无主义反动思潮，理直气壮地歌颂伟大光荣正确的中国共产党领导的感天动地，气壮山河，波澜壮阔的中国革命战争的光辉历史，歌颂中国共产党为中国革命胜利建树的丰功伟绩，为中国人民的翻身解放作出的历史贡献，为中华民族伟大复兴创造的举世瞩目的辉煌业绩。就必须以社会主义核心价值体系引领社会思潮，引导广大的人民群众热爱中国共产党领导的社会主义新中国，万众一心，同心同德，建设祖国，保卫祖国，使中国共产党领导的社会主义人民江山千秋万代，坚如磐石，永远巍然屹立在世界东方。

五是弘扬爱国主义，就必须坚决反对腐败，廉洁奉公。爱国就是爱中国共产党领导的社会主义，在这里爱国与爱社会主义、爱中国共产党是三位一体、密不可分的完整体系。腐败分子损害党和人民政府的形象，离间党与人民的血肉联系，动摇党的执政地位，危害社会主义制度，必然损害中华民族的利益，损害国家的利益。同时，腐败分子的劣行还会为敌对势力攻击中国共产党、西化、分化、和平演变中国、颠覆社会主义制度提供口实。党的十八大报告指出："反对腐败、建设廉洁政治，是党一贯坚持的鲜明政治立场，是人民关注的重大政治问题。这个问题解决不好，就会对党造成致命伤害，甚至亡党亡国。反腐倡廉必须常抓不懈，拒腐防变必须警钟长鸣。"[①] 腐败问题的极端危害，必然导致中国共产党脱离群众，甚至丧失政权、自我毁灭，社会主义的制度就会被颠覆。因此，不坚决反对腐败，就谈不上坚持爱国主义。

以爱国主义为核心的民族精神，是实现中华民族伟大复兴的精神支柱。一个民族、一个国家，如果没有自己的精神支柱，就等于没有灵魂，就会失去凝聚力和生命力。有没有高昂的民族精神，是衡量一个国家综合国力强弱的一个重要尺度。综合国力，主要是经济实力、技术实力，物质力量是基础，但也离不开民族精神、民族凝聚力，精神力量也是综合国力的重要组成部分。马克思指出："理论一经掌握群众，也会变成物质力

[①] 胡锦涛：《坚定不移沿着中国特色社会主义道路前进为全面建成小康社会而奋斗——在中国共产党第十八次全国代表大会上的报告》，人民出版社 2012 年版，第 54 页。

量。"① 强大的精神力量,不仅可以促进物质技术力量的发展,而且可以使一定的物质技术力量发挥出更好更大的作用。中华民族有着自己的伟大民族精神,这个民族精神,积千年之精华,博大精深,根深蒂固,是中华民族生命机体中不可分割的重要成分。

爱国主义精神是我们党和军队的光荣传统和优良作风,是中华民族的民族精神,同我们党一贯倡导的井冈山精神、长征精神、延安精神、西柏坡精神等革命精神和新时期的创业精神、抗震救灾精神、航天精神、奥运精神、世博精神等一样,都是我国人民的宝贵精神财富。我们世世代代都要继承和弘扬这些精神,激励我们的广大干部和群众不断从胜利走向新的胜利。

我们相信,在全党全军全国人民认真贯彻落实党的十八大、十九大、二十大精神,轰轰烈烈为实现中华民族伟大复兴的中国梦不懈奋斗之际,在全国范围内深入开展群众性爱国主义教育活动,必将激发爱国热情,振奋民族精神,使爱国主义转化为迎接挑战、战胜困难的坚定信心,转化为推动科学发展、促进社会和谐的实际行动,转化为夺取全面建成小康社会最后胜利、加快推进社会主义现代化、实现中华民族伟大复兴中国梦的强大精神力量。让我们每一个共和国的国民尤其是有志青年心系民族命运,心系国家发展,心系人民福祉,使爱国主义旗帜高高飘扬,焕发新的时代光芒!

二、大力弘扬以改革创新为核心的时代精神,积极为实现中华民族伟大复兴创造条件

改革创新是当代中国最鲜明的时代特征,是激励中华儿女锐意进取、拼搏奋斗的强大精神力量,对中国的又好又快发展意义深远。习近平同志指出:"改革创新始终是鞭策我们在改革开放中与时俱进的精神力量。"② 党的十七届六中全会通过的《中共中央关于深化文化体制改革推动社会主

---

① 《马克思恩格斯选集》第1卷,人民出版社1995年版,第9页。
② 习近平:《在第十二届全国人民代表大会第一次会议上的讲话》,《人民日报》2013年3月18日,第1版。

第五章　大力弘扬以爱国主义为核心的民族精神和以改革创新为核心的时代精神

义文化大发展大繁荣若干重大问题的决定》（以下简称《决定》）指出，"改革创新是当代中国最鲜明的时代特征，最能激励中华儿女锐意进取"。

大力弘扬以改革创新为核心的时代精神具有重要意义。以改革创新为核心的时代精神可以使人的认识更加符合社会发展规律，推动社会发展和人类的文明进步；可以不断推进思想理论的科学正确，从而保证党的思想路线的科学正确，保证路线方针政策始终站在时代高度，走在时代前面；可以繁荣发展社会主义先进文化，有力地提升中国的软实力、抢占舆论制高点，增强中国的话语权；可以推动生产技术、管理的科学进步，从而推动生产力的迅速发展和社会进步；可以推动社会管理更加科学、合理，创造祥和稳定的社会人文环境，促进社会和谐。

改革开放以来，中国人民准确把握当今时代主题，形成了以改革创新为核心的与时俱进、开拓进取、求真务实、奋勇争先的时代精神，并深深融入中国经济、政治、文化、社会建设各个方面，有力地推动了中国特色社会主义事业的发展进步。大力弘扬以改革创新为核心的时代精神，对于新时期全面深化改革、提升中国的综合国力，实现全面建成小康社会目标、实现中华民族的伟大复兴的中国梦具有不可估量的重要作用。

（一）大力弘扬改革精神，走好实现中华民族伟大复兴的必由之路

改革和开放都是改革精神的集中体现，是当代中国社会发展进步的活力之源。习近平同志指出："改革开放是党在新的历史条件下领导人民进行的新的伟大革命，是决定当代中国命运的关键抉择。中国特色社会主义之所以具有蓬勃生命力，就在于是实行改革开放的社会主义。我国过去三十多年的快速发展，靠的是改革开放，我国未来发展也必须坚定不移靠改革开放。只有改革开放才能发展中国、发展社会主义、发展马克思主义。中国特色社会主义在改革开放中产生，也必将在改革开放中发展壮大。"[1] 改革开放是当代中国发展进步的活力之源，是我们党和人民大踏步赶上时代前进步伐的重要法宝，是坚持和发展中国特色社会主义、实现中华民族伟大复兴的必由之路。目的就是解放和发展社会生产力，让中国强大起来，让中国人民富裕起来，就是推动我国社会主义制度自我完善和发展，

---

[1] 习近平：《全面贯彻落实党的十八大精神要突出抓好六个方面工作》，《求是》2013年第1期。

赋予社会主义新的生机活力,实现中华民族的伟大复兴的中国梦,把我国建设成富强民主文明和谐美丽的社会主义现代化强国。

1. 深刻认识改革开放的重要意义,自觉做改革开放的促进派

改革是促进社会主义社会不断向前发展的题中应有之义。恩格斯在《致奥托·冯·伯尼克》的信中深刻指出:"所谓'社会主义社会'不是一种一成不变的东西,而应当和任何其他社会制度一样,把它看成是经常变化和改革的社会。"① 40多年来改革开放的历史经验证明,只有经过改革,社会主义制度的优越性才能更加充分地发挥出来。正如江泽民同志所指出的:"社会主义制度只有在坚持这种自身改革的进程中,才能逐步走向健全、走向完善、走向成熟。我们中国共产党人的历史责任,就是要坚定不移地投身改革的伟大事业,通过改革更好地巩固和发展我国的社会主义制度,为我国经济发展和社会全面进步开辟更加广阔的道路,提供更加强大的动力和保证。"②

党的十七大报告深刻指出:"事实雄辩证明,改革开放是决定当代中国命运的关键抉择,是发展中国特色社会主义、实现中华民族伟大复兴的必由之路;只有社会主义才能救中国,只有改革开放才能发展中国、发展社会主义、发展马克思主义。"③ 改革开放是一场新的伟大革命,不可能一帆风顺,也不可能一蹴而就。最根本的是,改革开放符合党心民心,顺应时代潮流,方向道路是完全正确的,成效和功绩不容否认,停顿和倒退没有出路。改革开放的正确方向就是始终坚持中国特色社会主义方向,道路就是毫不动摇地走中国特色社会主义道路。当然,为了更好地进行改革开放,我们也必须注意总结改革开放中的经验教训,正视和及时解决改革开放中出现的各种问题。看到问题解决问题,绝不是否定改革开放,就像我们总结社会主义探索中的经验教训并不是否定社会主义而是为了把社会主义建设得更好一样,是为了更好地进行改革开放,更有利于党和人民事业的健康发展,改革开放对于坚持和发展中国特色社会主义意义深远。

习近平同志指出:"没有改革开放就没有当代中国的发展进步,改革开放是发展中国、发展社会主义、发展马克思主义的强大动力。……改革开放是决定当代中国命运的关键一招,也是决定实现'两个一百年'奋斗

---

① 《马克思恩格斯选集》第4卷,人民出版社1995年版,第493页。
② 《江泽民文选》第1卷,人民出版社2006年版,第163页。
③ 《十七大以来重要文献选编》,中央文献出版社2009年版,第8页。

第五章　大力弘扬以爱国主义为核心的民族精神和以改革创新为核心的时代精神

目标、实现中华民族伟大复兴的关键一招。"① "从党的十一届三中全会作出把党和国家工作中心转移到经济建设上来、实行改革开放的历史性决策以来，已经三十五个年头了。中国人民的面貌、社会主义中国的面貌、中国共产党的面貌能发生如此深刻的变化，我国能在国际上赢得举足轻重的地位，靠的就是坚持不懈推进改革开放。"② 中国改革开放以来所取得的突出成就生动地说明了这一点。

我们党选择改革开放、实行社会主义市场经济体制、坚持走中国特色社会主义道路，营造出了鼓励人们干事业、支持人们干成事业的社会氛围，广泛而普遍地激发出各行各业从业者的创造热情，极大地调动了全国各族人民蕴藏着的社会主义积极性，极大地解放和促进了社会生产力的发展。我国改革开放后，无数个体劳动者，私营工商户、外资企业、中外合资企业等等，像烂漫的山花，开遍广大城乡。他们用自己的智慧、心血和诚实的劳动，合法经营，照章纳税，使我们的城乡市场繁荣，商品琳琅满目，应有尽有。活跃了市场，方便了生活，提高了我国人民的生活质量，保证了各种物品的供应。为国家广辟了财源，增加了税收，有利于人民生活的提高，有利于社会主义生产力的发展，有利于综合国力的增强，同时，也在中国人民和世界人民心中树立了我国改革开放振兴中华的良好形象。改革开放以来，我们坚持以经济建设为中心、以科学发展为主题、以造福人民为根本目的，不断解放和发展社会生产力，全面推进经济建设、政治建设、文化建设、社会建设、生态文明建设，不断开拓生产发展、生活富裕、生态良好的文明发展道路，为实现全体人民共同富裕的工作成就日益凸显，使中国特色社会主义这条康庄大道越走越宽广。"中国道路""中国模式""北京共识"受到全世界的广泛关注和普遍赞誉。中国的高铁技术技冠全球，高铁技术输出项目被世界各国争相引进，扶贫济困、救灾援建，造福世界人民的项目越来越多，给世界人民带来越来越多的福祉，中国特色社会主义事业在世界上如日中天，光华四射，璀璨缤纷。在由美国金融危机引起的经济危机波及全球，西方资本主义世界经济一片低迷、衰微破败、束手无策的情势下，中国经济却一花独秀，欣欣向荣，跻身世界第二大经济体，这充分证明了中国共产党改革开放抉择的睿智和正确。

---

① 《习近平关于全面深化改革论述摘编》，中央文献出版社 2014 年版，第 3 页。
② 习近平：《关于〈中共中央关于全面深化改革若干重大问题的决定〉的说明》，《人民日报》2013 年 11 月 16 日，第 1 版。

同时应认识到,我们虽然取得了举世瞩目的伟大成绩,但是前进路上的困难还很多,"无论什么时候我们都不能骄傲自满,党不能骄傲自满,国家不能骄傲自满,领导层不能骄傲自满,人民不能骄傲自满,而是要增强忧患意识、慎终追远,始终保持艰苦奋斗的作风"。①

习近平同志强调:"中国特色社会主义事业是与时俱进的事业。从这个意义上说,改革开放只有进行时没有完成时。没有改革开放,就没有中国的今天,也就没有中国的明天。……改革开放中的矛盾只能用改革开放的办法来解决。"② 当前,国内外环境都在发生极其广泛和深刻的变化,我国发展面临一系列突出矛盾和挑战、前进路上还有不少困难和问题。比如:发展中的不平衡、不协调、不可持续问题依然突出,科技创新能力不强,产业结构不尽合理,发展方式依然粗放,城乡区域发展差距和居民收入分配差距依然较大,社会矛盾明显增多,教育、就业、社会保障、医疗、住房、生态环境、食品药品安全、安全生产、社会治安、执法司法等关系群众切身利益的问题较多,部分群众生活困难,形式主义、官僚主义、享乐主义和奢靡之风问题突出,一些领域消极腐败现象易发多发,反腐败斗争形势依然严峻等。面向未来,要解决发展进程中出现的各种难题,化解来自各方面的风险和挑战,更好地发挥中国特色社会主义制度优势,推动经济社会持续健康发展,除了深化改革开放,别无他途。习近平同志指出:"实现党的十八大描绘的全面建成小康社会、加快推进社会主义现代化建设、实现中华民族伟大复兴的宏伟蓝图,要求全面深化改革。坚持和发展中国特色社会主义,不断推进中国特色社会主义制度自我完善和发展,进一步解放和发展社会生产力、继续充分释放全社会创造活力,要求全面深化改革。解决我国发展面临的一系列突出矛盾和问题,不断改善人民生活,要求全面深化改革。"③

实践发展永无止境,解放思想永无止境,改革开放永无止境,改革开放只有进行时没有完成时,永远在路上。面对新形势新任务,要完成全面

---

① 习近平:《在庆祝中华人民共和国成立65周年招待会上的讲话》,《人民日报》2014年10月1日,第2版。

② 习近平在中共中央政治局第二次集体学习时强调:《以更大的政治勇气和智慧深化改革朝着十八大指引的改革开放方向前进》,《人民日报》2013年1月2日,第1版。

③ 中共中央文献研究室编:《习近平关于全面深化改革论述摘编》,中央文献出版社2014年版,第5页。

第五章　大力弘扬以爱国主义为核心的民族精神和以改革创新为核心的时代精神

建成小康社会，建成富强民主文明和谐美丽的社会主义现代化强国、实现中华民族伟大复兴中国梦的奋斗目标，必须在新的历史起点上，继续全面深化改革。这关系党和人民事业前途命运，关系党的执政基础和执政地位。在整个社会主义现代化进程中，我们都要高举改革开放的旗帜，决不能有丝毫的动摇。

在深化改革中，只要我们始终坚持改革的社会主义正确方向，坚持四项基本原则，同时注意改革的正确方法论，把深化改革的各项目标完成好，就会形成适合社会主义市场经济的思想观念和创造机制，营造鼓励人们干事业、支持人们干成事业的社会氛围，放手让一切劳动、知识、技术、管理和资本的活力竞相迸发，把人们蕴藏的社会主义积极性充分激发出来，让一切创造社会财富的源泉充分涌流出来。就能解放生产力，发展生产力，推进社会主义现代化健康发展，就能更好地坚持和发展中国特色社会主义，实现中华民族伟大复兴的中国梦，开创社会主义的辉煌前景，创造中国人民幸福美好的未来和更加辉煌的明天。

习近平同志充满深情地说："站在新的历史起点上，我们的事业崇高而神圣，我们的责任重大而光荣。要实现中华民族伟大复兴，我们就必须坚定不移推进改革开放。没有改革开放，就没有中国的今天；离开改革开放，也没有中国的明天。党的十八届三中全会吹响了全面深化改革的新号角。我们要不断深化对改革开放规律性的认识，勇于攻坚克难，敢于迎难而上，坚决破除各方面体制机制弊端，奋力开拓中国特色社会主义更加广阔的前景。"[①]

2. 深刻认识坚持改革社会主义方向重要性，始终坚持改革的社会主义正确方向

改革开放极其重要，坚持改革开放的社会主义方向同样极其重要，必须保持清醒头脑，始终坚持改革的社会主义正确方向，保证改革不走改旗易帜的邪路。正如习近平同志所指说的："世界在发展，社会在进步，不实行改革开放死路一条，搞否定社会主义方向的'改革开放'也是死路一条。在方向问题上，我们头脑必须十分清醒。我们的方向就是不断推动社会主义制度自我完善和发展，而不是对社会主义制度改弦易张。我们要坚持四项基本原则这个立国之本，既以四项基本原则保证改革开放的正确方

[①] 习近平：《在纪念毛泽东同志诞辰120周年座谈会上的讲话》，《人民日报》2013年12月27日，第2版。

向,又通过改革开放赋予四项基本原则新的时代内涵,排除各种干扰,坚定不移走中国特色社会主义道路。"① 在改革开放中能否始终坚持社会主义方向,这是关系到中国社会主义的前途命运和人民当家作主的社会主义人民政权能否继续存在的生死存亡的大问题,是关系到中国共产党能否继续执政以及像苏联那样亡党亡国的悲剧是否会在中国重演的大问题。

第一,坚持改革开放的社会主义正确方向,坚定中国特色社会主义不动摇。要使我国的改革健康发展,就必须在改革的实践中坚持社会主义方向。习近平同志指出:"我们的改革开放是有方向、有立场、有原则的。我们当然要高举改革旗帜,但我们的改革是在中国特色社会主义道路上不断前进的改革,既不走封闭僵化的老路,也不走改旗易帜的邪路。"② 习近平同志在2012年12月31日主持中央政治局第二次集体学习时,总结了改革开放的五点经验,其中一点强调:"改革开放是一场深刻革命,必须坚持正确方向,沿着正确道路推进。在方向问题上,我们头脑必须十分清醒,不断推动社会主义制度自我完善和发展,坚定不移走中国特色社会主义道路。"③ 他认为:"方向决定道路,道路决定命运。我国改革开放之所以能取得巨大成功,关键是我们把党的基本路线作为党和国家的生命线,始终坚持把以经济建设为中心同四项基本原则、改革开放两个基本点统一于中国特色社会主义伟大实践,既不走封闭僵化的老路,也不走改旗易帜的邪路。"④ 这就明确地告诉我们,改革开放的主要目的就是不断推动社会主义制度自我完善和发展,改革开放必须坚持的正确方向就是高举中国特色社会主义伟大旗帜,坚定不移走中国特色社会主义道路。方向、道路决定命运,如果我们不能清醒地认识这一点,并保持高度警惕,切实采取一切果断措施,有效防止走向资本主义的改旗易帜的邪路,是极其危险的,我们就会犯无可挽回的颠覆性错误,无数革命先烈用生命和鲜血换来的社会主义江山就会葬送在我们手里,就会亡党亡国,就会把人民推入灾难的深渊,我们就会成为中华民族的历史罪人。

"树欲静而风不止",在中国,关于是走社会主义道路,还是走资本主

---

① 《习近平关于全面深化改革论述摘编》,中央文献出版社2014年版,第15页。
② 《习近平关于全面深化改革论述摘编》,中央文献出版社2014年版,第14页。
③ 习近平在中共中央政治局第二次集体学习时强调:《以更大的政治勇气和智慧深化改革朝着十八大指引的改革开放方向前进》,《人民日报》2013年1月2日,第1版。
④ 《习近平关于全面深化改革论述摘编》,中央文献出版社2014年版,第14页。

第五章　大力弘扬以爱国主义为核心的民族精神和以改革创新为核心的时代精神

义道路的两种思想的斗争从来没有停止过，在改革开放中，两种改革观的斗争自始至终都十分激烈。改革开放一开始，邓小平同志就强调，我国的改革必须坚持社会主义方向。他明确地说："在改革中坚持社会主义方向，这是一个很重要的问题。我们要实现工业、农业、国防和科技现代化，但现代化前面有'社会主义'四个字，叫'社会主义四个现代化'。"①"我们执行对外开放政策，学习外国技术，利用外资，是为了搞好社会主义建设，而不是离开社会主义道路。"②"中国在粉碎'四人帮'以后出现的一种思潮，叫资产阶级自由化，崇拜西方资本主义国家的民主、自由，否定社会主义。这不行。中国要搞现代化，绝不能搞自由化，绝不能走西方资本主义道路。"③"所谓资产阶级自由化，就是要中国全盘西化，走资本主义道路。"④他一针见血地指出："右的干扰，概括起来就是全盘西化，打着拥护开放、改革的旗帜，想把中国引导到搞资本主义。这种右的倾向不是真正拥护改革开放政策，是要改变我们社会的性质。……中国搞现代化，只能靠社会主义，不能靠资本主义。"⑤

我们一定要清醒，我们的改革开放，是中国共产党领导的社会主义制度下的改革开放，因此，必须坚持改革开放的社会主义方向，必须有利于社会主义制度的自我完善和发展，必须有利于党的执政地位的巩固，必须坚持马克思主义的指导，必须划清两种改革开放观的界限。江泽民同志指出："不进行改革，就不可能使社会主义制度继续保持蓬勃生机；在改革中不坚持社会主义方向，就会葬送党和人民七十年奋斗的全部成果。要划清两种改革开放观，即坚持四项基本原则的改革开放，同资产阶级自由化主张的实质上是资本主义化的'改革开放'的根本界限。"⑥

在改革中不坚持社会主义方向，就会葬送党和人民奋斗的全部成果。中国近代史告诉我们，中国走资本主义道路不行，中国除了走社会主义道路没有别的道路可走。一旦中国抛弃社会主义，就要回到半殖民地半封建社会。正如江泽民同志所指出的："如果像有人主张的那样，放弃社会主义退回去走资本主义道路，用劳动人民的血汗去重新培植和养肥一个资产

---

① 《邓小平文选》第3卷，人民出版社1993年版，第138页。
② 《邓小平文选》第3卷，人民出版社1993年版，第195页。
③ 《邓小平文选》第3卷，人民出版社1993年版，第123页。
④ 《邓小平文选》第3卷，人民出版社1993年版，第207页。
⑤ 《邓小平文选》第3卷，人民出版社1993年版，第229页。
⑥ 《江泽民文选》第1卷，人民出版社2006年版，第163页。

阶级，在我国人口众多，社会生产力水平很低的情况下，只能使大多数人重新陷入极其贫困的状态。这种资本主义，只能是原始的买办的资本主义，只能意味着中国各族人民再度沦为外国资本和本国剥削阶级的双重奴隶。总之，正如毛泽东同志、邓小平同志所指出的，只有社会主义才能救中国，只有社会主义才能发展中国。"[1] 毋庸讳言，我国的改革从一开始就存在着是通过改革实现社会主义的自我完善和发展，还是通过改革改旗易帜走资本主义邪路的两种斗争；存在着是不是坚持党的四项基本原则、是不是坚持改革的社会主义正确方向的问题。这是一个关系到14亿多中国人民的福祉，关系到中华民族子子孙孙福祉的大问题，与我们每个人的生存息息相关，切不可等闲视之。

习近平同志在党的十八届三中全会第二次全体会议上的讲话中明确指出："社会上很多意见和建议值得我们深入思考，但也有一些意见建议偏于极端。一些敌对势力和别有用心的人也在那里摇旗呐喊、制造舆论、混淆视听，把改革定义为往西方政治制度上改，否则就是不改革。他们是醉翁之意不在酒，'项庄舞剑，意在沛公'。对此，我们要洞若观火，保持政治坚定性，明确政治定位。"[2] "推进改革的目的是要不断推进我国社会主义制度自我完善和发展，赋予社会主义新的生机活力。这里面最核心的是坚持和改善党的领导，坚持和完善中国特色社会主义制度，偏离了这一条，就南辕北辙了。"[3]

习近平同志说，"有人把改革定义为往西方普世价值、西方政治制度方面改，否则就不是改革"，他说："这是偷换概念，曲解我们的改革。我们当然要高举改革旗帜，但我们的改革是在中国特色社会主义道路上不断前进的改革，既不走封闭僵化的老路，也不走改旗易帜的邪路。"[4] 有人竭力想把改革的矛头指向基本制度，引导改革走资本主义化的邪路，例如，有些人鼓吹"宪政民主"，主张多党轮流执政、三权分立，反对共产党的领导和人民民主专政，反对人民代表大会制度；有人鼓吹私有化，主张建立资本主义的自由市场经济，反对公有制为主体、反对国家宏观调控；有人鼓吹指导思想多元化，主张"开放舆论"，反对马克思主义的指导地位，

---

[1]《江泽民文选》第1卷，人民出版社2006年版，第67页。
[2]《习近平关于全面深化改革论述摘编》，中央文献出版社2014年版，第19页。
[3]《习近平关于全面深化改革论述摘编》，中央文献出版社2014年版，第18页。
[4] 周新城：《关于我国改革方向问题》，《中华魂》2013年8月上半月刊，第5页。

第五章 大力弘扬以爱国主义为核心的民族精神和以改革创新为核心的时代精神

等等。这是当前有关改革问题的主要错误倾向。[①]

党的十八届三中全会鲜明地指出,"改革开放的成功实践为全面深化改革提供了重要经验,必须长期坚持。最重要的是,坚持党的领导,贯彻党的基本路线,不走封闭僵化的老路,不走改旗易帜的邪路,坚定走中国特色社会主义道路,始终确保改革正确方向"。[②] 改革的目的就是"推动中国特色社会主义制度自我完善和发展",决不是改旗易帜走资本主义道路,这样才符合党心民心、顺应时代潮流,才能永远立于不败之地。对此,习近平同志斩钉截铁地说:"改革开放是一场深刻革命,必须坚持正确方向,沿着正确道路推进。在方向问题上,我们头脑必须十分清醒,不断推动社会主义制度自我完善和发展,坚定不移走中国特色社会主义道路。"[③]"要牢牢把握改革正确方向,在涉及道路、理论、制度等根本性问题上,在大是大非面前,必须立场坚定、旗帜鲜明。"[④] 正是总结了国际国内改革的经验教训,习近平同志多次强调要坚持改革的正确方向,坚持中国特色社会主义道路、理论和制度,防止改革走资本主义化的邪路。[⑤]

回顾我国改革开放的历程,可以清楚地看到:中国特色社会主义之所以具有蓬勃的生命力,就在于它是实行改革开放的社会主义,是通过改革开放自觉地实现社会主义制度自我完善和发展;我国的改革开放之所以能够健康发展,就在于它是社会主义的改革开放,目的是巩固和发展社会主义事业。东欧、苏联等前社会主义国家也搞了"改革",有的甚至比我国还早,但他们的"改革"方向偏了、路走歪了,不但没有完善和发展社会主义制度,巩固和壮大社会主义事业,反倒是颠覆了社会主义制度,葬送了社会主义事业,教训极为深刻。这充分表明,他们进行的"改革"同我们进行的改革是性质完全不同的;这充分说明,社会主义国家在改革中能

---

① 周新城:《关于我国改革方向问题》,《中华魂》2013年8月上半月刊,第7页。
② 《中共中央关于全面深化改革若干重大问题的决定》,人民出版社2013年版,第6页。
③ 习近平在中共中央政治局第二次集体学习时强调:《以更大的政治勇气和智慧深化改革朝着十八大指引的改革开放方向前进》,《人民日报》2013年1月2日,第1版。
④ 习近平主持召开中央全面深化改革领导小组第一次会议强调:《把握大局审时度势统筹兼顾科学实施坚定不移朝着全面深化改革目标前进》,《人民日报》2014年1月23日,第1版。
⑤ 栗战书:《遵循"四个坚持"的改革经验》,《人民日报》2013年11月26日,第6版。

否保持社会主义方向,直接决定着社会主义制度和事业的命运。

实践证明,坚持改革正确方向,最核心的是在改革中坚持和完善党的领导,坚持和完善中国特色社会主义制度。偏离了这一条,方向就完全错了。有的人把改革开放定义为往西方"普世价值"、西方政治制度的方向改,否则就说你"不改革"。这是对改革的曲解。我们的改革已进行了40多年,总体上不存在哪些方面该改的而没有改。问题的实质是改什么、不改什么。那些不能改的,包括中国特色社会主义基本路线、基本纲领、基本经验、基本要求等,不但现在不能改,今后仍然不能改。在改革方向问题上,我们必须保持清醒头脑,排除各种干扰,不动摇、不懈怠、不折腾,始终坚定中国特色社会主义道路自信、理论自信、制度自信。① 现在,一些人又开始频频发声,借助"推进国家治理体系和治理能力现代化"的改革目标,试图在中国力推西方的"宪政"和"公民社会"。对此,党的十八届四中全会《决定》强调指出:"坚持从中国实际出发。中国特色社会主义道路、理论体系、制度是全面推进依法治国的根本遵循。……汲取中华法律文化精华,借鉴国外法治有益经验,但决不照搬外国法治理念和模式。"② 习近平同志早就指出,我国的国家治理体系怎么改、怎么完善,我们自己要有主张、有定力,"绝不照搬西方政治制度模式,绝不会接受任何外国颐指气使的说教",中国推进国家治理体系和治理能力现代化的核心,就是要坚持党的领导、人民当家作主和依法治国的有机统一,关键就是要坚持中国特色社会主义政治发展道路,推动中国特色社会主义制度更加成熟更加定型。在中国特色社会主义制度体系中,工人阶级领导的、以工农联盟为基础的人民民主专政的国体,是各种政治制度的前提和基础,是根本的国家制度,决不能有所动摇。2016年12月26日至27日,中共中央政治局召开民主生活会,习近平同志在讲话中指出:"在指导思想和路线方针政策以及关系全局的重大原则问题上,脑子要特别清醒、立场要特别坚定。"③ 为全党敲起了警钟,指明了方向,提出了要求。

---

① 栗战书:《遵循"四个坚持"的改革经验》,《人民日报》2013年11月26日,第6版。

② 《中共中央关于全面推进依法治国若干重大问题的决定》,《人民日报》2014年10月29日,第1版。

③ 中共中央政治局召开民主生活会:《对照贯彻落实党的十八届六中全会精神研究加强党内政治生活和党内监督措施 中共中央总书记习近平主持会议并发表重要讲话》,《人民日报》2016年12月28日,第1版。

第五章　大力弘扬以爱国主义为核心的民族精神和以改革创新为核心的时代精神

第二，坚持改革的社会主义正确方向，必须坚持改革的指导思想、处理好政府发挥作用和市场发挥作用的关系。坚持改革的指导思想，是坚持改革社会主义正确方向的可靠保证和根本前提，在改革中必须毫不动摇地坚持改革的指导思想，这是全党必须坚持的政治原则。党的十八届三中全会《决定》指出："全面深化改革，必须高举中国特色社会主义伟大旗帜，以马克思列宁主义、毛泽东思想、邓小平理论、'三个代表'重要思想、科学发展观为指导，坚定信心，凝聚共识，统筹谋划，协同推进，坚持社会主义市场经济改革方向，以促进社会公平正义、增进人民福祉为出发点和落脚点，进一步解放思想、解放和发展社会生产力、解放和增强社会活力，坚决破除各方面体制机制弊端，努力开拓中国特色社会主义事业更加广阔的前景。"[1] 只有坚持改革的指导思想，才能保障全面深化不触礁、不搁浅、不走神、不散光、不跑调，不偏向；才能做到"统筹国内国际两个大局，统筹伟大事业伟大工程，以中国梦凝聚力量，以抓改革激发活力，以改作风振奋人心，励精图治、攻坚克难，带领全党全国各族人民取得新成就、形成新风气、开创新局面"；才能准确把握改革发展稳定的平衡点，准确把握近期目标和长期发展的平衡点，准确把握改革发展的着力点，准确把握经济社会发展和改善人民生活的结合点，不简单以国内生产总值增长率论英雄，在转方式、调结构、保民生、推动可持续发展方面不断取得实实在在的新成效。

处理好政府发挥作用和市场发挥作用的关系，是坚持改革的社会主义正确方向必须妥善解决的问题。党的十八届三中全会《决定》指出："全面深化改革的总目标是完善和发展中国特色社会主义制度，推进国家治理体系和治理能力现代化。"[2] "经济体制改革是全面深化改革的重点，核心问题是处理好政府和市场的关系，使市场在资源配置中起决定性作用和更好发挥政府作用。"[3] 坚持社会主义市场经济的改革方向，核心问题是处理好政府和市场的关系，对于怎样正确认识和处理这个问题和它们之间的相互关系，《人民日报》评论员文章作了很好的说明。文章指出："坚持社

---

[1] 《中共中央关于全面深化改革若干重大问题的决定》，人民出版社2013年版，第2—3页。

[2] 《中共中央关于全面深化改革若干重大问题的决定》，《人民日报》2013年11月16日，第1版。

[3] 《中共中央关于全面深化改革若干重大问题的决定》，《人民日报》2013年11月16日，第1版。

主义市场经济改革方向,核心是处理好政府和市场关系问题。这次全会提出紧紧围绕使市场在资源配置中起决定性作用深化经济体制改革,更好发挥政府作用,是我们党在理论和实践上的又一重大推进。从'基础性作用'到'决定性作用',体现了市场决定资源配置的一般规律,必将对我国改革开放和经济社会发展发挥极为重要的作用。同时,也要看到'决定性作用'并非'全部作用',我国实行的是社会主义市场经济体制,仍然要坚持发挥社会主义制度的优越性、发挥党和政府的积极作用。科学的宏观调控,有效的政府治理,是发挥体制优势的内在要求。划定政府与市场的边界,让'两只手'相得益彰,社会主义市场经济必将迈出新的步伐。"① "最重要的是,坚持党的领导,贯彻党的基本路线,不走封闭僵化的老路,不走改旗易帜的邪路,坚定走中国特色社会主义道路,始终确保改革正确方向。"②

政府和市场在社会主义市场经济中犹如车之两轮、鸟之两翼,只有双轮驱动双翼齐飞,才能更好地发挥社会主义市场经济的特有优势。因此,既不能动摇市场在资源配置中的决定作用,更不能放弃发挥政府在宏观调控中的重要作用,只有二者协调共振,各自充分发挥应有的作用,才能真正把社会主义市场经济的巨大功能全部释放出来,达到极致,为创造中国特色社会主义的辉煌前景发挥出不可限量的巨大作用。习近平同志指出:"各级政府一定要严格依法行政,切实履行职责,该管的事一定要管好、管到位,该放的权一定要放足、放到位,坚决克服政府职能错位、越位、缺位现象。"③ 这样既能充分发挥市场在资源配置中的优势,又能充分发挥社会主义宏观调控的优势,二者相辅相成,相得益彰,不可偏废。在这一点上,不能走极端,不能搞形而上学,不能片面性。正如李克强当时在政府工作报告中所指出的,"放开市场这只'看不见的手',用好政府这只'看得见的手',促进经济稳定增长"。④ 充分发挥市场这只"看不见的手"

---

① 人民日报评论员:《坚持社会主义市场经济改革方向——五论认真贯彻落实十八届三中全会精神》,《人民日报》2013年11月20日,第1版。
② 《中共中央关于全面深化改革若干重大问题的决定》,《人民日报》2013年11月16日,第1版。
③ 习近平在中共中央政治局第十五次集体学习时强调:《正确发挥市场作用和政府作用推动经济社会持续健康发展》,《人民日报》2014年5月28日,第1版。
④ 李克强:《政府工作报告——二〇一四年三月五日在第十二届全国人民代表大会第二次会议上》,《人民日报》2014年3月15日,第1版。

第五章　大力弘扬以爱国主义为核心的民族精神和以改革创新为核心的时代精神

的作用，更要发挥政府这只"看得见的手"的作用，双轮驱动，两翼齐飞，才能使社会主义市场经济臻于完美，这是中国共产党人对世界进步和人类文明作出的创造性的具有里程碑意义的历史贡献。

3. 改革开放必须坚持马克思主义科学方法论，保证改革开放顺利推进

马克思主义的辩证唯物主义、历史唯物主义科学原理告诉我们，世界是物质的、运动的、发展变化的、普遍联系的，物质与精神，生产力与生产关系，经济基础与上层建筑，社会存在与社会意识，都是互相依存，互相联系，互相作用，协调发展的。这一原理深刻地揭示了一切事物的运动规律和人类社会发展规律及人的认识规律。中国改革开放之所以成功，取得举世瞩目的辉煌成就，就是因为坚持了马克思主义辩证唯物主义历史唯物主义科学原理，坚持了马克思主义科学方法论，恰当地实现了与之相关各因素的完美结合。

第一，在推进改革中坚持辩证法，协调好各种关系。改革开放是一个系统工程，必须坚持全面改革，在各项改革协同配合中推进。改革开放是一场深刻而全面的社会变革，既包括经济体制，又包括政治体制、文化体制、社会体制、生态体制；既涉及生产力又涉及生产关系；既涉及经济基础又涉及上层建筑，每一项改革都会对其他改革产生重要影响，每一项改革又都需要其他改革协同配合。随着改革开放不断深入，改革开放的关联性和互动性明显增强，这就要求我们更加注重各项改革的互相促进、良性互动。我们要把经济、政治、文化、生态等各方面改革开放有机衔接起来，把推进理论创新、制度创新、科技创新、文化创新以及其他各方面的创新有机衔接起来，整体推进，重点突破，形成推进改革开放的强大合力。要在社会稳定中推进改革发展，坚持把改革的力度、发展的速度和社会可承受的程度统一起来，把改善人民生活作为正确处理改革发展稳定关系的结合点，在保持稳定中推进改革发展，通过改革发展促进社会稳定。要增强改革措施、发展措施、稳定措施的协调性，把握好当前利益和长远利益、局部利益和全局利益、个人利益和集体利益的关系，既着力解决关系群众切身利益的问题，又着力引导群众正确处理各种利益关系、理性表达利益诉求，营造安定团结的社会氛围。在推进改革中，要坚持正确的思想方法，坚持辩证法，把宏观指导和具体实际结合起来，专家意见和人民愿望结合起来，国家的法律法规和人民的期待结合起来，改革的宏观目标与共产党的理想信念结合起来，改革的方向和中国特色社会主义目标一致起来，改革的目的和实现社会主义的自我完善和发展紧密结合起来。要处

理好解放思想和实事求是的关系、整体突进和重点突破的关系、全局和局部关系、顶层设计和人民期盼的关系、胆子要大和步子要稳的关系、改革发展稳定的关系，着力提高操作能力和执行能力，确保中央决策部署全面及时落实到位。

正如党的十七大报告指出的："在改革开放的历史进程中，我们党把坚持马克思主义基本原理同推进马克思主义中国化结合起来，把坚持四项基本原则同坚持改革开放结合起来，把尊重人民首创精神同加强和改善党的领导结合起来，把坚持社会主义基本制度同发展市场经济结合起来，把推动经济基础变革同推动上层建筑改革结合起来，把发展社会生产力同提高全民族文明素质结合起来，把提高效率同促进社会公平结合起来，把坚持独立自主同参与经济全球化结合起来，把促进改革发展同保持社会稳定结合起来，把推进中国特色社会主义伟大事业同推进党的建设新的伟大工程结合起来。"[①] 党的十八届三中全会公报指出，改革开放的成功实践为全面深化改革提供了重要经验，必须长期坚持。最重要的是，坚持党的领导，贯彻党的基本路线，不走封闭僵化的老路，不走改旗易帜的邪路，坚定走中国特色社会主义道路，始终确保改革正确方向；坚持解放思想、实事求是、与时俱进、求真务实，一切从实际出发，总结国内成功做法，借鉴国外有益经验，勇于推进理论和实践创新；坚持以人为本，尊重人民主体地位，发挥群众首创精神，紧紧依靠人民推动改革，促进人的全面发展；坚持正确处理改革发展稳定关系，胆子要大、步子要稳，加强顶层设计和摸着石头过河相结合，整体推进和重点突破相促进，提高改革决策科学性，广泛凝聚共识，形成改革合力。[②]

从党的十七大报告总结概括的"十个结合"到党的十八届三中全会提出必须长期坚持的改革开放的成功实践为全面深化改革提供的重要经验，这些科学的方法论都是中国共产党人运用马克思主义普遍真理紧密联系中国实际，创造性地发展马克思主义的时代精华，是中国共产党凝聚亿万中国人民集体智慧的结晶。充满了辩证法，符合党的执政规律，符合社会主义建设规律，符合人类社会发展规律，极大地推动了我国社会主义事业日

---

① 胡锦涛：《高举中国特色社会主义伟大旗帜为夺取全面建设小康社会新胜利而奋斗——在中国共产党第十七次全国代表大会上的讲话》，人民出版社2007年版，第10页。

② 《中国共产党第十八届中央委员会第三次全体会议公报》，《人民日报》2013年11月13日，第1版。

第五章　大力弘扬以爱国主义为核心的民族精神和以改革创新为核心的时代精神

新月异的蓬勃发展,创造了人类历史上推进经济社会发展的奇迹,是经过实践证明了的"我们这样一个十几亿人口的发展中大国摆脱贫困、加快实现现代化、巩固和发展社会主义的宝贵经验",① 也是我们在今后的改革开放实践中必须遵循和长期坚持的思想方法和行为准则。

第二,改革开放要保持正确的出发点,走共同富裕道路,不能导致两极分化。改革的目的是全心全意为人民服务,为人民大众谋福祉,使人类的发展符合社会发展的固有规律,从而推动社会的发展和人类的文明进步,改革的出发点一定要正确,习近平同志指出:"对党和人民事业有利的,对最广大人民有利的,对实现党和国家兴旺发达、长治久安有利的,该改的就要坚定不移改,这才是对历史负责、对人民负责、对国家和民族负责。"② "遇到关系复杂、牵涉面广、矛盾突出的改革,要及时深入了解群众实际生活情况怎么样,群众诉求是什么,改革能给群众带来的利益有多少,从人民利益出发谋划思路、制定举措、推进落实。"③ 这些指示鲜明、深切地体现着总书记的人民情怀。毛泽东同志说过:"为什么人的问题,是一个根本的问题,原则问题。"改革开放有一个出发点的问题,为谁服务的问题,维护谁的利益的问题。按照马克思主义的唯物史观,"人民,只有人民,才是创造世界历史的动力"。④ 要真正维护人民的利益,尤其是维护广大的劳动人民,普通的人民群众、广大的老百姓的利益,全心全意为人民大众服务。改革开放要走共同富裕的道路,决不能导致两极分化,如果那样的话,改革就走了邪路,就与共产党人的改革初衷南辕北辙了。作为我国改革开放总设计师的邓小平同志多次强调,必须坚持改革的社会主义方向,他说:"在改革中坚持社会主义方向,这是一个很重要的问题。"⑤ "一个公有制占主体,一个共同富裕,这是我们所必须坚持的社

---

① 胡锦涛:《高举中国特色社会主义伟大旗帜为夺取全面建设小康社会新胜利而奋斗——在中国共产党第十七次全国代表大会上的讲话》,人民出版社2007年版,第1页。
② 习近平在省部级主要领导干部学习贯彻十八届三中全会精神全面深化改革专题研讨班开班式上发表重要讲话强调:《完善和发展中国特色社会主义制度推进国家治理体系和治理能力现代化》,《人民日报》2014年2月18日,第1版。
③ 习近平:《把抓落实作为推进改革工作的重点真抓实干蹄疾步稳务求实效》,《人民日报》2014年3月1日,第1版。
④ 《毛泽东选集》第3卷,人民出版社1991年版,第1031页。
⑤ 《邓小平文选》第3卷,人民出版社1993年版,第136页。

会主义的根本原则。"① 还从改革方向的角度提出判断改革成败的标准,指出:"社会主义的目的就是要全国人民共同富裕,不是两极分化。如果我们的政策导致两极分化,我们就失败了;如果产生了什么新的资产阶级,那我们就真是走了邪路了。"② 只要我们坚持改革的社会主义正确方向,坚定走中国特色社会主义道路,始终坚持公有制经济的主体地位,坚持以按劳分配为主体的分配制度,坚持共同富裕,我们的改革开放就能健康发展,造福人民。

(二) 大力弘扬创新精神,始终保持中华民族蓬勃生机和活力

党的十六大报告指出:"创新是一个民族进步的灵魂,是一个国家兴旺发达的不竭动力,也是一个政党永葆生机的源泉。世界在变化,我国改革开放和现代化建设在前进,人民群众的伟大实践在发展,迫切要求我们党以马克思主义的理论勇气,总结实践的新经验,借鉴当代人类文明的有益成果,在理论上不断扩展新视野,作出新概括。只有这样,党的思想理论才能引导和鼓舞全党和全国人民把中国特色社会主义事业不断推向前进。实践基础上的理论创新是社会发展和变革的先导。通过理论创新推动制度创新、科技创新、文化创新以及其他各方面的创新,不断在实践中探索前进,永不自满,永不懈怠,这是我们要长期坚持的治党治国之道。"③ 党的十八大报告指出:"实施创新驱动发展战略。科技创新是提高社会生产力和综合国力的战略支撑,必须摆在国家发展全局的核心位置。要坚持走中国特色自主创新道路,以全球视野谋划和推动创新,提高原始创新、集成创新和引进消化吸收再创新能力,更加注重协同创新。"④ 这是中央在新的发展阶段确立的立足全局、面向全球、聚焦关键、带动整体的国家重大发展战略。

创新驱动是指创新成为引领发展的第一动力,科技创新与制度创新、管理创新、商业模式创新、业态创新和文化创新相结合,推动发展方式向

---

① 《邓小平文选》第3卷,人民出版社1993年版,第111页。
② 《邓小平文选》第3卷,人民出版社1993年版,第111页。
③ 《十六大以来重要文献选编》上,中央文献出版社2005年版,第9—10页。
④ 胡锦涛:《坚定不移沿着中国特色社会主义道路前进 为全面建成小康社会而奋斗——在中国共产党第十八次全国代表大会上的报告》,《人民日报》2012年11月18日,第1版。

第五章　大力弘扬以爱国主义为核心的民族精神和以改革创新为核心的时代精神

依靠持续的知识积累、技术进步和劳动力素质提升转变，促进经济向形态更高级、分工更精细、结构更合理的阶段演进。

创新驱动是世界大势所趋。全球新一轮科技革命、产业变革和军事变革加速演进，科学探索从微观到宏观各个尺度上向纵深拓展，以智能、绿色、泛在为特征的群体性技术革命将引发国际产业分工重大调整，颠覆性技术不断涌现，正在重塑世界竞争格局、改变国家力量对比，因此创新驱动成为许多国家谋求竞争优势的核心战略。我国既面临赶超跨越的难得历史机遇，也面临差距拉大的严峻挑战，唯有勇立世界科技创新潮头，才能赢得发展主动权，为人类文明进步作出更大贡献。

创新驱动是国家命运所系。国家力量的核心支撑是科技创新能力，创新强则国运昌，创新弱则国运殆。我国近代落后挨打的重要原因就是与历次科技革命失之交臂，导致科技弱、国力弱，因此实现中华民族伟大复兴的中国梦，必须真正用好科学技术这个最高意义上的革命力量和有力杠杆。

创新驱动是发展形势所迫。我国经济发展已进入新常态，传统发展动力不断减弱，粗放型增长方式难以为继，必须依靠创新驱动打造发展新引擎，培育新的经济增长点，持续提升我国经济发展的质量和效益，开辟我国发展的新空间，实现经济保持中高速增长和产业迈向中高端水平"双目标"。[1]

整个人类历史，就是一个不断创新、不断进步的过程。没有创新，就没有人类的进步，就没有人类的未来。创新，对一个国家的发展也至关重要，越来越决定着一个国家、一个民族的发展进程，如果不能创新，一个民族就难以兴盛、难以屹立于世界民族之林。

习近平同志指出："创新是民族进步的灵魂，是一个国家兴旺发达的不竭源泉，也是中华民族最深沉的民族禀赋，正所谓'苟日新，日日新，又日新'。生活从不眷顾因循守旧、满足现状者，从不等待不思进取、坐享其成者，而是将更多机遇留给善于和勇于创新的人们。"[2] 世界的发展进步，就是一个不断创新的过程。创新才能发展，创新才能进步，创新使社

---

[1] 中共中央国务院印发：《国家创新驱动发展战略纲要》，《人民日报》2016年5月20日，第6版。

[2] 《习近平关于实现中华民族伟大复兴的中国梦论述摘编》，中央文献出版社2013年版，第38页。

会越来越美好，创新使世界绚丽多姿，异彩纷呈，创新使社会产品琳琅满目、五彩缤纷，创新使人类的生活水平日益提高，更加丰富，生活视野更加开阔，生活质量不断臻于完美。中国共产党是一个勇于变革、不断创新的朝气蓬勃的党，是一个浩气长存、永远奋进的党，是一个随着社会发展和人类进步，永远开拓进取、绝不停步、与时俱进、奋发有为的党。

习近平同志指出："一个国家和民族的创新能力，从根本上影响甚至决定国家和民族前途命运。"[①] 当代中国最具代表性的创新就是开辟了中国特色社会主义道路，形成了中国特色社会主义理论体系，确立了中国特色社会主义制度，这正是经过中国共产党自创立以来一百多年的奋斗、创造、探索、积累继承创新的结果。我们永不停步，还会在已有的经验教训的基础上，继续改革创新，创造中国更加幸福美好的未来。中国特色社会主义符合马克思、恩格斯创立的科学社会主义基本原则，体现着人类社会历史发展的总趋势。中国特色社会主义信守科学社会主义基本原则，坚持辩证唯物主义和历史唯物主义的世界观方法论，坚持共产主义的最高理想和价值追求，坚持以工人阶级政党为领导核心，坚持人民主体地位，坚持以公有制为社会主义经济制度的基础，坚持以人民当家作主为社会主义民主政治的本质特征，坚持马克思主义在意识形态领域的指导地位，坚持共同富裕的目标，坚持促进人的全面发展等。这些都体现了科学社会主义的思想精髓和本质特征。[②] 中国特色社会主义是我们党最集中的道路创新、理论创新、制度创新，符合中国处于并长期处于社会主义初级阶段的基本国情这个最大的实际，符合当代中国生产力发展状况的实际，符合生产力发展状况的生产关系。实践充分证明，中国特色社会主义是中国共产党和中国人民团结的旗帜、奋进的旗帜、胜利的旗帜。我们要全面建成小康社会、加快推进社会主义现代化、实现中华民族伟大复兴，必须始终高举中国特色社会主义伟大旗帜，坚定不移坚持和发展中国特色社会主义。

同时，必须充分发挥理论创新的先导作用、预见作用、激励作用。其中：一是社会主义市场经济体制也是创新理论的突出代表。这一体制在世界上第一次将社会主义制度与市场经济完美地结合起来，既发挥出社会主

[①] 习近平：《在省部级主要领导干部学习贯彻党的十八届五中全会精神专题研讨班上的讲话》，《人民日报》2016年5月10日，第2版。

[②] 中共中央党史研究室：《深刻认识中国特色社会主义的历史逻辑》，《人民日报》2013年2月7日，第10版。

第五章　大力弘扬以爱国主义为核心的民族精神和以改革创新为核心的时代精神

义制度宏观调控功能和能集中力量办大事的制度优势，又能发挥市场经济在资源配置方面的优势，还可以避免市场经济无计划盲目性生产的负面作用和消极影响，使两个方面优势互补，相得益彰。在世界经济危机发生后，资本主义各国遭受到毁灭性打击，却束手无策，而中国在宏观调控下的社会主义市场经济却能有效破解经济危机带来的消极影响，始终保持了中国经济的平稳较快发展势头，就更加生动地说明了理论创新对经济发展的巨大功能。二是建设中国特色社会主义的总依据是社会主义初级阶段基本国情的判断，也是理论创新的重要成果。中国处于并将长期处于社会主义初级阶段的定位理论创新，使我们党的认识更加符合社会发展规律，调整不适合生产力发展情况的生产关系，打破了脱离生产力现状的生产关系的束缚，大大地解放了生产力，促进了中国经济的连续高速发展，创造了中国奇迹。同时，通过理论创新推动制度创新、科技创新、文化创新以及其他各方面的创新，取得显著成果，为推动社会主义基本政治制度及各项经济、社会、文化、生态等制度创新开辟出广阔前景，为推动我国的社会生产力发展、有效组织社会生产经营活动、维护社会稳定、实现社会和谐、凝聚人民力量、推动社会发展和人类文明进步发挥出重要作用。

党的十七届六中全会《决定》指出："创新就要不断解放思想、实事求是、与时俱进。实践没有止境，创新也没有止境。我们要突破前人，后人也必然会突破我们。这是社会前进的必然规律。我们一定要适应实践的发展，以实践来检验一切，自觉地把思想认识从那些不合时宜的观念、做法和体制的束缚中解放出来，从对马克思主义的错误的和教条式的理解中解放出来，从主观主义和形而上学的桎梏中解放出来。要坚持马克思主义基本原理，又要谱写新的理论篇章，要发扬革命传统，又要创造新鲜经验。善于在解放思想中统一思想，用发展着的马克思主义指导新的实践。"[①]

理论创新很重要，而科技是第一生产力，在科技创新日新月异的当今世界，高度重视科技创新同样有极其深远的战略意义。习近平同志指出："当今世界，科技创新已经成为提高综合国力的关键支撑，成为社会生产方式和生活方式变革进步的强大引领，谁牵住了科技创新这个'牛鼻子'，谁走好了科技创新这步先手棋，谁就能占领先机、赢得优势。要牢牢把握科技进步大方向，瞄准世界科技前沿领域和顶尖水平，力争在基础科技领

[①]《中共中央关于深化文化体制改革推动社会主义文化大发展大繁荣若干重大问题的决定》，人民出版社2011年版，第15页。

域有大的创新,在关键核心技术领域取得大的突破。要牢牢把握产业革命大趋势,围绕产业链,部署创新链,把科技创新真正落到产业发展上。要牢牢把握集聚人才大举措,加强科研院所和高等院校创新条件建设,完善知识产权运用和保护机制,让各类人才的创新智慧竞相迸发。"① 创新是一个民族进步的灵魂,在影响民族进步的各种因素中,创新是决定性的因素,起着核心的作用。创新是使一个民族保持旺盛生命力的源泉,创新赋予一个民族以蓬勃的生机和活力。一个民族、一个国家不能没有自己的灵魂,在科学技术发展日新月异、一日千里的当代社会,只有把创新作为一个民族进步的灵魂,才能使一个民族屹立于世界先进民族之林。

党的十七届六中全会《决定》指出:"广泛开展时代精神教育,引导干部群众始终保持与时俱进、开拓创新的精神状态,永不自满、永不僵化、永不停滞,以思想不断解放推动事业持续发展。"② 然而这个创新,必须走对路子,路线对了头,才能一步一层楼。习近平同志指出:"不忘历史才能开辟未来,善于继承才能善于创新。"③ 创新不是随心所欲,异想天开,创新要有科学的方法论,要有坚实的客观基础,是人类一种有连续性的理性思维和实践活动过程。创新是在前人探索基础上的有所发现、有所创造、有所前进、有所发明,是在吸收前人经验和教训、继承前人经验的前提下锐意进取、开拓奋进取得的新成果、新收获。离开了前人的探索,离开了前人的经验教训,创新就是无源之水和无本之木,就不可能发生。

有价值的民族传统,同样是前辈先人不断创新的结果,正是前辈们的不断创新,始终走在时代的前面,才使民族传统成为一串串世代传承的色彩斑斓的珍珠,闪烁在民族传统的旗帜上长生不衰、生生不息、绚丽缤纷。在历史的长河中,社会的向前发展,人类的文明进步,都是创新的结果。从社会发展形态上看,从原始社会、奴隶社会、封建社会、资本主义社会,社会主义社会,中国特色社会主义,一直到共产主义社会,都是走在社会前列的先哲、贤达根据生产力的发展进步和社会矛盾的发展变化,从理论上和实践上不断创新,推动了新社会形态的不断变化和发展,从而

---

① 习近平在上海考察时强调:《当好全国改革开放排头兵不断提高城市核心竞争力》,《人民日报》2014年5月25日,第1版。

② 《中共中央关于深化文化体制改革推动社会主义文化大发展大繁荣若干重大问题的决定》,人民出版社2011年版,第14—15页。

③ 习近平:《在纪念孔子诞辰2565周年国际学术研讨会暨国际儒学联合会第五届会员大会开幕会上的讲话》,《人民日报》2014年9月25日,第2版。

第五章　大力弘扬以爱国主义为核心的民族精神和以改革创新为核心的时代精神

推动着社会的发展进步；从科学技术的发展上看，从旧石器时代、新石器时代、青铜器时代、铁器时代，火药的发明，到蒸汽机时代、电力时代、电信时代、原子时代、电子时代、信息时代、航海航空航天、宇宙空间等创造发明和进步，都是科技创新的结果；从思想理论的发展看，古希腊、古罗马文明，古巴比伦文明、古印度文明，中国春秋战国时代的诸子百家，欧洲的文艺复兴，康德、黑格尔、费尔巴哈，马克思、恩格斯创立的马克思主义，列宁创立的列宁主义，毛泽东创立的毛泽东思想，中国特色社会主义理论体系以及习近平新时代中国特色社会主义思想，都是思维创新的精神成果。抓住了创新，就抓住了牵动经济社会发展全局的"牛鼻子"。抓创新就是抓发展，谋创新就是谋未来。是创新推动了人类社会的发展进步，使人类社会由低到高不断进步，走向成熟，走向繁荣，走向辉煌。

改革创新精神是中华民族的传世之宝。拥有五千年文明史的中华民族之所以能够成为世界上唯一从未中断过历史进程，并且创造出辉煌灿烂文明的民族，绝非偶然。经过几千年的沧桑岁月，把我国56个民族、14亿多人紧紧凝聚在一起的，是我们共同经历的非凡奋斗，是我们共同创造的美好家园，是我们共同培育的民族精神，是我们执着坚持的创新精神，是我们不懈探索、永不止步的改革精神，是我们共同坚守的实现中华民族伟大复兴的共同理想和坚定信念。党的十八届五中全会通过的《中共中央关于制定国民经济和社会发展第十三个五年规划的建议》强调："必须牢固树立创新、协调、绿色、开放、共享的发展理念。"同时指出："创新是引领发展的第一动力。必须把创新摆在国家发展全局的核心位置，不断推进理论创新、制度创新、科技创新、文化创新等各方面创新，让创新贯穿党和国家一切工作，让创新在全社会蔚然成风。"在国际发展竞争日趋激烈和我国发展动力转换的形势下，必须把发展基点放在创新上，形成促进创新的体制架构，塑造更多依靠创新驱动、更多发挥先发优势的引领型发展。全社会都要高度自觉地通过优化劳动力、资本、土地、技术、管理等要素配置，激发创新创业活力，推动大众创业、万众创新，释放新需求，创造新供给，推动新技术、新产业、新业态蓬勃发展，加快实现发展动力转换。要认真贯彻落实党的十八大、十九大、二十大精神，统筹推进"五位一体"总体布局和协调推进"四个全面"战略布局，坚持新发展理念，把握经济发展新常态，推进供给侧结构性改革，持续不断地培育发展新动力，拓展发展新空间，深入实施创新驱动发展战略，构建产业新体系，构建发展新体制，创新和完善宏观调控方式，最大限度地激发全民族的创新能力，形成促进经济社会平稳快速发展的持久动力。

只要我们大力弘扬以爱国主义为核心的民族精神和以改革创新为核心的时代精神，就能使中国特色社会主义伟大事业如日中天，轰轰烈烈，蓬蓬勃勃，使中华民族永远立于不败之地，巍然屹立于世界民族之林。

第六章

高度自觉树立和践行社会主义荣辱观

社会主义荣辱观，是社会主义核心价值体系的基础，体现了社会主义道德的根本要求。高度自觉树立和践行社会主义荣辱观，不断提高全民的道德素质，是每个公民义不容辞的神圣责任和光荣义务，是弘扬中华民族优秀传统美德的善行和义举，是顺利推进中国特色社会主义事业健康发展、实现中华民族伟大复兴中国梦的人格力量和道德基础。要深入开展社会主义荣辱观宣传教育，弘扬中华传统美德，推进公民道德建设工程，加强社会公德、职业道德、家庭美德、个人品德教育，评选表彰道德模范，学习宣传先进典型，引导人民增强道德判断力和道德荣誉感，自觉履行法定义务、社会责任、家庭责任，在全社会形成知荣辱、讲正气、作奉献、促和谐的良好风尚。荣辱观是世界观、人生观、价值观的重要内容，树立正确的荣辱观是形成良好社会风气的重要基础。以"八荣八耻"为主要内容的社会主义荣辱观，明确了当代中国社会最基本的价值取向和行为准则，涵盖了人生态度、社会风尚的方方面面，体现了社会主义基本道德规范的本质要求，体现了中华民族传统美德、优秀革命道德与时代要求的有机结合。

党的十七届六中全会通过的《中共中央关于深化文化体制改革推动社会主义文化大发展大繁荣若干重大问题的决定》（以下简称《决定》）指出："社会主义荣辱观体现了社会主义道德的根本要求。要深入开展社会主义荣辱观宣传教育，弘扬中华传统美德，推进公民道德建设工程……深化群众性精神文明创建活动，广泛开展志愿服务，拓展各类道德实践活动，倡导爱国、敬业、诚信、友善等道德规范，形成男女平等、尊老爱幼、扶贫济困、扶弱助残、礼让宽容的人际关系。全面加强学校德育体系建设，构建学校、家庭、社会紧密协作的教育网络，动员社会各方面共同做好青少年思想道德教育工作。深入开展学雷锋活动，采取措施推动学习活动常态化。深化政风、行风建设，开展道德领域突出问题专项教育和治理，坚决反对拜金主义、享乐主义、极端个人主义，坚决纠正以权谋私、造假欺诈、见利忘义、损人利己的歪风邪气。把诚信建设摆在突出位置，大力推进政务诚信、商务诚信、社会诚信和司法公信建设，抓紧建立健全覆盖全社会的征信系统,加大对失信行为惩戒力度,在全社会广泛形成守信光荣、失信可耻的氛围。加强法制宣传教育,弘扬社会主义法治精神,树立社会主义法治理念,提高全民法律素质,推动人人学法尊法守法用法,维护法律权威和社会公平正义。加强人文关怀和心理疏导,培育自尊自信、理性平和、积极向上的社会心态。弘扬科学精神,普及科学知识,倡导移风易俗、抵制封建迷信。深入开展反腐倡廉教育,推进廉政文化建设。"①

党的十八大报告指出:"全面提高公民道德素质。这是社会主义道德建设的基本任务。要坚持依法治国和以德治国相结合,加强社会公德、职业道德、家庭美德、个人品德教育,弘扬中华传统美德,弘扬时代新风。推进公民道德建设工程,弘扬真善美、贬斥假恶丑,引导人们自觉履行法定义务、社会责任、家庭责任,营造劳动光荣、创造伟大的社会氛围,培育知荣辱、讲正气、作奉献、促和谐的良好风尚。深入开展道德领域突出问题专项教育和治理,加强政务诚信、商务诚信、社会诚信和司法公信建设。"②

改革开放以来,党中央一直高度重视社会主义思想道德建设,强调发挥道德作用的极端重要性。习近平同志在会见第四届全国道德模范及提名奖获得者时强调:"道德是社会关系的基石,是人际和谐的基础,要始终把弘扬中华民族传统美德、加强社会主义思想道德建设作为极为重要的战略任务来抓,为实现中华民族伟大复兴的中国梦提供强大精神力量和有力道德支撑。"③他在山东考察时再次强调:"国无德不兴,人无德不立。必须加强全社会的思想道德建设,激发人们形成善良的道德意愿、道德情感,培育正确的道德判断和道德责任,提高道德实践能力尤其是自觉践行能力,引导人们向往和追求讲道德、尊道德、守道德的生活,形成向上的力量、向善的力量。只要中华民族一代接着一代追求美好崇高的道德境

---

① 《中共中央关于深化文化体制改革推动社会主义文化大发展大繁荣若干重大问题的决定》,人民出版社2001年版,第17—18页。

② 胡锦涛:《坚定不移沿着中国特色社会主义道路前进为全面建成小康社会而奋斗——在中国共产党第十八次全国代表大会上的报告》,人民出版社2012年版,第32页。

③ 习近平在会见第四届全国道德模范及提名奖获得者时强调:《深入开展学习宣传道德模范活动,为实现中国梦凝聚有力道德支撑》,《人民日报》2013年9月27日,第1版。

界，我们的民族就永远充满希望。"① 他在省部级主要领导干部学习贯彻十八届三中全会精神全面深化改革专题研讨班开班式上发表重要讲话强调："我们要大力培育和弘扬社会主义核心价值体系和核心价值观，加快构建充分反映中国特色、民族特性、时代特征的价值体系，努力抢占价值体系的制高点。而在核心价值体系和核心价值观中，道德价值具有十分重要的作用。国无德不兴，人无德不立。一个民族一个国家能不能把握自己，很大程度取决于道德价值。如果我们的人民不能坚持在我国大地上形成和发展起来的道德价值，而不加区分、盲目地成为西方道德价值的应声虫，那就真正要提出我们的国家和民族会不会失去自己的精神独立性的问题了。如果没有自己的精神独立性，那政治、思想、文化、制度等方面的独立性就会被釜底抽薪。"② 充分肯定了道德建设对一个民族、一个国家的极端重要性。习近平对2015年10月13日举办的全国道德模范表彰活动作出重要批示，又一次强调："要持续深化社会主义思想道德建设，弘扬中华传统美德，弘扬时代新风，用社会主义核心价值观凝魂聚力，更好构筑中国精神、中国价值、中国力量，为中国特色社会主义事业提供源源不断的精神动力和道德滋养。"③ 进一步强调了持续深化社会主义思想道德建设，弘扬中华传统美德，弘扬时代新风的重要作用。

抓好公民的道德建设极其重要，而社会主义荣辱观正体现了社会主义道德的根本要求。树立和践行社会主义荣辱观，是搞好道德建设的统领、前提和基础，为此，就要充分认识树立和践行社会主义荣辱观的重大意义，在实践中拓展社会主义荣辱观的丰富内涵和广泛外延，构建提高全民道德素质的道德规范，把诚信建设摆在突出位置。共产党人要高度注意保持积极向上的健康心态，做树立和践行社会主义荣辱观的楷模与典范，只有这样，才能在公民中把自觉树立和践行社会主义荣辱观作为自己的为人之要，立身之本，处世之基，兴业之宝，经世之道。广大公民良好道德素质的普遍提高，就能为实现中华民族伟大复兴的中国梦提供强大精神力量

---

① 习近平在山东考察时强调：《认真贯彻党的十八届三中全会精神，汇聚起全面深化改革的强大正能量》，《人民日报》2013年11月29日，第1版。

② 中共中央文献研究室编：《习近平关于全面深化改革论述摘编》，中央文献出版社2014年版，第88页。

③ 习近平对全国道德模范表彰活动做出重要批示强调：《更好构筑中国精神、中国价值、中国力量，为中国特色社会主义事业提供精神动力和道德滋养》，《人民日报》2015年10月14日，第1版。

和有力道德支撑。

一、充分认识树立和践行社会主义荣辱观的重大意义

2006年3月4日,胡锦涛同志在看望出席全国政协十届四次会议的委员时指出:"社会风气是社会文明程度的重要标志、是社会价值导向的集中体现。树立良好的社会风气是广大人民群众的强烈愿望,也是经济社会顺利发展的必然要求。在我们的社会主义社会里,是非、善恶、美丑的界限绝对不能混淆,坚持什么、反对什么,倡导什么、抵制什么,都必须旗帜鲜明。要在全社会大力弘扬爱国主义,集体主义,社会主义思想,倡导社会主义基本道德规范,促进良好社会风气的形成和发展。要引导广大干部特别是青少年树立社会主义荣辱观,坚持以热爱祖国为荣、以危害祖国为耻,以服务人民为荣、以背离人民为耻,以崇尚科学为荣、以愚昧无知为耻,以辛勤劳动为荣、以好逸恶劳为耻,以团结互助为荣、以损人利己为耻,以诚实守信为荣、以见利忘义为耻,以遵纪守法为荣、以违法乱纪为耻,以艰苦奋斗为荣、以骄奢淫逸为耻。"[①]

胡锦涛总书记提出的"八荣八耻"的重要论述,涵盖爱国主义,集体主义、社会主义思想,体现了中华民族传统道德和时代要求,反映社会主义世界观、人生观、价值观,明确了当代中国最基本的价值取向和行为准则,是马克思主义道德观的精辟概括,是以人为本、全面协调可持续科学发展观的重要组成部分,是新形势下社会主义思想道德建设的重要指导方针,为我们加强社会主义思想道德建设提出了新的要求,指明了前进方向,是构建社会主义和谐社会的价值标准。在社会主义市场经济条件下,我们当然要坚持依法治国,同时一定要坚持以德治国,树立良好的道德风尚和健康的社会风气。事实证明,没有健康的社会风气,没有良好的道德水准,一个国家就没有凝聚力,更难以屹立于世界民族之林。

因此,大力倡导以"八荣八耻"为主要内容的社会主义荣辱观,对于弘扬以爱国主义为核心的民族精神,加强社会主义思想道德建设,巩固马克思主义在意识形态领域的指导地位,打牢全国人民团结奋斗的共同思想

[①] 本书编写组:《树立社会主义荣辱观学习读本》,新华出版社2006年版,第1页。

第六章　高度自觉树立和践行社会主义荣辱观

基础，促进党风廉政建设，形成积极的向上的社会风尚具有重要的现实意义和深远的历史意义。

（一）社会主义荣辱观是无时无刻不在起作用的无形的巨大正能量

以"八荣八耻"为主要内容的社会主义的荣辱观，一旦成为人们普遍认同的道德价值尺度，就会成为一种积极的巨大的物质力量。因为，道德是通过社会舆论、风俗习惯、内心信念等特有形式，使人们按照一定的善恶标准抉择行为，来为一定的社会经济基础服务的。思想支配行动，当人们明荣耻之分，知道什么是善，什么是恶，什么光荣，什么耻辱，提倡什么，反对什么，积极做当荣之事，自觉拒为辱之行，弘扬社会主义荣辱观在全社会蔚然成风，就能在人的信念上形成一种健康的无时无刻不在起作用的无形的巨大正能量。那么，对人类的文明，社会的进步，就能起不可估量的推动作用，达到其他途径所不能实现的最佳效果。正如孔子所说："为政以德，譬如北辰居其所而众星共之。""道之以政，齐之以刑，民免而无耻。道之以德，齐之以礼，有耻且格。"[①] 意即：用道德去治理国家，就会像北极星一样，停留在自己的位置上，别的星辰都环绕着它。用政令来引导人民，用刑法来统一人民，人民只考虑能幸免犯罪，却不觉得做坏事可耻。用道德来引导人民，用礼教来统一人民，人民就不仅会知道做坏事羞耻，而且言行都归于正道了。可见，道德的力量之巨大。

无数事实证明，法律的尊严，无法遏制道德沦丧者的劣行。综观经济犯罪分子，无不因道德沦丧而自食恶果。贪污受贿卖官鬻爵者并非不知是犯罪，但他们拜金主义、个人主义至上的人生观、道德观经受不住金钱的诱惑，为了钱，宁肯"冒绞首的危险"，单靠法律制裁并不能根治他们的恶习。良好的道德素养是遵纪守法的基础和前提，如果提高了道德素质，自觉做到"以遵纪守法为荣，以违法乱纪为耻"，就不会去做那种违法乱纪不道德的坏事，更不会去做那些徇私枉法，贪赃枉法天良丧尽、人格泯灭的缺德事情。只要具备了高尚的道德，即使"网漏于吞舟之鱼"，像贪污受贿这种万人唾骂的丑行，谁还会去做呢？

我们必须站在巩固党的执政地位，巩固社会主义制度和国家长治久安

[①] 吴树平、赖长扬：《全译本白话四书五经》第3卷，国际文化出版公司1992年版，第40页。

的战略高度,牢固树立社会主义荣辱观,积极自觉地加强社会主义道德建设。当我们在思想上对是非、善恶、美丑都有一个明确的界限,良好的道德成为每个人普遍具有的品质时,就能时时革故鼎新,处处明美丑、知荣耻,事事抑恶扬善,从善如流,自觉地按照共产主义道德规范自己的言行,就不会去做那种不道德的事。就能达到老子所说的境界:"天下皆知美之为美,斯恶已;皆知善之为善,斯不善已。"① 即天下人们都知道美之所以为美,就知道什么是丑了,这样,丑恶的事物就会停止;都知道善之所以为善,就知道什么是不善了,那么,不善的东西就无法存在了。

(二)树立和践行社会主义荣辱观的重大现实意义

修身、齐家、治国、平天下,必须知荣辱,明廉耻,知道什么是光荣,多做当荣之事,知道什么是耻辱,拒为耻之行,国家才能兴旺发达,社会才能和谐安定。

以"八荣八耻"为主要内容的社会主义荣辱观,正是明确告诉广大干部群众什么是光荣,什么是耻辱,为人们明辨荣辱、善恶、是非、美丑提供了评判的界限标准和尺度。社会主义荣辱观一旦成为人们普遍认同的道德价值尺度,就会成为一种积极的巨大的物质力量。明确了荣耻之分,人们就会择其善而从之,就积极去做当荣之事,自觉拒为辱之行。全社会弘扬社会主义荣辱观蔚然成风,就能在信念上形成一种健康向上的无时无刻不在起作用的无形巨大力量,对全面贯彻党的路线方针政策,构建社会主义和谐社会,全面建成小康社会的宏伟目标,实现中华民族伟大复兴的中国梦,作用不可估量,意义极其重大。

1. 树立和践行社会主义荣辱观,是实现中华民族伟大复兴中国梦的需要

习近平同志指出:"实现全面建成小康社会、建成富强民主文明和谐的社会主义现代化国家的奋斗目标,实现中华民族伟大复兴的中国梦,就是要实现国家富强、民族振兴、人民幸福。"② 实现中国梦,必须走好中国道路,弘扬中国精神,凝聚中国力量,必须坚定信心,凝聚共识,脚踏实地、埋头苦干,心往一处想,劲往一处使,顽强奋斗、艰苦奋斗、不懈奋

---

① 林文力:《道德经(智慧全解)》,华中科技大学出版社2013年版,第5页。
② 习近平:《在第十二届全国人民代表大会第一次会议上的讲话》,《人民日报》2013年3月18日,第1版。

第六章　高度自觉树立和践行社会主义荣辱观

斗。为此，必须用全党全国人民良好的道德素质，作为"实现国家富强、民族振兴、人民幸福"的强大精神力量和有力道德支撑。"以热爱祖国为荣、以危害祖国为耻，以服务人民为荣、以背离人民为耻，以崇尚科学为荣、以愚昧无知为耻，以辛勤劳动为荣、以好逸恶劳为耻，以团结互助为荣、以损人利己为耻，以诚实守信为荣、以见利忘义为耻，以遵纪守法为荣、违法乱纪为耻，以艰苦奋斗为荣、以骄奢淫逸为耻。"胡锦涛同志提出的"八荣八耻"社会主义荣辱观中的"热爱祖国""服务人民""崇尚科学""辛勤劳动""团结互助""诚实守信""遵纪守法""艰苦奋斗"，这些道德规范所释放出来的正能量，正是实现中华民族伟大复兴中国梦的非常需要的巨大精神力量和有力道德支撑。因此，要想实现中华民族伟大复兴的中国梦，就要树立和践行以"八荣八耻"为主要内容的社会主义荣辱观，培育公民具备良好的道德素质，提高境界，振奋精神，凝聚人心，无私奉献，更好地服务于坚持和发展中国特色社会主义建设事业，形成强大的道德力量和精神动力，为全面建成小康社会、实现中华民族伟大复兴的中国梦、"实现国家富强、民族振兴、人民幸福"、创造社会主义事业的美好未来发挥更大作用。

2. 树立和践行社会主义荣辱观，能够促进经济社会的快速、协调发展

经济社会的快速协调发展是一个系统工程，是社会政治、经济、科技、文化、道德互相适应、互相促进的整体推进过程。按照马克思主义的辩证唯物主义和历史唯物主义的原理，世界是一个普遍联系互相影响的整体，政治、文化、经济、思想道德建设及人的思想道德素质、上层建筑、意识形态，对经济社会的快速协调发展都会产生影响，有时甚至是很大的影响。经济基础决定上层建筑，社会存在决定社会意识，然而，上层建筑和社会意识同时对经济基础与社会存在具有巨大的能动作用。先进的上层建筑，对社会意识起促进作用，反之则起阻碍作用。当我国的经济社会发展到当前阶段时，社会的深刻变化、经济的快速发展、文化的相互激荡，对人们的思想观念、生活方式和价值取向产生了多方面的影响，热爱祖国，积极向上，科学文明，团结友爱，是我们社会精神风貌的主流，但也要看到，不明是非，不知荣辱，不辨美丑，不分善恶的现象仍然存在，严重败坏了社会风气。以"八荣八耻"为主要内容的社会主义荣辱观，就是以明确的是非、善恶、美丑的标准尺度告诉人们，明是非，知荣辱，辨善恶，分美丑，并形成强大的社会舆论力量。树立和践行社会主义荣辱观，就会使人们知道什么是美、什么是丑，什么是善、什么是恶，什么是光

荣、什么是耻辱，该做什么、不该做什么，在内心有了一个清晰的标准。向善之心，人皆有之，谁还愿意去做那种千夫所指、世人唾骂伤天害理的劣行呢？随着人们道德素质的提高，思想境界的升华，人格的不断完善，就能在全社会形成一种健康的积极向上的良好风气，就能使人们生活在美好的社会里，充分享受社会共同创造的物质文明、精神文明、道德文明成果，就能热爱这个社会，珍惜美好的生活。同时，激发起人们积极维护建设美好生活、创造美好生活的极大的积极性、创造性，形成一种万众一心、众志成城的巨大的永恒的力量，必将促进我国经济社会快速协调健康发展，并为创造社会主义的美好未来提供良好的条件。

3. 树立和践行社会主义荣辱观，是依法治国的前提和基础

良好道德素养是正确调整和处理社会关系的基石，是实现人际和谐的基础，是公民遵纪守法、公务人员奉公守法、执法人员秉公执法的前提和基础，是依法治国的客观需要。以"八荣八耻"为主要内容的社会主义荣辱观，涵盖爱国主义，集体主义、社会主义思想，体现了中华民族传统道德和时代要求，反映社会主义世界观、人生观、价值观，是国家公务人员和公民必须坚持的最基本的价值标准和必须自觉遵守的行为准则。在现实生活中，人们所具有的道德信念、道德理想、道德水准与遵纪守法、秉公执法紧密相关。而违法和犯罪的行为常常是从不道德开始的，是一个从小到大，由轻到重，"小时偷针，大时偷金"的渐进发展过程，是一个从违反道德规范开始，逐步转化到违法犯罪的发展过程。一个人当他有了良好的社会公德、职业道德、家庭美德、个人品德，就会自觉地弘扬真善美，贬斥假丑恶，就会自觉履行法定义务、社会责任、家庭责任，就会知荣辱、讲正气、作奉献、促和谐，除了不可抗拒的客观原因发生过失犯罪之外，他就不会主观上去违反社会主义法律和犯罪。可见，树立和践行社会主义荣辱观，全面提高公民的道德素质，对于公民遵纪守法、公务人员奉公守法、执法人员秉公执法是极其重要的。没有浓厚的良好道德氛围和强有力的道德舆论，单纯依靠法律制裁是不能很好地达到建设和谐社会目标的。

国家公务人员的道德品质在依法行政和社会主义立法、司法、执法过程中有很大的影响。如果他们树立和践行社会主义荣辱观，全心全意为人民服务，具有崇高的道德品质，就能在依法治国的过程中，一切从党、国家和人民的利益出发，为了人民的根本利益，不惜抛头颅、洒热血，牺牲自己的一切；就会无私无畏，奉公守法，依法行政，秉公办事，秉公执

第六章　高度自觉树立和践行社会主义荣辱观

法，执法严明，刚直不阿，维护法律的公平正义。习近平同志在中央政法工作会议上强调指出："促进社会公平正义是政法工作的核心价值追求。从一定意义上说，公平正义是政法工作的生命线，司法机关是维护社会公平正义的最后一道防线。政法战线要肩扛公正天平、手持正义之剑，以实际行动维护社会公平正义，让人民群众切实感受到公平正义就在身边。要重点解决好损害群众权益的突出问题，决不允许对群众的报警求助置之不理，决不允许让普通群众打不起官司，决不允许滥用权力侵犯群众合法权益，决不允许执法犯法造成冤假错案。"[1] 良好道德素养是正确执行法律、维护法律公平正义的前提和基础，政法战线的工作人员要想真正做到维护社会公平正义，就必须自觉树立和践行以"八荣八耻"为主要内容的社会主义荣辱观，提高自己的道德素质，占领无私无畏、秉公执法的道德制高点。

由此可见，树立和践行社会主义荣辱观，加强以为人民服务为核心、以集体主义为原则社会主义道德建设，对于坚持依法治国是多么的重要。

4. 树立和践行社会主义荣辱观，为构建社会主义和谐社会提供了道德前提

构建民主法制、公平正义、诚信友爱、充满活力、安定有序、人与自然和谐相处的社会主义和谐社会，建设美好的社会生活环境，代表了广大人民群众的根本利益，反映了人民的共同心愿。构建社会主义和谐社会，从本质上必然要求营造文明的社会风尚，在全社会形成遵纪守法、明理诚信、团结友善、勤俭自强、敬业奉献的基本道德规范，建立以为人民服务为核心、以集体主义为原则，以"五爱"为基本要求，以"四德"为内容的社会主义道德体系，创造倍加顾全大局，倍加珍惜团结，倍加维护稳定的良好局面，创造良好的人际环境。总之，构建社会主义和谐社会，需要全体公民的良好道德素质。正如胡锦涛同志所指出的："一个社会是否和谐，一个国家能否长治久安，很大程度上取决于全体社会成员的思想道德素质。没有共同的理想信念，没有良好的道德规范，是无法实现社会和谐的。"[2] 牢固树立以"八荣八耻"为主要内容的社会主义荣辱观，与以为

---

[1] 习近平在中央政法工作会议上强调：《坚持严格执法公正司法深化改革促进社会公平正义保障人民安居乐业》，《人民日报》2014年1月9日，第1版。

[2] 本书编写组：《八荣八耻社会主义荣辱观学习读本》，红旗出版社2006年版，第29页。

人民服务为核心,以集体主义为原则,以"五爱"为基本要求,以"四德"为内容的社会主义道德建设是水乳交融、和谐统一的。认真按"八荣八耻"的荣辱标准抉择我们的行为,就能推动以文明礼貌、助人为乐、爱护公物、保护环境、遵纪守法为主要内容的社会公德建设;就能促进以爱岗敬业、诚实守信、办事公道、服务群众、奉献社会的职业道德建设;就能促进尊老爱幼、男女平等、夫妻和睦、勤俭持家、邻里团结为主要内容的家庭美德建设。"八荣八耻"内容极为丰富,涵盖了社会公德、职业道德、家庭美德、党的宗旨、集体主义、爱国主义、社会主义的各个方面。每一条荣耻的确定,都有着极为丰富的内容,是加强社会主义道德建设、提高公民道德素质的小百科全书,是做人的一面镜子,是指引人们自觉走向崇高思想道德境界的光芒四射的灯塔。只要我们每个人都认真按照"八荣八耻"的标准指导自己的言行,就能为构建社会主义和谐社会作出宝贵贡献,社会主义和谐社会就能更快地展现在我们的面前,就能让我们每个人享受我们向往的理想社会的一切美好。

5. 树立和践行社会主义荣辱观,是反腐倡廉的根本保障

中国共产党是中国工人阶级的先锋队,也是中国人民和中华民族的先锋队,我们共产党员是工人阶级先进分子,我们党的各级领导干部,都是按照党的"四化标准"和"德才兼备"要求,严格按程序优中选优产生出来的时代精英,如果这些人成为腐败分子,他们绝不是不知法、不懂法的文盲、法盲,否则,怎么当干部、何以成为领导?少数领导干部之所以成为腐败分子,就是因为个人主义腐蚀了灵魂,思想堕落,道德沦丧。

2013年12月30日中央政治局会议强调,当前,腐败现象多发,滋生腐败的土壤存在,反腐败斗争形势依然严峻复杂。要坚决遏制腐败蔓延势头,保持高压态势、形成震慑。要坚持抓早抓小,对领导干部身上暴露出的问题早发现、早提醒,加强警示教育。要加强理想信念教育,增强宗旨意识,使领导干部不想腐;加强体制机制创新和制度建设,强化监督管理,严肃纪律,使领导干部不能腐;坚持有腐必惩、有贪必肃,使领导干部不敢腐。① "物必先腐,而后虫生。"良好的道德素质是干部能够自觉杜绝腐败的根本保证。强化监督,严肃纪律,使领导干部不能腐;有腐必

---

① 中共中央政治局召开会议:《决定成立中央全面深化改革领导小组研究部署党风廉政建设和反腐败工作审议通过〈党政领导干部选拔任用工作条例〉中共中央总书记习近平主持会议》,《人民日报》2013年12月31日,第1版。

· 268 ·

惩、有贪必肃，使领导干部不敢腐，是十分必要的，也很有效。然而，"加强理想信念教育，增强宗旨意识，使领导干部不想腐"，则是最有效的治本之策。干部腐不腐，内因是关键。解决好了内因，就抓住了根本，抓住了关键。习近平同志曾谆谆告诫全党："抓作风建设，首先要坚定理想信念，牢记党的性质和宗旨，牢记党对干部的要求。作为党的干部，就是要讲大公无私、公私分明、先公后私、公而忘私，只有一心为公、事事出于公心，才能坦荡做人、谨慎用权，才能光明正大、堂堂正正。作风问题都与公私问题有联系，都与公款、公权有关系。公款姓公，一分一厘都不能乱花；公权为民，一丝一毫都不能私用。领导干部必须时刻清楚这一点，做到公私分明、克己奉公、严格自律。"① 只要领导干部按照习近平总书记的要求，具备了良好的道德素质，廉洁自律，洁身自好，就不屑于做那种千夫所指的"损国家、断前程、伤父母、愧子孙"腐败劣行。只有这样，才能做到牢记宗旨，站稳脚跟，心底无私，一心为公，不为奢侈豪华的物欲所迷，不为香车宝马所惑，不为灯红酒绿所动，凌云拔高自有节，善始慎终留清名，向历史、向人民交出一份合格的答卷。

习近平同志在十八届中央纪委三次全会上发表重要讲话强调："我们坚持从中央政治局做起，以上带下，发挥了表率作用。"② 中央政治局率先垂范、追求崇高的精神境界，为全党和全国人民作出光辉榜样。由上到下，各级领导干部一级跟着一级学，一级带着一级干，加强党性修养，自觉树立和践行社会主义荣辱观，提升了道德境界，具备了良好的道德素质，知道了什么光荣，什么可耻，从认知理念上划清了荣辱是非界限，就能始终保持清正廉洁的政治本色，做到干部清正、政府清廉、政治清明，就能从根本上遏制腐败问题的产生和蔓延。

6. 树立和践行社会主义荣辱观，是提升公民道德素质的迫切需要

建党 100 年、新中国成立 70 多年来，社会主义、共产主义道德教育和弘扬，我国社会曾经展现过"路不拾遗、夜不闭户""我为人人、人人为我"的中华民族历史上值得骄傲的良好道德风尚。改革开放进来了新鲜空

---

① 习近平在十八届中央纪委三次全会上发表重要讲话强调：《强化反腐败体制机制创新和制度保障 深入推进党风廉政建设和反腐败斗争》，《人民日报》2014 年 1 月 15 日，第 1 版。

② 习近平在十八届中央纪委三次全会上发表重要讲话强调：《强化反腐败体制机制创新和制度保障 深入推进党风廉政建设和反腐败斗争》，《人民日报》2014 年 1 月 15 日，第 1 版。

气,也进来了苍蝇蚊子,某些恶性事件时有发生,这就是多年来极端利己主义的资产阶级个人主义价值观肆意泛滥的恶果。如何遏制这些不良事件的发生,最根本的途径,就是树立和践行社会主义荣辱观,加强道德教育,提高人们的道德素质,提升人们的精神境界,使人的心灵得到高尚道德甘霖的洗礼,使公民养成见利思义、不义之财分文不取的道德自觉,牢固树立集体主义的人生价值观,处处做到以关心他人为重,以关心集体为重,以关心国家为重。

在中华大地上,每天都会发生爱心善行、扶危济困的感人故事。2014年1月11日《福州晚报》载:"重庆来榕打工的熊大姐6000元的血汗钱被风吹走只找回300元,媒体披露后,部分捡到钱的人得知自己捡到的钱是熊大姐的便及时送回,一些爱心人士与爱心企业得知熊大姐的困境后纷纷伸出援手。1月10日,记者从熊大姐那里了解到,截至10日傍晚5点,熊大姐收到的善款共计11万多元。"[①] 熊女士称她只要属于自己的部分,呼吁不要再给她捐款,并准备将"不是我的钱"捐给家乡的小学。这件事正是具有仁爱之心良好道德素质的公民释放正能量的表现,闪烁着中华民族扶危济困、关爱他人的道德光茫。在四川汶川地震、青海玉树地震以及甘肃舟曲泥石流等自然灾害发生时,全国人民踊跃捐款捐物、对口援建,支援灾区重建家园、恢复生产的动人故事,更彰显出中国共产党人倡导的"一方有难,八方支援"道德力量的可贵。这也正是我们党成立100多年、新中国成立70多年来,高度重视、大力弘扬以为人民服务为核心,以集体主义为原则道德建设的成果,也是对今天我们持续在全民中树立和践行社会主义荣辱观重要性、必要性、紧迫性的诠释。

只要我们的党员领导干部和广大人民群众自觉树立和践行社会主义荣辱观,就能极大地提升全民族的道德素质,具有高尚灵魂的14亿多中国人民,紧密地团结在以习近平同志为核心的党中央周围,就会形成一种排山倒海、所向无敌的巨大力量,就一定能实现中华民族伟大复兴的中国梦,创造辉煌灿烂的美好未来!

---

① 李志波、马丽清:《女清洁工丢失血汗钱获赠爱心款续:爱心爆棚善款暴增至11万》,《福州晚报》2014年1月11日。

二、为全面有效提高全民道德素质，不断探索构建更加细化、具体化、可操作的道德规范

大千世界，芸芸众生，在任何时代，要想和谐地生活在一个良好的群体环境中，除了各种条件外，还需要一种人人都应遵循的共同原则，也就是需要一种道德力量来规范各自的行为，构建社会主义和谐社会、实现中华民族伟大复兴的中国梦更是如此。社会生活方方面面，社会群体林林总总，社会思维千差万别，不可能也不应该用行政的方法去指挥、要求每个人、每件事如何想、如何做，但却可以用道德的力量，让公民自己从内心信念上标立道德遵循，树立正确认知理念，自然而然地规范导引大家的言行，进而在高境界道德层面上统一大家的思想，实现社会和谐。

（一）构建提高公民道德素质细化、具体化、可操作的道德规范

习近平同志于 2013 年 9 月 26 日下午在北京会见第四届全国道德模范及提名奖获得者时强调："道德模范是社会道德建设的重要旗帜，要深入开展学习宣传道德模范活动，弘扬真善美，传播正能量，激励人民群众崇德向善、见贤思齐，鼓励全社会积善成德、明德惟馨，为实现中华民族伟大复兴的中国梦凝聚起强大的精神力量和有力的道德支撑。"引导公民"弘扬真善美，传播正能量，激励人民群众，鼓励全社会积善成德、明德惟馨"，除了深入开展学习宣传道德模范活动外，为有效全面提高公民道德素质，一个经常性的工作就是使每个公民都能自觉"弘扬真善美，传播正能量"，人人"崇德向善、见贤思齐"，全社会"积善成德、明德惟馨"，这就要构建能够提高全民道德素质的细化、具体化、可操作的道德规范。以"八荣八耻"为主要内容的社会主义荣辱观，高度概括，精确凝炼，内涵十分丰富，外延极其广泛。我们要在实践中不断扩充、拓展社会主义荣辱观丰富的内涵和广泛的外延，用更加细化、具体化、可操作的道德规范、引导公民自己的言行，这是我们创造性地运用、深化落实树立和践行社会主义荣辱观的重要课题和紧迫任务。

为此，我们坚持以马克思列宁主义、毛泽东思想、中国特色社会主义

理论体系为指导，以为人民服务为核心、以集体主义为原则，为了更好地提升公民的政治道德，思想品德，社会公德，职业道德，家庭美德，个人品德，在深化落实"八荣八耻"基础上，意在构建提高全民道德素质的细化、具体化、可操作的道德规范，着眼于从整体上提高全民族的道德素质和精神境界，结合社会生活实际，探索、概括出政治方向、思想品质、工作作风、思维方法、业务追求、遵纪守法、团结协作、生活态度、个人修养、为人处世10个方面，100个光荣和可耻的《"百荣百耻"荣耻鉴》：

"百荣百耻"荣耻鉴

政治方向

忠诚于党光荣　　离心离德可耻
忠于人民光荣　　背叛人民可耻
忠于祖国光荣　　危害祖国可耻
坚信马列光荣　　背叛马列可耻
坚持四项光荣①　搞自由化可耻
紧跟中央光荣　　自行其是可耻
为党增辉光荣　　给党抹黑可耻
忧国忧民光荣　　醉生梦死可耻
安定团结光荣　　制造动乱可耻
献身四化光荣　　损害四化可耻

思想品质

牢记宗旨光荣　　拜金主义可耻
无私奉献光荣　　一味索取可耻
大公无私光荣　　自私自利可耻
廉洁奉公光荣　　以权谋私可耻
集体主义光荣　　个人主义可耻
秉公办事光荣　　徇私枉法可耻
主持正义光荣　　明哲保身可耻
光明磊落光荣　　阴谋诡计可耻
公道正派光荣　　附炎趋势可耻
刚直不阿光荣　　阿谀奉迎可耻

---

① 四项，即党的四项基本原则。

第六章　高度自觉树立和践行社会主义荣辱观

工作作风

扎实务实光荣　　形式主义可耻
平易近人光荣　　官僚主义可耻
执政为民光荣　　脱离群众可耻
服从大局光荣　　本位主义可耻
认真负责光荣　　敷衍搪塞可耻
雷厉风行光荣　　疲沓拖拉可耻
勇挑重担光荣　　拈轻怕重可耻
善始善终光荣　　虎头蛇尾可耻
抓铁有痕光荣　　凑合支应可耻
任劳任怨光荣　　争名争利可耻

思维方法

唯物史观光荣　　唯心史观可耻
全面辩证光荣　　形而上学可耻
实事求是光荣　　主观主义可耻
集思广益光荣　　刚愎自用可耻
遵循规律光荣　　不顾客观可耻
民主协商光荣　　独断专行可耻
自知之明光荣　　妄自尊大可耻
尊重事实光荣　　轻信谗言可耻
科学决策光荣　　盲目拍板可耻
远见卓识光荣　　目光短浅可耻

业务追求

勤奋工作光荣　　偷懒耍滑可耻
拼搏奋斗光荣　　嬉随混事可耻
钻研业务光荣　　无所事事可耻
争创一流光荣　　甘居落后可耻
开拓创新光荣　　不思进取可耻
见贤思齐光荣　　嫉贤妒能可耻
真才实学光荣　　投机钻营可耻
深钻苦读光荣　　浅尝辄止可耻
苦干实干光荣　　虚浮清谈可耻
博学广才光荣　　孤陋寡闻可耻

遵纪守法

知法守法光荣　　无法无天可耻
遵守纪律光荣　　违纪越轨可耻
执行政策光荣　　放弃原则可耻
清正廉洁光荣　　贪污受贿可耻
令行禁止光荣　　我行我素可耻
服从组织光荣　　个人第一可耻
顾全大局光荣　　只讲局部可耻
遵守公德光荣　　不讲公德可耻
照章办事光荣　　违章乱来可耻
集中统一光荣　　分散分裂可耻

团结协作

精诚团结光荣　　拨弄是非可耻
同心协力光荣　　热衷内耗可耻
和睦相处光荣　　以邻为壑可耻
与人为善光荣　　投井下石可耻
助人为乐光荣　　损人利己可耻
坦诚相见光荣　　口是心非可耻
不计成见光荣　　耿耿于怀可耻
得理让人光荣　　无理取闹可耻
遇事讲理光荣　　胡搅蛮缠可耻
话说当面光荣　　背后捣鬼可耻

生活态度

志存高远光荣　　庸庸碌碌可耻
执着追求光荣　　朝秦暮楚可耻
珍惜寸阴光荣　　虚度年华可耻
谨慎检点光荣　　随心所欲可耻
勤俭节约光荣　　奢侈浪费可耻
艰苦朴素光荣　　纸醉金迷可耻
严以律己光荣　　放纵无羁可耻
勤奋耕耘光荣　　懒惰懈怠可耻
学人之长光荣　　揪人之短可耻
帮人扶人光荣　　整人踩人可耻

第六章　高度自觉树立和践行社会主义荣辱观

个人修养

吃亏让人光荣　寸利必得可耻
虚怀若谷光荣　小肚鸡肠可耻
谦虚谨慎光荣　狂妄自大可耻
豁达大度光荣　斤斤计较可耻
严己宽人光荣　苛求于人可耻
嫉恶如仇光荣　为虎作伥可耻
铺路修桥光荣　拆台使绊可耻
为人诚实光荣　假话骗人可耻
成人之美光荣　坑人害人可耻
表里如一光荣　阳奉阴违可耻

为人处世

尊老敬贤光荣　目无尊长可耻
服从领导光荣　要挟领导可耻
尊重同志光荣　目中无人可耻
热爱集体光荣　损公肥私可耻
关心他人光荣　只顾自己可耻
开诚布公光荣　捣捣鼓鼓可耻
容人谅人光荣　心胸狭窄可耻
言行一致光荣　言而无信可耻
接受批评光荣　拒绝批评可耻
通情达理光荣　要赖撒泼可耻

（二）构建提高公民道德素质细化、具体化、可操作性道德规范的社会价值

《"百荣百耻"荣耻鉴》，就是要在这 100 个方面，从道德的视域明确告诉人们，什么是光荣，什么是耻辱，提倡什么，反对什么，怎样做对，怎样做错，尤其是告诉人们什么是可耻的，引导人们不要去做可耻的事情。

知耻，是中国古代思想家提出的一种明辨善恶是非的道德修养的方法和途径。知耻，是依据一定的社会准则明是非、辨善恶后个人对道德行为价值的内疚，拒做为耻之事，则是行为主体发自内心的自知、自愿、自择

275

的向善的行为举措。一个人如果没有羞耻之心，就失去了自我约束的能力，就会对社会造成危害；有了羞耻之心，才能有自我约束的能力，不做缺德之事，才能临财不贪，临难不屈，才能谦和退让，取舍有度，国君知耻可以正吏治，百姓知耻可以正民风，因此羞耻之心不可无。

知耻之心人皆有之，向善之心人之本性。"八荣八耻"和《"百荣百耻"荣耻鉴》，就像交通路标一样，为人们竖起标牌，立此存照，明确告诉大家一边是光明安全的平坦大道，一边是黑暗危险的龌龊小径。我们应当相信群众，除了不可救药者，只要正常的人，只要稍有良知的人，有了这一温馨提示，人们必会引起警觉、接受指导，谁还非要往邪道上走呢？"八荣八耻"和《"百荣百耻"荣耻鉴》，立在那里，可谓言之有预也。道明了什么光荣，什么可耻，指引人们多做光荣的好事善事，不做那种丢人现眼的不光彩的可耻的事情。这样，就能使公民择其善而从之，择其不善而弃之。就能在极其广阔的时间空间里，大大提高人们在灵魂深处择善弃恶的自觉性、主动性，就能极大地提高公民的道德素质，就为全面建成小康社会，进一步推动现代化建设，实现中华民族伟大复兴的中国梦提供了强大精神力量和有力道德支撑。

在处理任何问题时，人们的认识和态度都会有错、有对，如果没有"八荣八耻"和《"百荣百耻"荣耻鉴》这面镜子，对者也不会在道德评判上有光荣的感觉，错者也不会在道德评判上有耻辱的体验，就会影响人们在内心抑恶扬善的自觉性。

那么，怎样做才美，怎样做是丑，没有镜子人们往往意识不到，比如一个人脸上有黑点，不照镜子他怎能知道呢？如果一照镜子，他立即会发现并把黑点擦掉。如果从社会主义荣辱观上，告诉人们怎样做光荣，怎样做耻辱，就像一面镜子照出人的形象一样，好的方面在镜子里展现的是美的形象，就要保持发扬，不好的方面在镜子里反映出来的是丑的形象，就要赶快纠正，以恢复或改换成美的形象。"八荣八耻"和《"百荣百耻"荣耻鉴》，就是从荣辱观角度、以道德层面的评判视角，为人们提供了这么一面镜子，以对人们的认识、行为正确与否的界定和评价，弘扬真善美，贬斥假丑恶；是提醒、告诉人们认识、对待这类事情应采取什么样的态度，如何对待是光荣的，怎样的态度又是可耻的。大家知道了荣耻，就不会做为耻之事了。

光荣和耻辱往往是一念之差，光荣之事并不难做。有些时候人在对待某一事情时，不一定非去采取那种耻辱的行为，往往是因为思想上没有明

第六章　高度自觉树立和践行社会主义荣辱观

晰的荣耻界限，认为怎样做都无所谓。没引起内心道德评价的注意，结果选择了被社会公论评价为羞耻的行为。有了宏观的"八荣八耻"和具体的《"百荣百耻"荣耻鉴》，就为大家提供了知荣辱的镜子，预先告诉大家该怎么做、不该怎么做。因为爱美之心人皆有之，谁不愿意做受人尊敬，被人肯定，让人表扬、褒奖、使人高兴的事呢？俗话说"人要脸，树要皮，墙子要的是一把泥"，羞耻之心人皆有之，凡有羞耻心的正常的人，明知道是可耻的事情，谁还非去做那种丢人现眼的不道德的事情而叫人戳脊梁骨呢？

如果我们的社会成员，都按着"八荣八耻"和《"百荣百耻"荣耻鉴》，来界定自己对事情取舍的标准，择其善而为之，那么我们的每一个人，就会像毛泽东赞扬白求恩那样，成为"一个高尚的人，一个纯粹的人，一个有道德的人，一个脱离了低级趣味的人，一个有益于人民的人"[①]。

（三）党员领导干部率先垂范，引领全社会形成人人讲道德的良好人文社会环境

党的十八大报告指出："抓好道德建设这个基础，教育引导党员、干部模范践行社会主义荣辱观，讲党性、重品行、作表率，做社会主义道德的示范者、诚信风尚的引领者、公平正义的维护者，以实际行动彰显共产党人的人格力量。"[②]社会风尚是由上到下的，上有所好，下必甚焉。孔子曰："子率以正，孰敢不正？"[③]党员、领导干部的带头作用，任何时候都会起主导作用，如果坚持做到模范践行社会主义荣辱观，讲党性、重品行、作表率，做社会主义道德的示范者、诚信风尚的引领者、公平正义的维护者。那么，就一定能够营造良好的道德舆论氛围和人文社会环境，引领广大人民群众，向着追求崇高精神境界的方向阔步前进。

习近平在中共中央政治局第三十七次集体学习时强调指出："领导干部要努力成为全社会的道德楷模，带头践行社会主义核心价值观，讲党

[①] 《毛泽东选集》第3卷，人民出版社1991年版，第660页。
[②] 胡锦涛：《坚定不移沿着中国特色社会主义道路前进 为全面建成小康社会而奋斗——在中国共产党第十八次全国代表大会上的报告》，人民出版社2012年版，第50页。
[③] 吴树平、赖长扬：《全译本白话四书五经》第1卷，国际文化出版公司1992年版，第106页。

性、重品行、作表率，带头注重家庭、家教、家风，保持共产党人的高尚品格和廉洁操守，以实际行动带动全社会崇德向善、尊法守法。"[①] 因此，各级领导要以道德模范为榜样，站在道德的制高点，把握弘扬道德高标的话语权，要把培育文明道德风尚作为重要着力点，坚持正确的价值取向、舆论导向，坚持以文化人、以文育人，弘扬真善美、贬斥假恶丑，推动形成知荣辱、讲正气、作奉献、促和谐的社会风尚。领导要始终把弘扬中华民族传统美德、加强社会主义思想道德建设作为极为重要的战略任务来抓，要广泛开展向道德模范学习活动，自觉地追求崇高的道德境界。领导带头，以身作则，率先垂范，从我做起，从点滴做起，从身边做起，从基本道德规范做起，把良好道德行为落实到日常生活一言一行和工作方方面面，以自己的实际行动彰显共产党人的人格力量。精神的力量是无穷的，道德的力量也是无穷的，榜样的力量更是无穷的。弘扬中华传统美德，培育时代新风，中华大地涌现出一大批道德模范、最美人物。这些道德模范、最美人物像璀璨的明珠，镶嵌在中华大地上，闪烁在社会生活的各个节点上，是人们身边看得见、摸得着的值得学习和敬仰的典范和楷模。道德模范是有形的正能量，是鲜活的高尚的人生价值观，是具体、直观的学习标杆。要用典型引路的方法，广泛开展向道德模范学习活动。同时，高度注意培育公民良好的道德素质，在全社会形成人人向善、见贤思齐、拒做坏事、争做好人浓厚的舆论氛围和良好的行为习惯。这样，就可以最大限度地消除不稳定因素，营造人世间关心人、爱护人、帮助人的温馨气氛和团结协作的社会风气，实现社会和谐。

首先，党员领导干部要以身作则，率先垂范，作出榜样，每个公民都自觉践行和树立社会主义荣辱观，就能形成良好的社会风气与祥和的人文环境。如果我们的党政军各级领导机关干部从上到下，从领导到工作人员，从公务人员到普通群众，都能自觉地按照"八荣八耻"和《"百荣百耻"荣耻鉴》，择善而为之，社会就能和谐，人民就能团结，工作就能干好，事业就能发达，国家就能富强，就能"聚精会神搞建设、一心一意谋发展"，万众一心，众志成城，为实现中华民族伟大复兴的中国梦，完成我党的历史使命，最终实现人类最美好的理想社会——共产主义而顽强奋

---

① 习近平在中共中央政治局第三十七次集体学习时强调：《坚持依法治国和以德治国相结合 推进国家治理体系和治理能力现代化》，《人民日报》2016年12月11日，第1版。

斗、艰苦奋斗、不懈奋斗。

三、树立和践行社会主义荣辱观，就要切实把诚信建设摆在突出位置

"以诚实守信为荣、以见利忘义为耻"，是社会主义荣辱观的重要内容，也是社会主义核心价值观的重要内容。诚信，是中华民族源远流长的传统美德，是全面提高公民道德素质必须抓好的重要内容，是社会主义核心价值观的重要内容，是践行和树立社会主义荣辱观题中应有之义。

古往今来，人无信不立，国无信则败。诚信是为人之道，修身之道，兴业之道，处世之道，安邦之道，治国之道。"修身齐家治国平天下"，哪一样离开诚信都不行。

在市场经济条件下，诚信建设受到严峻的挑战和冲击，当引起全社会的高度重视。为此，《中共中央关于深化文化体制改革推动社会主义文化大发展大繁荣若干重大问题的决定》（以下简称《决定》）在提出"深化政风、行风建设，开展道德领域突出问题专项教育和治理，坚决反对拜金主义、享乐主义、极端个人主义，坚决纠正以权谋私、造假欺诈、见利忘义、损人利己的歪风邪气"[①]的任务时，强调要"把诚信建设摆在突出位置，大力推进政务诚信、商务诚信、社会诚信和司法公信建设，抓紧建立健全覆盖全社会的征信系统，加大对失信行为惩戒力度，在全社会广泛形成守信光荣、失信可耻的氛围"。[②] 党的十八大报告再次强调："深入开展道德领域突出问题专项教育和治理，加强政务诚信、商务诚信、社会诚信和司法公信建设。"[③] 这就为我们推动社会主义文化大发展大繁荣、治理道德领域里各种突出问题、树立和践行社会主义荣辱观提出要求，指明方向，确定目标，开辟路径。"把诚信建设摆在突出位置"，作为"开展道德领域突出问题专项教育和治理"的极其重要的内容和亟待解决的问题，足

---

① 《中共中央关于深化文化体制改革推动社会主义文化大发展大繁荣若干重大问题的决定》，人民出版社2011年版，第16页。

② 《中共中央关于深化文化体制改革推动社会主义文化大发展大繁荣若干重大问题的决定》，人民出版社2011年版，第16页。

③ 胡锦涛：《坚定不移沿着中国特色社会主义道路前进为全面建成小康社会而奋斗——在中国共产党第十八次全国代表大会上的报告》，人民出版社2012年版，第32页。

见新时期加强诚信建设的重要。一个国家的道德建设融合于该国文明发展的历史进程，任何时代的道德创建无疑都是以此前各个时代的精神遗产为前提的，这既是道德建设的本土基础，也是道德建设可资借鉴的历史资源。在发展社会主义市场经济、全面建成小康社会、实现中华民族伟大复兴中国梦的今天，构筑适应经济和社会全面发展需要的道德大厦，既要立足于社会主义市场经济的道德实践，也要善于从中华民族丰厚的道德文化遗产中汲取丰富营养。新时代加强诚信建设，也必须从弘扬中华民族诚信的传统美德入手。

（一）诚信是中华民族源远流长的历史文化传统

中华民族是具有5000年灿烂文明历史的伟大民族，诚信是中华民族源远流长的传统美德。从三皇五帝、历代圣贤先哲，到中国共产党人，都坚持以诚信为本，形成了保证中华民族历经劫难而生生不息、繁衍发展的巨大力量源泉，成为中华文化强大软实力的重要组成部分，也是当前我国在社会主义市场经济建设中加强诚信建设、树立和践行社会主义荣辱观的宝贵精神资源。

1. 诚信是中华民族的传统美德

中国古代思想家提倡"仁义礼智信"，诚信是中华民族传统美德中的重要组成部分，是我国传统道德的基础和根本，是中华民族传统道德观念重要内容。孔子说："人而无信，不知其可也。"[1] "与朋友交，言而有信。"[2] 孟子说："思诚者，人之道也。"[3] 程颐的《河南程氏遗书》中则说："学者不可以不诚，不诚无以为善，不诚无以为君子。修学不以诚，则学杂；为事不以诚，则事败；自谋不以诚，则是欺自心而自弃其忠；与人不以诚，则是丧其德而增人之怨。"[4] 在长期的社会实践中，中华民族形成了重承诺、守信义、以诚立业、以信取人的道德传统，"杀猪示信""一诺千金""立木之信""抱柱之信""一言既出，驷马难追"等意诚守信的美谈佳话永留史册。

---

[1] 吴树平、赖长扬：《全译本白话四书五经》第1卷，国际文化出版公司1992年版，第35页。

[2] 吴树平、赖长扬：《全译本白话四书五经》第1卷，国际文化出版公司1992年版，第42页。

[3] 李春秋：《中国传统伦理精华》下，同心出版社1993年版，第36页。

[4] 李春秋：《中国传统伦理精华》下，同心出版社1993年版，第36页。

第六章　高度自觉树立和践行社会主义荣辱观

在古代思想家看来，诚信不仅是一个人的修身立命之本，是必须遵循的行为准则和道德规范，而且是统治天下的主要手段。历代贤哲无不以社稷国家为重，以治国平天下为抱负。儒家经典《礼记·大学》，视"诚意"为"正心""修身""齐家""治国""平天下"的基础，子贡问孔子怎样治理国家，孔子回答："足食、足兵、民信之矣。"子贡说："必不得已而去，于斯三者何先？"孔子答："去兵"。子贡说："必不得已而去，于斯二者何先？"孔子答："去食。自古皆有死，民无信不立。"① 在孔子看来，作为国家的治理者，迫不得已时，失去军备可以，失去粮食可以，但不能失信于民。失去人民的信赖，国家便站不住脚了。春秋时期著名政治家管仲指出："先王贵诚信。诚信者，天下之结也。"认为诚信是集结人心，使天下人团结的保证。先秦著名法家人物韩非子认为，君主治国必须取信于人，指出"小信则大信立，故明主积于信"。② 燕昭王筑"黄金台"招贤纳士，因为诚信，使许多文人侠客、将军谋士蜂拥而至，从而富国强兵，强盛起来。正是由于中华民族自古以来崇尚诚信品质，才能够形成稳定的社会结构和强大的社会凝聚力，并形成绵延不绝的五千年中华文明。在我们建设中国特色社会主义、完善社会主义市场经济体制的今天，汲取中国传统道德的精华，树立和践行社会主义荣辱观，建立与社会主义市场经济相适应的诚信体系和道德体系具有非常重要的现实意义。

2. 中国共产党是践行诚信的典范

为人民服务，是马克思主义的基本思想，是马克思主义世界观的集中体现。马克思、恩格斯曾在《共产党宣言》中指出，"无产阶级的运动是绝大多数人的，为绝大多数人谋利益的独立的运动"③，还讲述"为人类服务""为人民服务"的问题，强调"科学绝不是一种自私自利的享乐。有幸能够致力于科学研究的人，首先应该拿自己的学识为人类服务"。④ 1871年，马克思在总结巴黎公社经验时使用了"为了服务于组织在公社里的人民"⑤ 的提法。列宁在《党的组织和党的出版物》一文中也提出，党的文学要"为千千万万劳动人民，为这些国家的精华、国家的力量、国家的未

---

① 吴树平、赖长扬：《全译本白话四书五经》第1卷，国际文化出版公司1992年版，第105—106页。
② 李春秋：《中华传统伦理精华》下，同心出版社1993年版，第37页。
③ 《马克思恩格斯选集》第1卷，人民出版社1995年版，第283页。
④ 《马克思恩格斯全集》第1卷，人民出版社1975年版，第460页。
⑤ 《马克思恩格斯选集》第1卷，人民出版社1995年版，第57页。

来服务"。① 为人民服务是中国共产党的根本宗旨，这一根本宗旨又是中国共产党人的价值本位观，是衡量一切利益取舍、评判一切言行是非的根本标准。在1945年党的七大上，毛泽东同志全面论述了为人民服务的思想，他指出："全心全意地为人民服务，一刻也不脱离群众；一切从人民的利益出发，而不是从个人或小集团的利益出发；向人民负责和向党的领导机关负责的一致性；这些就是我们的出发点。"② 他还进一步指出："应该使每个同志明了，共产党人的一切言论行动，必须以合乎最广大人民群众的最大利益，为最广大人民群众所拥护为最高标准。"③ 党的七大通过的党章中明确规定："中国共产党人必须具有全心全意为中国人民服务的精神。"以毛泽东同志为核心的第一代中央领导集体，把"言必信，行必果"这一传统美德与为无产阶级革命事业奋斗的实际行动结合起来，大公无私，克己奉公，远见卓识，胸怀天下，埋头苦干，兢兢业业，鞠躬尽瘁，死而后已，领导全党和全国各族人民，经过长期奋斗，推翻"三座大山"，夺取了新民主主义革命的胜利，进而建立起社会主义基本制度，解放和发展了社会生产力，把一百多年来受尽外国侵略欺凌的半殖民地半封建的旧中国，变成了独立的人民当家作主的社会主义新中国。正是在遵循党的根本宗旨的长期实践活动中，中国共产党人形成了自己的三大作风，展示了共产党人的先进性与民族美德的完美结合，把民族美德升华到了崭新的境界，赢得了中国人民的拥护和爱戴。以邓小平、江泽民同志为核心的党的第二代、第三代中央领导集体，以胡锦涛为总书记、以习近平为核心的新的中央领导集体，始终坚持马克思主义价值观的本质和核心原则、坚持全心全意为人民服务的根本宗旨，坚持人民至上，一切从人民利益出发，一切以人民利益为转移。以开放的全球意识和世界眼光，把社会主义置于全人类文明发展的大背景中加以认识，敏锐把握时代脉搏，反映时代精神。以党的"解放思想、实事求是、与时俱进"思想路线为指导，以"三个有利于"标准指导中国共产党人的价值评价，大胆吸收和借鉴人类社会创造的一切文明成果，抓住时机加快发展自己。以"三个代表"重要思想作为新世纪新阶段全党全国人民继往开来、与时俱进，实现全面建设小康社会宏伟目标的根本指针。以科学发展观统揽全局，作为新时期推进社会主义

---

① 《列宁选集》第1卷，人民出版社1995年版，第666页。
② 《毛泽东选集》第3卷，人民出版社1991年版，第1095页。
③ 《毛泽东选集》第3卷，人民出版社1991年版，第1096页。

现代化建设又好又快发展的科学指导。以习近平新时代中国特色社会主义思想的旗帜、以"五位一体"总体布局和"四个全面"战略布局为统领，推进经济社会平稳健康发展，从而使中国共产党人站在时代前列，成为领导中国社会走上现代化道路的当之无愧的时代先锋。以实现全面建成小康社会、建成富强民主文明和谐美丽的社会主义现代化强国的奋斗目标，实现国家富强、民族振兴、人民幸福的中华民族伟大复兴的中国梦，鼓舞人心，激励斗志，凝聚力量。在改革开放和社会主义市场经济条件下，为人民服务由党的宗旨进一步发展为社会主义道德建设的核心，由对党和政府以及党员、干部和革命知识分子的要求发展为对全体人民的要求，把为人民服务为核心的社会主义道德准则作为全体社会成员的基本道德准则，对市场经济条件下的义利关系进行重新审视和评价，把市场经济中的求利行为与为人民服务的道德实践统一起来，把诚信的内涵扩大到社会生活的各个层面，从而为建构社会主义市场经济伦理精神和道德大厦奠定了理论根基。

（二）诚信建设在我国经济社会全面发展中的极端重要性和迫切性

诚信是精神文明的重要标志，是社会主义物质文明、精神文明、政治文明、生态文明"四个文明"建设交互作用的纽带，是维系现代经济社会正常有效运转和良性健康发展的基础，是社会文明程度的标志，是树立和践行社会主义荣辱观的重要内容。在我国发展社会主义市场经济、科学发展、全面建成小康社会的今天，诚信及诚信建设对于经济及社会的全面发展显得尤为重要和迫切。

1. 诚信是保证市场经济正常运行和健康发展的基石

党的十六大报告明确强调要"整顿和规范市场经济秩序，健全现代市场经济的社会信用体系"。[①] 党的十七届六中全会《决定》强调指出，"我国文化发展同经济社会发展和人民日益增长的精神文化需求还不完全适应"，突出矛盾和问题的主要表现之一就是"一些领域道德失范、诚信缺失"。[②] 由此可见加强诚信建设的重要性和紧迫性。市场经济赖以建立和存

---

① 《十六大以来重要文献选编》上，中央文献出版社2005年版，第21页。
② 《中共中央关于深化文化体制改革推动社会主义文化大发展大繁荣若干重大问题的决定》，人民出版社2011年版，第6页。

续的道德基础就是诚信，市场经济就是建立在信用基础上的信用经济。诚信是市场经济的刚性规则、黄金规则，是市场经济的灵魂和基础，是现代经济的生命。信用是市场的入场券，代表着一种资格、能力或状况。在现代市场经济中，信用关系渗透于生产、交换、分配、消费的各个领域，良好的信用关系是维系社会再生产活动有序运行的"润滑剂"。信用还是一种无形资产，是现代市场经济运行中的一种新的资本形态。信用作为货币关系深化发展的产物，直接联结资金的运动，并扩展了以货币为单一交换媒介的货币交换模式，为缺乏货币或不愿以货币直接支付的经济主体提供非货币形式的信用。没有诚信，市场规则就难以确立，市场秩序就无法维持，市场经济就难以真正确立和健康运转。有了诚信，经济交往才能可持续发展，产品和货币才得以正常流通和运行，经济资源才能得到优化配置和充分利用，社会组织间的交易和交往成本才会降低，商业运作和经营管理效率才能提高，实现利润和效用最大化的目标才会成为现实。

2. 诚信是建立社会主义思想道德体系的重要内容

从道德建设的角度讲，诚信既是个人、组织立身处世及社会交往的基本要求和前提，也是一个国家的公民和社会道德水准的重要体现。只有讲诚信，人与人之间才能建立起相互信任的协作关系，政治的、经济的和文化的各种社会活动才能正常、有效地组织和运转起来。因此，诚信涉及的不是社会的一部分人，而是所有的社会成员，不是社会的某一个领域，而是社会的方方面面。加强诚信建设，不但是建立和完善社会主义市场经济体制的需要，也是建立健全社会主义思想道德体系的重要突破口和重要内容，是提高公民素质和社会文明程度、维护人民根本利益的迫切需要，是贯彻落实"三个代表"重要思想、全面落实科学发展观、统筹推进"五位一体"和协调推进"四个全面"战略布局、实现中华民族伟大复兴中国梦的迫切需要。诚信建设不仅关乎我们的今天，而且关乎我们的未来。

3. 诚信是适应世贸组织规则，提高国际竞争力的需要

世贸组织规则对每个成员国都是一种刚性制约，遵守规则，履约践诺，是最起码、最基本的要求。在经济日益全球化的今天，从一定意义上讲，诚信代表着一个国家、一个地方、一个企业的形象和实力，已经成为一种重要的投资和发展环境，是市场竞争中的核心竞争力的重要组成部分。我国加入世贸组织多年，已经而且将在更大范围和更深程度上参与经济全球化。对外开放也进入了一个新阶段，走出国门，积极参与国际竞争、国际分工与合作，不断拓展自身的生存和发展空间，既成为顺应世界

第六章　高度自觉树立和践行社会主义荣辱观

经济发展趋势、壮大企业和国家实力的必由之路和战略选择，同时也会引进竞争，引进压力，从而对政府、企业和个人遵循诚信的行为提出更高、更严格的要求。加强诚信建设，不仅是企业提高产品和服务质量、获得进入国际市场通行证的迫切需要，而且是形成符合国际规范的良好市场环境、在挑战中赢得主动权的迫切需要，是提高国民经济整体素质和竞争力的迫切需要，是树立国家良好形象的迫切需要。

4. 诚信是赢得民心，提升政府公信力的迫切需要

政府的失信行为，必然会导致全社会的信仰危机、信任危机，必然降低政府部门的公信度，失去人心，长此以往，必然动摇党的执政地位。因此，认真落实《决定》要求，强化全社会的诚信建设，是提升政府公信力、赢得民心的迫切需要和当务之急。习近平总书记提出党员干部特别是各级领导干部要做到严以修身、严以用权、严于律己，谋事要实、创业要实、做人要实的"三严三实"要求，开展"三严三实"专题教育，正是解决公务人员不诚信、提升政府公信力的创新之举、治本之策。

（三）诚信缺失的危害及原因

这些年来，社会信用缺失已引起党和国家领导人以及社会各界的高度关注，也成为全社会极为关注的热点问题，成为制约我国国民经济发展和社会全面进步的一个非常突出的问题。

古人云：德之不修，行之不远。孔子说："言忠信，行笃敬，虽蛮貊之邦，行矣。言不忠信，行不笃敬，虽州里，行乎哉？"[①] 意即：说话忠实诚信，行为忠厚严肃，即使在蛮貊之地，也能行得通。说话不忠诚不讲信用，就是在本乡本土，能行得通吗？党的十八大报告提出"切实加强社会信用建设""把诚信建设摆在突出位置"，党的二十大报告提出"弘扬诚信文化，健全诚信建设长效机制"，是时代的呼唤，人民的愿望，构造社会信用文明之必须。清醒地认识其危害，深入剖析其原因，形成全面深入建设诚信社会的共识，已经成为摆在我们面前的一项十分紧迫的战略性任务。认真分析诚信缺失原因，找准诚信缺失的症结，主要有以下三个方面。

1. 市场经济的负面影响是诚信缺失的内在根源

诚信缺失作为一种社会现象，与我国实行社会主义市场经济体制后市

[①] 吴树平、赖长扬：《全译本白话四书五经》第1卷，国际文化出版公司1992年版，第131页。

场经济的负面影响紧密联系在一起。市场经济的本质就是追求利益最大化，以最小的成本获取最大的利益，引导的是利己主义的价值观，利用行为主体对自身利益的追求，通过利益风险和利益驱动的压力、激励机制调动生产积极性，促进生产力的蓬勃发展。然而，这一动力机制是把双刃剑，既有促进行为主体努力工作发展生产力的正面效应，也有诱导行为主体产生极端利己主义、极端个人主义、私欲无限膨胀、依靠不正当手段大量攫取资财、梦想暴富的负面作用。伴随着社会主义市场经济的快速发展，在经济全球化的过程中，西方发达国家在输出其商品的同时，也乘机输出其消费主义价值观、享乐主义人生态度和颓废腐朽的生活方式，严重污染社会风气，造成市场经济秩序混乱。

市场经济一方面要求市场各主体诚实守信，否则，商品无法安全交换，谁也无法赚钱，但同时又在大量地、全方位地挑战诚信。市场经济主体为了实现自己的利益最大化，强调要求别人守信，而自己在争取最大化的利益驱动下又不情愿守信。逃废债务、偷税漏税、商业欺诈、假冒伪劣……无不是以最小的成本获取最大的利益驱动的结果。而实行社会主义市场经济后，随着我国对外开放程度不断提高，敌对势力加紧对我国进行文化渗透，用极端个人主义的人生价值观腐蚀国人的灵魂，加上我国社会经济成分、组织形式、就业方式、利益关系和分配方式日益多样化，全社会的经济交往已成为普遍生存方式，加之利益主体的思想觉悟、道德水平、文化素养各不相同，甚至差异很大，一些企业和个人便利用非信用化的利益空间和不规则的利益导向获利乃至暴富。因此，在经济社会交往中，产生信用缺失问题就不可避免，这是经济转型时期的一种必然现象。

2. 道德教育滞后，全社会道德滑坡是诚信缺失的思想根源

社会主义市场经济的健康发展，要求建立与之配套的社会主义思想道德体系。改革开放后，社会政治经济生活发生巨大的全方位的变化，受社会上错误思潮的影响，放松了以为人民服务为核心、以集体主义为原则的社会主义道德建设。传统的价值观念如以儒家伦理为主干的传统道德体系以及新中国成立以来共产党人所提倡的利他主义、集体主义、大公无私等新时代的道德观念，对人们的言行不再具有强大的影响力和约束力，而新的理论和价值观念尚未成熟，还不足以供人们对各种价值冲突做出判断和选择，中国道德体系重建的步伐远远没有跟上市场经济改革开放的速度。面对新形势、新情况和新问题，我们的思想道德教育或者缺席空位，不能及时跟进，或者囿于原有的思维和理念，内容方法空泛陈旧、不切实际，

不具说服力，不适应急剧变化的社会格局和思想空前活跃的社会人群。无法切实有效地指导人们在现实的利益矛盾面前作出正确的价值评价和价值选择，不能用符合历史前进要求、体现时代精神、代表先进文化的观念去引导群众。这种错位和断裂致使一些人感到无所适从，或各取所需，各行其是，模糊了是非界限。

3. 信用制度滞后，失信惩罚乏力，是诚信缺失问题的社会根源

在计划经济条件下，经济资源由政府通过行政命令进行配置，信用集中体现在宏观调控层面，企业自身表现并不突出。在市场经济条件下，企业自主经营，信用作为黄金准则被广泛使用。然而，我国信用制度和信用管理体系的基础设施却远远落后，很不适应市场经济对信用建设的迫切需要。因而，欺诈、赖账等失信行为时常发生，而失信惩罚乏力也是诚信缺失的一个重要原因。在信用制度健全的国家，谁一旦在信用档案中留下污点，就将为此付出沉重的代价。在我国，尽管信用档案的建立机制已经起步，但无论是从立法上和执法上，都不足以将失信成本提高到"无利可图"的程度。尽管近年来我国加大了对此类行为的打击力度，但这种打击和整治刚刚起步，力度还有待加强，食品安全问题的彻底解决不可能一蹴而就，仍然任重而道远。

（四）找准诚信建设的着力点

党的十七届六中全会《决定》指出："一些领域道德失范、诚信缺失，一些社会成员人生观、价值观扭曲，用社会主义核心价值体系引领社会思潮更为紧迫，巩固全党全国各族人民团结奋斗的共同思想道德基础任务繁重。"① 目前，在举国上下、方方面面都在大抓诚信建设的热潮中，尤为重要的是要提出解决诚信缺失问题对策、找准诚信建设的着力点，这对于加强诚信建设具有极其重要的现实意义。

1. 加强对干部群众的社会主义道德教育，牢固树立诚信光荣，失信可耻的道德意识

我们实行的是社会主义市场经济，要用社会主义的道德指导经济建设，要以为人民服务为出发点和归宿，要从满足人民日益增长的物质文化需要出发，为人民群众、消费者提供最优质的产品和服务。因此，要在全

---

① 《中共中央关于深化文化体制改革推动社会主义文化大发展大繁荣若干重大问题的决定》，人民出版社 2011 年版，第 6 页。

社会大力开展以诚信为内容的社会主义道德教育。社会主义道德建设对于刚刚实行社会主义市场经济的中国十分必要，因为改革开放以来，人们的眼界拓宽了，资本主义世界先进的科学技术管理给中国经济带来了蓬勃生机，然而新鲜空气进来了，苍蝇蚊子也进来了，资产阶级腐朽的价值观、灯红酒绿、纸醉金迷的生活方式严重地腐蚀人们的灵魂，极端个人主义、享乐主义、拜金主义肆意泛滥起来，追求金钱的欲望急剧地膨胀起来，如果没有良好的社会主义道德，没有高层次的精神追求，就必然无休止地追求对物质生活的享受，追求对金钱的占有。那么，金钱必然诱惑人们步入歧途，正如马克思在《资本论》第一卷中引用的《评论家季刊》一文中所说的那样：资本有"50%的利润，它就铤而走险，为了100%的利润它就敢践踏一切人间的法律，有300%的利润，它就敢犯任何罪行，甚至冒绞首的危险"。[①] 为了捞取更多的钱，在市场经济交往中，坑蒙拐骗，合同欺诈，偷税漏税，逃骗税款时有发生，这些行为主体未必不知道这是犯罪，然而为了钱，他们宁肯"冒绞首的危险"。无数事实证明，单纯的法律制裁并不能根治他们的恶习。只有进行社会主义道德教育，提高人们的道德素质，才能从根本上杜绝诚信缺失问题的发生。

　　道德是通过社会舆论、风俗习惯、内心信念等特有形式，使人们按照一定的善恶标准抉择行为，来为一定的社会经济基础服务的。社会主义道德的要求一旦成为人们普遍具有的品质，就能在信念上形成一种健康的无时无刻不在起作用的无形的巨大力量。恪守信用的道德对维系经济和社会的正常运转具有极其重要的意义，如果人人内心都知道诚信光荣，失信可耻，那么还有谁去做被人唾弃的失信劣行呢？因此，要在全社会大力开展全面深入的社会诚信教育，要通过各种宣传媒体加强对市场经济也是信用经济的宣传，使每个公民都认识到重信用、讲信用，既是社会主义道德建设的重要内容，又是完善社会主义市场经济体制不可或缺的重要方面。把强化信用意识作为社会主义市场经济的伦理建设的重要内容，把信用道德作为社会主义市场经济的内在要素和力量。围绕树立正确的世界观、人生观、价值观教育和《公民道德建设实施纲要》的贯彻落实，抨击各种不守信用的社会陋习，增强全民信用观念，把尊重个人合法权益与承担社会责任统一起来。

　　同时，要加强各个行业的职业道德教育，对于违反职业道德的从业

---

① 《马克思恩格斯选集》第2卷，人民出版社1995年版，第266页。

者，要有严格的惩罚制度；对于遵守职业道德的模范，要通过各种方式，予以公开表彰和宣传。习近平同志在会见第四届全国道德模范及提名奖获得者时强调：道德模范是社会道德建设的重要旗帜，要深入开展学习宣传道德模范活动，弘扬真善美，传播正能量，激励人民群众崇德向善、见贤思齐，鼓励全社会积善成德、明德惟馨，为实现中华民族伟大复兴的中国梦凝聚起强大的精神力量和有力的道德支撑。为此，要利用各种宣传教育手段，教育全社会按着社会主义道德要求做人做事，要像中央电视台隆重表彰和大力弘扬的道德模范典型事迹和精神风貌那样，大力表彰诚实守信的先进典型，无情地揭露批判失信于人的反面典型，让他们名誉扫地，抬不起头来，以警示他人，从而在全社会广泛形成守信光荣、失信可耻的浓厚氛围和社会环境，形成与社会主义市场经济发展相适应的健康和谐、积极向上的诚实守信道德规范和社会风尚。

2. 健全信用制度，形成对市场主体的刚性制约

信用是市场经济运行的前提和基础，是市场经济健康发展的基本保障。加快建设社会信用体系，是完善社会主义市场经济体制的基础性工程。国际、国内市场经济的实践告诉我们，市场经济的健康发展，不仅要有道德教化的软约束，而且需要信用制度的刚性制约，营造良好的信用环境，让守信者有所得，让失信者有所失。要运用法律、行政、经济等手段积极推动信用信息征集制度、信用评估制度、信用档案制度、信用信息查询制度、信用信息公开制度、信用信息系统互联互通制度、信用担保制度、信用服务监管制度、信用维权保护制度、信用争议解决等项制度的建立，以规范完善的社会信用制度支撑诚信建设。同时，要结合实际，制定和完善《政务诚信规则》《商务诚信规则》《社会诚信规则》《司法公信规则》等信用规则体系，运用规则约束和规范市场主体行为以及政府管理行为，从制度上形成对各类市场主体和政府部门的刚性制约。

李克强于2014年1月15日主持召开国务院常务会议，部署加快建设社会信用体系、构筑诚实守信的经济社会环境，会议原则通过《社会信用体系建设规划纲要（2014—2020年）》。会议强调，建设社会信用体系是长期、艰巨的系统工程，要用改革创新的办法积极推进。要把社会各领域都纳入信用体系，食品药品安全、社会保障、金融等重点领域更要加快建设。要完善奖惩制度，全方位提高失信成本，让守信者处处受益、失信者

寸步难行，使失信受惩的教训成为一生的"警钟"。① 李克强于 4 月 23 日主持召开国务院常务会议，会议指出："要建立守信激励和失信惩戒机制。对违背市场竞争原则和侵犯消费者、劳动者合法权益的市场主体建立'黑名单'制度，对失信主体在投融资、土地供应、招投标等方面依法依规予以限制，对严重违法失信主体实行市场禁入。"② 在当前社会信用普遍缺失的情况下，出台上述规定要求十分必要和及时，这将使全社会认识到，一旦失信就要受到严重惩罚，必将消除失信者的侥幸心理，尊重诚信者将得到正向激励，有利于降低社会交易成本，在全社会形成褒扬诚信惩戒失信、守信光荣失信可耻的社会风尚。

3. 强化综合整治，加大对失信主体的打击力度

习近平同志在中共中央政治局第三十七次集体学习时强调指出："要依法加强对群众反映强烈的失德行为的整治。对突出的诚信缺失问题，既要抓紧建立覆盖全社会的征信系统，又要完善守法诚信褒奖机制和违法失信惩戒机制，使人不敢失信、不能失信。对见利忘义、制假售假的违法行为，要加大执法力度，让败德违法者受到惩治、付出代价。"③ 为我们惩戒违法失信问题提出了要求，指明了方向。信用缺失，与打击乏力、失信违规成本过低有关，不严厉打击失信者，就是对守信者的不公，就是对失信者的放纵。要创造良好的信用秩序，必须严刑峻法。立法环节，要加重处罚标准，使严厉打击有法可依；执法环节也要切实加强，特别要解决行政执法软弱无力、以罚代管的问题。同时，要强化综合整治。信用机制的建设是一个牵动全局、覆盖全社会的庞大而复杂的系统工程，做好这项工作，绝非单个行业、单个部门所能完成，必须通过社会各个方面、各个环节的共同努力。政府各职能部门要采取有力措施，加大治理整顿经济秩序的力度，对信用好的发放信得过资证，让守信者因为守信而获得回报；对失信主体，根据情节轻重给予程度不同的惩治，让失信者不仅无利可图，而且要加重惩罚使之付出惨重代价。

---

① 李克强主持召开国务院常务会议，部署加快建设社会信用体系、构筑诚实守信的经济社会环境，会议讨论通过《中华人民共和国安全生产法修正案（草案）》，《人民日报》2014 年 1 月 16 日，第 2 版。
② 《李克强主持召开国务院常务会议》，《人民日报》2014 年 4 月 24 日，第 1 版。
③ 习近平在中共中央政治局第三十七次集体学习时强调：《坚持依法治国和以德治国相结合 推进国家治理体系和治理能力现代化》，《人民日报》2016 年 12 月 11 日，第 1 版。

4. 深化诚信实践，塑造诚信政府，诚信行业，诚信公民

社会信用体系建设是一件涉及全民、全社会的大事，需要社会各方面的参与，各地、各部门、各行业，包括企业和个人都应是信用社会的积极建设者。

政府要在诚信建设中发挥主导作用。要确立市场规则和信用规范，给每个参与市场竞争的主体提供公平竞争的市场环境。公务人员要着眼大局，服务大局，切实转变政府职能，放权那些不该管、管不好、管不了的事情，克服官僚主义，真正把诚信原则贯穿到履行管理、监督和服务的职责中，讲信誉、重效率，言必信，行必果。按说的做，按做的说，说到做到，言行一致，在社会诚信建设中作出表率，增强人民群众对党和政府的信心和信任。

各行业、各部门要把诚信建设与文明行业创建活动紧密结合起来，大力加强职业道德教育，修订完善行业、部门的行为准则和职业道德规范，深入推行职业资格考试认证和从业准入制度，提高从业者诚信素质和职业服务质量标准，从解决群众反映强烈，社会危害严重的问题入手，把诚信建设落到实处，见到实效。靠诚信树立良好行风，靠诚信赢得人民满意，靠诚信推进行业自身的蓬勃发展。

诚信环境的形成要靠大家。每一位公民都要从我做起，从现在做起，人人都树立讲信用、守秩序的观念，做守信公民，文明公民，塑造健康、完善的经济、文化人格，形成普遍的信用自觉，为信用文化建设奠定人格基础。要使每个人真正认识到，随着社会主义市场经济的不断发展和完善，个人信用将会成为"第二身份证""经济通行证"，是人格品质的标志和品牌，在今后的生活中将扮演越来越重要的角色，应当有效地加以冶炼、铸造和维护。

解铃还须系铃人。真正引领社会风气好转，提高全民的道德素养，首先还要靠领导干部在践行社会主义荣辱观上率先垂范，为全社会作出好样子。孔子说："君子之德风，小人之德草，草上之风，必偃。"[①] 即：领导者的品德是风，百姓的品德是草，领导者品德之风吹过百姓品德之草，百姓的品德必然向着领导者品德之方向倾斜。习近平同志指出："要把道德建设融入改革发展各方面，融入国民教育和精神文明建设全过程，同正在

---

① 吴树平、赖长扬：《全译本白话四书五经》第 1 卷，国际文化出版公司 1992 年版，第 107 页。

开展的党的群众路线教育实践活动结合起来,引导广大党员干部牢记党的宗旨,常修为政之德,常怀爱民之心,做社会主义道德的示范者、引领者,以优良党风推动形成良好社会风气。"① 只要我们的党员领导干部都能始终保持积极向上的健康心态,始终保持张思德、白求恩那样毫无自私自利之心、全心全意为人民服务清正廉洁的政治本色,树立良好的道德形象,就抓住了树立和践行社会主义荣辱观的关键,就能使社会主义荣辱观深入人心,畅行其道,在全党全社会形成统一的基本道德规范,整体上提高全民的道德素养,打牢社会主义核心价值体系的基础,为中国特色社会主义事业的顺利发展创造良好的道德环境。

---

① 习近平在会见第四届全国道德模范及提名奖获得者时强调:《深入开展学习宣传道德模范活动为实现中国梦凝聚有力道德支撑》,《人民日报》2013年9月27日,第1版。

第七章

建设社会主义核心价值体系与建设社会主义和谐文化的关系

党的十六届六中全会通过的《中共中央关于构建社会主义和谐社会若干重大问题的决定》（下文简称党的十六届六中全会《决定》），是我们党顺应时代潮流，把握我国经济社会发展的阶段特征，反映建设富强民主文明和谐的社会主义现代化国家的内在要求，体现全党全国各族人民共同心愿的具有伟大现实意义和深远历史意义的重要决定，是指导社会主义和谐社会建设的纲领性文件，标志着中国共产党对共产党执政规律、社会主义建设规律、人类社会发展规律的认识达到了新的高度。

一、建设和谐文化，是构建社会主义和谐社会的重要任务

社会和谐是中国特色社会主义的本质属性，是国家富强、民族振兴、人民幸福的重要保证。构建社会主义和谐社会，是我们党以马克思列宁主义、毛泽东思想、邓小平理论和"三个代表"重要思想为指导，全面贯彻落实科学发展观，从中国特色社会主义事业总体布局和全面建设小康社会全局出发提出的重大战略任务，反映了建设富强民主文明和谐的社会主义现代化国家的内在要求，体现了全党全国各族人民的共同愿望，是我们党不懈奋斗的目标。

（一）和谐社会是人类社会的美好理想

和谐社会，是人心所向、众望所归的人类社会的美好理想。从孔子到孙中山，从柏拉图到托马斯·莫尔，古今中外无数圣人先哲、志士仁人都提出了许多美好构想，勾勒了世界和谐、自由的美好画卷。和谐社会尤其是中国人民心目中的理想社会状态，在中国，和谐社会的理想更是历久弥坚、源远流长。2000多年前中国的大思想家教育家孔子在《礼记·礼运》篇中提出的大同社会，是最早系统地提出的和谐社会的美好理想。孔子提

出:"大道之行也,天下为公,选贤与能,讲信修睦。故人不独亲其亲,不独子其子,使老有所终,壮有所用,幼有所长,矜、寡、孤、独、废疾者,皆有所养。男有分,女有归。货恶其弃于地也,不必藏于己;力恶其不出于身也,不必为己。是故,谋闭而不兴,盗窃乱贼而不作,故外户而不闭,是谓大同。"① 实际上,孔子设想的大同社会,就是和谐社会。天下公正无私,选贤任能,诚信和睦,爱自己的父母也爱别人的父母,爱自己的孩子也爱别人的孩子,老人、壮年、小孩、丈夫、妻子各得其所,鳏、寡、孤、独、残疾人都能有所供养,既节约,又不为己,既肯出力气,又不非要为自己干活,私欲不兴,盗贼不作,夜不闭户,路不拾遗,人人互相关心,互相爱护,"己所不欲,勿施于人","己欲立而立人,己欲达而达人"。孟子的"老吾老以及人之老,幼吾幼以及人之幼",老子的"甘其食,美其服,安其居,乐其俗",太平天国洪秀全的"务使天下人共享,有田同耕,有饭同食,有衣同穿,有钱同使,无处不均匀,无处不饱暖",近代康有为的《大同书》提出的建立一个"人人相亲,人人平等,天下为公"的理想社会,包括孙中山的"天下为公"治国理念,这些都是提出要建立和谐社会的主张。这些主张反映了从古至今广大人民群众殷切期盼的建立一个这样美好的理想社会。虽然这种理想社会从没有实现过,但具有远见卓识的先哲圣贤、志士仁人以及广大劳动人民从未放弃这种追求和探索。代表最广大人民根本利益的中国共产党人,按照人民的意愿,遵循社会发展规律,弘扬中华民族的优秀文化传统,构建社会主义和谐社会,就成为顺理成章的逻辑必然。

经过几代人的艰苦探索和不懈奋斗,中国共产党已经为构建社会主义和谐社会创造了良好的社会制度、雄厚的物质条件,马克思列宁主义、毛泽东思想、邓小平理论、"三个代表"重要思想、科学发展观,习近平新时代中国特色社会主义思想为实现和谐社会提供了充分的思想理论条件及人们思想觉悟较大提高的人的素质条件。在这些条件基本具备的关键时期,党中央高瞻远瞩,以博大的襟怀,雄宏的气魄,把握社会发展规律,站在时代潮流的前边,作出了构建社会主义和谐社会的谋民利、顺民意、得民心的重大决策,勾画出2020年构建社会主义和谐社会的目标和主要任务的宏伟蓝图。

---

① 吴树平、赖长扬:《全译本白话四书五经》第1卷,国际文化出版公司1992年版,第529页。

第七章　建设社会主义核心价值体系与建设社会主义和谐文化的关系

党的十六届六中全会《决定》从中国社会主义事业总体布局和全面建设小康社会全局出发，明确提出当前和今后一个时期构建社会主义和谐社会的指导思想、目标任务、工作原则和重大部署，规定了社会主义和谐社会的丰富内容、保障条件、实现途径，为和谐社会的顺利实现，指明了方向，开辟了道路，使全党全国各族人民充满了信心。我们相信，中国社会主义和谐社会的实现，将从古至今人类苦苦追求的美好梦想变为现实，是人类社会发展史上最辉煌壮丽的篇章，是对国际共产主义运动的杰出贡献，是对人类世界社会发展、文明进步的杰出贡献，必将彪炳史册，光耀千秋！

（二）构建社会主义和谐社会，就必须着力建设和谐文化

构建社会主义和谐社会就需要理论指导、精神支撑、文化引领、思想保证，而社会主义和谐文化就能发挥这种功能，起到这种作用，因此，建设和谐文化是构建社会主义和谐社会的重要任务，必须着力建设和谐文化。

文化作为一种"软实力"，对一个民族、国家和地区的发展越来越重要，它可以创造生产力、提高竞争力、增强吸引力、形成凝聚力。建设和谐文化是构建和谐社会的重要任务，是摆在我们面前的一项崭新而艰巨的重大课题。党的十六届六中全会通过的《中共中央关于构建社会主义和谐社会若干重大问题的决定》指出："建设和谐文化是构建社会主义和谐社会的重要任务，社会主义核心价值体系是建设和谐文化的根本。"[①] 这一论述的提出是我们党在思想文化建设上的一项重大理论创新，是加强和谐文化建设、推进社会主义和谐社会建设的重大举措，为建设社会主义和谐文化指明了前进方向。

1. 文化、社会主义和谐文化的内涵和特征

"文化"一词新华字典解释为人类在社会历史发展过程中所创造的物质财富和精神财富的总和，一般特指精神财富，如文学、艺术、教育、科学等。关于文化概念，学术界也有不同的说法，人类学的鼻祖英国现代著名文化人类学家泰勒在其《原始文化》中提出的文化定义：文化，或文

[①]《中共中央关于构建社会主义和谐社会若干重大问题的决定》，《人民日报》2006年10月19日，第1版。

明，就其广泛的民族学意义来说，是包括全部的知识、信仰、艺术、道德、法律、风俗以及作为社会成员的人所掌握和接受的任何其他的才能和习惯的复合体。① 可见，就这个文化定义而言，文化本身既可以是文明的同义语，也可以是由多种成分组成的、作为人类社会生活整体而存在的复合体，因为它几乎涵盖了人类社会生活的各个方面，因而具有"大而全"的基本特征。广义的文化是人类创造出来的所有物质和精神财富的总和，其中既包括世界观、人生观、价值观等具有意识形态性质的部分，也包括自然科学和技术，语言和文字等非意识形态的部分。笔者认为，在某种程度上，广义的文化可以看作社会发展中的"生产关系"。

"和谐文化"是胡锦涛同志2006年5月在云南考察时提出的一个新概念，对于什么是和谐文化，学术界从不同角度对其科学内涵进行了解读。刘云山同志在《建设和谐文化 巩固社会和谐的思想道德基础》一文中对和谐文化的概括是："和谐文化以崇尚和谐、追求和谐为价值取向，融思想观念、思维方式、行为规范、社会风尚为一体，反映着人们对和谐社会的总体认识、基本理念和理想追求，是中国特色社会主义文化的重要组成部分。和谐文化既是和谐社会的重要特征，也是实现社会和谐的文化源泉和精神动力。"② 由此可见，和谐文化是和谐的文化，是一种文化状态，它是一种反映我国建设社会主义和谐社会需求的、由多种文化在相互协调中构成的、由社会主义核心价值体系为主导的一种文化状态。和谐文化的和谐是一种动态的和谐，它是适合我国现阶段国情，在我国现有生产力的基础上产生的，它将随着生产力的发展而发展，同时反作用于生产力，促进生产力更好更快发展，从而推动我国社会主义和谐社会建设。社会主义和谐文化是科学的大众的文化，是中华民族智慧的结晶和中华民族精神在当代的集中体现，它既吸收了古今中外的优秀文化遗产，又反映了时代的基本精神和主题，符合和代表着社会历史发展的必然趋势。和谐文化是一种一元主导、多元统一、兼容共生、协调有序、充满活力和大众共享的文化。和谐文化允许有矛盾和冲突，它是面对多样性，并且积极有效地引导多样性的和谐，是面对复杂的矛盾，并且科学妥善地处理复杂矛盾的和谐。和谐文化突出的是一种和谐理念，倡导人身自我和谐、人与人之间的

---

① [英国]泰勒，连树生译：《原始文化》，上海文艺出版社1992年版，第1页。
② 刘云山：《建设和谐文化 巩固社会和谐的思想道德基础》，《人民日报》2006年10月24日，第2版。

第七章　建设社会主义核心价值体系与建设社会主义和谐文化的关系

和谐、人与社会之间的和谐、人与自然之间的和谐，倡导人与社会和自然的一种可持续发展、科学发展。

社会主义和谐文化具备三个本质特征：社会主义性质、中国的民族特色、先进的时代特征。社会主义性质规定着社会主义和谐文化性质和方向，是社会主义和谐文化的灵魂；中国的民族特色规定着社会主义和谐文化的民族风格和地域特色；先进的时代特征规定着社会主义和谐文化的先进性、开放性和创造性。"无论是经济社会的协调发展、人与自然的和谐相处，还是人与人的团结和睦，乃至人自身的心理和谐，都离不开和谐文化的支撑。没有和谐文化，就没有社会和谐的思想根基，也就不可能有建设和谐社会的实践追求。构建社会主义和谐社会，不仅内在地需要而且必将催生出与之相适应的和谐文化。建设和谐文化，就是要培育和谐精神，倡导和谐理念，在全社会形成共同的理想信念和道德规范，不断增强中华民族的凝聚力、向心力、亲和力，为构建和谐社会创造良好的人文环境和文化生态。"[①]

2. 社会主义和谐文化目的及其包括的基本内容

党的十六届六中全会《决定》的第五部分为"建设和谐文化，巩固社会和谐的思想道德基础"，明确确定建设和谐文化目的就是为巩固社会和谐提供完整系统的思想道德基础，并为建设和谐文化提出总的指导原则，即："建设和谐文化，是构建社会主义和谐社会的重要任务。社会主义核心价值体系是建设和谐文化的根本。必须坚持马克思主义在意识形态领域的指导地位，牢牢把握社会主义先进文化的前进方向，弘扬民族优秀文化传统，借鉴人类有益文明成果，倡导和谐理念，培育和谐精神，进一步形成全社会共同的理想信念和道德规范，打牢全党全国各族人民团结奋斗的思想道德基础。"继而提出四项基本内容如下。

一是建设社会主义核心价值体系，形成全民族奋发向上的精神力量和团结和睦的精神纽带。马克思主义指导思想，中国特色社会主义共同理想，以爱国主义为核心的民族精神和以改革创新为核心的时代精神，社会主义荣辱观，构成社会主义核心价值体系的基本内容。坚持把社会主义核心价值体系融入国民教育和精神文明建设全过程、贯穿现代化建设各方面。坚持用马克思主义中国化的最新成果武装全党、教育人民，用民族精

[①] 刘云山：《建设和谐文化　巩固社会和谐的思想道德基础》，《人民日报》2006年10月24日，第2版。

神和时代精神凝聚力量、激发活力，倡导爱国主义、集体主义、社会主义思想，加强理想信念教育，加强国情和形势政策教育，不断增强对中国共产党领导、社会主义制度、改革开放事业、全面建设小康社会目标的信念和信心。加强马克思主义理论研究和建设，增强党的思想理论工作的创造力、说服力、感召力。坚持以社会主义核心价值体系引领社会思潮，尊重差异，包容多样，最大限度地形成社会思想共识。

二是树立社会主义荣辱观，培育文明道德风尚。坚持依法治国与以德治国相结合，树立以"八荣八耻"为主要内容的社会主义荣辱观，倡导爱国、敬业、诚信、友善等道德规范，开展社会公德、职业道德、家庭美德教育，加强青少年思想道德建设，在全社会形成知荣辱、讲正气、促和谐的风尚，形成男女平等、尊老爱幼、扶贫济困、礼让宽容的人际关系。普及科学知识，弘扬科学精神，养成健康文明的生活方式。发扬艰苦奋斗精神，提倡勤俭节约，反对拜金主义、享乐主义、极端个人主义。弘扬我国传统文化中有利于社会和谐的内容，形成符合传统美德和时代精神的道德规范和行为规范。加强政务诚信、商务诚信、社会诚信建设，增强全社会诚实守信意识。

三是坚持正确导向，营造积极健康的思想舆论氛围。正确的思想舆论导向是促进社会和谐的重要因素。新闻出版、广播影视、文学艺术、社会科学要坚持正确导向，唱响主旋律，为改革发展稳定营造良好思想舆论氛围。新闻媒体要增强社会责任感，宣传党的主张，弘扬社会正气，通达社情民意，引导社会热点，疏导公众情绪，搞好舆论监督。要健全突发事件新闻报道机制，及时发布准确信息。加强对互联网等的应用和管理，理顺管理体制，倡导文明办网、文明上网，使各类新兴媒体成为促进社会和谐的重要阵地。哲学社会科学要坚持以马克思主义为指导，以重大现实问题研究为主攻方向，发挥认识世界、传承文明、创新理论、咨政育人、服务社会的作用。文学艺术要弘扬真善美，创作生产更多陶冶情操、愉悦身心的优秀作品，丰富群众文化生活，坚持不懈地开展"扫黄打非"。

四是广泛开展和谐创建活动，形成人人促进和谐的局面。着眼于增强公民、企业、各种组织的社会责任，把和谐社区、和谐家庭等和谐创建活动同群众性精神文明创建活动结合起来，突出思想教育内涵，广泛吸引群众参与，推动形成我为人人、人人为我的社会氛围。以相互关爱、服务社会为主题，深入开展城乡社会志愿服务活动，建立与政府服务、市场服务相衔接的社会志愿服务体系。注重促进人的心理和谐，加强人文关怀和心

第七章 建设社会主义核心价值体系与建设社会主义和谐文化的关系

理疏导,引导人们正确对待自己、他人和社会,正确对待困难、挫折和荣誉。加强心理健康教育和保健,健全心理咨询网络,塑造自尊自信、理性平和、积极向上的社会心态。①

二、社会主义核心价值体系是和谐文化的灵魂,保证了和谐文化建设的社会主义性质和发展的正确方向

社会主义核心价值体系是和谐文化的根本,是和谐文化的核心和理论基础,是和谐文化建设的灵魂和旗帜,是建设社会主义和谐文化的必然要求,保证了和谐文化建设的社会主义性质和发展的正确方向。同时,和谐文化又以文化的形态,将社会主义核心价值体系内容呈现在广大民众面前,二者相互联系,相互影响,相辅相成,密不可分。

(一) 社会主义核心价值体系与和谐文化融为一体,又是和谐文化建设的的根本、灵魂

社会主义核心价值体系本身就是社会主义和谐文化内涵中的重要内容。马克思主义指导思想、中国特色社会主义共同理想、以爱国主义为核心的民族精神和以改革创新为核心的时代精神、社会主义荣辱观,这些构成社会主义核心价值体系的基本内容,又是社会主义和谐文化的根本、灵魂和统领。马克思主义指导思想,是立党立国的根本指针,是社会主义意识形态的灵魂,是和谐文化的根本指导思想,和谐文化必须坚持先进文化的前进方向。因此,必须毫不动摇地坚持以马克思列宁主义、毛泽东思想、邓小平理论和"三个代表"重要思想为指导,全面贯彻科学发展观,坚持为人民服务、为社会主义服务的方向和百花齐放、百家争鸣的方针,弘扬主旋律、提倡多样化,始终保持正确的政治方向。中国特色社会主义共同理想,是实现中华民族伟大复兴的必由之路,是全国各族人民团结奋斗的强大动力。和谐文化是中国特色社会主义文化的组成部分,服务于社会主义和谐社会建设,和谐社会是中国特色社会主义的本质属性,决定了

---

① 《中共中央关于构建社会主义和谐社会若干重大问题的决定》,《人民日报》2006年10月19日,第1版。

和谐文化必须服务于中国特色社会主义事业，因此中国特色社会主义共同理想，就是和谐文化必须追求的价值目标。以爱国主义为核心的民族精神和以改革创新为核心的时代精神，是中华民族繁衍生息、薪火相传、百折不挠、历久弥坚的精神支撑，是当代中国人民不断创造崭新业绩、紧跟时代潮流并不断走在前面、开拓奋进的力量源泉，是和谐文化必须具备的精神特质和品格。以"八荣八耻"为主要内容的社会主义荣辱观，涵盖爱国主义集体主义、社会主义思想，体现了中华民族传统道德和时代要求，反映社会主义世界观、人生观、价值观，明确了当代中国最基本的价值取向和行为准则，是马克思主义道德观的精辟概括，既包括中国共产党人在长期的革命斗争中形成的优良革命传统，又继承中华民族传统文化精华，是市场经济条件下判断行为得失、确定价值取向、做出道德选择的基本准则，是全党全国各族人民团结奋斗的思想道德基础，因此是和谐文化必须遵循的道德准则。

人类的一切思想认同、文化认同和政治认同，归根结底都可以概括为价值认同。[①] 价值观对于文化具有特殊的重要性：从文化的静态结构来看，价值观是文化的核心，发挥着核心作用；从文化的本质和动态过程来看，价值观是"化"人之物，恩格斯在《劳动在从猿到人转变过程中的作用》一文中指出，文化作为意识形态，借助于意识和语言而存在，文化是人类特有的现象和符号系统，文化就是人化。[②] 每一个社会都有自己的文化，都有其赖以支撑的核心价值观。核心价值观是一个社会中居统治地位、起支配作用的核心理念，也是一个社会在一定时期必须长期普遍遵循的基本价值准则，正是核心价值观将某个特定文化与其他文化区别开来。如果说价值观是文化的核心，核心价值观则是核心之核心、根本之根本。文化可以是多元的，但是多元文化不能离开核心价值观，没有核心价值观的指导和引领，文化发展将迷失方向，走向歧途。同样，没有文化，价值观、核心价值观也就无从谈起。价值观和文化建设是相互统一的。社会主义核心价值体系是建立在社会主义经济基础之上的，反映社会主义经济、政治、文化、社会制度要求，体现最广大人民根本利益的基本价值观念，它集中

---

① 冰萌：《关于社会转型期军人价值认同教育的思考》，《湖南社会科学》2004年第6期。

② 唐晓燕：《用社会主义核心价值体系引领和谐文化建设》，《理论界》2008年第4期。

第七章　建设社会主义核心价值体系与建设社会主义和谐文化的关系

体现了社会主义意识形态的本质属性,是社会主义制度的内在要求,是和谐文化的根本体现。①

总之,和谐文化,只有坚持马克思主义指导思想,以中国特色社会主义为共同理想,符合以爱国主义为核心的民族精神和以改革创新为核心的时代精神,践行社会主义荣辱观,才是真正的和谐文化,才能真正为构建和谐社会服务,才能为坚持和发展中国特色社会主义事业服务。

(二) 坚持以社会主义核心价值体系统领社会主义和谐文化建设

社会主义核心价值体系是兴国之魂,是社会主义先进文化的精髓,是社会主义的意识形态,决定着中国特色社会主义发展方向,是建设社会主义和谐文化的灵魂和旗帜,是建设和谐文化的根本。建设和谐文化,必须坚持正确方向,最根本的就是要确立我们社会共同遵循的核心价值体系,打牢社会和谐的思想道德基础,最大限度地形成社会共识,凝聚人心、激发活力,为社会和谐提供思想指导、文化源泉和精神动力。社会主义和谐文化包括四方面内容,首要的是"建设社会主义核心价值体系,形成全民族奋发向上的精神力量和团结和睦的精神纽带",这是纲、是帅,是旗帜、是灵魂,是建设和谐文化的根本。其他三项内容"树立社会主义荣辱观,培育文明道德风尚""坚持正确导向,营造积极健康的思想舆论氛围""广泛开展和谐创建活动,形成人人促进和谐的局面",都需要社会主义核心价值体系的统率和引领。因此,坚持以社会主义核心价值体系统领社会主义和谐文化建设,就必须把社会主义核心价值体系作为建设和谐文化的根本,坚持做到这一点,就把握了推进社会主义和谐文化建设的正确方向。

1. 坚持马克思主义指导地位,确保和谐文化建设的正确方向

马克思主义是我们立党立国的根本指针,是社会主义和谐文化的旗帜和灵魂。毛泽东思想、邓小平理论、"三个代表"重要思想、科学发展观、习近平新时代中国特色社会主义思想是马克思列宁主义与中国具体实际相结合的产物,是当代中国的马克思主义。只有坚持以马克思列宁主义、毛泽东思想、邓小平理论、"三个代表"重要思想及科学发展观、习近平新时代中国特色社会主义思想为指导,才能确保社会主义和谐文化建设的

---

① 韦日平:《社会主义核心价值体系是建设和谐文化的根本》,《思想理论教育导刊》2007年第11期。

正确方向。

核心价值体系在我国整体社会价值体系中居于核心地位,发挥着主导作用,是建设和谐文化的根本,是动员和团结全国各族人民共建美好社会的精神动力。这一观点不仅把和谐文化建设作为构建社会主义和谐社会的重大任务,而且提供了和谐文化建设的核心内容,为社会主义和谐文化的建设指明了方向。其中,马克思主义指导思想是社会主义核心价值体系的灵魂,决定了社会主义核心价值体系建设的性质和方向,同样决定了社会主义和谐文化建设的性质和方向,它就像一面旗帜,指引着和谐文化的前进方向。这是由以下一些原因决定的。

其一,马克思主义在和谐文化的建设中具有特殊的地位。在社会主义和谐文化建设中坚持马克思主义的指导,具有客观必然性和重大现实性。其必然性主要表现在:一是由共产党和工人阶级在社会主义国家的领导地位决定的。我国是社会主义国家,共产党是执政党,工人阶级是领导阶级,这必然决定了他们所信仰的马克思主义在国家政治生活和文化领域的主导地位。二是由马克思主义本身的特点决定的。马克思主义揭示了社会发展的普遍规律,是人类认识世界、改造世界的科学世界观和方法论,它代表了先进文化的发展方向,也为人类社会发展指明了正确的路径,是中华民族历经磨难后,对自身进行了认真的反思才确立的共同信仰。所以,离开马克思主义的指导,构建和谐社会、建设和谐文化就会迷失方向。只有坚持马克思主义的指导思想,深刻认识和正确把握社会主义核心价值体系,才能坚持社会主义先进文化的前进方向,才能在文化建设和意识形态建设中突出重点、抓住根本。其现实性主要表现在:这是由我国特殊的国情与我国近年来思想文化领域和社会上的思想状况决定的。马克思主义的指导地位是被历史和实践证明了的,中国革命的理论和实践都是靠这个指导思想取得胜利的,因而文化建设就更不能例外。文化事业不能偏离马克思主义的指导,什么时候什么地方坚持了马克思主义的指导,文化事业就会健康发展;什么时候什么地方削弱、偏离了马克思主义的指导,文化事业就会受到破坏。因此,和谐文化必须坚持马克思主义思想指导,才能保证和谐文化建设的社会主义性质和正确发展方向。

其二,马克思主义为社会主义和谐文化建设提供了科学的指导原则。马克思主义阐明了物质生产和精神生产的关系,为我们在文化建设中正确处理经济建设和文化建设的关系提供了理论基础;马克思主义揭示了社会意识形态产生和形成的社会基础,为我们理解文化的变迁和进行文化变革

第七章　建设社会主义核心价值体系与建设社会主义和谐文化的关系

提供了有力的思想武器；马克思主义揭示和阐明了精神对物质的巨大反作用，为我们提高进行文化建设的自觉性提供了有力的理论支持；马克思主义发现了在人类社会发展过程中，精神生产和物质生产可能会出现不平衡现象，这对提高我们建设社会主义和谐文化的信心提供了巨大的精神力量；马克思主义阐明了对待人类文化遗产的科学态度，为我们批判继承文化遗产提供了正确的理论和方法原则。

马克思主义指导思想是社会主义核心价值体系的灵魂，中国特色社会主义共同理想是社会主义核心价值体系的主题。面对这一新形势，我们应紧跟时代步伐，用马克思主义的指导思想统摄多元的社会思想意识，增强社会主义意识形态的吸引力和凝聚力，最大限度地形成全社会思想共识，坚定不移地走中国特色社会主义道路，而这也正是建设社会主义和谐文化的政治基础和原则立场。"要加强马克思主义理论研究和建设，增强党的思想理论工作的创造力、说服力、感召力，坚持用社会主义核心价值体系引领多样化的思想观念和社会思潮，在尊重差异中扩大社会认同，在包容多样中增进思想共识，团结不同阶层、不同认识水平的人们共同前进。"①要坚持用马克思列宁主义、毛泽东思想、邓小平理论、"三个代表"重要思想、科学发展观、习近平新时代中国特色社会主义思想武装全党、教育人民，用中国特色社会主义共同理想作为全国人民团结奋斗的强大动力，用民族精神和时代精神凝聚力量、激发活力，鼓舞斗志，大力唱响爱国主义、集体主义、社会主义的主旋律，深入进行理想信念教育，不断进行精神"补钙"，始终做到高举中国特色社会主义伟大旗帜不动摇，坚定道路自信、理论自信、制度自信、文化自信，为实现中华民族的伟大复兴坚定信念，凝聚力量。

2. 树立中国特色社会主义共同理想，突出和谐文化建设的主题

中国特色社会主义共同理想集中地代表了我国各族工人、农民、知识分子和其他劳动者、爱国者的共同利益和愿望，是保证全体人民在政治上、道义上和精神上团结一致，克服任何困难，争取胜利的强大精神武器。经过实践的检验，中国特色社会主义共同理想有着广泛的社会共识，具有令人信服的必然性、广泛性和包容性，具有强大的感召力、亲和力和凝聚力。习近平同志在十八届中共中央政治局第一次集体学习时的讲话中

---

① 刘云山：《建设和谐文化　巩固社会和谐的思想道德基础》，《人民日报》2006年10月24日，第2版。

深刻指出:"实践充分证明,中国特色社会主义是中国共产党和中国人民团结的旗帜、奋进的旗帜、胜利的旗帜。我们要全面建成小康社会、加快推进社会主义现代化、实现中华民族伟大复兴,必须始终高举中国特色社会主义伟大旗帜,坚定不移坚持和发展中国特色社会主义。党的十八大要求全党坚定对中国特色社会主义的道路自信、理论自信、制度自信,其根本原因就在这里。"[1] "中国特色社会主义道路,是实现我国社会主义现代化的必由之路,是创造人民美好生活的必由之路。中国特色社会主义道路,既坚持以经济建设为中心,又全面推进经济建设、政治建设、文化建设、社会建设、生态文明建设以及其他各方面建设;既坚持四项基本原则,又坚持改革开放;既不断解放和发展社会生产力,又逐步实现全体人民共同富裕、促进人的全面发展。"[2]

习近平同志深刻指出:"实现中国梦必须走中国道路。这就是中国特色社会主义道路。这条道路来之不易,它是在改革开放30多年的伟大实践中走出来的,是在中华人民共和国成立60多年的持续探索中走出来的,是在对近代以来170多年中华民族发展历程的深刻总结中走出来的,是在对中华民族5000多年悠久文明的传承中走出来的,具有深厚的历史渊源和广泛的现实基础。中华民族是具有非凡创造力的民族,我们创造了伟大的中华文明,我们也能够继续拓展和走好适合中国国情的发展道路。全国各族人民一定要增强对中国特色社会主义的理论自信、道路自信、制度自信,坚定不移沿着正确的中国道路奋勇前进。"[3] 这就清楚地告诉我们,中国特色社会主义是中国共产党和中国人民团结的旗帜、奋进的旗帜、胜利的旗帜。中国特色社会主义道路,是实现我国社会主义现代化的必由之路,是创造人民美好生活的必由之路,实现中华民族伟大复兴的必由之路,更是构建社会主义和谐社会的必由之路。因为"我们要构建的社会主义和谐社会,是在中国特色社会主义道路上,中国共产党领导全体人民共同建设、

---

[1] 习近平:《紧紧围绕坚持和发展中国特色社会主义 学习宣传贯彻党的十八大精神——在十八届中共中央政治局第一次集体学习时的讲话》,《人民日报》2012年12月19日,第2版。

[2] 习近平:《紧紧围绕坚持和发展中国特色社会主义学习宣传贯彻党的十八大精神——在十八届中共中央政治局第一次集体学习时的讲话》,《人民日报》2012年12月19日,第2版。

[3] 习近平:《在第十二届全国人民代表大会第一次会议上的讲话》,《人民日报》2013年3月18日,第1版。

第七章 建设社会主义核心价值体系与建设社会主义和谐文化的关系

共同享有的和谐社会。必须坚持以马克思列宁主义、毛泽东思想、邓小平理论和'三个代表'重要思想为指导，坚持党的基本路线、基本纲领、基本经验，坚持以科学发展观统领经济社会发展全局，按照民主法治、公平正义、诚信友爱、充满活力、安定有序、人与自然和谐相处的总要求，以解决人民群众最关心、最直接、最现实的利益问题为重点，着力发展社会事业、促进社会公平正义、建设和谐文化、完善社会管理、增强社会创造活力，走共同富裕道路，推动社会建设与经济建设、政治建设、文化建设协调发展"。[①] 中国特色社会主义道路正是实现这些总体目标的根本保证。道路关乎党的命脉，关乎国家前途、民族命运、人民幸福。改革开放以来我国取得的举世瞩目的伟大成就雄辩地证明，这条道路，是成功之路，胜利之路，辉煌之路，因此必定是构建社会主义和谐社会的必由之路，理想之路。我们要加强中国特色社会主义共同理想教育，让广大人民群众了解、认识中国特色社会主义共同理想，全面了解、认识中国特色社会主义道路、中国特色社会主义理论体系、中国特色社会主义制度的深刻内涵，坚定道路自信、理论自信、制度自信、文化自信，在全社会树立中国特色社会主义共同理想，更好地建设社会主义和谐文化，为构建社会主义和谐社会，提供巩固社会和谐的思想道德基础。

3. 弘扬民族精神和时代精神，把握和谐文化建设的精髓

民族精神是民族文化最本质、最集中的体现，以爱国主义为核心的伟大民族精神，已经深深地融入我们的民族意识、民族品格、民族气质之中，成为各族人民团结一心、共同奋斗的价值取向。以改革创新为核心的时代精神，是马克思主义与时俱进的理论品格、中华民族富于进取的思想品格与改革开放和现代化建设实践相结合的伟大成果，已经深深地融入我国经济、政治、文化、社会建设的各个方面，成为各族人民不断开创中国特色社会主义事业新局面的强大精神力量。时代精神与民族精神紧密相连，时代精神是民族精神的时代体现，民族精神是时代精神形成的重要基础和依托，两者的有机统一构成了社会主义核心价值体系的精髓。习近平同志在第十二届全国人民代表大会第一次会议上的讲话中指出："实现中国梦必须弘扬中国精神。这就是以爱国主义为核心的民族精神，以改革创新为核心的时代精神，是凝心聚力的兴国之魂、强国之魂。爱国主义始终

[①] 《中共中央关于构建社会主义和谐社会若干重大问题的决定》，《人民日报》2006年10月19日，第1版。

是把中华民族坚强团结在一起的精神力量,改革创新始终是鞭策我们在改革开放中与时俱进的精神力量。全国各族人民一定要弘扬伟大的民族精神和时代精神,不断增强团结一心的精神纽带、自强不息的精神动力,永远朝气蓬勃迈向未来。"① 以爱国主义为核心的民族精神,以改革创新为核心的时代精神,这种精神是凝心聚力的兴国之魂、强国之魂,是社会主义核心价值体系的精髓,同样是社会主义和谐文化的精髓。实现中国梦必须弘扬中国精神,构建社会主义和谐社会必须弘扬中国精神,建设社会主义和谐文化同样也必须弘扬中国精神。大力培育、弘扬民族精神和时代精神,使全体人民始终保持昂扬向上的精神状态,是和谐文化建设的主旋律。大力培育、弘扬民族精神和时代精神,应全面认识中华传统文化,予以批判地继承,并将其与现代化的发展、人的发展相结合,体现民族性与时代性;要运用现代理论与技术不断挖掘中国传统文化资源,进行以爱国主义为核心的民族精神和以改革创新为核心的时代精神教育;要挖掘中国革命与建设时期的优秀精神,将其作为民族精神和时代精神教育的鲜活材料;要清除民族虚无主义、历史虚无主义的影响,正确认识中华民族历史与现状,增强民族自信,促进民族自强;要教育全体人民、各群体敢于创新、善于创新,勇于改革、不断改革。培育、弘扬民族精神和时代精神,要从每一个人做起,从身边具体之事做起,既体现在国家、民族和他人处于危难时刻能挺身而出,还更多地表现在日常学习、工作中能够爱岗敬业、勤勤恳恳、任劳任怨,艰苦奋斗,开拓创新。

4. 树立和践行社会主义荣辱观,是和谐文化建设的基本任务和道德基础

构建社会主义和谐社会,必须以全体社会成员的道德修养和素质为基础。和谐文化建设,正是为了更加有效地巩固社会和谐的思想道德基础。以"八荣八耻"为主要内容的社会主义荣辱观,是对与社会主义市场经济相适应、与社会主义法律规范相协调、与中华民族传统美德相承接、与优秀革命道德与时代精神有机结合的社会主义思想道德体系的全面系统、准确通俗的表达。以"八荣八耻"为主要内容的社会主义荣辱观,是人们对荣誉和耻辱的根本看法和态度,属于道德的范畴,对人的思想行为具有推动、引导和调节作用。它旗帜鲜明地指出了在社会主义市场经济条件下,

---

① 习近平:《在第十二届全国人民代表大会第一次会议上的讲话》,《人民日报》2013年3月18日,第1版。

第七章　建设社会主义核心价值体系与建设社会主义和谐文化的关系

应当坚持和提倡什么、反对和抵制什么，为全体社会成员判断行为得失、作出道德选择、确定价值取向，提供了基本的价值准则和行为规范，因而具有强大的整合力和引领力。可以引导人们明辨是非、善恶、美丑，形成正确的自我评价，产生正确的价值激励，满足正确的自我需求，实现自身全面发展。由实现人自身的心理和谐，进而促进实现社会和谐的目标。

社会主义和谐文化，强调培育文明道德风尚，而培育文明道德风尚，首要的就是树立社会主义荣辱观。以"八荣八耻"为主要内容的社会主义荣辱观，倡导爱国、敬业、诚信、友善等道德规范，是树立培育社会公德、职业道德、家庭美德的统领和旗帜；是全社会形成知荣辱、讲正气、促和谐的风尚的道德规范和行为准则；是形成男女平等、尊老爱幼、扶贫济困、礼让宽容人际关系的道德基础；是发扬艰苦奋斗精神，提倡勤俭节约，反对拜金主义、享乐主义、极端个人主义的思想武器；是弘扬我国传统文化中有利于社会和谐的内容，形成符合传统美德和时代精神的道德规范和行为规范；是加强政务诚信、商务诚信、社会诚信建设，增强全社会诚实守信意识的统领和保障。因此，在全社会树立和践行社会主义荣辱观，是社会主义和谐文化建设的基本任务，本身就是建设社会主义和谐文化。

习近平同志指出："道德是社会关系的基石，是人际和谐的基础，要始终把弘扬中华民族传统美德、加强社会主义思想道德建设作为极为重要的战略任务来抓，为实现中华民族伟大复兴的中国梦提供强大精神力量和有力道德支撑。道德模范是有形的正能量，是鲜活的价值观，要广泛开展向道德模范学习活动，引导人们从身边做起，从基本道德规范做起，把良好道德行为落实到日常生活和工作之中。要把培育文明道德风尚作为重要着力点，坚持正确的价值取向、舆论导向，坚持以文化人、以文育人，弘扬真善美、贬斥假恶丑，推动形成知荣辱、讲正气、作奉献、促和谐的社会风尚。"[①] 这样，就要着眼于引导人们树立正确的世界观、人生观、价值观，正确处理国家利益、集体利益和个人利益的关系，自觉履行社会责任和法律义务，做一个对国家、对人民、对社会讲道德、负责任的公民。为实现人与人的和谐，要引导人们正确对待自己、他人和社会，正确对待困

---

① 习近平在会见第四届全国道德模范及提名奖获得者时强调：《深入开展学习宣传道德模范活动　为实现中国梦凝聚有力道德支撑》，《人民日报》2013 年 9 月 27 日，第 1 版。

难、挫折和荣誉。要着眼于促进人与自然的和谐，引导人们牢固树立节约资源、保护环境的意识，坚决制止破坏性滥采滥伐行为，从自身做起，从小事做起，举手投足，爱护自然，爱护地球，勤俭节约，减少浪费，保护生态，树立科学发展、可持续发展的意识，推动整个社会走上生产发展、生活富裕、生态良好的文明发展道路。

　　习近平同志指出："精神的力量是无穷的，道德的力量也是无穷的。中华文明源远流长，蕴育了中华民族的宝贵精神品格，培育了中国人民的崇高价值追求。自强不息、厚德载物的思想，支撑着中华民族生生不息、薪火相传，今天依然是我们推进改革开放和社会主义现代化建设的强大精神力量。"① 我们要建立健全树立和践行社会主义荣辱观的长效机制，从社会、学校、家庭三方面教育和引导广大人民群众树立和践行社会主义荣辱观。在社会方面，要充分发挥大众传媒的作用，优化舆论环境。例如：在各媒体上开设专栏，开展社会主义核心价值体系教育；播放体现相关主题的电影或电视剧来达到教育的目的；充分发挥大众传媒的舆论监督功能，不仅要从正面宣传教育，还要对不良行为进行曝光，进而营造一种良好的舆论氛围。在学校方面，要加强教师队伍建设，改革教学内容和教学方式，转变"重智育、轻德育，重知识、轻文化"的传统观念，充分发挥教学课堂的主渠道作用。社会主义荣辱观教育应贯穿幼儿园、小学、中学、大学教育的全过程，根据认知的特点，分层次、分群体、分重点地进行。在家庭方面，要提高家长的素质、更新家长的教育观念、培养和谐的家庭氛围。家长是孩子的启蒙老师，在家庭教育中扮演着非常重要的角色。家长要学习一些教育学、心理学等方面的知识并与实际生活相结合，对孩子出现的一些问题能够给予正确的引导；家长还要具有良好的心理品质，不要对孩子过分溺爱或严苛；家长要自觉践行社会主义核心价值体系，为孩子作出表率，要求孩子做到的，自己首先做到，不允许孩子做的，自己坚决不去做。"伟大时代呼唤伟大精神，崇高事业需要榜样引领。"② 树立和践行社会主义荣辱观，还要充分发挥榜样的作用。先进典型本身就生活在

---

①　习近平在会见第四届全国道德模范及提名奖获得者时强调：《深入开展学习宣传道德模范活动　为实现中国梦凝聚有力道德支撑》，《人民日报》2013年9月27日，第1版。

②　习近平在会见第四届全国道德模范及提名奖获得者时强调：《深入开展学习宣传道德模范活动　为实现中国梦凝聚有力道德支撑》，《人民日报》2013年9月27日，第1版。

第七章　建设社会主义核心价值体系与建设社会主义和谐文化的关系

现实生活中，是有血有肉、真实的形象，相对于传统抽象的教育模式，当前的先进典型教育更应该具体、生动。树立典型要贴近生活、贴近实际、贴近群众，以便于拉近群众和先进人物的距离。

社会主义核心价值体系是引领和谐文化具体实施建设的伟大旗帜，以社会主义核心价值体系引领和谐文化建设，是意识形态工作的一个重要组成部分，要把社会主义核心价值体系体现到经济、政治、文化等社会建设的各个领域。社会主义和谐文化建设的基本内容必须把社会主义核心价值体系融入其中，必须以社会主义核心价值体系统率、引领。只有这样，才能保证社会主义和谐文化建设性质和方向，才能在社会主义和谐社会构建过程中建设好和谐文化，在和谐文化建设过程中推进社会主义和谐社会建设。

社会主义核心价值体系对于和谐文化建设具有定性、整合、引领的意义，引领和谐文化建设并非要泯灭文化差异，实现整齐划一，而是要像党的十六届六中全会通过的《中共中央关于构建社会主义和谐社会若干重大问题的决定》所强调的那样，要"坚持以社会主义核心价值体系引领社会思潮，尊重差异，包容多样，最大限度地形成社会思想共识"。[①]

三、构建社会主义和谐文化，必须围绕巩固社会和谐的思想道德建设，树立科学理念

社会主义和谐文化是社会主义核心价值体系本质的外化表现和内涵的外延拓展，建设社会主义和谐文化，也就是将社会主义核心价值体系本质和内涵通过这个桥梁，不断由抽象化到具体化的实践过程，其目的是提供和创造巩固社会和谐的思想道德基础。建设社会主义和谐文化，既需要开展一系列实践活动作为平台和载体，也需要理论体系的构建，更需要为巩固社会和谐提供思想道德建设的科学理念引领。为此，建设社会主义和谐文化，必须树立以下八种有利于和谐文化建设的科学理念。

---

① 《中共中央关于构建社会主义和谐社会若干重大问题的决定》，《人民日报》2006年10月19日，第1版。

（一）构建社会主义和谐文化，必须树立懂得珍惜的理念

珍惜，是一种热爱的境界，是一种按照事物发展规律思考、行动的科学态度和正确选择，是实现人的心理和谐与社会和谐的必备道德素质。

在当今时代，珍惜具有极其丰富的内容：珍惜生命，珍惜人生，珍惜事业，珍惜工作，珍惜生活，珍惜家庭，珍惜荣誉，珍惜名声，珍惜使命，珍惜责任，珍惜地球的生态环境，珍惜世界的和平安宁，珍惜祖国的主权独立，繁荣稳定。

学会珍惜，懂得珍惜，就会热爱生命，热爱人生，善待生命，善待人生，善待自然，善待环境，善待工作，善待他人，善待社会，善待家庭，善待生活中的每一天，每一分，让每一秒钟都对社会发展、人类文明与进步有积极意义，有价值、有促进。

珍惜是做好一切工作的巨大动力，是保持蓬勃朝气，昂扬锐气，浩然正气的力量源泉。珍惜生命，雷锋把有限的生命投入到无限的为人民服务之中。珍惜事业，珍惜责任，焦裕禄把生命，把健康，把对人民群众的真挚情感，毫无保留地献给兰考人民。珍惜工作，任长霞争分夺秒拼命工作，在短短3年的时间里，完成超过6年的工作量，打掉了20多个犯罪团伙，处理来信来访3647人次，查结控审积案100多起，罢访息访476户，用生命的彩霞，扫除阴霾，亮丽了登封人民的朗朗天空。

珍惜是摒弃一切不良杂念的纯净剂。珍惜生命，你就会善待人生，就会建构安全、健康、美好而有意义的生活。生命是宝贵的，生命不仅属于自己，首先属于家人，属于父母、配偶、子女，属于亲朋好友，更重要的是属于国家，属于人民。父母养育我们长大成人，家人支持我们做好本职工作，党和国家培养我们，让我们有了知识，有了学问，我们应该更好地将自己的知识和才华贡献给国家和人民。而只有拥有健康的体魄，才能为党和人民争取更多的工作时间，作更多的贡献。因此，珍惜生命，就会杜绝不良嗜好，坚持健康生活方式，保持充沛的工作精力，这既是对家人负责的态度，也是不辜负党和人民培育养育之恩的实际表现。

珍惜荣誉，你就会完善自己的人格，升华自己的境界，崇高自己的思想，塑造良好的品德，永不堕落，积极进取。

珍惜成就，你就会更加谦虚谨慎，胸有高标，刻苦钻研，艰苦奋斗，不断攀登新高峰，创造新成就，做出新贡献，开拓更加美好的明天。

珍惜祖国的繁荣稳定，你就会朝兴凤寐，殚精竭虑，千方百计，努力

第七章　建设社会主义核心价值体系与建设社会主义和谐文化的关系

工作,为国家的经济发展、社会稳定作贡献,你就不会"不作为""乱作为",给和谐的社会添乱。

珍惜名声,你就会把自己的地位名声看作是党和人民对你的信任、关怀,作为领导者,你就会用自己为人民服务的优异成绩回报党和人民的恩情,决不会像腐败分子那样,以权谋私,贪污受贿,成为人民的罪人。

珍惜信义,就会铸就完美的人生。人无信不立,孔子说:"人而无信,不知其可也。""与朋友交,言而有信。"君子一言,驷马难追;言必信,行必果;一诺千金。诚信,才能让人相信你。

正是珍惜使命,珍惜责任,中国航天人一丝不苟,科学严谨,细致周密,成千上万个环节都能做到高精准、零误差,保证了神舟九号、十号、十一号、十二号……飞船顺利发射升空,返回舱安全着陆。在轨运行期间先后与天宫一号、天宫二号目标飞行器成功进行自动和手控交会对接,实现了我国空间交会对接技术的重大突破,与天和核心舱进行自主快速交会对接,标志着我国载人航天工程战略目标取得具有决定性意义的重要进展,谱写出中国航天史上的壮丽凯歌。

珍惜世界生态环境与和平安宁,你就会反对掠夺性地开采、破坏地球资源和生态环境;你就会反对压迫和欺凌,反对侵略和战争,决不会奴颜婢膝、为虎作伥,做侵略者的帮凶。

总之,珍惜是曲和谐的歌,世界、国家、自然、社会、工作、人生、家庭、友情等,社会生活和个人生存的方方面面,一切美好的生活现实,都需要我们去珍惜。学会珍惜,懂得珍惜,我们就会向着美好的明天努力,就能实现人与自然、人与社会、人与人的和谐相处,就会用真善美的崇高品德,奏响时代进步的和谐乐章。

(二) 构建社会主义和谐文化,必须树立知恩感恩的理念

构建社会主义和谐社会,必须知恩报恩。虽然感谢不必常挂在嘴上,但对于受助者来说,必须学会感恩,这是构建和谐社会的主旋律。和谐社会就是要创造人与人互相关心,互相帮助,互相爱护的社会环境和生活氛围,而这种环境和氛围的创造,需一种施恩与报恩的良性循环。

"老吾老以及人之老,幼吾幼以及人之幼",推己及人,如果整个社会人人都愿意扶危济困为别人排忧解难,乐于施恩于人,而受恩者又知情知理,知恩必报,这就对施恩者的崇高品德是个真诚的肯定和认可,也是对

施恩者善心、善行的鼓励和褒奖，是对施恩者继续施恩的极大鼓舞和永恒（激发）力量，使施恩者心理上产生巨大的成就感、愉悦感和幸福感，从而更愿意向社会、向他人施恩。就会形成施恩——报恩——更心甘情愿的广泛施恩、更愿意继续见义勇为的良性循环，从而使社会更加和谐融洽。从这个意义上讲知恩必报，是被施恩者有良知、良心的表现，也是一种做人的美德。

诚然，施恩助人者，其出发点决不是为了得到受恩者的回报，但他需要受恩者的知情知义，播下龙种，绝不期望收获跳蚤。如果遇到像中国寓言中那种忘恩负义不思感念东郭先生救其之善举，却制造歪理，还想吃了东郭先生的中山狼和不知感谢农夫救命之恩，冻僵后刚被农夫的体温暖醒便把农夫咬死恩将仇报的毒蛇那样，那谁还敢再去施恩助人呢？那样的话，见义勇为还有什么积极意义呢？所以人们对那些不知感恩的人是看不起甚至十分鄙视的，往往斥之为——没良心！

"滴水之恩，当涌泉相报"，这是中华民族的传统美德。古往今来，知恩知报的典故不胜枚举，生当衔环，死为结草，乌鸦反哺，羊羔跪乳，都反映了知恩必报的美德。

知恩必报，是具有一颗感恩之心的生动体现，感恩是一种正确的生存态度，是一种境界，是一种科学的对待人与人、人与社会、人与自然之间的和谐相处、共存共荣的相互关系准则，是对养育人类生存的万事万物的感念之情。

感恩具有极其丰富的内涵，不仅包含人与人、人与社会，同时，在人与自然的关系层面上也非常浓郁。在民俗中亦有体现中华民族对自然感恩情结的浓郁色彩，尤其是广大农村那种对自然的敬畏更为明显，比如：称天为老天爷，河为河神爷，山为山神爷，石头为石头爷，土地为土地爷……

中国春节更弥漫着浓郁的"感恩"色彩。民俗专家说，春节是中国古代天文、气候、农事以及民间信仰等多种元素相结合的产物，人们在岁末年初把一年的收获奉献于祖先灵前或神的祭坛时，是对大自然和祖先的一次集中答谢，因此，春节完全可以说是中国的"感恩节"。也有专家说，解析春节期间的每一天、每一项民俗活动，无不体现出对自然的感恩理念，从正月初一到初七，分别被称为"鸡日""狗日""猪日""羊日""牛日""马日""人日"，代表七类生物的生日，而把人的生日放在其他动物之后，本身就表达了先民们感恩自然、尊重自然的情怀。

第七章 建设社会主义核心价值体系与建设社会主义和谐文化的关系

体现中国春节"感恩"色彩的元素还有很多，比如，"祭灶神"是对灶火烧食之功的感念，"祭土地神"是对大地母亲繁衍万物的回报。此外，还祭祀各种神灵，以表达人类对自然、生物、气象、时令、季节、图腾等的尊崇之意。

中国人对自己祖先的祭奠也相当隆重，春节期间每家每户都在堂屋正中间设置历代宗亲之神位，供奉到正月十五，清明节扫墓，农历七月十五、十月初一烧钱化纸送寒衣，都是后辈表达对祖先功德与"庇佑子孙"的感激之情和养育之恩。

台湾至今在宗教界还保留着声势浩大的春季祭祖大典活动，每到祭祖之日，世界各地的华侨和本地乡亲都要不远万里赶回参加祭祖大典，祭奠自己的先祖，常常多达几万人，盛况空前，极其隆重。

由此可见，感恩是美德，也深深地打着时代和文化的烙印，当下屡屡见诸媒体报端的"最美妈妈""最美老师""最美司机""最美农妇"，就是我们这个时代唱响的一曲曲感恩之歌。

（三）构建社会主义和谐文化，必须树立宽容的理念

宽容是领导者的一种美德，是一种实现社会和谐的文化理念，是现实社会中人的一种良好的生存环境。《汉书·东方朔传》上讲："水至清则无鱼，人至察则无徒。"意思就是说，水极清澈就没有鱼，苛刻地要求人家，就没人愿意跟从他。古人通过自然界中鱼和水的关系，已经认识到社会生活中的待人、用人必须要有一个宽容环境的道理。

人类的实际生活也告诉人们，排斥宽容、信奉苛求是行不通的。我们生活的自然环境和社会环境从来就不是至清至纯的，就像车尔尼雪夫斯基所说的那样："我们希望呼吸清洁的空气，但是我们注意到绝对清洁的空气是任何地方、任何时候都没有的。我们希望饮清洁的水，但也不是绝对清洁的水；绝对清洁的水（蒸馏水）甚至是不可口的。"实际生活中，苛求至清至纯是不可能的，因此，宽容，自然就成了人们处理主客观关系的重要法则，成为创造良好人际关系和谐环境的重要前提。

用人者懂得了水至清则无鱼的道理，在处理自己与被用人的关系上就会自觉地做到宽容。那种真诚待人、大度容人的用人态度和方法，就是宽容的具体表现。《韩诗外传》讲到这样一件事情：楚庄王有次举办宴会，和百官欢庆共饮，命宠妃许姬为群臣斟酒。大家正在酒酣耳热之际，忽然一阵风吹灭了灯烛。当时有个人在暗处牵拉许姬的衣袖，被许姬扯下了冠

缨，许姬请求庄王查办这个人。庄王没有同意，并故意大声地说："诸位要开怀畅饮，谁的冠缨不断，谁就是没有喝好！"于是群臣纷纷把自己的冠缨扯断，尽情欢乐。许姬不明其意，宴请之后询问庄王。庄王说，酒后狂态乃人之常情，如果因这件小事追查惩处人家，会伤害君臣关系。这就是被人称之为"绝缨会"的历史故事。后来有人写诗称赞楚庄王这种宽容气量说："暗中牵袂醉中情，玉手如风已绝缨；尽说君王江海量，蓄鱼水忌十分清。"过了两年，晋楚之间发生战争，楚军中一位将领在战场上十分勇猛，为楚国赢得了胜利，他就是唐狡。楚庄王问他为什么这样奋不顾身，唐狡回答说："臣，先殿上绝缨者也。"原来他就是那个在"绝缨会"上牵拉过王后衣袖的人。宽容，是一种重要的用人方法和艺术。人才未必没有缺点，有缺点的人才照样是事业的栋梁，如果人才因有了缺点，就时时担心被惩处，这样的人才还敢在这样的环境里发挥作用吗？

因此，领导者的宽容是一个提供人才大展宏图的安全环境、使人才没有后顾之忧，从而凝聚人才的高尚品格，是利于事业发展的必要前提条件，是让人说话，让人说真话，让人不怕说错话，鼓励人将真知灼见讲出来的最宝贵的一种氛围。我国战国时期，地主阶级正处于上升阶段，鼓励人们说话，选贤任能，人才辈出。14世纪欧洲出现代表资产阶级思潮的文艺复兴运动，主张摆脱封建教会的压制和束缚，给社会带来宽松的用人环境。恩格斯对这个时期评价说："这是一次人类从没有经历过的最伟大的、进步的变革，是一个需要巨人而且产生了巨人——在思维能力、热情和性格方面，在多才多艺和学识渊博方面的巨人的时代。"[①] 在波澜壮阔的中国革命战争年代，毛泽东在延安时宽容的事迹也被广泛传颂。《毛泽东传》记载：1941年6月3日陕甘宁边区政府召开县长联席会议，讨论征粮问题。天正下着大雨，会议室突然遭到雷击，延川县代县长李彩云被雷电击死。事后，一个农民便说："老天爷不睁眼，怎么打不死毛泽东？"保卫部门要把这件事当作反革命事件进行追查，被毛泽东制止了。毛泽东说："听话听声，锣鼓听音，群众这样讲是对我毛泽东有意见，我们要认真了解这些意见，以便改进我们的工作。"从群众的不满情绪中，毛泽东了解到边区政府下达的征粮任务过重，群众有怨言，借雷劈之事发泄不满。为了减轻老百姓的负担，毛泽东立即指示边区政府有关部门减少征购公粮的任务，同时号召积极开展以农业为中心的轰轰烈烈的大生产运动，实行精

[①] 《马克思恩格斯选集》第3卷，人民出版社1972年版，第445页。

第七章　建设社会主义核心价值体系与建设社会主义和谐文化的关系

兵简政。这些措施解决了困难,赢得了民心,渡过了难关。毛泽东耐心听取各种不同意见,查民情、听民言、减民负、创伟业、英明决策的故事传为千秋佳话,表现了共产党人宽容、宽厚的高风亮节和崇高境界。

领导者宽容部属,是因为现实社会中需要宽容。古今中外,概莫能外。宋太祖时,一个军校状告郭进,太祖赵匡胤把这个军校交给郭进处置。郭进对那个军校说:"你敢评论我,说明你有胆量,我现在不治你的罪,如果你把胆量用在杀敌上,我还要向朝廷保荐你。"结果,这个军校被深深感动,成为一员杀敌猛将,真诚服从郭进调遣。美国总统林肯与他的政敌交朋友,引起一官员的不满,认为林肯应利用权力消灭他们。为此,林肯却十分温和地说:"当他们变成我的朋友时,难道我不是在消灭我的敌人吗?"俄国著名作家屠格涅夫认为:"不会宽容别人的人,是不配受别人宽容的。但是谁说自己就不需要别人的宽容呢?"

(四)构建社会主义和谐文化,必须树立尊重的理念

尊重他人,是一个人的美德,是凝聚人、感召人、团结人的巨大力量,是管理者必须具备的素质,古今中外凡成就大事者,没有不懂得尊重他人的,亦属和谐文化的科学理念。

根据马斯洛需求层次理论,人有五个层次的需求:一是生存需求;二是安全需求;三是社交(交往)需求;四是尊重需求;五是自我价值实现的需求。尊重和自我价值实现的需求是永远不会满足的需求。人人都需要被尊重,在社会主义社会里,我们人与人之间是平等的,工作只有分工的不同,没有高低贵贱之分,因此,人人都要互相尊重。尊重人又是一种有水平懂事理的表现,不论谁都应该尊重,笔者曾在一首诗中写道:"敬人者受人敬,戏弄生活,必然被生活戏弄。"懂得尊重人,才能受到别人的尊重。管理者首先尊重被管理者,尊重他们的人格,按照党的十八大报告的要求就是"尊重劳动、尊重知识、尊重人才、尊重创造"。只有被管理者得到管理者的尊重,被管理者才愿意为工作为事业贡献自己的聪明才智。尊重产生凝聚力、感召力、战斗力,也能转化为生产力,从而成就大业,这一点古往今来都是如此。齐桓公为了接纳来献计献策的贤才,在庭院里竖起了用以照明的特大火炬,名之曰"庭燎",宣布只要贤才上门,不分昼夜,随来随见,表示自己思贤若渴,纳谏如流的诚意和雅量。但是一年来也不见一个人登门拜访。有一天一个老者打扮成衣衫褴褛的白胡子老头要来见他。桓公看他耳聋眼花,衣服邋遢,满肚子不高兴,轻蔑地

问:"老先生从哪里来,你有什么了不起的能耐呀?"老人说:"从村野来,是农民,只会种地,别的什么也不会。"桓公一听更不耐烦了,又问他有八十岁了吧,老人答,九九八十一岁。桓公一听,哈哈大笑起来,说:"你既没有什么能耐,又这么大岁数了,还值得我当今的霸主接见吗?"老人一听脸色立即严肃起来,用教训的口吻数落桓公说:"为什么贤才不来呢?就是怕你轻慢、不尊重别人,所以一年才没来一个人。我今天就是为你出主意解决这个问题的,如果对于我这样一个村野民夫你都热情接待,隆重礼遇,何况天下贤士呢?山不辞沙石而成其高,江海不拒细流而成其大。《诗经》里说得好,古人遇到疑难的事情,常常向割草打柴的人请教。"桓公听后认为他说的很有道理,因此为他举行了隆重的欢迎仪式,将他留下来,共同议事。尊重引来天下贤士。从此以后,不到一个月,各诸侯国里的大大小小人才像潮水一样涌向齐国,成就了桓公的霸业。

尊重人才态度要真诚,要有实实在在的行动,燕昭王筑黄金台就是这样的范例。燕昭王登基不久,为了富国强兵,极想网罗人才。他向郭隗请教招贤纳才的方法。郭隗说:"如果你真想招贤纳才,不妨先从我做起。让天下人看到,像我这样不才的人都受到你的实实在在的尊重,何况德才大大超过我的人呢!"燕昭王果真为郭隗筑起行宫,倍加优待,又在易水边上筑起一座高台,上面堆满黄金,把这个黄金台叫作招贤台,以示招纳四方贤士豪杰的诚意。燕昭王的这一行动使他敬重人才的名声不胫而走,不久,乐毅、邹衍、剧辛、屈庸和苏代等优秀人才相继来到燕国,成为燕国的重臣大将,使燕之国势威震四方。周公辅政,一沐三捉发,一饭三吐哺,起以待士,犹恐失天下之贤。刘备三顾茅庐,更是流芳千古的尊贤敬贤的佳话。

今天,我们落实科学发展观,构建社会主义和谐社会,实现全面建成小康社会和实现中华民族伟大复兴的宏伟目标,更需要各个层次、各条战线、各个方面的人才。因此,各级领导、管理者,要从党和人民的事业出发,树立高度自觉的尊重意识,尊重劳动、尊重知识、尊重人才、尊重创造,努力营造鼓励人们干事业、支持人们干成事业的社会氛围,放手让一切劳动、知识、技术、管理和资本的活力竞相迸发,用领导者、管理者对人尊重的人格力量,激励一切创造社会财富的源泉充分涌流,创造美好的明天,以造福人民,造福社会,实现我们的宏伟目标,完成我们的历史使命。

(五)构建社会主义和谐文化,必须树立虚怀若谷的

第七章　建设社会主义核心价值体系与建设社会主义和谐文化的关系

理念

　　虚怀若谷也就是要有大胸怀。胸怀对于领导干部、管理者极为重要，要想搞好管理干一番事业，必须有博大的胸怀。心有多大，人生的舞台就有多大，所从事的事业就能干多大，而事业越大要求胸怀越宽广，胸怀越宽广，就越利于成就事业。构建社会主义和谐社会，需要这种和谐文化。

　　民族英雄林则徐有一句名言，就是"海纳百川，有容乃大；壁立千仞，无欲则刚"，其中一句讲的就是胸怀的重要。历史上那些成就大事业者都有着宽广的胸怀。齐桓公不计一箭之仇，重用管仲为"卿"，尊为仲父，并按照管仲的方略治理齐国，使齐国迅速强大起来成为春秋时代的霸主。魏征原来是李世民哥哥太子李建成的老师，曾力劝李建成杀死李世民，结果李世民玄武门之变后登上皇帝宝座，不计前嫌，照样重用魏征为谏议大夫，听取他的各种意见，虽然有次李世民也说过"会须杀此田舍翁"，但当听了长孙皇后的劝告后，李世民始终坚持做到虚怀纳谏，并把魏征当作人生的镜子，说："以铜为镜，可以正衣冠；以古为镜，可以知兴替，以人为镜，可以明得失。"终于开创贞观盛世。

　　虚怀若谷是领导干部、管理者的一种美德，是一种成就事业必备的至高境界，有多少虚怀的空间，就有容纳多少空间知识的可能，就有积累多少空间智慧的条件，就有接纳多少人才，共同为你所从事的事业而奋斗的希望。因为伟大的事业不是一个人所能完成的，而要靠千千万万的人共同完成，尤其是建设中国特色社会主义事业是前无古人的，需要最大限度地动员一切人才资源、集中人才的智慧才能干好。因此，只有宽广的胸怀才能凝聚广大的人才到自己的旗帜下，才能最大限度地让更多的人才发挥聪明才智，才能实现共产党人的奋斗目标。曹操在打败袁绍的军队后，"公收绍书中，得许下及军中人书，皆焚之"。曹操在截获到的袁绍的书信中，看到自己的许多部属写给袁绍的书信，因为当时袁绍的势力很大，曹的部属为了找后路，脚踏两只船，写信表示投靠。有些部下劝曹操查清这些书信是谁写的，然后治罪，而曹操却没有那样做。魏氏春秋曰"公云：当绍之强，孤犹不能自保，而况众人乎！"意思是：曹操说，当时袁绍部很强大，我还不能自保，何况众人呢！言外之意他们找靠山以求自保是可以理解的。这种胸怀，使那些给袁绍写信的部下将士更加死心踏地地为曹操卖命。正是曹操这样的胸怀，使曹操战将如云，谋士如雨，也正是因为这些战将谋士为魏统一三国打下了基础。曹操曾在一首诗中写道"天地间，人

· 317 ·

为贵",这个"人为贵"指的就是人才,为他服务的人才。有了博大的胸怀,才能人才集聚,成就大业。毛泽东的博大胸怀也同样如此,对在王明、张国焘的错误影响下的那些人,毛泽东都予以团结。王明保留了中央委员,许世友当时是张国焘领导的第四方面军的,尤其是在批评张国焘过程中,接受不了人们对第四方面军的看法,带枪见毛主席,警卫队员不让见,毛主席却热情地接待他,根本没有对第四方面军同志们歧视,使许世友一生跟定毛泽东南征北战,成为英勇作战的常胜将军。

古往今来,一切成就伟业的大作为者,都具有虚怀若谷的人格特征,这充分说明胸怀是一种凝聚力、感召力,这种力量是成就辉煌事业的前提和基础,是构建社会主义和谐社会的宝贵品格。

(六)构建社会主义和谐文化,必须牢固树立依法行政的理念

行政许可法的公布施行,对于保护公民、法人和其他组织的合法权益,推进行政管理体制改革,从源头上预防和治理腐败,保障和监督行政机关有效实施行政管理,促进社会和谐,都有重要意义。

1. 依法行政维护了党和人民利益的统一

法是统治阶级意志的体现。我国的法律是把我们党和人民的意志上升为法律,由国家制定或认可,并由国家强制力保证实施的。我们党除了工人阶级和最广大人民群众的利益,没有自己特殊的利益,因此我国的法律反映了人民的愿望,维护的是最广大人民群众的根本利益,符合社会发展客观规律。依法行政,建立法制化政府是我们党对中国特色社会主义法制建设的新认识,也反映了我们党对执政规律、执政方略、执政方式的新认识,是使各级政府适应我国改革开放新形势,实现政府职能的转变,科学执政,民主执政,高效执政,执政为民的重要举措。只有依法行政,才能有效地避免"不作为"和"乱作为"弊病的发生,把党全心全意为人民服务的宗旨更好地贯彻落实到党的执政理念及执政实践中。也才能从根本上提高党的执政能力,巩固党的执政地位,使我们党领导人民实现全面建成小康社会的宏伟目标,不断在发展的基础上,满足人民群众日益增长的物质文化需要,把人民的利益实现好、维护好、发展好,保证人民群众共享改革发展的成果,反映了党和人民的共同愿望,这就从根本上实现了党和人民利益的高度统一。

2. 依法行政,是构建和谐社会的重要前提

依法执政,要求和规范行政执法人员必须在法律许可的范围内履行职

第七章 建设社会主义核心价值体系与建设社会主义和谐文化的关系

责,这就避免了"乱作为"的行政行为造成的社会危害,是实现社会和谐的重要前提。法律作为调节器,通过对权利和义务的设定,影响着人们行为的动机,指引人们选择正确的行为目标和方式,为人们提供取得合法自由、法定权利的机会,从而充分发挥人们的创造性和主动性。它不仅规定了人们享受的权利和必须承担的义务,同时规定了对侵犯他人权利和拒绝履行义务时必须受到法律制裁,集中体现了公平和正义。依法行政,规范了行政人员按照法律该怎么做、不该怎么做的行为准则,为优秀的行政人员创造了放开手脚、大胆工作的法律环境,而又使那些行为不端的人员头悬达摩克利斯之剑,不敢越"乱作为"雷池一步,即使出了问题,也会依法受到惩处。这就能使社会公平和正义得到切实的维护和实现,使社会各方面的利益关系得到妥善协调,人民内部的矛盾和其他社会矛盾得到正确处理。这样,就会避免行政执法人员因违法行为造成的伤害广大人民利益的事件发生,就不会产生因违法行政造成的严重的群众与政府对抗情绪,就会化解社会矛盾,理顺人民情绪,促进社会管理完善,秩序完好,人民安居乐业,社会安定团结,生产发展,生活祥和,生态良好,就能实现人与人、人与社会、人与自然的和谐相处。

3. 执法人员良好的道德素质是依法行政的灵魂

习近平同志指出:"法律是准绳,任何时候都必须遵循;道德是基石,任何时候都不可忽视。"[①] 法律的制定是以道德为基础的,法律的执行运用又必须以道德作保证。社会主义道德是以为人民服务为核心、以集体主义为原则的,是以最广大的人民利益为出发点的新型的道德风尚。依法治国,建设法制化政府必然要由一大批行政管理人员和司法人员来执行和适用法律。今天,在人们的利益多元化、价值标准多元化,社会上存在太多诱惑的情况下,如果执法人员缺乏基本的社会主义道德素质,没有是非、荣耻、善恶标准,那么他们就会以言代法,以权代法,以权废法,甚至徇私枉法,使依法行政扭曲、变味,社会生活就会失去公平和正义,再好的法律也只能是一纸空文。因此,从这个意义上讲,执法人员良好的道德素质是保证依法行政的灵魂。只有行政执法人员具备了良好的社会主义道德品质,才能处处从党和人民的利益出发,明辨美丑,知晓荣耻,事事抑恶

---

① 习近平在中共中央政治局第三十七次集体学习时强调:《坚持依法治国和以德治国相结合 推进国家治理体系和治理能力现代化》,《人民日报》2016年12月11日,第1版。

扬善，主持公道，伸张正义，不论有什么干扰，都能自觉地依法行政，维护法律的尊严，创造和谐稳定的社会人文环境，为经济建设和社会的全面发展提供可靠的行政保障。

（七）构建社会主义和谐文化，必须树立知法更要知耻的理念

《人民日报》1997年8月7日转发新华社6日电。高法公布两起破坏油田设备案，两名主犯赵建勋、周华在当地伏法。永清县农民赵建勋、周华多次到华北油田盗油。某日晚盗油时，周华在井场吸烟，引起霸33号天然气井爆炸起火。造成高产气井整个报废，直接经济损失3300余万元。有人认为其原因主要是二人法律观念淡漠，不知法所致。笔者认为，减少、杜绝这类恶性事件，不仅要知法，更要知耻，这是构建和谐社会的起码道德素质。

知耻，是一种明是非、辨善恶的道德修养方法，"人有耻则能有所不为"，知道什么是耻辱，才能懂得什么不该去做。宋代理学家朱熹说："有之则进于圣贤。失之则入于禽兽。"意即有了羞耻之心，则可以进取图强，择善而为之，逐渐成为高尚的人，没有羞耻心，则会道德沦丧与禽兽无异。

知耻是守法的前提。当一个人内心感到违法是羞耻的事，就能自觉地守法；如果不知耻，即使知法，也未必守法，往往为一己私利而践踏一切法律，只是想方设法逃避法律的惩罚而已。而只有知耻，才是一种无时不在的向善永恒力量，才能做到不论何时何地都不干损害国家、集体或他人的坏事。

过去，我们提倡把国家、集体的利益放在首位，认为唯利是图去损公是可耻的。然而，由于改革开放以来，受资产阶级极端个人主义腐朽人生价值观的影响，加之市场经济注重个人利益的价值取向，有些私欲膨胀的人连羞耻之心也泯灭了。误认为公家的东西"不拿白不拿，拿了也白拿"，损公肥私、化公为私的现象司空见惯，拿公家的东西似乎不那么耻辱了。

古人云："辱莫大于不知耻。""人之患莫大于无耻，人而无耻，果何以为人哉？"为消除人们损害社会、破坏精神文明和物质文明建设的恶行，除了诉诸法律严惩之外，还要十分注重用良好的道德规范教育广大群众，用古今理想人格昭示世人，让人形成化公为私、盗窃公物是极大耻辱的强烈心理定势，能在无人监督的情况下，恪守"分外之财，一毫不取"的道

第七章　建设社会主义核心价值体系与建设社会主义和谐文化的关系

德境界,那么,诸如损害国家重大建设设施设备的恶性事件就会减少并逐步绝迹,就能为实现社会和谐创造良好的条件。

(八)构建社会主义和谐文化,必须树立行路负责的理念

行路(这里指步行、骑自行车、老年代步车、电动车、摩托车,驾驶汽车在路上行驶)也有责任?有,而且很大。衣食住行,是人类的基本生活内容。"行"是人与社会联系最广泛的社会行为。因此,行路负责理念,也是一种和谐文化,且与构建和谐社会有直接联系。

第一,对自己的安全负责任。随着社会的发展和人民生活水平的提高,城市交通事业得到突飞猛进的发展。汽车、摩托车、电动车、自行车,大大小小,五花八门,川流不息地奔驰在市区的马路上。马路杀手随时可能出现。难怪国家颁布了《道路交通安全法》,城市交警天天提醒大家:要想学习工作好,交通安全第一条;司机一滴酒,家人两行泪。交通安全关系到我们每个人的生命存亡、家庭幸福,这决不是危言耸听。因此,我们每个人在行路时,不论驾什么车都要严格按交通法的规定,各行其道,精神集中,礼让有序。不要带故障上路,决不酒后驾驶、醉酒驾驶、疲劳驾驶,更不要开英雄车、斗气车、霸王车、抢道车,应牢记"宁可停三分,决不抢一秒""相互让一让,安全有保障"。即使步行在人行道上也要高度注意,眼观六路,耳听八方,不是常听到有的人在人行便道上,还被迎面而来的自行车、摩托车撞倒甚至撞死的惨剧吗?

第二,对他人的安全负责任。在每个人对自己的安全负责的同时,还要牢固树立对他人安全负责的意识。高高兴兴上班来,平平安安回家去,不仅是自己,而且是每个人的愿望。俗话说,大路朝天,各走半边,每个公民都有行路的权利,但在你享用行路权利时,决不能损害他人行路的权利,就是不能光顾自己随心所欲,乱冲乱撞,威胁他人的安全。在自己行路时,应时时处处关照他人的行路安全,高度自觉地以自己良好的道德素质,为大家共同安全行路创造条件。不仅如此,那些载有人的行驶车辆,驾驶者对自己车辆上的乘客的安全也负有责任,绝不能因自己驾驶不当伤及乘客。

第三,对社会良好的交通秩序负责任。人是社会的人,为了我们大家的工作顺利,生活幸福,每个人行路时都对维护社会良好的交通秩序负有不可推卸的责任。行路中自己的安全与他人的安全,关系到交通的顺畅,

秩序的良好，如果因为自己的不负责任造成交通事故的发生，尤其是重大的交通伤亡事故的发生，必然造成或大或小区域路段、或长或短时间的交通堵塞，影响社会秩序的正常运行，影响他人及单位工作学习的正常进展。

第四，对自己和他人的家庭幸福负责任。我们每个人都是家庭中不可或缺的成员，自己行路中的安全，不仅是对自己、他人及社会的负责任，也是对自己和他人的家庭负责任。我们走出家门学习、工作、生活，为社会作贡献，家人对我们寄予厚望。配偶需要我们，子女需要我们，父母亲人需要我们，我们对他们负有神圣的责任，我们安全的行路是家人的幸福。如果我们在行路中，因自己或他人思想的疏忽大意，或行为的轻率鲁莽发生交通事故，造成自己或他人身体的伤残，那不仅会给自身带来难以言喻的痛苦，而且必将给各自的家庭带来说不尽的痛苦、困难和灾难。如果造成死亡，就可能对任何一个家庭的所有成员带来毁灭性的精神和身体的摧残和伤害。尤其是那些才华横溢的艺术家、特殊人才因车祸罹难，还会对国家、社会工作造成不可挽回的损失。

第五，多想想与人方便。路是大家的，谁也有权走，但怎样走好，却不是人人都知晓的。君不见，有的路口本来标有向右转弯的标记，有些人就是视而不见，为了争抢那可怜的几秒钟，硬是把路口挤得满满当当、寸土必争，从不知为向右拐弯的行人让出方便。任你心急火燎，他视而不见，麻木不仁，无动于衷，岿然不动。有的摩托车仗着车快体捷，左钻右挤，抢拐抢道，撞人、被撞时有发生。更有甚者，当你正在向前行时，斜刺里冲来一辆摩托车将你刮倒，他不停车不减速，口里骂骂咧咧，扬长而去。而当这些勇敢分子勇敢地撞汽车时，倒霉的就只能是他自己了。而有的汽车、特别是小汽车，每到路口本应减速缓行，但却毫不谦让，喇叭紧按，油门狠蹬，速度飞快，生怕路人先过。如果遇上性急的抢过去，把人撞飞的伤亡事故自然就会发生，那时再后悔就晚矣。以上种种给个人和路人的人身安全和正常生活带来极大的威胁、痛苦和烦恼，有的甚至丢了性命。究其原因，就是只图自己方便，不与他人方便的结果。

自己走好，兼顾他人，这是一个社会公德问题。养成良好的社会公德，是党的十四届六中全会《决议》中加强思想道德建设的重要内容，是树立社会主义荣辱观，培育文明道德风尚，建设和谐文化题中应有之义，而城市道路是最需要良好社会公德的场合，如何行路则最能体现社会公德水平，亦是检验一个城市社会公德水平的晴雨表和试金石。

第七章　建设社会主义核心价值体系与建设社会主义和谐文化的关系

常言道："与人方便自己方便。"行路能否与人方便，是一个人思想道德素质的外在表现。如果行路时只顾自己方便，随心所欲，不要说从不想与人方便，就是稍有几分钟麻痹大意，那么大小汽车、摩托车就会成为横行路上的虎豹，每个人包括不顾他人之安全，就要随时受到威胁。在行路中，只有我们每个人都自觉地为他人的安全负责，瞻前顾后，礼让左右，眼观六路，耳听八方，处处想到方便他人，关心他人，礼让他人，那么交通事故就会最大限度地减少，每个人都少受不安全的威胁。因此，为他人也是为自己，在我们行路时，每个人都要多想想与人方便。

因此，为减少或杜绝交通事故，我们每个人在行路时都要有高度的责任意识，规矩行路，礼让行路，文明行路，为实现人与人、人与社会的和谐奏响人生的精彩乐章。

上述八个方面的理念，都属于和谐文化范畴。当然，在极其丰富的社会生活中，还有很多与和谐文化相关的理念，需要我们在实践中继续丰富和探索，只要我们按照这样的思路，不懈努力，就能使和谐文化上承阳光，下接地气，使其丰富的思想理论内涵落地生根，化为人们的自觉行动，从而促进整个社会的和谐、祥和、安定，为统筹推进"五位一体"总体布局和协调推进"四个全面"的战略布局凝聚力量，为全面建成小康社会，实现中华民族的伟大复兴作出积极贡献。

第八章

建设社会主义核心价值体系与确立正确的世界观、人生观和价值观的关系

习近平同志在北京大学师生座谈会上的讲话中深刻指出："要树立正确的世界观、人生观、价值观，掌握了这把总钥匙，再来看看社会万象、人生历程，一切是非、正误、主次，一切真假、善恶、美丑，自然就洞若观火、清澈明了，自然就能作出正确判断、作出正确选择。正所谓'千淘万漉虽辛苦，吹尽狂沙始到金'。"① 世界观、人生观、价值观，是关系人生选择什么道路的"总开关"，人生面临很多选择，关键是要坚定理想信念，用正确的世界观、人生观、价值观来指导自己的选择。理想信念坚定，世界观、人生观、价值观正确，就能选择高尚，选择进步，选择光明，选择成功，创造灿烂的人生；反之，就会走邪路，摔跟头，犯错误，甚至进监狱，断前程，毁人生。一些领导干部出这样那样的问题，归根结底是理想信念发生了动摇，世界观、人生观、价值观这个"总开关"问题没有解决好，"四风"问题，这样那样的脱轨越界、跑冒滴漏就在所难免，甚至违纪违法坠入犯罪深渊。如何牢固树立正确的世界观、人生观、价值观，就是要认真学习践行社会主义核心价值体系，因为社会主义核心价值体系与确立正确的世界观、人生观和价值观是紧密相连、密不可分的。社会主义核心价值体系中的马克思主义指导思想是确立正确的世界观、人生观和价值观的理论基础，中国特色社会主义共同理想是确立正确的世界观、人生观和价值观的奋斗目标，以爱国主义为核心的民族精神和以改革创新为核心的时代精神是确立正确的世界观、人生观和价值观的价值选择，社会主义荣辱观是确立正确的世界观、人生观和价值观的道德规范。

---

① 习近平：《青年要自觉践行社会主义核心价值观——在北京大学师生座谈会上的讲话》，《人民日报》2014年5月5日，第2版。

第八章　建设社会主义核心价值体系与确立正确的世界观、人生观和价值观的关系

一、马克思主义指导思想是确立正确的世界观、人生观和价值观的理论基础

马克思主义哲学是揭示自然、社会与人类思维运动规律的科学，为人类认识、改造世界指明了方向，是系统化、理论化的世界观和方法论。习近平同志指出："马克思主义哲学深刻揭示了客观世界特别是人类社会发展一般规律，在当今时代依然有着强大生命力，依然是指导我们共产党人前进的强大思想武器。我们党自成立起就高度重视在思想上建党，其中十分重要的一条就是坚持用马克思主义哲学教育和武装全党。学哲学、用哲学，是我们党的一个好传统。"①

马克思主义是社会主义核心价值体系的理论指导，这一指导地位规定了社会主义核心价值体系的本质属性，明确了社会主义核心价值体系和资本主义核心价值体系的不同。资本主义核心价值体系标榜自由、民主、人权，它是建立在资本主义生产资料私有制的基础之上并为之服务的思想理论体系，它维护的是资产阶级的根本利益，体现主权在资的资产阶级的执政理念。与此相反，社会主义核心价值体系是建立在社会主义生产资料公有制的基础之上并为之服务的思想理论体系，它维护的是中国最广大人民的根本利益，体现以人民为中心的无产阶级的执政理念。

在我国社会主义社会，作为指导思想的马克思主义这一理论武器须臾也不能放弃，因此，要加强马克思主义对国家各项工作的指导，特别要加强对意识形态领域里的指导。马克思主义指导思想是社会主义核心价值体系的灵魂，为社会主义核心价值体系提供了科学的世界观和方法论。毛泽东同志说："领导我们事业的核心力量是中国共产党，指导我们思想的理论基础是马克思列宁主义。"② 牢固树立科学的世界观、人生观、价值观，必须坚持马克思主义指导，这是由共产党的性质决定的，是党员干部带领全国各族人民实现人民富裕、国家富强、中华民族伟大复兴中国梦的必然要求，是不忘初心，牢记使命、完成共产党人历史使命、推进世界文

---

① 习近平：《推动全党学习和掌握历史唯物主义　更好认识规律更加能动地推进工作》，《人民日报》2013年12月5日，第1版。

② 《毛泽东文集》第6卷，人民出版社1999年版，第350页。

明发展和人类社会进步,最终实现共产主义崇高理想的必然要求。

(一)马克思主义为社会主义核心价值体系提供了唯物主义的思想武器

马克思、恩格斯认为:世界是多样统一的物质世界;人类社会和自然界都是物质世界的组成部分,两者相互依赖、相互制约;意识依赖于物质并能动地反作用于物质。世界的物质统一性,是马克思主义哲学的基石,也是一切实际工作的立足点。由于世界是统一的物质世界,因此,世界上一切事物都是按照其内在规律进行运动的,所以,我们在认识世界和改造世界的过程中,在想问题办事情的时候,就应该从客观实际出发,实事求是。

恩格斯在《反杜林论》一书中,针对杜林的唯心主义先验论,尖锐地指出:"原则不是研究的出发点,而是它的最终结果;这些原则不是被应用于自然界和人类历史,而是从它们中抽象出来的;不是自然界和人类去适应原则,而是原则只有在适合于自然界和历史的情况下才是正确的。这是对事物的唯一唯物主义的观点,而杜林先生的相反的观点是唯心主义,它把事情完全头足倒置了,从思想中,从世界形成之前就永恒地存在于某个地方的模式、方案或范畴中,来构造现实世界,这完全像一个叫作黑格尔的人。"[①]这既深刻揭露了杜林哲学的唯心主义实质,又科学地论证了从客观事实出发的唯物主义反映论原理。也就是说,只能是意识适合自然,思维适合存在,思维规律适合自然规律,而不能是相反的。

世界的物质统一性原理,是我们坚持党的思想路线,正确认识世界和有效地改造世界的坚实基础。恩格斯强调:"在自然界和历史的每一科学领域中,都必须从既有的事实出发,因而在自然科学中必须从物质的各种实实在在的形式和运动形式出发;因此,在理论自然科学中也不是设计种种联系塞到事实中去,而是从事实中发现这些联系,而且一经发现,就要尽可能从经验上加以证明。"[②]可见,按照实际情况决定工作方针是必须牢牢记住的最基本的工作方法,无论在自然科学或历史科学领域中,我们都必须坚持一切从实际出发。

正确解决物质与意识的辩证关系,表现在实际工作中,要求既要尊重

[①]《马克思恩格斯选集》第3卷,人民出版社1995年版,第374页。
[②]《马克思恩格斯选集》第4卷,人民出版社1995年版,第288页。

第八章　建设社会主义核心价值体系与确立正确的世界观、人生观和价值观的关系

客观规律，又要发挥主观能动性。客观规律和人的主观能动性两者是对立统一的辩证关系，主观能动作用的大小取决于对客观规律的认识程度，人们对客观规律认识越深刻，思想解放的程度就越大，人们的行动也就越自由，人们也就能在更大范围内发挥它的能动作用。认识和利用规律不是轻而易举的事，必须充分发挥主观能动性，在反复实践过程中，对客观事物进行周密的考察研究，才可能把握客观规律。所以，我们既要对客观规律有严肃的科学态度，又要有不畏艰难险阻，勇于实践，勇于探索，解放思想的高度革命精神。忽视、违背客观规律，根本谈不上正确发挥主观能动性；抹杀或夸大主观能动性，也不可能真正按客观规律办事。只有坚持实事求是，一切从实际出发，才能使两者得到辩证的统一。

（二）用辩证的观点看待世界是理解和把握社会主义核心价值体系的关键环节

习近平同志指出："历史和现实都表明，只有坚持历史唯物主义，我们才能不断把对中国特色社会主义规律的认识提高到新的水平，不断开辟当代中国马克思主义发展新境界。"① 马克思、恩格斯认为，事物发展的动力是矛盾，事物联系发展的根本规律是对立统一，世界是在不断发展联系中进行的辩证过程。辩证过程有自身的严格规律和定义即对立统一、量变与质变、肯定与否定以及必然与偶然、可能与现实、现象与本质、原因与结果、内容与形式的关系等，从各个方面揭示了物质世界的联系和发展的辩证本性。

恩格斯把辩证法规定为"是关于普遍联系的科学，主要规律：量和质的转化——两极对立的相互渗透和它们达到极端时的相互转化——由矛盾引起的发展或否定的否定——发展的螺旋形式"。② 他说："当我们深思熟虑地考察自然界或人类历史或我们自己的精神活动的时候，首先呈现在我们眼前的，是一幅种种联系和相互作用无穷无尽地交织起来的画面。"③ 世界是普遍联系的，也是变化发展的，正是事物的联系构成事物的运动、变化和发展。从事物发展的形式和状态看，质量互变规律揭示了事物的发展是渐进性和飞跃性的统一。在科学认识中，只有把握事物的度，才能准确

---

① 习近平：《推动全党学习和掌握历史唯物主义　更好认识规律更加能动地推进工作》，《人民日报》2013年12月5日，第1版。
② 《马克思恩格斯选集》第4卷，人民出版社1995年版，第259页。
③ 《马克思恩格斯选集》第3卷，人民出版社1995年版，第359页。

地认识事物的质;在实践活动中,为了促成事物的发展,达到改造世界的目的,必须从实际出发,掌握适度原则。事物发展的前进性与曲折性的统一是否定之否定规律从事物发展走势来掌握的。我们对待我国的历史文化遗产和一切外国的东西必须采取批判地继承态度,这种态度的理论依据是不能全部肯定,也不能全部否定,即辩证法内涵的要求。

世界变化、发展、运动的根本原因在于事物的矛盾性,矛盾是自然界、人类社会和思维中的普遍现象,具有普遍性;但是,不同的事物及其发展的不同阶段又各有其特点,具有特殊性。它要求我们想问题、做事情必须做到具体问题具体分析,这是马克思主义理论体系的核心要求。矛盾的普遍性和特殊性是相互联系、不可分割的,在一定条件下可以相互转化。这种关系也是矛盾的共性和个性、绝对性和相对性的关系,它是理论联系实际、马列主义普遍真理和具体实践相结合的理论基础。我国革命和建设事业胜利的历史,就是理论与实际相结合的历史。习近平同志指出:"要学习和掌握社会基本矛盾分析法,深入理解全面深化改革的重要性和紧迫性。只有把生产力和生产关系的矛盾运动同经济基础和上层建筑的矛盾运动结合起来观察,把社会基本矛盾作为一个整体来观察,才能全面把握整个社会的基本面貌和发展方向。坚持和发展中国特色社会主义,必须不断适应社会生产力发展调整生产关系,不断适应经济基础发展完善上层建筑。我们提出进行全面深化改革,就是要适应我国社会基本矛盾运动的变化来推进社会发展。社会基本矛盾总是不断发展的,所以调整生产关系、完善上层建筑需要相应地不断进行下去。改革开放只有进行时、没有完成时,这是历史唯物主义态度。"[①] 目前正在进行的社会主义现代化建设,也必须把马克思主义普遍真理同社会主义现代化建设实际相结合,具体分析我国社会主义现代化建设实际情况,确定科学的路线、方针、政策,指导我国的改革开放和推进社会主义现代化建设。

(三)坚持实践第一的观点使社会主义核心价值体系建立在科学认识论的基础之上

马克思指出:唯物史观"不是从观念出发来解释实践,而是从物质实

[①] 习近平:《推动全党学习和掌握历史唯物主义 更好认识规律更加能动地推进工作》,《人民日报》2013年12月5日,第1版。

第八章　建设社会主义核心价值体系与确立正确的世界观、人生观和价值观的关系

践出发来解释观念的形成"。① 实践在认识的过程中具有首要的地位和决定性的作用。马克思主义的认识论就是实践论，强调认识对实践的依赖关系，这是辩证唯物主义的认识论同其他一切认识论相区别的根本标志。

马克思恩格斯第一次科学地解决了认识真理性标准问题。马克思说："人的思维是否具有客观的真理性，这并不是一个理论问题，而是一个实践的问题。人应该在实践中证明自己思维的真理性，即自己思维的现实性和力量，亦即自己思维的此岸性。关于离开实践的思维是否具有现实性的争论，是一个纯粹经院哲学的问题。"② 把唯物论的观点和实践的观点统一起来，就是主观符合客观的观点。客观与主观的关系是对立的统一。主观符合客观和实践的观点是马克思主义认识论的集中体现，它要求我们在实践基础上做到主观与客观的具体的历史的统一，反对主观与客观相分裂的各种错误思想，坚持一切从实际出发、实事求是的思想路线，保证社会主义事业的顺利发展。

主观与客观相统一的过程，就是人们在实践的基础上不断改造客观世界，同时不断改造主观世界的过程。主观和客观、理论和实践的矛盾，是人们改造主观世界和客观世界随时都会碰到的矛盾，不解决这对矛盾，就无法达到预期的目的。恰恰是科学的认识论和正确的思想路线，使主观与客观的矛盾得到了处理，同时，正确的世界观和方法论可以让我们的主观世界与客观世界得到提升。由此得出，唯有在科学的认识论和正确的思想路线指导下，才能使人们的主观认识符合客观实际，把握主客观世界的规律，科学地预见其发展的方向和趋势，从而获得成功。科学的认识论和正确的思想路线，是有效地改造客观世界和主观世界的重要保证，是牢固树立正确的世界观、人生观、价值观的基础和前提。

（四）社会主义核心价值体系是反映人类社会发展规律的意识形态

马克思、恩格斯认为，人类社会也是不以人的意志为转移的客观实在，人类社会及其生活过程的本质就是人类的实践及其活动过程。马克思说："全部社会生活在本质上是实践的。凡是把理论引向神秘主义的神秘

---

① 《马克思恩格斯选集》第 1 卷，人民出版社 1995 年版，第 92 页。
② 《马克思恩格斯选集》第 1 卷，人民出版社 1995 年版，第 55 页。

东西，都能在人的实践中以及对这个实践的理解中得到合理的解决。"① 这里的实践内在地包含着人与自然、人与人以及人与自身意识的关系，它构成了人类社会历史的基础、本质以及人类一切关系产生的源泉。

社会发展的客观规律存在于人的自觉活动之中，"历史不过是追求着自己目的的人的活动而已"。② 因此，要全面理解人类社会历史的发展过程，必须研究社会发展规律与人的活动的关系，研究人在历史过程中的作用，特别是人民群众创造历史的作用。

从社会存在与社会意识之间关系出发，马克思和恩格斯指出生产力的发展是社会发展的根本，同时也包括物质资料生产者。这些离不开人民群众，因此，人民群众是历史的创造者。马克思和恩格斯认为人民群众作为历史范畴，是指以劳动人民为主体促进社会发展的绝大多数人。人民群众既有量的规定性，又有质的规定性。这里人民群众的量与质分别指的是，大多数人和能够使得社会进步的人们。社会历史是发展变化的，人民群众也是随着历史的发展而不断变化的。在阶级社会不同的历史时期，由于各国的社会形态、阶级结构以及历史发展的具体进程不同，它包括着不同的阶级、阶层和社会集团。当历史进入共产主义社会时，人民群众这个概念将与全体社会成员的概念趋于重合。

习近平同志强调："要学习和掌握人民群众是历史创造者的观点，紧紧依靠人民推进改革。人民是历史的创造者。要坚持把实现好、维护好、发展好最广大人民根本利益作为推进改革的出发点和落脚点，让发展成果更多更公平惠及全体人民，唯有如此改革才能大有作为。"③ 唯物史观第一次揭示了人类历史发展的客观规律，其中包括一种主动性关系，这种关系指的是社会发展规律和人民群众创造历史二者之间的关系。一方面，人民群众具有主动性，创造着历史。同时，这种创造不是任意随便的创造，而只能是在一定环境的制约下，在已有的现实关系的基础上，遵循社会发展规律进行创造。另一方面，历史的发展，社会规律的实现，正是通过人民群众创造物质财富、精神财富以及变革社会制度的种种社会实践活动来实现的。群众的历史主动性和社会历史的规律性相互作用，从而推动人类社

---

① 《马克思恩格斯选集》第1卷，人民出版社1995年版，第56页。
② 《马克思恩格斯全集》第2卷，人民出版社1957年版，第118—119页。
③ 习近平：《推动全党学习和掌握历史唯物主义 更好认识规律更加能动地推进工作》，《人民日报》2013年12月5日，第1版。

第八章　建设社会主义核心价值体系与确立正确的世界观、人生观和价值观的关系

会历史的发展。

　　马克思主义既是社会主义核心价值体系的灵魂，又是实现社会主义核心价值观的保证。要想使精神文明正确发展，就必须有一个正确的指导思想，坚持马克思主义对精神文明的指导作用，是建设社会主义核心价值体系的关键。1985年4月15日，邓小平在会见坦桑尼亚副总统时说："20年历史教训，告诉我们一条最重要的原则，搞社会主义一定要遵循马克思主义。"① 1992年，邓小平在南方谈话中再次说道，"我坚信世界上赞成马克思主义的人是会多起来的，因为马克思主义是科学"，"不要认为，马克思主义消失了，没用了，失败了，哪有这回事？"②

　　习近平同志强调："首先要认真学习马克思主义理论，这是我们做好一切工作的看家本领，也是领导干部必须普遍掌握的工作制胜的看家本领。毛泽东同志曾经提出，'如果我们党有一百个至二百个系统地而不是零碎地、实际地而不是空洞地学会了马克思列宁主义的同志，就会大大提高我们党的战斗力量。'这个任务，今天依然很现实地摆在我们党面前。只有学懂了马克思列宁主义、毛泽东思想、邓小平理论、'三个代表'重要思想、科学发展观，特别是领会了贯穿其中的马克思主义立场、观点、方法，才能心明眼亮，才能深刻认识和准确把握共产党执政规律、社会主义建设规律、人类社会发展规律，才能始终坚定理想信念，才能在纷繁复杂的形势下坚持科学指导思想和正确前进方向，才能带领人民走对路，才能把中国特色社会主义不断推向前进。"③ 可见，学习马克思主义对于牢固树立正确的世界观、人生观、价值观的极端重要性。

　　马克思主义是科学的世界观、科学的方法论、科学的真理论、科学的规律论，所以，以其为指导，就能够洞察和掌握社会主义精神文明建设的发展过程及其规律，增强自觉性，减少盲目性，制定出正确的精神文明建设的路线、方针、政策，保证其健康发展。那么，如何用马克思主义指导社会主义核心价值体系呢？

　　首先，必须坚持马克思主义的基本原理和科学体系，不能拘泥于个别结论。邓小平指出："马列主义、毛泽东思想的基本原则，我们任何时候

---

　　①《邓小平文选》第3卷，人民出版社1993年版，第118页。
　　②《邓小平文选》第3卷，人民出版社1993年版，第383页。
　　③ 习近平：《在中央党校建校80周年庆祝大会暨2013年春季学期开学典礼上的讲话》，《人民日报》2013年3月3日，第1版。

都不能违背,这是毫无疑义的。"① 但要严格区分马克思主义、毛泽东思想的基本原理与一般结论。邓小平强调:"我们坚持的和要当作行动指南的是马列主义、毛泽东思想的基本原理,或者说是由这些基本原理构成的科学体系。至于个别的论断,那么,无论马克思、列宁和毛泽东同志,都不免有这样那样的失误。但是这些都不属于马列主义、毛泽东思想的基本原理所构成的科学体系。"② "引用马克思主义的东西,要用精髓的东西,不能断章取义,为我所需。"③ 其次,中国的发展要用与时俱进、不断发展的马克思主义来指导。马克思主义应结合中国特色来发展,与时俱进,只有与中国相符的马克思主义才能指导建设社会主义核心价值体系。1984年6月,邓小平在会见日本客人时说:"我们多次重申要坚持马克思主义……但是马克思主义必须是同中国实际相结合的马克思主义,社会主义必须是切合中国实际的有中国特色的社会主义。"邓小平认为:"马克思列宁主义的普遍真理与本国的具体实际相结合,这句话本身就是普遍真理。"④ 如果说坚持马克思主义为指导是社会主义核心价值体系建设的前提,那么同时,我们可以把马克思主义进一步结合中国国情看作目的和手段之间的统一。

马克思主义不是死水,而是活水,要永远地流下去,像一条历史长河,让它活起来,才能永远流下去。正如邓小平所说,"马克思去世以后一百多年"了,列宁去世也很长了,他们不可能为我们"提供现成答案","不以新的思想、观点去继承、发展马克思主义,不是真正的马克思主义者"。⑤ 习近平同志指出:"马克思主义基本原理是普遍真理,具有永恒的思想价值,但马克思主义经典作家并没有穷尽真理,而是不断为寻求真理和发展真理开辟道路。今天,坚持和发展中国特色社会主义,全面深化改革,有效应对前进道路上可以预见和难以预见的各种困难与风险,都会提出新的课题,迫切需要我们从理论上作出新的科学回答。我们要及时总结党领导人民创造的新鲜经验,不断开辟马克思主义中国化新境界,让当代

---

① 《邓小平文选》第2卷,人民出版社1994年版,第114页。
② 《邓小平文选》第2卷,人民出版社1994年版,第171页。
③ 《邓小平文选》第2卷,人民出版社1994年版,第38页。
④ 《邓小平文选》第1卷,人民出版社1994年版,第259页。
⑤ 《邓小平文选》第3卷,人民出版社1993年版,第292页。

第八章　建设社会主义核心价值体系与确立正确的世界观、人生观和价值观的关系

中国马克思主义放射出更加灿烂的真理光芒。"①

马克思主义的进一步发展,需要将中国社会主义建设与马克思列宁主义相联系,同时,更要一切从实际出发,实事求是,理论联系实际,与时俱进。要真正做到这些,必须正确对待马克思主义,"不应当把他们的理论当作教条,而应当看作行动的指南。……应当学习他们观察问题和解决问题的立场和方法"。② 与此同时,要用发展的眼光来看马克思主义,它并不是一成不变的,而应结合实际情况不断予以充实。由此,发展中的马克思主义才能真正成为指导我国社会主义核心价值体系建设的理论基础。

习近平同志语重心长地说:"我们党在中国这样一个有着 13 亿人口的大国执政,面对着十分复杂的国内外环境,肩负着繁重的执政使命,如果缺乏理论思维的有力支撑,是难以战胜各种风险和困难的,也是难以不断前进的。党的各级领导干部特别是高级干部,要原原本本学习和研读经典著作,努力把马克思主义哲学作为自己的看家本领,坚定理想信念,坚持正确政治方向,提高战略思维能力、综合决策能力、驾驭全局能力,团结带领人民不断书写改革开放历史新篇章。"③ 因此,我们应该学习好马克思主义哲学,使自己的世界观、人生观、价值观与社会主义核心价值观体系中的马克思主义指导思想相符合,让马克思主义成为思想指导、理论支撑、行为准则。

二、中国特色社会主义共同理想是确立正确的世界观、人生观和价值观的奋斗目标

马克思主义中的共产主义理想结合中国实际情况,称作中国特色社会主义共同理想,就是要在中国共产党的领导下,走中国特色社会主义道路,实现中华民族的伟大复兴。党的十七大报告指出:"中国特色社会主义伟大旗帜,是当代中国发展进步的旗帜,是全党全国各族人民团结奋斗

---

①　习近平:《在纪念毛泽东同志诞辰 120 周年座谈会上的讲话》,《人民日报》2013 年 12 月 27 日,第 2 版。

②　《毛泽东选集》第 2 卷,人民出版社 1991 年版,第 533 页。

③　习近平:《推动全党学习和掌握历史唯物主义　更好认识规律更加能动地推进工作》,《人民日报》2013 年 12 月 5 日,第 1 版。

的旗帜。"① 党的十八大报告指出："回首近代以来中国波澜壮阔的历史,展望中华民族充满希望的未来,我们得出一个坚定的结论:全面建成小康社会,加快推进社会主义现代化,实现中华民族伟大复兴,必须坚定不移走中国特色社会主义道路。"② 改革开放40多年来,中国一直坚持发展中国特色社会主义道路,发展成果令世界人民赞叹。经济的快速进步、政治的民主开放、文化的多元统一、社会的和谐稳定无不表现着中国特色社会主义的优越性。中国特色的社会主义道路是全党和各族人民基于对中国具体国情与社会主义建设实践以及国际社会主义发展历史的深刻反省和总结,是深刻认识世界历史后探索出的一条适合中国国情发展的道路。牢固树立中国特色社会主义共同理想,是全党和全国各族人民认同的价值目标和人生追求,为社会主义现代化建设提供了精神动力和智力支持。

(一) 中国特色社会主义共同理想是当代中国人民正确的人生追求

中国特色社会主义政治制度是马克思主义基本原理与中国具体实践相结合的产物。在历史进程中人民选择了马克思主义,因此就要坚持科学社会主义与中国实际进一步结合,使其指导中国的发展。

习近平同志指出:"中国特色社会主义,承载着几代共产党人的理想和探索,寄托着无数仁人志士的意愿和期盼,凝聚着千千万万革命先烈的奋斗和牺牲,凝聚着全国各族人民的奋斗和实践,是近代以来中国社会发展的必然选择,是历史和人民的选择。中国特色社会主义伟大实践,不仅使我们国家快速发展起来,使我国人民生活水平快速提高起来,使中华民族大踏步赶上时代前进潮流、迎来伟大复兴的光明前景,而且使中国人民和中华民族为世界和平与发展作出了重大贡献。事实雄辩地证明,要发展中国、稳定中国,要全面建成小康社会、加快推进社会主义现代化,要实现中华民族的伟大复兴,必须坚定不移坚持和发展中国特色社会主义。"③

---

① 胡锦涛:《高举中国特色社会主义伟大旗帜,为夺取全面建设小康社会新胜利而奋斗》,《十七大以来重要文献选编》上,中央文献出版社2009年版,第1页。

② 胡锦涛:《坚定不移沿着中国特色社会主义道路前进为全面建成小康社会而奋斗——在中国共产党第十八次全国代表大会上的报告》,《人民日报》2012年11月18日,第1版。

③ 习近平:《全面贯彻落实党的十八大精神要突出抓好六个方面的工作》,《求是》2013年第1期。

第八章　建设社会主义核心价值体系与确立正确的世界观、人生观和价值观的关系

近代以来，国外的资本主义国家入侵我国，致使我国渐渐沦为半殖民地半封建社会。因此，我国的近代历史，是人们勇于追求民族的独立、人民的自由，以实现国家与人民的繁荣和富裕的历史。自鸦片进入我国至鸦片战争结束之日的这段历史也告诉我们，不论是谁发动的运动，无论是太平天国式的农民运动、清朝政府的自强运动还是民族资产阶级的立宪、维新等运动，都无法撼动我国当时半殖民地半封建社会被列强欺压的面貌。若想改变，就必须反帝、反殖、反封，推翻来自帝国主义、殖民主义和封建主义的压迫。旧式的民主主义革命无法挽救当时的社会，被压迫的民众只能寻求新的出路，在迷茫与困顿之中，中国共产党一枝独秀，它带领人民，代表人民利益，走上了马克思主义道路，开始了新民主主义革命，并在最后领导我国人民成功地推翻了"三座大山"，走向社会主义。近代受欺辱的历史告诉我们，必须吸取教训，走一条具有我国特色的社会主义道路，但是各个国家国情不同，经济、文化等方面存在各类差异，因此社会主义发展道路多种多样，具有多重模式。列宁指出："一切民族都将走向社会主义，这是不可避免的，但是一切民族的走法却不完全一样，在民主的这种或那种形式上，在无产阶级专政的这种或那种形态上，在社会生活各方面的社会主义改造的速度上，每个民族都会有自己的特点。"① 因此，我国社会主义道路的选择必须体现我国经济文化等方面的特点，因地制宜地选择具有自身特色的道路。从建国开始，各界人士就开始根据我国国情积极探索我国社会主义发展之路，其中，有成功，也有失败。习近平同志指出："毛泽东同志毕生最突出最伟大的贡献，就是领导我们党和人民找到新民主主义革命的正确道路，完成了反帝反封建的任务，建立了中华人民共和国，确立了社会主义基本制度，取得了社会主义建设的基础性成就，并为我们探索建设中国特色社会主义的道路积累了经验和提供了条件，为我们党和人民事业胜利发展、为中华民族阔步赶上时代发展潮流创造了根本前提，奠定了坚实的理论和实践基础。"② 在毛泽东同志为我们探索建设中国特色社会主义的道路积累了经验、创造了根本前提、奠定了坚实理论和实践的基础上，十一届三中全会以来，我党把马克思主义科学的、先进的世界观和方法论与我国的具体国情相结合，进行改革开放、开

---

① 《列宁选集》第2卷，人民出版社1995年版，第777页。
② 习近平：《在纪念毛泽东同志诞辰120周年座谈会上的讲话》，《人民日报》2013年12月27日，第2版。

辟了中国特色社会主义道路、形成了中国特色社会主义理论体系,取得了举世瞩目的伟大成就,创造出亘古未有的光辉业绩。归根结底,就是因为我们"把马克思主义的普遍原理和我国的具体实际结合起来,走自己的路,建设有中国特色的社会主义"。①"中国特色社会主义道路,是实现我国社会主义现代化的必由之路,是创造人民美好生活的必由之路。"② 中国特色社会主义共同理想是与社会主义发展客观规律、人类进步历史趋势相一致的社会理想,代表了最广大人民的根本利益,因此,当前我们强调树立中国特色社会主义共同理想有其特殊重要的意义。纵观人类历史发展的大趋势,"封建社会代替奴隶社会,资本主义代替封建主义,社会主义经历一个长过程发展后必然代替资本主义。这是社会历史发展不可逆转的总趋势"。③ 社会主义社会必然取代资本主义,是社会发展必然经过的,是客观规律,也是人类社会进步的必由之路。共同理想为社会主义现代化建设提供了坚定的信仰,是当代中国人民正确的人生追求,是牢固树立正确世界观、人生观、价值观的核心和灵魂,有助于实现中华民族伟大复兴。

（二）中国特色社会主义共同理想是当代中国人民正确的价值追求

从价值理论的角度来看,中国特色社会主义共同理想是社会主义核心价值体系的主旋律。任何一个国家的前进,都需要有共同的理想和信念;社会中任何一种形式的发展,都必须有相对应的核心价值体系。提出社会主义核心价值体系,符合人类社会发展规律、社会主义建设和执政党建设的要求。在当今世界丰富多彩、形式多样的情况下,中国特色社会主义共同理想就成为奋斗前行的精神动力。以社会主义核心价值观为主题团结全体人民,社会主义核心价值体系的各个要素以中国特色社会主义共同理想为主轴来扩展。马克思主义指导思想为我们实现共同的社会主义理想提供了科学的世界观和方法论,以爱国主义为民族精神的核心,以改革创新为时代精神的核心,为实现共同的精神和理想提供精髓,社会主义荣辱观提供了为实现共同理想的规范和道德基础。一个人、一个群体、一个民族的精神支柱是理想。邓小平同志曾指出:"为什么我们过去能在非常困难的

---

① 《邓小平文选》第3卷,人民出版社1993年版,第3页。
② 习近平:《紧紧围绕坚持和发展中国特色社会主义学习宣传贯彻党的十八大精神》,《人民日报》2012年11月19日,第2版。
③ 《邓小平文选》第3卷,人民出版社1993年版,第382—383页。

第八章　建设社会主义核心价值体系与确立正确的世界观、人生观和价值观的关系

情况下奋斗出来，战胜千难万险使革命胜利呢？就是因为我们有理想，有马克思主义信念，有共产主义信念。我们干的是社会主义事业，最终目的是实现共产主义。"① 他还说："我们多年奋斗就是为了共产主义，我们的信念理想就是要搞共产主义，在我们最困难的时候，共产主义理想就是我们的精神支柱，多少人牺牲就是为了实现这个理想。"② 习近平同志指出："共产党员特别是党员领导干部要做共产主义远大理想和中国特色社会主义共同理想的坚定信仰者和忠实践行者。我们既要坚定走中国特色社会主义道路的信念，也要胸怀共产主义的崇高理想，矢志不移贯彻执行党在社会主义初级阶段的基本路线和基本纲领，做好当前每一项工作。革命理想高于天。没有远大理想，不是合格的共产党员；离开现实工作而空谈远大理想，也不是合格的共产党员。"③ 如果没有共同的理想，就会因为缺乏强大的信仰和精神力量而难以实现凝聚力。

经过 100 年来的努力、创新、积淀，党和人民必须更加珍惜得之不易的成就：开辟了社会主义道路与中国特色社会主义理论体系，形成和建立了社会主义制度。党的十七大、十八大、十九大、二十大始终高举中国特色社会主义伟大旗帜，坚定中国特色社会主义道路道路自信、理论自信、制度自信、文化自信，促使国民经济又好又快发展，致力于社会公平正义的树立和民主法制的建设，促进社会主义文化的大发展大繁荣。这一共同理想，成为凝聚党、军队和人民的强大精神力量，也是当代中国人民正确的价值追求，更是中国社会主义核心价值观的主题。

（三）中国特色社会主义共同理想是支撑中国人民精神世界的信念力量

选择中国特色社会主义道路，是坚持理想主义和现实主义的完美结合，中国特色社会主义的共同理想，是历史的选择，人民的选择，在不同的时间段，无一例外地成为一股强大的精神力量推动历史前进，成为全党和全国各族人民的思想和精神支柱，鼓舞了几代中国人自力更生，为国家的利益和社会制度的改革创新奋斗终身。

马克思、恩格斯当年所设想的社会主义发展的现实路径并非在高度发

---

① 《邓小平文选》第 3 卷，人民出版社 1993 年版，第 110 页。
② 《邓小平文选》第 3 卷，人民出版社 1993 年版，第 137 页。
③ 习近平：《在新进中央委员会的委员、候补委员学习贯彻党的十八大精神研讨班开班式上发表重要讲话》，《人民日报》2013 年 1 月 6 日，第 1 版。

展的西方资本主义国家展开,恰恰是在经历了俄国十月革命后的苏联和经济文化相对落后的中国先后取得成功,归根结底还是归结于各民族的实际历史发展历程。在探索社会主义建设道路和模式方面,我国历代领导核心总是把探索本国道路和反思国内外经验教训相结合。1956年4月的中共中央政治局扩大会议上,毛泽东作了《论十大关系》的报告,曾指出,"马列主义的基本原理在实践中的表现形式,各国应有所不同。在中国,马列主义的基本原理要和中国革命的实际相结合",这是探索本国的社会主义建设道路一个良好的开端,其在经济体制方面最为明显,提出了消灭资本主义和适当发展资本主义相结合的"新经济政策"。毛泽东为寻求一条不同于苏联同时符合中国具体国情的社会主义道路所作的不懈努力和取得的思想理论成果,是建设中国特色社会主义的重要基础。

20世纪80年代末90年代初,世界的社会主义运动出现了暂时的困难。苏联解体和东欧剧变,一些对社会主义价值持怀疑态度并反对社会主义基本价值观的人活跃起来,社会主义的信仰危机开始威胁世界人民的社会主义理想信念,在这种情况下,中国的社会主义事业不但没有受到干扰,而且出现了蓬勃发展的局面,这与中国共产党的正确领导是分不开的。与此同时,社会主义的现实挫折使中国共产党人对社会主义开始了认真而深刻的思考。十一届三中全会以后,邓小平同志针对国内外对社会主义问题长期存在的"左"的错误认识曾指出,我们对过去的认识"不是完全清醒的",并向全党全国人民乃至世界宣布:社会主义的本质,是解放生产力,发展生产力,消灭剥削,消除两极分化,最终达到共同富裕。全新的社会理念,调动了全国人民的生产积极性,强有力地推动了国民经济的发展和社会的进步。实现了马克思主义中国化的新发展;坚持理论和实践相结合的理念,帮助人们树立正确的社会主义观念,社会主义、共产主义信念更加深入人心。

1978年以来,我国进入改革开放的新阶段,中国领导人把继承和发展相结合,在此基础上,我党提出了新的执政理念,不但回答了"什么是社会主义、怎样建设社会主义",而且进一步回答了"建设一个什么样的执政党、怎样建设这样的执政党"的问题。党的十七大再次强调,我们要正确认识和牢牢把握我国的基本国情,明确我国现在处于并将长期处于社会主义初级阶段的国情,高举中国特色的伟大旗帜,坚持"以人为本"、全面协调可持续发展的理念,人人共建共享社会主义和谐社会。党的十八大报告强调指出:"回首近代以来中国波澜壮阔的历史,展望中华民族充满

第八章　建设社会主义核心价值体系与确立正确的世界观、人生观和价值观的关系

希望的未来，我们得出一个坚定的结论：全面建成小康社会，加快推进社会主义现代化，实现中华民族伟大复兴，必须坚定不移走中国特色社会主义道路……九十多年来，我们党紧紧依靠人民，把马克思主义基本原理同中国实际和时代特征结合起来，独立自主走自己的路，历经千辛万苦，付出各种代价，取得革命建设改革伟大胜利，开创和发展了中国特色社会主义，从根本上改变了中国人民和中华民族的前途命运。"[1] 党的十八大之后，习近平同志提出实现国家富强、民族振兴、人民幸福的中华民族伟大复兴的中国梦，明确指出："实现中国梦必须走中国道路。这就是中国特色社会主义道路。"[2]

改革开放40多年来我国社会主义现代化建设所取得的成就，以不可否认的事实向全世界人民证明，中国特色社会主义是中国历史的必然道路，是中国人民的正确选择。在中国特色社会主义旗帜的指导下，中国人民将继续改变中国的面貌，不断由温饱向小康前进。中国特色社会主义共同理想始终代表先进生产力的发展要求、先进文化的前进方向和最广大人民的根本利益，它是建立在正确的理论基础之上的，以人类社会发展规律、社会主义建设规律和共产党执政规律为基础，坚持了科学社会主义理论逻辑和中国社会发展历史逻辑的辩证统一，同时扎根于中国大地、植根于中华民族的历史、植根于中华文化沃土、根植于中国社会主义建设与发展的实践之中，代表中国人民的意志、适应中国和时代发展进步要求的科学社会主义，对于我国建成小康社会、加快社会主义现代化进程、实现中华民族的伟大复兴，具有不可替代的重要意义。中国特色社会主义共同理想，坚持以追求民族自强求富和社会公平正义来凝聚人心，这是当代中国发展进步的旗帜，也是中华民族历史发展的必然，因此，确立正确的世界观、人生观和价值观必须以中国特色社会主义共同理想为奋斗目标。正如党的十八大报告所指出的："中国特色社会主义事业是面向未来的事业，需要一代又一代有志青年接续奋斗。全党都要关注青年、关心青年、关爱青年，倾听青年心声，鼓励青年成长，支持青年创业。广大青年要积极响应党的号召，树立正确的世界观、人生观、价值观，永远热爱我们伟大的祖国，

---

[1]　胡锦涛：《坚定不移沿着中国特色社会主义道路前进为全面建成小康社会而奋斗——在中国共产党第十八次全国代表大会上的报告》，《人民日报》2012年11月18日，第1版。

[2]　习近平：《在第十二届全国人民代表大会第一次会议上的讲话》，《人民日报》2013年3月18日，第1版。

永远热爱我们伟大的人民,永远热爱我们伟大的中华民族,在投身中国特色社会主义伟大事业中,让青春焕发出绚丽的光彩。"①

三、以爱国主义为核心的民族精神和以改革创新为核心的时代精神是确立正确的世界观、人生观和价值观的价值选择

以爱国主义为核心的民族精神和以改革创新为核心的时代精神,是我们确立正确的世界观、人生观和价值观的价值选择,也是社会主义核心价值体系的精髓。随着市场经济和全球化的发展,人们的思想、观念以及价值选择方面出现了新的特点与新的发展趋势,因此我们必须深刻挖掘民族精神和时代精神的内涵,充分发挥其应有的作用,坚持弘扬和利用民族精神和时代精神,积极引导人们树立正确的世界观、人生观和价值观。

(一)以爱国主义为核心的民族精神,是确立正确的世界观、人生观和价值观的精神支柱

民族精神是一个民族在长期的生活和社会实践基础上形成的,是一个民族心理特征、文化传统、思想情感的综合体现。是本民族大多数成员所认同和接受的思想品格、价值取向和道德规范。② 华夏民族五千年,中华民族的民族精神源远流长,形成了以爱国主义为核心的团结统一、爱好和平、勤劳勇敢、自强不息的民族精神。基于人们对自己祖国和本民族的认可和依赖以及一种极其热爱的民族情感,爱国主义成为中华民族精神的核心。爱国主义既是一种调节个人与国家、与民族关系的基本政治原则,也是道德规范和人生价值的行为准则,还是一种爱国、报国、效国为一体的

---

① 胡锦涛:《坚定不移沿着中国特色社会主义道路前进为全面建成小康社会而奋斗——在中国共产党第十八次全国代表大会上的报告》,《人民日报》2012 年 11 月 18 日,第 1 版。

② 罗红、黄启学、苏祖纯:《构建社会主义和谐社会必须弘扬民族精神和时代精神》,《桂海论丛》2005 年第 8 期。

第八章 建设社会主义核心价值体系与确立正确的世界观、人生观和价值观的关系

社会实践。① 以爱国主义为核心的民族精神,是确立正确的世界观、人生观和价值观的精神支柱,所以我们要长期坚持。

时代在变化,历史在进步,不同时期,社会心理有不同的反映。当今世界,国际经济全球化、政治多极化、文化多元化出现加强的趋势,国内经济体制深刻变革,社会结构也发生深刻变动,利益格局出现大规模调整,以及网络时代的到来,使得人们的思想观念和价值追求也随之改变,人们在世界观、人生观和价值观取向方面都面临着新情况、新问题、新挑战。

市场经济的发展,虽然给人们带来了丰厚的利益,同时也潜移默化改变着人们的价值观念,市场经济的弊端,例如,趋利性不可避免地渗透到人们生活的方方面面,使人们的思想受到了严重冲击,社会不正之风盛行,以拜金主义、享乐主义、个人主义尤为突出。市场经济存在竞争性,其机制所带来的利益格局的改变,在激励人们提高生产率以追求经济效益最大化的同时,也容易诱发唯利是图的思想,出现价值观念扭曲和道德败坏的现象,严重冲击着我国的民族精神,使我国的积极力量源泉不断弱化,各种不合格的产品、不健康的作品屡见不鲜。② 因此,弘扬民族精神是时代发展的需要。

首先,以爱国主义为核心的民族精神对人们形成正确的世界观、人生观和价值观具有导向作用。民族精神是一个民族经过长期形成的并且是经过实践检验的,为大多数人所认同和接受,以一种无形的力量渗透到人们的心理和观念之中,指引着人们的行动方向。民族精神作为一种意识形态,对于国家和民族的生存发展极其重要,主要体现在培养了人们的道德理性,把国家、人民和集体的利益放在首位,引领追求真善美,积极进取,树立远大目标,并为之奋斗。人们要形成正确的世界观、人生观和价值观,必须以崇高的精神为指导。民族精神以中国国情和时代特点为基础,把握历史发展规律,坚持与时俱进,因此它可以成为人们的价值取向,也是人们形成正确的世界观、人生观和价值观的基础和内容,必将指引着人们不断前进。

---

① 胡秀英:《弘扬和培育民族精神:全球化时代高校德育创新的价值目标》,《当代教育论坛》2004 年第 4 期。

② 叶必华:《多样性、主导性、先进性——用民族精神和时代精神打造福建精神的实践与思考》《福建理论思考》2008 年第 11 期。

其次,以爱国主义为核心的民族精神对人们形成正确的世界观、人生观和价值观具有激励和引导作用。以爱国主义为核心的民族精神是一种高尚的精神力量,它可以指导人们为崇高的目标和理想而努力进取,在这个过程中所形成的正确世界观、人生观和价值观正体现了这种人生追求。中国人民勤劳勇敢,自强不息,在中国的奋斗史中,造就了无数的英雄,团结、勤劳、勇敢、不断创造历史也是这些英雄人物的标签。正是这些英雄及其行为所展现的价值观念,激励着一代代的中国人民顽强拼搏,不断进取,在实践过程中不断丰富着民族精神,例如,井冈山精神、长征精神、延安精神、大庆精神、雷锋精神、"两弹一星"精神、抗洪精神、载人航天精神。这些精神将继续引导现代人们形成正确的世界观、人生观和价值观。

(二)以改革创新为核心的时代精神是确立正确的世界观、人生观和价值观的力量源泉

实践是认识的来源,时代精神是人们在社会实践中激发出来的,反映时代方向、引领历史潮流,为社会成员普遍认同和接受,集思想观念、价值取向、道德规范和行为方式为一体,是一个社会精神气质、风貌和社会时尚的综合表现。[1] 不同历史时期有不同的时代精神,一种精神是一个时代的体现,我国的各个时期分别形成了井冈山精神、长征精神、延安精神、大庆精神、雷锋精神、"两弹一星"精神、抗洪精神、载人航天精神等一系列打着时代烙印的精神,激励着一代代中国人民不断前进,也在潜移默化改变着一个时代的面貌。

当前,随着改革开放的深入发展和全球化进程的不断加快,西方价值观给人们树立正确的世界观、人生观和价值观带来巨大冲击。经济全球化加强了世界的联系,不光体现在经济上,政治、文化上也有所体现,所以经济全球化必然带来文化传播的全球化。西方发达国家凭借其雄厚的经济实力、国际舞台上政治的主动权以及全球信息网络的便捷,将本国的价值观念,文化产品,政治、经济理念等融入其他国家以此来推行文化霸权政策,企图对我国实施西化和分化的战略图谋。这种渗透和扩张对我国人民尤其是对青少年世界观、人生观和价值观的形成将造成重大影响,例如,

---

[1] 罗红、黄启学、苏祖纯:《构建社会主义和谐社会必须弘扬民族精神和时代精神》,《桂海论丛》2005 年第 8 期。

第八章 建设社会主义核心价值体系与确立正确的世界观、人生观和价值观的关系

民族虚无主义、新自由主义、民族分裂主义正在不断冲击着我国的民族文化。另外，主要的西方发达国家企图利用文化手段来达到称霸全球的政治目的，控制和操纵国际舆论，维护本国利益，巩固其强权地位。

我们必须清醒地意识到我们的年轻一代难免受西方生活方式、思维方式和价值观念的影响，这是由我国市场经济发展的负面影响和西方发达国家的文化扩张导致的，最终我国的意识形态和社会体制也会受到影响。为了避免这种危害，我们应该以改革创新的时代精神帮助广大青年树立正确的世界观、人生观和价值观。

首先，以改革创新为核心的时代精神对人们形成正确的世界观、人生观和价值观具有整合作用，即统一社会成员的思想和行为。人的思想具有独立性、多样性、差异性和选择性，这导致人们的世界观、人生观和价值观难免会偏离主流价值取向，而这种偏离又将威胁到社会的稳定与和谐。所以我们需要发挥以改革创新为核心的时代精神的整合功能，最终促使人们的思想观念和价值取向与国家的主流价值取向趋同或靠近。

其次，以改革创新为核心的时代精神对人们形成正确的世界观、人生观和价值观具有教化作用，即感染和教育广大人民群众树立正确的世界观、人生观和价值观。以改革创新为核心的时代精神通过教化功能，促使人们树立正确的世界观、人生观和价值观，最终使自己的行为与国家和集体的利益相一致。

（三）培育和弘扬民族精神和时代精神，是树立正确的世界观、人生观和价值观的途径与方法

1. 继承中华民族优秀的传统文化，培育和弘扬以爱国主义为核心的民族精神

中华民族的传统文化源远流长，博大精深。民族精神和我国优秀的传统文化是不可分割的，民族精神是优秀传统文化的精髓，优秀传统文化是民族精神的载体。以发展的眼光来看待我国的传统文化，其中有很多让人受益的精华，对于确立正确的世界观、人生观、价值观都有引导作用。例如："天行健，君子以自强不息"反映了自强不息的精神；"穷且益坚，不坠青云之志"反映了坚韧的品格；"业精于勤而荒于嬉"反映了勤劳的精神；"以身许国，何事不可为"反映了爱国主义精神；"无欲则刚"反映了没有私欲就能刚直不阿、就敢于坚持公平正义；"有容乃大"反映了仁爱宽容的精神；等等。正如习近平同志所指出的："中华传统文化博大精深，

学习和掌握其中的各种思想精华，对树立正确的世界观、人生观、价值观很有益处。古人所说的'先天下之忧而忧，后天下之乐而乐'的政治抱负，'位卑未敢忘忧国''苟利国家生死以，岂因祸福避趋之'的报国情怀，'富贵不能淫，贫贱不能移，威武不能屈'的浩然正气，'人生自古谁无死，留取丹心照汗青''鞠躬尽瘁，死而后已'的献身精神等，都体现了中华民族的优秀传统文化和民族精神，我们都应该继承和发扬。"还有提倡"和合""和为贵"的和谐精神，"苟日新，又日新，日日新"改革的创新精神，这些优良传统文化中的精华，至今都对我们有深刻的教育意义。因此，必须大力弘扬中华民族优秀的传统文化。

2. 吸收和借鉴世界各国的文明成果，培育和弘扬以改革创新为核心的时代精神

创新是一个民族进步的灵魂，是一个国家兴旺发达的不竭动力。改革开放以来，我国的科学技术虽然有显著提高，但是与发达国家还是有一定的差距。面对开放的世界，我国必须大胆借鉴他国的先进理念和优秀成果，进行创新，为我所用，才能跟上时代的步伐，在世界上站稳脚步。但是我们不能盲目照搬，要根据我国的国情，提高自主创新能力，紧跟时代潮流，推动我国的发展。

3. 在全社会牢固树立共同的理想信念和精神支柱，让民族精神和时代精神深入人心

江泽民同志指出："在全社会形成共同的理想信念和精神支柱，是有中国特色社会主义文化建设的根本。"我们的文化建设归根结底是为了社会主义服务，也就是为了人们创造美好的生活而奋斗。这个过程中，树立正确的价值观和文化取向才是长远发展的需要。在多元文化相交融的时代里，我们要学会辨别，取其精华，去其糟粕，坚持文化的社会主义方向。也要鼓励人民群众用创新的观点去发展文化，正确地引导社会舆论。文化建设要坚持与我们中华民族的传统美德相结合，坚持与时代特征相结合。中华民族传统美德并不是短时期内形成的，而是有深厚的人民情感和文化基础，我们一定要继承和弘扬，要与时代相结合，坚持新的方向。

4. 与时俱进，推陈出新，创新民族精神和时代精神

我们的文化建设要与时俱进，不能墨守成规。在当今社会，经济发展成为时代的主流，西方文化和经济的融合让我们的价值变得多元，社会主义核心价值观受到一定的影响，拜金主义等金钱思维层出不穷。这就要求我们的文化必须与时代相结合，也就是与民族精神和时代精神相结合。民

第八章　建设社会主义核心价值体系与确立正确的世界观、人生观和价值观的关系

族精神不能放弃，这是一个国家的灵魂，同时要跟得上时代发展的潮流，这样才能树立具有现实意义的世界观、价值观。

四、社会主义荣辱观是树立正确的世界观、人生观和价值观的道德规范

胡锦涛同志在看望出席全国政协十届四次会议的委员时指出："要引导广大干部特别是青少年树立社会主义荣辱观，坚持以热爱祖国为荣、以危害祖国为耻，以服务人民为荣、以背离人民为耻，以崇尚科学为荣、以愚昧无知为耻，以辛勤劳动为荣、以好逸恶劳为耻，以团结互助为荣、以损人利己为耻，以诚实守信为荣、以见利忘义为耻，以遵纪守法为荣、以违法乱纪为耻，以艰苦奋斗为荣、以骄奢淫逸为耻。"

胡锦涛同志提出的"八荣八耻"既继承了历史的优良传统，又适应了时代的需要进行了理论创新，是树立正确的世界观、人生观和价值观的道德规范，是党对于社会主义思想道德建设的继承和发展，是对马克思主义思想道德建设的新概括，是推进社会主义精神文明建设的指导思想。

（一）以"八荣八耻"为主要内容的社会主义荣辱观体现了辩证的世界观

社会主义荣辱观以"八荣八耻"为主要内容，其本身是一个完整的统一体。首先，以"八荣八耻"为主要内容的社会主义荣辱观是集体主义、社会主义和爱国主义的集中体现。其内容极其丰富，涉及生活的方方面面，例如政治、经济、文化等，集国家、集体和个人关系为一体，是集体主义、社会主义和爱国主义三者的统一，同时反映了人们世界观、人生观、价值观的统一。社会主义荣辱观以爱国主义为核心，坚持人民利益高于一切的原则，把爱国与爱社会主义紧密相连，同时把集体主义的原则贯穿于社会主义荣辱观的始终，使社会主义道德规范体系更加完整。

其次，以"八荣八耻"为主要内容的社会主义荣辱观体现了破与立的统一。以"八荣八耻"为主要内容的社会主义荣辱观，不单单是抽象的谈论道德问题，同时明确的提出了要坚持什么，反对什么，提倡什么，抵制什么，体现了破与立的结合。任何事物都是对立统一的，荣辱亦是如此，只有我们真正理解了什么是荣辱并将其内化，才能从本质上体会到什么是

光荣；反过来，只有理解了光荣的内涵，才能深入认识耻辱。以"八荣八耻"为主要内容的社会主义荣辱观，坚持荣辱相结合，给人以震撼，使我们懂得光荣和耻辱的本质区别，从而指引着我们应该去坚持什么和反对什么。

最后，中华民族的优良传统与时代精神在社会主义荣辱观中得到集中体现。中华民族的优良传统和美德内涵极为丰富，源远流长。曾子的"吾日三省吾身"和孟子的"人不可以无耻"思想体现了中华民族的荣辱观。中华民族历史悠久，上下五千年，在实践的基础上形成了以爱国主义为核心的团结友爱，互相帮助，勤劳勇敢，朴素节俭，艰苦奋斗的民族精神。范仲淹的"先天下之忧而忧，后天下之乐而乐"和顾炎武的"天下兴亡，匹夫有责"仍可成为人们所尊崇的理想修养。以"八荣八耻"为主要内容的社会主义荣辱观继承和发展了中华民族传统美德，并与时代精神结合起来，使社会主义荣辱观既传承历史传统，又具有崭新的时代内容，是中华民族传统美德新的创新。

（二）以"八荣八耻"为主要内容的社会主义荣辱观规定了当代中国人的价值取向和行为规则

以"八荣八耻"为主要内容的荣辱观明确指出了我们的道德准则，非常准确地指出在现代经济一体化条件下我们应该坚持的世界观、价值观。经济发展决定一切，因此世界各国都努力发展经济。我国早在改革之初就确定了以经济建设为中心，不断解放和发展生产力的发展策略。但是，仅仅有物质文明是不够的，文化实力也是综合国力的重要方面，文化软实力在综合国力的较量中也起着举足轻重的作用。一国的文化可以影响其政治、经济、军事等发展。一个符合一国发展的价值观能够促进经济的发展，反之则会阻碍该国经济的发展。要了解先进文化的前进方向，掌握新科技的发展趋势，增强思想道德与科学文化素质。以"八荣八耻"为主要内容的荣辱观的提出适应我国时代发展的道德准则，为全面建成小康社会、实现中华民族伟大复兴提供了精神动力和智力支持。

从国内来看，改革开放之后我们的经济发展迅猛，文化的交融而导致的价值多元化不可避免，取其精华，去其糟粕成了繁重的历史任务。并非所有人、组织、社会都能正确地判断一种价值观是否适合当代的发展。这些参差不齐的价值和文化在一定程度上丰富了人们的思想文化，开阔了眼界，但是另一方面，价值的多元化也让人们产生了思想混乱，原有的价值

第八章　建设社会主义核心价值体系与确立正确的世界观、人生观和价值观的关系

观和世界观不同程度地受到影响。就在这种关键时期，社会主义荣辱观给出具体的标准和道德准则，给人们混乱的思想指明了道路，荣辱观明确指出了美丑、善恶的标准，这种明确的道德判断减少了人们的思想心理压力，结合中华民族的传统美德和时代的要求为我们的文化建设作出了贡献。

以"八荣八耻"为主要内容的社会主义荣辱观，一方面，继承历史的优良传统；另一方面，适应时代的需要进行理论创新，是对马克思主义道德观的新概括，在社会主义道德规范中也有着相当重要的作用，对我们的思想道德建设，尤其是对精神文明建设和发展有着非常重要的作用。

自改革开放以来，我们同西方文化和经济的交融越来越深入，不得不承认的是市场经济发挥着重要的作用，西方的一些文化正在侵蚀着我们的思想，尤其是一些不健康的西方文化的进入，导致人们唯利是图的思想越来越严重。在这样的情况下，胡锦涛同志指出，必须对社会、对市场上错误的、扭曲的思想进行矫正。这也正是核心价值观的由来，"八荣八耻"集中体现了我们传统文化和道德的魅力所在，也唤醒了人们心底的善良。

"八荣八耻"的八个方面，既体现了人与自然的关系，又体现了人与社会、人与人之间的关系，八荣八耻的每个部分正如哲学普遍联系的思想那样，它们虽然都单独存在，但又是相互联系的，是一个整体，是在政治经济发展到一定阶段时形成新的社会道德规范体系。"八荣八耻"，有立有破，旗帜鲜明，其中的每一条都涉及人们生活的方方面面，都需要人们用这个标准来要求自己，荣耻对立统一给人以强烈的震撼力，是社会主义道德规范的新概括。

社会主义荣辱观以传统文化为后盾，具体地阐述了现代社会正确的导向型价值观，用确切的言语告诉人们事情的美丑和善恶，对树立正确的世界观、人生观、价值观，推动形成良好社会风气，具有重要的现实指导意义。社会主义荣辱观隶属于精神文明和道德建设的一个部分，它不是单独存在的。想要抵制西方不良思想的入侵和解决其本身存在的问题，必须形成社会主义荣辱观，它的作用将体现在社会的方方面面，从根本上促进良好社会风气的形成并最终为社会主义现代化建设服务。

（三）实践性是社会主义荣辱观的本质属性

社会存在对社会意识的作用人尽皆知，我们就要按照这个原理去做。树立正确的社会主义荣辱观才能推动我们的政治和经济的发展。荣辱观说

到底就是对人们行为的约束，它不是强制的约束，而是道德的软约束，这种软约束在当代的社会发展条件下能够多多少少地约束人们的道德行为。人们的思想发展应当与经济发展同步，但现在的社会经济发展水平迅速，人民的思想发展水平并不能跟上经济的速度，这就导致市场经济中出现很多弊端和问题，社会主义荣辱观的提出就是为了解决这样的问题。荣辱观是人心中的一把标尺，在做出一些决定的时候能够受到约束，这就会在一定程度上影响人们的世界观和价值观，这种重要的作用让社会主义荣辱观成为社会的主流和社会主义精神文明建设的一个重要方面。坚持社会主义荣辱观有利于促进社会的和谐。并且最终带来的效益将表现在社会的发展上，使人民生活质量提高、幸福指数升高。

以"八荣八耻"为主要内容的荣辱观不仅能够影响人民的具体活动，并且成为人们心中的一把标尺，对于其他的精神文明的建设同样起到重要的作用，但荣辱观并不是单独在精神文明建设中起作用的。荣辱观让人民心中有个一个关于善恶、美丑的标尺，人们对道德的认识更加深入，这有利于以爱国主义为核心的民族精神的弘扬和发展。

以"八荣八耻"为主要内容的具有时代价值和现实意义的荣辱观是贯彻科学发展观的必然要求。科学发展观是对几十年改革开放和现代化建设经验的深刻总结，我们的发展要在保护自然、保护生态的基础上发展，不能以破环生态为代价，要做到可持续发展，对世界的改造和在这个改造中的结果已经告诉我们，人与自然的和谐是发展的重要条件，破坏自然没有出路，最终会导致人类的灭亡。这样的科学发展观坚持与自然的和谐相处，强调了我们活动的界限，同样提出必须坚持以人为本，人是主体，人类的各种发展和探索最终都是为了更好的发展。尊重自然、经济和社会的客观规律以及以人为本是科学发展观的本质和核心，这要求在发展中高度重视和充分发挥人的主体性作用。因此，社会主义荣辱观能够重塑人们的思想，尊重人们的选择，保证方向的正确。

以"八荣八耻"为主要内容的社会主义荣辱观是全国人民共同遵循的道德准则。恩格斯的，"每个社会集团都有自己的荣辱观"[1] 这句话明确指出，每个社会的荣辱观要与这个社会的政治经济发展协调一致，不适应社会的荣辱观并不是一个真正能够促进社会发展的荣辱观，因此每个社会的荣辱观也一定不同。中国是一个社会主义国家，在过去的几千年里一直由

---

[1] 《马克思恩格斯全集》第39卷，人民出版社1982年版，第251页。

第八章　建设社会主义核心价值体系与确立正确的世界观、人生观和价值观的关系

儒家文化统治人们的思想，这样温和的思想也决定了我们不是一个激进的民族，这个时代的荣辱观也要符合我们中国人民的特质。改革开放之后，我们和西方的文化交融增加，交流的机会增多，其间不少西方文化价值被传进来，这种文化的交融使我们的价值观在一定程度上发生了变化，新的价值观也应该适应这样的世道发展，在新的文化交融中取其精华，去其糟粕，在时代总特征的基础上提出向导型的价值观，引导人们的思想，这样才能符合广大人民群众的利益，促进社会的发展。荣辱观正是看到和坚持了这一点，才能正确把握社会价值观的取向，成为人们眼中的道德标准和行为准则，正确地引导人们走上发展之路。

一种价值观的形成并非一蹴而就，需要长时间的积累，所以真正的实现荣辱观是一个漫长的过程。在这个过程中，需要示范性的人物，他们对某一事物的发展起到很大的推动作用。就现在的时代来说，这些示范性的人最好不过是干部了，这些干部率先垂范、扎实践行，能够调动广大人民群众的积极性。由此看来，干部的示范性作用十分重要，这就不仅要用道德来要求我们的各级干部，更要用有效的规章制度来规范，这样才能从思想上、制度上抵制各种诱惑，使违背社会主义荣辱观的潜规则彻底失效。

树立以"八荣八耻"为主要内容的荣辱观，是从"内化"到"外化"的转化过程。这个转化过程主要分为两个相互联系的阶段。第一阶段，应该用以"八荣八耻"为主要内容的社会主义荣辱观教育和武装广大党员和群众，并逐步把"八荣八耻"转化为党员和群众的个体意识，这就是"八荣八耻"的"内化"过程；第二阶段，通过社会实践，把转化为个体意识的"八荣八耻"社会主义荣辱观"外化"为行为习惯和个体品德，并把个体品德行为所产生的效果作用于社会。这个"外化"阶段实际上就是人们对"八荣八耻"的具体措施的实施和自觉主动的贯彻，必须要在思想上自觉贯彻，而不是强制实施。

树立社会主义荣辱观需要坚定不移的社会实践。在长期的社会实践中，在党的优良传统的影响下，在中国传统优秀道德文化的熏陶下，在中国的大地上涌现出一大批做出感天动地业绩的道德模范，他们是我们时代的旗帜和全社会的学习榜样。在树立和践行社会主义荣辱观的过程中，要注意向道德模范学习。正如习近平同志在会见第四届全国道德模范及提名奖获得者时的讲话所指出的："道德模范是社会道德建设的重要旗帜，要深入开展学习宣传道德模范活动，弘扬真善美，传播正能量，激励人民群众崇德向善、见贤思齐，鼓励全社会积善成德、明德惟馨，为实现中华民

族伟大复兴的中国梦凝聚起强大的精神力量和有力的道德支撑。""精神的力量是无穷的,道德的力量也是无穷的。中华文明源远流长,蕴育了中华民族的宝贵精神品格,培育了中国人民的崇高价值追求。自强不息、厚德载物的思想,支撑着中华民族生生不息、薪火相传,今天依然是我们推进改革开放和社会主义现代化建设的强大精神力量。"[①] 只要我们行动起来,从身边做起,从自己做起,从点滴做起,在主体价值观的引领下,使14亿多中国人民通过自己的努力和实践,自觉做到社会主义荣辱观中所要求的每一点,就能为社会的发展作出自己应有的贡献。

综上所述,社会主义核心价值体系与确立正确的世界观、人生观和价值观紧密相连、密不可分。社会主义核心价值体系是引导人们树立正确道德标准和价值准则的基础。世界观、人生观、价值观,是关系人生选择什么道路的"总开关",世界观、人生观、价值观正确,就能选择正确的人生道路。一些领导干部之所以出现这样那样的问题,是因为世界观、人生观、价值观这个"总开关"问题没有解决好,违背了社会主义核心价值体系。牢固树立正确的世界观、人生观、价值观,选择光明的人生道路,就是要认真树立和践行社会主义核心价值体系、核心价值观,使我们的广大党员、干部成为社会主义核心价值体系、核心价值观的示范者。

---

① 习近平:《在会见第四届全国道德模范及提名奖获得者时的讲话》,《人民日报》2013年9月27日,第1版。

国家社会科学基金项目

张吉明 / 刘 焱 等·著

兴国之魂

社会主义核心价值体系建设研究

下卷

时事出版社
北京

第九章

坚持以社会主义核心价值体系引领舆论导向

舆论导向正确，是党和人民之福；舆论导向错误，是党和人民之祸。舆论导向左右人们的价值评判与选择，影响社会发展、文明进步。掌握舆论工具者，既有很大的权力，也肩负着重要的责任，可谓："笔下有财产万千，笔下有人命关天，笔下有是非曲直，笔下有毁誉忠奸。"舆论导向正确与否，关系党和国家的前途命运，苏联解体其中一个重要原因就是舆论导向失控。

因此，坚持以社会主义核心价值体系引领社会思潮，必须坚持以社会主义核心价值体系引领舆论导向，在这个问题上绝不能有任何动摇和闪失。要充分认识舆论导向的功能及其极端重要性，坚持正确的舆论导向，是社会主义核心价值体系发挥"整合力""感召力""凝聚力""引导力"的需要；充分认识坚持以社会主义核心价值体系引导舆论对于统一意志，凝聚力量，促进科学发展、社会和谐、巩固党的执政地位、巩固社会主义制度都具有极其重要的战略意义，切实承担起用社会主义核心价值体系引领舆论阵地的历史使命。

一、舆论导向及其重要性

（一）舆论导向的含义及遵循原则

1. 关于舆论导向的含义

"舆论"这个概念在中国史籍中的记载可以追溯到西晋的《三国志》和唐代的《梁书》，当时用于泛指众人的看法，与现代意义的"舆论"概念有较大区别。现代的舆论（Public Opinion）概念始于1762年，卢梭在其《社会契约论》中首次把"公众"和"意见"两个词汇联系起来表示"舆论"。马克思和恩格斯则视舆论为"不可数的无名公众的意见"。在中国，随着舆论研究的深入，学者们对舆论的定义众说纷纭。正因为如此，对社会舆论的把握和引导就十分重要。

关于舆论，人们有多种看法，费孝通在其主编的《社会学概论》中认为，舆论"又称公意，是社会上众人的议论和意见"，①程世寿和胡继明在其著的《新闻社会学概论》中认为，舆论"是社会公众对有争议的社会问题的意见和态度的表达，是社会群体意识的反映"。②还有学者认为舆论是"社会生活中经济政治地位相近的人们或社会集团对某一事态的大体相近的看法"。③也有学者认为舆论是"再现社会集合意识并对社会某一事态有影响力的多数人的倾向性意见"。④但是一般认为舆论包括舆论的主体、舆论的客体、舆论本身、舆论的数量、舆论的强烈程度、舆论的持续性和舆论的功能表现。这七个要素缺少任何一个都无法构成舆论。

我们党历代领导人都十分重视舆论工作，尤其重视在新闻宣传中对正确舆论导向的把握问题。1962年9月，毛泽东同志指出："凡是要推翻一个政权，总要先造成舆论，总要先做意识形态方面的工作。革命的阶级是这样，反革命的阶级也是这样。"还曾经指出："搞新闻工作，要政治家办报。"⑤党的十一届三中全会以后，邓小平同志曾提出："要使我们党的报刊成为全国安定团结的思想上的中心。"⑥并特别强调："党报党刊一定要无条件地宣传党的主张。"⑦还指出："要大力宣传社会主义的优越性，宣传马克思列宁主义、毛泽东思想的正确性，宣传党的领导、党和人民群众团结一致的威力，宣传社会主义中国的巨大成就和无限前途，宣传为社会主义中国的前途而奋斗是当代青年的最崇高的使命和荣誉。"⑧但是，关于舆论导向作为中国共产党新闻和宣传理论中的一个概念首次提出，是1994年1月24日江泽民同志在全国宣传思想工作会议的讲话中。江泽民同志在全国宣传思想工作会议中讲道："正确引导舆论，是党的宣传思想战线非常重要的工作。"⑨"舆论导向正确，人心凝聚，精神振奋；舆论导向失误，后果严重。"⑩后来这一思想被概括为"以正确的舆论引导人"。同年，江泽民同志在视察人民日报社时再次强调舆论导向的重要性，他指出："舆

---

① 费孝通：《社会学概论》，天津人民出版社1984年版，第200页。
② 程世寿、胡继明：《新闻社会学概论》，新华出版社1997年版，第205页。
③ 甘惜分：《新闻理论基础》，中国人民大学出版社1983年版，第52页。
④ 马乾乐、程谓：《舆论学概论》，山西人民出版社1991年版，第16页。
⑤ 《毛泽东新闻工作文选》，新华出版社1983年版，第216页。
⑥ 《邓小平文选》第2卷，人民出版社1994年版，第255页。
⑦ 《邓小平文选》第2卷，人民出版社1994年版，第272页。
⑧ 《邓小平文选》第2卷，人民出版社1994年版，第255页。
⑨ 《江泽民文选》第1卷，人民出版社2006年版，第497页。
⑩ 《江泽民文选》第1卷，人民出版社2006年版，第538页。

第九章　坚持以社会主义核心价值体系引领舆论导向

论导向正确，是党和人民之福；舆论导向错误，是党和人民之祸。……新闻舆论单位一定要把坚定正确的政治方向放在一切工作的首位，坚持正确的舆论导向。"① 胡锦涛同志曾强调："必须坚持党性原则，牢牢把握正确舆论导向。舆论引导正确，利党利国利民；舆论引导错误，误党误国误民。要牢固树立政治意识、大局意识、责任意识、阵地意识，把坚持正确导向放在新闻宣传工作的首位，坚持团结稳定鼓劲、正面宣传为主。"② 进入新的阶段，习近平同志也非常重视舆论导向工作，指出："坚持团结稳定鼓劲、正面宣传为主，是宣传思想工作必须遵循的重要方针。我们正在进行具有许多新的历史特点的伟大斗争，面临的挑战和困难前所未有，必须坚持巩固壮大主流思想舆论，弘扬主旋律，传播正能量，激发全社会团结奋进的强大力量。"③ 另外，他进一步揭示了我国新闻工作的本质和职责，进一步明确了舆论引导的重点和方向，是我们评价舆论引导成效的基本标准。由以上可看出舆论导向在党和政府工作中的重要地位。

所谓舆论导向，"就是用一种思想来统一、调节众多相同或相近甚至相反的思潮，从而使舆论产生某种直接的社会效应"。"简单地说，就是引导舆论或舆论调控。"④ 所谓新闻舆论导向，也有人认为是"指运用新闻舆论传播活动影响社会舆论，进而操纵人们的意识，引导人们的意向，从而控制人们的思想行为，使他们按照社会管理者制定的路线、方针、政策、规章制度从事社会活动"。

总之，新闻舆论导向，"就是指新闻媒介通过新闻传播活动影响社会舆论，进而用符合本阶级利益的思想来统一、调节众多社会思潮，从而达到控制人们的思想行为，使其按照本阶级的路线、方针、政策从事社会活动"。⑤ 新闻舆论导向是客观存在的，没有任何导向的新闻舆论是不存在的。

2. 舆论导向遵循的原则

舆论导向是涉及人们思想和观念改变的复杂而艰巨的系统工程，除了

---

① 《江泽民文选》第1卷，人民出版社2006年版，第564页。
② 胡锦涛：《在人民日报社考察工作时的讲话》，人民出版社2008年版，第4页。
③ 《习近平在全国宣传思想工作会议上发表重要讲话》，《人民日报》2013年8月21日，第1版。
④ 马乾乐、程谓：《舆论学概论》，山西人民出版社1991年版，第177—178页。
⑤ 王涛章：《浅议优化新闻舆论导向的八点原则》，《当代传播》1998年第2期。

必须讲究高度的引导艺术和策略外,首先必须坚持引导的原则性要求。是否遵循正确的引导原则,决定了引导工作的"成败"。引导原则是带有刚性的法则,在这些原则问题上,无弹性可言。解决如何发挥舆论导向的作用问题,就必须遵守一系列的原则,以保证舆论导向的正确。

第一,坚持党性原则,牢牢把握正确舆论导向。始终坚持党性原则,牢牢把握正确舆论导向,是党在长期的革命、建设和改革实践中形成的一条基本经验和基本方针,是社会主义新闻事业的生命和灵魂。坚持党性原则,也是中国社会主义新闻事业的一个本质特征。习近平同志在全国宣传部长会议上强调:"党性和人民性从来都是一致的、统一的。坚持党性,核心就是坚持正确政治方向,站稳政治立场,坚定宣传党的理论和路线方针政策,坚定宣传中央重大工作部署,坚定宣传中央关于形势的重大分析判断,坚决同党中央保持高度一致,坚决维护中央权威。"[1] "这是大原则,决不能动摇。宣传思想工作者要增强党的意识,尽职尽责为党和人民事业服务,坚持什么、反对什么,说什么话,做什么事,都要符合党的要求,真正做到'千磨万击还坚劲,任尔东西南北风'。"[2]

新闻舆论处在意识形态领域的前沿,对社会精神生活和人们思想意识有着重大影响。舆论引导正确,利党利国利民;舆论引导错误,误党误国误民。做好舆论引导工作,关系道路和方向,关系人心和士气,关系中心和大局,是新闻宣传工作的重中之重,是意识形态工作的重要内容。"如果做不好新闻舆论工作、守不好新闻舆论阵地,我们在思想上的防线就会崩溃,就可能犯颠覆性错误。坚持政治家办报,必须增强阵地意识,做好'人心'这篇大文章。"[3] 当今社会,随着经济社会的快速发展和科学技术的不断进步,尤其是基于互联网新媒体技术的集成和融合,全媒体时代信息传递和获取越来越快捷,新闻舆论的作用更加突出。这些年来,一些媒体时不时地出现一些不讲政治、不讲信念、不负责任的报道,甚至置党的要求于不顾,置人民的利益于不顾。归根结底就是党性原则不强、喉舌意识不强的集中表现;对身边的一些错误言行听之任之,不能明确地表明自

---

[1] 《习近平在全国宣传思想工作会议上发表重要讲话》,《人民日报》2013年8月21日,第1版。
[2] 《坚持党性和人民性相统———四论学习贯彻习近平总书记8·19重要讲话精神》,《人民日报》2013年8月27日,第1版。
[3] 杨振武:《把握好政治家办报的时代要求(学习贯彻习近平同志在党的新闻舆论工作座谈会上重要讲话精神)》,《人民日报》2016年3月21日,第7版。

第九章　坚持以社会主义核心价值体系引领舆论导向

己的政治观点和主张,是非观念淡漠,缺乏自律意识,缺乏党性观念。与此同时,有的新闻记者抓住广大受众求新、求异、猎奇的心理,在报道时,或以偏概全,或有意夸大,或抓住细枝末节,用断章取义的方法做文章等,这都有可能使受众曲解事件本身的实况与性质,曲解新闻事件的主人公的真实意愿表达。这样,既不符合新闻报道的真实性原则,也容易对社会公众造成误导,不利于社会的稳定和国家的发展。习近平总书记在党的新闻舆论工作座谈会上论述新闻舆论工作的重要性时,对新闻人的职责使命概括为48个字,即"高举旗帜、引领导向,围绕中心、服务大局,团结人民、鼓舞士气,成风化人、凝心聚力,澄清谬误、明辨是非,联接中外、沟通世界"。[1]

面对日益突出的问题,我们必须坚持党性原则,这关系党和国家工作全局,关系改革和经济社会发展大局,关系国家长治久安。坚持党性原则就是要解决舆论导向的立场、出发点和落脚点的问题;就是要坚持为人民服务、为社会主义服务、为全党全国工作大局服务的方向和宗旨;就是要求党报决策者要具有很强的政治鉴别力、政治敏感性和政治责任感,在任何复杂多变的形势面前保持清醒的头脑,自觉地在思想上、政治上与党中央保持一致,不允许出现任何杂音。

研究无禁区,宣传有纪律。新闻媒体的舆论导向,既要对党和国家的建设事业满怀激情,要对人民充满深情,要秉持新闻报道客观、公正的精神,也要考虑新闻报道的度的把握,时间的度、角度的度、受众接受和认知程度的度。报道的最终效果应该看是否有利于弘扬正气、改进工作、鼓励先进、鞭策后进、震慑不法、促进和谐稳定。习近平同志指出:"党的新闻舆论工作坚持党性原则,最根本的是坚持党对新闻舆论工作的领导。党和政府主办的媒体是党和政府的宣传阵地,必须姓党。党的新闻舆论媒体的所有工作,都要体现党的意志、反映党的主张,维护党中央权威、维护党的团结,做到爱党、护党、为党;都要增强看齐意识,在思想上政治上行动上同党中央保持高度一致;都要坚持党性和人民性相统一,把党的理论和路线方针政策变成人民群众的自觉行动,及时把人民群众创造的经

---

[1] 习近平:《坚持正确方向创新方法手段　提高新闻舆论传播力引导力》,《人民日报》2016年2月20日,第1版。

验和面临的实际情况反映出来,丰富人民精神世界,增强人民精神力量。"①

总之一句话,就是我们一定要强调和坚持党性原则,把握正确的舆论导向。

第二,坚持实事求是原则,牢牢把握正确舆论导向。真实是新闻的生命,真实更是舆论导向的生命。舆论导向的正确性来自事实,因而舆论监督的基本原则必须是用事实说话,坚持实事求是原则。对于实事求是的科学含义,毛泽东同志在《改造我们的学习》中指出:"'实事'就是客观存在的一切事物,'是'就是客观事物的内部联系,即规律性,'求'就是我们去研究。"② 从而赋予实事求是以新鲜内容和科学含义。习近平同志在纪念邓小平同志诞辰110周年座谈会上指出,"我们纪念邓小平同志,就要学习他始终坚持实事求是的理论品质。实事求是,是邓小平同志一生最重要的思想特点,也永远是中国共产党人应该遵循的思想方法。"③ 因此,面对日趋复杂的国内外形势,实事求是要始终成为我们一切思想和工作必须遵循的唯一正确态度和科学原则。

当前,我们正处在建立社会主义市场经济体制、全面推进现代化建设事业的关键历史时期。在这个时期,由于新旧体制的变换,利益关系和格局的调整,外来思想的冲击,新旧观念的碰撞,使人们的思想观念出现多元化的倾向;同时,由于不同的地区自然条件、经济发展水平、文化基础不同,各地在贯彻党的路线、方针、政策时工作的难度和遇到的问题也不相同。在这种形势下,如何使我们新闻舆论始终保持正确的导向,为当地社会的稳定和发展创造一个良好的舆论氛围,是需要我们广大新闻工作者认真研究和解答的重要课题。在把握舆论导向问题上,我们可以从数十年新闻工作的实践中得出很多经验教训,究其成功与失误的原因,有社会环境的客观因素,也有新闻工作者自身的主观因素。新闻工作的实践证明,尽管具体原因千差万别,但起着规律性作用的只有一条:坚持实事求是,新闻舆论导向就正确;违背实事求是,新闻舆论导向就出错误。实事求是的思想路线,对于新闻舆论保持正确导向具有决定性的意义。

---

① 习近平:《坚持正确方向创新方法手段 提高新闻舆论传播力引导力》,《人民日报》2016年2月20日,第1版。
② 《毛泽东选集》第3卷,人民出版社1991年版,第801页。
③ 习近平:《在纪念邓小平同志诞辰110周年座谈会上的讲话》,《人民日报》2014年8月21日,第1版。

第九章　坚持以社会主义核心价值体系引领舆论导向

实事求是的原则要求新闻报道必须明确所报道事物的各种要素及性质，弄清它们之间所处的位置、关系和作用，在头脑中树立起总体印象和整体概念，正确处理好抽象真实和具体真实之间的关系，以求得出正确的结论。千万不要随便拣几个材料来证明自己的某个观点或替别人证明某个观点，做出违背实事求是原则的事。实事求是的原则还要求新闻报道不能停留在所报道的事实上而忽视研究本质，也不能离开所报道的事实去认识本质，而是要透过事实现象去寻找内部联系挖掘出本质。这就要求我们在报道的过程中不但要深入采访，还要用马克思主义认识论对新闻事实进行细致的分析和研究，努力做到"由表及里""去粗取精"，在感性认识的基础上进行科学抽象，进而上升到理性认识，提炼和发掘出能够正确反映事物本质的结论，即这篇新闻报道所要揭示的客观规律。

总之，"事物（也叫实事）是不断发展变化的，'是'也会随着'事物'的变化而变化，所以，'求'是动态的，不能一劳永逸。我们要随着'实事'的不断发展变化而不断去'求'"。[①] 所以，讲真话，不讲假话；讲实话，不讲空话；讲群众喜闻乐见的心里话，不讲大话、套话，这是新闻工作者的天职所在。新闻事实来源于基层、来源于民众生活之中，新闻工作者的责任就是要从实际出发，从群众的实践出发，从群众的意愿出发。

第三，坚持群众原则，牢牢把握正确舆论导向。人民群众是推动社会历史发展的真正动力。人民群众是社会物质财富的创造者，从根本上推动了社会的发展；人民群众是社会精神财富的创造者，推动了社会的全面进步；人民群众是社会变革的决定力量，在社会变革中起主体作用。总之，人民群众是实践的主体，是历史的创造者，这就要求我们做任何工作要同群众实践相结合，树立群众观点，坚持群众路线，做到相信群众，依靠群众，为人民群众的利益而奋斗。任何先进的理论，只有掌握群众，让群众了解它、信任它、运用它，才会焕发出巨大的力量，因此舆论导向工作必须完全相信和依靠群众，才能真正落到实处。可以说，"认识新闻舆论工作与党的工作全局的关系，使新闻舆论工作能够汇聚人心、温润人心，进而团结人民、引导人民为实现自己的根本利益而不懈奋斗。人民日报作为新闻战线的'排头兵'，要始终牢记'人心是最大的政治'，发挥好'领航者''定盘星'的作用，在深刻变化的媒体格局中守好党的新闻舆论阵

[①] 熊焕业：《前提是实事求是——关于正确引导舆论的思考》，《新闻爱好者》1998年第6期。

地，不断巩固和壮大主流思想舆论"。① 一句话，新闻舆论引导的最终目的，是让群众自己解放自己，推动历史前进。

从群众中来，到群众中去，是群众路线的又一重要内容，也是中国共产党最基本的领导方法和工作方法。它正确地揭示了党和人民群众的关系，指明了正确实现党的领导的根本途径，还深刻说明了党的群众路线与马克思主义认识论的内在一致性，把唯物辩证法和马克思主义认识论具体化为科学的领导方法。从群众中来，到群众中去，决定了新闻舆论导向是一个来自群众又指导群众的过程。也就是说，新闻舆论引导无疑要体现党性的要求，服从各级党组织的决策，但同时要时刻倾听群众的呼声和要求，反映群众的利益和愿望。习近平同志指出："要坚持党性和人民性相统一，把党的理论和路线方针政策变成人民群众的自觉行动，及时把人民群众创造的经验和面临的实际情况反映出来，丰富人民精神世界，增强人民精神力量。"② 没有舆论反映，舆论引导将无的放矢。不仅如此，舆论引导最终还是要通过意见反馈，在群众的实践中得到验证，不然只不过是"放空炮"，自说自话，不会得到广大群众的支持。

新闻传媒要想通过自身的舆论引导影响群众，必须最大限度地满足广大人民群众的精神文化需求。习近平同志指出："坚持人民性，就是要把实现好、维护好、发展好最广大人民根本利益作为出发点和落脚点，坚持以民为本、以人为本。要树立以人民为中心的工作导向，把服务群众同教育引导群众结合起来，把满足需求同提高素养结合起来，多宣传报道人民群众的伟大奋斗和火热生活，多宣传报道人民群众中涌现出来的先进典型和感人事迹，丰富人民精神世界，增强人民精神力量，满足人民精神需求。"③ 为此，我们一要增强群众观念，从人民群众的根本利益和根本需要出发。二要在内容上充分反映群众自身建设，创造美好生活的时代风采，及时反映人民群众的愿望、呼声和要求。要面向基层、服务群众、深入实际，多倾听群众的呼声，多了解群众的意愿，多反映人民群众的利益要求，多宣传人民群众中涌现的先进典型，激励全体人民信心百倍地实现中

---

① 杨振武：《做好新形势下舆论引导工作的科学指南（深入学习贯彻习近平同志系列重要讲话精神）》，《人民日报》2014年5月28日，第7版。
② 习近平：《坚持正确方向创新方法手段　提高新闻舆论传播力引导力》，《人民日报》2016年2月20日，第1版。
③ 《习近平在全国宣传思想工作会议上发表重要讲话》，《人民日报》2013年8月21日，第1版。

第九章　坚持以社会主义核心价值体系引领舆论导向

华民族伟大复兴的中国梦,创造具有中国特色社会主义事业无限前景的美好生活。毛泽东同志在《对晋绥日报编辑人员的谈话》中指出:"马克思列宁主义的基本原则,就是要使群众认识自己的利益,并且团结起来,为自己的利益而奋斗。报纸的作用和力量,就在它能使党的纲领路线、方针政策、工作任务和工作方法,最迅速最广泛地同群众见面。""群众知道了真理,有了共同的目的,就会齐心来做。""群众齐心了,一切事情就好办了。"① 江泽民同志在视察人民日报社时,运用马克思主义新闻观点,深刻地指出:"新闻工作、党报工作,说到底,也是群众工作,是我们党联系群众的重要纽带。密切联系群众,是新闻工作者的必修课和基本功。大家要牢固树立群众观点,同广大人民群众同呼吸、共命运,善于做调查研究工作,紧扣时代的脉搏,倾听群众的心声。"② 这些都说明必须遵循的群众路线的新内涵,是新闻工作者坚持群众路线的指针。

(二) 深刻认识把握正确舆论导向的重要性

1. 牢牢把握正确的舆论导向是巩固社会主义制度的基本前提

党中央历来十分重视舆论导向的作用。1996 年 9 月 26 日,江泽民同志在视察人民日报社时,就舆论导向问题发表了重要讲话。他指出,"舆论导向正确与否,对于党的成长、壮大,对于人民政权的建立、巩固,对于人民的团结和国家的繁荣富强,具有重要作用"。党的十四届六中全会通过的《中共中央关于加强社会主义精神文明建设若干重要问题的决议》(以下简称《决议》),着重阐述了加强文化建设在精神文明建设中的重要地位,其中特别强调思想文化领域的导向作用,强调思想文化领域中坚持马克思列宁主义、毛泽东思想和邓小平建设有中国特色社会主义理论为指导的深远意义。《决议》指出:"新闻宣传必须坚持党性原则,坚持实事求是,坚持团结稳定鼓劲、正面宣传为主,牢牢把握正确的舆论导向。"③《决议》告诫文艺工作者要"认真严肃地考虑自己作品的社会效果,把最好的精神食粮贡献给人民",④ 要"弘扬主旋律",等等。回顾前苏联演变和解体过程中舆论导向所起的重要作用,更感觉这些论断发人深思,催人

---

① 《毛泽东选集》第 4 卷,人民出版社 1960 年版,第 1261 页。
② 《江泽民文选》第 1 卷,人民出版社 2006 年版,第 566 页。
③ 《十四大以来重要文献选编》下,人民出版社 1999 年版,第 2059 页。
④ 《十四大以来重要文献选编》下,人民出版社 1999 年版,第 2059 页。

· 359 ·

警醒。习近平同志指出:"团结稳定鼓劲、正面宣传为主,是党的新闻舆论工作必须遵循的基本方针。做好正面宣传,要增强吸引力和感染力。真实性是新闻的生命。要根据事实来描述事实,既准确报道个别事实,又从宏观上把握和反映事件或事物的全貌。舆论监督和正面宣传是统一的。"①

随着社会的发展,特别是随着新闻媒体影响力的逐渐扩大,人们今天把新闻媒体称为"第四种权力",足见它的作用越来越重要。能否坚持正确的舆论导向,关系人心向背、事业兴衰和党的执政根基,关系构建社会主义和谐社会能否顺利进行。特别是我国正处在黄金发展的战略机遇期和矛盾凸显期,人们的思想空前活跃、信息传播手段与途径日益多样化。而今天,社会舆论结构也呈现出多层次的复杂状态,既有引领社会的主流、主导舆论,又有街谈巷议的民间舆论,还有信息庞杂的网络舆论。积极健康向上主流的舆论导向对于促进社会矛盾和问题的解决、减少社会不和谐因素具有重要作用。同时,正确的舆论导向具有强化新闻报道与受众需求的关联度,因而要积极关注社会热点,有效引导社会舆论,充分发挥新闻媒体"正面宣传为主,团结稳定鼓劲"的中心作用。

新闻媒体是党联系人民群众的桥梁和纽带,在巩固社会主义制度中发挥着重要作用,把握正确的舆论导向是巩固社会主义制度的基本前提。我们必须坚持正确的舆论导向,必须始终坚持团结稳定鼓劲、正面宣传为主,唱响主旋律,使有利于国家富强、民族振兴、社会和谐、人民幸福的思想和精神成为时代的最强音。必须以正确的舆论引导人,积极宣传党的主张,反映人民心声,通达社情民意,疏导公众情绪,努力营造顾全大局、珍视团结、维护稳定的良好氛围。习近平同志指出:"牢牢把握正确舆论导向,把体现党的主张与反映人民心声统一起来,凝聚促进改革发展、维护社会稳定的正能量。"② 此外,我们必须高度重视做好热点引导、突发事件报道和舆论监督工作,因为社会热点和突发事件是社会矛盾的集中反映,人们普遍关注,对社会心理、群众情绪、社会稳定有着重要影响。必须按照有利于问题解决、有利于维护社会稳定的要求,加强和改进舆论监督,坚持科学监督、依法监督、建设性监督,针砭时弊、弘扬正

---

① 习近平:《坚持正确方向创新方法手段 提高新闻舆论传播力引导力》,《人民日报》2016年2月20日,第1版。

② 《习近平在全国宣传思想工作会议上发表重要讲话》,《人民日报》2013年8月21日,第1版。

第九章　坚持以社会主义核心价值体系引领舆论导向

气、理顺情绪，给广大干部群众以信心和希望。

2. 牢牢把握正确的舆论导向是促进社会和谐的重要因素

党的十六届六中全会通过的《关于构建社会主义和谐社会若干重大问题的决定》明确指出："社会和谐是中国特色社会主义的本质属性，是国家富强、民族振兴、人民幸福的重要保证。"[1] 虽然今天的社会总体上是和谐的，而且已经拥有了构建和谐社会的各种有利条件，但不可否认，随着当今世界的迅速发展，中国与世界在经济、政治、文化、科技、教育等各个领域的交流日益增多，网络技术的发展与普及也大大缩短了中国与世界的距离，这一切使得西方文化及与之相应的世界观、人生观、价值观对我们的思想观念乃至根本信仰产生了前所未有的冲击。在这种形势下，构建和谐社会很重要的一项工作就是逐步解决那些关系人民群众切身利益的热点、难点问题，而这些问题显然也是媒体重点关注并加以广泛报道的，这些都对新闻媒体提出了新的要求。新闻媒体作为宣传思想战线的主阵地，在引导社会舆论、传播并推动社会主义核心价值观方面，有其独特的无可替代的作用，尤其是随着信息传播技术的迅速发展，各种海量信息庞芜冗杂，舆论的作用也越来越大。在今天的中国，新闻报道及其形成的舆论，已经成为影响社会和公众的极其重要的力量。

因此，媒体舆论应准确把握构建社会主义和谐社会的新要求，把为构建和谐社会营造良好舆论氛围作为重要的职责。但有太多的事实证明，舆论导向的多元性造成了对这些问题的报道往往面临很多考验，其中之一就是有时由于对舆论导向把握不妥，而导致其效果与初衷相悖。我们应牢牢把握正确的舆论导向，为构建和谐社会营造良好的舆论氛围，就是要广泛深入地宣传构建社会主义和谐社会的重大意义、科学内涵和主要任务，激发广大干部群众建设和谐社会的创造活力，把全体社会成员的积极性、创造性引导到全面建成小康社会、构建社会主义和谐社会上来，使和谐社会的思想深入人心，并成为全体社会成员的共同理想和自觉行动；就是要积极传播以爱国主义为核心的民族精神和以改革创新为核心的时代精神，进而为形成全民族奋发向上的精神力量和团结和睦的精神纽带提供舆论支持；就是要大力倡导尊重劳动、尊重知识、尊重人才、尊重创造的观念，进而为形成一切有利于社会进步的创造愿望得到尊重、创造活动得到支

---

[1] 吴邦国：《构建社会主义和谐社会的纲领性文件》，《十六大以来重要文献选编》下，中央文献出版社2008年版，第698页。

持、创造才能得到发挥、创造成果得到肯定,为形成促进"和谐人人有责、和谐人人共享"的生动局面提供舆论支持;就是要积极、主动、自觉地用健康向上的主流文化和思想来引导社会舆论,为构建社会主义和谐社会提供强有力的思想保证和舆论支持。

3. 牢牢把握正确的舆论导向是全面建成小康社会的思想基础

党的十八大报告指出:"高举中国特色社会主义伟大旗帜,以邓小平理论、'三个代表'重要思想、科学发展观为指导,解放思想,改革开放,凝聚力量,攻坚克难,坚定不移沿着中国特色社会主义道路前进,为全面建成小康社会而奋斗。"① 作为党的喉舌、人民的耳目,新闻媒体应责无旁贷地担负起为全面建成小康社会提供强有力思想保证和舆论支持的历史使命。

党的十一届三中全会以来,农村经济发生了巨大的变化,农民的思想观念也发生了深刻的变化,但目前社会上确实存在不少影响科学发展、社会和谐的矛盾和问题,处于急剧变革中的社会各个群体,尤其在城镇化过程中的农民当中,仍然存在着影响奔小康的传统意识和消极思想心理,比如那些保守、落后、陈旧的思想观念。同时,在人均 GDP 从 1000 美元向 3000 美元过渡的时期是社会矛盾凸显期,这就要求新闻媒体要讲政治、顾大局,保持清醒头脑,积极主动正视矛盾、化解矛盾,报道中要最大限度增加和谐因素,减少不和谐因素,大力宣传社会主义的声音、党和政府的声音、科学发展的声音、改革开放的声音,消除杂音,不给错误的声音提供传播阵地。"讲政治,就是要在纷繁复杂的舆论环境中,毫不动摇地坚持党管媒体、政治家办媒体,坚持正确政治方向,坚决同以习近平同志为核心的党中央保持高度一致,坚定宣传党的理论和路线方针政策;就是要增强政治敏锐性和政治鉴别力,在观察认识问题时坚定立场,站正角度,得出正确的结论,既不能以西方为标准来看,也不能以固步自封的旧标准来看;就是要坚持正确舆论导向,在宣传报道中把握好方向、原则、节奏、力度,既不左右摇摆,也不感情用事。坚持讲政治,我们就会有'乱云飞渡仍从容'的战略定力。"② 应当看到,在新的形势下,我们具有做好宣传思想工作的坚实基础和有利条件,但深刻变化的国际环境、全面建成

---

① 胡锦涛:《坚定不移沿着中国特色社会主义道路前进 为全面建成小康社会而奋斗——在中国共产党第十八次全国代表大会上的报告》,人民出版社 2012 年版,第 1 页。

② 杨振武:《做好新形势下舆论引导工作的科学指南(深入学习贯彻习近平同志系列重要讲话精神)》,《人民日报》2014 年 5 月 28 日,第 7 版。

第九章　坚持以社会主义核心价值体系引领舆论导向

小康社会的艰巨任务、党所处的历史方位和肩负的历史使命，都给宣传思想工作带来一系列新情况新问题，提出了新任务新要求新挑战。

为此，新闻媒体必须始终"坚持以正确舆论引导人，自觉在思想上、政治上、行动上和党中央保持一致，服从服务于党和政府工作大局；坚持团结稳定鼓劲、正面宣传为主；坚持宣传科学理论、传播先进文化、弘扬社会正气；坚持全面科学完整看问题，避免孤立、片面、偏激报道社会现象和社会问题；坚持把握事物主流本质，避免一叶障目、以偏概全"。① 新闻媒体一定要居安思危，增强忧患意识，在巩固的基础上提高，在深入创新中发展，用时代的要求来审视宣传工作，用发展的眼光来研究宣传工作，以改革的精神来推动宣传工作，努力使宣传工作更好地体现时代性、把握规律性、富于创造性。要科学地认识和把握基于网络新媒体形势下宣传工作的新特点和新规律，形成新思路，探索新办法，开辟新途径，取得新成效，为全面建成小康社会持续提供动力支持。

（三）正确的舆论导向在构建社会主义核心价值体系中的意义

社会主义核心价值体系是兴国之魂，是我们党团结带领全国各族人民开拓前进的精神旗帜，也是我们在思想文化建设方面的重大理论创新。在社会主义核心价值体系的建构过程中，坚持正确的舆论导向至关重要，"舆论导向正确是党和人民之福"，舆论导向正确也是使社会主义核心价值体系作为社会意识形态更好地发挥其社会作用力的前提和基础。"习近平同志高度重视价值体系和价值观问题，强调要把培育和弘扬社会主义核心价值观作为凝魂聚气、强基固本的基础工程。加强社会主义核心价值体系和核心价值观宣传，就是弘扬主旋律、传播正能量。"② 必须始终坚持正确的舆论导向，在社会主义核心价值体系的引领下将舆论力量整合成建设社会的思想力、精神力和文化力，并以此来强化社会主义核心价值体系对社会思想意识的"四个作用力"即整合力、感召力、凝聚力和引导力。

1. 正确的舆论导向是社会主义核心价值体系发挥"整合力"的需要

社会主义核心价值体系是坚持和发展马克思主义和社会主义学说的重

---

① 修晓娟：《为全面建设小康社会提供强有力的舆论支持》，《声屏世界》2008年第1期。

② 杨振武：《做好新形势下舆论引导工作的科学指南（深入学习贯彻习近平同志系列重要讲话精神）》，《人民日报》2014年5月28日，第7版。

要理论成果,是在思想文化建设上的重要理论创新;社会主义核心价值体系是社会主义制度的内在精神和生命之魂,反映了全国各族人民的核心利益和共同愿望,是全民族奋发向上的精神力量和团结和睦的精神纽带;社会主义核心价值体系具有广泛的适用性和包容性,具有强大的整合力。所谓核心价值观,是指在一个社会中居于主导地位、起着支配作用的核心理念。任何社会都有自己的核心价值体系,核心价值体系是社会意识的本质体现,决定着社会意识的性质和方向。特别是在今天,面对社会生活日益多样化、人们的思想观念日益多元化的客观现实,社会主义核心价值观就显得尤为突出。因此,建设社会主义核心价值体系、培育践行社会主义核心价值观的提出,就为人们树立正确的思想意识提供了明确方向。没有社会主义核心价值体系的主导,整个社会主义建设就会迷失方向。

在建设社会主义核心价值体系这样的重要时期,能否把握正确的舆论导向,发挥主流媒体的舆论引导作用,能否为社会的进步、民族的强盛、经济的发展营造良好的舆论引导、舆论氛围,对于社会主义核心价值体系整合力的体现至关重要。"主流媒体提供什么样的信息,对人们会产生重要影响。这种情况下,报与不报、说与不说,很大程度上考验着主流媒体舆论引导的能力和水平。"[①] 我们所说的舆论导向,就是运用舆论引导人们的意向,影响人们的意识和行为的传播活动。因此,在建设社会主义核心价值体系的过程中,一定要发挥媒体舆论的作用。媒体舆论是社会主义核心价值体系建设的生力军、主力军,是社会主义核心价值体系建设的"宣传机""播种机""发动机",是社会主义核心价值的建设者、带动者、示范者。正确的舆论导向为社会主义核心价值体系建设提供了重要的舆论支持力,利于培育核心价值精神,形成广泛的社会共同的理想信念、道德规范、价值取向。特别是在我国处于改革发展的关键时期,各种思想文化相互激荡,人们思想活动的独立性、选择性、多变性、差异性增强,人们的价值取向呈现多样化的趋势下,正确的舆论导向使社会主义核心价值体系更加深入人心,能引导社会思潮沿着健康的轨道前进、向着积极的方向发展,也就是说坚持以社会主义核心价值体系引领社会思潮,必须充分发挥新闻媒体正确的舆论导向作用,充分发挥社会主义核心价值体系的整合作用。

舆论导向在对社会主义核心价值体系的整合力发挥作用的同时,这种

---

① 杨振武:《做好新形势下舆论引导工作的科学指南(深入学习贯彻习近平同志系列重要讲话精神)》,《人民日报》2014年5月28日,第7版。

第九章 坚持以社会主义核心价值体系引领舆论导向

整合力也体现在社会主义核心价值体系对舆论导向的整合上。舆论具有多样化的特点,然而不管有多少种舆论,一般应有一致的方向,如果没有统一的方向,人民就会缺少凝聚力,舆论就会变得杂乱无章,最终导致社会生活的混乱。用社会主义核心价值体系统领宣传思想,提高了舆论引导水平,突出了舆论实效性和可靠性,使正确的舆论导向在发挥社会主义核心价值体系整合功能时,作用更加突出,效果更加明显。

2. 正确的舆论导向是社会主义核心价值体系发挥"感召力"的需要

社会主义核心价值体系的提出,是党的重大理论创新成果之一。社会主义核心价值体系是一个包含丰富内容的多层次体系,马克思主义指导思想、中国特色社会主义共同理想、以爱国主义为核心的民族精神和以改革创新为核心的时代精神、社会主义荣辱观,构成社会主义核心价值体系的基本内容。这四个方面相互联系、相互贯通、相互促进,是有机统一的整体,在进行社会主义现代化建设的今天具有很强的感召力。

社会主义核心价值体系是社会意识形态的重要内容,它的思想理论、精神内涵等是在一定社会舆论中存在并得以扩散的。舆论环境怎样,舆论导向如何,直接影响作为核心价值体系的建设效果和深入程度。建设社会主义核心价值体系应充分发挥舆论导向的强大作用,以宣传社会主义核心价值体系的精神为主线,在宣传中必须使马克思主义贴近实际、贴近生活、贴近群众,以此解除群众头脑中的各种疑惑,回答群众在实践中遇到的各种各样的问题,使马克思主义理论成为群众容易接受、听得明白、能够把握的理论,增强其感召力。

舆论的和谐是社会和谐的重要条件,而建设社会主义核心价值体系又是建设和谐文化的根本。在宣传社会主义核心价值体系的舆论中,必须坚持以科学的理论武装人,以正确的舆论引导人,以高尚的精神塑造人,以优秀的作品鼓舞人,着力打牢共同思想基础、营造和谐的舆论氛围,形成良好的道德风尚和共同的理想信念,使社会主义核心价值体系深入人民的共同理想中,提高社会主义共同理想的感召力。

正确引导社会舆论导向,积极营造和谐的舆论导向氛围,能最大限度地增进干部群众对民族精神和时代精神认识的共识,这种共识对于建设社会主义核心价值体系至关重要。媒体舆论在城乡广泛开展社会主义核心价值体系宣传教育活动中,应大力弘扬符合时代特征、体现社会进步要求的民族精神和时代精神,充分运用媒体宣传、报告会、座谈会、图片展览等人民群众喜闻乐见的形式加大宣传力度,使以爱国主义精神为核心的民族精神和以改革创新为核心的时代精神为人们所理解、所接受,更大力度地提升人们的认知性。

由于社会舆论导向具有大众化、普遍化和无孔不入的特点,因此,建设社会主义核心价值体系,必须十分重视发挥社会舆论导向的这种规范、制约和影响作用,把价值认同实践体现到日常生活中,使人们更加分清荣辱,明辨善恶,使人们形成良好的道德风尚,使社会主义核心价值体系的荣辱观具有更大的感召力。

3. 正确的舆论导向是社会主义核心价值体系发挥"凝聚力"的需要

在当前的思想文化和社会思潮发展中,先进文化、有益文化、落后文化和腐朽文化并存,正确思想和错误思想、主流意识形态和非主流意识形态相互交织。要改变这种状况,需要有的放矢地加强对不同群体的教育,努力构建具有广泛感召力的社会主义核心价值体系,用以引领和整合多样化的思想文化意识和社会思潮。

党的十七大报告明确指出:"建设社会主义核心价值体系,增强社会主义意识形态的吸引力和凝聚力。"① 社会主义核心价值体系凝聚力问题的提出,是基于对社会主义核心价值体系建设根本目的的认识,明确了社会主义核心价值体系的基本功能就是要凝聚全民共识。一定的社会秩序得以运转和维持的基本精神依托是核心价值体系,一个国家的核心价值体系必须具有精神支撑力和行为指导力,才能实现其凝聚人心的基本功能。社会主义核心价值体系的每一项内容都蕴含着强大的凝聚力。马克思主义是随着实践的推进、时代的变革而不断发展的科学理论,是科学认识民族凝聚力问题的理论前提。只有坚持以马克思主义为指导,从人类历史发展规律的高度把握世界的进步潮流,才能更加认清其内在的凝聚力。中国特色社会主义共同理想在唯物史观的基础上,实现了国家的发展、民族的振兴和个人的幸福的紧密联系,把社会各个阶层和群体的共同愿望有机结合起来,体现了其强大的凝聚力。历史证明,以爱国主义为核心的民族精神和以改革创新为核心的时代精神,是凝聚中华民族的重要思想基础。社会主义荣辱观的提出是一个民族生命力、创造力和凝聚力的集中体现,是一个民族赖以生存、共同生活、共同发展的灵魂,凝聚全社会的思想道德

---

① 胡锦涛:《高举中国特色社会主义伟大旗帜为夺取全面建设小康社会新胜利而奋斗——在中国共产党第十七次全国代表大会上的报告》,人民出版社2007年版,第34页。

第九章 坚持以社会主义核心价值体系引领舆论导向

规范。

构建具有广泛凝聚力的社会主义核心价值体系需要良好的舆论氛围，因为坚持正确的舆论导向能统一思想、鼓舞人心、凝聚力量，形成共建共享的强大合力，成为动员群众的强有力工具，在促进社会主义和谐社会建设方面有着不可替代的重要作用。同时，正确的舆论导向能引导社会热点，疏导公众情绪，从而使先进的得到发展，健康的得到支持，落后的得到改造，腐朽的得到抵制，形成以社会主义核心价值体系为主导的健康向上、和谐融洽的社会思潮主流，为构建和谐社会提供强有力的思想和舆论支持。发挥社会主义核心价值体系的凝聚力需要新闻媒体加强舆论引导工作，提高舆论引导水平，用正确的思想理论、行动纲领、价值观念影响社会、凝聚群众。要运用报刊、广播、电视和互联网等大众传媒，通过各种形式大张旗鼓地宣传社会主义核心价值体系的重大意义、精神实质、科学内涵和基本要求；宣传各行各业在社会主义核心价值体系指导下所取得的新举措、新经验、新进展和新成就；宣传以社会主义核心价值体系为指针推动与实现又好又快发展的先进典型和鲜活经验，激发干部群众投身社会主义核心价值体系建设的积极性和主动性，提高社会主义核心价值体系的凝聚力。

4. 正确的舆论导向是社会主义核心价值体系发挥"引导力"的需要

马克思有句名言："理论只要说服人，就能掌握群众，而理论只要彻底，就能说服人。"[①] 理论要能彻底说服人，就具有引导力。建设社会主义核心价值体系是我们党在新的时期，适应思想文化领域的新变化，创新性地提出的一个新的理论体系，它的提出为构建社会主义和谐社会提供了思想指南和引导力，成为构建和谐社会的主流思想。

社会主义核心价值体系是社会主义意识形态的本质体现。建设社会主义核心价值体系有利于妥善处理在社会利益关系日益复杂和价值观念多元化条件下的各种问题，有力地抵制各种错误思想和腐朽文化的影响，最大限度地形成共识、凝聚力量，引导社会思潮朝着积极健康方向发展，在尊重差异中扩大社会认同，在包容多样中形成思想共识，切实提高社会主义核心价值体系的持久引导力。

而社会主义核心价值体系引导力的发挥离不开舆论的正确引导和宣传。坚持正确的舆论导向，有效引导社会舆论，对于维护国家的长治久安、政治稳定、社会和谐、人民安康具有极其重要的作用和影响。胡锦涛

---

① 《马克思恩格斯选集》第 1 卷，人民出版社 1995 年版，第 9 页。

同志在视察人民日报社时所作的重要讲话中指出,"舆论引导正确,利党利国利民;舆论引导错误,误党误国误民",他还强调,"要把提高舆论引导能力放在突出位置"。事实证明,正确的舆论导向能起到心理疏导、安抚情绪、缓和矛盾的作用;反之,则容易导致事件升级、事态扩大。因此,宣传社会主义核心价值体系的思想要坚定自觉地同党中央保持高度一致,始终保持政治上的清醒坚定,牢牢把握正确的舆论导向,把党的意志和人民的心声统一起来,把思想性和政治性统一起来,把可读性和实效性统一起来,充分发挥社会主义核心价值体系的引导作用。2016年2月19日,习近平同志在人民大会堂主持召开党的新闻舆论工作座谈会时强调:"做好党的新闻舆论工作,事关旗帜和道路,事关贯彻落实党的理论和路线方针政策,事关顺利推进党和国家各项事业,事关全党全国各族人民凝聚力和向心力,事关党和国家前途命运。必须从党的工作全局出发把握党的新闻舆论工作,做到思想上高度重视、工作上精准有力。"①

坚持正确的舆论导向,关键是要唱响社会主义核心价值体系这一主旋律,要把社会主义核心价值体系贯穿到各级各类媒体传播之中,发挥正确的导向作用,大力宣传社会主义核心价值体系的理论、精神实质和体现社会主义价值体系精神的思想观念,使社会主义核心价值体系真正成为社会生活的主旋律,提升其引导力。

总之,坚持正确的舆论导向,营造建设社会主义核心价值体系的良好舆论环境,这对于形成有利于核心价值体系建设的舆论强势,不断扩大主流舆论的覆盖面和影响力,把广大青年学生和干部群众的思想认识统一到中央的决策部署上来,发挥社会主义核心价值体系的引导作用具有重大的理论意义和现实意义。

二、坚持以社会主义核心价值体系引领舆论

(一)坚持以社会主义核心价值体系的灵魂——马克思主义指导思想引领舆论

社会主义核心价值体系的灵魂是马克思主义指导思想,我们必须牢牢

---

① 习近平:《坚持正确方向创新方法手段 提高新闻舆论传播力引导力》,《人民日报》2016年2月20日,第1版。

第九章　坚持以社会主义核心价值体系引领舆论导向

把握这一灵魂,把马克思主义融入舆论工作全过程,用以指导舆论工作的各个领域,才能更好地发挥舆论导向在建设社会主义核心价值体系中的积极作用。习近平同志在全国宣传思想工作会议讲话中强调,宣传思想工作就是要巩固马克思主义在意识形态领域的指导地位,巩固全党全国人民团结奋斗的共同思想基础。这一重要论断,深刻概括了宣传思想工作的根本任务,明确指出了宣传思想工作的努力方向,是做好新时期意识形态和宣传思想工作的基本原则与重要遵循。

1. 正视社会主义核心价值体系的灵魂在舆论领域面临的严峻挑战

当前,我们的国家发展、民族复兴、社会进步都进入了关键时期。我们既面临着难得的机遇,也面临着严峻的挑战。改革开放以来,在党的正确领导下,我国舆论工作得到了长足的发展,取得了令人瞩目的成就。舆论工作的整体实力和综合竞争力得到了很大的增强,已基本形成图书、报纸、期刊、音像、电子和网络出版门类齐全的舆论阵地。舆论工作在社会发展中所起的积极作用地位越来越突出,但是我们也要清醒地看到所面临的严峻挑战。

从国际方面来说,随着世界各国开放程度的提高,"软实力"的竞争和争夺"话语权"的斗争日趋激烈,各种思想观念的交流、碰撞和交锋更加频繁,形成复杂的国际新闻舆论环境。东西方两种意识形态、两种新闻观的斗争从未间断过,特别是随着现代传播技术的发展,比如国际通讯卫星和互联网的出现,使生活在不同国家、不同社会制度下的人们之间信息的传播和思想文化的渗透比以往任何时候都更难以遏制,各个方面的新闻战、宣传战如火如荼地开展起来。特别在苏东剧变之后,西方舆论对马克思主义的指导地位发起更为猛烈的攻击,大肆宣扬马克思主义"过时论"和"失败论",企图摧毁社会主义阵营,改变社会主义的核心价值观,消除马克思主义对舆论阵地的指导作用。近年来,随着西方各种思想的入侵,有人提出文化要多元化,舆论也要多元化,一些舆论阵地被非马克思主义指导思想占领,失去了核心价值观的指导,从而在更大范围内造成了思想的混乱,使人们疏离了共同的理想,消解和迷失了中国人民原有的时代精神和爱国主义精神特质。

从国内方面来说,当前在坚持马克思主义新闻观方面还存在不少问题,有的问题还比较严重。一是舆论工作与全面建成小康社会和人民群众日益增长的精神文化需求的要求不相适应。全面建成小康社会的目标是一个经济、政治、文化全面发展的目标。文化发展被纳入总体目标当中,文化发展当然包括舆论发展在内,而我们在文化发展上存在滞后的问题。同时舆论能提供的服务,无论在质量和精品力作方面,还是多样性、个性化方面,都与人民群众日益增长的、多方面的文化需求不相适应。二是极少数出版物存在严重的政治导向错误,歪曲马克思主义,散布唯心史观,歪曲历史,出现与党的基本路线不一致、与中央现行政策相左等情况。还有一些舆论宣传背离了社会主义价值观和伦理道德,内容格调庸俗低下,宣扬不健康的价值和生活方式,使人们不知荣辱。三是舆论阵地的干部队伍和从业人员的结构存在问题。舆论工作者结合工作实际系统学习和运用马克思主义理论水平不够,缺乏对党和人民奋斗历史和优良传统的深入了解,缺乏艰苦环境的锻炼。同时,表现为政治上还不够成熟,在思想作风和组织纪律上还需要进一步锤炼,缺乏创新精神。

此外,舆论工作从体制到机制上还与社会主义市场经济体制不相适应,还不能适应市场经济的要求等。

2. 深刻认识用社会主义核心价值体系的灵魂占领舆论阵地的重要性

第一,用社会主义核心价值体系的灵魂占领舆论阵地是马克思主义指导地位的应有之义。把马克思主义作为指导思想,是历史的选择,是实践的呼唤。中国共产党把马克思主义作为我们的指导思想,是因为它提供了科学的世界观,提供了认识和改造客观世界和主观世界的正确立场、观点和方法,提供了建设社会主义的理论基础和行动指南,提供了激励全国各族人民为振兴中华而团结奋斗的思想基础和精神动力。正如毛泽东同志曾经指出的:"我们说马克思主义是对的,决不是因为马克思这个人是什么'先哲',而是因为他的理论,在我们的实践中,在我们的斗争中,证明了是对的。"[1]

马克思主义作为我们党的根本指导思想,是由中国社会的根本性质、共产党的执政和核心领导地位所决定的。由于我们党的根本指导思想是马克思主义,因此其也必然被确立为整个社会的指导思想,成为社会主义意识形态的旗帜。意识形态领域的阵地当然也包括舆论阵地,马克思主义思想不去占领,各种非马克思主义的思想甚至反马克思主义的思想就会去占领。总结苏联解体的原因,其中重要的一条就是否定马克思主义在意识形态领域的指导地位,在指导思想上大搞所谓的多元化,丧失了舆论阵地。社会主义核心价值体系的构建把马克思主义指导思想作为灵魂,对于社

---

[1] 《毛泽东选集》第1卷,人民出版社1991年版,第111页。

主义核心价值体系对舆论的指导作用以及舆论在发挥社会主义核心价值体系上的导向作用具有决定意义。正反两方面的经验告诉我们，必须用马克思主义占领舆论阵地，这是马克思主义指导地位的应有之义。习近平同志指出："新闻观是新闻舆论工作的灵魂。要深入开展马克思主义新闻观教育，引导广大新闻舆论工作者做党的政策主张的传播者、时代风云的记录者、社会进步的推动者、公平正义的守望者。"①

第二，用社会主义核心价值体系的灵魂占领舆论阵地是马克思主义新闻观的重要内容。马克思主义新闻观是辩证唯物主义和历史唯物主义科学世界观在新闻领域的体现，是新世纪新阶段做好新闻宣传工作的思想理论基础。马克思主义新闻观的核心和精髓是党性原则，这一原则就要求舆论工作必须以马克思主义为指导，政治上与党中央保持高度一致，组织上实行民主集中制。在新世纪的新阶段，我国面临着西方价值观念以及新闻传播观念等"软实力"的挑战，同时面临着社会环境的深刻变革、媒体格局的深刻调整等新变化，这些挑战和新的变化成为我们需要解决的新课题。社会主义核心价值体系的建构具有统一思想、凝聚力量、坚定理想信念、巩固思想基础的作用，特别是社会主义核心价值体系以马克思主义指导思想作为灵魂更利于坚持党性原则，利于增强社会主义意识形态的吸引力。因此，牢固树立社会主义核心价值体系，对于构建社会主义新闻事业核心价值观，继续坚持马克思主义的指导地位，丰富和发展马克思主义新闻观的内容具有重要的理论和实践意义。

第三，用社会主义核心价值体系的灵魂占领舆论阵地是全面建成小康社会的关键。在为全面建成小康社会而奋斗的今天，社会主义核心价值体系成为中国共产党的行动指南的同时，还成为全面建成小康社会的思想基础和精神力量，而这种思想基础和精神力量作用发挥的关键是需要舆论的正确引导，正确的舆论具有重大的凝聚力和导向作用，这是由新闻工作的性质、规律、地位和作用决定的。随着当今社会信息的飞速发展，舆论的社会影响力越来越大，把握正确的舆论导向，可以统一思想，鼓舞士气，振奋精神，对全面建成小康社会起着重要的促进作用；反之，则可能影响大局，影响稳定，给全面建成小康社会带来负面影响。社会主义核心价值体系的构建不仅树立了社会主义的精神旗帜，而且为舆论工作指明了方

---

① 习近平：《坚持正确方向创新方法手段　提高新闻舆论传播力引导力》，《人民日报》2016年2月20日，第1版。

向,特别是社会主义核心价值体系的灵魂——马克思主义指导思想的确立更为舆论工作树立了航标。因此,以马克思主义指导思想指导舆论,就能及时地传达党和政府的声音,反映人民的意志和要求,实现党的主张和人民心声两者有机统一,把全面建成小康社会我们共同的事业推向前进。所以我们说用社会主义核心价值体系的灵魂引领舆论阵地,为全面建成小康社会提供了思想基础和精神力量,是全面建成小康社会的关键。

第四,用社会主义核心价值体系的灵魂占领舆论阵地是构建和谐社会的需要。构建社会主义和谐社会需要多方面的条件,既需要雄厚的物质基础、可靠的政治保障,又需要有力的精神支撑、良好的文化条件。当前,我国的改革已经进入关键时期,面临着各方面的挑战,而应对这些挑战需要强有力的精神支持,没有这些强有力的精神支持,就不可能实现社会和谐。实践证明,强有力的精神支持的形成需要多方面的配合。社会主义核心价值体系的提出为和谐社会建设提供了强有力的智力支持和精神支撑,与此同时,和谐社会的建构也离不开和谐的舆论。我们必须把社会主义核心价值体系和舆论工作结合起来,以社会主义核心价值体系,特别是运用其灵魂即马克思主义指导思想来引领舆论,积极宣传党的主张,弘扬社会正气,通达社情民意,疏导公众情绪,做好舆论监督,维护社会稳定,促进和谐社会的建设;用社会主义核心价值体系的灵魂即马克思主义指导思想引领多样化的思想观念和社会思潮,在尊重差异中扩大社会认同,在包容多样中增进思想共识,形成奋发向上的精神力量和团结和谐的精神纽带,推进和谐社会的形成。因此,舆论导向要以社会主义核心价值体系的灵魂为指导,自觉地积极地为构建社会主义和谐社会服务,自觉地担负起为构建和谐社会营造和谐舆论环境的重大使命,广泛深入地宣传构建社会主义和谐社会的重大意义,为和谐社会的构建提供精神动力。

(二)坚持以社会主义核心价值体系的主题——树立共同理想引领舆论

坚持中国特色社会主义共同理想是社会主义核心价值体系的主题。理想是一个民族、一个社会的灵魂所系,共同理想就是共同的价值追求、价值取向和价值目标。每个国家、每个民族都有自己的共同理想,而共同理想的确立是建立在一国历史与实践基础上的,共同理想的确立同时又需要科学理论的指导。以马克思主义为指导的中国共产党人始终坚持崇高的理想,坚持理想主义与现实主义相结合,使崇高理想成为我们党、我们民族精神生活中不可或缺的一部分。中国特色社会主义之所以能够成为我们的共同理想，就是因为它坚持马克思主义，凝结了几代中国共产党人带领人民不懈探索的智慧和心血，并且继续引领全国人民走在建设富强民主文明和谐美丽的社会主义现代化强国的道路上。

1. 正视社会主义核心价值体系的主题在舆论领域面临的严峻挑战

共同理想体现了人们对美好生活的向往和追求，是一个国家和民族奋勇前进的精神动力。如果没有共同理想，就等于没有了精神支柱，就会失去凝聚力。我国正处在体制转轨和社会转型时期，原有制度和价值观已经解体，新的制度和价值观还未完全建立。随着我国经济社会发生的深刻变化，造成利益主体日益多元化，不同的社会阶层与利益群体必然会产生不同的价值观念、不同的利益诉求、不同的利益表达和利益维护方式；人们受各种思想观念影响的渠道明显增多、程度明显加深，人们的生活方式、就业选择、利益诉求、价值取向、个人理想、思想观念等出现多样化趋势，不同区域之间、代际之间、阶级阶层之间的认识差异明显增加；各种思潮和价值观念对人们人生观和价值观的冲击，使得人们在树立中国特色社会主义共同理想的过程中面临着严峻的挑战。

在全球化的过程中，这把双刃剑在给人们带来利益的同时，也带来了一些负面的影响。西方国家利用其强大的经济和科技实力，在全球推行其自由民主和个人主义为核心的价值观。西方的社会思潮和价值观尤其是西方的极端个人主义、消费主义、享乐主义和拜金主义，影响和冲击着人们对社会主义前途命运的信心及对中国特色社会主义共同理想的认同。特别是随着互联网用户数量的增加，中国网民数量跃居世界第一位。网络作为一种无国界、开放性的传媒工具，里面的内容良莠不齐。由于一些人的政治辨别能力不高，容易被网上不健康的思想所迷惑，不利于共产主义理想信念和科学价值观的形成。

2. 深刻认识用社会主义核心价值体系的主题引领舆论阵地的重要性

第一，坚持以树立共同理想引领舆论，是坚持中国特色社会主义道路，实现中华民族伟大复兴的强大动力。任何一个民族的进步，都要靠同一种理想，同一个希望，才能把全体成员的力量凝聚在一起，克服一切困难，向同一个方向奋勇前进。反之，则群龙无首、一盘散沙。这是19世纪以来的中国革命所证明了的真理。随着我国社会主义现代化建设的发展，我国经济体制发生深刻变化、社会结构发生深刻变动、利益格局出现深刻调整、思想观念出现深刻变化，社会主义现代化建设中出现各种思想文化相互交织、相互激荡，在这种复杂多变的背景下，树立共同理想就显得非常重要。树立共同的理想和追求需要共同的文化观念和价值取向，这是一个国家和民族走向振兴的精神源泉。我们必须坚持中国特色社会主义道路，这是实现中华民族伟大复兴的必由之路，反映了最广大人民群众的共同愿望、利益和要求，是全中国各族人民的共同理想，这也是为社会主义建设所证明了的事实。

在新时期、新阶段，面对新形势、新任务，作为社会发展强大动力的舆论导向必须发挥自己特有的作用，成为实现中华民族伟大复兴的强大动力。新闻媒体要充分发挥传播优势，通过宣传社会主义共同理想，使大家认识并接受社会主义共同理想，以此把人民群众凝聚到社会主义共同理想上来，戮力同心实现中华民族的伟大复兴。任何民族的生存与发展都需要共同的理想，缺少或没有理想信念，是对社会生存和民族发展最严峻的挑战。过去如此，现在更是这样。所以，必须坚持以树立共同理想引领舆论，坚持中国特色社会主义道路，实现中华民族伟大复兴。

第二，坚持以树立共同理想引领舆论，是推进构建社会主义和谐社会，构建社会主义和谐文化的重要内容。建设和谐文化可以为建立和谐社会提供广泛的社会思想基础，是构建和谐社会的重要条件，也是构建和谐社会的一项基础性工程。建设和谐文化，既体现了时代的要求，顺应社会发展的趋势，又体现了人民的心声，符合群众的意愿。和谐文化反映着人们对和谐社会的总体认识、基本理念和理想追求，而中国特色社会主义共同理想本身就是和谐文化的重要内容。突出中国特色社会主义共同理想这个主题，建设社会主义核心价值体系，我们就必定能形成全民族奋发向上的精神力量和团结和睦的精神纽带，巩固社会和谐的思想道德基础，在推进中国特色社会主义事业的历史进程中实现社会和谐，在社会和谐中推进中国特色社会主义事业。

我们必须树立一个共同理想，唯有科学的理想，才有强大的吸引力和凝聚力，才能颠扑不破地牢牢确立，才会不管风雨激荡还是凯歌高奏时都能坚定不移。作为宣传阵地的新闻媒体一定要发挥舆论导向的作用，宣传有着广泛的社会共识的，既实在、又具体的中国特色社会主义共同理想。以中国特色社会主义共同理想吸引人、感染人、凝聚人、鼓舞人，引导人们树立正确的世界观、人生观、价值观，正确认识国家、民族的前途命运，不断增强对中国共产党领导、社会主义制度、改革开放事业、全面建成小康社会目标的信念和信心，是和谐文化建设的内在要求。胡锦涛同志

第九章　坚持以社会主义核心价值体系引领舆论导向

曾指出:"理想信念,是一个政党治国理政的旗帜,是一个民族奋力前行的向导。"① 因此,新闻媒体必须按照和谐社会的要求,来促进自身的和谐。然而近年来,新闻媒体内部不和谐的杂音屡屡响起:部分记者编辑的职业道德、职业精神和社会责任感有所降低,违法乱纪现象时有发生。新闻媒体首先要积极承担社会责任,多发布正面的、积极的、健康向上的信息,杜绝虚假新闻、失实报道、低俗媚俗报道,以权威和诚信赢得受众、影响受众;其次要增强新闻的表现力。新闻应该怎么做,近年来新闻学者和从业人员讨论得很热闹,但"真实是新闻的生命"这一点是无人质疑的。在坚持新闻真实性的前提下,媒体要不断研究新情况、新问题,增强新闻报道的针对性、实效性、凝聚力和感召力,把报纸、广播、电视办得生动活泼,让群众喜闻乐见,通过用精品佳作陶冶人的情操,达到春风化雨、润物无声的效果,促进和谐文化的建设,促进社会主义和谐社会的建设。

第三,坚持以树立共同理想引领舆论,为社会主义现代化建设树立起一面旗帜。共同理想是建设有中国特色社会主义事业的保证、支持、动力。我们这样全新的创造性的事业,没有坚定的、一致的共同理想和信念是决然不行的。"对建设有中国特色社会主义,理想和信念不坚定,甚至怀疑动摇,就不会在现实斗争中真诚热情,就不能在现实斗争中排除困难,就难以直面现实斗争中的风险,从而也就没有发展和改革的推进。"② 建设有中国特色社会主义是一个宏观指导的大目标,是需要落实到微观的各项具体工作中去的行动指南。只有把共同理想同各行各业、各个地方、各个集体的发展目标和工作任务结合起来,同各行各业、各个地方、各个集体的每一个成员的岗位职责和人生追求结合起来,从各自的实际出发,压倒一切困难,作出卓越贡献,我们建设有中国特色社会主义的奋斗目标才能实现。因此,新闻媒体一定要发挥其正确的舆论导向作用,特别是随着科技的发展,现代大众传媒的广泛覆盖和强烈的渗透力,对广大群众及其社会生活产生了巨大的影响,我们决不能贬低或者忽视舆论导向的作用。只有这样,我们才能不负时代,做到精品迭出,满足社会主义现代化

---

① 胡锦涛:《切实加强和改进大学生思想政治教育》,《十六大以来重要文献选编》(中),中央文献出版社2006年版,第636页。
② 王兆铮:《为什么要引导人们牢固树立建设有中国特色社会主义的共同理想?》,《前线》1997年第1期,第27页。

建设的需要，为社会主义现代化树起一面旗帜。

（三）坚持以社会主义核心价值体系的精髓——民族精神和时代精神引领舆论

一个民族没有优秀的精神品格，就不可能屹立于世界先进民族之林；一个国家，没有凝聚人心的民族精神和与时俱进的时代精神，就不会有旺盛的生命力、强大的凝聚力和卓越的创造力。建设社会主义核心价值体系，一个重要方面就是要通过新闻媒体大力宣传社会主义核心价值体系，在全社会树立广泛认同的精神旗帜，铸就民族奋发向上的精神支撑，激发引领全体人民共同奋斗的精神力量，不断增强民族的凝聚力、向心力、创造力。把握了这一点，就把握了社会主义核心价值体系的精髓对正确舆论导向的内在要求。

1. 正视社会主义核心价值体系的精髓在舆论领域面临的严峻挑战

20世纪80年代以来，经济全球化成为当今世界发展的一个重要趋势。经济全球化带来的不仅仅是西方先进的技术、科学的管理方式和经营方式，也带来了西方的价值观念、政治理念、生活方式以及各种法律法规等思想文化，极大地促进了世界范围内不同思想文化的相互激荡。一方面，这些思想文化为不同思想文化体系之间的交流与借鉴提供了有利条件，推动了世界各民族文明的发展；另一方面，也对我国传统的民族文化和当前的时代文化产生了前所未有的冲击。长期以来，我国对民族传统文化的教育和民族精神的倡导不够，青年人对中国的传统文化知之不多，对中华民族的历史、未来缺乏正确的认识，因此一些媒体工作者在西方经济和文化的强势攻击下，容易妄自菲薄，一味地崇拜西方，也容易淡化民族国家意识，导致产生民族虚无主义。主要表现在三方面。

一是全球化的影响。特别是随着我国加入世界贸易组织，根据"国民待遇"原则，国外媒体在一定的缓冲过渡之后进军我国传媒市场，西方的思想观念、价值取向、行为规范、思维模式、生活方式等也必然会随之长驱直入。部分媒体工作者特别是年轻一代，对中国民族文化的认同逐渐淡漠。比如在西方文化的影响下，中国传统民族精神赖以生存的社会结构、文化土壤在逐步丧失，一些媒体开始热衷于西方的节日，诸如"圣诞节""情人节"等，却开始淡漠自己的传统节日如"春节""中秋"等。但民族文化是民族精神最重要和最核心的载体与表现形式，忽视、淡忘民族文化的载体和表现形式，失去了文化认同，任何民族精神都无从谈起。

第九章 坚持以社会主义核心价值体系引领舆论导向

二是淡化"国家意识"。一些媒体在宣传过程中党性观念不强,国家意识不强,过多宣传西方某些"国界的消失""国家权威的销蚀",以及"民族国家主权过时论""人权高于主权""全球民主化论"等言论和观点。这些言论和观点容易使人们产生错觉,认为国家会随经济全球化的推进而逐渐消亡,经济全球化时代已无须再提民族国家的主权与利益。这种想法无疑对我们弘扬中华民族精神提出了新的质疑,使中华民族精神面临新的挑战。

三是随着新闻媒体从业人员的年轻化,他们中不少人虽然有较广的知识面,但缺乏社会阅历,缺乏政治敏感性和敏锐性,对国内外敌对势力对我国的"西化""分化"图谋缺乏应有的警惕性。很多人放弃了我们中华民族优秀的民族精神和具有时代性的时代精神,看不到西方敌对势力亡我之心不死,看不到其实施"西化""分化"策略在新形势下的新表现和新特点,认识不到社会主义时期阶级斗争的特殊性和表现形式,缺乏应有的、必要的警惕性。

2. 深刻认识用社会主义核心价值体系的精髓占领舆论阵地的重要性

第一,用社会主义核心价值体系的精髓占领舆论阵地是增强与提升综合国力的必然要求。当今世界各国之间的竞争主要表现为综合国力之争,文化在综合国力竞争中的地位和作用越来越突出,文化的力量深深熔铸在民族的生命力、创造力和凝聚力之中。民族精神和时代精神是文化的重要组成部分,作为民族文化优良传统的历史积淀,民族精神和时代精神具有超强的社会整合功能。历史发展和历史研究中体现出的民族精神和时代精神,对于提高文化实力和综合国力有着重要作用。只有坚持弘扬和培育高尚的民族精神和时代精神,才能振奋民心,把社会各方面的力量凝聚起来,为了一个共同的目标和理想而奋斗。"特别在中国这样一个人口众多的多民族国家里,如果缺乏民族凝聚力,就很难保证国家的统一和稳定,更谈不上提高综合国力了。"[①] 弘扬和培育民族精神,是党赋予大众传媒的时代责任。新闻事业作为一种意识形态形式,是社会主义事业的一部分,因而必须为社会主义建设服务,在当前,则要为建设中国特色社会主义事业服务,这是新的历史时期党赋予大众传媒的重要责任。因为舆论导向具有强大的整合力和凝聚力,充分发挥舆论的导向作用对于统一人们的思

---

① 雷杰:《把弘扬和培育民族精神纳入国民教育全过程》,《昆明理工大学学报》(社会科学版)2004 年第 9 期。

想，调整人们的世界观、人生观和价值观，对把精神转化为强大的物质力量具有重大的促进作用。当今世界日趋激烈的综合国力竞争，主要表现为经济实力、科技实力、国防实力和民族精神实力的竞争，要在激烈的国际竞争中立于不败之地，除了需要创造强大的物质力量之外，还要具备强大的精神力量，使精神力量成为推进物质财富积累的巨大动力就离不开舆论导向作用的发挥。正确的舆论导向，能纠正在社会发展中偏离航线航船的方向，并引领航船驶向正确的航线，能为现代化建设提供强大的智力支撑，促进经济的发展与社会的进步，增强我国的综合国力。

第二，用社会主义核心价值体系的精髓占领舆论阵地是抵御西方发达国家对我国实施西化、分化图谋的需要。大众传媒是我们进行思想文化传播和舆论宣传的最主要手段。作为"第四种力量"的媒体，应该坚持正确的方向，牢固巩固以爱国主义为核心的民族精神和以改革创新为核心的时代精神在人们心目中的地位，成为维系中华民族的灵魂和精神的纽带。面对世界范围内各种思想文化的相互激荡，面对西方发达国家对中国实施西化、分化的图谋，作为维系一个国家和民族灵魂纽带的民族精神，一旦丧失了民族性，必然导致民族文化的衰落与枯竭，致使整个民族衰亡。因此，我们只有以社会主义核心价值体系的精髓占领舆论阵地，充分发挥其强大的整合力、凝聚力、引导力，宣传和发扬民族文化的优良传统，大力弘扬和培育民族精神，才能抵御外来敌对文化的入侵，保持民族文化的独特魅力，推动社会主义事业的发展。

第三，用社会主义核心价值体系的精髓占领舆论阵地是统一思想、凝聚人心的重要手段。任何一个时代都有一种特有的精神，都需要铸造一种能够反映那个时代主题和时代要求的精神。当前，我国社会主义改革和发展进入发展机遇与矛盾凸显相互交织的关键阶段，社会贫富的差距、腐败现象的存在、社会诚信的缺失、教育资源的不均、大学生就业的艰难等诸多问题难免会使部分青少年产生疑惑、误解，甚至迷失方向，这些问题也凸显出构建和谐社会的重要性和紧迫性。社会主义核心价值体系的提出，正是我们党积极主动地正视矛盾、化解矛盾，最大限度地增加和谐因素，最大限度地减少不和谐因素，"倡导和谐理念，培育和谐精神，进一步形成全社会共同的理想信念和道德规范，打牢全党全国各族人民团结奋斗的思想道德基础"的重要战略举措。

马克思主义认为，精神是历史的产物，是历史时代的本质特征及其发展趋势在社会心理、群众情绪以及精神文化等方面的反映，以整体性和普

第九章　坚持以社会主义核心价值体系引领舆论导向

遍性的形式综合地表现了人们的共同愿望和要求，是思想体系反映社会经济关系和政治制度的一个重要环节。而这种精神作用的发挥需要一定的载体，媒体在社会主义核心价值体系的构建中就具备了在思想意识形态建设中重要的统一思想、凝聚人心的载体作用。

（四）坚持以社会主义核心价值体系的基础——社会主义荣辱观引领舆论

2006年3月4日，胡锦涛总书记在看望出席全国政协十届四次会议的委员时明确指出，要引导广大干部群众特别是青少年树立社会主义荣辱观。提倡社会主义荣辱观是党与政府的职责，但需要人民群众的广泛参与。它既是一个从上到下，由党和政府来提倡的过程，又是一个人民群众共同参与、不断完善、不断深化的过程。在这个过程中，社会主义新闻事业作为党和人民的耳目喉舌，应当旗帜鲜明、责无旁贷地肩负起宣传社会主义荣辱观的光荣使命，成为树立和践行社会主义荣辱观的先锋。

1. 正视社会主义核心价值体系的基础在舆论领域出现的动摇

社会主义荣辱观是我们从传统社会向现代社会转型时，必须确立的社会价值观和个人人生观的集中反映。媒体对于一个社会正确荣辱观的形成有着举足轻重的作用，尤其是在现代文明的条件下，当书报刊、声光电越来越成为人们生活资料、生产资料的一部分的时候，这种作用就显得更加突出和不可替代了。

在我们的社会主义建设过程中，特别是在对内改革、对外开放，实行社会主义市场经济的新形势下，中国社会发生了翻天覆地的巨大变化，物质生活条件的改善及价值观念的多元，对人们的道德观、人生观不可避免地产生了正负两方面的影响，其中既有积极向上、与时俱进的，也有消极不良、腐败堕落的，各类矛盾也不可避免地凸显了出来。

在某些情况下，作为对社会主义荣辱观的形成起着举足轻重作用的媒体，总的来说是奋发向上的，绝大多数新闻工作者胸怀全局，敬业爱岗，服从服务于改革发展稳定的大局，为国家的现代化建设作出了重要贡献，但近年来新闻界也出现一些问题，部分人的荣辱观发生偏差，导致对善与恶、是与非、美与丑的混淆不清。

一则在是与非面前不少媒体看不到清晰明确的界定与判断。"以反常为正常，以反常为'美'对许多媒体来说也是习以为常。不少媒体人就认为反常才是新闻，正常不是新闻。"① 有不少媒体越来越让人感觉到"善恶不明"，让人无所适从。

二则颠倒国家、社会和个人的位置。有的单位和个人只讲看点和卖点，不顾新闻宣传的社会效益，没有坚持国家利益至上，对国家和广大人民群众采取事不关己、高高挂起的冷漠态度，甚至在言行上有损国家民族的利益与尊严；有的单位和个人只讲经济效益，什么样的虚假、低级趣味的广告都敢登，见利忘义，将诚实守信、辛勤劳动、艰苦奋斗视之为不合时宜的"傻冒"行为，而好逸恶劳、损人利己、见利忘义则被认为是出自"人的天然本性"；有的单位和个人只讲轰动效应，不讲诚实守信；有的单位和个人变换手法搞有偿新闻、有偿不闻，目无法纪。这些情况虽然是个别的，但影响极坏，严重影响了新闻单位的公信力和新闻工作者的形象。

三则在当前铺天盖地的商业广告中隐含的一些不良价值观，影响人们正确价值观的形成。许多广告在推销某种产品或服务时，无形中推销着越来越多的超前消费和享受观念。有的为了迎合少数人的不健康心理，在报道上追奇猎艳，格调媚俗，充满低级趣味。

2. 深刻认识用社会主义核心价值体系的基础夯实舆论阵地的重要性

学习和宣传社会主义荣辱观，我们不要把社会主义荣辱观的弘扬和宣传作为一种枯燥的政治任务，作为一种不得已而为之的负担。舆论导向对荣辱观的宣传弘扬作用重大，而荣辱观对做好舆论工作更是格外重要，它其实是维系社会生存的文化因子，是推动社会前进的文化内核。

第一，用社会主义核心价值体系的基础夯实舆论阵地是促进人的全面发展，培养社会主义建设者和接班人的需要。社会主义荣辱观是社会对人们行为的道德价值所作出的社会客观评价和本人的主观意向，是中华民族精神的浓缩，是传承中华文明精神的风范，是全体中华儿女为人处世的精神指南。社会主义荣辱观是评价人们行为的道德价值尺度，即对道德行为的肯定与褒奖和对不道德行为的否定与谴责。社会主义荣辱观的提出，为促进人的全面发展提供了思想准则和动力。具体来说，第一是要从促进人的全面发展的角度来树立和落实社会主义荣辱观，立德树人，实现德育为先，全面发展，并且通过个体的道德建设和发展，影响、促进群体的道德建设和发展；第二是从普遍提高广大人民群众，特别是青少年的思想道德素质和增进整个社会优良风尚的角度来树立和落实社会主义荣辱观，扶正

---

① 王多：《加强媒体自身的荣辱观建设》，《新闻记者》2006年第9期。

祛邪，奖优罚劣，尊荣抑耻，以形成同树立和落实科学发展观相适应的良好道德环境和社会风尚。而这些作用的发挥离不开舆论的正确引导，舆论在社会发展中具有宣传性、监督性的地位，也承担着推进国家培养合格的建设者和可靠接班人的历史重任。只有用社会主义核心价值体系的基础夯实舆论阵地，才能充分发挥舆论的正确作用，才能对人们进行社会主义荣辱观教育，培养他们的爱国意识，激发他们的爱国热情，增加他们的责任意识；要正确引导他们做事，更要引导他们做人。要让人们在社会主义荣辱观的教育下，学会做人，学会做事，体现人生价值。也就是说，媒体不仅要做上情下达的"传声筒"，还要做加强社会主义荣辱观教育的"扬声器"。要充分发挥媒体的优势，开设专栏或开办专题节目，充分运用言论评论、理论文章、通讯报道、专家访谈、群众讨论等形式，大力宣传树立社会主义荣辱观的重大意义，多角度、多形式、多方位报道社会主义荣辱观教育中的新进展、新举措、新经验。要坚持正面宣传为主、重在建设的原则，广泛深入地宣传具有鲜明时代特点和深厚群众基础的先进典型，宣传群众身边的好人好事，树立"八荣"道德楷模。要注意发挥舆论监督的作用，对"八耻"行为进行批评曝光，激浊扬清，弘扬正气，促进人的全面发展，特别是青少年的发展，为社会主义培养合格的建设者和接班人。

第二，用社会主义核心价值体系的基础夯实舆论阵地是社会主义市场经济健康发展的内在要求。当前，我国正处于改革发展的关键时期，迫切需要树立正确的社会主导价值观。特别是随着社会主义市场经济体制的逐渐发展，我们取得了巨大的成就，但是也出现了一些新的情况和新的问题。市场经济能够使资源的配置趋于合理，供求关系得到平衡，社会财富出现增长，但是市场经济也有与生俱来的缺陷，并在思想道德领域引发负面效应。比如在社会主义市场经济条件下，竞争是必要的，但竞争离不开合作。竞争是提高效率的手段，而不是目的。如果把竞争推向极端，就会造成人心的沦丧、道德的败坏，容易助长尔虞我诈和不择手段等。这些问题如果不引起我们的高度重视，及时认真加以对待和解决，势必会严重影响经济的发展和社会的进步。改革开放的历史经验告诉我们：要建立和完善市场经济体制，需要有一套相应的文明意识和规则、道德观念和规范相辅佐。

宣传以"八荣八耻"为主要内容的社会主义荣辱观，使之成为建设中国特色社会主义的社会主导价值观，是党的新闻工作者责无旁贷的任务。良好的舆论环境和正确的舆论导向，有利于培养人们崇高的道德情操，增强人们的社会公德、职业道德意识和自尊自爱自强之心,对于扶正祛邪、扬善惩恶、知荣明耻、净化世风起着巨大的推动作用。对于一些在市场经济健康发展过程中出现的"观念及行为既不犯法,也不违纪,法律管不着,党纪、政纪处分够不上的行为,舆论鞭策和警示就能起作用","它将种种不道德行为暴露于大庭广众面前,让人们去评价、去谴责,从而引导人们的思想行为合乎道德规范"。① 这种经常性的舆论监督,对不道德的人和行为是一种无形的舆论压力,迫使千夫所指的劣迹收敛、遁形,久而久之就能形成一种良好的社会道德风气,促进社会主义市场经济的健康发展,推动社会的进步和文明。

第三,用社会主义核心价值体系的基础夯实舆论阵地为科学发展观的树立和落实、统筹推进"五位一体"总体布局和协调推进"四个全面"战略布局、实现中华民族伟大复兴提供价值导向和精神支撑。科学发展观、"五位一体"总体布局和"四个全面"战略布局,是新时期党的理论创新成果的整体概括,包括了其他理论成果,理所当然地也包括了社会主义荣辱观。但是,有的媒体鼓吹"及时行乐""玩世不恭"的思想道德观念,将人们引入萎靡、颓废的精神状态,宣传对私欲的渴求,对享乐的追求,对消费至上的崇尚,对实用主义的信奉,对金钱的贪欲,对粗俗的欣赏,片面强调个人自由、个人利益,不讲对社会的奉献和责任。为什么会出现那么多问题? 这隐含着媒体的专业性、科学认识能力以及舆论引导水平问题,非常重要的原因就是在价值观、道德观、荣辱观方面出了问题。媒体应在认真学习、领会和宣传社会主义荣辱观的基础上,发挥舆论的正确导向作用,使人们认识到以"八荣八耻"为主要内容的社会主义荣辱观是对热爱祖国、服务人民、崇尚科学、辛勤劳动、团结互助、诚实守信、遵纪守法、艰苦奋斗等优良道德风尚的提倡和尊崇,更是对危害祖国、背离人民、愚昧无知、好逸恶劳、损人利己、见利忘义、违法乱纪、骄奢淫逸等不良思想行为的反对和贬斥,做到是非清楚、旗帜鲜明地把贯穿于社会主义物质文明、政治文明、精神文明以及生态文明建设和发展之中的基础性的东西应用于研究新情况、解决新问题的过程中,为科学发展观的树立和落实、统筹推进"五位一体"总体布局和协调推进"四个全面"战略布局、实现中华民族伟大复兴提供价值导向和精神支撑。

---

① 江晓萍、黎庆园:《良好的舆论环境与社会主义荣辱观》,《鸡西大学学报》2008 年第 3 期。

第九章 坚持以社会主义核心价值体系引领舆论导向

（五）总结：探索切实承担起用社会主义核心价值体系引领舆论阵地的历史使命的途径

1. 用社会主义核心价值体系统领舆论阵地，就必须始终坚持马克思主义的指导地位，坚持用马克思主义新闻观指导舆论阵地

伟大的实践产生伟大的理论，伟大的理论指导伟大的实践。马克思主义是科学的理论，是我们立党立国的根本指导思想，是社会主义意识形态的旗帜和灵魂，坚持社会主义核心价值体系的灵魂统领舆论阵地，必须毫不动摇地坚持马克思主义的基本原理。是否坚持马克思主义的基本原理，是决定举什么旗、走什么路的问题。如果丢弃了马克思主义，就是丢了灵魂，迷失了方向。邓小平在谈到马克思主义的时候就说道："这几年的教训，我们对马克思列宁主义的基本原理体会不够，我们有许多错误是从这里来的。"[1] 我们在推进舆论工作的同时必须深刻认识意识形态领域斗争的长期性、复杂性和艰巨性，增强忧患意识，居安思危，时刻保持高度的政治警觉，用马克思主义牢牢占领舆论阵地，不断巩固马克思主义思想的基础。

在当今中国，坚持马克思主义的指导思想，最根本的就是要把毛泽东思想、邓小平理论和"三个代表"重要思想、科学发展观作为党和国家必须长期坚持的指导思想，深入贯彻落实习近平新时代中国特色社会主义思想，大力推进理论创新，坚决破除教条主义和形而上学，牢牢把握舆论的发展方向。同时，要坚持马克思主义新闻观，牢牢掌握马克思主义新闻观的基本观点，澄清思想上的模糊认识，坚持正确舆论导向和提高执行党的新闻纪律的自觉性，营造和谐氛围、促进改革发展、维护社会稳定，全面开创中国特色社会主义事业的新局面。

2. 用社会主义核心价值体系引领舆论阵地，就必须切实加强和改善党对舆论工作的领导

"舆论导向的正确与否，则完全取决于舆论工具掌握在谁的手里。当党牢牢地掌握了新闻工作的领导权后，舆论导向的正确也就有了可靠的保证。"[2] 因此，要坚持马克思主义的指导思想引领舆论阵地，必须落实社会主义核心价值体系的精神实质，加强党对舆论工作的领导，这是坚定不

---

[1] 《邓小平文选》第1卷，人民出版社1994年版，第315页。
[2] 查迎新：《论江泽民新闻思想对马克思主义舆论观的继承和发展》，《理论前沿》2006年第1期。

移、不可挑战的根本原则，是舆论工作最重要的组织保证。

如何才能确保我们的舆论导向始终正确，始终与党和人民的意愿相一致？实现党对舆论工作的领导，必须确保舆论工作的领导权掌握在忠于党忠于人民的人手里。无论什么情况下，新闻报道作为党和人民的喉舌的性质不能变，党媒姓党的根本属性不能变，党管舆论的性质不能变，党管舆论的导向不能变，要确保党对舆论工作的控制力，决不给违背马克思主义、违背党的路线方针政策的思想，腐蚀人们心灵、毒化社会风气的文化垃圾提供传播渠道。加强党对舆论工作的领导，要以贯彻落实社会主义核心价值体系和核心价值观的精神实质来增强舆论宣传的影响力，增强组织和引导舆论的本领，扩大舆论宣传的覆盖面，始终掌握舆论工作的主动权，牢牢把握舆论导向，引导舆论媒体唱响主旋律，打好主动仗，进一步统一思想，振奋精神，激发斗志，汇聚力量，从而推动社会主义现代化建设，实现全面建成小康社会的宏伟目标。

3. 用社会主义核心价值体系引领舆论阵地，就必须切实贯彻"三贴近"的原则，把体现党的意志和反映人民心声统一起来，努力提高舆论引导水平

坚持新闻宣传工作的"三贴近"原则，是马克思主义本质思想在新闻宣传中的具体体现。只有坚持用社会主义核心价值体系统领舆论工作，才能保证舆论宣传工作真正做到贴近实际、贴近生活、贴近群众，才能真正鼓舞广大建设工作者士气，才能增强新闻报道的亲和力、吸引力、感染力，这是新闻工作者学习和实践马克思主义指导思想的必然要求，也是新闻宣传工作贯彻落实社会主义核心价值体系的具体化。根据"三贴近"的要求，"贴近实际"就是要求新闻宣传工作要以马克思主义认识论为指导，一切从实际出发，从改革开放和全面建成小康社会这个当今中国最大的实际出发，着力宣传和把握实现中华民族伟大复兴的中国梦；"贴近生活"就是要求新闻宣传工作要遵循马克思主义的实践观点，深入到社会经济、政治、文化生活和人民群众的日常实践中去，通过具有吸引力和感染力的新闻宣传，鼓励人民群众为实现现代化而奋斗的信心；"贴近群众"就是要求新闻宣传工作要遵循马克思主义的人民群众是历史创造者的观点，深深扎根于群众之中，把人民群众的利益作为新闻宣传的根本出发点和落脚点，把体现党的意志同反映人民群众的心声统一起来。新闻宣传只有坚持"三贴近"，才能使新时期新阶段的新闻宣传真正体现其党和人民喉舌的性质，实现党和人民的意志，才能增强新闻宣传的针对性、实效性、增加舆

论的吸引力和感染力，才能提高舆论引导水平，真正实现马克思主义对舆论阵地的占领。

4. 用社会主义核心价值体系引领舆论阵地，就必须建设一支政治强、业务精、纪律严、作风正的新闻宣传舆论队伍，确保正确的指导思想占领舆论阵地

用社会主义核心价值体系引领舆论阵地，用马克思主义指导思想指导舆论实践，都需要有高素质的人才去实施，去落实，这就需要一批有较强的政治意识、有政治家头脑，具有职业精神和职业技能的新闻专业人才。习近平同志指出："媒体竞争关键是人才竞争，媒体优势核心是人才优势。要加快培养造就一支政治坚定、业务精湛、作风优良、党和人民放心的新闻舆论工作队伍。"[1] 要培养一支政治强、业务精、纪律严、作风正、素质高的新闻宣传舆论队伍。做到：一要引导广大舆论工作者更加坚定自觉地以社会主义核心价值体系的灵魂统领舆论工作，更加坚定自觉地用马克思主义新闻观指导舆论工作实践；二要牢固树立坚定的政治信仰和政治立场，提高政治辨别力和敏锐性，提高把握全局的能力，掌握党的路线方针政策的实质；三要树立正确的世界观、人生观、价值观，自觉抵制腐朽思想文化的侵蚀和影响；四要进一步解放思想，实事求是，培育舆论工作者的职业精神和职业道德，促进中国特色的社会主义舆论工作实现更大繁荣与发展。

三、新闻媒体在建设社会主义核心价值体系中承载的舆论导向责任

（一）新闻媒体在社会主义核心价值体系建设中的作用

在建设社会主义核心价值体系的过程中，新闻媒体担负着重要的责任，这既是由新闻媒体的特性决定的，也是由经济社会的发展形式所决定的。媒体是党和人民的喉舌，也是社会主义精神文明建设的生力军、主力军，是社会主义精神文明建设的"宣传机""播种机""发动机"，是社会主义精神文明的建设者、带动者、示范者，因此媒体在加强社会主义核心

---

[1] 习近平：《坚持正确方向创新方法手段　提高新闻舆论传播力引导力》，《人民日报》2016年2月20日，第1版。

价值体系建设中的作用极为重要。

　　1. 充分发挥"宣传机"的强大作用，当好构建社会主义核心价值体系的建设者

　　媒体是传播文明的主要阵地，要大力宣传社会主义核心价值体系。社会主义核心价值体系是社会主义制度的内在精神和生命之魂，它决定着社会主义的发展模式、制度体制和目标任务，在所有社会主义价值目标中处于统领和支配的地位，对此，媒体一要坚定不移、坚持不懈地加强宣传。在推动社会主义核心价值体系构建的过程中，媒体要深入学习宣传贯彻党的十八大和十八届三中、四中、五中、六中全会精神及党的十九大、二十大、二十届一中、二中全会精神，集中宣传马克思主义中国化的最新成果——习近平新时代中国特色社会主义思想、社会主义核心价值体系和中国优秀传统文化，大力普及马克思主义中国化的最新理论成果，宣传闪耀民族特色和时代精神的优秀事迹，报道体现社会主义荣辱观的先进人员，引导广大群众始终坚持用社会主义核心价值体系思想指导实践，使正确的舆论导向在社会主义核心价值体系构建、推动思想政治教育工作中发挥"主阵地""主旋律"的积极作用。

　　二要把社会主义核心价值体系的宣传融入文化舆论建设的各个方面，坚持用社会主义核心价值体系引领社会思潮。要使宣传报道的过程成为社会主义核心价值体系建设理论与实践相结合、知与行相统一的过程，使之成为全社会成员普遍理解接受、自觉遵守奉行的价值理念。所以新闻媒体要想在宣传社会主义核心价值体系的过程中真正发挥"宣传机"的作用必须调动多种手段，营造舆论强势。通过提供既体现主流意识形态要求、又为广大人民群众所喜闻乐见的优秀精神文化产品，生动形象地表现社会主义核心价值体系的内涵和要求，使人们在潜移默化中受到感染和教育。

　　2. 充分发挥"播种机"的强大作用，当好构建社会主义核心价值体系的推进者

　　媒体是思想文化传播的重要载体，是营造主流舆论、推广主流价值观念的主渠道。媒体和新闻工作者要发挥好在传播社会主义核心价值体系方面的积极作用，要充分认识媒体在社会主义核心价值体系建设中的重要作用，就要进一步加深对核心价值体系的理解，增强传播核心价值体系的自觉性、坚定性。放眼当今中国，社会大转型、思想大活跃、观念大碰撞、文化大交融，先进文化与落后文化并存，正确思想与错误思想、主流意识形态与非主流意识形态相互交织。如果不坚持以社会主义核心价值体系为

第九章 坚持以社会主义核心价值体系引领舆论导向

主导,不把社会主义核心价值体系的灵魂根植在人们的心中,人们就会出现"信仰危机",错误思潮就会扰乱人们的思想。应充分调动各级各类媒体建设社会主义核心价值体系的积极性,既发挥好党报、党刊、电台、电视台等传统媒体的主力军作用,也发挥好都市类媒体、网络媒体等的优势,充分发挥"播种机"的强大作用,当好构建社会主义核心价值体系的带动者。

大力建设社会主义核心价值体系的目的在于巩固全党全国各族人民的共同思想基础,并得到广泛认同进而化为人民的自觉行动和日常生活的基本原则。因此,媒体在宣传社会主义核心价值体系同时,不能仅为了宣传而宣传,而应加强宣传的效果。党的十七大报告要求社会各方面:"切实把社会主义核心价值体系融入国民教育和精神文明建设全过程,转化为人民的自觉追求。"[1] 媒体要围绕建设和谐文化,大力宣传各行各业和社会生活中涌现的生动实践和鲜活事例,抑恶扬善,弘扬先进,充分发挥模范的引领作用,引导人们辨别先进文化与落后文化、健康文化与腐朽文化,正确认识事物、对待问题、处理矛盾。让人们既尊重差异,包容多样,又有力遏制各种错误和腐朽思想的影响,努力在多元中拱立主导、在多样中谋求共识,团结不同阶层、不同认识水平的人共同前进。大力宣传和巩固马克思主义指导地位,在宣传中把马克思主义的灵魂播种到社会主义现代化建设的方方面面,更清醒、更坚定地把握和坚持社会主义意识形态的本质,有利于我们更清醒、更坚定地把握和坚持社会主义先进文化的前进方向。

3. 充分发挥"调节器"的强大作用,当好构建社会主义核心价值体系的带动者

社会意识是社会生活、社会存在的反映和体现,正确的社会意识能决定个体意识、个体心理的发展趋势和方向,能决定人们的世界观、人生观和价值观的变化发展。建设社会主义核心价值体系,有助于调节社会矛盾,也是缓和、解决社会矛盾的调节器。通过研究和落实社会主义核心价值体系,可以了解和把握社会各阶级、阶层的心态、动向,发现社会矛盾的焦点和热点。因为社会思潮具有一种社会预警器的功能,它可以帮助党

---

[1] 胡锦涛:《高举中国特色社会主义伟大旗帜为夺取全面建设小康社会新胜利而奋斗——在中国共产党第十七次全国代表大会上的报告》,人民出版社2007年版,第34页。

和国家了解群众的社会心理和呼声,及时调整自己的政策,化解一些比较尖锐的社会矛盾。

为此,作为媒体一要加大社会主义核心价值体系的宣传力度,发挥其"调节器"的作用,加强正确引导。社会主义核心价值观在人们的思想道德建设中居于核心地位,是其行为的调节器。人们的价值观如何,影响着个体的需要、动机、兴趣、意志、品质等心理活动,还决定着他们如何做人,追求什么,反对什么。正确的价值观,能使人们把个人的前途命运与国家、民族、人民的前途命运紧紧地结合起来,使自己有信仰、有理想、有崇高的追求;而错误的价值观,则会导致人们信仰缺失、精神空虚甚至误入歧途。因此,我们必须用党确立的社会主义核心价值体系、社会主义核心价值观来统领人们的多元价值取向,帮助他们树立正确的人生信仰,把握生活的航向,从根源上预防人们的各种失范行为,让我们社会的主流价值体系成为人们的行动指南。

二要在舆论宣传时,做到以理服人、以情动人,采取情理交融的宣传教育方式。运用电影、电视、广播、报纸等媒介,图文并茂,形声并举,视听结合,塑造栩栩如生的历史事件和英雄人物,激励人们奋发向前,开拓进取,紧跟时代的步伐前进。媒体还要大力加强思想道德建设,重点是加强社会公德、职业道德、家庭美德、个人品德这"四德"建设,强化职业意识、诚信意识、责任意识教育,强化职业纪律、职业规范建设、弘扬民族精神,讲政治、讲正气、讲奉献、知荣辱、明礼仪、有修养,顾大局、识大体、促和谐。注重宣传报道的客观性、真实性、全面性,不断提升媒体人的政治素质、品德素质、文明素质,树立媒体人的良好形象,真正当好高素质、拉得出、打得响的党和人民的喉舌。

(二)坚持以社会主义核心价值体系引领舆论导向,弘扬主旋律

江泽民同志曾在全国宣传思想工作会议上发表讲话时指出:宣传思想工作要"以科学的理论武装人,以正确的舆论引导人,以高尚的精神塑造人,以优秀的作品鼓舞人,不断培养和造就一代又一代有理想、有道德、有文化、有纪律的社会主义新人,在建设有中国特色社会主义的伟大事业中发挥有力的思想保证和舆论支持作用"。"坚持团结稳定鼓劲、正面宣传

为主"，"弘扬主旋律，传播正能量"。① 习近平同志在全国宣传思想工作会议上的重要讲话，明确了宣传思想工作必须遵循的重要方针，突出了不可偏离的工作重点，是做好新形势下宣传思想工作的实践指南。

1. 以社会主义核心价值体系引领舆论导向——坚持以科学的理论武装人

"以科学的理论武装人，以正确的舆论引导人，以高尚的精神塑造人，以优秀的作品鼓舞人"，这是宣传思想战线的四项任务。在这四项任务中，做好以科学理论武装人的工作是首要的，"武装人"贯通于"引导人""塑造人""鼓舞人"的整个过程。以科学的理论武装人，就是用马克思列宁主义、毛泽东思想、中国特色社会主义理论教育干部和人民，在当前就是要认真学习好中国特色社会主义理论体系，全面深入学习贯彻习近平新时代中国特色社会主义思想。

第一，以社会主义核心价值体系引领舆论导向，坚持以科学的理论武装人，是社会主义现代化事业中的一项重要战略任务。面对改革开放和社会主义现代化建设时期出现的新情况、新问题，"确立什么样的精神支柱，以何种理论来认识瞬息万变的发展，以何种理论来武装人的意识形态"，②就成为一个十分严肃的问题。作为意识形态重要组成部分的新闻媒体，需要营造文明科学的社会环境，做科学知识的传播者和社会主义精神文明的建设者，更好地肩负起以科学的理论武装人的重任。

媒体只有坚持以科学的理论武装人，坚持以社会主义核心价值体系引领舆论导向，才能消除社会环境中不和谐的因素，才能为社会主义现代化建设摆正方向，使人们确立坚定的理想信念，确立精神支柱。每个人只有确立了精神支柱，坚定了信念，把握了正确的人生观念，才会把个人价值的实现同祖国的繁荣富强紧密联系在一起，才能自觉地贯彻党的基本路线，才能激发高度的责任感和奋发进取的精神，更好的推进社会主义现代化建设。习近平同志强调指出："要深入开展马克思主义新闻观教育，引导广大新闻舆论工作者做党的政策主张的传播者、时代风云的记录者、社会进步的推动者、公平正义的守望者。"③

---

① 《十四大以来重要文献选编》（上），人民出版社1996年版，第670页。
② 匀淑玲：《浅谈以科学理论武装人》，《继续教育研究》1999年第2期。
③ 习近平：《坚持正确方向创新方法手段　提高新闻舆论传播力引导力》，《人民日报》2016年2月20日，第1版。

第二，以社会主义核心价值体系引领舆论导向，坚持以科学的理论武装人，是理论工作者的历史使命和社会责任。做好理论武装工作，深入学习、研究、宣传中国特色社会主义理论，以社会主义核心价值体系引领舆论导向，是新闻工作的首要任务。新闻舆论围绕党的工作大局，坚持理论宣传的正确方向，把落实"以科学的理论武装人"作为根本任务，以社会主义核心价值为指针引领社会舆论，紧密联系改革和建设的生动实践，阐释理论，解决人们思想上的一些片面和错误认识，增强了理论宣传的说服力、感染力和吸引力，满足了读者多样性、多层次的需求。"新闻事业是党和国家事业的重要组成部分，理所当然要讲大局、顾大局、识大局、为大局。我们要胸怀国内国际两个大局、党和国家工作大局、全面深化改革全局，把各种问题放到大局中去考虑、去掂量。只有这样，舆论引导才能找准出发点和落脚点，明确定位、把好导向，提高原则性、系统性、预见性和创造性。否则，就可能以偏概全甚至产生误导，影响或干扰大局。"① 同时，新闻舆论要注意报道理论学习情况，宣传理论观点，反映广大干部群众运用中国特色社会主义理论体系指导实践的经验，引发理性思维，接受理论教育，使人们通过生动活泼的事例看到中国特色社会主义理论体系在推进改革开放、促进经济发展中的巨大指导作用。

2. 以社会主义核心价值体系引领舆论导向——坚持以正确的舆论引导人

第一，以社会主义核心价值体系引领舆论导向——坚持以正确的舆论引导人是国际、国内新形势的必然要求。随着社会开放程度的加深，国与国之间的交往越来越频繁。在频繁的交往中，既享受着阳光，也经历着风雨。在多极化的发展趋势中，一方面为我国的改革开放和社会主义现代化建设提供了有利的条件，但是另一方面又必须看到，国际舆论环境对我们并不宽松，在某些时候、某些问题上还相当严峻。"新华社每天收到 200 多万字的外国电讯，其中 90% 以上是几个西方发达国家的通讯社播发的，真正属于发展中国家的声音非常微弱。据联合国教科文组织的统计，目前世界上 70%—90% 的电视、广播节目为少数西方发达国家所控制。可以说国际舆论阵地基本上是被少数西方国家所垄断。"② 西方资产阶级的新闻观

---

① 杨振武：《做好新形势下舆论引导工作的科学指南（深入学习贯彻习近平同志系列重要讲话精神）》，《人民日报》2014 年 5 月 28 日，第 7 版。
② 郭超人：《关于以正确的舆论引导人的思考》，《中国记者》1994 年第 7 期。

第九章　坚持以社会主义核心价值体系引领舆论导向

已经成为敌对势力"西化""分化"我国的政治工具。在我们的新闻队伍中，一些同志思想认识模糊，轻视马克思主义的指导地位和新闻工作的党性原则，应该引起高度警惕。

与此同时，从国内形势看，当前我们正处在改革的深水期、发展的重要期，改革的深化和利益关系的调整，经济利益的多元化，必然带来价值取向的多样化。在促进社会发展和进步的同时，也必然会产生一些新的矛盾和问题，各种思想文化的相互激荡前所未有，人们的思想活动日趋活跃多样，人们对精神文化需求的快速增长前所未有，这将大大加重舆论引导的任务。从总体上看，我们的"舆论导向是正确的，宣传基调是健康的，在把握大局和掌握党的方针政策上是稳妥的，成绩确实是显著的"。[①] 同时要看到，我们的工作与党和人民的要求相比还有很大差距。新闻事业的非主体部分存在着杂音，不时干扰视听，舆论导向问题还不能说已经解决了。对这些杂音干扰在群众中所造成的消极影响也不能低估。如何用正确的舆论来占领这一部分阵地，任务还相当繁重。

随着通讯技术及互联网技术手段的不断进步，从某种意义上说，我们已处在"信息无国界"的时代，在这种情况下，强调以正确的舆论引导人有其特殊的重要意义。

第二，以社会主义核心价值体系引领舆论导向——坚持以正确的舆论引导人是建设社会主义精神文明的客观要求。舆论是社会的"皮肤"，这意味着，舆论的过于分散并不利于社会的整合，舆论的极度混乱甚至可能带来社会的混乱，所以新的时代需要形成一定的主流舆论。由此可见，新闻工作是政治性、思想性、全局性、群众性很强的一项工作，与社会政治、经济、文化生活的各个领域都有密切的联系，都会产生广泛而深刻的影响，具有极大的鼓舞、激励和引导作用。我们的新闻媒介既是党和人民的喉舌，又是党和政府推动工作的工具，充分发挥好新闻宣传的作用，对于国家的稳定发展至关重要。

随着改革开放的深入发展，社会主义市场经济体制开始建立和完善，人们的价值观念、道德观念发生了很大的变化，社会生活实践中出现了极为复杂的现象，在道德领域里既有社会主义革命传统道德观念的实践，又有商品经济冲击出现的一些道德滑坡现象。上述问题"产生深刻的心理根

[①] 郭超人：《关于以正确的舆论引导人的思考》，《中国记者》1994年第7期。

源，在于价值观的裂变，导致了腐朽价值观与社会主义价值观的冲突"。①解决这个问题的重要途径，就是以"正确的舆论引导人"，树立主流舆论。通过设置框架主题和引导角色来实现主流舆论，用框架主题的设置规范道德观念，使其效率化、层次化、体系化。通过以"正确的舆论引导人"，树立主流舆论，使他们保持一种积极向上的精神状态和良好的道德品质，以这种精神品质来促进建设有中国特色社会主义事业的发展。

3. 以社会主义核心价值体系引领舆论导向——坚持以高尚的精神塑造人

以高尚的精神塑造人，首先必须弄清楚什么是高尚精神。江泽民同志指出："我们说的高尚精神，就是指我们党的崇高理想和信念、优良传统和作风，包括中华民族几千年形成、发展起来的优秀传统文化和美德。"②这就是说，"高尚的精神包括两个方面：一是崇高的理想和信念，二是高尚纯洁的道德情操"。③

第一，以社会主义核心价值体系引领舆论导向——坚持以高尚的精神塑造人是共产党人改造社会，建设社会主义，实现共产主义的重要历史任务。高尚的精神是体现时代主旋律、健康文明的时代精神。我们党从成立时起，就注重加强马克思主义的宣传，从时代历史条件出发，培养并形成了具有时代特色的高尚精神——井冈山精神、长征精神、延安精神、西柏坡精神、雷锋精神、焦裕禄精神、抗美援朝精神、抗洪精神、抗震救灾精神、载人航天精神，等等，正是这些高尚的精神，塑造和锤炼了几代为共产主义事业奋斗的先锋战士，构筑起推动历史前进的巨大群众基础。"一个人，一个民族，一个国家都是要有点精神的，这种精神是一个民族、一个国家得以生存和发展的内在动力。在一定意义和一定条件下，这种精神可以表现出一个民族的风貌，可以反映出一个国家的文明发展程度，可以表现出一个时代的鲜明特征。"④ 正如江泽民同志曾指出的："一个民族、一个国家，如果没有自己的精神支柱，就等于没有灵魂，就会失去凝聚力和生

---

① 熊尚富：《对"以正确舆论引导人"的几个问题的分析》，《成都师专学报·文科版》1995年第2期。
② 《江泽民文选》第1卷，人民出版社2006年版，第503页。
③ 王晓岩、洪向华：《以高尚的精神塑造人——试论江泽民的精神观》，《唯实》2003年第1期。
④ 张庆节：《全面落实心尚的塑造的战略任务》，《兵团党校论坛》1996年第6期。

第九章　坚持以社会主义核心价值体系引领舆论导向

命力。有没有高昂的民族精神,是衡量一个国家综合国力强弱的一个重要尺度。"如果一个民族、一个国家、一个时代失去了这种精神,就会出现社会风气的逆转、伦理道德的沉沦、思想精神的颓废,乃至经济社会发展的停滞。古今中外,这是一条规律,一切民族、一切国家、一切时代都概莫能外。我们必须以社会主义核心价值体系的主题来引领舆论导向,坚持以高尚的精神塑造人,完成建设社会主义,最终实现共产主义的重要历史任务。

第二,以社会主义核心价值体系引领舆论导向——坚持以高尚的精神塑造人是推进改革开放和社会主义现代化建设事业的客观需要。当前,我们正在建设的中国特色的社会主义将是一个富强民主文明和谐美丽的社会,作为这种社会成员的中国人民,必须具有崇高的精神境界。因此,我们要在以经济建设为中心的同时,加强社会主义精神文明建设,"以高尚的精神塑造人"。邓小平同志曾经指出:"中国的事情能不能办好,社会主义和改革开放能不能坚持,经济能不能快一点发展起来,国家能不能长治久安,从一定意义上说,关键在人。"[①] 江泽民同志也曾指出:"要在我们这样一个经济、文化比较落后的国家实现社会主义现代化,如果没有一批又一批、一代又一代用高尚精神武装起来的先进分子,如果没有这些先进分子团结和带领广大群众共同奋斗,是不可能成功的。"[②] 人总是要有一点精神的,一个民族更要有自己的精神。建设有中国特色的社会主义,是我国人民在党的领导下所进行的又一次新的伟大革命,我们面临着比过去更艰巨的任务,更复杂的情况,因此我们应该发挥社会舆论导向的作用,宣传高尚的精神,大力弘扬社会主义核心价值体系、社会主义核心价值观,坚持以高尚的精神塑造人,只有这样才能更好地振奋人们的精神,鼓舞人们的斗志,凝聚民族的力量,激发社会的活力,推动时代的前进;只有这样才能有助于加强党的廉政建设,有助于形成良好的社会风气,保证社会主义市场经济的健康发展和社会主义现代化的顺利实现。由此可见,"以高尚的精神塑造人",是推进改革开放和社会主义现代化建设事业的客观需要。

第三,以社会主义核心价值体系引领舆论导向——坚持以高尚的精神塑造人是培养社会主义"四有"新人的要求。随着社会主义市场经济体制的确立,我国社会主义现代化建设取得了举世瞩目的成就。社会主义市场

[①] 《邓小平文选》第3卷,人民出版社1993年版,第380页。
[②] 《江泽民文选》第1卷,人民出版社2006年版,第503页。

经济的建立在为我们培养"四有"新人提供了广阔舞台的同时,又向我们提出了崭新的课题。践行社会主义核心价值体系,确立社会主义荣辱观这个基础,以高尚的精神塑造人,重在提高人们的思想道德素质,帮助人们树立坚定的理想、信念,继承和发扬中华民族的传统美德,坚守高尚的道德情操,艰苦奋斗、玉汝于成,一往无前、不怕牺牲,成为"一个高尚的人,一个纯粹的人,一个有道德的人,一个脱离了低级趣味的人,一个有益于人民的人"。"高尚的精神是中华民族的传统美德和时代精神的结晶,是社会主义'四有'新人崇高人格的高度统一,永远是我们民族的精神支柱,是我们的光荣传统和走向胜利的旗帜。"① 弘扬高尚的精神,以高尚的精神塑造人,是培养社会主义"四有"新人的要求。

第四,以社会主义核心价值体系引领舆论导向,弘扬主旋律的三个"需要"。社会舆论是新闻舆论的旗帜。把握正确的舆论导向并不容易,要花大力气,下苦功夫。社会舆论作为一门新闻学科,也有其自身的规律,这就需要新闻舆论理论宣传工作者不断探索,不断研究,不断总结,不断提高。

(1) 以社会主义核心价值体系引领舆论导向,弘扬主旋律需要新闻工作者充分认清科学理论、科学精神在新闻宣传中所起的重要作用。以科学的理论武装人,以社会主义核心价值体系引领舆论导向,是做好新闻舆论工作的重要基础。新闻工作者必须掌握并运用马克思主义辩证唯物主义这一思想理论武器,以此指导新闻工作。没有坚定的立场,没有科学的理论来武装自己,就会对周围的事物孰真孰假、孰是孰非分辨不清,认识不透,保证不了正确的舆论导向。以科学的理论武装人,以社会主义核心价值体系、价值观引领舆论导向,指导新闻工作,"在处理科学与迷信、真理与谬误这类重大问题时,我们就能立场坚定,旗帜鲜明,对违反科学事实、科学原则和科学精神的荒谬东西,始终保持与之坚决斗争的巨大勇气"。②

(2) 以社会主义核心价值体系引领舆论导向,弘扬主旋律需要新闻舆论在宣传报道中必须遵循全面、客观、实事求是的科学原则。理论宣传要做到全面、客观、实事求是,就要求我们必须坚持唯物辩证法,防止片面性。新闻工作者要准确地抓住事物本质,认清事物全貌,避免报道中片面性、表面性、绝对化现象的发生。如果理论宣传不科学、不准确,断章取

---

① 张庆节:《全面落实以高尚的精神塑造人的战略任务》,《兵团党校论坛》1996年第6期。

② 舒雨:《肩负起以科学的理论武装人的重任》,《传媒观察》1999年第9期。

义，或者只强调一个方面，而忽视甚至反对另一个方面，那就必然产生不良影响，甚至造成思想混乱，给工作带来不应有的损失。这里，"要特别注意从总体上、相互联系上正确认识事物之间的辩证关系，在宣传中不要把它们对立起来、割裂开来"。① 唯有求真、求实、客观、全面、深刻地认识封建迷信和反科学、伪科学的东西及其产生的环境和根源，以发展、联系的眼光进行深入的分析和判断，才能使新闻报道真正为广大读者所接受，发挥正确引导舆论的作用。

（3）以社会主义核心价值体系引领舆论导向，弘扬主旋律需要新闻舆论工作者加强理论学习。常言道"打铁还需自身硬"。新闻舆论工作要想在理论武装人方面发挥积极作用，不提高自身队伍的素质是不行的。现在，许多新闻舆论者热爱理论宣传工作，具有高度的责任感，刻苦学习，钻研理论，勇于探索，敢于创新，千方百计搞好理论宣传，但其理论水平和各种知识还远远不够。因此，必须真正做到"学习、学习、再学习，深入、深入、再深入"，不断"充电"，完善提高。理论功底扎实，我们的宣传报道才能自觉地按照科学精神和科学方法办事，更好地满足人们的精神需求，引导人们全面、正确地认识社会，有效地抵制一切封建迷信和反科学、伪科学的歪理邪说的侵袭，为营造文明科学的社会环境、促进社会的全面发展尽到新闻工作者的一份力量。除了刻苦学习、深刻领会中央的精神以外，还要提倡主流媒体尤其是报纸理论宣传工作者深入基层、深入群众、深入生活，掌握群众的思想脉搏，了解实际工作中存在的问题，自觉坚持践行党的群众路线，从群众中汲取营养，不断提高自己的理论水平和分析能力。只有这样，才能搞好理论宣传，为党和人民的事业作出自己应有的贡献。

---

① 郑梦熊：《加强报纸理论宣传以科学的理论武装人》，《新闻战线》1994年第5期。

第十章

社会主义核心价值体系如何统领发展社会主义市场经济

——坚持公有制为主体、多种所有制经济共同发展的基本经济制度

在中国建立社会主义市场经济体制,是中国共产党人集体智慧的结晶,是中国共产党人从人民的利益出发,实现好、维护好、发展好最广大人民的根本利益,按照马克思主义的科学原理,考察了人类历史发展进程,总结了世界资本主义、国际共产主义兴衰进退的历史经验教训,长期艰苦探索概括出来的促进社会发展和人类文明进步,充分地体现社会主义制度优越性,适应中国社会主义初级阶段国情的战略抉择;是解放生产力,促进生产力蓬勃发展、永葆生机的科学决策;是先进的社会主义制度与市场经济运营机制完美结合的创新成果;是最大限度地调动中国各民族、各阶层社会主义积极性、创造性,充分发挥每个人的聪明才智,"营造鼓励人们干事业、支持人们干成事业的社会氛围,放手让一切劳动、知识、技术、管理和资本的活力竞相迸发,让一切创造社会财富的源泉充分涌流,以造福于人民"[①]的科学体制;是卓有成效地动员中国亿万人民为了实现"国家富强、民族振兴、人民幸福"而拼搏奋斗的不竭源泉,是实现中华民族伟大复兴中国梦,进而为实现壮丽的共产主义社会创造物质极大丰富的正确途径。

社会主义是社会主义市场经济的本质属性,中国特色社会主义道路、理论、制度是社会主义市场经济的灵魂,社会主义市场经济,理所当然要求它必须以社会主义核心价值体系作统领,必须坚持社会主义道路、理论和制度,必须以马克思列宁主义、毛泽东思想、习近平新时代中国特色社会主义思想为指导,以中国特色社会主义作为共同理想,符合以爱国主义为核心的民族精神和以改革创新为核心的时代精神,符合社会主义荣辱观

[①] 江泽民:《全面建设小康社会,开创中国特色社会主义事业新局面》,《十六大以来重要文献选编》上,中央文献出版社2005年版,第12页。

第十章　社会主义核心价值体系如何统领发展社会主义市场经济

的道德规范,必须坚持发展社会主义市场经济的正确方向,坚持和巩固公有制为主体、多种所有制经济共同发展的基本经济制度,引导社会主义民营企业家健康发展的正确方向,规范各种经济诚实守信,合法经营。

一、坚持以社会主义核心价值体系统领社会主义市场经济,就要坚持发展社会主义市场经济的正确方向

社会主义市场经济体制,是把计划与市场有机结合起来的,在国家宏观调控下充分发挥市场对社会资源配置起基础作用的一种经济运行机制。党的十八届三中全会《决定》提出,发挥市场对社会资源配置的决定作用,这是对社会主义市场经济规律的进一步深化,是对马克思主义政治经济学的丰富和发展。在这里,市场经济和商品经济一样,是反映经济运行规律、发展经济的有力工具、有效方法和手段,不是独立自在的东西,不能把它看成是资本主义固有属性的标识。

（一）正确界定市场经济的本质属性,消除人们对市场经济思维定势的困惑

原来我国实行有计划按比例发展的社会主义经济制度,西方资本主义实行市场经济,在人们的印象里市场经济具有资本主义属性,并在一定程度上形成了思维定势。党的十一届三中全会之后,根据我国处在并将长期处在社会主义初级阶段的最大国情实际,中国共产党人开拓创新、与时俱进,建立了社会主义市场经济体制。为使社会主义市场经济体制健康发展,就要摒弃那种市场经济属于资本主义性质的思维定势,不能把商品经济和市场经济看成是资本主义独有的,更不能把它看成是社会主义和资本主义的本质区别。

有的人对市场经济为社会主义服务感到困惑,认为市场经济是资本主义的本质属性,只能与资本主义相结合,不能与社会主义相结合,如果实行社会主义市场经济,就会改变社会主义的性质为资本主义。这种认识和主张是对商品和市场经济的方法、手段本质属性,缺乏历史文化知识底蕴、简单对号、思想肤浅的表现,是毫无道理的,是反科学的、不可取的。在这一点上老一辈无产阶级革命家毛泽东、邓小平同志早给了我们科

学的教诲。

　　1958年10月，毛泽东同志认真研读了斯大林《苏联社会主义经济》一书，在学习"关于社会主义制度下的商品生产问题"时，他充分肯定社会主义制度下商品生产的重要性，指出："现在要利用商品生产、商品交换和价值法则，作为有用的工具，为社会主义服务。"①同时提出要"发展社会主义的商品生产和商品交换。必须肯定社会主义的商品生产和商品交换还有积极作用"②。对那些主张消灭商品生产的人进行了深刻的批驳，指出："现在，我们有些人大有要消灭商品生产之势。他们没有分清社会主义商品生产和资本主义商品生产的区别，不懂得在社会主义条件下利用商品生产的作用的重要性。……在社会主义建设时期，……商品生产、商品交换更要发展，要有计划地大大发展社会主义商品生产。"③ 在谈到斯大林所说"决不能把商品生产看作是某种不依赖周围经济条件而独立自在的东西"时，毛泽东同志肯定斯大林的话完全正确，并深刻指出："商品生产不能与资本主义混为一谈。……商品生产，要看它是同什么经济制度相联系，同资本主义制度相联系就是资本主义的商品生产，同社会主义制度相联系就是社会主义的商品生产。商品生产从古就有。"④ 针对有人怕商品生产会把社会主义引入资本主义道路上去，毛泽东同志明确地指出："不要怕，不会引导到资本主义，因为已经没有了资本主义的经济基础。商品生产可以乖乖地为社会主义服务。"⑤ "商品生产是不是有利的工具？应当肯定说：是。为了五亿农民，应当充分利用这个工具发展社会主义生产。"⑥ 1958年在号称马克思主义的经济专家提出要把商品生产作为资本主义的特征主张在中国消灭掉的情况下，毛泽东同志的精辟论述高瞻远瞩、振聋发聩，令人醍醐灌顶。这就从理论上、从历史的渊源上廓清了人们认为商品生产是资本主义特有属性的迷雾，对当时人们解放思想，解除顾虑，利用好商品生产这个工具具有里程碑的意义，为我国确立社会主义市场经济体制打下了坚实的理论基础，开创了利用资本主义的对社会主义有用的经济手段，发展社会主义经济，更好地服务于人民的思想理论先河。这一思想

---

① 《毛泽东文选》第7卷，人民出版社1999年版，第435页。
② 《毛泽东文选》第7卷，人民出版社1999年版，第436页。
③ 《毛泽东文选》第7卷，人民出版社1999年版，第437页。
④ 《毛泽东文选》第7卷，人民出版社1999年版，第439页。
⑤ 《毛泽东文选》第7卷，人民出版社1999年版，第440页。
⑥ 《毛泽东文选》第7卷，人民出版社1999年版，第440页。

第十章　社会主义核心价值体系如何统领发展社会主义市场经济

与邓小平同志1987年2月6日，同三位中央同志说的：市场"它为社会主义服务，就是社会主义的；为资本主义服务，就是资本主义的"①的宏论有异曲同工之妙。当然，毛泽东同志当时提出，"商品生产可以乖乖地为社会主义服务"，是在"已经没有了资本主义的经济基础"的前提下，当前，在多种经济成分并存的情况下，社会主义初级阶段仍然存在大量资本主义成分的情势下，还是要警惕有人妄想通过"社会主义市场经济"把中国的社会主义拉向改旗易帜的资本主义邪路的图谋。

邓小平同志在回答美国时代公司总编辑格隆瓦尔德提出的"市场经济和社会主义制度之间"是"一个潜在的、很难解决的矛盾"时指出："社会主义和市场经济之间不存在根本矛盾。"②"为什么一谈市场就说是资本主义，只有计划才是社会主义呢？计划和市场都是方法嘛。只要对发展生产力有好处，就可以利用。它为社会主义服务，就是社会主义的；为资本主义服务，就是资本主义的。"③

1992年邓小平在南方谈话中更加明确地指出："计划多一点还是市场多一点，不是社会主义与资本主义的本质区别。计划经济不等于社会主义，资本主义也有计划；市场经济不等于资本主义，社会主义也有市场。计划和市场都是经济手段。社会主义的本质，是解放生产力，发展生产力，消灭剥削，消除两极分化，最终达到共同富裕。……社会主义要赢得与资本主义相比较的优势，就必须大胆吸收和借鉴人类社会创造的一切文明成果，吸收和借鉴当今世界各国包括资本主义发达国家的一切反映现代社会化生产规律的先进经营方式、管理方法。"④邓小平的一系列科学论断，纠正了把市场经济等同于资本主义，把计划经济等同于社会主义的传统观念，解除了人们多年的思想禁锢，开启了在社会主义条件下发展市场经济的新思路，为我们党顺利确立社会主义市场经济体制提供了思想先导和理论支持，扫清了思想障碍，铺平了前进道路，使人们走出"市场经济属性为资本主义"的认识误区，也认清了"搞市场经济必须改旗易帜走资本主义道路"的陷阱。因此，社会主义市场经济体制中的"市场经济"，只是促进社会主义社会健康发展的经济手段，是为社会主义服务的，必须

---

① 《邓小平文选》第3卷，人民出版社1993年版，第203页。
② 《邓小平文选》第3卷，人民出版社1993年版，第148页。
③ 《邓小平文选》第3卷，人民出版社1993年版，第203页。
④ 《邓小平文选》第3卷，人民出版社1993年版，第373页。

服务于社会主义本质特征,即必须为"解放生产力,发展生产力,消灭剥削,消除两极分化,最终达到共同富裕"服务。社会主义市场经济运营的结果必须体现邓小平同志提出的"三个有利于"标准,即有利于发展社会主义社会的生产力,有利于增强社会主义国家的综合国力,有利于提高人民的生活水平。不能背离党的基本路线、基本纲领、基本经验,不能背离马克思主义指导,"最重要的是,坚持党的领导,贯彻党的基本路线,不走封闭僵化的老路,不走改旗易帜的邪路,坚定走中国特色社会主义道路,始终确保改革正确方向"[①]。"实践充分证明,中国特色社会主义是当代中国发展进步的根本方向,只有中国特色社会主义才能发展中国。"[②] 健全社会主义市场经济体制,不能损害党的执政地位,不能背离中国特色社会主义事业。而那些与社会主义离心离德、主张改旗易帜补资本主义课的人,企图以市场经济为借口,改变社会主义性质,把中国特色社会主义制度拉向走资本主义邪路的倒行逆施,充当西方敌对势力的西化、分化、演化中国的走卒和鹰犬,则是徒劳的、为人所不齿的。

(二)进一步明确社会主义市场经济的基本内涵、基本特征和根本目的

懂得了市场经济可以和社会主义基本制度相结合,市场经济能够为坚持和发展中国特色社会主义服务,接下来就要进一步弄清楚社会主义市场经济的基本内涵和基本特征,只有这样,才能更好地坚持以社会主义核心价值体系统领社会主义市场经济,才能始终保证坚持社会主义市场经济的正确方向,强盛国家,造福人民。

1. 社会主义市场经济体制的基本内涵和特征

中国共产党第十四届中央委员会第三次全体会议通过的《中共中央关于建立社会主义市场经济体制若干问题的决定》指出:"社会主义市场经济体制是同社会主义基本制度结合在一起的。建立社会主义市场经济体制,就是要使市场在国家宏观调控下对资源配置起基础性作用。为实现这个目标,必须坚持以公有制为主体、多种经济成分共同发展的方针,进一

---

① 《中共中央关于全面深化改革若干重大问题的决定》,人民出版社2013年版,第6页。

② 胡锦涛:《坚定不移沿着中国特色社会主义道路前进为全面建成小康社会而奋斗——在中国共产党第十八次全国代表大会上的报告》,人民出版社2012年版,第13页。

第十章　社会主义核心价值体系如何统领发展社会主义市场经济

步转换国有企业经营机制,建立适应市场经济要求、产权清晰、权责明确、政企分开、管理科学的现代企业制度;建立全国统一开放的市场体系,实现城乡市场紧密结合,国内市场与国际市场相互衔接,促进资源的优化配置;转变政府管理经济的职能,建立以间接手段为主的完善的宏观调控体系,保证国民经济的健康运行;建立以按劳分配为主体,效率优先、兼顾公平的收入分配制度,鼓励一部分地区一部分人先富起来,走共同富裕的道路;建立多层次的社会保障制度,为城乡居民提供同我国国情相适应的社会保障,促进经济发展和社会稳定。这些主要环节是相互联系和相互制约的有机整体,构成社会主义市场经济体制的基本框架。必须围绕这些主要环节,建立相应的法律体系,采取切实措施,积极而有步骤地全面推进改革,促进社会生产力的发展。"① 江泽民同志曾指出:"必须认识到,我国社会主义市场经济体制是同社会主义基本制度结合在一起的,既可以发挥市场经济的优势,又可以发挥社会主义制度的优越性,在处理市场机制和宏观调控、当前发展和长远发展、效率和公平等关系方面,应该比西方国家做得更好、更有成效。"② 党的十八届三中全会通过的《中共中央关于全面深化改革若干重大问题的决定》提出:"经济体制改革是全面深化改革的重点,核心问题是处理好政府和市场的关系,使市场在资源配置中起决定性作用和更好发挥政府作用。"③ 这就告诉我们,社会主义市场经济体制的基本内涵,即社会主义市场经济体制是同社会主义基本制度结合在一起的一种经济运行体制。建立社会主义市场经济体制,就是要使市场在国家宏观调控下,在政府很好发挥作用下,对资源配置起基础性、决定性作用。正因为它是社会主义基本制度与市场经济的结合,是社会主义基本制度统领的经济体制,因而它首先具有社会主义基本制度的质的规定性,既具有与其他市场经济体制的一般共性,即:经济活动市场化、企业经营自主化、政府调节间接化、经济运行法制化、各种经济成分平等竞争等;又具有与其他市场经济体制不同的特征,也就是社会主义市场经济体制同社会主义基本制度的结合而形成的制度性特征。这是社会主义市场经济体制特有的、区别于资本主义市场经济体制的根本特征,主要表

---

① 《中共中央关于建立社会主义市场经济体制若干问题的决定》,《人民日报》1993年11月17日,第1版。
② 《江泽民文选》第1卷,人民出版社2006年版,第467页。
③ 《中共中央关于全面深化改革若干重大问题的决定》,人民出版社2013年版,第5页。

现是：

第一，在所有制结构上，坚持公有制为主体、多种所有制经济共同发展的基本经济制度。这一社会主义的基本经济制度，是"中国特色社会主义制度的重要支柱，也是社会主义市场经济体制的根基。公有制经济和非公有制经济都是社会主义市场经济的重要组成部分，都是我国经济社会发展的重要基础"[①]。坚持以公有制包括全民所有制和集体所有制经济为主体，个体经济、私营经济、外资经济多种所有制经济长期共同发展。国有企业、集体企业和其他企业都进入市场，通过平等竞争发挥国有企业的主导作用。这里有两点必须明确：一是必须坚持公有制的主体地位；二是多种所有制经济长期共同发展。公有制占主体，并不意味着公有制企业与其他企业处于不平等的竞争地位，公有制企业和其他企业都进入市场，在平等竞争中共同发展。要坚持和完善社会主义基本经济制度，不能搞单一公有制，但决不能搞私有化。我国的社会主义基本经济制度明确要求以公有制经济为主体，这是毫不含糊的，而且要求国有经济起主导作用。而要保证国有经济起主导作用，国家就应控制国民经济命脉，不断增强国有经济活力、控制力、影响力。在资本主义市场经济中，国有经济和私营经济都是资本主义性质，国有经济多少，私营经济多少，都不改变资本主义社会性质。而在我国的社会主义经济中，外资企业、外资控股的中外合资企业基本上是资本主义性质的，个体民营企业具有社会主义成分也有自发资本主义倾向，而只有公有制经济是社会主义制度的经济基础，国有经济是社会主义上层建筑最重要的经济基础，国有经济的主体地位决定着国家的社会主义性质。因此，国有经济的作用，不是像资本主义制度中那样，主要从事私有企业不愿意经营的部门，补充私人企业和市场机制的不足，而是保障实现国民经济的持续稳定协调发展，为了巩固和完善社会主义制度，实现国家的富强，人民的富裕，中华民族的伟大复兴。因此，不但要保持国有经济在关系国家安全和国民经济命脉的重要行业和关键领域的强大活力、控制力和影响力，"而且要保障国有经济在竞争性领域里的发展，发挥它们在稳定和增加就业、保障社会福利和提供公共服务中的作用，增强国家转移支付能力和实行公平再分配的经济能力和实力。有竞争力的国有

---

① 《中共中央关于全面深化改革若干重大问题的决定》，人民出版社2013年版，第7—8页。

第十章　社会主义核心价值体系如何统领发展社会主义市场经济

企业为什么不能在竞争性领域发展，难道利润收入只能让私企独占？"① 党的十八届三中全会通过的《决定》提出："国有企业属于全民所有，是推进国家现代化、保障人民共同利益的重要力量。国有企业总体上已经同市场经济相融合，必须适应市场化、国际化新形势，以规范经营决策、资产保值增值、公平参与竞争、提高企业效率、增强企业活力、承担社会责任为重点，进一步深化国有企业改革。"② "国家保护各种所有制经济产权和合法利益，保证各种所有制经济依法平等使用生产要素、公开公平公正参与市场竞争、同等受到法律保护，依法监管各种所有制经济。"③ 因此，那种私有化的主张者提出"国有经济完全退出竞争领域"，甚至"还要求国有经济退出关系国民经济命脉的重要行业和关键领域"④ 的主张，是完全错误的，甚至包藏着动摇共产党执政地位、颠覆社会主义制度的祸心。一切以维护人民利益为根本宗旨和出发点的真正的共产党人，绝不能容许这些人的阴谋得逞。

第二，在分配制度上，以按劳分配为主体，多种分配方式并存，效率优先，兼顾公平。运用包括市场在内的各种调节手段，既鼓励先进，促进效率，合理拉开收入差距，又防止两极分化，逐步实现共同富裕。党的十八大报告明确指出："必须坚持走共同富裕道路。共同富裕是中国特色社会主义的根本原则。要坚持社会主义基本经济制度和分配制度，调整国民收入分配格局，加大再分配调节力度，着力解决收入分配差距较大问题，使发展成果更多更公平惠及全体人民，朝着共同富裕方向稳步前进。"⑤ 社会主义市场经济中占主体地位的公有制经济决定了劳动者的个人收入分配必须以按劳分配为主体。同时，多种所有制经济和多种经营方式的存在，又在客观上产生了多种分配方式。在市场经济的活动中，劳动者的个人收

---

① 刘国光：《社会主义市场经济与资本主义市场经济的两个根本性区别》，《理论热点辨析——〈红旗文稿·2010〉》，红旗出版社2011年版，第147—148页。
② 《中共中央关于全面深化改革若干重大问题的决定》，人民出版社2013年版，第9—10页。
③ 《中共中央关于全面深化改革若干重大问题的决定》，人民出版社2013年版，第8页。
④ 刘国光：《社会主义市场经济与资本主义市场经济的两个根本性区别》，《理论热点辨析——〈红旗文稿·2010〉》，红旗出版社2011年版，第148页。
⑤ 胡锦涛：《坚定不移沿着中国特色社会主义道路前进　为全面建成小康社会而奋斗——在中国共产党第十八次全国代表大会上的报告》，人民出版社2012年版，第15页。

入会受到市场的调节。这样的分配制度所贯彻的基本原则是：把提高效率放在优先地位，但要兼顾社会公平；既要合理拉开收入差距，又要防止产生两极分化；既要让一部分人、一部分地区先富起来，又要逐步实现共同富裕。为此，党的十八大报告指出："千方百计增加居民收入。实现发展成果由人民共享，必须深化收入分配制度改革，努力实现居民收入增长和经济发展同步、劳动报酬增长和劳动生产率提高同步，提高居民收入在国民收入分配中的比重，提高劳动报酬在初次分配中的比重。初次分配和再分配都要兼顾效率和公平，再分配更加注重公平。"① 充分证明了党的政策以人为本，阳光雨露，普惠人民，恩露泽雨，遍洒人间。党的十八届五中全会通过的《中共中央关于制定国民经济和社会发展第十三个五年规划的建议》提出"必须牢固树立创新、协调、绿色、开放、共享的发展理念"，指出："共享是中国特色社会主义的本质要求。必须坚持发展为了人民、发展依靠人民、发展成果由人民共享，作出更有效的制度安排，使全体人民在共建共享发展中有更多获得感，增强发展动力，增进人民团结，朝着共同富裕方向稳步前进。"② 尤其是通过"扶持生产和就业发展一批、易地搬迁安置一批、生态保护脱贫一批、教育扶贫脱贫一批、低保政策兜底一批"③ 五个渠道，保证困难群众"一个都不掉队"。使7000万贫困人口全部脱贫，全面建成小康社会，这是实实在在维护人民利益、实现社会公平的集中体现，充分体现党中央坚持发展以人民为本、以人民为中心，给最广大人民群众带来福祉的坚定信念和实现共同富裕的钢铁意志。

第三，在宏观调控上，社会主义国家能够把人民的当前利益与长远利益、局部利益与整体利益结合起来，更好地发挥计划与市场两种手段的长处。社会主义制度优越性的重要表现之一，就是能够做到全国一盘棋，集中力量办大事，能够更好地处理中央与地方、全局与局部的关系。国家计划是宏观调控的重要手段之一，必须更新计划观念，转变计划管理职能，改进计划方法。国家计划要以市场为基础，总体上应当是指导性的计划。

---

① 胡锦涛：《坚定不移沿着中国特色社会主义道路前进为全面建成小康社会而奋斗——在中国共产党第十八次全国代表大会上的报告》，人民出版社2012年版，第36页。

② 《中共中央关于制定国民经济和社会发展第十三个五年规划的建议》，《人民日报》2015年11月4日，第1版。

③ 《让全体中国人民迈入全面小康——以习近平同志为总书记的党中央关心扶贫工作纪实》，《人民日报》2015年11月27日，第3版。

第十章 社会主义核心价值体系如何统领发展社会主义市场经济

计划工作的重点是合理确定国民经济和社会发展的战略目标,搞好经济发展预测、总量调控、重大结构与生产力布局规划,集中必要的财力、物力进行重点建设,综合运用经济杠杆,促进经济更好更快地发展。社会主义市场经济必须有健全的宏观调控体制,党的十八大报告指出:"必须更加尊重市场规律,更好发挥政府作用。""健全现代市场体系,加强宏观调控目标和政策手段机制化建设。"① 习近平同志也强调指出:"在市场作用和政府作用的问题上,要讲辩证法、两点论,'看不见的手'和'看得见的手'都要用好,努力形成市场作用和政府作用有机统一、相互补充、相互协调、相互促进的格局,推动经济社会持续健康发展。""科学的宏观调控,有效的政府治理,是发挥社会主义市场经济体制优势的内在要求。更好发挥政府作用,就要切实转变政府职能,深化行政体制改革,创新行政管理方式,健全宏观调控体系,加强市场活动监管,加强和优化公共服务,促进社会公平正义和社会稳定,促进共同富裕。"② 更好地发挥政府作用,由国家计划指导的宏观调控下的市场经济,是我们区别于资本主义市场经济的根本特征。正如我国著名经济学家刘国光指出的:"我们社会主义国家宏观调控下的市场经济怎样区别于资本主义国家呢?除了基本经济制度的区别外,就在于社会主义市场经济还有计划性,还有国家计划的指导。……这也是社会主义市场经济的优越性所在。"③ 这样就避免了在解读党的十八届三中全会精神时,"只讲使市场在资源配置中起决定性作用,不讲更好发挥政府作用"④。

2. 完善健全社会主义市场经济体制的根本目的

社会主义市场经济,因为是社会主义性质,他的目的一定和社会主义的本质相一致,邓小平同志曾指出:"社会主义的本质,是解放生产力,

---

① 胡锦涛:《坚定不移沿着中国特色社会主义道路前进为全面建成小康社会而奋斗——在中国共产党第十八次全国代表大会上的报告》,人民出版社 2012 年版,第 20—21 页。

② 习近平在中共中央政治局第十五次集体学习时强调:《正确发挥市场作用和政府作用推动经济社会持续健康发展》,《人民日报》2014 年 5 月 28 日,第 1 版。

③ 刘国光:《社会主义市场经济与资本主义市场经济的两个根本性区别》,《理论热点辨析——〈红旗文稿·2010〉》,红旗出版社 2011 年版,第 145 页。

④ 杨振武:《做好新形势下舆论引导工作的科学指南(深入学习贯彻习近平同志系列重要讲话精神)——深入学习贯彻习近平同志关于舆论引导的重要论述》,《人民日报》2014 年 5 月 28 日,第 7 版。

发展生产力，消灭剥削，消除两极分化，最终达到共同富裕。"① 完善健全社会主义市场经济体制的根本目的，和社会主义的整体目标相一致，就是为了实现社会主义制度的自我完善和自我发展，是为最终实现共产主义社会准备思想、政治、经济等各种条件，打下坚实基础。正如邓小平同志曾明确指出的："我们的改革，我们的对外开放、对内搞活，是坚持社会主义道路的。社会主义的任务就是要发展社会生产力，增强社会主义国家的力量，使人民的生活逐步得到改善，然后为将来进入共产主义准备基础。"② 而决不是改旗易帜走资本主义邪路，将社会主义拉向倒退。

市场经济与社会主义制度结合，既能发挥市场在发展生产力中的优势，又能发挥社会主义制度集中力量办大事的优势，二者优势互补，相互促进，相映生辉，相得益彰，形成良性循环，能够极大地促进生产力的发展，更好地"推动中国特色社会主义制度自我完善和发展"，从而实现社会主义制度的自我完善和发展。

（三）理直气壮地坚持社会主义市场经济的社会主义方向

坚持社会主义市场经济正确方向的问题，是关系能不能坚持高举中国特色社会主义伟大旗帜毫不动摇的问题，是关系中国特色社会主义能不能沿着社会主义方向继续前进的问题，是关系能不能成功地防止中国特色社会主义改旗易帜走向资本主义邪路的问题，是关系能不能有效地巩固中国共产党执政地位和巩固社会主义制度不被颠覆的生死存亡的极其重大的问题，是关系能不能彻底粉碎国内外敌对势力西化、分化、和平演变中国的战略图谋，从根本上避免苏联解体东欧剧变悲剧在中国重演的问题。能不能坚持社会主义市场经济的正确方向，关系党的执政地位和社会主义制度的巩固与否，关系国家的稳定和安全，关系到亿万中国人民的福祉。决不能被偷梁换柱、混淆视听的歪理邪说模糊了我们的视线，要以孙悟空的火眼金睛识破那些以鼓吹自由化、私有化、市场化为名，行颠覆共产党的执政地位和颠覆社会主义制度之实、葬送人民利益、把中国特色社会主义拉向资本主义邪路的罪恶阴谋。

---

① 《邓小平文选》第 3 卷，人民出版社 1993 年版，第 373 页。
② 《邓小平文选》第 3 卷，人民出版社 1993 年版，第 157 页。

第十章　社会主义核心价值体系如何统领发展社会主义市场经济

1. 邓小平同志反复强调中国搞四个现代化、改革开放必须坚持社会主义方向，不搞社会主义没有前途

毋庸讳言，中国搞四个现代化、改革开放、建设社会主义市场经济体制，从一开始就面临是坚持社会主义方向，还是改旗易帜走资本主义道路的问题。自改革开放以来，在中国总有那么一些人，尤其是搞资产阶级自由化的那些人，要各种花招，企图将社会主义中国拉向资本主义道路。对此，邓小平同志曾旗帜鲜明地指出："中国的社会主义是变不了的，中国肯定要沿着自己选择的社会主义道路走到底。"[1] "我们执行对外开放政策，学习外国的技术，利用外资，是为了搞好社会主义建设，而不能离开社会主义道路。……中国没有共产党的领导，不搞社会主义是没有前途的。"[2] "自由化是一种什么东西？实际上就是要把我们中国现行的政策引导到走资本主义道路。这股思潮的代表人物是要把我们引导到资本主义方向上去。所以，我多次解释，我们搞的四个现代化有个名字，就是社会主义四个现代化。"[3]

"中国不搞社会主义不行，不坚持社会主义不行。"[4]

"中国搞社会主义，是谁也动摇不了的。"[5]

"中国坚持社会主义，不会改变。"[6]

"我多次讲过，美国的制度中国不能搬，美国制度究竟好不好，美国人自己说，我们不干预。"[7]

"我们搞的四个现代化，是社会主义的四个现代化，只有社会主义，才能有凝聚力，才能解决大家的困难，才能避免两极分化，逐步实现共同富裕。"[8]

"我们搞改革开放，把工作重心放在经济建设上，没有丢马克思，没有丢列宁，也没有丢毛泽东。老祖宗不能丢啊！"[9]

---

[1] 《邓小平文选》第3卷，人民出版社1993年版，第321页。
[2] 《邓小平文选》第3卷，人民出版社1993年版，第195页。
[3] 《邓小平文选》第3卷，人民出版社1993年版，第181页。
[4] 《邓小平文选》第3卷，人民出版社1993年版，第326页。
[5] 《邓小平文选》第3卷，人民出版社1993年版，第328页。
[6] 《邓小平文选》第3卷，人民出版社1993年版，第345页。
[7] 《邓小平文选》第3卷，人民出版社1993年版，第351页。
[8] 《邓小平文选》第3卷，人民出版社1993年版，第357页。
[9] 《邓小平文选》第3卷，人民出版社1993年版，第369页。

邓小平《在武昌、深圳、珠海、上海等地的谈话要点》中深刻指出："建立充满生机和活力的社会主义市场经济体制，促进生产力的发展，这是改革，所以改革也是解放生产力。"① 在谈话中，对于如何建立充满生机和活力的社会主义市场经济体制，邓小平同志明确指出："要坚持党的十一届三中全会以来的路线、方针、政策，关键是坚持'一个中心、两个基本点'。不坚持社会主义，不改革开放，不发展经济，不改善人民生活，只能是死路一条。"② 在这里，邓小平同志明确告诉全党，建立充满生机和活力的社会主义市场经济体制，必须坚持党的"一个中心、两个基本点"的基本路线，而且"基本路线要管一百年，动摇不得"③。他强调坚持社会主义、改革开放、发展经济、改善人民生活四个方面关系党和国家生死存亡的极端重要性，而导致"只有死路一条"的最重要的首要因素，就是"不坚持社会主义"。邓小平同志坚信"社会主义经历一个长过程发展后必然代替资本主义"④。他认为尽管道路是曲折的，但这是社会历史发展不可逆转的总趋势。

我国的改革开放是中国共产党领导下的改革开放，目的是社会主义制度的自我完善和发展，我们建立和完善社会主义市场经济体制，目的也是利用好市场经济的长处，发挥社会主义制度的优越性，更好地发展社会主义社会生产力，增强社会主义国家的力量，使人民的生活逐步得到改善，为将来进入共产主义准备基础。因此，坚持社会主义方向，天经地义，理所当然，顺理成章。世界经济发展历史说明，市场只是发展经济的手段，它与资本主义制度结合，就是资本主义市场经济，为资本主义服务；它与社会主义制度结合，就是社会主义市场经济，就为社会主义服务。改革开放以来，中国建立和完善社会主义市场经济体制，着力发挥市场作用，就是要更好地运用市场手段，实现解放生产力、发展生产力、消灭剥削、消除两极分化，最终达到共同富裕的社会主义本质要求。因此，建立和完善社会主义市场经济，是为了有利于社会主义的自我完善和发展，决不能改变社会主义性质。

然而，尽管邓小平反复强调、明确指出，中国的现代化建设、改革开

---

① 《邓小平文选》第3卷，人民出版社1993年版，第370页。
② 《邓小平文选》第3卷，人民出版社1993年版，第370页。
③ 《邓小平文选》第3卷，人民出版社1993年版，第370页。
④ 《邓小平文选》第3卷，人民出版社1993年版，第382页。

第十章　社会主义核心价值体系如何统领发展社会主义市场经济

放、建立社会主义市场经济,必须坚持社会主义方向,但在当代中国,总有那么一些人置若罔闻,肆意扭曲我国改革开放和社会主义市场经济的正确方向,妄图把我国的改革开放和社会主义市场经济引到资本主义道路上去。邓小平同志一阵见血地指出,他们这么做"其核心是打倒共产党,推翻社会主义制度"①。对此,我们要高度警觉,决不能等闲视之。因为,方向决定道路,道路决定命运。改革为开放是一场深刻革命,建立社会主义市场经济是中国共产党人的战略抉择、伟大创举,必须坚持正确方向,沿着正确道路前进。中国是一个大国,决不能在根本问题上出现颠覆性失误,一旦出现就无可挽回、无法弥补。因此,不论是解放思想、改革开放,还是完善和发展社会主义市场经济体制,都是有方向、有立场、有原则的,这个方向就是坚持社会主义制度不动摇,立场就是站在人民的立场上,全心全意为人民谋福祉,原则就是全面贯彻执行"一个中心、两个基本点"的党的基本路线。有的人把改革开放定义为往西方"普世价值"、西方政治制度方向改,否则就是不改革开放。这不仅是曲解我们的改革开放,而且是别有用心,刻意为之。有的人鼓吹社会主义和市场经济是矛盾的,要去掉社会主义市场经济中的"社会主义"四个字,只有搞私有化、自由化、市场化,搞西方资本主义市场经济,才是真正的市场经济。那是葬送共产党执政地位、葬送社会主义制度的陷阱,是把人民推入灾难深渊的阴谋,我们一定要保持清醒头脑,识破其险恶用心,决不上当。

2. 有识之士强调坚持社会主义市场经济的社会主义方向,反对不要社会主义的私有化、市场化、自由化主张

我国在建立、完善社会主义市场经济体制的过程中,始终存在着马克思主义与反马克思主义的斗争,始终存在着方向问题。总有那么一些人主张走资本主义道路,强调用"市场化"解决市场经济固有弊端,极力把社会主义市场经济引向资本主义道路的方向。对此,中国的许多经济学家都有清醒的认识和语重心长的告诫。中国人民大学经济学院张宇在《人民日报》《更多市场,更多社会主义(新论)》一文中指出:"社会主义市场经济是社会主义制度与市场经济体制的有机结合,它包括两方面内容:一是发挥市场在资源配置中的决定性作用,利用好市场经济的长处;二是完善社会主义基本制度,发挥社会主义制度的优越性。这两个方面放在一起,

---

① 《邓小平文选》第3卷,人民出版社1993年版,第303页。

才能充分体现社会主义市场经济的本质,进而实现完善和发展中国特色社会主义制度这一改革总目标。""市场经济固有的弊端即使在发达资本主义市场经济中也不可避免,寄希望于用所谓彻底市场化的办法解决市场化固有的缺陷,无异于缘木求鱼、南辕北辙。克服这些弊端的根本途径,在于发挥社会主义制度的优势,增强市场经济的社会主义属性。""如何实现更多市场、更多社会主义?一是巩固和发展公有制经济,不搞私有化,不断推进公有制的自我革新,更好地满足社会公益。二是坚持以按劳分配为主,鼓励劳动、鼓励创造,防止两极分化,实现共同富裕。三是坚持党的领导,更好发挥政府作用,把人民的当前利益与长远利益、局部利益与整体利益结合起来,不断提高驾驭社会主义市场经济的能力。四是坚持独立自主、自力更生,把立足点放在依靠自身力量的基础上,在对外开放中注意维护国家的主权和安全。五是保障和改善民生,努力使全体人民学有所教、劳有所得、病有所医、老有所养、住有所居。六是发扬经济民主,在企业、国家各个层面的经济活动中,保障人民群众当家作主、参与管理的权利。归根结底,社会主义市场经济是为人民服务的经济。坚持全面的改革方向,以促进社会公平正义、增进人民福祉为出发点、落脚点,才能使改革真正成为全体人民共同的事业。"①

中国著名经济学家刘国光在《十八大后再谈中国经济体制改革的方向——警惕以"市场化"为名推行"私有化"之实的倾向》一文中指出:"应该讲,中共十八大报告为中国经济改革已经指明了方向,就是不断完善已经初步建立起来的社会主义市场经济体制。我们的改革目标很明确,就是要建立社会主义市场经济体制,而不是资本主义市场经济体制;要建立以公有制为主体的市场经济体制,而不是以私有制为主体的市场经济体制;要建立有国家宏观调控和计划导向的市场经济体制,而不是自由放任的市场经济体制;要建立确保广大人民群众共享改革发展成果的市场经济体制,而不是为了方便少数人攫取巨额财富的市场经济体制;要建立让市场在资源配置中发挥基础性作用的市场经济体制,而不是唯市场是论的原教旨主义市场经济体制。以上这些内容和精神,实际上,在改革开放以来党的文件和历届领导的讲话中得到了体现,也为广大理论工作者、实际工作者所认可和接受。但最近,有一种错误的观点对我们的改革目标进行了

---

① 张宇:《更多市场,更多社会主义(新论)》,《人民日报》2014年3月10日,第5版。

第十章　社会主义核心价值体系如何统领发展社会主义市场经济

歪曲。"① 他指出，持这种错误观点的人，鼓吹不要政府干预、宏观调控、公有制为主体，主张实行西方新自由主义市场化、私有化、自由化的市场经济，"实质上就是资本主义市场经济"。他提醒大家，"一定要防止'西化''分化''资本主义化'的思潮干扰我们的改革大业"②。

他旗帜鲜明地指出："今后很长时间内，中国经济改革的方向，仍然是建立完善的社会主义市场经济体制。我们搞社会主义市场经济自然需要培育多元化的市场竞争主体，需要建立一个公平竞争的市场环境，但我们反对过度市场化，反对通过弱化分化肢解国有经济来实现竞争主体的多元化，反对建立一个不讲计划、没有国家强有力宏观调控的资本主义式的自由竞争的市场经济。"③ 他在《人民日报》发表的《九十感恩》一文中满怀深情、语重心长地指出："近10年来，我脑力渐衰，勉强陆续写了一些东西，大多集中在讨论市场经济和社会主义的关系问题上，现已由中国社会科学出版社选编专辑出版。我总的理念其实也很平常：在社会主义初级阶段，我们需要继续深化市场经济的改革，但这个市场经济改革的方向必须是社会主义的，而不能是资本主义的。这个问题关系我国改革的前途命运，也是现今经济领域里意识形态斗争的焦点。反对市场经济与社会主义相结合，主张私有化、自由化的声音，只代表少数人的利益；而主张市场经济必须与社会主义相结合，以公有制为主体、以国家宏观计划调控为导向、以共同富裕为目标的声音，则代表了工农大众和知识分子群体的希望。我国经济改革的前景最终将取决于广大人民群众的意志，所以，我虽然年满九十，来日不多，但对此仍满怀信心和激情。"④

对于走什么道路，党的十八大做出了明确规定，即坚定不移高举中国特色社会主义伟大旗帜，既不走封闭僵化的老路，也不走改旗易帜的邪路。党的十八大报告指出："在改革开放三十多年一以贯之的接力探索中，我们坚定不移高举中国特色社会主义伟大旗帜，既不走封闭僵化的老路、

---

① 刘国光：《十八大后再谈中国经济体制改革的方向》，《中华魂》2013年6月上半月刊。
② 刘国光：《十八大后再谈中国经济体制改革的方向》，《中华魂》2013年6月上半月刊。
③ 刘国光：《十八大后再谈中国经济体制改革的方向》，《中华魂》2013年6月上半月刊。
④ 刘国光：《九十感恩》，《人民日报》2013年12月8日，第5版。（本文是作者在"庆贺刘国光九十华诞暨完善社会主义市场经济体制研讨会"上的发言摘要）

也不走改旗易帜的邪路。"① 不能改变社会主义根本制度，既不能走封闭僵化的老路，更不能走改旗易帜的邪路。强调："中国特色社会主义道路，中国特色社会主义理论体系，中国特色社会主义制度，是党和人民九十多年奋斗、创造、积累的根本成就，必须倍加珍惜、始终坚持、不断发展。"②

在中国搞现代化，必须坚持社会主义。搞市场经济，还要不要坚持社会主义？回答是肯定的，必须是"社会主义"市场经济。《人民日报》发表的评论员文章《坚持社会主义市场经济的改革方向——纪念改革开放30周年之四》明确指出："市场不是万能的，市场经济也有其弱点。实践也使我们更加深刻地认识到，社会主义市场经济，'社会主义'这四个字不是可有可无，而是画龙点睛。所谓'点睛'就是点明我们市场经济的性质。我们的创造性和特色也就体现在这里。我国的市场经济体制，同社会主义基本经济制度紧紧相连，离不开社会主义的方向，离不开国家的宏观调控。正是把社会主义制度的优越性与市场经济的活力相结合，我国经济才经受住了多次风浪的严峻考验，保持多年快速平稳发展。"③

3. 习近平同志明确指出，在方向问题上：坚持不断推动社会主义制度自我完善和发展，而不是对社会主义制度改弦易张

坚持社会主义市场经济正确方向的核心和实质是坚持和改善党的领导，坚持和完善中国特色社会主义制度，任何时候都不能偏离这一条，这是社会主义市场经济的一个重要特征。习近平同志在中共中央政治局第十五次集体学习时强调指出："坚持党的领导，发挥党总揽全局、协调各方的领导核心作用，是我国社会主义市场经济体制的一个重要特征。改革开放30多年来，我国经济社会发展之所以能够取得世所罕见的巨大成就，我国人民生活水平之所以能够大幅度提升，都同我们坚定不移坚持党的领导、充分发挥各级党组织和全体党员作用是分不开的。在我国，党的坚强

---

① 胡锦涛：《坚定不移沿着中国特色社会主义道路前进为全面建成小康社会而奋斗——在中国共产党第十八次全国代表大会上的报告》，人民出版社2012年版，第12页。

② 胡锦涛：《坚定不移沿着中国特色社会主义道路前进为全面建成小康社会而奋斗——在中国共产党第十八次全国代表大会上的报告》，人民出版社2012年版，第12页。

③ 人民日报报评论员：《坚持社会主义市场经济的改革方向——纪念改革开放30周年之四》，《人民日报》2008年12月5日，第1版。

第十章 社会主义核心价值体系如何统领发展社会主义市场经济

有力领导是政府发挥作用的根本保证。在全面深化改革过程中，我们要坚持和发展我们的政治优势，以我们的政治优势来引领和推进改革，调动各方面积极性，推动社会主义市场经济体制不断完善、社会主义市场经济更好发展。"①

习近平同志对改革开放和社会主义市场经济始终必须坚持的正确方向做了明确说明，指出，"世界在发展，社会在进步，不实行改革开放死路一条，搞否定社会主义方向的'改革开放'也是死路一条。在方向问题上，我们头脑必须十分清醒。我们的方向就是不断推动社会主义制度自我完善和发展，而不是对社会主义制度改弦易张。我们要坚持四项基本原则这个立国之本，既以四项基本原则保证改革开放的正确方向，又通过改革开放赋予四项基本原则新的时代内涵，排除各种干扰，坚定不移走中国特色社会主义道路"②。

我们实行的社会主义市场经济体制，决不是不要社会主义、不要党的领导、不要政府宏观调控的自由市场经济，而是要充分发挥社会主义制度优越性，充分发挥党和政府的积极作用的市场经济。正如习近平同志在《关于〈中共中央关于全面深化改革若干重大问题的决定〉的说明》中所指出的："当然，我国实行的是社会主义市场经济体制，我们仍然要坚持发挥我国社会主义制度的优越性、发挥党和政府的积极作用。市场在资源配置中起决定性作用，并不是起全部作用。""发展社会主义市场经济，既要发挥市场作用，也要发挥政府作用，但市场作用和政府作用的职能是不同的。"③"强调政府的职责和作用主要是保持宏观经济稳定，加强和优化公共服务，保障公平竞争，加强市场监管，维护市场秩序，推动可持续发展，促进共同富裕，弥补市场失灵。"④

道路关乎党的命脉，关乎国家前途、民族命运、人民幸福。在涉及道路、理论、制度等根本性问题上，我们党历来是有方向、有立场、有原则的。习近平同志坚定地指出："要牢牢把握改革正确方向，在涉及道路、

---

① 习近平在中共中央政治局第十五次集体学习时强调：《正确发挥市场作用和政府作用推动经济社会持续健康发展》，《人民日报》2014年5月28日，第1版。

② 《习近平关于全面深化改革论述摘编》，中央文献出版社2014年版，第15页。

③ 习近平：《关于〈中共中央关于全面深化改革若干重大问题的决定〉的说明》，《人民日报》2013年11月16日，第1版。

④ 习近平：《关于〈中共中央关于全面深化改革若干重大问题的决定〉的说明》，《人民日报》2013年11月16日，第1版。

理论、制度等根本性问题上,在大是大非面前,必须立场坚定、旗帜鲜明。"① 习近平同志的一系列重要讲话、指示精神反复强调的是,我们正在进行的改革开放是一场深刻革命,必须牢牢把握正确方向,在涉及道路、理论、制度等根本性问题上,在大是大非面前,必须立场坚定、旗帜鲜明,不能犯颠覆性的错误。就是要坚持和发展中国特色社会主义,高举中国特色社会主义伟大旗帜不动摇,决不能改旗易帜。这是因为,中国特色社会主义,承载着几代中国共产党人的理想和探索,寄托着无数仁人志士的夙愿和期盼,凝聚着亿万人民的奋斗和牺牲,是近代以来中国社会发展的必然选择,是发展中国、稳定中国的必由之路。

因此,按照邓小平同志的教导,"我们要理直气壮地坚持社会主义道路",② 坚持社会主义市场经济的社会主义正确方向,坚定不移坚持和发展中国特色社会主义,发展社会生产力,增强社会主义国家的力量,使人民的生活逐步得到改善,进而为将来进入共产主义打下基础。

实践证明,坚持社会主义市场经济的正确方向,保证了中国特色社会主义事业的健康发展。我们完善发展社会主义市场经济体制,是通过社会主义基本制度和市场经济的有机结合,更好地发挥了社会主义的固有优势,赋予了社会主义新的生机活力。

坚持社会主义市场经济的正确方向,事关中华民族美好未来,事关14亿多中国人民的福祉。不走封闭僵化的老路,也不走改旗易帜的邪路,坚持社会主义市场经济的正确方向,就是"不断推动社会主义制度自我完善和发展,而不是对社会主义制度改弦易张",③ 这是党和国家不可改变的大政方针。

坚持还是改变社会主义市场经济的正确方向,是一场为公还是谋私,是为人民谋福祉还是与人民为敌,是坚持和发展中国特色社会主义还是改旗易帜把中国拉向资本主义邪路,是为维护最广大人民的根本利益服务还是为维护一小撮既得利益集团服务的尖锐的、你死我活的严重政治斗争,绝不能等闲视之。

社会主义市场经济的本质属性是社会主义,是在社会主义统领下发挥

---

① 习近平主持召开中央全面深化改革领导小组第一次会议强调:《把握大局审时度势统筹兼顾科学实施坚定不移朝着全面深化改革目标前进》,《人民日报》2014年1月23日,第1版。

② 《邓小平文选》第3卷,人民出版社1993年版,第196页。

③ 《习近平关于全面深化改革论述摘编》,中央文献出版社2014年版,第15页。

第十章 社会主义核心价值体系如何统领发展社会主义市场经济

市场作用的经济,是为了社会主义的自我完善和发展,是为了更好地坚持和发展中国特色社会主义,只要有利于社会主义的发展和完善的市场经济改革,我们就坚持;反之,我们就坚决反对,旗帜鲜明,绝不含糊。

二、坚持以社会主义核心价值体系统领社会主义市场经济,就要从哲学的高度,深刻认识坚持公有制主体地位在社会主义市场经济中的重要作用

党的十八大报告指出:"要毫不动摇巩固和发展公有制经济,推行公有制多种实现形式,深化国有企业改革,完善各类国有资产管理体制,推动国有资本更多投向关系国家安全和国民经济命脉的重要行业和关键领域,不断增强国有经济活力、控制力、影响力。毫不动摇鼓励、支持、引导非公有制经济发展,保证各种所有制经济依法平等使用生产要素、公平参与市场竞争、同等受到法律保护。"[1]《中共中央关于全面深化改革若干重大问题的决定》(下文简称《决定》)强调,"坚持和完善基本经济制度",指出"公有制为主体、多种所有制经济共同发展的基本经济制度,是中国特色社会主义制度的重要支柱,也是社会主义市场经济体制的根基。公有制经济和非公有制经济都是社会主义市场经济的重要组成部分,都是我国经济社会发展的重要基础。必须毫不动摇巩固和发展公有制经济,坚持公有制主体地位,发挥国有经济主导作用,不断增强国有经济活力、控制力、影响力。必须毫不动摇鼓励、支持、引导非公有制经济发展,激发非公有制经济活力和创造力"[2]。以公有制为主体、多种所有制经济共同发展是我国社会主义初级阶段的基本经济制度,是中国特色社会主义制度的重要支柱,也是社会主义市场经济体制的根基。公有制经济和非公有制经济都是社会主义市场经济的重要组成部分,都是我国经济社会发展的重要基础。按照马克思主义原理,公有制经济是社会主义上层建筑的

---

[1] 胡锦涛:《坚定不移沿着中国特色社会主义道路前进为全面建成小康社会而奋斗——在中国共产党第十八次全国代表大会上的报告》,《人民日报》2012年11月18日,第1版。

[2]《中共中央关于全面深化改革若干重大问题的决定》,人民出版社2013年版,第7—8页。

经济基础，决定着我国社会主义国家制度的性质，公有制为主体，是社会主义制度质的规定性。坚持和发展社会主义市场经济，必须毫不动摇巩固和发展公有制经济，坚持公有制主体地位，发挥国有经济主导作用，不断增强国有经济活力、控制力、影响力。为此，就要从哲学的高度，深刻认识在改革中始终坚持公有制主体地位在社会主义市场经济中的重要作用，必须毫不动摇地巩固和发展公有制经济。这是坚持马克思主义指导、以社会主义核心价值体系领发展社会主义市场经济的题中应有之义，逻辑必然。

马克思主义的历史唯物主义是科学的世界观和方法论，是我们正确认识在改革中始终坚持公有制主体地位在社会主义市场经济中重要作用，自觉坚持以社会主义核心价值体系领社会主义市场经济的金钥匙。习近平同志强调："在革命、建设、改革各个历史时期，我们党运用历史唯物主义，系统、具体、历史地分析中国社会运动及其发展规律，在认识世界和改造世界过程中不断把握规律、积极运用规律，推动党和人民事业取得了一个又一个胜利。历史和现实都表明，只有坚持历史唯物主义，我们才能不断把对中国特色社会主义规律的认识提高到新的水平，不断开辟当代中国马克思主义发展新境界。"[①] 为此，必须从哲学的高度，充分认识在改革中坚持公有制主体地位的极端重要性，深刻认识坚持巩固公有制为主体是巩固党的执政地位，巩固社会主义制度的不可动摇的原则。

以公有制为主体、多种所有制经济共同发展的基本经济制度，是中国特色社会主义制度的重要部分，是中国特色社会主义制度中基本经济制度的全部内容和集中体现。邓小平同志曾指出："一个公有制占主体，一个共同富裕，这是我们所必须坚持的社会主义的根本原则。"[②] 坚持以社会主义核心价值体系领发展社会主义市场经济，就是要在发展社会主义市场经济的过程中，坚持以社会主义核心价值体系为评判社会主义市场经济发展方向的是非标准，巩固以公有制为主体、多种所有制经济共同发展的基本经济制度，增强在发展社会主义市场经济中，坚持公有制主体地位的高度自觉性，保证社会主义市场经济的正确方向，促进社会主义市场经济健康发展，巩固社会主义制度的经济基础，高举中国特色社会主义伟大旗帜

---

① 习近平：《推动全党学习和掌握历史唯物主义 更好认识规律更加能动地推进工作》，《人民日报》2013年12月5日，第1版。

② 《邓小平文选》第3卷，人民出版社1993年版，第111页。

第十章　社会主义核心价值体系如何统领发展社会主义市场经济

奋勇前进。只要始终保持公有制为主体，就能坚持中国特色社会主义道路不动摇，永远立于不败之地。

马克思主义的辩证唯物主义和历史唯物主义，为无产阶级和广大劳动人民推翻资产阶级统治，获得解放、当家作主，提供了科学的世界观和方法论，为掌握了政权建立了社会主义制度的共产党人，提供了巩固执政地位、巩固社会主义制度的强大思想理论武器。凡是结合本国实际按照马克思主义基本原理指导革命和建设实践的，就会取得胜利和成功；反之，背离了马克思主义，就会遭到挫折和失败，这是为《共产党宣言》发表170多年来，从巴黎公社、十月社会主义革命胜利、中国革命成功、社会主义阵营形成，到苏联解体、东欧剧变的共产主义运动实践证明了的客观真理。因此，在改革中，必须坚持马克思主义指导，尤其是必须坚持马克思主义历史唯物主义指导，才能保证改革沿着正确方向健康发展，否则背离了马克思主义基本原则，就会亡党亡国，这绝不是危言耸听，苏联解体、东欧剧变，殷鉴不远。始终坚持公有制的主体地位，就是我们在改革中必须明确和解决的事关党的执政地位和社会主义制度巩固的重大现实问题。

（一）生产资料公有制是社会主义的经济基础，是马克思主义唯物史观的基本观点

马克思、恩格斯在《共产党宣言》中明确指出："共产主义的特征并不是要废除一般的所有制，而是要废除资产阶级的所有制。""从这个意义上说，共产党人可以把自己的理论概括为一句话：消灭私有制。"① "把资本变为公共的、属于社会全体成员的财产。"② "所以共产主义者完全正确地强调废除私有制是自己的主要要求。"③ 恩格斯在《共产主义原理》一文中回答"这种新的社会制度应当是怎样的"问题时，指出："私有制也必须废除，而代之以共同使用全部生产工具和按照共同的协议来分配全部产品，即所谓财产共有。"④ 由此可见，生产资料的公有制是社会主义社会的集中体现和根本标志，是社会主义整个上层建筑的经济基础，这是马克思主义唯物史观的基本观点。

新中国成立后，中国共产党人按照马克思主义基本原理，没收了帝国主

---

① 《马克思恩格斯选集》第1卷，人民出版社1995年版，第286页。
② 《马克思恩格斯选集》第1卷，人民出版社1995年版，第287页。
③ 《马克思恩格斯选集》第1卷，人民出版社1995年版，第239页。
④ 《马克思恩格斯选集》第1卷，人民出版社1995年版，第237页。

义、官僚资本，对民族资产阶级工商业实行社会主义改造，在全国建立起全民所有制国有企业和劳动集体所有制集体企业，确立了公有制的主体地位，构筑了坚实的社会主义经济基础。毛泽东同志曾指出："总之，社会主义生产关系已经建立起来，它是和生产力的发展相适应的；但是，它又还很不完善，这些不完善的方面和生产力的发展又是相矛盾的。除了生产关系和生产力发展的这种相适应又相矛盾的情况以外，还有上层建筑和经济基础的又相适应又相矛盾的情况。人民民主专政的国家制度和法律，以马克思列宁主义指导的社会主义意识形态，这些上层建筑对于我国社会主义改造的胜利和社会主义劳动组织的建立起了积极的推动作用，它是和社会主义的经济基础即社会主义的生产关系相适应的；但是，资产阶级意识形态的存在，国家机构中某些官僚主义作风的存在，国家制度中某些环节上缺陷的存在，又是和社会主义经济基础相矛盾的。"① 改革，正是改革这些与社会主义经济基础相矛盾的问题，以利于社会主义事业蓬勃发展。在社会主义社会里，生产力与生产关系，经济基础与上层建筑是基本上适应的，但在发展中，会出现不相适应的部分，通过变革，又相适应了；随着经济社会继续发展进步，在发展中又出现不相适应部分，又进行变革，在新的基础上又相适应。正是这种运动的循环往复，推动着社会主义事业不断向着更高的程度发展。

由于我国的社会主义制度是在经济落后的半封建、半殖民地基础上建立起来的，公有制的实现程度不能超越生产力的发展水平，还需要发挥各种所有制包括各类非公有制经济发展社会主义经济的积极作用。这一点，毛泽东同志早在党的七届二中全会上就有深刻的论述，毛泽东同志曾指出："由于中国经济现在还处在落后状态，在革命胜利以后一个相当长的时期内，还需要尽可能利用城乡私人资本主义的积极性，以利于国民经济的向前发展。在这个时期内，一切不是于国民经济有害而是于国民经济有利的城乡资本主义成分，都应当容许其存在和发展。这不但是不可避免的，而且是经济上必要的。"② "消灭私有制" "消灭剥削"是社会主义的本质，是共产党人孜孜以求的社会理想，但任何社会的发展都有一个过程，消灭私有制、消灭剥削也要有一个过程。恩格斯在《共产主义原理》一文中回答"能不能一下子就把私有制废除"的问题时，指出："不，不

---

① 《毛泽东文集》第7卷，人民出版社1999年版，第215页。
② 《毛泽东选集》第4卷，人民出版社1991年版，第1431页。

第十章　社会主义核心价值体系如何统领发展社会主义市场经济

能,正像不能一下子就把现有的生产力扩大到为实行财产公有所必要的程度一样。因此,很可能就要来临的无产阶级革命,只能逐步改造现社会,只有创造了所必需的大量生产资料之后,才能废除私有制。"① 以上革命导师讲的基本精神,就是在经济比较落后,还不到彻底废除私有制的时候,允许其存在和发展,是有利于经济的发展的,是不可避免的、必要的,允许一定的剥削现象存在也是不可避免的。如果过早地消灭私有制,消灭剥削,是不利于社会主义经济发展的。中国有句古话叫"欲速则不达",讲的就是这个道理。

因此,在我国经济还比较落后的社会主义初级阶段,允许外资独资、个体、私营等非公有制经济发展,允许一定的非公有制和剥削的存在,同样是不可避免的。这就是我国改革"毫不动摇地鼓励、支持、引导非公有制经济发展"所应遵循的理论前提。但我们决不能忘记生产资料公有制是社会主义经济基础这一马克思主义唯物史观的基本观点,一定要清醒地认识到,正如毛泽东同志所说的,这种非公有制经济和剥削决不是"如同资本主义国家那样不受限制任其泛滥的"②。不能无限制、无节制地一味发展非公有制,更不能使用各种合法的手段、甚至非法的极其卑劣的阴谋费尽心机想把公有制经济搞垮,化公为私,大搞私有化,动摇公有制的主体地位,动摇社会主义制度的经济基础。正如江泽民同志所指出的:"社会主义公有制的主体地位绝不能动摇,否则我们党的执政地位和我们社会主义的国家政权就很难巩固和加强。"③

习近平同志对此向全党提出警示,他于 2014 年 3 月 9 日参加安徽代表团审议,在听取郭文叁代表谈到混合所有制经济发展时所指出的:"发展混合所有制经济,基本政策已明确,关键是细则,成败也在细则。要吸取过去国企改革经验和教训,不能在一片改革声浪中把国有资产变成牟取暴利的机会。"④ 过去有的人把参与国企改革,变成侵吞国有资产,化公为私,一夜暴富的天赐良机,这是过去国企改革的惨痛教训,这次有些人更是企图乘"发展混合所有制经济"之机,染指国有企业,化公有为私有,在一片改革声浪中把国有资产变成牟取暴利的机会。习近平同志的直言警

---

① 《马克思恩格斯选集》第 1 卷,人民出版社 1995 年版,第 239 页。
② 《毛泽东选集》第 4 卷,人民出版社 1991 年版,第 1431 页。
③ 《江泽民文选》第 3 卷,人民出版社 2008 年版,第 72 页。
④ 《据新华社"新华视点"微博报道》,新华网,2014 年 3 月 10 日。

示,犹如黄钟大吕,振聋发聩,给了这些不良图谋者当头一棒。

党的十七大报告强调:"坚持和完善公有制为主体、多种所有制经济共同发展的基本经济制度,毫不动摇地巩固和发展公有制经济,毫不动摇地鼓励、支持、引导非公有制经济发展。"① 党的十八大报告指出:"要毫不动摇巩固和发展公有制经济,推行公有制多种实现形式,深化国有企业改革,完善各类国有资产管理体制,推动国有资本更多投向关系国家安全和国民经济命脉的重要行业和关键领域,不断增强国有经济活力、控制力、影响力。毫不动摇鼓励、支持、引导非公有制经济发展,保证各种所有制经济依法平等使用生产要素、公平参与市场竞争、同等受到法律保护。"② 党的十八届三中全会《决定》指出:"必须毫不动摇巩固和发展公有制经济,坚持公有制主体地位,发挥国有经济主导作用,不断增强国有经济活力、控制力、影响力。"《中央管理企业负责人薪酬制度改革方案》指出:"国有企业特别是中央管理企业,在关系国家安全和国民经济命脉的主要行业和关键领域占据支配地位,是国民经济的重要支柱,在我们党和我国社会主义国家政权的经济基础中也是起支柱作用的,必须搞好。"③ 可见,必须毫不动摇巩固和发展公有制经济,它是社会主义制度的命运所系,生存之本。江泽民同志曾指出:"在我国,中国共产党是执政党,领导人民行使国家权力。我们社会主义国家政权要有效运行,也必须掌握一定的经济和物质力量。新中国成立以来不断发展壮大的国有经济,是我们社会主义国家政权的重要基础。我国国有经济的发展不仅对保证国民经济稳定发展、增强综合国力、实现最广大人民的根本利益具有重大意义,而且对巩固和发展社会主义制度、加强全国各族人民的大团结、保证党和国家长治久安具有重大意义。没有国有经济为核心的公有制经济,就没有社会主义的经济基础,也就没有我们共产党以及整个社会主义上层建筑的经

---

① 胡锦涛:《高举中国特色社会主义伟大旗帜为夺取全面建设小康社会新胜利而奋斗——在中国共产党第十七次全国代表大会上的报告》,人民出版社2007年版,第25页。

② 胡锦涛:《坚定不移沿着中国特色社会主义道路前进为全面建成小康社会而奋斗——在中国共产党第十八次全国代表大会上的报告》,人民出版社2012年版,第20—21页。

③ 中共中央政治局召开会议:《审议〈深化党的建设制度改革实施方案〉、〈中央管理企业负责人薪酬制度改革方案〉、〈关于合理确定并严格规范中央企业负责人履职待遇、业务支出的意见〉〈关于深化考试招生制度改革的实施意见〉》,中共中央总书记习近平主持会议,《人民日报》2014年8月30日,第1版。

第十章 社会主义核心价值体系如何统领发展社会主义市场经济

济基础和强大物质手段。这一点,各级领导干部特别是高级干部必须有清醒的深刻的认识。"①

中央宣传部理论局组织编写的《六个"为什么"——对几个重大问题的回答》在回答"为什么不能搞私有化"的问题时旗帜鲜明地指出:"坚持基本经济制度,既是一个重大经济问题,也是一个关系党和国家前途命运、关系13亿人口生存大计的重大政治问题。事实告诉我们,只有坚持公有制为主体、多种所有制经济共同发展,才是振兴和发展我国经济的人间正道。否定公有制的主体地位,搞私有化,那就是离开社会主义的道路,违背历史的发展规律,是不符合现阶段我国经济发展要求,不符合广大人民群众切身利益的歪门邪道。"② 讲出了人民群众的心里话,揭穿了搞私有化的反动本质,是对别有用心地积极推行私有化、企图和平演变中国社会主义制度的敌对分子的当头棒喝,是对政治上糊涂、热衷于大搞私有化的各级领导人提出的警告:要自觉坚持以公有制为主体多种所有制经济共同发展的"人间正道",决不能去走否定公有制地位,搞私有化的"歪门邪道"。

《决定》提出积极发展混合所有制经济,指出:"国有资本、集体资本、非公有资本等交叉持股、相互融合的混合所有制经济,是基本经济制度的重要实现形式,有利于国有资本放大功能、保值增值、提高竞争力,有利于各种所有制资本取长补短、相互促进、共同发展。允许更多国有经济和其他所有制经济发展成为混合所有制经济。国有资本投资项目允许非国有资本参股。允许混合所有制经济实行企业员工持股,形成资本所有者和劳动者利益共同体。"③ 习近平同志指出:"全会决定强调必须毫不动摇巩固和发展公有制经济,坚持公有制主体地位,发挥国有经济主导作用,不断增强国有经济活力、控制力、影响力。全会决定坚持和发展党的十五大以来有关论述,提出要积极发展混合所有制经济,强调国有资本、集体资本、非公有资本等交叉持股、相互融合的混合所有制经济,是基本经济制度的重要实现形式,有利于国有资本放大功能、保值增值、提高竞争力。这是新形势下坚持公有制主体地位,增强国有经济活力、控制力、影

---

① 《江泽民文选》第3卷,人民出版社2008年版,第71页。
② 中共中央宣传部理论局:《六个"为什么"——对几个重大问题的回答》,学习出版社2013年版,第97页。
③ 《中共中央关于全面深化改革若干重大问题的决定》,人民出版社2013年版,第8—9页。

响力的一个有效途径和必然选择。"① 明确告知全党,"积极发展混合所有制经济","是基本经济制度的重要实现形式",必须"毫不动摇巩固和发展公有制经济,坚持公有制主体地位,发挥国有经济主导作用",为了真正"有利于国有资本放大功能、保值增值、提高竞争力,有利于各种所有制资本取长补短、相互促进、共同发展",在各种资本交叉持股、相互融合的混合所有制经济中,应高度重视、大力支持、鼓励国有经济资本大量参股、控股有发展前途、有一定规模的非公有制经济,以实现国有、非公有资本权利平等,机会平等,相互参股,双向互动。这是巩固、发展、壮大国有经济的重要动力源泉,是改革题中应有之义,是巩固公有制主体地位的有效举措,是巩固社会主义经济基础的当务之急,创新之举,是当代中国解放思想的集中体现。

英国《金融时报》已经认定:"混合所有制"是私有化的代名词,这决不是空穴来风,一定要提高警惕。中国人民大学的张宇教授在《人民日报》撰文指出:"有人用市场经济否定包括国有经济在内的公有制经济,主张全盘私有化。"② 乘发展混合所有制经济,大搞私有化,"比如,有的地方不分行业属性、企业层级、业务特点,一哄而上,全面开花,搞混合所有制运动;有的地方把发展混合所有制理解为'国退民进',提出混合所有制企业中国有资本持股不设上下限,甚至认为国有资本比重降得越低越好;还有人提出,中国的所有制结构应当以混合所有制为主体而不是以公有制为主体,等等"③。为此,在实际操作中,我们一定要高度警惕有些人借"发展混合所有制经济"之名,行改变国有经济为私有经济之实,化公为私,大搞私有化,让一些人"在一片改革声浪中把国有资产变成谋取暴利的机会",中饱私囊,形成再一次侵吞国有资产的大劫难。在这个时候,习近平同志对全党提出的警示:"发展混合所有制经济……要吸取过去国企改革经验和教训,不能在一片改革声浪中把国有资产变成谋取暴利的机会。"④ 振聋发聩,醍醐灌顶,恰逢其时,很有针对性。

---

① 习近平:《关于〈中共中央关于全面深化改革若干重大问题的决定〉的说明》,《人民日报》2013年11月16日,第1版。
② 张宇:《更好坚持和完善基本经济制度》,《人民日报》2014年9月12日,第10版。
③ 张宇:《更好坚持和完善基本经济制度》,《人民日报》2014年9月12日,第10版。
④ 《据新华社"新华视点"微博报道》,新华网,2014年3月10日。

第十章　社会主义核心价值体系如何统领发展社会主义市场经济

"混合所有制并不是一种独立的所有制形式,而是由不同的所有制混合而成的企业组织形式,它可以建立在私有制的基础上,也可以建立在公有制的基础上。国家和集体控股,具有明显的公有性,而私人控股,则具有明显的私有性。""我们发展的混合所有制究竟是以公有制为主体,还是以私有制为主体?是为了更好坚持完善社会主义基本经济制度,还是为了对公有制经济实行私有化改造?这也是一个我们不能回避的大是大非的原则问题。"① 世界著名的马克思主义经济学家、美国马萨诸塞州立大学经济学教授大卫·科茨在出席关于中国国有经济的国际会议上所做的《搞混合所有制很危险》演讲报告中指出:"我个人认为,在国有企业的改革过程中,混合所有制的模式是其中一个选项。但是在采用这种模式进行改革的时候,我们必须非常小心谨慎,必须清楚地知道这种混合所有制可能带来的一些危险。如果在这个过程中,我们没有意识到危险的存在,如果我们在处理矛盾的时候没有采取必要的措施,那么很可能这种改革会极大地伤害到整个经济。一个可能的或者极大的危险是,我们采用了混合所有制之后,它就朝着完全私有化的方向发展了。如果国有企业改革最终导致了国有企业全部的私有化,那么其结果可能不是国有企业效率的提高,而是社会主义建设的终结!"② 因此,全党全国人民必须保持清醒头脑,坚决抵制别有用心的人借"发展混合所有制经济"之名,行破坏公有制、大搞"私有化"之实,决不允许有些人破坏"坚持公有制主体地位"的"基本经济制度这个重要支柱",断送中国特色社会主义事业。按照习近平同志"必须毫不动摇巩固和发展公有制经济,坚持公有制主体地位,发挥国有经济主导作用,不断增强国有经济活力、控制力、影响力"要求,规范"发展混合所有制经济"的运行。一切有利于"巩固和发展公有制经济,坚持公有制主体地位"、让公有制控股的"混合所有制经济",就大力支持;相反,破坏公有制经济,动摇公有制主体地位、大搞私有化的"混合所有制经济",就必须旗帜鲜明坚决反对,坚决抵制,坚决斗争,决不能犯动摇中国特色社会主义经济基础的颠覆性错误!

2015年8月24日颁布的《中共中央国务院关于深化国有企业改革的

---

① 张宇:《更好坚持和完善基本经济制度》,《人民日报》2014年9月12日,第10版。

② [美]大卫·科茨:《大卫·科茨:搞混合所有制很危险!》,《马克思主义研究》2015年第2期。

指导意见》明确规定:"国有企业属于全民所有,是推进国家现代化、保障人民共同利益的重要力量,是我们党和国家事业发展的重要物质基础和政治基础。"①"鼓励国有资本以多种方式入股非国有企业。充分发挥国有资本投资、运营公司的资本运作平台作用,通过市场化方式,以公共服务、高新技术、生态环保、战略性产业为重点领域,对发展潜力大、成长性强的非国有企业进行股权投资。鼓励国有企业通过投资入股、联合投资、重组等多种方式,与非国有企业进行股权融合、战略合作、资源整合。"② 充分肯定了国有企业的全民性质,同时,明确强调国有企业是社会主义制度的经济基础,是推进国家现代化、保障人民共同利益的重要力量,更是我们党和国家事业发展的重要物质基础和政治基础,把对国有企业地位的认识提升到近年来前所未有的高度,令人鼓舞,催人奋进。该《意见》鼓励国有资本以多种方式入股非国有企业,既有利于非国有企业的升级、转型、换代,为其注入巨大动力,推动其健康发展,同时也能真正做强做优做大国有企业,不断增强国有经济活力、控制力、影响力、抗风险能力,主动适应和引领经济发展新常态,巩固公有制的主体地位,巩固社会主义制度的经济基础,为促进经济社会持续健康发展、实现中华民族伟大复兴中国梦作出积极贡献。

(二)从事物的性质,主要是由取得支配地位的矛盾的主要方面所规定,看一些人千方百计搞垮国有企业,动摇公有制主体地位的实质

"毫不动摇地巩固和发展公有制经济"是党的十七大、十八大、十九大、二十大一直强调提出的全党必须遵循的重要原则,是检验是不是马克思主义、是不是共产党、是不是坚持社会主义制度的试金石和分水岭。邓小平同志始终坚定不移地表示:"我们允许个体经济发展,还允许中外合资经营和外资独营的企业发展,但是始终以社会主义公有制为主体。"③ "如果我们的政策导致两极分化,我们就失败了;如果产生了什么新的资

---

① 《中共中央国务院关于深化国有企业改革的指导意见》,《人民日报》2015年9月14日,第6版。

② 《中共中央国务院关于深化国有企业改革的指导意见》,《人民日报》2015年9月14日,第6版。

③ 《邓小平文选》第3卷,人民出版社1993年版,第110页。

第十章 社会主义核心价值体系如何统领发展社会主义市场经济

产阶级,那我们就真是走了邪路了。"① "一个公有制占主体,一个共同富裕,这是我们所必须坚持的社会主义的根本原则。"② 又说:"在改革中,我们始终坚持两条根本原则,一是以社会主义公有制经济为主体,一是共同富裕。"③ "相反地,吸收外资也好,允许个体经济的存在和发展也好,归根到底,是要更有力地发展生产力,加强公有制经济。只要我国经济中公有制占主体地位,就可以避免两极分化。"④ 江泽民同志也在不同场合多次强调,我们干的是社会主义事业,国家经济的主体必然是公有制经济。这一点必须坚定不移,决不能动摇。中国决不搞私有化,这是由我们建设中国特色社会主义事业的本质所决定的。他说:"我国是社会主义国家,必须坚持公有制为主体。……离开公有制为主体,就不成其为社会主义经济。"⑤ 由此可见,公有制为主体是决定社会主义性质的根本前提,是坚持社会主义制度的必然要求。

新中国成立70多年来,国有企业为我国形成比较完整的工业体系和国民经济体系,增强经济实力和综合国力,巩固和加强国防,促进社会全面进步,提高人民生活水平,巩固社会主义制度做出了重大的历史贡献。改革开放40多年来,我国的经济结构发生了很大的变化,但国有企业仍然是国家财政收入的主要来源,有力地支持着国家的改革和建设,容纳着大量的职工就业。可以说,我国社会主义工业化和现代化建设的一切成就,我国具有今天这样比较雄厚的综合国力和重要国际地位,我国经济能够在激烈的国际竞争中持续稳定发展,与国有企业发挥的巨大作用分不开。

国有企业,尤其是中央大型特大型国有企业,是公有制为主体的集中体现,是中国社会主义制度坚实的经济基础。国有企业为我国的社会主义现代化建设,为我国人民生活水平的提高,综合国力的增强,社会主义上层建筑的巩固,作出了极其伟大的历史性贡献。江泽民同志曾指出:"没有国有经济为核心的公有制经济,就没有社会主义的经济基础,也就没有我们共产党执政以及整个社会主义上层建筑的经济基础和强大物质手段。"⑥ 公有制是社会主义赖以存在的坚实基础,动摇了公有制也就动摇了

---

① 《邓小平文选》第3卷,人民出版社1993年版,第111页。
② 《邓小平文选》第3卷,人民出版社1993年版,第111页。
③ 《邓小平文选》第3卷,人民出版社1993年版,第142页。
④ 《邓小平文选》第3卷,人民出版社1993年版,第1491页。
⑤ 江泽民:《"三讲"教育讲话》,红旗出版社1999年版,第569—570页。
⑥ 《江泽民文选》第3卷,人民出版社2006年版,第71页。

社会主义。

社会主义的性质，是由公有制的主体地位决定的，正如毛泽东同志所指出的："事物的性质，主要地是由取得支配地位的矛盾的主要方面所规定的。""然而这种情形不是固定的，矛盾的主要和非主要的方面互相转化着，事物的性质也就随着其变化。"① 在以公有制为主体、多种所有制经济共同发展的基本经济制度中，公有制为主体是取得支配地位的矛盾的主要方面，规定着社会主义的性质，如果公有制的国有企业不加限制地急剧减少，非公有制经济急剧膨胀，公有制经济失去主体地位，作为规定社会主义性质的矛盾的主要方面，就会转化为非主要方面，社会主义的性质就必然被改变，那是十分危险的。

国有企业是我国社会主义制度的重要经济基础，按照马克思主义经济基础决定上层建筑的原理，国有企业能否搞好，关系21世纪社会主义的前途命运，关系党的执政地位，关系马克思主义意识形态和社会主义上层建筑的生死存亡。因此，江泽民同志曾深刻指出："搞好国有企业，既是关系国民经济健康运行和长远发展的重大经济问题，也是关系社会主义前途命运的重大政治问题。""我们推进国有企业的改革与发展，说到底，就是要在发展社会主义市场经济的情况下使国有经济不断发展壮大，增强国有经济的主导作用和控制力。这一点，在我们的指导思想上，必须十分明确。我们要积极开拓，勇于进取，但决不搞私有化。这是一条大原则，决不能有丝毫动摇。"②

"有人反对国家控制国民经济命脉。然而，如果社会主义国家不掌握国民经济命脉，必然落入私人资本和外国资本之手，社会主义制度将不复存在。新中国成立前夕的政协共同纲领中就规定：'凡属有关国家经济命脉和足以操纵国民生计的事业，均由国家统一经营。'我国宪法规定：'国有经济，即社会主义全民所有制经济，是国民经济中的主导力量。国家保障国有经济的巩固和发展。'十八大报告也指出：'推动国有资本更多投向关系国家安全和国民经济命脉的重要行业和关键领域，不断增强国有经济活力、控制力、影响力。'这是从新民主主义到社会主义制度的重大原则，不能动摇与否定。改革开放以来，实施公有制为主体、多种所有制经济共

---

① 《毛泽东选集》第1卷，人民出版社1991年版，第322页。
② 江泽民：《在东北和华北国有企业改革和发展座谈会上的讲话》，《人民日报》1999年8月13日，第2版。

第十章　社会主义核心价值体系如何统领发展社会主义市场经济

同发展的基本经济制度，国有经济的相对量已大大缩小，当前必须不断巩固、发展和壮大。如果按照某些人的主张，国有企业退出经济领域，由私人经济取而代之，必然是全面私有化，甚至成为外国资本的附庸，就会离开社会主义自我完善与发展的改革方向。"①

那种鼓吹"国有不如集体、集体不如个体、私营"、"公有制低效率"、"靓女先嫁"，主张将国有企业一卖了之，全部退出竞争领域，千方百计将中小企业的国有资产量化到个人，主张私有化的人，是在给社会主义、共产党和广大劳动人民设陷阱，用心极其险恶，我们必须高度警惕。国有资产只有在国有的前提下，才能实现国有资产的增值保值，如果利用种种借口，不择手段地将国有资产转移到私人手中，国有资产的增值保值就失去了客观载体，就会成为一句空话。那种以"改革"的名义把国有企业卖光了，或者明卖暗送了，还强说只是改变了价值形态，而没有造成国有资产的流失，只能是祸国殃民的理论误导，混淆视听的欺人之谈。

为了纠正这种误导，江泽民同志在纪念建党78周年座谈会上的讲话中，语重心长地指出："经过新中国成立以来五十年的发展，我们的国有资产已达八万多亿，这是属于全国人民的财产，是我国社会主义制度的重要经济基础。如果头脑不清醒，随意地加以处理，比如不加区分、不加限制地把国有资产大量量化到个人，并最终集中到少数人手中，那样我们的国有资产就有被掏空的危险，我们的社会主义制度就会失去经济基础。那时，中国将会是一个什么样的局面？我们靠什么来坚持社会主义制度，靠什么来巩固人民政权，靠什么来保证实现全体人民的共同富裕？"② 可见，坚持搞好国有企业，发展壮大国有经济，对于巩固社会主义制度，维护最广大人民的根本利益意义之重大。

值得我们高度警惕的是，确实有一些人肆意搞垮国有企业，大力发展非公有制企业，极力为动摇公有制的主体地位作充分准备，隐藏着从搞垮社会主义的经济基础入手，进而搞垮社会主义的极大阴谋。据有关部门统计，每年国有资产至少流失800亿至1000亿元人民币。国有资产以惊人的速度流失，已经成为困扰改革与发展的一个日益严重的问题，因此而下岗失业的广大职工群众深受其害，有识之士和老百姓更是深恶痛绝。我国国有资

---

① 卫兴华：《坚持社会主义市场经济的改革方向》，《光明日报》2013年11月7日，第1版。

② 《江泽民文选》第2卷，人民出版社2006年版，第364页。

产每天以1亿—3亿元的速度流失,其损失之大,危害之烈,令人担忧。

美国前总统理查德·尼克松在其所著的《透视新世界》中说:"从长远来说,中国将成为那些已经在东欧、苏联和不发达国家把共产党政权扫下台的巨大变革的一部分。""现在,它的两种经济——一种私有,一种公有——正在进行殊死的竞争"而且"战斗还远远没有结束",只要美国"继续介入中国的经济,就能在帮助私营经济逐渐消融国营经济方面扮演重要的角色"。美国驻华大使馆新闻处2000年9月和10月,在两期《背景材料》上发表了当时美国总统克林顿的两次讲话,中心意思是,在中国推行美国的"价值观念","加速大型国有企业的衰亡"由"私营企业取而代之",给中国内部"为人权和法治而奋斗的人们增添力量",以使其做出美国所需要的那种"选择"。克林顿说:"关税降低,竞争势必加剧,从而加速大型国有企业的衰亡,私营企业将取而代之,减少政府在人民日常生活中的作用。"① 一语道破搞垮国有企业,其目的就是动摇党的执政地位,把共产党"扫下台",使中国作出美国所需要的"选择"。因为国有资产是人民共和国的鲜血,是70多年以来共和国的两代人民用血汗换来的,是社会主义制度全部上层建筑赖以存在的物质基础,如果不能有效地制止,任其流失,迟早会使共和国因为严重缺血而病倒,社会主义的上层建筑或早或迟就要发生改变或质变,人民就会重新陷入苦难的深渊。

马克思主义的历史唯物主义告诉我们,经济基础决定上层建筑,有什么样的经济基础,就有什么样的上层建筑,经济基础变了,与之相适应的上层建筑也会或早或迟、或快或慢地必然变更。正如马克思所指出的:"随着经济基础的变更,全部庞大的上层建筑也或慢或快地发生变革。"② 如果一味地不加限制地任由国有资产流失,一味地低估贱卖,大搞私有化,化公有制为私有制,私有经济久而久之由量的积累到质的飞跃,公有制经济地盘日见其小,私有制经济势力急速膨胀,总有一天会使公有制失去主体地位,原来竖立其上的社会主义上层建筑的性质就要发生变化,共产党的执政地位必然动摇甚至丧失。这决不是危言耸听,这是马克思主义揭示的社会发展客观规律,是为共产主义运动的惨痛教训证明了的。苏联解体,东欧剧变不正是在经济上实行私有化导致政治上多元化、思想上自由化而丧失了共产党的执政地位,断送了社会主义制度的吗?

---

① 雷忠勤:《坚持走自己的路》,《中华魂》2005年第1期。
② 《马克思恩格斯选集》第2卷,人民出版社1995年版,第383页。

第十章　社会主义核心价值体系如何统领发展社会主义市场经济

全心全意为人民服务是党的根本宗旨，立党为公，执政为民，把最广大人民群众的根本利益实现好、维护好、发展好，是我们一切工作的出发点和归宿。改革本来是为广大的人民群众谋利益、谋幸福的，但是以各种借口、各种理由，利用各种卑劣的手段不加节制地把好端端的国有企业强行改制、破产，实行私有化改造，让一些不法商人、企业管理人员劫掠了巨额国有资产一夜暴富，而造成了几千万的工人失业下岗，使这些社会主义社会的国家主人——工人阶级真正成为一无所有的无产阶级，让这些人成了靠打工、低保维持生存的弱势群体，致使困难群众怨声载道，还美其名曰：这是改革的成本和必须付出的代价。有的"理论家"还嫌不够，鼓吹保持失业大军，利于市场经济的发展，真是荒唐之极，无耻之尤！我们知道，"我们党的最大政治优势是密切联系群众，党执政后的最大危险是脱离群众"[1]。如果连自己的阶级基础都抛弃不管了，那还谈什么为人民服务？为谁服务？还叫共产党，还叫社会主义吗？再加上屡禁不止、尚不能有效遏制的腐败问题的蔓延，如果得不到有效制止，任其发展，"党同人民群众的血肉联系就会受到严重损害，党的执政地位就有丧失的危险，党就可能走向自我毁灭"[2]。党的十七大报告警示我们"一定要居安思危、增强忧患意识"，党的十八大报告再次给全党敲起警钟"只有居安思危、勇于进取，党才能始终走在时代前列"，"面对人民的信任和重托，面对新的历史条件和考验，全党必须增强忧患意识"，这些警示，决非空穴来风。

中国共产党领导的我国的改革，是社会主义制度的自我完善和发展，是巩固社会主义制度、巩固共产党的执政地位和巩固人民当家作主的地位。作为公有制主体的国有企业是社会主义上层建筑的重要经济基础，而社会主义又是共产党执政的平台和载体。《中华人民共和国宪法》"总纲"第六条规定："中华人民共和国的社会主义经济制度的基础是生产资料的社会主义公有制，即全民所有制和劳动群众集体所有制。社会主义公有制消灭人剥削人的制度，实行各尽所能、按劳分配的原则。国家在社会主义初级阶段，坚持公有制为主体、多种所有制经济共同发展的基本经济制度，坚持按劳分配为主体、多种分配方式并存的分配制度。"第七条规定：

---

[1]　江泽民：《全面建设小康社会，开创中国特色社会主义事业新局面》，《十六大以来重要文献选编》上，中央文献出版社2005年版，第41—42页。

[2]　江泽民：《全面建设小康社会，开创中国特色社会主义事业新局面》，《十六大以来重要文献选编》上，中央文献出版社2005年版，第42页。

"国有经济,即社会主义全民所有制经济,是国民经济中的主导力量。国家保障国有经济的巩固和发展。"① 江泽民同志曾深刻指出:"动摇了生产资料公有制,就动摇了社会主义制度的经济基础,必然损害全体人民的根本利益,也就谈不上社会主义了。"② 党的十八届四中全会《决定》指出:"宪法是党和人民意志的集中体现,是通过科学民主程序形成的根本法。坚持依法治国首先要坚持依宪治国,坚持依法执政首先要坚持依宪执政。……一切违反宪法的行为都必须予以追究和纠正。"③ 生产资料的社会主义公有制是社会主义制度的经济基础和坚持以公有制为主体、多种所有制经济共同发展的基本经济制度,是宪法规定,鼓吹私有化的歪理邪说是违宪行为,不得人心,对违宪行为,我们要立场坚定,旗帜鲜明,必须进行坚决斗争,决不容许"违宪分子"的阴谋得逞。

国务院国资委党委书记、主任张毅在国资委党委中心组"三严三实"第一专题学习研讨时说:"党章明确规定,必须坚持和完善公有制为主体、多种所有制经济共同发展的基本经济制度。国资委代表国家履行国有资产出资人职责,要严格按照党章办事,坚持和巩固公有制主体地位,发展壮大国有经济,夯实党执政的经济基础。要忠诚于国资监管事业,坚定不移贯彻执行党中央、国务院关于国企国资改革发展的路线方针政策,坚持国有企业改革发展的正确方向,依法履行职责,确保国有资产保值增值。坚持走中国特色社会主义道路,坚定搞好国有企业的信心和决心。国有企业改革发展是中国特色社会主义伟大事业的重要内容,坚持中国特色社会主义,必须坚定不移搞好国有企业,发展壮大国有经济。"④ 集中反映了党中央国务院关于国有企业改革发展的一系列方针政策完全正确和国有企业在市场经济条件下完全可以搞好的清醒认识、坚定信心。

国内外历史和现实经验告诉共产党人:有了社会主义公有制的社会主义经济基础,就有了社会主义的兴旺发达,就有了共产党的执政地位;丧失社会主义公有制的经济基础,就丧失了共产党的执政地位。公有制是人民当家作主的物质依托,如果搞私有化,公有制失去了主体地位,就失去

---

① 《中华人民共和国宪法》,中国法制出版社 2011 年版,第 81—82 页。
② 《江泽民文选》第 1 卷,人民出版社 2006 年版,第 153 页。
③ 《中共中央关于全面推进依法治国若干重大问题的决定》,《人民日报》2014 年 10 月 29 日,第 1 版。
④ 张毅:《当好国有资产忠诚卫士(声音)》,《人民日报》2015 年 8 月 4 日,第 5 版。

第十章　社会主义核心价值体系如何统领发展社会主义市场经济

了社会主义的经济基础，建筑在社会主义公有制基础上的社会主义上层建筑就会轰然倒塌，就没有了共产党的地位，就没有人民的地位，权利将让位于拥有资本和权势的少数人，人民就没有了参与权、管理权、知情权、监督权、话语权、更没有了决策权，就失去了一切。为了巩固共产党的执政地位，巩固人民当家作主的地位，就要巩固社会主义制度、巩固社会主义的经济基础，大力搞好国有企业，"毫不动摇巩固和发展公有制经济"，始终坚持和维护公有制的主体地位。这是关乎共产党生死存亡和亿万人民苦乐祸福的重大政治问题，决不可等闲视之。

（三）充分发挥上层建筑的积极能动作用，理直气壮地为搞好国有企业、巩固社会主义经济基础服务

在改革中，以种种歪理邪说搞垮国有企业的企图绝不是孤立的，是新自由主义泛滥的必然结果，是国内外敌对势力对我国实施西化、分化、和平演变战略图谋的重要组成部分，是以坚持四项基本原则为方向的社会主义的改革开放和推行资产阶级自由化搞资本主义的改革开放斗争的集中体现。我们必须站在巩固社会主义制度，巩固共产党的执政地位的高度认识这个问题并展开积极有效的斗争；必须充分发挥上层建筑、意识形态的能动作用，理直气壮为搞好国有企业、壮大国有经济实力、巩固社会主义的经济基础服务。

马克思主义认为，科学进步的意识形态对于经济建设有着强大的促进作用，反动错误的意识形态对经济建设起着巨大的破坏作用。不懂得这一点，就不懂得马克思主义的辩证法，就不能自觉地运用社会主义的上层建筑维护自己的经济基础，就不能巩固党的执政地位。没有公有制经济国有企业的经济基础，就没有社会主义制度的地位，就没有共产党执政的地位，这是国际共产主义运动的惨痛教训告诉中国共产党人的真理，万万不可麻痹大意，掉以轻心。因此，我们一定要高度自觉地充分发挥上层建筑的积极能动作用，理直气壮地为搞好国有企业、巩固社会主义经济基础服务。

斯大林在《马克思主义和语言学问题》一书中深刻指出："任何基础都有同它相适应的自己的上层建筑。""如果基础发生变化和被消灭，那么它的上层建筑也会随着发生变化和被消灭。"[①] 中国共产党要想巩固自己的执政地位，巩固社会主义的上层建筑，就一定要巩固以公有制为主体的社会主义经济基础，就是要坚持马克思主义在意识形态领域的指导地位，坚

[①] 《斯大林选集》下卷，人民出版社1979年版，第501页。

持用社会主义核心价值体系引领社会思潮,用社会主义的上层建筑积极地促进社会主义经济基础的巩固和发展,就是要按照党的十八大报告和十八届三中、五中全会《决定》的要求"必须毫不动摇巩固和发展公有制经济,坚持公有制主体地位,发挥国有经济主导作用,不断增强国有经济活力、控制力、影响力"。搞好国有企业,发展壮大国有经济,使国有经济控制国民经济命脉,理直气壮地维护国有企业在国民经济中的主导作用;使我们党的意识形态、上层建筑工作真正起到保护社会主义经济基础的作用。正如斯大林同志所指出的:"上层建筑是由基础产生的,但这决不是说,上层建筑只是反映基础,它是消极的、中立的,对自己基础的命运、对阶级的命运、对制度的性质是漠不关心的。相反地,上层建筑一出现,就成为极大的积极力量,积极促进自己基础的形成和巩固,采取一切办法帮助新制度,去根除、去消灭旧基础和旧阶级。"① "不这样是不可能的。基础创立上层建筑,就是要上层建筑为它服务,要上层建筑积极地帮助它的形成和巩固,要上层建筑为消灭已过时的旧基础及其上的上层建筑而积极斗争。"② 我国《宪法》总纲第七条明确规定:"国有经济,即社会主义全民所有制经济,是国民经济中的主导力量。国家保障国有经济的巩固和发展。"③ 党的十八届五中全会《决定》指出:"深化国有企业改革,增强国有经济活力、控制力、影响力、抗风险能力。……完善各类国有资产管理体制,以管资本为主加强国有资产监管,防止国有资产流失。健全国有资本合理流动机制,推进国有资本布局战略性调整,引导国有资本更多投向关系国家安全、国民经济命脉的重要行业和关键领域,坚定不移把国有企业做强做优做大,更好服务于国家战略目标。"④ 我们就是要按照党中央的《决定》精神和宪法要求,高度自觉地、理直气壮地大力支持国有企业的巩固与发展,通过各种渠道,调动各级领导干部和广大国有企业的全体员工的积极性,千方百计、想方设法为巩固党的执政地位,为巩固社会主义制度,大力发展国有企业,发展公有制经济,确保中国公有制经济的主体地位,勇敢地旗帜鲜明地与那种鼓吹各种破坏公有制经济的歪理邪说作坚决的、持久的、毫不妥协的斗争,与各级各地那些"一刀切"刮风出售

---

① 《斯大林选集》下卷,人民出版社 1979 年版,第 502 页。
② 《斯大林选集》下卷,人民出版社 1979 年版,第 502 页。
③ 《中华人民共和国宪法》,中国法制出版社 2011 年版,第 82 页。
④ 《中共中央关于制定国民经济和社会发展第十三个五年规划的建议》,《人民日报》2015 年 11 月 4 日,第 1 版。

第十章　社会主义核心价值体系如何统领发展社会主义市场经济

国有企业，低估贱卖国有企业，内外勾结、违规审批、隐匿转移、侵占和私吞国有资产的歪风做斗争，捍卫国有企业应有的地位，捍卫公有制的主体地位，从而巩固社会主义的经济基础，保证党的执政地位坚如磐石。党中央、国务院已经明确批评了那种把国有经济布局和结构性的战略性调整演绎为"国退民进"，"国有经济从一切竞争性领域退出"的错误理论，揭露了一些违法违纪侵占和私吞国有资产的问题，提出"国进民进"的响亮口号。旗帜鲜明地批判了过去一段时间存在的刮风出售国有资产，"一刀切"、用行政命令推进国有企业改制的问题。强调指出："国有资产是发展壮大国有经济，建设中国特色社会主义的重要物质基础，国有企业是国民经济的坚强支柱。搞好国有企业，增强国有企业的活力和竞争力，对发挥我国社会主义制度的优越性，增强我国的经济实力、国防实力和民族凝聚力，具有关键性作用。"[①] 党中央、国务院的这一决策英明正确，非常及时，十分重要，是对鼓吹大搞私有化理论者的无情鞭挞，高度自觉地行使了社会主义上层建筑保护自己的经济基础的神圣职能。

事实上，国内外一些心怀叵测、处心积虑企图通过动摇公有制社会主义经济基础，进而颠覆中国社会主义制度的人，极力鼓吹非公有制经济与公有制经济的对立，大搞私有化，妄图用非公有制经济搞垮、代替公有制经济，成为在中国复辟资本主义的经济基础。流毒甚广，危害极大。前些年在"国退民进"理论的误导下，各级行政机关展开了"一刀切"的行政命令推进国有企业改制，低估贱卖国有资产给私人，加快国有资产私有化的大竞赛，并作为改革的成果、突出政绩向上级邀功领赏。如果中央再不制止这股风，恐怕再过几年国有企业大有卖光之虞。目前，许多县已经没有国有企业了，许多中等城市的国有企业也在急剧减少，且有愈演愈烈之势。中央宣传部理论局组织编写的《六个"为什么"——对几个重大问题的回答》明确指出，"坚持公有制的主体地位，是社会主义的一项根本原则。我国是人民当家作主的社会主义国家，必须坚持把公有制作为社会主义经济制度的基础。毫不动摇地巩固和发展公有制经济，是坚持和完善基本经济制度的一个重要方面。坚持公有制为主体，对于发挥社会主义制度的优越性，增强我国经济实力、国防实力和民族凝聚力，防止两极分化，维护社会公平正义，逐步实现共同富裕，为社会主义国家政权的巩固提供

[①] 人民日报评论员：《开创国有企业改革发展新局面》，《人民日报》2004年12月2日，第6版。

强大的物质基础,促进社会和谐,具有十分重要的意义。"

中央宣传部理论局组织编写的《六个"为什么"——对几个重大问题的回答》明确指出:"坚持公有制的主体地位,是社会主义的一项根本原则。我国是人民当家作主的社会主义国家,必须坚持把公有制作为社会主义经济制度的基础。毫不动摇地巩固和发展公有制经济,是坚持和完善基本经济制度的一个重要方面。坚持公有制为主体,对于发挥社会主义制度的优越性,增强我国经济实力、国防实力和民族凝聚力,防止两极分化,维护社会公平正义,逐步实现共同富裕,为社会主义国家政权的巩固提供强大的物质基础,促进社会和谐,具有十分重要的意义。"① 习近平同志在2014年3月9日参加安徽代表团审议时,一阵见血地指出:"发展混合所有制经济……要吸取过去国企改革经验和教训,不能在一片改革声浪中把国有资产变成谋取暴利的机会。"② 习近平同志明确指出:"我们全面深化改革,是要使中国特色社会主义制度更好",《决定》要求我们"必须毫不动摇巩固和发展公有制经济,坚持公有制主体地位,发挥国有经济主导作用,不断增强国有经济活力、控制力、影响力",就是为了发展、壮大、巩固中国特色社会主义的经济基础,就是"要使中国特色社会主义制度更好",背离了这一点,大搞私有化的所谓"改革",损害了公有制经济的巩固发展,削弱了中国特色社会主义的制度经济基础,这样的改革和我们党深化经济体制改革的初衷南辕北辙,和人民的利益背道而驰,就走了邪路,党和人民决不允许。

2016年3月"两会"上,习近平总书记在看望参加政协会议的民建工商联委员时,在《毫不动摇坚持我国基本经济制度 推动各种所有制经济健康发展》讲话中强调指出:"实行公有制为主体、多种所有制经济共同发展的基本经济制度,是中国共产党确立的一项大政方针,是中国特色社会主义制度的重要组成部分,也是完善社会主义市场经济体制的必然要求。""我们党在坚持基本经济制度上的观点是明确的、一贯的,而且是不断深化的,从来没有动摇。中国共产党党章都写明了这一点,这是不会变的,也是不能变的。"③ 习近平同志还重申,"毫不动摇地鼓励、支持和引

---

① 中共中央宣传部理论局:《六个"为什么"——对几个重大问题的回答》,学习出版社2013年版,第87页。
② 《据新华社"新华视点"微博报道》,新华网,2014年3月10日。
③ 习近平:《毫不动摇坚持我国基本经济制度 推动各种所有制经济健康发展》,《人民日报》2016年3月9日,第2版。

第十章　社会主义核心价值体系如何统领发展社会主义市场经济

导非公有制经济发展"。告诉大家，非公有制经济在我国经济社会发展中的地位和作用没有变，我们毫不动摇鼓励、支持、引导非公有制经济发展的方针政策没有变，我们致力于为非公有制经济发展营造良好环境和提供更多机会的方针政策没有变。这给工商联界吃了定心丸，但习近平同样强调"毫不动摇地巩固和发展公有制经济"，深刻指出："我国是中国共产党领导的社会主义国家，公有制经济是长期以来在国家发展历程中形成的，为国家建设、国防安全、人民生活改善作出了突出贡献，是全体人民的宝贵财富，当然要让它发展好，继续为改革开放和现代化建设作出贡献。"[1]我们强调把公有制经济巩固好、发展好，同鼓励、支持、引导非公有制经济发展不是对立的，而是有机统一的。"公有制经济、非公有制经济应该相辅相成、相得益彰，而不是相互排斥、相互抵消。"[2]科学地界定了在建设中国特色社会主义的我国"实行公有制为主体、多种所有制经济共同发展的基本经济制度"中，"鼓励、支持、引导非公有制经济发展"与"强调把公有制经济巩固好、发展好"，二者"不是对立的，而是有机统一的"的相互关系，"公有制经济、非公有制经济应该相辅相成、相得益彰"，统一于中国特色社会主义伟大事业之中，共同为实现中华民族伟大复兴中国梦做贡献，"而不是相互排斥、相互抵消"。"任何想把公有制经济否定掉或者想把非公有制经济否定掉的观点，都是不符合最广大人民根本利益的，都是不符合我国改革发展要求的，因此也都是错误的。"[3]

历代党中央都反对并制止通过"一刀切"的行政命令来推进国有企业改制问题的决策，始终坚持"毫不动摇巩固和发展公有制经济"，这对于发展国有企业，壮大国有经济，增强我国的经济实力，巩固社会主义的经济基础，巩固党的执政地位极为重要。

我们一定要充分发挥社会主义舆论阵地的作用，在改革中坚决彻底批判、清除、杜绝、损害、动摇搞好国有企业的噪声、杂音。以马克思列宁主义、毛泽东思想、邓小平理论、"三个代表"重要思想、科学发展观和习近平新时代中国特色社会主义思想武装人，以正确的舆论引导人，以高尚

---

[1]　习近平：《毫不动摇坚持我国基本经济制度　推动各种所有制经济健康发展》，《人民日报》2016年3月9日，第2版。

[2]　习近平：《毫不动摇坚持我国基本经济制度　推动各种所有制经济健康发展》，《人民日报》2016年3月9日，第2版。

[3]　习近平：《毫不动摇坚持我国基本经济制度　推动各种所有制经济健康发展》，《人民日报》2016年3月9日，第2版。

的精神塑造人。在新闻宣传、理论研究、文学艺术、文化生活等各种领域大力宣扬坚持全心全意为人民服务很有竞争力、效益好的国有企业的先进典型，为全国搞好国有企业树起榜样，从而形成有利于国有企业发展壮大的舆论氛围、思想观念，为搞好国有企业鼓劲、喝彩提供良好的社会环境。

三、坚持以社会主义核心价值体系统领社会主义市场经济，就要引导社会主义民营企业家坚持发展进步的正确方向

党的十八届三中全会《决定》强调"必须毫不动摇鼓励、支持、引导非公有制经济发展，激发非公有制经济活力和创造力。"习近平同志也指出："坚持和完善公有制为主体、多种所有制经济共同发展的基本经济制度，关系巩固和发展中国特色社会主义制度的重要支柱。"①《决定》"在功能定位上，明确公有制经济和非公有制经济都是社会主义市场经济的重要组成部分，都是我国经济社会发展的重要基础"②。这就充分肯定了非公有制经济在社会主义市场经济中的重要地位。当然，在非公有制经济中，也必须坚持以社会主义核心价值体系领其经营和发展，确保其经营活动在中国的法律范围内开展，始终坚持正确的发展方向。

在建设中国特色社会主义的伟大事业中，非公有制经济作为社会主义市场经济的重要组成部分得到迅速发展，在中国的大地上涌现出一大批社会主义民营企业家。这些社会主义民营企业家，就是在党的改革开放富民政策指引下，自觉坚持社会主义道路、无产阶级专政、共产党的领导、马列主义、毛泽东思想，模范地遵守国家法律、法令、法规，通过诚实劳动和合法经营，用自己的智慧、心血、汗水艰苦创业，形成一定规模，对一个地方、区域经济发展卓有贡献、有相当经济实力的各类企业的法人代表或实际经营者。这些民营企业家有相当的经济实力，有较大的影响力，对建设中国特色社会主义事业，巩固中国共产党的执政地位，巩固社会主义

---

① 习近平：《关于〈中共中央关于全面深化改革若干重大问题的决定〉的说明》，《人民日报》2013年11月16日，第1版。

② 习近平：《关于〈中共中央关于全面深化改革若干重大问题的决定〉的说明》，《人民日报》2013年11月16日，第1版。

第十章　社会主义核心价值体系如何统领发展社会主义市场经济

制度、完成党的历史使命，落实科学发展观、构建社会主义和谐社会，实现全面建成小康社会的宏伟目标，具有深远的战略意义，因此，积极引导非公有制经济发展和非公有制经济人士健康成长，就成为摆在全党面前的紧迫任务，引导社会主义民营企业家坚持正确的发展进步方向是坚持以社会主义核心价值体系领社会主义市场经济的题中应有之义。

（一）充分认识民营企业家的作用、贡献和存在的问题，高度重视民营企业家队伍的思想建设

改革开放后，我国实行社会主义市场经济体制，市场经济一经与社会主义制度完美结合，就创造出举世瞩目的奇迹来。社会主义市场经济营造出一种鼓励人们干事业、支持人们干成事业的社会氛围，调动了中华民族上上下下、方方面面的积极性、创造性，整个中国呈现出欣欣向荣、蒸蒸日上的精神风貌，国有企业、集体企业、外资企业、三资企业、民营企业像烂漫的山花开遍祖国大地。据有关统计资料测算，1995年以来，非公有制经济在全国各地都有较快的发展，从三分天下有其一到半壁河山。经过十多年的飞速变化，全国企业实收资本（二、三产业）中，私有制经济与公有制经济的比重，日益增高；全国GDP中，私有制经济与公有制经济比重同样占有重要位置。非公有制经济的发展，明显的变化是广大城乡市场繁荣，购销两旺，各类商贸城、商场如雨后春笋星罗棋布，各种商品琳琅满目、应有尽有。充分地满足了全国人民的生活需要，极大地丰富了人民的生活内容，提高了人民的生活质量，开辟了人民幸福生活的美好前景。中国的变化堪称日新月异、翻天覆地、一日千里，令世界目不暇接，赞叹不已。习近平同志指出："长期以来，我国非公有制经济快速发展，在稳定增长、促进创新、增加就业、改善民生等方面发挥了重要作用。非公有制经济是稳定经济的重要基础，是国家税收的重要来源，是技术创新的重要主体，是金融发展的重要依托，是经济持续健康发展的重要力量。"[1] 中国改革开放以来惊人的发展速度引起世界的高度关注和一致好评，这与民营企业发展的贡献是分不开的，社会主义民营企业家功不可没。他们充分发挥自身的积极性，为加快生产力的发展，解决就业问题，满足社会多方面的需求，做出积极的贡献。

---

[1] 习近平：《毫不动摇坚持我国基本经济制度　推动各种所有制经济健康发展》，《人民日报》2016年3月9日，第2版。

但是正如江泽民同志所指出的："当然，我们也要看到，非公有制经济人士中也存在缺点、弱点和某些不法行为。我们应本着团结、帮助、引导、教育的方针，着眼于非公有制经济健康发展和非经济人士健康成长，帮助他们在党的领导下走建设有中国特色社会主义道路的信念，做到爱国、敬业、守法；在加快自身企业发展的同时，也要开展致富思源、富而思进的活动，帮助更多的人士走上富裕之路。"① 社会主义民营企业家是在社会主义条件下产生的，具有社会主义当然的血统，理应受到社会主义基本政治制度的制约和规范，受到社会主义道德思想的制约，应该在这个范围内自由发展。

党的十八大报告指出："毫不动摇地鼓励、支持、引导非公有制经济发展"②。习近平同志则指出："一切非公有制经济人士和其他新的社会阶层人士，要发扬劳动创造精神和创业精神，回馈社会，造福人民，做合格的中国特色社会主义事业的建设者。"③ 为我们鼓励、支持、引导非公有制经济发展，提出了要求，指明了方向。应该说，这些年来，鼓励、支持非公有制经济发展的工作是做得很好的，而引导非公制经济健康发展的工作还有待完善。

2016年3月，全国两会上，习近平总书记在看望参加政协会议的民建工商联委员时对"鼓励、支持、引导非公有制经济发展"作了全面、系统地阐述，强调："非公有制经济要健康发展，前提是非公有制经济人士要健康成长。广大非公有制经济人士要加强自我学习、自我教育、自我提升，十分珍视和维护好自身社会形象。""要深入开展以'守法诚信、坚定信心'为重点的理想信念教育实践活动，始终热爱祖国、热爱人民、热爱中国共产党，积极践行社会主义核心价值观，做爱国敬业、守法经营、创业创新、回报社会的典范，在推动实现中华民族伟大复兴中国梦的实践中谱写人生事业的华彩篇章。要注重对年轻一代非公有制经济人士的教育培养，引导他们继承发扬老一代企业家的创业精神和听党话、跟党走的光荣传统。广大民营企业要积极投身光彩事业和公益慈善事业，致富思源，义

---

① 《江泽民文选》第3卷，人民出版社2006年版，第152页。
② 胡锦涛：《坚定不移沿着中国特色社会主义道路前进为全面建成小康社会而奋斗——在中国共产党第十八次全国代表大会上的报告》，人民出版社2012年版，第21页。
③ 习近平：《在第十二届全国人民代表大会第一次会议上的讲话》，《人民日报》2013年3月18日，第1版。

第十章 社会主义核心价值体系如何统领发展社会主义市场经济

利兼顾,自觉履行社会责任。"① 这就为社会主义民营企业家健康成长提出了要求,指明了方向。只有注意用党的方针政策、社会主义道德规范、国家法律法规对民营企业主的教育、引导、规范、管理民营企业家,这样才是真正关心民营企业家的健康成长、高度重视民营企业家队伍的思想建设,才是对民营企业家的负责态度,更是对国家社稷负责的正确态度。

(二) 教育、引导社会主义民营企业家要有一颗感恩的心,报效国家、奉献社会、服务人民

任何一个成功的社会主义民营企业家都具有不同凡响的优秀品格,其事业之所以获得成功,就在于他们有敢吃常人不敢吃的苦,敢冒常人不敢冒的风险的探索开拓精神,有敢于迎接任何严峻挑战并能战而胜之的坚韧不拔、勇往直前的钢铁意志,百折不挠的拼搏精神,永不言败的进取精神,以及敏锐的政治眼光,深邃的发展经济的战略远见,科学的经营理念和精明的经营方略,并能用自己的智慧、心血、汗水,闯关夺隘,战胜一个个困难,克服一次次挫折,不断取得胜利。他们是时代的精英,生活的强者,是社会主义市场经济中击风搏浪的弄潮儿,是建设中国特色社会主义的栋梁和难能可贵的优秀人才。这些社会主义民营企业家的成功,首先是他们自己主观努力的结果。

然而,世界是一个普遍联系的整体,社会的发展进步是各种因素合力的运动结果,任何事物的发展进步都离不开与之相联系的客观环境,社会主义民营企业家,他的成功也离不开与其相联系的社会环境。第一,党的富民政策为社会主义民营企业家充分展示自己的才华,发挥自己的才能提供了一个广阔的舞台和空间;第二,党和政府为社会主义民营企业家创造了其获得成功的客观环境,比如:和平环境,生活环境,创业环境,安全环境,法制环境,人文环境,生态环境,等等;第三,优越的社会主义制度为其提供了成功的宝贵资源,比如:土地空间资源,原料资源,智力资源、人力资源、金融资源,自然资源,社会资源;等等。因此,社会主义民营企业家一诞生,就沐浴着党的雨露阳光,享受着党改革开放、富民政策的恩泽。正是党的富民政策,营造了鼓励人们干事业,支持人们干成事业的社会氛围,让一切创造社会财富的源泉充分涌流出来。一个清醒的有

---

① 习近平:《毫不动摇坚持我国基本经济制度 推动各种所有制经济健康发展》,《人民日报》2016年3月9日,第2版。

远见的社会主义民营企业家必须认识到这一点：是中国共产党的富民政策，是优越的社会主义制度为自己的成功提供了一切客观条件，要有人民让我富裕，富裕回报人民的基本觉悟。

滴水之恩，当涌泉相报，这是中华民族的传统美德，也是一个人的修身立命之本。一个不知感恩的人，是不会得到社会的任何肯定的，也是有悖于社会公德而无法立世存身的。因此，一个成功的社会主义民营企业家，一定要有一颗感恩的心，首先必须拥护中国共产党的领导，热爱社会主义祖国，报效国家，奉献社会，服务人民。要与党同心同德，与人民同呼吸共命运，成为中国特色社会主义建设者、捍卫者，成为社会主义事业的积极力量。通过依法纳税，捐资助教，热心支持社会公益事业，捐助慈善机构，救助社会困难群体等形式和渠道，回报社会，报效国家，向国家、向人民表达赤子之情。

朱穆之同志《美国两个希望泡汤》的文章指出：美国《华盛顿邮报》2007年5月20日发表文章，说"美国在全球丧失影响力和受欢迎程度"，而"中国却在这两个方面都有所收获"。美国希望中国经济繁荣产生中产阶级，而这个中产阶级就会起来造反，使中国共产党垮台，社会主义演变为资本主义，但是这个"希望和预测泡了汤"。西方一些资产阶级政客他们不懂，中国富裕起来的人民，他们所谓的"中产阶级"，完全不同于"西方模式"下产生的中产阶级。[①] 中国的经济繁荣，社会主义民营企业家的产生，是随"中国模式"——中国特色社会主义而产生，是在社会主义制度阳光雨露滋润下成长起来的，与中国特色社会主义同呼吸共命运，是巩固社会主义制度的积极力量。但是，我们对西方敌对势力的阴谋必须提高应有的警觉，不能让其扰乱了我们的阵线。因此，社会主义民营企业家要有一颗感恩的心，要感谢中国共产党和中国特色社会主义为自己的健康发展创造了条件，提供了各种保障，要与党同心同德，保持政治上的坚定和头脑的清醒，决不能受西方敌对势力的诱惑和为虎作伥的理论家的蛊惑。要清楚地意识到，中国社会主义民营企业家是在社会主义制度的国度里诞生的，与社会主义是共存共荣、生死与共的关系，没有社会主义制度，没有中国特色社会主义事业，就没有社会主义民营企业家，皮之不存，毛将焉附？因此，社会主义兴，民营企业兴，社会主义衰，民营企业衰，如果没有社会主义制度的保障，在中国真的复辟到了大鱼吃小鱼、激

---

① 朱穆之：《美国两个希望泡汤》，《中华魂》2007年第9期。

第十章　社会主义核心价值体系如何统领发展社会主义市场经济

烈竞争的资本主义社会，那么除了极少数上升到了垄断地位的大资本家外，大部分民营企业家要想发展进步是根本不可能的。

（三）社会主义民营企业家要做按照社会主义本质进行生产经营的楷模

邓小平同志曾指出："社会主义的本质，是解放生产力，发展生产力，消灭剥削，消除两极分化，最终达到共同富裕。"[①] 社会主义民营企业家，要做按照社会主义本质进行生产经营的楷模，力争做到以下四个模范：

1. 社会主义民营企业家要做科学发展的模范

发展是党执政兴国的第一要务，全面落实科学发展观，构建社会主义和谐社会都需要发展。我们的发展是以人为本，全面、协调、可持续发展。构建和谐社会，首先要发展。社会和谐在很大程度上取决于社会生产力的发展水平，必须坚持用发展的办法解决前进中的问题，大力发展生产力，不断为社会和谐创造雄厚的物质基础。社会主义民营企业家是发展社会生产力的生力军，在发展中应该坚持走可持续发展道路，按照切实建设资源节约型、环境友好型社会总体战略，以党和国家的大局为重，以人民的长远利益为重，在追求利益最大化的同时，必须明确自己肩负的对中华民族长远发展的历史责任，不能以牺牲生态环境为代价搞掠夺性、破坏性开发，要按照党的十七大报告关于"必须把资源节约型、环境友好型社会放在工业化、现代化发展战略的突出位置，落实到每个单位、每个家庭"[②]的要求，坚持生态环境得到改善，资源利用率显著提高，促进人与自然和谐，推动整个社会生产发展，生活富裕，生态良好的文明发展道路。社会主义民营企业家要深刻认识到，建设生态文明，是关系人民福祉、关乎民族未来的长远大计。党的十八大提出："面对资源约束趋紧、环境污染严重、生态系统退化的严峻形势，必须树立尊重自然、顺应自然、保护自然的生态文明理念，把生态文明建设放在突出地位，融入经济建设、政治建设、文化建设、社会建设各方面和全过程，努力建设美丽中国，实现中华

[①] 《邓小平文选》第3卷，人民出版社1993年版，第373页。
[②] 胡锦涛：《高举中国特色社会主义伟大旗帜为夺取全面建设小康社会新胜利而奋斗——在中国共产党第十七次全国代表大会上的报告》，人民出版社2007年版，第24页。

民族永续发展。"① 党的十八届五中全会《决定》强调必须牢固树立绿色发展理念,指出:"绿色是永续发展的必要条件和人民对美好生活追求的重要体现。必须坚持节约资源和保护环境的基本国策,坚持可持续发展,坚定走生产发展、生活富裕、生态良好的文明发展道路,加快建设资源节约型、环境友好型社会,形成人与自然和谐发展现代化建设新格局,推进美丽中国建设,为全球生态安全作出新贡献。"② 社会主义民营企业家一定要把党中央的要求落到实处,带头努力走向社会主义生态文明新时代,为推进美丽中国建设作出积极贡献。

2. 社会主义民营企业家要做共同富裕的模范

在改革开放、建设中国特色社会主义的伟大事业中,我们党制定的允许一部分地区、一部分人先富起来的富民政策催生了一大批社会主义民营企业家,其目的也是发展生产,实现共同富裕。邓小平同志曾指出:"社会主义原则,第一是发展生产力,第二是共同致富。我们允许一部分人先好起来,一部分地区先好起来,目的是更快地实现共同富裕。"③ "一部分地区、一部分人可以先富起来,带动和帮助其他地区、其他人,逐步达到共同富裕。"④ "坦率地说,我们不会容许产生新的资产阶级。"⑤ "社会主义的目的就是要全国人民共同富裕,不是两极分化。如果我们的政策导致两极分化,我们就失败了;如果产生了什么新的资产阶级,那我们就真的走了邪路了。"⑥ 邓小平同志在许多场合讲了许多话,其宗旨就是允许一部分地区、一部分人先富起来,目的是发展社会主义生产力,消除两极分化,先富帮后富,逐步实现共同富裕。邓小平同志坚定不移地说:"我们的信念理想就是要搞共产主义。"⑦ "中国搞资本主义不行,必须搞社会主义。"⑧ 邓小平同志作为老一辈无产阶级革命家,绝不允许无数革命先烈用

---

① 胡锦涛:《坚定不移沿着中国特色社会主义道路前进为全面建成小康社会而奋斗——在中国共产党第十八次全国代表大会上的报告》,《人民日报》2012年11月18日,第1版。

② 《中共中央关于制定国民经济和社会发展第十三个五年规划的建议》,《人民日报》2015年11月4日,第1版。

③ 《邓小平文选》第3卷,人民出版社1993年版,第172页。

④ 《邓小平文选》第3卷,人民出版社1993年版,第149页。

⑤ 《邓小平文选》第3卷,人民出版社1993年版,第172页。

⑥ 《邓小平文选》第3卷,人民出版社1993年版,第111页。

⑦ 《邓小平文选》第3卷,人民出版社1993年版,第137页。

⑧ 《邓小平文选》第3卷,人民出版社1993年版,第63页。

第十章　社会主义核心价值体系如何统领发展社会主义市场经济

生命和鲜血换来的社会主义付之东流，绝不允许在中国出现一个新的资产阶级。党的改革开放富民政策造就了一大批有作为有成就的社会主义民营企业家，其目的也是先富帮后富，实现共同富裕，是"努力把党内党外国内国外的一切积极因素，直接的间接的积极因素，全部调动起来，把我国建设成为一个强大的社会主义国家"①。社会主义民营企业家是社会主义国度的公民，当然必须遵守社会主义国家的路线方针政策，要尽可能地用自己创造的财富为实现共同富裕作出自己的积极贡献。改革开放以来，这样的企业家并不鲜见。山东沈泉庄村一个名叫王廷江的民营企业家，实行改革开放不久，就把自己艰苦奋斗创造的 600 多万元的企业资产全部捐献给村集体，让全村的父老乡亲都成为集体财产的股东，参与分红，并参加集体企业的生产劳动，挣工资，共同富裕。他满怀深情地说，我是从贫穷的困境中走过来的，我致富了，乡亲们都还未脱贫我心里很不是滋味，我理解他们的艰难，我要把自己的资产交给村集体，以便帮助乡亲们走上共同富裕的道路。这就是以天下之贫为忧，以天下之富为乐的共产党人的崇高境界，是社会主义民营企业家的楷模和光辉典范。我们不要求每个企业家都像他那样，把自己的资产无偿地奉献给村集体。但作为有觉悟的社会主义民营企业家应该自觉地向这种精神学习，为带动乡亲们或企业职工共同富裕积极创造条件。

3. 社会主义民营企业家要做逐步消灭剥削的模范

"消灭剥削"是社会主义的本质，是共产党人孜孜以求的社会理想。马克思、恩格斯在《共产党宣言》中曾明确地宣布："现代的资产阶级私有制是建立在阶级对立上面，建立在一些人对另一些人的剥削上面的产品生产和占有的最后而又最完备的表现。""从这个意义上说，共产党人可以把自己的理论概括为一句话：消灭私有制。"② 但任何社会的发展都有一个过程，消灭私有制、消灭剥削也要有一个过程。在经济比较落后还不到废除私有制的时候，允许其存在和发展，是有利于经济的发展的，是不可避免的、必要的，如果过早地消灭私有制，是不利于社会主义经济发展的。因此，在我国经济还比较落后的社会主义初级阶段，允许私有经济发展，允许一定的剥削现象的存在，同样是不可避免的。但作为社会主义民营企业家一定要清醒地认识到，这种剥削决不是"如同资本主义国家那样不受

---

① 《毛泽东文选》第 7 卷，人民出版社 1999 年版，第 44 页。
② 《马克思恩格斯选集》第 1 卷，人民出版社 1995 年版，第 286 页。

限制任其泛滥的"①。首先，在社会主义制度下，不论是民营企业主，还是受雇于民营企业里的职工，政治上是平等的，人格需要得到应有的尊重，国家的法律保护他们的人身自由和各种民主权利、劳动权利、休息权利。比如，拿到比较高的工资，享受到良好的工作环境、尽可能好的福利，受到精神的勉励、慰藉以及人情上的温暖和关怀，以激发他们更高的劳动积极性和为企业创造财富的工作热情，尽可能地减少对职工的剥削，并逐步地向着与职工同甘苦，共患难的利益共同体迈进。实际上，从长远来看，也会促进企业自身的更大发展。"党的最高理想和最终目标是实现共产主义。"消灭剥削，是社会主义本质的极其重要的标志性内容，是社会发展的最终归宿，是一定要实现并能够实现的。当社会主义民营企业家的觉悟达到像王廷江那样的崇高境界时，他们就能像王廷江那样为了实现大家的共同富裕，将自己的企业资产交给集体或国家，自己成为与大家共同管理该企业的骨干成员，最终完成消灭剥削的过渡，形成上下和谐，内外和谐的良好的人文环境，这样的民营企业家，必然受到社会的欢迎和敬重。现在来看，这似乎有点天方夜谭，但王廷江们却能代表社会主义民营企业家发展进步的正确方向。

4. 社会主义民营企业家要做尊遵纪守法，合法经营的模范

2016年3月全国两会上，习近平同志指出："对民营企业家而言，……所谓'清'，就是要洁身自好、走正道，做到遵纪守法办企业、光明正大搞经营。""靠旁门左道、歪门邪道搞企业是不可能成功的，不仅败坏了社会风气，做这种事心里也不踏实。"②这就告诉大家，我国是依法治国的社会主义法制国家，任何人的社会活动都要在社会主义法制的范围里进行，社会主义民营企业家为了企业的健康发展，不仅需要良好的法制环境，同时自己必须洁身自好，走正道，做遵纪守法，合法经营的模范。尊重法律就是尊重生活的准则，社会生活的经验告诉我们：尊重生活，定会得到生活的尊重，戏弄生活，必然受到生活的戏弄。不通过诚实劳动，合法经营取得财富，而通过歪门邪道，违法乱纪，巧取豪夺，坑蒙拐骗，欺诈、诈骗获得不义之财，到头来都会落个身败名裂、人散财空的可悲下场。作为社会主义民营企业家，一定要在共产党的领导下，诚实守信，遵

---

① 《毛泽东选集》第4卷，人民出版社1991年版，第1431页。
② 习近平：《毫不动摇坚持我国基本经济制度 推动各种所有制经济健康发展》，《人民日报》2016年3月9日，第2版。

第十章　社会主义核心价值体系如何统领发展社会主义市场经济

纪守法，严格按照社会主义国家的法律、法令、法规办事，诚实劳动，合法经营，在建设中国特色社会主义事业中，勤劳致富，依法致富，就能永远立于不败之地，就能创造自己事业的辉煌，为社会作出无愧于时代的更大贡献。

（四）社会主义民营企业家要成为践行社会主义道德的典范

高尚的道德品质，就会使社会主义民营企业家具有强大的人格力量，是凝聚民营企业广大职工齐心协力搞好企业的伟大旗帜，是企业人心所向，众望所归的主心骨和强大磁场，是激发企业全体职工为搞好企业创造性思维的催化剂，是焕发企业在市场竞争中永远立于不败之地的强大动力源泉。在社会主义市场经济条件下，民营企业可能会面临许多困难，遇到各种错综复杂的挑战和严峻考验，但是只要民营企业家具备了高尚的道德理想，就有了影响力、感召力、战斗力，就能带领广大职工创造企业辉煌的业绩。因此，在社会主义市场经济条件下，社会主义民营企业家崇高的道德品质，就具有了突出的地位和极其重要的关键性意义。

1. 社会主义民营企业家要做社会主义道德建设的模范

社会主义民营企业家，是社会主义国家的民营企业家，理所当然地要按照社会主义的道德规范约束自己的言行。必须自觉坚持以为人民服务为核心，以集体主义为原则，按照党的十七大报告提出的要求，"大力弘扬爱国主义、集体主义、社会主义思想，以增强诚信意识为重点，加强社会公德、职业道德、家庭美德、个人品德建设"[1]。党的十八大报告指出："大力弘扬民族精神和时代精神，深入开展爱国主义、集体主义、社会主义教育……加强社会公德、职业道德、家庭美德、个人品德教育，弘扬中华传统美德，弘扬时代新风。"[2] 社会主义民营企业家从事社会主义市场经济的生产经营活动，同样要坚持为人民服务的道德要求，要牢固树立对社会负责、对人民负责，正确处理国家、集体和个人三者的关系，反对个人主

---

[1] 胡锦涛：《高举中国特色社会主义伟大旗帜为夺取全面建设小康社会新胜利而奋斗——在中国共产党第十七次全国代表大会上的报告》，人民出版社2007年版，第35页。

[2] 胡锦涛：《坚定不移沿着中国特色社会主义道路前进为全面建成小康社会而奋斗——在中国共产党第十八次全国代表大会上的报告》，人民出版社2012年版，第31—32页。

义、拜金主义，反对损公肥私，损人利己。要以为人民服务为出发点组织生产经营，提高劳动生产率，降低消耗，为消费者提供物美价廉的商品和优质服务，并保证企业认真贯彻党的路线方针政策，保证生产经营活动不偏离为人民服务的正确方向。要身体力行坚持为人民服务和集体主义原则，尊重人，关心人，热心公益事业，扶贫帮困，多为人民做好事、办实事。

社会主义民营企业家具有了良好的社会主义道德品质，就能受到社会的肯定和尊重，说话有人听，办事有人跟，对广大职工群众就了崇高的人格魅力，就有了影响力、凝聚力、感召力，就能卓有成效地组织带领自己企业的广大职工，同心同德，齐心协力，把自己的企业搞好。

2. 社会主义民营企业家要做践行社会主义核心价值体系的模范

马克思主义指导思想，中国特色社会主义共同理想，以爱国主义为核心的民族精神和以改革创新为核心的时代精神，社会主义荣辱观，构成社会主义核心价值体系。社会主义核心价值体系是引领广大人民群众沿着马克思主义正确方向胜利前进的光辉旗帜，是巩固全党全国各族人民团结奋斗的共同思想基础，是构建社会主义和谐社会的根本要求，是巩固共产党的执政地位，巩固社会主义制度的根本价值选择。每个人都要认真践行社会主义核心价值体系，践行社会主义核心价值观，社会主义民营企业家，更要身体力行做践行社会主义核心价值体系和社会主义核心价值观的模范，自觉地以社会主义核心价值体系引领社会思潮，使之成为企业的灵魂，只有这样，才能使企业沿着正确的方向不断发展，才会创造事业的辉煌！

四、坚持以社会主义核心价值体系统领社会主义市场经济，就要引导、规范民营经济之外其他非公有制企业诚实守信，合法经营

坚持以社会主义核心价值体系统领社会主义市场经济，就要引导、规范除了民营经济之外的其他非公有制企业遵纪守法，诚实守信，合法经营，将其负面弊端减少到最小程度。

我国著名经济学家刘国光指出："私有经济在社会主义初级阶段的基本经济制度中有其地位，应当充分阐述包括私有经济在内的非公有制经济对促进我国生产力发展的积极作用。但是，私营经济具有两面性，它除了有利于发展生产力的积极一面外，还具有剥削性的消极一面。针对私营经

第十章 社会主义核心价值体系如何统领发展社会主义市场经济

济和私营企业主客观存在的两面性,除了引导它们在适当的行业合法经营、健康发展外,还要对其不合法、不健康的经营行为进行限制,对其经营的领域进行节制。对于关系国家经济命脉和公众利益的部门,应当由公有制经济来承担,以避免私有经济只顾追逐利润而影响国家经济安全,扩大贫富差距。"①

邓小平同志曾明确指出:外资是资本主义经济。显然,资本主义经济,不可能成为社会主义上层建筑的经济基础,为此,我们要保持清醒的认识。为了国家和人民的整体利益,不仅要对私营企业不合法、不健康的经营行为进行限制,对其经营的领域进行节制,同时,要对其他非公有企业、中外合资企业尤其是外国独资企业不健康、不合法的经营行为进行引导、管理和限制。正如马克思在《关于自由贸易问题的演说》一文中所指出的:在雇佣劳动和剥削的条件下,所谓的自由,只是"资本压榨劳动者的自由"②。我们在"毫不动摇鼓励、支持、引导非公有制经济发展"的过程中,不仅要记得对非公有制经济发展的鼓励、支持,还一定要记住对非公有制经济的引导,甚至必要的管理和限制。有效地管理其违规的行为,限制其对中国工人不利、对党政机关干部腐蚀、对国家政府形象损害的问题。更要有效防止这些非公有制经济在动摇党的执政地位,颠覆社会主义制度方面推波助澜的违法行径。始终注意做到引导正功能,限制副作用,不要让这些问题和弊端扰乱了我们的阵线。

2016年3月两会上,习近平同志明确指出:"守法经营,这是任何企业都必须遵守的一个大原则。公有制企业也好,非公有制企业也好,各类企业都要把守法诚信作为安身立命之本,依法经营、依法治企、依法维权。法律底线不能破,偷税漏税、走私贩私、制假贩假等违法的事情坚决不做,偷工减料、缺斤短两、质次价高的亏心事坚决不做。"③

诚如斯,就可以说基本上实现了以社会主义核心价值体系领发展社会主义市场经济的目标要求。

---

① 刘国光:《社会主义市场经济与资本主义市场经济的两个根本性区别》,《红旗文稿》2010年第21期。

② 《马克思恩格斯选集》第1卷,人民出版社1995年版,第227页。

③ 习近平:《毫不动摇坚持我国基本经济制度 推动各种所有制经济健康发展》,《人民日报》2016年3月9日,第2版。

第十一章

社会主义核心价值体系如何统领发展社会主义民主政治

——划清中国特色社会主义民主与资本主义民主的界限

中国特色社会主义是社会主义市场经济、社会主义民主政治和社会主义先进文化协调发展的伟大事业。要积极稳妥地推进政治体制改革，扩大社会主义民主，健全社会主义法制，巩固和壮大爱国统一战线，加强思想政治工作，为发展社会主义市场经济提供强有力的政治保证。社会主义核心价值体系是兴国之魂，是社会主义先进文化的精髓，决定着中国特色社会主义发展方向，也决定着发展社会主义民主政治的方向。坚持以社会主义核心价值体系统领发展社会主义民主政治，就是要在发展社会主义民主政治的过程中，以社会主义核心价值体系为评判社会主义民主政治发展方向的是非标准，坚决抵制全盘引进西方资产阶级政治制度的错误主张，坚持党的领导、人民当家作主、依法治国有机统一，划清中国特色社会主义民主与西方资本主义民主的界限，巩固和壮大爱国统一战线，决不搞西方政治制度那一套，决不能让各种错误思潮干扰发展社会主义民主政治的正确方向。

一、坚定不移坚持中国特色社会主义民主政治制度

党的十八大报告指出："中国特色社会主义政治发展道路是团结亿万人民共同奋斗的正确道路。我们一定要坚定不移沿着这条道路前进，使我国社会主义民主政治展现出更加旺盛的生命力。"[①] 人民民主是社会主义的生命，发展社会主义民主政治，是我们党始终高扬的光辉旗帜、始终不渝

[①] 胡锦涛：《坚定不移沿着中国特色社会主义道路前进为全面建成小康社会而奋斗——在中国共产党第十八次全国代表大会上的报告》，人民出版社2012年版，第29页。

第十一章　社会主义核心价值体系如何统领发展社会主义民主政治

的奋斗目标。坚持以社会主义核心价值体系统领社会主义民主政治，就要坚定不移坚持中国特色社会主义民主政治制度。

（一）党的领导、人民当家作主、依法治国是社会主义民主政治制度的根本

党的十六大报告提出："发展社会主义民主政治，最根本的是要把坚持党的领导、人民当家作主和依法治国有机统一起来。党的领导是人民当家作主和依法治国的根本保证，人民当家作主是社会主义民主政治的本质要求，依法治国是党领导人民治理国家的基本方略。"[1] 习近平同志在庆祝全国人民代表大会成立60周年大会上的讲话中指出："在中国，发展社会主义民主政治，保证人民当家作主，保证国家政治生活既充满活力又安定有序，关键是要坚持党的领导、人民当家作主、依法治国有机统一。人民代表大会制度是坚持党的领导、人民当家作主、依法治国有机统一的根本制度安排。"[2]

中国共产党是中国特色社会主义事业的领导核心。共产党执政就是领导和支持人民当家作主，最广泛地动员和组织人民群众依法管理国家和社会事务，管理经济和文化事业，维护和实现人民群众的根本利益。宪法和法律是党的主张和人民意志相统一的体现。必须以严格依法办事，任何组织和个人都不允许有超越宪法和法律的特权。

1. 坚持社会主义民主政治制度，首先必须毫不动摇坚持中国共产党的领导

毛泽东同志曾指出："领导我们事业的核心力量是中国共产党。"[3]"中国共产党是全中国人民的领导核心。没有这样一个核心，社会主义事业就不能胜利。"[4]"工、农、商、学、兵、政、党七个方面，党是领导一切的。党要领导工业、农业、商业、文化教育、军队和政府。"[5] 中国共产党的领导是中国特色社会主义最本质的特征，没有共产党，就没有新中国，就没有新中国的繁荣富强。坚持中国共产党这一坚强领导核心，是中

---

[1]　《十六大以来重要文献选编》上，中央文献出版社2005年版，第24页。
[2]　习近平：《在庆祝全国人民代表大会成立60周年大会上的讲话》，《人民日报》2014年9月6日，第2版。
[3]　《毛泽东文集》第6卷，人民出版社1999年版，第350页。
[4]　《毛泽东文集》第7卷，人民出版社1999年版，第303页。
[5]　《毛泽东文集》第8卷，人民出版社1999年版，第305页。

华民族的命运所系。中国共产党的领导,就是要支持和保证人民实现当家作主,依靠社会主义法治,依法治国。必须坚持共产党领导立法、保证执法、支持司法、带头守法,共产党员在法律的范围内履职尽责。在治国理政中,中国共产党要充分发挥总揽全局、协调各方的领导核心作用,通过人民代表大会制度,保证党的路线方针政策和决策部署在国家工作中得到全面贯彻和有效执行。

中国共产党的领导核心地位,是在中国革命的历史发展进程中形成的,是历史的选择,是人民的选择,是用无数共产党人的生命和鲜血铸成的。以毛泽东同志为代表的全心全意为人民服务的中国共产党人为了民族独立、人民解放,实现国家富强、人民富裕,实现中华民族的伟大复兴进行了长期艰苦卓绝、气壮山河的革命斗争。在波澜壮阔的中国革命战争、抗日战争、解放战争、抗美援朝战争中,进行了惊天地、泣鬼神的英勇斗争,克服一切艰难困苦,舍生忘死,浴血奋战,取得了抗日战争、解放战争、抗美援朝战争的伟大胜利。推翻了帝国主义、封建主义、官僚资本主义的"三座大山",解放了全中国,实现了民族独立,人民解放,用千千万万革命先辈的鲜血和生命换来了新中国成立,结束了帝国主义反动派对中国的长期统治,巩固了新生的人民当家作主的国家政权,新中国刚成立就"抗美援朝、保家卫国",并打败了武装到牙齿的以美国为首的联合国军,建树了彪炳史册、光耀千秋的英雄业绩,赢得了人民的拥护和爱戴,成为中国人民坚强的领导核心。带领中国人民进行社会主义建设的探索和实践,认真总结经验教训,实行改革开放,建设中国特色社会主义,取得举世瞩目的伟大成就,跻身于世界第二大经济体,走向实现国家富强、人民富裕的康庄大道,展现出实现中华民族伟大复兴的辉煌前景。中国道路、中国模式、中国崛起、中国力量在世界上受到高度关注和良好评价,以习近平同志为核心的党中央内政外交政策,合天理,得人心,顺民意,中国的威望与日俱增,世界各国政要仰慕,万国朝贺,天下归心,中国特色社会主义道路自信、理论自信、制度自信、文化自信、领袖自信更加坚定,我们坚信,到中国共产党成立一百年时全面建成小康社会的目标和新中国成立一百年时建成富强民主文明和谐美丽的现代化国家的目标一定能实现,中华民族伟大复兴的梦想一定能实现。

党的十八届四中全会通过的《中共中央关于全面推进依法治国若干重大问题的决定》指出:"坚持党的领导,是社会主义法治的根本要求,是党和国家的根本所在、命脉所在,是全国各族人民的利益所系、幸福所

第十一章 社会主义核心价值体系如何统领发展社会主义民主政治

系,是全面推进依法治国的题中应有之义。党的领导和社会主义法治是一致的,社会主义法治必须坚持党的领导,党的领导必须依靠社会主义法治。只有在党的领导下依法治国、厉行法治,人民当家作主才能充分实现,国家和社会生活法治化才能有序推进。"[1] 中国共产党是全国人民的领导核心,是社会主义事业的生命之魂,是立国强国之本,是建军强军之魂,是人民的幸福之源。中国共产党为今天中国人民的幸福生活、安全和平的生存环境和每个人的自由发展,创造、提供了一切良好条件,全党全军全国人民一定要倍加珍惜。在当代中国,离开了中国共产党的领导,就没有人民当家作主的地位,就断送了社会主义的前程,就会把中华民族、中国人民推进灾难的深渊,因此一切脱离、背离中国共产党的领导的言论,都是心怀叵测、祸国殃民的舆论误导。

借口党内存在腐败分子而丑化、诋毁党的企图,也是徒劳的。党内的腐败分子,决不能代表党。这些腐败分子,有的是党内的退化变质分子,有的是投机钻营分子,有的是与党心怀异志的阶级异己分子,他们是混进党内的渣滓、败类,是党和人民共同的敌人,是人民公敌。党的十八大以来,在以习近平同志为核心的党中央坚强领导下,以踏石留印、抓铁有痕的坚决态度,加大反腐力度,打"老虎",拍"苍蝇",开展海外追逃追赃工作,绝不让外逃腐败分子逍遥法外,绝不给腐败分子以藏身之地,腐败分子即使逃到天涯海角,也要追回来绳之以法。大快人心,大得党心、军心、民心,更显中国共产党伟大、光荣、正确之本质特征。

坚持中国共产党的领导,是重大的政治问题、原则问题,我们必须立场坚定,旗帜鲜明,坚决与一切丑化、诬蔑、诋毁中国共产党的歪理邪说进行毫不妥协的斗争,并坚决依法打击那些以各种借口、各种手段、各种形式进行反对中国共产党的不法行为,坚决捍卫巩固中国共产党的领导核心地位。2015年10月18日党中央印发的《中国共产党纪律处分条例》(中发〔2015〕31号)第46条规定:"通过信息网络、广播、电视、报刊、书籍、讲座、论坛、报告会、座谈会等方式,有下列行为之一,情节较轻的,给予警告或者严重警告处分;情节较重的,给予撤销党内职务或者留党察看处分;情节严重的,给予开除党籍处分:(一)公开发表违背四项基本原则,违背、歪曲党的改革开放决策,或者其他有严重政治问题

---

[1] 《中共中央关于全面推进依法治国若干重大问题的决定》,《人民日报》2014年10月29日,第1版。

的文章、演说、宣言、声明等的；（二）妄议中央大政方针，破坏党的集中统一的；（三）丑化党和国家形象，或者诋毁、诬蔑党和国家领导人，或者歪曲党史、军史的。发布、播出、刊登、出版前款所列内容或者为上述行为提供方便条件的，对直接责任者和领导责任者，给予严重警告或者撤销党内职务处分；情节严重的，给予留党察看或者开除党籍处分。"对那些丑化党和国家形象，或者诋毁、污蔑党和国家领导人，或者歪曲党史、军史的人以及为此提供方便条件的直接责任者和领导责任者给予党纪处分，成为党内正直、健康力量和这些不良分子斗争的尚方宝剑，沉重地打击了这些丑化党和国家形象不良分子的嚣张气焰，有效地维护了党和国家的良好形象。

2. 坚持社会主义民主政治制度，就要坚持人民当家作主

习近平同志指出："人民当家作主是社会主义民主政治的本质和核心。人民民主是社会主义的生命。没有民主就没有社会主义，就没有社会主义的现代化，就没有中华民族伟大复兴。我们必须坚持国家一切权力属于人民，坚持人民主体地位，支持和保证人民通过人民代表大会行使国家权力。"[1] 社会主义的人民共和国，国家是人民的国家，人民是国家的人民。坚持人民的主体地位，把人民的意志上升到国家法律，就要让人民当家作主，国家的一切权力属于人民，让人民行使管理国家的权力，让人民依法管理国家事务，管理经济和文化事业，管理社会事务。国家是人民自己管理的，人民行使管理国家权力的根本目的是实现好、维护好、发展好人民的利益。这是由社会主义国家的性质决定的，是由中国共产党全心全意为人民服务的根本宗旨决定的。坚持社会主义民主政治制度，就必须保证和发展人民当家作主。要扩大人民民主，健全民主制度，丰富民主形式，拓宽民主渠道，从各层次各领域扩大人民有序政治参与，发展更加广泛、更加充分、更加健全的人民民主。要依法实行民主选举、民主决策、民主管理、民主监督，保障人民的知情权、参与权、表达权、监督权。国家各项工作都要贯彻党的群众路线，密切同人民群众的联系，倾听人民呼声，回应人民期待，不断解决好人民最关心最直接最现实的利益问题，凝聚起最广大人民的智慧和力量。

社会主义人民主体是指国家中最大多数的人民群众，包括工人、农

---

[1] 习近平：《在庆祝全国人民代表大会成立60周年大会上的讲话》，《人民日报》2014年9月6日，第2版。

第十一章　社会主义核心价值体系如何统领发展社会主义民主政治

民、知识分子、全体社会主义劳动者、拥护社会主义的爱国者和拥护祖国统一的爱国者在内的亿万人民。人民当家作主就是这些人当家作主管理国家和社会事务，是切切实实的绝大多数人民群众群体，绝不是像资产阶级那样标榜代表"人民"的少数人群体。国家法律维护和代表的是绝大多数人的利益和意志，绝不是少数人的利益和意志，这是社会主义民主政治人民当家作主的本质特征。今天，在我们国家思想观念复杂、利益群体分化的社会历史条件下，不能以少数利益集团、群体、甚至个别人的、片面的和狭隘的所谓利益和意志假借"人民"的名义，掩盖、代替和损害绝大多数中国人民的整体的、根本的和长远的利益和意志，以至最终损害真正人民当家作主的国家利益，我们必须高度警惕和防止这种倾向。那些所谓"还权于民""藏富于民"中的"民"往往不是真正的人民群众，而恰恰是某些利益集团的化身和代表。

3. 坚持社会主义民主政治制度，就要坚持依法治国

法律是党和人民意志的集中体现，依法治国是人民在中国共产党的领导下，行使当家作主管理国家和社会事务权利的具体体现。坚持依法行政，就要维护宪法法律权威、捍卫宪法法律尊严、保证宪法法律实施。党的十八届四中全会《决定》指出："宪法是党和人民意志的集中体现，是通过科学民主程序形成的根本法。坚持依法治国首先要坚持依宪治国，坚持依法执政首先要坚持依宪执政。"[1]

坚持依法治国就要正确认识和处理好党的领导和依法治国的关系。党和法治的关系是法治建设的核心问题。全面推进依法治国，最关键的是要坚持党的领导，坚持中国特色社会主义制度，贯彻中国特色社会主义法治理论。习近平同志指出："党的领导是中国特色社会主义最本质的特征，是社会主义法治最根本的保证。中国特色社会主义制度是中国特色社会主义法治体系的根本制度基础，是全面推进依法治国的根本制度保障。中国特色社会主义法治理论是中国特色社会主义法治体系的理论指导和学理支撑，是全面推进依法治国的行动指南。"[2]

坚持依法治国必须坚持中国特色法治道路，建设中国特色法治体系，

---

[1] 《中共中央关于全面推进依法治国若干重大问题的决定》，《人民日报》2014年10月29日，第1版。

[2] 习近平：《关于〈中共中央关于全面推进依法治国若干重大问题的决定〉的说明》，《人民日报》2014年10月29日，第2版。

坚持中国共产党的领导,坚持人民主体地位,坚持法律面前人人平等,坚持依法治国与以德治国相结合,坚持从中国的实际出发,汲取中华法律文化精华,借鉴国外法治有益经验,但决不照搬外国理念和模式。要努力做到:在中国共产党领导下,坚持中国特色社会主义制度,贯彻中国特色社会主义法治理论,形成完备的法律规范体系、高效的法治实施体系、严密的法治监督体系、有力的法治保障体系,形成完善的党内法规体系,坚持依法治国、依法执政、依法行政共同推进,坚持法治国家、法治政府、法治社会一体建设,实现科学立法、严格执法、公正司法、全民守法,促进国家治理体系和治理能力现代化。

我们必须坚持把依法治国作为党领导人民治理国家的基本方略,把法治作为治国理政的基本方式,不断把法治中国建设推向前进。进一步健全社会主义法制,加强对群众特别是各级干部的法制教育,各级领导干部要对法律怀有敬畏之心,牢记法律红线不可逾越、法律底线不可触碰,带头遵守法律,带头依法办事,不得违法行使权力,更不能以言代法、以权压法、徇私枉法。做到有法可依、有法必依、执法必严、违法必究,切实保障人民群众依法管理国家事务、经济事务、社会事务的权利和其他民主权利,保证各项事业在社会主义法制的轨道上健康发展。

习近平同志指出:"我们要坚持党的领导、人民当家作主、依法治国有机统一,坚持人民主体地位,扩大人民民主,推进依法治国,坚持和完善人民代表大会制度的根本政治制度,中国共产党领导的多党合作和政治协商制度、民族区域自治制度以及基层群众自治制度等基本政治制度,建设服务政府、责任政府、法治政府、廉洁政府,充分调动人民积极性。"[①] 中国特色社会主义制度,就是人民代表大会制度的根本政治制度,中国共产党领导的多党合作和政治协商制度、民族区域自治制度以及基层群众自治制度等基本政治制度,也是中国特色社会主义民主政治建设的重要内容,坚持以社会主义核心价值体系统领发展社会主义民主政治,就必须始终坚持,毫不动摇。

(二) 坚持中国特色社会主义民主政治制度决不动摇

在中国,坚定不移坚持社会主义民主政治制度,是中央历届领导集体

[①] 习近平:《在第十二届全国人民代表大会第一次会议上的讲话》,《人民日报》2013年3月18日,第1版。

第十一章　社会主义核心价值体系如何统领发展社会主义民主政治

的明确态度。毛泽东同志在《关于正确处理人民内部矛盾的问题》一文中深刻揭示了西方民主和自由的实质，深入解析了我国社会主义自由与纪律、民主与集中的辩证关系。他指出：我国另有一些人"以为在我们的人民民主制度下自由太少了，不如西方的议会民主制度自由多。他们要求实行西方的两党制，这一党在台上，那一党在台下。但是这种所谓两党制不过是维护资产阶级专政的一种方法，它绝不能保障劳动人民的自由权利。实际上，世界上只有具体的自由，具体的民主，没有抽象的自由，抽象的民主。在阶级斗争的社会里，有了剥削阶级剥削劳动人民的自由，就没有劳动人民不受剥削的自由。有了资产阶级的民主，就没有无产阶级和劳动人民的民主。有些资本主义国家也容许共产党合法存在，但是以不危害资产阶级的根本利益为限度，超过这个限度就不容许了。要求抽象的自由、抽象的民主的人们认为民主是目的，而不承认民主是手段。民主这个东西，有时看来似乎是目的，实际上，只是一种手段。马克思主义告诉我们，民主属于上层建筑，属于政治这个范畴。这就是说，归根结底，它是为经济基础服务的。自由也是这样。民主自由都是相对的，不是绝对的，都是在历史上发生和发展的。在人民内部，民主是对集中而言，自由是对纪律而言。这些都是一个统一体的两个矛盾着的侧面，它们是矛盾的，又是统一的，我们不应当片面地强调某一个侧面而否定另一个侧面。在人民内部，不可以没有自由，也不可以没有纪律；不可以没有民主，也不可以没有集中。这种民主和集中的统一，自由和纪律的统一，就是我们的民主集中制。在这个制度下，人民享受着广泛的民主和自由；同时又必须用社会主义的纪律约束自己。这些道理，广大人民群众是懂得的"①。在这里毛泽东同志把民主和自由的关系讲得十分清楚，我国的人民民主，是民主和集中的统一，自由和纪律的统一，就是我们的民主集中制。同时，把西方资本主义民主的本质揭示得十分清楚，明确指出在阶级斗争的社会里，有了剥削阶级剥削劳动人民的自由，就没有劳动人民不受剥削的自由；有了资产阶级的民主，就没有无产阶级和劳动人民的民主，西方所谓两党制不过是维护资产阶级专政的一种方法，它绝不能保障劳动人民的自由权利，因此我们绝不能实行西方的两党制。正如邓小平同志所指出的："资本主义社会讲的民主是资产阶级的民主，实际上是垄断资本的民主，无非是多党竞选、三权鼎立、两院制。我们的制度是人民代表大会制度，共产

---

① 《毛泽东文集》第 7 卷，人民出版社 1999 年版，第 208 页。

党领导下的人民民主制度，不能搞西方那一套。"① 邓小平同志曾多次明确指出："我们实行的民主不是搬用西方的民主。"② "我们必须进行政治体制改革，而这种改革又不能搬用西方那一套所谓的民主，不能搬用他们的三权鼎立，不能搬用他们的资本主义制度，而要搞社会主义民主。"③

江泽民同志也曾明确指出："有中国特色社会主义的政治，必须坚持工人阶级领导的、以工农联盟为基础的人民民主专政，不能消弱和放弃人民民主专政；必须坚持和完善人民代表大会制度，不能搞西方那种议会制度；必须坚持和完善中国共产党领导的多党合作和政治协商制度，不能削弱和否定共产党的领导，不能搞西方那种多党制。"④

2013年3月，吴邦国在《全国人民代表大会常务委员会工作报告》中明确指出："坚持和完善人民代表大会制度。我国是工人阶级领导的、以工农联盟为基础的人民民主专政的社会主义国家。人民代表大会制度是体现我国国家性质、保证人民当家作主的根本政治制度，也是党在国家政权中充分发扬民主、贯彻群众路线的最好实现形式。我们深刻认识我国人民代表大会制度的本质特征，理直气壮地坚持自己的特色、发挥自己的优势，不断推进人民代表大会制度自我完善和发展；充分认识我国人民代表大会制度与西方资本主义国家政体的本质区别，坚决抵制各种错误思想理论影响，在重大原则问题上立场坚定、旗帜鲜明。我们借鉴人类政治文明有益成果，但绝不照搬西方政治制度模式。"⑤ 2014年3月，张德江在《全国人民代表大会常务委员会报告》中强调："毫不动摇地坚持、与时俱进地发展人民代表大会制度，不断丰富人民代表大会的实践特色和时代特色，充分发挥人民代表大会制度的根本政治制度作用。"⑥

习近平同志指出："我们要虚心学习借鉴人类社会创造的一切文明成果，但我们不能数典忘祖，不能照抄照搬别国的发展模式，也绝不会接受

---

① 《邓小平文选》第3卷，人民出版社1993年版，第240页。
② 《邓小平文选》第3卷，人民出版社1993年版，第211页。
③ 《邓小平文选》第3卷，人民出版社1993年版，第241页。
④ 《江泽民文选》第1卷，人民出版社2006年版，第155页。
⑤ 吴邦国：《全国人民代表大会常务委员会工作报告——2013年3月8日在第十二届全国人民代表大会第一次会议上》，《人民日报》2013年3月21日，第1版。
⑥ 张德江：《全国人民代表大会常务委员会报告》，《人民日报》2014年3月17日，第1版。

第十一章 社会主义核心价值体系如何统领发展社会主义民主政治

任何外国颐指气使的说教。"① 中国的政治制度,是中国共产党领导的社会主义制度的具体体现,是扎根于中国的土地上、符合中国国情的历史的选择,人民的选择,是中国共产党按照马克思主义基本原理,从民族独立、人民解放,实现国家富强、人民富裕的目的出发,被实践证明了的适合发展的好制度。正如习近平所指出的:"60 年的实践充分证明,人民代表大会制度是符合中国国情和实际、体现社会主义国家性质、保证人民当家作主、保障实现中华民族伟大复兴的好制度。"②

"橘生淮南则为橘,生于淮北则为枳。"我们需要借鉴国外政治文明有益成果,但绝不能放弃中国政治制度的根本。习近平同志指出:"对丰富多彩的世界,我们应该秉持兼容并蓄的态度,虚心学习他人的好东西,在独立自主的立场上把他人的好东西加以消化吸收,化成我们自己的好东西,但决不能囫囵吞枣、决不能邯郸学步。照抄照搬他国的政治制度行不通,会水土不服,会画虎不成反类犬,甚至会把国家前途命运葬送掉。"③为了祖国的繁荣富强、人民的幸福安康,为了中华民族的伟大复兴,我们必须坚持中国特色社会主义民主政治制度决不动摇。

二、自觉划清中国特色社会主义民主同西方资本主义民主的界限

西方的资本主义民主,一直是西方敌对势力、资产阶级自由化分子向中国特色社会主义民主政治进攻的武器。"近一段时间以来,理论界有些人宣扬和鼓吹'普世价值'。他们认为'国际通行'的民主、自由、人权、平等、博爱等就是普世价值,……显然,这种观点,就是要用西方的资本主义民主来否定我们的中国特色社会主义民主,要用西方资本主义国家的政治制度来取代我国社会主义制度。"④ 其深刻指出在中国宣扬和鼓吹西方

---

① 习近平:《在纪念毛泽东同志诞辰 120 周年座谈会上的讲话》,《人民日报》2013 年 12 月 27 日,第 2 版。

② 习近平:《在庆祝全国人民代表大会成立 60 周年大会上的讲话》,《人民日报》2014 年 9 月 6 日,第 2 版。

③ 习近平:《在庆祝全国人民代表大会成立 60 周年大会上的讲话》,《人民日报》2014 年 9 月 6 日,第 2 版。

④ 本书编写组编:《划清"四个界限"党员干部读本》,人民出版社 2010 年版,第 14 页。

的资本主义民主，目的之劣、危害之大。

因此，坚持以社会主义核心价值体系引领社会思潮，十分重要的任务就是自觉划清中国特色社会主义民主同西方资本主义民主的界限，自觉抵制西方资本主义国家政治制度，坚持社会主义民主政治方向。这也是社会主义核心价值体系基本内容本身题中应有之义。

自觉划清中国特色社会主义民主同西方资本主义民主的界限，是党的十七届四中全会对全党提出的重要战略任务，是加强党的意识形态工作和思想政治工作，引导党员、干部增强政治敏锐性和政治鉴别力，筑牢思想防线，抵御西方资产阶级意识形态侵袭腐蚀、坚持马克思主义指导思想、坚定共产主义理想信念和中国特色社会主义共同理想的迫切需要，是始终保持党的先进性、坚持党的领导、巩固党的执政地位的迫切需要，是巩固人民民主专政的政治制度、坚持人民当家作主、坚持社会主义道路的迫切需要，关系党的执政地位的巩固和社会主义的前途命运，关系中华民族的前途命运。

（一）鼓吹用西方资本主义民主取代中国特色社会主义民主是推翻共产党的领导、颠覆社会主义制度的罪恶阴谋

近年来，理论界一些人极力宣扬"普世价值"，鼓吹用西方资本主义民主取代中国特色社会主义民主，实际上是国内外敌对势力西化、分化、和平演变中国，推翻共产党的领导，颠覆社会主义制度的罪恶阴谋。党中央要求全党自觉划清中国特色社会主义民主同西方资本主义民主的界限，就是要中国共产党人清醒地认识到，在苏东剧变之后，亡我之心不死的西方敌对势力必然纠集一切反动分子在意识形态领域里对我国进行全面进攻，中国特色社会主义面临现实威胁，渗透反渗透、颠覆反颠覆的斗争极其激烈。对此，我们必须保持高度警觉，牢牢掌握斗争主动权。

1. 必须增强忧患意识，居安思危，运用马克思主义阶级分析的方法，清醒地看到我们面临的现实威胁

党的十七届四中全会要求"全党必须居安思危，增强忧患意识，常怀忧党之心，恪尽兴党之责"①。当前，改革已进入深水区，是各种利益冲突期、各种矛盾凸显期，面临的风险前所未有，面临的挑战前所未有，我们必须保持清醒头脑，高度警觉，做好各种应对准备。我们深知广大人民群

---

① 《十七大以来重要文献选编》（中），中央文献出版社2011年版，第143页。

第十一章　社会主义核心价值体系如何统领发展社会主义民主政治

众是拥护共产党、拥护社会主义制度，拥护人民政府的，这是我国社会的主流。不过，运用马克思主义阶级分析的方法，我们也清楚地看到，当今时代在我国妄想推翻共产党领导、颠覆人民当家作主的社会主义制度的敌对分子还有以下几种：一是以社会主义为敌的国内西方敌特分子；二是国内被推翻的帝国主义走狗、反动派的遗留分子及其誓与共产党为敌的后人；三是在那个特殊的时代，曾被人民政权惩罚并始终坚持反动立场的人及其对共产党充满仇恨的后人；四是被共产党组织处理过的党内退化变质分子并顽固坚持错误立场不思悔改的人；五是社会上一些经济刑事犯罪分子，黄赌毒黑社会性质犯罪团伙；六是与人民政权为敌的邪教头子；七是害怕被党和人民惩处随时准备投靠西方的党内腐败分子；八是一批与西方敌对势力同流合污，坚持反对党的四项基本原则的资产阶级自由化分子；九是一小撮流亡在西方为帝国主义充当反华鹰犬的民族败类；十是被西方敌对势力金钱收买、受西方殖民主义思想奴化、崇洋媚外甘当汉奸丧失民族气节的小丑，以及一些心怀叵测、天良丧尽的不良"精英""公知""理论家"等等。这些对共产党心怀不满、或对政府怀有刻骨仇恨人，内外勾结，沆瀣一气，总是千方百计地作为西方敌对势力颠覆中国社会主义制度的内应，疯狂地从各个方面，利用多种形式向党进攻。那些人混进共产党队伍里，披着共产党的外衣，吃共产党的饭，砸共产党的锅，拿着共产党的薪水，却怀着对中国共产党极端仇视心理，利用共产党为他们提供的地位、荣誉、职业条件等各种资源，以十倍的仇恨、百倍的疯狂，明目张胆、肆无忌惮、迫不及待、明火执仗地向党发起猖狂进攻，必欲把共产党置之死地而后快，对我们党的执政地位和社会主义制度造成现实威胁。更可悲的是，在很长一段时间里对这些人还没有实施有效的打击和制裁。正如毛泽东同志在50年前所指出的"一遇机会，他们就会兴风作浪，想要推翻共产党，恢复旧中国。这是在无产阶级和资产阶级两条路线、社会主义与资本主义两条路线中间，顽固地要走后一条路线的人。这后一条路线，在实际上是不能实现的，所以他们实际上是准备投降帝国主义"[①] 的人，是一些极端反动的人。我们必须和他们进行坚决的斗争，捍卫共产党领导的人民当家作主的社会主义政治制度！中央印发的《中国共产党纪律处分条例》规定对这些人从组织上予以惩处，有效打击了这些党内异己分子的嚣张气焰，为我们清除党内这些渣滓败类提供了强有力的斗争武器，

[①] 《毛泽东文集》第7卷，人民出版社1999年版，第268—269页。

党心大快、军心大快、民心大快,有利于纯洁党的组织,加强党的建设,大大提高党的凝聚力、感召力、战斗力。

2. 企图以西方资本主义民主代替中国特色社会主义民主,是西方敌对势力向我国猖狂进攻整体战略的一个组成部分

在民主问题上制造混乱,宣扬、鼓吹"普世价值",美化西方资本主义民主,污蔑、丑化、诋毁中国特色社会主义民主,其罪恶目的,就是企图以西方资本主义民主代替中国特色社会主义民主,是以美国为首的西方敌对势力在意识形态战线向我国社会主义意识形态猖狂进攻、和平演变中国整体战略的一个重要的组成部分。社会主义作为一个崭新的社会制度,是在否定了资本主义制度、推翻资本主义制度的前提下建立起来的。社会主义的存在,本身就是对资本主义制度的否定,是对资本主义生存的威胁,是资本主义国家资产阶级挥之不去的心病。而当今世界是一个"一球两制"的世界,资本主义和社会主义并存。由于两种社会制度本质上的对立性,决定了任何一个资本主义国家都不愿意看到一个强大的社会主义中国的全面复兴和蓬勃发展,特别是那些资本主义最为发达的如美、日、欧等国家和地区。尤其是在国际金融危机发生的情况下,资本主义世界经济一筹莫展,风雨飘摇,危机四伏,而社会主义的中国则充分发挥社会主义制度的固有优势,恰当应对,蓬勃发展,一枝独秀,树立起社会主义制度的良好形象,显示出社会主义制度的强大凝聚力和感召力。社会主义代替资本主义的必然趋势日益凸显,不可阻挡,资产阶级面对陷入全面经济危机中日薄西山、气息奄奄、朝不虑夕的资本主义暗淡前景,心惊肉跳,惶惶然不可终日。于是,西方敌对势力尤其是美国霸权主义为了破坏中国特色社会主义的强势发展,除了在军事上拉帮结伙,在亚太、在我国周边兴风作浪、设置障碍阻止中国和平崛起之外,便从中国特色社会主义民主制度、党的领导、人民代表大会制度等各个方面对我国进行全面的进攻,近年来已经达到肆无忌惮、登峰造极的地步。

与西方敌对势力颠覆中国社会主义制度的罪恶阴谋紧密配合,一些所谓的"精英""公知""理论家"肆意散布马克思主义"过时论",极力主张指导思想多元化,反对马克思主义指导地位;宣扬和鼓吹"普世价值",认为"国际通行"即"西方资本主义国家通行"的民主、自由、平等、博爱等就是"普世价值",主张用"普世价值""普照中国";鼓吹新自由主义,极力主张私有制,反对公有制,主张自由经营,反对国家干预,否定我国实行的宏观调控的社会主义市场经济体制;主张以西方的议会制代替

第十一章 社会主义核心价值体系如何统领发展社会主义民主政治

我国的人民代表大会制度；以"理性思考""还原历史真相"为名，宣扬历史虚无主义，抹黑共产党的革命历史，提出否定革命、"告别革命"的主张，认为革命只有破坏作用，没有任何建设性意义，否定中国共产党领导的伟大的中国革命斗争历史。正如电视连续剧《解放》编剧王朝柱所指出的：近来海内外一部分人肆意曲解中国革命历史，在贬损中国共产党及其领袖毛泽东、周恩来等的同时，公开为帝国主义和国内封建势力大唱赞歌，为汉奸张目、为敌人开脱，篡改用烈士鲜血浇铸的中国革命史①；有的人甚至公然提出"只有民主社会主义才能救中国"，主张用民主社会主义取代中国特色社会主义等等。

显然，以上这些他们妄图用西方资产阶级的意识形态代替马克思主义意识形态，用西方资本主义的民主否定中国特色社会主义民主；企图把我国的改革引向私有化道路，颠覆我国以公有制为主体、多种所有制经济共同发展的社会主义基本经济制度，破坏中国特色社会主义经济基础；用议会制、三权分立代替我国的人民代表大会制度；通过全面否定中国共产党领导的革命历史，否定中国共产党领导中国人民浴血奋战解放全中国的丰功伟绩，其最终目的就是从根本上否定中国共产党，像搞垮苏联一样，颠覆中国共产党的执政地位；用西方的"多党制"、轮流执政取代我国中国共产党领导的多党合作和政治协商制度。国内外敌对势力散布鼓吹以上种种歪理邪说，最终目的就是西化、分化、和平演变中国，用西方资本主义国家的政治制度来取代中国的社会主义的政治制度，彻底推翻中国共产党的领导，颠覆人民当家作主的社会主义国家制度，维持资本主义的一统天下。

国内外敌对势力在民主问题上的制造思想混乱，用心极其险恶，我们必须站在巩固党的执政地位，捍卫社会主义制度的高度，自觉划清中国特色社会主义民主同西方资本主义民主的界限，坚决抵制各种错误思想影响，始终保持清醒头脑和坚定立场，高度自觉地坚持中国特色社会主义民主制度。

（二）西方资本主义民主与中国特色社会主义民主的本质区别

资本主义民主，是指资本主义社会中资产阶级掌握国家权力的一种国

---

① 王朝柱：《〈解放〉创作感言》，《求是》2009年第18期。

家制度。资本主义的民主,是建立在生产资料私人占有基础上的,是受资本的多少和财产的多寡支配和决定的,占有较多经济资源和财富的资产阶级,通过各种途径掌握国家权力,以保护和扩大自己的经济利益。因此,资本主义的民主,是资本主义商品货币关系在政治上的反映,是"富人的游戏"和"钱袋的民主",掌控在少数资本家及政客手中,是少数富人的民主,对无产阶级和广大劳动人民来讲,只是镜中花、水中月,可望而不可及。其形式上的平等掩盖了事实上的不平等,是资产阶级利益分配的"遮羞布"。社会主义民主,是社会主义国家的人民当家作主、全体人民平等地管理国家和社会事务的国家制度。在中国,就是中国共产党领导的人民民主专政的国家制度。建立在生产资料公有制为主体的经济制度基础之上的中国特色社会主义民主,使人民享受到极其广泛的民主权利,具体体现在:国家的一切权力属于人民,各族人民一律平等,人民行使权力选举自己的代表,组织国家机关,依照法律规定,通过各种途径和形式管理国家事务,管理经济和文化事业,管理社会事务,并监督国家机关人员;人民依法享有人身、言论、出版、集会、结社、宗教信仰等自由权利,在法律面前人人平等。社会主义民主,是最广大的人民群众享受到的真正的民主,是人类历史上最广泛和最高类型的民主。

中国特色社会主义民主与西方资本主义民主有着根本区别:

一是民主的国家制度不同。按照马克思主义国家学说,国家是一个阶级压迫另一个阶级的暴力机器,是阶级统治的工具。西方资本主义民主是在资产阶级掌握国家政权国度里的民主,资产阶级掌握政权的国家,维护的是资产阶级的利益,代表的是资产阶级的意志,施行的是资产阶级享受的民主,不可能给被他们压迫的无产阶级和劳动人民真正的民主权利。中国共产党领导的人民民主专政的国家政权,维护的是人民的利益,代表的是人民的意志,反映的是人民的心声,必然要使工人阶级和广大劳动人民上升为统治阶级,成为管理国家和社会事务的主人。因此,中国特色社会主义民主是绝大多数人的最广泛的民主,是真正意义上的民主。新时期以来,随着中国特色社会主义民主的不断发展,人民当家作主的权利进一步得到切实保障,民主制度日益健全,民主形式更加丰富,民主渠道不断拓宽,尤其是互联网等新型媒体的应用和繁荣发展,从党中央总书记、国务院总理,到省、市、县各级领导,都利用互联网与人民群众直接对话,倾听人民呼声,反映人民愿望,关注人民疾苦,解决民生问题,真正为广大人民群众从各个层次、各个领域享有更多的民主权利创作了条件,为确保

第十一章　社会主义核心价值体系如何统领发展社会主义民主政治

人民的民主权力开辟了更为广阔的前景。

二是民主产生的经济基础不同。民主作为上层建筑，必须建立在一定的经济基础之上，有什么样的经济基础，就有什么样的民主。西方资本主义民主是建立在生产资料私有制基础上的，财产是享有民主权利的基础和前提，这样的民主只能是有产者的民主，对工人阶级和广大劳动人民来说，要想真正享受民主是不可能的。即使在资产阶级内部，享有民主权利的大小多寡也是由金钱决定的。事实证明美国的民主选举就是金钱操纵的，据美联社2000年对美国金钱与选举胜势关系进行的数据分析，1999年美国竞选获胜当选的81%的参议员和96%的众议员，所花的钱超过竞争对手。美国有学者指出："只要在联邦大选委员会那里查一下筹集资金的账户，就可以在大选之前知道大选的最终结果。"广大劳动人民根本不可能享有这种民主，所谓的人人平等，共享民主，都是资产阶级骗人的鬼话。社会主义民主，是建立在生产资料公有制基础上的，从根本上消灭了人剥削人的制度，占人口绝大多数的工人阶级和其他劳动人民成为政治上的统治阶级，在共同享有生产资料的基础上当家作主。经济地位上的平等决定了政治地位的平等，保证了社会主义民主不是受资本操纵的民主，不是少数人因占有生产资料而支配多数人的民主，真正是最广大人民享受的最广泛的民主。

三是民主主体不同。西方资本主义民主相对封建专制来说，是历史的一大进步，但就其阶级本质来说，是资产阶级享有的民主，民主的主体是资产阶级，是少数人的民主。资产阶级凭借其掌握的财产资源、政治组织、国家权力、大众传媒，对政治运作起着决定作用，而没有生产资料的广大劳动人民却难以享受到真正的民主。而在社会主义国家，人民是国家社会和自己命运的主人。人民是国家中的最大多数人，包括工人、农民、知识分子、全体社会主义劳动者、拥护社会主义的爱国者和拥护祖国统一的爱国者在内的亿万人民，人民掌握一切国家权力和社会资源，是民主的主体。

四是民主"形""实"统一程度不同。民主的原意是实行多数人的统治。资产阶级统治的国家是根本做不到这一点的，因而，西方资本主义民主的"形"和"实"是不统一的。因为，资产阶级掌握政权的资本主义国家，掌权的国家统治阶级资产阶级与人民是剥削与被剥削的关系，作为国家的利益与人民的利益是根本对立的。然而，资产阶级为了麻痹人民，以巩固资产阶级的统治，总是掩盖阶级对立的现实。在民主的形式上，一贯标榜为超阶级的民主、全民的民主，而在实际上却是有钱人的民主，少数人的民主。建立在生产资料公有制基础之上的社会主义国家，人民当家作主，人民本身就是掌握国家命运的统治阶级，国家是人民自己的国家，人民是自己国家的人民，国家代表的是人民利益，维护的是人民的利益。国家与人民心心相印、血肉相连。党和政府坚持立党为公，执政为民，忧民之所忧，乐民之所乐，权为民所有，情为民所系，利为民所谋，问需于民，听政于民，全心全意为人民服务，真正实现了国家和人民利益的高度统一。这就从根本上保证了中国特色社会主义民主在形式上和实际上都是最广泛人民的民主，达到"形"和"实"上的完美统一，这与西方资本主义民主是根本不同的，也是西方资本主义的民主不可能达到的。

由于西方资本主义国家和社会主义国家的国家制度不同，占统治地位的阶级根本不同，什么阶级掌握政权就要维护什么阶级的利益，就有什么阶级确立的民主制度。世界各国的民主都离不开自己的具体国情和实际，都是阶级的、具体的、相对的，可以互相借鉴，但绝不可能一个模式。毛泽东同志在《关于正确处理人民内部矛盾的问题》一文中，就对西方资产阶级民主和我国的社会主义民主进行比较，做过深入透彻的分析，他指出："我们的这个社会主义的民主是任何资产阶级国家所不可能有的最广大的民主。"[1] 邓小平同志早就警示道："我们讲民主，不能搬用资产阶级的民主，不搞三权鼎立那一套。"[2] "民主只能逐步发展，不能搬用西方的那一套，要搬那一套，非乱不可。"[3] 尤其是中国特色社会主义和西方资本主义国家的历史文化不同，掌握政权的阶级不同，国家制度不同，统治阶级代表的阶级利益不同，其民主制度也就根本不可能相同。这些年来，西方敌对势力和中国理论界有些人宣扬和鼓吹西方资本主义的民主、自由、平等、博爱等是"国际通行"的"普世价值"，目的就是要用西方资本主义民主否定中国特色社会主义民主，用西方资本主义国家的政治制度取代我国社会主义的政治制度。卫兴华教授在《人民日报》撰文指出："西方国家极力向中国推行所谓'普世价值'，其本质是要否定中国共产党的领导、否定马克思主义意识形态、否定公有制为基础的社会主义制度。这当然要受到我国的抵制。有人不明事情的本质与真相，只从民主、自由、平

---

[1] 《毛泽东文集》第7卷，人民出版社1999年版，第207—208页。
[2] 《邓小平文选》第3卷，人民出版社1993年版，第195页。
[3] 《邓小平文选》第3卷，人民出版社1993年版，第196页。

第十一章 社会主义核心价值体系如何统领发展社会主义民主政治

等、人权等抽象概念和文字表面出发,认同和宣扬西方'普世价值',这些人应该清醒了。"① 党中央强调自觉划清中国特色社会主义民主与西方资本主义民主的界限,就是为了掌握思想上、政治上的显微镜和望远镜,廓清在民主问题上的模糊认识,明辨是非,彻底粉碎敌对势力对我国进行的西化、分化、和平演变的战略图谋,坚定地走符合中国国情和历史文化传统的中国特色社会主义民主发展道路,坚持人民当家作主的社会主义的国家制度不动摇。

(三) 充分认识中国特色社会主义民主的特点和优越性,坚定维护中国特色社会主义民主制度的自觉性

毛泽东同志在《论人民民主专政》一文中指出:对人民实行民主,对反动派实行专政,这两个方面互相结合起来,就是人民民主专政。这是中国人民为了使国家复兴,不惜艰苦奋斗,流血牺牲,寻找革命真理,不断向日本、英国、美国、法国、德国学习探索,向俄国十月革命学习探索的结果。他说:"总结我们的经验,集中到一点,就是工人阶级(经过共产党)领导的以工农联盟为基础的人民民主专政。"② 这是人民经过反复对比后做出的正确选择,是历史的必然选择。中国特色的社会主义民主正是以人民民主专政等一系列政治制度作为主要实现形式的。在国体上,坚持人民民主专政,既在人民内部实行最广泛的民主,又依法对极少数敌人实行最有效的专政,保证了工人阶级领导的、以工农联盟为基础的社会主义国家政权性质。在政体上,坚持人民代表大会这一根本政治制度,体现了我国的国体,保证了人民当家作主的主体地位,是人民掌握国家权力的根本途径和最高实现形式。在政党制度上,坚持中国共产党领导的多党合作和政治协商制度,坚持共产党领导、多党派合作,共产党执政、多党派参政议政,把中国共产党领导和多党派合作有机结合起来。在民族关系上,坚持民族区域自治制度,保证少数民族依法自主地管理本民族事务,实现了各民族政治上完全平等。在基层民主上,实行基层群众自治制度,建立起以农村村民委员会、城市居民委员会和企业职工代表大会等为主要内容的基层民主自治体系,保证人民群众自主管理基层公共事务。这一系列政治

---

① 卫兴华:《掀开西方"普世价值"的面纱(人民要论)》,《人民日报》2015年11月30日,第7版。

② 《毛泽东选集》第4卷,人民出版社1991年版,第1480页。

制度具有鲜明的"中国特色",既体现了社会主义民主的实质内容,又是民主的有效实现形式,是民主的内容真实性与形式多样性的有机统一,已展现出突出的优越性:

一是中国特色社会主义民主真正实现了人民当家作主,有利于发挥人民群众以国家主人翁身份建设和管理国家的积极性、主动性、创造性。中国特色社会主义民主实行直接选举与间接选举相结合、程序民主与实体民主相结合、代议民主与协商民主相结合、党内民主与人民民主相结合,从各个层次、各个领域扩大公民有序政治参与,从根本上避免了西方资本主义民主"形式上多数人参与、实际上少数人控制"的弊端,使广大人民群众真正成为国家、社会和自己命运的主人,也必然焕发出推进改革开放和现代化建设的热情和力量。

二是中国特色社会主义民主保证了国家机关协调高效运转,有利于发挥社会主义集中力量办大事、提高效率办成事的政治优势。我国的人民代表大会作为国家权力机关统一行使国家权力,实行民主集中制;国家行政机关、审判机关、检察机关虽然分工不同、职责不同,但都由人大产生、对人大负责,能够正确把握和处理民主与集中、分工与协调、监督与支持、公平与效率的关系,这就保证了各国家机关协调一致地高效运转,能够排除各种干扰,统筹兼顾各方利益,集中一切资源、力量和智慧用于国家建设。这与西方资本主义国家的三权分立、相互掣肘是根本不同的。正如邓小平同志指出的:"社会主义国家有个最大的优越性,就是干一件事情,一下决心,一做出决议,就立即执行,不受牵扯。"[①] 从实践来看,无论是战胜四川汶川特大地震、青海玉树强烈地震、甘肃舟曲特大山洪泥石流等重大自然灾害,还是成功举办北京奥运会、残奥会和上海世博会、广州亚运会,成功应对国际金融危机冲击,经济保持平稳较快发展,从根本上讲,靠的就是中国特色社会主义政治制度的优势。

三是中国特色社会主义民主保障了国家的统一稳定,有利于实现国家长治久安、社会和谐。中国是一个多民族国家,幅员辽阔,人口众多,情况复杂,城乡之间、地区之间发展很不平衡,保证统一稳定对于中国极端重要。在中国,没有统一和稳定,就不可能有国家的繁荣富强和人民的安居乐业。中国共产党作为中国特色社会主义事业的坚强领导核心,领导全国各族人民在实践中形成并不断发展完善的一系列政治制度,能够调动一

---

① 《邓小平文选》第 3 卷,人民出版社 1993 年版,第 240 页。

第十一章　社会主义核心价值体系如何统领发展社会主义民主政治

切积极因素,引导社会成员合法、理性地表达诉求,缓解社会矛盾,化解消极因素和不稳定因素,为巩固和发展社会主义,实现国家的统一、民族的团结和社会的稳定和谐提供了根本政治保证。

四是中国特色社会主义民主政治制度受到世界舆论的关注和肯定。新加坡《联合早报》网站 2010 年 3 月 10 日发表署名宋鲁郑,题为《中国的政治制度何以优于西方》的文章,认为中国真正与众不同的特色是有效的政治制度,这才是中国实现经济成功、创造出"中国模式"的全新现代化之路的真正原因。中国的政治制度与西方的多党制相比有六大优势:

优势之一在于可以制定国家长远的发展规划和保持政策的稳定性,而不受立场不同、意识形态相异政党更替的影响。在欧洲,当英国、法国的左派和右派政党上台之后,国家发展政策立即改变。在美国,偏左的民主党执政,就对财团开刀、对穷人补助;偏右的共和党执政,则采取对富人减税、扶持财团的立场。每一次的摇摆都会对国民经济产生不同程度的损害,毕竟政党执政只有四年或八年,都是在炒短线,谁还管得了四年或八年以后的事情?这种由于政党和领导人的变化而导致经常性的南辕北辙式的 180 度调整,其严重后果可以想象。

优势之二在于高效率,对出现的挑战和机遇能够做出及时有效的反应,特别是在应对突发灾难事件时。北京首都机场 T3 航站楼三年完成,这在西方连审批程序需要的时间都不够。2008 年百年一遇的汶川地震,中国高速有效的动员能力震撼全球。海地地震,第一个到达灾区的竟然是万里之遥的中国,比海地的邻国美国提前了两个小时!法国、美国等国就是应对本身发生的突发事件时,都相当混乱和低效。2003 年法国发生酷暑、2005 年美国遇到卡特琳娜飓风袭击,就是如此。2009 年,一场台风同时袭击两岸,大陆可以迅速疏散 100 万人,台湾却应对无力,造成 600 多人死亡和失踪的惨剧。低效率一向被认为是民主制度的通病,因为任何一项决策都要经过不同利益集团的博弈,并伴随冗长的程序。其优点理论上曾被认为可以避免巨大的失误,然而从现实层面来看,却是不仅有低效率带来的弊端,其最终决策由于不同利益集团的相互妥协,其负面作用往往成为主导。

优势之三在于在社会转型期这一特殊时期内可以有效遏制腐败的泛滥。任何形式的权钱交易在中国都是非法的,但西方国家却在一定条件下是合法的。尽管合法,却无法改变其钱权交易的本质。就如同色情业在西方大多数是合法的,但仍然无法改变其钱色交易的本质。但合法化的效果是腐败减少了，因为这些行为已经不属于腐败。这就如同色情业和赌博业在中国是非法的，中国自然要算入犯罪率中，这自然要高于色情业和赌博业是合法的国家。最关键的一点是，西方的腐败是刚性腐败，中国的腐败是人性腐败。西方的民主必须要有选举，而选举必须要有钱。政治人物接受了财团的支持，获胜后必然要给予回报，这就是西方民主制度下腐败的刚性原理。而在中国，官员的任命受诸多因素影响，工作能力，群众测评、人情关系以及贿赂等等，但这种开支与大规模的选举所需要的费用相比完全不成比例，因为与财团没有直接的关系。他们上任后的腐败主要是与人性的贪婪有关，收入不高和法规监督不完善则是外因，但从客观上并没有必须腐败进行钱权交易的刚性原由。

优势之四在于这是一个更负责任的政府。一谈到中国，西方往往套以"绝对权力，绝对腐败"的说词，这实是意识形态的想当然，与当今政治实践不符（众多民主国家存在的严重腐败就是证例）。而且更重要的一点是，西方没有认识到"绝对权力也往往意味着绝对责任"。在西方民主国家，出了问题可以推诿。执政党说是在野党不配合，在野党成为执政党之后，又推卸责任说是前者造成的，没有人为损失负责。如果中国一个项目决策造成损失，责任人不可能被放过。说起来，还是与西方民主制度脱不了干系——在民主社会，许多官员是选上来的，因而有任期保障。只要不违法，决策失误，或者不作为，都不影响任期做满。而且，一旦任期到了，下台了，就是有什么问题，也不会再被追究。而在中国，高官问责制日益完善，官员不称职或者失职，犯错，随时会被追责。这就是为什么当台风袭击前夜，大陆的领导干部严阵以待，避免灾害发生；而台湾的官员则度假赴宴，认为灾害还没有发生。

优势之五在于人才培养和选拔机制以及避免人才的浪费。中国政治人才的培养是一个漫长的过程，尤其是高端政治精英必须要有足够的基层历炼，可以说能力是最主要的标准。但在西方民主社会中，影响选举的因素众多，如宗教信仰、性别、种族、形象、是否会做秀和演讲才能、是否有足够的金钱支持以及政治裙带，但最重要的能力却被边缘化。像奥巴马，仅仅做过参议员，连一天的市长都没有做过，可以说没有丝毫的行政经验，结果却被选出来管理整个国家。这在中国可能吗？此外，由于不同政党的存在，整个国家的政治人才被政党切割成几个部分，并随政党共进退。一党获胜，哪怕原来的政务官再有能力，也统统大换血。这一方面造成人才的短缺，另一方面则造成人才的浪费。毕竟政治精英也是稀缺资

第十一章　社会主义核心价值体系如何统领发展社会主义民主政治

源，一个杰出政治人才的产生也是多种因素合成的，而政治精英也有其自然寿命。一个政党连任八年，也就意味着另一个政党的政治精英闲置八年。通过选举这种方式产生的领导人，要么无法选出最优秀的人才，要么无人才可选，这就是为什么西方民主国家往往选不出杰出人才的原因。至少从现实政治实践看，中国的层层选拔制，有意识的人才培养体系，要胜于西方通过选举方式产生领导人的模式。

优势之六在于它可以真正的代表全民。西方的多党制下，每个政党代表的利益群体是不同的，或者代表大众，或者代表财团。英、法、美三国均如此。但不管代表谁，没有一个政党是全民政党，上台之后，施政只能偏向支持自己的群体，中央政府则借转移支付的手段对同党执政的地方大力倾斜。而中国经济政策总体来看没有特别地倾向任何一个利益群体，整体上讲，中共保持了中性的角色和客观的作用。这也是海内外研究学者所公认的，不管他们使用什么语言，从什么意识形态出发，都认识到了中国的一党制才是中国成功的真正原因。中国显然正在开创出一条人类社会发展的新道路。①

新加坡《联合早报》发表的宋鲁郑的文章站在客观、公正的立场上，在认真对中国特色社会主义民主与西方资本主义民主比较研究中，对中国政治制度（宋文中说的是"一党制"，实际上是中国共产党领导的多党合作和政治协商制度）的优势进行了全面、系统、正确、深刻、中肯的分析，并对中国政治制度给予了充分肯定和高度评价，实事求是。为此，我们更要坚定不移地坚持中国特色社会主义民主制度，在国体上坚持人民民主专政，坚决反对资产阶级专政；在政体上，坚持人民代表大会制度，决不照搬西方"三权分立"制；在政党制度上，坚持中国共产党领导的多党合作和政治协商制度，决不实行西方的"多党制"。这就是我们自觉划清中国特色社会主义民主与西方资本主义民主界限得出的必然结论！

三、充分认识统一战线是实现党的三大历史任务的重要法宝

最广泛的爱国统一战线，是社会主义民主政治的重要内容，是充分发扬民主的有效组织形式。不论是战争年代、社会主义建设时期，还是改革

---

① 宋鲁郑：《中国的政治制度何以优于西方》，《参政消息》2010年3月24日。

开放时期，都是我们取得胜利的重要法宝。

习近平同志指出："坚持广泛凝聚实现中华民族伟大复兴的正能量。人民政协是最广泛的爱国统一战线组织。统一战线是中国共产党夺取革命、建设、改革事业胜利的重要法宝，也是实现中华民族伟大复兴的重要法宝。"① 早在革命战争年代，毛泽东同志就指出："统一战线，武装斗争，党的建设，是中国共产党在中国革命中战胜敌人的三个法宝，三个主要的法宝。"② 党的十八大报告指出："巩固和发展最广泛的爱国统一战线。统一战线是凝聚各方面力量，促进政党关系、民族关系、宗教关系、阶层关系、海内外同胞关系的和谐，夺取中国特色社会主义新胜利的重要法宝。"③ "在新的征程上，我们的责任更大、担子更重，必须以更加坚定的信念、更加顽强的努力，继续实现推进现代化建设、完成祖国统一、维护世界和平与促进共同发展这三大历史任务。"④ 习近平总书记在党的十九大报告中指出："巩固和发展爱国统一战线。统一战线是党的事业取得胜利的重要法宝，必须长期坚持。"⑤ 在党的二十大报告中习近平总书记指出："巩固和发展最广泛的爱国统一战线。人心是最大的政治，统一战线是凝聚人心、汇聚力量的强大法宝。"⑥ 中国革命和社会主义建设的经验证明，统一战线这个我们党、我国人民须臾不可离开的重要法宝，同样是新时代我们党团结带领全国各族人民，实现推进现代化建设、完成祖国统一、维护世界和平与促进共同发展三大历史任务的重要法宝。坚持以社会主义核心价值体系统领社会主义民主政治，就要充分认识统一战线在实现党的三

---

① 习近平：《在庆祝中国人民政治协商会议成立65周年大会上的讲话》，《人民日报》2014年9月22日，第2版。
② 《毛泽东选集》第2卷，人民出版社1991年版，第606页。
③ 胡锦涛：《坚定不移沿着中国特色社会主义道路前进为全面建成小康社会而奋斗——在中国共产党第十八次全国代表大会上的报告》，《人民日报》2012年11月18日，第1版。
④ 胡锦涛：《坚定不移沿着中国特色社会主义道路前进为全面建成小康社会而奋斗——在中国共产党第十八次全国代表大会上的报告》，《人民日报》2012年11月18日，第1版。
⑤ 习近平：《决胜全面建成小康社会 夺取新时代中国特色社会主义伟大胜利——在中国共产党第十九次全国代表大会上的报告》，《人民日报》2017年10月28日，第1版。
⑥ 《党的二十大报告学习辅导百问》，学习出版社、党建读物出版社2022年版，第30页。

第十一章　社会主义核心价值体系如何统领发展社会主义民主政治

大历史任务中的重要地位,充分发挥统一战线应有的作用,按照党的十八大、十九大、二十大要求,拿起统一战线这个法宝。

(一) 统一战线是推进我国现代化建设巨大的不竭动力源泉

推进我国的社会主义现代化建设是一项前无古人的全新的伟大事业,需要动员我国各民族各阶层各个行业各条战线全体人民的聪明才智共同奋斗才能成功,而统一战线包容各界,联系广泛,人才聚集的特点,为推进社会主义现代化建设服务提供了得天独厚的广阔空间,能够发挥不可或缺的极其宝贵的重要作用。

统一战线是中国共产党人取得中国革命胜利的宝贵经验结晶和光荣传统。毛泽东同志在革命战争年代曾深刻指出:"组织千千万万的民众,调动浩浩荡荡的革命军,是今天的革命向反革命进攻的需要。只有这样的力量,才能把日本帝国主义和汉奸卖国贼打垮,这是有目共见的真理。因此,只有统一战线的策略才是马克思列宁主义的策略。"[①] 统一战线,是以毛泽东为代表的中国共产党人,在长期的艰苦卓绝的革命斗争过程中探索和创造的,团结一切可以团结的力量,进行波澜壮阔的革命斗争,最终战胜强大的敌人,使革命力量由小到大,由弱到强,它是与武装斗争、党的建设同样重要的革命法宝,是我党的光荣传统和取得革命胜利宝贵经验的结晶。习近平同志指出:"我们要巩固和发展最广泛的爱国统一战线,加强中国共产党同民主党派和无党派人士团结合作,巩固和发展平等团结互助和谐的社会主义民族关系,发挥宗教界人士和信教群众在促进经济社会发展中的积极作用,最大限度团结一切可以团结的力量。"[②] 统一战线为中国革命建树了丰功伟绩,在新时代对推进社会主义现代化建设同样具有得天独厚的重要作用。

1. 统一战线能够充分调动新的社会阶层投身社会主义现代化建设的积极性创造性

党的十七大报告明确指出:"鼓励新的社会阶层人士积极投身中国特色社会主义建设。"在建设中国特色社会主义的伟大事业中,我国社会主

[①] 《毛泽东选集》第1卷,人民出版社1991年版,第115页。
[②] 习近平:《在第十二届全国人民代表大会第一次会议上的讲话》,《人民日报》2013年3月18日,第1版。

义性质和初级阶段的国情决定了我们实行以公有制为主体、多种所有制经济共同发展的基本经济制度，非公有制经济作为社会主义市场经济的重要组成部分得到了迅速发展，在中国的大地上涌现出了一大批非公有制经济人士。这些非公有制经济人士，是党的十七大报告中所指的"新的社会阶层人士"的主体，是实现推进现代化建设的极其重要的力量。非公有制经济人士，就是在党的改革开放富民政策指引下，自觉坚持四项基本原则，模范地遵守国家法律、法规，通过诚实劳动和合法经营，用自己的智慧与汗水艰苦创业，对一个地方、区域经济发展卓有贡献的各类企业的法人代表或实际经营者。坚持公有制为主体，多种所有制经济共同发展的基本经济制度，需要充分发挥非公有制经济人士在社会主义市场经济中的作用。要深刻认识非公有制经济是社会主义市场经济的重要组成部分，它在满足人民多样化的需要，增加就业，促进国民经济发展中起着积极作用。因此，充分发挥这些非公有制经济人士的社会主义积极性、创造性，对建设中国特色社会主义事业，巩固中国共产党的执政地位，巩固社会主义制度、完成党的历史使命，落实科学发展观、构建社会主义和谐社会，坚持社会主义民主政治，实现全面建成小康社会的宏伟目标，全面建设社会主义现代化国家，具有深远的战略意义。统一战线，可以通过工商联等群众团体的工作，使非公有制经济充分发挥他们的聪明才智，为我国的经济建设多做贡献，为发展社会主义生产力多做贡献。

2. 统一战线能够充分发挥各方面人才的积极性，从而为社会创造更多的物质财富

人才是强国之本。统一战线汇集了并在工作中联系着为数众多的知识分子和专家学者及各方面的栋梁之才。科学技术是第一生产力，科技人才是社会主义经济建设的极其宝贵资源，是发展社会主义生产力的极其重要的力量。通过统一战线的工作，政治上充分信任他们，工作上放手使用他们，生活上关心照顾他们，就能充分调动他们投身于祖国社会主义现代化建设的积极性、主动性、创造性，使他们心情舒畅，激情满怀地投入到知识创新、理论创新、科技创新的现代化建设事业中，做到人尽其才，才尽其用，充分发挥他们在全面建成小康社会中的作用。我们高度重视统一战线工作，也就是要通过统一战线团结一切力量的特有优势，营造鼓励人们干事业，支持人们干成事业的社会氛围，放手让一切劳动、知识、技术、管理和资本的活力竞相迸发，让一切创造社会财富的源泉充分涌流，以造福于人民，促进社会主义生产力的蓬勃发展，为社会创造积累更加丰富的

第十一章　社会主义核心价值体系如何统领发展社会主义民主政治

物质财富,为构建社会主义和谐社会提供坚实的物质基础,为尽快地把我国建设成为富强民主文明和谐美丽的社会主义强国而努力奋斗。

3. 统一战线能够凝聚海外侨胞、归侨侨眷关心和参与祖国现代化建设

党的十八大报告指出:"落实党的侨务政策,支持海外侨胞、归侨侨眷关心和参与祖国现代化建设与和平统一大业。"① 通过统一战线发挥固有的独特作用,能够认真贯彻党的侨务政策,创造性地将党的侨务政策作为桥梁和纽带,吸引、凝聚、支持海外侨胞、归侨侨眷关心和参与祖国现代化建设,就为中国特色社会主义建设增添了新的更广泛的动力、活力、创造力,大大加快现代化建设的步伐,这是推进我国现代化建设难能可贵的动力源泉。正如邓小平所指出的:"新时期统一战线和人民政协的任务,就是要调动一切积极因素,努力化消极因素为积极因素,团结一切可以团结的力量,同心同德,群策群力,维护和发展安定团结的政治局面,为把我国建设成为现代化的社会主义强国而奋斗。"②

国家的强大,人民的富裕,需要全体人民的共同奋斗。推进现代化建设、实现中华民族的伟大复兴,把中国建设成为富强民主文明和谐美丽的社会主义现代化强国,是一个伟大的历史任务,是一个极其辉煌的奋斗目标。完成这样的任务,必须动员中华民族的一切阶层、一切社会主义劳动者、拥护社会主义的爱国主义者和拥护祖国统一的爱国者共同努力奋斗,团结一切可以团结的力量,调动一切积极因素,为建设中国特色社会主义事业服务,而统一战线恰恰能够起到这样的作用。全面建成小康社会,落实科学发展观,构建社会主义和谐社会,推进社会主义新农村建设,统筹推进"五位一体"总体布局和协调推进"四个全面"战略布局、建设创新型国家,都需要统一战线充分发挥其得天独厚的不可替代的作用,更好地为推进现代化建设服务,为夺取全面建成小康社会的新胜利做出新的更大的贡献。

(二) 统一战线是完成祖国统一的重要实现途径

党的十七大报告指出:"解决台湾问题、实现祖国完全统一,是全体中华儿女的共同心愿。""决不允许任何人以任何名义任何方式把台湾从祖

---

① 胡锦涛:《坚定不移沿着中国特色社会主义道路前进为全面建成小康社会而奋斗——在中国共产党第十八次全国代表大会上的报告》,《人民日报》2012年11月18日,第1版。

② 《邓小平文选》第2卷,人民出版社1983年版,第187页。

国分割出去。"① 党的十八大报告指出:"解决台湾问题、实现祖国完全统一,是不可阻挡的历史进程。"② 习近平总书记在党的十九大报告中指出:"我们坚决维护国家主权和领土完整,绝不容忍国家分裂的历史悲剧重演。一切分裂祖国的活动都必将遭到全体中国人坚决反对。我们有坚定的意志、充分的信心、足够的能力挫败任何形式的台独分裂图谋。我们绝不允许任何人、任何组织、任何政党、在任何时候、以任何形式、把任何一块中国领土从中国分裂出去!"③ 习近平总书记在党的二十大报告中指出:"国家统一、民族复兴的历史车轮滚滚向前,祖国完全统一一定要实现,也一定能够实现!"④ 实现祖国完全统一是台湾海峡两岸人民的共同心愿,是不可阻挡的历史进程,是新时代中国共产党人的庄严历史使命。我们坚决反对"台独"分裂图谋,中国人民绝不允许任何人任何势力以任何方式把台湾从中国分割出去。"我们愿以最大的诚意、尽最大的努力实现两岸和平统一",贯彻寄希望于台湾人民的方针,是我们的一贯主张,这就更加需要发挥统一战线的特有优势。

1. 充分发挥统一战线作用,动员国内人士与台湾有关的一切联系,同心协力做工作,促进祖国的和平统一

统一战线可以发挥自身联系国内各阶层广大爱国同胞的优势,通过发挥这些同胞与台湾人民的各种联系渠道,让台湾同胞深深认识到,"解决台湾问题、实现祖国完全统一,是党矢志不渝的历史任务,是全体中华儿女的共同愿望"⑤,两岸同胞同属一个国家,同属一个民族,血脉里流动的都是中华民族的血,精神上坚守的都是中华民族的魂的道理。营造两岸同

---

① 胡锦涛:《高举中国特色社会主义伟大旗帜,为夺取全面建设小康社会新胜利而奋斗》,《十七大以来重要文献选编》上,中央文献出版社2009年版,第34—35页。

② 胡锦涛:《高举中国特色社会主义伟大旗帜,为夺取全面建设小康社会新胜利而奋斗》,《十八大以来重要文献选编》上,中央文献出版社2014年版,第35页。

③ 习近平:《决胜全面建成小康社会 夺取新时代中国特色社会主义伟大胜利——在中国共产党第十九次全国代表大会上的报告》,《人民日报》2017年10月28日,第1版。

④ 习近平:《高举中国特色社会主义伟大旗帜 为全面建设社会主义现代化国家而团结奋斗——在中国共产党第二十次全国代表大会上的报告》,《人民日报》2022年10月26日,第1版。

⑤ 习近平:《高举中国特色社会主义伟大旗帜 为全面建设社会主义现代化国家而团结奋斗——在中国共产党第二十次全国代表大会上的报告》,《人民日报》2022年10月26日,第1版。

第十一章　社会主义核心价值体系如何统领发展社会主义民主政治

胞同根同源、同文同宗，本是血脉相连的一家人的浓厚氛围，紧密联系台湾各界人士，与更多的台湾人民结成广泛的爱国统一战线，形成反对台独、促进祖国统一的强大力量，促进实现祖国的统一。

2. 充分发挥统一战线作用，最大限度地团结广大的海外侨胞，通过他们与台湾联系广泛的渠道，影响台湾各阶层人士共同做工作，促进祖国的和平统一

党的十七大报告指出，"加强海内外中华儿女的大团结"，"认真贯彻党的侨务政策，支持海外侨胞、归侨侨眷关心和参与祖国现代化建设与和平统一大业"。充分发挥统一战线联系海外广大侨胞的职能，在国际事务中，利用一切条件，热情地帮助台湾地区在海外的同胞，尽可能地帮助他们解决遇到的一切能够解决的困难。对那些遇到社会动乱国家的台湾同胞，一定要全力以赴地帮助其安全离开是非之地，体现大陆和台湾两岸人民"血浓于水"的同胞感情。习近平同志指出："两岸同胞是一家人，有着共同的血脉、共同的文化、共同的连结、共同的愿景，这是推动我们相互理解、携手同心、一起前进的重要力量。"[①] 同时，利用一切机会和条件通过拥护祖国统一的爱国侨胞与台湾各界人士的广泛联系，对他们晓以民族大义，以争取更广泛的社会力量反对"台独"、促进祖国的和平统一。

3. 充分发挥统一战线作用，广泛地团结台湾岛内广大同胞，与大陆人一起共同工作，最终促成祖国的和平统一

习近平总书记在党的二十大报告中重申："我们坚持以最大的诚意、尽最大的努力争取和平统一的前景。"[②] 和平统一是大陆和台湾人民的共同福祉，两岸人民都不愿意遭受战争的灾难。两岸同胞心之相系，情之相融，命运与共，要把民族的命运把握在自己的手里，共同努力促进祖国和平统一。和平统一的希望在台湾人民，因此，要从中华民族的利益出发，尽可能地避免战争，争取和平统一。这就需要与台湾人民建立广泛的统一战线，不分官民、党派、团体各界人士，通过一切渠道加强与他们的各种交流，密切与台湾爱国人士的关系，共同做工作影响台湾各阶层人士珍惜大陆和平统一的诚意，促进祖国的和平统一。习近平同志在庆祝中华人民

[①] 习近平：《共圆中华民族伟大复兴的中国梦》，《十八大以来重要文献选编》上，中央文献出版社2014年版，第774页。

[②] 习近平：《高举中国特色社会主义伟大旗帜　为全面建设社会主义现代化国家而团结奋斗——在中国共产党第二十次全国代表大会上的报告》，《人民日报》2022年10月26日，第1版。

共和国成立65周年招待会上的讲话中指出:"兄弟同心,其利断金。解决台湾问题、实现祖国完全统一,是海内外全体中华儿女的共同心愿。两岸同胞要继续努力,巩固和发展两岸关系和平发展良好势头,坚持一个中国原则,坚决反对'台独'分裂活动,为祖国和平统一创造更充分的条件,使两岸一家亲、共筑中国梦。"① 14亿多大陆同胞和2300万台湾同胞是血脉相连的命运共同体,凡是对台湾同胞有利的事情,凡是对维护台海和平有利的事情,凡是对促进祖国和平统一有利的事情,凡是有利于增进两岸同胞共同福祉的事情,我们都会尽最大努力做好。我们理解、信赖、关心台湾同胞,将继续实施和充实惠及广大台湾同胞的政策措施,依法保护台湾同胞的正当权益,支持海峡两岸和其他台商投资相对集中地区经济发展。我们要切实保护好台湾同胞权益,团结台湾同胞维护好、建设好中华民族共同家园。两岸同胞要加强交往,加强经济文化交流,继续拓展领域、提高层次,推动直接"三通",使彼此感情更融洽、合作更深化。通过充分表达大陆人民诚意的各种积极有效的工作,感化台湾人民,感召台湾人民,台湾人民都起来共同反对台独之日,就是实现祖国和平统一大有希望之时。正如党的十八大报告所指出的:"全体中华儿女携手努力,就一定能够在同心实现中华民族伟大复兴进程中完成祖国统一大业。"

2015年11月7日下午,中共中央总书记、国家主席习近平同台湾方面领导人马英九在新加坡会面,就进一步推进两岸关系和平发展交换意见。习近平同志强调:"两岸同胞是打断骨头连着筋的同胞兄弟,是血浓于水的一家人。我们应该以行动向世人表明:两岸中国人完全有能力、有智慧解决好自己的问题,并共同为世界与地区和平稳定、发展繁荣做出更大贡献。两岸双方应该坚持'九二共识',巩固共同政治基础,坚定走和平发展道路,深化两岸交流合作,增进两岸同胞福祉,共谋中华民族伟大复兴。"②

两岸领导人这一跨越66年的首次会面,是两岸关系发展进程中的重要里程碑,对两岸关系发展意义重大,影响深远,必将载入两岸关系史册。站在两岸关系发展的新起点上,两岸双方应该胸怀民族整体利益,紧跟时代前进步伐,携手巩固两岸关系和平发展大格局,共同实现中华民族的伟

---

① 习近平:《在庆祝中华人民共和国成立65周年招待会上的讲话》,《人民日报》2014年10月1日,第2版。

② 《习近平同马英九会面》,《人民日报》2015年11月8日,第1版。

第十一章　社会主义核心价值体系如何统领发展社会主义民主政治

大复兴。

（三）统一战线对维护世界和平与促进共同发展具有极其重大的战略意义

维护世界和平，是中国共产党人的庄严历史使命。毛泽东同志指出："我们是马克思列宁主义者，我们的国家是社会主义国家，不是资本主义国家，因此，一百年，一万年，我们也不会侵略别人。"① 党的十八大报告指出："我们将坚持与邻为善、以邻为伴，巩固睦邻友好，深化互利合作，努力使自身发展更好惠及周边国家。""中国人民热爱和平、渴望发展，愿同各国人民一道为人类和平与发展的崇高事业而不懈努力。"② 习近平总书记在党的十九大报告中指出："中国坚定奉行独立自主的和平外交政策，尊重各国人民自主选择发展道路的权利，维护国际公平正义，反对把自己的意志强加于人，反对干涉别国内政，反对以强凌弱。"③ 构建和谐世界，维护世界和平，促进共同发展，是社会主义国家对待、处理世界事务的本质体现，是我们国家的一贯方针。我国大力倡导建设和谐世界的主张，提出共同构建普遍安全的人类命运共同体，反映了人类社会健康发展的客观规律，反映了世界爱好和平人民的共同心愿，得到了全世界人民的赞同和拥护，适应了世界和平发展的时代潮流。中国奉行的睦邻、安邻、富邻等和平发展原则，深得民心，成为推动世界和平发展的典范和楷模。然而，在国际上存在霸权主义的情况下，维护世界和平和促进共同发展并不是件易事，因此，必须在世界上建立广泛的统一战线，这对于维护世界和平与促进共同发展具有极其重要的战略意义。

1. 紧密地团结坚持社会主义制度的国家，在世界上形成一股强大的坚决维护和平与促进发展的健康力量

马克思主义的科学理论体系、社会主义的价值观，是社会主义国家弥足珍贵的共同的思想基础，是社会主义国家紧密团结保持牢不可破的传统友谊的精神纽带。我们尊重社会主义国家人民根据自己国家的实际自主选

---

① 《毛泽东文集》第8卷，人民出版社1999年版，第301页。
② 胡锦涛：《坚定不移沿着中国特色社会主义道路前进，为全面建成小康社会而奋斗》，《十八大以来重要文献选编》上，中央文献出版社2014年版，第38页。
③ 习近平：《决胜全面建成小康社会　夺取新时代中国特色社会主义伟大胜利——在中国共产党第十九次全国代表大会上的报告》，《人民日报》2017年10月28日，第1版。

择发展道路的权利，不干涉别国内部事务，不把自己的意志强加于人。与社会主义国家要建立兄弟般的友谊，在国际事务中团结一致，协调立场，步调一致，维护人类社会的文明进步，健康发展。同时，十分珍惜拉丁美洲像委内瑞拉、玻利维亚等那些自觉选择走社会主义道路的国家对社会主义的选择。我们要支持他们根据自己国家的实际和本民族的文化传统自主地选择社会主义的发展模式。要充分认识他们选择社会主义道路的壮举在拉丁美洲、非洲等第三世界国家的示范意义、导向意义，对世界国际共产主义运动的极端重要战略意义，是对中国坚持社会主义价值观最宝贵的肯定和支持，起到了在发展中国家为我们宣传社会主义价值观的良好示范效应。只要世界上任何国家表示走社会主义道路，我们就一定给这些国家道义上、政治上、经济上、技术上的各种支持，促使其尽快地发展起来，扩大、增强社会主义价值观在世界上的影响力，形成强大的凝聚力、感召力，从而在世界上形成一股强大的坚决维护和平与促进发展的健康力量。

2. 广泛团结支持我国国家统一、与我国友好、维护国际法准则的国家，团结更多的力量，更好地为维护世界和平与促进发展服务

新中国成立初期，毛泽东同志就指出："在国际上，我们必须和一切爱好和平自由的国家和人民团结在一起，首先是和苏联及各新民主国家团结在一起，使我们的保障人民胜利成果和反对内外敌人复辟阴谋的斗争不至于处于孤立地位。只要我们坚持人民民主专政和团结国际友人，我们就会是永远胜利的。"[1] "要继续巩固和扩大人民民主统一战线，团结一切可以团结的力量。我国人民还要同世界各国人民团结一起，为维护世界的和平而奋斗。"[2] 团结世界上一切反对霸权主义维护世界和平的各种意识形态的国家，平等友好地与这些国家进行政治经济文化技术交流，增进友谊，加强团结合作，协调在国际事务中的立场，维护世界和平与促进发展。中国一贯倡导应该遵循联合国宪章宗旨和原则，恪守国际法和公认的国际关系准则，在国际关系中弘扬民主、和睦、协作、共赢精神。政治上相互尊重、平等协商，共同推进国际关系民主化；经济上相互合作、优势互补，共同推动经济全球化朝着均衡、普惠、共赢方向发展；文化上相互借鉴、求同存异，尊重世界多样性，共同促进人类文明繁荣进步；安全上相互信任、加强合作，坚持用和平方式而不是战争手段解决国际争端，共同维护

---

[1] 《毛泽东文集》第5卷，人民出版社1996年版，第344页。
[2] 《毛泽东文集》第7卷，人民出版社1999年版，第2页。

第十一章　社会主义核心价值体系如何统领发展社会主义民主政治

世界和平稳定；环保上相互帮助、协力推进，共同呵护人类赖以生存的地球家园。这些原则，反映了世界爱好和平的各国政府和人民的共同愿望，表达了致力于和平建设自己家园的各国人民的心愿，是对世界上极少数奉行霸权主义国家强权政治的坚决否定。党的十八届五中全会《决定》在"坚持开放发展，着力实现合作共赢"的第六部分（三）中指出："推进'一带一路'建设。秉持亲诚惠容，坚持共商共建共享原则，完善双边和多边合作机制，以企业为主体，实行市场化运作，推进同有关国家和地区多领域互利共赢的务实合作，打造陆海内外联动、东西双向开放的全面开放新格局。推进基础设施互联互通和国际大通道建设，共同建设国际经济合作走廊。加强能源资源合作，提高就地加工转化率。共建境外产业集聚区，推动建立当地产业体系，广泛开展教育、科技、文化、旅游、卫生、环保等领域合作，造福当地民众。加强同国际金融机构合作，参与亚洲基础设施投资银行、金砖国家新开发银行建设，发挥丝路基金作用，吸引国际资金共建开放多元共赢的金融合作平台。"开拓了与世界各国互利共赢务实合作的宽阔领域，极大地丰富了合作共赢的内容，恩播天下，泽润五洲，给世界各国人民带来福祉，中国已经成为维护世界和平稳定、构建和谐世界、推进世界经济社会发展的坚定力量和光辉旗帜。中国在黎巴嫩、非洲等地执行联合国委派的维和任务中，以及在解决苏丹达尔富尔问题及帮助西非抗击埃博拉疫情方面发挥了重要作用，作出了突出贡献，树立了良好的国际形象，越来越成为维护世界和平的坚强力量，成为世界人民实现和平的希望之光。

习近平同志指出："中华民族历来是一个爱好和平的民族，爱好和平在儒家思想中也有很深的渊源。中国人自古就推崇'协和万邦'、'亲仁善邻，国之宝也'、'四海之内皆兄弟也'、'远亲不如近邻'、'亲望亲好，邻望邻好'、'国虽大，好战必亡'等和平思想。爱好和平的思想深深嵌入了中华民族的精神世界，今天依然是中国处理国际关系的基本理念。"[①] 我们将继续贯彻与邻为善、以邻为伴的周边外交方针，加强同周边国家的睦邻友好和务实合作，积极开展区域合作，共同营造和平稳定、平等互信、合作共赢的地区环境。打造周边命运共同体，秉持亲诚惠容的周边外交理念，坚持与邻为善、以邻为伴，坚持睦邻、安邻、富邻，深化同周边国家

[①] 习近平：《在纪念孔子诞辰2565周年国际学术研讨会暨国际儒学联合会第五届会员大会开幕会上的讲话》，《人民日报》2014年9月25日，第2版。

的互利合作和互联互通。我们将继续加强同广大发展中国家的团结合作，深化传统友谊，扩大务实合作，提供力所能及的援助，维护发展中国家的正当要求和共同利益。中国将始终不渝走和平发展道路。习近平主席在第七十届联合国大会一般性辩论时的讲话中指出："大国之间相处，要不冲突、不对抗、相互尊重、合作共赢。大国与小国相处，要平等相待，践行正确义利观，义利相兼，义重于利。……弱肉强食是丛林法则，不是国与国相处之道。穷兵黩武是霸道做法，只能搬起石头砸自己的脚。"[1] 坚持国家不分大小、强弱、贫富一律平等，尊重各国人民自主选择发展道路的权利，不干涉别国内部事务，不把自己的意志强加于人。我们一定要和兄弟国巴基斯坦政府和人民紧密地团结在一起，风雨同舟，患难与共，共同发展，促进繁荣。与上海合作组织成员国、金砖国家搞好关系，与太平洋岛国发展友好关系，和智利、阿根廷等南美洲国家，与埃及、伊朗、叙利亚等中东、中非国家以及 APEC 组织成员国搞好关系，在国际事务中，交流信息，协调立场，并给予他们道义的、政治的、经济的、军事的、外交的支持和配合，取得他们的信任和支持，扩大我国在世界事务中的话语权和影响力。

2015年12月5日，习近平主席在中非合作论坛约翰内斯堡峰会上的总结讲话中强调中非合作的"五大支柱""十大合作计划"，指出："一致同意将中非关系提升为全面战略合作伙伴关系，决心共同致力于做强和夯实政治上平等互信、经济上合作共赢、文明上交流互鉴、安全上守望相助、国际事务中团结协作'五大支柱'。""围绕中非全面战略合作伙伴关系'五大支柱'，着力实施工业化、农业现代化、基础设施建设、金融、绿色发展、贸易和投资便利化、减贫惠民、公共卫生、人文、和平和安全'十大合作计划'，不断充实中非全面战略合作伙伴关系内涵。"[2] 习近平主席指出，中方将本着真实亲诚对非政策理念和正确义利观，继续同非洲国家一道开拓进取，为实现中非共同发展而不懈努力。任凭国际格局调整演变，中非平等互信、相互支持的兄弟情谊不会改变。任凭经济形势起伏跌宕，中非合作共赢、共同发展的根本宗旨不会改变。任凭时代社会发展

---

[1] 习近平：《携手构建合作共赢新伙伴 同心打造人类命运共同体——在第七十届联合国大会一般性辩论时的讲话》，《人民日报》2015年9月29日，第2版。

[2] 习近平：《在中非合作论坛约翰内斯堡峰会上的总结讲话》，《人民日报》2015年12月6日，第2版。

第十一章 社会主义核心价值体系如何统领发展社会主义民主政治

变迁,中非相互理解、共同进步的协作精神不会改变。任凭出现各种威胁挑战,中非风雨同舟、患难与共的坚定意志不会改变。"[1] 习近平主席的讲话掷地有声、一诺千金,赢得与会非洲国家领导人和现场听众多次热烈掌声。这些掌声,代表了非洲朋友的肺腑之言,既是认同和肯定,更是赞许和钦佩。这次峰会围绕"中非携手并进:合作共赢、共同发展"这一主题,对中非关系发展和各领域务实合作进行了全面规划,提出了中非关系新定位,描绘了中非合作新蓝图,并就共同关心的国际和地区问题广泛深入交换意见,达成广泛共识,为中非友好合作关系全面发展注入新的强劲动力,为开展更大范围、更广领域、更高层次的互利合作提供了强大的精神引领和政治保障。"五大支柱""十大合作计划""四个不会改变","中非永远是好朋友、好伙伴、好兄弟","中方将继续在联合国等场合为非洲仗义执言、伸张正义,支持非洲在国际舞台上发挥更大作用"。"为确保'十大合作计划'顺利实施,中方决定提供总额 600 亿美元的资金支持。"这一切的一切,极大地推动了非洲国家的经济社会发展,提高了非洲人民的生活质量,把非洲的国家和人民与中国人民紧紧地团结在一起。在中非合作论坛上,习近平主席和祖马总统共同主持峰会,同非洲国家和地区组织领导人共聚一堂,共叙友谊,共谋中非关系发展大计,开启了中非合作共赢、共同发展的新时代,在中非合作史上具有里程碑意义。中非 24 亿人民的紧密团结必将成为维护世界和平的巨大力量,为推动世界经济的健康发展和人类社会的文明进步作出更大的贡献。

党的十七大报告明确宣布:"中国奉行防御性的国防政策,不搞军备竞赛,不对任何国家构成军事威胁。中国反对各种形式的霸权主义和强权政治,永远不称霸,永远不搞扩张。""中国决不做损人利己、以邻为壑的事情。"[2] 习近平总书记在党的十九大报告中指出:"中国奉行防御性的国防政策。中国发展不对任何国家构成威胁。中国无论发展到什么程度,永远不称霸,永远不搞扩张。"[3] "中国的发展是世界和平力量的增长,无论

---

[1] 《习近平同南非总统祖马共同主持中非合作论坛约翰内斯堡峰会全体会议》,《人民日报》2015 年 12 月 6 日,第 1 版。

[2] 胡锦涛:《坚定不移沿着中国特色社会主义道路前进,为全面建成小康社会而奋斗》,《十七大以来重要文献选编》上,中央文献出版社 2009 年版,第 37 页。

[3] 习近平:《决胜全面建成小康社会 夺取新时代中国特色社会主义伟大胜利——在中国共产党第十九次全国代表大会上的报告》,《人民日报》2017 年 10 月 28 日,第 1 版。

发展到什么程度，中国永远不称霸、永远不搞扩张。"① 在中国，有党中央的英明领导，有能够集中力量办大事的优越的社会主义制度，有把握了人类社会发展客观规律的马克思列宁主义、毛泽东思想科学理论的指导，有马克思主义中国化了的中国特色社会主义理论体系的武装，特别是有习近平新时代中国特色社会主义思想为指导，有在中国特色社会主义共同理想基础上的全国各族人民的众志成城坚强团结，有勤劳、智慧、勇敢的14亿多人民取之不尽、用之不竭、极其丰富的人力、智力资源，有中华民族五千年灿烂文化的积淀，有海纳百川自觉汲取世界一切文明成果为己所用的博大襟怀，有改革开放以来积累的社会主义现代化的丰富经验和取得的世界经济第二位、进出口第一位的雄厚经济实力，只要和平稳定地发展10年、20年、30年、50年，中华人民共和国必将成为世界强国。我们是社会主义国家，是爱好和平的伟大民族，我们有长期深受外国帝国主义奴役、欺凌的痛苦，"己所不欲，勿施于人"。习近平主席向全世界宣告："中国梦是追求和平的梦。中国梦需要和平，只有和平才能实现梦想。天下太平、共享大同是中华民族绵延数千年的理想。历经苦难，中国人民珍惜和平，希望同世界各国一道共谋和平、共护和平、共享和平。"② "中国将坚持与邻为善、以邻为伴，践行亲诚惠容的理念，倡导共同、综合、合作、可持续的亚洲安全观，努力使自身发展更好惠及周边及亚太国家。"③ 在第七十届联合国大会一般性辩论时的讲话中，习近平主席向全世界庄严宣布："中国将始终做世界和平的建设者，坚定走和平发展道路，无论国际形势如何变化，无论自身如何发展，中国永不称霸、永不扩张、永不谋求势力范围。"④ 以为中国人民和世界人民服务为宗旨、坚持反对世界上各种形式的霸权主义和强权政治的中国共产党人一定能够做到：永远不称霸，永远不搞扩张！中国共产党和政府向全世界作出的这些庄严承诺，粉

---

① 习近平：《高举中国特色社会主义伟大旗帜 为全面建设社会主义现代化国家而团结奋斗——在中国共产党第二十次全国代表大会上的报告》，《人民日报》2022年10月26日，第1版。

② 习近平：《在中法建交五十周年纪念大会上的讲话》，《人民日报》2014年3月29日，第2版。

③ 习近平《携手追寻中澳发展梦想并肩实现地区繁荣稳定——在澳大利亚联邦议会的演讲》，《人民日报》2014年11月18日，第2版。

④ 习近平：《携手构建合作共赢新伙伴 同心打造人类命运共同体——在第七十届联合国大会一般性辩论时的讲话》，《人民日报》2015年9月29日，第2版。

第十一章 社会主义核心价值体系如何统领发展社会主义民主政治

碎西方敌对势力妖魔化中国的罪恶阴谋,解除了发展中国家受一些别有用心的人鼓噪"中国威胁论"所产生的疑虑,在世界上树立起我国爱好和平的负责任大国的良好形象,这就使我国在世界上能够团结更多的人,为维护世界和平而奋斗。

3. 广泛团结那些与我国意识形态对立,有这样那样摩擦的国家的广大人民群众及上层对我国友好的人士,形成一种健康的牵制力量,防止消极事态的发展

党的十七大报告指出:"当代中国同世界的关系发生了历史性变化,中国的前途命运日益紧密地同世界的前途命运联系在一起。不管国际风云如何变幻,中国政府和人民都将高举和平、发展、合作旗帜,奉行独立自主的和平外交政策,维护国家主权、安全、发展利益,恪守维护世界和平、促进共同发展的外交政策宗旨。"①党的十八大报告指出:"我们主张,在国际关系中弘扬平等互信、包容互鉴、合作共赢的精神,共同维护国际公平正义。""中国坚持在和平共处五项原则基础上全面发展同各国的友好合作。……我们将坚持与邻为善、以邻为伴,巩固睦邻友好,深化互利合作,努力使自身发展更好惠及周边国家。……中国人民热爱和平、渴望发展,愿同各国人民一道为人类和平与发展的崇高事业而不懈努力。"② 对于那些与我国意识形态不同的国家,我们也要坚持这种外交政策。世界上没有两片相同的树叶,与我国意识形态对立、有这样那样摩擦的国家,对待中国的态度也不尽相同。除了极少数奉行霸权主义的死硬派国家,绝大多数国家在国际关系中总能在政治、经济、外交中找到共同点或相近点。只要主张在和平共处五项原则的基础上发展友好合作关系,坚持用和平方式而不是战争手段解决国际争端,共同维护世界和平稳定的国家,我们就要争取团结他们。正如毛泽东同志所说的:"总之,国际上我们就是执行这个方针,只要在和平这个问题上能够团结的,就和他们拉关系。"③"在国际上,一切可以团结的力量都要团结,不中立的可以争取为中立,反动的

---

① 胡锦涛:《高举中国特色社会主义伟大旗帜,为夺取全面建设小康社会新胜利而奋斗》,《十七大以来重要文献选编》上,中央文献出版社2009年版,第36页。

② 胡锦涛:《坚定不移沿着中国特色社会主义道路前进 为全面建成小康社会而奋斗——在中国共产党第十八次全国代表大会上的报告》,《人民日报》2012年11月18日,第1版。

③ 《毛泽东文集》第6卷,人民出版社1999年版,第335页。

也可以分化和利用。"① "总而言之，要团结一切可以团结的人，……朋友越多越好，敌人越少越好。"② 同时，我们要广泛团结那些与我国意识形态不同，有这样那样摩擦的国家的广大人民群众、各阶层开明人士及上层对我国友好的人士，形成一种健康的牵制力量，防止消极事态的发展，最大限度地减少我们的对立面，为我国的社会主义现代化建设创造一个良好的国际环境，从而最终完成我们的历史使命。当然，"我们坚持走和平发展道路，但决不能放弃我们的正当利益。任何外国不要指望我们会拿自己的核心利益作交易，不要指望我们会吞下损害我国主权、安全、发展利益的苦果。中国走和平发展道路，其他国家也要走和平发展道路，只有各国都走和平发展道路，各国才能共同发展，国与国才能和平相处"③。

即使对奉行霸权主义的国家，我们也要采取分析的态度。主张强权政治的主要是当局，而当局中也有主张和平解决国际争端问题的有远见的开明人士，我们就要按照毛泽东同志的主张："要跟一切愿意和平的人合作，来孤立那些好战分子。"④ 我们就是要区别政策，孤立少数，团结多数，尽可能地团结那些对我国不友好的国家的广大人民及各个阶层中的开明人士，团结一切可以团结的力量，尤其是团结、争取一切可以争取的人民群众，加强人民间的交流，增进人民间的友谊，对统治阶级形成一种牵制力量。毛泽东同志早就告诉我们："列宁主义认为：资本主义国家的无产阶级要拥护殖民地半殖民地人民的解放斗争，殖民地半殖民地的无产阶级要拥护资本主义国家的无产阶级的解放斗争，世界革命才能胜利。白求恩同志是实践了这一条列宁主义路线的。我们中国共产党员也要实践这一条路线。我们要和一切资本主义国家的无产阶级联合起来，要和日本的、英国的、美国的、德国的、意大利的以及一切资本主义国家的无产阶级联合起来，才能打倒帝国主义，解放我们的民族和人民，解放世界的民族和人民。"⑤ 一定要把这些国家的统治者和广大的人民群众区别开来，加强与这些国家人民的团结，最大限度地减少我们的对立面，为我国的社会主义现代化建设创造一个良好的国际环境，进而使我国为世界的民族和人民作出

---

① 《毛泽东文集》第7卷，人民出版社1999年版，第23页。
② 《毛泽东文集》第7卷，人民出版社1999年版，第62页。
③ 习近平在中共中央政治局第三次集体学习时强调：《更好统筹国内国际两个大局夯实走和平发展道路的基础》，《人民日报》2013年1月30日，第1版。
④ 《毛泽东文集》第6卷，人民出版社1999年版，第332页。
⑤ 《毛泽东选集》第2卷，人民出版社1991年版，第659页。

第十一章　社会主义核心价值体系如何统领发展社会主义民主政治

更大的贡献。

统一战线这一无往而不胜的重要法宝,是中国共产党人进行革命及治国理政远见卓识政治智慧的生动体现。坚持以社会主义核心价值体系领社会主义民主政治,就要传承、创新、运用统一战线的法宝。只要我们紧密团结在以习近平同志为核心的党中央周围,充分发挥统一战线的重要作用,团结国内国外一切可以团结的力量,调动一切积极因素,化一切消极因素为积极因素,为建设一个伟大的社会主义强国而奋斗,就能战胜一切艰难险阻,最终实现我党推进现代化建设、完成祖国统一、维护世界和平和促进共同发展这三大历史任务,创造中国特色社会主义更加辉煌、更加美好的明天。

第十二章

社会主义核心价值体系如何统领发展社会主义先进文化

——坚持集体主义价值观反对个人主义价值观

"社会主义核心价值体系是兴国之魂,是社会主义先进文化的精髓,决定着中国特色社会主义发展方向。"[①] 坚持以社会主义核心价值体系引领社会思潮,就要在发展社会主义先进文化的过程中,坚持以社会主义核心价值体系为评判社会主义先进文化发展方向的是非标准,全面贯彻"双百"方针,大力发展先进文化,支持健康有益文化,允许包容无害文化,改造推进落后文化,坚决抵制鞭挞腐朽反动文化,巩固马克思主义在文化建设中的指导地位。社会主义先进文化服务于社会主义经济基础,社会主义经济基础需要先进文化为之服务,马克思提出两个"决裂",就是不仅要和私有制决裂,还要和腐朽落后的私有观念决裂,公有制为主体的社会主义基本经济制度,就需要与其相适应的集体主义价值观从意识形态上为之保驾护航。社会主义核心价值观,本质上是社会主义意识形态的集中体现,在价值观上理所当然是爱国主义、集体主义、社会主义,因此社会主义核心价值体系如何统领发展社会主义先进文化——就是要坚持集体主义价值观,反对个人主义价值观。要理直气壮地坚持和发展反映社会主义经济基础的社会主义先进文化,大力弘扬爱国主义、集体主义、社会主义思想,牢固树立集体主义价值观,旗帜鲜明抵制、批判代表资本主义腐朽意识形态的个人主义价值观,在全社会唱响"人不为公,天诛地灭"的主旋律,让中华民族优秀传统文化精华和马克思主义完美结合的"天下为公"的理念响彻神州。

---

① 《中共中央关于深化文化体制改革 推动社会主义文化大发展大繁荣若干重大问题的决定》,《人民日报》2011年10月26日,第1版。

第十二章　社会主义核心价值体系如何统领发展社会主义先进文化

一、社会主义核心价值体系统领发展社会主义先进文化就要打造中华民族文化高地

在当代中国，社会主义核心价值体系统领发展社会主义先进文化的意义深远，为深刻认识其意义，就要充分认识社会主义先进文化在社会主义建设中的重要地位和作用，充分认识社会主义先进文化的丰富内涵，科学把握社会主义核心价值体系领社会主义先进文化的着力点和根本目标，大力弘扬爱国主义、集体主义、社会主义崇高的人生价值观，打造中华民族的文化高地，抢占世界文化制高点。

（一）充分认识社会主义先进文化的重要地位和作用

当今世界正处在大发展大变革大调整时期，文化在综合国力竞争中的地位和作用更加凸显，维护国家文化安全任务更加艰巨，增强国家文化软实力、中华文化国际影响力要求更加紧迫。党的十七届六中全会《决定》指出："全党必须深刻认识到，社会主义先进文化是马克思主义政党思想精神上的旗帜，文化建设是中国特色社会主义事业总体布局的重要组成部分。没有文化的积极引领，没有人民精神世界的极大丰富，没有全民族精神力量的充分发挥，一个国家、一个民族不可能屹立于世界民族之林。物质贫乏不是社会主义，精神空虚也不是社会主义。没有社会主义文化繁荣发展，就没有社会主义现代化。在新的历史起点上深化文化体制改革、推动社会主义文化大发展大繁荣，关系实现全面建设小康社会奋斗目标，关系坚持和发展中国特色社会主义，关系实现中华民族伟大复兴。"[①]

文化越来越成为民族凝聚力和创造力的重要源泉、越来越成为综合国力竞争的重要因素、越来越成为经济社会发展的重要支撑，丰富精神文化生活越来越成为我国人民的热切愿望。从一定意义上说，谁占据了文化发展制高点，谁拥有了强大文化软实力，谁就能够在激烈的国际竞争中赢得主动。中华民族要屹立于世界民族之林，实现伟大复兴，不但要成为一个经济强国、军事强国，而且必须成为一个文化强国。培养高度的文化自觉

[①]《中共中央关于深化文化体制改革　推动社会主义文化大发展大繁荣若干重大问题的决定》，《人民日报》2011年10月26日，第1版。

和文化自信，努力建设社会主义的文化强国，这是中国特色社会主义文化发展的重大战略目标。

加强社会主义先进文化建设，是我国经济社会发展现状的迫切需要。改革开放40多年来，进来了新鲜空气，也进来了苍蝇蚊子。经济的全球一体化、信息化，迎来了思想大碰撞、文化大交流的时代，也出现了不少问题。其中比较突出的一个问题，就是极少数人正确价值观缺失，观点没有善恶，是非没有底线，什么违反党纪国法的事都敢干，没有国家观念、集体观念、家庭观念，不讲对错，不讲美丑，浑浑噩噩，穷奢极欲，良莠不分，笑贫不笑娼。极少数人没有民族气节，见利忘义，没有国格人格。各种反动思潮粉墨登场，资产阶级腐朽的个人主义、享乐主义、拜金主义肆意泛滥，毒害着人们的心灵，消磨着人们的斗志，腐蚀着人们的思想，堕落着人们的精神。理想信念迷失，集体主义思想丢失，社会道德滑坡，人心不古，自私自利，鼠目寸光，吃喝嫖赌抽，坑蒙拐骗偷，比比皆是，严重地影响着社会风气，影响着人民的精神状态，影响着社会主义现代化建设。其根源就是个人利益至上，个人中心主义、极端个人主义肆意泛滥，只有先进文化、集体主义价值观才能拯救他们的灵魂。文化战线存在的这些问题现状，亟须用社会主义先进文化去化解。

社会主义先进文化，是推进中国特色社会主义经济、政治、社会健康发展的政治统领，思想保证，精神动力，智力支撑，是鼓励、激发、调动全民族蕴藏在广大人民群众中的社会主义积极性、创造性，进行社会主义现代化建设的不可估量的强大动力源泉。毛泽东同志曾说："文化是反映政治斗争和经济斗争的，但它同时又指导政治斗争和经济斗争。文化是不可少的，任何社会没有文化就建设不起来。"① 建设前无古人的中国特色社会主义事业，将面临许多想象不到的困难、挑战和风险，比任何时候都更需要发挥社会主义先进文化的指导和保障作用。

胡锦涛同志曾指出："当今时代，文化在综合国力竞争中的地位日益重要。谁占据了文化发展的制高点，谁就能够更好地在激烈的国际竞争中掌握主动权。人类文明进步的历史表明，没有先进的文化的积极引领，没有人民精神世界的极大丰富，没有全民族创造精神的充分发挥，一个国家，一个民族不可能屹立于世界先进民族之林。"② 随着改革开放不断扩

---

① 《毛泽东文集》第3卷，人民出版社1996年版，第109—110页。
② 《十六大以来重要文献选编》下，中央文献出版社2008年版，第752页。

第十二章　社会主义核心价值体系如何统领发展社会主义先进文化

大，不断向纵深发展，随着经济的发展和社会的进步，人民的生活水平和创造欲望有了划时代的提高，人民对精神追求更加迫切、更加深入、更加广泛，文化越来越成为民族凝聚力和创造力的重要源泉、越来越成为综合国力竞争的重要因素、越来越成为经济社会发展的重要支撑，丰富精神文化生活越来越成为我国人民的热切愿望。在这样的形势下，我们必须适应中国人民在精神文化方面的新需求，大力发展社会主义先进文化，不断提高中国人民的科学文化素质和思想道德水准，增强文化自信，进而不断扩大中华文化国际影响力，形成与我国国际地位相称的文化软实力，牢牢掌握思想文化领域国际斗争主动权，切实维护国家文化安全。因此，搞好先进文化建设，对夺取全面建成小康社会新胜利、开创中国特色社会主义事业新局面、实现中华民族伟大复兴具有重大而深远的意义。

（二）充分认识社会主义先进文化的丰富内涵

习近平同志《在庆祝中国共产党成立95周年大会上的讲话》中指出："文化自信，是更基础、更广泛、更深厚的自信。在5000多年文明发展中孕育的中华优秀传统文化，在党和人民伟大斗争中孕育的革命文化和社会主义先进文化，积淀着中华民族最深层的精神追求，代表着中华民族独特的精神标识。"[①] 社会主义先进文化内涵十分丰富，外延极其广大，主要包括：（1）马克思主义中国化的成果——毛泽东思想、习近平新时代中国特色社会主义思想及其文化形态，如党的理论和路线方针政策，中国特色社会主义道路、理论体系、制度，我国经济、政治、法律、文化、社会、生态、外交、国防、党建等领域形成的哲学社会科学思想和成果；（2）中国共产党在长期革命和建设中形成的革命传统文化；（3）中华民族优秀传统文化以及世界各国先进的文明成果。最主要的首先是马克思列宁主义、毛泽东思想、邓小平理论"三个代表"重要思想、科学发展观和习近平新时代中国特色社会主义思想及其文化形态，中国革命传统文化、中华民族优秀传统文化。马克思主义、毛泽东思想与中国传统优秀文化完美地结合在一起，就是战无不胜的思想武器，必然会转化成战无不胜的物质力量。

以毛泽东同志为代表的老一辈无产阶级革命家培育起来的中国共产党的优秀革命传统文化，理所当然是当今世界最先进文化的精华。中国共产

[①] 习近平：《在庆祝中国共产党成立95周年大会上的讲话》，《人民日报》2016年7月2日，第2版。

党在长期的革命斗争中形成的引领中国革命取得胜利的优秀革命传统文化,完全彻底为人民服务,全心全意为人民服务,全心全意为中国人民和世界人民服务,"为有牺牲多壮志,敢叫日月换新天""下定决心,不怕牺牲,排除万难,去争取胜利"的壮志情怀,井冈山精神、长征精神、延安精神、西柏坡精神、抗美援朝精神、雷锋精神、航空航天精神等,以及革命乐观主义、集体主义等一系列的革命理论观点,是迄今为止古今中外最先进的文化。无数革命烈士,默默牺牲,无私奉献的崇高革命精神,是我们中华民族宝贵的优秀精神文化遗产,是战胜一切敌人的精神原子弹。坚持以社会主义核心价值体系统领社会主义先进文化,就要传承中国共产党的革命文化,大力弘扬共产党人的崇高精神境界。

中华民族传统优秀文化源远流长,博大精深,是当代中国先进文化的极其宝贵的活水源头。习近平同志指出:"中华民族有着五千年的文明史,创造和传承下来丰富的优秀文化传统。一方面,随着实践的发展和社会的进步,我们要创造更为先进的文化。另一方面,在历史进程中凝聚下来的优秀文化传统决不会随着时间的推移而变成落后的东西。我们决不可抛弃中华民族的优秀文化传统,恰恰相反,我们要很好地传承和弘扬,因为这是我们民族的'根'和'魂',丢了这个'根'和'魂',就没有根基了。"①"世界上一些有识之士认为,包括儒家思想在内的中国优秀传统文化中蕴藏着解决当代人类面临的难题的重要启示,比如,关于道法自然、天人合一的思想,关于天下为公、大同世界的思想,关于自强不息、厚德载物的思想,关于以民为本、安民富民乐民的思想,关于为政以德、政者正也的思想,关于苟日新日日新又日新、革故鼎新、与时俱进的思想,关于脚踏实地、实事求是的思想,关于经世致用、知行合一、躬行实践的思想,关于集思广益、博施众利、群策群力的思想,关于仁者爱人、以德立人的思想,关于以诚待人、讲信修睦的思想,关于清廉从政、勤勉奉公的思想,关于俭约自守、力戒奢华的思想,关于中和、泰和、求同存异、和而不同、和谐相处的思想,关于安不忘危、存不忘亡、治不忘乱、居安思危的思想,等等。中国优秀传统文化的丰富哲学思想、人文精神、教化思想、道德理念等,可以为人们认识和改造世界提供有益启迪,可以为治国

---

① 《习近平关于实现中华民族伟大复兴的中国梦论述摘编》,中央文献出版社2013年版,第33页。

第十二章　社会主义核心价值体系如何统领发展社会主义先进文化

理政提供有益启示,也可以为道德建设提供有益启发。"①

中华文化是全世界共有的精神财富,中华传统优秀文化包容四海,恩泽天下,普惠人间的博大胸襟,"己所不欲,勿施于人""己欲立先立人,己欲达先达人"天下共荣的仁爱情怀,是极其丰富的思想智慧资源,蕴藏着解决当代人类面临的难题的重要启示,是治国理政、人生处世、修齐治平取之不尽,用之不竭的智慧宝库,必将得到地球村广大社会群体的认同,成为世界人民精神寄托的幸福港湾。

中国古代的优秀传统文化精华源远流长,是万古不朽的千年智慧,她揭示了人类社会发展进步的固有规律,是经过数千年无数实践证明了的客观真理,是人类千古不易、万世传承的人生智慧,而且是世界范围内不同国家、不同民族、不同肤色人类共同适用、共同享用的精神食粮;是循天道、应天理、合天意、得民心、顺民意的普遍真理;是被人们普遍接受、普遍认可、普遍欢迎、能给人们带来福祉的思想宝库;是照亮世界未来顺利发展、人类共同进步前进道路的灯塔,是引领世界人民走向大同社会的光辉灿烂的太阳。随着时间的推移,更加明晰地显示出中华优秀传统文化的无限魅力和强大的不可抗拒的凝聚力量,必将成为全世界地球村村民的共同价值选择和精神家园,中华文化的灿烂阳光定能普照环球每个角落。

社会主义核心价值体系基本内容中的马克思主义指导思想,与马克思列宁主义、毛泽东思想、中国特色社会主义理论体系是完全吻合的统一体,共同统领中华民族的传统文化和世界各国的先进文明成果,其中体现"天下为公"思想的集体主义价值观,是社会主义核心价值体系领社会主义先进文化的集中体现。只有爱国主义、集体主义、社会主义核心价值观在全社会的普遍确立,才是社会主义核心价值体系领社会主义先进文化的成功体现。

2016年,习近平同志《在哲学社会科学工作座谈会上的讲话》中指出:"站立在960万平方公里的广袤土地上,吸吮着中华民族漫长奋斗积累的文化养分,拥有13亿中国人民聚合的磅礴之力,我们走自己的路,具有无比广阔的舞台,具有无比深厚的历史底蕴,具有无比强大的前进定力,中国人民应该有这个信心,每一个中国人都应该有这个信心。我们说要坚定中国特色社会主义道路自信、理论自信、制度自信,说到底是要坚

---

① 习近平:《在纪念孔子诞辰2565周年国际学术研讨会暨国际儒学联合会第五届会员大会开幕会上的讲话》,《人民日报》2014年9月25日,第2版。

定文化自信。文化自信是更基本、更深沉、更持久的力量。"① 习近平同志《在庆祝中国共产党成立95周年大会上的讲话》中再次指出:"文化自信,是更基础、更广泛、更深厚的自信。在5000多年文明发展中孕育的中华优秀传统文化,在党和人民伟大斗争中孕育的革命文化和社会主义先进文化,积淀着中华民族最深层的精神追求,代表着中华民族独特的精神标识。我们要弘扬社会主义核心价值观,弘扬以爱国主义为核心的民族精神和以改革创新为核心的时代精神,不断增强全党全国各族人民的精神力量。"② 在这里,习近平同志告诉我们,坚持以社会主义核心价值体系引领社会思潮,必须坚定我们的文化自信,就是必须坚持我们的先进文化体系,即马克思主义基本原理、马克思主义中国化形成的成果及其文化形态、中国共产党在长期革命和建设中形成的革命传统文化、中华民族优秀传统文化。习近平同志深刻指出:"历史和现实都表明,一个抛弃了或者背叛了自己历史文化的民族,不仅不可能发展起来,而且很可能上演一场历史悲剧。"③ 指明抛弃了或者背叛了自己历史文化的历史虚无主义、民族虚无主义、文化虚无主义鼓吹者,很可能导致整个民族历史悲剧上演的严重后果,为全党全国各族人民敲响了警钟,中国人民要自觉地与历史虚无主义、民族虚无主义、文化虚无主义划清界限,不论在任何情况下,都不能抛弃或者背叛在党和人民伟大斗争中孕育的革命文化、社会主义先进文化和自己民族的历史文化。

(三) 科学把握社会主义核心价值体系统领发展社会主义先进文化的着力点和根本目标

社会主义核心价值体系是兴国之魂,是社会主义先进文化的旗帜、精髓和灵魂,决定着社会主义先进文化的发展方向。社会主义核心价值体系统领社会主义先进文化,就要科学把握社会主义核心价值体系统领发展社会主义先进文化的着力点和根本目标,增强对中国共产党路线方针政策的思想认同、政治认同、行动认同。文化,是一个很大、很宽泛的概念,包

---

① 习近平:《在哲学社会科学工作座谈会上的讲话》,《人民日报》2016年5月19日,第2版。
② 习近平:《在庆祝中国共产党成立95周年大会上的讲话》,《人民日报》2016年7月2日,第2版。
③ 习近平:《在哲学社会科学工作座谈会上的讲话》,《人民日报》2016年5月19日,第2版。

第十二章　社会主义核心价值体系如何统领发展社会主义先进文化

括科学技术、文学艺术及其各种门类，包括科学技术的科研、设计、创造、发明、制造、使用、操作、管理等，以及文化活动、文化门类、文化体制、机制、组织、管理、创作、文字、教育等。社会主义先进文化正是统领各种文化工作和各领域文化门类的灵魂和旗帜，是统领各种文化沿着正确方向前进的火车头。在先进文化的统领下，才能更好地体现先进性，才能有效发挥先进文化"文以化人"的正向功能，才能更好地服务中国特色社会主义事业，发挥推进社会发展和人类进步的应有作用。

而社会主义核心价值体系领发展社会主义先进文化，却有着明确的价值指向。党的十七届六中全会《决定》明确规定，"推进社会主义核心价值体系建设"，[①]　就是"坚持用社会主义核心价值体系引领社会思潮，在全党全社会形成统一指导思想、共同理想信念、强大精神力量、基本道德规范"[②]；就是巩固"全党全国各族人民团结奋斗的共同思想道德基础"[③]。这就是社会主义核心价值体系领发展社会主义先进文化的根本任务，也是我们科学把握社会主义核心价值体系领发展社会主义先进文化的着力点，即打造共同的思想道德基础，界定在决定发展社会主义先进文化举什么旗、定什么向、走什么路，以什么样价值观对待社会政治、经济生活的层面。抓住了这一点，就抓住了灵魂，抓住了关键，抓住了核心，就牵住了牛鼻子，就能引领社会沿着正确的方向朝着既定目标胜利前进。

社会主义先进文化是巩固共产党执政地位的保证，是巩固社会主义制度的保证，是维护人民当家作主的人民政权的保证。我们要把人们的道德境界提升到巩固党的执政地位、巩固社会主义制度的高度，提升到捍卫人民当家作主的社会主义制度的高度，提升到自觉保护最广大人民福祉的高度来认识，并付诸于实践，就是为实现中华民族伟大复兴的中国梦提供强大的精神动力和文化支撑。

习近平同志主持召开中央全面深化改革领导小组第七次会议时强调："要牢固树立以人民为中心的工作导向，坚持以社会主义核心价值观为引领，深入研究新时期人民群众文化需求特点，发展先进文化，创新传统文

[①]　《中共中央关于深化文化体制改革推动社会主义文化大发展大繁荣若干重大问题的决定》，人民出版社 2011 年版，第 11 页。

[②]　《中共中央关于深化文化体制改革推动社会主义文化大发展大繁荣若干重大问题的决定》，人民出版社 2011 年版，第 12 页。

[③]　《中共中央关于深化文化体制改革推动社会主义文化大发展大繁荣若干重大问题的决定》，人民出版社 2011 年版，第 3 页。

化，扶持通俗文化，引导流行文化，改造落后文化，抵制有害文化，为实现中华民族伟大复兴的中国梦提供强大的精神动力和文化支撑。"①《中共中央关于完善社会主义市场经济体制若干问题的决定》明确指出："要大力加强社会主义文化建设，着力建立与社会主义市场经济相适应、与社会主义法律规范相协调、与中华民族传统美德相承接的社会主义思想道德体系，弘扬和培育民族精神，不断提高全民族的思想道德素质和科学文化素质，为改革和发展提供强大的精神动力和智力支持。"② 社会主义核心价值体系领发展社会主义先进文化，目标就是坚持马克思主义指导思想，牢固树立中国特色社会主义共同理想，大力弘扬以爱国主义为核心的民族精神和以改革创新为核心的时代精神，自觉践行社会主义荣辱观，牢牢把握社会主义先进文化的前进方向，形成全社会普遍认同的共同理想信念和道德规范，打牢全党全国各族人民团结奋斗的思想道德基础，为实现中华民族伟大复兴的中国梦提供强大的精神动力和文化支撑。

（四）打造中华民族文化高地，彰显追求崇高的民族特质

习近平同志指出："中国传统文化博大精深，学习和掌握其中的各种思想精华，对树立正确的世界观、人生观、价值观很有益处。古人所说的'先天下之忧而忧，后天下之乐而乐'的政治抱负，'位卑未敢忘忧国'、'苟利国家生死以，岂因祸福避趋之'的报国情怀，'富贵不能淫，贫贱不能移，威武不能屈'的浩然正气，'人生自古谁无死，留取丹心照汗青'、'鞠躬尽瘁，死而后已'的献身精神等，都体现了中华民族的优秀传统文化和民族精神，我们都应该继承发扬。"③ 我们这个民族是具有自觉追求崇高优良传统的伟大的民族，从三皇五帝的"修德""抚万民，度四方"，到孔子"天下为公"的大同社会理想，直到今天中国共产党的全心全意为人民服务，一脉相承，源远流长。正如鲁迅先生所说："自古以来，就有埋

---

① 习近平主持召开中央全面深化改革领导小组第七次会议强调：《鼓励基层群众解放思想积极探索推动改革顶层设计和基层探索互动》，《人民日报》2014年12月3日，第1版。

② 《中共中央关于完善社会主义市场经济体制若干问题的决定》，新华社，北京，2003年10月21日电。

③ 习近平：《在中央党校建校80周年庆祝大会暨2013年春季学期开学典礼上的讲话》，《人民日报》2013年3月3日，第2版。

第十二章　社会主义核心价值体系如何统领发展社会主义先进文化

头苦干的人，有拼命硬干的人，有为民请命的人，有舍身求法的人，……这就是中国的脊梁。"①

邓小平同志曾指出："要教育全党同志发扬大公无私、服从大局、艰苦奋斗、廉洁奉公的精神，坚持共产主义思想和共产主义道德。""在长期的革命战争中，我们在正确政治方向指导下，从实际情况出发，发扬革命和拼命精神，严守纪律和自我牺牲精神，大公无私和先人后己精神，压倒一切敌人和压倒一切困难的精神，坚持革命乐观主义、排除万难去争取胜利的精神，取得了伟大的胜利。搞社会主义建设，实现四个现代化，同样要在党中央的正确领导下，大力发扬这种精神。"② 我们就是要打造中华民族文化高地，彰显追求崇高的民族特质。

在这里，对追求崇高我们应有个科学正确的认识，一个国家一个民族，特别是像中国共产党执政的中华民族，不能没有崇高。在社会主义市场经济条件下，和战争时期一样需要崇高，甚至要比战争时期更加鲜明地提倡追求崇高，否则，就会失去拒腐防变和抵御风险的能力而像苏联那样，将以无数革命前辈用生命和鲜血换来的社会主义江山葬送。因此，时代需要崇高，人民呼唤崇高，保持党的先进性，提高党的执政能力，巩固党的执政地位需要崇高，中国社会主义制度的巩固，国际共产主义运动的健康发展需要崇高。正是具有崇高品格的中国共产党人领导亿万中国人民拼搏奋斗，才能使我们伟大的国家长治久安，伟大的人民幸福康宁。

自己不崇高，并不是国家、社会、人民不需要崇高，也不能看不见他人的崇高，更不能否定、亵渎他人的崇高。不能因为自己不崇高，就无视、攻击他人的崇高，也不能因为社会上有人不崇高，自己就放弃追求崇高。崇高被渺小攻击未必就不崇高，而渺小贬损、攻击，拒绝崇高，则更显其渺小。社会科学研究者不会制造原子弹，钱学森、邓稼先、钱三强等伟大的科学家却能造原子弹。正因为他们能造并造出原子弹，我国人民才得以打破帝国主义的核威胁、核讹诈，才保护了我国人民不会轻易遭受敌人的核袭击，这是我国人民的福祉，是中华民族的幸运。情同此理，就像自己不会造原子弹别人会造的道理一样，自己达不到思想崇高的境界，未必别人就达不到。中国人很多，那些思想崇高的人也很多。思想上的崇高者和科学上的伟大者，同样是国家的瑞气、人民的福气，弥足珍贵，是中

---

① 鲁迅：《且介亭杂文》，人民文学出版社1973年版，第94页。
② 《邓小平文选》第2卷，人民出版社1994年版，第367—368页。

华民族自强不息，立于世界民族之林的精神瑰宝，应倍加珍惜和弘扬。

社会主义先进文化集中地体现在中国共产党在长期的革命、建设和改革开放中培育、成长、涌现出来的英雄模范典型身上。有在敌人监狱中威武不屈、英勇斗争的方志敏、恽代英、陈铁军、周文雍、江姐、许云峰，有革命战争中的张思德、杨靖宇、刘胡兰，有在战场上英勇牺牲的狼牙山五壮士、董存瑞、黄继光，有在和平建设时期在各条战线上作出不凡业绩的焦裕禄、雷锋、钱学森、孔繁森、郑培民、牛玉儒、杨善洲、杨业功等，这些随着我国经济社会的发展进步不断涌现出来的英雄，心中装着党的事业，装着人民的冷暖，唯独没有自己，他们就是"毫不利己，专门利人"，对工作极端负责任、对同志对人民极端热忱的"生的伟大，死的光荣""为人民利益而死，就比泰山还重"的人民英雄，是中华民族的脊梁。在他们身上集中地体现了中国共产党人全心全意为人民服务的根本宗旨，是中国共产党人优秀品质的具体体现，也是中国共产党人历尽千辛万苦，千难万险而毫不退缩勇往直前，披荆斩棘，克服一切困难，战胜一切艰难险阻的力量所在。

彰显追求崇高的民族特质，就要学英雄，做英雄。一个没有英雄，不崇拜英雄，且不想、不敢、不屑于做英雄的民族，是一个没有希望的民族，没有前途的民族，无所作为的民族，悲哀的民族。而一个全社会崇拜英雄，学习英雄，人人都想当英雄，英雄辈出的民族，则是成就伟业，铸就辉煌，战无不胜，攻无不克，坚不可摧，其前程不可限量的民族。为了完成我们党在新世纪新阶段要带领全国各族人民全面建成小康社会，实现继续推进现代化建设，完成祖国统一，维护世界和平与促进共同发展的三大历史任务，提高党的执政能力，巩固党的执政地位，我们共产党人就应自觉地学习英雄，像焦裕禄、雷锋、钱学森、孔繁森、郑培民、任长霞、牛玉儒、杨业功、杨善洲那样，做新时期的英雄模范，做全心全意为人民服务的楷模和先锋。在社会主义市场经济的今天，在各种文化相互影响，各种思想相互激荡，利益群体多元化，价值取向多元化，高尚与卑劣共存，进步与腐朽同在的情况下，我们共产党人要想带领人民群众奔向繁荣昌盛，幸福安康的人类美好社会，决不能"忘记了自己是一个共产党员，把一个共产党员混同于一个普通老百姓"，[①] 找出种种理由和借口，降格以求，背离共产党人的崇高本质。作为一名党员领导干部，就必须自觉追求

[①] 《毛泽东选集》第2卷，人民出版社1991年版，第360页。

第十二章　社会主义核心价值体系如何统领发展社会主义先进文化

崇高的人生价值观，走在时代的前边，做社会发展的火车头，创前无古人的伟大业绩，做无愧于时代的民族英雄。

德之不修，行之不远。道德文化是一个民族永远前进的不竭动力。一个民族文明、文化的高度，决定道德思想的高度，文明、文化水平的高度与道德思想的高度，决定这个民族理论水平和精神境界的高度，决定全民族认知水平和改造主观世界、客观世界的智慧和能力的高度。精神境界有多高，道德思想水平有多高，创造性的聪明智慧就有多高。中华民族具有世界上最古老的文明，是世界上唯一把5000多年的文明延续下来的伟大民族，是一个海纳百川的民族，是一个有比海洋、天空还要宽阔的博大襟怀的民族，能够以开放的胸怀，汲取世界一切民族的优秀文明成果为己所用，一定能够打造世界级的文明高地、文化高地、思想高地、精神高地、道德高地，占领世界思想道德理论的制高点，永远走在世界的前面。

我们具有这样雄厚的马克思主义智慧资源、毛泽东思想的智慧资源、习近平新时代中国特色社会主义思想的智慧资源，有中华民族丰厚的优秀传统文化资源，有5000多年积累起来的无可限量的智慧能量。我们就是要高举马克思列宁主义、毛泽东思想的伟大旗帜，坚持以习近平新时代中国特色社会主义思想武装全党、教育人民，大力弘扬崇高的民族精神，坚持社会主义的正确政治方向，弘扬中华民族5000多年来积淀的深厚优秀文化传统，传承中国共产党人在长期革命斗争和社会主义建设中形成的光荣革命传统和崇高的服务人民、报效国家的无私奉献精神，借鉴人类有益的文明成果，用科学的理论武装人们的头脑，用高尚的精神塑造人们的灵魂，提高全民族的思想道德素质和科学文化素质，打牢全党全国各族人民团结奋斗的思想道德基础。

二、坚持社会主义核心价值体系统领社会主义先进文化，就必须牢固树立集体主义价值观

坚持以社会主义核心价值体系引领社会主义先进文化，首先要解决树立什么价值观，确定什么样的价值选择的问题。自从阶级产生以来，统治阶级就成为生产资料的占有者，代表生产资料占有者利益的统治阶级思想文化就在社会中占有统治地位。从奴隶社会、封建社会，到资本主义社会，都是反映剥削制度的意识形态自私自利个人主义的价值观统治着人们的头脑，影响着社会生活，毒化着人们的灵魂，维持着统治阶级剥削压迫

劳动人民的社会制度，给人类社会带来无尽的灾难和痛苦。马克思主义的产生，以解放全人类的共产主义理想阳光，驱散了资本主义一统天下的阴霾，以无产阶级全新的集体主义价值观，击溃了资本主义个人主义价值观对人们思想的奴役和束缚，像一道闪电划破了资本主义个人主义价值观统治人民心灵的茫茫夜空，开辟了人类走向光明的辉煌前景。

马克思的中学考试德语作文中写道："在选择职业时，我们应该遵循的主要指针是人类的幸福和我们自身的完美。不应认为这两种利益是敌对的、互相冲突的，一种利益必须消灭另一种的；人的本性本来就是这样的：人们只有为同时代人的完美、为他们的幸福而工作，才能使自己也达到完美。如果一个人只为自己劳动，他也许能够成为著名学者、大哲人、卓越诗人，然而他永远不能成为完美无疵的伟大人物。""历史承认那些为共同目标劳动因而自己变得高尚的人是伟大人物；经验赞美那些为大多数人带来幸福的人是最幸福的人。""如果我们选择了最能为人类福利而劳动的职业，那么，重担就不能把我们压倒，因为这是为大家而献身；那时我们所感到的就不是可怜的、有限的、自私的乐趣，我们的幸福将属于千百万人，我们的事业将默默地、但是永恒发挥作用地存在下去，而面对我们的骨灰，高尚的人们将洒下热泪。"①

为人类福利而劳动，做为大多数人带来幸福的人，全心全意为人民服务，坚持集体主义价值观，是共产党人、马克思主义者的政治本色，是坚持以社会主义核心价值体系引领社会思潮的集中体现。

党中央一再警示："全党必须牢记，党的先进性和党的执政地位都不是一劳永逸、一成不变的，过去先进不等于现在先进，现在先进不等于永远先进；过去拥有不等于现在拥有，现在拥有不等于永远拥有。"② "全党必须居安思危，增强忧患意识。"③ 我们必须积极行动起来，采取相应对策，将我国精神文明建设和道德建设推向新的高度和新的境界，坚持以社会主义核心价值观引领社会思潮，以社会主义先进的道德文化教化人，以巩固党的执政地位，巩固社会主义制度。

第一，坚持以社会主义核心价值体系引领社会思潮，彻底批判个人主义价值观，牢固树立集体主义价值观。毫无道德的个人主义是万恶之源。

---

① 《马克思恩格斯全集》第 40 卷，人民出版社 1982 年版，第 7 页。
② 《十七大以来重要文献选编》中，中央文献出版社 2011 年版，第 142 页。
③ 《十七大以来重要文献选编》中，中央文献出版社 2011 年版，第 143 页。

第十二章　社会主义核心价值体系如何统领发展社会主义先进文化

改革开放以来，个人主义的肆意泛滥已经严重损害了社会主义精神文明建设和道德建设，三聚氰胺奶粉、地沟油、黑心馒头、瘦肉精猪肉、毒豆芽等假冒伪劣、坑蒙拐骗、肇事逃逸等劣行，都是个人主义价值观腐蚀毒害人们的灵魂造成的直接恶果。我们就是要坚持以社会主义核心价值体系引领社会思潮，彻底批判个人主义价值观，牢固树立集体主义的人生价值观，就是要大力倡导"革命第一，工作第一，他人第一"，关心他人比关心自己为重，"全心全意为人民服务"。各级领导干部要认真学习老一代革命家一心为公、廉洁为公、克己奉公、以身作则，全心全意为人民服务的崇高品德。坚持以人为本、立党为公、执政为民的执政理念，做到权为民所用，情为民所系，利为民所谋，以人民为中心，牢固树立共产主义理想信念，牢固树立集体主义价值观。

第二，大力倡导认真学习毛泽东思想，践行全心全意为人民服务宗旨。新中国成立之后，毛泽东同志结合党的建设和社会主义建设实际，进一步强调了为人民服务的问题。1957 年，毛泽东针对有些干部"全心全意为人民服务的精神少了""争名誉，争地位，比较薪水，比较吃穿，比较享受，这么一种思想出来了"①的状况，再次强调："做革命工作，就要奋斗。一万年以后，也要奋斗。共产党就是要奋斗，就是要全心全意为人民服务，不要半心半意或者三分之二的心三分之二的意为人民服务。"② 今天提升国民的道德境界，就是要用全心全意为人民服务的思想、共产主义理想信念、集体主义思想、爱国主义精神为理念，武装人们的头脑。实践证明，社会主义是以公有观念为价值目标的社会，只能用集体主义价值观武装人们的头脑，才是人间正道，才有锦绣前程。如果树立以谋私利为社会价值导向的典型，用个人主义价值观作社会主义的发展动力，那是南辕北辙，不仅不能促进社会主义事业发展，相反还会走到邪路上去。小悦悦悲剧警示我们，已经到了大力提倡集体主义价值观、彻底清除个人主义价值观腐蚀人们头脑的时候了。必须批判"人不为己，天诛地灭"的反动口号，彻底清算"个人只顾个人"的极端个人主义思想，全党和全国人民确实到了与私有观念彻底"决裂"的时候了！要想从根本上杜绝小悦悦的悲剧发生，就要在全社会学习毛泽东思想，大力弘扬"大公无私"的共产主义光辉思想，就要学习白求恩精神。毛泽东同志在《纪念白求恩》一文中

---

① 《毛泽东文集》第 7 卷，人民出版社 1999 年版，第 284 页。
② 《毛泽东文集》第 7 卷，人民出版社 1999 年版，第 285 页。

深刻指出："白求恩同志毫不利己专门利人的精神，表现在他对工作的极端的负责任，对同志对人民的极端的热忱。"① 提出："每一个共产党员，一定要学习白求恩同志的这种共产主义者的精神。……学习他毫无自私自利之心的精神。从这点出发，就可以变为大有利于人民的人。"② 白求恩精神就是"大公无私"集体主义精神的集中体现，有了这种精神，我们的社会就能像张思德、白求恩对待同志和人民那样，人与人之间就能"互相关心，互相爱护，互相帮助"。就不会有小悦悦那样的悲剧发生。

第三，领导带头树正风。领导干部带头树立良好风气，能起示范导向作用，引领社会风尚。领导干部的言行举止往往是社会成员效仿的榜样，对社会成员起着导向和示范作用。孔子说："子欲善而民善矣。君子之德风，小人之德草，草上之风，必偃。"③ 意为领导者若想追求善，民也就跟着追求善。领导者的品德是风，百姓的品德是草，领导者品德之风吹过百姓品德之草，百姓的品德必然向着领导者品德之方向倾斜。无数社会实践告诉我们，一个地方政通人和，官气清正，民风淳朴，社会祥和，人民团结，必定是这个地方的领导干部自身良好的道德形象影响的结果。孔子曾明确指出："政者，正也。子帅以正，孰敢不正？"④ 领导率先垂范，处处带头，风清气正，普通群众谁敢不正？社会风气自然是好的。

好风气是领导以身作则带出来的，青年一代也需要领导干部的"传帮带"。首先要对当代青年有一个正确的估价，我们的年轻人不论"80"后，"90"后，都是忠诚善良、积极地向上、是非分明的，是爱国、爱党、爱人民，敢担当、有气节的好青年，祖国的希望就在他们身上。我们的人民是很好的人民，只要党的各级领导干部加强党性修养，"讲党性、重品行、作表率"，把青年和人民群众带好了，他们即使有这样那样的缺点也会加以改正，我们的社会风气就会好起来，道德素质就会有极大提高，党的执政基础就会坚如磐石。如果领导不身体力行带头传承弘扬"大公无私"的共产主义精神，谁都怕自己吃亏，谁都怕个人利益受损失，在别人有难时无动于衷，漠不关心，那么在国难当头时，谁还会抛家舍业、奔赴战场、

---

① 《毛泽东选集》第2卷，人民出版社1991年版，第659页。
② 《毛泽东选集》第2卷，人民出版社1991年版，第670页。
③ 吴树平、赖长扬：《全译本白话四书五经》第1卷，国际文化出版公司1992年版，第107页。
④ 吴树平、赖长扬：《全译本白话四书五经》第1卷，国际文化出版公司1992年版，第106页。

第十二章 社会主义核心价值体系如何统领发展社会主义先进文化

流血牺牲拼命打仗呢？那我们的国家谁来保卫，用什么精神鼓舞国民捍卫国家领土完整、民族尊严、人民的生命财产安全？那将是极其可怕的局面。因此，坚持以社会主义核心价值体系统领社会主义先进文化，就必须牢固树立社会主义的集体主义价值观，批判资本主义的个人主义价值观。

三、坚持以社会主义核心价值体系统领发展社会主义先进文化，就要让"人不为公、天诛地灭"响彻神州

坚持以社会主义核心价值体系引领社会思潮，推动社会主义文化大发展大繁荣，就必须彻底清算集中代表资产阶级"极端个人主义"价值观的"人不为己，天诛地灭"的魔咒。"人不为己，天诛地灭"被资产阶级奉为圭臬，也在当今社会广泛流传，然而，人类社会发展进步的规律、尤其是马克思主义创立的科学社会主义，共产主义运动兴起，便将这一信条彻底否定。从古至今，社会发展历史和现实生活的无数事实无可辩驳地证明，恰恰是"人不为公，天诛地灭"！在全社会唱响"人不为公，天诛地灭"旋律，是反思"人不为己，天诛地灭"造成其极严重社会危害合乎逻辑的必然结果，合天理、顺民意，是传承弘扬中华民族圣贤哲人孜孜以求的"天下为公"崇高道德理想的需要，是共产党人肩负的神圣职责和光荣历史使命，把"人不为公，天诛地灭"作为思想警示和行为准则，是当前抵御一切社会丑恶现象的精神法宝。

《中共中央关于深化文化体制改革推动社会主义文化大发展大繁荣若干重大问题的决定》（以下简称《决定》）强调指出："开展道德领域突出问题专项教育和治理，坚决反对拜金主义、享乐主义、极端个人主义，坚决纠正以权谋私、造假欺诈、见利忘义、损人利己的歪风邪气。"在当今社会要真正全面彻底贯彻落实《决定》这一精神，坚持以社会主义核心价值体系引领社会思潮，推动社会主义文化大发展大繁荣，就要按照《决定》"弘扬真善美，贬斥假丑恶"的要求，彻底清算集中代表资产阶级"极端个人主义"价值观、流毒甚广、危害极大、祸国殃民的"人不为己，天诛地灭"的魔咒。这种危害在党的干部队伍中极其明显，没有一个腐败分子不是在"人不为己，天诛地灭"的蛊惑下，走上犯罪道路的。对此，习近平同志在参加河北省委常委班子专题民主生活会时的讲话中尖锐地指

出,有的甚至产生"人不为己,天诛地灭"的想法,把当干部作为一种谋取私利、巧取豪夺的手段,深刻揭露了这种谬论对干部的毒害,对党的形象的损害,对人民事业的危害。

社会发展历史和现实生活的无数事实无可辩驳地证明,人不为己,合天理、顺民意、天经地义,而恰恰是"人不为公,天诛地灭!"这一理念是无产阶级集体主义人生价值观的集中概括,是中华民族优秀传统文化精华,闪烁着人类思维的智慧光芒,揭示出人类文明进步的客观规律,集中代表了社会发展的正确方向。

(一)"人不为公,天诛地灭"的提出,是反思"人不为己,天诛地灭"造成极其严重社会危害合乎逻辑的必然结果

本来"人不为己,天诛地灭"已被新中国成立以来的中国人民批判得体无完肤,臭不可闻,像老鼠过街,毫无市场。然而,随着我国改革开放,打开窗户,进来了新鲜空气,也进来了苍蝇蚊子。资本主义的腐朽价值观极端个人主义、利己主义也乘隙而入,泛滥开来。"人不为己,天诛地灭"死灰复燃,应运而生,大行其道,肆意泛滥,流毒甚广,对我们一贯坚持的集体主义价值观和"为人民服务"根本宗旨,造成了极大的冲击和挑战。党政机关干部深受其害,有的已经忘记了自己是共产党员,不知道自己是人民公仆,甚至理直气壮地宣称:谁不为个人打算呀?不少党员领导干部共产主义理想信念迷失,集体主义思想丢失,党的宗旨意识丧失。腐败分子以前所未有的速度批量产生,屡禁不止,整个社会个人主义急剧膨胀,形成全社会的立体腐败。

私欲是可以燃起任何邪念的火焰。因为"人不为己,天诛地灭"的精神污染,腐败因子恶变疯长,演绎出一幕幕因嫌金钱少、致使枷锁扛,为享花天酒地、反进监狱地狱,为了地久天长、反而加快死亡的闹剧。媒体不断曝光的腐败官员贪污受贿数额巨大,被判处死刑的:成克杰、胡长清、郑筱萸、李真、文强、许迈永、姜人杰等贪官、高官走向人生的不归之路案例,其根本原因,就是抱着"人不为己,天诛地灭"的人生信条,以权谋私、以私害公的结果。他们从为己谋私、期冀活在人间天堂开始,却以葬身阴曹地府的结果告终。这些被执行了死刑的党的高级领导干部,坠入腐败深渊,堕落为人民的罪人,成了"人不为己,天诛地灭"的受害者、牺牲品。这些被判处死刑的活生生案例,诠释了"人不为公,天诛地

第十二章　社会主义核心价值体系如何统领发展社会主义先进文化

灭"的必然逻辑归宿。

事实上,"人不为己,天诛地灭"还是资产阶级腐蚀无产阶级和共产党人,并促其走向背叛人民事业的精神鸦片和思想砒霜。革命现代京剧《红灯记》中就有这样一个情节,日本侵略者的代表鸠山诱降李玉和时,使用的就是"人不为己,天诛地灭"的人生信条。尽管李玉和大义凛然,严词拒绝,粉碎了鸠山的罪恶阴谋,然而,却充分说明"人不为己,天诛地灭"就是诱惑党员干部、普通群众背叛党和人民事业的迷魂汤。在血雨腥风的革命战争年代,那些背叛革命的可耻叛徒,无不是在"人不为己,天诛地灭"蛊惑中,为一己之私贪生变节、认贼作父、出卖灵魂、出卖同志、危害革命的;而那些在严刑拷打中坚守革命气节,为了人民利益义无反顾、慷慨赴死、英勇牺牲,谱写出气贯长虹,彪炳千秋壮丽凯歌的革命烈士,他们大义凛然、视死如归,面对死亡,为了正义的事业,豪迈地发出"砍头不要紧,只要主义真,杀了夏明翰,还有后来人"的千古绝唱,这些无不是坚持"天下为公"信仰,无私无畏的必然结果。在面对西方敌对势力西化、分化、和平演变中国的严重形势下,"人不为己,天诛地灭"的理念,已经在为那些准备背叛党和人民事业的无耻之徒及无数犹豫彷徨的人背叛党和人民事业,提供了思想诱导和价值选择指向。

和平时期,一个人只要选择了"人不为己,天诛地灭"的人生信条,什么伤天害理的劣行都会干得出来。这些年来相继发生的强拆伤人、死人,药家鑫撞人、杀人,黑煤窑瓦斯爆炸、矿难死人等恶性事故频发,害人又害己。假酒、假药、"毒奶粉"、"瘦肉精"、"地沟油"、"染色馒头"、毒豆芽等恶性食品安全事件,此起彼伏,防不胜防,堵不胜堵,引起全社会的极大忧虑、强烈不满和人民群众的极大愤慨。这都是整个社会各行各业一些人信奉"人不为己,天诛地灭"自私自利的资产阶级个人主义人生信条,只为谋自己私利、多赚钱,不顾他人生死,丧尽天良、欺骗、害人造成的直接恶果。

(二) 公行天下,是不可违逆的天理

古往今来,自私自利,走进地狱,一心为公,灿烂光明,已经成为不容置疑的客观真理。《吕氏春秋·去私》有言曰:"天无私覆也,地无私载也,日月无私烛也,四时无私行也,行其德而万物得遂长焉。"其意为:"天覆盖大地而没有私心,大地载育万物而没有私心,日月普照万物而没有私心,春夏秋冬四时运行而没有私心。"正是天地、日月、四时公而无私、利行天下、德泽万世的崇高精神，天下万物才得以自由生存和健康生长。可见，公行无私的大道，是不可违逆的天理、天道、天意。人类社会"天下为公"的思想，得天道、合天理、顺天意、得民心，是人类社会生生不息、繁衍发展的不竭源泉，符合社会发展的客观规律，必能惠万民、安天下，谁要违逆了，就必然引起天怒人怨，遭到报应。"人不为公"，恰恰失天道、违天理、逆天意、失人心，不管是谁，不管他一时有多么强大，都要受到社会和大自然的严厉惩罚，终究逃脱不了"天诛地灭"的下场，因此，"人不为公，天诛地灭"顺理成章。

有道是"私者一时，公者千古"。一位年逾90岁高龄抗日战争期间的县委书记愤慨地说：什么"人不为己，天诛地灭"，荒谬至极，一派胡言！古代的三皇五帝等圣贤，哪个是为己？《吕氏春秋》去私篇中说："尧有子十人，不与其子而授舜；舜有子九人，不与其子而授禹，至公也。"[①]他们都是因公而流芳千古！无数中国共产党人为了中华民族的振兴、国家的富强、人民的解放，舍生忘死，浴血奋战，流血牺牲闹革命，许多革命烈士连名字都没有留下，哪个是为己？共产党与生俱来就姓公，公行天下，一路辉煌。恰恰是那些不为公、为一己私利，而葬送国家、民族、他人利益的里通外国的卖国贼、叛徒，天诛地灭，没有好下场！个人主义正是这些伤天害理、祸国殃民丑恶现象的万恶之源，流毒甚广的"人不为己，天诛地灭"则是众祸之首。当前，杜绝一切社会丑恶现象的治本之策，就是坚持以社会主义核心价值体系引领社会思潮，旗帜鲜明地大力弘扬社会主义、集体主义价值观，针锋相对地在全社会唱响"人不为公，天诛地灭"高亢旋律！这是老一辈革命家"革命第一、工作第一、他人第一"崇高思想品格在新时期的集中体现，是天道、天理、天意，顺天应人。畅行其道，就能有效抵制个人主义盛行的歪风，我们党和国家就能永远立于不败之地。而"人不为己"本是一种顺应社会发展规律的人生准则和高尚行为，天经地义，可歌可颂，诬其"天诛地灭"，悖逆常理，荒唐可笑，且用心险恶。因此，在共产党领导的社会主义新中国，无视人间公平正义，鼓吹"人不为己，天诛地灭"之歪理，误导人们损公肥私，损人利己，伤天害理，祸国殃民，违逆"天下为公"之大道，对抗、挑战集体主义的社会主义道德原则，必然被自然社会和人类历史无情淘汰。

---

① 吕不韦：《吕氏春秋》，中州古籍出版社2010年版，第22页。

第十二章　社会主义核心价值体系如何统领发展社会主义先进文化

（三）"天下为公"是中华民族圣贤哲人孜孜以求的崇高道德理想

"人不为公，天诛地灭"是传承中国古代"天下为公"思想在新时期的集中体现和生动概括，是对那些不知为公、只想谋私的人的一种思想警告和精神震慑。"天下为公"的思想，是中华民族从古至今的思想道德精华，造福大众，济世泽人，富国利民，就是历代被尊为圣贤者的共同美德。女娲补天，治平洪水，杀死猛兽，使人民安居；燧人氏钻木取火，教人熟食；神农氏发明农具，教人农业生产，遍尝百草，发现药材，教人治病；大禹治水，兴修水利，发展生产。这种造福人民的美德善行，万古流芳，历代传颂。从三皇五帝开始绵延至今，几千年来成为凝聚中国人民不断奋斗，不断前进的希望和理想。尽管在中国古代自从产生了阶级压迫的私有制社会以来，从没有哪个帝王将相真正实现了"天下为公"的境界，但"天下为公"却一直是古往今来志士仁人孜孜以求的崇高理想，中国人民从来没有放弃为这种"天下为公"的理想而奋斗。

2000多年前，中国古代著名思想家孔子在《礼记》一书的"礼运"篇中提出："大道之行也，天下为公，选贤与能，讲信修睦。……是故，谋闭而不兴，盗窃乱贼而不作，故外户而不闭，是谓大同。"在孔子看来，只要"天下为公"公正无私，就能选贤与能，讲信修睦，实现美好的大同社会。这种"天下为公"即公正无私的思想既是孔子总结古代社会的令人钦羡的社会实践，又是今后历代贤哲孜孜追求的社会理想，影响了中国社会几千年。

孔子相继提出的"己所不欲，勿施于人""己欲立而立人，己欲达而达人""博施于民而能济众"。"有国有家者，不患贫而患不均"等观点，与孟子提出的"老吾老以及人之老，幼吾幼以及人之幼""推己及人，恩加四海"等，都是以"天下为公"思想为主旨，倡导惠及人民、泽被大众、共享共荣的不同表述。

这种公正无私的"天下为公"思想，形成了几千年来流传于民间的有难同当、有福同享，同甘共苦及"均贫富""等贵贱"等朴素的集体主义思想，是广大志士仁人孜孜追求的崇高理想，是广大劳动人民的迫切愿望。这种集体主义思想主张"壮有所用"，人人平等。从875年王仙芝、黄巢领导的农民起义提出"均平""平均"的口号以来，北宋的李顺、王小波领导的农民起义明确地提出了"均贫富，等贵贱"及明末李自成提出的"均田"思想，都是与这种"天下为公"思想一脉相承的政治思想。而太平天国时期的《天朝田亩制度》则是这种思想的新境界，主张太平天国的男子"尽是兄弟之辈"，女子"尽是姐妹之群"，四海之内皆兄弟，男女平等，实现废除土地私有制，平均使用一切财富，达到有田同耕、有饭同食、有衣同穿、有钱同使、无处不均匀、无人不饱暖的理想社会。

"天下为公"的思想，反映的是古代哲人圣贤的政治思想，代表了广大劳动人民的心愿，具有集体主义思想中公正无私的合理内涵。从古代的"天下为公"、祁黄羊的"去私"，郭允礼的"吏不畏吾严而畏吾廉，民不服吾能而服吾公，廉则吏不敢欺，公则民不敢慢，公生明，廉生威"，到康有为的《大同书》、孙中山的"天下为公"，是一脉相承的中华民族的传统道德理想。毛泽东的"毫无自私自利之心""毫不利己专门利人""全心全意为人民服务"，则是中华民族"天下为公"思想之集大成。这种"天下为公"的崇高思想，像光焰无际的太阳，穿越时空的隧道，把人类社会文明进步的正确道路照亮。

人类社会发展的历史告诉我们"人不为公，天诛地灭"是一个颠扑不破的真理。在中国历史上那些为自己谋私、曾经尽享荣华富贵的，随着历史的发展，早已"尔曹身与名俱裂"，而那些一心为公的社会贤达，有的虽然当时屡受磨难，但"不废江河万古流"，高山仰止，深受历代尊崇。海瑞、包拯，在位清明，廉洁奉公，名垂千古，流芳百世；严嵩、和珅声名显赫，权倾朝野，富可敌国，因为损公肥私，恶贯满盈，天怒人怨，最后性命不保，死无葬身之地。岳飞、文天祥，为国家、为百姓的利益不惜生命，虽死犹生，辉同日月；而秦桧身居高位为一己私利，葬送了民族和黎民百姓的根本利益，则是遗臭万年，世世代代遭人唾弃。

（四）实现"天下为公"的社会理想，是共产党人肩负的神圣职责和光荣历史使命

中华民族"天下为公"的这种有几千年深厚文化积淀的道德思想，一旦与马克思主义的集体主义思想相结合，升华成中国共产党人的集体主义价值观，就会产生创造社会主义辉煌业绩的无与伦比的巨大的精神和物质力量。马克思主义的理论，是无产阶级获得解放的理论，极为重视强调凝聚整个阶级力量的集体主义思想。在《共产党宣言》中，马克思、恩格斯指出："过去的一切运动都是少数人的或者为少数人谋利益的运动。无产阶级的运动是绝大多数人的、为绝大多数人谋利益的独立的运动。""共产

第十二章　社会主义核心价值体系如何统领发展社会主义先进文化

党人不是同其他工人政党相对立的特殊政党。""他们没有任何同整个无产阶级的利益不同的利益。""共产党人到处都努力争取全世界的民主政党之间的团结和协调。""联合行动,至少是各文明国家的联合行动,是无产阶级获得解放的首要条件之一。"在《〈共产党宣言〉1883年德文版序言》中指出:"被剥削被压迫的阶级(无产阶级),如果不同时使整个社会永远摆脱剥削、压迫和阶级斗争,就不再能使自己从剥削它压迫它的那个阶级(资产阶级)下解放出来。"在《共产党宣言》的最后,马克思恩格斯向全世界无产阶级发出伟大号召:"全世界无产者,联合起来!"只有坚持无产阶级的集体主义精神,为了自己整体的利益去不懈地斗争才能得到自身的解放。而在《共产党宣言》中,谈到设想的未来社会时,也满怀深情地指出:在那个社会里,"将是这样一个联合体,在那里,每个人的自由发展是一切人的自由发展的条件"。"根据共产主义的原则组织起来的社会,将使自己的成员能够全面发挥他们的得到全面发展的才能。……所有人共同享受大家创造出来的福利,……使社会全体成员的才能得到全面发展。"这种团结起来,只有解放全人类,才能最后解放无产阶级自己的集体主义思想,在根据共产主义原则组织起来的社会里,将能施展自己的全面发展的才能,并共享大家创造出来的福利,使社会全体成员的才能得到全面发展等集体主义思想,与中国传统的"天下为公"有异曲同工之妙。因此,马克思主义为全人类美好幸福着想的集体主义思想,与中国影响深远的"天下为公"的道德传统,很自然地完美结合起来,形成了中国共产党人的公正无私、大公无私、一切从集体利益出发的具有全新意义的集体主义精神。中国共产党人的"全心全意为人民服务"的根本宗旨,立党为公、执政为民,权为民所用、情为民所系、利为民所谋、以人民为中心的执政理念,就是真正实现"天下为公"崇高理想的集中体现。必然能营造鼓励人们干事业、支持人们干成事业的社会氛围,放手让一切劳动、知识、技术、管理和资本的活力竞相迸发,让一切创造社会财富的源泉充分涌流,以造福于人民。

　　人是社会的人。马克思说:"人是最名副其实的政治动物,不仅是一种合群的动物,而且是只有在社会中才能独立的动物。"[①] 离开人类社会就无法理解现实的活动着的人。人类社会是每个个人生存和发展的基地和环境,离开社会就无法独立生存,这就有一个人与社会、国家、集体、他人

---

① 《马克思恩格斯选集》第2卷,人民出版社1995年版,第2页。

间的相互关系问题，就有一个以为公还是为私为出发点对待这些相互关系的问题。从为私的利己主义出发，便衍生人与人互相倾轧、尔虞我诈、弱肉强食的丛林法则，就违反了人类社会发展规律。只有从为公的集体主义出发，关照他人，和谐相处，共赢发展，才是符合社会自由全面发展规律的人与人相处的正确关系。在社会主义国度里，从为公出发，人与人之间就会形成互相关心、互相爱护、互相帮助的关系，就会有对工作极端负责任，对同志对人民极端热忱的态度。只要有毫无自私自利之心的精神，每个人就能成为一个高尚的人、纯粹的人、有道德的人、脱离了低级趣味的人、有益于人民的人，从而推动人类充分自由全面发展。

为公还是为私，在古时是崇高和卑劣的标志，国家、社会、家庭、人生，皆同此理，概莫能外。在我们的社会主义国度里，为公还是为私，是有德与无德的试金石，是真假马克思主义、真假共产党员的显著标志和根本区别。全心全意为人民服务，建设社会主义、共产主义社会，实现"天下为公"的社会理想，是中国共产党人肩负的神圣职责和光荣历史使命。

"文化大革命"期间，为了实现两个"决裂"，破除私有观念，巩固社会主义意识形态阵地，大张旗鼓地开展"斗私批修""破私立公""狠斗'私'字一闪念""灵魂深处爆发革命"的教育活动，批判资产阶级个人主义价值观。由于受极"左"思潮的影响，混淆了资产阶级腐朽的个人主义价值观与个人正当利益的关系，错误地把人们的个人正当利益当作个人主义进行了批判。改革开放后，拨乱反正，重视人民群众的个人正当利益，结果矫枉过正，"人都是自私的""为个人主义正名"的鼓噪喧嚣于世，"个人主义"成了香饽饽，堂而皇之登堂入室，理直气壮地成了人们的人生信条，"人不为己，天诛地灭"就是其集中体现。并泛滥成灾，危害甚烈，电信诈骗、拐卖妇女儿童、黄赌毒等许多令人发指的伤天害理的劣行，都是这种理念催生的直接恶果。最严重和危害最大的，是这种极其腐朽、极其反动的资产阶级价值观，污染了一些党员干部的心灵，使他们走向贪污腐败的犯罪深渊。不仅葬送了这些党员干部的前程，而且伤害了人民的利益，损害了党和政府的形象，离间、破坏了党与人民群众的血肉联系，动摇了中国共产党的执政基础，危害了社会主义事业的健康发展。

社会生活中的芸芸众生，不可能人人都是雷锋，但人人都需要雷锋，不管是什么人，当自己遇到困难和危险时都需要具有雷锋精神的人来伸出救援之手。当今时代，社会经济组织形式多样化、利益主体多样化、生活方式多样化，要求人人都像白求恩那样"毫不利己、专门利人"既不现

第十二章 社会主义核心价值体系如何统领发展社会主义先进文化

实,也不可能,信奉"人不为己,天诛地灭"者也大有人在,不可能绝迹。然而,我们是社会主义社会,作为统领社会思潮的核心价值,决不能抛弃集体主义价值观降格以求,任由"人不为己,天诛地灭"的资产阶级腐朽思想在全社会肆意泛滥,那将对社会造成多层面的巨大灾难。

集中体现了资产阶级个人主义价值观的"人不为己,天诛地灭",是使人堕落的催化剂,是教人卑劣的腐蚀剂,是毒化人们善良心灵的精神鸦片和道德砒霜,是社会一切伤天害理劣行的总污染源。如果全社会信奉"人不为己,天诛地灭",并以此作为自己的人生价值观,思想遵循,行为准则,就会理直气壮地以个人利益为中心,以是否利己为是非曲直的判断标准,以实现个人利益最大化为出发点和落脚点。那么,政府官员就会争名于朝,争利于市,自私自利,堂而皇之,以权谋私,心安理得,只为自己骄奢淫逸,哪管百姓饥寒交迫;企业老板就会花天酒地,醉生梦死,哪管职工失业下岗,生活无着落;不法房地产商就会为自己牟取暴利,加紧与政府失德官员钱权交易,相互勾结,伤天害理,强拆强征,草菅人命,岂管人民群众是死是活;法官就会通吃原告、被告,乘机敲诈勒索、聚财敛钱,把法律的公正卖给出价最高的一方,就会亵渎法律的神圣和尊严,整个社会就会物欲横流,人心大坏,良知泯灭,利欲熏心,黄赌毒肆意泛滥,吃喝嫖赌盛行于世,黑恶势力遍布于野。为了谋取个人私利,巧取豪夺,坑蒙拐骗,贪污盗窃无所不用其极,社会公德斯文扫地,公平正义荡然无存,必然引起人民群众的强烈不满,破坏社会的和谐稳定,影响极其恶劣,危害极其严重,绝不可等闲视之。这些年来,腐败问题久反不绝、屡禁不止且大有蔓延之势的直接根源,就是"人不为己,天诛地灭"毒害这些腐败官员灵魂的缘故。如果把"人不为己,天诛地灭"奉为人生信条,人人为自己,谁也不为大家,不为国家。一旦外敌入侵,就必然会给国家和社会主义事业带来灾难性后果,谁也不想国家利益,不为国家分忧解难、英勇战斗、慷慨赴死,只为自己苟且偷生,那必然成为旧中国那样个人顾个人的一盘散沙的局面,不堪一击。我们的国家、我们的人民,就会成为入侵敌人的鱼肉,被无情吞噬,中华民族、中国人民就会陷入万劫不复的悲惨境地。

中国共产党是一个全心全意为人民服务的党,为人民服务和集体主义是社会主义社会和全体人民主导价值观的核心内容和最高原则,是凝聚全国人民团结奋斗的光辉旗帜。中国是一个有14亿多人的大国,只有用"天下为公"的思想,用爱国主义、集体主义、社会主义价值观、社会主义核心价值体系把全国各民族人民团结整合起来，才有凝聚力、感召力、战斗力，才能形成人人为大家、大家为国家、万众兴中华的动人局面，才能万众一心，众志成城，排山倒海，无坚不摧，战胜一切艰难险阻，创造前无古人的辉煌业绩。因此，必须在人们的日常生活中唱响"人不为公，天诛地灭"高亢旋律。

（五）把"人不为公，天诛地灭"作为思想警示和行为准则，是当前抵御一切社会丑恶现象的精神法宝

宣扬"自私是人的本质""人都是自私的"，鼓噪"人不为己，天诛地灭"，是西方敌对势力分化、西化、和平演变中国战略图谋的重要组成部分，是资产阶级剥削思想的沉渣泛起。往往是通过混淆个人正当利益与个人主义的界限以售其奸的。因此，必须解决混淆个人正当利益与个人主义界限的问题。因为个人正当利益人人都有，混淆二者界限的本质，是挖设"人人都是自私的"陷阱，引导人们误入既然人人都是自私的，那么自己自私理所应当、天经地义的歧途，使个人主义在人们心理上合法化。如果人人信奉"人不为己，天诛地灭"，全社会都奉行个人主义价值观，那么就会冲毁中国共产党人用无数革命先烈鲜血和生命筑起的集体主义思想堤坝。事实上个人正当利益与个人主义根本不同。在社会主义国度里，党和政府全部工作的出发点和落脚点就是发展好、实现好、维护好人民的根本利益，就是保护个人的正当利益。个人正当利益是保证共和国的公民维护自身的生存、健康、学习、接受教育培训、提高智慧，增强劳动能力、创造能力，养育子女，保证人的再生产能力，报效国家、奉献社会、服务人民的必要物质条件。个人正当利益，是合理合法的，应该维护。对于人们通过诚实劳动收入、合法经营、发明创造等获得的各种正当收入，都能得到有效的保护，同时让人民共享改革发展成果。但个人正当利益的获得，必须要通过为公的途径来实现，就是通过对国家、对社会、对他人提供良好的服务来实现。如果不为公，以己害公，肥私损公，必然受到社会的惩罚，个人利益很难实现。即使一时侥幸实现，但最终也会翻船，加倍奉还给社会，甚至把自己本来应该拥有的全部丧失。

习近平在参加河北省委常委班子专题民主生活会时的讲话中指出：在作风问题上，起决定作用的是党性。衡量党性强弱的根本尺子是公、私二字。有的领导干部为了捞资本、谋升迁，不惜动用人力、物力、财力，大搞"形象工程""政绩工程"；有的领导干部任人唯亲、任人唯利，甚至搞

第十二章　社会主义核心价值体系如何统领发展社会主义先进文化

顺我者昌、逆我者亡；有的领导干部以权谋私、贪赃枉法，为自己和小团体谋私利，甚至到了欲壑难填、蛇欲吞象的地步，其中的动因不就是一个"私"字吗？有人说，现在不要讲"大公无私"了，因为干部的合理合法利益也要承认，应该是"大公有私"。这是一个谬论！干部合理合法的利益当然要承认，也要保障，但这同私心、私利、私欲不是同一个概念，不能混为一谈。作为党的干部，就是要全心全意为人民服务，就是要诚心诚意为党和人民事业奋斗，就是要讲大公无私、公私分明、先公后私、公而忘私。如果连这一点都不讲了，我们党还是中国工人阶级先锋队吗？还是中国人民和中华民族先锋队吗？作为共产党员，作为党的干部，只有一心为公，事事出于公心，才能有正确的是非观、义利观、权力观、事业观，才能把群众装在心里，才能坦荡做人，谨慎用权，才能光明正大、堂堂正正。说"大公有私"，就是想把"私"合法化，小心上当啊！不能把"私"与一些基本权益、基本需求划等号。一个人要睡眠，保证了这个权益就是有"私"了？一天吃三顿饭就是有"私"了？基本福利、基本工资不拒绝，也是有"私"了？能这么解释吗？偷换概念嘛！我们说的"私"，是指在行使公权力时谋私，这是不允许的。在这里，习近平明确地揭示了个人正当权益的满足与资本主义个人主义价值观的谋"私"，是两个不同概念，把人们譬如"基本福利、基本工资不拒绝"的正当权益与"私"字划等号，实质上是想把"私"合法化的陷阱，我们千万不能上当。不能因误把个人正当权益当作"私"念对待，而误入资产阶级政客挖设的"人人都是自私"的陷阱，走上以权谋私的邪路。

奉行"人不为己，天诛地灭"的理念，必然消解党中央的路线方针政策和科学决策，大大降低路线方针政策的社会效益。老百姓常打趣地说，上边的经是好经，都是下边的歪嘴和尚念歪了。歪嘴和尚把好经念歪，最根本的不是嘴歪，而是心歪了，这个心歪的核心就是"人不为己，天诛地灭"。有了这种为自己的私念，领导干部有些就会为了自己升官发财，眼睛盯着上面，就会大搞劳民伤财的"形象工程""政绩工程""面子工程"。就会出现上有政策，下有对策，不顾党和国家的整体利益和长远利益，从自己地方、部门、单位的局部利益出发的，有利就干，利大大干，利小小干，无利不干，合意的执行，不合意的就不执行。甚至把党中央的科学决策、有利于国计民生的好政策，在执行中塞进私货，变了味道，损害了党的政策本应发挥的积极效益，在人民群众中，造成不良影响，损害了党和政府的良好形象。有了这种为自己的私念，有些人就会利用自己手中的权利以权谋私,贪污受贿,聚敛钱财。有些人以自己的利益为转移,奉行有奶就是娘的信条,只要谁给钱多,就跟谁走,即使明知是敌人,只要给他开价高,他就会借改革开放之机与外敌勾结起来,出卖国家和民族利益,背叛党和人民事业,充当西方敌对势力颠覆共产党执政地位、颠覆社会主义制度的走卒和内应。

中国特色社会主义是建立在以公有制为主体、多种所有制经济共同发展的基本经济制度之上的,必须以与之相适应的集体主义思想作为上层建筑的意识形态和价值选择,才能促进社会主义事业沿着正确的方向蓬勃发展。"人不为己,天诛地灭"的个人主义价值观,是资本主义的意识形态和上层建筑,与中国特色社会主义是格格不入的、水火不容的,如果任其泛滥成灾,人们自私自利,贪婪成性,就会对社会主义经济基础产生巨大的反作用,消解、破坏中国特色社会主义经济制度的健康发展,进而颠覆中国特色社会主义制度,葬送中国特色社会主义事业。正如著名作家卢新华所深刻指出的:"一个个奇形怪状的瘤子,正在我们这个时代和社会的肌体上,在许多人的心田里疯长。它们不是别的,就是贪婪。因为贪婪,我们变得浮躁、焦虑、短视,视道德伦理于浮云;因为贪婪,我们变得爱财如命,为聚敛财富,不择手段,尔虞我诈,坑蒙拐骗,以至于夫妻反目,朋友成仇;因为贪婪,家有遗产之夺,路有暴力之抢,市有奸商之骗……"[①]在"人不为己,天诛地灭"浸透了灵魂的人眼里,只有自己那些蝇头小利,什么人类的前途、国家的命运、集体的利益、他人的感受,都与己无关,统统抛到九霄云外。为了自己的利益,可以与亲人反目成仇,而且常常利令智昏,欲壑难填,杀人越货,有时竟然为了满足自己不正当的个人利益,投敌卖国、认贼作父、祸国殃民。如果任这种社会状况信马由缰不断发展,中国特色社会主义性质必然走向反面,党和人民的美好愿望就会付之东流,损害良好的社会风气,损害中华民族精神信仰。

本来助人为乐、见义勇为,是中华民族的传统美德,而现今却出现"老人摔倒不敢扶"的怪事。联系2006年的南京"彭宇"案和最近天津的"许云鹤"案等事件的影响,大家是怕遇上那种为了讹诈别人钱财专搞"碰瓷"的人。有人摔倒没人帮,正是有人帮忙反被诬赖造成的直接恶果。为此,习近平在《关于〈中共中央关于全面推进依法治国若干重大问题的决定〉的说明》中指出:"我曾经引用过英国哲学家培根的一段话,他说:

[①] 卢新华:《论"回头"》,《人民日报》2011年8月10日,第24版。

第十二章　社会主义核心价值体系如何统领发展社会主义先进文化

'一次不公正的审判,其恶果甚至超过十次犯罪。因为犯罪虽是无视法律——好比污染了水流,而不公正的审判则毁坏法律——好比污染了水源。'这其中的道理是深刻的。……因此,全会决定指出,公正是法治的生命线;司法公正对社会公正具有重要引领作用,司法不公对社会公正具有致命破坏作用。"执法不公,比犯罪更可怕,确实如此。

现今为什么"老人摔倒不敢扶"了呢?根本原因是全社会盛行的个人主义价值观造成的。而且主要是被扶之人(人品不良的老人)从为己的"私"字出发,为了讹诈做好事(扶人)者的钱财。法律又不能有效保护好心人,法官从个人主义价值观出发,做出"如果不是你撞倒的,你何必去管别人的闲事?你管了,当然就说明是你撞倒的"思维方法判案,枉法判决,维护昧良心的讹诈者,反而让做好事的人受到法律制裁。当法律失去公平正义,是非不分,保护卑劣者,打击好人成为常态让国人寒心时,"扶老人一把的"好事谁还敢做呢?因此,党的十八届四中全会公报指出:"公正是法治的生命线。司法公正对社会公正具有重要引领作用,司法不公对社会公正具有致命破坏作用。"①可谓一语中的,切中要害。

万恶私为首,百善公为先。深刻认识,资本主义社会是弱肉强食丛林法则盛行于世的人吃人的私有制社会,个人主义价值观是其社会意识形态的价值核心,人们奉行"人不为己,天诛地灭"天经地义,顺理成章,毫不奇怪。这也正是资本主义腐朽没落的标志。而社会主义社会是以集体主义的价值观为价值核心,以解放全人类为奋斗目标,以实现人与人平等"互相关心,互相爱护,互相帮助"和谐相处、共享美好生活的公有制社会。社会主义、共产主义社会理想和价值目标与资本主义社会的价值目标,是水火不相容根本对立的。如果把资本主义腐朽的人生价值观,作为社会主义国家里人民群众的思维方式和价值标准,就是对社会主义事业的背叛,就是对共产主义事业的背叛,就是对中国传统道德理想的背叛,就是对1840年以来中国革命先驱为振兴中华艰苦探索精神的背叛,就是对中国共产党无数革命先烈流血牺牲的亵渎,就是对中国共产党人"全心全意为人民服务"根本宗旨的彻底背叛。共产党人为了推进共产主义事业的蓬勃发展,必须把"人不为公,天诛地灭"作为全社会每个人的思想警示和行为准则,这是当前抵御一切由个人主义衍生出来的社会丑恶现象的精神

---

①　《中共中央关于全面推进依法治国若干重大问题的决定》,《人民日报》2014年10月29日,第1版。

法宝。

让"人不为公,天诛地灭"的警语,像暮鼓晨钟时时在耳边回响,又像达摩克利斯之剑,高悬在每一位党员领导干部的头上,高悬在每一个共和国公民的头上。使领导干部对人民赋予的公权的使用,时时有敬畏之感,不敢越雷池一步,谁也不敢触及以权谋私的高压线;使每一个公民在工作学习、生产、生活中,强烈地意识到如果损公肥私,损人利己,就会受惩罚、遭报应,就会面临"天诛地灭"的灭顶之灾,就会时时提醒自己,不敢去做违法违纪,伤天害理的劣行。

要彻底清除"人不为己,天诛地灭"的不良影响,就要努力学习马克思、恩格斯、列宁、斯大林、毛泽东这些马克思主义经典作家的经典著作,学习中国特色社会主义理论体系,学习习近平新时代中国特色社会主义思想和系列重要讲话精神。用马克思列宁主义、毛泽东思想、中国特色社会主义理论体系、习近平新时代中国特色社会主义思想和党的路线方针政策武装头脑,牢固树立马克思主义的世界观、人生观、价值观,提升拒腐蚀、永不沾的免疫力,从思想上、理论上、精神上筑起拒腐防变的钢铁长城。同时,我们要求全党始终坚持党全心全意为人民服务的根本宗旨,这是由党的性质决定的,人民是我国社会的主体,党的根基在人民、血脉在人民、力量在人民,一切依靠人民,一切为了人民,这就是我们党的出发点和归宿,也是我们党先进性的本质所在、力量所在。胡锦涛在七一重要讲话中指出:"我们党除了人民利益,没有自己的特殊利益。"[1]习近平指出:"面向未来,我们必须坚持同人民在一起。人民是历史的创造者。我们要紧紧依靠人民,充分发挥人民主体作用,尊重人民首创精神,为了人民干事创业,依靠人民干事创业。我们要坚持'以百姓心为心',倾听人民心声,汲取人民智慧,始终把实现好、维护好、发展好最广大人民根本利益作为一切工作的出发点和落脚点,让发展成果更多更公平惠及全体人民。""始终同人民心连心、同呼吸、共命运。"[2]共产党姓公不姓私,各级领导要认真学习老一代革命家一心为公、廉洁为公、克己奉公、以身作则全心全意为人民服务的崇高品德,牢固树立社会主义的集体主义人生价值

---

[1] 胡锦涛:《在庆祝中国共产党成立90周年大会上的讲话》,《人民日报》2011年7月2日,第2版。

[2] 习近平:《在中华人民共和国成立65周年招待会上的讲话》,《人民日报》2014年10月1日,第2版。

第十二章　社会主义核心价值体系如何统领发展社会主义先进文化

观，牢固树立共产主义理想信念，要始终像张思德、白求恩那样做一个"毫不利己，专门利人"的高尚的人。

让"人不为公，天诛地灭"的思想理念，武装共产党人的头脑，铭刻在记忆里，溶化在血液里，落实在行动上，昭示在社会上，形成强大的舆论力量，发挥导向示范作用，引领社会风尚。"人不为己，天诛地灭"的歪理邪说，就会像老鼠过街，人人喊打，由其诱导产生的社会丑恶现象，就会逐步销声匿迹，就会推动中国特色社会主义事业不断前进，就会众志成城，万众一心，形成排山倒海、无坚不摧的巨大力量，我们党就会无往而不胜，国家必然兴旺发达，繁荣昌盛，巍然屹立世界东方！

第十三章

坚持以社会主义核心价值体系统领社会建设和生态文明建设

加强社会建设和生态文明建设,是党的十八大报告提出的重要任务,是中国特色社会主义事业"五位一体"总体布局的重要内容,是我们党践行全心全意为人民服务宗旨、领导中国人民建设美丽中国,实现中华民族永续发展,创造美好生活环境,全面提高人民物质文化生活水平,努力让人民过上更加美好生活的战略构想和具体举措。《中共中央关于深化文化体制改革推动社会主义文化大发展大繁荣若干重大问题的决定》深刻指出:"社会主义核心价值体系是兴国之魂,是社会主义先进文化的精髓,决定着中国特色社会主义发展方向。必须强化教育引导,增进社会共识,创新方式方法,健全制度保障,把社会主义核心价值体系融入国民教育、精神文明建设和党的建设全过程,贯穿改革开放和社会主义现代化建设各领域,体现到精神文化产品创作生产传播各方面,坚持用社会主义核心价值体系引领社会思潮,在全党全社会形成统一指导思想、共同理想信念、强大精神力量、基本道德规范。"[①] 把社会主义核心价值体系"贯穿改革开放和社会主义现代化建设各领域",当然包括贯穿到加强社会建设和生态文明建设之中。因此,坚持以社会主义核心价值体系领社会建设、生态建设就是顺理成章,自然而然的了。

一、坚持以社会主义核心价值体系统领社会建设

社会和谐是中国特色社会主义的本质属性,是国家富强、民族振兴、人民幸福的重要保证。构建社会主义和谐社会,是我们党从中国特色社会主义事业总体布局和全面建成小康社会全局出发提出的重大战略任务,反映了建设富强民主文明和谐美丽的社会主义现代化国家的内在要求,体现

[①] 《中共中央关于深化文化体制改革 推动社会主义文化大发展大繁荣若干重大问题的决定》,《人民日报》2011年10月26日,第1版。

第十三章 坚持以社会主义核心价值体系统领社会建设和生态文明建设

了全党全国各族人民的共同愿望。加强社会建设,是社会和谐稳定的重要保证,是推动社会主义和谐社会建设的必由之路,因此,社会主义和谐社会建设,必须把社会主义核心价值体系融入其中,必须坚持以社会主义核心价值体系作统领,只有这样才能保证社会主义和谐社会建设的性质和方向,才能推进社会建设的顺利前进,健康发展。

(一) 充分认识社会建设的丰富内涵

党中央高度重视社会建设,党的十八大报告提出了"在改善民生和创新管理中加强社会建设"的目标任务,并对此做了全面阐述:

加强社会建设,是社会和谐稳定的重要保证。必须从维护最广大人民根本利益的高度,加快健全基本公共服务体系,加强和创新社会管理,推动社会主义和谐社会建设。

加强社会建设,必须以保障和改善民生为重点。提高人民物质文化生活水平,是改革开放和社会主义现代化建设的根本目的。要多谋民生之利,多解民生之忧,解决好人民最关心最直接最现实的利益问题,在学有所教、劳有所得、病有所医、老有所养、住有所居上持续取得新进展,努力让人民过上更好生活。

加强社会建设,必须加快推进社会体制改革。要围绕构建中国特色社会主义社会管理体系,加快形成党委领导、政府负责、社会协同、公众参与、法治保障的社会管理体制,加快形成政府主导、覆盖城乡、可持续的基本公共服务体系,加快形成政社分开、权责明确、依法自治的现代社会组织体制,加快形成源头治理、动态管理、应急处置相结合的社会管理机制。

1. 努力办好人民满意的教育

教育是民族振兴和社会进步的基石。要坚持教育优先发展,全面贯彻党的教育方针,坚持教育为社会主义现代化建设服务、为人民服务,把立德树人作为教育的根本任务,培养德智体美全面发展的社会主义建设者和接班人。全面实施素质教育,深化教育领域综合改革,着力提高教育质量,培养学生的社会责任感、创新精神、实践能力。办好学前教育,均衡发展九年义务教育,基本普及高中阶段教育,加快发展现代职业教育,推动高等教育内涵式发展,积极发展继续教育,完善终身教育体系,建设学习型社会。大力促进教育公平,合理配置教育资源,重点向农村、边远、贫困、民族地区倾斜,支持特殊教育,提高家庭经济困难学生资助水平,积极推动农民工子女平等接受教育,让每个孩子都能成为有用之才。鼓励引导社会力量兴办教育。加强教师队伍建设,提高师德水平和业务能力,增强教师教书育人的荣誉感和责任感。

2. 推动实现更高质量的就业

就业是民生之本。要贯彻劳动者自主就业、市场调节就业、政府促进就业和鼓励创业的方针,实施就业优先战略和更加积极的就业政策。引导劳动者转变就业观念,鼓励多渠道多形式就业,促进创业带动就业,做好以高校毕业生为重点的青年就业工作和农村转移劳动力、城镇困难人员、退役军人就业工作。加强职业技能培训,提升劳动者就业创业能力,增强就业稳定性。健全人力资源市场,完善就业服务体系,增强失业保险对促进就业的作用。健全劳动标准体系和劳动关系协调机制,加强劳动保障监察和争议调解仲裁,构建和谐劳动关系。

3. 千方百计增加居民收入

实现发展成果由人民共享,必须深化收入分配制度改革,努力实现居民收入增长和经济发展同步、劳动报酬增长和劳动生产率提高同步,提高居民收入在国民收入分配中的比重,提高劳动报酬在初次分配中的比重。初次分配和再分配都要兼顾效率和公平,再分配更加注重公平。完善劳动、资本、技术、管理等要素按贡献参与分配的初次分配机制,加快健全以税收、社会保障、转移支付为主要手段的再分配调节机制。深化企业和机关事业单位工资制度改革,推行企业工资集体协商制度,保护劳动所得。多渠道增加居民财产性收入,规范收入分配秩序,保护合法收入,增加低收入者收入,调节过高收入,取缔非法收入。

4. 统筹推进城乡社会保障体系建设

社会保障是保障人民生活、调节社会分配的一项基本制度。要坚持全覆盖、保基本、多层次、可持续方针,以增强公平性、适应流动性、保证可持续性为重点,全面建成覆盖城乡居民的社会保障体系。改革和完善企业和机关事业单位社会保险制度,整合城乡居民基本养老保险和基本医疗保险制度,逐步做实养老保险个人账户,实现基础养老金全国统筹,建立兼顾各类人员的社会保障待遇确定机制和正常调整机制。扩大社会保障基金筹资渠道,建立社会保险基金投资运营制度,确保基金安全和保值增值。完善社会救助体系,健全社会福利制度,支持发展慈善事业,做好优抚安置工作。建立市场配置和政府保障相结合的住房制度,加强保障性住房建设和管理,满足困难家庭基本需求。坚持男女平等基本国策,保障妇

第十三章 坚持以社会主义核心价值体系统领社会建设和生态文明建设

女儿童合法权益。积极应对人口老龄化，大力发展老龄服务事业和产业。健全残障人士社会保障和服务体系，切实保障残障人士权益。健全社会保障经办管理体制，建立更加便民快捷的服务体系。

5. 提高人民健康水平

健康是促进人的全面发展的必然要求。要坚持为人民健康服务的方向，坚持预防为主、以农村为重点、中西医并重，按照保基本、强基层、建机制要求，重点推进医疗保障、医疗服务、公共卫生、药品供应、监管体制综合改革，完善国民健康政策，为群众提供安全有效方便价廉的公共卫生和基本医疗服务。健全全民医保体系，建立重特大疾病保障和救助机制，完善突发公共卫生事件应急和重大疾病防控机制。巩固基本药物制度。健全农村三级医疗卫生服务网络和城市社区卫生服务体系，深化公立医院改革，鼓励社会办医。扶持中医药和民族医药事业发展。提高医疗卫生队伍服务能力，加强医德医风建设。改革和完善食品药品安全监管体制机制。开展爱国卫生运动，促进人民身心健康。坚持计划生育的基本国策，提高出生人口素质，逐步完善政策，促进人口长期均衡发展。

6. 加强和创新社会管理

提高社会管理科学化水平，必须加强社会管理法律、体制机制、能力、人才队伍和信息化建设。改进政府提供公共服务的方式，加强基层社会管理和服务体系建设，增强城乡社区服务功能，强化企事业单位、人民团体在社会管理和服务中的职责，引导社会组织健康有序发展，充分发挥群众参与社会管理的基础作用。完善和创新流动人口和特殊人群管理服务。正确处理人民内部矛盾，建立健全党和政府主导的维护群众权益机制，完善信访制度，完善人民调解、行政调解、司法调解联动的工作体系，畅通和规范群众诉求表达、利益协调、权益保障渠道。建立健全重大决策社会稳定风险评估机制。强化公共安全体系和企业安全生产基础建设，遏制重特大安全事故。加强和改进党对政法工作的领导，加强政法队伍建设，切实肩负起中国特色社会主义事业建设者、捍卫者的职责使命。深化平安建设，完善立体化社会治安防控体系，强化司法基本保障，依法防范和惩治违法犯罪活动，保障人民生命财产安全。完善国家安全战略和工作机制，高度警惕和坚决防范敌对势力的分裂、渗透、颠覆活动，确保国家安全。

全党全国人民行动起来，就一定能开创社会和谐人人有责、和谐社会人人共享的生动局面。①

我们要充分认识社会建设的丰富内涵，把各项任务落到实处，推进社会主义和谐社会的顺利实现。

（二）坚持以社会主义核心价值体系统领社会建设，就要认真抓好就业再就业工作

党的十八大报告强调指出："加强社会建设，是社会和谐稳定的重要保证。必须从维护最广大人民根本利益的高度，加快健全基本公共服务体系，加强和创新社会管理，推动社会主义和谐社会建设。"② 其中"就业是民生之本"，"推动实现更高质量的就业"，是加强社会建设的重要内容，是我们党"以人为本""改善民生"，维护最广大人民根本利益的集中体现，是从根本上构建社会主义和谐社会的前提和基础。为此，要充分认识就业再就业的重要性，要多种渠道并举、千方百计做好就业再就业工作，积极为实现社会和谐创造条件。

1. 就业再就业工作是构建社会主义和谐社会的基本要求

建设一个全体人民各尽所能，各得其所，而又和谐相处的社会，是构建社会主义和谐社会的目标，而实现这一目标，首要一条就是要有各尽其能的条件和载体，就是劳动者要能就业，要有工作可做。有了这一条，才能各尽所能，各得其所，才能实现和谐相处。民以食为天，人民群众要有饭吃，要有所用，有所养，这是历代圣贤先哲的社会理想。孔子在《礼记》中提出："使老有所终，壮有所用，幼有所长，矜、寡、孤、独、废、疾者皆有所养。"③

构建社会主义和谐社会，同样要解决好壮有所用的问题。人所共知"就业是民生之本"，解决就业问题，是每一位有劳动能力的公民维持生存之本，养家糊口之基。尤其是因企业改制而下岗的职工，如果不解决其再

---

① 胡锦涛：《坚定不移沿着中国特色社会主义道路前进　为全面建成小康社会而奋斗——在中国共产党第十八次全国代表大会上的报告》，《人民日报》2012年11月18日，第1版。

② 胡锦涛：《坚定不移沿着中国特色社会主义道路前进　为全面建成小康社会而奋斗——在中国共产党第十八次全国代表大会上的报告》，《人民日报》2012年11月18日，第1版。

③ 吴树平、赖长扬：《全译本白话四书五经》第3卷，国际文化出版公司1992年版，第529页。

第十三章　坚持以社会主义核心价值体系统领社会建设和生态文明建设

就业问题，他们就难以融入正常的社会生活，他们的生存就会陷入困境难以自拔，就可能成为构建和谐社会的不谐之音。

按照马克思主义的观点，"任何一个民族，如果停止劳动，不用说一年，就是几个星期，也要灭亡。"① 生产活动是人类活动存在和发展的基础，是人类最基本的实践活动。一个民族是如此，一个人更是如此。人们通过生产活动谋取自己生存和发展所必需的物质资料，作为一个有劳动能力并承担抚养任务的劳动者，如果没有工作职业，没有劳动对象，不能通过劳动生产创造社会财富，获取生活资料，就很难生存下去。下岗职工，尤其是中年人，上有老，下有小，如果失业下岗，正如亚当·斯密所说的："失业劳动者，能支持一星期生活的已不多见，能支持一个月的更少，能支持一年的简直没有。"② 在城市，失业下岗，就意味失去了赖以工作的生产资料，失去了劳动的权力，不能参加劳动，就没有工资收入，在商品交换的市场经济社会，就没有货币购买自己和家庭需要的生活用品，就不能获得生活资料，就会处于贫困之中，不符合我们党共享发展成果的要求。

2012 年中央经济工作会议上指出："要注意稳定和扩大就业，做好以高校毕业生为重点的青年就业工作。"③ 解决待业青年的就业问题同样重要，解决了待业青年的就业问题，往往会产生"就业一个人，幸福一家人，稳定一群人"的效果。社会生活告诉我们，解决一个青年的就业问题，就会减少一个游手好闲的无业青年，减少一个无所事事的社会闲散人员，也会减少一个因无职业而可能走向违法犯罪的人员，这就从源头上消除了很大一部分不稳定的因素。青年就业、有了工作之后，就融入了社会大家庭，就有了归属感、成就感，也就有了幸福感，就会成为推动社会前进的正能量。因此，就业再就业工作，是构建社会主义和谐社会的基本要求和维护社会稳定的重要前提。为了保持社会稳定，加强和创新社会管理，维护最广大人民根本利益，有效推动社会主义和谐社会建设，就要认真落实党的十八大精神，高度重视、千方百计、下大功夫解决好劳动群众的就业再就业问题。

---

① 《马克思恩格斯选集》第 4 卷，人民出版社 1995 年版，第 580 页。

② ［英］亚当·斯密，郭大力、王亚南译：《国民财富的性质和原因的研究》，商务印书馆 1972 年版，第 60 页。

③ 《中央经济工作会议在北京举行　习近平温家宝李克强做重要讲话　张德江俞正声刘云山王岐山张高丽出席会议》，《人民日报》2012 年 12 月 17 日，第 1 版。

2. 就业再就业工作是我们党"以人为本""改善民生",维护最广大人民根本利益的集中体现

党的十八大报告强调:"必须更加自觉地把以人为本作为深入贯彻落实科学发展观的核心立场,始终把实现好、维护好、发展好最广大人民根本利益作为党和国家一切工作的出发点和落脚点。"①"以人为本"是科学发展观的核心,坚持"以人为本"是我们党全心全意为人民服务宗旨的体现,是代表最广大人民根本利益的必然要求,而就业再就业工作,就是坚持"以人为本""造福人民"的具体体现。如果人民群众不能就业,就难以充分享受改革发展的成果,因此,就业再就业工作是增加居民收入,保证家庭幸福安康,实现发展成果由人民共享的有效途径,是我们党全心全意为人民服务根本宗旨的本质要求,是权为民所用,情为民所系,利为民所谋的深化、细化、具体化,是坚持以人为本、任何时候都要把人民利益放在第一位,始终与人民心连心、同呼吸、共命运的生动体现。

"以人为本",首先要使人民群众能够很好地生存,很好地生活。在城市生活的居民,不同于农村农民有土地作为生存的生产资料,有基本的生活保证,城市只有就业才能生存。如果不能就业,没有经济来源,生活就极为艰难,虽然有最低生活保障,但远不能适应现代化城市生活、医疗及子女抚养、教育的需要。如果不能实现就业再就业,就不可能增加他们的家庭收入,提升他们的幸福指数,就难以充分调动他们建设社会主义和谐社会的积极性、创造性。

当前我国城市居住人口已经达到全国人口总量的一半以上,大量的农民工融进了城市,为城市的快速发展做出了不可磨灭的巨大贡献。这些人在城市生活,也必须解决就业问题,只有找到事做,他们才能有固定收入,无业可就,就可能无事生非,影响社会的和谐。发展经济的根本目的是提高全体人民的生活水平和质量,要随着经济发展不断增加城乡居民收入,拓宽消费领域,优化消费结构,满足人们多样化的物质文化需求。不能解决居民就业再就业问题,就不可能不断增加城乡居民收入,其他物质精神文化生活的消费也是不可能实现的。因此,妥善解决好人民群众的就业再就业问题,就是我们党"以人为本""改善民生"维护最广大人民根

---

① 胡锦涛:《坚定不移沿着中国特色社会主义道路前进 为全面建成小康社会而奋斗——在中国共产党第十八次全国代表大会上的报告》,人民出版社2012年版,第35页。

第十三章　坚持以社会主义核心价值体系统领社会建设和生态文明建设

本利益的集中体现。

3. 多种渠道并举、下大功夫解决好人民群众的就业再就业问题

党的十八大报告强调，加强社会建设，必须以保障和改善民生为重点。提高人民物质文化生活水平，是改革开放和社会主义现代化建设的根本目的。要多谋民生之利，多解民生之忧，解决好人民群众最关心最直接最现实的利益问题，在学有所教、劳有所得、病有所医、老有所养、住有所居上持续取得新进展，努力让人民过上更好的生活。

习近平同志在辽宁考察时指出："让老百姓过上好日子是我们一切工作的出发点和落脚点。老工业基地前些年下岗人员相对集中，党和政府要切实关心他们及其家庭的工作和生活，加强社区服务特别是针对老年人的服务，做好就业再就业工作，让在就业创业上需要帮助的群众都得到帮助、在生活上需要保障的群众都得到保障。"①"就业是民生之本"，解决好人民最关心最直接最现实的利益问题，首要的是解决待业、失业人民群众的就业再就业问题，这是民生之忧。就业也是加强社会建设保障和改善民生的重要内容，作为政府要多谋民生之利，多解民生之忧，就要把就业作为关注民生的头等大事、当务之急来抓，作为保障和改善民生的重要举措来做。要贯彻劳动者市场调节就业、政府促进就业和鼓励创业的方针，实施就业优先战略和更加积极的就业政策，鼓励多渠道多形式就业，促进创业带动就业。大力倡导"大众创业、万众创新"，积极鼓励创业带动就业，就像创造生产新产品能带动消费一样，创业能为就业提供平台和载体，往往是一人创业可解决十人就业、百人就业、千人就业，甚至万人就业，是解决就业的最有效途径。党的十八大提出"开创社会和谐人人有责，和谐社会人人共享"的要求，创业者的创业行为，是为国分忧的壮举，是为开创和谐社会尽智尽责的义举，是为民解难的善举。要积极支持、大力扶持敢担当、勇开拓、善创造、会管理、有才能的贤达才俊多创业，开辟新的就业空间，解决更多人的就业问题。同时，要加强职业技能培训，提升劳动者综合素质，增强劳动者就业创业能力，增强就业稳定性。健全人力资源市场，完善就业服务体系，尽心尽责为失业、待业者提供优质、周到、有效的服务。

时代在发展，社会在前进，就业的范畴更为广泛，作为失业、待业的

---

① 习近平在辽宁考察时强调：《深入实施创新驱动发展战略　为振兴老工业基地增添原动力》，《人民日报》2013 年 9 月 2 日，第 1 版。

劳动者要解放思想，转变观念，树立广义的就业观，冲破思想禁锢，开拓视野，不要拘泥于只有在国有企业、事业单位工作才叫就业的观念。观念一转变，就业路就宽。不仅在国有企业、事业单位工作是就业，在三资企业、外资企业、民营企业工作也是就业，个体经营、自主创业同样是一种可选择的就业方式。只要能就业，就能从事生产活动，就有收入，就能生存。要根据自身条件、素质，选择适合自己的就业方式和渠道就业，实现就业上岗，为家庭谋生计，为社会做贡献。

毛泽东同志在《关心群众生活，注意工作方法》一文中深刻指出："真正的铜墙铁壁是什么？是群众，是千百万真心实意地拥护革命的群众。"[1] 千百万人民群众真心实意的支持和拥护，是党的力量之源。要想得到人民群众的支持和拥护，就要关心群众的生活，就要解决群众的穿衣问题、吃饭问题、住房问题、柴米油盐问题、疾病卫生等问题，就要做好保障和改善民生的工作。而"就业是民生之本"，是第一位最根本的民生问题，保障和改善民生，就是要想方设法解决好群众的就业再就业问题。各级党委政府要高度重视全方位、多渠道、宽领域、广视角热心关注解决好劳动者的就业再就业问题，帮民之需，解民之忧，谋民之利，真正给人民群众带来看得见的实惠和福祉，这样才能得民心、顺民意，把广大人民群众凝聚在党的旗帜下，风雨同舟跟党走。

当今时代，要清醒地认识到，我们既面临前所未有的机遇，又面临前所未有的挑战，面临很多意想不到的困难和风险，但只要解决好广大人民群众的就业再就业等民生问题，我们的人民就会紧密地团结在党中央周围，同心同德，万众一心，就能克服一切困难，有效利用机遇，应对一切挑战，克服一切困难和风险。历史已经证明亦将继续证明，有广大人民群众的真心拥护，我们党的执政地位就会坚如磐石，永远立于不败之地，从而带领人民创造更加幸福美好未来，完成党肩负的光荣历史使命。

（三）坚持以社会主义核心价值体系统领社会建设，就要妥善解决城市居民的住房问题

"住有所居"，是党的十八大报告中提出的改善民生的重要任务，是加强社会建设的重要内容。习近平同志指出："加快推进住房保障和供应体系建设，是满足群众基本住房需求、实现全体人民住有所居目标的重要任

---

[1] 《毛泽东选集》第1卷，人民出版社1991年版，第139页。

第十三章　坚持以社会主义核心价值体系统领社会建设和生态文明建设

务,是促进社会公平正义、保证人民群众共享改革发展成果的必然要求。"①

住房问题,是一个事关民生的大问题,关系千家万户的切身利益。安居乐业,安居是前提,只有安居才能乐业。能否安居,是公民生活质量的集中体现,是衡量人们幸福指数的标志。住房问题能否解决好,关系人心的向背,关系社会的和谐稳定,关系党的执政地位的巩固,关系党和政府的形象,必须引起高度重视,下大力气妥善解决。

1. 充分认识城市房价过高的危害

习近平同志指出:"住房问题既是民生问题也是发展问题,关系千家万户的切身利益,关系人民安居乐业,关系经济社会发展全局,关系社会和谐稳定。"② 房子问题,首先直接影响、决定着生活水平,生活质量,生存状况。住有所居,是党的十八大向全国人民的庄严承诺,是每个普通老百姓都应享有的权利。改革开放以来,人民群众的生活水平有了很大的提高,在衣、食、住、行的问题中,衣、食、行基本解决得差不多了,广大人民群众相对满足,但住的方面仍然面临诸多问题,尤其是一线大城市有住房需求的居民,住房问题非常突出。

习近平同志在主持党的十八届中央政治局第十次集体学习时强调指出:"要看到解决群众住房问题是一项长期任务,还存在着住房困难家庭的基本需求尚未根本解决、保障性住房总体不足、住房资源配置不合理不平衡等问题。人民群众对实现住有所居充满期待,我们必须下更大决心、花更大气力解决好住房发展中存在的各种问题。"③ 这让人民看到希望,有了信心。

确实房价过高的问题已经到必须解决的时候了,否则,房价过高,远远超过急需购房普通群众的承受能力,将严重影响人们的生活、工作、思想情绪,会造成多方面的消极影响。同时,过高房价和房地产暴利破坏了社会的公正公平,败坏了社会风气,威胁了社会稳定,严重地损害了党和政府在人民群众中的威信。危害甚大:一是影响中国特色社会主义事业接班人和建设者的健康成长。二是损害了党与人民群众的血肉联系。三是损害了群众的身心健康,降低了人民的幸福指数。四是影响了内需消费力的

---

① 《习近平谈治国理政》,外文出版社2014年版,第192页。
② 《习近平谈治国理政》,外文出版社2014年版,第192页。
③ 《习近平谈治国理政》,外文出版社2014年版,第192页。

525

有效拉动。

2. 积极探索住有所居的解决办法

探索解决房价过高的对策，要充分发挥人的聪明智慧，调动主观能动性，大思路、广视角、宽领域、突出重点，统筹考虑，才能妥善解决。

一是在建设思路上，大城市周围可以多建卫星城。现在最紧张的是城市住房，尤其是像北京、上海、广州、武汉、深圳等上千万人口的大城市。妥善解决住有所居，可以换个思路，在适度规模发展大城市的同时，应该在大城市的周围多建卫星城市。2016年中央经济工作会议指出："特大城市要加快疏解部分城市功能，带动周边小城市发展。"[①] 这样，可以有效缓解大城市的住房供应紧张问题，化解房价过高的弊端。同时，多建中小城市，有利于农村人口向城市转移，众多的中小城市有无限空间，开发前景极其广阔。

二是遏制房地产开发商的暴利。当今社会，房地产开发是利润最高、赚钱最容易、最快的行业，房地产开发商的暴利是高房价的根源。国家不允许央企参与房地产行业，同时，要教育民营房地产商认识到自己是中华人民共和国的社会主义民营企业家，必须自觉坚持以人为本的科学发展观，坚持创新、协调、绿色、开放、共享的发展理念，从全心全意为人民服务道德要求出发，以解决人民群众的生活住房、关注民生为出发点，合理实现利润。切不要以单纯赚钱的资本家心态，牟取暴利，以此对待关乎民生带有公益性质的住房价格。为控制房价，关注民生，政府要通过相关权威部门经过严格科学的核算，确定房地产开发的合理价格，控制在既有利于调动房地产开发商的积极性，又使普通人民群众买得起房的可接受的程度。对房价采取刚性限价调控政策，物价部门加强监督和价格调控，采取可操作手段，限制一切房地产开发商的利润率，绝不容许房地产商以人民的土地牟取自己的暴利，对一切谋取暴利的行为，坚决采取法律和行政手段予以严惩，以儆效尤。

三是坚决遏制投资性买房、囤房行为。房子本来是生活必需品，是给人居住的，是居住品，不是投资品，现在变成投资品，而且是跨区域炒房，变成一种金融商品，属性发生了变化。2016年中央经济工作会议指出："促进房地产市场平稳健康发展。要坚持'房子是用来住的、不是用来炒的'的定位，综合运用金融、土地、财税、投资、立法等手段，加快

---

① 《中央经济工作会议在北京举行》，《人民日报》2016年12月17日，第1版。

第十三章　坚持以社会主义核心价值体系统领社会建设和生态文明建设

研究建立符合国情、适应市场规律的基础性制度和长效机制，既抑制房地产泡沫，又防止出现大起大落。要在宏观上管住货币，微观信贷政策要支持合理自住购房，严格限制信贷流向投资投机性购房。"① 只要坚决落实中央经济工作会议的这一要求，就能有效遏制投机性炒房购房势头，缓解房价上涨压力。

事实证明，投资性买房、囤房空置，不仅对高房价推波助澜，而且会造成经济扭曲。如果有钱的公司都囤地去了，有钱的个人都去炒房了，没人愿意去搞研发了，造成实体经济后劲不足，股市萎靡不振，国民经济就会被严重扭曲，也不符合"创新、协调、绿色、开放、共享"的发展理念。要以居民自己居住为出发点，保障基本住房，允许改进住房条件的购买，提高人们的生活质量。同时，要充分发挥社会主义的优越性，强化宏观调控，征收房地产税，区分消费性需求和投资性需求，实行差别性科学合理的税收政策。

四是降低地方政府对土地财政的依赖程度。土地市场的火爆，高价地频出，地价不断被推高，土地成了开发商获取暴利的工具和地方政府财政的源泉，造成经济的扭曲。地方政府必须降低对土地财政的依赖程度，按照"十三五"规划要求，把发展基点放在创新上，以科技创新为核心，以人才发展为支撑，推动科技创新与大众创业万众创新有机结合，更多依靠创新驱动、更多发挥先发优势的引领型发展。着力在发展实体产业、高新技术行业、高附加值产业、科技创新上下功夫，促进经济社会全面、协调、可持续发展。

五是加大对保障性住房用地的供应量，多建住宅用房，扩大房源，保证供应。恩格斯在《共产主义原理》一文中在讲建立民主国家制度的最主要措施时指出："在国有土地上建筑大厦，作为公民公社的公共住宅。"② 土地是国有的，我们是人民当家作主的国家，就应该提供国有的土地，为人民建房造屋，解决住的问题。南街村、刘庄村、华西村等社会主义新农村都是集体统一为所有村民建筑房屋，无偿分配给村民居住，社会稳定，村民和谐，民风淳朴，生产发展，生活幸福。在中国许多没有像小岗村那样分田单干，仍然坚持集体道路，集体经济发展好的村，在住房上基本是这样。

由于各种复杂的原因，目前城市住房尚不能达到这种水平，但从满足

---

① 《中央经济工作会议在北京举行》，《人民日报》2016年12月17日，第1版。
② 《马克思恩格斯选集》第1卷，人民出版社1995年版，第240页。

人民群众住房需要出发,在住房建设的格局、规格上,应该把解决普通居民用房放在优先突出地位,把解决大多数人民群众的住房放在首要位置,这也是可以做到的。习近平同志明确指出:"要完善住房支持政策,注重发挥政策的扶持、导向、带动作用,调动各方面的积极性和主动性。"①

土地供应是建房的基础,土地政策向什么方向倾斜、为了谁,则是一个站在谁的立场上、为谁服务的大问题。土地是国有的,属于人民,理应服务于人民,在住房土地供应上,人民政府必须为绝大多数人民群众谋福祉,决不能为极少数开发商牟暴利。土地供给的目的是保证居民居住的权益,理应合理配置到解决民生、促进人民生活的幸福中去。习近平同志明确指出:"要完善土地政策,坚持民生优先,科学编制土地供应计划,增加住房用地供应总量,优先安排保障性住房用地。"② 我们就是要不折不扣认真落实这一要求,考虑住房困难居民的需要,有计划地不断增加住房土地的供应量,优先安排保障性住房用地。对保障性住房用地,如经济适用房、廉租房、限价房实行零地价或低地价。

首先,由国家开发、控制,大力发展公共租赁房,解决买不起,租房难、租房贵的问题。习近平主持召开中央财经领导小组第十四次会议时强调:"规范住房租赁市场和抑制房地产泡沫,是实现住有所居的重大民生工程。要准确把握住房的居住属性,以满足新市民住房需求为主要出发点,以建立购租并举的住房制度为主要方向,以市场为主满足多层次需求,以政府为主提供基本保障,分类调控,地方为主,金融、财税、土地、市场监管等多策并举,形成长远的制度安排,让全体人民住有所居。"③ 住有所居是广大人民的基本生活需求,是党和国家的重大民生工程,"多层次需求"的住房改善以市场满足为主,"新市民住房需求"由"政府为主提供基本保障",让望房兴叹的人们看到希望。2016年12月25日新华网消息称:北京市委书记郭金龙强调:"解决好房地产问题,必须坚持'房子是用来住的、不是用来炒的'这个定位,以解决群众的基本住房需求为出发点。""结合实施居住证制度,继续完善住房保障体系,建立购租并举的住房制度,切实增加有效住房供给,努力实现住有所居的工作目标。"这对于

---

① 《习近平谈治国理政》,外文出版社2014年版,第193—194页。
② 《习近平谈治国理政》,外文出版社2014年版,第193—194页。
③ 习近平主持召开中央财经领导小组第十四次会议强调:《从解决好人民群众普遍关心的突出问题入手 推进全面小康社会建设》,《人民日报》2016年12月22日,第1版。

第十三章　坚持以社会主义核心价值体系领社会建设和生态文明建设

迫切需要解决住房问题的人民群众来说，确实是一个大好消息。只要各级党委政府不折不扣地认真按照习近平总书记的要求"准确把握住房的居住属性，以满足新市民住房需求为主要出发点"，充分发挥政府的主导作用，"以政府为主提供基本保障"，落实"购租并举"的住房制度安排，从人民的需要和可承受能力出发，制定合理的价格体系，切实解决人民群众的住房问题，就一定能逐步解决住房房价过高的积弊，使人民群众买得起房，住得上房，真正"让全体人民住有所居"，这是让全体人民群众共享改革发展成果的大得人心、功德无量的善举。同时，在低地价、零地价的供地配套情况下，应按照习近平同志的要求，"重点发展公共租赁住房，加快建设廉租住房，加快实施各类棚户区改造"①。加大建房投入力度，加强公租房、廉租房建设，增加住房供应量，给居民提供廉价公租房，使更多中低收入住房困难家庭能买得起房，租得起房，能住上房，也能解决在城市打工、大学毕业生买不起住房等各类临时居住人员的住房困难问题。

为了有效吸收社会资本，加大对保障性住房建设的投入，多建住宅性住房，扩大保障性住房房源，"要综合运用政策措施，吸引企业和其他机构参与公共租赁住房建设和运营。要积极探索建立非盈利机构参与保障性住房建设和运营管理体制机制，形成各方面共同参与的局面"②。这样，就能打破房地产商联合垄断房价的不正常局面，有效遏制房价的上涨，就一定能够把高房价降下来，给人民带来福祉，促进社会和谐稳定，受到人民拥护。另外，对保障性住房的供地量要大幅度增加，没完成保障性住房供地计划的地方政府不得向商品房住房供地，更不得向大户型高档住房建设供地。如果真能如此，保障性住房用地的供应量增大了，保障性住房建多了，高房价必将得到有效遏制。

最后，还要清醒地认识到："保障性住房建设是一件利国利民的大好事，但要把这件好事办好、真正使需要帮助的住房困难群众受益，就必须加强管理，在准入、使用、退出等方面建立规范机制，实现公共资源公平善用。要坚持公平分配，使该保障的群众真正受益。要对非法占有保障性住房行为进行有效治理，同时要在制度上堵塞漏洞、加以防范。对非法占有保障性住房的，要依法依规惩处。"③ 这样才能使真正需要帮助解决住

---

① 《习近平谈治国理政》，外文出版社2014年版，第193页。
② 《习近平谈治国理政》，外文出版社2014年版，第193—194页。
③ 《习近平谈治国理政》，外文出版社2014年版，第194页。

问题、应该保障的群众真正受益，有效防止非法占有保障性住房，确保保障性住房的分配公平公正，以维护社会的和谐稳定。

房价问题不是单纯的经济问题，是事关国家发展全局和社会和谐稳定的大问题。解决群众住房问题是重要的民生事业，也是政府义不容辞的责任，必须引起高度重视，充分发挥政府在住房保障中的主导和核心作用，采取有力措施坚决遏制房价过快上涨。如果房价总是不下来，总是重复"逢调必涨，越调越涨"的历史，在房价问题上，政府不能为人民谋福祉，就会造成人们的心理落差。我们相信党和政府有能力满足人民住有所居的基本需求，实现安居乐业，建成真正的小康社会。①

（四）坚持以社会主义核心价值体系统领社会建设，就要加强农村基层党组织的全面建设，充分发挥堡垒作用

社会建设的根本目的，就是以人为本，以民为本，以人民为中心，维护最广大人民的根本利益，全面建成小康社会，努力让城乡人民都过上更好的生活。加强农村基层建设，就是坚持以社会主义核心价值体系统领社会建设的重要内容。

习近平同志指出："没有农村的小康，特别是没有贫困地区的小康，就没有全面建成小康社会。"② "农村要发展，农民要致富，关键靠支部。"③ 农村基层党组织是党的执政基础，新中国成立以来农村党组织建设的实践告诉我们，基础不牢，地动山摇，基础牢固，国强民富。小康不小康，关键看老乡，老乡要致富，关键看支部。

认真贯彻党的十八大、十九大、二十大精神，深入贯彻落实习近平总书记系列重要讲话精神，高举习近平新时代中国特色社会主义思想伟大旗帜，统筹推进"五位一体"总体布局，协调推进"四个全面"战略布局，把创新、协调、绿色、开放、共享的发展理念落到实处，全力推进全面建成小康社会进程，不断把实现"两个一百年"奋斗目标推向前进，实现中华民族伟大复兴的中国梦，就要加强农村基层党组织的全面建设，切实把农村基层党组织建设成为推动科学发展、带领农民致富、密切联系群众、

---

① 周溯源：《住的问题》，《新视野》2011年第5期。
② 习近平：《推动贫困地区脱贫致富、加快发展》，《习近平谈治国理政》，外文出版社2014年版，第189页。
③ 习近平：《推动贫困地区脱贫致富、加快发展》，《习近平谈治国理政》，外文出版社2014年版，第190页。

第十三章　坚持以社会主义核心价值体系统领社会建设和生态文明建设

维护农村稳定的战斗堡垒，推进社会主义和谐社会的建设前沿指挥部。为此，农村基层党支部必须做到：

1. 心系群众，廉洁奉公

立党为公，执政为民，是党保持先进性的本质要求，党只有一心为公，立党才能立得牢，党只有一心为民，执政才能执得好。要牢记全心全意为人民服务的宗旨，坚持权为民所用，情为民所系，利为民所谋，以人民为本，实现好，维护好，发展好最广大人民的根本利益。

农村基层组织就是以服务群众、做群众工作为主要任务，要全心全意为村民服好务、谋福祉，班子内的每一个领导干部都必须以"心系群众，奉公为民"作为自己的出发点和归宿，把人民群众的利益放在心中最高位置。党组织要时刻把群众的冷暖挂在心中，乐民之乐，忧民之忧，与群众同呼吸共命运，真诚倾听群众呼声，真实反映群众愿望，真情关心群众疾苦，依法保障村民的合法权益。

农村基层党组织建设，廉洁奉公极其重要，要把廉洁奉公摆在首位。农村党组织成员承诺并做到"决不以权谋私""绝不占小便宜，绝不让党的好政策'短斤少两'"，是搞好各项工作的首要条件。"公生明，廉生威。"没有私心，廉洁奉公，一尘不染，两袖清风，就能一身正气，就敢坚持真理，主持公道，就有威信，就能使群众心悦诚服，就能得到百姓的厚爱和拥护。这样党组织才能成为群众的主心骨，才能众望所归，一呼百应，才能有感召力、凝聚力、战斗力，才能把党的各项方针政策落实到位，团结带领广大村民把农村的各项工作顺利推进、扎实做好。

农村基层党组织建设绝大部分是好的、比较好的，能够做到"心系群众，奉公为民"，千方百计为村民做好事，谋福祉，深受村民欢迎，但也有一部分令人担忧，这些农村基层党组织成员，基本忘记了党的宗旨，把党和人民赋予的为人民服务的权利当成为自己谋取私利的手段，对群众的疾苦漠不关心，麻木不仁，好处自己捞，三亲六故、七大姑八大姨跟着沾光；有的基层党组织成员多吃多占，侵占集体利益、群众利益，引起群众纠纷甚至群体上访事件，严重影响了农村的社会稳定；有的甚至沦为为家族服务的帮派团伙，入党、选拔干部都在家族势力范围内运作，非本家族村民，不论如何优秀都一律排斥在外。党和政府给农村的扶贫项目、低保等福利好处，有时出现本家族村民不符合条件的，照样享受，非本族的村民群众条件符合，照样没有，引起群众不满，积累很多深层矛盾；极个别的已经被黑恶势力染指，他们毫无良知，横行乡里，欺压百姓，群众敢怒不敢言，极大地伤害了群众利益，损害了党的形象，影响了农村的社会稳定。

因此，在加强农村基层党组织的全面建设中，心系群众，摒弃杂念，心出于公，就显得极为重要。各级党组织要高度重视农村基层组织建设，把这个阵地牢牢地掌握在党的手里，对农村基层党组织的状况要认真调查研究、科学分析，对优、中、差三个层级的状况要做到心中有数。以此，进一步做好工作，发展、巩固先进的党组织，促进、提高中间状态的党组织，有计划、有步骤地整顿、改进、改组落后和存在问题的党组织，切实把我国广大农村基层党组织建设成为推动发展、服务群众、凝聚人心、促进和谐的坚强战斗堡垒，夯实党执政的组织基础，为加强农村的社会管理，提供坚强的组织保障，有效地巩固党的执政地位。

2. 处事公道，公正公平

农村的村民祖祖辈辈都在一个村庄生活，都是乡里乡亲，最忌讳的是处事不公。农村基层党组织是落实党的路线方针政策的实施主体，代表的是全体人民群众的利益，必须全心全意为人民群众谋福祉。村里实施计划生育政策、住宅房基地政策、惠民政策（低保实施、困难救济、扶贫救助）、建筑工程、干部选用、党员发展、赏罚处置，以及处理群众纠纷等，都要做到出于公心，公道正派，一碗水端平。做到赏得其所，罚责其咎，是非分明，不拉偏架，不评歪理。不论是亲朋好友，还是沾亲带故，都要一个标准断是非、一把尺子论短长，决不能优亲厚友，假公济私。有人认为老百姓不好领导，实际上，公道自在人心，群众是通情达理的，只要出于公心，公正公平地处理问题，就会说话有人听，办事有人跟，就能够获取群众的信任。俗话说不平则鸣，基层党组织如果有的人办事不公，肯定会受到群众抵制，当然就会很难领导，农村的许多矛盾冲突就是基层党组织某些领导处事不公造成的。

俗话说，村看村，户看户，群众看党员，党员看干部。农村的干部、党员，天天和群众在一起，其一言一行，群众都关注着，处事公不公，会影响基层党组织的威信，影响群众的情绪，影响社会的祥和安定。因此，基层党组一定要把"处事公道，公正公平"放在组织建设的突出位置，加强建设，力争做到言而有信，言必行，行必果，诚信践诺。俗话说，喊破嗓子不如做出样子，百姓心中有杆秤，只要公平他准认。农村基层党组织的干部要率先垂范，处处做出好样子，要求群众做到的，自己和自己家人首先做到，要求群众不能做的，自己和自己家人首先不做。这样就能得到

第十三章　坚持以社会主义核心价值体系领社会建设和生态文明建设

群众的拥护和尊重，营造风清气正的良好村风、民风，就能很好地领导群众同心建家园，致富奔小康。

3. 班子团结，勠力同心

团结就是力量，团结就是胜利。农村基层党组织建设，班子团结是物质基础，组织保障。讲团结是完成好农村各项任务的客观要求，是组织成员必须具备的政治素质。基层党组织只有搞好团结，才能真正形成领导核心，才能最大限度地充分发挥班子成员中每个人的聪明智慧，才能激发每个班子成员的敬业精神、创造能力，才能出智慧，出力量，出凝聚力、号召力、战斗力、生产力，才能卓有成效地尽到责任，完成使命。搞好团结，一是要出于公心，同道同心。这个公心就是立党为公，就是党的方针政策和村民群众的正当利益。班子中凡事出于公心，就有了搞好团结的客观基础，就能很好地团结共事，工作中认识上即使有意见分歧，也容易达到统一，不会产生隔阂。二是懂规矩，按党的原则办事。班子成员要懂规矩，讲原则，守纪律，循程序，按照党的规矩办事。班子集体研究确定了的事情不能随便改变，即使在实践中出现必须改变的情况，也要经基层党组织班子集体讨论研究决定，这是党内纪律，也是规矩，任何个人不能随便自行改变，否则就会造成班子成员的矛盾和工作中的被动，影响团结。同时，要明确分工，各负其责。书记不能包揽过多，不能锄了人家的苗，荒了自家的田，还影响了团结，做这种出力不讨好的事。要恪尽职守，各尽其责。尽责要到位，用权不越位，做到帮手不插手，援手不袖手。党内民主是党的生命。要坚持民主集中制，班子内作风一定要民主，民主决策，科学决策，才能勠力同心，把各项工作做好。三是坦诚相待，互相配合，容人容事，求同存异。人非圣贤，孰能无过，谁不需要宽容和谅解呢？因此，在一个班子内，要讲团结，以责人之心责己，以恕己之心恕人，与人为善，待人以诚，严于律己，宽以待人，容人之短，谅人之过，帮人之难。这样，同志间的关系会更加和谐，更加亲密，领导班子就会更加团结，更具有凝聚力、亲和力、感召力和战斗力。

我国长期扶贫工作的经验告诉我们，给钱给物，不如帮助建个好支部。农村富不富，关键在支部，建好党支部，关键是支书。要想切实把农村基层党组织建设成为推动科学发展、带领农民致富、密切联系群众、维护农村稳定的坚强战斗堡垒，就要认真选好基层党组织的领头雁。村支部书记必须具备"讲政治、重公道、有本领、善服务、口碑好"的基本标准，德才兼备，无私奉献，出类拔萃，廉洁奉公，勤政为民。做到讲党性，讲原则，公正无私，公道正派，扶正祛邪，勇于负责，敢于担当，有本事，肯干事，干实事，会干事，能干成事。必须是为造福乡亲不怕吃苦，不怕流汗，扑下身子，带头艰苦奋斗，开拓创新，有办法，有能力，带领广大村民共同致富的行家里手。这样，我们的农村基层党组织建设就会满足农村人民群众对美好生活的新期待，开辟新境界，登上新台阶，创造新辉煌，真正发挥战斗堡垒作用。这样，就能把坚持以社会主义核心价值体系统领社会建设，通过全国广大农村基层党组织卓有成效的工作，在广大农村落到实处。

二、坚持以社会主义核心价值体系统领生态文明建设

必须把社会主义核心价值体系"贯穿改革开放和社会主义现代化建设各领域"，是《中共中央关于深化文化体制改革推动社会主义文化大发展大繁荣若干重大问题的决定》提出的明确要求。生态文明建设，是中国特色社会主义事业"五位一体"总体布局中的重要组成部分，当然要把社会主义核心价值体系贯穿生态文明建设之中，坚持以社会主义核心价值体系统领。这样，就使大力推进生态文明建设，有了统一指导思想、共同理想信念、强大精神力量、基本道德规范的引领、支撑和保障，就能推进生态文明建设沿着正确方向顺利前进，健康发展。

（一）充分认识大力推进生态文明建设的丰富内涵

党中央高度重视大力推进生态文明建设，把生态文明建设放到更加突出的位置。党的十八大报告提出"大力推进生态文明建设"的目标任务，做了全面阐述，指出：

建设生态文明，是关系人民福祉、关乎民族未来的长远大计。面对资源约束趋紧、环境污染严重、生态系统退化的严峻形势，必须树立尊重自然、顺应自然、保护自然的生态文明理念，把生态文明建设放在突出地位，融入经济建设、政治建设、文化建设、社会建设各方面和全过程，努力建设美丽中国，实现中华民族永续发展。

坚持节约资源和保护环境的基本国策，坚持节约优先、保护优先、自然恢复为主的方针，着力推进绿色发展、循环发展、低碳发展，形成节约资源和保护环境的空间格局、产业结构、生产方式、生活方式，从源头上

第十三章 坚持以社会主义核心价值体系统领社会建设和生态文明建设

扭转生态环境恶化趋势,为人民创造良好生产生活环境,为全球生态安全作出贡献。

1. 优化国土空间开发格局

国土是生态文明建设的空间载体,必须珍惜每一寸国土。要按照人口资源环境相均衡、经济社会生态效益相统一的原则,控制开发强度,调整空间结构,促进生产空间集约高效、生活空间宜居适度、生态空间山清水秀,给自然留下更多修复空间,给农业留下更多良田,给子孙后代留下天蓝、地绿、水净的美好家园。加快实施主体功能区战略,推动各地区严格按照主体功能定位发展,构建科学合理的城市化格局、农业发展格局、生态安全格局。提高海洋资源开发能力,发展海洋经济,保护海洋生态环境,坚决维护国家海洋权益,建设海洋强国。

2. 全面促进资源节约

节约资源是保护生态环境的根本之策。要节约集约利用资源,推动资源利用方式根本转变,加强全过程节约管理,大幅降低能源、水、土地消耗强度,提高利用效率和效益。推动能源生产和消费革命,控制能源消费总量,加强节能降耗,支持节能低碳产业和新能源、可再生能源发展,确保国家能源安全。加强水源地保护和用水总量管理,推进水循环利用,建设节水型社会。严守耕地保护红线,严格土地用途管制。加强矿产资源勘查、保护、合理开发。发展循环经济,促进生产、流通、消费过程的减量化、再利用、资源化。

3. 加大自然生态系统和环境保护力度

良好生态环境是人和社会持续发展的根本基础。要实施重大生态修复工程,增强生态产品生产能力,推进荒漠化、石漠化、水土流失综合治理,扩大森林、湖泊、湿地面积,保护生物多样性。加快水利建设,增强城乡防洪抗旱排涝能力。加强防灾减灾体系建设,提高气象、地质、地震灾害防御能力。坚持预防为主、综合治理,以解决损害群众健康的突出环境问题为重点,强化水、大气、土壤等污染防治。坚持共同但有区别的责任原则、公平原则、各自能力原则,同国际社会一道积极应对全球气候变化。

4. 加强生态文明制度建设

保护生态环境必须依靠制度。要把资源消耗、环境损害、生态效益纳入经济社会发展评价体系,建立体现生态文明要求的目标体系、考核办法、奖惩机制。建立国土空间开发保护制度,完善最严格的耕地保护制度、水资源管理制度、环境保护制度。深化资源性产品价格和税费改革，建立反映市场供求和资源稀缺程度、体现生态价值和代际补偿的资源有偿使用制度和生态补偿制度。积极开展节能量、碳排放权、排污权、水权交易试点。加强环境监管，健全生态环境保护责任追究制度和环境损害赔偿制度。加强生态文明宣传教育，增强全民节约意识、环保意识、生态意识，形成合理消费的社会风尚，营造爱护生态环境的良好风气。

我们一定要更加自觉地珍爱自然，更加积极地保护生态，努力走向社会主义生态文明新时代。[①]

（二）坚持以社会主义核心价值体系统领生态文明建设，把生态文明建设放到更加突出的位置

建设生态文明，关系人民福祉，关乎民族未来，关系中华民族子孙后代的可持续发展。党的十八大把生态文明建设放到更加突出的位置，强调大力推进生态文明建设，为中华民族的美好未来，建设美丽中国，打下坚实基础，创造良好条件，开辟广阔前景。

1. 充分认识生态文明建设的重要性和紧迫性，把生态文明建设放到更加突出的位置

党的十八大以来，以习近平同志为核心的党中央高度重视生态文明建设，各级党委政府和环保管理监督部门都行动起来，开创了自觉珍爱自然，更加积极保护生态的全新局面。

习近平同志指出："建设生态文明，关系人民福祉，关乎民族未来。党的十八大把生态文明建设纳入中国特色社会主义事业五位一体总体布局，明确提出大力推进生态文明建设，努力建设美丽中国，实现中华民族永续发展。这标志着我们对中国特色社会主义规律认识的进一步深化，表明了我们加强生态文明建设的坚定意志和坚强决心。"[②]

改革开放40多年来，有的人只注重发展，而忽视了科学发展观。尽管改革开放之初，我国就提出不能走一些国家在现代化过程中走过的"先污

[①] 胡锦涛：《坚定不移沿着中国特色社会主义道路前进　为全面建成小康社会而奋斗——在中国共产党第十八次全国代表大会上的报告》，《人民日报》2012年11月18日，第1版。

[②] 习近平在中共中央政治局第六次集体学习时强调：《坚持节约资源和保护环境基本国策　努力走向社会主义生态文明新时代》，《人民日报》2013年5月25日，第1版。

第十三章　坚持以社会主义核心价值体系统领社会建设和生态文明建设

染、后治理"的老路，但在实际发展过程中，一些地方对快速脱贫和富裕起来的渴望压倒了环境保护和资源节约的要求。在资本的驱使下，各种带来严重污染的企业大干快上，工业废水、废料、废气、有毒物质向大地、江河湖海肆意排放，造成江河湖海、土地、水资源、空气等空间环境的严重污染，恶化了人们的生存环境，损害着人们的身心健康，降低了人们的幸福指数，影响着中国特色社会主义事业的健康发展。长此以往，如果得不到有效遏制，我国的经济社会就难以可持续发展，老百姓的生存空间也会越来越狭窄，生存环境越来越恶化。这些环境问题引起党中央的高度重视，党的十八大提出中国特色社会主义事业五位一体总体布局，把生态文明建设放到更加突出的位置，强调要实现科学发展，要加快转变经济发展方式。提出大力推进生态文明建设，各级领导干部对保护生态环境务必坚定信念，坚决摒弃损害甚至破坏生态环境的发展模式和做法，决不能再以牺牲生态环境为代价换取一时一地的经济增长。要加大保护生态环境力度，建设美丽中国，为全球生态安全、应对全球气候变化作出积极贡献。习近平同志指出："要坚定推进绿色发展，推动自然资本大量增值，让良好生态环境成为人民生活的增长点、成为展现我国良好形象的发力点，让老百姓呼吸上新鲜的空气、喝上干净的水、吃上放心的食物、生活在宜居的环境中、切实感受到经济发展带来的实实在在的环境效益，让中华大地天更蓝、山更绿、水更清、环境更优美，走向生态文明新时代。"[1]

把生态文明建设放到更加突出的位置，是解决严重污染问题提出的迫切要求。前些年环京津地区有的地方上了很多水泥厂等高消耗、高污染、高排放的建设项目，已经严重影响京津地区的空气质量和人民群众的日常生活，严重影响人民群众的身体健康，严重影响党和政府形象，已经不仅仅是经济问题。因此，必须正确处理环境保护和经济发展的关系，宁可放缓经济发展速度，即使不要金山银山，也要绿水青山，保护良好的生态环境。2013年9月，习近平同志参加河北省委常委班子专题民主生活会时针对这一问题指出："高消耗、高污染、高排放问题如此严重，导致河北省生态环境恶化趋势没有扭转。在全国重点监测的七十四个城市中，污染最严重的十个城市河北占七个。不坚决把这些高消耗、高污染、高排放的产业产量降下来，资源环境就不能承受，不仅河北难以实现可持续发展，周

---

[1] 习近平：《在省部级主要领导干部学习贯彻党的十八届五中全会精神专题研讨班上的讲话》，《人民日报》2016年5月10日，第2版。

围地区甚至全国生态环境也难以支撑啊！这些年，北京雾霾严重，可以说是'高天滚滚粉尘急'，严重影响人民群众的身体健康，严重影响党和政府形象。"①

为了减轻河北省因为保环境，去产能，降污染，生产总值下滑的压力和顾虑，习近平同志指出："要给你们去掉紧箍咒，生产总值即便滑到第七、第八位了，但在绿色发展方面搞上去了，在治理大气污染、解决雾霾方面做出贡献了，那就可以挂红花、当英雄。"② 鼓励河北省把生态文明建设放到更加突出的位置上，把有利于生态文明建设的绿色发展搞上去，扎扎实实做好环保工作，在治理大气污染、解决雾霾方面作出贡献了，生产总值即便滑到第七、第八位了，照样可以挂红花、当英雄，消除河北省因去产能，去污染，导致生产总值下滑的顾虑。当然，习近平总书记也提醒大家说："反过来，如果就是简单为了生产总值，但生态环境问题越演越烈，或者说面貌依旧，即便搞上去了，那也是另一种评价了。"③ 这就明确表示，生产总值即便搞上去了，生态环境问题仍然越演越烈，或者说面貌依旧，那也不会让你"挂红花、当英雄"。这充分表明了总书记对生态文明建设的高度重视，对关系民生、关系人民福祉的环境保护的高度重视，以及看重绿色发展突出地位的鲜明态度。遵照习近平总书记的指示，河北省委、省政府高度重视生态文明建设，壮士断腕，痛下决心，采取果断措施，关停并转了高消耗、高污染、高排放问题严重的企业，着力创新发展，协调发展，绿色发展，使该空气质量有了明显的改善，为京津地区的蓝天白云作出积极贡献。

为了把生态文明建设放到更加突出的位置，最重要的是完善经济社会发展考核评价体系，把资源消耗、环境损害、生态效益等体现生态文明建设状况的指标纳入经济社会发展评价体系，建立体现生态文明要求的目标

---

① 《在参加河北省委常委班子专题民主生活会时的讲话》（2013年9月23日至25日），《习近平关于全面深化改革论述摘编》，中央文献出版社2014年版，第106—107页。

② 《在参加河北省委常委班子专题民主生活会时的讲话》（2013年9月23日至25日），《习近平关于全面深化改革论述摘编》，中央文献出版社2014年版，第107页。

③ 《在参加河北省委常委班子专题民主生活会时的讲话》（2013年9月23日至25日），《习近平关于全面深化改革论述摘编》，中央文献出版社2014年版，第107页。

第十三章　坚持以社会主义核心价值体系统领社会建设和生态文明建设

体系、考核办法、奖惩机制，使之成为推进生态文明建设的重要导向和约束。习近平同志指出："我们一定要彻底转变观念，就是再也不能以国内生产总值增长率来论英雄了，一定要把生态环境放在经济社会发展评价体系突出位置。如果生态环境指标很差，一个地方一个部门的表面成绩再好看也不行，不说一票否决，但这一票一定要占很大权重。"①

充分认识生态文明建设的重要性和紧迫性，把生态文明建设放到更加突出的位置，最根本的就是坚持党的十八届五中全会提出"创新、协调、绿色、开放、共享"发展理念，强化创新发展、绿色发展。推动"十三五"时期我国经济社会持续健康发展，按照"十三五"规划，充分认识绿色是永续发展的必要条件和人民对美好生活追求的重要体现。必须坚持节约资源和保护环境的基本国策，坚持可持续发展，坚定走生产发展、生活富裕、生态良好的文明发展道路，加快建设资源节约型、环境友好型社会，形成人与自然和谐发展的现代化建设新格局，推进美丽中国建设，为全球生态安全作出新贡献。

习近平同志指出："推进供给侧改革，必须牢固树立创新发展理念，推动新技术、新产业、新业态蓬勃发展，为经济持续健康发展提供源源不断的内生动力。"② 世界科技创新证明，科技创新带来了科技的飞跃，将为经济发展提供强劲动力。做到既能有效保护环境，又能为经济发展提供强劲动力，就要推进供给侧改革，牢固树立创新发展理念，推动新技术、新产业、新业态蓬勃发展。真正做到崇尚创新、注重协调、倡导绿色、厚植开放、推进共享，协同推进人民富裕、国家强盛、中国美丽。

2. 加强生态文明建设要强化国家意识

改革开放以来，有的地方注重发展，但忽视了保护生态环境的可持续的科学发展，小冶炼厂、小造纸厂、小制革厂如雨后春笋般发展起来，造成非常严重的环境污染。习近平同志指出："各类环境污染呈高发态势，成为民生之患、民心之痛。这样的状况，必须下大气力扭转。"③ 造成大气

---

① 习近平：《在十八届中央政治局第六次集体学习时的讲话》（2013年5月24日），《习近平关于全面深化改革论述摘编》，中央文献出版社2014年版，第104—105页。
② 习近平：《在省部级主要领导干部学习贯彻党的十八届五中全会精神专题研讨班上的讲话》，《人民日报》2016年5月10日，第2版。
③ 习近平：《在省部级主要领导干部学习贯彻党的十八届五中全会精神专题研讨班上的讲话》，《人民日报》2016年5月10日，第2版。

污染、水污染、土地污染的也有少量公有制企业，但这种企业经营正规，便于管理，也好治理，不是破坏生态环境的主要来源，更多的是个体私营企业，其地域广，数量多，分布杂乱，管理困难，而且大都只看重个人眼前利益，不顾国家长远利益、人民的根本利益，如果有效监管不能跟上，任其发展，危害极大，祸患无穷。习近平同志还指出："历史告诉我们，每个人的前途命运都与国家和民族的前途命运紧密相连。国家好，民族好，大家才会好。"[1] 环境问题更是这样。要教育这些经营高污染项目的企业，如果不注意保护生态环境，各行其是，都去经营那些一时能赚钱却污染严重的项目，虽然自己一时赚了钱，但污染了空气，污染了水源，污染了土地，其实自己也会受害。

要让经营污染企业的地方、部门、企业、私营个体业主认识到，以牺牲生态环境得到的收入，是一时的、短暂的、局部的，不可持续的；破坏生态平衡造成的损害，则是长久的、全局的、根本的，有时是不可逆转的，会为未来的发展埋下隐患，不可持续。而保护生态环境的绿色发展，营造青山绿水，蓝天白云良好生态环境的发展，则是可持续的，是国家可持续发展的根基，是全社会极其宝贵的不竭财富源泉，是人民群众不可限量的永远的财富，是子孙后代的福祉。要加强生态文明宣传教育，让大家清醒地认识到，我们的发展不能吃祖宗饭，断子孙粮，不能搞不考虑可持续发展的掠夺性、破坏性发展，要牢固树立天下为公的集体主义价值观、牢固树立国家意识，不能只顾本地方、本部门、本企业及个人发财致富，不能鼠目寸光、饮鸩止渴，只图局部利益，搞污染环境的一时发展，要想到国家、人民和中华民族可持续发展的宏图大业。习近平同志指出："要增强大局意识、战略意识，善于算大账、总账、长远账，不能只算地方账、部门账、眼前账，更不能为了局部利益损害全局利益、为了暂时利益损害根本利益和长远利益。"[2] 国家好，民族好，我们大家才好，没有国哪有家，因此，任何发展首先要有强烈的国家意识，从国家、人民、民族的利益出发，不利于中华民族可持续发展的污染项目一律拒绝。增强全民节约意识、环保意识、生态意识，形成合理消费的社会风尚，营造爱护生态

---

[1] 习近平在参观《复兴之路》展览时强调：《承前启后继往开来继续朝着中华民族伟大复兴目标奋勇前进》，《人民日报》2012年11月30日，第1版。

[2] 习近平：《在省部级主要领导干部学习贯彻党的十八届五中全会精神专题研讨班上的讲话》，《人民日报》2016年5月10日，第2版。

第十三章　坚持以社会主义核心价值体系统领社会建设和生态文明建设

环境的良好风气，确保实现绿色、生态发展的理念。

习近平同志指出："生态环境保护是功在当代、利在千秋的事业。要清醒认识保护生态环境、治理环境污染的紧迫性和艰巨性，清醒认识加强生态文明建设的重要性和必要性，以对人民群众、对子孙后代高度负责的态度和责任，真正下决心把环境污染治理好、把生态环境建设好，努力走向社会主义生态文明新时代，为人民创造良好的生产生活环境。"① 随着《中华人民共和国环境保护法》《中华人民共和国大气污染防治法》《土壤污染防治行动计划》等环境保护法律的实施，随着监管力度的增大，破坏生态文明建设的问题会逐步减少，如果地方、部门、企业、个体经营者都牢固树立国家意识，考虑国家的全局利益，整体利益，以对人民群众、对子孙后代高度负责的态度和责任，自觉地严格按照保护生态环境建设的法律法规办事，那么，把环境污染治理好、把生态环境建设好，努力走向社会主义生态文明新时代，为人民创造良好的生产生活环境，就是可以期待的，能够实现的。

3. 牢固树立绿水青山就是金山银山意识

过去有些人囿于狭隘粗放的发展理念，只看重工业、制造业、冶炼业、造纸业、皮革业等能创造金山银山，却看不到良好的生态文明建设、绿水青山就是金山银山属性，且是人与自然和谐相处、相得益彰、良性循环的永恒财富源泉。习近平同志指出："建设生态文明是关系人民福祉、关系民族未来的大计。中国要实现工业化、城镇化、信息化、农业现代化，必须要走出一条新的发展道路。中国明确把生态环境保护摆在更加突出的位置。我们既要绿水青山，也要金山银山。宁要绿水青山，不要金山银山，而且绿水青山就是金山银山。我们绝不能以牺牲生态环境为代价换取经济的一时发展。我们提出了建设生态文明、建设美丽中国的战略任务，给子孙留下天蓝、地绿、水净的美好家园。"②

河北省涞水县开发野三坡景区大搞生态文明建设，给我们提供了绿水青山就是金山银山的生动事例。整个野三坡风景秀丽，美不胜收，昔日偏僻贫穷落后的小山村现在已经成为名扬天下的5A风景区。其中"百草畔"

---

① 习近平在中共中央政治局第六次集体学习时强调：《坚持节约资源和保护环境基本国策　努力走向社会主义生态文明新时代》，《人民日报》2013年5月25日，第1版。

② 习近平主席在哈萨克斯坦纳扎尔巴耶夫大学发表重要演讲：《弘扬人民友谊共同建设"丝绸之路经济带"》，《人民日报》2013年9月8日，第1版。

景区，更让人流连忘返。野三坡"百草畔"自然生态风景区为野三坡六大景区之一，素有太行山中"绿色明珠"之美誉。其主峰海拔1983米，山势刚劲挺拔，花木繁茂，山泉清冽，瀑布悬泻，空气清新，被誉为"天然氧吧"。尤其到了五月，山顶白雪覆盖，山谷冰川漫溢，然而，山腰、谷底冰川边却芳草如茵，绿树浓荫，繁花烂漫。山顶雪，脚下冰，身边树，眼前花，相反相成，相映成趣，在对立矛盾中达到了神奇的和谐统一，形成了独到神妙的自然景观。

"百草畔"是山峦起伏、沟谷参差、峰岭叠翠、神奇秀丽，在秋阳的辉映下，山岚缥缈缭绕，紫气升腾，峰巅岭壑、坡阳山阴，明暗相间，错落有致、起伏跌宕，气韵万千。沐浴着秋阳的夕辉，青山如黛，青松翠柏的墨绿，火炬树叶的赤红，柞树叶的紫红，五角枫叶的橙红，山梨树叶的橙黄，橡树叶的苍黄，小白杨叶的嫩黄，各种树木争相展示着自己多彩的丰姿。大自然的神工妙笔浓抹重彩，把秋山描绘成七彩云霞，色彩斑斓，缤纷璀璨，如诗如画，气象万千。

野三坡青山绿水，风景秀丽，涞水县委县政府先后开发出百里峡、上天沟、百草畔、鱼谷洞等主要景点及大型情景剧《印象野三坡》，已经形成集吃、住、行、游、购物、景区独特的文化游乐产品为一体的旅游消费综合体系，名声远播，游人如潮。这些旅游产品的销售收入已经成为县财政收入的主要来源，随着旅游市场的火爆，青山绿水已经成了野三坡人民的摇钱树和聚宝盆，人民群众收入不断增加，也快速步入小康，这充分证明习近平同志提出的"绿水青山就是金山银山"是颠扑不破的真理。

习近平同志深刻指出："正确处理好生态环境保护和发展的关系，是实现可持续发展的内在要求，也是推进现代化建设的重大原则。绿水青山和金山银山决不是对立的，关键在人，关键在思路。保护生态环境就是保护生产力，改善生态环境就是发展生产力。让绿水青山充分发挥经济社会效益，不是要把它破坏了，而是要把它保护得更好。"[①] 海南青山绿水，碧海蓝天，是发展旅游业的宝贵资源，也是人民群众和政府财政增加收入的重要源泉。2013年4月初，习近平总书记在海南考察时，对海南的青山绿水、碧海蓝天给予了充分肯定并寄予厚望，指出："保护生态环境就是保护生产力，改善生态环境就是发展生产力。良好生态环境是最公平的公共

[①] 《习近平李克强张德江俞正声刘云山王岐山张高丽分别参加全国人大会议一些代表团审议》，《人民日报》2014年3月8日，第1版。

第十三章　坚持以社会主义核心价值体系统领社会建设和生态文明建设

产品，是最普惠的民生福祉。青山绿水、碧海蓝天是建设国际旅游岛的最大本钱，必须倍加珍爱、精心呵护。希望海南处理好发展和保护的关系，着力在'增绿'、'护蓝'上下功夫，为全国生态文明建设当个表率，为子孙后代留下可持续发展的'绿色银行'。"① 由于青山绿水，蓝天白云的无穷魅力，各地流行起来的以农家乐、果蔬采摘等为主体内容的生态旅游风生水起，蓬蓬勃勃，成为群众脱贫致富、实现小康的幸福之路，大大推动了各地"绿色"生产力的健康发展。

由此可见，"良好的生态环境是最公平的公共产品，是最普惠的民生福祉"，因此"要正确处理经济发展同生态保护的关系，牢固树立保护生态环境就是保护生产力、改善生态环境就是发展生产力的理念，更加自觉地推进绿色发展、循环发展、低碳发展，决不以牺牲环境为代价去换取一时的经济增长"②。

4. 严格依靠制度、依法治理破坏生态文明建设的问题

环境治理和保护工作，牵扯到地方、部门、个人的巨大利益，治理起来阻力很大，难度很大，保护环境任重道远，必须严格依靠制度、依法治理破坏生态文明建设的问题。习近平同志指出："保护生态环境必须依靠制度、依靠法治。只有实行最严格的制度、最严密的法治，才能为生态文明建设提供可靠保障。"③

开创贞观盛世的唐太宗李世民曾深有体会地说："国家大事，惟赏与罚。赏当其劳，无功者自退。罚当其罪，为恶者咸惧。"④《中华人民共和国环境保护法》《中华人民共和国大气污染防治法》《土壤污染防治行动计划》《生态环境损害赔偿制度改革试点方案》均已先后公布、实施，为加强生态文明建设、保护生态环境，提供了法律依据和制度保障。对那些违反保护生态文明建设法律规定的地方政府、企业和个人，要严格按照法律法规规定，该罚款罚款，该停业停业，该关闭关闭；违法犯罪的，该追究刑事责任的，司法部门依法审判，追究刑事责任。

---

① 习近平在海南考察时强调：《加快国际旅游岛建设　谱写美丽中国海南篇》，《人民日报》2013 年 4 月 11 日，第 1 版。

② 习近平：《在中共十八届三中全会第一次全体会议上的讲话》（2013 年 11 月 9 日），《习近平关于全面深化改革论述摘编》，中央文献出版社 2014 年版，第 107 页。

③ 习近平：《在十八届中央政治局第六次集体学习时的讲话》（2013 年 5 月 24 日），《习近平关于全面深化改革论述摘编》，中央文献出版社 2014 年版，第 104 页。

④ （唐）吴兢：《贞观政要》，上海古籍出版社 1978 年版，第 98 页。

地方各级人民政府、县级以上人民政府环境保护主管部门和其他负有环境保护监督管理职责的部门若违反有关规定,对直接负责的主管人员和其他直接责任人员该处分处分,该引咎辞职就引咎辞职;对违法,构成犯罪的,依法追究刑事责任。正如习近平同志所指出的:"要建立责任追究制度,我们这里说的主要是对领导干部的责任追究制度。对那些不顾生态环境盲目决策、造成严重后果的人必须追究其责任,而且应该终身追究。真抓就要这样抓,否则就会流于形式。不能把一个地方环境搞得一塌糊涂,然后拍拍屁股走人,官还照当,不负任何责任。组织部门、综合经济部门、统计部门、监察部门等都要把这个事情落实好。"①

要坚持标本兼治和专项整治并重、常态治理和应急减排协调、本地治污和区域协作相互促进原则,多策并举,多地联动,全社会共同行动聚焦燃煤、机动车、工业、扬尘四大重点领域,集中实施压减燃煤、控车减油、治污减排、清洁降尘措施。要建立大气承载能力监测预警机制,确定大气环境承载能力红线,当接近这一红线时便及时提出警告警示。要严格指标考核,加强环境执法监管,认真进行责任追究。对环境污染严重的地方领导要依法约谈,追究责任,对严重破坏生态文明的直接责任者依法严惩,以儆效尤。如果真的依法对严重制造污染者治了罪,原来那些以为污染环境、破坏生态文明建设问题无足轻重的人,还有谁敢胆大妄为呢?

习近平同志指出:"环境就是民生,青山就是美丽,蓝天也是幸福。要像保护眼睛一样保护生态环境,像对待生命一样对待生态环境。对破坏生态环境的行为,不能手软,不能下不为例。"② 只有这样,才能真正遏制污染环境问题的发生和蔓延。

(三)坚持以社会主义核心价值体系统领生态文明建设,就要牢固树立节约意识

党的十八大报告指出:"坚持节约资源和保护环境的基本国策,坚持节约优先、保护优先、自然恢复为主的方针,着力推进绿色发展、循环发展、低碳发展,形成节约资源和保护环境的空间格局、产业结构、生产方式、生活方式,从源头上扭转生态环境恶化趋势,为人民创造良好生产生

---

① 习近平:《在十八届中央政治局第六次集体学习时的讲话》(2013年5月24日),《习近平关于全面深化改革论述摘编》,中央文献出版社2014年版,第105页。
② 《习近平张德江俞正声王岐山分别参加全国两会一些团组审议讨论》,《人民日报》2015年3月7日,第1版。

第十三章　坚持以社会主义核心价值体系统领社会建设和生态文明建设

活环境,为全球生态安全作出贡献。"① "全面促进资源节约。节约资源是保护生态环境的根本之策。要节约集约利用资源,推动资源利用方式根本转变,加强全过程节约管理,大幅降低能源、水、土地消耗强度,提高利用效率和效益。"② "加强生态文明宣传教育,增强全民节约意识、环保意识、生态意识,形成合理消费的社会风尚,营造爱护生态环境的良好风气。"③

节约资源是保护生态环境的根本之策,节约意识是建设生态文明的科学理念。我党历来倡导勤俭节约、勤俭办一切事业,反对奢侈浪费。在20世纪30年代的革命战争时期,毛泽东就明确指出:"应该使一切政府工作人员明白,贪污和浪费是极大的犯罪。""节省每一个铜板为着战争和革命事业,为着我们的经济建设。"④

党的十八大之后,以习近平同志为核心的党中央狠抓作风建设,"反对形式主义、官僚主义、享乐主义、反对奢靡之风",这种奢侈浪费的风气得到有效遏制,党风政风大有好转,但要在思想上牢固树立节约意识,还要重视经常对党政机关的党员干部进行以奢侈浪费为耻,以勤俭节约为荣的社会主义荣辱观教育,充分认识反对奢侈浪费的重要意义,牢固树立节约意识,带动全社会牢固树立节俭风气。

勤俭节约,艰苦奋斗更是我党的光荣革命传统。新中国成立初期,毛泽东就深刻指出:"要使我国富强起来,需要几十年艰苦奋斗的时间,其中包括执行厉行节约、反对浪费这样一个勤俭建国的方针。"⑤ 毛泽东、周恩来、朱德等老一辈无产阶级革命家就是厉行节约、艰苦奋斗的楷模和典范。历史和现实都表明,要想紧紧抓住21世纪头20年这个重要战略机遇期,就"一定要戒骄戒躁、艰苦奋斗"。没有艰苦奋斗精神,就没有中

---

① 胡锦涛:《坚定不移沿着中国特色社会主义道路前进　为全面建成小康社会而奋斗——在中国共产党第十八次全国代表大会上的报告》,《人民日报》2012年11月18日,第1版。

② 胡锦涛:《坚定不移沿着中国特色社会主义道路前进　为全面建成小康社会而奋斗——在中国共产党第十八次全国代表大会上的报告》,《人民日报》2012年11月18日,第1版。

③ 胡锦涛:《坚定不移沿着中国特色社会主义道路前进　为全面建成小康社会而奋斗——在中国共产党第十八次全国代表大会上的报告》,《人民日报》2012年11月18日,第1版。

④ 《毛泽东选集》第1卷,人民出版社1991年版,第134页。

⑤ 《毛泽东文集》第7卷,人民出版社1999年版,第240页。

国革命的胜利；没有艰苦奋斗，就没有今天人民的幸福生活。艰苦奋斗作为我党的优良传统和作风，作为马克思主义政党的政治本色，是凝聚党心民心，激励全党和全体人民为实现国富民强、民族振兴的强大精神武器，是我党保持同人民群众血肉联系的一个重要法宝。只有我国人民都厉行节约、艰苦奋斗，反对奢侈浪费，才能战胜前进道路上的一切困难，更好地落实科学发展观，大力推进生态文明建设，构建社会主义和谐社会，建设中国特色社会主义，实现全面建成小康社会，全面建设社会主义现代化国家的宏伟目标，开创中华民族辉煌灿烂的明天。

反对奢侈浪费，就要大力倡导节俭，牢固树立节约意识。古人云："克俭节用，实弘道之源，崇奢恣情，乃败德之本。""乐不可极，极乐成哀；欲不可纵，纵欲成灾。"社会主义荣辱观提出，"以艰苦奋斗为荣、以骄奢淫逸为耻"。可见，奢侈浪费不仅是一个不良的生活作风问题，同时是一个影响国泰民安、危害共产党执政地位的严重政治问题。我们一定要牢固树立忧患意识、公仆意识、节约意识，反对奢侈浪费，兢兢以强，努力奋斗，只有这样，才能永远立于不败之地。

历览前贤国与家，成由勤俭败由奢。奢侈浪费，理家家衰，统军军败，治国国乱，这样的事例古往今来俯拾皆是。石崇奢靡，斗富夸人，身死于难；商纣荒淫，酒池肉林，人亡政息；隋炀奢华，志在无厌，家破国亡。"由此观之，奢侈者可以为戒，节俭者可以为师矣。"这种惨痛的历史教训雄辩地说明：奢靡足以亡国、节俭方能兴邦。

华夏自古重节俭。"俭以养德"，"俭开富源，奢起贫兆"，"家有粮米万担，也怕泼米撒面"，"衣食俭中生"，"惜衣常暖，惜食常饱"，"俭约不贪，则可延寿；奢侈过求，受尽则终"。中国人民这些有益的格言，集中地体现勤俭节约对于治国、修身、持家的极端重要性。创造贞观盛世的唐太宗李世民就曾诫己与臣："每一食，便念稼穑之艰难，每一衣，则思纺绩之辛苦。"

节俭，是中华民族的传统美德，是一种修身、处世、治国的崇高境界，是以人为本、对于体力智力劳动者劳动成果的珍惜和对社会物质、精神财富创造者尊重的生动体现，是落实科学发展观、实现资源节约型社会、构建社会主义和谐社会的必然要求。

习近平同志指出："坚持节约资源和保护环境的基本国策，坚持节约优先、保护优先、自然恢复为主的方针，着力树立生态观念、完善生态制度、维护生态安全、优化生态环境，形成节约资源和保护环境的空间格

第十三章　坚持以社会主义核心价值体系统领社会建设和生态文明建设

局、产业结构、生产方式、生活方式。"① 在生态文明建设中牢固树立节约意识,就要节约集约利用资源,推动资源利用方式根本转变,加强全过程节约管理,大幅降低能源、水、土地消耗强度,提高利用效率和效益。推动能源生产和消费革命,控制能源消费总量,加强节能降耗,支持节能低碳产业和新能源、可再生能源发展,确保国家能源安全。加强水源地保护和用水总量管理,推进水循环利用,建设节水型社会。严守耕地保护红线,必须珍惜每一寸国土,严格土地用途管制。加强矿产资源勘查、保护、合理开发,不准乱采、乱挖。发展循环经济,促进生产、流通、消费过程的减量化、再利用、资源化。

只有牢固树立节约意识,厉行节约,才能将我国宝贵的自然资源、人力资源、智力资源、社会资源有效地用于社会主义现代化的建设之中,创造祖国辉煌灿烂的明天。"我们要坚持节约资源和保护环境的基本国策,像保护眼睛一样保护生态环境,像对待生命一样对待生态环境,推动形成绿色发展方式和生活方式,协同推进人民富裕、国家强盛、中国美丽。"②

(四) 坚持以社会主义核心价值体系统领生态文明建设,就要牢固树立爱绿植绿护绿意识

植树绿化是保护生态的重要举措,是蓝天白云、绿水青山的可靠保障,是全国人民必须高度重视并坚持做好的重要生态建设工作,为此,必须牢固树立爱绿植绿护绿意识。2013 年 4 月 2 日,习近平总书记在《参加首都义务植树活动时的讲话》中指出:"全民义务植树 30 多年来,促进了我国森林资源恢复发展,增强了全民爱绿植绿护绿意识。同时,我们必须清醒地看到,我国总体上仍然是一个缺林少绿、生态脆弱的国家,植树造林,改善生态,任重道远。"③

1. 牢固树立城市绿化意识

自从全国确立植树节以来,在一年一度的植树节到来前后,举国上下

---

① 习近平在中共中央政治局第六次集体学习时强调:《坚持节约资源和保护环境基本国策　努力走向社会主义生态文明新时代》,《人民日报》2013 年 5 月 25 日,第 1 版。

② 习近平:《在省部级主要领导干部学习贯彻党的十八届五中全会精神专题研讨班上的讲话》,《人民日报》2016 年 5 月 10 日,第 2 版。

③ 习近平总书记在参加首都义务植树活动时强调:《把义务植树深入持久开展下去　为建设美丽中国创造更好生态条件》,《人民日报》2013 年 4 月 3 日,第 1 版。

都会掀起植树绿化高潮。很多城市都会召开城市建设、城市管理、城市绿化工作会议,在强调城市建设、城市管理的同时,着重强调城市绿化工作,指出要像抓经济和抓稳定那样抓好城市绿化。无疑,这表达了市民的心声,反映了市民的心愿,亦是城市绿化意识的觉醒和弘扬。

城市绿化是提高市民生活质量的必需。随着社会的发展进步,城市空气质量如何,已成为衡量市民生活质量的显著标志。然而,经济的快速发展,工业有毒烟尘的污染,各种机动车辆的废气排放量的急速增大,严重地损害了城市空气的质量。为什么这些年来,人们的怪病多,各种癌症发病率上升,除了大量地食用各类含有害添加剂、农药残留物的蔬菜和粮食外,一个很重要的原因是黑烟囱太厉害,雾霾肆虐,大气质量差,环境质量差,城市树木太少。正如习近平同志指出的:"长期以来,我国人工造林工作做得是好的。现在树更多了,山更绿了,全民绿化意识深深根植于人民心中。同时,必须看到,我国自然资源和自然禀赋不均衡,相对于实现全面建成小康社会的目标,相对于人民群众良好环境的期盼,我国森林无论是数量还是质量都远远不够。"[①] 因此,不论是城市还是农村都要大力提倡植树造林,尤其是城市人口集中,污染集中,更需要植树增绿。我们要充分认识到,绿树是城市空气净化器,绿树是空气湿度的调节器,绿树是空气的清新剂,绿树是利于人类身体健康的最好的朋友。因此,必须像爱护我们每个人的健康那样把城市绿化、植树摆到重要位置,作为紧任务、硬任务,自觉从个人做起,切切实实动起手来,多栽树,栽好树,护好树。

城市绿化是美化城市、优化环境的重要体现。优化环境是任何城市都必须做好的一项持久的重要任务,日益受到各地党委、政府高度重视。优化环境的强烈意识在领导和市民中逐步牢固树立,而植树绿化正是城市优化环境的重要体现。因为城市绿化是一个城市的外在形象,是一个城市文明程度的标志,不论是外商还是埠外客人,进入一个城市,首先是看城市漂亮不漂亮、街道干净不干净、绿化植树好不好、空气清新不清新。因此,我们要从优化环境的高度认识城市的植树绿化工作,珍爱我们自己的形象。

党中央高度重视城市的植树造林工作,每年植树节都参加植树造林活

---

① 习近平在参加首都义务植树活动时强调:《一代人接着一代人干下去 坚定不移爱绿植绿护绿》,《人民日报》2014年4月5日,第1版。

第十三章　坚持以社会主义核心价值体系统领社会建设和生态文明建设

动,习近平同志在 2014 年 4 月 4 日参加首都义务植树活动时指出:"林业建设是事关经济社会可持续发展的根本性问题。每一个公民都要自觉履行法定植树义务,各级领导干部更要身体力行,充分发挥全民绿化的制度优势,因地制宜,科学种植,加大人工造林力度,扩大森林面积,提高森林质量,增强生态功能,保护好每一寸绿色。"① 在党中央高度重视生态建设的今天,全国各地都应牢固树立绿化意识,高度重视城市绿化工作,从根本上解决城市绿化不够的问题。做到城市党政机关、企事业单位,市民群众积极行动起来,每到植树节,人人植树,包栽包活,一包到底,认真负责,久而久之,蔚成风气,就一定能用较短的时间开创城市绿化工作的新局面,为城市的蓝天白云、优美环境作出积极贡献。

2. 回顾 1998 年洪灾,更加强化植绿护绿意识

1998 年百年不遇的洪灾喧嚣肆虐了两个多月,终于在党中央的英明领导及百万军民用血肉之躯筑起来的"大堤"脚下败退了,但是洪灾的话题并没有结束。痛定思痛,人们已越来越清醒地意识到:滥伐森林和毁林垦荒是造成中国长江流域发生水灾的主要原因,这已经成为国内外专家及党和政府的共识。

1998 年夏,洪灾使上游天然林保护的问题凸现出来,越来越多的人从大自然的严厉报复中掂量出"森林"对于人类生存环境的沉甸甸的分量。世界环境问题研究专家针对中国长江洪灾指出:毁林是造成中国此次发大水的主要原因,长江流域的原始植被丧失 85%,曾经吸纳雨季的大量雨水的森林大半已不复存在。当时全国人大环资委主任委员曲格平指出:毁林开荒,造成水土流失加剧,生态破坏严重,陷入了"越垦越穷,越穷越垦"的怪圈,我国长江流域发生特大洪灾与沿江流域生态破坏有着密切的关系。为此,国务院发出紧急通知要求进一步保护好森林资源,号召大力植树造林,自下发通知日起冻结各项建设工程占用林地一年。《人民日报》国庆献辞中明确指出:"要在全国范围坚持不懈地科学治水,依法治水,植树造林,保护环境,兴利除害,经过不断努力,营造一个青山绿水的大好河山。"然而,也正是在国家禁止砍伐森林后,长江流域仍有人突击砍树,足见护林之紧迫。

习近平同志指出:"森林是陆地生态系统的主体和重要资源,是人类

---

① 习近平在参加首都义务植树活动时强调:《一代人接着一代人干下去　坚定不移爱绿植绿护绿》,《人民日报》2014 年 4 月 5 日,第 1 版。

生存发展的重要生态保障。不可想象，没有森林，地球和人类会是什么样子。"①"山水林田湖是一个生命共同体，人的命脉在田，田的命脉在水，水的命脉在山，山的命脉在土，土的命脉在树。"② 这句话全面、科学、辩证、联系地，将树在"山水林田湖"中的核心地位、本源地位突出出来，强调了森林是人类生存发展的重要生态保障的极高地位。自然科学之规律和社会生活经验均告诉人们，森林植被对于防止洪灾的极端重要性。我国水灾发生从古至今为数不少，每次均引起有识之士的深深思考，得出了"治水在于治山，治山在于兴林"的结论，这是无数血的教训和生命财产的惨痛损失告诉人们的客观真理。

　　森林可以蓄水，造林工程也能拦蓄水。山区的植被、特别是森林植被对水土流失有巨大的防护作用，可以有效地减少水灾的发生。笔者冀西家乡改革开放前后水灾的对比就生动地说明了这个问题。20世纪60年代，家乡人民生活贫困，别说山里的树木，就是草根都被挖出来烧了，结果是"穷山恶水一条沟，山山和尚头，无雨三日旱，遇雨泥沙流"，水土流失非常严重，只要一有暴雨，洪水便顺山而下，汹涌狂虐，泥沙翻滚，洪水过处，沙石漫野，河道骤宽，良田被毁，损害极甚。而改革开放后人民生活富裕了，全县号召大搞植树造林，小流域综合治理，山山岭岭、沟沟汊汊，都挖上鱼鳞坑，栽上树。经过故乡人民近几十年的精心培育和管理，现在山林在水土保持涵养水源方面显现出良好的生态效应。"小雨不下山，大雨清水流"，过去宽宽的沙石河滩，现在全是葱翠茁壮的丰产田，而河道则被庄稼挤得窄窄的。这些年来，不论遇到多大的暴雨，均未发生水灾，过去洪水毁田淤地的事再未发生。故乡人民高兴地说："山上多栽树，等于修水库"，确是如此！这些浅显的道理、大自然的规律当是人们共知的常理。

　　习近平总书记指出："人因自然而生，人与自然是一种共生关系，对自然的伤害最终会伤及人类自身。"③ 长江水灾大自然以其严厉的报复形式告诉人们：为了人民的根本利益，为了子孙后代的福祉，赶快封锯育林，

---

　　① 习近平总书记在参加首都义务植树活动时强调：《把义务植树深入持久开展下去　为建设美丽中国创造更好生态条件》，《人民日报》2013年4月3日，第1版。

　　② 习近平：《关于〈中共中央关于全面深化改革若干重大问题的决定〉的说明》，《人民日报》2013年11月16日，第1版。

　　③ 习近平：《在省部级主要领导干部学习贯彻党的十八届五中全会精神专题研讨班上的讲话》，《人民日报》2016年5月10日，第2版。

第十三章　坚持以社会主义核心价值体系统领社会建设和生态文明建设

退耕还林，禁伐天然林木，全面造林护林！2016年春夏之季中国南方和北方普降暴雨、发洪水，江湖沿岸堤溃路毁，险情不断，山洪暴发，泥石流屡发，给人们造成巨大的生命财产损失，同样警示人们，我国仍然是生态脆弱的国家，因此爱绿护绿，植树造林，改善生态，任重道远。

第十四章

坚持以社会主义核心价值体系统领党的建设

习近平同志《在庆祝中国共产党成立95周年大会上的讲话》中指出："坚持不忘初心、继续前进，就要保持党的先进性和纯洁性，着力提高执政能力和领导水平，着力增强抵御风险和拒腐防变能力，不断把党的建设新的伟大工程推向前进。"[①]《在第十八届中央纪律检查委员会第六次全体会议上的讲话》中指出："我们党肩负着带领全国各族人民实现'两个一百年'奋斗目标、实现中华民族伟大复兴的历史使命，同时也面临着'四大考验''四种危险'。完成历史使命，战胜风险挑战，必须管好党、治好党，确保党始终成为中国特色社会主义事业的坚强领导核心。"[②]

由此，坚持以"兴国之魂"的社会主义核心价值体系统领党的建设，就是我们党永葆党的先进性和纯洁性，完成历史使命，战胜风险挑战，搞好党的建设的必然选择。

一、坚持以社会主义核心价值体系统领党的建设，是加强党的建设的铸魂之举

党的十七届六中全会《决定》指出："社会主义核心价值体系是兴国之魂，是社会主义先进文化的精髓，决定着中国特色社会主义发展方向。必须强化教育引导，增进社会共识，创新方式方法，健全制度保障，把社会主义核心价值体系融入国民教育、精神文明建设和党的建设全过程，贯穿改革开放和社会主义现代化建设各领域，体现到精神文化产品创作生产传播各方面，坚持用社会主义核心价值体系引领社会思潮，在全党全社会

---

① 习近平：《在庆祝中国共产党成立95周年大会上的讲话》，《人民日报》2016年7月2日，第2版。
② 习近平：《在第十八届中央纪律检查委员会第六次全体会议上的讲话》，《人民日报》2016年5月3日，第2版。

第十四章　坚持以社会主义核心价值体系统领党的建设

形成统一指导思想、共同理想信念、强大精神力量、基本道德规范。"① 坚持以社会主义核心价值体系统领党的建设，就要把社会主义核心价值体系融入党的建设全过程。

（一）马克思主义指导是党的建设的灵魂

习近平同志指出："面向未来，面对挑战，全党同志一定要不忘初心、继续前进。""坚持不忘初心、继续前进，就要坚持马克思主义的指导地位。"② 毛泽东同志指出："领导我们事业的核心力量是中国共产党，指导我们思想的理论基础是马克思列宁主义。"③ 马克思主义是我们党指导思想的理论基础，马克思主义指导思想是社会主义核心价值体系的灵魂，坚持以社会主义核心价值体系统领党的建设，当然要把社会主义核心价值体系的灵魂马克思主义指导作为加强党的建设的灵魂。马克思主义是中国共产党人制定路线方针政策的理论基础、治国理政的政治灵魂、修身立命的思想根本、经受住任何考验的精神支柱。

习近平同志《在全国党校工作会议上的讲话》中指出："马克思主义是我们党的指导思想，共产主义是我们党的远大理想。没有马克思主义信仰、共产主义理想，就没有中国共产党，就没有中国特色社会主义。"④

党的十八届六中全会通过的《关于新形势下党内政治生活的若干准则》指出："把马克思主义理论作为必修课，认真学习马克思列宁主义、毛泽东思想、邓小平理论、'三个代表'重要思想、科学发展观，认真学习习近平总书记系列重要讲话精神，认真学习党章党规，不断提高马克思主义思想觉悟和理论水平。"⑤

习近平同志《在庆祝中国共产党成立 95 周年大会上的讲话》中明确指出："马克思主义是我们立党立国的根本指导思想。背离或放弃马克思

---

① 胡锦涛：《坚定不移沿着中国特色社会主义道路前进　为全面建成小康社会而奋斗——在中国共产党第十八次全国代表大会上的报告》，《人民日报》2012 年 11 月 18 日，第 1 版。
② 习近平：《在庆祝中国共产党成立 95 周年大会上的讲话》，《人民日报》2016 年 7 月 2 日，第 2 版。
③ 《毛泽东文集》第 6 卷，人民出版社 1999 年版，第 350 页。
④ 习近平：《在全国党校工作会议上的讲话》，《求是》2016 年第 9 期。
⑤ 《关于新形势下党内政治生活的若干准则》，《人民日报》2016 年 11 月 3 日，第 5 版。

主义，我们党就会失去灵魂、迷失方向。在坚持马克思主义指导地位这一根本问题上，我们必须坚定不移，任何时候任何情况下都不能有丝毫动摇。"①

当代中国搞好党的建设，必须坚持以马克思主义为指导。按照习近平同志《在庆祝中国共产党成立95周年大会上的讲话》提出"要教育引导广大党员、干部把学习成果转化为提升党性修养、思想境界、道德水平的精神营养，做到真学真懂真信真用"②的要求，加强党的建设，就要认真解决真学、真懂、真信、真用的问题。

第一要真学。真学，就是要原原本本地学，认认真真地学，持之以恒地学。习近平同志指出："理论上清醒，政治上才能坚定。坚定的理想信念，必须建立在对马克思主义的深刻理解之上，建立在对历史规律的深刻把握之上。全党要深入学习马克思列宁主义、毛泽东思想、邓小平理论、'三个代表'重要思想、科学发展观，深入学习党的十八大以来党中央治国理政新理念新思想新战略，不断提高马克思主义思想觉悟和理论水平，保持对远大理想和奋斗目标的清醒认知和执着追求。"③学习，集中体现在学习马克思主义经典作家的著作，即学习《马克思恩格斯选集》第1—4卷，学习《列宁选集》第1—4卷，学习《斯大林选集》上、下卷；尤其是学习马克思主义中国化的第一个成果——毛泽东思想。学习毛泽东同志的《毛泽东选集》第1—5卷、《毛泽东文集》8卷本等重要著作，学习《毛泽东传》《毛泽东年谱》等一系列党的文献。学习中国特色社会主义理论体系，学习习近平新时代中国特色社会主义思想。当前，为了端正党员干部的人生价值观，在学习习近平新时代中国特色社会主义思想同时，尤其要学习毛泽东同志的《为人民服务》《纪念白求恩》《愚公移山》，并铭刻在脑子里，融化在血液中，内化于心，外化于行，成为自觉的思想遵循，理论指导，行为准则。习近平同志在全国党校工作会议上的讲话中指出："党校要加强学员对马克思主义经典著作的学习研究，开出基本书目，引导学员读原著、学原文、悟原理，特别是要理解其中包含的马克思主义

---

① 习近平：《在庆祝中国共产党成立95周年大会上的讲话》，《人民日报》2016年7月2日，第2版。

② 习近平：《在庆祝中国共产党成立95周年大会上的讲话》，《人民日报》2016年7月2日，第2版。

③ 习近平：《在庆祝中国共产党成立95周年大会上的讲话》，《人民日报》2016年7月2日，第2版。

立场、观点、方法，不要浅尝辄止。"① 每个领导干部都应该按照习近平同志提出的要求，读书学习。

俗话说，刀不磨会生锈，人不学习就落后。学习对任何人都重要，对党员干部更是如此。有些工作别人可以代替，唯有学习必须自己认真读书、思考、体味、感悟。毛泽东同志提倡领导干部自己做调查，写文章，如果自己不认真学，书让别人代读，讲话让别人代写，文章让别人替做，这样的领导怎能增加自己的知识储备、认知能力，又怎能提高自己的理论水平、工作能力呢？把这种长期形成的懒惰作风用在学习马克思主义上，是必定学不好的。学习马克思主义，就要强调自己学习，强调自己静下心来认真踏实地读书学习，不能偷懒耍滑，不能投机取巧，不能抄袭、剽窃他人成果，要靠自己踏踏实实学习、思考、钻研。舍得下苦功夫、真功夫，坚信铁杵磨成针，功到自然成，毛泽东同志指出："马克思列宁主义是科学，科学是老老实实的学问，任何一点调皮都是不行的。我们还是老实一点吧！"② 著名物理学家牛顿说："倘若说我比别人看的略为远些，那是因为我是站在巨人们的肩上的缘故。"马克思主义经典理论家，就是认识世界、改造世界的思想巨人，通过学习掌握这些理论家的理论，就等于站在了这些巨人的肩上，就能"善假于物"，而达到"不畏浮云遮望眼，只缘身在最高层"的境界。

第二要真懂。对马克思主义经典著作，要在真学的基础上，弄懂弄通。只有真正掌握了马克思主义，尤其是哲学原理，才会举一反三，触类旁通，就可以去探索、涉猎许多以前不敢想和不敢学的东西和领域，往往还会卓有成效。

真学、真懂了马克思主义的基本原理，才能传承我国古代知识分子"为天地立心，为生民立命，为往圣继绝学，为万世开太平"的志向和传统。自己不学、不信、不懂马克思主义基本原理，就不可能牢固地树立马克思主义的世界观、人生观、价值观，就不可能用马克思主义的立场、观点、方法观察分析问题，认识事物；在经济成分多元，思想意识多元的当代中国，对似是而非的问题，就不能有自己正确的独到见解；写文章搞研究，就不可能有真知灼见，只能炒别人的冷饭，吃别人嚼过的馍，东拼西凑、人云亦云，当传声筒和应声虫。更不可能立时代潮头、通古今之变

---

① 习近平：《在全国党校工作会议上的讲话》，《求是》2016年第9期。
② 《毛泽东选集》第3卷，人民出版社1991年版，第800页。

化、发思想之先声，不能承担历史赋予的神圣责任和光荣使命。对马克思主义经典著作没读几本，一知半解就随意发表意见，是一种不负责任的态度，也有悖于科学精神；根本就不懂马克思主义，却妄言马克思主义过时了，更是无知、弱智的表现。马克思主义是党的路线方针政策的思想理论基础，作为党员干部，不懂得马克思主义的基本原理，就不可能贯彻好党的路线方针政策，搞好党的建设就无从谈起。

第三要真信。在真学、真懂的基础上，极其重要的是要真信，对马克思主义真理性的坚信不疑。习近平同志深刻指出："马克思主义深刻揭示了自然界、人类社会、人类思维发展的普遍规律，为人类社会发展进步指明了方向；马克思主义坚持实现人民解放、维护人民利益的立场，以实现人的自由而全面的发展和全人类解放为己任，反映了人类对理想社会的美好憧憬；马克思主义揭示了事物的本质、内在联系及发展规律，是'伟大的认识工具'，是人们观察世界、分析问题的有力思想武器；马克思主义具有鲜明的实践品格，不仅致力于科学'解释世界'，而且致力于积极'改变世界'。在人类思想史上，还没有一种理论像马克思主义那样对人类文明进步产生了如此广泛而巨大的影响。"①

党的十八大报告指出："对马克思主义的信仰，对社会主义和共产主义的信念，是共产党人的政治灵魂，是共产党人经受住任何考验的精神支柱。"② 西方敌对势力西化、分化、和平演变中国共产党领导的社会主义，就是从否定中国共产党人的指导思想开始的，就是从否定马克思列宁主义、毛泽东思想开始的。否定了马克思列宁主义、毛泽东思想，就能从根本上动摇了共产党人和最广大人民群众对马克思列宁主义、毛泽东思想的信仰，动摇了中国共产党人在马克思列宁主义指导下坚持社会主义道路，最终实现共产主义的信念，这样就从思想上、理论上抽掉了共产党人的政治灵魂，从精神上、信念上摧垮了共产党人赖以经受住各种考验的精神支柱。

正如习近平总书记深刻指出的："在有的领域中马克思主义被边缘化、空泛化、标签化，在一些学科中'失语'、教材中'失踪'、论坛上'失

---

① 习近平：《在哲学社会科学工作座谈会上的讲话》，《人民日报》2016年5月19日，第2版。
② 胡锦涛：《坚定不移沿着中国特色社会主义道路前进 为全面建成小康社会而奋斗——在中国共产党第十八次全国代表大会上的报告》，《人民日报》2012年11月18日，第1版。

第十四章　坚持以社会主义核心价值体系统领党的建设

声'。这种情况必须引起我们高度重视。"① 在马克思主义被"边缘化、空泛化、标签化""失语""失踪""失声"的氛围中，许多党员、领导干部，压根儿就不信马克思列宁主义、毛泽东思想，不学、不知、不懂马克思列宁主义毛泽东思想的基本常识，运用那就更谈不上了，这些人怎么会自觉地理智地忠诚于党和人民的事业？在中国共产党领导的坚持马克思列宁主义、毛泽东思想作为指导思想的社会主义国度里，这种否定马克思列宁主义、毛泽东思想的反动思潮，本质上是西方资本主义意识形态向社会主义意识形态的殊死斗争，意在推翻中国共产党的领导、颠覆人民当家作主的社会主义制度，我们必须高度警惕，坚决反对，采取一切有效措施，彻底扭转这种有损于马克思主义指导地位的被动局面。

在中国革命和建设的过程中，中国人民选择了马克思列宁主义、选择了共产党、选择了社会主义，坚定了在马克思列宁主义、毛泽东思想指导下，跟着共产党走社会主义道路，最终实现共产主义的信仰。散布马克思主义过时，淡化、弱化、边缘化毛泽东思想，甚至攻击丑化毛泽东及其思想、不学毛泽东思想，大搞历史虚无主义，攻击丑化中国共产党的辉煌历史、英雄业绩，制造与共产党离心离德的舆论，就造成了人们丧失信仰。人民没有信仰，就是从否定毛泽东同志、否定毛泽东思想、否定毛泽东同志领导的中国共产党进行革命、建设开始的。习近平同志深刻指出："人民有信仰，民族有希望，国家有力量。"② 没有信仰，危害是可想而知的。重振人民的信仰，就要真信马克思主义，就要大学、真学马克思列宁主义、毛泽东思想。习近平同志指出："世界社会主义实践的曲折历程告诉我们，马克思主义政党一旦放弃马克思主义信仰、社会主义和共产主义信念，就会土崩瓦解。共产党人如果没有信仰、没有理想，或信仰、理想不坚定，精神上就会'缺钙'，就会得'软骨病'，就必然导致政治上变质、经济上贪婪、道德上堕落、生活上腐化。"③ 可见，坚定马克思主义信仰，坚定社会主义、共产主义理想信念多么重要。

第四要真用。毛泽东同志指出："对于马克思主义的理论，要能够精

---

① 习近平：《在哲学社会科学工作座谈会上的讲话》，《人民日报》2016年5月19日，第2版。

② 习近平在会见第四届全国文明城市、文明村镇、文明单位和未成年人思想道德建设工作先进代表时强调：《人民有信仰民族有希望国家有力量　锲而不舍抓好社会主义精神文明建设》，《人民日报》2015年3月1日，第1版。

③ 习近平：《在全国党校工作会议上的讲话》，《求是》2016年第9期。

通它、应用它，精通的目的全在于应用。如果你能应用马克思列宁主义的观点，说明一两个实际问题，那就要受到称赞，就算有了几分成绩。被你说明的东西越多，越普遍，越深刻，你的成绩就越大。"① 对马克思列宁主义、毛泽东思想，要精通它、应用它，精通的目的全在于应用，如果束之高阁，马克思主义就不能发挥应有的作用。

比如，马克思主义哲学原理告诉我们，世界是物质的，物质是运动的，运动是有规律的，规律是可以认识的，认识不是一次完成的，是经过实践、认识、再实践、再认识的过程，循环往复，由量的积累到质的升华，然后从必然王国进入自由王国，完成了对规律的认知过程。从宏观上讲，这些原理可以指导国家的战略设计，从微观上讲，这些原理可以指导人生健康发展的正确方向。而离开了马克思主义，不坚持以马克思主义为指导，哲学社会科学就会失去灵魂、迷失方向，最终也不能发挥应有作用。

真用，就要坚持问题导向，从解决问题入手。习近平同志指出："坚持问题导向是马克思主义的鲜明特点。问题是创新的起点，也是创新的动力源。"② 哲学社会科学研究成果，就是针对问题，正确认识问题，科学分析问题，提出妥善解决问题的正确思路和有效方法，推动经济社会顺利前进，健康发展。只有这样的理论研究成果，才能聆听时代的声音，回应时代的呼唤，真正把握住历史脉络、找到发展规律，创作出经世致用的、解决重大而紧迫的现实问题的新思想、新观点、新理论，从而真正推动理论创新，推进经济社会健康发展。从某种意义上说，理论创新的过程，就是发现问题、筛选问题、研究问题、解决问题的过程。

（二）牢固树立共产主义理想、中国特色社会主义共同理想，是党的建设的根本主题

习近平同志《在庆祝中国共产党成立95周年大会上的讲话》中指出："坚持不忘初心、继续前进，就要牢记我们党从成立起就把为共产主义、社会主义而奋斗确定为自己的纲领，坚定共产主义远大理想和中国特色社会主义共同理想，不断把为崇高理想奋斗的伟大实践推向前进。

---

① 《毛泽东选集》第3卷，人民出版社1991年版，第815页。
② 习近平：《在哲学社会科学工作座谈会上的讲话》，《人民日报》2016年5月19日，第2版。

第十四章　坚持以社会主义核心价值体系领党的建设

"革命理想高于天。中国共产党之所以叫共产党，就是因为从成立之日起我们党就把共产主义确立为远大理想。我们党之所以能够经受一次次挫折而又一次次奋起，归根到底是因为我们党有远大理想和崇高追求。"①

党的十八届六中全会通过的《关于新形势下党内政治生活的若干准则》指出："共产主义远大理想和中国特色社会主义共同理想，是中国共产党人的精神支柱和政治灵魂，也是保持党的团结统一的思想基础。必须高度重视思想政治建设，把坚定理想信念作为开展党内政治生活的首要任务。"②

习近平同志指出："按照马克思、恩格斯的构想，共产主义社会将彻底消除阶级之间、城乡之间、脑力劳动和体力劳动之间的对立和差别，实行各尽所能、按需分配，真正实现社会共享、实现每个人自由而全面的发展。"③ 共产主义理想信念，就是在世界实现共产主义，让人类——最广大的人民群众进入没有阶级，没有压迫，没有剥削，人人自由平等、幸福生活的共产主义社会，共产党人就是要为实现共产主义而努力奋斗。中国特色社会主义是发展社会主义、最终实现共产主义的必经阶段、必由之路。中国特色社会主义共同理想，是社会主义核心价值体系的主题，当然也是加强党的建设的主题。当前，牢固树立共产主义理想、中国特色社会主义共同理想，就要坚持和发展中国特色社会主义。

1. 中国特色社会主义本质就是科学社会主义，是我们的共同理想

中国特色社会主义来之不易，我们应该倍加珍惜。回顾历史可以看出，我们党正是经过百多年的接续奋斗和接力探索，经过多次的失败和成功，经过正确和错误的反复比较，才成功开创和发展了中国特色社会主义。马克思曾经说过："人们自己创造自己的历史，但是他们并不是随心所欲地创造，并不是在他们自己选定的条件下创造，而是在直接碰到的、既定的、从过去承继下来的条件下创造。"④ 中国特色社会主义也是这样，它承继着社会主义特别是科学社会主义的思想养料，承继着中国共产党团

---

① 习近平：《在庆祝中国共产党成立95周年大会上的讲话》，《人民日报》2016年7月2日，第2版。
② 《关于新形势下党内政治生活的若干准则》，《人民日报》2016年11月3日，第5版。
③ 习近平：《在省部级主要领导干部学习贯彻党的十八届五中全会精神专题研讨班上的讲话》，《人民日报》2016年5月10日，第2版。
④ 《马克思恩格斯选集》第1卷，人民出版社1995年版，第585页。

结带领人民实践探索所创造的思想、物质、制度条件和正反两方面经验，承载着近代以来中国人民奋斗探索的光荣与梦想，有着深厚的理论基础、物质基础、制度基础和广泛的群众基础。中国特色社会主义在当代中国形成和发展，是合理的、必然的。中国特色社会主义虽然是在改革开放新时期开创的，但也是在中国革命已经取得胜利、新中国已经建立起社会主义基本制度并进行近30年建设的基础上开创的。我们要尊重历史而不能割断历史，尤其要正确把握改革开放前后两个历史时期社会主义实践探索的关系，不能用改革开放后的历史时期否定改革开放前的历史时期，也不能用改革开放前的历史时期否定改革开放后的历史时期，尤其是不能否定毛泽东主席领导人民建立新中国、建设社会主义的丰功伟绩。新中国成立后以毛泽东为代表的老一辈共产党人选择和确定的社会主义制度，与以邓小平、江泽民、胡锦涛为代表的党中央不断探索、选择、丰富、发展的中国特色社会主义制度，是几代中国共产党人从党的最终目标出发，按照马克思主义的辩证唯物主义和历史唯物主义基本原理，结合当时的世情、国情、党情、民情和时代发展的历史阶段，作出的合乎逻辑的必然选择，前期的社会主义制度形式和中国特色社会主义模式，都是为了最终实现崇高的共产主义远大理想。前期确定了社会主义的基本制度和未来实现共产主义的基本框架和基本途径，后边中国特色社会主义是对前边社会主义形式的完善和补充，是为了社会主义的自我完善和自我发展，是相辅相成、辩证统一的，统一于国家安全、人民幸福、社会发展、时代进步、国家富强，有效地推动社会主义现代化的发展进程；统一于实现中华民族的伟大复兴，统一于崇高共产主义远大理想的实现进程。将二者对立起来，不是对马克思主义辩证唯物主义和历史唯物主义的无知，对党的基本思想理论的糊涂，就是心怀敌意自觉地站在社会主义敌对立场上，妄图破坏、颠覆社会主义制度的别有用心！全党同志一定要牢记习近平同志提出的要求："我们党始终坚持共产主义远大理想，共产党员特别是党员领导干部要做共产主义远大理想和中国特色社会主义共同理想的坚定信仰者和忠实践行者。"① 这就是坚持以社会主义核心价值体系领党的建设的要旨所在。

习近平同志指出："方向决定道路，道路决定命运。中国特色社会主义不是从天上掉下来的，是党和人民历尽千辛万苦、付出巨大代价取得的根本成就。中国特色社会主义，既是我们必须不断推进的伟大事业，又是

---

① 《十八大以来重要文献选编》上，中央文献出版社2014年版，第115页。

第十四章　坚持以社会主义核心价值体系领党的建设

我们开辟未来的根本保证。"① 中国特色社会主义符合科学社会主义基本原则，体现着人类社会历史发展的总趋势。马克思、恩格斯关于资本主义必然灭亡、社会主义必然胜利的论断，揭示了人类社会历史发展的总趋势，成为科学社会主义基本原理之一。尽管西方发达国家在经济科技军事方面将长期占据优势，但人类社会历史发展的总趋势不可逆转。中国特色社会主义是社会主义，它信守科学社会主义基本原则，坚持辩证唯物主义和历史唯物主义的世界观方法论，坚持共产主义的最高理想和价值追求，坚持以工人阶级政党为领导核心，坚持人民主体地位，坚持以公有制为社会主义经济制度的基础，坚持以人民当家作主为社会主义民主政治的本质特征，坚持马克思主义在意识形态领域的指导地位，坚持共同富裕的目标，坚持促进人的全面发展等，这些都体现了科学社会主义的思想精髓和本质特征。中国特色社会主义只是对科学社会主义的丰富、完善、继承和发展，是科学社会主义的一个必经阶段，二者是一脉相承的。建设中国特色社会主义决不是像西方资本主义幻想家妄想的那样不要科学社会主义，不实现共产主义，抛弃共产党人的理想信念，补什么资本主义的课，倒退回资本主义制度。中国特色社会主义决不走"改旗易帜的邪路"，必将坚定不移沿着科学社会主义康庄大道阔步前进，并为最终实现共产主义远大理想创造物质和精神条件。

习近平同志还深刻指出："国内外各种敌对势力，总是企图让我们党改旗易帜、改名换姓，其要害就是企图让我们丢掉对马克思主义的信仰，丢掉对社会主义、共产主义的信念。而我们有些人甚至党内有的同志却没有看清这里面暗藏的玄机，认为西方'普世价值'经过了几百年，为什么不能认同？西方一些政治话语为什么不能借用？接受了我们也不会有什么大的损失，为什么非要拧着来？有的人奉西方理论、西方话语为金科玉律，不知不觉成了西方资本主义意识形态的吹鼓手。""冷战结束以来，在西方价值观念鼓捣下，一些国家被折腾得不成样子了，有的四分五裂，有的战火纷飞，有的整天乱哄哄的。伊拉克、叙利亚、利比亚这些国家就是典型！如果我们用西方资本主义价值体系来剪裁我们的实践，用西方资本主义评价体系来衡量我国发展，符合西方标准就行，不符合西方标准就是

---

① 习近平：《在庆祝中国共产党成立95周年大会上的讲话》，《人民日报》2016年7月2日，第2版。

落后的陈旧的，就要批判、攻击，那后果不堪设想！"①

习近平同志同时指出："我们干事业不能忘本忘祖、忘记初心。我们共产党人的本，就是对马克思主义的信仰，对中国特色社会主义和共产主义的信念，对党和人民的忠诚。我们要固的本，就是坚定这份信仰、坚定这份信念、坚定这份忠诚。"② 这就明确地告诉我们，坚定马克思主义信仰、社会主义和共产主义理想信念，始终是共产党人安身立命的根本，是共产党人孜孜不倦的崇高精神追求，是共产党人威武不屈、坚守革命气节的政治灵魂，是共产党人历尽艰难曲折、勇往直前的力量之源，是共产党人经受住执政、改革开放、市场经济、外部环境"四个考验"的精神支柱，是拒腐蚀、永不沾，始终保持共产党人清正廉洁政治本色的思想灯塔。这就是坚定共产主义远大理想和中国特色社会主义共同理想作为党的建设主题的意义所在。因为，"理想信念动摇是最危险的动摇，理想信念滑坡是最危险的滑坡。一个政党的衰落，往往从理想信念的丧失或缺失开始"③。我们共产党人要"自觉做共产主义远大理想和中国特色社会主义共同理想的坚定信仰者、忠实实践者，在全面建成小康社会、实现中华民族伟大复兴中国梦的历史进程中充分发挥先锋模范作用"④。

自然，树立中国特色社会主义共同理想，还要正确处理远大理想与具体工作的关系，就是胸怀大目标，干好眼前活，坚持、完善和发展中国特色社会主义，就是为共产主义探索途径，创造条件，打牢基础。我们要高度自觉地牢固树立中国特色社会主义共同理想，勤勉工作，为最终实现共产主义而努力奋斗。高尔基指出："一个人追求的目标越高，他的才力就发展得越快，对社会就越有益。"中国共产党人孜孜追求实现共产主义的远大目标，就会激发、展现出该团队整体不可限量的才华和睿智，就会创造人类文明最辉煌的业绩，谱写社会发展最绚烂的篇章。

2. 牢固树立中国特色社会主义共同理想，就要牢固树立马克思主义的集体主义人生价值观

有了共产主义理想信念，就必须坚持全心全意为人民服务，为广大人

---

① 习近平：《在全国党校工作会议上的讲话》，《求是》2016年第9期。
② 习近平：《在全国党校工作会议上的讲话》，《求是》2016年第9期。
③ 习近平：《在庆祝中国共产党成立95周年大会上的讲话》，《人民日报》2016年7月2日，第2版。
④ 习近平：《在庆祝中国共产党成立95周年大会上的讲话》，《人民日报》2016年7月2日，第2版。

第十四章 坚持以社会主义核心价值体系领导党的建设

民群众服务,全心全意为中国人民和世界人民服务,就必须坚持马克思主义的无产阶级集体主义人生价值观。

马克思在中学考试德语作文中写道:"历史承认那些为共同目标劳动因而自己变得高尚的人是伟大人物;经验赞美那些为大多数人带来幸福的人是最幸福的人。"①

为人类福利而劳动,做为大多数人带来幸福的人,全心全意为人民服务,坚持集体主义价值观,是共产党人、马克思主义者的政治本色,是符合社会发展规律的马克思主义人生价值观的集中体现。革命先烈李大钊、方志敏、瞿秋白、澎湃等为了实现社会主义,为了人类的解放,为了人民利益,为了社会的公平正义,面对反动派的屠刀,义无反顾,慷慨赴死,宁可牺牲自己的生命,也绝不出卖人民的利益,绝不动摇自己的信仰,绝不叛党,表现了忠诚于党和人民事业的钢铁意志和崇高品质。

天下为公,公而忘私,大公无私,克己奉公,毫不利己,专门利人,全心全意为人民服务的马克思主义集体主义人生价值观,是共产党人和社会主义国度里公民应恪守的价值选择。以毛泽东同志为代表的老一辈中国共产党人,牢记党全心全意为人民服务的宗旨,坚持革命第一、工作第一、他人第一的集体主义价值观,为了广大劳动人民的翻身解放出生入死,浴血奋战,以巨大的凝聚力、向心力、感召力,将中国人民团结在一起,凝聚在一起,形成浩浩荡荡的革命大军,战胜了国内外强大的敌人,建立了新中国,走上社会主义康庄大道。这是中国革命的胜利,更是集体主义价值观的胜利。马克思主义集体主义人生价值观,是团结、凝聚广大人民群众力量、取得社会主义胜利的前提,是巩固共产党的执政地位和社会主义制度的思想引领、理论支撑、精神支柱。

马克思、恩格斯在《共产党宣言》中指出:"共产主义革命就是同传统的所有制关系实行最彻底的决裂;毫不奇怪,它在自己的发展进程中要同传统的观念实行最彻底的决裂。"② 也就是说,共产主义革命就是要与私有制关系实行最彻底决裂,与建立在私有制基础上的一切私有观念实行最彻底决裂。建设社会主义要以建立在公有经济基础上的公有观念做意识形态的引领。在毛泽东时代,全社会都以白求恩、张思德、雷锋、焦裕禄为榜样,坚守全心全意为人民服务的集体主义价值观,弘扬他们毫不利己专

---

① 《马克思恩格斯全集》第40卷,人民出版社1982年版,第7页。
② 《马克思恩格斯选集》第1卷,人民出版社1995年版,第293页。

门利人,对工作极端认真,对同志对人民极端热忱的精神。党员干部身先士卒,率先垂范,一心为公、廉洁奉公,克己奉公,大公无私,关心国家、关系集体、关心他人比关心个人为重,爱党爱国爱人民。整个社会崇德向善,风清气正,祥和安宁,蓬勃向上,夜不闭户,路不拾遗。在国际上帝国主义、修正主义势力的围困中,人民生活虽然艰苦,但对未来充满希望和信心,发扬愚公移山精神,不怕困难,艰苦奋斗,勇往直前,发挥出极大的社会主义积极性、创造性,使以"两弹一星"为标志的我国工业、农业、科技、国防等综合实力都有了极大的提升,为改革开放后中国特色社会主义的蓬勃发展,打下坚实基础,创造了良好条件。

要充分认识背离马克思主义人生价值观的危害,牢固树立集体主义人生价值观。邓小平同志曾说:"十年最大失误是教育,这里主要是讲思想政治教育,不单纯是对学校、青年学生,是泛指对人民的教育。"[①] 而教育的最大失误就是价值观的颠覆,把自私自利的资产阶级个人主义价值观合法化。这种失误,颠覆了共产党人的集体主义正确价值观,动摇了人民的共产主义理想信念。这是导致我国党风、政风、民风不正的总根源,是一切恶性事件频发的总根源,是一切丑恶、罪恶事件的总根源。本来,集体主义是马克思主义的社会主义价值观,个人主义是资产阶级的资本主义价值观,二者形同冰炭,水火不容,共产党领导的社会主义社会决不能倡导个人主义价值观。然而,改革开放以来,有的人抛弃马克思主义的集体主义价值观,鼓吹个人主义价值观,以个人为中心,一切向钱看,误导舆论。这种思潮造成的价值观严重扭曲,对中国共产党执政地位和人民当家作主的社会主义制度造成颠覆性破坏。马克思主义的集体主义价值观是共产党执政地位、社会主义制度确立的思想前提和赖以巩固的精神支柱,失去了这个精神支柱,后果不堪设想。个人主义是万恶之源,一旦人们背离了大公无私、为人民服务的无产阶级集体主义价值观,而是奉行自私自利的资产阶级个人主义价值观,就像打开了潘多拉盒子,无数魔鬼就会跑出来祸害社会主义,就是人民群众的噩梦开始,就会给党的事业和全社会造成灾难性后果。

自私自利的个人主义价值观使中国人民一盘散沙,天下为公的集体主义价值观让中华民族团结如钢。社会主义是以公有制为主体的经济体制,必须倡导与之相适应的马克思主义集体主义价值观、公有观念去推进。历

[①] 《邓小平文选》第 3 卷,人民出版社 1993 年版,第 306 页。

第十四章　坚持以社会主义核心价值体系领党的建设

史告诉我们，人类社会自从有了私有制，就有了欺诈、拐卖、贩毒、卖淫、黑社会，就有了贪污腐败、行贿受贿、买官卖官、制假贩假……总之，从古到今人类社会产生的一切邪恶都与私有制有关，私有制是万恶之源。有的人把建立在私有制基础上的"新自由主义"理论奉为圭臬，以"经济人假设"先设定"人都是自私的"为前提，然后做出以满足人的私欲来推动生产力发展的改革决策。实际上，企望用个人主义调动人们的社会主义积极性，根本就是南辕北辙，适得相反，必然造成唯利是图、欺诈成风、腐败肆虐、黄赌毒泛滥成灾的社会局面，只会引导人们走向自私自利的资本主义社会，葬送社会主义事业，这是我们中国人民不愿意看到和必须高度警惕、坚决反对的。

改革开放以来，有的人大批毛泽东的晚年"错误"，大找社会主义"弊端"，讴歌西方资本主义的文明先进，崇洋媚外，达到登峰造极的程度。尤其是以美帝国主义的资产阶级价值观为追求标准，以美国的生活方式为追求目标，以能够得到美国的绿卡为无尚光荣，爱国主义情感荡然无存。中国最好的大学培养的优秀学生毕业后基本都想办法到国外发展，尽管有学成之后回来报效国家的莘莘学子，但留在外国、不再回国的却大有人在。这样的价值观培养，这样的政治转基因改造，这样的人才资源流失，将对中国的社会主义建设产生极其严重的负面影响。习近平总书记深刻指出："如果在学生阶段没有学会正确的世界观、方法论，没有打下扎实的知识基础，将来就难以担当重任。"[1] 我们必须高度重视，采取有效措施帮助学生形成正确的世界观、人生观、价值观，提高道德修养和精神境界，养成科学思维习惯，促进身心和人格健康发展。

20世纪50年代，在毛泽东崇高威望的感召下，以著名科学家钱学森、邓稼先、李四光等为代表的一大批在美国的专家学者，为了建设共产党领导的社会主义新中国，放弃了已经获得的个人及家庭的优越生活条件，冒着生命危险纷纷回到祖国，在生活极其艰苦的条件下与祖国人民同甘共苦，投入新中国的社会主义建设事业，促进了新中国以"两弹一星"为代表的一系列创新性、创造性、填补空白的科技成果的迅速发展，形成了一种爱国主义的先进文化，极大地推动了中国社会主义事业的全面发展，开创了中国社会主义大有希望的春天。这就是当时的科学家牢固树立了马克

---

[1] 习近平：《在哲学社会科学工作座谈会上的讲话》，《人民日报》2016年5月19日，第2版。

思主义人生价值观、爱社会主义新中国的结果,当代中国更应该把这种爱国、爱社会主义的文化传统传承下来,发扬光大。

(三)以爱国主义为核心的民族精神和以改革创新为核心的时代精神是党的建设的精髓

以爱国主义为核心的民族精神和以改革创新为核心的时代精神是社会主义核心价值体系的精髓,坚持以社会主义核心价值体系统领党的建设,以爱国主义为核心的民族精神和以改革创新为核心的时代精神,当然也是党的建设的精髓。

1. 坚持以爱国主义为核心的民族精神搞好党的建设

爱国主义,是伟大中华民族精神的核心,是中国人民的政治品质和道德面貌的重要特征及祖国意识、民族意识的灵魂,是中华民族自强不息、百折不挠的永恒精神支柱,是中华民族战胜一切艰难险阻、勇往直前、繁荣昌盛的不竭力量源泉。中国共产党是爱国主义精神最坚定的弘扬者和实践者,是中华民族爱国主义最高境界的楷模和典范,因此,坚持以爱国主义为核心的民族精神搞好党的建设,就是天经地义、顺理成章的必然。

(1)爱国主义是中华民族精神的核心。习近平同志指出:"爱国主义是中华民族精神的核心。爱国主义精神深深植根于中华民族心中,是中华民族的精神基因,维系着华夏大地上各个民族的团结统一,激励着一代又一代中华儿女为祖国发展繁荣而不懈奋斗。5000多年来,中华民族之所以能够经受住无数难以想象的风险和考验,始终保持旺盛生命力,生生不息,薪火相传,同中华民族有深厚持久的爱国主义传统是密不可分的。"[①]在中华民族5000多年的历史长河中,爱国主义的志士仁人、英雄豪杰灿若星河,从战国时期楚国的爱国主义诗人屈原投江说起,苏武牧羊、张骞出使西域、岳飞抗金、文天祥抗元、戚继光抗倭寇、郑成功收复台湾、林则徐禁烟……中华民族正是具有这种历经磨难、愈挫愈坚、不屈不挠的爱国主义精神,才经受住无数难以想象的风险和考验,始终保持旺盛生命力,生生不息、薪火相传,走向今天,蓬勃发展。

(2)共产党人是中华民族爱国主义最高境界的典范和楷模。习近平同志指出:"中国共产党是爱国主义精神最坚定的弘扬者和实践者,始终把

[①] 习近平在中共中央政治局第二十九次集体学习时强调:《大力弘扬伟大爱国主义精神 为实现中国梦提供精神支柱》,《人民日报》2015年12月31日,第1版。

第十四章　坚持以社会主义核心价值体系领党的建设

实现中华民族伟大复兴作为自己的历史使命。90多年来，我们党团结带领全国各族人民进行的革命、建设、改革实践，是爱国主义的伟大实践，写下了中华民族爱国主义精神的辉煌篇章。"[①] 自1840年鸦片战争起，多灾多难的中国人民饱受帝国主义铁蹄的践踏蹂躏，灾难深重，生灵涂炭，哀鸿遍野。正是中国共产党人发扬大无畏的爱国主义精神，不怕流血牺牲，与国内外的阶级敌人展开了波澜壮阔的殊死斗争，创造了惊天地、泣鬼神的英雄业绩，无数共产党人用鲜血和生命换来了抗日战争、解放战争的伟大胜利，建立了新中国。在新中国成立之初又被迫抗美援朝，保家卫国，付出巨大的牺牲，取得抗美援朝战争的伟大胜利，打出了军威、打出了国威，打出了70多年的和平生活，赢得了世界人民的尊重。

正是中国共产党人发扬大无畏的爱国主义精神，英勇牺牲，浴血奋战，才使中国人民的解放事业从胜利走向胜利，才使社会主义祖国逐步走向兴旺发达，繁荣富强。爱国，就要发扬共产党人的优良革命传统和作风。平时，坚持做到吃苦在前，享受在后，无私奉献，努力为国家和人民做好工作；战时，就要冲锋在前，退却在后，把死的危险留给自己，把生的希望让给他人，不怕牺牲，勇于担当，把社会主义事业不断推向前进。

爱国、敬业，是社会主义核心价值观对公民的基本要求。爱国，就是要爱中国共产党领导的社会主义新中国，就是要全身心地投入到社会主义祖国的各项建设中，就是要为了自己的祖国心无旁骛地努力工作。没有新中国，我们每个人什么也不是，只能是任人宰割的羔羊。爱国，共产党人就必须坚持以马克思主义为指导，牢固树立马克思主义的世界观、人生观、价值观，坚定理想信念，弘扬爱党爱国爱社会主义的永恒主题，引导全社会唱响共产党好、社会主义好、改革开放好、伟大祖国好的时代主旋律，为党的兴旺发达，国家的繁荣富强，人民的幸福安康殚精竭虑，不懈奋斗，勤勉奉献。

现在，我们进入了全面建成小康社会的决胜阶段，我们党正在进行具有许多新的历史特点的伟大斗争，形势环境变化之快、改革发展稳定任务之重、矛盾风险挑战之多、对我党治国理政考验之大都是前所未有的。党要团结带领全国各族人民抓住机遇、战胜挑战，统筹推进"五位一体"总体布局和协调推进"四个全面"战略布局，把创新、协调、绿色、开放、

[①] 习近平在中共中央政治局第二十九次集体学习时强调：《大力弘扬伟大爱国主义精神　为实现中国梦提供精神支柱》，《人民日报》2015年12月31日，第1版。

共享的发展理念落到实处,实现"两个一百年"奋斗目标、实现中华民族伟大复兴的中国梦。这是共产党人的历史使命、光荣任务、神圣职责。为此,我们党就要着力培养造就一支具有铁一般信仰、铁一般信念、铁一般纪律、铁一般担当的党员领导干部队伍,充分发挥他们在坚持和发展中国特色社会主义事业中的先锋模范作用。

(3)爱国,就要爱中国共产党。习近平总书记指出:"办好中国的事情,关键在党。中国特色社会主义最本质的特征是中国共产党领导,中国特色社会主义制度的最大优势是中国共产党领导。坚持和完善党的领导,是党和国家的根本所在、命脉所在,是全国各族人民的利益所在、幸福所在。"[1] 中国共产党是社会主义新中国的领导核心,中国共产党领导的社会主义国家代表着人民的根本利益。爱国,就要爱中国共产党,爱中国共产党领导的人民当家作主的社会主义新中国。没有共产党就没有新中国,没有共产党就没有现在全国人民的幸福生活。中国共产党已经走过了100多年波澜壮阔的光辉历程,共产党人的无数革命先辈浴血奋战建树了彪炳史册的丰功伟绩。爱国,共产党人就要坚持在党爱党、在党言党、在党忧党、在党为党,牢固树立政治意识、大局意识、核心意识、看齐意识,旗帜鲜明地批判历史虚无主义,弘扬主旋律,传播正能量,始终在思想上、政治上、行动上同以习近平同志为核心的党中央保持高度一致。全党同志要增强政治意识、大局意识、核心意识、看齐意识,切实做到对党忠诚、为党分忧、为党担责、为党尽责。真正忠于党、忠于人民、忠于祖国的共产党员,一定要积极做有益国家富强、民族兴旺,利于党和人民事业,团结、引领中国人民与党中央同心同德实现中华民族伟大复兴的表率和楷模,弘扬主旋律,传播正能量,在全社会形成激发斗志、鼓舞士气、凝心聚力的政治生态和舆论氛围。我们党作为一个有9800多万名党员、440多万个党组织的党,作为一个在有着14亿多人口的大国长期执政的党,是中国人民的主心骨,是应对一切挑战的巨大力量资源。只要全党全军全国人民紧密团结在以习近平同志为核心的党中央周围,万众一心,众志成城,就能形成战无不胜、攻无不克、排山倒海、所向披靡的巨大力量,就能战胜一切挑战和敌人,就能无敌于天下。这就是当代共产党员爱国的意义所在、价值所在。

---

[1] 习近平:《在庆祝中国共产党成立95周年大会上的讲话》,《人民日报》2016年7月2日,第2版。

第十四章 坚持以社会主义核心价值体系领党的建设

（4）爱国，就不能对党离心离德、心怀二志。新时期，共产党人必须发扬革命传统，做爱国主义的楷模和典范，不论在任何情况下，都不能变节，做到永不叛党，包括牺牲自己的家庭、财产和生命。这就要求共产党人牢固树立以党和人民利益为最高利益的坚定信念，在党和人民的利益与个人利益发生矛盾的时候，义无反顾地以牺牲自己利益保护党和人民利益。入党誓词中"对党忠诚，积极工作，为共产主义奋斗终身，随时准备为党和人民牺牲一切，永不叛党"，就是共产党人忠诚于党、忠诚于国家和人民的集中写照。在改革开放的时代，把子女和配偶送到外国学习生活，只要是爱国的，本无可厚非，但毋庸讳言，有的共产党员把自己的子女、配偶送到西方敌对国家工作、生活，把自己的财产转移到西方敌对国家，在崇洋媚外充溢社会生活各个角落、腐蚀人们心灵的大背景下，明显就是对祖国的心怀二志，就是一种脚踩两只船式的心理投机。具有这样投机心理的人，不可能真正爱国，腐败分子就是这类人。他们欣赏西方的生活方式，认可西方的价值观念，有些腐败官员叫嚣"党籍、国籍"可以不要，到外国生活，就是对这种裸官心理的真实写照。那些"身在曹营心在汉"，随时准备到外国生活的裸官，能指望他们爱国吗？在改革开放、世界经济一体化的当今社会，一般公民把子女、配偶送到国外生活，财产存到国外，我们不宜干涉，但共产党员、党的各级领导干部，如果自己的子女、配偶在敌对国家工作生活、财产转移到国外，就是值得高度警惕的事关国家安全的重大问题。那些财产存在外国，子女、配偶生活在外国的裸官，不适宜在党政机关担任公职，更不能、决不能成为党的队伍中的领导骨干。他们也可能是坚定的共产党人，一般情况下也能尽心尽力为党工作，但如果在战争时期，由于他们的配偶、子女、财产在西方敌对势力的国家，西方敌对势力一定会无所不用其极地以各种卑鄙、凶残、下流的手段，通过控制其家人、财产要挟这些人与他们合作、逼其就范，损害我们党和国家的利益，在我们党的历史上这样的惨痛教训是不少的。在改革开放40多年来的崇洋媚外环境熏陶中，这些人不可能像中国共产党老一辈革命家那样为了党和人民的利益义无反顾地牺牲个人及家庭的利益甚至自己的生命，这些裸官很有可能会为了自己家人的身家性命、财产安全屈服变节，被胁迫、绑架成为西方敌对势力颠覆、破坏党的领导和社会主义制度的内应和帮凶。尤其是党和政府的高级领导人绝不能做裸官，如果要担任国家公职，就要把转移到外国的财产存回国内，如果仍让裸官身居要职，那将可能是国之后患，因此，凡是做裸官的，要么让家人回国工作、生活、把钱存回国内，要么辞去公职。如果这些裸官，做不到这一点，国家就要采取组织、行政措施妥善处置这些人的公职问题。俄罗斯国家杜马2013年4月19日二审通过了禁止官员及其配偶和未成年子女拥有境外银行账户及存款的一揽子法案，加大对裸官的打击力度，对触犯这项法律的官员处罚款或监禁。普京质疑那些有海外资产的官员说："如果这些官员不相信自己国家的经济，那他们还留在这里做什么？让他们把钱存回本国，他们才会致力于建设和巩固俄罗斯的金融和经济体系。"他还警告公务员："官员必须做一个选择：如果想担任国家公职，那就把钱存回国内。"2013年4月2日，普京签署了总统令：政府官员必须在三个月之内关闭所有海外账户并出售海外资产，否则将被解雇，拒绝申报财产者同样将被解除公职。俄罗斯能做到，中国共产党人也一定能做到。

（5）领导干部要带头做爱国主义的典范。榜样的力量是无穷的。全社会在大力弘扬爱国主义精神，领导干部就要带头做爱国主义的典范。习近平同志指出："作风建设永远在路上。'己不正，焉能正人。'我们要从中央政治局常委会、中央政治局、中央委员会抓起，从高级干部抓起，持之以恒加强作风建设，坚持和发扬党的优良传统和作风，坚持抓常、抓细、抓长，使党的作风全面好起来，确保党始终同人民同呼吸、共命运、心连心。"① 与作风建设一样，弘扬爱国主义精神也要从中央政治局常务委员会做起，从最高领导做起，做出好样子，一级做给一级看，一级带着一级干。只有这样，才能带动全党全军全国人民深入持久地大力弘扬爱国主义精神。以毛泽东同志为代表的老一辈革命家，深知为创建新中国，共产党为此付出了无数革命先烈的鲜血和生命，来之不易，必须倍加珍惜，不珍惜就是背叛，因此，他们以身作则，率先垂范，爱党爱国爱人民，为全党、全军、全国人民做出大力弘扬爱国主义的榜样，成为人民效仿的楷模。不爱国的共产党员不能当干部，不能提拔为领导干部，更不能成为高级领导干部。尤其是崇美、媚美、傍美的人，到了关键时刻，这些人难免会成为背叛中国人民的汉奸、叛徒。

当前，国际形势风云诡谲，美国霸权主义为了称霸世界，遏制中国，试图以美日韩、美日澳为主体组织亚洲版的"小北约"；经常在东北亚、我国的黄海、东海举行美日、美日韩联合军演；在中国南海与菲律宾、越

---

① 习近平：《在庆祝中国共产党成立95周年大会上的讲话》，《人民日报》2016年7月2日，第2版。

第十四章 坚持以社会主义核心价值体系领党的建设

南等东南亚国家大搞针对中国的联合军演,美国的军舰、飞机经常侵入我南海礁岛12海里,不断挑衅,把搅浑南海作为遏制中国发展的突破口和切入点;在韩国部署"萨德"反导系统,损害中国的核心利益和东北亚地区的战略平衡,威胁中国国家安全,等等。以骚扰中国,围堵中国,遏制中国,破坏中国的和平崛起。

美国的种种挑衅行为时时威胁我国安全,等于天天给我们敲警钟,警示我们要丢掉幻想,准备斗争。它在南海对我国的军事威胁,以及长期以来对我国实施西化、分化、和平演变的战略图谋,支持"台独""藏独""疆独""民运"分子,企图分裂我们国家,企图颠覆共产党领导的国家政权,改变社会主义制度等种种行径,从反面教育全党和人民,"树欲静而风不止",世界上帝国主义亡我之心不死,我们须时刻提高警惕,牢固树立忧患意识,危机意识,尽心竭力,全面做好各项工作,实现民富国强。面对强敌不断挑衅和国家安全的现实威胁,我们的党和政府以及公务人员丝毫不能懈怠,要如临深渊,如履薄冰,兢兢业业,勤勤恳恳,为国家和人民做好工作,发展中国,振兴中华,富国强兵,增强军事实力。事实上,中国的和平崛起、快速发展不可阻挡,西方敌对势力在中国的周边到处军演,收买拉拢大小喽啰,不断给中国制造麻烦,实际上是色厉内荏,外强中干,极端恐惧、心虚害怕、不自信的外在体现。

因此,凡是不爱国的共产党员,尤其是领导干部,只要是为虎作伥,助纣为虐,散布反党反社会主义言论,鼓吹美国的所谓"普世价值""公开骂党,否定党的一些最基本的原则和立场""或者信口雌黄、胡说八道背离党的",必须"该处置的处置,该清理的清理",① 开除党籍,清除出党。对那些配合西方敌对势力煽动颠覆中国共产党领导的社会主义人民政权的触犯法律的,就要拿起法律武器,送交法律机关,坚决依法严惩。

中国特色社会主义制度是中国人民根本利益所在,国家安全事关广大人民群众福祉,凡是严重破坏我国社会主义制度和宪法法律权威的,必须坚决依法严惩。② 对那些反党反社会主义的"精英""公知""网络名人""大V"肆意抹黑党和政府,意在进行"推墙"的"颜色革命",颠覆社会

---

① 习近平:《在中央政治局常委会会议审议"两学一做"学习教育方案使得讲话(节选)》,《党建研究》2016年第5期。
② 人民日报评论员:《用法治守护国家安全》,《人民日报》2016年8月6日,第4版。

主义国家政权的犯罪行为，就要像天津市第二中级人民法院分别对周世锋、胡石根、翟岩民、勾洪国颠覆国家政权案进行公开审判那样，坚决依法惩处，以维护法律的尊严，维护党领导的社会主义政权的合法性，使那些崇美、媚美、傍美的变节分子，有所顾忌，不敢造次，没有市场，更不敢肆无忌惮，猖狂滋事。并且向世人宣告：任何颠覆国家政权的活动，无论采取暴力手段还是"和平演变""街头政治"，都将受到法律的严厉制裁。要通过这一案例，警醒世人擦亮眼睛，看清境外敌对势力和国内一些别有用心之人的丑恶嘴脸，不要被他们标榜的所谓"民主""人权""公益"等蒙蔽，走上违法犯罪道路。"藏独""疆独""民运"分子等，为"推墙"、散布西方的"普世价值"理念，大搞"推墙运动"，就是想推翻中国现有体制和制度，实现"颜色革命"，推翻中国共产党领导的社会主义人民政权。中国将以最坚定的决心和最强大的力量捍卫自己的制度和政权，任何妄图破坏中国和谐稳定、颠覆中国国家政权、阻止中国和平崛起的图谋，注定不得人心，也必将受到法律严惩，最终走向可耻的失败。[①]

（6）爱国，就要建设一支对党绝对忠诚的强大人民军队，勇敢捍卫国家安全、维护人民利益。习近平同志指出："中国人民不信邪也不怕邪，不惹事也不怕事，任何外国不要指望我们会拿自己的核心利益做交易，不要指望我们会吞下损害我国主权、安全、发展利益的苦果。"[②] 中国人民不怕邪、不怕事，维护我国的主权、安全、发展利益，就要建设一支对党绝对忠诚的强大人民军队。毛泽东同志指出："没有一个人民的军队，便没有人民的一切。"[③] 人民军队是国家领土主权的捍卫者，是中国人民和平生活、幸福安宁的守护神。在战时，人民军队是攻无不克战无不胜的正义之师，威武之师，钢铁之师，胜利之师；在平时，人民军队是特别能吃苦、特别能战斗、特别能奉献的钢铁队伍，是赴汤蹈火、舍生忘死为人民的文明之师，护国之师，在社会主义建设、抗震救灾、抗洪救灾中屡建卓越功勋，深受全国人民爱戴。全党全国各族人民都要一如既往地关心支持国防和军队建设，积极配合完成跨军地的改革任务，自觉把经济布局调整同国防布局完善有机结合起来，高度自觉地爱护、支持人民军队的各项建设，

---

① 人民日报记者：《人民根本利益国家法律尊严不容挑战——周世锋胡石根翟岩民勾洪国颠覆国家政权犯罪案件警示录》，《人民日报》2016年8月6日，第4版。

② 习近平：《在庆祝中国共产党成立95周年大会上的讲话》，《人民日报》2016年7月2日，第2版。

③ 《毛泽东选集》第3卷，人民出版社1991年版，第1074页。

第十四章 坚持以社会主义核心价值体系领党的建设

积极为富国强军做贡献。"努力构建能够打赢信息化战争、有效履行使命任务的中国特色现代军事力量体系，完善中国特色社会主义军事制度。"① "要坚持党对军队的绝对领导，牢牢把握党在新形势下的强军目标，全面实施政治建军、改革强军、依法治军，拓展和深化军事斗争准备，着力培养有灵魂、有本事、有血性、有品德的新一代革命军人，努力建设一支听党指挥、能打胜仗、作风优良的人民军队。"② 中国共产党人要有不怕任何敌人、不向任何敌人低头的血性、意志和压倒一切敌人的骨气、豪气，在全社会竖起中华民族的人格高标。在中国共产党的领导下，着力培养有灵魂、有本事、有血性、有品德的新一代革命军人，努力建设一支听党指挥、能打胜仗、作风优良、召之能来、来之能战、战之必胜的人民军队。

（7）在青年中大力弘扬爱国主义精神。在青年中大力弘扬爱国主义精神，让爱国主义精神代代相传、发扬光大，是坚持以社会核心价值体系领党的建设的重要内容，是意义深远的战略举措。习近平同志指出："青年是祖国的未来、民族的希望，也是我们党的未来和希望。"③ "弘扬爱国主义精神，必须把爱国主义教育作为永恒主题。……要结合弘扬和践行社会主义核心价值观，在广大青少年中开展深入、持久、生动的爱国主义宣传教育，让爱国主义精神在广大青少年心中牢牢扎根，让广大青少年培养爱国之情、砥砺强国之志、实践报国之行，让爱国主义精神代代相传、发扬光大。"④ 我国广大青年牢固树立爱国主义精神，就使党的执政地位和我国社会主义国家政权的长治久安，有了可靠的战略保障。这就是坚持以社会主义核心价值体系领党的建设，把以爱国主义为核心的民族精神作为党的建设精髓的意义所在。

2. 坚持以改革创新为核心的时代精神搞好党的建设

改革创新是当代中国最鲜明的时代特征，是最能激励中华儿女锐意进取、拼搏奋斗、激发中华民族强大生命力、旺盛创造力、推进我国各项事

---

① 习近平在中共中央政治局第三十四次集体学习时强调：《坚持党在新形势下的强军目标 努力建设巩固国防和强大军队》，《人民日报》2016年7月28日，第1版。

② 习近平：《在庆祝中国共产党成立95周年大会上的讲话》，《人民日报》2016年7月2日，第2版。

③ 习近平：《在庆祝中国共产党成立95周年大会上的讲话》，《人民日报》2016年7月2日，第2版。

④ 习近平在中共中央政治局第二十九次集体学习时强调：《大力弘扬伟大爱国主义精神 为实现中国梦提供精神支柱》，《人民日报》2015年12月31日，第1版。

业蓬勃发展的不竭力量源泉。坚持以社会主义核心价值体系领党的建设，就要坚持以改革创新的时代精神搞好党的建设。

习近平同志指出："要把党要管党、从严治党落到实处，坚持以改革创新精神推进党的建设，使我们党更好担负起团结带领全国各族人民全面建成小康、实现中华民族伟大复兴的重任。"[①] 新时期，在党的建设面临各种问题的情况下，只有大力弘扬改革创新的时代精神，才能把党的建设搞好。

改革开放40多年来，经济发展取得举世瞩目的伟大成就，但一手硬一手软的问题一直没能很好解决，党不管党的问题甚为突出，正如习近平同志所指出的："这些年，一些地方和部门自由主义、分散主义、好人主义、个人主义盛行，有的是搞家长制、独断专行，以至于一些人不知党内政治生活为何物，是非判断十分模糊。"[②] 造成组织涣散，纪律松弛，制度废止，腐败蔓延，民怨沸腾，脱离群众，失去人心，大有党将不党，国将不国之虞。党中央早有警觉，且多次警示全党，但积弊太深，效果不佳。党的十八大以来，以习近平同志为核心的党中央高度重视解决这个问题，以壮士断腕、刮骨疗毒的决心，惩治腐败，赢得人心，以改革创新精神，强调党要管党、从严治党，而且措施得力，卓有成效，挽救了党，拯救了国家，使中国特色社会主义走向欣欣向荣的春天。以改革创新时代精神搞好党的建设，内容极其丰富，这里仅择其要阐释如下：

（1）从清除最大"威胁"入手，铁腕反腐，赢得民心。习近平同志指出："我们党作为执政党，面临的最大威胁就是腐败。党的十八大以来，我们党坚持'老虎''苍蝇'一起打，使不敢腐的震慑作用得到发挥，不能腐、不想腐的效应初步显现，反腐败斗争压倒性态势正在形成。反腐倡廉、拒腐防变必须警钟长鸣。各级领导干部要牢固树立正确权力观，保持高尚精神追求，敬畏人民、敬畏组织、敬畏法纪，做到公正用权、依法用权、为民用权、廉洁用权，永葆共产党人拒腐蚀、永不沾的政治本色。我们要以顽强的意志品质，坚持零容忍的态度不变，做到有案必查、有腐必

---

① 习近平在中共中央政治局第七次集体学习时强调：《在对历史的深入思考中更好走向未来　交出发展中国特色社会主义合格答卷》，《人民日报》2013年6月27日，第1版。

② 习近平：《在党的群众路线教育实践活动总结大会上的讲话》，《人民日报》2014年10月9日，第2版。

第十四章 坚持以社会主义核心价值体系领党的建设

惩,让腐败分子在党内没有任何藏身之地!"① 以习近平同志为核心的党中央,以猛药去疴、重典治乱的决心,以刮骨疗毒、壮士断腕的勇气,零容忍、全覆盖,强力反腐,打"老虎"、拍"苍蝇",越境"猎狐"、国际"追逃",让腐败分子没有任何藏身之地,坚决依法惩处周永康、令计划、徐才厚、郭伯雄、苏荣等大大小小诸多腐败分子,可谓石破天惊,醍醐灌顶,使党魂为之一振,国威为之一振,民意为之一振,大得党心、民心、军心。统社稷出危局,扶大厦之将倾,拯救国家,挽救党,避免了党的灾难、中华民族的灾难、社会主义的灾难、人民的灾难,这是回天改革、惊世创新,彪炳史册,流芳千古。

(2) 解决脱离群众的问题,从领导干部这个"关键少数"抓起。解决脱离群众的问题,科学的方法是要抓主要矛盾,抓矛盾的主要方面。一些问题长期得不到解决,表现在基层,根子在上层。脱离群众的种种问题,主要表现在领导机关、领导干部中。开展党的群众路线教育实践活动,是实现党的十八大确定的奋斗目标的必然要求,是保持党的先进性和纯洁性、巩固党的执政基础和执政地位的必然要求,是解决群众反映强烈的突出问题的必然要求。活动要求以县处级以上领导机关、领导班子、领导干部为重点。习近平同志指出:"常言道,先禁己身而后人,打铁还需自身硬。中央决定中央政治局先行开展这项活动,目的就是起示范带动作用。县处级以上领导机关、领导班子、领导干部一定要当好表率。"② 要以整风精神开展批评和自我批评,开好民主生活会,坚持开门搞活动。教育实践活动要着眼于自我净化、自我完善、自我革新、自我提高,以"照镜子、正衣冠、洗洗澡、治治病"为总要求,使党的领导机关和领导干部传承党的好作风,树立党的好形象。首先是学党章,守规矩,抓好领导班子自身建设,从中央做起带头转变作风。中央政治局先行开展这次活动,政治局常委到各省参加专题民主生活会,具体指导,搞好班子建设。习近平同志指出:全面从严治党,"关键是要抓住领导干部这个'关键少数',坚持思想建党和制度治党紧密结合,全方位扎紧制度笼子,更多用制度治党、管

---

① 习近平:《在庆祝中国共产党成立95周年大会上的讲话》,《人民日报》2016年7月2日,第2版。

② 习近平:《在党的群众路线教育实践活动工作会议上的讲话》,《习近平治国理政》,外文出版社2014年版,第378页。

· 575 ·

权、治吏"①。通过教育实践活动，各级领导以身作则，率先垂范，说到做到，承诺践诺，有效地解决了长期解决不了的脱离群众的问题，这是改革创新。

（3）以踏石留印，抓铁有痕的劲头抓作风建设。中央提出抓作风建设，反对形式主义、官僚主义、享乐主义，反对奢靡之风，作出八项规定，使作风建设常态化。在我国重要的节假日之前，易发生吃请、受贿、大操大办婚庆敛财的节点，中央适时、及时通报惩处违反八项规定案例的通报，警钟长鸣。习近平同志指出："抓而不紧，抓而不实，抓而不常，等于白抓。"② 因此，能做到抓紧、抓实、狠抓，抓狠，抓住不放，常住不懈，坚持到底，有效地遏制了不良作风蔓延。正如习近平同所指出的："治国必先治党，治党务必从严。如果管党不力、治党不严，人民群众反映强烈的党内突出问题得不到解决，那我们党迟早会失去执政资格，不可避免被历史淘汰。管党治党，必须严字当头，把严的要求贯彻全过程，做到真管真严、敢管敢严、长管长严。"③ 这也是强化作风管理的改革创新。

（4）新时期以学习教育方法的创新不断推进党的建设健康发展。党的十八大以来，以习近平同志为核心的党中央高度重视加强党的思想政治建设，教育管理好党员、干部，相继开展了以县处级以上领导干部为主的党的群众路线教育实践活动、在县处级以上领导干部中开展"三严三实"专题教育，在全体党员中开展"两学一做"学习教育、党的十九大之后以县处级以上领导干部为重点开展的"不忘初心，牢记使命"主题教育。习近平同志多次倡导学习延安精神、西柏坡精神、井冈山精神、长征精神、古田会议精神，这都是创新。习近平同志指出："我们党是一个具有长期奋斗历史和优良传统的党，也是一个紧跟时代步伐、善于与时俱进的党。党的建设必须坚持继承与创新相结合，结合时代条件发扬党的光荣传统和优良作风。"④ 发扬党的优良革命传统，返璞归真、固本培元，教育引

---

① 习近平在参加上海代表团审议时强调：《当好改革开放排头兵创新发展先行者为构建开放型经济新体制探索新路》，《人民日报》2015年3月6日，第1版。
② 习近平：《2013年2月22日在〈人民日报〉〈专家学者对遏制公款吃喝的分析和建议〉等材料上的批示》，《习近平治国理政》，外文出版社2014年版，第364页。
③ 习近平：《在庆祝中国共产党成立95周年大会上的讲话》，《人民日报》2016年7月2日，第2版。
④ 《习近平春节前夕赴陕西看望慰问广大干部群众向全国人民致以新春祝福 祝祖国繁荣昌盛人民幸福安康》，《人民日报》2015年2月17日，第1版。

第十四章 坚持以社会主义核心价值体系领党的建设

导广大党员、干部继承发扬革命传统，在思想上正本清源、固根守魂，同样是党的教育形式方法上的改革创新。

（5）从理论创新上为新时期党的建设提供无穷的精神力量。习近平同志指出："理想信念是共产党人的精神之'钙'，必须加强思想政治建设，解决好世界观、人生观、价值观这个'总开关'问题。"① 党的十八大以来，党中央狠抓党的组织理论建设、加强和改进宣传思想工作、做好新闻舆论引导、繁荣发展哲学社会科学事业、繁荣文学艺术事业、巩固马克思主义意识形态阵地，先后召开了全国组织工作会议、全国宣传思想工作会议、全国文艺工作座谈会、新闻舆论工作座谈会、全国党校工作会议、全国网络安全和信息化工作座谈会、哲学社会科学工作座谈会等会议，在每个会议上习近平总书记都发表了高屋建瓴、振聋发聩、醍醐灌顶的重要讲话，全面系统地阐释抓好意识形态领域阵地建设、巩固党在意识形态领域里领导地位的理论和实际问题。每个讲话都提出了一系列的正确指导方针，是各个领域里的纲领性文献，是做好各领域工作的理论武装、思想指导、行为准则。在这些会议上，习近平同志提出的一系列全面从严治党的新理论、新观点、新思想、新战略，极大地丰富了马克思主义党的建设的理论宝库。这种系统、全面的理论创新，已经成为推动党建设的巨大精神力量。

（6）在党的建设中，坚决维护制度的严肃性和权威性。制度问题更带有根本性、全局性、稳定性、长期性。党的十八大以来，以习近平同志为核心的党中央以制度建设为重点，努力建立健全立体式、全方位的制度体系，以刚性的制度约束、严格的制度执行、强有力的监督检查、严格的惩戒机制，切实加强党的建设。首先，强调学习《党章》，明确要求在各级党组织的全部活动中，都要坚持引导广大党员、干部特别是领导干部自觉学习党章、遵守党章、贯彻党章、维护党章，自觉加强党性修养，增强党的意识、宗旨意识、执政意识、大局意识、责任意识，切实做到为党分忧、为国尽责、为民奉献。随后，在反腐倡廉建章立制方面，先后制定颁布了《中国共产党巡视工作条例》《中国共产党纪律处分条例》《中国共产党廉洁自律准则》《中国共产党问责条例》《关于新形势下党内政治生活

---

① 习近平在党的群众路线教育实践活动第一批总结暨第二批部署会议上强调：《扎实开展第二批教育实践活动　努力取得人民群众满意的实效》，《人民日报》2014年1月21日，第1版。

的若干准则》《中国共产党党内监督条例》等，明确、重申、制定了党的领导制度和党内生活制度，具体落实到党对国家政权机关和其他非党组织的领导制度、党的集体领导制度、党的组织制度、干部制度、党的民主集中制、党内监督制度等。以加强党性修养、转作风、改作风为重点的制度体系更加完善，制度执行力和约束力得到增强。体现了党的建设的制度创新。

制度一经形成，就要严格遵守，坚持制度面前人人平等、执行制度没有例外，坚决维护制度的严肃性和权威性，坚决纠正有令不行、有禁不止的各种行为，使制度真正成为党员、干部联系和服务群众的硬约束，认真执行、全面落实制度真正成为党员、干部的自觉行动。有力地推进了党的新的伟大工程的建设进程，使党的建设面貌一新，蓬勃发展，欣欣向荣，充满生机和希望。

（四）树立践行社会主义荣辱观是党的建设的道德基础

以"八荣八耻"为主要内容的社会主义荣辱观，是社会主义核心价值体系的基础，坚持以社会主义核心价值体系领党的建设，牢固树立和践行以"八荣八耻"为主要内容的社会主义荣辱观，当然亦是党的建设的道德基础。

1. 充分认识加强党员干部的道德建设的极端重要性

国无德不兴，人无德不立。为政以德、为国以礼、以德服人，是中华民族的优良传统，管党治党同样要发挥道德的力量。党员干部的道德建设是党的建设的基础性工程，是推进党的新的伟大工程建设的基础性保证。党中央高度重视党员干部队伍的道德建设，习近平同志指出："以德修身、以德立威、以德服众，是干部成长成才的重要因素。"[①] 党选用干部的政策就是"德才兼备，以德为先"，可见道德建设对党的建设极端重要性。古人云：德之不修，行之不远，党员干部尤其是领导干部的政治品德、思想品德、社会公德、职业道德、家庭美德、个人品德如何，决不仅是个人思想作风问题，更是关系群众对党的整体形象评价优劣、关系人心向背的大问题。党员干部的德好，群众对党的整体形象评价就好，就得人心，反之，党员干部的德劣，群众对党的整体形象评价就差，就失人心，因为人

---

① 习近平：《在庆祝中国共产党成立95周年大会上的讲话》，《人民日报》2016年7月2日，第2版。

第十四章 坚持以社会主义核心价值体系领党的建设

民群众正是从他们身边党员个体的道德品质来认识我们党的整体形象的。因此，我们必须高度重视党员干部、尤其是领导干部的道德品质建设，有效地提高党员干部的道德素质。

习近平同志指出："北宋政治家司马光说：'才者，德之资也；德者，才之帅也。'对领导干部而言，党性就是最大的德。现在干部出问题，主要是出在'德'上、出在党性薄弱上。群众评价说：'有德有才是正品，有德无才是次品，无德无才是废品，无德有才是毒品。'"① 很多领导干部犯错误，尤其是以权谋私、贪污腐败、权钱交易、权色交易等，都是缺乏起码的党性修养，无视党规党矩，以致失德、缺德、道德沦丧、突破道德底线的结果。因此，树立和践行以"八荣八耻"为主要内容的社会主义荣辱观，加强党员干部的思想道德建设，就是全面推进党的建设新的伟大工程的基础性、持久性任务。

为了推进和带动全社会形成树立和践行社会主义荣辱观的浓厚氛围，共产党人就必须率先垂范，做出榜样，成为践行社会主义荣辱观的楷模与典范。党的十八大报告指出："抓好道德建设这个基础，教育引导党员、干部模范践行社会主义荣辱观，讲党性、重品行、作表率，做社会主义道德的示范者、诚信风尚的引领者、公平正义的维护者，以实际行动彰显共产党人的人格力量。"② 共产党人要真正成为践行社会主义荣辱观的楷模与典范，做社会主义道德的示范者，就一定要远离腐败、拒绝腐败，永葆共产党人清正廉洁政治本色。

为了坚持依规治党和以德治党相结合，重在立德，引导党员领导干部加强党性修养，牢记党的宗旨，继承和发扬党的优良传统和作风，自觉培养高尚道德情操，弘扬中华民族传统美德，追求崇高精神境界，廉洁自律，永葆党的先进性和纯洁性，党中央印发了《中国共产党廉洁自律准则》（以下简称《准则》），全文如下：中国共产党全体党员和各级党员领导干部必须坚定共产主义理想和中国特色社会主义信念，必须坚持全心全意为人民服务根本宗旨，必须继承发扬党的优良传统和作风，必须自觉培养高尚道德情操，努力弘扬中华民族传统美德，廉洁自律，接受监督，永

---

① 习近平：《在全国党校工作会议上的讲话》，《求是》2016年第9期。
② 胡锦涛：《坚定不移沿着中国特色社会主义道路前进 为全面建成小康社会而奋斗——在中国共产党第十八次全国代表大会上的报告》，人民出版社2012年版，第50页。

葆党的先进性和纯洁性。

党员廉洁自律规范

第一条　坚持公私分明，先公后私，克己奉公。
第二条　坚持崇廉拒腐，清白做人，干净做事。
第三条　坚持尚俭戒奢，艰苦朴素，勤俭节约。
第四条　坚持吃苦在前，享受在后，甘于奉献。

党员领导干部廉洁自律规范

第五条　廉洁从政，自觉保持人民公仆本色。
第六条　廉洁用权，自觉维护人民根本利益。
第七条　廉洁修身，自觉提升思想道德境界。
第八条　廉洁齐家，自觉带头树立良好家风。

《准则》是规范全党廉洁自律工作的基础性法规，是对党章规定的具体化，体现了全面从严治党的实践成果，注重从道德层面为党员领导干部树立了一个看得见、够得着的高标准，展现了共产党人的高尚道德追求，对于深入推进党风廉政建设和反腐败斗争，加强党内监督，永葆党的先进性和纯洁性，具有十分重要的意义。各级党员领导干部要发挥表率作用，以更高更严的要求，带头践行廉洁自律规范。广大党员要加强党性修养，保持和发扬党的优良传统作风，使廉洁自律规范内化于心，外化于行，坚持理想信念宗旨"高线"，永葆共产党人清正廉洁的政治本色。抓好党员领导干部的廉洁自律，提高党员领导干部的道德素质，是永葆党的先进性纯洁性的根本前提和内在保证，是保证党员领导干部政治上不犯错误的安全护栏，是指引党员领导干部沿着正确人生航向顺利前进的灯塔，是反腐倡廉永葆共产党人清正廉洁政治本色的治本之策。

孔子说："政者，正也。"[①] "其身正，不令而行；其身不正，虽令不从。"[②] 要想搞好党风，领导干部首先要站得直、行得正，做出好样子。党中央多次明确要求，高级干部特别是中央领导层组成人员必须以身作则，

---

① 吴树平、赖长扬：《全译本白话四书五经》第 1 卷，国际文化出版公司 1992 年版，第 106 页。
② 吴树平、赖长扬：《全译本白话四书五经》第 1 卷，国际文化出版公司 1992 年版，第 113 页。

第十四章　坚持以社会主义核心价值体系领党的建设

模范遵守党章党规，严守党的政治纪律和政治规矩，坚持不忘初心、继续前进，坚持率先垂范、以上率下，为全党作出示范。① 打铁还须自身硬，共产党人真正自觉地加强党性修养，提高道德素质，追求崇高的道德精神境界，成为树立和践行社会主义荣辱观的楷模与典范，按照中央八项规定精神，杜绝形式主义、官僚主义、享乐主义和奢靡之风，真正做到"以艰苦奋斗为荣，以骄奢淫逸为耻"，就能端正党风、政风，引领社会风气好转。如何做到这一点，就要按照《准则》要求，始终保持积极向上的健康心态，廉洁自律，克己奉公，永远拒绝腐败。只有这样，才能提高干部在群众中的威信，才能具有权威性、公信力、影响力、感召力、说服力，才能说话有人听，办事有人跟，才能带领广大人民群众把社会主义荣辱观弘扬和践行好。

2. 共产党人模范践行社会主义荣辱观，就要高度注意始终保持健康心态

党的十八大报告指出："加强和改进思想政治工作，注重人文关怀和心理疏导，培育自尊自信、理性平和、积极向上的社会心态。"② 这是"全面提高公民道德素质"的重要内容，更是提高党员干部道德素质的重要内容。践行和树立社会主义荣辱观，整个社会都迫切需要培育自尊自信、理性平和、积极向上的社会心态，党员领导干部尤其要率先垂范做出好样子。领导干部保持积极向上的健康心态，对于永葆共产党人清正廉洁的政治本色极其重要，是从根本上拒腐防变、反腐倡廉、反对腐败的有效途径和可靠保证，是从领导干部主体提高道德素质，在主观内因上筑起预防腐败思想长城的治本之策。

改革开放以来，许多腐败分子之所以走上索贿受贿的犯罪道路，正是在社会生活中，面对自己的微薄的收入与服务对象如房地产开发商等大款巨额财产的社会现实，产生巨大落差，心理失衡，以致以权谋私，索贿受贿，走向犯罪深渊的。

《检察日报》2013年3月28日以"广西落马贪官谈堕落经过：见开发

---

① 《中共中央政治局召开会议决定召开十八届六中全会　分析研究当前经济形势部署下半年经济工作　中共中央总书记习近平主持会议》，《人民日报》2016年7月27日，第1版。

② 胡锦涛：《坚定不移沿着中国特色社会主义道路前进　为全面建成小康社会而奋斗——在中国共产党第十八次全国代表大会上的报告》，人民出版社2012年版，第32页。

商出手阔绰心理失衡"为题报道："2013年2月26日，广西壮族自治区防城港市住房和城乡建设委员会原副主任梁安受贿案一审宣判，防城港市中级法院以受贿罪判处梁安有期徒刑十三年，并处没收个人财产100万元。"① 报道称，一开始，梁安对行贿者还心存警惕，但眼见这些争相讨好自己的大老板们吃的是豪宴、穿的是名牌、开的是好车，出手阔绰、生活潇洒，梁安觉得相形见绌，心理渐渐失去平衡。认为自己"为城市建设作的贡献比他们多多了，生活水平却远远不能跟他们比，真是不公平"。他以"靠山吃山、靠海吃海"来说服自己，觉得从那些老板身上捞点好处也不算过分。正是因为心理失衡，梁安开始以权兑钱，索贿受贿，最后锒铛入狱，断送前程，毁了人生，损害了党和政府的形象，也给家人带来挥之不去的伤痛。这是一起由不健康心态造成的典型腐败案例。

由此可鉴，加强党的先进性和纯洁性建设，模范践行社会主义荣辱观，做到干部清正、政府清廉、政治清明，永葆共产党人清正廉洁的政治本色，完成团结带领人民全面建成小康社会、推进社会主义现代化、实现中华民族伟大复兴的历史使命，首要的就是按照党的十八大精神和习近平同志的一系列重要讲话精神，抓好思想道德建设基础，提高党员干部的道德素质，实现共产党人的心理和谐，始终保持共产党人积极向上的健康心态。为此须做到：

一要自觉追求崇高的精神境界。习近平同志指出："从思想道德抓起具有基础性作用，思想纯洁是马克思主义政党保持纯洁性的根本，道德高尚是领导干部做到清正廉洁的基础。……要抓好思想理论建设、抓好党性教育和党性修养、抓好道德建设，教育引导广大党员、干部认真学习和实践马克思列宁主义、毛泽东思想、中国特色社会主义理论体系，牢固树立正确的世界观、权力观、事业观，模范践行社会主义荣辱观，以理论上的坚定保证行动上的坚定，以思想上的清醒保证用权上的清醒，不断增强宗旨意识，始终保持共产党人的高尚品格和廉洁操守。"② 志士不饮盗泉之水，廉者不受嗟来之食，崇高的精神境界，不会涉卑劣之污，因此永葆共产党人清正廉洁政治本色，就要自觉追求崇高的精神境界。

---

① 《广西落马贪官谈堕落经过：见开发商出手阔绰心理失衡》，《检察日报》2013年3月28日。

② 习近平在中共中央政治局第五次集体学习时强调：《积极借鉴我国历史上优秀廉政文化不断提高拒腐防变和抵御风险能力》，《人民日报》2013年4月21日，第1版。

第十四章　坚持以社会主义核心价值体系领党的建设

首先，坚定共产主义理想信念。习近平同志要求："共产党员特别是党员领导干部要做共产主义远大理想和中国特色社会主义共同理想的坚定信仰者和忠实践行者。革命理想高于天。""坚定理想信念，坚守共产党人精神追求，始终是共产党人安身立命的根本。"① 现实生活中，一些党员、干部出这样那样的问题，说到底是信仰迷茫、精神迷失。改革开放以来，无数事实告诉我们，坚定共产主义理想信念，是永葆共产党人清正廉洁政治本色的根本前提，不少党的高、中级干部堕落成腐败分子，正是放弃了共产主义理想信念的结果。只有牢记共产主义的理想信念，并自觉地将其作为自己终身奋斗目标。这样才能在错综复杂的情况下，在各种考验、腐蚀、诱惑面前，永远立于不败之地，始终保持清醒头脑，拒腐蚀、永不沾，永葆共产党人清正廉洁的政治本色。正如习近平同志说所指出的："崇高信仰始终是我们党的强大精神支柱，人民群众始终是我们党的坚实执政基础。只要我们永不动摇信仰、永不脱离群众，我们就无往而不胜。"②

其次，牢固树立马克思主义世界观、方法论。马克思主义的辩证唯物主义和历史唯物主义是科学的世界观和方法论，是工人阶级和劳动人民认识世界、改造世界的锐利武器，也是正确认识人生价值的理论指南，是共产党人永葆清正廉洁政治本色的思想先导和理论前提。在社会主义社会中，凡是正确的人生价值观，总是自觉不自觉地符合唯物论、辩证法，符合自然、社会、人类自身发展的客观规律，像爱国主义、集体主义、全心全意为人民服务的价值观等；凡是不正确的价值观，都是背离唯物论、辩证法的，都是违背自然、社会、人类自身发展客观规律的，如个人主义、享乐主义、拜金主义等。自觉按照马克思主义辩证唯物主义和历史唯物主义的世界观、方法论思考问题、认识问题、分析问题、解决问题，坚持爱国主义、集体主义、社会主义，反对个人主义、拜金主义、享乐主义，就会树立正确的世界观、人生观、价值观、权力观、利益观、得失观、荣誉观、苦乐观、生死观。缅怀革命先烈英勇奋斗，流血牺牲，为中国人民的翻身解放事业献出宝贵生命的崇高品质，就更不能斤斤计较个人的名利得

---

① 习近平：《在新进中央委员会的委员、候补委员学习贯彻党的十八大精神研讨班开班式上发表重要讲话强调》，《人民日报》2013年1月6日，第1版。
② 习近平：《全面贯彻落实党的十八大精神要突出抓好六个方面工作》，《求是》2013年第1期。

失,就能树立誓为共产主义事业奋斗终身的坚定信念,保持积极向上的良好心态,决不做损害共产主义事业的蠢事、错事。就能视人民事业重如山,看个人名利淡如水。宠辱不惊看庭前花开花落,去留无意任天上云卷云舒。就不会心理失衡,私欲膨胀,以权谋私,贪污受贿,坠入犯罪深渊。

最后,牢记党的根本宗旨,密切与人民群众的血肉联系。共产党人一定要牢记自己的权力是人民赋予的,只有全心全意为人民服务的义务,没有为自己谋取私利的权力。要坚持立党为公,执政为民,以人民为中心,牢记党全心全意为人民服务的宗旨,把为人民服务作为自己终身的精神追求和一切工作的出发点、落脚点。以人为本,科学发展,做到权为民所用、情为民所系、利为民所谋,把最广的人民根本利益实现好、维护好、发展好。时时刻刻都要把人民放在心中最高位置,尊重人民主体地位,尊重人民首创精神,拜人民为师,把政治智慧的增长、执政本领的增强深深扎根于人民的创造性实践之中。深入实际、深入基层、深入群众,做到知民情、解民忧、暖民心。按照习近平同志关于"人民对美好生活的向往,就是我们的奋斗目标"的要求,把群众放在心上、当作亲人,真诚倾听群众呼声,真实反映群众愿望,真情关心群众疾苦,多干让人民满意的好事实事。习近平同志指出:"我们的事业崇高而神圣,我们的使命艰巨而光荣。今天,面对艰巨繁重的全面深化改革新形势,全党同志一定要坚持同人民在一起,坚持以百姓心为心,努力解民忧、办实事,为推动党和国家事业发展汇聚强大力量。"[①] 我们就是要按照习近平同志的要求,不忘担当,牢记使命,始终与人民心心相印、血肉相连,与人民同甘共苦、团结奋斗,为国家富强、民族振兴、人民幸福,夙夜在公,勤勉工作,为实现全面建成小康社会,实现中华民族伟大复兴的中国梦努力奋斗。

二要有明确的是非荣辱界限。党的十七届六中全会《决定》指出:"树立和践行社会主义荣辱观。社会主义荣辱观体现了社会主义道德的根本要求。要深入开展社会主义荣辱观宣传教育,……在全社会形成知荣辱、讲正气、作奉献、促和谐的良好风尚。"[②] 社会主义荣辱观涵盖爱国主

[①] 习近平:《在纪念陈云同志诞辰110周年座谈会上的讲话》,《人民日报》2015年6月13日,第2版。

[②] 《中共中央关于深化文化体制改革推动社会主义文化大发展大繁荣若干重大问题的决定》,人民出版社2011年版,第15页。

第十四章　坚持以社会主义核心价值体系领党的建设

义、集体主义、社会主义思想，体现了中华民族传统道德和时代要求，反映社会主义世界观、人生观、价值观，明确了当代中国最基本的价值取向和行为准则，对于弘扬以爱国主义为核心的民族精神，加强社会主义思想道德建设，巩固马克思主义在意识形态领域的指导地位，打牢全国人民团结奋斗的共同思想基础，促进党风廉政建设，形成积极向上的社会风尚具有重要的现实意义和深远的历史意义。

修身、齐家、治国、平天下，必须知荣辱，明廉耻，知道什么是光荣，多做当荣之事，知道什么是耻辱，拒做为耻之行，国家才能兴旺发达，社会才能和谐稳定。

知耻，是中国古代思想家提出的一种明辨善恶是非的道德修养的方法和途径。孔子曰："知耻近乎勇。"[1] 孟子曰："无羞恶之心，非人也。……无是非之心，非人也。"[2] 认为"羞恶之心，义之溶也"。明清之际的顾炎武则提出："礼义廉耻，国之四维，四维不张，国乃灭亡……然而四者之中，耻尤为要。"[3] 朱熹认为，"人有耻则能有所不为"，"有之则近圣贤，失之则近禽兽"。[4] 意为人有了羞耻之心，才知道什么不可以做，才可以进取图强逐渐成为高尚的人，没有羞耻之心，则会道德沦丧与禽兽无异。一个人有了羞耻之心，才能有自我约束能力，不做缺德之事，才能临财不贪，临难不屈，才能谦和退让，取舍有度。国君知耻可以正吏治，百姓知耻可以正民风，因此，羞耻之心不可无。

唐太宗李世民告诫他的公卿说："古人云：'贤者多财损其志，愚者多财生其过。'此言可谓深诫。若徇私贪浊，非止坏公法，损百姓，纵事未发闻，中心岂不常惧？恐惧既多，亦有因而致死。大丈夫岂得苟贪财物，以害及身命，使子孙每怀愧耻也？卿等以深思此言。"[5] 告诫他的公卿，不要因徇私贪浊，身败名裂，使子孙羞愧和耻辱。

在我们的社会主义社会里，贪污腐败臭名昭著，谁人不知清正廉洁光荣，贪污腐败可耻？党员领导干部更应该择其善而从之，积极去做当荣之

---

[1] 吴树平、赖长扬：《全译本白话四书五经》第1卷，国际文化出版公司1992年版，第25页。

[2] 吴树平、赖长扬：《全译本白话四书五经》第1卷，国际文化出版公司1992年版，第208页。

[3] 李春秋：《中国传统伦理精华》下，同心出版社1993年版，第77页。

[4] 李春秋：《中国传统伦理精华》下，同心出版社1993年版，第76页。

[5] （唐）吴兢：《贞观政要》，上海古籍出版社1978年版，第211—212页。

事，自觉拒为辱之行，坚决和贪污受贿等腐败劣行作斗争，做到出淤泥而不染，慎始克终，玉洁冰清，始终保持自己清正廉洁的良好形象。

三要有科学的比较方法。在眼花缭乱，纸醉金迷，充满诱惑的市场经济社会环境里，要有一个科学的比较方法，才能保持心理平衡，免坠深渊。俗话说，见贤思齐，就要向先进看齐，在工作上、贡献上与最优秀的人比，越比越觉得自己有差距，越知自己之不足。就会激发努力做好工作的巨大动力，就会为党和人民作出更大的贡献。生活上和待遇上要和比自己低的比，越比越觉得自己得到的多，就知足、就有愉悦感，就感到更应加倍努力工作，更好地报效国家，奉献社会，服务人民，更加珍惜自己的生活条件和工作环境，争分夺秒地努力工作，并时时提醒自己，不要问祖国给了自己什么，要问自己为祖国贡献了什么。就会感到祖国给了自己很多很多，而自己为祖国作出的奉献则很少很少，就会更加热爱祖国，形成努力工作的巨大动力。就会克服心浮气躁的不良心态，养成干一行、爱一行、学一行、钻一行、干好一行的品格，成为本行业的行家里手。就能提高自己的综合素质，提高自己的整体水平和工作能力，为社会、为国家、为人民做出更大的贡献。就会心情愉悦，实现心理的自我和谐，始终保持积极向上的健康心态，有效遏制攫取更多个人私利的不良欲望。

君子爱财，取之有道。一些干部心态扭曲、信念动摇，看人家开名车、住豪宅，自己得到的却那样少，因而心理失衡、心有不甘；有的是错把公权当私权，认为自己一个电话、一个签字帮别人办成了事，理应有所回报，出现能捞就捞、不捞白不捞的心理变态，结果，毁了自己的幸福，也损害了党和人民的事业。李克强在回答采访两会的中外记者提问时明确指出："自古有所谓'为官发财，应当两道'。既然担任了公职，为公众服务，就要断掉发财的念想。"① 当"官"是人民公仆，是为人民服务，不是为个人发财发家。当"官"即不许发财，就要断掉发财的念想，这是党的性质宗旨决定的，也是执政要求、职业道德所决定的，干部要自觉以此作为从政的底线。这样，篇首梁安那样贪腐的人生悲剧就不会发生。

四要有正确的知足知不足。知足，就是对自己个人的生活待遇、生活条件、生活水平，要有一种君子安贫乐道、达人知命、无欲无求的精神状态。常言道：事有知足心常乐，人到无求品自高。没有私心杂念，就能心

----

① 《李克强总理等会见采访两会的中外记者并回答提问》，《人民日报》2013 年 3 月 18 日，第 2 版。

第十四章 坚持以社会主义核心价值体系领党的建设

底无私天地宽,不为自己的取舍得失、进退荣辱而耿耿于怀,做到愈挫愈坚,保持老当益壮,宁知白首之心,穷且益坚,不坠青云之志的精神状态。春有百花秋望月,夏有凉风冬听雪,心中若无烦恼事,便是人间好时节。大其心受天下之物,虚其心爱天下之善,平其心论天下之事,潜其心观天下之礼,定其心察天下之变。随遇而安,自我调节,始终保持良好心态,就不会因见大款比自己富有、潇洒而催生贪欲之邪念。反之,作为领导干部,如果老觉得自己的私利没有得到满足,伸手捞钱,欲壑难填,就难免坠入腐败的深渊,就谈不上永葆共产党人清正廉洁政治本色。

不知足,就是对学习、进步,提高自己的能力、水平、综合素质、工作态度、敬业精神、工作贡献,要永远不知足。学无涯,艺无涯,知不足,才能有奋起直追的无穷动力,才能向先进学习,向先进看齐,向先进那样卓有成效地开展工作。工作才能做好,才能不断创新,不断创造,有所发现,有所发明,有所前进,才能无愧于时代。当你把党和人民交给你的工作任务完成好了,受到人民的肯定、得到社会的尊重,实现了人生价值,你就会精神愉悦,心情舒畅,就能实现高质量的心理和谐。人的精神的愉悦,不是能用职位和金钱满足的,而往往是自己的工作水平得到提高,能力得到认可,创造愿望得到尊重,创造活动得到支持,创造成果得到肯定和弘扬,创作才能得到充分的发挥和回报。工作能力和水平提高了,什么工作都能胜任,什么时候都会受到社会的尊重,领导的肯定,群众的拥戴,就会得到愉悦满足,从而达到不以物喜,不以己悲的崇高境界。

五要有高尚的思想道德品质。如果一名共产党员尤其是领导干部堕落到只有让人监督自己用权,被关在制度的笼子里用权,因为不能腐败、不敢腐败、不易腐败,才不得不不腐败,那简直是共产党的悲哀,更是共产党员的耻辱。联想到无数革命先烈为了人民的翻身解放,出生入死,浴血奋战,在党和人民需要的时候毫不犹豫地献出宝贵生命,江姐、许云峰等革命烈士,即使在敌人的酷刑拷打下,也不做半点损害人民利益的事,就是掉脑袋,也绝不背叛党和人民的利益。而他们的后人执政行使人民赋予的权力,竟然不监督、不关在笼子里,就要去损害党和人民的利益搞腐败,真是对共产党人光荣称号的恶意亵渎。共产党员尤其是领导干部,做到始终保持共产党人清正廉洁政治本色,一定要自觉发扬共产党人全心全意为人民服务的光荣传统,铸就高尚的思想道德品质,要有我国古代公仪休嗜鱼而不受鱼,杨震畏"四知"的高度自觉、自律、慎独精神,远离腐败,拒绝腐败,始终保持共产党人清正廉洁的政治本色。

自觉追求真善美,坚决反对假丑恶。为人要真,心地要善,灵魂要美,坚持待人以诚,与人为善,成人之美,助人为乐。牢记孔子"君子成人之美,不成人之恶,小人反是"①的古训,多行善事,绝不作恶,不坑人不害人。俗话说,善有善报,恶有恶报,不是不报,时候不到,时候一到,一切都报。因此,要广结善缘,多做铺路搭桥,扶困解难,帮弱济贫善事,做到德与风翔,泽从雨散,服务人民,报效国家,造福社会。做到勤劳俭朴,廉洁奉公,厚德载物,自强不息,英勇顽强,无私奉献,俯仰无愧天地,无愧于社会,无愧于他人,无愧共产党员的光荣称号。这样,就能进入"为人不做亏心事,不怕半夜鬼叫门"的精神境界。要想人不知,除非己莫为,切不可心存侥幸,自作聪明,怀恶念,使歹心,做那种良知泯灭,伤天害理、祸国殃民的坏事。

"勿以恶小而为之,勿以善小而不为。"② 绝小恶冰清玉洁,积小善铸成大德,光明磊落,公道正派,不搞歪门邪道,不搞投机钻营,不为私心所扰,不为名利所累,不为物欲所惑,在思想上牢固筑起反腐倡廉的钢铁长城。防微杜渐,拒腐蚀、永不沾,一身正气,两袖清风,坚决做到"常在河边走,就是不湿鞋","要留清白在人间",始终保持共产党人的浩然正气。

习近平同志在中共中央政治局第五次集体学习时强调:"从思想道德抓起具有基础性作用,思想纯洁是马克思主义政党保持纯洁性的根本,道德高尚是领导干部做到清正廉洁的基础。"③ 真正做到始终保持共产党人清正廉洁政治本色,就是要从根本上解决怎样做人、怎样做一个共产党人的问题,提高思想道德境界,按照毛泽东同志在《纪念白求恩》一文中的要求,就是继承和发扬白求恩同志毫不利己、专门利人的精神,学习和践行白求恩同志毫无自私自利之心的精神,培养高尚的道德情操。如果我们共产党人都像白求恩同志那样,成为毫无自私自利之心的人,成为践行社会主义荣辱观、具有社会主义高尚道德品质的人,还会堕落成众人唾弃的腐

---

① 吴树平、赖长扬:《全译本白话四书五经》第1卷,国际文化出版公司1992年版,第106页。

② 陈寿:《三国志》,中华书局1982年版,第891页。

③ 习近平在中共中央政治局第五次集体学习时强调:《积极借鉴我国历史上优秀廉政文化不断提高拒腐防变和抵御风险能力》,《人民日报》2013年4月21日,第1版。

败分子吗？还不能永葆共产党人清正廉洁的政治本色吗？还不能树立共产党人的良好形象吗？还能脱离人民群众吗？

二、坚持以社会主义核心价值体系领党的建设，就要从严治党，铁腕反腐，清除最大威胁

腐败问题是从严治党必须首先解决的事关党的生死存亡的重大问题。习近平同志《在庆祝中国共产党成立95周年大会上的讲话》中深刻指出："我们党作为执政党，面临的最大威胁就是腐败。"① 坚持以社会主义核心价值体系领党的建设，从严治党，首先就是要以壮士断腕、刮骨疗毒的钢铁意志清除作为执政党面临的最大威胁——腐败，只有清除腐败，才能赢得党心、军心、民心，才能巩固党的执政地位，巩固社会主义制度，永远立于不败之地。党的十八大以来，以习近平同志为核心的党中央，坚持"老虎""苍蝇"一起打，同时开展"猎狐"追逃行动，让腐败分子没有藏身之地，使不敢腐的震慑作用得到发挥，不能腐、不想腐的效应初步显现，反腐败斗争压倒性态势已经形成，风清气正的政治生态正在形成，深得党心、军心、民心。由此我们坚信，伟大正确光荣的中国共产党一定能经受住"四大考验"、克服"四种危险"，确保党始终成为中国特色社会主义事业的坚强领导核心。

（一）反腐倡廉，从宏观层面讲，就是零容忍、铁腕反腐、坚持到底

腐败问题一直是党和人民的心头之患，我党早有明确认识和高度警觉。党的十六大报告告诫全党："坚决反对和防止腐败，是全党一项重要政治任务。不坚决惩治腐败，党同人民群众的血肉联系就会受到严重损害，党的执政地位就有丧失的危险，党就可能走向自我毁灭。"② 党的十七大报告告诫全党："中国共产党的性质和宗旨，决定了党同各种消极腐败

---

① 习近平：《在庆祝中国共产党成立95周年大会上的讲话》，《人民日报》2016年7月2日，第2版。

② 《十六大以来重要文献选编》上，中央文献出版社2005年版，第42页。

现象是水火不相容的。坚决惩治和有效预防腐败，关系人心向背和党的生死存亡，是党必须抓好的重大政治任务。"① 党的二十大报告指出："腐败是危害党的生命力和战斗力的最大毒瘤，反腐败是最彻底的自我革命。"② 广大党员干部忧心忡忡，不能眼看着伟大的党沿着"亡党亡国"的危险道路走下去，既不甘心，又无可奈何。盼星星，盼月亮，盼来党的十八大习近平总书记挂帅担纲，向全世界宣告："坚定不移反对腐败，永葆共产党人清正廉洁的政治本色。""反腐倡廉必须常抓不懈，拒腐防变必须警钟长鸣。"③ "只要存在腐败问题产生的土壤和条件反腐败斗争就一刻不能停，必须永远吹冲锋号。"④ 全党全军全国人民信心倍增，殷切期待，充满希望。

1. 习近平同志领导全党铁腕反腐，是实现党风好转的根本保证

习近平同志《在庆祝中国共产党成立95周年大会上的讲话》中深刻指出："我们要以顽强的意志品质，坚持零容忍的态度不变，做到有案必查、有腐必惩，让腐败分子在党内没有任何藏身之地！"⑤ 从毛泽东老一辈革命家到华国锋时代，全党、全军、全国各族人民都始终保持着清正廉洁的政治本色，党风、政风、军风、民风健康、淳朴，腐败问题从上到下几乎不存在。改革开放以来，党的作风问题，由党内的"走后门"等不正之风，发展到腐败现象，尽管陈云同志早就警告全党："执政党的党风问题是有关党的生死存亡的问题。"⑥ 但一些掌权的人置若罔闻，肆意妄为，带头腐败，造成腐败问题久反不绝，屡禁不止，愈演愈烈，蔓延开来，泛滥成灾。党心、军心、民心丧失殆尽，党内有识之士和广大人民群众无不忧心忡忡，寝食不安，街谈巷议，忧心如焚，然无能为力，又无可奈何，殷切期望，强烈要求党中央切实解决祸国殃民的腐败问题。

然而，直到党的十八大之前，都没能有效地遏制和解决腐败问题。相

---

① 《十七大以来重要文献选编》上，中央文献出版社2009年版，第42页。
② 《党的二十大报告学习辅导百问》，学习出版社、党建读物出版社2022年版，第52页。
③ 胡锦涛：《坚定不移沿着中国特色社会主义道路前进 为全面建成小康社会而奋斗——在中国共产党第十八次全国代表大会上的报告》，《人民日报》2012年11月18日，第1版。
④ 《党的二十大报告学习辅导百问》，学习出版社、党建读物出版社2022年版，第52页。
⑤ 习近平：《在庆祝中国共产党成立95周年大会上的讲话》，《人民日报》2016年7月2日，第2版。
⑥ 《坚持四项基本原则反对资产阶级自由化》，人民出版社1987年版，第97页。

第十四章　坚持以社会主义核心价值体系领党的建设

反，因为上梁不正下梁歪，上行下效，造成了从上到下，从中央政治局常委到基层农村党支部书记各级领导都大有人在的立体腐败、全局性腐败的严重问题。由于各级领导中的腐败分子带头和运营，出现了大腐败分子提拔小腐败分子，大腐败分子领导小腐败分子反腐败、腐败分子占领领导职位越来来越多、党内清正廉洁的好干部日见其少的荒唐、悲哀而危险的局面。而且腐败势力与西方颠覆社会主义制度的敌对势力紧密勾结，掌握了西化、分化、和平演变中国的政治、经济、思想、文化各个领域及意识形态的话语权。

人民心中自有一杆称。在当代中国，普天下的老百姓，都深切地感受到，只有习近平同志顺应党心民意，坚持党要管党、从严治党，以猛药去疴、重典治乱的决心，以刮骨疗毒、壮士断腕的勇气，以除恶务尽的钢铁意志，以踏石留印、抓铁有痕的劲头，深入推进党风廉政建设和反腐败斗争，打"老虎"，拍"苍蝇"，千里"猎狐""天网行动"，加大追逃追赃力度，追捕国外贪腐逃犯，穷追猛打，让腐败分子没有藏身之地，并以"开弓没有回头箭，反腐没有休止符"的坚定态度，将党风廉政建设和反腐败斗争深入持久地开展下去，党风廉政建设和反腐败斗争取得了新的重大成效，党风政风为之一新，党心民心为之一振。全党全军全国人民看到了希望，看到了光明。对周永康、令计划、徐才厚、郭伯雄等腐败分子的查处表明，我们党将始终保持反腐败高压态势，猛药去疴的决心不会减，刮骨疗毒的勇气不会泄，零容忍的态度不会变，严厉惩处的尺度不会松。始终保持作风建设永远在路上的政治勇气和坚定决心，我们一定能打赢反腐败这场攻坚战、持久战。

辩证地看，中国的腐败，既难治理，也好治理。说难，是指改革开放以来，腐败沉疴积习，短时间不易根除。说好治理，就是领导带头清正廉洁，率先垂范，逐级领导带头清廉，根除腐败就不难。孔子曰："政者，正也。子帅以正，孰敢不正？"[①] 上行下效，毛泽东时代老一辈革命家清正廉洁带好了头，全党腐败绝迹。上梁不正下梁歪，中梁不正垮下来。这是谁都知道的道理，但我们有的领导却总是摆不正位置。过去的腐败就是各级党委政府中有的领导价值观扭曲、言行不一、行为失范造成的。本来有的人不想贪，但看到上边贪、别人贪都平安无事，也就心理失衡，跟风贪

[①] 吴树平、赖长扬：《全译本白话四书五经》第1卷，国际文化出版公司1992年版，第106页。

起来,形成恶性循环,导致腐败成风。不同流合污搞贪腐,就会被打入另类,就会被淘汰,这就形成用人上的制恶机制,纵恶机制,汰优机制。因为腐败的上级欣赏的是腐败的下级,如果不想腐败,就只有被淘汰,如果想继续进步,就要适应腐败大环境,跟着腐败,坊间"又跑又送,提拔重用;光跑不送,原地不动;不跑不送,降职使用"的说法,就是我国腐败问题积重难返的典型表现。长期敌对势力西化、分化、和平演变,意识形态进攻,腐朽的资产阶级个人主义思想腐蚀,用人机制形成纵恶机制、制恶机制的逆淘汰,坏人多,好人少,腐败干部,日见其多,清廉正直的干部,急剧减少,不断被淘汰,甚至成了凤毛麟角的稀有"文物"。让那些一心想贪污受贿自己捞大钱、当资本家、卖国求荣、走资本主义道路的变节分子、叛徒、汉奸、卖国贼担任各级领导、掌握着强大的国家机器搞社会主义,那只能是社会主义的灾难和共产党人的悲剧。许多仁人志士,都身在其中,深受其害,深有感受。

然而,病来如山倒,病去如抽丝。30多年来党内腐败,沉疴积深,积重难返,腐败势力根深蒂固,面广人多,反腐败是一场攻坚战、持久战,因此不假以时日不可能根绝腐败,没有较长时间坚持不懈的斗争,难以彻底根除腐败毒瘤。人们普遍担忧,不少腐败分子自党的十八大之后仍不收敛,很多仍在职的腐败分子,会一时避避风头,隐藏下来,一旦习近平届满卸任,他们就会原形毕露,更加变本加厉、疯狂腐败,难以除恶务尽。因此,全党全军全国人民迫切期望习近平同志在领袖位置上工作更长的时间,包括对党忠诚的中央其他领导同志也应根据反腐倡廉需要适当延长任期。这是没有私念的正直的中国共产党人从维护党和国家的长治久安与最广大的人民群众的福祉,远见卓识的强烈呼吁和战略抉择。

在庆祝中国共产党成立95周年大会上的讲话中,习近平同志向全党、全军、全国人民庄严宣布:"实践证明,只要真管真严、敢管敢严,党风建设就没有什么解决不了的问题。作风建设永远在路上。'己不正,焉能正人。'我们要从中央政治局常委会、中央政治局、中央委员会抓起,从高级干部抓起,持之以恒加强作风建设,坚持和发扬党的优良传统和作风,坚持抓常、抓细、抓长,使党的作风全面好起来,确保党始终同人民同呼吸、共命运、心连心。"[①] 2016年12月26日至27日,中共中央政治局召开民主生

---

① 习近平:《在庆祝中国共产党成立95周年大会上的讲话》,《人民日报》2016年7月2日,第2版。

第十四章　坚持以社会主义核心价值体系领党的建设

活会，习近平总书记在讲话中指出："党要赢得民心，党中央要有权威，必须廉洁。要强化宗旨意识，坚定理想信念和精神追求，端正思想品行，提升道德境界，带头推动党风建设。"① 孔子云："其身正，不令而行。"② 我们坚信以习近平同志为核心的党中央率先垂范，坚持和发扬党的优良传统和作风，清正廉洁，勤勉奉公，做出好样子，一级做给一级看，一级带着一级干，就一定能使党的作风全面好起来，对此我们充满信心。党中央已经给全党全军全国人民做出好样子，各级领导和广大党员同志要认真按照习近平同志的要求："坚持以党的旗帜为旗帜、以党的意志为意志、以党的使命为使命，严守党的政治纪律和政治规矩，坚持在党爱党、在党言党、在党忧党、在党为党，归根到底一句话，就是要在思想上政治上行动上自觉同党中央保持高度一致。"③ "全党同志要增强政治意识、大局意识、核心意识、看齐意识，切实做到对党忠诚、为党分忧、为党担责、为党尽责。"④ 在以习近平同志为核心的党中央的坚强领导下，全党同志要自觉向党中央看齐，切实做到对党忠诚、为党分忧、为党担责、为党尽责，团结一条心，拧成一股绳，同仇敌忾反腐败，同心同德跟党走，坚持到底，就一定能彻底遏制腐败问题的蔓延，打赢反腐败这场攻坚战、持久战，取得彻底胜利。

2. 教育提高干部素质，从思想上筑起防腐拒变的钢铁长城，是根除腐败的治本之策

毛泽东同志曾指出："唯物辩证法认为外因是变化的条件，内因是变化的根据，外因通过内因起作用。"⑤ 腐败问题的产生，社会的外部环境是条件，而干部本人的世界观出了问题才是根据。浇树要浇根，治病要治本。要想从根本上杜绝腐败问题发生，首要的就是提高干部的思想政治素质，从思想上筑起防腐拒变的钢铁长城，从世界观上解决问题，这是根绝腐败的治本之策。习近平同志指出："伟大的斗争，宏伟的事业，需要高

---

① 中共中央政治局召开民主生活会：《对照贯彻落实党的十八届六中全会精神研究加强党内政治生活和党内监督措施　中共中央总书记习近平主持会议并发表重要讲话》，《人民日报》2016 年 12 月 28 日，第 1 版。

② 吴树平、赖长扬：《全译本白话四书五经》第一卷，国际文化出版公司 1992 年版，第 113 页。

③ 习近平：《在全国党校工作会议上的讲话》，《求是》2016 年第 9 期。

④ 习近平：《在庆祝中国共产党成立 95 周年大会上的讲话》，《人民日报》2016 年 7 月 2 日，第 2 版。

⑤ 《毛泽东选集》第 3 卷，人民出版社 1991 年版，第 302 页。

素质干部。"① 高素质的干部是不会腐败的。实践证明，人的素质高，就能廉洁自律，做到"常在河边走，就是不湿鞋"；人的素质低，即使法律和制度完善，也会有人以身试法，铤而走险。思想支配行动，世界观、人生观、价值观是人们思想上的"总开关"。习近平同志指出："以德修身、以德立威、以德服众，是干部成长成才的重要因素。每一名党员干部都要坚守'三严三实'，拧紧世界观、人生观、价值观这个'总开关'，做到心中有党、心中有民、心中有责、心中有戒，把为党和人民事业无私奉献作为人生的最高追求。"② 为此，我们就要加强思想建设，坚持用马克思列宁主义、毛泽东思想、邓小平理论、"三个代表"重要思想、科学发展观、习近平新时代中国特色社会主义思想武装全党、教育干部和人民，树立崇高的理想和正确的世界观、人生观、价值观，特别是努力学习、认真实践毛泽东的建党思想及一系列正确原则。毛泽东同志的建党思想是中国革命在最残酷、最艰苦时期形成的，是无数革命先烈用生命和鲜血换来的宝贵经验的结晶，是中国共产党人老一辈无产阶级革命家智慧、心血与马克思主义相结合的科学结晶，是我们党由小到大、从弱到强，从胜利走向胜利的法宝，是毛泽东同志留给我们的宝贵精神财富，也是改革开放建立社会主义市场经济体制、防止腐败，搞好现代化建设的法宝。只要认真地而不是敷衍地、真正地而不是虚假地用毛泽东建党思想武装全党，就能在信念、信仰上成为一种无时无刻不在起作用的无形巨大力量，就能处处明辨美丑，知晓荣耻，事事抑恶扬善，就绝对不会去干那种贪污受贿万人唾骂的腐败丑行，就能从根本上杜绝腐败，树立党的良好形象，就能赢得民心，赢得党心，巩固党的执政地位，巩固人民当家作主的社会主义制度。同时，要认真学习贯彻习近平有关党的建设的系列讲话精神，一定要牢记习近平同志的告诫："各级领导干部都要牢记，任何人都没有法律之外的绝对权力，任何人行使权力都必须为人民服务、对人民负责并自觉接受人民监督。要加强对一把手的监督，认真执行民主集中制，健全施政行为公

---

① 习近平：《在庆祝中国共产党成立95周年大会上的讲话》，《人民日报》2016年7月2日，第2版。

② 习近平：《在庆祝中国共产党成立95周年大会上的讲话》，《人民日报》2016年7月2日，第2版。

第十四章　坚持以社会主义核心价值体系领党的建设

开制度，保证领导干部做到位高不擅权、权重不谋私。"①

（二）反腐倡廉从制度层面讲，就要以踏石留印、抓铁有痕的态度抓好作风建设——从中央纪委经常通报违反中央八项规定典型案例说起

习近平同志《在庆祝中国共产党成立95周年大会上的讲话》中明确指出："治国必先治党，治党务必从严。如果管党不力、治党不严，人民群众反映强烈的党内突出问题得不到解决，那我们党迟早会失去执政资格，不可避免被历史淘汰。管党治党，必须严字当头，把严的要求贯彻全过程，做到真管真严、敢管敢严、长管长严。"② 2016年12月26日至27日，中共中央政治局召开民主生活会，会议认为："全面从严治党要敢管敢严、真管真严、长管长严。只有全党身板直、腰杆硬，才能赢得人民信任，才能巩固党的执政地位，才能保证革命先辈们用鲜血和生命打下的红色江山代代相传。"③ 中央八项规定正是"真管真严、敢管敢严、长管长严"的集中体现。党的十八大以来，以习近平同志为核心的党中央站在时代潮头，遵循党执政规律，表达人民意愿，反映人民心声，制定端正党的作风八项规定，合天理、得民心，实为治国理政良策，"超上德于前载，树风声于后昆"，④ 万民称颂，天下归心。落实中央八项规定，把权力关进笼子里，就是"要以踏石留印、抓铁有痕的劲头抓下去"，以极端认真的态度，真抓真管，落到实处，"言必信，行必果"，说话算数，执法必严，违者必究。这些年来，中央纪委经常对违反中央八项规定精神的典型案例发出处理通报，其警示作用正在于此。

多少年来，对不正之风中央早有各种制度，相继颁发了"准则""不准""规定"等明令禁止。然而，不正之风屡禁不止，愈演愈烈，主要是

---

① 习近平在十八届中央纪委二次全会上发表重要讲话强调：《更加科学有效地防治腐败　坚定不移把反腐倡廉建设引向深入》，《人民日报》2013年1月23日，第1版。

② 习近平：《在庆祝中国共产党成立95周年大会上的讲话》，《人民日报》2016年7月2日，第2版。

③ 中共中央政治局召开民主生活会：《对照贯彻落实党的十八届六中全会精神研究加强党内政治生活和党内监督措施　中共中央总书记习近平主持会议并发表重要讲话》，《人民日报》2016年12月28日，第1版。

④ （唐）吴兢：《贞观政要》，上海古籍出版社1978年版，第248页。

下面在执行过程中失之于宽，缺乏认真，疏于管理，不问落实。往往把制度规定写在纸上，挂在墙上，讲在口头上，落实在会议上，弱化在行动中，目的只是应付上边检查，搪塞群众问责。实则是有些领导明哲保身，精神懈怠，多栽花，少栽刺，怕得罪人，不敢担当，害怕负责。对于出现的不正之风，比如公款请客，公款旅游，公车私用，超标配车，借公利私，假公济私，吃喝宴请，奢侈浪费等违规问题，往往睁只眼闭只眼，听之任之，无人问津。即令查处，亦是雷声大雨点小，甚至是光打雷不下雨。以致歪风肆意泛滥，酿成风气，风气即成，就会"上有政策，下有对策"，执行中央精神走形式，打折扣，搞变通，有令不行，有禁不止，习以为常，不以为然。这样就损害了党和政府的公信力，削弱了各级政府对中央精神的执行力，消解了中央的执政权威。

这样，我们出台的一系列抵制不正之风的制度、规定就会形同虚设、成为稻草人，发挥不出应有的作用。古人云，"夫刑赏之本，在乎劝善而惩恶"①，"小人之恶不惩，君子之善不劝，而望治安刑措，非所闻也"②。这些年来，那些一次次被通报的干部总是抱有侥幸心理，还沿着过去的惯性思维定式顶风违纪，大概以为党的十八大以来中央的八项规定也不过是讲讲而已，违反了也没关系。没想到是来真的，中纪委加大惩戒力度，对违反八项规定精神的行为及时、坚决、果断处理，公开在媒体点名通报披露，不仅严肃追究直接人员的责任，而且依据规定对有关领导进行问责，同时在经济上予以退赔。作风建设一直在路上，这些被惩处的干部，不仅对他们自己是个棒喝，还被作为反面典型，现身说法，警示全党。

有道是，赏一贤而百贤至，惩一恶而百恶惧，古今一理。唐太宗李世民说："国家大事，惟赏与罚。赏当其劳，无功者自退。罚当其罪，为恶者咸惧。"③ 世界上怕就怕"认真"二字，共产党就最讲"认真"。彻底根除脱离群众、损害党和政府形象的不正之风，就是要审时度势，抓紧，抓实，敢于较真，丁是丁，卯是卯，坚决做到发现一起，查处一起，毫不留情，决不允许少数领导干部、公职人员无视规定，我行我素，就是要对那种顶风违纪的人当头棒喝，以儆效尤。

---

① （唐）吴兢：《贞观政要》，上海古籍出版社1978年版，第245页。
② （唐）吴兢：《贞观政要》，上海古籍出版社1978年版，第245页。
③ （唐）吴兢：《贞观政要》，上海古籍出版社1978年版，第98页。

第十四章　坚持以社会主义核心价值体系领党的建设

"凡养稂莠者伤禾稼，惠奸宄者贼良人。"① 只有狠刹歪风，才能高扬正气。贯彻落实中央八项规定，端正政风行风，只要各级领导和有关部门真正负起责任认认真真抓，持之以恒抓，按照习近平总书记的要求"以踏石留印、抓铁有痕的劲头抓下去，善始善终、善做善成，防止虎头蛇尾，让全党全体人民来监督"，咬牙做下去，来真的，抓实的，使人们消除侥幸心理，认识到这是不可触碰的"高压线"，不敢越雷池一步，谁还会自找难堪。违反八项规定的问题就会逐步减少，直至销声匿迹。就能以实际成效取信于民，提高政府公信力，树立、维护中央权威。

习近平同志反复强调："工作作风上的问题绝对不是小事，如果不坚决纠正不良风气，任其发展下去，就会像一座无形的墙把我们党和人民群众隔开，我们党就会失去根基、失去血脉、失去力量。……改进工作作风的任务非常繁重，八项规定是一个切入口和动员令。八项规定既不是最高标准，更不是最终目的，只是我们改进作风的第一步，是我们作为共产党人应该做到的基本要求。"② 中央八项规定是新时期中央领导集体审时度势作出的英明决策，是坚定不移反对腐败，永葆共产党人清正廉洁本色的重要举措，是人民呼声，时代要求，是党密切联系群众、团结带领人民实现"中国梦"的可靠保障，影响深远，意义重大。贯彻落实中央八项规定精神是全党的一项重大政治任务。中央领导已率先垂范，走在前面，做出表率，我们各级领导干部同样要真正把自己摆进去，以身作则，一级带一级。只要我们"真管真严、敢管敢严、长管长严"，坚持不懈、毫不动摇地认真抓下去，就能不折不扣地切实把中央八项规定精神落到实处，就一定能"形成不敢腐的惩戒机制、不能腐的防范机制、不易腐的保障机制"，营造风清气正的良好氛围。就能以"实实在在的成效和变化"，实现党的十八大提出的"干部清正、政府清廉、政治清明"目标，让广大人民群众看到希望，增强信心，同心同德，充满豪情地为全面建成小康社会、实现中华民族的伟大复兴而工作和创造。

---

① （唐）吴兢：《贞观政要》，上海古籍出版社1978年版，第250页。
② 习近平在十八届中央纪委二次全会上发表重要讲话强调：《更加科学有效地防治腐败　坚定不移把反腐倡廉建设引向深入》，《人民日报》2013年1月23日，第1版。

（三）反腐倡廉，从警示教育层面讲，就要防患于未然，莫待成囚方知悔——从刘志军等案犯忏悔书说开去

这些年来，一些贪腐的大案要案相继被查处，一些腐败分子被判刑，由过去呼风唤雨的显赫人物成为世人唾弃的阶下囚，甚至走上断头台。其中几乎所有人都有类似"放松了学习""放松了世界观的改造"之忏悔，备受国人关注的刘志军及其相关案例再次说明了这一点。

据律师讲述，刘志军在做最后陈述时声泪俱下，独自说了十多分钟："感谢党这么多年的栽培，感谢办案系统的教育，自己犯了这样的错，确实是因为放松了自己的学习和思想警惕。本身应该利用自己的能力为中国梦、为铁道贡献自己的能力。现在感觉对不起家人。"①

无独有偶，四川乐山原副市长李玉书被以受贿罪和巨额财产来源不明罪判处死刑，2003年10月14日被执行。他在行刑前的忏悔书中也说道："我为什么会在犯罪的道路上越走越远？从主观上讲，主要是放松了学习，放松了世界观的改造，在改革开放和市场经济的大潮中没有认准方向；从客观上讲，主要是交错了'友'。"②

早知今日，何必当初呢？如果当初懂得珍惜自己的学习机会，认真学习，并把党的教导、提醒、警示铭刻在记忆中，溶化在血液里，落实到行动上，认真改造世界观，从思想上筑起防微杜渐的钢铁长城，那还有今天的悲剧发生、还会有这样的懊悔吗？这些人在成囚之时，方知自己之所以成为人民罪人，"确实是"、"主要是"因为"放松了学习"、"放松了世界观的改造"。可谓找到症结，后悔莫及，但"悔之晚矣"。世界上有无数种药，可惜还未发明后悔药。切记：船到江心补漏迟，莫待成囚方知悔！

前车之覆，后车之鉴。以上案例说明，领导干部平时重视学习、学以致用，认真改造世界观，保持思想上的高度警觉，抵制社会上的各种诱惑，对于避免坠入腐败的罪恶深渊多么重要。人的任何知识都不是生而知之，而是学而知之。领导干部树立崇高的共产主义理想信念，铸造高尚的思想灵魂，养成良好的道德品质，牢记"两个务必"，自觉反腐倡廉，始终保持共产党人清正廉洁的政治本色，这些都要通过与这些领域相关知识

---

① 张媛：《刘志军声泪俱下陈述：本应为中国梦贡献能力》，《新京报》2013年6月9日。

② 刘德华、陈腾飞：《忏悔录/李玉书：关键是管好"第一次"》，《检察日报》2013年8月6日。

第十四章 坚持以社会主义核心价值体系统领党的建设

的学习、历练，才能获得和确立，此乃"学以立德"之谓也。

中国共产党历来高度重视对全党的学习教育，在党的章程中，科学系统地明确规定了党的性质、宗旨、路线、方针，和党的一系列政策原则，并且经常结合形势、任务的变化和时代的转换，开展认真的轰轰烈烈的学习教育运动。战争年代如此，和平建设时期如此，改革开放时期更是如此。改革开放以来，我党已经开展了"讲政治、讲学习、讲正气""三讲"教育活动，"学习实践科学发展观"教育活动，"党的群众路线教育实践活动"，"三严三实"教育活动，"两学一做"教育活动，"不忘初心，牢记使命"主题教育活动。党的十八大再次强调"建设学习型"政党，习近平总书记强调在全党大兴学习之风，依靠学习和实践走向未来。指出："总之，好学才能上进。中国共产党人依靠学习走到今天，也必然要依靠学习走向未来。我们的干部要上进，我们的党要上进，我们的国家要上进，我们的民族要上进，就必须大兴学习之风，坚持学习、学习、再学习，坚持实践、实践、再实践。"[①] 言犹在耳，勿谓言之不预也。

然而，有些人对此却置若罔闻，把党的谆谆教诲当作耳旁风，压根儿就未放在心上，只是把学习当作应景文章：糊弄糊弄上级，忽悠忽悠部署，做做样子，走走过场，至于学习的是什么内容，对自己世界观、人生观、价值观有什么触动，早已抛到九霄云外，形成了要么"说一套做一套，思想上不对号"，要么"马列主义手电筒，照人不照己"。这就是我们党虽然经常开展马克思主义的学习教育运动，而总有那么一些人自作聪明，不听招呼，放松了政治学习和思想改造，滑入腐败泥坑，成为人民罪人的根本原因所在。

任何学习的实际效果，是真正的把学习作为提升思想觉悟和思想境界的迫切需要，作为是一种孜孜不倦的执著追求，如果不能触及灵魂，不从思想上高度重视，不在灵魂深处打下烙印，是不可能真正解决思想上的问题的。如果不切实通过学习提高自己的思想认知水平，增强拒腐防变的能力，保证自己在思想上筑牢拒腐防变的钢铁长城，不论形式如何严谨、程序怎样完整，只能是雨过地皮湿，不起任何作用，一旦有了诱惑，照样腐败，这种学习，就真正成了群众调侃的"认认真真图形式，扎扎实实走过场"。这样的教训不是没有的，"三讲"中被评定为"合格"党员的胡长

---

① 习近平：《在中央党校建校 80 周年庆祝大会暨 2013 年春季学期开学典礼上的讲话》，《人民日报》2013 年 3 月 3 日，第 2 版。

清，随后就成了腐败大案要案的主角，足以说明当时的"三讲"学习教育活动根本就没有触及他的灵魂，这样的案例，并非鲜见。

领导干部只有认真学习马克思列宁主义、毛泽东思想、中国特色社会主义理论体系、习近平新时代中国特色社会主义思想、党的基本理论，按照党章的要求，牢固树立共产主义理想信念，加强党性修养，树立马克思主义的世界观、人生观、价值观，牢记党全心全意为人民服务的宗旨，始终把人民利益放在第一位，把人民放在心中最高位置，做到权为民所用、情为民所系、利为民所谋，与人民血肉相连，心心相印，把群众放在心上，当作亲人，绝不谋私，绝不为己，才能永远立于不败之地。全心全意为人民服务的崇高的集体主义思想与贪污腐败的个人主义卑劣灵魂，形同冰炭，水火不容。要毫不利己破私念，专门利人公在先，不义之财分文不取，追求崇高的精神境界。有了高尚的思想觉悟和道德品质，就能拒腐蚀，永不沾。

在新形势下，党面临着执政考验、改革开放考验、市场经济考验、外部与环境考验。在这种情况下，领导者要保持清醒的头脑，警钟长鸣，不为甜言蜜语所惑，不为金钱美色所动，不为灯红酒绿所迷，不为恐吓要挟所惧，坚持做到牢记宗旨，浩然正气，公正无私，立党为公，执政为民，坚守共产党人的政治品质，保持共产党人的革命气节，如此，就一定能做到远离腐败、杜绝腐败，始终保持共产党人清正廉洁的政治本色。

为此，必须提醒我们的领导干部，要认真按照习近平总书记的要求："着眼于自我净化、自我完善、自我革新、自我提高，以'照镜子、正衣冠、洗洗澡、治治病'为总要求。"以对党和人民事业高度负责的精神，严格要求自己，认真学习，自觉改造世界观，真正竖起共产党人廉洁奉公光彩照人的本原形象，每个人都能在各项工作中充分发挥先锋模范作用，在中国共产党的伟大旗帜上谱写新的时代光荣，在实现中华民族伟大复兴的伟业中放射出共产党人的灿烂光华！

（四）反腐倡廉，从群众参与来说，就是反对腐败，匹夫有责

"国家兴亡，匹夫有责"，是爱国主义者顾炎武的名言。党的十八大报告强调：反对腐败问题"解决不好，就会对党造成致命伤害，甚至亡党亡国"。既然"反对腐败"的问题关系党和国家的生死存亡，那么，反对腐败，匹夫有责，当属逻辑必然。

第十四章 坚持以社会主义核心价值体系统领党的建设

有国,才能有家;国泰,才能民安。为了人民大众的幸福安定生活,作为社会主义国家的公民,每个人都有监督的权力。

群众路线是党的根本工作路线,"让人民监督权力,让权力在阳光下运行",是党的十八大提出的明确要求。党的十八届六中全会通过的《中国共产党党内监督条例》指出:"坚持党内监督和人民群众监督相结合,增强党在长期执政条件下自我净化、自我完善、自我革新、自我提高能力,确保党始终成为中国特色社会主义事业的坚强领导核心。"① 新中国成立前,民主人士黄炎培提出不少朝代摆脱不了"其兴也勃焉,其亡也忽焉"的兴亡周期律,共产党执政后怎么办时,毛泽东回答说:"我们已找到跳出周期律的新路。这条路就是民主。只有让人民监督政府,政府才不敢松懈,才不会人亡政息。"这充分说明广大人民群众的监督使政府工作人员廉洁从政,避免"人亡政息"的伟大作用。

反对腐败,人人有责。因为广大群众生活在社会的各个层面,工作在各个岗位上,在一定意义上讲,腐败分子的腐败行为很能欺骗一些失察的领导,欺骗部分不明真相的群众,但不可能永远欺骗所有的群众,腐败的劣行定会留下蛛丝马迹,总会被无处不在的群众觉察。只要每个人都以国家和党的安危为计,发挥群众监督作用,勇于揭发、检举这些腐败分子的劣迹,那么腐败分子就会像老鼠过街一样,人人喊打,无处藏身。陕西的"表哥",广东的"房叔",郑州的"90后房妹"牵出背后腐败问题的案例,就是人民群众看到不正常的表象后,在网上披露进而立案核实查处的结果。

同时,人人都有拒腐防变的责任。我们生活在市场经济时代,在一些领域物欲横流,经常要面对各种诱惑,要防微杜渐、警惕腐败毒菌侵袭的责任。私有观念是产生腐败现象的思想根源,私有观念,当官的有,凡夫俗子照样有,因此,抵制个人主义价值观侵蚀,自觉改造世界观,人人有责。若不从思想上提高警惕,树立正确的世界观、人生观、价值观,"匹夫"同样会受到腐败毒菌的侵蚀,也会产生腐败。何况,今日之"匹夫",明朝可能会转化为"大夫"。因此,从个人层面上讲,不仅要监督他人,还要"吾日三省吾身",做到拒腐蚀,永不沾,洁身自好,决不做那种给党抹黑,使己丢人,愧对父母,耻辱子孙的腐败劣行。

从国家层面上讲,也不能因为是"小"人物而忽视对普通公职人员的

---

① 《中国共产党党内监督条例》,《人民日报》2016年11月3日,第6版。

管理、制约和教育,要"治未病之病",打好预防针。诚然,反腐败关键是制约那些掌权而谋私的官,因为这些人地位高,影响大,但也决不可以放弃对"小"人物的警觉。贪污受贿是人们最痛恨的腐败现象,绝非与"小"人物无关。现实生活告诉我们,贪污多是管钱的,受贿多是掌权的。管钱的未必是当官的,而大都是做具体工作的普通公职人员。君不见,近年来,全国有重大影响的案件中,年龄不大、职位不高的管钱人动辄贪污、盗窃、挪用巨款成百上千万元,有的出纳竟敢冒充领导签字,私自报销数千万元装入私囊。胆子之大,金额之巨,令人惊讶。缘何至此?靠山吃山,靠水吃水,以权谋私之故也。

再说,有受贿的必有行贿的,受贿的多是有权的当官的,行贿者则多是有钱而无权或权小的。最近,最高检察院作出司法解释,对为了获取不正当利益的行贿者也要追究刑事责任,说明这个问题不可忽视。许多事实证明,有些当官的腐败,原本就是通过那些心术不正、为从中捞取好处的"小"人物实现的。有些"小"人物,为了获取高额利润,"以身试法",常常用行贿打通关节,拉干部下水,从而加剧了腐败现象的蔓延。全国政协委员、贵州省高级人民法院副院长李汉宇表示:"如果没人敢行贿,受贿也就不成立了,所以打击行贿也有利于打击受贿。"这就说明人们如果不去为了个人的不正当利益向掌权者行贿,也会大大减少腐败问题的发生。

谈起腐败,整个社会都深恶痛绝,没有人不恨。然而,反腐败也有个出发点的问题,若以维护党、国家和人民的利益为出发点,就能真正有效地遏制腐败现象蔓延。如果从个人主义出发,看到别人搞腐败捞到好处,自己也想捞,但没有捞到,由此产生嫉妒、愤恨,也会起劲地反腐败。但这种反腐败,常常是别人的腐败消除了,自己的腐败产生了,旧的腐败克服了,新的腐败又冒出来。现实生活中,那些反别人腐败很积极的人,一旦自己掌了权,有了条件,也成了腐败分子的案例并不鲜见,比如河南省交通厅长连续四任相继垮台,可谓前腐后继。在反腐败的队伍中,不乏以个人主义为出发点者,这就是腐败问题久反不绝、屡禁不止的深层次社会根源。

因此,唯有人人从我做起,都以党、国家和人民的利益为重,从社会主义国家政权的长治久安出发,克服极端个人主义的影响,用共产主义的科学世界观、人生观、价值观武装头脑,在思想上筑起抵制腐败毒菌侵蚀的钢铁长城,人人反腐败,人人防腐败,才能从根本上杜绝腐败现象的产生和蔓延。消除了腐败，国家更富强，社会更安定，生活更和谐，人民更幸福。

中国共产党是伟大光荣正确的党，中国人民是勤劳智慧勇敢的人民，中国共产党领导中国人民艰苦奋斗，创造了彪炳史册的千古伟业。经过40多年的改革开放，我国发生了翻天覆地的变化，成为世界第二大经济体，在中国特色社会主义伟大旗帜的指引下，展现出无限光明的发展前景。只要我们党永远保持先进性、纯洁性，确保党始终成为中国特色社会主义事业的领导核心，只要我们以党、国家和人民的利益为重，在党的领导下齐心协力，解决好反腐败的问题，就能使全国万众一心，众志成城，形成坚不可摧的力量，就能战胜一切敌人的破坏和捣乱，永远立于不败之地，创造中国人民和中华民族更加幸福美好的未来。

三、坚持以社会主义核心价值体系统领党的建设，就要以党章为镜，保持高尚精神追求，树立共产党人的光辉形象

党的二十大通过的党的章程，是总结国际共产主义运动100多年来成功与失败经验教训的结晶，是中国共产党100多年来革命和建设实践证明了的伟大真理和一切正确原则，是对人类社会发展客观规律的高度浓缩，也是无产阶级政党理论和实践建设的科学总结，是党的建设的百科全书，是马克思主义政党知识的伟大宝库，包含着极其丰富雄宏的政治内涵、博大深邃的思想睿智，是全党必须遵守的党的根本大法。它全面科学地规范了党的各级组织和每个成员必须遵循的一系列科学原则和行为准则，是我们实现全心全意为人民服务宗旨的法宝，是使人类社会的航船绕险滩、避暗礁顺利达到共产主义彼岸的光芒万丈的灯塔。遵循它，不论是风云变幻还是惊涛骇浪都能无往而不胜，违背了它的原则，人要跌交，党要变质，人类社会就要走向灾难的深渊。因此，我们必须加自觉地增强党性修养，牢固树立党的意识，切实以党章为行动纲领，把她丰富的内容，铭记在心灵里，溶化在血液中，落实在行动上。

（一）以党章为镜，树立共产党人的光辉形象

习近平在《认真学习党章 严格遵守党章》一文中指出："党章是党

的总章程，集中体现了党的性质和宗旨、党的理论和路线方针政策、党的重要主张，规定了党的重要制度和体制机制，是全党必须共同遵守的根本行为规范。没有规矩，不成方圆。党章就是党的根本大法，是全党必须遵循的总规矩。在各级党组织的全部活动中，都要坚持引导广大党员、干部特别是领导干部自觉学习党章、遵守党章、贯彻党章、维护党章，自觉加强党性修养，增强党的意识、宗旨意识、执政意识、大局意识、责任意识，切实做到为党分忧、为国尽责、为民奉献。"①

习近平同志《在全国党校工作会议上的讲话》中指出："党性教育首先要学好党章。党章是党的总章程，是全党必须遵循的根本行为规范，认真学习党章、熟悉掌握党章是党员应尽的义务。党的十八大之后，我专门发表一篇文章，讲学习贯彻党章的重要性。要引导各级干部自觉学习党章、遵守党章、贯彻党章、维护党章，真正使党章内化于心、外化于行。党规党纪是对党章的延伸和具体化，学好了党规党纪，就能弄清楚自己该做什么、不该做什么，能做什么、不能做什么。"② 由此可见，学习党章，按党章行事，是确保共产党员先进性的首要和统领，极其重要。自觉保持高尚精神追求，就要做到以党章为镜，经常照镜子。

照镜子，是党的群众路线教育实践活动总要求的第一项内容。习近平同志指出："每一个共产党员，特别是领导干部都要牢固树立党章意识，自觉用党章规范自己的一言一行，在任何情况下都要做到政治信仰不变、政治立场不移、政治方向不偏。"③ 照镜子，主要是以党章为镜，对照党的纪律、群众期盼、先进典型，对照改进作风要求，在宗旨意识、工作作风、廉洁自律上摆问题、找差距、明方向。广大党员干部特别是各级领导干部只有牢固树立党章意识，自觉用党章规范自己的一言一行，树立和发扬党的好优良作风，"既严以修身、严以用权、严以律己，又谋事要实、创业要实、做人要实"，④ 才能在任何情况下都做到政治信仰不变、政治立场不移、政治方向不偏。以党章为镜，至少应做到以下三点。

---

① 习近平：《认真学习党章 严格遵守党章》，《人民日报》2012年11月20日，第1版。

② 习近平：《在全国党校工作会议上的讲话》，《求是》2016年第9期。

③ 习近平在十八届中央纪委二次全会上发表重要讲话强调：《更加科学有效地防治腐败坚定不移把反腐倡廉建设引向深入》，《人民日报》2013年1月23日，第1版。

④ 《习近平李克强张德江刘云山王岐山张高丽分别参加全国人大会议一些代表团审议》，《人民日报》2014年3月10日，第1版。

第十四章　坚持以社会主义核心价值体系领党的建设

严以修身，做一个高尚的人，发挥先锋模范作用。在世界经济不稳定不确定因素增多、国内改革发展稳定任务艰巨繁重的形势下，我们党要担负起团结带领人民全面建成小康社会、推进社会主义现代化、实现中华民族伟大复兴的重任，广大党员干部就必须牢固树立共产主义远大理想和中国特色社会主义共同理想，增强宗旨意识，坚持正确立场，以全心全意为人民服务的实绩推动社会发展；以一身正气带动全社会树正气、扬正风。虽然在社会主义市场经济条件下，利益诉求各异，价值观念多元，但党员领导干部应严以修身具有更高的精神境界和思想品格，努力做一个高尚的人，一个纯粹的人，一个有道德的人，一个脱离了低级趣味的人，一个有益于人民的人，成为群众奋斗的旗帜和做人的标杆。

谋事要实，踏踏实实做事，成为勤政敬业的楷模。党的先进性是具体的、历史的，必须放到推动当代中国先进生产力和先进文化发展中去考察，放到维护和实现广大人民根本利益中去考察。党是这样，党员干部也是这样。"空谈误国，实干兴邦。"党员干部谋事要实，一定要放下架子、扑下身子，以踏踏实实做事的敬业精神、负责态度，做好自己承担的各项工作。一句话，就是要讲实话、鼓实劲、干实事、见实效。在实际工作中，一些领导干部信奉明哲保身，洁身自好，其实党员干部的高尚人格不能仅仅体现为个人洁身自好，更要体现在为国家作贡献、为人民谋福利。不断强化宗旨意识，就要不当舒舒服服的太平官、无所作为的平庸官，要有箭在弦上的高度紧迫感，有想事业、干事业、一门心思扑在党和人民事业上的敬业精神，志存高远、脚踏实地、艰苦奋斗。

严以律己，清清白白做官，自觉做为政清廉的典范。群众是从身边的党员来认识我们党的，党员干部应把为政清廉与否提到关系党的执政地位能否巩固、党的执政使命能否完成、党和国家事业能否兴旺发达的高度来认识，严以律己，严以用权，始终保持共产党人立党为公、执政为民的政治本色。要抵御住各种诱惑，就必须按照党章规定的原则，正确对待"位子、车子、房子、票子"等与个人利益相关的问题，看个人名利淡如水，视党的事业重如山，在思想上筑起拒腐防变的钢铁长城。只有这样，才能与腐败现象作斗争，与各种不端行为决裂，才能在人民群众中树立共产党人的光辉形象，赢得人民群众的支持和拥护，消除西方反动意识形态腐蚀、侵袭损害党的形象造成的负面影响，才能顺民意，得民心，永远立于不败之地。

以党章为镜，树立共产党人的光辉形象，要和全党开展的"两学一做"学习教育有机联系起来。以"学习党章、学系列讲话、做合格党员"为主要内容的"两学一做"学习教育活动，就是推动党内教育从"关键少数"向广大党员拓展，从集中性教育向经常性教育延伸，基础在学，关键在做。整个学习教育都要把党的思想建设放在首位，以尊崇党章、遵守党规为基本要求，以用习近平总书记系列重要讲话精神武装全党为根本任务，教育引导党员自觉按照党员标准规范言行，进一步坚定理想信念，提高党性觉悟。要坚持理论与实际紧密联系，坚持学与做结合、知与行结合。每个党员、每个党员领导干部都要把自己摆进去，联系思想、工作、作风实际，认真学习党章，深刻理解党章规定的党员义务权利、党的制度和党组织行为规范、党员领导干部的基本条件、党的纪律规矩等，自觉尊崇党章、遵守党章、维护党章；同时，认真学习习近平新时代中国特色社会主义思想，深刻领会习近平同志系列重要讲话精神贯穿的马克思主义立场观点方法，用以武装头脑、指导实践、推动工作，做讲政治、有信念，讲规矩、有纪律，讲道德、有品行，讲奉献、有作为的合格党员。根本目标，就是要使广大党员和各级领导干部严守党的政治纪律和政治规矩，坚持正确的政治方向、政治立场、政治要求，增强政治意识、大局意识、核心意识、看齐意识，在思想上、政治上、行动上始终同以习近平同志为核心的党中央保持高度一致，确保党始终成为中国特色社会主义事业坚强领导核心。

只要我们的党员干部队伍始终保持高尚精神追求，真正成为一支具有铁一般信仰、铁一般信念、铁一般纪律、铁一般担当的高素质的干部队伍。我们党就能"团结带领全国各族人民抓住机遇、战胜挑战，把'四个全面'战略布局落到实处，把创新、协调、绿色、开放、共享的发展理念落到实处，实现第一个百年奋斗目标、全面建成小康社会，进而实现第二个百年奋斗目标、实现中华民族伟大复兴的中国梦"[①]。

（二）防微杜渐，领导干部要自觉增强政治保健意识

领导干部，学习党章，按党章行事，保持高尚精神追求，就要自觉增强政治保健意识。生活中一个常见的现象告诉我们：一个人如果有了高度的保健意识，稍有不适，立即吃药打针、治疗调理，虽然经常闹点小毛病，但往往不致于出意外；而有些人平时有点小病毫不在意，结果久而久

---

① 习近平：《在全国党校工作会议上的讲话》，《求是》2016年第9期。

之，突然暴发，不堪设想，甚至有丧命之虞，吃亏在于平时没有保健意识，小病未能及时治疗，积小患而酿大祸。情同此理，在党风廉政建设中，要做到标本兼治、有效遏制腐败，就要注重预防，教育领导干部自觉增强政治保健意识：

1. 用正反两个方面的典型教育干部

加强对干部进行反腐倡廉教育，用正反面典型案例教育大家，使广大干部学习正面典型的高贵品质，见贤思齐，堂堂正正做人，清清白白为官，干干净净从政，认认真真做事，完善人格，升华境界，全面提高自己的综合素质，为人民多作贡献。同时，用反面典型教育干部，警示干部吸取反面典型的教训，前车之鉴，引以为戒，不蹈覆辙。领导干部必须牢记自己手中的权力是人民赋予的，只能用来为人民谋利益。行使权力就必须为人民服务、对人民负责并自觉接受人民监督，决不能把权力变成牟取个人或少数人私利的工具，坚持做到洁身自好，不义之财分文不取。自觉做到情为民所系，权为民所用，利为民所谋，牢记神圣职责，不负历史使命，永葆共产党人廉洁奉公的政治本色。

2. 警钟长鸣，筑牢思想上的钢铁长城

在市场经济条件下，社会经济成分，利益关系日益多样化，各种社会经济成分的利益主体为了追求利益的最大化，展开了激烈的竞争和角逐。在这种情况下，掌握着人、财、物权力的领导就成为人们关注的焦点，也往往成为各类不法之徒猎取的目标。不法分子挖空心思，绞尽脑汁为了谋取不应得的私利，设陷阱、置圈套、诱使领导者就范，捕获领导者的权力为其所用。在这种情况下，领导者必须保持清醒的头脑，警钟长鸣，牢固树立马克思主义的世界观、人生观、价值观，坚持做到牢记宗旨，浩然正气，公正无私，立党为公，执政为民，拒腐蚀、永不沾，始终保持共产党人的革命气节。

3. 防微杜渐、谨慎做人

蝼蚁之穴，可溃千里之堤。思想上的防洪堤不能有丝毫险情，要经受住惊涛骇浪，也要耐得住细流微湍。"勿以恶小而为之"，不给苍蝇可叮的缝隙，同时要以对党和人民事业高度负责的精神，谨慎用权。要有如临深池、如履薄冰意识，清醒地认识到，在诱惑遍布之环境中，稍有不慎就可能掉入陷阱不可自拔。尤其是春风得意之时，更不要"以宠作威"，忘乎所以，肆意妄为，像有的腐败分子那样不可一世，贪得无厌，恣意横行，到头来落得个身败名裂的可悲下场。

4. 具有慎独的境界。

孔子说："君子必慎其独也。"① 慎独，即独自一人时也要守规守矩、谨慎做事，是历代圣贤尊崇的做人美德和孜孜追求的道德境界。我们共产党人就是要具备共产主义道德品质，不论任何情况下，都要自觉按照党章要求，大公无私，廉洁奉公，全心全意为人民服务，拼搏奋斗，把自己的终身献给壮丽的共产主义事业，决不谋取私利，并形成无时无刻不在统率自己灵魂的道德信念，终身指导自己的思想言行。即使在无监督的情况下也能像东汉名臣杨震畏"四知"那样，不受"嗟来之食"，不收"不义之财"，属守廉德，不越雷池一步。有些人在有监督时，也能清廉半生，而由于不能"慎独"，一念之差，才晚节不保，抱憾终身。

领导干部腐败不腐败，关键在自己、在内因，在自己是否具备抵御各种诱惑的免疫力，只要我们每个领导干部严格按照党章要求，不断增强"政治保健意识"，牢记宗旨，见贤思齐，警钟长鸣，有了拒腐防变的免疫力，就能防微杜渐，慎始克终，就能以共产党人的优秀品质强大凝聚力，永远保持与人民群众的血肉联系，使社会主义新中国长治久安，江山永固！

（三）始终保持清醒头脑，领导干部一定要懂得珍惜

共产党人做到切实以党章为行动纲领，永葆党的先进性，就要保持清醒头脑，懂得珍惜。世界上什么是最宝贵的？人所共知，失去的是最宝贵的。这是一个真理。当腐败分子成克杰、胡长清、郑筱萸、李真、许永迈、姜人杰等在即将失去生命时，才深切地感受到生命是世界上最宝贵的；当田凤山、刘方仁、李嘉廷、刘志军等地位显赫的高官走进高墙内时，才刻骨铭心地体味到世界上没有什么比自由更宝贵了。他们之所以失去了本来拥有的、对于他们极为需要的、世界上最宝贵的东西，正是因为他们在拥有时不懂得珍惜。

我们党一再教育党员领导干部，学习党章、遵守党章、按照党章行事，要对党和人民忠诚。习近平同志深刻指出："很多领导干部犯错误，最后在忏悔书中都说对党章和党规党纪不了解、不熟悉，出了事重新学习后幡然醒悟，惊出一身汗。如果把党章和党规党纪学好了、掌握了，又自

---

① 吴树平、赖长扬：《全译本白话四书五经》第 1 卷，国际文化出版公司 1992 年版，第 9 页。

第十四章　坚持以社会主义核心价值体系统领党的建设

觉遵守了，防患于未然，就可以防止一些干部今天是'好干部'、明天是'阶下囚'的现象。"① 各级干部只要坚持按照党章要求，自觉做到自重、自省、自警、自励，讲党性、重品行、作表率、做到立身不忘做人之本、不移公仆之心、不谋一己之私，永葆共产党人政治本色，廉洁自律、廉洁从政，就能从根本上杜绝腐败问题的发生和蔓延。如何自觉做到这一点，就要做到在平时警钟长敲，警示劝勉教育领导干部一定要懂得珍惜。

1. 懂得珍惜党的培养

党的领导干部尤其是中高级领导干部，是党付出多方面巨大的投入、长期培养和他们自己按照党的教导努力奋斗不断进步的结果。领导干部只要懂得了珍惜党的培养，就会牢记陈毅元帅"手莫伸，伸手必被捉"的诫训，就能在思想上筑起拒腐防变的钢铁长城，拒腐蚀、永不沾，兢兢业业、干干净净为党为人民做工作。

2. 懂得珍惜人民的信任

干部的权力是人民赋予的，只有为人民服务的义务，没有为自己谋取私利的权力。一个领导干部能在相当高的职位上为人民掌权，是人民长期信任的结果。珍惜人民的信任，自觉按照党章要求，始终保持共产党人应有的政治本色，忠实地做人民公仆，廉洁奉公，恪尽职守，努力工作，为人民谋利益，人民就会信任，就会永远立于不败之地。倘若不珍惜人民的信任，忘记宗旨，不讲党性，以权谋私，失信于民，就逃脱不了身败名裂，被无情淘汰的命运，历史的法则铁面公正。

3. 懂得珍惜自己的奋斗成果

大凡成长为党的中高级领导干部者，都是在党的阳光雨露哺育下，长期茹苦含辛、勤奋努力所取得的宝贵成果，是人生自我价值实现的成功体现，是在更高水平和层次上展示自己聪明才智为社会、为人民大展宏图的有利条件。因此，要常思成长之艰苦，常思守成之不易，倍加珍惜自己的奋斗成果。成功之际切不可得意忘形，肆意妄为，要正身修德，谨言慎行，防微杜渐，贪鄙之念、卑劣之为，决不可越雷池一步，只有这样才能保持一生名节。古往今来，"为主贪，必丧其国；为臣贪，必亡其身"②，成克杰、胡长清、李真、许永迈、姜人杰等人就是因为贪财亡身，财命两空。若懂得珍惜，又怎会做出这种蠢事呢？

---

① 习近平：《在全国党校工作会议上的讲话》，《求是》2016 年第 9 期。
② （唐）吴兢：《贞观政要》，上海古籍出版社 1978 年版，第 210 页。

4. 懂得珍惜家人的期望

一个领导干部的成长，离不开父母的养育之恩，配偶的支持之力，儿女的理解。家人期望领导干部为人民谋利益，为国家争光，为故乡的父老乡亲增荣誉。而腐败分子则不懂得珍惜家人与乡亲的期望，给父母、配偶、儿女带来挥之不去的痛苦、不可磨灭的心灵创伤和难以言表的耻辱。唐太宗李世民就告诫其侍臣说："大丈夫岂得苟贪财物，以害及身命，使子孙每怀愧耻耶？卿等宜深思此言。"[①]

珍惜，是一种热爱美好人生的境界，是使人摒弃一切不良杂念，不断臻于完善、走向崇高的内心认知和廉洁自律的自觉意识。领导干部一定要懂得珍惜，遵守党章，牢记宗旨，一心为公，自重、自省、自警、自励，无论面对任何诱惑，都能做到"常在河边走，就是不湿鞋"，凌云拔高自有节，善始慎终留清名。党章学习，党性教育是共产党人修身养性的必修课，新时期党员干部一定要牢记党章要求，以德修身、以德立威、以德服众，成为道德高尚的先锋战士，成为群众学习的标杆和楷模。

四、坚持以社会主义核心价值体系统领党的建设，就要坚守党内政治生活基本规范

中共中央政治局2016年7月26日召开会议，决定召开党的十八届六中全会，分析研究当前经济形势，部署下半年经济工作，中共中央总书记习近平主持会议。"会议认为，办好中国的事情，关键在党，关键在党要管党、从严治党。党要管党必须从党内政治生活管起，从严治党必须从党内政治生活严起。开展严肃认真的党内政治生活，是我们党的优良传统和政治优势。在长期实践中，我们党始终把开展严肃认真的党内政治生活作为党的建设重要任务来抓，形成了以实事求是、理论联系实际、密切联系群众、批评和自我批评、民主集中制、严明党的纪律等为主要内容的党内政治生活基本规范，为巩固党的团结统一、增强党的生机活力积累了丰富

---

① （唐）吴兢：《贞观政要》，上海古籍出版社1978年版，第211—212页。

第十四章　坚持以社会主义核心价值体系领党的建设

经验,为保证党在各个历史时期完成中心任务发挥了重要作用。"① 2016年6月28日,习近平在中共中央政治局第三十三次集体学习时强调指出:"我们党从成立之日起,就高度重视党内政治生活,在长期实践中逐步形成了以实事求是、理论联系实际、密切联系群众、批评和自我批评、民主集中制、严明党的纪律等为主要内容的党内政治生活基本规范。"② 在不到一个月的时间里,习近平同志两次在党中央召开的重要会议上强调严肃党内政治生活基本规范的重要性、紧迫性,意义深远。党的十八届六中全会通过的《关于新形势下党内政治生活的若干准则》指出:"开展严肃认真的党内政治生活,是我们党的优良传统和政治优势。在长期实践中,我们党坚持把开展严肃认真的党内政治生活作为党的建设重要任务来抓,形成了以实事求是、理论联系实际、密切联系群众、批评和自我批评、民主集中制、严明党的纪律等为主要内容的党内政治生活基本规范,为巩固党的团结和集中统一、保持党的先进性和纯洁性、增强党的生机活力积累了丰富经验,为保证完成党在各个历史时期中心任务发挥了重要作用。"③ 党内政治生活基本规范,是我们党的优良传统作风和政治优势,是党全心全意为人民服务宗旨的本质体现,新形势下是管好党、治好党的根本保证。坚持以社会主义核心价值体系领党的建设,就要坚守党内政治生活基本规范,以此,"保持党的先进性和纯洁性,着力提高执政能力和领导水平,着力增强抵御风险和拒腐防变能力,不断把党的建设新的伟大工程推向前进"④。

（一）实事求是是马克思主义的精髓,是做好一切工作的可靠保证

习近平同志指出:"实事求是,是马克思主义的根本观点,是中国共

---

① 《中共中央政治局召开会议,决定召开十八届六中全会"分析研究当前经济形势　部署下半年经济工作"中共中央总书记习近平主持会议》,《人民日报》2016年7月27日,第1版。
② 习近平在中共中央政治局第三十三次集体学习时强调:《严肃党内政治生活净化党内政治生态　为全面从严治党打下重要政治基础》,《人民日报》2016年6月30日,第1版。
③ 《关于新形势下党内政治生活的若干准则》,《人民日报》2016年11月3日,第5版。
④ 习近平:《在庆祝中国共产党成立95周年大会上的讲话》,《人民日报》2016年7月2日,第2版。

产党人认识世界、改造世界的根本要求,是我们党的基本思想方法、工作方法、领导方法。不论过去、现在和将来,我们都要坚持一切从实际出发,理论联系实际,在实践中检验真理和发展真理。"[1]

"实事求是",是马克思主义的哲学命题,是我们党一切从实际出发的工作作风的思想渊源和理论依据。毛泽东同志在延安时就对"实事求是"作出科学解释,指出:"'实事'就是客观存在着的一切事物,'是'就是客观事物的内部联系,即规律性,'求'就是我们去研究。"[2] 中国革命的胜利,就是从中国革命的实际出发,将马克思主义普遍真理与中国革命实际相结合,反对脱离中国革命实际的教条主义、本本主义,坚持"实事求是"的结果。

现实生活中,有些人往往把"实事求是"庸俗化,对某一事物仅凭一个人的主观感觉做出决断,还美其名曰:"我是'实事求是'。"然而,绝不是一个人的一般性的主观感觉就可称得起是"实事求是"的。"实事求是","就是要有目的地去研究马克思列宁主义的理论,要使马克思列宁主义的理论和中国革命的实际运动结合起来,是为着解决中国革命的理论问题和策略问题而去从它找立场、找观点、找方法的"[3]。不读书、不学习、不研究、不思考,不把马克思主义普遍真理和中国革命、建设和改革开放的实际结合起来,不是为着解决中国革命的理论问题和策略问题而从马克思列宁主义中去找立场、找观点、找方法,就不可能真正坚持实事求是。如何真正做到实事求是呢?要从以下几点入手:

1. 坚持实事求是,要有相当高的马克思主义理论水平

要有在马克思主义指导下的、对实际情况的深入细致的了解,要能够娴熟地运用马克思主义的立场、观点、方法,对客观实际作科学全面的综合分析和理性思考,准确地找出事物的内在规律性,作出符合客观实际的正确结论,从而制定出行之有效的政策策略,以指导革命、建设和改革顺利进行,健康发展。

2. 坚持实事求是,必须坚持正确的立场观点

必须坚定地站在人民立场上,用马克思主义世界观、人生观、价值观

---

[1] 习近平:《在纪念毛泽东同志诞辰120周年座谈会上的讲话》,《人民日报》2013年12月27日,第2版。
[2] 《毛泽东选集》第3卷,人民出版社1991年版,第801页。
[3] 《毛泽东选集》第3卷,人民出版社1991年版,第801页。

第十四章 坚持以社会主义核心价值体系领党的建设

观察、分析、认识事物,得出正确结论。不站在无产阶级和最广大的劳动人民立场上,不站在党、社会主义革命和建设的立场上,不用马克思主义立场观点观察问题、分析问题、认识问题、解决问题,屁股坐歪了,方向错了,背叛了人民的立场,是非颠倒了,价值观扭曲了,就不可能真正坚持实事求是。

3. 坚持实事求是,必须坚持科学的思维方法

必须坚持马克思主义的辩证唯物主义和历史唯物主义思维方法,深入实际调查研究,客观、全面、系统、发展、变化地看问题。不深入实际,对客观事物不甚了了,不能用马克思主义的历史唯物主义和辩证唯物主义的方法论去研究问题,思考问题,说明问题,阐释问题,没有全面看问题的思维方法,拍脑袋决策,不可能真正坚持实事求是。井底之蛙的实事求是,只能是"天只有井口那么大!"陈云提出的"全面、反复、比较",[①]就是一个避免主观主义和形而上学、把握事物客观规律的、辩证的、科学的坚持实事求是的认识方法。

4. 坚持实事求是,必须具有良好的道德素养

必须坚持"不唯书、不唯上、只唯实","个人名利淡如水,党的事业重如山"。对任何事物,都能做到站在党和人民的立场上,以共产党人的良知,重实情、说实话、出实招、鼓实劲、办实事、见实效。决不能从个人的私利出发,计较个人得失,决不能轴承脖子,弹簧腰,头上插着风向标,跟风跑,随风倒,决不能见风使舵,投机钻营,阿谀逢迎。那样就不可能从维护党和人的利益出发,坚持实事求是。

5. 坚持实事求是,必须达到恰当的认知水准

在具有马克思主义深厚理论功底的基础上,还必须具有丰富的历史和现实的各种知识学养,不单是懂得外国,还要懂得中国;不但要懂得外国革命史,还要懂得中国革命史;不但要懂得中国的今天,还要懂得中国的昨天和前天,即学贯中西,通古达今,还不能是只知死啃书本的书呆子。更要有与事物相关的广博知识储备、驾驭发掘客观事物规律性的丰富实践经验,以及将理论知识与客观事物联系起来综合分析的智慧和能力,达到了这样的认知水准,才能真正坚持实事求是。

6. 坚持实事求是,必须具有良好的工作作风

坚持实事求是,领导同志具有良好的工作作风极为重要。领导干部礼

[①] 《陈云文选》第3卷,人民出版社1995年版,第178—181页。

贤下士，作风民主，平易近人，虚怀若谷，从谏如流，善于听取不同意见，能够博取众长，集中大家的智慧，这样，就能较好地坚持实事求是。反之，领导干部作风霸道，大搞一言堂，个人意见第一，刚愎自用，行为偏执，自以为是，老子天下第一，就不可能发扬民主，听取正确意见，集中大家智慧做出正确决策，也就不可能真正坚持实事求是。

（二）理论联系实际是我们党始终坚持正确路线的根本前提

党的"三大作风""理论联系实际、密切联系群众、批评和自我批评"，是中国共产党建党以来在长期的革命战争中形成的党的优良工作作风，是新时期保持党的先进性的法宝。毛泽东同志曾指出："必须使各级党的领导骨干都懂得，理论和实践这样密切地相结合，是我们共产党人区别于其他任何政党的显著标志之一。"[①] 灾难深重的中华民族，自鸦片战争后一百多年来，无数优秀人物奋斗牺牲，前仆后继，孜孜以求，探索救国救民的真理，"但是直到第一次世界大战和俄国十月革命之后，才找到马克思列宁主义这个最好的真理，作为解放我们这个民族的最好的武器。……马克思列宁主义的普遍真理一经和中国革命的具体实践相结合，就使中国革命的面貌焕然一新"[②]。中国共产党自建党以来始终高举马克思列宁主义伟大旗帜，因为马克思列宁主义是对社会历史发展客观规律的科学阐述和理性概括，是时代思想成果的精华，是我们认识世界、改造世界的锐利武器和思想上政治上的望远镜、显微镜，是指导我们进行伟大的社会主义事业取之不尽、用之不竭的思想源泉和理论宝库，是放之四海而皆准的普遍真理。马克思列宁主义又是科学的世界观、方法论，是我们党的指导思想的理论基础，行动指南和社会主义制度的精神支柱，但是马克思主义的理论必须和中国革命的具体实践相结合，要把马克思列宁主义当作一切工作的指南，而不能作为脱离中国革命实际的教条。

在中国革命的历史上，教条主义的"左"倾路线给我们党造成了极其严重的损害。思想上主观主义盛行，不从中国的具体实际出发，照搬苏联城市暴动的经验，白区工作党组织几乎损失百分之百，农村的革命根据地也损失了百分之九十；组织上大搞宗派主义，闹名誉，闹地位，闹出风

[①] 《毛泽东选集》第3卷，人民出版社1991年版，第1094页。
[②] 《毛泽东选集》第3卷，人民出版社1991年版，第796页。

第十四章 坚持以社会主义核心价值体系领党的建设

头,拉拢一些人,排挤一些人,对同志"残酷斗争""无情打击",破坏党的团结,直到第五次反"围剿"失败,历尽艰辛建立起来的根据地彻底丢失,被迫进行二万五千里的长征。这就是"左"倾路线的领导者把马克思列宁主义的理论当成死的教条造成的极其严重的后果。

习近平同志指出:"坚持不忘初心、继续前进,就要坚持马克思主义的指导地位,坚持把马克思主义基本原理同当代中国实际和时代特点紧密结合起来,推进理论创新、实践创新,不断把马克思主义中国化推向前进。"[①] 实践告诉我们,真正的理论在世界上只有一种,就是从客观实际中产生出来又在客观实际中得到了证明的理论,马克思列宁主义是从客观实际产生出来又在客观实际中获得了证明的最正确最科学最革命的真理。我们的理论家,就是要能够依据马克思列宁主义的立场、观点和方法,正确地解释历史上和革命中所发生的实际问题,能够在中国的经济、政治、军事、文化种种问题上给予科学的解释,给予理论的说明。就是要有的放矢,用马克思列宁主义的"矢",去射中国革命具体实践之"的"。脱离实际的理论,是空洞的理论,空洞的理论是没有用的,不正确的,应该抛弃的。正是通过延安整风,克服了党内存在的教条主义、主观主义、宗派主义问题,全党空前一致地认识了毛泽东同志的路线的正确性,空前自觉地团结在毛泽东的旗帜下,在以毛泽东同志为首的党中央的正确领导下,制定了正确的路线和一系列正确的方针政策,从而取得了中国革命的彻底胜利。

新时期做到永葆党的先进性,更要自觉地学习马克思列宁主义,用马克思主义的辩证唯物主义和历史唯物主义武装头脑,特别要重视学习马克思主义中国化的第一个成果——毛泽东思想,学习当代中国化的马克思主义——中国特色社会主义理论体系,学习落实21世纪马克思主义、习近平新时代中国特色社会主义思想,这些理论成果,是马克思列宁主义、毛泽东思想与中国革命、建设和改革开放几十年来的具体实践相结合的典范,是党和人民群众集体智慧的结晶,是对中国革命、建设和改革开放实践经验及国际共产主义运动深刻教训的科学总结,是全党和全国各族人民进行社会主义现代化建设和实现民族振兴的强大精神支柱,是我们战胜前进道路上一切困难和风险,包括克服各种错误思潮与倾向,不断把我国的

[①] 习近平:《在庆祝中国共产党成立95周年大会上的讲话》,《人民日报》2016年7月2日,第2版。

改革和建设事业引向胜利的强大思想武器。

党的"理论联系实际"的作风，是共产党人为了实现人类最美好的理想，抛头颅、洒热血探索总结出来的中国革命成功的正确途径，是实现全心全意为人民服务宗旨选择救国救民正确道路的科学思维方法。

在世情、国情、党情、民情发生深刻变化的新时期，对马克思列宁主义的教条主义并不是思想战线的主要问题，因为很多人几乎不学习马克思列宁主义经典作家的原著，还没有资格当那种教条主义。现在许多50岁以下的干部系统地阅读过马克思、恩格斯、列宁著作的寥寥无几，甚至根本就没有读过这些经典著作。很多人已经不知马克思主义为何物，毛泽东的著作也很少读，甚至连过去妇孺皆能背诵的称之为"老三篇"的《为人民服务》《纪念白求恩》《愚公移山》都没有读过。尤其是年轻干部，从学校门到机关门，不注意认真学习马克思列宁主义、毛泽东思想，很少参加社会实践，既无马克思主义基本理论的书本知识，也没有社会实践经验，要想自觉有效地抵制西方敌对势力西化、分化、和平演变中国的战略图谋，是很难的。连马克思主义的基本常识都不知道，在工作实际中，又怎能做到坚持以马克思列宁主义为指导呢？正如毛泽东同志所指出的："指导一个伟大革命运动的政党，如果没有革命理论，没有历史知识，没有对实际运动的深刻的了解，要取得胜利是不可能的。"[①] 只学了一些西方的理论，尤其在经济学领域几乎都是西方的传声筒和应声虫，只知道西方经济学，不懂马克思的《资本论》，言，必称美国，经，只信西方，基本被西化，这样的经济学家在我国已渐成主流。随着时代的不断发展，这些人会逐步走向各级领导和决策智囊的重要位置，指望这些对马克思主义一窍不通的专家学者，坚持马克思主义指导，坚守马克思主义的意识形态阵地，无异于天方夜谭。还有很多人，他们热爱中国共产党，热爱社会主义新中国，但他们在都不学习马克思主义的氛围中，没有应有的马克思主义理论常识，不具备起码的政治鉴别力，再加上一些本来就不读书，不学习，理想动摇，信念迷失，意志消沉，无所事事，吃喝玩乐，醉生梦死的人，上当受骗是顺理成章的。那时，坚持马克思主义为指导就会成为空谈，化为乌有，这才是中国共产党的最大危险、最大悲哀。因此，习近平同志深刻指出："理论上清醒，政治上才能坚定。坚定的理想信念，必须建立在对马克思主义的深刻理解之上，建立在对历史规律的深刻把握之上。全党要

[①] 《毛泽东选集》第2卷，人民出版社1991年版，第533页。

第十四章 坚持以社会主义核心价值体系领党的建设

深入学习马克思列宁主义、毛泽东思想、邓小平理论、'三个代表'重要思想、科学发展观，深入学习党的十八大以来党中央治国理政新理念新思想新战略，不断提高马克思主义思想觉悟和理论水平，保持对远大理想和奋斗目标的清醒认知和执着追求。"① 在建设学习型政党、学习型社会的氛围中，在全党、全社会开展大规模的联系中国改革开放具体实践，学习马克思列宁主义、毛泽东思想、中国特色社会主义理论体系和习近平新时代中国特色社会主义思想的教育运动十分紧迫，极为重要，这是我们党始终坚持正确路线的根本前提和可靠保证。

（三）密切联系群众是我们党战无不胜的力量源泉

毛泽东同志说："我们共产党人区别于其他任何政党的又一个显著标志，就是和最广大的人民群众取得最密切的联系。"②

习近平同志《在庆祝中国共产党成立95周年大会上的讲话》中指出："人民立场是中国共产党的根本政治立场，是马克思主义政党区别于其他政党的显著标志。党与人民风雨同舟、生死与共，始终保持血肉联系，是党战胜一切困难和风险的根本保证，正所谓'得众则得国，失众则失国'。"③

"坚持以人为本、执政为民，始终保持党同人民群众的血肉联系"，是党的十八大报告中"全面提高党的建设科学化水平"部分的重要内容，明确强调了新时期始终保持党同人民群众血肉联系的极端重要性。党的十八届六中全会通过的《关于新形势下党内政治生活的若干准则》指出："人民立场是党的根本政治立场，人民群众是党的力量源泉。我们党来自人民，失去人民拥护和支持，党就会失去根基。必须把坚持全心全意为人民服务的根本宗旨、保持党同人民群众的血肉联系作为加强和规范党内政治生活的根本要求。"④ 党的十九大报告指出："坚持以人民为中心。人民是历史的创造者，是决定党和国家前途命运的根本力量。必须坚持人民主体

---

① 习近平：《在庆祝中国共产党成立95周年大会上的讲话》，《人民日报》2016年7月2日，第2版。
② 《毛泽东选集》第3卷，人民出版社1991年版，第1094页。
③ 习近平：《在庆祝中国共产党成立95周年大会上的讲话》，《人民日报》2016年7月2日，第2版。
④ 《关于新形势下党内政治生活的若干准则》，《人民日报》2016年11月3日，第5版。

地位，坚持立党为公、执政为民，践行全心全意为人民服务的根本宗旨，把党的群众路线贯彻到治国理政全部活动之中，把人民对美好生活的向往作为奋斗目标，依靠人民创造历史伟业。"① 建党百年来，我们党团结带领人民在中国这片古老的土地上，书写了人类发展史上最辉煌的壮丽史诗，我们取得的一切成就，都是一代一代中国共产党人同人民群众一道顽强拼搏、接续奋斗的结果。

办好中国的事情，关键在党，而党的力量源泉就是密切联系人民群众。坚持为了人民、依靠人民，诚心诚意为人民谋利益，从人民群众中汲取智慧和力量，始终保持党同人民群众的血肉联系，是我们党保持和发展马克思主义政党先进性、永远立于不败之地的根本经验。习近平同志指出："全党同志要把人民放在心中最高位置，坚持全心全意为人民服务的根本宗旨，实现好、维护好、发展好最广大人民根本利益，把人民拥护不拥护、赞成不赞成、高兴不高兴、答应不答应作为衡量一切工作得失的根本标准，使我们党始终拥有不竭的力量源泉。"② 我们党除了人民利益，没有自己的特殊利益。我们党坚持这个崇高原则，为一切忠于人民、扎根人民、奉献人民的人们提供了施展才华的宽广舞台。在新的历史条件下提高党的建设科学化水平，不断把党的建设新的伟大工程推向前进，必须牢固树立马克思主义群众观点、自觉贯彻党的群众路线，始终保持党同人民群众的血肉联系。

任何时候都要把人民利益放在第一位，始终与人民心连心、同呼吸、共命运，始终依靠人民推动历史前进。

习近平同志指出，"全党同志要把人民放在心中最高位置"，"坚持全心全意为人民服务的根本宗旨，实现好、维护好、发展好最广大人民根本利益"③，每一个共产党员都要把人民放在心中最高位置，尊重人民主体地位，尊重人民首创精神，拜人民为师，把政治智慧的增长、执政本领的增强深深扎根于人民的创造性实践之中。要高度重视并切实做好新形势下群

---

① 习近平：《决胜全面建成小康社会 夺取新时代中国特色社会主义伟大胜利——在中国共产党第十九次全国代表大会上的报告》，《人民日报》2017年10月28日，第1版。

② 习近平：《在庆祝中国共产党成立95周年大会上的讲话》，《人民日报》2016年7月2日，第2版。

③ 习近平：《在庆祝中国共产党成立95周年大会上的讲话》，《人民日报》2016年7月2日，第2版。

第十四章　坚持以社会主义核心价值体系领党的建设

众工作，按照党的十八大要求，"坚持问政于民、问需于民、问计于民，从人民伟大实践中汲取智慧和力量"①。真诚倾听群众呼声，真实反映群众愿望，真情关心群众疾苦，多干让人民满意的好事实事，依法保障人民群众经济、政治、文化、社会等各项权益。只有我们把群众放在心上，群众才会把我们放在心上；只有我们把群众当亲人，群众才会把我们当亲人。各级党政机关和干部要坚持工作重心下移，经常深入实际、深入基层、深入群众，做到知民情、解民忧、暖民心。要把基层一线作为培养锻炼干部的基础阵地，引导干部在同群众朝夕相处中增进对群众的思想感情、增强服务群众本领。要把服务群众、做群众工作作为基层党组织的核心任务和基层干部的基本职责，使基层党组织成为推动发展、服务群众、凝聚人心、促进和谐的坚强战斗堡垒。

人民是地，人民是天，人民是共产党永远的挂牵。打江山，坐江山，人民的支持拥护是靠山。人民是海，人民是山，人民是共产党执政的基础和力量的源泉。党员是人民的儿子，正如陈毅在诗中所说的："人民是我亲父母，我是人民好儿男。"我们共产党人什么时候也不能忘记人民，不能脱离人民。水能载舟，亦能覆舟，离开了人民的支持和拥护，就像鱼儿离开了水，大树断了根。

翻开斯大林的著作可以看到，在他的演讲和文章中，多次引用古希腊神话中安泰的故事。英雄安泰力大无比，这力量来源于他的母亲——大地之神盖亚。只要他脚踏大地，就会获得巨大能量，任何敌人都奈何不了他。敌方发现了他这个秘密，于是乘他熟睡时，把他举在空中，使他脱离了大地母亲，被对手扼死在空中，因为他的双脚脱离了大地，也就无法补充和吸取能量。斯大林曾语重心长地告诫俄国共产党人，要做无敌英雄，永远立于不败之地，就一刻也不能脱离大地母亲。人民就是大地母亲，脱离了人民群众，就难免遭被敌人扼死在空中的厄运。建立70多年社会主义的苏联，就是因为背叛了马克思列宁主义，背叛了社会主义事业，背叛了人民，脱离了人民，失去了民心，执政74年后，轰然坍塌，苏联解体，苏共亡党，不幸为斯大林言中，其重要原因就是脱离了人民群众。戈尔巴乔夫下台后的反思不得不承认："失去了人民的支持，就失去了主要的资源，就会出现政治冒险家和投机家。这是我犯的错误，主要的错误。"不，这

---

① 习近平：《在第十八届中央纪律检查委员会第六次全体会议上的讲话》，《人民日报》2016年5月3日，第2版。

岂止是"错误",这是对人民的背叛,对党的犯罪。戈尔巴乔夫最终背叛了人民群众,他以人民的名义,打着人道和民主的旗号,危害人民的根本利益,最终站在了人民的对立面。正因为以戈尔巴乔夫为首的苏联共产党领导人彻底背叛了人民,人民对这个已经不代表自己根本利益的党在生死存亡的关头才采取了十分冷漠的态度。殷鉴不远,我们要奋力推进党的伟大事业,必须牢记党的根本宗旨,保持党同人民群众的血肉联系,绝不能脱离群众。要把全心全意为人民服务作为毕生的价值追求,坚持以人为本、执政为民理念,做到一切为了群众、一切依靠群众、一切服务群众,诚心诚意为人民谋利益,努力成为践行党的根本宗旨的先锋模范。

(四)批评和自我批评是保持党不犯或少犯错误的有效监督机制

毛泽东同志曾指出:"有无认真的自我批评,也是我们和其他政党互相区别的显著的标志之一。我们曾今说过,房子是应该经常打扫的,不打扫就会积满了灰尘,脸是应该经常洗的,不洗也会灰尘满面。我们同志的思想,我们党的工作,也会沾染灰尘的,也应该经常打扫和洗涤。"① 习近平同志指出:"批评和自我批评是我们党的优良传统,是增强党组织战斗力、维护党的团结统一的有效武器。"② 党的十八届六中全会通过的《关于新形势下党内政治生活的若干准则》指出:"批评和自我批评是我们党强身治病、保持肌体健康的锐利武器,也是加强和规范党内政治生活的重要手段。必须坚持不懈把批评和自我批评这个武器用好。"③ 人非圣贤,孰能无过。有这样那样的错误就不符合人民的利益,为了党的事业和人民的利益就要通过批评和自我批评的方法纠正我们的错误,增强党的战斗力,维护党的团结统一。

第一,批评和自我批评是保持党的先进性的有效方法。党内监督,就是中国共产党的各级组织、专门机关和全体党员按照党章和其他党内法规、制度的要求,对党的各级组织以及党员尤其是党员领导干部的行为实施的监察和督促。加强党内监督,是治腐清源、标本兼治的克病良方。作

---

① 《毛泽东选集》第3卷,人民出版社1991年版,第1096页。
② 习近平:《在党的群众路线教育实践活动工作会议上的讲话》,《习近平治国理政》,外文出版社2014年版,第377页。
③ 《关于新形势下党内政治生活的若干准则》,《人民日报》2016年11月3日,第5版。

第十四章　坚持以社会主义核心价值体系统领党的建设

为党的"三大作风"之一的批评和自我批评，是我们党的优良传统，是我党区别于其他政党的显著标志之一。也是使我们党的干部少犯或不犯错误，不重犯已经犯过的错误，犯了错误能及时改正、始终保持党的先进性的党内重要监督机制，其目的就是更好地实现我党全心全意为人民服务的根本宗旨。党的组织生活的实践告诉我们：开展批评和自我批评，失去的是自己的错误，得到的是革命、建设和改革事业的胜利，人民生活的幸福和自己思想的纯洁、人格的完善、工作水平和能力的提高。毛泽东同志在《论联合政府》一文中曾语重心长地说："以中国最广大人民的最大利益为出发点的中国共产党人，相信自己的事业是完全合乎正义的，不惜牺牲自己个人的一切，随时准备拿出自己的生命去殉我们的事业，难道还有什么不适合人民需要的思想、观点、意见、办法，舍不得丢掉的吗？难道我们还欢迎任何政治的灰尘、政治的微生物来玷污我们的清洁的面貌和侵蚀我们的健全的肌体吗？无数革命先烈为了人民的利益牺牲了他们的生命，使我们每个活着的人想起他们就心里难过，难道我们还有什么个人利益不能牺牲、还有什么错误不能抛弃吗？"① 经常开展批评和自我批评，为人民的利益坚持真理和改正错误，这正是共产党人对人民高度负责的表现，是党的工人阶级先锋队性质、中国人民和中华民族先锋队性质的表现，是党充满信心、生机勃勃、坚强有力的表现。

第二，批评和自我批评是有效预防领导干部滑入腐败深渊的制动器。从腐败现象滋生蔓延和党员领导干部违法违纪现象日渐增多的问题中，我们不难发现党内监督所存在的诸多不容忽视的弱化现象与薄弱环节，主要是监督意识、监督责任淡化削弱。正常的党内思想斗争批评和自我批评很难展开，说白了就是"怕"字当头：批评上级怕穿"小鞋"、断仕途，批评同级怕伤和气、得罪人，批评下级怕丢选票、没人缘，自我批评怕丢面子、失尊严。因而，顾虑重重，回避矛盾，一团和气，放弃原则。奉行"多栽花少种刺，留下人情好办事"的好人主义，党内政治生活庸俗化。习近平同志在谈到这种政治生活庸俗化的危害时深刻指出："在一些地方和部门，政治生活庸俗化、随意化、平淡化现象还大量存在，一些党组织和党员缺乏运用批评和自我批评武器的勇气，这既害自己又耽误同志，最

---

① 《毛泽东选集》第3卷，人民出版社1991年版，第1096—7页。

终伤害的是党的事业。"①

　　一些党组织和党员缺乏运用批评和自我批评武器勇气的原因，主要是有些领导官当大了，架子大、口气大、个人意见第一，颐指气使，稍不顺心就乱发脾气，听到不同意见就火冒三丈，认为是不尊重他，批评更成了老虎嘴里拔牙，谁还敢批评？尤其是"一把手"，如果他是缺乏民主、作风霸道的领导，班子成员别说批评，就是稍有不同意见，也会必欲除之而后快。再说"一把手"掌握着他人升降进退大权，人们为了个人的利益免受损失，谁还愿批评？这样久而久之，党内没人监督了，对于有些意志薄弱的领导干部，尤其是"一把手"，就失去了预防腐败毒菌侵袭的第一道关口。一些领导干部便飘飘然起来，灵魂深处的不健康因子膨胀起来，而又得不到党内同志的及时制止与清除，腐败就必然产生，随着时间的推移，就会越来越多地产生出一批批腐败分子来。这些年来从北到南、从东到西一些地市级书记"一把手"、或曾当过地市级书记"一把手"的省部级领导干部，屡有落马，前腐后继，其中一个重要原因，就是党内批评监督不到位，致使"一把手"有恃无恐，忘乎所以，肆意妄为，滑入腐败深渊。习近平同志深刻指出："一把手违纪违法最易产生催化、连锁反应，甚至造成区域性、系统性、塌方式腐败。许多违纪违法的一把手之所以从'好干部'沦为'阶下囚'，有理想信念动摇、外部'围猎'的原因，更有日常管理监督不力的原因。"② 而失去监督的权力往往导致腐败，这是早已为实践所证明了的。党的领导干部不是圣人，难免受到社会病菌的侵袭，经常运用批评和自我批评的武器，随时地不断地清除污染，洗涤消极的一面，就能使其灵魂纯洁、升华，避免犯错误。正如习近平同志指出的："自我批评要一日三省，相互批评要随时随地，不要等小毛病发展成大问题再提。要让批评和自我批评成为党内生活的常态，成为每个党员、干部的必修课。"③ 2016年12月26日至27日，中共中央政治局召开民主生活会，习近平总书记在讲话中指出："批评和自我批评的武器，不仅对下级要敢用，对同级特别是对上级也要敢用。不能职务越高就越说不得、

---

　　① 习近平：《在第十八届中央纪律检查委员会第六次全体会议上的讲话》，《人民日报》2016年5月3日，第2版。

　　② 习近平：《在第十八届中央纪律检查委员会第六次全体会议上的讲话》，《人民日报》2016年5月3日，第2版。

　　③ 习近平：《在第十八届中央纪律检查委员会第六次全体会议上的讲话》，《人民日报》2016年5月3日，第2版。

第十四章　坚持以社会主义核心价值体系领党的建设

碰不得。批评和自我批评的武器要多用、常用、用够用好，使之成为一种习惯、一种自觉、一种责任。"① 这样，"批评和自我批评的武器要多用、常用、用够用好"，我们的领导干部就能随时受到提醒和监督，就能不犯或少犯错误，批评和自我批评就能发挥有效预防领导干部滑入腐败深渊的制动器作用。

党的十八大后，以习近平同志为核心的党中央领导全党打"老虎"揭露出来的一个个腐败分子，正是前些年党内政治生活庸俗化，不敢开展批评和自我批评，没有及时制止这些人的错误，致使这些领导干部沿着腐败惯性，像下坡的车轮失去有效制动那样，刹不住车造成的。如果经常展开正确的而不是歪曲的、认真的而不是敷衍的批评和自我批评，把党的领导干部时时置于有效的党内批评监督之中，就会有效制止这些干部中的绝大多数，不至于滑向腐败深渊，就不会造成一些干部晚节不保的终身遗憾，实际上是对领导干部的真正爱护和关怀。

因此，毛泽东同志曾说："有了错误，一定要做自我批评，要让人家讲话，让人批评。"② "总之，让人讲话，天不会塌下来，自己也不会垮台。不让人讲话呢？那就难免有一天要垮台。"③

"批评和自我批评是解决党内矛盾的有力武器，也是保持党的肌体健康的有力武器。"④ 社会生活实践告诉我们，有时候一个人的错误和不足，正面引导、委婉的提醒暗示，和风细雨的劝诫，轻描淡写的批评都不起作用，然而，严肃认真的不留情面的批评，挖根源，讲危害，指明路，看表现，观后效，反而起到醍醐灌顶，振聋发聩的作用，使被批评者头脑清醒，心灵震撼，痛下决心，迷途知返，幡然改进，改正错误、克服不足，开拓进取，创造辉煌，这就是保持党的肌体健康的有力武器。

古人云："道吾好者是吾贼，道吾恶者是吾师。"指的是，说我缺点好的人，其实是害我之人，而直言我缺点是短处的人，却是指导我的老师。这句话告诫人们要能够接受批评，吸取教训，不要只想听好听的话而听不

---

① 中共中央政治局召开民主生活会：《对照贯彻落实党的十八届六中全会精神研究加强党内政治生活和党内监督措施　中共中央总书记习近平主持会议并发表重要讲话》，《人民日报》2016年12月28日，第1版。
② 《毛泽东文集》第8卷，人民出版社1999年版，第296页。
③ 《毛泽东文集》第8卷，人民出版社1999年版，第310—311页。
④ 习近平：《在党的群众路线教育实践活动总结大会上的讲话》，《人民日报》2014年10月9日，第2版。

进劝诫之言，"良药苦口利于病，忠言逆耳利于行"就是这个道理。

（五）坚持党的民主集中制，发扬党内民主，是做好党的各项工作的可靠保证

党的十八大报告指出："党内民主是党的生命。要坚持民主集中制，健全党内民主制度体系，以党内民主带动人民民主。"[1] 党内民主是使全体党员和干部高度地发挥其积极性、取得工作胜利的根本保证，民主集中制所蕴含的民主，就是党员和组织的意愿、主张充分表达和创造性的充分发挥。党内生活的民主化，是对党员民主权利的尊重，这是一种巨大的力量，能使党员干部的创造能力，工作热情，使命感、责任感得到更大限度的弘扬。党的民主集中制，一方面是充分发扬党内民主，调动广大党员群众和各级党组织的积极性、主动性、创造性；另一方面则是在高度民主的基础上实现高度的集中统一，把广大党员群众和各级党组织的这种积极性、主动性、创造性引导到正确的方向，拧成一股绳，朝着全党一致的目标共同努力。

习近平同志指出："严肃党内政治生活，是解决党内自身问题的重要途径。要健全和认真落实民主集中制的各项具体制度，促使全党同志按照民主集中制办事，促使各级领导干部特别是主要领导干部带头执行民主集中制。"[2] 党的十八届六中全会通过的《准则》指出："民主集中制是党的根本组织原则，是党内政治生活正常开展的重要制度保障。"[3] 民主集中制，是保证党组织维护整体统一的有力武器，是集中党员群众的意愿、主张、聪明智慧以利党的事业的有效组织形式，是调动党组织全体成员积极性、主动性，努力为共同目标拼搏奋斗、开拓进取的科学机制。必须正确处理民主集中制的关系，正确贯彻在民主基础上的集中，在集中指导下的民主，不能把二者割裂开来，更不能从一个极端走向另一个极端。既不能过分强调集中搞个人专权、一言堂、家长制，搞个人独断专行；又不能无

---

[1] 胡锦涛：《坚定不移沿着中国特色社会主义道路前进 为全面建成小康社会而奋斗——在中国共产党第十八次全国代表大会上的报告》，《人民日报》2012年11月18日，第1版。

[2] 习近平在全国组织工作会议上强调：《建设一支宏大高素质干部队伍 确保党始终成为坚强领导核心》，《人民日报》2013年6月30日，第1版。

[3] 《关于新形势下党内政治生活的若干准则》，《人民日报》2016年11月3日，第5版。

第十四章 坚持以社会主义核心价值体系领党的建设

限夸大民主、否定集中搞极端民主化。这两种倾向都会破坏民主集中制原则应有的作用，损害党的团结统一和人民事业。

党的民主集中制，是马克思列宁主义政党建设理论的重要内容，是马克思主义唯物史观的集中体现，是我们党的根本组织制度和领导制度，是党既能把全体党员群众分散的意愿、智慧集中起来，形成科学决策，又能以强大凝聚力和一致的行动贯彻下去，从而保持党具有强大战斗力，永远立于不败之地的科学机制。党创造性地运用民主集中制原则，制定正确规范党内政治生活，处理党内关系的基本准则和具体制度，保证了我们党从小到大，由弱到强，克服了人世间的一切艰难困苦，战胜了一切强大的敌人，创造了党和人民事业的辉煌业绩。

党的民主集中制是民主基础上的集中与集中指导下的民主相结合的制度，是马克思主义认识论和群众路线在党的生活和组织建设中的运用。实行这种制度，就是要努力造成有集中又有民主，有纪律又有自由，有统一意志又有个人心情舒畅，生动活泼的政治局面。历史经验告诉我们，民主集中制是科学合理的有效率的制度，它有利于体现人民群众的根本利益和愿望，有利于党的路线方针政策的正确制定和执行，发生失误也能得到有效的纠正。制度建设带有根本性、全面性、稳定性、长期性功能，能从制度上保证我们党永远立于不败之地。坚持这一原则，无产阶级政党就可以团结、巩固、强大，就能成为具有凝聚力、战斗力的统一整体，就能无往不胜，坚不可摧。

民主和集中是辩证统一相辅相成的，民主是集中的基础和前提，所谓集中，首先是要集中正确的意见。只有充分发扬民主，让各种意见都表达出来，各种建议方案都提出来，而且越充分越好，这样才能从中进行比较和鉴别，把最好的意见方案集中起来，作为决策的依据，这样就能实现民主决策，科学决策，就能保证决策的正确和科学，用以指导实践。因为尊重了广大党员群众的意见，激励了大家的积极性、主动性、创造性，因此就能事半功倍，取得良好效果。集中是对民主的指导和民主的归宿。从某种意义上讲，共产党不仅要讲民主，尤其要讲集中。因为如果没有集中，就不可能使全党统一思想、统一政策、统一计划、统一指挥、统一行动，就形不成强大的凝聚力、战斗力。如果片面强调民主，否定集中，必然导致分散主义、极端民主化和无政府状态。在世界上还存在着帝国主义，存在着资产阶级并始终存在着尖锐的意识形态斗争，存在着西方敌对势力"分化""西化"及和平演变中国社会主义的客观情况下，没有全党的集中统一，就会亡党亡国。苏联的教训是极为深刻的。戈尔巴乔夫鼓吹民主化、多元化，不要党内的民主集中原则，结果使资产阶级的自由化思潮肆意泛滥，不可控制，反党反社会主义的错误言论畅行其道，受不到应有的抵制和批判，破坏了党组织的团结统一，造成了党内四分五裂，失去了整体的凝聚力、感召力、战斗力，最终导致了亡党亡国悲剧的发生。国际共产主义运动正反两个方面的经验教训告诉我们：民主集中制，是保持党的组织维护整体统一的有力武器，是保证党的决策科学、正确的组织前提，是巩固党的团结，提高党的凝聚力、战斗力的制度基础，是提高党的执政能力，巩固党的执政能力，进而巩固社会主义制度的极其重要的法宝。

习近平同志指出："强化党内监督，必须坚持、完善、落实民主集中制，把民主基础上的集中和集中指导下的民主有机结合起来，把上级对下级、同级之间以及下级对上级的监督充分调动起来，确保党内监督落到实处、见到实效。"[①] 各级党的组织一定要按照习总书记的要求，从党和人民事业兴衰成败的高度，实现"两个一百年"奋斗目标、实现中华民族伟大复兴中国梦的全局出发，充分认识加强党的民主集中制作风建设的极端重要性和紧迫性，自觉坚持党的民主集中制不动摇，任何人不得以任何借口削弱或破坏这项原则，更不能弃之不用，使其形同虚设。

1. 坚持民主集中制，应该做到以下四点

第一，认识到位，自觉践行。行动的自觉，来源于认识的明确。领导干部要想高度自觉地贯彻执行党的民主集中制，就要充分认识党的民主集中制的极端重要性，认识的程度，决定执行的力度。民主集中制是保证党科学决策乃至防错、纠错的有效机制。民主集中制在科学决策、民主决策、依法决策的过程中，能够充分发扬民主，最大限度地尊重大家的意见，能够为正确决策、科学决策提供可靠保障，即使议事决策出现错误，因为集体决策，充分吸收了大家的智慧，也容易纠正。第二，摒弃杂念，心出于公。立党为公，执政为民，是党保持先进性的本质要求，党只有一心为民，执政才能执得好。党除了工人阶级和最广大人民群众的利益，没有自己特殊的利益。摒弃杂念，心出于公，是充分发扬民主、畅所欲言，集中大家智慧，集中正确意见，调动大家工作积极性，主动性，创造性的坚实基础。出于公心，没有私心，领导班子的意见就容易统一，即使有争

[①] 习近平：《在第十八届中央纪律检查委员会第六次全体会议上的讲话》，《人民日报》2016年5月3日，第2版。

第十四章　坚持以社会主义核心价值体系统领党的建设

论,甚至面红耳赤,因都是出于公心,也不会影响团结,造成隔阂。第三,提高素质,眼亮心明。高素质的班子成员是加强民主集中制,高品位决策的前提条件。班子成员要高度自觉加强学习,认真学懂弄通马克思列宁主义、毛泽东思想,尤其是习近平新时代中国特色社会主义思想,学习党的路线方针政策,提高思想水平、政治水平、认知水平、决策水平,同时,要深入实际调查研究,贴近实际、贴近群众、贴近基层,做到熟知两头,眼亮心明。第四,坦诚己见,乐于服从。在领导班子中,民主决策是科学决策的前提和基础,在发扬民主过程中,每位班子成员都要坦诚己见,充分发挥自己的聪明智慧,发表自己的意见建议,集中决策时要充分考虑每个人的意见建议,按照少数服从多数的原则做出科学决策,形成决议。这时即使与某个班子成员个人的意见建议不一致,甚至完全不一致,作为班子成员也要乐于服从,按组织纪律,一旦形成集体决议就要在行动上坚决执行,不可固执己见。当然,如果事关重大,应该将自己的保留意见向上一级党组织反映,但在没有改变决议之前,在行动上不能有丝毫反对的表示,以保证党的集中统一,这是党的规矩,必须遵循。

2. 发扬党内民主,就要善待谔谔之声

"千人之诺诺,不如一士之谔谔。武王谔谔以昌,殷纣墨墨以亡",①这是《史记·商君列传》里记载的赵良进谏商鞅时说过的一句话。所谓"诺诺",众所周知,即是无原则的恭维附和;"谔谔"则是直言争辩。意即,一千个人的低声附和,顶不上一个敢讲真情实话的人。周武王听谔谔之声兴旺发达,殷纣不让人说真话而亡。可见,善听谔谔之声的重要。

2013年2月8日习近平总书记在同党外人士座谈时指出:"对中国共产党而言,要容得下尖锐批评,做到有则改之,无则加勉;对党外人士而言,要敢于讲真话,敢于讲逆耳之言,真实反映群众心声,做到知无不言,言无不尽。"②习近平同志说:"希望同志们积极谏诤言,作批评,帮助我们查找问题、分析问题、解决问题,帮助我们克服工作中的不足。"③从善如流,广纳诤言,减少失误,凝聚人心,我们的事业必会蓬勃发展,中华民族伟大复兴就一定能够实现。

第一,善听谔谔之声,是古今中外开明君王和领导人成就伟业的美

---

① 《史记七传》(一),中华书局1959年版,第2234页。
② 《习近平同党外人士共迎新春》,《人民日报》2013年2月8日,第1版。
③ 《习近平同党外人士共迎新春》,《人民日报》2013年2月8日,第1版。

德，不愿意听谔谔之声，是少数掌权者的通病。谔谔之声是指在万马齐喑的诺诺氛围中，敢于讲真情、说实话的声音。"谔谔"之声听起来可能"逆耳"，但它有如"药石"，使人警醒，能规诫决策者慎重思考、正确决策。无论古今，有识之士都深谙此理。谔谔之声在社会生活中属于稀缺资源，因此，备受有远见的开明领导所重视和青睐。

从古至今，虚怀纳谏者绝非凤毛麟角，然拒不纳谏者确实汗牛充栋，商纣王、周厉王、隋炀帝等不胜枚举，绝不鲜见。不愿意听谔谔之声，是历代不少掌权者的通病，其中一个主要原因是有些人把个人的权威、面子看得太重，太虚荣。

第二，谔谔之声的出发点是至公无私。当今时代，谔谔之士绝非唯唯诺诺的无能之辈，也不是明哲保身的世故之人，而是勇于负责、敢于担当，以党和人民事业繁荣发达为最高追求的栋梁之材。谔谔之声，是一种清醒剂，是一种科学的态度，是一种负责任的态度，是一种光明磊落无私无畏的崇高品质，是一种宁可自己利益、荣誉、前程甚至生命受到损失或威胁，也要对领导负责的人间最宝贵的美德。一般情况下，领导的话当然正确，但也未必句句是真理。作为领导者，谁也不敢保证自己百分之百没有失误，否则强调集体领导、民主集中制干什么？要那么多规则、规矩、制度、准则干什么？就是要通过监督制约机制，集体的智慧，防止领导个人在工作和决策时失误。一般情况下，领导站得高、看得远，其做决策应该会从大局出发，从全局出发，胸有全局，统揽全局，容易做到科学正确。然而，领导也会受到情绪、环境、场合、氛围的干扰，也会受到喜怒哀乐的影响。在情绪激动、气愤、暴怒的心态下，也难免做出偏激的、偏颇的、不合适的甚至是错误的决定。这时候，一片诺诺之声，无异于推波助澜、火上浇油，让领导的决策更加离谱，造成的错误更大，危害更严重。发诺诺之声者，看起来是很听领导的话，实质上是自保而不负责任地将领导推入火坑，是极自私和极不负责任的态度，危害极大。

而这时的一个谔谔之声，就更显宝贵。可以让领导在头脑发热、情绪失控之时，沐一股清凉之风，冷静一下，平心静气地认真思考，慎重决策，作出不带情绪化的正确决定，保证工作健康发展，不至于因一时之怒导致决策失误而抱憾终身。实际上，敢发谔谔之声的人未必不懂得人情世故，也决不是和领导对着干，正是因为他有超人的睿智、胆识、博大的情怀、高尚的品格，才会仗义执言的。敢发谔谔之声者，意在保护党和人民的事业不受损失，提醒领导在决策时别犯错误，这恰恰是在保护领导，因

第十四章 坚持以社会主义核心价值体系统领党的建设

为有的错误是不可挽回、不可逆转的,其责任之大,领导也是承担不起的。尤其是在实行问责制的今天,善待谔谔之声以保证决策正确,对于领导自身不被问责更为重要。

第三,善待谔谔之声对领导者来说,于公于己有百利而无一害。谔谔之声是领导头脑发热时的冷静剂,情绪失控时的刹车阀,思想迷雾中的透雾灯,情感险滩中的导航仪。闻过则喜,有过则改,能避免错误,不仅不会损害领导的形象,反而会提高领导的威信,永远立于不败之地。不要把不同声音当成是给领导出难题、不尊重领导,是挑战领导的权威,是异类;更不要一听到不同声音就暴跳如雷,把不同意见当作洪水猛兽,看成是大逆不道。对谔谔之声,对则取之,偏则正之,误则戒之,即使谔谔之声不正确,对决策者也是一种负责任的善意提醒。如果诺诺之声到了毁社稷、败江山之时,谔谔之声仗义执言,力挽狂澜,扶大厦之将倾,那就更加宝贵,更加难得。

社会生活实践一再告诉我们:领导者真诚而虚心地接受诤言直谏、尖锐批评,失去的是缺点错误,得到的是提高进步;避免的是偏颇失误,收获的是警钟智库;舍弃的是虚荣面子,凝聚的是党心民心;拉近了人与人之间的距离,加深了上下级感情,增强了人格魅力,树立了自身威信;是减少和避免工作中的失误、全面认识和解决问题、科学正确决策的有效途径和可靠保证。既如此,何乐而不为呢?

(六) 严明党的纪律,是严肃党内政治生活全面从严治党的重要组成部分

列宁曾指出:"无产阶级实现无条件的集中制和极严格的纪律,是战胜资产阶级的基本条件之一。"[①] 毛泽东同志曾指出:"军队向前进,生产长一寸,加强纪律性,革命无不胜。"铁的纪律是保持党的集中统一,树立党和军队良好形象的法宝。在长期的革命战争时期,我们党和军队正是因为有铁的纪律,才保持了与人民群众的血肉联系,成为打不垮,拖不散,不可阻挡,勇往直前,攻无不克,战无不胜的钢铁之师,胜利之师,取得了中国革命的彻底胜利,建立了新中国,走上了社会主义康庄道路。

新时期,严明党的纪律是严肃党内政治生活全面从严治党的重要组成部分,是维护党的集中统一的可靠保证。党的十八届六中全会通过的《准

[①] 《列宁选集》第 4 卷,人民出版社 1995 年版,第 135 页。

则》指出:"纪律严明是全党统一意志、统一行动、步调一致前进的重要保障,是党内政治生活的重要内容。必须严明党的纪律,把纪律挺在前面,用铁的纪律从严治党。"① 全面从严治党,严肃党内政治生活,就必须严明党的纪律。习近平同志指出:"我们党是靠革命理想和铁的纪律组织起来的马克思主义政党,纪律严明是党的光荣传统和独特优势。党面临的形势越复杂、肩负的任务越艰巨,就越要加强纪律建设,越要维护团结统一,确保全党统一意志、统一行动、步调一致前进。"② 党的集中统一领导是党的力量所在,是实现经济社会发展、民族团结进步、国家长治久安的根本保证。党面临的形势越复杂,越要加强纪律建设。

1. 严明党的纪律,首要的就是严明政治纪律

习近平同志指出:"严明政治纪律就要从遵守和维护党章入手。遵守党的政治纪律,最核心的,就是坚持党的领导,坚持党的基本理论、基本路线、基本纲领、基本经验、基本要求,同党中央保持高度一致,自觉维护中央权威。在指导思想和路线方针政策以及关系全局的重大原则问题上,全党必须在思想上政治上行动上同党中央保持高度一致。"③ 党的十八届六中全会通过的《准则》指出:"政治纪律是党最根本、最重要的纪律,遵守党的政治纪律是遵守党的全部纪律的基础。"④ 政治纪律是党最重要、最根本、最核心、最关键的纪律,是各级党组织和全体党员必须遵守的基本准则,是同党中央保持高度一致,自觉维护中央权威的集中体现。遵守党的政治纪律是遵守一切党规党纪的前提和基础。只要是党员,不论是谁,在讲台上、公开场合对党的重大政治和理论问题发表观点和看法时,必须自觉维护党的威信、维护党中央权威,维护党的形象,不能信口开河,脱腔走板。党员干部应该清楚,学术探索无禁区,宣传有纪律,但"无禁区"也不是绝对的,明显反对党的四项基本原则的言行,违反党的

---

① 《关于新形势下党内政治生活的若干准则》,《人民日报》2016年11月3日,第5版。

② 习近平在十八届中央纪委二次全会上发表重要讲话强调:《更加科学有效地防治腐败 坚定不移把反腐倡廉建设引向深入》,《人民日报》2013年1月23日,第1版。

③ 习近平在十八届中央纪委二次全会上发表重要讲话强调:《更加科学有效地防治腐败 坚定不移把反腐倡廉建设引向深入》,《人民日报》2013年1月23日,第1版。

④ 《关于新形势下党内政治生活的若干准则》,《人民日报》2016年11月3日,第5版。

第十四章 坚持以社会主义核心价值体系统领党的建设

理论和路线方针政策的错误观点,无论公开还是私下里都是不允许的。这是党的政治纪律,党员必须模范遵守。

政治纪律,是党有效维护团结统一的可靠保证,是团结、凝聚全党全军全国人民的在思想上政治上行动上与党中央保持高度一致的无形的、不可限量的巨大力量。改革开放以来,有些"身在曹营心在汉"的异己分子、变节分子,尽管挂着共产党员的招牌,但却甘愿充当国内外敌对势力推翻共产党、颠覆社会主义制度的鹰犬和"别动队",大搞历史虚无主义,丑化中国共产党领导的中国革命历史,丑化共产党的革命英雄,丑化社会主义制度,攻击污蔑共产党的开国领袖,有时到了肆无忌惮的疯狂程度,造成了极大的思想混乱,严重地损害了党在人民群众中的良好形象,动摇了党的执政基础,而且长期得不到有效制止,引起广大党员和群众的强烈不满和极大愤慨。对那些违反党的政治纪律,鼓吹资产阶级自由化,鼓吹"普世价值",破坏党的团结统一,涣散民心,造成人民与党离心离德,其意在最终推翻共产党的执政地位的人,绝不能容忍这些人享受着共产党给他们提供的一切优裕政治生活条件,打着共产党员的幌子,欺世盗名,招摇撞骗、吃里扒外、戕害党的事业。对这种"吃共产党的饭、砸共产党锅"的歪风邪气,必须加大惩处力度,不严惩不足以平民愤、不足以平众怒。

严守党的政治纪律和政治规矩,坚持在党爱党、在党言党、在党忧党、在党为党,归根结底一句话,就是要在思想上政治上行动上自觉同党中央保持高度一致,就是增强看齐意识,向以习近平同志为核心的党中央看齐。习近平同志指出:"向党中央看齐,向党的理论和路线方针政策看齐,向党的十八大和党的十八届三中、四中、五中全会精神看齐,向党中央改革发展稳定、内政外交国防、治党治国治军各项决策部署看齐。"① 对那些不向中央看齐,传播西方资本主义价值观念,有的口无遮拦、对党和国家大政方针妄加议论,有的专门挑刺、发牢骚、说怪话,有的打着党员的金字招牌随意参加社会上不伦不类的活动。习近平同志明确指出:"有的党员公开骂党,否定党的一些最基本的原则和立场,其中一些人不仅没有受到管教和批评,反而大行其道还受到热捧,有的还在讲坛上堂而皇之散布谬论。这种肆无忌惮的情况,在有些地方如入无人之境,没人管。对

---

① 习近平:《在全国党校工作会议上的讲话》,《求是》2016 年第 9 期。

这些问题,该整顿的要整顿一下,不能让他们这么肆无忌惮。"① 对这些违反政治纪律的人,对确实严重违背党章党规的,就要坚决按照党的纪律处分条例,该处置的处置,该清理的清理,严肃党纪,以儆效尤。违法犯罪的,交给司法机关,严格依法处理,决不能让这些人逍遥法外,继续胡说八道、信口雌黄,污染社会的政治生态。

同时,严肃党的政治纪律和政治规矩,要防止和克服地方和部门保护主义、本位主义,决不允许"上有政策、下有对策",决不允许有令不行、有禁不止,决不允许在贯彻执行中央决策部署上打折扣、做选择、搞变通。全党同志要增强政治意识、大局意识、核心意识、看齐意识,切实做到对党忠诚、为党分忧、为党担责、为党尽责。

2. 牢固树立党章意识,自觉用党章规范言行

党章是最根本的党内法规,是管党治党的总规矩。党的纪律是党的各级组织和全体党员必须遵守的行为规则。党组织和党员必须自觉遵守党章,严格执行和维护党的纪律,自觉接受党的纪律约束,模范遵守国家法律法规。习近平同志指出:"要深入开展纪律教育,加强学习宣传教育,使党员、干部增强纪律意识,把党章党规党纪刻印在心上,形成尊崇党章、遵守党纪的良好习惯。"②

牢固树立党章意识,自觉用党章规范言行,就要自觉遵守党章规定的组织纪律,首先,坚持做到"四个服从",即党员个人服从党的组织,少数服从多数,下级组织服从上级组织,全党各个组织和全体党员服从党的全国代表大会和中央委员会。简要表述就是:个人服从组织,少数服从多数,下级服从上级,全党服从中央。"四个服从"中,最根本的是全党服从中央。各级党委要突出加强党的领导这个根本,确保党中央政令畅通。党员领导干部要坚决维护党章权威,做党章的坚定执行者和忠实捍卫者,把"四个服从"落到实处。

牢固树立党章意识,自觉用党章规范言行,就要认真践行"三严三实"。"三严三实"是习近平总书记在参加十二届全国人大二次会议安徽代表团审议时提出的。他指出:"各级领导干部都要树立和发扬好的作风,

---

① 习近平:《在中央政治局常委会会议审议"两学一做"学习教育方案时的讲话》,《党建研究》2016年第5期。

② 习近平:《在第十八届中央纪律检查委员会第六次全体会议上的讲话》,《人民日报》2016年5月3日,第2版。

第十四章 坚持以社会主义核心价值体系领党的建设

既严以修身、严以用权、严以律己,又谋事要实、创业要实、做人要实。严以修身,就是要加强党性修养,坚定理想信念,提升道德境界,追求高尚情操,自觉远离低级趣味,自觉抵制歪风邪气。严以用权,就是要坚持用权为民,按规则、按制度行使权力,把权力关进制度的笼子里,任何时候都不搞特权、不以权谋私。严以律己,就是要心存敬畏、手握戒尺,慎独慎微、勤于自省,遵守党纪国法,做到为政清廉。谋事要实,就是要从实际出发谋划事业和工作,使点子、政策、方案符合实际情况、符合客观规律、符合科学精神,不好高骛远,不脱离实际。创业要实,就是要脚踏实地、真抓实干,敢于担当责任,勇于直面矛盾,善于解决问题,努力创造经得起实践、人民、历史检验的实绩。做人要实,就是要对党、对组织、对人民、对同志忠诚老实,做老实人、说老实话、干老实事,襟怀坦白,公道正派。"①"三严三实"言近旨远,词约意深,内涵深刻,思想深邃,贯穿着马克思主义政党建设的基本原则、内在要求和中华民族传统德政治国的精华,阐明了党员干部的立命之本、做人之德、为政之道、成事之要,丰富了管党治党的思想理念,为加强党员干部党性修养、道德追求,把全面从严治党要求落到实处提供了重要遵循。践行"三严三实"是严肃党内政治生活、严肃党的纪律的明确要求,针对的是一些党员干部不守纪律不讲规矩的现象,以及说假话,说大话,说空话,面子工程,形象工程,华而不实,欺上压下的问题。党内有些人在这方面问题很突出。有的修身不真修、信仰不真信,很会伪装,喜欢表演作秀,表里不一、欺上瞒下,说一套、做一套,台上一套、台下一套,当面一套、背后一套,手腕高得很;有的公开场合要求党员、干部坚定理想信念,背地里自己却不敬苍生敬鬼神、笃信风水、迷信"大师";有的口头上表态坚定不移反腐败,背地里却对涉及领导干部的问题线索不追问、不报告;有的张口"廉洁"、闭口"清正",私底下却疯狂敛财。践行"三严三实",就是对这些人的当头棒喝,这种口是心非的"两面人"对党和人民事业危害很大,必须通过"三严三实"教育,剥下这些人的画皮,及时把他们辨别出来、清除出去。践行"三严三实",就是要加强思想政治建设,严肃党内政治生活,进一步明规矩、严纪律、强约束,使全党各级组织和全体党员干部都按照党内政治生活准则和党的各项规定办事,形成从严从实的氛围,营造

---

① 《习近平李克强张德江刘云山王岐山张高丽分别参加全国人大会议一些代表团审议》,《人民日报》2014年3月10日,第1版。

风清气正的政治生态，以保持党的纯洁性先进性。

牢固树立党章意识，自觉用党章规范言行，就要认真落实《中国共产党纪律处分条例》（以下简称《条例》）。《条例》贯彻党的十八大、十九大、二十大和二十届一中、二中全会精神，坚持依规治党与以德治党相结合，围绕党纪戒尺要求，开列负面清单，重在立规，是对党章规定的具体化，划出了党组织和党员不可触碰的底线，对于贯彻全面从严治党要求，把纪律和规矩立在前面，切实维护党章和其他党内法规的权威性、严肃性，保证党的路线、方针、政策、决议和国家法律法规的贯彻执行，深入推进党风廉政建设和反腐败斗争具有十分重要的意义。

各级党委（党组）要担当和落实好全面从严治党的主体责任，以对党的事业和党员、干部高度负责的精神，切实抓好《条例》的学习宣传、贯彻落实，使党的纪律刻印在全体党员特别是党员领导干部的心上。要把严守政治纪律和政治规矩永远放在首要位置，通过严肃政治纪律和政治规矩带动其他纪律严起来。各级纪委（纪检组）要认真履行监督执纪问责职责，加大查处违反《条例》行为的力度，进一步探索建立不敢腐、不能腐、不想腐的有效机制。党员领导干部要以身作则，带头增强党章党规党纪意识，敢于担当、敢于较真、敢于斗争，确保把党章党规党纪落实到位。广大党员要牢固树立党章党规党纪意识，严格遵守国家法律法规，守住纪律"底线"，自觉做守纪律、讲规矩的模范。所有的党员尤其是领导干部，一定要以党员的高标准严格要求自己，严格按照党章要求，不论何时何地都要自觉遵守党规党纪，如履薄冰，如临深渊，不越雷池一步，绝不触动纪律"底线"，处处做出好样子，树立党的光辉形象。严格落实《条例》，严明纪律，是对党员干部的政治关怀、人文关怀、亲情关怀，为党员干部的政治、人生安全拉起了温馨保护的警戒线，是对党员干部的真正关心和爱护。

五、坚持以社会主义核心价值体系统领党的建设，就要扎实推进党的全面建设

以全心全意为人民服务为宗旨的中国共产党，忠实地代表着人民的根本利益，没有共产党就没有新中国，没有共产党就没有今天全国人民的幸福生活。中国共产党已经走过了100多年波澜壮阔的光辉历程，共产党人

第十四章 坚持以社会主义核心价值体系统领党的建设

的无数革命先辈浴血奋战建树了惊天地、泣鬼神的丰功伟绩。为了更好地坚持、完善和发展中国特色社会主义,全面建成小康社会,实现中华民族的伟大复兴,共产党人就要坚持在党爱党、在党言党、在党忧党、在党为党,牢固树立政治意识、大局意识、核心意识、看齐意识,始终在思想上政治上行动上与以习近平同志为核心的党中央保持高度一致。坚持以社会主义核心价值体系统领党的建设,就要结合各个时期的学习教育活动,从领导班子团结、领导干部自觉读书学习提高综合素质、强调思想入党,实干兴邦等方面抓深抓细,扎实推进党的全面建设,把我们的党建设好,确保党始终成为中国特色社会主义事业的坚强领导核心。

(一) 坚持以社会主义核心价值体系统领党的建设,就要高度重视加强领导班子团结

全面建成小康社会,实现中华民族伟大复兴的中国梦,统筹推进"五位一体"总体布局,协调推进"四个全面"战略布局,把创新、协调、绿色、开放、共享的发展理念落到实处,关键是各级党委政府的领导班子是讲团结的领导班子,只有这样的班子,才能形成凝聚力,才能切实担负起新时期的光荣使命和历史责任。因此,要正确认识领导班子讲团结的时代意义及其实现途径,高度重视加强领导班子团结。

1. 领导班子讲团结的时代意义

中国革命和社会主义建设、改革开放的经验充分证明,全国各族人民的团结是取得革命胜利和建设成功的根本前提和基础,而各级党委政府领导班子的团结则是团结全国人民的核心和关键。我们全党全国人民的团结正是通过党的各级党委政府领导班子的团结实现的,因此领导班子的团结是极其重要的。

第一,讲团结是完成党肩负的历史任务的客观要求。我们现在从事的中国特色社会主义事业是前无古人的极其伟大的辉煌事业,不是一项少数人的事业,而是一项需要动员千千万万的人为之奋斗的事业。在实现这一宏伟事业中,必须团结一切可以团结的力量共同奋斗,才能取得最终的胜利。习近平同志《在纪念红军长征胜利80周年大会上的讲话》中指出:"团结是战胜一切困难的强大力量,是凝聚人心、成就伟业的重要保证。在为中华民族伟大复兴而奋斗的征程中,我们一定要巩固全国各族人民大团结,增强各党派、各团体、各民族、各阶层以及各方面的团结,坚决维护国家统一和社会和谐稳定,坚决反对任何破坏统一和团结的分裂活动。

我们要凝聚起全体人民智慧和力量，激发出全社会创造活力和发展动力，让全体中华儿女万众一心、团结奋斗迸发出来的磅礴力量成为实现中华民族伟大复兴的强大动力。"① 语重心长的话语，充分强调了加强全国人民各个民族、各个部门、各个层面的干部群众的团结的极端重要性。

第二，讲团结是领导干部必须具备的政治素质。当前，我们面临很不安定的世界，面临着现代化建设的艰巨任务，国际国内的客观情况要求我们必须讲团结，必须倍加珍视团结，领导班子更要率先垂范。强调团结，是中华民族的优良传统。孔子说："礼之用，和为贵。"各级领导班子处于建设中国特色社会主义的中心位置，班子的团结决定着现代化事业的兴衰成败。全面建成小康社会，应对世界范围内的不测事件，完成党所承担的历史任务，必须加强全党和全国人民的团结。讲团结，首先要讲各级领导班子的团结，这是全党团结和全国人民团结的前提。领导班子只有搞好团结，才能真正形成领导核心，才能最大限度地充分发挥班子成员中每个人的聪明智慧，才能激发每个班子成员的敬业精神、创造能力，才能出智慧、出力量、出凝聚力、号召力、战斗力、生产力，才能卓有成效地完成党和人民赋予班子的历史使命。因此，我们各级领导干部都要以党和人民的事业为重，讲团结、识大体，倍加顾全大局，倍加珍视团结，倍加维护稳定。这是党中央对每个领导干部的最基本要求，也是各级领导干部必须具备的政治素质和思想境界。

2. 讲团结的实现途径

讲团结，关键在一个"讲"字。讲不讲团结，怎么讲团结，这是衡量一个领导干部能不能顾全大局，以党和人民事业为重的分水岭和试金石，也是一个领导干部综合领导素质高低的具体体现。要牢固树立政治意识、大局意识、核心意识、看齐意识，高度重视讲团结，自觉主动讲团结，善团结，这是搞好一个地区、一个部门、一个单位工作的前提。实践证明，在班子内部懂团结是真聪明，会团结是真本领，搞好团结就是真水平。如何讲团结、搞好团结，做到以下五点是实现团结的有效途径。

第一，要出于公心，同道同心。这个公心就是立党为公，就是党和人民的利益。在班子共事中，一心一意以是否利于党和人民事业为取舍的唯一标准，决不掺杂私利私心。这样，就能做到欧阳修所说的"以道为朋，

---

① 习近平：《在纪念红军长征胜利80周年大会上的讲话》，《人民日报》2016年10月22日，第2版。

第十四章　坚持以社会主义核心价值体系统领党的建设

所守者道义，所行者忠信，所惜者名节。以之修身，则同道而相益；以之事国，则同心而共济。始终如一"。古人云："同德则同心，同心则同志"。班子中凡事出于公心，就有了搞好团结的客观基础，就能很好地团结共事，做到权为民所用，情为民所系，利为民所谋，同心同德为党和人民的事业努力工作。工作中认识上即使有意见分歧，也容易达到统一，因为，都是出于公心，都是为了工作，不会产生隔阂。

第二，懂规矩，按党的原则办事。在长期的革命战争和社会主义建设及改革开放的实践中，我们党形成了一整套科学的行之有效的党委工作的原则、规章、规定和章程。这些内容体现在党章、党的文件及党的领导人的著作中，尤其是体现在党的十八大以来习近平同志系列重要讲话中，这是班子成员搞好团结的政治基础。党的团结是有原则的团结，党的原则是每个领导成员必须遵循的行为准则，也是正确处理领导成员之间可能出现的矛盾的基本准则。这些原则首先是政治原则。这是领导班子团结的根本原则，其核心是必须在马克思主义基础上，始终在思想上、政治上、行动上与以习近平同志为核心的党中央保持高度一致。这是领导班子团结的政治基础，是每个成员必须遵守的政治纪律，有了这个政治基础，团结就有了可靠保证。其次是个人服从组织，少数服从多数，下级组织服从上级组织，全党服从中央的组织原则。还有党委集体领导原则等一系列党的正确原则。按照这些原则办事，党委班子团结就有了制度上的规矩和遵循，人人按原则办事，事事按规矩定夺，就能有效地实现班子的团结。

第三，服从大局，决不争名争利。实践证明，维护大局就是团结，能否顾全大局，能否正确对待个人得失、名利，是搞好班子团结的重要环节。在看待自己名利问题上，要像老一辈革命家陈云同志所说的"个人名利淡如水，党的事业重如山"，党除了工人阶级的利益，没有自己的特殊利益。要自觉做到坚持党的事业第一，坚持人民的利益第一，为国家、为民族奋不顾身地工作，有这样的思想境界，就能站得高、看得远，就不会为名利所累，就能搞好团结。

第四，坦诚相待，互相配合，容人容事，求同存异。在一个班子内，领导成员与成员之间，既有分工又有合作，常常共事互有交叉，工作中要谦虚谨慎，互相尊重，主动协调，以利于党的整体利益为原则，及时商讨、交流、参谋、建议，共同将大家的分内之事做好，妥善处理好相互关系，使班子成员之间团结协作，配合默契。在班子中难免有不同意见，难免由于阅历、性格、认识的差异，共事中产生磕磕碰碰，这时就应该有容人之量，宰相肚里能撑船。正如毛泽东同志在《党委会工作方法》一文中所指出的：班长和委员还要互相谅解，"谅解、支援和友谊，比什么都重要"①。人非圣贤，孰能无过，谁不需要宽容和谅解呢？因此，要讲团结，以责人之心责己，以恕己之心恕人，与人为善，待人以诚，严于律己，宽以待人，容人之短，谅人之过，帮人之难。这样，同志间的关系会更加和谐，更加亲密，领导班子就会更加团结，更具有凝聚力、亲和力、感召力和战斗力。

第五，正确开展批评和自我批评，促进团结健康发展。批评与自我批评是我们党区别于任何其他政党的显著标志之一，是党的优良传统作风，是清除党内灰尘，防止政治微生物侵入党的健康肌体的法宝。在新世纪新形势下，在各种文化相互激荡，大量政治灰尘、政治微生物向党的健康肌体侵袭的情况下，尤其是在一个个党的高级干部被腐蚀、坠入腐败罪恶深渊的情况下，拿起开展批评与自我批评的武器，开展积极的思想斗争，就更为宝贵。改革开放以来，许多腐败分子在剖析自己走上犯罪道路时，都会发自内心地哀叹，当初要是有人批评他、制止他也不会走到如此地步！是的。但是，当时他们红极一时、大权在握时，如果有人胆敢批评他，那不就是老虎嘴边拔胡须吗？尽管如此，腐败分子也道出了一个真理：即批评和自我批评十分宝贵，批评他人是对党、对单位、对被批评者高度负责的表现，是无私无畏、真诚、善良的崇高品质的表现。坦诚接受别人批评，认真做自我批评，同样是对党、对人民事业高度负责的表现，同时是对批评者的人格的尊重，是自己个人修养达到高境界的表现。如果我们党委成员之间都能在开展批评与自我批评中达到毛泽东同志所指出的那样，"知无不言，言无不尽"，"言者无罪，闻者足戒"，"有则改之，无则加勉"，那么我们的干部就会更加健康成长，我们的班子就会更加团结，更加有战斗力，我们的党就会更加朝气蓬勃，我们的国家就会更加兴旺发达。

（二）坚持以社会主义核心价值体系统领党的建设，就要强调领导干部认真读书学习，全面提高综合素质

习近平同志《在庆祝中国共产党成立95周年大会上的讲话》中指出："全党要深入学习马克思列宁主义、毛泽东思想、邓小平理论、'三个代

---

① 《毛泽东选集》第4卷，人民出版社1991年版，第1441页。

第十四章　坚持以社会主义核心价值体系领党的建设

表'重要思想、科学发展观,深入学习党的十八大以来党中央治国理政新理念新思想新战略,不断提高马克思主义思想觉悟和理论水平,保持对远大理想和奋斗目标的清醒认知和执着追求。我们要教育引导广大党员、干部把学习成果转化为提升党性修养、思想境界、道德水平的精神营养,做到真学真懂真信真用,在胜利和顺境时不骄傲不急躁,在困难和逆境时不消沉不动摇,牢牢占据推动人类社会进步、实现人类美好理想的道义制高点。"[1]

党的十八届六中全会通过的《准则》指出:"全党必须毫不动摇坚持马克思主义指导思想,党的各级组织必须坚持不懈抓好理论武装,广大党员、干部特别是高级干部必须自觉抓好学习、增强党性修养。把马克思主义理论作为必修课。"[2]

党中央一直强调,要建设马克思主义学习型政党、提高全党思想政治水平。提出不断学习、善于学习,努力掌握和运用一切科学的新思想、新知识、新经验,是党始终走在时代前列引领中国发展进步的决定性因素。由此可知,读书学习是着眼于提高党的执政能力、保持和发展党的先进性的必然要求,是每个领导干部必须具备的基本功。

读书学习是新时期增长干部智慧的根本前提。当今中国,干部智则国家兴,干部强则国家强,那么智由何来,强从何致,归根结底就是读书学习。在社会主义市场经济情况下,尤其是在国际国内重大历史转折关头,新情况、新矛盾、新问题层出不穷,更需要读书学习,认真学习古今中外人类创造的一切文明成果化为自己的知识和能力为已所用,借助马克思主义的锐利武器,研究新情况,分析新矛盾,解决新问题,掌握新知识,摸索新经验,创造新成就。

知识就是智慧。领导干部掌握着国家的行政资源,有指挥权、决策权,地位高、影响大,如果再能博览群书,知情达理,达到"究天人之际,通古今之变"的境界,英明睿智、远见卓识,就能站得更高看得更远,以科学理论分析问题、认识问题,科学地指导工作以取得事半功倍的预期效果。因此,强调领导干部不断学习、善于学习,无疑是兴党兴国、

---

[1] 习近平:《在庆祝中国共产党成立95周年大会上的讲话》,《人民日报》2016年7月2日,第2版。

[2] 《关于新形势下党内政治生活的若干准则》,《人民日报》2016年11月3日,第5版。

振兴中华的战略良策，意义深远。

读书学习是提高干部执政能力的有效途径。弗朗西斯·培根在《论读书》中指出："读书足以怡情，足以博采，足以长才……其长才也，最见于处事判事之际。"读书"足以长才"，就是在"处事判事"之际，最能显示出不同凡响的"处事判事"实际能力。这是耳熟能详的至理名言。三国时期，东吴名将吕蒙起初不注意读书，只是一位"果敢有胆"的鲁莽武夫，后来在孙权的启发督促下，勤奋读书，手不释卷。正是得益于读书，曾不被人看重的"吴下阿蒙"成为"学识英博""勇而有谋，断识军计""筹略奇至""有国士之量"的经国英才，最终逼得过五关斩六将威名远扬的关云长不得不败走麦城。张良圯下得书，勤奋苦读，辅佐刘邦打下汉家江山；韩信读书，将百万之兵，垓下之战直逼得西楚霸王无颜见江东父老，自刎于乌江；陆逊读书，火烧连营七百里，致使刘备于白帝托孤……因此，要成就大业，具备大能耐，就必须勤奋读书。古今中外，概莫能外。

今天，在知识爆炸的信息时代，读书对于一个担任领导的共产党人来说，就更为必要。读书，首先是读马克思主义经典作家之书。习近平总书记的讲话指出："首先要认真学习马克思主义理论，这是我们做好一切工作的看家本领，也是领导干部必须普遍掌握的工作制胜的看家本领。"[1] 马克思主义是科学的世界观和方法论，是我们认识世界改造世界的锐利武器。我们要自觉学好马克思主义理论，提高自己的马克思主义理论水平，牢固树立马克思主义的世界观、人生观、价值观，并能自觉用以指导实践。在延安时期，毛泽东同志曾经提出："如果我们党有一百个至二百个系统地而不是零碎地、实际地而不是空洞地学会了马克思列宁主义的同志，就会大大提高我们党的战斗力量。"[2] 今天面临的国际国内局势，比当时更复杂，任务更繁重，加强马克思主义理论的学习更需要、更紧迫。只有学好理论，才能提高自己用马克思主义认识问题、分析问题、解决问题的能力。从而不断提高科学判断形势的能力，驾驭市场经济的能力，应对复杂局面的能力，依法执政、总揽全局的能力。

当前，面对新的历史使命，我们党正在进行具有许多新的历史特点的

---

[1] 习近平：《在中央党校建校80周年庆祝大会暨2013年春季学期开学典礼上的讲话》，《人民日报》2013年3月3日，第2版。

[2] 《毛泽东选集》第2卷，人民出版社1991年版，第533页。

第十四章 坚持以社会主义核心价值体系领党的建设

伟大斗争,形势环境变化之快、改革发展稳定任务之重、矛盾风险挑战之多、对我们党治国理政能力考验之大,都是前所未有的。新时期,国际国内环境更加复杂,党肩负的历史任务更加繁重,领导干部尽快提高执政能力就更加紧迫。书籍是人类知识的载体,是人类智慧的结晶,是人类进步的阶梯,博大精深,经世致用,它能带领我们从一个狭窄的港湾,驶向无限广阔的知识海洋。读书学习,是领导干部提高执政能力的有效途径,读书学习水平在很大程度上决定着工作水平和领导水平。只有用马克思列宁主义、毛泽东思想、中国特色社会主义理论体系、习近平新时代中国特色社会主义思想以及当代相关的政治、经济、文化、社会等古今中外科学的理论武装头脑,才能具有世界眼光、善于把握规律、富有创新精神,远见卓识、科学决策、开拓工作新局面,创造事业新成就。

读书学习是领导干部保持共产党人政治本色的可靠保证。孔子云:"大学之道,在明明德,在亲民,在止于至善。"[1] 领导干部自觉读书学习,认真研读马克思、恩格斯、列宁、毛泽东等经典作家的著作,自觉用中国特色社会主义理论体系武装头脑,认真贯彻落实习近平新时代中国特色社会主义思想,就能把握人类历史规律、社会主义建设规律,党的执政规律,牢固树立正确的世界观、人生观、价值观、权力观、利益观,自觉践行党全心全意为人民服务的根本宗旨,全面贯彻落实以人为本的科学发展观,以人民为中心、亲民、爱民,密切同人民群众的血肉联系。在读书学习中坚定理想信念、提高政治素养、提升思想境界,铸就崇高的共产主义道德情操和思想品质,达到至善至美的最高境界。工作中率先垂范,处处做出好样子、廉洁从政、廉洁自律,高度重视、自觉抵制当前严重脱离群众的诸多不良作风,杜绝腐败滋生,经受住执政、改革开放、市场经济、外部环境的"四个考验",克服精神懈怠、能力不足、脱离群众、消极腐败的"四个危险"。就能树立党和政府在人民群众中的良好形象,形成强大的凝聚力、感召力、战斗力,极大地调动广大人民群众建设中国特色社会主义伟大事业的积极性、创造性,带领群众万众一心,同心同德,开拓新局面,创造新辉煌。

毛泽东同志在社会主义建设中曾强调干部要振奋精神,下苦功学习,把工作以外的精力主要放在学习上,养成学习的习惯。并明确告诉大家学

---

[1] 吴树平、赖长扬:《全译本白话四书五经》第 1 卷,国际文化出版公司 1992 年版,第 8 页。

习的内容：一个是马克思主义列宁主义，一个是技术科学，一个是自然科学。还有文学，主要是文艺理论，领导干部必须懂一点。还有什么新闻学、教育学，这些学问也要懂点。总之，学问很多，大体要稍微摸一下。这一要求对当前指导我们学理论同样有现实针对性。党的十八大之后，面临全面建成小康社会，加快推进社会主义现代化，实现中华民族伟大复兴的历史任务，习近平总书记提出："经济、政治、历史、文化、社会、科技、军事、外交等方面的知识，领导干部要结合工作需要来学习，不断提高自己的知识化、专业化水平。"① 并且语重心长地指出："中国共产党人依靠学习走到今天，也必然要依靠学习走向未来。我们的干部要上进，我们的党要上进，我们的国家要上进，我们的民族要上进，就必须大兴学习之风，坚持学习、学习、再学习，坚持实践、实践、再实践。"②

社会在发展，人类在前进，在知识的浩瀚海洋里，我们所获得的知识不过是沧海一粟，微乎其微。艺无涯、学无涯。事业发展没有止境，知识的学习和积累也没有尽头，一定要像周总理"活到老，学到老，改造到老"那样，坚持终身学习的理念，才能更好地在知识爆炸的时代，获取更多的知识，具备适应时代要求的本领。让我们按照党的十八大关于"建设学习型"政党和习近平总书记关于"加强学习"的要求，把读书学习当作实现人的全面发展的重要契机，认真下番功夫吧。

习近平同志指出："要原原本本学习和研读经典著作，努力把马克思主义立场、观点、方法学到手，作为自己的看家本领。"③ 只要我国各级领导干部原原本本学习和研读经典著作，认真学习和研读习近平新时代中国特色社会主义思想，把读书学习当成一种生活态度、一种工作责任、一种精神追求，都能紧密结合实际，自觉做到爱读书、读好书、善读书，增加智慧、增强本领，创造性地工作，那就会成为实现中华民族伟大复兴的不可限量的动力源泉，就一定能够创造出震惊世界的光辉业绩，推进中国特色社会主义事业阔步走向美好的明天。

---

① 习近平：《在中央党校建校80周年庆祝大会暨2013年春季学期开学典礼上的讲话》，《人民日报》2013年3月3日，第2版。
② 习近平：《在中央党校建校80周年庆祝大会暨2013年春季学期开学典礼上的讲话》，《人民日报》2013年3月3日，第2版。
③ 习近平：《在全国党校工作会议上的讲话》（2015年12月11日），《求是》2016年第9期。

… 第十四章 坚持以社会主义核心价值体系领党的建设

（三）坚持以社会主义核心价值体系领党的建设，永葆党的先进性和纯洁性，就要强调思想上入党

党的十八大报告指出："全党要增强紧迫感和责任感，牢牢把握加强党的执政能力建设、先进性和纯洁性建设这条主线。"[①] 怎样做到加强党的执政能力建设，永葆党的先进性和纯洁性，是新时期必须认真思考和解决的重要问题。毛泽东同志《在延安文艺座谈会上的讲话》（以下简称《讲话》）中深刻论述了从思想上完全入党的问题，学习《讲话》、领悟其丰富的思想内涵，深深感到，新时期全面提高党的建设科学化水平，永葆党的先进性和纯洁性，就要像延安时期那样强调思想上入党。

毛泽东同志在《讲话》中指出："有许多党员，在组织上入了党，思想上并没有完全入党，甚至完全没有入党。"[②]"有些人就是一辈子也没有共产党员的气味，只有离开党完事。"[③] 要领导革命运动更好地发展，更快地完成，就必须从思想上组织上认真地整顿一番。首先需要在思想上整顿，需要展开一个无产阶级对非无产阶级的思想斗争，这是很必要的。小资产阶级出身的人们总是经过种种方法，也经过文学艺术的方法，顽强地表现他们自己，宣传他们自己的主张，要求人们按照小资产阶级知识分子的面貌改造党，改造世界。毛泽东同志明确地说："在这种情形下，我们的工作，就是向他们大喝一声，说：'同志'们，你们那一套是不行的，无产阶级是不能迁就你们的，依了你们，实际上就是依了大地主大资产阶级，就有亡党亡国的危险。只能依谁呢？只能依照无产阶级先锋队的面貌改造党，改造世界。"[④]

无产阶级要按照自己的世界观改造世界，资产阶级也要按照自己的世界观改造世界，这是不以人的意志为转移的客观规律。当前，在西方敌对势力西化、分化、和平演变中国的严峻情况下，这种以什么阶级的面貌改造党的斗争比以往任何时期都更加尖锐、更加复杂、更加激烈。西方敌对势力极力用资产阶级腐朽的个人主义世界观、人生观、价值观腐蚀党员思

---

① 胡锦涛：《坚定不移沿着中国特色社会主义道路前进 为全面建成小康社会而奋斗——在中国共产党第十八次全国代表大会上的报告》，《人民日报》2012年11月18日，第1版。
② 《毛泽东选集》第3卷，人民出版社1991年第2版，第873页。
③ 《毛泽东选集》第3卷，人民出版社1991年第2版，第873页。
④ 《毛泽东选集》第3卷，人民出版社1991年第2版，第873—874页。

想,腐蚀我国人民的思想,制造思想混乱,并用金钱培育亲西方的代理人。资产阶级自由化分子与西方敌对势力遥相呼应,攻击、丑化社会主义、马克思主义、中国共产党及中国革命的历史,美化资本主义,主张全盘西化,主张用西方资本主义的价值观和政治面貌改变中国共产党的领导和社会主义制度。党内许多思想上并没有完全入党,甚至完全没有入党的幼稚肤浅的人也把附和、传播这种明显的反动思潮当作时髦。尽管这些人是少数,但对党的思想建设危害极大,而我们的许多同志却缺乏理论上思想上的抵御能力。有许多人尤其是年轻人,大多没有系统学习过马克思、恩格斯等马克思主义经典作家的著作,甚至没有学习过毛泽东的著作、邓小平的著作,缺乏起码的马克思主义的基本常识,因此,当各种错误思潮像潮水般涌来的时候,就分不清孰是孰非,这又怎能自觉坚持党的思想路线、保持党的先进性和纯洁性呢?这是非常令人忧虑的。

　　解决这些问题,就必须像延安时期那样,下大力气解决思想上入党的问题。就是要在全党进行一次系统的马克思主义的教育运动,积极学习领会习近平总书记在中央党校建校80周年庆祝大会暨2013年春季学期开学典礼上的讲话精神,"首先要认真学习马克思主义理论,这是我们做好一切工作的看家本领,也是领导干部必须普遍掌握的工作制胜的看家本领。……只有学懂了马克思列宁主义、毛泽东思想、邓小平理论、'三个代表'重要思想、科学发展观,特别是领会了贯穿其中的马克思主义立场、观点、方法,才能心明眼亮,才能深刻认识和准确把握共产党执政规律、社会主义建设规律、人类社会发展规律,才能始终坚定理想信念,才能在纷繁复杂的形势下坚持科学指导思想和正确前进方向,才能带领人民走对路,才能把中国特色社会主义不断推向前进"[1]。认真学习马克思主义理论,学习毛泽东思想,学习中国特色社会主义理论体系,学习习近平新时代中国特色社会主义思想,这是解决思想上入党的重要前提。只有这样,我们才能在各种错误思潮面前,做到思想上辨正误、政治上分是非、道德上明荣耻,才能保证党的路线方针政策全面正确地贯彻落实,才能推进中国特色社会主义伟大事业顺利前进。只有这样,落实全面建成小康社会、实现中华民族伟大复兴的"中国梦",才有坚实的思想理论基础和持久的精神动力。

---

　　[1] 习近平:《在中央党校建校80周年庆祝大会暨2013年春季学期开学典礼上的讲话》,《人民日报》2013年3月3日,第2版。

第十四章　坚持以社会主义核心价值体系领党的建设

同时，必须坚定不移地坚持马克思主义在意识形态领域里的指导地位，坚守马克思主义的意识形态阵地，旗帜鲜明地抵制、批判反马克思主义的歪理邪说。苏联共产党作为执政70多年的大党，当社会主义事业的叛徒戈尔巴乔夫宣布解散时，竟然没有遇到任何有效的抵制，教训是极其惨痛的，这就是容忍反革命意识形态长期占领意识形态阵地的必然恶果。因此，当前意识形态领域里的这场斗争，实质上就是要不要维护共产党领导的社会主义制度，要不要坚持人民民主专政，要不要坚持马克思主义指导地位等一系列关系党和国家前途命运的殊死搏斗。在这场严峻的斗争中，中国共产党人要时刻保持清醒头脑，决不能掉以轻心。一定要加强思想建党，对国内外敌对势力在意识形态领域向党的猖狂进攻决不能听之任之。必须旗帜鲜明敢于亮剑，坚决持久地予以反击，深刻地揭露其反动本质，彻底肃清其恶劣影响，决不给反动的意识形态提供任何阵地，决不允许反党反社会主义的歪理邪说泛滥成灾，苏联的悲剧决不能在中国重演！

当前，作为共产党员一定要认真解决从思想上入党的问题，用马克思主义的无产阶级世界观改造自己的主观世界，按照习近平总书记在十八届中央纪委二次全会上发表重要讲话精神，"每一个共产党员特别是领导干部都要牢固树立党章意识，自觉用党章规范自己的一言一行，在任何情况下都要做到政治信仰不变、政治立场不移、政治方向不偏"，[①] 自觉增强忧患意识、创新意识，认真落实中央八项规定，用良好的党风、政风规范自己，以进一步端正社会风气，从而永葆党的先进性和纯洁性，团结带领广大人民群众，全面落实党的十八大、十九大、二十大和党的二十届一中、二中全会精神，为全面建设社会主义现代化国家、全面推进中华民族的伟大复兴做出积极贡献。

（四）坚持以社会主义核心价值体系统领党的建设，永葆先进性，就要坚持做到"四"干事

党的十八大报告强调："全党要增强紧迫感和责任感，牢牢把握加强党的执政能力建设、先进性和纯洁性建设这条主线"。习近平总书记在参观《复兴之路》展览时强调："实现中华民族伟大复兴是一项光荣而艰巨的事业，需要一代又一代中国人共同为之努力。空谈误国，实干兴邦。"

[①] 习近平：《更加科学有效地防治腐败　坚定不移把反腐倡廉建设引向深入》，《人民日报》2013年1月23日，第1版。

党的十八届六中全会通过的《准则》指出："党的各级组织和领导干部必须牢记空谈误国、实干兴邦，践行正确政绩观，发扬钉钉子精神，力戒空谈，察实情、出实招、办实事、求实效，做到守土尽责。"2016年12月26日至27日，中共中央政治局召开民主生活会，习近平在讲话中指出："党和国家事业发展，离不开全党脚踏实地、真抓实干。抓工作，是停留在一般性号召还是身体力行，成效大不一样。讲实话、干实事最能检验和锤炼党性。"① 2019年3月1日，习近平总书记在中共中央党校（国家行政学院）中青年干部培训班开班式上发表重要讲话时指出："要牢记空谈误国、实干兴邦的道理，坚持知行合一、真抓实干，做实干家。"② 实干兴邦，求真务实，就是要干实事，鼓实劲，尽心尽力，殚精竭虑，踏踏实实为人民做好工作。先进性建设是党的全面建设的主线和重要组成部分，新时期共产党员保持先进性，就是要按照党的十九大要求，不忘初心，牢记共产党人的历史使命，神圣职责，顽强奋斗、艰苦奋斗、不懈奋斗，在新中国成立一百年时建成富强民主文明和谐美丽的社会主义现代化国家，为实现中华民族的伟大复兴而努力奋斗。简言之，就是要做到"四"干事，即懂得为啥干事、能干事、肯干事、能干成事。

1. 坚定理想信念，牢记宗旨，懂得为啥干事

党的十八大报告关于全面提高党的建设科学化水平部分，第一条"坚定理想信念，坚守共产党人精神追求"就强调："对马克思主义的信仰，对社会主义和共产主义的信念，是共产党人的政治灵魂，是共产党人经受住任何考验的精神支柱。"③ 新时期保持共产党员先进性，首先要有共产主义崇高理想和建设中国特色社会主义的坚定信念，胸怀大目标，干好眼前活。习近平总书记在新进中央委员会的委员、候补委员学习贯彻党的十八大精神研讨班开班式上发表重要讲话强调："革命理想高于天。没有远大

---

① 中共中央政治局召开民主生活会：《对照贯彻落实党的十八届六中全会精神研究加强党内政治生活和党内监督措施 中共中央总书记习近平主持会议并发表重要讲话》，《人民日报》2016年12月28日，第1版。

② 习近平在中共中央党校（国家行政学院）中青年干部培训班开班式上发表重要讲话强调：《在常学常新中加强理论修养，在知行合一中主动担当行为》，《人民日报》2019年3月2日，第11版。

③ 胡锦涛：《坚定不移沿着中国特色社会主义道路前进 为全面建成小康社会而奋斗——在中国共产党第十八次全国代表大会上的报告》，《人民日报》2012年11月18日，第1版。

第十四章　坚持以社会主义核心价值体系领党的建设

理想，不是合格的共产党员；离开现实工作而空谈远大理想，也不是合格的共产党员。"[1] 这就要求我们为实现崇高理想，牢记党全心全意为人民服务的宗旨，立党为公，执政为民，实现好、维护好、发展好最广大人民的根本利益。满怀爱民之心，恪守为民之责，善谋富民之策，多办利民之事。牢固树立马克思主义的世界观、人生观、价值观和正确的权力观、地位观、利益观。常修为政之德，常思贪欲之害，常怀律己之心，绝不脱离群众，绝不贪图安逸，绝不以权谋私。廉洁奉公，一尘不染，把建设中国特色社会主义、实现共产主义，为人民谋利益作为一切工作的根本出发点和归宿。懂得了这些，就会产生强烈的责任感和使命感，就会激发出为了人民的利益百折不挠、勇往直前搞好工作的巨大精神动力和豪情迸发的积极性、创造力。

2. 勤奋学习，博见卓识，有真本领能干事

孔子说："君子学以致其道。"[2] "吾尝终日不食，终夜不寝，以思，无益，不如学也。"[3] 荀子说："吾尝终日而思矣，不如须臾之所学也。"[4] 党的十九大提出："要增强学习本领，在全党营造善于学习、勇于实践的浓厚氛围，建设马克思主义学习型政党，推动建设学习大国。"[5] 把增强学习本领放在首位是有深意的。勤奋学习，是共产党员提高马克思主义理论水平，增强党性，掌握知识，提高本领，做好工作的前提，因此，共产党员一定要勤奋努力，刻苦学习马克思列宁主义、毛泽东思想、中国特色社会主义理论体系和习近平新时代中国特色社会主义思想，提高自己运用马克思主义的世界观、方法论，科学认识、正确分析、恰当处理问题、推动科学发展的实际能力。同时，要争分夺秒地虚心向书本学习，向实践学习，向行家学习，向有丰富实践经验的广大人民群众学习，学习社会主

---

[1] 习近平：《在新进中央委员会的委员、候补委员学习贯彻党的十八大精神研讨班开班式上发表重要讲话》，《人民日报》2013年1月6日，第1版。

[2] 吴树平、赖长扬：《全译本白话四书五经》第1卷，国际文化出版公司1992年版，第154页。

[3] 吴树平、赖长扬：《全译本白话四书五经》第1卷，国际文化出版公司1992年版，第133页。

[4] 荀子：《劝学篇》，郭锡良、唐作藩、何九盈等编：《古代汉语》中册，北京出版社1982年版，第623页。

[5] 习近平：《决胜全面建成小康社会 夺取新时代中国特色社会主义伟大胜利——在中国共产党第十九次全国代表大会上的报告》，《人民日报》2017年10月28日，第1版。

市场经济知识、现代科学技术知识、现代管理科学、法律知识、历史知识，学习一切自己需要的本专业知识及相关知识，使自己成为知识渊博、通古达今、远见卓识的智者，成为既有理论知识又有实际本领能干事的行家里手。有了本领，才能干事，才有干好事、干成事的底气和前提条件。

3. 敬业爱岗，兢兢业业，拼搏奋斗肯干事

"九层之台，起于垒土；千里之行，起于足下。"① 共产党员的先进性，要体现在改革发展稳定的各项工作中充分发挥先锋模范作用上，体现在敬业爱岗、勤勤恳恳、兢兢业业、拼搏奋斗肯干事上。习近平总书记指出："衡量一名共产党员、一名领导干部是否具有共产主义远大理想，是有客观标准的，那就要看他能否坚持全心全意为人民服务的根本宗旨，能否吃苦在前、享受在后，能否勤奋工作、廉洁奉公，能否为理想而奋不顾身去拼搏、去奋斗、去献出自己的全部精力乃至生命。"② 空谈误国，实干兴邦。成就任何事业，都要靠实干。不干，半点马列主义也没有。小到一个人，一个单位，大到一个区域，一个国家，要发展、繁荣、强盛，就不能坐而论道，必须靠辛勤的汗水去实现。智慧在干中增长，规律在干中把握，成功在干中实现。共产党员就是要在干的过程中，不怕吃苦，不怕受累，燃膏继晷，殚精竭虑，出大力、流大汗，拼搏奋斗，处处带头，充分发挥先锋模范作用。战场上，冲锋在前，退却在后，把死的危险留给自己，把生的希望让给他人；平时吃苦在前，享受在后，把困难留给自己，把方便让给群众。不论在何时何地，都能让广大群众真正看到最困难的任务、最关键的时候、最危险的地方都有党员冲在前面。共产党员只要按照习近平总书记的要求"夙夜在公，勤勉工作"，具有了这种拼搏奋斗、肯干事的品格，任何时候都不懈怠，不消极，兢兢以强，勤勉工作，就一定能始终保持其先进性。

4. 知行统一，求真务实，脚踏实地干成事

共产党人是知和行、动机和效果的统一论者。其先进性的要求，不仅是懂得为啥干事、能干事、肯干事，还要求能干成事，把为人民服务的好事干好、实事干实、干成功、干漂亮，使群众受益，让人民满意，产生良好的社会效益和经济效益。党的十八大报告强调："必须增强使命意识，

---

① 林文力：《道德经（智慧全解）》，华中科技大学出版社2013年版，第217页。
② 习近平：《在新进中央委员会的委员、候补委员学习贯彻党的十八大精神研讨班开班式上发表重要讲话》，《人民日报》2013年1月6日，第1版。

求真务实，艰苦奋斗，始终保持共产党人的政治本色。"要求我们的共产党员尤其是领导干部居高望远，胸有全局，求真务实，脚踏实地，一切从实际出发，按事物本身的客观规律办事，民主决策，科学决策，依法决策，周密部署，精心实施，扎实推进，务求实效。以科学发展观为统领，用智慧心血和汗水把自己所从事的社会主义物质文明、政治文明、精神文明、生态文明等各项工作搞好，创造出有利于人类文明、社会进步的精神和物质成果，奉献给社会，服务于人民，为加快推进社会主义现代化建设，创造出突出业绩、做出积极贡献。

共产党员胸怀大目标，懂得了为啥干事，能干事，肯干事，能干成事，就能在实践基础上铸造崇高的思想境界，就有了统揽全局、驾驭局势，恰当处理、正确应对各种工作挑战的能力，就有了艰苦奋斗勤奋工作的精神状态，就能言行一致，说到做到，工作卓有成效，就能在社会生活中充分发挥先锋模范作用，说话人爱听，干事得人心，真正保持共产党员的先进性。

第十五章

坚持以社会主义核心价值体系
引领社会思潮的实现途径

党的十七届六中全会审议通过的《中共中央关于深化文化体制改革推动社会主义文化大发展大繁荣若干重大问题的决定》深刻指出："社会主义核心价值体系是兴国之魂，是社会主义先进文化的精髓，决定着中国特色社会主义发展方向。必须强化教育引导，增进社会共识，创新方式方法，健全制度保障，把社会主义核心价值体系融入国民教育、精神文明建设和党的建设全过程，贯穿改革开放和社会主义现代化建设各领域，体现到精神文化产品创作生产传播各方面，坚持用社会主义核心价值体系引领社会思潮，在全党全社会形成统一指导思想、共同理想信念、强大精神力量、基本道德规范。"[①] 党的十八大报告再次强调："加强社会主义核心价值体系建设。……要深入开展社会主义核心价值体系学习教育，用社会主义核心价值体系引领社会思潮、凝聚社会共识。推进马克思主义中国化时代化大众化，坚持不懈用中国特色社会主义理论体系武装全党、教育人民，深入实施马克思主义理论研究和建设工程，建设哲学社会科学创新体系，推动中国特色社会主义理论体系进教材进课堂进头脑。广泛开展理想信念教育，把广大人民团结凝聚在中国特色社会主义伟大旗帜之下。大力弘扬民族精神和时代精神，深入开展爱国主义、集体主义、社会主义教育，丰富人民精神世界，增强人民精神力量。倡导富强、民主、文明、和谐，倡导自由、平等、公正、法治，倡导爱国、敬业、诚信、友善，积极培育和践行社会主义核心价值观。牢牢掌握意识形态工作领导权和主导权，坚持正确导向，提高引导能力，壮大主流思想舆论。"[②] 这就为我们探索坚持以社会主义核心价值体系引领社会思潮的实现途径指明了方向，提

[①] 《中共中央关于深化文化体制改革推动社会主义文化大发展大繁荣若干重大问题的决定》，人民出版社2011年版，第11—12页。

[②] 胡锦涛：《坚定不移沿着中国特色社会主义道路前进 为全面建成小康社会而奋斗——在中国共产党第十八次全国代表大会上的报告》，人民出版社2012年版，第31页。

第十五章 坚持以社会主义核心价值体系引领社会思潮的实现途径

出了要求,确定了任务。

习近平总书记在全国宣传思想工作会议上强调:"要加强社会主义核心价值体系建设,积极培育和践行社会主义核心价值观,全面提高公民道德素质,培育知荣辱、讲正气、作奉献、促和谐的良好风尚。"[①] 为加强社会主义核心价值体系建设,让社会主义核心价值体系广为传播,深入人心,真正卓有成效地发挥引领社会思潮的应有作用,成为中国人民的思想遵循、精神指导、行为准则,就要解决"船"和"桥"的问题。胡锦涛同志在党的十七大报告中指出:"积极探索用社会主义核心价值体系引领社会思潮的有效途径,主动做好意识形态工作。"[②] 这就为我们深入研究探索社会主义核心价值体系引领社会思潮在社会经济政治生活各个领域、各个层面的实现途径提出了要求,指明了方向。为此,积极探索用社会主义核心价值体系引领社会思潮的有效途径,就要着重从以下几个方面入手。

一、居高望远,在宏观层面牢牢把握坚持以社会主义核心价值体系引领社会思潮的主动权

在当前情况下,积极探索坚持以社会主义核心价值体系引领社会思潮的实现途径,极其紧迫,十分必要。马克思、恩格斯在《共产党宣言》中指出:"任何一个时代的统治思想始终都不过是统治阶级的思想。"[③] 社会主义核心价值体系作为兴国之魂,一定要成为我们时代的统治思想,成为统领各种思想的皈依和旗帜,在中国社会的各个领域坚持以社会主义核心价值体系引领社会思潮,是共产党人高度文化自觉和文化自信的集中体现。坚持以社会主义核心价值体系引领社会思潮,是从当前世情、国情、党情出发,有效应对国际复杂形势、高举旗帜,凝聚人心,开创社会主义辉煌前景的需要;是经受住"执政考验、改革开放考验、市场经济考验、外部环境考验"的"四个考验"和克服"精神懈怠的危险,能力不足的危险,脱离群众的危险,消极腐败的危险""四个危险"的需要;是巩固党

---

① 习近平在全国宣传思想工作会议上强调:《胸怀大局把握大势着眼大事努力把宣传思想工作做得更好》,《人民日报》2013年8月21日,第1版。
② 《十七大以来重要文献选编》上,中央文献出版社2009年版,第26页。
③ 《马克思恩格斯选集》第1卷,人民出版社1995年版,第292页。

的执政地位、巩固社会主义制度的需要。能不能做到坚持以社会主义核心价值体系引领社会思潮，关系党的前途命运，关系社会主义的前途命运，关系人民的福祉，关系人类社会的发展方向，对世界的和平发展和人类的文明进步具有重要的现实意义和深远的战略意义。要使社会主义核心价值体系形成全体人民的思想共识，统一意志，统一指挥，统一行动，首先是统一意志，有一个共同的价值认知和取向，为此，就必须坚持做到以下方面。

（一）把政治领域作为以社会主义核心价值体系引领社会思潮实现途径的首要着力点

毛泽东同志指出："思想和政治又是统帅，是灵魂。只要我们的思想政治工作稍微一放松，经济工作和技术工作就一定会走到邪路上去。"①"政治工作是一切经济工作的生命线。在社会经济制度发生根本变革的时期，尤其是这样。"② 政治领域是我国国家机器的核心，是保证国家政权正常运行的指挥部和总枢纽，是党的思想政治理论研究、创新、发展、传播和党的路线方针政策的制定、颁布的发源地和指挥部，我国的各级各种政治组织是带动整个社会前进的火车头，是传播实现、贯彻落实、实施践行社会主义核心价值体系的职能部门和有效载体。

政治领域主要指的是宏观政治领域和政治组织，宏观领域如政党、政府、政策、政治制度、政治思想等，政治组织主要指的是中国的国家、省、市、县、乡各级党政机关，人大、政协、公、检、法、司，工会、青年团、妇联、文联、科协、社科联、侨联等组织以及各学术团体、行业协会、职业团体等，还有各级社会科学研究机构，思想宣传战线的事业单位，各级党校，各大专院校承担政治职能或具有政治职能的组织和社会团体。坚持以社会主义核心价值体系引领社会思潮，只要在政治领域里得以实现，就抓住了关键，占据了核心，掌握了主动，奠定了基础。因此，首先要把政治领域和政治组织作为实现途径的着力点，抓紧抓好抓扎实。这样，就能实现坚持以社会主义核心价值体系引领社会思潮的效益最大化。

---

① 《毛泽东文集》第7卷，人民出版社1999年版，第351页。
② 《毛泽东文集》第6卷，人民出版社1999年版，第449页。

第十五章　坚持以社会主义核心价值体系引领社会思潮的实现途径

（二）广泛深入宣传，做好舆论引导，在全社会形成坚持以社会主义核心价值体系引领社会思潮的浓厚氛围

习近平总书记在全国宣传思想工作会议上强调："我们正在进行具有许多新的历史特点的伟大斗争，面临的挑战和困难前所未有，必须坚持巩固壮大主流思想舆论，弘扬主旋律，传播正能量，激发全社会团结奋进的强大力量。"[1] 广泛深入宣传社会主义核心价值体系的丰富内容和深刻内涵，是传播和实现社会主义核心价值体系的前提条件；是坚持巩固壮大主流思想舆论，弘扬主旋律，传播正能量，激发全社会团结奋进强大力量的必由之路。要广泛深入宣传社会主义核心价值体系，利用一切可以利用的宣传载体和平台将社会主义核心价值体系的丰富内容和深刻内涵全面展示和广泛传播，深入到政治领域里的各个层面，各个角落，全方位，多侧面，全覆盖，让全体社会成员举手投足之间都能深切感受到，做到入目、入耳、入心，熟读、熟记、耳熟能详，统一意志，形成全体人民共同的价值认知和取向，化为人的灵魂，成为全体人民人人自觉遵循的思想共识，精神指导，行为准则。

1. 首先要把社会主义核心价值体系融入国民教育、精神文明建设和党的建设全过程，贯穿改革开放和社会主义现代化建设各领域，体现到精神文化产品创作生产传播各方面

社会主义核心价值体系揭示了科学社会主义的本质要求，体现了马克思主义的世界观、人生观、价值观，融合了中华民族优秀传统文化的精华，吸纳了人类现代文明的进步元素，反映广大社会成员的共同追求，海纳百川，博大精深，内涵极为丰富。它涵盖马克思主义指导思想、中国特色社会主义共同理想、爱国爱党、改革创新、社会主义荣辱观，集中反映了爱国主义、集体主义、社会主义思想内容的各个方面，适合于社会生活中所有的人群。因此，其在全社会的传播和实现，首先要在舆论引导上下功夫，在深入普及上下功夫，在进教材、进课堂上下功夫。要坚持用社会主义核心价值体系引领社会思潮，武装人们头脑，在全党全社会形成统一指导思想、共同理想信念、强大精神力量、基本道德规范。真正把社会主义核心价值体系作为国家意识形态领域里的主流意识形态、思想指导、精

---

[1] 习近平在全国宣传思想工作会议上强调：《胸怀大局把握大势着眼大事努力把宣传思想工作做得更好》，《人民日报》2013 年 8 月 21 日，第 1 版。

神统领，用社会主义核心价值体系掌控意识形态领域里的话语权，创造有利于社会主义核心价值体系传播、实现的浓厚舆论氛围，形成有利于社会主义核心价值体系的文化认同、思想认同、心理认同、信仰认同，成为党政军民社、东西南北中、工农商学兵，各部门和各级领导成员的坚定信念、共同理想和自觉追求。

2. 做好认同社会主义核心价值体系的各项工作

社会主义核心价值体系是社会主义意识形态的本质体现，社会主义和谐文化建设必须依靠社会主义核心价值体系来引领。坚持以社会主义核心价值体系引领社思潮，必须首先得到广大人民的认同。就心理学而言，认同是由认知、情感、意向等多种心理因素统合而成的整体心理结构，是认知认同、情感认同和行为认同的高度统一。行为认同，是指社会成员对社会主义核心价值体系的践行，是社会成员将自己的认识和相应的情感转化为行动，是认同的高级阶段。认知是认同的逻辑起点，知之才能信之，信之才能付诸行为。我们要通过电视、广播电台、报纸刊物、网络、微博、微信等传统媒体和新兴媒体宣传社会主义核心价值体系，要在全社会营造认知、学习社会主义核心价值体系的浓厚氛围，让人们从感性上认知社会主义核心价值体系；通过政策宣讲、专题报告、学术研究、课堂讲授等形式，加强党员干部、知识分子、青年学生等群体对社会主义核心价值体系的理性认知，由对社会主义核心价值体系的直接性、表面性、片面性的价值感知认识上升为间接性、深刻性、系统性和全面性的理性认同；通过感动中国、道德模范等贴近生活、贴近实际、贴近群众的案例，将社会主义核心价值体系中民族精神、时代精神、荣辱观念等所蕴含的积极情感因素折射出来，充分调动和激发人们对社会主义核心价值体系的愉快、信任、感激、热情与激情等积极情感体验，使其政治认知和道德认知符合社会主义核心价值体系要求，并升华为相应的政治信念和道德信念，同时外化为政治行动和道德行为；通过学习、生活、工作等各种实践活动使人们对现存的各种社会关系产生正向的政治体验和道德体验，形成正确的思想政治观念体系，并通过实践活动的继续和体验的深化，使人们形成稳定和一贯的践行社会主义核心价值体系的心理倾向。

3. 通过各种媒介在全社会广泛宣传社会主义核心价值体系

充分利用报刊、广播、电视和互联网等大众媒体、新兴媒体、移动通讯，开辟专题、专栏，通过新闻报道、言论评论、专家点评、群众讨论、讲座、理论文章、文学、戏剧、音乐、舞蹈、美术、书法、摄影、曲艺、

第十五章 坚持以社会主义核心价值体系引领社会思潮的实现途径

杂技、影视作品和公益广告等多种形式,在全社会营造传承、弘扬社会主义核心价值体系的浓厚氛围。同时,努力在多元中立主导,在多样中谋共识,在多变中把握正确方向,运用多种渠道、多种阵地开展广泛的宣传教育。在城市建筑物、街道社区、乡村集市、公园广场、车站机场、港口码头、爱国主义教育基地等场所,设置标语牌、公益广告,在火车车厢、公交车车体等凡是能够让群众看得见、感受得到的地方,都设置制作精美的社会主义核心价值体系的宣传标牌。还要创新实际传播方法,把理论宣传同人民群众的生活实际结合起来,使群众通过丰富而浅显的形式就可以掌握深奥的理论,拉近理论同群众的距离,使人民群众在学习、工作、生活休闲中潜移默化地接受理论教化。在大众媒体飞速发展的今天,用社会主义核心价值体系引领社会思潮,要建立融传统媒介与现代媒介为一体的全方位的、立体的理论传播体系,充分发挥大众媒体的传播迅速、图文并茂、声像俱全、影响广泛的优势。从而及时准确地宣传党的理论主张和方针政策,反映社情民意,营造一种积极健康的思想舆论氛围,巧妙地影响各种各样的社会思潮,形成有利于社会主义核心价值体系引领社会思潮的舆论强势,进一步掌握舆论宣传的主动权,使整个社会沿着正确的方向发展进步。通过扎实有效的宣传教育,耳闻目染,润物无声,潜移默化,使社会主义核心价值体系家喻户晓,深入人心,由内化于心,而外化于行,转化为社会成员从我做起,从身边做起,从点滴做起的行为习惯。

(三) 开展各类群众性的创建活动,将社会主义核心价值体系学习教育融入各类创建活动之中,形成全社会的自觉行动

要把社会主义核心价值体系的学习教育与全面建成小康社会、深入落实科学发展观、建设学习型政党、学习型社会、创先争优活动、群众路线教育实践活动、保持共产党员先进性纯洁性、贯彻《公民道德实施纲要》及各类活动结合起来。更需要有一系列鲜明、简洁、具体,让人有遵循,可操作的相关具体实践活动内容,作为社会主义核心价值体系的载体和平台。如开展文明城市、文明村镇、文明行业等各类创建活动,新闻、出版、文艺、体育、教育、科技等各类评奖,都要把社会主义核心价值体系作为重要内容和评选标准。要把社会主义核心价值体系和社会主义核心价值观的宣传落实与人们的日常生活紧密联系起来,在落细、落小、落实上下功夫。要按照社会主义核心价值体系和社会主义核心价值观的基本要

求，健全各行各业规章制度，完善市民公约、乡规民约、学生守则等行为准则，使社会主义核心价值体系和社会主义核心价值观成为人们日常生活的基本遵循。企业、农村、社区都要根据自身的特点，采用各种行之有效的形式，通过多种渠道，多种多样的实践活动，把社会主义核心价值体系和社会主义核心价值观的教育和实践渗透到其中，形成人人自觉身体力行社会主义核心价值体系和社会主义核心价值观的良好局面。

要把自律和他律结合起来，建立完善激励机制。在树立社会主义核心价值体系的实践中，党政机关要处处走在前边，为全社会做出表率。共产党员特别是各级领导干部要以身作则，率先垂范，不仅在自己的工作岗位上贯彻党的宗旨，当好人民公仆，而且在社会生活中严格自律，严格要求，做社会主义核心价值体系和社会主义核心价值观的积极实践者，并与社会上危害社会主义核心价值体系和社会主义核心价值观的不良言行做坚决的斗争，用自己的模范言行和人格力量为群众做出榜样，为人们树立学习的典范，鼓励人们积极向上、见贤思齐、追求崇高的精神境界。

（四）毫不动摇地以社会主义核心价值体系占领马克思主义的意识形态阵地，始终坚持正确舆论引导

俗话说，不破不立。马克思主义的思想意识形态阵地，马克思主义思想不去占领，非马克思主义、反马克思主义的思想必然去占领；社会主义的思想不去占领，非社会主义、反社会主义的思想一定去占领；社会主义核心价值观不去占领，反社会主义的价值观、资本主义的极端个人主义、拜金主义、享乐主义价值观一定会去占领；对一切危害社会主义核心价值体系的资产阶级反动思潮不批判、不斗争，反动思潮就会泛滥肆虐，就会不断地侵蚀社会主义的舆论阵地，社会主义核心价值体系的传播与实现就难以顺利进行，甚至导致党和社会主义制度的惨败。苏联亡党亡国的教训就是社会主义思想受到挑战和诋毁时没有进行有效抵制批判的直接恶果。因此，毫不动摇地以社会主义核心价值体系占领马克思主义的意识形态阵地，就要理直气壮地坚持马克思主义在意识形态领域的指导地位，旗帜鲜明、坚持不懈地批判各种违反、消解、动摇、否定社会主义核心价值体系的歪理邪说。习近平总书记指出："在事关大是大非和政治原则问题上，必须增强主动性、掌握主动权、打好主动仗，帮助干部群众划清是非界

第十五章 坚持以社会主义核心价值体系引领社会思潮的实现途径

限、澄清模糊认识。"① 正如中国社会科学院原院长、党组书记王伟光著文旗帜鲜明地指出:"面对攻击党和政府、否定社会主义制度的言论,我们的理论工作者、宣传思想文化工作者,要以高度的责任感,以实际行动进行有力回击,当冲锋陷阵的战士。"②

毛泽东同志指出:"我国社会主义和资本主义之间在意识形态方面的谁胜谁负的斗争,还需要一个相当长的时间才能解决。这是因为资产阶级和从旧社会来的知识分子的影响还要长期存在,作为阶级的意识形态还要在我国长期存在。如果对这种形势认识不足,或者根本不认识,那就要犯绝大的错误,就会忽视必要的思想斗争。③"毫无疑问,我们应该批评各种各样的错误思想。不加批评,看着错误思想到处泛滥,任凭它们去占领市场,当然不行。有错误就得批判,有毒草就得进行斗争。"④ 当然,这种批评只有采取讨论的方法,批评的方法,说理的方法,这样,才能真正发展正确意见,克服错误意见,才能真正解决问题。

社会生活的实践告诉我们,有些属于资产阶级自由化的思想理论问题,许多主要表现为思想认识问题,采取粗暴、压制的办法,那是有害而无益的。但是我们也决不能放弃对这种错误思想的斗争,正如毛泽东同志所指出的:"凡是错误的思想,凡是毒草,凡是牛鬼蛇神,都应该进行批判,决不能让他们自由泛滥。但是,这种批判,应该是充分说理的,有分析的,有说服力的,而不是粗暴的,官僚主义的,或者是形而上学的教条主义的。"⑤ 我们党历来重视意识形态工作,这方面做得好不好,直接关系社会主义事业的成败。意识形态领域是渗透反渗透、颠覆反颠覆、和平演变和反和平演变斗争的重要领域。资产阶级自由化同我们党坚持的四项基本原则的对立和斗争,实质上是要不要坚持共产党的领导、坚持社会主义道路的斗争,这种政治斗争经常地表现为意识形态领域的思想理论斗争。当前,在思想意识形态领域,能够自觉坚持马克思列宁主义、毛泽东思

---

① 习近平在全国宣传思想工作会议上强调:《胸怀大局把握大势着眼大事努力把宣传思想工作做得更好》,《人民日报》2013年8月21日,第1版。
② 王伟光:《牢牢掌握意识形态工作领导权管理权话语权——深入学习贯彻习近平同志在全国宣传思想工作会议上的重要讲话精神》,《人民日报》2013年10月8日,第7版。
③ 《毛泽东文集》第7卷,人民出版社1999年版,第231页。
④ 《毛泽东文集》第7卷,人民出版社1999年版,第232页。
⑤ 《毛泽东文集》第7卷,人民出版社1999年版,第281页。

想、中国特色社会主义理论体系,有良知的理论工作者是我国知识分子队伍的主流,但我们也不能否认隐藏在我国各个部门和领域的一些或被西方敌对势力拉拢、腐蚀收买的丧失了民族气节出卖国格和人格的变节者,或为出身反动家庭并坚持反动立场的与共产党和社会主义势不两立的反动分子,或与西方敌对势力同流合污、反对四项基本原则的资产阶级自由化分子,以及充当西方敌对势力反华鹰犬的民族败类,被西方殖民主义思想奴化,崇洋媚外,甘当汉奸的小丑,顽固地要用他们反动的世界观改造世界,改造我们的党,改造社会主义制度,企图从根本上改变和颠覆社会主义制度。他们疯狂地利用各种媒体和舆论阵地,从上层建筑、经济基础和意识形态向党和社会主义制度展开全面进攻。在他们把持或受他们思潮影响的人把持的舆论阵地,成了反马克思主义歪理邪说肆意泛滥的温床,只准毒草"放",不准真理去"争",剥夺了真正马克思主义者的话语权,导致了许多人思想的混乱,产生了极大的危害。对此,我们必须坚决与之斗争,进行坚决的批判,将其错误观点批驳得体无完肤,使其如老鼠过街,无处藏身,决不给其提供阵地,决不容许其错误观点肆意泛滥。对此,习近平同志提出明确要求,指出:"要敢抓敢管,敢于亮剑,着眼于团结和争取大多数,有理有利有节开展舆论斗争,帮助干部群众划清是非界限、澄清模糊认识。对那些恶意攻击党的领导、攻击社会主义制度、歪曲党史国史、造谣生事的言论,一切报刊图书、讲台论坛、会议会场、电影电视、广播电台、舞台剧场等都不能为之提供空间,一切数字报刊、移动电视、手机媒体、手机短信、微信、博客、播客、微博客、论坛等新兴媒体都不能为之提供方便。对这些言论,不仅要在网络上加强控制,而且要落地做人的工作。对违反四项基本原则的,必须教育引导,要建立责任制,所在的地方和单位要切实管起来。"① 为了有效惩处有的党员披着共产党员的外衣却干着破坏党的建设问题,中共中央印发修订后的《中国共产党纪律处分条例》,其中第四十五条明确规定:"通过信息网络、广播、电视、报刊、书籍、讲座、论坛、报告会、座谈会等方式,公开发表坚持资产阶级自由化立场、反对四项基本原则,反对党的改革开放决策的文章、演说、宣言、声明等的,给予开除党籍处分。"对"发布、播出、刊登、出版前款所列文章、演说、宣言、声明等或者为上述行为提供方便条件

---

① 习近平:《在全国宣传思想工作会议上的讲话》2013年8月19日,中共河北省委办公厅:《习近平总书记重要讲话专题摘编》,2013年9月,第94—95页。

第十五章 坚持以社会主义核心价值体系引领社会思潮的实现途径

的,对直接责任者和领导责任者,给予严重警告或者撤销党内职务处分;情节严重的,给予留党察看或者开除党籍处分"①。我们一定要按照习近平同志和党中央的要求,坚决惩处、清理党内那些与党心怀二志的变节分子、自由化分子,纯洁我们的理论队伍,坚守我们的舆论阵地,使我国的舆论阵地真正掌握在忠于马克思主义者的手里,真正做到以科学的理论武装人,以正确的舆论引导人,以高尚的精神塑造人,以优秀的作品鼓舞人,真正实现以社会主义核心价值体系引领、统领各种社会思潮。

党的十七届六中全会通过的《决定》强调:"舆论导向正确是党和人民之福,舆论导向错误是党和人民之祸。要坚持马克思主义新闻观,牢牢把握正确导向,坚持团结稳定鼓劲、正面宣传为主,壮大主流舆论,提高舆论引导的及时性、权威性和公信力、影响力,发挥宣传党的主张、弘扬社会正气、通达社情民意、引导社会热点、疏导公众情绪、搞好舆论监督的重要作用,保障人民知情权、参与权、表达权、监督权。"②

报刊、广播、电视和互联网等大众媒体要坚持由忠诚于党和人民事业的政治家办报、办台、办网,要加强舆论监督,强化政治纪律意识,在政治上、思想上、行动上始终和党中央保持高度一致,弘扬主旋律,正确处理指导思想一元化和提倡多样化的关系。"加强和改进正面宣传,加强社会主义核心价值体系宣传,加强舆情分析研判,加强社会热点难点问题引导,从群众关注点入手,科学解疑释惑,有效凝聚共识。""新闻媒体和新闻工作者要秉持社会责任和职业道德,真实准确传播新闻信息,自觉抵制错误观点。"③ 尤其是要加强网络安全管理,习近平同志《在网络安全和信息化工作座谈会上的讲话》强调指出:"网络空间是亿万民众共同的精神家园……利用网络鼓吹推翻国家政权,煽动宗教极端主义,宣扬民族分裂思想,教唆暴力恐怖活动,等等,这样的行为要坚决制止和打击,决不能任其大行其道。利用网络进行欺诈活动,散布色情材料,进行人身攻击,兜售非法物品,等等,这样的言行也要坚决管控,决不能任其大行其道。没有哪个国家会允许这样的行为泛滥开来。我们要本着对社会负责、对人民负责的态度,依法加强网络空间治理,加强网络内容建设,做强网上正

---

① 《中国共产党纪律处分条例》,中国法制出版社2015年版,第18页。
② 《中共中央关于深化文化体制改革推动社会主义文化大发展大繁荣若干重大问题的决定》,人民出版社2011年版,第19页。
③ 《中共中央关于深化文化体制改革推动社会主义文化大发展大繁荣若干重大问题的决定》,人民出版社2011年版,第20页。

面宣传，培育积极健康、向上向善的网络文化，用社会主义核心价值观和人类优秀文明成果滋养人心、滋养社会，做到正能量充沛、主旋律高昂，为广大网民特别是青少年营造一个风清气正的网络空间。"① 为我们加强网络安全管理指明了方向，提出了要求，表明了态度。对有悖于社会主义核心价值体系的言行和现象，要旗帜鲜明地批评、教育、抵制、揭露、斗争，决不能听之任之，决不能任其大行其道、污染社会风气，始终坚持正确舆论导向，做强网上正面宣传，弘扬主旋律，发挥正能量。

（五）建立健全坚持以社会主义核心价值体系引领社会思潮的长效机制

制度建设是根本性的建设，是社会主义核心价值体系传播与实现的可靠保障，是搞好社会主义核心价值体系建设的基础工程，是搞好一切工作的必要前提和根本保证，必须认真抓好落实。一要把自律和他律结合起来，建立完善激励机制。鼓励发展有利于社会主义核心价值体系建设、有利于社会主义核心价值观传播与实现、有利于提高国民综合素质、有利于激发全民族社会主义创造力、有利于使人民精神风貌昂扬向上的社会思潮，大力宣传表彰具有鲜明时代特点、践行社会主义核心价值体系的先进典型，为人们树立学习的榜样，鼓励人们积极向上，追求崇高的精神境界。二要坚持正确导向制度。要在精神文化作品创作中坚持社会主义核心价值体系导向，在基层文化活动中体现社会主义核心价值体系要求，为树立社会主义核心价值体系创造良好的文化条件，推动全社会形成落实、践行社会主义核心价值体系、树新风、促和谐的浓厚氛围和文明风尚。三要建立干部绩效考核机制。将建设社会主义核心价值体系的传播与实现工作纳入干部实绩考核指标体系，按照党的十七大报告要求："加强党员、干部理想信念教育和思想道德建设，使广大党员、干部成为实践社会主义核心价值体系的模范，做共产主义远大理想和中国特色社会主义共同理想的坚定信仰者、科学发展观的忠实执行者、社会主义荣辱观的自觉实践者、社会和谐的积极促进者。"② 要通过考核机制，使党员、干部，尤其是领导干部自觉做践行社会主义核心价值体系的模范，促进引领社会思潮工作的

---

① 习近平：《在网络安全和信息化工作座谈会上的讲话》，《人民日报》2016年4月26日，第2版。

② 《十七大以来重要文献选编》上，中央文献出版社2009年版，第39页。

顺利进行。

总之，要建立有关制度、机制，立下长期遵循的规矩，划出不能逾越的红线。告诉大家应该怎样做，不该怎样做。人人遵守制度，就能确保践行社会主义核心价值体系，善做善成，落到实处。

二、以人为本，充分发挥几个关键群体在坚持以社会主义核心价值体系引领社会思潮中的带动、引领和骨干作用

马克思主义认为，人是社会生产力中最活跃、最革命的因素，在意识形态、思想理论战线同样如此。任何思想理论观点和价值观念的传承和推广，都要靠发挥承担该项使命的人的作用来实现的，社会主义核心价值体系的传播与实现同样要高度重视发挥人的作用。因此，十分注意充分发挥社会政治生活组织中几个关键群体的带动、引领和骨干作用，是实现坚持以社会主义核心价值体系引领社会思潮的有效途径。

（一）领导干部率先垂范，做传播和践行社会主义价值体系的表率和楷模

党的各级领导机关、领导干部是全党和全国人民的表率，更应是各级、各类社会政治生活群众的楷模。在树立社会主义核心价值体系的实践中，要从各级领导机关做起，各级党政机关要处处走在前边，为全社会各个政治组织做出表率。正如习近平总书记在十八届中共中央政治局常委同中外记者见面时强调的"打铁还需自身硬"，共产党员特别是各级领导干部要以身作则，率先垂范，不仅在自己的工作岗位上贯彻党的宗旨，当好人民公仆，而且在社会生活中要严格自律，严格要求，做社会主义核心价值体系的积极实践者，用自己的模范言行和人格力量为群众做出榜样，为传播、实现社会主义核心价值体系作出自己应有的积极贡献，这对大力弘扬社会主义核心价值体系起着关键性的作用。

党的领导干部是社会主义事业的带头人和骨干。党的干部是党员中的优秀分子，而党的领导干部更是干部队伍中德才兼备、出类拔萃的佼佼者。他们是实践社会主义核心价值体系的模范，是共产主义远大理想和中国特色社会主义共同理想的坚定信仰者、科学发展观的忠实执行者、社会

主义荣辱观的自觉实践者、社会和谐的积极促进者,在社会成员中享有崇高的威望。因此,领导干部的言行举止往往是社会成员效仿的榜样,对社会成员起着导向和示范作用。孔子云:"子欲善而民善矣。"① 意为领导者想追求善,民也就跟着追求善,说明古往今来,领导者的品德就是老百姓品德的示范和楷模,是老百姓选择正确、摒弃错误的直接参照。领导者耻于做的,老百姓就认为不该做,就不去做,领导者积极去做的,老百姓也会认为是该做的,而乐于去做,没有任何疑问。即使老百姓认为是错误的、不该做的,而领导干部带头做了,老百姓也会认为这种不大正道的事本是不该去做的,但既然领导都去做了,那大概是可以做的吧,即使错了,领导尚且不怕,老百姓又怕什么呢?这就是消极腐败现象向社会蔓延、上行下效的从众心理,有些普通群众道德滑坡,也正是受一些腐败分子影响的直接结果。这一切充分说明了领导干部自身形象的影响、导向和示范作用是何等重要。如果领导干部在社会主义核心价值体系的判断和选择上是正确的,那么就会影响社会的价值观向好的方向前进,如果领导干部评判价值观正误、优劣、高低、美丑的标准错位、扭曲、甚至颠倒,当然就会影响社会在价值观选择上向不良方向滑行。在社会政治组织中,领导干部对待社会主义核心价值体系的态度如何,同样影响着政治组织中全体成员的价值取向,直接关系到社会主义核心价值体系的传播和实现程度。

领导干部带头能引领社会风尚。领导干部带头弘扬践行社会主义核心价值体系,就能为全社会弘扬践行社会主义核心价值观带个好头,发挥正面的示范导向作用,就能产生引领良好社会风尚的效果。无数社会生活实践告诉我们,一个地方政通人和,官气清正,民风淳朴,经济发展,社会和谐,人民团结,必定是这个地方的领导干部自身具有正确的世界观、人生观、价值观,树立起良好的道德形象影响的结果;是领导干部率先垂范,以身则,践行社会主义核心价值体系并不断地用以教化广大人民群众形成风气的结果。华西村、刘庄村、大寨、南街村等全国闻名的社会主义新农村,就是这些村有好领导的结果。如果一个地方的领导干部不带头树立社会主义核心价值观,自觉践行社会主义核心价值体系,社会风尚要想好起来,是不可能的。只有领导干部以身作则走在前面,才能一身正

---

① 吴树平、赖长扬:《全译本白话四书五经》第 1 卷,国际文化出版公司 1992 年版,第 107 页。

第十五章　坚持以社会主义核心价值体系引领社会思潮的实现途径

气,理直气壮地对不良风气和行为进行批评教育,才有教化人的资格、公信力和权威性。孔子曰:"政者,正也。子帅以正,孰敢不正?"[①]领导干部自身践行科学的价值观,树起良好的道德楷模,就敢于旗帜鲜明地与错误的价值观和不道德行为作不妥协的斗争,就为在社会政治组织中树立社会主义核心价值体系、弘扬正气创造了条件。如果我们的领导干部都能带头弘扬、践行社会主义价值观、荣辱观,并敢于和那些错误的价值观与不道德行为作斗争,就能使社会主义核心价值体系畅行其道,社会主义核心价值体系的传播和实现就能成为众望所归,人人心向往之的善行。

领导干部的价值观和官德是正党风,正政风,正民风的关键。官德正,党风正,政风正,民风正,社会风气正,人民和谐,事业兴旺,国家繁荣。只要我们各级领导干部按照马克思主义世界观、人生观、价值观的要求,自觉践行社会主义核心价值体系,就能使自己成为一个思想进步,人格完善,境界升华,道德高尚的人。就能以自己的人格力量,率先垂范的实际行动,对社会成员产生很强的说服力、公信力和号召力。不断地增强全社会广大干部群众大力弘扬社会主义核心价值体系的自觉性,坚定性,积极性,主动性,持久性,就能用社会主义崇高的价值旗帜将全体人民凝聚起来,万众一心,众志成城,开辟中国特色社会主义的辉煌前景,实现中华民族的伟大复兴,创造中国人民和中华民族更加幸福美好的未来!

(二) 社科理论工作者要以对党对人民高度负责的态度,做好社会主义核心价值体系的理论引导

宣传、弘扬社会主义核心价值体系,是哲学社会科学理论工作者的神圣职责。社科理论工作者要以对党对人民高度负责的态度,认真学习党的十七大报告,学习党的十七届六中全会通过的《中共中央关于深化文化体制改革推动社会主义文化大发展大繁荣若干重大问题的决定》、学习党的十八大报告中以建设社会主义核心价值体系为根本任务和加强社会主义核心价值体系建设的深刻思想、丰富内涵,学习习近平总书记有关宣传、践行社会主义核心价值体系和社会主义核心价值观一系列讲话指示精神,并揭示其时代背景、时代特征、重大意义,用科学的理论研究成果,做好弘扬、传承社会主义核心价值体系和社会主义核心价值观的理论引导。

[①] 吴树平、赖长扬:《全译本白话四书五经》第1卷,国际文化出版公司1992年版,第106页。

过去我们常说，要做革命文，先做革命人。社科理论工作者要做好传播弘扬社会主义核心价值体系的理论引导工作，首先要做一个自觉践行社会主义核心价值体系的带头人。作品，尤其是哲学社会科学理论研究成果，是作者世界观、人生观、价值观的直接反映，有什么水准的思想，就会创造出什么品位的成果。水管里流出来的是水，血管里流出来是血，高尚的道德灵魂凝成的文字，必然是闪光的思想，是社会需要的健康向上的精神食粮。如果社科工作者的世界观、人生观、价值观有问题，就不可能创作出有益于人民事业的好的精神成果，就不可能科学正确地理解社会主义核心价值体系的精神内涵，不可能创作出积极向上的精神产品，反而会生产出精神污染的有害成果。可以肯定，我国社会科学工作者的绝大多数，是具有马克思主义世界观、人生观、价值观的忠诚的马克思主义者。改革开放40多年来，他们用自己的聪明智慧创造出大量精神成果，为建设中国特色社会主义，全面建成小康社会的理论引导工作作出了极其重要的贡献，并将继续为全面建成小康社会、实现中华民族的伟大复兴做出贡献，他们是实践社会主义核心价值体系的模范。然而，我们也不能否认确有一些世界观没有得到很好改造、灵魂肮脏、心怀叵测，又不甘寂寞，拼命表现自己的人，为社会制造了一堆堆精神垃圾，成了歪理邪说的污染源，对人们的思想认识和价值观进行了理论误导，产生了不良的社会影响，对社会主义核心价值体系的弘扬、传播和践行带来一些不良后果。

因此，社科理论工作者要有良知，要是非分明，要灵魂高尚。要认真学习好社会主义核心价值体系，深刻理解社会主义核心价值体系的精神实质，带头做学习践行社会主义核心价值体系的模范，真正以此为光荣，将此作为自己时时、处处、事事必须遵循的行为准则，作为修身立命之本，作为处世为人、为文的思想指导和行为依据。坚决反对那种践踏社会主义核心价值观，危害祖国、背离人民，损公肥私，见利忘义，自私自利，违法乱纪，骄奢淫逸的言行，并旗帜鲜明地与这种可耻言行作坚决斗争，揭露其危害，深挖其本质，肃清其影响。这些年来，总有那么一些所谓社科"理论家"大搞"历史虚无主义"，以"重新评价"为名，歪曲党史国史，把党史国史描绘成一部罪恶史、权斗史、阴谋史，否定已有定论的历史事件和历史人物，贬损革命前辈，诋毁党的领袖，甚至不惜编造事实，竭尽

第十五章　坚持以社会主义核心价值体系引领社会思潮的实现途径

攻击、丑化、污蔑之能事。[①] 他们歪曲中国共产党的革命历史，污蔑中国人民反抗外国帝国主义侵略的正义斗争，鼓吹洋奴哲学，或明或暗、或隐或显地把矛头指向中国共产党及其领导的社会主义制度。奇怪的是，我们有些报刊竟慷慨提供版面任由谬论流传，不知他们的立场站在何处？古人说："灭人之国，必先去其史。"搞历史虚无主义的目的，是要搞乱人们的历史认知，进而从根本上否定党的历史和新中国历史，否定宪法确立的中国特色社会主义道路、理论和制度的发展成果。[②] 社会主义核心价值体系中的以"八荣八耻"为主要内容的社会主义荣辱观，其中第一条就提出"以热爱祖国为荣，以危害祖国为耻"，这是对那些散布历史虚无主义极尽污蔑祖国社会主义革命和建设的所谓理论家的当头棒喝，为那些热衷于为不知羞耻之徒提供舆论阵地者敲响了警钟，同时成为敢于捍卫神圣祖国尊严、勇于斗争者的坚强后盾，为澄清在大是大非问题上的混乱问题创造了良好的条件。社会主义舆论阵地作为社会主义制度的上层建筑的重要组成部分，要自觉地为社会主义服务，为人民服务，大力弘扬社会主义核心价值体系，大张旗鼓地揭露批判违反社会主义核心价值体系的言行，履行好社科理论工作者弘扬传播社会主义核心价值体系的神圣职责。

（三）高校教师要在宣传、弘扬社会主义核心价值体系上真正做到为人师表

学高人之师，身正人之范。老师是学生心目中的偶像和行为的楷模，效法的参照标准，因此老师的言行表率作用如何对于学生树立科学的世界观、人生观、价值观、道德观至关重要。

在我国中小学校，广大教育工作者，从学校领导到广大教师员工，都注重为人师表，处处为学生做出好样子，为培养和引导青少年学生树立良好的思想道德做了卓有成效的工作，为其思想的健康成长打下了牢固的基础。这是广大中小学生家长和社会公众对中等以下学校德育教育成果的共识，也为青少年树立正确的世界观、人生观、价值观、道德观打下了令人满意的极其宝贵的良好基础。

高校学习阶段是青年大学生进一步最终确立世界观、人生观、价值观

[①] 秋石：《巩固党和人民团结奋斗的共同思想基础》，《人民日报》2013年10月17日，第11版。

[②] 秋石：《巩固党和人民团结奋斗的共同思想基础》，《人民日报》2013年10月17日，第11版。

的重要时期,然而,高校的道德教育却并不乐观。我们承认在高校,广大教师是热爱祖国的,是按照党的路线方针政策,按照马克思主义的基本原理,坚持以社会主义核心价值体系去教育影响我们的学生的。但决不能否认在当前的高校中,确有一些资产阶级自由化思想严重,或受该思潮严重影响的教师,他们毫无马克思主义的基本常识,毫无社会主义公民的宪法观念,毫无党和国家观念和遵纪守法意识,毫无做人的起码道德良知。他们所谓的思想解放、观念更新、标新立异,超出了社会主义法律和道德的底线。他们信口雌黄攻击诬蔑党的四项基本原则,到了肆无忌惮的程度。竟然在社会主义讲台上,以攻击马克思主义为时髦,攻击诬蔑共产党、社会主义为自豪和荣耀,到了是非颠倒、黑白混淆、美丑不分、荣辱不辨,甚至是以耻为荣的程度。这种现象在全国高校或多或少普遍存在,总有那么一些以攻击四项基本原则、攻击社会主义祖国来扩大自己知名度的无聊之人,毫无顾忌地在大学的讲堂上散布资产阶级自由化的错误言论,误导青年学生。许多学生反映,没上大学之前自己的社会主义理想信念很坚定,而上大学听了某些教师甚至是马列教学部教师的课之后,社会主义理想信念反而动摇、淡漠了。这十分值得我们警惕,我们不能容许把培养社会主义事业接班人的讲堂变成散布资产阶级自由化思潮的讲坛。可以说,这些所谓的老师,没有资格占领社会主义大学的讲台。这也警示我们,在高校教师队伍中弘扬社会主义核心价值体系是多么重要和紧迫。党中央给全党印发修订后的《中国共产党纪律处分条例》,十分必要,非常及时,当是对这些肆无忌惮鼓吹资产阶级自由化谬论教师的当头棒喝。

　　实践告诉我们,广大在校学生是非常热爱党、热爱祖国、热爱社会主义的有民族气节的优秀青年,他们渴望得到马克思列宁主义、毛泽东思想、中国特色社会主义理论体系、习近平新时代中国特色社会主义思想的指导,崇尚科学,笃信真理,向往美好,追求崇高,期盼社会主义核心价值体系、核心价值观阳光雨露的哺育滋润。如果说他们有什么先天不足,那不是他们的过错,按照邓小平同志的话说,主要是教育的失误,是社会上成人的不良行为,理论界的歪理邪说、领导干部的不良言行影响的结果。不能错怪于他们,他们是无过错的。而且只要教育、舆论、学校老师、领导等给他们积极向上的影响,他们就能更加完美和迅速成熟起来。尤其是在国家领土完整和民族尊严受到挑战和威胁的时期,青年学生的爱国热情更是汹涌澎湃。如在日本上演购买钓鱼岛"国有化"的闹剧时,我国青年学生同仇敌忾、游行、抗议,愤怒声讨日本军国主义的爱国主义行

第十五章 坚持以社会主义核心价值体系引领社会思潮的实现途径

动令人感动，充分说明了这一代大学生无愧于祖国希望、国家栋梁的光荣称号。

党中央提出的"以建设社会主义核心价值体系为根本任务"[①]的要求，为高校党组织坚持以社会主义核心价值体系引领社会思潮提出了更高的要求，指明了前进方向，十分必要，非常及时，为广大高校的青年学生提供了明辨是非、善恶、美丑、荣辱的标准。这些标准是辨别教师的思想观点正确与否的试金石和分水岭，同时交给了广大青年学生一把分清是非的尚方宝剑，使学生有了明辨是非的思想道德依据，增强了学生辨别是非的能力，也为社会主义核心价值体系在学生中弘扬、践行打下了良好的思想基础。

国家有关部门必须加强对高校教师的思想道德建设，加强对其教学思想和方法的规范、监督、制约，尤其是坚决制止其损害党和社会主义的不良言行。要乘党中央提出的"以建设社会主义核心价值体系为根本任务"的东风，要求所有教师坚决按社会主义核心价值体系和社会主义核心价值观的主旨检点自己的言行，符合的继续发扬光大，违背的坚决改正。所有教师都要自觉践行社会主义核心价值体系，做弘扬传承社会主义核心价值观的楷模和典范，真正为人师表，为广大学生做出好样子，并以对党、对人民负责，对祖国未来负责的态度，为培养优秀的社会主义事业建设者、管理者和可靠接班人贡献自己的智慧和力量。高校的领导者和领导机关要加大对教师思想道德建设的教育和监管力度，这样才能使高校真正成为树立社会主义核心价值体系的重要阵地，成为弘扬、践行社会主义核心价值体系的神圣殿堂。同时，学生家长也要严格按照社会主义核心价值体系的标准做好样子，为子女做出表率，成为孩子健康成长的楷模。这样才能把学生培养成为德才兼备的社会主义事业的建设者和接班人。

三、着眼未来，抓好对青年学生的社会主义核心价值体系的灌输、教育工作

青年是祖国的未来，民族的希望。青年兴则国家兴，青年智则国家智，青年强则国家强。因此，青年能不能掌握、践行社会主义核心价值体

---

① 《中共中央关于深化文化体制改革推动社会主义文化大发展大繁荣若干重大问题的决定》，人民出版社2011年版，第8页。

系，能不能牢固树立马克思主义的科学世界观、人生观、价值观，能不能具备坚定的共产主义理想信念，能不能高举中国特色社会主义伟大旗帜不动摇，关系中国社会主义事业的前途命运。青年人人生最重要的是要有正确的价值观，这个价值观，就是坚持马克思主义指导，牢固树立中国特色社会主义共同理想，以爱国主义为核心的民族精神和以改革创新精神为核心的时代精神，社会主义荣辱观，以及在此基础上凝练、概括出来的社会主义核心价值观，这对青年人一生的成长是非常重要的。习近平总书记指出："历史和现实都告诉我们，青年一代有理想、有担当，国家就有前途，民族就有希望，实现我们的发展目标就有源源不断的强大力量。"[1] 要把我国的青年培养成"有理想、有担当"的一代栋梁之材，就要下大气力、下大功夫，通过灌输、教育，加强对青年的思想政治教育和思想道德建设，使他们牢固树立共产主义理想信念，树立马克思主义的世界观、人生观、价值观。为此，学校要把践行社会主义核心价值体系作为加强未成年人思想道德建设和大学生思想政治教育的重要内容，渗透到课堂教学、学校管理、课外活动等各个环节，引导学生养成良好的道德品格和行为习惯。

（一）高度重视对青年大学生社会主义核心价值体系的教育、灌输工作

坚持理论灌输是一条重要的马克思主义基本原则，也是社会主义价值体系教育的内在要求，是我们党在思想政治工作、党建工作和其他各项工作中长期坚持的优良传统。马克思主义认为通过灌输使无产阶级和广大人民群众获得"精神武器"，是实现人类解放的一条必然途径。列宁在《怎么办？》一书中针对社会民主党内存在的崇拜自发论的工联主义倾向，强调了社会主义意识形态不是从工人队伍中自发产生的，必须把它从外部灌输到工人队伍中去。他明确指出，"阶级政治意识只能从外面灌输给工人"，[2] "工人本来也不可能有社会民主主义的意识，这种意识只能从外面灌输进去。各国的历史都证明：工人阶级单靠自己本身的力量，只能形成工联主义的意识"[3]。这充分阐明了"灌输"马克思主义科学理论的重要性和必要性。对于广大青少年来说，以往科学知识成果的获得绝大多数是靠灌输

---

[1] 习近平：《在同各界优秀青年代表座谈时的讲话》，《人民日报》2013年5月5日，第2版。
[2] 《列宁选集》第1卷，人民出版社1995年版，第363页。
[3] 《列宁选集》第1卷，人民出版社1995年版，第317页。

第十五章　坚持以社会主义核心价值体系引领社会思潮的实现途径

获得的,社会主义核心价值体系理论的获得同样需要教育、灌输工作。

因此,在高校大力推进社会主义核心价值体系的宣传教育、灌输工作显得更为重要和必要。大学生群体是时代的精英群体,是未来中国特色社会主义事业的建设者和接班人,是高举中国特色社会主义伟大旗帜的骨干力量。2004年10月,党中央、国务院联合发出《关于进一步加强和改进大学生思想政治教育的意见》,强调:"大学生是十分宝贵的人才资源,是民族的希望,祖国的未来。加强和改进大学生思想政治教育,提高他们的思想政治素质,把他们培养成中国特色社会主义事业的建设者和接班人,对于全面实施科教兴国和人才强国战略,确保我国在激烈的国际竞争中始终立于不败之地,确保全面建设小康社会、加快推进社会主义现代化的宏伟目标,确保中国特色社会主义事业兴旺发达、后继有人,具有重大而深远的战略意义。"强调高校是培养人才的重要基地,必须把立德树人、培养中国特色社会主义事业的接班人和建设者作为根本任务。胡锦涛同志在党的十八大报告中指出:"中国特色社会主义事业是面向未来的事业,需要一代又一代有志青年接续奋斗。全党都要关注青年、关心青年、关爱青年,倾听青年心声,鼓励青年成长,支持青年创业。广大青年要积极响应党的号召,树立正确的世界观、人生观、价值观,永远热爱我们伟大的祖国,永远热爱我们伟大的人民,永远热爱我们伟大的中华民族,在投身中国特色社会主义伟大事业中,让青春焕发出绚丽的光彩。"[①] 20年后,现在成长起来的80后的大学本科生、硕士研究生、博士研究生和归国留学生,将是我国中高层领导干部的主要构成力量,甚至是未来党和国家的领导人,现在的90后、00后也将是我国各条战线、各个领域的中坚力量。这部分人能不能高举马克思主义伟大旗帜,能不能坚持中国特色社会主义不动摇,直接关系到本世纪中叶中华民族伟大复兴梦想的实现,关系广大人民群众的福祉,关系中国社会主义事业的兴衰成败,关系世界共产主义运动的前途命运,关系人类生存发展的前途。因此,高度重视培养这些青年大学生群体,使他们健康成长,成为中国特色社会主义事业的建设者和可靠接班人,使我们以无数革命先烈的鲜血和生命换来的红色江山千秋万代永不变色,就是我们共产党人义不容辞的神圣职责。

[①] 胡锦涛:《坚定不移沿着中国特色社会主义道路前进　为全面建成小康社会而奋斗——在中国共产党第十八次全国代表大会上的报告》,人民出版社2012年版,第56页。

习近平总书记满怀深情地说："青年兴则国家兴，青年强则国家强。我们党自成立之日起，就始终代表广大青年、赢得广大青年、依靠广大青年。各级党委和政府要充分信任青年、热情关心青年、严格要求青年，为青年驰骋思想打开更浩瀚的天空，为青年实践创新搭建更广阔的舞台，为青年塑造人生提供更丰富的机会，为青年建功立业创造更有利的条件。各级领导干部要关注青年愿望、帮助青年发展、支持青年创业，做青年朋友的知心人，做青年工作的热心人。"①

当今世界风云变幻，太平洋里不太平，尤其是美国战略东移，军事力量云集东亚，不断制造事端，与日本、韩国、菲律宾等国家大搞军事演习，现实地威胁着中国的和平发展。以强大的军事实力为后盾，西方帝国主义加紧对我国实施西化、分化、和平演变战略图谋，国际局势异常复杂，我们面临长期而巨大的国际压力，正如党的十八大报告警示的，要"高度警惕和坚决防范敌对势力的分裂、渗透、颠覆活动，确保国家安全"②。党的二十大报告指出："严力打击敌对势力渗透破坏、颠覆、分裂活动。"③ 在意识形态领域里，渗透反渗透、遏制反遏制、分裂反分裂、颠覆反颠覆的斗争将长期存在，并且异常尖锐激烈。意识形态阵地关系党和社会主义的前途命运，社会主义思想不去占领，资本主义思想必然去占领，高校的意识形态阵地是敌对势力与我们争夺青年最激烈的地方，决不可掉以轻心。为了彻底粉碎西方敌对势力对我国实施西化、分化、和平演变的战略图谋，我们必须坚持包括"灌输"在内的多种方式，加强对大学生群体进行马克思列宁主义、毛泽东思想、中国特色社会主义理论体系、习近平新时代中国特色社会主义思想和社会主义核心价值观的教育，坚守高校这块马克思主义意识形态阵地。党的十八大报告提出："把立德树人

---

① 习近平：《在同各界优秀青年代表座谈时的讲话》，《人民日报》2013年5月5日，第2版。

② 胡锦涛：《坚定不移沿着中国特色社会主义道路前进　为全面建成小康社会而奋斗——在中国共产党第十八次全国代表大会上的报告》，人民出版社2012年版，第38页。

③ 习近平：《高举中国特色社会主义伟大旗帜　为全面建设社会主义现代化国家而团结奋斗》，《党的二十大报告学习辅导百问》，学习出版社、党建读物出版社2022年版，第40页。

第十五章　坚持以社会主义核心价值体系引领社会思潮的实现途径

作为教育的根本任务,培养德智体美全面发展的社会主义建设者和接班人。"① 为此,做好马克思主义、社会主义核心价值观的灌输教育工作,对于青年学生牢固树立科学的世界观、人生观极其重要,必须坚持做深做细做扎实作出成效。

（二）以社会主义核心价值体系武装青年学子，自觉践行崇高的人生价值观

党和国家历来都高度重视以社会主义核心价值体系和价值观对青年的引导,习近平总书记在同各界优秀青年代表座谈时讲话指出:"要用中国梦打牢广大青少年的共同思想基础,教育和帮助青少年树立正确的世界观、人生观、价值观,永远热爱我们伟大的祖国,永远热爱我们伟大的人民,永远热爱我们伟大的中华民族,坚定跟着党走中国道路。"② 党的十八大报告指出:"教育是民族振兴和社会进步的基石。要坚持教育优先发展,全面贯彻党的教育方针,坚持教育为社会主义现代化建设服务、为人民服务,把立德树人作为教育的根本任务,培养德智体美全面发展的社会主义建设者和接班人。"③ 习近平总书记在党的二十大报告中指出:"立人的根本在于立德。全面贯彻党的教育方针、落实立德树人根本任务,培养德智体美劳全面发展的社会主义建设者和接班人。"④

大学生群体,是时代的精英群体,是中国青年中的佼佼者,是未来中国社会主义事业的建设者和接班人,是高举中国特色社会主义伟大旗帜的骨干力量。我国的社会主义大学,是培养中国特色社会主义事业建设者和可靠接班人的重要阵地,弘扬革命传统,高度重视和倾心培养这些青年大学生,坚持以社会主义核心价值体系武装这些青年学子的头脑,使他们自

---

① 胡锦涛:《坚定不移沿着中国特色社会主义道路前进　为全面建成小康社会而奋斗——在中国共产党第十八次全国代表大会上的报告》,人民出版社2012年版,第35页。

② 习近平在同各界优秀青年代表座谈时强调:《在实现中国梦的生动实践中放飞青春梦想　在为人民利益的不懈奋斗中书写人生华章》,《人民日报》2013年5月5日,第1版。

③ 胡锦涛:《坚定不移沿着中国特色社会主义道路前进　为全面建成小康社会而奋斗——在中国共产党第十八次全国代表大会上的报告》,人民出版社2012年版,第35页。

④ 《党的二十大报告学习辅导百问》,学习出版社、党建读物出版社2022年版,第26页。

觉树立和践行崇高的人生价值观，健康成长，成为社会主义事业的建设者和可靠接班人，使以无数革命先烈的鲜血和生命换来的红色江山千秋万代永不变色，就是我们各级领导、每位教师义不容辞的神圣职责和光荣使命。我们要有这个战略眼光和政治远见，要有这种全局观念和脚踏实地的实干精神，并由此出发做好大学生的思想政治教育，落实好立德树人根本任务，完成好我们肩负的历史使命。

中华人民共和国成立70多年来的历史已经证明，任何敌对势力企图以武力推翻中国的社会主义制度必然是痴心妄想。然而，亡我之心不死的西方敌对势力始终没有放弃对我国实施西化、分化、和平演变的战略图谋，并且已经成为颠覆我国社会主义制度的现实危险。和平演变的重要表现，就是与我们党争夺青年，为此，我们要在学校大力宣传马克思列宁主义、毛泽东思想和中国特色社会主义理论体系，大力宣传习近平同志系列重要讲话精神，大力宣传习近平新时代中国特色社会主义思想，以社会主义核心价值体系引领社会思潮，弘扬我党的优良传统，培养青年学生自觉追求崇高人生价值观，把党的优良传统和艰苦奋斗精神一代一代传承下去。这也是坚持以社会主义核心价值体系引领社会思潮的重要实现途径。

历史和现实都告诉我们，青年一代有理想、有担当，国家就有前途，民族就有希望，实现我们的发展目标就有源源不断的强大力量。习近平总书记指出："青年最富有朝气、最富有梦想。近代以来，我国青年不懈追求的美好梦想，始终与振兴中华的历史进程紧密相联。在革命战争年代，广大青年满怀革命理想，为争取民族独立、人民解放冲锋陷阵、抛洒热血。在社会主义革命和建设时期，广大青年响应党的号召，向困难进军，向荒原进军，保卫祖国，建设祖国，在新中国的广阔天地忘我劳动、艰苦创业。在改革开放历史新时期，广大青年发出团结起来、振兴中华的时代强音，为祖国繁荣富强开拓奋进、锐意创新。"[①] "立志做有理想、敢担当、能吃苦、肯奋斗的新时代好青年，让青春在全面建设社会主义现代化国家的火热实践中绽放绚丽之花。"[②]

---

① 习近平：《在同各界优秀青年代表座谈时的讲话》，《人民日报》2013年5月5日，第2版。
② 《党的二十大报告学习辅导百问》，学习出版社、党建读物出版社2022年版，第53页。

第十五章　坚持以社会主义核心价值体系引领社会思潮的实现途径

打铁还需自身硬。青年学子自觉树立崇高的人生价值观，是在青年精英群体中实现以社会主义核心价值体系引领社会思潮的根本途径。青年要成为忠诚于党和人民事业的优秀人才，成为中华民族的脊梁、国家的栋梁，打牢为振兴中华拼搏奋斗的思想基础，为中华民族的伟大复兴的中国梦作出积极贡献，就要自觉践行社会主义核心价值体系，追求崇高的人生价值观，努力做到：

1. 牢固树立共产主义理想信念

习近平总书记强调："革命理想高于天。"[①] "坚定理想信念，坚守共产党人精神追求，始终是共产党人安身立命的根本。"[②] 党的十八大报告指出："对马克思主义的信仰，对社会主义和共产主义的信念，是共产党人的政治灵魂，是共产党人经受住任何考验的精神支柱。"[③] 改革开放以来，无数事实告诉我们，坚定共产主义理想信念，是永葆共产党人清正廉洁政治本色的根本前提。不少党的高、中级干部堕落成腐败分子，正是放弃了共产主义理想信念的结果。冰冻三尺，非一日之寒。那些犯错的党员领导干部，之所以犯错误，绝非一时糊涂，而是因为他们在学生时代，就没有打牢科学的世界观、人生观基础，以至于后来，经不住诱惑，滑入泥坑。

习近平总书记在北京大学师生座谈会上讲话要求青年要自觉践行社会主义核心价值观，扣好人生的第一粒"扣子"，他说："我为什么要对青年讲讲社会主义核心价值观这个问题？是因为青年的价值取向决定了未来整个社会的价值取向，而青年又处在价值观形成和确立的时期，抓好这一时期的价值观养成十分重要。这就像穿衣服扣扣子一样，如果第一粒扣子扣错了，剩余的扣子都会扣错。人生的扣子从一开始就要扣好。"[④] 青年大学生是党的干部的主要来源，是未来我国党、政、军各级领导机关的主要领

[①] 习近平：《在新进中央委员会的委员、候补委员学习贯彻党的十八大精神研讨班开班式上发表重要讲话》，《人民日报》2013年1月6日，第1版。

[②] 习近平：《紧紧围绕坚持和发展中国特色社会主义学习宣传贯彻党的十八大精神》，《人民日报》2012年11月19日，第2版。

[③] 胡锦涛：《坚定不移沿着中国特色社会主义道路前进　为全面建成小康社会而奋斗——在中国共产党第十八次全国代表大会上的报告》，人民出版社2012年版，第50页。

[④] 习近平：《青年要自觉践行社会主义核心价值观——在北京大学师生座谈会上的讲话》，《人民日报》2014年5月5日，第2版。

导者和管理者。青年时代正是人生价值观最后确立的关键时期,"人生之路,有坦途也有陡坡,有平川也有险滩,有直道也有弯路。青年面临的选择很多、关键是要以正确的世界观、人生观、价值观来指导自己的选择。无数人生成功的事实表明,青年时代,选择吃苦也就选择了收获,选择奉献也就选择了高尚"①。青年怎样才能做到选择吃苦也就选择了收获,选择奉献也就选择了高尚,就要从现在开始,牢固树立共产主义理想信念。这是每个青年大学生的修身立命之本,是今后不犯错误、始终保障个人人生顺利、政治安全的法宝。只要牢固树立了共产主义理想信念,就能始终保持清醒头脑,将来走向社会就能经受住执政考验、改革开放考验、市场经济考验、外部环境考验,就能在错综复杂的情况下,在各种考验、腐蚀、诱惑面前,自觉防微杜渐,做到"常在河边走,就是不湿鞋",拒腐蚀,永不沾,永远立于不败之地。

2. 积学铸德,养成良好的道德品质

习近平总书记2013年9月26日下午在北京会见第四届全国道德模范及提名奖获得者时,强调道德模范是社会道德建设的重要旗帜,要深入开展学习宣传道德模范活动,弘扬真善美,传播正能量,激励人民群众崇德向善、见贤思齐,鼓励全社会积善成德、明德惟馨,为实现中华民族伟大复兴的中国梦凝聚起强大的精神力量和有力的道德支撑。精神的力量是无穷的,道德的力量也是无穷的。我们要按照党的十八大提出的培育和践行社会主义核心价值观的要求,高度重视和切实加强道德建设,推进社会公德、职业道德、家庭美德、个人品德教育,倡导爱国、敬业、诚信、友善等基本道德规范,培育知荣辱、讲正气、作奉献、促和谐的良好风尚。②11月26日在山东考察时指出,国无德不兴,人无德不立。必须加强全社会的思想道德建设,激发人们形成善良的道德意愿、道德情感,培育正确的道德判断和道德责任,提高道德实践能力尤其是自觉践行能力,引导人们向往和追求讲道德、尊道德、守道德的生活,形成向上的力量、向善的力量。只要中华民族一代接着一代追求美好崇高的道德境界,我们的民族

---

① 习近平:《在同各界优秀青年代表座谈时的讲话》,《人民日报》2013年5月5日,第2版。

② 习近平在会见第四届全国道德模范及提名奖获得者时强调:《深入开展学习宣传道德模范活动为实现中国梦凝聚有力道德支撑》,《人民日报》2013年9月27日,第1版。

第十五章 坚持以社会主义核心价值体系引领社会思潮的实现途径

就永远充满希望。①

青年大学生要养成高尚的道德品质,就要自觉追求真善美,坚决反对假丑恶,完善人格,自觉追求崇高的精神境界。古人云:"仁者爱人。"青年大学生从始至终都要坚持做一个有仁爱之心的善良的人。要给人温暖,不要刻薄尖酸,不要恶作剧,使歪点子,出馊主意,不要耍弄别人,要懂得爱人者,人恒爱之,敬人者,受人敬,戏弄生活,必然被生活戏弄的道理。比如杀害同学的马加爵,如果不是他的几个室友恶言恶语嘲笑他、羞辱他,他也不至于走上不归之路,他的几个室友也不至于遭到杀身之祸。因此,优秀的大学生一定要用自己的善良之心,仁德之心温暖他人,以平和之心宽容他人,以慈爱之心善待他人,用高尚的心灵之光,照亮他人人生的光明之路。

作为有志于干大事业的青年大学生,一生都应牢固树立全心全意为人民服务的思想,永远不要脱离人民群众。要按照毛泽东同志在《纪念白求恩》一文中的要求,自觉继承和发扬白求恩同志毫不利己专门利人的精神,学习和践行白求恩同志毫无自私自利之心的精神,培养高尚的道德情操。这样,就能成为"一个高尚的人,一个纯粹的人,一个有道德的人,一个脱离了低级趣味的人,一个有益于人民的人"②。

3. 努力学习,全面提高自身素质

党的十八大报告提出:"全面实施素质教育,深化教育领域综合改革,着力提高教育质量,培养学生社会责任感、创新精神、实践能力。"为人民服务,需要为人民服务的本领,没有真才实学,缺乏应有的知识和能力,空谈为人民服务,毫无意义、毫无价值。这就需要强调提高学生"德、智、体、美"的知识储备和实际能力,使之成为德才兼备、又红又专的复合型人才。学生以学为主,在学校学习的时间是有限的,而知识是无限的,因此一定要珍惜在校期间的学习机会,努力学习知识,在有限的时间,学到更多的有用知识。决不能成为没有信仰,不爱学习,吃喝玩乐,玩世不恭,混文凭,没有真才实学,争名争利,自私自利,大事干不了、小事不愿干,整日怨天尤人、牢骚满腹、无所事事的庸才。机遇垂青于有准备的头脑,天生我才必有用,每个人都有人生出彩的机会、梦想成

---

① 习近平在山东考察时强调:《认真贯彻党的十八届三中全会精神汇聚起全面深化改革的强大正能量》,《人民日报》2013 年 11 月 29 日,第 1 版。

② 《毛泽东选集》第 2 卷,人民出版社 1991 年版,第 660 页。

真的机会,每个人都有圆梦的权利,就看个人有没有那个能力、把握得住与否。只要有真才实学,就会有展示自己才能的舞台和机会。许多就业岗位不是不需要人,而是需要有真才实学、有真本领、能胜任的人。因此,有了真才实学,就一定有用武之地,就一定会有较多的就业机遇,就定能梦想成真,大有作为。此乃"有了金刚钻,就敢揽瓷器活,就能揽瓷器活之谓也"。如果,没有学到真才实学,即使更多的机遇光临,也会因为自己没有金刚钻,不敢揽瓷器活,因不能胜任而失之交臂。

4. 坚持真理,敢于与错误的东西进行斗争

尊师重道是中华民族的传统美德,但在重大原则问题上也要坚守自己的信仰。对老师的错误观点,作为学生可以委婉地与老师商榷、探讨、建议,谈自己正确的想法,即使不能公开表达自己的不同意见,也不能人云亦云盲目跟着老师的错误观点起哄,更不能受老师错误思潮的影响,反党反社会主义,反毛泽东思想。我们的绝大多数教师德高学博,为人师表,但在课堂上公开宣扬自由化观点的老师也决非个例,在全国高校有一定的普遍性。遇到这种情况,学生往往碍于老师面子和慑于师长权威,在大是大非问题上不敢坚持真理,然而,最终受害的往往还是学生自己。因此,倘若遇到这种情况,学生还是应该保持清醒的头脑,在思想上划清界限为要。

当今社会上确实存在一股反毛、非毛歪风。青年大学生一定要清醒地认识到,对毛泽东同志的态度问题绝不是什么学术问题,而是政治问题、立场问题、大是大非问题,决不能有丝毫含糊。谁都知道,没有共产党就没有新中国,共产党是毛主席领导的,实际上是没有毛泽东领导的共产党就没有新中国,中国共产党的胜利本质上是毛泽东思想的胜利,是毛泽东道路的胜利。邓小平同志肯定地说:"回想在一九二七年革命失败以后,如果没有毛泽东同志的卓越领导,中国革命有极大的可能到现在还处在帝国主义、封建主义、官僚资本主义的统治之下,我们党就还在黑暗中苦斗。所以说没有毛主席就没有新中国,这丝毫不是什么夸张。""没有毛泽东思想,就没有今天的中国共产党,这也丝毫不是什么夸张。"[①] 中国革命和社会主义建设的经验证明,毛泽东的道路是正确的道路,是光明之路,成功之路,胜利之路,是中华民族走向辉煌的道路。作为大学生一定要深知这一点,否则就会犯极大的错误。

---

① 《邓小平文选》第2卷,人民出版社1983年版,第279页。

第十五章　坚持以社会主义核心价值体系引领社会思潮的实现途径

然而，国内外敌对势力实施西化、分化、和平演变中国的战略图谋，一个重要的突破口就是攻击、污蔑、贬损、丑化毛泽东，损害毛泽东的光辉形象，这是意识形态战线尖锐斗争的集中体现。我们的领导干部、教师和青年大学生一定要牢记习近平总书记在全国宣传思想工作会议上的要求：在事关大是大非和政治原则问题上，必须增强主动性、掌握主动权、打好主动仗，帮助干部群众划清是非界限、澄清模糊认识。习近平总书记《在纪念毛泽东同志诞辰 120 周年座谈会上的讲话》中指出："任何时候都不能动摇高举毛泽东思想旗帜的原则，我们将永远高举毛泽东思想的旗帜前进。"[1] "毛泽东同志是伟大的马克思主义者，伟大的无产阶级革命家、战略家、理论家，是马克思主义中国化的伟大开拓者、中国社会主义现代化建设事业的伟大奠基者，是近代以来中国伟大的爱国者和民族英雄，是党的第一代中央领导集体的核心，是领导中国人民彻底改变自己命运和国家面貌的一代伟人，是为世界被压迫民族的解放和人类进步事业作出重大贡献的伟大国际主义者。……在几十年艰难而辉煌的战斗生涯中，毛泽东同志为中华民族、中国人民建立了不可磨灭的历史功勋，作出了光耀千秋的历史贡献。"[2] 对于那些恶意攻击共产党、攻击共产党的领袖毛泽东，攻击社会主义，攻击中国的言论，必须旗帜鲜明地予以批驳斗争。

青年大学生承担为历史肩大任，为时代扛大旗，为国家尽大忠，为民族兴大业，为社会献大智，为人民谋福祉的重大责任。一定要有政治敏锐性和政治分辨能力，分清是非，保持清醒的头脑，尤其是在大是大非问题上，一定要旗帜鲜明，有正确的是非观。敢于坚持真理，伸张正义，是非分明，旗帜鲜明，敢于亮剑。要始终做到忠于党、忠于祖国、忠于人民，这是做好一切工作、成就事业的前提和首要条件。只要我们坚定理想信念，练就过硬本领，勇于创新创造，矢志艰苦奋斗，锤炼高尚品格，在人生的广阔舞台上充分发挥聪明才智、尽情展现人生价值，在实现中国梦的生动实践中放飞青春梦想，在为人民利益的不懈奋斗中书写人生华章，就能让青春在为党和人民建功立业中焕发出绚丽光彩。

青年大学生要和全党全国各族人民一起，更加紧密地团结在以习近平

---

[1] 习近平：《在纪念毛泽东同志诞辰 120 周年座谈会上的讲话》，《人民日报》2013 年 12 月 27 日，第 2 版。

[2] 习近平：《在纪念毛泽东同志诞辰 130 周年座谈会上的讲话》，《人民日报》2023 年 12 月 27 日，第 2 版。

同志为核心的党中央周围，勿忘昨日的苦难辉煌，无愧今后的使命担当，不负明天的伟大梦想，下定决心，排除万难，在中国特色社会主义伟大道路上，为实现中华民族伟大复兴的中国梦，不断前进，创造社会主义事业的辉煌前景和美好未来。

第十六章

坚持以社会主义核心价值体系引领社会思潮应注意把握好几个原则

坚持以社会主义核心价值体系引领社会思潮应注意把握几个原则问题，即：必须坚持一元统领的原则；必须坚持尊重差异、包容多样的原则；必须坚持先进性、广泛性原则。

坚持马克思主义一元统领，是巩固党的执政地位、巩固社会主义制度的需要，是凝聚人心坚持和发展中国特色社会主义事业的需要。人们按照社会发展规律、人类思维规律、自然规律来认识社会、人生、自然，目标就会明确，思想就能统一，步调就会一致，就会齐心协力、万众一心、众志成城，就能战无不胜、攻无不克、所向无敌，永远立于不败之地。这就需要有一个科学正确的一元化的指导思想，就必须坚持马克思主义一元化的指导思想。由于自然界和社会生活本来就是丰富多彩的，是各种元素和谐相处的统一体，因此，还需要坚持尊重差异、包容多样的原则，这样才符合事物发展固有规律，才能有效地推动社会和谐共荣、健康发展。同时，还要坚持先进性、广泛性原则，正确认识和处理先进性和广泛性的关系，既注意充分发挥具有崇高人生价值观的先进分子在经济社会发展中的"火车头"带动作用，又正确认识和充分发挥全社会具有普通价值观的广大社会群体在经济社会发展中的主体作用，二者紧密结合，相辅相成，相得益彰，相映生辉，就能卓有成效地推动经济社会的健康快速发展，就能使社会主义核心价值体系引领社会思潮落到实处。

一、坚持以社会主义核心价值体系引领社会思潮，必须坚持一元统领的原则

坚持以社会主义核心价值体系引领社会思潮，首先必须在意识形态领域坚持马克思主义的一元指导地位。马克思主义是中国共产党的指导思想，坚持马克思主义在意识形态领域的指导地位，是历史的选择、人民的选择，是人民当家作主成为统治阶级和经济上以公有制为主体的地位决定

的。坚持马克思主义的一元指导地位,必须坚决抵制所谓"多元化"的错误主张。

(一)必须坚持一元统领的原则,是由共产党领导人民当家作主、成为国家统治阶级地位决定的

马克思主义历史唯物主义告诉我们,经济基础决定上层建筑,有什么样的经济基础就有什么样的上层建筑。意识形态作为上层建筑,历来都是由经济基础决定并为特定的社会经济基础服务的。

在我国坚持马克思主义一元化指导思想,是由中国共产党领导地位决定的,是由劳动人民当家作主、成为国家统治阶级的地位决定的,是由生产资料公有制主体地位的物质关系决定的,是由社会主义国家性质决定的。马克思、恩格斯指出:"统治阶级的思想在每一时代都是占统治地位的思想。这就是说,一个阶级是社会上占统治地位的物质力量,同时也是社会上占统治地位的精神力量。支配着物质生产资料的阶级,同时也支配着精神生产资料,因此,那些没有精神生产资料的人的思想,一般地是隶属于这个阶级的。占统治地位的思想不过是占统治地位的物质关系在观念上的表现,不过是以思想的形式表现出来的占统治地位的物质关系;因而,这就是那些使某一个阶级成为统治阶级的关系在观念上的表现,因而这也就是这个阶级的统治的思想。"[①] 以马克思主义作为指导思想的共产党领导、以公有制为主体的社会主义制度、在人民当家作主的国家里,坚持马克思主义一元化指导思想,是天经地义,理所当然的,而且必须这样做,这是当家作主人的人民应尽责任。马克思、恩格斯指出:"既然他们作为一个阶级进行统治,并且决定着某一历史时代的整个面貌,那么不言而喻,他们在这个时代的一切领域中也会这样做,就是说他们还作为思维着的人,作为思想的生产者进行统治,他们调节着自己时代的思想的生产和分配,而这就意味着他们的思想是一个时代的占统治地位的思想。"[②] 由此可见,坚持马克思主义一元化指导思想,是无产阶级和劳动人民在共产党的领导下成为统治阶级后的必然选择,是维护无产阶级和劳动人民根本利益的理论指导、精神支撑、思想保证,是巩固无产阶级和劳动人民统治地位的伟大旗帜和政治灵魂,是巩固党的执政地位和人民政权的上层建筑

---

① 《马克思恩格斯选集》第1卷,人民出版社1995年版,第98页。
② 《马克思恩格斯选集》第1卷,人民出版社1995年版,第98—99页。

第十六章　坚持以社会主义核心价值体系引领社会思潮应注意把握好几个原则

和意识形态,是保持国家全心全意为人民服务根本宗旨、政权性质永不变质的思想指导和行为准则。一个社会只能有一种意识形态占主导地位,那就是统治阶级的思想。资本主义社会是资产阶级占统治地位,就会用资产阶级的意识形态作为指导思想,社会主义社会是无产阶级和劳动人民占统治地位,就要用马克思主义作为指导思想,这两者都是由国家和社会的性质所决定的。马克思主义认为,在经济上占统治地位的阶级,在政治上必然占统治地位,而任何一个社会的统治思想都不过是统治阶级的思想。尽管我国发展社会主义市场经济,经济成分多样化,但并没有改变我国公有制经济占主体的地位,没有也不能改变中国特色社会主义根本制度,这就决定了我国在意识形态上不能搞指导思想的多元化。因此,作为社会主义国家的执政党,中国共产党把马克思主义作为社会主义意识形态的灵魂与核心,旗帜鲜明地坚持马克思主义一元化统领的原则,就是天经地义、理所当然的。

（二）必须坚持一元统领的原则,是由共产党全心全意为人民服务的根本宗旨决定的

马克思主义一元化指导思想,是社会主义的上层建筑和意识形态,是由共产党全心全意为人民服务的根本宗旨决定的。正如斯大林所指出的:"上层建筑一出现,就成为极大的积极力量,积极促进自己的基础的形成和巩固,采取一切办法帮助新制度去根除和消灭旧基础和旧阶级。"[1] 因此,不坚持马克思主义一元化指导思想,就不能有效维护人民浴血奋战换来的人民政权,人民政权就有得而复失的危险,不用马克思主义"一元化"指导思想作为社会主义意识形态巩固人民政权,失去了社会主义人民政权,人民就失去了一切,就摆脱不了被剥削被奴役的地位,就不能维护人民的根本利益。正如恩格斯所说的:"人民只要不掌握政权就不可能改变自己的处境。"[2] 为了巩固人民当家作主的国家政权,巩固人民的统治地位,彻底摆脱以往无权时被剥削、被奴役的处境,始终维护最广大人民的根本利益,社会主义的上层建筑必须为自己的经济基础服务,保驾护航。斯大林肯定地指出:"不这样是不可能的。基础创立上层建筑,就是要上层建筑为它服务,要上层建筑积极帮助它形成和巩固,要上层建筑为消灭

---

[1] 《斯大林选集》下卷,人民出版社1979年版,第502页。
[2] 《马克思恩格斯选集》第1卷,人民出版社1995年版,第200页。

已经过时的旧的基础及其旧上层建筑而积极斗争。"① 由此可知，坚持马克思主义一元化的指导思想，是巩固人民当家作主的国家政权的需要，是巩固社会主义经济基础的需要，是必须坚持的重要原则。马克思主义是人民翻身解放的科学真理，是指引人民全面自由发展、走向人类最美好的共产主义社会的指路明灯，代表了人民根本利益。尽管在社会主义市场经济条件下，我国的经济成分多样化，人民的利益关系多样化，不同的阶层和社会群体有着不同的具体利益，但全体人民在根本利益上是一致的，没有冲突，这就必然要求代表人民根本利益的马克思主义作为统一的指导思想。这个统一的指导思想，从根本上维护着不同阶层、不同群体的利益，能够给全体人民群众带来共同的福祉。因此，我们要理直气壮地坚持马克思主义一元化的指导思想，而且只能在马克思主义的基础上统一人们的思想，决不能搞指导思想的多元化。

（三）坚持一元统领的原则，必须坚决反对指导思想"多元化"的反动思潮

在意识形态工作中，坚持马克思主义的一元指导地位，坚持以社会主义核心价值体系引领社会思潮，必须坚决抵制错误和腐朽思想文化的影响，反对指导思想"多元化"思潮。这是维护我国最广大人民的根本利益，巩固党的执政地位，巩固社会主义制度的必然要求。社会发展的历史经验证明，多中心就没有了中心，有了"多元化"，就不可能坚持指导思想的一元化了。马克思主义是无产阶级和劳动人民的意识形态，是中国共产党的指导思想，是指引党和人民事业胜利前进的伟大旗帜、政治灵魂、思想保障、精神支撑，是共产党人和劳动人民须臾不可离开的法宝。这是由人民当家作主的政权性质决定的，是由马克思主义人民性的本质特征决定的。马克思、恩格斯在《共产党宣言》中明确指出："共产主义革命就是同传统的所有制关系实行最彻底的决裂；毫不奇怪，他在自己的发展进程中要同传统的观念实行最彻底的决裂。"② 实行"两个决裂"，就是不仅要与资本主义制度的生产资料私有制关系实行彻底决裂，还必须与其思想观念实行决裂。这样，就必须抵制资本主义腐朽思想，抵制维护资本主义经济基础的上层建筑，抵制资本主义的意识形态，就必须坚持为社会主义

---

① 《斯大林选集》下卷，人民出版社1979年版，第502页。
② 《马克思恩格斯选集》第1卷，人民出版社1995年版，第293页。

第十六章　坚持以社会主义核心价值体系引领社会思潮应注意把握好几个原则

经济基础服务的社会主义上层建筑和意识形态——马克思主义的指导，否则，马克主义就不可能更好地维护、保护社会主义经济基础的巩固和发展。资本主义的上层建筑，为资本主义经济基础服务，社会主义上层建筑，为社会主义经济基础服务，泾渭分明，毫不含糊，这是由上层建筑的阶级属性和功能决定的，是不以人的意志为转移的。因此，为了保障劳动人民当家作主的社会主义经济基础的巩固，就必须坚持树立其的上层建筑——马克思主义一元化的指导地位。

在中国传统文化中，"元"是"初始的""为首的""统领的""大、善、高、妙的"生命之始，万物之本。当代解释，"元"具有"根本的""主体的""基础的""决定的"等含义。在异彩纷呈的社会思想文化大格局中，有大文化、亚文化，有宏观意义上的主体文化，还有微观意义上的具体文化，每一种思想文化不可能都具有根本的"元"的意义。只有揭示人类社会历史发展规律，反映人类对自然、社会、思维认知规律的科学的精神理论成果，只有代表先进生产力的发展要求，代表先进文化的前进方向，代表最广大人民的根本利益，代表社会发展前进方向的思想文化才具有根本性，具有主导地位，具有"元"的意义。在中国共产党领导的人民当家作主的国度里，只有揭示人类社会历史发展规律，反映人类对自然、社会、思维认知规律科学的马克思主义堪当此任，因此，必须坚持马克思主义"一元化"的主导地位。

有的人反对指导思想的马克思主义"一元化"主导，主张"多元化"，其实质就是取消马克思主义指导思想，用西方资本主义腐朽的意识形态取代马克思主义的意识形态，用资产阶级个人主义价值观代替马克思主义集体主义价值观，用资本主义的"民主、自由、平等、人权"所谓的"普世价值"取代我们的社会主义核心价值观。因此，江泽民同志明确指出："必须坚定不移地巩固和加强马克思主义的指导地位，绝不允许搞指导思想的多元化。"[①] 我们知道，马克思主义是中国共产党的指导思想的理论基础，是社会主义制度的灵魂，是坚持和发展中国特色社会主义道路的伟大旗帜，是无产阶级和广大劳动人民的精神支柱，是我们党的一切路线方针政策的理论基础。失去了马克思主义"一元化"的指导地位，中国共产党人就失去了灵魂，失去了旗帜，失去了精神支柱，就失去了共产党执政的合法性，失去了社会主义制度的理论前提。苏联解体，苏共亡党，其重要

---

① 江泽民：《论"三个代表"》，中央文献出版社 2001 年版，第 126 页。

根源，就在于此。我们一定要识破敌对势力的罪恶阴谋，坚决反对指导思想"多元化"的反动思潮，绝不容许苏联的历史悲剧在中国重演！

二、坚持以社会主义核心价值体系引领社会思潮，必须坚持尊重差异、包容多样的原则

党的十六届六中全会《决定》指出："加强马克思主义理论研究和建设，增强党的思想理论工作的创造力、说服力、感召力。坚持以社会主义核心价值体系引领社会思潮，尊重差异，包容多样，最大限度地形成社会思想共识。"[1] 尊重差异，包容多样，是坚持以社会主义核心价值体系引领社会思潮的内在要求，是增强党的思想理论工作的创造力、说服力、感召力的题中应有之义，其目的就是要最大限度地形成社会思想共识、凝心聚力，团结广大的在思想文化领域存在差异和多样的社会群体，共同为实现中华民族伟大复兴的中国梦努力奋斗。

（一）尊重差异，包容多样符合社会发展的客观规律

尊重差异，包容多样的重要思想，是从多元的社会思想现实出发的科学理论思维，把握了社会生活的内在规律，充满着思想哲理和生活智慧，是我们党政治上理论上成熟的体现，具有深远的理论战略意义和睿智的现实实践意义。

随着经济的发展，体制的转轨，经济结构的多元化，利益群体的多元化，现代社会生活节奏和知识更新的周期加快，人们思想观念的变化也越来越快。改革开放40多年来，尤其是近几年，进入新媒体时代、自媒体时代、信息时代，移动通信时代，微信、微博、飞信等各种传播方式融入社会生活的每一个角落，各种讯息瞬间传遍天下，舆论的作用和影响越来越大，人们的观念日新月异，社会思想呈现出多样、多元、多变的特点。

唯物辩证法告诉我们，无论过去、现在和将来，社会思想呈现差异性和多样性都是一种客观存在，而且不同观点的争鸣切磋，有利于增强人们

---

[1] 《中共中央关于构建社会主义和谐社会若干重大问题的决定》，《人民日报》2006年10月19日，第1版。

第十六章　坚持以社会主义核心价值体系引领社会思潮应注意把握好几个原则

的自主意识、竞争意识、效率意识、平等意识和民主法治意识，激发创造活力，为此，坚持以社会主义核心价值体系引领社会思潮就必须高度重视在尊重差异中扩大社会认同，在包容多样中形成思想共识，从而引领广大的社会成员、团结一切力量为实现社会主义现代化建设的宏伟目标共同前进，这也是坚持以社会主义核心价值体系引领社会思潮的意义和价值所在。确立和贯彻尊重差异、包容多样的方针，是马克思主义哲学关于多样性与统一性基本原理的创造性应用，与我们党在意识形态领域把坚持马克思主义的指导地位与实行"百花齐放、百家争鸣"的方针有机结合起来，是一脉相承、相辅相成、不可分割的。只有坚持马克思主义为指导，才能使各种艺术流派、学术学派更好地把握正确的方向，坚持正确的立场、观点和方法，健康发展，更好地服务人民、服务社会。尊重差异、包容多样是事物发展规律的客观要求，自然界和社会生活本来就是丰富多彩的，是各种元素和谐相处、相得益彰、相映生辉的统一体。彩虹由赤橙黄绿青蓝紫组成，音律由七个音符组成，七个音符变化统一在一起就能形成美妙的旋律，如果只有一种音符，就很单调，就不能成为音乐艺术。生活的实践告诉我们，世界原本色彩缤纷，倘若只有一种颜色，人就无法生存。只有红色，热烈得人头颅会爆炸；只有黑色，压抑、窒息得人要发疯。赤橙黄绿青蓝紫，方使得世界一片光明。取长补短，依存共生，世界才会丰富、和谐、光明、生动。在新的形势下，党中央把尊重差异、包容多样寓于以社会主义核心价值体系引领社会思潮的原则之中，表明了我们党在思想文化建设上认识更加自觉，视野更加开阔，胸怀更加博大，境界更加高远。

（二）尊重差异，包容多样是中华民族的优秀传统文化

尊重差异，包容多样是一种美德，是中华民族优秀传统文化。要想成就旷世伟业，就要尊重差异，包容多样，广纳贤才，古往今来，概莫能外。秦王嬴政在霸业未成之时，宗室大臣对他说，别国客卿心怀二志，对秦不忠，他便下了逐客令。李斯是楚国人，当时已为客卿，也在被逐之列。在出境的途中，他写了《谏逐客书》。指出："泰山不让土壤，故能成其大；河海不择细流，故能就其深；王者不却众庶，故能明其德。……夫物不产于秦，可宝者多；士不产于秦，而愿忠者众。今逐客以资敌国，损民以益仇，内自虚而外树怨于诸侯，求国之无危，不可得也。""秦王乃除

逐客之令，复李斯官。"① 意为：泰山不舍弃土壤，所以能够形成它这样大；河海不拒绝细流，所以它能够达到这样深；君王不拒绝广大平民，所以能够显示他的恩德……物品不出产在秦国，而可宝贵的很多；贤士不出生在秦国，而愿为秦国效忠的众广。现在驱逐客卿来资助帝国，削减人口而增加仇人的力量，内部自己弄得很虚弱又与诸侯国结怨，要求国家没有危险，是不可能的。秦王采纳了他的意见，撤销了逐客令，并任他为廷尉的官职。李斯充分发挥他的聪明智慧，在秦王灭诸侯、成帝业、统一六国的过程中发挥了重要作用。正是秦王虚怀纳谏，包容四方，广纳天下的文臣武将，才统一六国，成就霸业，开辟了中国历史的新纪元。

"海纳百川，有容乃大"是中华民族的优秀传统文化，在中国历史上，像秦始皇这种包容天下、成就大业的事例俯拾皆是，不胜枚举。鲍叔牙理解、包容管仲在做生意中"少出多得"的苦衷，力劝齐桓公重用有"一箭之仇"的管仲为相国，最后成就齐桓公的霸业。曹操"三下求贤令"，不问出身，不论年龄，不拘小节，不讲资历，只要有真才实学，能谋善战，他都将其纳于麾下。广纳贤才，使曹操谋士如雨，猛将如云。唐太宗李世民重用魏征的故事也是包容多样的典范。今天我们坚持尊重差异，包容多样的原则，就是希望能够最大限度地团结一切有利于人民事业的人，为实现中华民族伟大复兴共同目标而奋斗。

尊重差异，包容多样，也是繁荣思想文化、推进文明进步的科学思维智慧。习近平同志指出："2000多年前，中国就出现了诸子百家的盛况，老子、孔子、墨子等思想家上究天文、下穷地理，广泛探讨人与人、人与社会、人与自然关系的真谛，提出了博大精深的思想体系。他们提出的很多理念，如孝悌忠信、礼义廉耻、仁者爱人、与人为善、天人合一、道法自然、自强不息等，至今仍然深深影响着中国人的生活。"② 春秋战国时期，儒家和法家、道家、墨家、农家、兵家、纵横、阴阳、杂家等各个思想流派相互切磋、相互激荡，形成了百家争鸣的文化大观，丰富了当时中国人的精神世界，传承至今，影响久远。中国诸子百家，激发了中华民族最广阔和深厚的智力资源，创作出极其丰富的思想精神成果，成为中华民族和人类共享的宝贵文明财富。同样，13世纪到16世纪，欧洲也经历了

---

① 杨金鼎主编：《古文观止全译》上册，安徽教育出版社1984年版，第342页。
② 习近平：《在布鲁日欧洲学院的演讲》，《人民日报》2014年4月2日，第2版。

第十六章　坚持以社会主义核心价值体系引领社会思潮应注意把握好几个原则

人类历史上一次最伟大的最进步的变革——文艺复兴运动。它是欧洲从中世纪封建社会向近代资本主义社会转变的一场思想解放运动，也是尊重差异，包容多样的典范。恩格斯在《自然辩证法·导言》中指出：这"是一个需要巨人而且产生了巨人——在思维能力、激情和性格方面，在多才多艺和学识渊博方面的巨人的时代。"[①] 由此可见，尊重差异，包容多样，是繁荣思想文化，推进文明进步的科学思维智慧，是促进人类社会不断进步的巨大力量源泉。

中国共产党把"尊重差异，包容多样"发挥到极致。毛泽东同志高瞻远瞩地指出："百花齐放、百家争鸣的方针，是促进艺术发展和科学进步的方针，是促进我国的社会主义文化繁荣的方针。艺术上不同的形式和风格可以自由发展，科学上的不同学派可以自由争论。利用行政的力量，强制推行一种风格，一种学派，禁止另一种风格，另一种学派，我们认为会有害于艺术和科学的发展。"[②] 我们坚持马克思主义一元指导，并不是压抑以致泯灭个人意识或群体意识各自的特点，而是尽可能地使每个人和每个群体有一个正确的指导思想和科学的思想方法，使个人意识和群体意识获得正常的发展，弘扬主旋律，发挥正能量，达到殊途同归的效果，更好地为国家的发展、社会的进步、人民的幸福作出各自应有的贡献。只有百花齐放、百家争鸣，才能促进艺术和科学的健康发展，才能促进艺术和科学的繁荣。泰山不拒尘土而成其高，江河不拒细流而成其大，只有尊重差异，包容多样，才能团结一切可以团结的人，调动一切积极性，集中人力、物力、智力，万众一心，众志成城，为实现中华民族的伟大复兴凝心聚力，形成推动社会前进的不可限量的巨大力量。

（三）必须坚持尊重差异、包容多样的前提和原则

为了构建社会主义和谐社会，我们要坚持尊重差异，包容多样，最大限度地形成社会思想共识。当然，我们对尊重差异、包容多样也是有前提和原则的，就是坚持一元化统领原则的前提下的差异，是与社会主义核心价值体系相一致前提下的差异；多样化是坚持马克思主义一元化指导下的思想文化多样化，即思想文化内容、风格、形式、体裁的多样化，本质上是体现主旋律的多样化。

---

① 《马克思恩格斯选集》第 4 卷，人民出版社 1995 年版，第 262 页。
② 《毛泽东文集》第 7 卷，人民出版社 1999 年版，第 229 页。

一方面，我们必须坚持社会主义核心价值体系的主导地位，因为它集中体现了全国各民族人民的共同理想、文化认同和价值追求；另一方面，我们又必须尊重人民群众的利益差异和文化差异，引领、改造、提升、整合不同的社会观念，弘扬主旋律，发挥正能量，形成推动经济社会健康发展的强大动力。绝不是标新立异、离经叛道，违背主旋律、消解主旋律的多样化。我们必须清醒地看到，在多元、多变、多样的社会文化思想中，正确的与错误的彼此交织，积极的与消极的相互激荡，先进的与腐朽的相互碰撞，革命的与反动的激烈交锋，对人们的思想必然会产生一定的负面影响。同时，由于西方敌对势力加紧西化、分化、和平演变中国战略图谋的实施，加之一些有西方背景的"专家""学者"沉瀣一气，推波助澜，颠倒是非，混淆黑白，制造混乱，美化西方敌对势力，攻击、丑化党的领导和社会主义制度，鼓吹民族虚无主义、历史虚无主义，推销资产阶级的所谓"普世价值"，企图颠覆党的执政地位和社会主义制度，极易使不明真相的人民群众受到蒙蔽，这在很大程度上冲击和影响着社会主义核心价值体系的引领地位。所以，我们必须旗帜鲜明地分清正确与错误、善恶与是非。"尊重差异"并不是倡导文化相对主义或多元文化主义，"包容多样"也不意味着容忍、放纵任何不利于社会和谐、稳定、发展的因素。坚持以社会主义核心价值体系引领纷繁多变的社会思想，目的就是通过善意引领，使充满差异性和多样性的社会思想按照社会主义核心价值体系指引的方向更好地统一起来，不断巩固和发展社会主义的思想文化高地。决不容许某些人打着"多样化"旗号，背离、对抗社会主义核心价值体系和社会主义核心价值观，决不能给那些吃共产党的饭，砸共产党的锅，拆共产党的台、坏老百姓事的人提供招摇撞骗的市场，要让他们成为人人喊打的过街老鼠。只有这样，才能形成既坚持马克思主义一元统领，又使社会思想、文化生活丰富多彩的生动局面。

另外，在经济全球化和各种思想文化思潮相互激荡的情形下，在国际交往中，我们应该通过相互尊重、和平共处、共同发展，提高我们的民族文化和中国特色社会主义价值体系的影响力。对于世界上存在多样性和谐共存的问题，习近平主席在联合国教科文组织总部的演讲中指出："'一花独放不是春，百花齐放春满园。'如果世界上只有一种花朵，就算这种花朵再美，那也是单调的。不论是中华文明，还是世界上存在的其他文明，都是人类文明创造的成果。世界上有200多个国家和地区，2500多个民族和多种宗教。如果只有一种生活方式，只有一种语言，只有一种音乐，只

第十六章　坚持以社会主义核心价值体系引领社会思潮应注意把握好几个原则

有一种服饰，那是不可想象的。……雨果说，世界上最宽阔的是海洋，比海洋更宽阔的是天空，比天空更宽阔的是人的胸怀。对待不同文明，我们需要比天空更宽阔的胸怀。"①

当然，我们倡导"和而不同"，推动存在差异的不同文明相互尊重、和谐共处，目的是让文明交流互鉴成为增进各国人民友谊的桥梁，成为推动人类社会进步的动力、维护世界和平的纽带。通过弘扬和传承中华民族优秀传统文化的影响力、感召力，增强世界人民对中国的向心力和凝聚力，缓解外界对我国和平崛起的误解和顾虑，为我国的和平发展创造持久、良好的国际环境。

三、坚持以社会主义核心价值体系引领社会思潮，必须坚持先进性、广泛性原则

坚持以社会主义核心价值体系引领社会思潮，就必须坚持先进性、广泛性原则，清醒地认识二者的相互关系。先进性是广泛性的旗帜，广泛性是先进性的基础，先进性是领头雁，广泛性是紧随领头雁的雁阵，二者相互依存，不可分割。没有先进性，广泛性就缺乏前进方向，没有广泛性基础，就没有先进性引领的对象。先进性和广泛性是客观存在的，是相对而言的，没有对象的先进性，发挥不出先进性的引领作用，也就不成其为先进性了。

（一）坚持以社会主义核心价值体系引领社会思潮，必须坚持先进性原则

党的十七大报告指出："加强党员、干部理想信念教育和思想道德建设，使广大党员、干部成为实践社会主义核心价值体系的模范，做共产主义远大理想和中国特色社会主义共同理想的坚定信仰者、科学发展观的忠实执行者、社会主义荣辱观的自觉实践者、社会和谐的积极促进者。"② 在

---

① 习近平：《在联合国教科文组织总部的演讲》，《人民日报》2014年3月28日，第3版。
② 胡锦涛：《高举中国特色社会主义伟大旗帜　为夺取全面建设小康社会新胜利而奋斗——在中国共产党第十七次全国代表大会上的报告》，人民出版社2007年版，第50页。

这里提出的"使广大党员、干部成为实践社会主义核心价值体系的模范"的系列要求，是从共产党人的先进性的高度要求的。按照这个要求，我们的党员、干部应该成为"实践社会主义核心价值体系的模范，做共产主义远大理想和中国特色社会主义共同理想的坚定信仰者、科学发展观的忠实执行者、社会主义荣辱观的自觉实践者、社会和谐的积极促进者"。我们的党员、干部，是社会成员中的先进群体，是体现党的先进性的载体，是先进性的代表。对这个群体的要求就是自觉追求崇高的人生价值观，以高尚的精神境界和思想道德品质，为全社会践行社会主义核心价值体系作表率、作榜样。

崇高的人生价值观是人类社会不断从低级向高级发展规律的客观要求，反映了古往今来亿万人民群众孜孜以求的共同愿望，是指导人民群众改造自然、改造社会、走向光明未来的伟大旗帜。人类社会发展的历史经验表明，在任何一种社会形态下，总有一批具有崇高人生价值观的先驱代表历史发展的前进方向，以他们的远见卓识带领广大的人民群众向自然、社会斗争，推动社会历史的发展和人类文明的进步。以毛泽东同志为代表的老一辈中国共产党人倡导并身体力行的"大公无私、全心全意地为人民服务"的崇高的共产主义人生价值观，是先进生产力代表无产阶级意识形态的最高体现，是人类群体理想人格的伟大旗帜，代表了时代发展的方向，是一种人心所向的巨大凝聚力量，是社会前进的火车头，是推动社会蓬勃发展的强大精神支柱和战无不胜、无坚不摧的永恒动力。中国共产党在对这种崇高品质的孜孜追求中，战胜了国内外一切强大的敌人，建立了新中国，进而取得了建设中国特色社会主义的伟大成就。今天，在社会主义市场经济条件下，在享乐主义、极端个人主义泛滥的情况下，共产党人更应该自觉地追求崇高，在思想上、精神上筑起钢铁长城，不断为实现好、维护好和发展好最广大人民的根本利益作出历史性贡献。崇高人生价值观体系是一个民族、一个国家的精神支柱，没有崇高的精神支柱，就像断了脊梁骨一样难以自立。江泽民同志深刻地指出："树立正确的世界观和人生观，无论过去、现在和将来，对于每一个干部和党员来说，都是首要的问题。这个问题不解决，或解决的不牢靠，不论搞革命，还是搞建设，是不可能兢兢业业的，也不可能作出什么成绩来。"[①] 共产党人所追求的崇高的人生价值观，就是要始终坚持马克思主义指导思想，牢固树立中

---

① 江泽民：《论党的建设》，中央文献出版社2001年版，第169页。

第十六章 坚持以社会主义核心价值体系引领社会思潮应注意把握好几个原则

国特色社会主义共同理想，坚持以爱国主义为核心的民族精神和以改革创新为核心的时代精神，自觉践行社会主义荣辱观，始终保持共产党人的蓬勃朝气、昂扬锐气、浩然正气，成为引领时代前进的"火车头"。中国革命的胜利，社会主义建设的成功，改革开放取得的举世瞩目的伟大成就，正是无数投身于共产主义伟大事业的先进分子带领广大人民群众舍生忘死、浴血奋战、不畏艰险、拼搏奋斗的结果。在实现中华民族伟大复兴的中国梦的今天，更要坚持先进性原则，更好地发挥这些"火车头"的带动、引领作用。

（二）坚持以社会主义核心价值体系引领社会思潮，必须坚持广泛性原则

我们在坚持先进性原则的同时，也必须坚持广泛性原则，正确认识和对待一般社会成员所具备的普通人生价值观。我们强调共产党人要自觉地追求崇高人生价值观，并不否认同一社会中根本利益不相冲突的社会群体和个人之间存在着的价值认识的多样性、广泛性。马克思主义认为，世界是丰富多彩的，人的需要也是丰富的、具体的、多种多样的。走在社会前面起"火车头"作用的先进群体，一般情况下是社会成员中的少数先进分子，而具有普通人生价值观的群体则是具有广泛性的社会群体，而这两个群体都是推动社会前进不可或缺的重要力量，都要发挥他们的作用，才能实现中华民族的伟大复兴。

坚持以社会主义核心价值体系引领社会思潮，就是要用先进的思想理论观点引领具有广泛性特征的中间状态的思想观点。引领者是引领的主体，被引领者是引领的客体。主体通过客体体现自身的价值，没有客体，主体的引领作用和功能就不可能发挥出来，就不能称其为引领。处理好先进性与广泛性的关系，各自发挥作用，才能真正起到引领作用，才能最大限度地调动全体社会成员推动经济社会的发展进步，才能充分发挥二者的功能。

任何时候，凡是有人群的地方，最先进的和最落后的都是少数，而处于中间状况、随大流的总是占据多数，具有广泛性，这就需要用具有先进性的先进人群去带领、引领中间大多数人共同前进、创造、开辟美好的未来。在如何认识、引领和发挥广泛性群体作用方面，毛泽东同志为我们做出了光辉榜样。在抗美援朝出兵前夕，有关部门对部队干部战士入朝作战的态度作了调查。当时，有百分之二十的战士、干部是积极的、愿意打

的，有百分之二十是不愿意打的，还有百分之六十战士、干部是随大流的，打可以，不打也可以。可以说，在对抗美援朝我国出不出兵，与以美国为首的联合国军队打不打仗的问题上，如果说百分之二十的战士、干部是积极的、愿意打的态度代表了先进性的话，那么，随大流的百分之六十的战士、干部则可以说是代表了广泛性。毛泽东是这样对待先进性与广泛性的关系的，针对有百分之二十的战士、干部是积极的、愿意打的，百分之二十是不愿意打的情况，毛泽东说："除了这百分之四十，还有百分之六十，是打可以，不打也可以，随大流。我说这就可以了嘛，因为有百分之六十可以随大流，可以赞成打，再加上百分之二十愿打的，这不是百分之八十了吗？就可以打了嘛。"先进性和广发性结合起来就会形成巨大的雄厚的推动经济社会发展的现实力量。因为，人民群众是创造历史的真正动力，处于中间状态的广大的普通老百姓是社会生活的主力军，是中国特色社会主义建设的主体力量，在这里，先进的火车头是少数，而随大流的是大多数，这大多数与先进的少数结合来就是绝大多数，就形成社会的主流力量，就成为推动社会前进的巨大的正能量。因此，我们大力倡导先进性，但绝不能排斥广泛性，而是应该把二者紧密地结合起来，形成合力，发挥作用。

具有广泛性的人群，只要他们所做出的价值判断、价值选择是合理的，即不损害、无悖于人类主体的根本利益，不违背社会发展的客观规律，那么，价值认识越生动丰富，就越有利于人的个性的全面生动发展，从而使社会生活更加丰富多彩。建设中国特色社会主义，最终实现向共产主义的过渡，我们理应在全社会提倡以集体主义为原则的共产主义道德，提倡毫不利己、专门利人、大公无私、全心全意为人民服务的最高境界的人生价值观，而且要采取各种措施促使这种具有崇高价值观的人才队伍日益扩大，以增强社会发展的巨大动力。但是，我国现阶段是社会主义初级阶段，我们的社会允许个体经济、私营经济、外国独资企业在中国的发展，并把其作为中国社会主义市场经济的重要组成部分，因此不可否认，社会主义市场经济条件下，利益主体的多元化及由此而引起的价值取向的多样化和人生价值观上的层次性。对于那些能够通过诚实劳动致富，遵纪守法，不损害他人利益的人，尽管他们在动机上还是从个人利益出发，但他们客观上是通过自己的劳动创造了价值，对他人、对社会作出了贡献，有利于人民生活的提高，有利于社会主义生产力的发展，有利于综合国力的增强，同时在中国人民和世界人民中树立了我国改革开放振兴中华的良

第十六章　坚持以社会主义核心价值体系引领社会思潮应注意把握好几个原则

好形象。这样的人生价值观在社会主义国度里，尽管在正确人生价值观中属于较低层次，是有待于向更高层次发展过渡的价值观，但其合理合法性应予以肯定、认可。

在任何社会形态下，先进的具有崇高人生价值观的人往往是少数佼佼者。在我国，这些佼佼者是我国社会主义建设事业日新月异突飞猛进的栋梁、中华民族的脊梁，是推动时代前进的火车头。而一般社会成员的普通人生价值观具有极其雄厚的广泛性，亦是中国共产党人崇高人生价值观坚实的群众基础，是社会主义核心价值体系引领的对象和价值所在，是不可忽视的社会力量。如果忽视普通人生价值观，不承认其合理性，硬性规定用共产党的先锋战士的标准作为判断其价值观合法与否的尺度，凡是不符合的就认为是"自私自利""落后"，因而批判、打击、取缔，就会伤害广大普通人民群众的社会主义积极性。非要普通群众具有无产阶级先进分子、共产党人的崇高人生价值观，是强人所难的脱离实际的"左"的激进主义错误观点，其结果必然使群众产生对党的政策的离心力、逆反心理。如果说共产党人的崇高人生价值观是时代进步的火车头的话，广大群众的普通人生价值观就是车厢，车厢离开车头当然不行，然而，车头离开车厢也毫无意义。

当然，我们还要对具有广泛性特征的群体进行卓有成效的思想政治工作，把这种人生价值观引向更高的境界，以扩大先进队伍，更好地发挥对社会的引领作用，将"动机上只是从个人利益出发，不损害社会和他人利益"的境界，逐步引导到"在追求自己个人利益时，还能想到他人、社会和国家利益"，进而"兼顾国家集体利益"并向"先公后私，以集体利益为重""公而忘私"的更高境界前进，最终达到"大公无私，全心全意为人民服务"的至高境界。让他们懂得，只有人类主体的根本利益才是确定哪些是主体实际需要的最高尺度，无产阶级及其政党以解放全人类为其全部社会活动所追求的最高价值，是从根本上符合人类主体共同利益和需要的，符合社会历史发展的方向。

综上所述，坚持以社会主义核心价值体系引领社会思潮必须坚持一元统领的原则，必须坚持尊重差异、包容多样的原则，必须坚持先进性、广泛性原则。其目的就是在马克思主义一元统领的旗帜下，尊重、激发、调动人民的首创精神，最大限度地集中群众智慧，把党内外一切可以团结的力量广泛团结起来，把国内外一切可以调动的积极因素充分调动起来，汇聚成推进改革开放的强大力量，为实现"两个一百年"的第二个一百年的奋斗目标，凝聚力量，创造条件。

党的十八大以来，中华民族进入了一个大展宏图、重振雄风的全新伟大时代，党的十九大开启全面建设社会主义现代化国家新征程，擘画出本世纪中叶把我国建成富强民主文明和谐美丽的社会主义现代化强国的辉煌愿景，党的二十大进一步提出："高举中国特色社会主义伟大旗帜，全面贯彻新时代中国特色社会主义思想，弘扬伟大建党精神，自信自强、守正创新，踔厉奋发、勇毅前行，为全面建设社会主义现代化国家、全面推进中华民族伟大复兴而团结奋斗。"① 14 亿多伟大的中国人民紧密地团结在以习近平同志为核心的党中央周围，心往一处想，劲往一处使，拧成一股绳，众志成城，一定能够实现中华民族伟大复兴，谁也阻挡不住中国人民前进的步伐。不管世界风云如何变幻，伟大的中华民族都会风雨不动安如山，巍然屹立在世界东方！

---

① 习近平：《高举中国特色社会主义伟大旗帜 为全面建设社会主义现代化国家而团结奋斗——在中国共产党第二十次全国代表大会上的报告》，《人民日报》2022 年 10 月 26 日，第 1 版。

第十七章

我国抗击新冠疫情彰显出的制度优势

——兼评美国"人权天堂"神话的破产

自暴发新冠疫情以来,以习近平同志为核心的党中央,把维护人民群众的生命安全和身体健康放在第一位,习近平总书记亲自指挥,亲自部署,党中央成立应对疫情工作小组赴武汉具体指导,武汉"封城",从源头预防,军地医护人员主动请缨,驰援前线,全国开展联防联控,各类物资紧急调配,依法科学有序防控,全力以赴救治感染患者,14亿多中国人民团结一心,众志成城,坚决打赢防控疫情的人民战争、总体战、阻击战。目前,在以习近平同志为核心的党中央坚强领导下,通过全国上下艰苦努力,在短时间内有效控制住疫情。正如习近平总书记所指出的:"中国人民在疫情防控中展现的中国力量、中国精神、中国效率,展现的负责任大国形象,得到国际社会高度赞誉。""防控工作取得的成效,再次彰显了中国共产党领导和中国特色社会主义制度的显著优势。"[1]

一、中国共产党坚强领导是战胜新冠疫情的政治保证

中国共产党的坚强领导,是在血与火的中国革命战争中铸就的,是历史的选择,是人民的选择,是实现国家独立,民族解放,人民幸福,国家富强的根本保障。习近平总书记指出:"办好中国的事情,关键在党。中国特色社会主义最本质的特征是中国共产党领导,中国特色社会主义的最大优势是中国共产党领导。坚持和完善党的领导,是党和国家的根本所在、命脉所在,是各族人民的利益所在、幸福所在。"[2] 在中国,党政军民学,东西南北中,党是领导一切的,中国共产党始终是中国社会主义事业

---

[1] 习近平:《在统筹推进新冠肺炎疫情防控和经济社会发展工作部署会议上的讲话》,《人民日报》2020年2月24日,第2版。

[2] 习近平:《在庆祝中国共产党成立95周年大会上的讲话》,人民出版社2016年版,第22页。

的坚强领导核心。有了中国共产党的坚强领导，就能使全党全军全国人民统一思想、统一意志、统一指挥、统一行动，凝聚成万众一心、众志成城的磅礴力量，所向披靡、无往不胜，在这次战胜新冠疫情实战中，中国共产党坚强领导的突出优势，彰显得淋漓尽致。

新冠疫情发生后，以习近平同志为核心的党中央高度重视，迅速作出部署，全面加强对疫情防控的集中统一领导，及时提出坚定信心、同舟共济、科学防治、精准施策的总要求。习近平总书记专门就疫情防控工作作出指示，要求各级党委和政府及有关部门把人民群众生命安全和身体健康放在第一位，采取切实有效措施，坚决遏制疫情蔓延势头。大年初一，习近平总书记主持召开中央政治局常委会会议，对疫情防控工作进行再研究、再部署、再动员，决定成立中央应对疫情工作领导小组，派出中央指导组，要求国务院联防联控机制充分发挥协调作用。之后，又先后主持召开3次中央政治局常委会会议、1次中央政治局会议，专题研究疫情防控工作和复工复产工作。2020年2月10日，习近平总书记到北京市调研指导疫情防控工作，视频连线湖北和武汉抗疫前线，听取前方中央指导组、湖北指挥部工作汇报。还主持召开中央全面依法治国委员会、中央网络安全和信息化委员会、中央全面深化改革委员会、中央外事工作委员会等会议，从不同角度对做好疫情防控工作提出要求。党中央印发《关于加强党的领导、为打赢疫情防控阻击战提供坚强政治保证的通知》。中央应对疫情工作领导小组及时研究部署工作，中央指导组积极开展工作，国务院联防联控机制加强统筹协调，各级党委和政府积极作为，同时间赛跑，与病魔较量，形成了抗击病魔的强大合力。

以习近平同志为核心的党中央，及时制定疫情防控战略策略。审时度势、综合研判，明确了坚决遏制疫情蔓延势头、坚决打赢疫情防控阻击战的总目标。依法将新冠肺炎纳入乙类传染病、采取甲类措施严格管理。把坚持全国一盘棋、统筹各方面力量支持疫情防控作为重要保障，把控制传染源、切断传播途径作为关键着力点，加强对疫情防控工作的统一领导、统一指挥、统一行动，打响了疫情防控的人民战争、总体战、阻击战。党中央提出早发现、早报告、早隔离、早治疗的防控要求和集中患者、集中专家、集中资源、集中救治的救治要求，把提高收治率和治愈率、降低感染率和病亡率作为突出任务来抓。坚持立足地区特点和疫情形势因应施策，把湖北作为全国主战场，对其他省份加强分类指导，严守"四道防线"，步步推进、层层深入，形成了全面动员、全面部署、全面加强疫情

第十七章　我国抗击新冠疫情彰显出的制度优势

防控的战略格局。

为加强对武汉和湖北防疫的统一指挥，2020年1月22日，党中央果断要求湖北省对人员外流实施全面严格管控，以巨大政治勇气和超强的魄力，从维护全国人民的根本利益出发，以对中国人民和世界各国人民的生命安全和健康负责的态度，作出武汉封城的重大科学决策。党中央把武汉和湖北的疫情防控作为重中之重，提出内防扩散、外防输出的明确要求，强调要采取更加严格、更有针对性、更加管用有效的措施，把疫情扩散势头遏制住。中央指导组认真贯彻党中央决策部署，加强对湖北和武汉防控工作的指导和督察。针对湖北和武汉前期防控工作存在的严重问题，党中央及时提出整改要求，并对湖北省委和武汉市委领导班子作出调整充实。体现了以习近平同志为核心的党中央，高超的领导艺术，卓越的领导能力，在世界上牢固树立起中国作为负责任大国的良好形象，赢得世界政要的高度评价和普遍赞誉。甚至有的美国人认为中国封千万人口的大城市，牺牲一个城，挽救了全世界。

有习近平总书记这样的英明领袖挂帅指挥，有以习近平同志为核心的党中央的坚强领导，有一支具有铁一般信仰、铁一般信念、铁一般纪律、铁一般担当的各级党政机关党员领导干部队伍，有440多万个能够时时发挥战斗堡垒作用的党组织，有9000多万处处起先锋模范作用的宏大党员队伍，是无往不胜的强大力量。全党全军全国人民团结一条心、拧成一股绳，党中央指到哪里就打到哪里，有信心、有决心、有能力、有办法取得战胜新冠疫情的彻底胜利。

习近平总书记指出："关键时刻冲得上去、危难关头豁得出来，才是真正的共产党人。在统筹推进疫情防控和经济社会发展工作中，各级干部特别是领导干部必须增强必胜之心，拿出战胜一切敌人而不被任何敌人所屈服的大无畏革命气魄，勇当先锋，敢打头阵，用行动展现共产党人政治本色。"[1] 在抗击新冠疫情战斗中，党的强大政治优势、组织优势和密切联系群众的优势转化为疫情防控工作优势，做到了哪里有疫情，哪里就有党员，哪里就有党组织。无论是救治病人的第一线，还是保障物资供应的大后方，无论是武汉的大街小巷居民社区，还是全国的城市社区乡村防控点，或是公路、铁路站点，机场航空服务设施的前沿，都有共产党员在日

---

[1] 习近平：《在统筹推进新冠肺炎疫情防控和经济社会发展工作部署会议上的讲话》，《人民日报》2020年2月24日，第2版。

·697·

夜坚守，都有党旗在飘扬。一个党员一面旗，共产党员吃苦在前、牺牲在前、不谋私利、一心为民的政治本色，时刻听从党的召唤，专拣重担挑在肩，把困难留给自己，把方便让给群众，把死的危险留给自己，把生的希望让给群众的崇高人格力量，明知征途有艰险，越是艰险越向前的大无畏精神，在抗击疫情中，党员冲锋在前，吃苦在前，哪里艰苦哪里去，哪里危险往哪冲的先锋模范作用，成为无处不在的巨大力量。党的各级组织和广大党员成为无时不在的鼓舞群众斗志的主心骨，群众利益的守护神，群众心灵慰藉的"益安宁"。正是在强大的党员队伍的表率、引领、带动、感召下，组织起千千万万民众，调动起浩浩荡荡的生力军，形成抗击防控新冠疫情的铜墙铁壁，在不到两个月的时间里，就让那曾肆虐一时的新冠疫情得到基本控制，战疫取得了重大阶段性胜利。我国人民坚信中国共产党坚强领导是我国的突出优势，是我们攻坚克难、无往不胜的根本保障。

中国共产党领导中国人民，在近百年气壮山河的浴血奋战中，建树了惊天地、泣鬼神的英雄业绩，为国家独立，民族解放，人民幸福，国家富强、为中华民族的伟大复兴作出了彪炳史册的卓越贡献。积累了治国理政的丰富经验，形成了完整系统科学正确的思想观点、理论体系，根据不同历史时期制定了符合国情的路线方针政策，在全党全军全国人民中享有崇高威望，是我们事业的坚强领导核心，领导中国人民实现了从站起来、富起来，到强起来的伟大飞跃，像太阳照亮了实现中华民族伟大复兴的辉煌前景。14亿多中国人民坚信，只要有中国共产党的坚强领导，我们就没有克服不了的困难，就没有应对不了的挑战，就没有战胜不了的敌人，这就是我们的最大优势。

二、社会主义制度优越性是战胜新冠疫情的制度保证

社会主义、共产主义制度是人类历史上最美好的社会制度，与资本主义制度相比具有不可比拟的优越性，在这次抗击新冠疫情战斗中，社会主义制度的优势，彰显得尤为突出。

习近平总书记《在庆祝中国共产党成立95周年大会上的讲话》中指出："中国特色社会主义制度是当代中国发展进步的根本制度保障，是具

第十七章　我国抗击新冠疫情彰显出的制度优势

有鲜明中国特色、明显制度优势、强大自我完善能力的先进制度。"[1] 中国特色社会主义制度为党和国家事业发展、为人民幸福安康、为社会和谐稳定、为国家长治久安提供一整套更完备、更稳定、更管用的制度体系。在这次新冠疫情防控战斗中，世界卫生组织总干事谭德赛站在人类福祸的高度，盛赞中方行动速度之快、规模之大，世所罕见，展现出了中国速度、中国规模、中国效率。称赞在疫情面前中国政府展现出坚定的政治决心，采取了及时有效的举措，令人钦佩！应对大疫的中国有制度优势，值得各国学习。联合国的官员明确称颂中国有社会主义"制度优势"，可谓石破天惊，振聋发聩，一语中的。

社会主义统筹全局集中力量办大事举世震惊。"沧海横流，方显英雄本色。"谁能做到一声令下，一座1000万人口的城市瞬间被隔离，1000万人口的城市，2天内完成排查，最大程度地控制疫情发展，并且保证近10万人免费治疗、确保封城的1000万人的基本生活；谁能做到一声令下，几万医务工作者驰援武汉；谁能做到一声令下，两座6万多平米的医院在10多天内投入使用；谁能做到一声令下，14亿多中国人自行在家隔离有吃有喝，如此大的供应没有问题，并很快控制疫情？只有集中力量办大事的社会主义中国能做到。面对西方资本主义国家新冠疫情不可控的乱象，更说明社会主义制度的无比优越性。湖北和武汉是疫情防控的重中之重，是打赢疫情防控阻击战的决胜之地，武汉胜则湖北胜，湖北胜则全国胜。在社会主义国度里，能够做到全国一盘棋，举全国之力予以支援，组织29个省区市和新疆生产建设兵团、军队等调派330多支医疗队、41600多名医护人员驰援，迅速开设火神山、雷神山等集中收治医院和方舱医院，千方百计增加床位供给，优先保障武汉和湖北需要的医用物资，并组织19个省份分片包干对口支援湖北16个市防控疫情。卫生健康、发展改革、工信商务、外交外联、交通运输、农业农村、应急管理、财政金融、文化旅游、科技教育、市场监管、社保医保、资源环境、国资林草等部门和纪检监察、组织、宣传、统战、政法等战线各司其职，人大、政协以及各人民团体等主动担责，采取有力措施支持抗击疫情斗争。同时，成倍提高口罩、检测试剂、医用防护服的产量产能，重新安排全国铁路航空公路交通管制、大规模调动军队、后勤、物资保障、国际交往等；只有中国可以做到

---

[1] 习近平：《在庆祝中国共产党成立95周年大会上的讲话》，人民出版社2016年版，第13页。

上下政令统一，执行力可以直接从中央下沉到千万个乡村、社区。说禁止聚会就停止聚会，整个中国可以在春节期间瞬间"冰封"，上百场马拉松被取消，14亿多人口的国家，说"封城"就"封城"，说"封省"就"封省"，即时完成隔离部署，并且物资供给充足，不停电、不停水、不停网，居民生活有保障，超市供应稳定，生活必需品集中送上门，让疫情蔓延的势头在全国迅速得到扼制。在这次疫情中，中国社会主义能够统筹全局集中力量办大事的制度优势体现得淋漓尽致，任何公知抹黑中国巨大成就的谎言，不攻自破，中国的国际威望令人仰慕钦羡。有评论指出：疫情相当一次高等级战争，中国在这次战斗中，成功地展示了自己超常的动员能力，人员和物资可以闪电般地向一线调动，数千万人随时准备投入战斗。表面上停下来的中国，其实进行了一次史诗般的战略物资配置，彰显了中国是一个可以面对任何挑战的国家，不可战胜的国家。

　　社会主义制度的高效率令人折服。日本的"钻石公主号"邮轮载有2666名乘客和1045名船员。1月20日启程，2月3日开始隔离，2月19日开始下船，整整拖了31天，造成新冠肺炎大面积传染，累计确诊705例，成了一艘魔鬼邮轮，船上的游客每天度日如年，生不如死，痛苦不堪。当时，也有同样一艘"歌诗达赛琳娜号"乘载4806人的国际邮轮，邮轮停留在中国的天津码头。当时船上十几个人有发热的情况，我们中国政府在24小时之内，以生死时速般的速度，各方接力完成对全船人的检测，中国的、外国的，撤离，一个不落。通过两艘邮轮隔离撤出过程，鲜明地向世界宣告：这就是社会主义的中国效率，大国担当。世界上只有一个中国，可以在10天之内，指挥7500名建设者和近千台机械设备，让一座容纳千人的火神山医院拔地而起；再两天，又建起一座收治1600重症病人的雷神山医院，然后用几个晚上建成16座方舱医院，数万的床位说起就起。这在西方资本主义国家是不可能的。只有中国能够迅速调集一切社会资源，这就是中国效率，中国速度，中国精神。这就是资本主义不可企及、望尘莫及的中国社会主义制度优越性。"国际社会普遍认为中国采取的坚决有力的防控措施，展现的出色的领导能力、应对能力、组织动员能力、贯彻执行能力，是其他国家做不到的，为世界防疫树立了典范。"[1]

　　社会主义制度保护人权堪称楷模。社会主义国家把人民生命当个宝，

---

[1] 习近平：《在统筹推进新冠肺炎疫情防控和经济社会发展工作部署会议上的讲话》，《人民日报》2020年2月24日，第2版。

资本主义国家把老百姓的生命当棵草。只有中国社会主义制度做到对新冠病人应收尽收，不计成本，不计得失，保证近10万人免费治疗。有资料显示，意大利"放弃60岁以上老人治疗把生的希望留给年轻人"；西班牙"放弃对65岁以上老人的治疗"；英国"推出评分制，启动淘汰老年感染者"；法国"70岁以上感染老人不进行插管治疗"；乌克兰"别浪费钱给65岁以上的老人治病，他们都是尸体"；美国"年长者要为国牺牲，以拯救美国经济"。60岁以上的生命不是生命吗，不是人权吗，不需要保护吗？与"让老人去死的"欧美的残酷无情不同，我们国家则是大爱无疆，切实做到保护所有公民的人权，把救治人民的生命提到重中之重的高度，竭尽全力救治新冠肺炎患者。做到应收尽收，应检尽检，应隔尽隔，应治尽治，不惜花74万元救治ICU重症普通公民，免费为所有患者治疗，能够做到对104岁的老人悉心治疗治愈，对73岁的老人进行双肺移植。两个月内，90岁、91岁、95岁、96岁、97岁、98岁老人相继治愈出院。国家在第一时间将"钻石公主号"解禁的中国人接回家。一夜之间病毒席卷全球，当时39个国家几千例确诊，引起极大恐慌，而中国却派一架飞机带上医护人员飞越8300公里，将散落于海外的61名湖北人，从印尼巴厘岛接回家；用200架客机，10天接4万海外游子回家，这明确地告诉中国公民，你身后有强大祖国，当你在海外遭遇风险时，不论你在何方，祖国都能把你带回家。由此可知，谁尊重生命、谁关心公民、谁讲人权？一目了然。是中国的社会主义保障人权，还是西方资本主义保障人权，不言自明。

目前，世界疫情暴发且呈现非常严重的失控态势，这种情况下只有中国用两个月的时间控制住了疫情的蔓延。美国政府未向中国提供一毛钱的援助，自顾不暇更不用说援助其他急需援助的暴发疫情国家。特朗普强调，为了控制美国疫情，美国不打算对任何国家援助。而中国却支援了美国，并在力所能及的情况下，对世界上120多个国家提供了无私的援助。美国的不作为与中国帮助很多国家形成了鲜明对比，中国社会主义制度与西方资本主义制度孰优孰劣，不言而喻。

这场疫情当中，一个真正以人民为重的社会主义中国展现出来的大国情怀、责任担当、博大胸襟和菩萨心肠，让整个世界刮目相看，中国的国际形象大幅提升，中国社会主义制度优势突出彰显，得到世界许多国家政要普遍赞誉和广大人民群众的由衷钦羡。两个月之前，很多媒体都在说中国是最糟糕的国家，可是两个月之后，中国成了全世界人们最向往的地方,那么多国外华侨扎堆返回中国就是明证。我国的防疫工作得到世卫组织官员的高度评价,就连世卫组织总干事高级顾问艾尔沃德都说:"如果我感染了,我希望在中国治疗。"

三、社会主义公有制是战胜新冠疫情的强大物质基础

马克思主义告诉我们,公有制是社会主义制度的本质特征,是社会主义事业兴旺发达的根本保障,是人民当家作主的物质依托。在我国,社会主义公有制是巩固共产党执政地位和亿万人民福祉的可靠保障,是巩固社会主义制度的经济基础,是中国共产党治国理政的强大物质力量,是体现社会主义制度优越性的平台和载体。社会主义公有制的重要作用在这次战胜新冠疫情中彰显得尤为突出。充分发挥作用的公立医院、人民军队、国有企业——生动地体现了社会主义制度优越性。

这次抗击新冠病毒是一场大规模的人民战争,全国全军驰援湖北武汉医护人员是救治主战场上的主力军,疫情就是命令,防控就是责任。党中央一声令下,一批又一批医疗队,听从国家的号召,纷纷奔赴武汉,"不计报酬,无论生死":在大年三十的那个晚上,他们无怨无悔踏上未知的征途。这些公立医院的医护人员们,就像是我们的人民子弟兵那样,召之即来,来之能战,战之能胜!这些向着疫区而行,迎着病毒而上的人们,就是我们国家真正的英雄、真正的民族脊梁。北京大学教授、中国健康发展研究中心主任李玲重磅发声:公立医院救了中国!

请问,世界上还有哪个大国,能像今天的社会主义中国一样,在短时间内集结起一两万的精兵强将、白衣卫士;短时间内从全国各地迅速、密集、大批地调派精良装备、捐赠物资;短时间内中央指派16个省份,通过一省包一市的方式支援湖北,他们有的乘坐包机快速到达,有的奔波数千公里从新疆将器材运达。如果有一天,我们的医院全都变成私人的医院了,那我们还能有今天这么高效的动员吗?值得深思。

公立医院是用来治病救人的,首先考虑的是救死扶伤、治病救人;但私人医院是为私人老板赚钱的,他们更多的考虑是收入的最大化。而面对疫情,是要付出巨大成本的。受利润最大化原则支配,私人医院老板,根本不会为了党和人民的利益去冒险,他们根本不具备公立医院不惜一切代价为人民健康服务的基因。有人曾将私立医院鼓吹得千般好,万般优,可

第十七章 我国抗击新冠疫情彰显出的制度优势

是危险一到,他们不仅没有多少支援的力度,更有个别的莆田系医院,还想趁火打劫。在私立医院中,占三分之一的莆田系,有6000多家医院,可是在这场八方紧急驰援武汉的大决战中,他们又有什么样的表现呢?老百姓的眼睛是雪亮的:他们在赚钱时,个个豪情万丈;他们在疫情时,个个"英雄气短"!不会像公立医院那样做到一声令下,立即出动,如果不能赚钱,还要付出牺牲,私人医院老板也不肯承担这种超大的代价。

在武汉最困难的时刻,是我们的军队和那些承担重大社会责任的国有企业,最先伸出援手,提供了最大力度的支持。那些公立医院,这些国有企业,甚至不需要国家的统一安排,他们都知道自己该做什么,自己的方向是什么!因为我们的军队是人民的军队,因为我们的公立医院姓"公",因为我们的国企属于全民所有——属于公有制!

除了公立医院的火线驰援,国有企业在抗击新冠疫情中同样功勋卓著。大年初一,武钢物流商务部建材业务部接到客户紧急电话,武汉抢建的新型冠状病毒肺炎医院——火神山医院急需一批建筑钢材,需要紧急调货出库。疫情就是命令,时间就是生命,武钢物流仓库提供的24小时收发货服务,为医院建设所需的钢材供应开辟了供应通道,争取了供应时间。

1月27日大年初三上午8时,得知武汉雷神山医院急需100余吨12毫米抗震螺纹钢用于施工建设。疫情就是军情,鄂城钢铁迅速响应,在确保安全健康的前提下,保障各项工作有序、有效开展。销售部立即在"五鄂联盟"群指示市场开发室相关人员抓紧落实。同时新建"雷神山医院钢材保供"群,公司副总裁艾兵在群中指示尽快办理。销售部相关人员在最短的时间内完成合同审批程序,联系物流单位组织车辆,协调综合库组织发运,4小时内完成了货源调配、运力抽调、仓库放货、配货装运等工作。在汉鄂两地均交通管制的困难局面下,积极与省市各级防控指挥部联系,开辟绿色运输通道。当日12时,所有货物装载完毕,两辆装载"鄂钢牌"螺纹钢的车辆奔向雷神山;15:30时,准时送达施工现场,7个半小时圆满完成了首批抗疫物资配送任务。

抗击新冠疫情中,氧气是新冠肺炎治疗的重要物资,是生命存续的希望,关系着千万人的生命与健康。氧气保供作为抗击疫情战役的重要组成部分,责任重大。武钢领导高度重视医用氧保供工作,克服困难,无条件服从和支持抗击疫情需要。武钢集团主要领导组织召开紧急会议研究部署工作,成立特殊时期医用氧气保供工作专班。中国宝武武汉总部下属涉及氧气制备、氧气运输、氧气销售、建设施工及设备安装等单位参与其中。

武钢中冶、武钢有限气体公司、检修中心、武钢绿城等单位连夜响应，成立专班、制定方案、组织党员干部职工迅速行动，不讲条件、不讲困难，不打折扣，不遗余力地支援疫情防控工作。大事难事见担当，危难时刻显本色。自疫情暴发以来，中国宝武武汉总部毅然承担着为武汉各医院保供医用氧的艰巨任务。紧急任务接踵而来，干部职工忙碌的身影遍布火神山、雷神山以及武汉市34家医院的医用氧气保供现场。这就是国有企业，这就是中国速度，这就是中国精神，这就是国有企业的品格！

公有制最大的优势在于与公有制相适应的意识形态、集体主义价值观，这是公有制本质的内在要求。表现在强烈的大局意识、国家意识，以党、国家和人民的根本利益为重，赴汤蹈火在所不辞的崇高革命生死观、人生观、价值观。这次的新冠病毒是极其危险而狡猾的敌人，它看不见，摸不着，来无踪，去无影，极其残忍，十分凶险，与它斗争，随时就有被感染危险，难免有牺牲。实际上，新冠疫情发生以来，全国至少有59名医务工作者去世。其中，湖北有32人，他们为了战胜新冠病毒疫情，献出了宝贵的生命，书写了辉煌的人生。因此，战胜新冠疫情，就要有舍生忘死的精神准备，牢固树立革命生死观。

毛泽东同志指出："中国人民正在受难，我们有责任解救他们，我们要努力奋斗。要奋斗就会有牺牲，死人的事是经常发生的。但是我们想到人民的利益，想到大多数人民的痛苦，我们为人民而死，就是死得其所。"[①] 全心全意为人民服务的根本宗旨，必然要求牢固树立集体主义人生观价值观，倡导无私奉献精神，在这种宗旨的指引下，就合乎逻辑地派生出为了人民利益不怕牺牲的革命生死观。在长期的革命战争年代，中国共产党人牢固树立起为人民利益而死，就是死得其所，是比泰山还重的革命生死观。这样，就能做到明知征途有艰险，越是艰险越向前；明知山有虎，偏向虎山行；为有牺牲多壮志，敢叫日月换新天，哪怕是火海刀山也扑向前。这是战胜新冠疫情的巨大精神力量，也必然转化为巨大的物质力量。本次抗疫中，明知有危险，但我们公立医院的白衣战士临危不惧，他们写下一封封请战书，他们又重新面向党旗宣誓，不惧生死，逆行武汉，勇敢投入抗击新冠疫情的战斗，这就是社会主义公有制的优越性，是我们伟大的社会主义共和国强大的动员力和执行力。

---

① 《毛泽东选集》第3卷，人民出版社1991年版，第1005页。

四、人民群众是战胜新冠疫情的不竭力量源泉

这次疫情规模之大，来势之猛，危害之大，程度之惨烈，牵扯面之广，前所未有。为此，防控新冠疫情就是一场"群防群治"的群众战争，因此，高素质的人民群众就是战胜新冠疫情的坚实基础和不竭力量源泉。

党的十八大后，在习近平总书记"把红色传统发扬好，把红色基因传承好"指示的指引下，我国人民自觉发扬红色传统、传承红色基因，把毛泽东等老一辈中国共产党人在长期的革命战争和社会主义建设中铸成的"革命理想高于天""忠于革命忠于党""全心全意为人民服务""爱国主义""集体主义""大公无私""一方有难，八方支援"，"群众路线""无私奉献""阶级感情""助人为乐""敢于斗争、敢于胜利的革命英雄主义精神"，"白求恩精神""愚公移山精神""雷锋精神"等等这种无形的、无时无刻不在起作用的崇高道德思想和优秀品质，内化于心，外化与行，形成了14亿多中国人民的高素质群体精神特质，这是我们战胜新冠疫情的坚实基础。

中华民族是一个英勇无畏的伟大民族，这次疫情是一场向死而生的战斗，在这次战斗中中国人民充分展现了勇往直前压倒一切敌人的精神特质、英雄气概。在党中央坚强领导和统一指挥下，在这场严峻抗击新冠疫情斗争中，各级党组织和广大党员、干部冲锋在前、顽强拼搏，充分发挥了战斗堡垒作用和先锋模范作用。广大医务工作者义无反顾、日夜奋战，展现了救死扶伤、医者仁心的崇高精神。人民解放军指战员闻令而动、敢打硬仗，展现了人民子弟兵忠于党、忠于人民的政治品格。广大人民群众众志成城、守望相助，特别是武汉人民和湖北人民识大体顾大局、自觉配合疫情防控工作，展现了坚忍不拔的顽强斗志。广大公安民警、疾控工作人员、社区工作人员等坚守岗位、日夜值守，广大新闻工作者不畏艰险、深入一线，广大志愿者等真诚奉献、不辞辛劳，为疫情防控作出重大贡献。

具有这种高素质的人民群众，就能做到"时刻听从党召唤"，自觉地坚持在思想上政治上行动上与党中央保持高度一致，想党中央所想，急党中央所急，党指到哪里，就打到哪里，就能万众一心，众志成城，同心同德，同仇敌忾战胜疫情；就能为国分忧，勇敢战斗，刀山火海无所畏惧，赴汤蹈火在所不辞。正是全民的这种高素质，在疫情猖獗、同胞危难时

刻,钟南山80岁出征,李兰娟古稀挂帅,成千上万的人可以为了他人的生命健康,逆向而行,涌向武汉一线。也可以一座城,一瞬间招聘5万名志愿者,走上前沿维护整座城的有序运行。还可以让各方人民将自己所有,自己最好的拿出来,倾尽物资如接力般捐赠湖北。在武汉救治第一线,渐冻人武汉市金银潭医院党委副书记、院长张定宇已经到了生命的倒计时,仍然忘我笃行、义无反顾地奋战在抢救危重病人的第一线;24岁的省亲女医生甘如意,4天3夜单骑孤行300多公里、历经艰难回单位坚守救治一线岗位;快递小哥汪勇在疫情期间勇于担当,甘做奉献,千方百计为医务人员解决生活难题,把革命队伍里互相关心,互相爱护,互相帮助的精神演绎得出神入化;日夜坚守在农村、社区防疫前线的广大的基层干部群众面对灾难,服从大局,自觉遵守纪律,异常团结、听指挥、积极配合国家抗疫情方略。这样高素质人民群众,他们关心国家比关心自己为重,关心集体比关心自己为重,关心他人比关心自己为重,是毛泽东时代老一辈革命家"革命第一、工作第一、他人第一"红色基因传承的共产主义战士,他们身上闪烁着共产主义道德思想的光芒,他们是共和国大厦的坚如磐石的牢固基础,是中华民族顶天立地的脊梁,是伟大的社会主义中国战胜一切艰难困苦、战胜一切敌人的不竭力量源泉!

  对此,习近平总书记强调:"战胜这次疫情,给我们力量和信心的是中国人民。中国14亿人民同舟共济,众志成城,坚定信心,同疫情进行顽强斗争。中国广大医务人员奋不顾身、舍生忘死,这种高尚精神让我深受感动。人民才是真正的英雄。只要紧紧依靠人民,我们就一定能够战胜一切艰难险阻,实现中华民族伟大复兴。"① 正是高素质的全国人民行动起来,以一场荡气回肠的人民战争,快速控制住了新冠疫情,中国一下成了全世界最安全的地方,成了人们最向往的地方,创造了资本主义国家不可企及、望尘莫及的奇迹。

  我们中国独特的优势使我们更加坚定道路自信、理论自信、制度自信、文化自信,是我们的宝贵精神财富,是克服世间一切困难,战胜一切敌人的法宝,有了这些优势我们一定能够战胜新冠疫情。只要我们始终高度自觉地保持、巩固,不断地发展、强化、坚定不移地推进这些优势强势发展,我们就一定能战胜世间一切自然灾害的袭扰,有效应对前进路上的一切艰难险阻,粉碎一切敌对势力妄图遏制中国发展的罪恶图谋,就能万

---

① 《习近平同波兰总统杜达通电话》,《人民日报》2020年3月25日,第1版。

众一心，众志成城，无坚不摧，所向披靡，攻无不克，战无不胜，无敌于天下，永远巍然屹立在世界东方。

五、"人权天堂"神话的破产
——评美国政客在抗击新冠疫情中的表演

新冠疫情是试金石、照妖镜，试出了社会主义和资本主义孰优孰劣，孰善孰恶，照出了资本主义的原形。美国等号称发达国家，疫情暴发后，他们不仅不帮助他的盟国小兄弟，还不管别人的死活，抢夺、劫掠、截留盟国的抗疫急需物资，丛林法则的动物属性暴露无遗，原形毕露，让那些被欺负的国家顿足捶胸，欲哭无泪，毫无"人性""人道"可言！这撕破了资本主义一向标榜的"民主、自由、人权、契约、文明"画皮，淋漓尽致地凸显了资本主义虚伪、欺诈、撒谎、冷酷、残忍、野蛮的本质特征，美国政客表演得尤其充分。美国国务卿蓬佩奥不打自招地承认："我们撒谎、我们欺骗、我们盗窃。"这，给那些崇洋媚外、崇美、媚美、溢美的美粉们又一个响亮的耳光，甚为尴尬，可谓"无语话衷肠"。

当中国很好地控制疫情，复工复产复学，整个社会生活逐步走上正轨之际，曾经标榜为"人权天堂"的美国，却在病毒面前，一筹莫展，优秀的医疗服务没有了，丰厚的医疗物资短缺了，免费的医疗检测也成骗人的鬼话！截至美东部时间2020年8月下旬美国新冠肺炎确诊病例已超过570多万人，死亡17万多人，时至今日（2021年7月30日），美国新冠肺炎，确诊病例已超过3400多万人，死亡61万多人，而且看不到拐点，似乎完全失去控制。有文章称，这场疫情似乎暴露了美国的基础缺陷，即"无能的领导阶层、分裂的官僚机构、残酷冷血的经济状态和无依无靠的美国民众"。政府抗击疫情已经到了束手无策、无计可施的地步，广大老百姓处于"叫天天不应，叫地地不灵"的悲惨境地。本来，突如其来的新冠疫情已经把美国打了个措手不及。后来，它又因为两位黑人相继被白人警察杀死导致了在其国内发生50多年以来最严重的暴乱事件。美国"人权天堂"神话，被小小的新冠病毒和"黑人之死"事件砸得粉碎。

自从改革开放以来，中国大地在崇洋媚外思潮的影响下，形成了崇美、亲美、溢美、媚美的浓厚氛围，什么美国的空气是甜的，社会是文明的，是讲人权的等，不一而足。在崇洋媚外的中国公知们的眼里，西方尤其是美国，是"人权制高点"，美国的社会制度是人类最完美的社会制度，把美国描绘成人间天堂。然而，这次疫情使美国的原形毕露，成了人间地狱，原来是虚构的神话，是忽悠百姓并自欺欺人的谎言。本次新冠疫情，被公知们污蔑为"没有人权"的中国，却能免费治疗每一个感染者，不放弃任何一个人，80岁以上的感染者治愈了3000多人，100岁以上的感染者治愈了多名，治愈年龄最大的108岁。看看被中国公知颂扬为"人间天堂"的西方和美国是个什么德行：欧洲多个发达国家都对65岁以上的感染者放弃治疗。英国要求60岁以上的人跟政府签订保证书，一旦自己感染新冠病毒，不去医院治疗，不用救护车，只在家里等死。美国要求老年人"年长者要为国牺牲，以拯救美国经济"。为国家"分忧"——主动去死，不给国家添麻烦。这就是西方的"人权"，这就是美国的"人权"。

　　一位美籍华人樊嘉杨女士，她的妈妈是笔者服役所在军区某部队医院退休的医务人员。樊嘉杨在美国某著名报社当记者，利用美国的著名报纸，20多年来发表了不计其数的反华、反共、丑化、妖魔化中国的文章，还说因自己的黄皮肤感到耻辱。近来，她把老母亲从中国接到美国享福去了。谁知她老母亲还没有享到福呢，就赶上了美国的新冠疫情。感染新冠病毒，刚住院没几天的母亲，就被政府强制赶出医院，不许治疗，她亲眼看着母亲的气管插管被医生拔掉。母亲断断续续地跟她说："我说不来美国，你非要让我来，说让我来享享福，谁知道美国才是真正的见死不救啊！我要是在中国，不会这么早就死的。中国很多100多岁的都救过来了，妈妈才70岁，身体很好，过去没有什么病。妈妈是被你的崇美观念杀死的，你要把妈妈的骨灰送回中国去。"插管被拔掉不到半个小时，她亲眼看着母亲被活活憋死了。正是警察驱逐母亲的画面，让她忍不住崩溃大哭，随即在网上公示了自己的遭遇，哭诉这种对待自己母亲的行为是不人道，是极其残忍的！这就是美国的"人权"，这就是被标榜为"人间天堂"的世界第一发达超级大国的美国。通过母亲的悲惨遭遇，樊嘉杨可能会体味到一点美国"人权""人道"的虚伪和残忍吧。

　　2020年5月25日，弗洛伊德遭遇暴力执法，被警察跪压七八分钟后死亡。他生前哀求"我没法呼吸了，别杀我！"但警察并没有停手，最终弗洛伊德被送医后，不治身亡。事后，当地数百民众走上街头，要求为死者"伸张正义"，但遭到警察使用催泪弹、爆震弹和橡皮子弹压制，此举令民众更加怒不可遏，骚乱活动持续升级，并在全美蔓延至今大有愈演愈烈之势，特朗普总统不仅不为人民伸张正义，反而在社交媒体上警告示威者"抢劫开始之时，就是开枪之时"，实际上是要警察开枪镇压普通人民

第十七章 我国抗击新冠疫情彰显出的制度优势

群众，助纣为虐，火上浇油。白人警察，随意草菅人命，对被害人求救而不顾，残忍至极，毫无人性，特朗普总统授意警察向人民群众开枪，践踏人权，惨无人道，标榜"人间天堂"的美国，哪里还有半点"人道""人权"可言！美国政府草菅人命践踏人权，已经到了天怒人怨，人神共愤的地步。

自从新冠疫情在美国大暴发以来，美国政府从来没有认真地把抗击疫情放在心上。美国人民的生命在特朗普等高官们的心里没有位置，更无分量。丧尽天良的美国政客视人民如草芥，视人类为粪土。新冠疫情刚开始，他们说，这仅仅是一场流感，不用害怕，不用口罩，不用检测，不用治疗，马上过去……置人民生死于不顾，不做任何预防工作。反而开足马力，嘲笑中国，侮辱中国，抹黑中国，甩锅中国，讹诈中国……从中国向世界卫生组织通报中国新冠疫情到3月，美国特朗普政府没有采取任何抗击疫情的预防措施，不做任何物资准备，白白浪费了极其宝贵的两个月时间。当疫情在美国暴发，瞬间形成了燎原之势，起初，特朗普的美国政府像无头苍蝇慌作一团，乱碰乱撞，束手无策，愚蠢低能，一筹莫展，毫无作为；继而，又像输红眼的赌徒，抹黑中国，嫁祸世卫组织，到处甩锅，转嫁危机，推卸责任；后来，又像发了病的疯狗，不集中力量、不采取任何有效措施控制疫情，而是到处乱咬，对中国栽赃陷害，图谋对中国追责和索赔，无所不用其极，卑鄙无耻，无以复加。似乎把责任推到中国身上，就推卸了因他们无德无能、无所作为、渎职失职导致17万多人无辜丧失宝贵生命的重大责任，掩耳盗铃，自欺欺人。实际上在总统的眼里，根本没有人民生命安全和身体健康的位置，根本没有把抗击疫情物资准备当作一回事儿，只有资本家的财富才是最重要的。美国政府投放的5万亿美元，全都投入了股市和资本家的腰包，抗击疫情的医疗业一分钱也没有得到。面对疫情，都是各州在各自为战，就是疫情最严重的纽约州也没有得到联邦政府的支持。这就是美国的"人权"。实际上，在美国，只有富人资本家才有人权，普通人连生命的保障权都没有。至今，美国感染新冠病毒的病人仍然是自费，穷人只有等死的份儿。将17万多人的鲜活生命置于死地而不顾，还有什么资格谈人权？所谓的维护"人权"、高喊"人道"的神话，原来不过是欺骗世界人民的弥天大谎。资本主义本性就是欺骗，不仅欺骗国内人民，更在欺骗着世界人民。不知道极力颂扬美国的中国公知们此时敢不敢去美国住上两三个月？

习近平总书记指出："这次新冠肺炎患者救治工作，我们坚持人民至上、生命至上,前所未有调集全国资源开展大规模救治,不遗漏一个感染者,不放弃每一位病患,从出生不久的婴儿到100多岁的老人都不放弃,确保患者不因费用问题影响就医。"① 真正体现了中国共产党和社会主义制度"以人民为中心","人民至上、生命至上,"全心全意为人民服务的本质特征,彰显了社会主义把人的生命当个宝的家国情怀,生活在中国是幸福的,幸运的、骄傲的、自豪的。一个在中国工作,疫情期间返回美国的叫越洋的美国小伙,在中国的小伙们问他什么时候返回中国时,他说:"现在我想回中国是可望不可及呀,中国是全球最安全的地方,是全世界最安全的国家。昨天中国人往美国看,今天跟明天,全世界将往中国看。"他说:"这次疫情中国向全世界证明他自己的威力。办事高效率,有责任、有担当。这次中国震惊了全世界,展示出团结的力量,……我是美国人,美国人心中都知道中国的威力,都很羡慕和尊重中国。特别特别想中国呀!"中国的社会主义制度好不好,疫情期间返回美国的越洋小伙的心里话就是很好的结论。具体事件,映射出大格局。这正是:资本主义把人的生命当棵草,社会主义把人的生命当个宝,两个社会两重天啊!

《纽约邮报》美国当地时间6月3日报道,特朗普接受了福克斯广播电台的采访,在采访中特朗普想不明白,称:"为什么疫情能传遍全世界,却无法传遍中国?这事可真奇怪。"其实这没有什么"奇怪"的,是因为中国在疫情初期采取了极为严格的防疫措施,及时打破了病毒传播链,从而有效控制住疫情,避免了武汉以外的大规模传播。是中国共产党的坚强领导和高素质的人民群众上下同欲、同心同德、万众一心、同仇敌忾战胜疫情的结果,是以习近平同志为核心的党中央领导的社会主义制度的优越性的体现,是全心全意为人民服务,"以人民为中心""人民至上、生命至上"铸造的中国精神,中国力量产生的神奇效能!根本不关心本国人民死活、专门祸害别国人民的美国总统特朗普是弄不明白的。(本书编者注:此章文字是《中华魂》2020年6月刊、9月刊发表的原稿。)

在资本主义世界被新冠疫情折腾得一塌糊涂、无法有效控制新冠疫情肆虐的惨状下,中国抗击新冠疫情所取得的极其伟大的胜利,彰显出的"中国共产党坚强领导""社会主义制度优越性""社会主义公有制""高素质的人民群众"等突出优势,是在以习近平同志为核心的党中央坚强领

---

① 习近平主持专家学者座谈会强调:《构建起强大的公共卫生体系为维护人民健康提供有力保障》,《人民日报》2020年6月3日,第1版。

第十七章 我国抗击新冠疫情彰显出的制度优势

导下,坚持以马克思主义指导思想,中国特色社会主义共同理想,以爱国主义为核心的民族精神和以改革创新为核心的时代精神,以社会主义荣辱观为基本内容的社会主义核心价值体系和"爱国、敬业、诚信、友善"等为内容的社会主义核心价值观的集中体现和必然结果,展示出作为"兴国之魂"的社会主义核心价值体系和社会主义核心价值观超乎寻常、不可限量的强大威力。任凭世界风云诡谲,只要我们坚持社会主义核心价值体系和社会主义核心价值观,就能有效应对一切挑战,克服一切艰难险阻,战胜一切国内外敌对势力的破坏和捣乱,就能所向披靡,无往不胜,中华民族伟大复兴夙愿就一定能够实现,并将以社会主义现代化强国雄姿,傲立于世界民族之林。

结　语

　　天佑中华，党必中兴。乾坤旋至，得天应人。

　　党的十八大胜利召开，宏伟蓝图，展现辉煌前景，天降大任，习近平成为14亿多中国人民的伟大领袖、中国特色社会主义巨轮的掌舵人，乘风破浪，导引航程。中华崛起，万众欢腾，国家之大幸，民族之大幸，生民之大幸。制定八项规定，反对沉疴"四风"，反腐倡廉，打"老虎"，拍"苍蝇"，严惩处、零容忍，"猎狐"追逃，"天网"行动，猛药去疴、刮骨疗伤，有腐必反、有贪必肃，统社稷出危局，扶大厦之将倾。深得党心、军心、万众心。中国大地祥光普照，虹霓当空，天蓝地绿，草木逢春。改革发展、祥和稳定、内政外交，异彩纷呈。国防海防，妙策迭出，治党治国，灿烂前程，严军惩腐，富国强兵。APEC成员，欢聚北京，昭示天下，北京纲领，互信包容，合作共赢，一路一带，亚投行成。星拱北斗，帆顺东风，中国精神，魅力无穷，万国仰慕，天下归心。

　　中国人民有幸走进习近平时代。习近平总书记以卓尔不群、超凡脱俗的政治远见、关爱民生、普惠寰宇的博大襟怀，治国理政，处世亲民。其大智大勇、大德大爱、大仁大义、大慈大悲，善待世界，厚爱众生，恩辉慈露遍撒五洲，甘霖琼浆惠泽天下。循天道，合天理，得民心，顺民意，天钦地敬，神悦人颂。举手投足，德风泽雨，祈祥降福，所到之处，载歌载舞，鼓舞欢欣，发乎于情，喜乎于心，万民拥戴，山呼万岁。

　　和人民心在一起，苦在一起，干在一起，与人民心心相印、休戚与共、血肉相连、同甘苦、共患难的挚爱真情，令人肃然起敬。"天视自我民视，天听自我民听。""要以人民群众利益为重、以人民群众期盼为念，真诚倾听群众呼声，真实反映群众愿望，真情关心群众疾苦。"[①]在这样的伟大领袖指挥下，亿万人民赴汤蹈火、肝脑涂地都会心甘情愿，在所不

[①] 习近平：《在庆祝中国人民政治协商会议成立65周年大会上的讲话》，《人民日报》2014年9月22日，第2版。

结　语

辞，就会形成攻无不克、战无不胜、无坚不摧、所向披靡、勇往直前、无敌于天下的巨大力量，一定能实现中华民族伟大复兴的中国梦。

中国梦仰赖兴国之魂，兴国之魂圆我梦想成真。社会主义核心价值体系是兴国之魂，决定着中国特色社会主义发展方向，是统揽全局不可估量的巨大精神动力，能够强力助推中国梦的顺利实现。中国梦，我的梦，是一个密不可分的有机整体。

中国梦，是中华民族的美好远景和企盼，中国梦的本质是国家富强，民族振兴，人民幸福，是不断为中国人民造福，是中国共产党带领人民把国家建设得更好，让人民生活得更好。

我的梦，我们每个中国人的梦，就是每个人设计人生的美好远景和企盼，对美好生活的向往。就是创造新生活，实现新期待，走向幸福美好的明天和未来。

国家好，民族好，大家才会好。中国人民每个人的美好梦想，都是实现人类最美好的共产主义崇高理想的有机组成部分。

生活在我们伟大祖国和伟大时代的中国人民，共同享有人生出彩的机会，共同享有梦想成真的机会，共同享有同祖国和时代一起成长与进步的机会。

14亿多人民每个人的一个美好梦想，就是一束璀璨的星光，更多的梦想，就是更多的星光，无数璀璨的星光汇聚在一起，就会星汉灿烂，光华万丈，映亮天空，普照大地。

有梦想，有机会，有奋斗，就有目标，就有实现目标的巨大动力，就会有所发现、有所发明、有所创造，就会有成就，就会有辉煌，一切美好的东西都能够创造出来。

全国各族人民不忘初心、牢记使命，心往一处想，劲往一处使，14亿多人民为实现自己目标强大动力的汇聚，就会形成波澜壮阔、汹涌澎湃、不可阻挡、不可限量、不可战胜的磅礴力量，就会创造世界震惊的不可思议的辉煌业绩。

每个人的梦想，就像一个个通往共产主义辉煌殿堂的闪光的台阶，用我们的聪明智慧和辛勤汗水持续不懈地铸造我们的梦想台阶，无数个闪光台阶的紧密衔接，无限延伸，必将达到人类雄宏壮丽、无限美妙的崇高理想——共产主义社会的辉煌殿堂。

"实现中华民族伟大复兴，是中华民族近代以来最伟大的梦想。"我们无比自豪地说，现在，我们比历史上任何时期都更接近中华民族伟大复兴的目标，比历史上任何时期都更有信心、有能力实现这个目标。我们有这样的道路自信、理论自信、制度自信、文化自信，更有领袖自信！

社会主义核心价值体系、社会主义核心价值观，正是吸纳了中华民族的5000多年的优秀传统文化和世界一切国家民族有益于中国社会主义事业的一切文明成果的正确选择，是集一切人类智慧之大成的大智慧。必将充分激发、调动起勤劳、勇敢、智慧的14亿多中国人民无限的积极性、创造性，万众一心，豪情勃发，必将以雷霆万钧之力，排山倒海之势，荡涤一切污泥浊水，战胜一切艰难险阻，创造社会主义伟大事业的辉煌前景，创造中国人民和中华民族更加幸福美好的未来，向着崇高的共产主义理想社会阔步前进！

主要参考文献

1. 《马克思恩格斯选集》第1—4卷，人民出版社1995年版。
2. 《列宁选集》第1—4卷，人民出版社1995年版。
3. 《斯大林选集》上、下卷，人民出版社1979年版。
4. 《毛泽东选集》第1—4卷，人民出版社1991年版。
5. 《毛泽东文集》第5—8卷，人民出版社1993年版。
6. 《毛泽东著作选读》上、下册，人民出版社出版1986年版。
7. 《邓小平文选》第2卷，人民出版社1983年版。
8. 《邓小平文选》第3卷，人民出版社1993年版。
9. 《江泽民文选》第1—3卷，人民出版社2006年版。
10. 江泽民：《论"三个代表"》，中央文献出版社2001年版。
11. 江泽民：《论党的建设》，中央文献出版社2011年版。
12. 胡锦涛：《高举中国特色社会主义伟大旗帜　为夺取全面建设小康社会新胜利而奋斗——在中国共产党第十七次全国代表大会上的报告》，人民出版社2007年版。
13. 胡锦涛：《在庆祝中国共产党成立90周年大会上的讲话》，人民出版社2011年版。
14. 胡锦涛：《坚定不移沿着中国特色社会主义道路前进　为全面建成小康社会而奋斗——在中国共产党第十八次全国代表大会上的报告》，人民出版社2012年版。
15. 中共中央文献研究室编：《习近平关于实现中华民族伟大复兴的中国梦论述摘编》，中央文献出版社2013年版。
16. 中共中央文献研究室编：《习近平关于全面深化改革论述摘编》，中央文献出版社2014年版。
17. 《习近平谈治国理政》，外文出版社2014年版。
18. 《十六大以来重要文献选编》上，中央文献出版社2005年版。
19. 《十七大以来重要文献选编》上，中央文献出版社2009年版。

20.《十八大以来重要文献选编》上，中央文献出版社 2014 年版。

21. 吴树平、赖长阳主编：《全译本白话四书五经》第 1—4 卷，国际文化出版公司 1992 年版。

22. 林文力：《道德经（智慧全解）》，华中科技大学出版社 2013 年版。

23.（战国）吕不韦编著：《吕氏春秋》，中州古籍出版社 2010 年版。

24. 王全书、李楚江编著：《中国历代荐贤纳贤故事》，河南人民出版社 1983 年版。

25. 唐浦生：《古代人才论浅述》，安徽人民出版社 1982 年版。

26. 李春秋主编：《中国传统伦理精华》（上、下），同心出版社 1993 年版。

27. 李秀林、王于、李淮春主编：《辩证唯物主义和历史唯物主义原理》，人民出版社 1982 年版。

28.（唐）吴竞著：《贞观政要》，上海古籍出版社 1978 年版。

29. 中共中央宣传部：《习近平总书记系列讲话重要读本》，学习出版社、人民出版社 2014 年版。

30. 中共中央宣传部理论局：《六个"为什么"——对几个重大问题的回答》（2013 年修订版），学习出版社 2013 年版。

31. 中共中央宣传部：《中国特色社会主义学习读本》，学习出版社 2013 年版。

32. 中共中央宣传部理论局：《世界社会主义五百年》（党员干部读本），党建读物出版社、学习出版社 2014 年版。

33. 中共中央党史研究室编：《历史是最好的教科书——学习习近平同志关于党的历史的重要论述》，中共党史出版社 2014 年版。

34. 中共中央宣传部理论局：《马克思主义哲学十讲》，学习出版社、党建读物出版社 2013 年版。

35. 中共中央宣传部理论局：《划清"四个重大界限"学习读本》，学习出版社 2010 年版。

36. 本书编写组编：《划清"四个界限"——党员干部读本》，人民出版社 2010 年版。

37. 人民日报理论部主编：《划清"四个重大界限"学习参考》，人民日报出版社 2010 年版。

38. 红旗文稿编辑部编：《理论热点辨析——〈红旗文稿〉文选·2010》，

红旗出版社 2011 年版。

39.《十六大报告辅导读本》，人民出版社 2002 年版。

40.《十七大报告辅导读本》，人民出版社 2007 年版。

41. 中共中央宣传部理论局：《七个怎么看》，学习出版社、人民出版社 2010 年版。

42. 俞吾金著：《意识形态论》，人民出版社 2009 年版。

43. 杨金鼎主编：《古文观止全译》，安徽教育出版社 1984 年版。

44. 张吉明等著：《社会主义道德建设的理论与实践》，党建读物出版社 2006 年版。

45.《中共中央关于全面深化改革若干重大问题的决定》，人民出版社 2013 年版。

46.《中共中央关于全面推进依法治国若干重大问题的决定》，人民出版社 2014 年版。

47.《中国共产党第十八次全国代表大会文件汇编》，人民出版社 2012 年版。

48. 侯惠勤：《马克思的意识形态批判与当代中国》，中国社会科学出版社 2010 年版。

49. 严晓峰：《创新研究》，人民出版社 2011 年版。

50. 中共中央宣传部、中共中央文献研究室：《论文化建设——重要论述摘编》，学习出版社、中央文献出版社 2012 年版。

51. 习近平：《在庆祝中华人民共和国成立 65 周年招待会上的讲话》，《人民日报》2014 年 10 月 1 日，第 2 版。

52. 习近平：《为实现党的十八大目标任务提供坚强保证》，《人民日报》2013 年 6 月 19 日，第 1 版。

53. 习近平：《在"不忘初心、牢记使命"主题教育总结大会上的讲话》，《人民日报》2020 年 1 月 9 日，第 2 版。

54.《习近平在全国宣传思想工作会议上强调：胸怀大局把握大势着眼大事努力把宣传思想工作做得更好》，《人民日报》2013 年 8 月 21 日，第 1 版。

55. 习近平：《为实现党的十八大目标任务提供坚强保证》，《人民日报》2013 年 6 月 19 日，第 1 版。

56. 习近平：《在庆祝中国共产党成立 95 周年大会上的讲话》，《人民日报》2016 年 7 月 1 日，第 1 版。

57. 习近平：《在党的群众路线教育实践活动总结大会上的讲话》，《人民日报》2014 年 10 月 9 日，第 2 版。

58. 习近平：《在庆祝全国人民代表大会成立 60 周年大会上的讲话》，《人民日报》2014 年 9 月 6 日，第 2 版。

59. 习近平在中共中央政治局第五次集体学习时强调：《积极借鉴我国历史上优秀廉政文化不断提高拒腐防变和抵御风险能力》，《人民日报》2013 年 4 月 21 日，第 1 版。

60. 习近平在十八届中央纪委二次全会上发表重要讲话强调：《更加科学有效地防治腐败坚定不移把反腐倡廉建设引向深入》，《人民日报》2013 年 1 月 23 日，第 1 版。

61. 习近平：《在同各界优秀青年代表座谈时的讲话》，《人民日报》2013 年 5 月 5 日，第 2 版。

62. 习近平：《在庆祝中国人民政治协商会议成立 65 周年大会上的讲话》，《人民日报》2014 年 9 月 22 日，第 2 版。

63. 习近平：《在中央党校建校 80 周年庆祝大会暨 2013 年春季学期开学典礼上的讲话》，《人民日报》2013 年 3 月 3 日，第 2 版。

64. 习近平：《推动全党学习和掌握历史唯物主义　更好认识规律更加能动地推进工作》，《人民日报》2013 年 12 月 5 日，第 1 版。

65. 习近平：《紧紧围绕坚持和发展中国特色社会主义学习宣传贯彻党的十八大精神》《人民日报》2012 年 11 月 19 日，第 2 版。

66. 习近平：《在纪念毛泽东同志诞辰 120 周年座谈会上的讲话》，《人民日报》2013 年 12 月 27 日，第 2 版。

67. 习近平：《在第十二届全国人民代表大会第一次会议上的讲话》，《人民日报》2013 年 3 月 18 日，第 1 版。

68. 习近平：《关于坚持和发展中国特色社会主义的几个问题》，《求是》2019 年第 7 期。

69. 习近平在中共中央政治局第十八次集体学习时强调：《牢记历史经验历史教训历史警示　为国家治理能力现代化提供有益借鉴》，《人民日报》2014 年 10 月 14 日，第 1 版。

70. 习近平在十八届中央纪委三次全会上发表重要讲话强调：《强化反腐败体制机制创新和制度保障　深入推进党风廉政建设和反腐败斗争》，《人民日报》2014 年 1 月 15 日，第 1 版。

71. 习近平：《在布鲁日欧洲学院的演讲》，《人民日报》2014 年 4 月 2

日，第 2 版。

72. 习近平：《在纪念中国人民抗日战争暨世界反法西斯战争胜利 69 周年座谈会上的讲话》，《人民日报》2014 年 9 月 4 日，第 2 版。

73. 习近平：《在纪念中国人民志愿军抗美援朝出国作战 70 周年大会上的讲话》，《解放军报》2020 年 10 月 24 日，第 2 版。

74. 习近平：《在庆祝中国共产党成立 100 周年大会上的讲话》，《解放军报》2021 年 7 月 2 日，第 2 版。

75. 秋石：《巩固党和人民团结奋斗的共同思想基础》，《人民日报》2013 年 10 月 17 日，第 11 版。

76. 韩庆祥：《深刻理解和把握"新的伟大斗争"》，《人民日报》2014 年 7 月 23 日，第 7 版。

77. 王伟光：《坚持人民民主专政，并不输理》，《红旗文稿》2014 年第 18 期。

78. 王燕文：《理直气壮开展积极健康的理论斗争》，《红旗文稿》2014 年第 18 期。

79. 罗援：《破解军队建设的五大迷思》，《环球时报》2014 年 11 月 3 日，第 14 版。

80. 《想搞垮中国者最恨"党指挥枪"》，《环球时报》2014 年 11 月 3 日，第 14 版。

81. 司马迁：《史记》，中华书局出版 1982 年版。

82. 陈寿：《三国志》，中华书局出版 1982 年版。

83. （宋）苏轼：《教战守策》，《古代汉语》中册，北京出版社 1982 年版。

84. 秋石：《巩固马克思主义在意识形态领域的指导地位》，《求是》2013 年第 19 期。

85. 赵强：《舆论失控：苏联解体的催化剂》，《求是》杂志 2010 年第 21 期。

86. 张全景：《对苏联亡党亡国的几点思考》（作者访俄报告的一部分），《学习与研究》2008 年第 3 期。

87. 王伟光：《牢牢掌握意识形态工作领导权管理权话语权——深入学习贯彻习近平同志在全国宣传思想工作会议上的重要讲话精神》，《人民日报》2013 年 10 月 8 日，第 7 版。

88. 戴旭：《中国政治安全主要敌人是美国及其"第五纵队"》，《马克思主义文摘》2014 年第 7 期。

89. 吴易风：《马克思思想"照亮了当代社会"》，《马克思主义文摘》2014 年第 7 期。

90. 蔡庆悦：《程恩富：马克思主义是中国共产党的旗帜——访中国社会科学院马克思主义研究院院长》，《前线》2011 年第 3 期。

91. 张全景：《学习研究毛泽东思想是长期任务》，《红旗文稿》2010 年第 2 期。

92. 李慎明：《正确认识和评价改革开放前后两个历史时期》，《中国社会科学报》2013 年 2 月 7 日，第 1 版。

93. 王伟光：《邓小平是中国特色社会主义的创建者》，《中国社会科学报》2014 年 8 月 20 日，第 1 版。

94. 冷榕：《坚持全面正确的历史观科学评价毛泽东和党的历史——学习习近平同志在纪念毛泽东同志诞辰 120 周年座谈会上的重要讲话》《人民日报》2014 年 1 月 7 日，第 7 版。

95. 栗战书：《遵循"四个坚持"的改革经验》，《人民日报》2013 年 11 月 26 日，第 6 版。

96. 章玉均：《文化先觉的榜样》，《人民日报》2012 年 12 月 20 日。

97. 石毓智：《中国梦区别于美国梦的七大特征》，《人民论坛》2013 年第 14 期。

98. 栗战书：《坚决维护中央权威（学习贯彻党的十八届六中全会精神）》，《人民日报》2016 年 11 月 15 日，第 6 版。

99. 王新俊：《美国售台武器所为何来》，《人民日报海外版》2011 年 9 月 19 日，第 1 版。

100. 罗国杰主编：《马克思主义伦理学》，人民出版社 1982 年版。

跋

作为国家哲学社会科学基金项目《坚持以社会主义核心价值体系引领社会思潮》课题负责人,(其成果形成为 80 余万字的国家课题专著《兴国之魂——社会主义核心价值体系建设研究》一书)当把倾注着我们情感、心血和汗水的课题成果书稿最后完成时,我的心情有一种如释重负的轻松,一种难以言表的愉悦,一种为国尽忠的神圣,因为我为国家、为党和人民尽了一份极为崇高的责任。

"老牛自知夕阳晚,不须扬鞭自奋蹄。"该国家社科基金项目是 2008 年 7 月获准立项。在我年过六旬完成法定为国履职年限、光荣退休之后,2008 年 2 月初,受聘到国务院扶贫办工作 3 年,紧接着又受聘到中国社会科学院中国社会科学网工作 3 年。其间拼命奋斗,艰苦工作,为完成这两个单位的理论文章、领导讲话、工作报告、总结的写作任务,"白加黑""五加二",经常加班工作到天亮。但我仍然像钉钉子那样,抓空间,挤时间,燃膏继晷、珍分惜秒,结合理论研究工作任务,在中国社会科学网发表近 100 篇文章的前提下,撰写项目课题内容。并于 2013 年 9 月辞去中国社会科学网的工作,集中精力全身心地投入到完成《坚持以社会主义核心价值体系引领社会思潮》的国家社科基金项目任务之中。和课题组同仁一起,顺利完成了这样一件十分重大而有价值、有意义的工作,为铸就"兴国之魂",坚持社会主义意识形态,巩固党的执政地位、巩固社会主义制度作出了应有而极为重要的理论贡献。

作品,是作者世界观、人生观、价值观的反映,有什么样水准的思想,就有什么品位的作品。水管里流出来的是水,血管里流出来的是血,高尚的灵魂凝成的文字,必然是闪光的思想。课题成果,是我们大家、当然包括作为课题负责人的我之思想精华,智慧成果,汗水收获,心血结晶,是我从上小学至今,六十多年来思想品质,知识积累,理论准备,执着追求,探索真理的综合集成,有着十分丰富的时代内容和极为深刻的思想内涵。

受祖辈影响、家庭出身，得到党培养的人生阅历，为我完成项目课题准备了应有的政治品质和思想素养。我于1947年4月出生在冀西山区，祖辈农村，是生于斯，长于斯的农家子弟。从五六岁开始就在田地里劳动，干力所能及的各种农活，直到22岁入伍参军，农村的所有农活都干过、都会干，吃过常人没吃过的苦，受过常人没受过的罪。高中毕业，在上山下乡的潮流中，成为回乡知青，接受贫下中农再教育，走与工农兵相结合的道路。在长期农村艰苦生活的磨炼中，建立起与人民群众的血肉联系和情同手足的深厚感情，形成了像大山一样稳重、坚定、执著、绝不动摇的品格。

　　我家在河北省阜平县革命老区，抗日战争时期是聂荣臻元帅领导的晋察冀抗日根据地，父母告诉我，祖辈是房无一间、地无一垄的贫苦农民，1937年共产党八路军到了我们家乡，我们家才翻身得解放。有一年，极其仇恨晋察冀抗日根据地军民的日本鬼子来山区"扫荡"，把爷爷抓住。日本鬼子将从几个村庄抓到的人都带到一个打谷场上，让人们交出共产党、八路军坚壁清野的粮食和财物。其中一个外村被抓到的地主，告诉鬼子说我爷爷的两个儿子，一个是贫农组长，一个是游击队员，他知道藏在什么地方，问他就能找到。于是毫无人性的日本鬼子，就把爷爷从人群中拽出来，用刺刀对着爷爷的胸口，问爷爷知道不知道，爷爷知道，就是不说。日本鬼子用刺刀刺爷爷一刀，问一句"说不说？"爷爷不说，再刺一刀，再问一句，爷爷还是不说，直到日本鬼子刺了爷爷19刀，问了19次，爷爷惨死在日本鬼子的刺刀下，始终没说。爷爷用他的生命和鲜血保护了共产党八路军藏在我们村山洞里的大批粮食和银元、铜板免落敌手，舍生取义、壮烈牺牲。父亲在晋察冀军区的直接领导下，参加阜平县区游击队，埋地雷、打伏击、杀鬼子、保家乡，出生入死，整整打了八年游击，卓建功勋。解放战争中，跟随"阜平营"，冒着枪林弹雨为解放军野战部队修工事、挖战壕、抬担架、送弹药，参加过清风店战役、太原战役、忻州战役，为抗战胜利、解放战争胜利和新中国的成立做出了应有贡献。

　　我是在祖辈、父辈的高贵品质熏陶中成长起来的，爷爷忍受极大痛苦折磨，不惜牺牲、视死如归的崇高品质和大义凛然、感天动地的民族气节，父亲抗日救国，出生入死为中国革命作出的默默奉献，在我幼小心灵中深深扎根，铭刻在心。是毛主席领导的共产党八路军打败日本侵略者，消灭了蒋匪军，使我们家翻身解放过上好日子。从那时起，我热爱毛主席、热爱共产党、热爱八路军即人民解放军的强烈情感，就刻在脑海中，溶化在血液里，成为我的灵魂和终生不可动摇的坚定信念。

为使人民不再遭受爷爷的悲剧，我毅然于1969年2月离家别亲参军保国。我是在为革命而学，为国家强大而读书，做无产阶级革命事业接班人的熏陶中，读着毛主席的书，以张思德、白求恩、雷锋、焦裕禄为榜样，在珍宝岛的枪炮声中，走进人民解放军大学校的。在部队工作20年，学军事，学政治，上大学，从普通战士成长为团级优秀指挥员。经过部队这所大学校严格、正规、长期、全面、系统、高标准的培养和艰苦锻炼，我不仅拥有农民所具有的淳朴、敦厚、真诚，更将我锻造成无限忠诚于党、忠诚于人民、忠诚于国家的战士，铸就我艰苦奋斗、攻难克坚、一往无前的钢铁意志和无私无畏勇敢捍卫党、人民、国家利益的坚定信念。

总之，我是长在红旗下，在农村艰苦生活中磨炼，在新中国社会主义学校里读书获知、在党的关怀中成长进步、在人民解放军大学里熔炼锻造，是读着毛主席的书、在毛泽东思想的阳光雨露哺育、革命传统熏陶、革命英雄人物引领下成熟起来的，对党的忠诚、对国家的忠诚、对人民的忠诚已溶入血脉，深入骨髓。习近平总书记在中共中央政治局召开民主生活会时强调："新时代坚持和发展中国特色社会主义是一场伟大社会革命，要求我们必须时刻进行具有许多新的历史特点的伟大斗争，必须让我们的干部特别是领导干部经风雨、见世面、长才干、壮筋骨，保持斗争精神、增强斗争本领。要培养斗争精神，始终保持共产党人敢于斗争的风骨、气节、操守、胆魄。"[①] 因此，我牢记总书记"要培养斗争精神，始终保持共产党人敢于斗争的风骨、气节、操守、胆魄"的要求，做到自觉坚守党的意识形态阵地，敢于亮剑，敢于斗争，绝不容许那些丑化党、诬蔑毛主席、抹黑人民政府、颠覆社会主义制度的歪理邪说肆意泛滥，在思想理论战线拿起斗争武器，旗帜鲜明、理直气壮地和那些与人民为敌的反党反社会主义分子进行毫不妥协的坚决斗争！

文化素养、理论研究成就，为我高标准地完成项目课题打下了坚实理论基础。在理论上，笔者亦有充分的准备和坚实的基础。我在部队工作20年，从战士、文书、师政治部报道组通讯报道员、排长、师政治部宣传科

[①]《以认真学习贯彻习近平新时代中国特色社会主义思想　坚定维护以习近平同志为核心的党中央权威和集中统一领导　全面贯彻落实党的十九大各项决策部署情况为主题进行对照检查　中共中央总书记习近平主持会议并发表重要讲话》，《人民日报》2017年12月27日，第1版。

干事、干部科干事、营政治教导员、师后勤部政工科长,写报道,搞创作,学理论,上大学,做研究,长期从事文字宣传、理论学习、教育和思想政治工作,成长为部队团级指挥员,在《解放军报》《人民日报》《新华社通讯》等报刊和中央人民广播电台及军区报刊发表过300多篇反映部队工作生活的通讯、诗歌、小说、散文、报告文学、理论、评论等各类文体的作品。曾以部队第一名成绩考进南京大学哲学系干部专修班攻读哲学专业,并以获得"三好学生"、军首长嘉奖荣誉的优异成绩毕业,有较好的文字理论基础。转业地方20年,在市委干部理论讲师团5年、任市社科联主席15年,一直在新闻、宣传思想、理论研究等部门工作。20年来,一直在争分夺秒地工作、学习、写作,没休息过一个节假日、星期天,大年三十下午1点钟还未回家吃午饭,大年初一上午10点钟就到了办公室,除了因公外出开会,一年365天都是在办公室度过的。先后出版了独著、合著的《社会主义道德建设的理论与实践》(国家社科基金项目专著)、《在探索真理的道路上》、《回声——随感杂谈录》、《齐贤集》四部著作,在国家、省、市级报刊发表理论文章300余篇,言论、评论300余篇,打下扎实的马克思主义理论功底。

1997年7月,我作为项目负责人申报的第一个国家社科基金项目课题获准立项,填补了保定市社科界该项研究的空白,在省社科联系统尚属首次。该项目成果《社会主义道德建设的理论与实践》35万字的专著,2006年7月,由中央组织部《党建读物》出版社出版。全国发行后,不到两个月就被中国人民解放军主办的《中国军网》将该书列为全军"军人道德规范"六本学习教材中首选领军教材,详细介绍了该书的出版信息及二级目录,为军队道德建设作出重要贡献。在《中国军网》刊发,长达八年之久。2008年《求是》杂志第10期以《走向崇高——〈社会主义道德建设的理论和实践〉评介》为题发表了中国社会科学院学部委员的专家书评推介,专著价值,可见一斑。

2007年年底退休后,我于2008年2月受聘于国务院扶贫办工作3年,后又在中国社会科学院中国社会科学网工作3年,为两个单位撰写了大量的理论文章、讲话、汇报、总结等各类文字材料。尤其是在中国社会科学院中国社会科学网担任理论研究室主任、首席评论员期间,参加了中国社会科学网的创建工作,创建并负责中国社会科学网的《贡院论坛》栏目的文章撰写、编审任务和《重要言论》《重要文章》栏目选编工作。3年期间,认真学习和研读了马克思列宁主义、毛泽东思想、邓小平理论、"三个代表"重要思想、科学发展观;认真学习和研读了党的十八大以来习近平总书记所有发表在《人民日报》《求是》杂志上的一系列重要讲话、学习研读了习近平新时代中国特色社会主义思想及党的十八大、十九大和党的十九届三中、四中全会精神;学习研读并选编了当代中国发表在《求是》杂志、《人民日报》、《光明日报》等在国家主要报刊上的一万余篇优秀的重要文章。在这一马克思主义坚强阵地、党中央国务院思想库智囊团、哲学社会科学最高学术殿堂的环境中,在浓厚的学术研究氛围的熏陶下,本人的思想理论水平进入新的境界,达到新的高度。在中国社会科学网撰写并发表了100多篇理论评论文章,国家课题项目阶段性成果《共产党人如何保持健康心态》论文,代表中国社会科学院参加中央国家机关工委组织的"我与十八大"主题征文,从中央国家机关66个部委选送的5273篇征文中,评出20篇一等奖,本人是全院获此殊荣的唯一得主。(后发表在2014年第9期《党建》杂志上)同时,本人参加中央国家机关工委组织的"学习十八大精神赛诗会",本人创作的《满庭芳·改革赞》词一首,荣获三等奖,独享中国社科院同时获两个等级奖项的殊荣,社科理论研究实力与文字功夫,经得住考验。

在紧张的工作中,我把理论研究当作自己神圣的责任,光荣的使命,终身的事业,人生的第一需要,殚精竭虑,孜孜以求,痴迷执着,乐而忘忧。退休后紧跟时代步伐,撰写了200的理论、评论文章,分别发表在近几年的《人民日报》《光明日报》《党建研究》《党建》《科学社会主义》《瞭望》《中国社会科学报》《中华魂》等报刊杂志上。

没有私心的理论研究,是保持做人良知和敢于坚持真理的首要前提。我从事理论研究没有功利思想,不是为了评职称,不是为扬名,更不是作为升官晋级、登堂入室的"敲门砖",而是作为自己一个忠诚于党和人民的革命战士,对人民、对社会应尽的责任和共产党人必须完成的历史使命。能够做到坚持马克思主义的科学原则,从实际出发,从人民愿望出发,在继承中发展,于发展中继承,只为国计,决无私念。坚持对人民负责,对党负责,对历史负责,对真理负责,敢于直言,讲人民需要的话,讲符合马克思主义真理的话,讲紧跟时代步伐、符合当代中国实际、党需要听到的负责任的真话。"对职位、牟利,对上司的恩典,没有任何考虑。"① 因而,我所撰写的著作思想理论更具有客观真理性,更符合党和人

---

① 《马克思恩格斯选集》第4卷,人民出版社1995年版,第258页

民的利益和愿望。正如恩格斯所指出的:"科学越是毫无顾忌和大公无私,它就越符合工人的利益和愿望。"① 我真正做到了一身正气、两袖清风,一心为公,无私奉献;拳拳爱国心,钢浇铁铸,耿耿报国志,裂石穿云。鄙人襟怀海纳百川,寡欲壁立千仞;不畏风狂浪恶,只因心平如镜;敢于仗义执言,盖由一腔赤诚;纵笔驰骋,传承先进文化,铸牢"兴国之魂";扶正祛邪,皆为国泰民安、旨在富国强兵。

党的十八大之后,习近平总书记的一系列重要讲话精神,包括治国理政、经济文化、社会民生、军事外交等,内容极其丰富,思想极其深邃,高瞻远瞩,博大精深,是对马克思主义的继承、发展和创新,极大地丰富了马克思主义理论宝库,丰富了中国特色社会主义理论体系,是当代中国最鲜活、最高境界的马克思主义。习近平总书记的话字字珠玑、振聋发聩、醍醐灌顶,引经据典,信手拈来,妙语连珠,精彩至极,说出了我们共产党人的心里话,反映了广大中国人民的心声。我们的项目课题专著着意把党的十八大、十九大、二十大和党的二十届一中、二中全会精神、习近平总书记系列重要讲话精神有机地融入社会主义核心价值体系之中,做到坚持以习近平新时代中国特色社会主义思想为指导。这样,就使社会主义核心价值体系的论述,紧跟着时代前进的步伐,契合着时代跳动的脉搏,充溢着浓郁的时代气息,体现着鲜明的时代特征,蕴含着丰富的时代内容,展现着鲜活的时代气息,使这一项目课题成果生命力更持久、价值更高,意义更深远。

"社会主义核心价值体系是兴国之魂"②,面对经济体制深刻变革,社会结构深刻变动,利益格局深刻调整,思想观念深刻变化,我们必须筑牢"兴国之魂"。长期以来,西方敌对势力加紧实施西化、分化、和平演变中国的战略图谋,西方意识形态对中国的侵袭和渗透,造成理论杂芜,思想混乱,精神懈怠,道德滑坡,资产阶级自由化思潮猖獗。政治上鼓吹多党制,主张实行"西方议会制"反对党的领导,反对人民代表大会制度,思想上大搞自由化,反对马克思主义指导思想,经济上大搞私有化,反对以公有制为主体的基本经济制度,给党的执政地位和社会主义制度造成严重威胁。必须用社会主义核心价值体系武装人民的头脑,筑牢这个"兴

---

① 《马克思恩格斯选集》第4卷,人民出版社1995年版,第258页
② 《中共中央关于深化文化体制改革 推动社会主义文化大发展大繁荣若干重大问题的决定》,《人民日报》2011年10月26日,第1版。

国之魂"。

作为党的社科理论工作者，为实现共产主义的崇高理想，为巩固党的执政地位，巩固社会主义制度，为国家的繁荣昌盛和长治久安、人民的和平安全和幸福康健，提供思想指导、理论支撑和精神营养，是我义不容辞的神圣职责和责无旁贷的历史使命。党培养了我，人民养育了我，部队锻炼了我，共和国成就了我，我有这个绵薄之力，应该有这个结草衔环的道德境界，应该尽这个报效国家、奉献社会、服务人民的回报责任。必须义无反顾，冲锋在前，攻坚克难，圆满完成《坚持以社会主义核心价值体系引领社会思潮》课题专著的艰巨任务。

我们的项目课题专著是面向广大读者的，尤其是面向广大的党员特别是各级领导干部的。力争做到立意高远，思想深邃，内涵丰富，结构严谨，文笔犀利，见解独到，站在时代高度，把握时代脉搏，引领时代潮流，站到理论研究的制高点，气势磅礴，润物无声。成为一部坚持以社会主义核心价值体系引领社会思潮的铸魂之作、固本之作、凝神之作、聚力之作，成为一部旗帜鲜明地捍卫马克思主义意识形态、巩固党的执政地位、巩固社会主义制度的扛鼎之作。力求做到以科学的理论武装人、以正确的舆论引导人、以高尚的精神塑造人、以优秀的作品鼓舞人、以睿智的思想启迪人。从理论上引导我们的党员干部站在时代高度，走在历史前面，为了党和国家的前途命运，牢记社会主义核心价值体系的"兴国之魂"，自觉追求崇高，告别低俗，廉洁奉公，拒绝腐败，品格优秀，心理健康，向英模学习，走圣贤之路。使大家在工作岗位上有作为、有价值、有贡献，政治上走正道，人格上不跑偏，胸有正义，心向太阳，平安地度过一生。从而，确保我国社会主义事业千秋万代、繁荣昌盛！

作为项目负责人，我承担着项目课题大部的写作任务，深知内容多、要求高、时间紧，任重而道远。在集中完成项目课题任务的一年时间里，除兼任不可推卸的社会责任外，本人闭门谢客，夙夜勤勉，集中精力，全力以赴，燃膏继晷、殚精竭虑。2014年整整一年，我像一个过河的卒子、冲锋的战士，坚定不移、毫不动摇地向着既定的目标艰苦跋涉，拼搏奋斗，扎扎实实，一步一个脚印地奋力前行，不断地克服一个个困难，一章一章地攻克。攻克一章，前进一步，始终不敢稍有懈怠，终于胜利攀登上光辉的顶点，全面完成任务，超额完成了项目课题设计的全部内容。原来设计28万字，实际完成80余万字，工作量超过原设计的两倍多，内容更丰富，分量更重，价值更高。超负荷的工作量，压力可想，一路走来，甘苦自知。虽饱尝劳作跋涉的艰辛和寝食难安的思虑，却尽享成功的喜悦和完成任务的轻松，为能完成这样艰巨而重要的国家社会科学基金项目任务，倍感自豪和骄傲。

语言的明确，来自思想的明确，文字水平的高妙，来自理论水平的高深。思想理论的高度，决定作品的高度。精神境界有多高，思想水平有多高，理论水平有多高，认知水平就有多高，文字水平就有多高，对党、国家、人民的忠诚度有多高，对邪恶势力斗争的勇敢精神就有多强。笔者祖籍农村，学生成分，军人出身，既有农民纯朴厚道、诚实稳重的品格，又有学者博览群书、求知笃学的风范，更有军人坚韧不拔、勇往直前的钢铁意志。能驾驭这样重大题材的国家社科基金项目课题，与同仁共同创作出这样具有时代高度、历史厚度、思想深度、理论力度、认知维度较完美统一的大部头的国家社会科学基金项目厚重专著，当是人生之大幸。

实事求是地说，《坚持以社会主义核心价值体系引领社会思潮》这样关系党和国家前途命运重大主题的国家社科基金项目课题，极难驾驭，我们课题组实力雄厚、强力构成的这一专家组合，比较完美地做出了近百万字的重要成果。实践将会证明，国家社科规划办倾力资助的这一重要的思想理论成果，是对巩固党的马克思主义意识形态阵地、巩固党的执政地位、巩固社会主义制度作出的巨大理论贡献，是为人民的安居乐业、国家的长治久安作出的巨大理论贡献。

我们团队这一国家社科基金项目成果的顺利完成，也是我在社科理论研究道路上继完成第一个国家社科基金项目课题专著《社会主义道德建设的理论与实践》一书之后的又一个重要里程碑，把我的社科理论研究水平推进到一个新境界，提升到一个新高度，为今后进一步搞好社科理论研究打下坚实基础。我以欣慰的心情在此留下了闪光的标记，完成了一个共产党员应尽的职责，因而，为此感到光荣和自豪。

在本书即将印刷出版之际，我深深感谢我已故的与我相濡以沫、甘苦与共的亲爱的妻子——李兰英教授。她是本课题主研人之一，华北电力大学法政系马克思主义哲学教研室原主任，为本课题的顺利成书作出不可替代的卓越贡献。2014年是最后完成本课题的冲刺之年，从该年的1月1日到课题完成的12月11日，亲爱的妻子李兰英为本课题的顺利完成，倾注了她全部的情感、智慧、心血和汗水，没有一天休息，没有一刻休闲。

在这一年里，为了让我集中精力、腾出更多时间突击完成课题任务，李兰英教授除了完成她承担本课题章节的写作任务之外，承担了买菜、做饭等全部家务，以及一切外联事务。完成近百万字的鸿篇巨制，压力可想而知。我闭门谢客，每天早上5点起床，坐在电脑前码字著述，到晚上十一二点，天天如此。一日三餐，每顿饭都是她准备好，为我的写作提供了充分的时间保障。没有她辛勤付出和不可替代的奉献，该课题是不能顺利完成的。遗憾的是，她不能看到成果的出版，于2021年11月7日立冬那天溘然长逝。对李兰英教授为完成本课题所作的默默奉献，我当铭刻心扉，永志不忘！

在课题成果2014年完成之后，历经十年艰苦繁重的完善、补缀、校正工作，走过曲折、坎坷、磨难，迎来坦途即将付梓之际，写出以上这些文字，是为跋。

项目负责人：张吉明

2024年4月15日五稿

后 记

《兴国之魂——社会主义核心价值体系建设研究》是国家哲学社会科学基金项目《坚持以社会主义核心价值体系引领社会思潮》（批准号：08BKS046）的直接成果。

张吉明教授作为项目负责人，对这个项目进行了设计论证，并申报获得批准立项。张吉明教授对项目成果专著的框架结构进行了设计，列出项目的详细章节内容，经课题组成员全体同志讨论确定为本书的架构体系。项目课题组成员包括：原河北大学党委宣传部部长、河北高等学校重点人文社科研究基地——河北大学大学文化传承创新研究中心主任、沧州幼儿师范高等专科学校校长、硕士生导师、管理学博士刘焱教授；河北省首批"四个一批"人才、河北省"三三三一"第三层次人才、保定市社会发展研究院副院长、社科联副主席张秀贤编审；河北农业大学人文社会科学学院原院长、博士生导师黄长春教授，华北电力大学法政系原哲学教研室主任李兰英教授。具体分工如下：

绪论（张吉明）；第一章（张吉明）；第二章（李兰英）；第三章、第四章（张吉明）；第五章、第六章（张吉明、刘焱）；第七章（张秀贤）；第八章（郭跃军、黄长春）；第九章（刘焱、王海）；第十章、第十一章（张吉明、刘秀娟）；第十二章、第十三章、第十四章（张吉明、张雨楠）；第十五章、第十六章（张吉明、刘焱）；跋（张吉明）；后记（张吉明）。

项目课题组全体成员精诚团结、密切协作，互相支持、精心创作，顺利完成各自承担章节内容的初稿任务。初稿完成后，由张吉明教授按照课题规划设计要求与党的十八大、十九大、二十大精神以及习近平新时代中国特色社会主义思想进行了统稿，修改、校正、补充、增删、完善，形成现在的最终项目成果。该项国家社会科学基金项目课题从最初的立项到最终的成果完成，倾注着项目课题组全体成员的情感、心血、智慧和汗水，是这个集体长期从事马克思主义理论学习、教学、宣传、研究积累起来的

后　记

经验和智慧的结晶。

　　本项目从申报立项，到完成过程，得到了河北省社科规划办和具体负责同志的热情帮助、积极支持、宝贵指导和真诚关照，凝聚着他们的心血、智慧和情感；得到了国家哲学社会科学规划办公室的大力帮助和真诚关爱，是在他们的支持、鼓励、督促、鞭策、关怀、具体指导下顺利完成的。尤其令我们感动的是本课题成果得到了中共中央组织部原部长、全国党建研究会顾问、中国延安精神研究会顾问、马克思主义理论家、尊敬的老领导张全景同志，中国社会科学院学部委员、原马克思主义研究学部主任、著名马克思主义理论家、经济学家、原中国社会科学院马克思主义研究院院长、国家马克思主义理论研究和建设工程首席专家、博士生导师程恩富教授给予我们的热情鼓励和支持，并为本书作序。在此，表示深切谢意。

　　本书的出版，得到了河北省高等学校人文社会科学重点研究基地河北大学大学文化传承创新研究中心对该书的资助支持；得到了中共河北省保定市委宣传部对该书的资助支持；得到了张吉明的战友、现任"唐山佰亿售电有限公司"董事长韩保平先生对该书的大力支持、倾情资助；得到了河北省保定市社会发展研究院、保定市社科联领导、同志们的大力支持。在此，一并表示深切谢意。

　　本课题在研究过程中，河北农业大学马克思主义学院院长郭跃军教授参与了本书第八章的写作；河北大学马克思主义学院院长王海教授参与了本书第九章的写作；河北农业大学刘秀娟副教授参与了本书第十、第十一章的写作；中国社会科学院中国社会科学杂志社编辑、中国社会科学院大学阐释学高等研究院博士研究生张雨楠同志参与了本书第十二、第十三、第十四章的写作；河北农业大学图书馆馆员钱瑞娟老师不辞辛苦对项目成果内容进行认真细致的校对，为顺利成书作出了贡献；著名书法家朱明义先生为本书题写了书名；并得到了许多关心我们课题研究的朋友们的多方支持，在此，一并表示深深谢意。

　　本书得到时事出版社领导和同志们的大力支持。同时，本书在出版过程中，也得到业界同仁及其他专家、学者的关心支持，在本书付梓之际，特表示衷心感谢。

　　本项目课题在完成过程中，学习参考了一些文献资料和著述，十分感谢这些文献和成果作者付出的辛勤劳动。

　　社会在发展，时代在前进，本项目课题内容还有许多领域需要继续探讨和研究，我们只是做了初步的探路工作，由于水平和能力所限，错漏和缺憾之处在所难免，诚望方家和读者不吝赐教。

作　者

2024 年 7 月

图书在版编目（CIP）数据

兴国之魂：社会主义核心价值体系建设研究／张吉明等著．—北京：时事出版社，2024.7
　ISBN 978-7-5195-0582-0

Ⅰ.①兴…　Ⅱ.①张…　Ⅲ.①社会主义核心价值观—研究—中国　Ⅳ.①D616

中国国家版本馆 CIP 数据核字（2024）第 067311 号

出 版 发 行：时事出版社
地　　　 址：北京市海淀区彰化路 138 号西荣阁 B 座 G2 层
邮　　　 编：100097
发 行 热 线：(010) 88869831　88869832
传　　　 真：(010) 88869875
电 子 邮 箱：shishichubanshe@sina.com
印　　　 刷：北京良义印刷科技有限公司

开本：787×1092　1/16　印张：47.25　字数：780 千字
2024 年 7 月第 1 版　2024 年 7 月第 1 次印刷
定价：188.00 元

（如有印装质量问题，请与本社发行部联系调换）